中国统计年鉴

CHINA STATISTICAL YEARBOOK

2021

(总第 40 期 No.40)

国家统计局　编

Compiled by

National Bureau of Statistics of China

中国统计出版社
China Statistics Press

图书在版编目 (CIP) 数据

中国统计年鉴 . 2021 = China Statistical Yearbook-2021 : 汉英对照 / 国家统计局编 . -- 北京 : 中国统计出版社 , 2021.9
ISBN 978-7-5037-9625-8

Ⅰ . ①中… Ⅱ . ①国… Ⅲ . ①统计资料 – 中国 – 2021 – 年鉴 – 汉、英 Ⅳ . ① C832-54

中国版本图书馆 CIP 数据核字 (2021) 第 172078 号

中国统计年鉴 –2021

作　　者 / 国家统计局
责任编辑 / 郭　栋　荣文雅
封面设计 / 张　冰
出版发行 / 中国统计出版社
地　　址 / 北京市丰台区西三环南路甲 6 号
邮政编码 / 100073
Address: Jia 6, Xisanhuan Nanlu, Fengtai District, Beijing 100073, P. R. China
E-mail: yearbook@stats.gov.cn
电　　话 / (010)63376898、63376907、68783173（发行部）、63376861（编辑部）
网　　址 / www.zgtjcbs.com
印　　刷 / 河北鑫兆源印刷有限公司
经　　销 / 新华书店
开　　本 / 890 × 1240 毫米　1/16
字　　数 / 1980 千字
印　　张 / 61.75
版　　别 / 2021 年 9 月第 1 版
版　　次 / 2021 年 9 月第 1 次印刷
定　　价 / 588.00 元　Price: 588.00 yuan (RMB)

本书附同版本 CD-ROM 一张，光盘内容以书面文字为准。
如有印装错误，本社发行部负责调换。

《中国统计年鉴－2021》

编委会和编辑出版人员

China Statistical Yearbook - 2021

EDITORIAL BOARD AND EDITORIAL STAFF

编 者 说 明

一、《中国统计年鉴—2021》系统收录了全国和各省、自治区、直辖市2020年经济、社会各方面的统计数据，以及多个重要历史年份和近年全国主要统计数据，是一部全面反映中华人民共和国经济和社会发展情况的资料性年刊。

二、本年鉴正文内容分为28个篇章，即：1.综合;2.人口;3.国民经济核算;4.就业和工资;5.价格;6.人民生活;7.财政;8.资源和环境;9.能源;10.固定资产投资;11.对外经济贸易;12.农业;13.工业;14.建筑业;15.批发和零售业;16.运输、邮电和软件业;17.住宿、餐饮业和旅游;18.金融业;19.房地产;20.科学技术;21.教育;22.卫生和社会服务;23.文化和体育;24.公共管理、社会保障和社会组织;25.城市、农村和区域发展;26.香港特别行政区主要社会经济指标;27.澳门特别行政区主要社会经济指标;28.台湾省主要社会经济指标;以及附录部分，国际主要社会经济指标。

为方便读者使用，各篇章前设有简要说明，对本篇章的主要内容、资料来源、统计范围、统计方法以及历史变动情况予以简要概述。篇末附有主要统计指标解释。

三、本年鉴所涉及的全国性统计数据，除行政区划、森林资源及特殊注明外，均未包括香港、澳门特别行政区和台湾省数据。根据中华人民共和国“香港特别行政区基本法”和“澳门特别行政区基本法”的有关原则，香港、澳门与内地是相对独立的统计区域，依据各自不同的统计制度和法律规定，独立进行统计工作，本年鉴中有关统计资料分别由香港特别行政区政府统计处、澳门特别行政区政府统计暨普查局提供，国家统计局进行编辑。

四、本年鉴所涉及东部、中部、西部和东北地区的具体划分为：

东部地区：有10个省（直辖市），包括北京、天津、河北、上海、江苏、浙江、福建、山东、广东和海南。

中部地区：有6个省，包括山西、安徽、江西、河南、湖北和湖南。

西部地区：有12个省（自治区、直辖市），包括内蒙古、广西、重庆、四川、贵州、云南、西藏、陕西、甘肃、青海、宁夏和新疆。

东北地区：有3个省，包括辽宁、吉林和黑龙江。

五、本年鉴所使用的度量衡单位均采用国际统一标准计量单位，并统一使用最新颁布实施的产品目录。

六、本年鉴中涉及到的历史数据，均以最新出版的本年鉴数据为准；本年鉴中部分数据合计数或相对数由于单位取舍不同而产生的计算误差，均未做机械调整。

七、符号使用说明：年鉴各表中的“空格”表示该项统计指标数据不详或无该项数据；“#”表示其中的主要项；“*”或“①”表示本表下有注解。香港及澳门部分的符号使用方法具体见其篇章说明。

八、与《中国统计年鉴-2020》相比较，本年鉴根据现行统计调查制度和统计工作开展情况，主要作如下修订：

在“人口”部分，根据第七次全国人口普查资料增加“七次全国人口普查人口基本情况”等15张表。在“就业和工资”部分，增加“分地区就业人员数”；将指标“就业人员(数)”修改为“单位就业人员”。在“人民生活”部分，增加“居民人均消费支出和指数”和“国家脱贫攻坚普查结果”3张表。在“资源和环境”部分，根据自然资源部第三次全国国土调查更新调整部分指标数据；将供水用水情况中的指标“生态”修改为“人工生态环境补水”；将“林业投资完成情况”修改为“林业草原投资完成情况”。在“对外经济贸易”部分，增加“对外直接投资”；将指标“项目”和“合同项目”修改为“设立企业”。在“农业”部分，主要林产品产量中增加“竹材、核桃”指标。在“运输、邮电和软件业”部分，将指标“水运”“#远洋”分别修改为“水路”“#海洋”。在“科学技术”部分，将指标“大专院校”修改为“高等院校”。

Editor's Notes

I. *China Statistical Yearbook 2021* is an annual statistical publication, which reflects comprehensively the economic and social development of China. It covers data for 2020 and key statistical data in recent years and some historically important years at the national level and the local levels of province, autonomous region and municipality directly under the Central Government.

II. The *Yearbook* contains twenty-eight chapters: 1. General Survey; 2. Population; 3. National Accounts; 4. Employment and Wages; 5. Prices; 6. People's Livelihoods; 7. Government Finance; 8. Resources and Environment; 9. Energy; 10. Investment in Fixed Assets; 11. International Trade and Economic Cooperation; 12. Agriculture; 13. Industry; 14. Construction; 15. Wholesale and Retail Trades; 16. Transport, Postal and Telecommunication Services, and Software Industry; 17. Hotels, Catering Services and Tourism; 18. Financial Intermediation; 19. Real Estate; 20. Science and Technology; 21. Education; 22. Public Health and Social Services; 23. Culture and Sports; 24. Public Management, Social Security and Social Organizations; 25. Urban, Rural and Regional Development; 26. Main Social and Economic Indicators of Hong Kong Special Administrative Region; 27. Main Social and Economic Indicators of Macao Special Administrative Region; 28. Main Social and Economic Indicators of Taiwan Province. One chapter listed as Appendix is Main Social and Economic Indicators of Other Countries/Regions.

To facilitate readers, the Brief Introduction at the beginning of each chapter provides a summary of the main contents of the chapter, data sources, statistical coverage, statistical methods and historical changes. At the end of each chapter, Explanatory Notes on Main Statistical Indicators are included.

III. The national data in this book do not include those of the Hong Kong Special Administrative Region, the Macao Special Administrative Region and Taiwan Province, except for the divisions of administrative areas, forest resources and otherwise specified. In accordance with the principles set down in the *Basic Law of Hong Kong Special Administrative Region*, and the *Basic Law of Macao Special Administrative Region*, statistically Hong Kong, Macao and the mainland of China are three mutually independent regions, each following its own and different statistical systems and legal provisions in conducting statistical operation independently. Statistics on the Hong Kong Special Administrative Region and the Macao Special Administrative Region as included in this yearbook are provided by the Census and Statistics Department of the Government of Hong Kong Special Administrative Region and the Statistics and Census Service of the Government of Macao Special Administrative Region respectively; and are edited by the National Bureau of Statistics.

IV. Eastern region, central region, western region and northeastern region in the *Yearbook* are divided as following:

Eastern region with 10 provinces (municipalities) includes: Beijing, Tianjin, Hebei, Shanghai, Jiangsu, Zhejiang, Fujian, Shandong, Guangdong and Hainan;

Central region with 6 provinces includes: Shanxi, Anhui, Jiangxi, Henan, Hubei and Hunan;

Western region with 12 provinces (autonomous regions and municipalities) includes: Inner Mongolia, Guangxi, Chongqing, Sichuan, Guizhou, Yunnan, Tibet, Shaanxi, Gansu, Qinghai, Ningxia and Xinjiang;

Northeastern region with 3 provinces includes: Liaoning, Jilin and Heilongjiang.

V. The units of measurement used in the *Yearbook* are international standard measurement units, and newly published and implemented *Product Categories* are uniformly used.

VI. For updated historical data, please refer to the newly published version of the *Yearbook*. Statistical discrepancies on totals and relative figures due to rounding are not adjusted in the *Yearbook*.

VII. Notations used in the *Yearbook*: (blank space) indicates that the data are unknown, or are not available; "#" indicates a major breakdown of the total; and "*"or "①" indicates footnotes at the end of the table. For notations in the chapters of data on Hong Kong SAR and Macao SAR, please refer to the brief introduction or explanation in the relevant chapters.

VIII. In comparison with *China Statistical Yearbook 2020*, following revisions have been made in this new version in terms of the statistical contents and in editing. In the chapter on "Population", 15 statistical tables about the basic statistics on the Seventh National Population Census are added according to the Seventh National Population Census. In the chapter on "Employment and Wages", information on "number of employed persons by region" is included; indicator on "number of employed persons" is changed to "persons employed in various units". In the chapter on "People's Livelihoods", information on "per capita consumption expenditure of households and their indices" and "main results of national poverty relief census" is included. In the chapter on "Resources and Environment", some data are updated according to the third national land survey of Ministry of National Resources; indictor on "ecological use" is changed to "artificial eco-environment" in "water supply and water use"; "forestry investment completed" is changed to "investment of forestry and grassland completed". In the chapter on "International Trade and Economic Cooperation", "outward direct investment" is included; indicator on "number of FIEs" is changed to "establishment of enterprises". In the chapter on "Agriculture", indicators on "bamboo" and "walnut" are added in "output of major forestry products". In the chapter on "Transport, Postal and Telecommunication Services, and Software Industry", indicators on "waterways" and "#ocean" are changed to "waterways" and "#ocean". In the chapter on "Science and Technology", indicator on "universities and colleges" is changed to "institutions of higher education".

目 录

CONTENTS

一、综 合
General Survey

二、人 口
Population

三、国民经济核算
National Accounts

四、就业和工资
Employment and Wages

五、价　格
Prices

六、人民生活
People's Livelihoods

七、财　政
Government Finance

八、资源和环境
Resources and Environment

九、能　源
Energy

十、固定资产投资
Investment in Fixed Assets

十一、对外经济贸易
International Trade and Economic Cooperation

十二、农 业
Agriculture

十三、工 业
Industry

十四、建筑业
Construction

十五、批发和零售业
Wholesale and Retail Trades

十六、运输、邮电和软件业
Transport, Postal and Telecommunication Services, and Software Industry

十七、住宿、餐饮业和旅游
Hotels, Catering Services and Tourism

十八、金融业
Financial Intermediation

十九、房地产
Real Estate

二十、科学技术
Science and Technology

二十一、教 育
Education

二十二、卫生和社会服务
Public Health and Social Services

二十三、文化和体育
Culture and Sports

二十四、公共管理、社会保障和社会组织
Public Management, Social Security and Social Organizations

二十五、城市、农村和区域发展
Urban, Rural and Regional Development

二十六、香港特别行政区主要社会经济指标
Main Social and Economic Indicators of Hong Kong Special Administrative Region

二十七、澳门特别行政区主要社会经济指标
Main Social and Economic Indicators of Macao Special Administrative Region

二十八、台湾省主要社会经济指标
Main Social and Economic Indicators of Taiwan Province

附录、国际主要社会经济指标
APPENDIX. Main Social and Economic Indicators of Other Countries/Regions

1

综　合

General Survey

简 要 说 明

本篇主要内容和资料来源

一、综合资料主要包括我国行政区划、国民经济和社会发展综合资料。由民政部和国家统计局编辑整理。

二、全国行政区划资料由民政部根据国务院批准的、截止到上一年末全国行政区划变更情况汇总整理并提供。

三、国民经济和社会发展综合表集中反映中国国民经济和社会发展的总量、速度、结构、比例和效益状况及变化。

四、基本单位统计资料填报范围为所有法人单位和产业活动单位，来源是各部门的单位审批登记资料和经常性统计调查中查到的新增、变更和注销单位情况。

Brief Introduction

Main Contents and Sources of Data

I. This chapter consists divisions of administrative areas, and summary data on the national economic and social development, which are compiled by the Ministry of Civil Affairs and National Bureau of Statistics respectively.

II. Data on divisions of administrative areas in China are prepared and provided by the Ministry of Civil Affairs on the basis of the changes in the divisions of administrative areas as approved by the State Council at the end of the previous year.

III. The summary data on the national economy reflect the overall situation of and changes in economic and social development in terms of total size, growth, structure, ratio, and efficiency.

IV. Statistical coverage of basic units include all corporate units and establishments. Data come from administrative records on unit examination and registration by various departments, and information on increase, changes and cancellation of units obtained in regular statistical survey.

1-1 全国行政区划（2020年底）
Divisions of Administrative Areas in China (End of 2020)

单位：个 (unit)

省级区划名称 Provinces, Autonomous Regions and Municipalities	地级区划数 Number of Divisions at Prefecture Level	#地级市 Cities at Prefecture Level	县级区划数 Number of Divisions at County Level	#市辖区 Districts under the Jurisdiction of Cities	#县级市 Cities at County Level	#县 Counties	#自治县 Autonomous Counties	乡镇级区划数 Number of Divisions at Township Level	#镇 Towns	#乡级 Townships	#街道 Sub-districts
全　　国 National Total	**333**	**293**	**2844**	**973**	**388**	**1312**	**117**	**38741**	**21157**	**8809**	**8773**
北京市 Beijing			16	16				343	143	35	165
天津市 Tianjin			16	16				250	125	3	122
河北省 Hebei	11	11	167	49	21	91	6	2254	1230	713	310
山西省 Shanxi	11	11	117	26	11	80		1396	579	610	207
内蒙古自治区 Inner Mongolia	12	9	103	23	11	17		1024	508	270	246
辽宁省 Liaoning	14	14	100	59	16	17	8	1355	640	201	514
吉林省 Jilin	9	8	60	21	20	16	3	951	426	181	344
黑龙江省 Heilongjiang	13	12	121	54	21	45	1	1292	562	340	390
上海市 Shanghai			16	16				215	106	2	107
江苏省 Jiangsu	13	13	95	55	21	19		1258	712	31	515
浙江省 Zhejiang	11	11	90	37	20	32	1	1365	618	259	488
安徽省 Anhui	16	16	104	45	9	50		1501	968	271	262
福建省 Fujian	9	9	85	29	12	44		1107	658	264	185
江西省 Jiangxi	11	11	100	27	12	61		1566	830	568	168
山东省 Shandong	16	16	136	58	26	52		1822	1072	57	693
河南省 Henan	17	17	158	53	22	83		2453	1181	610	662
湖北省 Hubei	13	12	103	39	26	35	2	1251	761	161	329
湖南省 Hunan	14	13	122	36	18	61	7	1940	1133	392	415
广东省 Guangdong	21	21	122	65	20	34	3	1611	1116	11	484
广西壮族自治区 Guangxi	14	14	111	41	9	49	12	1251	806	312	133
海南省 Hainan	4	4	25	10	5	4	6	218	175	21	22
重庆市 Chongqing			38	26		8	4	1031	621	171	239
四川省 Sichuan	21	18	183	55	18	106	4	3230	1978	793	459
贵州省 Guizhou	9	6	88	16	9	51	11	1509	833	315	361
云南省 Yunnan	16	8	129	17	17	66	29	1410	678	540	192
西藏自治区 Tibet	7	6	74	8		66		697	142	534	21
陕西省 Shaanxi	10	10	107	30	6	71		1313	973	17	323
甘肃省 Gansu	14	12	86	17	5	57	7	1356	892	337	127
青海省 Qinghai	8	2	44	7	5	25	7	403	144	222	37
宁夏回族自治区 Ningxia	5	5	22	9	2	11		241	103	90	48
新疆维吾尔自治区 Xinjiang	14	4	106	13	26	61	6	1128	444	478	205
香港特别行政区 Hong Kong Special Administrative Region											
澳门特别行政区 Macao Special Administrative Region											
台湾省 Taiwan											

注：乡镇级区划总数包含河北省、新疆维吾尔自治区的各一个区公所。
a) Number of divisions at township level includes one district public office of Hebei and of Xinjiang separately.

1-2 国民经济和社会发展总量与速度指标

指 标	Item	1978
人口 （万人）	**Population (10 000 persons)**	
总人口(年末)	Total Population (year-end)	96259
城镇人口	Urban Population	17245
乡村人口	Rural Population	79014
就业 （万人）	**Employment (10 000 persons)**	
就业人员	Number of Employed Persons	40152
第一产业	Primary Industry	28318
第二产业	Secondary Industry	6945
第三产业	Tertiary Industry	4890
城镇登记失业人员	Number of Registered Unemployed Persons in Urban Areas	530
国民经济核算	**National Accounts**	
国民总收入 (亿元)	Gross National Income (GNI) (100 million yuan)	3678.7
国内生产总值 (亿元)	Gross Domestic Product (GDP) (100 million yuan)	3678.7
第一产业	Primary Industry	1018.5
第二产业	Secondary Industry	1755.1
第三产业	Tertiary Industry	905.1
人均国民总收入 (元)	Per Capita GNI (yuan)	384.7
人均国内生产总值 (元)	Per Capita GDP (yuan)	384.7
人民生活	**People's Livelihoods**	
全国居民人均可支配收入(元)	Per Capita Disposable Income of Households (yuan)	171
城镇居民人均可支配收入(元)	Per Capita Disposable Income of Urban Households (yuan)	343
农村居民人均可支配收入(元)	Per Capita Disposable Income of Rural Households (yuan)	134
财政 （亿元）	**Government Finance (100 million yuan)**	
一般公共预算收入	General Public Budget Revenue	1132.3
一般公共预算支出	General Public Budget Expenditure	1122.1
能源 （万吨标准煤）	**Energy (10 000 tce)**	
一次能源生产总量	Total Primary Energy Production	62770.0
能源消费总量	Total Energy Consumption	57144.0
固定资产投资	**Investment in Fixed Assets**	
全社会固定资产投资 (亿元)	Total Investment in Fixed Assets (100 million yuan)	
#房地产开发	Real Estate Development	

注：2020年能源数据为初步核算数(下表同)。
a) Energy data of 2020 are preliminary accounting figures. The same applies to the following tables.

Aggregate Indicators on National Economic and Social Development and Growth Rates

总量指标 Aggregate Indicator			指数(%) Index (%) (2020为以下各年) (2020 as Percentage of the Following Years)			平均增长速度(%) Average Annual Growth Rate (%)	
2000	2019	2020	1978	2000	2019	1979–2020	2001–2020
126743	141008	141212	146.7	111.4	100.1	0.9	0.5
45906	88426	90220	523.2	196.5	102.0	4.0	3.4
80837	52582	50992	64.5	63.1	97.0	-1.0	-2.3
72085	75447	75064	186.9	104.1	99.5	1.5	0.2
36043	18652	17715	62.6	49.2	95.0	-1.1	-3.5
16219	21234	21543	310.2	132.8	101.5	2.7	1.4
19823	35561	35806	732.2	180.6	100.7	4.9	3.0
595	945	1160	218.9	195.0	122.8	1.9	3.4
99066.1	983751.2	1008782.5	3987.0	530.9	101.9	9.2	8.7
100280.1	986515.2	1015986.2	4015.4	528.2	102.3	9.2	8.7
14717.4	70473.6	77754.1	590.2	214.3	103.0	4.3	3.9
45663.7	380670.6	384255.3	6009.5	560.3	102.6	10.2	9.0
39899.1	535371.0	553976.8	5810.7	606.1	102.1	10.2	9.4
7845.9	70131.2	71489.1	2701.6	475.0	101.3	8.2	8.1
7942.1	70328.2	71999.6	2720.9	472.6	101.7	8.2	8.1
3721	30733	32189	2737.3	546.7	102.1	8.2	8.9
6256	42359	43834	1728.4	452.1	101.2	7.0	7.8
2282	16021	17131	2144.2	438.0	103.8	7.6	7.7
13395.2	190390.1	182913.9	15600.7	1318.6	96.1	12.8	13.8
15886.5	238858.4	245679.0	21142.8	1497.5	102.9	13.6	14.5
138569.7	397317.2	408000.0	650.7	294.8	102.8	4.6	5.6
146964.0	487487.9	498000.0	871.9	339.0	102.2	5.3	6.3
32917.7	513608.3	527270.3			102.7		17.1
4984.1	132194.3	141442.9		2837.9	107.0		20.8

1-2 续表 1

指 标		Item		1978
对外经济贸易		**International Trade**		
货物进出口总额	(亿元)	Total Value of Imports and Exports	(100 million yuan)	355.0
出口额		Exports		167.7
进口额		Imports		187.4
外商直接投资	(亿美元)	Foreign Direct Investment	(100 million USD)	
农业		**Agriculture**		
农林牧渔业总产值	(亿元)	Gross Output Value of Agriculture, Forestry, Animal Husbandry and Fishery	(100 million yuan)	1397.0
主要农产品产量	(万吨)	Output of Major Farm Products	(10 000 tons)	
谷 物		Cereals		
棉 花		Cotton		216.7
油 料		Oil-bearing Crops		521.8
肉 类		Meat		943.0
水产品		Aquatic Products		465.4
工业		**Industry**		
主要工业产量		Output of Major Industrial Products		
原 煤	(亿吨)	Coal	(100 million tons)	6.2
天然气	(亿立方米)	Natural Gas	(100 million cu.m)	137.3
水 泥	(万吨)	Cement	(10 000 tons)	6524.0
粗 钢	(万吨)	Crude Steel	(10 000 tons)	3178.0
钢 材	(万吨)	Rolled Steel	(10 000 tons)	2208.0
金属切削机床	(万台)	Metal-cutting Machine Tools	(10 000 units)	18.3
汽 车	(万辆)	Motor Vehicles	(10 000 units)	14.9
发电机组	(万千瓦)	Power Generation Equipment	(10 000 kW)	483.8
发电量	(亿千瓦小时)	Electricity	(100 million kWh)	2565.5
规模以上工业企业主要指标	(亿元)	Principal Indicators of Industrial Enterprises above Designated Size	(100 million yuan)	
资产总计		Total Assets		
营业收入		Business Revenue		
利润总额		Total Profits		
建筑业		**Construction**		
建筑业总产值	(亿元)	Gross Output Value of Construction	(100 million yuan)	
房地产业		**Real Estate**		
房地产企业房屋施工面积	(万平方米)	Floor Space of Buildings under Construction	(10 000 sq.m)	
房地产企业房屋竣工面积	(万平方米)	Floor Space of Buildings Completed	(10 000 sq.m)	
房地产企业商品房销售面积	(万平方米)	Floor Space of Commercial Buildings Sold	(10 000 sq.m)	
#住宅		Residential Buildings		
房地产企业商品房销售额	(亿元)	Value of Sale of Commercial Buildings	(100 million yuan)	
#住宅		Residential Buildings		

continued

总量指标 Aggregate Indicator			指数(%) Index (%) (2020为以下各年) (2020 as Percentage of the Following Years)			平均增长速度(%) Average Annual Growth Rate (%)	
2000	2019	2020	1978	2000	2019	1979–2020	2001–2020
39273.3	315627.3	322215.2	90754.6	820.4	102.1	17.6	11.1
20634.4	172373.6	179278.8	106936.4	868.8	104.0	18.1	11.4
18638.8	143253.7	142936.4	76277.5	766.9	99.8	17.1	10.7
407.2	1381.3	1443.7		354.6	104.5		6.5
24915.8	123967.9	137782.2	934.4	238.7	103.4	5.5	4.4
40522.4	61369.7	61674.3		152.2	100.5		2.1
441.7	588.9	591.0	272.8	133.8	100.4	2.4	1.5
2954.8	3493.0	3586.4	687.3	121.4	102.7	4.7	1.0
6013.9	7758.8	7748.4	821.7	128.8	99.9	5.1	1.3
3706.2	6480.4	6549.0	1407.3	176.7	101.1	6.5	2.9
13.8	38.5	39.0	631.4	281.9	101.5	4.5	5.3
272.0	1753.6	1925.0	1402.0	707.7	109.8	6.5	10.3
59700.0	234430.6	239470.8	3670.6	401.1	102.1	9.0	7.2
12850.0	99541.9	106476.7	3350.4	828.6	107.0	8.7	11.2
13146.0	120456.9	132489.2	6000.4	1007.8	110.0	10.2	12.2
17.7	42.1	43.9	239.6	248.6	104.3	2.1	4.7
207.0	2567.7	2532.5	16985.2	1223.4	98.6	13.0	13.3
1249.0	9073.7	13384.5	2766.5	1071.6	147.5	8.2	12.6
13556.0	75034.3	77790.6	3032.2	573.8	103.7	8.5	9.1
126211	1205869	1303499					
84152	1067397	1083658					
4393	65799	68465					
12498	248443	263947		2111.9	106.2		16.5
65897	893821	926759		1406.4	103.7		14.1
25105	95942	91218		363.3	95.1		6.7
18637	171558	176086		944.8	102.6		11.9
16570	150144	154878		934.7	103.2		11.8
3935	159725	173613		4411.5	108.7		20.8
3229	139440	154567		4787.4	110.8		21.3

1-2 续表 2

指标		Item		1978
批发、零售和旅游业		**Wholesale, Retail Sales and Tourism**		
社会消费品零售总额	(亿元)	Total Retail Sales of Consumer Goods	(100 million yuan)	1558.6
入境旅客	(万人次)	Number of Oversea Tourists	(10 000 person-times)	180.9
#外国人	(万人次)	Foreigners	(10 000 person-times)	23.0
国内旅客	(百万人次)	Number of Domestic Tourists	(million person-times)	
国内旅游总花费	(亿元)	Earnings from Domestic Tourism	(100 million yuan)	
交通运输业		**Transport**		
客运量	(万人)	Passenger Traffic	(10 000 persons)	253993.0
铁 路		Railways		81491.0
公 路		Highways		149229.0
水 路		Waterways		23042.0
民 航		Civil Aviation		231.0
货运量	(万吨)	Freight Traffic	(10 000 tons)	319431.4
铁 路		Railways		110119.0
公 路		Highways		151602.0
水 路		Waterways		47357.0
民 航		Civil Aviation		6.4
管 道		Pipelines		10347.0
沿海规模以上港口货物吞吐量	(万吨)	Volume of Freight Handled at Coastal Ports above Designated Size	(10 000 tons)	
民用汽车拥有量	(万辆)	Possession of Civil Motor Vehicles	(10 000 sets)	135.8
#私人汽车		Private Vehicles		
邮政、电信和信息软件业		**Postal, Telecommunication & Information Services**		
邮政业务总量	(亿元)	Business Volume of Postal Services	(100 million yuan)	14.9
电信业务总量	(亿元)	Business Volume of Telecommunication Services	(100 million yuan)	19.2
移动电话年末用户	(万户)	Number of Mobile Phone Subscribers at Year-end	(10 000 subscribers)	
固定电话年末用户	(万户)	Number of Fixed Telephone Subscribers at Year-end	(10 000 subscribers)	192.5
互联网宽带接入用户	(万户)	Broadband Subscribers of Internet	(10 000 subscribers)	
软件业务收入	(亿元)	Revenue from Software Service	(100 million yuan)	
金融业		**Financial Intermediation**		
社会融资规模存量	(万亿元)	Aggregate Financing to the Real Economy (Stock)	(trillion yuan)	
货币和准货币(M_2)	(万亿元)	Money and Quasi-Money (M_2)	(trillion yuan)	
货币(M_1)	(万亿元)	Money (M_1)	(trillion yuan)	
流通中现金(M_0)	(万亿元)	Currency in Circulation (M_0)	(trillion yuan)	
金融机构人民币各项存款余额	(万亿元)	Deposits of Financial Institutions	(trillion yuan)	0.1
金融机构人民币各项贷款余额	(万亿元)	Loans of Financial Institutions	(trillion yuan)	0.2
境内股票发行金额	(亿元)	Proceeds Raised in Domestic Stock Market	(100 million yuan)	
保险公司保费金额	(亿元)	Insurance Premium of Insurance Companies	(100 million yuan)	
保险公司赔款及给付金额	(亿元)	Claim and Payment of Insurance Companies	(100 million yuan)	

continued

总量指标 Aggregate Indicator			指数(%) Index (%) (2020为以下各年) (2020 as Percentage of the Following Years)			平均增长速度(%) Average Annual Growth Rate (%)	
2000	2019	2020	1978	2000	2019	1979–2020	2001–2020
38447.1	408017.2	391980.6	25149.5	1019.5	96.1	14.1	12.3
8344.4	14530.8						
1016.0	3188.3						
744.0	6006.0	2879.0		387.0	47.9		7.0
3175.5	57250.9	22286.3		701.8	38.9		10.2
1478572.5	1760435.7	966539.7	380.5	65.4	54.9	3.2	-2.1
105072.5	366002.3	220349.9	270.4	209.7	60.2	2.4	3.8
1347392.0	1301172.9	689425.0	462.0	51.2	53.0	3.7	-3.3
19386.0	27267.1	14987.0	65.0	77.3	55.0	-1.0	-1.3
6721.7	65993.4	41777.8	18085.6	621.5	63.3	13.2	9.6
1358681.7	4713624.4	4729579.0	1480.6	348.1	100.3	6.6	6.4
178581.0	438904.4	455236.2	413.4	254.9	103.7	3.4	4.8
1038813.0	3435480.0	3426413.0	2260.1	329.8	99.7	7.7	6.1
122391.0	747225.5	761630.0	1608.3	622.3	101.9	6.8	9.6
196.7	753.1	676.6	10572.0	344.0	89.8	11.7	6.4
18700.0	91261.4	85623.2	827.5	457.9	93.8	5.2	7.9
125603.0	918773.8	948002.2		754.8	103.2		10.6
1608.9	25376.4	27340.9	20127.3	1699.3	107.7	13.5	15.2
625.3	22509.0	24291.2		3884.5	107.9		20.1
232.8	16229.6	21053.2					
4559.9	106810.7	136763.3					
8453.3	160134.5	159407.0		1885.7	99.5		15.8
14482.9	19103.3	18190.8	9447.6	125.6	95.2	11.4	1.1
	44927.9	48355.0			107.6		
	72071.9	81585.9			113.2		
	251.4	284.8			113.3		
13.5	198.6	218.7		1549.4	110.1		14.7
5.3	57.6	62.6		1157.4	108.6		13.0
1.5	7.7	8.4		575.9	109.2		9.1
12.4	192.9	212.6	173843.2	1631.1	110.2	19.4	15.0
9.9	153.1	172.7	112782.0	1866.1	112.8	18.2	15.8
1515.8	12538.8	14221.6		938.2	113.4		11.8
1598.0	42644.8	45257.3		2832.1	106.1		18.2
526.0	12893.9	13907.1		2643.9	107.9		17.8

1-2 续表 3

指 标	Item	1978
科学技术	**Science and Technology**	
研究与试验发展经费支出 (亿元)	Expenditure on R&D (100 million yuan)	
发明专利申请授权数 (件)	Number of Invention Patent Grants (pieces)	
技术市场成交额 (亿元)	Transaction Value in Technical Markets (100 million yuan)	
教育	**Education**	
专任教师数 (万人)	Full-time Teachers (10 000 persons)	
#普通高等学校	Regular Higher Education Institutions	20.6
普通高中	Regular Senior Secondary Schools	74.1
初中	Junior Secondary Schools	244.1
普通小学	Regular Primary Schools	522.6
在校学生数 (万人)	Total Enrollment (10 000 persons)	
#普通本专科	Undergraduates with Normal or Short-cycle Courses	85.6
普通高中	Regular Senior Secondary Schools	1553.1
初中	Junior Secondary Schools	4995.2
普通小学	Regular Primary Schools	14624.0
教育经费支出 (亿元)	Government Expenditure on Education (100 million yuan)	
卫生	**Public Health**	
医院 (个)	Hospitals (unit)	9293.0
执业(助理)医师 (万人)	Licensed (Assistant) Physicians (10 000 persons)	97.8
医院床位数 (万张)	Number of Hospital Beds (10 000 units)	110.0
卫生总费用 (亿元)	Total Health Expenditure (100 million yuan)	110.2
文化体育	**Culture**	
图书出版总印数 (亿册、亿张)	Number of Books Published (100 million copies)	37.7
电视节目制作时间 (万小时)	Time for TV Programs Production (10 000 hours)	
故事影片产量 (部)	Production of Feature Films (film)	46.0
社会保险	**Welfare and Social Insurance**	
社会保险基金收入 (亿元)	Revenue of Social Insurance Fund (100 million yuan)	
社会保险基金支出 (亿元)	Expenses of Social Insurance Fund (100 million yuan)	
参加基本养老保险人数 (万人)	Participants in Basic Endowment Insurance (10 000 persons)	
参加失业保险人数 (万人)	Participants in Unemployment Insurance (10 000 persons)	
参加基本医疗保险人数 (万人)	Participants in Basic Medical Insurance (10 000 persons)	

注：本表速度指标中，国民总收入、国内生产总值及三次产业增加值、城乡居民收入、财政收支、货币供应量等指标均按可比价格计算；固定资产投资类指标平均增长速度按累计法计算；其他指标按绝对数计算。

continued

总量指标 Aggregate Indicator			指数(%) Index (%) (2020为以下各年) (2020 as Percentage of the Following Years)			平均增长速度(%) Average Annual Growth Rate (%)	
2000	2019	2020	1978	2000	2019	1979–2020	2001–2020
896.0	22143.6	24393.1		2722.4	110.2		18.0
12683.0	452804.0	530127.0		4179.8	117.1		20.5
651.0	22398.4	28251.5		4339.7	126.1		20.7
46.3	174.0	183.3	889.8	395.9	105.3	5.3	7.1
75.7	185.9	193.3	260.9	255.4	104.0	2.3	4.8
328.7	374.7	386.1	158.2	117.5	103.0	1.1	0.8
586.0	626.9	643.4	123.1	109.8	102.6	0.5	0.5
556.1	3031.5	3285.3	3838.0	590.8	108.4	9.1	9.3
1201.3	2414.3	2494.5	160.6	207.6	103.3	1.1	3.7
6256.3	4827.1	4914.1	98.4	78.5	101.8	0.0	-1.2
13013.3	10561.2	10725.4	73.3	82.4	101.6	-0.7	-1.0
3849.1	50178.1						
16318.0	34354.0	35394.0	380.9	216.9	103.0	3.2	3.9
207.6	386.7	408.6	417.7	196.8	105.7	3.5	3.4
216.7	686.7	713.1	648.3	329.1	103.9	4.6	6.1
4586.6	65841.4	72175.0	65488.6	1573.6	109.6	16.7	14.8
62.7	106.0	103.7	275.1	165.4	97.9	2.4	2.5
58.5	345.6	328.2		561.1	95.0		9.0
91.0	850.0	531.0	1154.3	583.5	62.5	6.0	9.2
2644.9	83550.4	75512.5		2855.0	90.4		18.2
2385.6	75346.6	78611.8		3295.3	104.3		19.1
13617.4	96753.9	99864.9		733.4	103.2		10.5
10408.4	20542.7	21689.5		208.4	105.6		3.7
3786.9	135407.4	136131.1		3594.7	100.5		19.6

a) Indices and growth rates of the follow indicators are calculated at comparable prices: gross national income, gross domestic product, value added of the primary, secondary and tertiary industries, income of urban and rural residents, government finance, money supply, etc. The average annual growth rate of total investment in fixed assets is calculated at the accumulate method. Growth rates of other indicators are calculated with their values.

1-3 国民经济和社会发展结构指标
Composition Indicators on National Economic and Social Development

单位：% (%)

指　　标	Item	1978	2000	2019	2020
人口	**Population**				
性别	Gender Composition				
男	Male	51.5	51.6	51.1	51.2
女	Female	48.5	48.4	48.9	48.8
年龄	Age				
0-14岁	Aged 0-14		22.9	16.8	17.9
15-64岁	Aged 15-64		70.1	70.6	68.6
65岁及以上	Aged 65 and Over		7.0	12.6	13.5
城乡	Urban and Rural Composition				
城镇	Urban Areas	17.9	36.2	62.7	63.9
乡村	Rural Area	82.1	63.8	37.3	36.1
国民经济核算	**National Accounts**				
国内生产总值(生产法)	Gross Domestic Product (Production Approach)				
第一产业	Primary Industry	27.7	14.7	7.1	7.7
第二产业	Secondary Industry	47.7	45.5	38.6	37.8
第三产业	Tertiary Industry	24.6	39.8	54.3	54.5
国内生产总值(支出法)	Gross Domestic Product (Expenditure Approach)				
消费支出	Expenses on Consumption	61.9	63.9	55.8	54.3
固定资本形成	Fixed Capital Formation	38.4	33.7	43.1	43.1
净出口	Net Exports	-0.3	2.4	1.2	2.6
就业	**Employment**				
第一产业	Primary Industry	70.5	50.0	24.7	23.6
第二产业	Secondary Industry	17.3	22.5	28.2	28.7
第三产业	Tertiary Industry	12.2	27.5	47.1	47.7
人民生活	**People's Livelihoods**				
城镇居民人均消费支出	Per Capita Consumption Expenditure of Urban Households				
食品烟酒	Food, Tobacco and Liquor		38.6	27.6	29.2
衣　着	Clothing and Footwear		9.7	6.5	6.1
居　住	Housing		13.5	24.2	25.8
生活用品及服务	Household Facilities, Articles and Services		7.4	6.0	6.1
交通通信	Transport and Communications		8.2	13.1	12.9
教育文化娱乐	Education, Culture and Recreation		12.9	11.9	9.6
医疗保健	Health Care and Medical Services		6.4	8.1	8.0
其他用品及服务	Miscellaneous Goods and Services		3.2	2.7	2.4
农村居民人均消费支出	Per Capita Consumption Expenditure of Rural Households				
食品烟酒	Food, Tobacco and Liquor		48.3	30.0	32.7
衣　着	Clothing and Footwear		5.7	5.4	5.2
居　住	Housing		15.8	21.5	21.6
生活用品及服务	Household Facilities, Articles and Services		4.5	5.7	5.6
交通通信	Transport and Communications		5.6	13.8	13.4
教育文化娱乐	Education, Culture and Recreation		11.9	11.1	9.5
医疗保健	Health Care and Medical Services		5.2	10.7	10.3
其他用品及服务	Miscellaneous Goods and Services		3.0	1.8	1.6

1-3 续表 1 continued

单位：% (%)

指 标	Item	1978	2000	2019	2020
财政	**Government Finance**				
一般公共预算收入	General Public Budget Revenue				
中央	Central Government	15.5	52.2	46.9	45.3
地方	Local Governments	84.5	47.8	53.1	54.7
一般公共预算支出	General Public Budget Expenditure				
中央	Central Government	47.4	34.7	14.7	14.3
地方	Local Governments	52.6	65.3	85.3	85.7
一般公共预算收入中	Of General Public Budget Revenue				
税收收入	Tax Revenue	45.9	93.9	83.0	84.4
#国内增值税	Domestic Value-added Tax		34.0	32.7	31.0
国内消费税	Domestic Consumption Tax		6.4	6.6	6.6
企业所得税	Corporate Income Tax		7.5	19.6	19.9
个人所得税	Individual Income Tax		4.9	5.5	6.3
关 税	Tariffs	2.5	5.6	1.5	1.4
能源	**Energy**				
能源生产	Energy Production				
原煤	Raw Coal	70.3	72.9	68.5	67.6
原油	Crude Oil	23.7	16.8	6.9	6.8
天然气	Natural Gas	2.9	2.6	5.6	6.0
一次电力及其他能源	Primary Electricity and Other Energy	3.1	7.7	19.0	19.6
能源消费	Energy Consumption				
煤炭	Coal	70.7	68.5	57.7	56.8
石油	Petroleum	22.7	22.0	19.0	18.9
天然气	Natural Gas	3.2	2.2	8.0	8.4
一次电力及其他能源	Primary Electricity and Other Energy	3.4	7.3	15.3	15.9
货物进出口	**Imports and Exports of Goods**				
出口	Exports				
初级产品	Primary Goods		10.2	5.4	4.5
工业制成品	Manufactured Goods		89.8	94.6	95.5
进口	Imports				
初级产品	Primary Goods		20.8	35.1	33.3
工业制成品	Manufactured Goods		79.2	64.9	66.7
农业	**Agriculture**				
农林牧渔业总产值	Gross Output Value of Agriculture, Forestry, Animal Husbandry and Fishery				
#农业	Farming	80.0	55.7	53.3	52.1
林业	Forestry	3.4	3.8	4.7	4.3
牧业	Animal Husbandry	15.0	29.7	26.7	29.2
渔业	Fishery	1.6	10.9	10.1	9.3
工业(规模以上)	**Industry (above designated size)**				
工业企业资产	Assets of Industrial Enterprises				
采矿业	Mining			8.1	8.3
制造业	Manufacturing			75.6	75.2
电力、热力、燃气及水生产和供应业	Production and Supply of Electricity, Heat, Gas and Water			16.3	16.5

1-3 续表 2 continued

单位：%　　　　(%)

指　　标	Item	1978	2000	2019	2020
工业企业资产	Assets of Industrial Enterprises				
大型企业	Large Enterprises		56.3	47.2	46.4
中型企业	Medium-sized Enterprises		12.9	22.5	22.5
小型企业	Small Enterprises		30.8	30.3	31.1
交通运输业	**Transport**				
货运量	Freight Traffic				
铁　路	Railways	34.5	13.1	9.3	9.6
公　路	Highways	47.5	76.5	72.9	72.4
水　路	Waterways	14.8	9.0	15.9	16.1
民　航	Civil Aviation	0.002	0.014	0.016	0.014
管　道	Pipelines	3.2	1.4	1.9	1.8
科技	**Science and Technology**				
研究与试验发展经费支出	Expenditure on R&D				
#基础研究	Basic Research		5.2	6.0	6.0
应用研究	Applied Research		17.0	11.3	11.3
试验发展	Experimental Development		77.8	82.7	82.7
#政府资金	Government Funds			20.5	19.8
企业资金	Enterprises Funds			76.3	77.5
教育	**Education**				
教育经费	Education Funds				
国家财政性教育经费	Government Appropriation for Education		66.6	79.8	
#一般公共预算教育经费	General Public Budget Expenditure on Educatic		56.9	69.1	
卫生	**Public Health**				
卫生技术人员	Health Technical Personnel				
#执业(助理)医师	Licensed (Assistant) Physicians	39.7	46.2	38.1	38.3
注册护士	Registered Nurses	16.4	28.2	43.8	44.1
药师(士)	Pharmacists	10.8	9.2	4.8	4.7
卫生费用	Total Health Expenditure				
政府卫生支出	Government Health Expenditure	32.2	15.5	27.4	30.4
社会卫生支出	Social Health Expenditure	47.4	25.6	44.3	41.9
个人现金卫生支出	Out-of-Pocket Health Expenditure	20.4	59.0	28.4	27.7
社会保障	**Social Security**				
社会保险基金收入	Revenue of Social Insurance Fund				
基本养老保险	Basic Endowment Insurance		86.1	68.3	65.2
失业保险	Unemployment Insurance		6.1	1.5	1.3
基本医疗保险	Basic Medical Insurance		6.4	29.2	32.9
工伤保险	Work-Related Injury Insurance		0.9	1.0	0.6
生育保险	Birth Insurance		0.4		
社会保险基金支出	Expenses of Social Insurance Fund				
基本养老保险	Basic Endowment Insurance		88.7	69.5	69.5
失业保险	Unemployment Insurance		5.2	1.8	2.7
基本医疗保险	Basic Medical Insurance		5.2	27.7	26.8
工伤保险	Work-Related Injury Insurance		0.6	1.1	1.0
生育保险	Birth Insurance		0.3		

注：1.从2017年起，“公共财政教育经费”改为“一般公共预算教育经费”。“一般公共预算教育经费”数据1992-2012年包括教育事业费基建经费、教育费附加、科研经费和其他经费，2012年起包括教育事业费、基建经费和教育费附加。
2.2007年及以后基本医疗保险基金中包括职工基本医疗保险和城乡居民基本医疗保险。
3.2010年及以后基本养老保险基金中包括城镇职工基本养老保险和城乡居民基本养老保险。
4.2019年起，基本医疗保险基金包含生育保险基金。

a) Since 2017, the "public expenditure on education" has been changed to "general public budget expenditure on education", which included the appropriated funds for education, capital construction, education surcharges, scientific research, and other funds from 1992 to 2012. Since 2012, it includes the appropriated funds for education, capital construction, and education surcharges.

b) Data of basic medical insurance include the basic medical insurance for workers and the basic medical insurance for urban and rural residents from 2007.

c) Data of basic endowment insurance for 2010 and following years include the basic endowment insurance for urban workers and basic endowment insurance for urban and rural residents.

d) Since 2019, the data of basic medical care insurance fund includes the data of birth insurance fund.

1-4 国民经济和社会发展比例和效益指标
Proportion and Efficiency Indicators on National Economic and Social Development

指 标	Item	1978	2000	2019	2020
人口与就业	**Population and Employment**				
出生率 (‰)	Birth Rate (‰)	18.25	14.03	10.41	8.52
死亡率 (‰)	Death Rate (‰)	6.25	6.45	7.09	7.07
自然增长率 (‰)	Natural Growth Rate (‰)	12.00	7.58	3.32	1.45
总抚养比 (%)	Gross Dependency Ratio (%)		42.6	41.5	45.9
少儿抚养比 (%)	Children Dependency Ratio (%)		32.6	23.8	26.2
老年抚养比 (%)	Elderly Dependency Ratio (%)		9.9	17.8	19.7
城镇登记失业率 (%)	Registered Unemployment Rate in Urban Areas (%)	5.3	3.1	3.62	4.24
城镇调查失业率 (%)	Surveyed Unemployment Rate in Urban Areas (%)			5.2	5.2
国民经济核算	**National Accounts**				
人均国民总收入 (元)	Per Capita GNI (yuan)	385	7846	70131	71489
人均国内生产总值 (元)	Per Capita GDP (yuan)	385	7942	70328	72000
人民生活	**People's Livelihoods**				
城乡收入比(农村居民收入为1)	Urban and Rural Income Ratio(Rural Income as 1)	2.57	2.74	2.64	2.56
基尼系数	Gini Coefficient			0.465	0.468
农村贫困发生率(2010年标准) (%)	Rural Poverty(2010's standard) (%)	97.5	49.8	0.6	全部脱贫
财政	**Government Finance**				
一般公共预算收入与国内生产总值之比(%)	Proportion of Government Revenue to GDP (%)	30.8	13.4	19.3	18.0
一般公共预算支出与国内生产总值之比(%)	Proportion of Government Expenditure to GDP (%)	30.5	15.8	24.2	24.2
外债	Foreign Debts				
偿债率 (%)	Debt Servicing Ratio (%)		9.2	6.7	6.5
负债率 (%)	Liability Ratio (%)		12.0	14.5	16.3
债务率 (%)	Debt Ratio (%)		52.1	78.3	87.9
能源	**Energy**				
能源生产弹性系数	Elasticity Ratio of Energy Production		0.59	0.82	1.22
电力生产弹性系数	Elasticity Ratio of Electricity Production		1.11	0.78	1.61
能源消费弹性系数	Elasticity Ratio of Energy Consumption		0.53	0.55	0.96
电力消费弹性系数	Elasticity Ratio of Electricity Consumption		1.12	0.78	1.35
万元国内生产总值能源消费量 (吨标准煤/万元)	Energy Consumption per 10000 yuan of GDP (tce/10 000 yuan)		1.47	0.55	0.55
能源加工转换总效率 (%)	Total Efficiency of Energy Transformation (%)		69.40	73.30	
对外贸易	**International Trade**				
进出口总额与国内生产总值之比 (按人民币计算) (%)	Proportion of Total Value of Imports & Exports to GDP (calculated by RMB) (%)	9.7	39.2	32.0	31.7

注：1.计算万元国内生产总值能源消费量的国内生产总值，2000年按2000年可比价计算，2019年、2020年按2015年可比价计算。
2.2020年电力消费数据来源于中国电力企业联合会。

a) The national energy consumption per 10000 yuan of GDP are calculated at 2000 constant prices in 2000, and at 2015 constant prices in 2019 and 2020.

b) The electricity consumption data of 2020 are from China Electricity Council.

1-4 续表 continued

指 标	Item	1978	2000	2019	2020
农业	**Agriculture**				
每公顷播种面积农产品产量（公斤）	Output of Farm Crops per Hectare of Sown Area (kg)				
谷物	Cereals		4753	6272	6296
棉花	Cotton	445	1093	1764	1865
工业	**Industry**				
资产负债率 (%)	Assets-Liability Ratio (%)		60.81	56.48	56.42
流动资产周转次数 （次/年）	Turnover of Current Assets (times/year)		1.62	1.81	1.67
成本费用利润率 (%)	Ratio of Profits to Cost (%)		5.56	6.66	6.82
交通运输业	**Transport**				
铁路网密度 （公里/万平方公里）	Railway Density (km/10 000 sq.km)	53.9	71.5	145.8	152.4
公路网密度 （公里/万平方公里）	Highway Density (km/10 000 sq.km)	927.3	1749.8	5221.3	5414.7
邮电通信业	**Postal and Telecommunication Services**				
电话普及率(含移动电话)(部/百人)	Popularization Rate of Telephones (Include Mobile Phones) (set/100 persons)	0.4	19.1	128.0	125.8
#移动电话普及率 （部/百人）	Popularization Rate of Mobile Phones (set/100 persons)		6.7	114.4	112.9
金融业	**Financial Intermediation**				
货币和准货币(M_2)与国内生产总值之比 (%)	Proportion of Money and Quasi-Money(M_2) to GDP (%)		134.2	201.4	215.2
金融机构存款与国内生产总值之比 (%)	Proportion of Deposits of Financial Institutions to GDP (%)	31.4	123.5	195.5	209.2
金融机构贷款与国内生产总值之比 (%)	Proportion of Loans of Financial Institutions to GDP (%)	51.4	99.1	155.2	170.0
科技	**Science and Technology**				
研究与试验发展经费内部支出与国内生产总值之比 (%)	Proportion of R&D Expenditure to GDP (%)		0.89	2.24	2.40
教育	**Education**				
小学学龄儿童净入学率 (%)	Net Enrollment Ratio of Primary Schools (%)	95.5	99.1	99.9	100.0
小学升学率 (%)	Promotion Rate from Primary Schools to Junior Secondary Schools (%)	87.7	94.9	99.5	99.5
初中升学率 (%)	Promotion Rate from Junior Secondary Schools to Senior Secondary Schools (%)	40.9	51.2	95.5	94.6
卫生	**Public Health**				
每万人口执业(助理)医师数 （人）	Number of Licensed Physicians & Physician Assistants per 10 000 Population (person)	10.8	16.8	27.7	29.0
每万人口医疗卫生机构床位数(张)	Number of Beds at Health Institutions per 10 000 Population (bed)			63.0	64.6
医院病床使用率 (%)	Utilization Rate of Beds at Health Institutions (%)		60.8	83.6	72.3
城市市政建设	**Urban Municipal Development**				
供水普及率 (%)	Coverage Rate of Urban Population with Access to Tap Water(%)		63.9	98.8	99.0
燃气普及率 (%)	Coverage Rate of Urban Population with Access to Gas (%)		45.4	97.3	97.9
人均公园绿地面积 （平方米）	Public Recreational Green Space Per Capita (sq.m)		3.7	14.4	14.8

注：1.城市市政建设中，计算人均和普及率指标所使用的人口数2006年以前为城市人口，2006年起为城区人口与城区暂住人口之和，以公安部门的户籍统计和暂住人口统计为准。
2.2006年以前"人均公园绿地面积"为"人均公共绿地面积"。

a) In urban municipal development, per capita data and coverage rate are calculated on the basis of city population before 2006. Since 2006, they are calculated on the basis of the sum of urban area population and temporary residing population from the household registration by the Ministry of Public Security.

b) Since 2006, Public Green Space Per Capita is changed to be Public Recreational Green Space Per Capita.

1-5 按主要行业分法人单位数
Number of Corporate Units by Sector

单位：个 (unit)

年份 地区	Year Region	合计 Total	农、林、牧、渔业 Agriculture, Forestry, Animal Husbandry and Fishery	采矿业 Mining	制造业 Manufacturing	电力、热力、燃气及水生产和供应业 Production and Supply of Electricity, Heating, Gas and Water	建筑业 Construction	批发和零售业 Wholesale and Retail Trades
	2005	5647823	68800	89430	1451556	43148	149471	994953
	2006	6068912	78205	93967	1579406	45922	170180	1122489
	2007	6495064	98546	97678	1702455	49052	190517	1246042
	2008	7098765	2023	97315	1818370	57923	226768	1403141
	2009	8003868	184764	103403	1959254	62038	261694	1670315
	2010	8754588	242429	104065	2098370	64151	302232	1965118
	2011	9593729	321086	105490	2240315	66652	346026	2276295
	2012	10616530	440853	107596	2380759	69947	391392	2630690
	2013	10825611	161824	89112	2252225	70409	347519	2810531
	2014	13701440	951045	101673	2616671	79679	464975	3513338
	2015	15729199	1204724	103426	2801143	87486	574128	4199026
	2016	18191382	1481473	104074	3019269	99469	754512	5041698
	2017	22009092	1926771	108900	3483617	120736	1045232	6252424
	2018	21787273	232818	70191	3269606	110714	1218463	6499161
	2019	25280211	1879887	70983	3463346	113649	1458539	7155907
	2020	29389255	2090924	80683	3846747	123729	1901819	8415106
北京	Beijing	1174904	7315	70	25025	1427	42143	307996
天津	Tianjin	371124	11246	80	42926	965	26463	95568
河北	Hebei	1456954	117945	5279	250033	6022	120241	411316
山西	Shanxi	772765	104786	6643	43690	5907	58195	221278
内蒙古	Inner Mongolia	439523	68491	4635	27812	3365	34692	110098
辽宁	Liaoning	748782	60355	4012	100250	3658	46855	208749
吉林	Jilin	237731	34884	1063	22457	1757	13888	55953
黑龙江	Heilongjiang	344360	59153	2029	29455	2719	17456	79395
上海	Shanghai	532762	5482	5	55728	245	21317	161888
江苏	Jiangsu	2540015	55010	345	548185	5193	195165	735916
浙江	Zhejiang	2277240	52432	944	501768	6281	87747	754359
安徽	Anhui	1160828	115230	1397	141296	5989	107387	307510
福建	Fujian	1156978	59673	1811	158080	6853	55581	404678
江西	Jiangxi	765836	86027	4045	89404	8060	54839	201735
山东	Shandong	2842426	160524	2795	416009	7884	245179	906404
河南	Henan	1652264	171732	3435	159715	5337	114702	500883
湖北	Hubei	1183265	83408	2977	114737	5826	102993	314974
湖南	Hunan	831104	87971	4011	75839	7309	51860	191685
广东	Guangdong	3526206	48290	2862	647485	10550	139563	1097327
广西	Guangxi	754741	89695	3914	53555	3738	38744	196525
海南	Hainan	140362	12577	209	4510	498	12249	29772
重庆	Chongqing	642720	83236	1381	57984	2371	25288	190309
四川	Sichuan	934554	99709	3536	72084	6032	65208	216758
贵州	Guizhou	543603	110156	4757	52591	2445	33578	119765
云南	Yunnan	741669	104282	6271	43405	3367	52690	203469
西藏	Tibet	49889	2871	316	3873	294	7994	7233
陕西	Shaanxi	689053	61675	5509	49204	3688	79521	175186
甘肃	Gansu	302596	66112	1416	16231	1776	16078	62709
青海	Qinghai	112136	18810	543	5636	860	8543	22228
宁夏	Ningxia	133774	20259	728	9784	718	8913	35299
新疆	Xinjiang	329091	31588	3665	27996	2595	16747	88141

注：2008年农、林、牧、渔业法人单位数为兼营第二、三产业的农、林、牧、渔业法人单位；2013年农、林、牧、渔业法人单位数为农、林、牧、渔服务业和兼营第二、三产业的农、林、牧、渔业法人单位；2013年法人单位数不包括金融业、铁路运输业和无分组标识的部分数据；2018年农、林、牧、渔业法人单位数为农、林、牧、渔专业及辅助性活动和兼营第二、三产业的农、林、牧、渔业法人单位；2018年法人单位数不包括无分组标识的数据。

a) Number of legal entities of agriculture, forestry, animal husbandry and fishery in 2008 refers to those also engaged in the secondary and tertiary industries at part time. Number of legal entities of agriculture, forestry, animal husbandry and fishery in 2013 refers to those engaged in services for agriculture, forestry, animal husbandry and fishery as well as also engaged in the secondary and tertiary industries at part time. Number of legal entities in 2013 refers to those excluding financial intermediation, railway transportation and some no divided identifier. Number of legal entities of agriculture, forestry, animal husbandry and fishery in 2018 refers to those engaged in services for agriculture, forestry, animal husbandry and fishery as well as also engaged in the secondary and tertiary industries at part time. Number of legal entities in 2018 refers to those excluding financial intermediation, railway transportation and some no divided identifier.

1-5 续表 1 continued

单位：个 (unit)

年份 Year / 地区 Region	交通运输、仓储和邮政业 Transport, Storage and Post	住宿和餐饮业 Hotels and Catering Services	信息传输、软件和信息技术服务业 Information Transmission, Software and Information Technology	金融业 Financial Intermediation	房地产业 Real Estate	租赁和商务服务业 Leasing and Business Services	科学研究和技术服务业 Scientific Research and Technical Services
2005	91565	101853	85499	26828	148059	291498	153076
2006	104635	109892	100614	29201	165865	331904	166240
2007	117228	118173	115101	31815	187444	368763	176677
2008	157589	145297	153290	28668	214391	427001	201689
2009	175914	154895	176326	36907	244043	511666	233221
2010	195829	164762	191182	45512	284726	590478	256865
2011	219630	172070	208867	55513	323985	687575	283777
2012	249832	186837	245669	67554	356717	813851	324932
2013	262048	199592	226107		343924	916953	455778
2014	323044	235337	289162	91583	419618	1161947	544309
2015	378705	274283	387842	109711	466100	1440572	661022
2016	443325	317619	507674	122516	533557	1768005	813251
2017	540994	378974	719150	135068	642893	2242096	1035170
2018	577233	431323	919879	137934	744924	2551306	1275579
2019	629631	449277	1047408	131744	811663	2825375	1390741
2020	748046	514980	1285534	142488	933969	3394995	1738335
北京 Beijing	20656	35847	76341	7778	30112	221441	222040
天津 Tianjin	16035	5672	17825	4738	13752	48083	42869
河北 Hebei	37489	17538	49354	4365	51251	124301	72442
山西 Shanxi	21188	12368	36222	2824	24282	72254	34791
内蒙古 Inner Mongolia	14153	4917	11255	1763	14905	41848	19582
辽宁 Liaoning	26407	10122	33783	3873	27175	75878	37584
吉林 Jilin	6869	2770	6907	1375	8140	19754	10343
黑龙江 Heilongjiang	10831	2993	12594	1544	10893	28176	18145
上海 Shanghai	20153	20695	28013	9602	23425	86456	37615
江苏 Jiangsu	73866	32208	113158	6193	72874	251853	182643
浙江 Zhejiang	48213	33787	112541	16626	63792	237068	103928
安徽 Anhui	31798	21335	45235	3439	34455	137351	57701
福建 Fujian	23530	16900	70248	4733	26042	124636	54197
江西 Jiangxi	24805	10151	31528	2018	21157	86737	27219
山东 Shandong	82583	41439	105443	9842	73834	297319	153680
河南 Henan	31923	24403	66983	2920	54504	158736	92406
湖北 Hubei	30590	19944	64252	3305	39805	146105	71496
湖南 Hunan	17452	14484	33795	2235	26286	90197	56458
广东 Guangdong	82795	59860	180484	30521	132006	554117	209766
广西 Guangxi	20399	12713	27898	3174	29889	100500	38701
海南 Hainan	2926	3674	7860	821	13110	19885	7039
重庆 Chongqing	14260	25902	27586	2033	20038	72995	24265
四川 Sichuan	22198	19025	38077	3465	30775	110135	48100
贵州 Guizhou	10370	18625	11738	1641	15427	49635	13804
云南 Yunnan	16717	18052	26952	3434	24672	79834	32954
西藏 Tibet	686	1157	1081	320	684	5607	1453
陕西 Shaanxi	15528	13639	25994	2600	23673	73078	32979
甘肃 Gansu	5408	6168	4525	1534	7904	21819	8263
青海 Qinghai	2088	2548	2844	365	3434	13660	4998
宁夏 Ningxia	4398	2084	3876	801	3530	14308	4816
新疆 Xinjiang	11732	3960	11142	2606	12143	31229	16058

1-5 续表 2 continued

单位：个 (unit)

年 份 地 区	Year Region	水利、环境和公共设施管理业 Management of Water Conservancy, Environment and Public Facilities	居民服务、修理和其他服务业 Service to Households, Repair and Other Services	教 育 Education	卫生和社会工作 Health and Social Service	文化、体育和娱乐业 Culture, Sports and Entertainment	公共管理、社会保障和社会组织 Public Management, Social Security and Social Organization
	2005	46847	93947	305446	183760	69490	1252597
	2006	48811	102228	308760	185014	72873	1252706
	2007	50953	110525	312339	187376	76430	1257950
	2008	57553	120467	335065	206480	81878	1363857
	2009	61740	141936	342003	209016	90891	1383842
	2010	64794	158152	342408	205778	95633	1382104
	2011	69186	175813	346390	205173	102775	1387111
	2012	75981	196880	355072	206885	121126	1393957
	2013	84803	190692	413908	249567	230544	1520075
	2014	97522	242251	444038	265537	263384	1596327
	2015	108069	298958	461451	271571	297274	1603708
	2016	122367	359932	486026	275554	341182	1599879
	2017	146295	420667	517739	286858	414973	1590535
	2018	148860	497292	665883	272504	566593	1597010
	2019	172856	522903	698893	279155	585224	1593030
	2020	216714	598808	769578	299142	686805	1600853
北 京	Beijing	8004	37706	21228	7954	82571	19250
天 津	Tianjin	2248	9144	8479	3010	9625	12396
河 北	Hebei	11240	24548	29666	11714	27088	85122
山 西	Shanxi	7121	16018	19778	8445	17997	58978
内蒙古	Inner Mongolia	4758	8646	13986	5449	8950	40218
辽 宁	Liaoning	4694	14272	23366	12539	14359	40851
吉 林	Jilin	1917	4648	8867	4432	4278	27429
黑龙江	Heilongjiang	2793	5168	13265	6564	7565	33622
上 海	Shanghai	2664	17875	9283	5046	13669	13601
江 苏	Jiangsu	17298	46772	42284	32095	47539	81418
浙 江	Zhejiang	12567	41526	54244	16690	52742	79985
安 徽	Anhui	9999	24591	28272	12244	23232	52367
福 建	Fujian	7619	20506	23600	8314	30424	59553
江 西	Jiangxi	5182	12405	21670	8687	14443	55724
山 东	Shandong	20713	47685	63276	22428	50216	135173
河 南	Henan	14625	27288	62366	19422	36426	104458
湖 北	Hubei	11806	23830	30650	13404	26551	76612
湖 南	Hunan	8119	15915	34672	12511	27782	72523
广 东	Guangdong	13668	68344	77498	19674	66685	84711
广 西	Guangxi	8875	19648	32145	6598	14253	53777
海 南	Hainan	1366	3849	5771	1843	4337	8066
重 庆	Chongqing	5145	17733	18374	6694	17272	29854
四 川	Sichuan	7375	21340	36227	17507	26918	90085
贵 州	Guizhou	4231	17383	18456	5964	10059	42978
云 南	Yunnan	6803	18573	19353	6964	18086	55791
西 藏	Tibet	209	670	1038	578	1011	12814
陕 西	Shaanxi	7696	15605	22321	11841	15199	54117
甘 肃	Gansu	1907	5986	12663	3933	6365	51799
青 海	Qinghai	1424	2169	2569	1581	2107	15729
宁 夏	Ningxia	1050	2784	4162	1037	2472	12755
新 疆	Xinjiang	3598	6181	10049	3980	6584	39097

1-6 分地区按三次产业和机构类型分法人单位数(2020年)
Number of Corporate Units by Three Strata of Industry and Type of Institutions and Region (2020)

单位：个 (unit)

地 区	Region	法人单位数 Number of Corporate Units	按三次产业分 Grouped by Three Strata of Industry			按机构类型分 By Type of Institutions				
			第一产业 Primary Industry	第二产业 Secondary Industry	第三产业 Tertiary Industry	企业法人 Enterprises	事业法人 Institution Units	机关法人 Government Units	社会团体 Social Organization	其他 Others
全 国	**National Total**	**29389255**	**1827421**	**5904042**	**21657792**	**25055456**	**812962**	**237879**	**334242**	**2948716**
北 京	Beijing	1174904	6858	67254	1100792	1127720	11226	1868	6047	28043
天 津	Tianjin	371124	10684	69170	291270	341215	7125	1924	2363	18497
河 北	Hebei	1456954	106861	379431	970662	1248654	32874	11349	9091	154986
山 西	Shanxi	772765	97184	112411	563170	604760	26563	8339	9725	123378
内蒙古	Inner Mongolia	439523	60334	69478	309711	320329	20501	8009	9628	81056
辽 宁	Liaoning	748782	50296	152619	545867	633098	21636	8196	6404	79448
吉 林	Jilin	237731	26302	38739	172690	166693	17499	5025	2702	45812
黑龙江	Heilongjiang	344360	53748	50982	239630	234504	20340	8948	4720	75848
上 海	Shanghai	532762	5200	76033	451529	497979	7769	1364	3142	22508
江 苏	Jiangsu	2540015	41935	743879	1754201	2333775	39948	9139	32191	124962
浙 江	Zhejiang	2277240	48515	593845	1634880	2087888	28492	7824	22336	130700
安 徽	Anhui	1160828	96705	254409	809714	998274	22520	8507	13666	117861
福 建	Fujian	1156978	54003	221019	881956	1031865	26700	7706	18154	72553
江 西	Jiangxi	765836	77906	155567	532363	621069	29282	8492	9362	97631
山 东	Shandong	2842426	127605	666397	2048424	2483474	47480	12417	18876	280179
河 南	Henan	1652264	136573	281552	1234139	1324372	70427	13874	11363	232228
湖 北	Hubei	1183265	67468	225063	890734	968729	42109	10381	15574	146472
湖 南	Hunan	831104	66175	138136	626793	628510	44321	10735	12190	135348
广 东	Guangdong	3526206	40563	795214	2690429	3203987	46408	13041	28965	233805
广 西	Guangxi	754741	81140	99060	574541	596654	44140	8900	11564	93483
海 南	Hainan	140362	11535	17239	111588	117573	4164	1618	1822	15185
重 庆	Chongqing	642720	78978	86191	477551	566829	16483	3526	7132	48750
四 川	Sichuan	934554	93708	145612	695234	720525	53431	15284	15591	129723
贵 州	Guizhou	543603	108209	92893	342501	431382	25866	7322	6031	73002
云 南	Yunnan	741669	97737	105141	538791	599648	29454	10828	14279	87460
西 藏	Tibet	49889	2533	12397	34959	28775	2674	5217	436	12787
陕 西	Shaanxi	689053	55017	134092	499944	540901	28177	8364	14185	97426
甘 肃	Gansu	302596	61979	35020	205597	175537	17733	6726	15555	87045
青 海	Qinghai	112136	18304	15464	78368	78106	4817	2939	4465	21809
宁 夏	Ningxia	133774	18974	19866	94934	103540	3440	1731	2281	22782
新 疆	Xinjiang	329091	24392	49869	254830	239091	19363	8286	4402	57949

1-7 按地区和控股情况分企业法人单位数(2020年)
Numbers of Corporate Enterprises by Region and the Status of Holdings (2020)

单位：个 (unit)

地 区	Region	企业单位数 Number of Enterprises	国有控股 State-holding	集体控股 Collective-holding	私人控股 Private-holding	港、澳、台商控股 Holding by Investors from Hong Kong, Macao and Taiwan	外商控股 Holding by Foreign Investors	其 他 Others
全 国	**National Total**	**25055456**	**293473**	**180550**	**23903057**	**131106**	**102477**	**444793**
北 京	Beijing	1127720	14462	16184	1068113	6226	8486	14249
天 津	Tianjin	341215	6773	2400	313483	2058	3179	13322
河 北	Hebei	1248654	14025	7998	1217010	892	1441	7288
山 西	Shanxi	604760	10631	5904	587073	238	294	620
内蒙古	Inner Mongolia	320329	5301	1803	312201	228	196	600
辽 宁	Liaoning	633098	10868	9169	585514	1524	3246	22777
吉 林	Jilin	166693	4599	1685	153352	205	424	6428
黑龙江	Heilongjiang	234504	6481	2887	214613	258	316	9949
上 海	Shanghai	497979	11685	6811	426299	12481	18115	22588
江 苏	Jiangsu	2333775	16748	10768	2266394	11842	14648	13375
浙 江	Zhejiang	2087888	14145	14125	2032691	7669	12876	6382
安 徽	Anhui	998274	10836	6434	958071	1050	828	21055
福 建	Fujian	1031865	9763	4780	1003326	9241	4311	444
江 西	Jiangxi	621069	9660	3429	594393	1481	676	11430
山 东	Shandong	2483474	16606	9597	2422497	3748	7537	23489
河 南	Henan	1324372	12180	8037	1296094	847	886	6328
湖 北	Hubei	968729	10497	6564	940678	1414	1653	7923
湖 南	Hunan	628510	8776	4515	596939	853	571	16856
广 东	Guangdong	3203987	23506	21718	2938660	62904	16660	140539
广 西	Guangxi	596654	7855	5344	579896	1333	1227	999
海 南	Hainan	117573	2424	1230	96416	483	205	16815
重 庆	Chongqing	566829	6557	2340	555368	1014	1061	489
四 川	Sichuan	720525	13594	7466	676933	1206	1321	20005
贵 州	Guizhou	431382	9289	4063	416855	295	222	658
云 南	Yunnan	599648	8610	5150	570451	676	894	13867
西 藏	Tibet	28775	1318	634	24106	30	18	2669
陕 西	Shaanxi	540901	9937	4804	507920	516	795	16929
甘 肃	Gansu	175537	4670	1929	158503	96	61	10278
青 海	Qinghai	78106	1863	576	74567	55	57	988
宁 夏	Ningxia	103540	1424	413	100509	68	68	1058
新 疆	Xinjiang	239091	8390	1793	214132	175	205	14396

1-8 按地区和登记注册类型分企业法人单位数(2020年)
Number of Corporate Enterprises by Region and Status of Registration (2020)

单位：个 (unit)

地 区	Region	企业单位数 Number of Enterprises	内资企业 Domestic Invested Enterprises	#国有企业 State-owned Enterprises	#集体企业 Collective-owned Enterprises	#股份合作企业 Cooperative Enterprises	#联营 Joint Ownership
全 国	**National Total**	**25055456**	**24784352**	**82155**	**106926**	**31119**	**5973**
北 京	Beijing	1127720	1110918	3380	8897	6395	358
天 津	Tianjin	341215	334814	1571	1570	345	116
河 北	Hebei	1248654	1245813	3336	5643	1018	117
山 西	Shanxi	604760	603960	3011	3963	87	24
内蒙古	Inner Mongolia	320329	319782	1116	743	149	39
辽 宁	Liaoning	633098	626924	3800	6779	1256	244
吉 林	Jilin	166693	165889	1651	1006	151	59
黑龙江	Heilongjiang	234504	233732	2772	1714	538	113
上 海	Shanghai	497979	465455	1689	3054	962	264
江 苏	Jiangsu	2333775	2301886	4803	6425	1416	390
浙 江	Zhejiang	2087888	2061282	2064	5352	8030	90
安 徽	Anhui	998274	996123	2782	2804	386	259
福 建	Fujian	1031865	1015748	2644	4132	382	99
江 西	Jiangxi	621069	618688	3993	2134	398	348
山 东	Shandong	2483474	2469061	4775	5857	683	252
河 南	Henan	1324372	1321847	3982	6248	520	113
湖 北	Hubei	968729	964538	4583	4667	331	211
湖 南	Hunan	628510	626728	2633	2581	244	241
广 东	Guangdong	3203987	3117220	8601	13050	4704	1315
广 西	Guangxi	596654	593983	3016	3923	340	87
海 南	Hainan	117573	116836	1032	510	183	56
重 庆	Chongqing	566829	564326	987	1606	477	88
四 川	Sichuan	720525	717588	2591	2618	845	262
贵 州	Guizhou	431382	430677	1792	2794	165	163
云 南	Yunnan	599648	597686	2193	3387	370	211
西 藏	Tibet	28775	28706	431	238	18	57
陕 西	Shaanxi	540901	538892	2865	3183	355	169
甘 肃	Gansu	175537	175334	1249	1008	155	101
青 海	Qinghai	78106	77959	495	256	82	21
宁 夏	Ningxia	103540	103350	284	268	22	6
新 疆	Xinjiang	239091	238607	2034	516	112	100

1-8 续表 continued

单位：个 (unit)

地 区	Region	#有限责任公司 Limited Liability Corporations	#股份有限公司 Share-holding Corporations Ltd.	#私 营 Private	港、澳、台商投资企业 Enterprises with Investment from Hong Kong, Macao and Taiwan	外商投资企业 Enterprises with Foreign Investment
全 国	**National Total**	**1557067**	**110713**	**22835565**	**143350**	**127754**
北 京	Beijing	90173	4508	996741	6569	10233
天 津	Tianjin	40891	2715	284017	2532	3869
河 北	Hebei	70302	3561	1159547	987	1854
山 西	Shanxi	19650	1051	576002	304	496
内蒙古	Inner Mongolia	27107	1403	289112	213	334
辽 宁	Liaoning	64092	6368	541493	1768	4406
吉 林	Jilin	25946	2728	133761	218	586
黑龙江	Heilongjiang	21209	2574	203271	292	480
上 海	Shanghai	62197	2975	393518	12986	19538
江 苏	Jiangsu	81345	10281	2195125	13585	18304
浙 江	Zhejiang	51691	3447	1990603	9639	16967
安 徽	Anhui	79969	4265	899165	937	1214
福 建	Fujian	23506	1756	983054	10775	5342
江 西	Jiangxi	31022	3157	575613	1513	868
山 东	Shandong	96271	8466	2350076	4487	9926
河 南	Henan	58904	3180	1247318	1070	1455
湖 北	Hubei	49067	3430	901566	1810	2381
湖 南	Hunan	28932	3287	587876	947	835
广 东	Guangdong	329577	18419	2728049	66131	20636
广 西	Guangxi	27806	1117	557681	1333	1338
海 南	Hainan	32185	1440	80816	469	268
重 庆	Chongqing	10080	1568	549520	1129	1374
四 川	Sichuan	60613	5092	643252	1202	1735
贵 州	Guizhou	25658	1286	398716	361	344
云 南	Yunnan	39113	4139	545651	740	1222
西 藏	Tibet	12564	669	14675	19	50
陕 西	Shaanxi	34114	2413	491824	922	1087
甘 肃	Gansu	34160	3268	134734	90	113
青 海	Qinghai	5730	473	70382	56	91
宁 夏	Ningxia	2854	319	99542	82	108
新 疆	Xinjiang	20339	1358	212865	184	300

主要统计指标解释

行政区划 指国家对行政区域的划分。根据有关法规规定，我国的行政区域划分如下：(1)全国分为省、自治区、直辖市；(2)省、自治区分为自治州、县、自治县、市；(3)自治州分为县、自治县、市；(4)县、自治县分为乡、民族乡、镇；(5)直辖市和较大的市分为区、县；(6)国家在必要时设立的特别行政区。

平均增长速度 平均增长速度表明社会经济现象在一个较长的时期内逐期平均增长变化的程度，它不能根据各个环比增长速度直接求得，但与平均发展速度之间存在着一定的数量关系：平均增长速度＝平均发展速度－1。

平均发展速度是一种根据环比发展速度计算的序时平均数，由于各时期对比的基础不同，所以计算平均发展速度不能采用一般的序时平均数的计算方法，计算方法分为水平法和累计法。水平法，又称几何平均法，即将环比发展速度按连乘法用几何平均数公式计算。累计法，也称方程法，根据一段时期内各年发展水平总和与基期水平的关系，列出方程式计算平均发展速度。水平法着重考虑最后一年所达到的发展水平；累计法着重考虑整个时期累计发展水平的总量。

本《年鉴》内所列的平均增长速度，除固定资产投资用"累计法"计算外，其余均用"水平法"计算。从某年到某年平均增长速度的年份，均不包括基期年在内。如建国四十三年以来的平均增长速度是以 1949 年为基期计算的，则写为 1950-1992 年平均增长速度，其余类推。

国民经济行业分类 自 2017 年年报和 2018 年定期报表开始使用新的《国民经济行业分类》(GB/T4754-2017)。该分类是由国家统计局组织修订，原国家质量监督检验检疫总局和中国国家标准化管理委员会于 2017 年 6 月 30 日发布。这次修订是在 2011 年分类标准的基础上，结合我国经济活动特点，参照联合国《全部经济活动的国际标准产业分类》（ISIC/Rev.4）进行的。修订后的《国民经济行业分类》（GB/T4754-2017）共有门类 20 个，大类 97 个，中类 473 个，小类 1382 个。

企业登记注册类型 是以在市场监管部门登记注册的各类企业为划分对象，以市场监管部门对企业登记注册的类型为依据，将企业登记注册类型分为内资企业、港澳台商投资企业和外商投资企业三大类。内资企业包括国有企业、集体企业、股份合作企业、联营企业、有限责任公司、股份有限公司、私营企业和其他企业；港澳台商投资企业和外商投资企业分别包括合资经营企业、合作经营企业、独资经营企业和股份有限公司等。

国有企业 指企业全部资产归国家所有，并按《中华人民共和国企业法人登记管理条例》规定登记注册的非公司制的经济组织。不包括有限责任公司中的国有独资公司。

集体企业 指企业资产归集体所有，并按《中华人民共和国企业法人登记管理条例》规定登记注册的经济组织。

股份合作企业 指以合作制为基础，由企业职工共同出资入股，吸收一定比例的社会资产投资组建，实行自主经营，自负盈亏，共同劳动，民主管理，按劳分配与按股分红相结合的一种集体经济组织。

联营企业 指两个及两个以上相同或不同所有制性质的企业法人或事业单位法人，按自愿、平等、互利的原则，共同投资组成的经济组织。联营企业包括国有联营企业、集体联营企业、国有与集体联营企业和其他联营企业。

有限责任公司 指根据《中华人民共和国公司登记管理条例》规定登记注册，由两个以上、五十个以下的股东共同出资，每个股东以其所认缴的出资额对公司承担有限责任，公司以其全部资产对其债务承担责任的经济组织。有限责任公司包括国有独资公司以及其他有限责任公司。

股份有限公司 指根据《中华人民共和国公司登记管理条例》规定登记注册，其全部注册资本由等额股份构成并通过发行股票筹集资本，股东以其认购的股份对公司承担有限责任，公司以其全部资产对其债务承担责任的经济组织。

私营企业 指由自然人投资设立或由自然人控股，以雇佣劳动为基础的营利性经济组织。包括按照《公司法》、《合伙企业法》以及《个人独资企业法》规定登记注册的私营独资企业、私营合伙企业、私营有限责任公司、私营股份有限公司和个人独资企业。

其他企业 指上述企业之外的其他内资经济组织。

与港澳台商合资经营企业 指港澳台地区投资者与内地企业依照原《中华人民共和国中外合资经营企业法》及有关法律的规定，按合同规定的比例投资设立，分享利润、分担风险和亏损的企业。

与港澳台商合作经营企业 指港澳台地区投资者与内地企业依照原《中华人民共和国中外合作经营企业法》及有关法律的规定，依照合作合同的约定进行投资或提供条件设立，分配利润、分担风险和亏损的企业。

港澳台商独资经营企业 指依照原《中华人民共和国外资企业法》及有关法律的规定，在内地由港澳台地区投资者全额投资设立的企业。

港澳台商投资股份有限公司 指根据国家有关规定，经商务部（原外经贸部）批准设立，并且其中港、澳、台商的股本占公司注册资本的比例达 25%以上的股份有限公司。凡其中港、澳、台商的股本占公司注册资本的比例小于 25%的，属于内资中的股份有限公司。

其他港澳台商投资企业 指在中国境内参照原《外国企业或个人在中国境内设立合伙企业管理办法》和《外商投资

合伙企业登记管理规定》，依法设立的港、澳、台商投资合伙企业等。

中外合资经营企业 指外国企业或外国人与中国内地企业依照原《中华人民共和国中外合资经营企业法》及有关法律的规定，按合同规定的比例投资设立，分享利润和分担风险和亏损的企业。

中外合作经营企业 指外国企业或外国人与中国内地企业依照原《中华人民共和国中外合作经营企业法》及有关法律的规定，依照合作合同的约定进行投资或提供条件设立，分配利润、分担风险和亏损的企业。

外资企业 指依照原《中华人民共和国外资企业法》及有关法律的规定，在中国内地由外国投资者全额投资设立的企业。

外商投资股份有限公司 指根据国家有关规定，经商务部（原外经贸部）批准设立，并且其中外资的股本占公司注册资本的比例达 25% 以上的股份有限公司。凡其中外资股本占公司注册资本的比例小于 25%的，属于内资企业中的股份有限公司。

其他外商投资企业 指在中国境内依照原《外国企业或个人在中国境内设立合伙企业管理办法》和《外商投资合伙企业登记管理规定》，依法设立的外商投资合伙企业等。

Explanatory Notes on Main Statistical Indicators

Divisions of Administrative Areas refer to the division of administrative areas by the State. The relative laws define the administrative division as follows: 1) the whole country is divided into provinces, autonomous regions and municipalities directly under the Central Government; 2) provinces and autonomous regions are further divided into autonomous prefectures, counties, autonomous counties and cities; 3) autonomous prefectures are further divided into counties, autonomous counties and cities; 4) counties and autonomous counties are further divided into townships, ethnic townships and towns; 5) municipalities directly under the Central Government and large cities are divided into districts and counties, 6) the State shall, when necessary, establish special administrative regions.

Average Annual Growth Rate shows the average growth rate of social and economic development during a longer period. It can not be directly calculated by chain based growth rate. The relation is:

Average growth rate = average speed of development – 1

Average speed of development is the time series average of speed which is obtained through chain-based calculation. Because the reference bases during the different periods are different, average speed of development can not be calculated by the general method. Level approach and accumulative approach for calculating average speed of development rate are applied. The "level approach", or geometric average approach, is derived by the formula of geometric average of the chain-based speeds of development by continuous multiplication. The other is called the "accumulative approach" or the "equation" method, which is derived by the summation of the actual figure of each year in the interval divided by the figure in the base year. The level approach focuses on the level of the last year, while the accumulative approach emphasizes the aggregate development for the entire duration.

The average annual growth rates listed in the *Yearbook* are calculated by the level approach except for the growth rate of investment in fixed assets. The base year is not listed in the duration for which average annual growth rates are computed. For instance, the average annual growth rate of the 43 years since 1949 is shown as the average annual growth rate of 1950-1992 without showing the base year 1949.

Industrial Classification of the National Economy The new *Industrial Classification of the National Economy* (GB/T 4754-2017) is introduced starting from the compilation of 2017 annual statistics and 2018 monthly or quarterly statistics. The revision, based on the 2011 classification, was organized by the National Bureau of Statistics taking into consideration of the characteristics of economic activities in China and the *International Standards of the Industrial Classification of All Economic Activities* (ISIC/Rev.4) of the United Nations. The new *Classification* was promulgated by the former National Administration of Quality Supervision, Inspection and Quarantine and the Standardization Administration of the People's Republic of China on June 30, 2017. The revised version of the *Industrial Classification of the National Economy* (GB/T 4754-2017) is composed of 20 sections, 97 divisions, 473 groups and 1382 classes.

Registration Status of Enterprises (units) Enterprises are classified into 3 categories, namely enterprises with domestic investment, enterprises with investment from Hong Kong, Macao and Taiwan, and enterprises with foreign investment, according to the registration status of an enterprise in market supervision administration. Domestic-invested enterprises include state-owned enterprises, collective-owned enterprises, cooperative enterprises, joint ownership enterprises, limited liability corporations, share-holding corporations Ltd., private enterprises and other enterprises. Included in the enterprises with investment from Hong Kong, Macao and Taiwan and enterprises with foreign investment are joint-venture enterprises, cooperative enterprises, sole-proprietorship enterprises and share-holding corporations Ltd.

State-owned Enterprises refer to non-corporation economic units where the entire assets are owned by the state and which have been registered in accordance with the *Regulation of the People's Republic of China on the Management of Registration of Corporate Enterprises*. Not included from this category are state sole-proprietorship corporations in the limited liability corporations.

Collective-owned Enterprises refer to economic units where the assets are owned collectively and which have been registered in accordance with the *Regulation of the People's Republic of China on the Management of Registration of Corporate Enterprises*.

Cooperative Enterprises refer to a form of collective economic units (enterprises) where capitals come mainly from employees as their shares, with certain proportion of capital from the outside, where production is organized on the basis of independent operation, independent accounting for profits and losses, joint work, democratic management, and a distribution system that integrates remuneration according to work with dividend according to capital share.

Joint Ownership Enterprises refer to economic units established by two or more corporate enterprises or corporate institutions of the same or different ownership, through joint investment on the basis of voluntary participation, equality, and mutual benefits. They include state joint ownership enterprises; collective joint ownership enterprises; joint state-collective enterprises; and other joint ownership enterprises.

Limited Liability Corporations refer to economic units established with investment from 2-50 investors and registered in accordance with the *Regulation of the People's Republic of China on the Management of Registration of Corporations*, each investor bearing limited liability to the corporation depending on its share of investment, and the corporation bearing liability to its debt to the maximum of its total assets. Limited liability corporations include state sole-proprietorship corporations and other limited liability corporations.

Share-holding Corporations Ltd. refer to economic units registered in accordance with the *Regulation of the People's Republic of China on the Management of Registration of Corporations*, with total registered capital divided into equal shares and additional capitals raised through issuing stocks. Each investor bears limited liability to the corporation depending on the holding of shares, and the corporation bears liability to its debt to the maximum of its total assets.

Private Enterprises refer to profit-making economic units invested and established by natural persons, or controlled by natural persons, using employed labour. Included in this category are private sole-proprietorship enterprise, private partnership enterprise, private limited liability companies, private limited-liability company by shares and individual sole-proprietorship enterprise registered in accordance with the *Company Law*, *the Law on Partnership Business* and *the Law on Individual Proprietorship Enterprises*.

Other Domestic-Invested Enterprises refer to domestic-invested economic units other than those mentioned above.

Joint Venture Enterprises with Hong Kong, Macao and Taiwan are enterprises jointly established by investors from Hong Kong, Macao and Taiwan with enterprises in the mainland of China in accordance with the former *Law of the People's Republic of China on Sino-foreign Equity Joint Ventures* and other relevant laws, where the establishment of the investment and the sharing of profits, taking risks and loss are stipulated in joint venture contracts.

Cooperative Enterprises with Hong Kong, Macao and Taiwan established by investors from Hong Kong, Macao and Taiwan with enterprises in the mainland of China in accordance with the former *Law of the People's Republic of China on Sino-foreign Contractual Joint Venture* and other relevant laws, where the investment or provision of facilities and the sharing of profits and risks are stipulated under cooperative contracts.

Sole-proprietorship Enterprises with Investment from Hong Kong, Macao and Taiwan refer to enterprises established in the mainland of China with exclusive investment from investors from Hong Kong, Macao and Taiwan in accordance with the former *Law of the People's Republic of China on Enterprises with Foreign Investment* and other relevant laws.

Share-holding Corporations Ltd. with Investment from Hong Kong, Macao and Taiwan refer to share-holding corporations Ltd. established with the approval from the Ministry of Commerce（the former Ministry of Foreign Trade and Economic Relations）in line with relevant state regulations, where the share of investment from Hong Kong, Macao or Taiwan businessmen exceeds 25% of the total registered capital of the corporation. In case the share of investment from Hong Kong, Macao or Taiwan is less than 25% of the total registered capital, the enterprise is to be classified as domestic-invested share-holding corporation Ltd.

Other Enterprises with Funds From Hong Kong, Macao and Taiwan refer to partnership enterprises with investments from Hong Kong, Macao and Taiwan established within the territory of China in accordance with former *Administrative Measures on the Establishment of Partnership Enterprises in China by Foreign Enterprises or Foreign Individuals* and *Regulations for the Administration of the Registration of Foreign-invested Partnership Enterprises*.

Joint Venture Enterprises with Foreign Investment refer to enterprises jointly established by foreign enterprises or foreigners with enterprises in the mainland of China in accordance with the former *Law of the People's Republic of China on Sino-foreign Equity Joint Ventures* and other relevant laws, where the sharing of investment, profits and risks and loss are stipulated in contracts.

Cooperative Enterprises with Foreign Investment refer to enterprises jointly established by foreign enterprises or foreigners with enterprises in the mainland of China in accordance with the former *Law of the People's Republic of China on Sino-foreign Contractual Joint Venture* and other relevant laws, where the investment or provision of facilities and the sharing of profits and taking risks and loss are stipulated in cooperative contracts.

Sole-proprietorship Enterprises with Foreign Investment refer to enterprises established in the mainland of China with exclusive investment from foreign investors in accordance with the former *Law of the People's Republic of China on Enterprises with Foreign Investment* and other relevant laws.

Share-holding Corporations Ltd. with Foreign Investment refer to share-holding corporations Ltd. established with the approval from the Ministry of Commerce（the former Ministry of Foreign Trade and Economic Relations）in line with relevant state regulations, where the share of investment from foreign investors exceeds 25% of the total registered capital of the corporation. In case the share of foreign investment is less than 25% of the total registered capital, the enterprise is to be classified as domestic-invested share-holding corporation Ltd.

Other Enterprises with Foreign Funds refer to partnership enterprises established within the territory of China in accordance with former *Administrative Measures on the Establishment of Partnership Enterprises in China by Foreign Enterprises or Foreign Individuals* and *Regulations for the Administration of the Registration of Foreign-invested Partnership Enterprises*.

2

人　口

Population

简 要 说 明

一、本篇资料的主要内容

本篇资料反映我国 2020 年及历年人口方面的基本情况，包括全国及 31 个省、自治区、直辖市的主要人口统计数据，如：全国历年人口数、城镇人口、乡村人口、出生率、死亡率、自然增长率；2020 年各地区人口数、人口负担系数、家庭户规模、人口受教育程度等。

二、本篇的资料来源

本篇资料由国家统计局人口和就业统计司整理。其中表 2—1 至 2—6 中，1981 年及以前数据为户籍统计数；1982、1990、2000、2010、2020 年数据为当年普查数据推算数；其余年份数据为年度人口抽样调查推算数据，部分年份数据根据人口普查数据进行了修订。表 2—7 为七次全国人口普查主要数据。表 2—8 至 2—29 为 2020 年第七次全国人口普查时点数。

本篇各表如不做特殊说明，均未包括香港特别行政区、澳门特别行政区和台湾地区的人口数据。

三、本篇的统计调查方法

目前由国家统计局人口和就业统计司实施的人口统计调查有：

在逢“0”的年份进行全国人口普查；在逢“5”的年份进行全国 1%人口抽样调查；其余年份进行全国人口变动情况抽样调查，其样本量约占全国总人口的 1‰左右。人口抽样调查是以全国为总体，省级单位为次总体，采用分层、多阶段、整群概率比例抽样方法抽取样本。

Brief Introduction

I. Main Contents

Data in this chapter show the basic condition of the population in 2020 as well as in previous years for the whole nation and 31 provinces, autonomous regions and municipalities directly under the Central Government. They include the sizes of the national population, urban population, rural population, birth rates, death rates and natural growth rates over the years; as well as size, population dependency coefficient, average family household size and education attainments of the population by the end of 2020.

II. Sources of Data

Data in this chapter are prepared by the Department of Population and Employment Statistics of the National Bureau of Statistics. In tables 2-1 to 2-7, figures for 1981 and before are from household registrations; data for the year 1982, 1990, 2000, 2010 and 2020 are the census year estimates; the rest of the data covered in those tables are estimates from the annual national sample survey on population changes and data for selected years have been revised according to the census results. Data in table 2-7 is the main figures of the First to Seventh National Population Census. In tables 2-8 to 2-29, data are from reference time of the Seventh National Population Census.

Data in all the tables of this chapter do not include that from Hong Kong SAR, Macao SAR and Taiwan unless otherwise stated.

III. Statistical Survey Methods

The statistical surveys on population which are conducted by Department of Population and Employment Statistics of NBS are as follows:

The national population census is conducted in the year ending with 0; the national 1 percent population sample survey is conducted in the year ending with 5; sample surveys on population changes are conducted in the rest of the years which cover about 1 per thousand of the total population of the country. The sample survey on population change takes the whole nation as the population and each province, autonomous region or municipality as sub-populations, and the stratified multi-stage systematic PPS cluster sampling scheme is used.

2-1 人口数及构成
Population and Its Composition

单位：万人 (10 000 persons)

年 份 Year	总人口(年末) Total Population (year-end)	按性别分 By Gender				按城乡分 By Residence			
		男 Male		女 Female		城 镇 Urban		乡 村 Rural	
		人口数 Population	比重 (%) Proportion	人口数 Population	比重 (%) Proportion	人口数 Population	比重 (%) Proportion	人口数 Population	比重 (%) Proportion
1949	54167	28145	51.96	26022	48.04	5765	10.64	48402	89.36
1950	55196	28669	51.94	26527	48.06	6169	11.18	49027	88.82
1951	56300	29231	51.92	27069	48.08	6632	11.78	49668	88.22
1955	61465	31809	51.75	29656	48.25	8285	13.48	53180	86.52
1960	66207	34283	51.78	31924	48.22	13073	19.75	53134	80.25
1965	72538	37128	51.18	35410	48.82	13045	17.98	59493	82.02
1970	82992	42686	51.43	40306	48.57	14424	17.38	68568	82.62
1971	85229	43819	51.41	41410	48.59	14711	17.26	70518	82.74
1972	87177	44813	51.40	42364	48.60	14935	17.13	72242	82.87
1973	89211	45876	51.42	43335	48.58	15345	17.20	73866	82.80
1974	90859	46727	51.43	44132	48.57	15595	17.16	75264	82.84
1975	92420	47564	51.47	44856	48.53	16030	17.34	76390	82.66
1976	93717	48257	51.49	45460	48.51	16341	17.44	77376	82.56
1977	94974	48908	51.50	46066	48.50	16669	17.55	78305	82.45
1978	96259	49567	51.49	46692	48.51	17245	17.92	79014	82.08
1979	97542	50192	51.46	47350	48.54	18495	18.96	79047	81.04
1980	98705	50785	51.45	47920	48.55	19140	19.39	79565	80.61
1981	100072	51519	51.48	48553	48.52	20171	20.16	79901	79.84
1982	101654	52352	51.50	49302	48.50	21480	21.13	80174	78.87
1983	103008	53152	51.60	49856	48.40	22274	21.62	80734	78.38
1984	104357	53848	51.60	50509	48.40	24017	23.01	80340	76.99
1985	105851	54725	51.70	51126	48.30	25094	23.71	80757	76.29
1986	107507	55581	51.70	51926	48.30	26366	24.52	81141	75.48
1987	109300	56290	51.50	53010	48.50	27674	25.32	81626	74.68
1988	111026	57201	51.52	53825	48.48	28661	25.81	82365	74.19
1989	112704	58099	51.55	54605	48.45	29540	26.21	83164	73.79
1990	114333	58904	51.52	55429	48.48	30195	26.41	84138	73.59
1991	115823	59466	51.34	56357	48.66	31203	26.94	84620	73.06
1992	117171	59811	51.05	57360	48.95	32175	27.46	84996	72.54
1993	118517	60472	51.02	58045	48.98	33173	27.99	85344	72.01
1994	119850	61246	51.10	58604	48.90	34169	28.51	85681	71.49
1995	121121	61808	51.03	59313	48.97	35174	29.04	85947	70.96
1996	122389	62200	50.82	60189	49.18	37304	30.48	85085	69.52
1997	123626	63131	51.07	60495	48.93	39449	31.91	84177	68.09
1998	124761	63940	51.25	60821	48.75	41608	33.35	83153	66.65
1999	125786	64692	51.43	61094	48.57	43748	34.78	82038	65.22
2000	126743	65437	51.63	61306	48.37	45906	36.22	80837	63.78
2001	127627	65672	51.46	61955	48.54	48064	37.66	79563	62.34
2002	128453	66115	51.47	62338	48.53	50212	39.09	78241	60.91
2003	129227	66556	51.50	62671	48.50	52376	40.53	76851	59.47
2004	129988	66976	51.52	63012	48.48	54283	41.76	75705	58.24
2005	130756	67375	51.53	63381	48.47	56212	42.99	74544	57.01
2006	131448	67728	51.52	63720	48.48	58288	44.34	73160	55.66
2007	132129	68048	51.50	64081	48.50	60633	45.89	71496	54.11
2008	132802	68357	51.47	64445	48.53	62403	46.99	70399	53.01
2009	133450	68647	51.44	64803	48.56	64512	48.34	68938	51.66
2010	134091	68748	51.27	65343	48.73	66978	49.95	67113	50.05
2011	134916	69161	51.26	65755	48.74	69927	51.83	64989	48.17
2012	135922	69660	51.25	66262	48.75	72175	53.10	63747	46.90
2013	136726	70063	51.24	66663	48.76	74502	54.49	62224	45.51
2014	137646	70522	51.23	67124	48.77	76738	55.75	60908	44.25
2015	138326	70857	51.22	67469	48.78	79302	57.33	59024	42.67
2016	139232	71307	51.21	67925	48.79	81924	58.84	57308	41.16
2017	140011	71650	51.17	68361	48.83	84343	60.24	55668	39.76
2018	140541	71864	51.13	68677	48.87	86433	61.50	54108	38.50
2019	141008	72039	51.09	68969	48.91	88426	62.71	52582	37.29
2020	141212	72357	51.24	68855	48.76	90220	63.89	50992	36.11

注：1.1981年及以前数据为户籍统计数；1982、1990、2000、2010、2020年数据为当年人口普查数据推算数；其余年份数据为年度人口抽样调查推算数据(下相关表同)。

2.总人口和按性别分人口中包括现役军人，按城乡分人口中现役军人计入城镇人口。

a) Figures before and of 1981 are from household registrations; for years of 1982,1990,2000, 2010 and 2020 are the census year estimates;and figures for the rest of years are estimated on the basis of the annual national sample survey of population. The same applies to the relevant following tables.

b) Total population and population by gender include the servicemen of the Chinese People's Liberation Army, who are classified as urban population in population by residence.

2-2 人口出生率、死亡率和自然增长率
Birth Rate, Death Rate and Natural Growth Rate of Population

单位：‰ (‰)

年 份 Year	出生率 Birth Rate	死亡率 Death Rate	自然增长率 Natural Growth Rate
1978	18.25	6.25	12.00
1980	18.21	6.34	11.87
1981	20.91	6.36	14.55
1982	22.28	6.60	15.68
1983	20.19	6.90	13.29
1984	19.90	6.82	13.08
1985	21.04	6.78	14.26
1986	22.43	6.86	15.57
1987	23.33	6.72	16.61
1988	22.37	6.64	15.73
1989	21.58	6.54	15.04
1990	21.06	6.67	14.39
1991	19.68	6.70	12.98
1992	18.24	6.64	11.60
1993	18.09	6.64	11.45
1994	17.70	6.49	11.21
1995	17.12	6.57	10.55
1996	16.98	6.56	10.42
1997	16.57	6.51	10.06
1998	15.64	6.50	9.14
1999	14.64	6.46	8.18
2000	14.03	6.45	7.58
2001	13.38	6.43	6.95
2002	12.86	6.41	6.45
2003	12.41	6.40	6.01
2004	12.29	6.42	5.87
2005	12.40	6.51	5.89
2006	12.09	6.81	5.28
2007	12.10	6.93	5.17
2008	12.14	7.06	5.08
2009	11.95	7.08	4.87
2010	11.90	7.11	4.79
2011	13.27	7.14	6.13
2012	14.57	7.13	7.43
2013	13.03	7.13	5.90
2014	13.83	7.12	6.71
2015	11.99	7.07	4.93
2016	13.57	7.04	6.53
2017	12.64	7.06	5.58
2018	10.86	7.08	3.78
2019	10.41	7.09	3.32
2020	8.52	7.07	1.45

2-3 平均预期寿命
Life Expectancy at Birth

单位：岁 (year)

年份 Year	合计 Total	男 Male	女 Female
1981	67.77	66.28	69.27
1990	68.55	66.84	70.47
1996	70.80		
2000	71.40	69.63	73.33
2005	72.95	70.83	75.25
2010	74.83	72.38	77.37
2015	76.34	73.64	79.43

2-4 人口年龄结构和抚养比
Age Composition and Dependency Ratio of Population

单位：万人 (10 000 persons)

年份 Year	总人口(年末) Total Population (year-end)	按年龄组分 By Age 0-14岁 Aged 0-14 人口数 Population	比重(%) Proportion	15-64岁 Aged 15-64 人口数 Population	比重(%) Proportion	65岁及以上 Aged 65 and Over 人口数 Population	比重(%) Proportion	总抚养比(%) Gross Dependency Ratio(%)	少儿抚养比(%) Children Dependency Ratio(%)	老年抚养比(%) Elderly Dependency Ratio(%)
1982	101654	34146	33.6	62517	61.5	4991	4.9	62.6	54.6	8.0
1987	109300	31347	28.7	71985	65.9	5968	5.4	51.8	43.5	8.3
1990	114333	31659	27.7	76306	66.7	6368	5.6	49.8	41.5	8.3
1991	115823	32095	27.7	76791	66.3	6938	6.0	50.8	41.8	9.0
1992	117171	32339	27.6	77614	66.2	7218	6.2	51.0	41.7	9.3
1993	118517	32177	27.2	79051	66.7	7289	6.2	49.9	40.7	9.2
1994	119850	32360	27.0	79868	66.6	7622	6.4	50.1	40.5	9.5
1995	121121	32218	26.6	81393	67.2	7510	6.2	48.8	39.6	9.2
1996	122389	32311	26.4	82245	67.2	7833	6.4	48.8	39.3	9.5
1997	123626	32093	26.0	83448	67.5	8085	6.5	48.1	38.5	9.7
1998	124761	32064	25.7	84338	67.6	8359	6.7	47.9	38.0	9.9
1999	125786	31950	25.4	85157	67.7	8679	6.9	47.7	37.5	10.2
2000	126743	29012	22.9	88910	70.1	8821	7.0	42.6	32.6	9.9
2001	127627	28716	22.5	89849	70.4	9062	7.1	42.0	32.0	10.1
2002	128453	28774	22.4	90302	70.3	9377	7.3	42.2	31.9	10.4
2003	129227	28559	22.1	90976	70.4	9692	7.5	42.0	31.4	10.7
2004	129988	27947	21.5	92184	70.9	9857	7.6	41.0	30.3	10.7
2005	130756	26504	20.3	94197	72.0	10055	7.7	38.8	28.1	10.7
2006	131448	25961	19.8	95068	72.3	10419	7.9	38.3	27.3	11.0
2007	132129	25660	19.4	95833	72.5	10636	8.1	37.9	26.8	11.1
2008	132802	25166	19.0	96680	72.7	10956	8.3	37.4	26.0	11.3
2009	133450	24659	18.5	97484	73.0	11307	8.5	36.9	25.3	11.6
2010	134091	22259	16.6	99938	74.5	11894	8.9	34.2	22.3	11.9
2011	134916	22261	16.5	100378	74.4	12277	9.1	34.4	22.1	12.3
2012	135922	22427	16.5	100718	74.1	12777	9.4	34.9	22.2	12.7
2013	136726	22423	16.4	101041	73.9	13262	9.7	35.3	22.2	13.1
2014	137646	22712	16.5	101032	73.4	13902	10.1	36.2	22.5	13.7
2015	138326	22824	16.5	100978	73.0	14524	10.5	37.0	22.6	14.3
2016	139232	23252	16.7	100943	72.5	15037	10.8	37.9	22.9	15.0
2017	140011	23522	16.8	100528	71.8	15961	11.4	39.3	23.4	15.9
2018	140541	23751	16.9	100065	71.2	16724	11.9	40.4	23.7	16.8
2019	141008	23689	16.8	99552	70.6	17767	12.6	41.5	23.8	17.8
2020	141212	25277	17.9	96871	68.6	19064	13.5	45.9	26.2	19.7

2-5 分地区年末人口数
Population at Year-end by Region

单位：万人 (10 000 persons)

地区	Region	2011	2012	2013	2014	2015	2016	2017	2018	2019	2020
全 国	**National Total**	**134916**	**135922**	**136726**	**137646**	**138326**	**139232**	**140011**	**140541**	**141008**	**141212**
北 京	Beijing	2024	2078	2125	2171	2188	2195	2194	2192	2190	2189
天 津	Tianjin	1341	1378	1410	1429	1439	1443	1410	1383	1385	1387
河 北	Hebei	7232	7262	7288	7323	7345	7375	7409	7426	7447	7464
山 西	Shanxi	3562	3548	3535	3528	3519	3514	3510	3502	3497	3490
内蒙古	Inner Mongolia	2470	2464	2455	2449	2440	2436	2433	2422	2415	2403
辽 宁	Liaoning	4379	4375	4365	4358	4338	4327	4312	4291	4277	4255
吉 林	Jilin	2725	2698	2668	2642	2613	2567	2526	2484	2448	2399
黑龙江	Heilongjiang	3782	3724	3666	3608	3529	3463	3399	3327	3255	3171
上 海	Shanghai	2356	2399	2448	2467	2458	2467	2466	2475	2481	2488
江 苏	Jiangsu	8023	8120	8192	8281	8315	8381	8423	8446	8469	8477
浙 江	Zhejiang	5570	5685	5784	5890	5985	6072	6170	6273	6375	6468
安 徽	Anhui	5972	5978	5988	5997	6011	6033	6057	6076	6092	6105
福 建	Fujian	3784	3841	3885	3945	3984	4016	4065	4104	4137	4161
江 西	Jiangxi	4474	4475	4476	4480	4485	4496	4511	4513	4516	4519
山 东	Shandong	9665	9708	9746	9808	9866	9973	10033	10077	10106	10165
河 南	Henan	9461	9532	9573	9645	9701	9778	9829	9864	9901	9941
湖 北	Hubei	5760	5781	5798	5816	5850	5885	5904	5917	5927	5745
湖 南	Hunan	6581	6590	6600	6611	6615	6625	6633	6635	6640	6645
广 东	Guangdong	10756	11041	11270	11489	11678	11908	12141	12348	12489	12624
广 西	Guangxi	4655	4694	4731	4770	4811	4857	4907	4947	4982	5019
海 南	Hainan	890	910	920	936	945	957	972	982	995	1012
重 庆	Chongqing	2944	2975	3011	3043	3070	3110	3144	3163	3188	3209
四 川	Sichuan	8064	8085	8109	8139	8196	8251	8289	8321	8351	8371
贵 州	Guizhou	3530	3587	3632	3677	3708	3758	3803	3822	3848	3858
云 南	Yunnan	4620	4631	4641	4653	4663	4677	4693	4703	4714	4722
西 藏	Tibet	309	315	317	325	330	340	349	354	361	366
陕 西	Shaanxi	3765	3787	3804	3827	3846	3874	3904	3931	3944	3955
甘 肃	Gansu	2552	2550	2537	2531	2523	2520	2522	2515	2509	2501
青 海	Qinghai	568	571	571	576	577	582	586	587	590	593
宁 夏	Ningxia	648	659	666	678	684	695	705	710	717	721
新 疆	Xinjiang	2225	2253	2285	2325	2385	2428	2480	2520	2559	2590

2-6 分地区年末城镇人口比重
Proportion of Urban Population at Year-end by Region

单位：% (%)

地 区	Region	2011	2012	2013	2014	2015	2016	2017	2018	2019	2020
全 国	**National Total**	**51.83**	**53.10**	**54.49**	**55.75**	**57.33**	**58.84**	**60.24**	**61.50**	**62.71**	**63.89**
北 京	Beijing	86.20	86.29	86.39	86.50	86.71	86.76	86.93	87.09	87.35	87.55
天 津	Tianjin	80.43	81.55	82.29	82.55	82.88	83.27	83.57	83.95	84.31	84.70
河 北	Hebei	45.59	46.60	48.02	49.36	51.67	53.87	55.74	57.33	58.77	60.07
山 西	Shanxi	49.79	51.32	52.88	54.30	55.87	57.27	58.59	59.85	61.29	62.53
内蒙古	Inner Mongolia	57.04	58.42	59.82	60.97	62.09	63.40	64.60	65.51	66.46	67.48
辽 宁	Liaoning	64.05	65.65	66.45	67.05	68.05	68.87	69.49	70.26	71.21	72.14
吉 林	Jilin	53.40	54.54	55.74	56.81	57.64	58.75	59.71	60.85	61.63	62.64
黑龙江	Heilongjiang	56.49	56.88	58.04	59.22	60.47	61.09	61.90	63.46	64.62	65.61
上 海	Shanghai	89.30	89.30	89.60	89.30	88.53	89.00	89.10	89.13	89.22	89.30
江 苏	Jiangsu	62.01	63.01	64.39	65.70	67.49	68.93	70.18	71.19	72.47	73.44
浙 江	Zhejiang	62.29	62.91	63.94	64.96	66.32	67.72	68.91	70.02	71.58	72.17
安 徽	Anhui	44.80	46.30	47.87	49.31	50.97	52.62	54.29	55.65	57.02	58.33
福 建	Fujian	58.11	59.32	60.80	61.99	63.22	64.39	65.78	66.98	67.87	68.75
江 西	Jiangxi	45.75	47.39	49.04	50.55	52.30	53.99	55.70	57.34	59.07	60.44
山 东	Shandong	50.86	52.03	53.46	54.77	56.97	59.13	60.79	61.46	61.86	63.05
河 南	Henan	40.47	41.99	43.60	45.05	47.02	48.78	50.56	52.24	54.01	55.43
湖 北	Hubei	51.78	53.23	54.51	55.73	57.18	58.57	59.88	61.00	61.83	62.89
湖 南	Hunan	44.97	46.22	47.63	48.98	50.79	52.70	54.62	56.09	57.45	58.76
广 东	Guangdong	66.57	67.15	68.09	68.62	69.51	70.15	70.74	71.81	72.65	74.15
广 西	Guangxi	41.90	43.48	45.11	46.54	47.99	49.24	50.59	51.82	52.98	54.20
海 南	Hainan	50.34	51.02	52.28	53.30	54.91	56.70	58.04	59.13	59.37	60.27
重 庆	Chongqing	54.98	56.64	58.29	59.74	61.47	63.33	65.00	66.61	68.24	69.46
四 川	Sichuan	41.85	43.35	44.96	46.51	48.27	50.00	51.78	53.50	55.36	56.73
贵 州	Guizhou	35.03	36.30	37.89	40.24	42.96	45.56	47.76	49.54	51.48	53.15
云 南	Yunnan	36.57	38.47	39.99	41.21	42.93	44.64	46.29	47.44	48.67	50.05
西 藏	Tibet	22.81	22.87	23.93	26.23	28.87	31.57	33.38	33.80	34.51	35.73
陕 西	Shaanxi	47.35	49.71	51.57	53.01	54.74	56.39	58.07	59.65	61.28	62.66
甘 肃	Gansu	37.25	38.78	40.50	42.28	44.24	46.07	48.12	49.69	50.70	52.23
青 海	Qinghai	46.53	47.85	49.29	50.84	51.67	53.55	55.45	57.27	58.78	60.08
宁 夏	Ningxia	50.20	51.15	52.84	54.82	56.98	58.74	60.95	62.15	63.63	64.96
新 疆	Xinjiang	43.73	44.22	44.94	46.79	48.78	50.42	51.90	54.01	55.51	56.53

2-7 七次全国人口普查人口基本情况
Basic Statistics on National Population Census in 1953, 1964, 1982, 1990, 2000, 2010 and 2020

指 标	Item	1953	1964	1982	1990	2000	2010	2020
总人口 （万人）	**Total Population (10 000 persons)**	**58260**	**69458**	**100818**	**113368**	**126583**	**133972**	**141178**
男	Male	30190	35652	51944	58495	65355	68685	72334
女	Female	28070	33806	48874	54873	61228	65287	68844
性别比（女性=100）	Sex Ratio (female=100)	107.56	105.46	106.30	106.60	106.74	105.20	105.07
家庭户规模 （人/户）	**Average Family Household Size(person/household)**	**4.33**	**4.43**	**4.41**	**3.96**	**3.44**	**3.10**	**2.62**
各年龄组人口比重(%)	**Percentage of Population by Age Group (%)**							
0-14岁	Aged 0-14	36.28	40.69	33.59	27.69	22.89	16.60	17.95
15-64岁	Aged 15-64	59.31	55.75	61.50	66.74	70.15	74.53	68.55
65岁及以上	Aged 65 and Over	4.41	3.56	4.91	5.57	6.96	8.87	13.50
民族人口	**Population by Ethnicity**							
汉族 （万人）	Han (10 000 persons)	54728	65456	94088	104248	115940	122593	128631
占总人口比重(%)	Percentage to Total Population (%)	93.94	94.24	93.32	91.96	91.59	91.51	91.11
少数民族 （万人）	Ethnic Minorities (10 000 persons)	3532	4002	6730	9120	10643	11379	12547
占总人口比重(%)	Percentage to Total Population (%)	6.06	5.76	6.68	8.04	8.41	8.49	8.89
每十万人拥有的各种受教育程度人口(人)	**Population with Various Education Attainments Per 100 000 Persons (person)**							
大专及以上	Junior College and Above		416	615	1422	3611	8930	15467
高中和中专	Senior Secondary School and Technical Secondary School		1319	6779	8039	11146	14032	15088
初中	Junior Secondary Schools		4680	17892	23344	33961	38788	34507
小学	Primary Schools		28330	35237	37057	35701	26779	24767
文盲人口及文盲率	**Illiterate Population and Illiterate Rate**							
文盲人口 （万人）	Illiterate Population (10 000 persons)		23327	22996	18003	8507	5466	3775
文盲率 (%)	Illiterate Rate (%)		33.58	22.81	15.88	6.72	4.08	2.67
城乡人口 （万人）	**Population by Residence (10 000 persons)**							
城镇化率 (%)	Urbanization Rate (%)	13.26	18.30	20.91	26.44	36.22	49.68	63.89
城镇人口	Urban Population	7726	12710	21082	29971	45844	66557	90199
乡村人口	Rural Population	50534	56748	79736	83397	80739	67415	50979

注：1.1953、1964、1982、1990年全国人口普查标准时点是7月1日零时，2000、2010和2020年全国人口普查标准时点为11月1日零时。
2.历次普查总人口数据包括了中国人民解放军现役军人。在城乡人口中，中国人民解放军现役军人列为城镇人口统计。
3.1964年文盲人口为13岁及以上不识字人口，1982、1990、2000、2010和2020年文盲人口为15岁及以上不识字或识字很少的人口。

a) Standard reference time of national population census in 1953,1964,1982 and 1990 was zero hour of July 1st, and in 2000,2010 and 2020 was zero hour of November 1st.

b) Total population from the five national population censuses includes the military personnel. Military personnel is listed as urban population in population by residence. population and the urban/rural population.

c) Illiterate population of 1964 National Population Census referred to the population aged 13 and over who are unable to read. Illiterate population of 1982, 1990, 2000 , 2010 and 2020 National Population Censuses referred to the population aged 15 and over who are unable or have difficulty to read.

2-8 分地区户数、人口数、性别比和户规模（2020年）
Household, Population, Sex Ratio and Household Size by Region (2020)

地 区	Region	户数（户） Number of Households (household)	家庭户 Family Households	集体户 Collective Households	人口数（人） Population (person)	男 Male	女 Female	性别比 （女=100） Sex Ratio (Female=100)
全 国	**National Total**	**522689264**	**494157423**	**28531841**	**1409778724**	**721416394**	**688362330**	**104.80**
北 京	Beijing	9137928	8230792	907136	21893095	11195390	10697705	104.65
天 津	Tianjin	5464620	4867116	597504	13866009	7144949	6721060	106.31
河 北	Hebei	26355634	25429609	926025	74610235	37679003	36931232	102.02
山 西	Shanxi	13384751	12746142	638609	34915616	17805148	17110468	104.06
内蒙古	Inner Mongolia	9974153	9483957	490196	24049155	12275274	11773881	104.26
辽 宁	Liaoning	18168393	17467111	701282	42591407	21263529	21327878	99.70
吉 林	Jilin	9961655	9426822	534833	24073453	12018319	12055134	99.69
黑龙江	Heilongjiang	13707216	13024687	682529	31850088	15952468	15897620	100.35
上 海	Shanghai	10466847	9644628	822219	24870895	12875211	11995684	107.33
江 苏	Jiangsu	31922656	29910849	2011807	84748016	43031586	41716430	103.15
浙 江	Zhejiang	26880850	25008606	1872244	64567588	33680008	30887580	109.04
安 徽	Anhui	22888078	21910377	977701	61027171	31103394	29923777	103.94
福 建	Fujian	15306514	14371078	935436	41540086	21466757	20073329	106.94
江 西	Jiangxi	14791970	14072847	719123	45188635	23318533	21870102	106.62
山 东	Shandong	37045463	35184241	1861222	101527453	51432931	50094522	102.67
河 南	Henan	33224985	31782693	1442292	99365519	49832349	49533170	100.60
湖 北	Hubei	21019329	19931045	1088284	57752557	29694718	28057839	105.83
湖 南	Hunan	23892020	22878336	1013684	66444864	33995673	32449191	104.77
广 东	Guangdong	46691647	42469178	4222469	126012510	66873646	59138864	113.08
广 西	Guangxi	16865333	16215014	650319	50126804	25916169	24210635	107.04
海 南	Hainan	3200027	2961646	238381	10081232	5345081	4736151	112.86
重 庆	Chongqing	12627668	12040234	587434	32054159	16202133	15852026	102.21
四 川	Sichuan	32205094	30756120	1448974	83674866	42289718	41385148	102.19
贵 州	Guizhou	13265872	12696585	569287	38562148	19705293	18856855	104.50
云 南	Yunnan	15861557	15146831	714726	47209277	24420924	22788353	107.16
西 藏	Tibet	1089496	1014090	75406	3648100	1913588	1734512	110.32
陕 西	Shaanxi	14975672	14211344	764328	39528999	20226490	19302509	104.79
甘 肃	Gansu	8769671	8422836	346835	25019831	12700948	12318883	103.10
青 海	Qinghai	2079275	1965893	113382	5923957	3033846	2890111	104.97
宁 夏	Ningxia	2661882	2535074	126808	7202654	3668938	3533716	103.83
新 疆	Xinjiang	8803008	8351642	451366	25852345	13354380	12497965	106.85

注：本表数据为2020年第七次全国人口普查时点数，不包括中国人民解放军现役军人。（以下相关表同）

a) Data of this table are from reference time of the Seventh National Population Census,excluding the servicemen of the Chinese People's Liberation Army. The same applies to the relevant following tables.

2-8 续表 continued

地 区	Region	家庭户人口数(人) Family Household Population (person)	男 Male	女 Female	集体户人口数(人) Collective Household Population (person)	男 Male	女 Female	平均家庭户规模(人/户) Average Family Size (person/household)
全 国	**National Total**	**1292809300**	**654052851**	**638756449**	**116969424**	**67363543**	**49605881**	**2.62**
北 京	Beijing	19014338	9436296	9578042	2878757	1759094	1119663	2.31
天 津	Tianjin	11668540	5829455	5839085	2197469	1315494	881975	2.40
河 北	Hebei	69871266	35078326	34792940	4738969	2600677	2138292	2.75
山 西	Shanxi	32138952	16184258	15954694	2776664	1620890	1155774	2.52
内蒙古	Inner Mongolia	22296184	11229242	11066942	1752971	1046032	706939	2.35
辽 宁	Liaoning	39914651	19800387	20114264	2676756	1463142	1213614	2.29
吉 林	Jilin	22103381	10995039	11108342	1970072	1023280	946792	2.34
黑龙江	Heilongjiang	28934500	14424561	14509939	2915588	1527907	1387681	2.22
上 海	Shanghai	22347586	11244075	11103511	2523309	1631136	892173	2.32
江 苏	Jiangsu	77644026	38754626	38889400	7103990	4276960	2827030	2.60
浙 江	Zhejiang	58830838	30143079	28687759	5736750	3536929	2199821	2.35
安 徽	Anhui	57272157	28929853	28342304	3755014	2173541	1581473	2.61
福 建	Fujian	38462277	19624877	18837400	3077809	1841880	1235929	2.68
江 西	Jiangxi	41329294	21164113	20165181	3859341	2154420	1704921	2.94
山 东	Shandong	94868062	47675937	47192125	6659391	3756994	2902397	2.70
河 南	Henan	90744073	45213105	45530968	8621446	4619244	4002202	2.86
湖 北	Hubei	52773775	26844608	25929167	4978782	2850110	2128672	2.65
湖 南	Hunan	61121055	31103853	30017202	5323809	2891820	2431989	2.67
广 东	Guangdong	111671837	58021641	53650196	14340673	8852005	5488668	2.63
广 西	Guangxi	46498718	23974087	22524631	3628086	1942082	1686004	2.87
海 南	Hainan	9060930	4759294	4301636	1020302	585787	434515	3.06
重 庆	Chongqing	29477069	14744701	14732368	2577090	1457432	1119658	2.45
四 川	Sichuan	77093057	38672981	38420076	6581809	3616737	2965072	2.51
贵 州	Guizhou	35719520	18195997	17523523	2842628	1509296	1333332	2.81
云 南	Yunnan	43695762	22435081	21260681	3513515	1985843	1527672	2.88
西 藏	Tibet	3237287	1660644	1576643	410813	252944	157869	3.19
陕 西	Shaanxi	35975425	18199386	17776039	3553574	2027104	1526470	2.53
甘 肃	Gansu	23345176	11746896	11598280	1674655	954052	720603	2.77
青 海	Qinghai	5493942	2777444	2716498	430015	256402	173613	2.79
宁 夏	Ningxia	6709343	3381503	3327840	493311	287435	205876	2.65
新 疆	Xinjiang	23496279	11807506	11688773	2356066	1546874	809192	2.81

2-9 分地区户数、人口数、性别比和户规模（城市）(2020年)
Household, Population, Sex Ratio and Household Size by Region (City)(2020)

地 区	Region	户数（户）Number of Households (household)	家庭户 Family Household	集体户 Collective Household	人口数（人）Population (person)	男 Male	女 Female	性别比（女=100）Sex Ratio (Female=100)
全 国	**National Total**	**221320851**	**202764700**	**18556151**	**575170855**	**291791475**	**283379380**	**102.97**
北 京	Beijing	7439664	6690435	749229	17751681	8937161	8814520	101.39
天 津	Tianjin	4376812	3849509	527303	10933092	5610161	5322931	105.40
河 北	Hebei	8007995	7513689	494306	22129595	11010407	11119188	99.02
山 西	Shanxi	4981821	4616210	365611	13197637	6588788	6608849	99.70
内蒙古	Inner Mongolia	3836659	3586072	250587	9446419	4714495	4731924	99.63
辽 宁	Liaoning	11263547	10672010	591537	25572477	12626419	12946058	97.53
吉 林	Jilin	4381757	4088980	292777	10291703	5028946	5262757	95.56
黑龙江	Heilongjiang	6282686	5814838	467848	14439398	7113464	7325934	97.10
上 海	Shanghai	8165874	7521925	643949	19873080	10113562	9759518	103.63
江 苏	Jiangsu	15073781	13771191	1302590	40269267	20382260	19887007	102.49
浙 江	Zhejiang	13813994	12575815	1238179	33083792	17165183	15918609	107.83
安 徽	Anhui	6125474	5663611	461863	16329087	8142601	8186486	99.46
福 建	Fujian	6519000	5951707	567293	17105023	8780310	8324713	105.47
江 西	Jiangxi	4414818	4042797	372021	13560075	6906564	6653511	103.80
山 东	Shandong	14217381	13073475	1143906	39456975	19843195	19613780	101.17
河 南	Henan	8770708	8130055	640653	25973215	12913127	13060088	98.87
湖 北	Hubei	8973972	8206395	767577	24657421	12494860	12162561	102.73
湖 南	Hunan	6765698	6185217	580481	18916669	9472504	9444165	100.30
广 东	Guangdong	30821964	27382359	3439605	76387659	40817255	35570404	114.75
广 西	Guangxi	5129446	4744710	384736	14787980	7458144	7329836	101.75
海 南	Hainan	1290895	1148204	142691	3761478	1967828	1793650	109.71
重 庆	Chongqing	6083611	5652181	431430	16343989	8083520	8260469	97.86
四 川	Sichuan	11605081	10700636	904445	30431679	15030432	15401247	97.59
贵 州	Guizhou	3522330	3252662	269668	10126125	5086734	5039391	100.94
云 南	Yunnan	4761268	4342471	418797	12355559	6236029	6119530	101.90
西 藏	Tibet	328955	282848	46107	835302	447902	387400	115.62
陕 西	Shaanxi	6139042	5640394	498648	15656134	7925444	7730690	102.52
甘 肃	Gansu	2731953	2551450	180503	7095181	3565095	3530086	100.99
青 海	Qinghai	837123	766028	71095	2124083	1081946	1042137	103.82
宁 夏	Ningxia	1155063	1084791	70272	2988589	1488244	1500345	99.19
新 疆	Xinjiang	3502479	3262035	240444	9290491	4758895	4531596	105.02

2-9 续表 continued

地 区	Region	家庭户人口数(人) Family Household Population (person)	男 Male	女 Female	集体户人口数(人) Collective Household Population (person)	男 Male	女 Female	平均家庭户规模(人/户) Average Family Size (person/household)
全 国	**National Total**	**504276519**	**251510982**	**252765537**	**70894336**	**40280493**	**30613843**	**2.49**
北 京	Beijing	15394356	7536552	7857804	2357325	1400609	956716	2.30
天 津	Tianjin	9011361	4465085	4546276	1921731	1145076	776655	2.34
河 北	Hebei	19758196	9728026	10030170	2371399	1282381	1089018	2.63
山 西	Shanxi	11678197	5771407	5906790	1519440	817381	702059	2.53
内蒙古	Inner Mongolia	8500366	4196041	4304325	946053	518454	427599	2.37
辽 宁	Liaoning	23359821	11419772	11940049	2212656	1206647	1006009	2.19
吉 林	Jilin	9214553	4464035	4750518	1077150	564911	512239	2.25
黑龙江	Heilongjiang	12381218	6049161	6332057	2058180	1064303	993877	2.13
上 海	Shanghai	17884745	8863108	9021637	1988335	1250454	737881	2.38
江 苏	Jiangsu	35793195	17715592	18077603	4476072	2666668	1809404	2.60
浙 江	Zhejiang	29377913	14950458	14427455	3705879	2214725	1491154	2.34
安 徽	Anhui	14638587	7210026	7428561	1690500	932575	757925	2.58
福 建	Fujian	15270274	7711168	7559106	1834749	1069142	765607	2.57
江 西	Jiangxi	11671059	5880515	5790544	1889016	1026049	862967	2.89
山 东	Shandong	35429499	17610241	17819258	4027476	2232954	1794522	2.71
河 南	Henan	22621633	11147027	11474606	3351582	1766100	1585482	2.78
湖 北	Hubei	21345951	10622692	10723259	3311470	1872168	1439302	2.60
湖 南	Hunan	16098951	7964959	8133992	2817718	1507545	1310173	2.60
广 东	Guangdong	65293291	33952063	31341228	11094368	6865192	4229176	2.38
广 西	Guangxi	12779710	6415579	6364131	2008270	1042565	965705	2.69
海 南	Hainan	3185994	1637928	1548066	575484	329900	245584	2.77
重 庆	Chongqing	14465156	7048937	7416219	1878833	1034583	844250	2.56
四 川	Sichuan	26634361	12980496	13653865	3797318	2049936	1747382	2.49
贵 州	Guizhou	8868313	4435200	4433113	1257812	651534	606278	2.73
云 南	Yunnan	10504649	5249393	5255256	1850910	986636	864274	2.42
西 藏	Tibet	581692	300225	281467	253610	147677	105933	2.06
陕 西	Shaanxi	13481831	6720981	6760850	2174303	1204463	969840	2.39
甘 肃	Gansu	6302326	3132819	3169507	792855	432276	360579	2.47
青 海	Qinghai	1861075	928280	932795	263008	153666	109342	2.43
宁 夏	Ningxia	2716247	1342020	1374227	272342	146224	126118	2.50
新 疆	Xinjiang	8171999	4061196	4110803	1118492	697699	420793	2.51

2-10 分地区户数、人口数、性别比和户规模（镇）(2020年)
Household, Population, Sex Ratio and Household Size by Region (Town)(2020)

地 区	Region	户数（户）Number of Households (household)	家庭户 Family Household	集体户 Collective Household	人口数（人）Population (person)	男 Male	女 Female	性别比（女=100）Sex Ratio (Female=100)
全 国	**National Total**	**114718215**	**107620004**	**7098211**	**324820307**	**165029877**	**159790430**	**103.28**
北 京	Beijing	595906	496221	99685	1414752	769805	644947	119.36
天 津	Tianjin	291729	248142	43587	811348	436437	374911	116.41
河 北	Hebei	7653230	7262915	390315	22686891	11461223	11225668	102.10
山 西	Shanxi	3169653	2997725	171928	8633857	4360787	4273070	102.05
内蒙古	Inner Mongolia	2796670	2643180	153490	6781056	3424007	3357049	101.99
辽 宁	Liaoning	2211309	2136933	74376	5153499	2566297	2587202	99.19
吉 林	Jilin	1997925	1838621	159304	4787311	2360236	2427075	97.25
黑龙江	Heilongjiang	2827794	2672230	155564	6458296	3198834	3259462	98.14
上 海	Shanghai	1000819	907718	93101	2336300	1252659	1083641	115.60
江 苏	Jiangsu	8057821	7566565	491256	21973116	11138540	10834576	102.81
浙 江	Zhejiang	5550929	5128200	422729	13514673	7069220	6445453	109.68
安 徽	Anhui	6987883	6548174	439709	19266016	9752125	9513891	102.50
福 建	Fujian	4021742	3775966	245776	11452224	5858483	5593741	104.73
江 西	Jiangxi	4284947	4015256	269691	13750536	7045709	6704827	105.08
山 东	Shandong	8559616	7935341	624275	24557279	12506091	12051188	103.77
河 南	Henan	9026588	8352717	673871	29105339	14716285	14389054	102.27
湖 北	Hubei	4152899	3940726	212173	11662953	5908873	5754080	102.69
湖 南	Hunan	7001071	6630584	370487	20129507	10242115	9887392	103.59
广 东	Guangdong	5529015	5096023	432992	17048413	8892530	8155883	109.03
广 西	Guangxi	3907751	3710344	197407	12382976	6338893	6044083	104.88
海 南	Hainan	700154	645237	54917	2314503	1221821	1092682	111.82
重 庆	Chongqing	2259757	2157259	102498	5920039	2948837	2971202	99.25
四 川	Sichuan	6358727	6020073	338654	17034233	8388350	8645883	97.02
贵 州	Guizhou	3431251	3226651	204600	10369821	5220851	5148970	101.40
云 南	Yunnan	3758467	3547366	211101	11273005	5752439	5520566	104.20
西 藏	Tibet	185736	171788	13948	468141	249208	218933	113.83
陕 西	Shaanxi	3362373	3204020	158353	9113596	4622046	4491550	102.91
甘 肃	Gansu	2041291	1925591	115700	5972151	2989421	2982730	100.22
青 海	Qinghai	515908	483732	32176	1435280	728786	706494	103.16
宁 夏	Ningxia	612772	580390	32382	1690065	857525	832540	103.00
新 疆	Xinjiang	1866482	1754316	112166	5323131	2751444	2571687	106.99

2-10 续表 continued

地 区	Region	家庭户人口数(人) Family Household Population (person)	男 Male	女 Female	集体户人口数(人) Collective Household Population (person)	男 Male	女 Female	平均家庭户规模(人/户) Average Family Size (person/household)
全 国	**National Total**	**292011047**	**146536890**	**145474157**	**32809260**	**18492987**	**14316273**	**2.71**
北 京	Beijing	1091296	559609	531687	323456	210196	113260	2.20
天 津	Tianjin	627451	320522	306929	183897	115915	67982	2.53
河 北	Hebei	20575191	10299276	10275915	2111700	1161947	949753	2.83
山 西	Shanxi	7861300	3917547	3943753	772557	443240	329317	2.62
内蒙古	Inner Mongolia	6264779	3118284	3146495	516277	305723	210554	2.37
辽 宁	Liaoning	4879792	2420009	2459783	273707	146288	127419	2.28
吉 林	Jilin	4211092	2069196	2141896	576219	291040	285179	2.29
黑龙江	Heilongjiang	5865120	2887083	2978037	593176	311751	281425	2.19
上 海	Shanghai	2073595	1076977	996618	262705	175682	87023	2.28
江 苏	Jiangsu	20140568	10050751	10089817	1832548	1087789	744759	2.66
浙 江	Zhejiang	12168256	6221677	5946579	1346417	847543	498874	2.37
安 徽	Anhui	17562037	8752635	8809402	1703979	999490	704489	2.68
福 建	Fujian	10644969	5382647	5262322	807255	475836	331419	2.82
江 西	Jiangxi	12222347	6191875	6030472	1528189	853834	674355	3.04
山 东	Shandong	22302905	11224919	11077986	2254374	1281172	973202	2.81
河 南	Henan	24641515	12335105	12306410	4463824	2381180	2082644	2.95
湖 北	Hubei	10575155	5307828	5267327	1087798	601045	486753	2.68
湖 南	Hunan	17998746	9072729	8926017	2130761	1169386	961375	2.71
广 东	Guangdong	15243214	7816039	7427175	1805199	1076491	728708	2.99
广 西	Guangxi	11160030	5679915	5480115	1222946	658978	563968	3.01
海 南	Hainan	2068412	1084462	983950	246091	137359	108732	3.21
重 庆	Chongqing	5462267	2690373	2771894	457772	258464	199308	2.53
四 川	Sichuan	15297267	7465075	7832192	1736966	923275	813691	2.54
贵 州	Guizhou	9301243	4673504	4627739	1068578	547347	521231	2.88
云 南	Yunnan	10125911	5109535	5016376	1147094	642904	504190	2.85
西 藏	Tibet	403792	207783	196009	64349	41425	22924	2.35
陕 西	Shaanxi	8288616	4153924	4134692	824980	468122	356858	2.59
甘 肃	Gansu	5384338	2664251	2720087	587813	325170	262643	2.80
青 海	Qinghai	1310687	656645	654042	124593	72141	52452	2.71
宁 夏	Ningxia	1566315	785240	781075	123750	72285	51465	2.70
新 疆	Xinjiang	4692841	2341475	2351366	630290	409969	220321	2.68

2-11 分地区户数、人口数、性别比和户规模（乡村）(2020年)
Household, Population, Sex Ratio and Household Size by Region (Countryside)(2020)

地 区	Region	户数（户） Number of Households (household)	家庭户 Family Household	集体户 Collective Household	人口数（人） Population (person)	男 Male	女 Female	性别比（女=100） Sex Ratio (Female=100)
全 国	**National Total**	**186650198**	**183772719**	**2877479**	**509787562**	**264595042**	**245192520**	**107.91**
北 京	Beijing	1102358	1044136	58222	2726662	1488424	1238238	120.21
天 津	Tianjin	796079	769465	26614	2121569	1098351	1023218	107.34
河 北	Hebei	10694409	10653005	41404	29793749	15207373	14586376	104.26
山 西	Shanxi	5233277	5132207	101070	13084122	6855573	6228549	110.07
内蒙古	Inner Mongolia	3340824	3254705	86119	7821680	4136772	3684908	112.26
辽 宁	Liaoning	4693537	4658168	35369	11865431	6070813	5794618	104.77
吉 林	Jilin	3581973	3499221	82752	8994439	4629137	4365302	106.04
黑龙江	Heilongjiang	4596736	4537619	59117	10952394	5640170	5312224	106.17
上 海	Shanghai	1300154	1214985	85169	2661515	1508990	1152525	130.93
江 苏	Jiangsu	8791054	8573093	217961	22505633	11510786	10994847	104.69
浙 江	Zhejiang	7515927	7304591	211336	17969123	9445605	8523518	110.82
安 徽	Anhui	9774721	9698592	76129	25432068	13208668	12223400	108.06
福 建	Fujian	4765772	4643405	122367	12982839	6827964	6154875	110.94
江 西	Jiangxi	6092205	6014794	77411	17878024	9366260	8511764	110.04
山 东	Shandong	14268466	14175425	93041	37513199	19083645	18429554	103.55
河 南	Henan	15427689	15299921	127768	44286965	22202937	22084028	100.54
湖 北	Hubei	7892458	7783924	108534	21432183	11290985	10141198	111.34
湖 南	Hunan	10125251	10062535	62716	27398688	14281054	13117634	108.87
广 东	Guangdong	10340668	9990796	349872	32576438	17163861	15412577	111.36
广 西	Guangxi	7828136	7759960	68176	22955848	12119132	10836716	111.83
海 南	Hainan	1208978	1168205	40773	4005251	2155432	1849819	116.52
重 庆	Chongqing	4284300	4230794	53506	9790131	5169776	4620355	111.89
四 川	Sichuan	14241286	14035411	205875	36208954	18870936	17338018	108.84
贵 州	Guizhou	6312291	6217272	95019	18066202	9397708	8668494	108.41
云 南	Yunnan	7341822	7256994	84828	23580713	12432456	11148257	111.52
西 藏	Tibet	574805	559454	15351	2344657	1216478	1128179	107.83
陕 西	Shaanxi	5474257	5366930	107327	14759269	7679000	7080269	108.46
甘 肃	Gansu	3996427	3945795	50632	11952499	6146432	5806067	105.86
青 海	Qinghai	726244	716133	10111	2364594	1223114	1141480	107.15
宁 夏	Ningxia	894047	869893	24154	2524000	1323169	1200831	110.19
新 疆	Xinjiang	3434047	3335291	98756	11238723	5844041	5394682	108.33

2-11 续表 continued

地区	Region	家庭户人口数(人) Family Household Population (person)	男 Male	女 Female	集体户人口数(人) Collective Household Population (person)	男 Male	女 Female	平均家庭户规模(人/户) Average Family Size (person/household)
全 国	**National Total**	**496521734**	**256004979**	**240516755**	**13265828**	**8590063**	**4675765**	**2.70**
北 京	Beijing	2528686	1340135	1188551	197976	148289	49687	2.42
天 津	Tianjin	2029728	1043848	985880	91841	54503	37338	2.64
河 北	Hebei	29537879	15051024	14486855	255870	156349	99521	2.77
山 西	Shanxi	12599455	6495304	6104151	484667	360269	124398	2.45
内蒙古	Inner Mongolia	7531039	3914917	3616122	290641	221855	68786	2.31
辽 宁	Liaoning	11675038	5960606	5714432	190393	110207	80186	2.51
吉 林	Jilin	8677736	4461808	4215928	316703	167329	149374	2.48
黑龙江	Heilongjiang	10688162	5488317	5199845	264232	151853	112379	2.36
上 海	Shanghai	2389246	1303990	1085256	272269	205000	67269	1.97
江 苏	Jiangsu	21710263	10988283	10721980	795370	522503	272867	2.53
浙 江	Zhejiang	17284669	8970944	8313725	684454	474661	209793	2.37
安 徽	Anhui	25071533	12967192	12104341	360535	241476	119059	2.59
福 建	Fujian	12547034	6531062	6015972	435805	296902	138903	2.70
江 西	Jiangxi	17435888	9091723	8344165	442136	274537	167599	2.90
山 东	Shandong	37135658	18840777	18294881	377541	242868	134673	2.62
河 南	Henan	43480925	21730973	21749952	806040	471964	334076	2.84
湖 北	Hubei	20852669	10914088	9938581	579514	376897	202617	2.68
湖 南	Hunan	27023358	14066165	12957193	375330	214889	160441	2.69
广 东	Guangdong	31135332	16253539	14881793	1441106	910322	530784	3.12
广 西	Guangxi	22558978	11878593	10680385	396870	240539	156331	2.91
海 南	Hainan	3806524	2036904	1769620	198727	118528	80199	3.26
重 庆	Chongqing	9549646	5005391	4544255	240485	164385	76100	2.26
四 川	Sichuan	35161429	18227410	16934019	1047525	643526	403999	2.51
贵 州	Guizhou	17549964	9087293	8462671	516238	310415	205823	2.82
云 南	Yunnan	23065202	12076153	10989049	515511	356303	159208	3.18
西 藏	Tibet	2251803	1152636	1099167	92854	63842	29012	4.03
陕 西	Shaanxi	14204978	7324481	6880497	554291	354519	199772	2.65
甘 肃	Gansu	11658512	5949826	5708686	293987	196606	97381	2.95
青 海	Qinghai	2322180	1192519	1129661	42414	30595	11819	3.24
宁 夏	Ningxia	2426781	1254243	1172538	97219	68926	28293	2.79
新 疆	Xinjiang	10631439	5404835	5226604	607284	439206	168078	3.19

2-12 分地区分性别、户口登记状况的人口(2020年)
Population by Gender, Household Registration Status and Region (2020)

单位：人 (person)

地 区	Region	人口数 Population			住本乡、镇、街道，户口在本乡、镇、街道 Residing in the Townships, Towns and Street Communities with Permanent Household Registration There		
		合 计 Total	男 Male	女 Female	小 计 Sub-total	男 Male	女 Female
全 国	**National Total**	**1409778724**	**721416394**	**688362330**	**909355711**	**461560786**	**447794925**
北 京	Beijing	21893095	11195390	10697705	8277744	4118314	4159430
天 津	Tianjin	13866009	7144949	6721060	7310748	3652601	3658147
河 北	Hebei	74610235	37679003	36931232	54629087	27644247	26984840
山 西	Shanxi	34915616	17805148	17110468	21916765	11093414	10823351
内蒙古	Inner Mongolia	24049155	12275274	11773881	12500329	6371165	6129164
辽 宁	Liaoning	42591407	21263529	21327878	26642819	13367456	13275363
吉 林	Jilin	24073453	12018319	12055134	13265835	6756383	6509452
黑龙江	Heilongjiang	31850088	15952468	15897620	20048102	10106942	9941160
上 海	Shanghai	24870895	12875211	11995684	9520384	4740065	4780319
江 苏	Jiangsu	84748016	43031586	41716430	54425819	27053201	27372618
浙 江	Zhejiang	64567588	33680008	30887580	33789547	16907513	16882034
安 徽	Anhui	61027171	31103394	29923777	42641509	21858266	20783243
福 建	Fujian	41540086	21466757	20073329	24314795	12260613	12054182
江 西	Jiangxi	45188635	23318533	21870102	31481833	16219483	15262350
山 东	Shandong	101527453	51432931	50094522	73129703	36813787	36315916
河 南	Henan	99365519	49832349	49533170	73422951	36673897	36749054
湖 北	Hubei	57752557	29694718	28057839	39068462	20158777	18909685
湖 南	Hunan	66444864	33995673	32449191	48634947	25008720	23626227
广 东	Guangdong	126012510	66873646	59138864	64370531	32652666	31717865
广 西	Guangxi	50126804	25916169	24210635	36614564	19102479	17512085
海 南	Hainan	10081232	5345081	4736151	6531174	3470683	3060491
重 庆	Chongqing	32054159	16202133	15852026	18879708	9613722	9265986
四 川	Sichuan	83674866	42289718	41385148	55583401	28317964	27265437
贵 州	Guizhou	38562148	19705293	18856855	26709127	13796512	12912615
云 南	Yunnan	47209277	24420924	22788353	34771204	17955234	16815970
西 藏	Tibet	3648100	1913588	1734512	2597456	1311594	1285862
陕 西	Shaanxi	39528999	20226490	19302509	26145955	13248730	12897225
甘 肃	Gansu	25019831	12700948	12318883	17603083	8887928	8715155
青 海	Qinghai	5923957	3033846	2890111	3827791	1928036	1899755
宁 夏	Ningxia	7202654	3668938	3533716	3820865	1919323	1901542
新 疆	Xinjiang	25852345	13354380	12497965	16879473	8551071	8328402

2-12 续表 continued

单位：人 (person)

地　区	Region	住本乡、镇、街道，户口在外乡、镇、街道，离开户口登记地半年以上 Residing in Townships, Towns and Street Communities, with Permanent Household Registration Elsewhere and Away from Registration Place For More Than 6 Months.			住本乡、镇、街道，户口待定 Residing in Townships, Towns and Street Communities, with Place of Permanent Household Registration Unsettled			居住在港澳台或国外，户口在本乡、镇、街道 Residing in Hong Kong SAR, Macao SAR and Taiwan or abroad, with Permanent Household Registration in Townships,Towns and Street Communities		
		小　计 Sub-total	男 Male	女 Female	小　计 Sub-total	男 Male	女 Female	小　计 Sub-total	男 Male	女 Female
全　国	**National Total**	**492762506**	**255896268**	**236866238**	**4030379**	**2042734**	**1987645**	**3630128**	**1916606**	**1713522**
北　京	Beijing	13409576	6977849	6431727	74458	38844	35614	131317	60383	70934
天　津	Tianjin	6479695	3455513	3024182	33553	17806	15747	42013	19029	22984
河　北	Hebei	19775641	9923785	9851856	135403	67322	68081	70104	43649	26455
山　西	Shanxi	12891174	6655644	6235530	84392	42599	41793	23285	13491	9794
内蒙古	Inner Mongolia	11462961	5858767	5604194	61321	32788	28533	24544	12554	11990
辽　宁	Liaoning	15670121	7760506	7909615	51000	26333	24667	227467	109234	118233
吉　林	Jilin	10350683	5033163	5317520	30954	16131	14823	425981	212642	213339
黑龙江	Heilongjiang	11549584	5721373	5828211	46767	24022	22745	205635	100131	105504
上　海	Shanghai	15134258	8036541	7097717	51385	26779	24606	164868	71826	93042
江　苏	Jiangsu	29979948	15793646	14186302	189316	95576	93740	152933	89163	63770
浙　江	Zhejiang	30107815	16424000	13683815	180655	93801	86854	489571	254694	234877
安　徽	Anhui	18099918	9098260	9001658	229538	114115	115423	56206	32753	23453
福　建	Fujian	16464611	8798376	7666235	213777	110254	103523	546903	297514	249389
江　西	Jiangxi	13520934	7004148	6516786	154919	76500	78419	30949	18402	12547
山　东	Shandong	28026762	14417484	13609278	205941	104244	101697	165047	97416	67631
河　南	Henan	25639605	12993565	12646040	213066	105210	107856	89897	59677	30220
湖　北	Hubei	18476561	9425843	9050718	150219	78363	71856	57315	31735	25580
湖　南	Hunan	17575847	8865460	8710387	184557	92920	91637	49513	28573	20940
广　东	Guangdong	60635086	33711847	26923239	700586	359835	340751	306307	149298	157009
广　西	Guangxi	13238781	6678931	6559850	218260	104688	113572	55199	30071	25128
海　南	Hainan	3498161	1849608	1648553	41684	20729	20955	10213	4061	6152
重　庆	Chongqing	13096435	6549022	6547413	51718	25592	26126	26298	13797	12501
四　川	Sichuan	27823204	13828619	13994585	182133	90278	91855	86128	52857	33271
贵　州	Guizhou	11694763	5828497	5866266	136087	66527	69560	22171	13757	8414
云　南	Yunnan	12209314	6342780	5866534	167066	84454	82612	61693	38456	23237
西　藏	Tibet	1031132	591209	439923	19289	10664	8625	223	121	102
陕　西	Shaanxi	13267095	6913899	6353196	84345	44833	39512	31604	19028	12576
甘　肃	Gansu	7352465	3779111	3573354	48263	23953	24310	16020	9956	6064
青　海	Qinghai	2070660	1092431	978229	23004	11862	11142	2502	1517	985
宁　夏	Ningxia	3362670	1739397	1623273	13287	6909	6378	5832	3309	2523
新　疆	Xinjiang	8867046	4746994	4120052	53436	28803	24633	52390	27512	24878

2-13 分地区分性别、户口登记状况的人口(城市)(2020年)
Population by Gender, Household Registration Status and Region (City)(2020)

单位：人 (person)

地 区	Region	人口数 Population			住本乡、镇、街道，户口在本乡、镇、街道 Residing in the Townships, Towns and Street Communities with Permanent Household Registration There		
		合 计 Total	男 Male	女 Female	小 计 Sub-total	男 Male	女 Female
全 国	**National Total**	**575170855**	**291791475**	**283379380**	**248426127**	**122739107**	**125687020**
北 京	Beijing	17751681	8937161	8814520	6275250	3098157	3177093
天 津	Tianjin	10933092	5610161	5322931	5029950	2485716	2544234
河 北	Hebei	22129595	11010407	11119188	11210506	5536437	5674069
山 西	Shanxi	13197637	6588788	6608849	5735049	2834874	2900175
内蒙古	Inner Mongolia	9446419	4714495	4731924	3251673	1602456	1649217
辽 宁	Liaoning	25572477	12626419	12946058	12753635	6251792	6501843
吉 林	Jilin	10291703	5028946	5262757	3868137	1900344	1967793
黑龙江	Heilongjiang	14439398	7113464	7325934	7393602	3613497	3780105
上 海	Shanghai	19873080	10113562	9759518	7600736	3782215	3818521
江 苏	Jiangsu	40269267	20382260	19887007	20763164	10199462	10563702
浙 江	Zhejiang	33083792	17165183	15918609	13391204	6578120	6813084
安 徽	Anhui	16329087	8142601	8186486	7150743	3564700	3586043
福 建	Fujian	17105023	8780310	8324713	6666795	3256617	3410178
江 西	Jiangxi	13560075	6906564	6653511	6177541	3097643	3079898
山 东	Shandong	39456975	19843195	19613780	20662857	10223100	10439757
河 南	Henan	25973215	12913127	13060088	12824633	6324303	6500330
湖 北	Hubei	24657421	12494860	12162561	11143394	5618676	5524718
湖 南	Hunan	18916669	9472504	9444165	8462242	4204243	4257999
广 东	Guangdong	76387659	40817255	35570404	26193433	12984770	13208663
广 西	Guangxi	14787980	7458144	7329836	6247394	3113150	3134244
海 南	Hainan	3761478	1967828	1793650	1413288	724720	688568
重 庆	Chongqing	16343989	8083520	8260469	6254716	3060248	3194468
四 川	Sichuan	30431679	15030432	15401247	12390184	6057352	6332832
贵 州	Guizhou	10126125	5086734	5039391	3895407	1949858	1945549
云 南	Yunnan	12355559	6236029	6119530	5208070	2566579	2641491
西 藏	Tibet	835302	447902	387400	266323	132034	134289
陕 西	Shaanxi	15656134	7925444	7730690	6979930	3433344	3546586
甘 肃	Gansu	7095181	3565095	3530086	3041512	1507874	1533638
青 海	Qinghai	2124083	1081946	1042137	896868	436774	460094
宁 夏	Ningxia	2988589	1488244	1500345	1207925	584104	623821
新 疆	Xinjiang	9290491	4758895	4531596	4069966	2015948	2054018

2-13 续表 continued

单位：人 (person)

地 区	Region	住本乡、镇、街道，户口在外乡、镇、街道，离开户口登记地半年以上 Residing in Townships, Towns and Street Communities, with Permanent Household Registration Elsewhere and Away from Registration Place For More Than 6 Months.			住本乡、镇、街道，户口待定 Residing in Townships, Towns and Street Communities, with Place of Permanent Household Registration Unsettled			居住在港澳台或国外，户口在本乡、镇、街道 Residing in Hong Kong SAR, Macao SAR and Taiwan or abroad, with Permanent Household Registration in Townships,Towns and Street Communities		
		小 计 Sub-total	男 Male	女 Female	小 计 Sub-total	男 Male	女 Female	小 计 Sub-total	男 Male	女 Female
全 国	**National Total**	**323487793**	**167434625**	**156053168**	**1727194**	**902035**	**825159**	**1529741**	**715708**	**814033**
北 京	Beijing	11286299	5748420	5537879	62186	31672	30514	127946	58912	69034
天 津	Tianjin	5834438	3091170	2743268	29069	15567	13502	39635	17708	21927
河 北	Hebei	10852189	5439074	5413115	42087	23029	19058	24813	11867	12946
山 西	Shanxi	7413064	3728882	3684182	36587	18825	17762	12937	6207	6730
内蒙古	Inner Mongolia	6154293	3090865	3063428	31074	16840	14234	9379	4334	5045
辽 宁	Liaoning	12651030	6296748	6354282	31949	17261	14688	135863	60618	75245
吉 林	Jilin	6258092	3050432	3207660	15035	7876	7159	150439	70294	80145
黑龙江	Heilongjiang	6990445	3473151	3517294	26199	13511	12688	29152	13305	15847
上 海	Shanghai	12075336	6242148	5833188	39543	20688	18855	157465	68511	88954
江 苏	Jiangsu	19322446	10089794	9232652	100947	52429	48518	82710	40575	42135
浙 江	Zhejiang	19454456	10466564	8987892	101906	53294	48612	136226	67205	69021
安 徽	Anhui	9113788	4545344	4568444	43644	22425	21219	20912	10132	10780
福 建	Fujian	10206105	5405660	4800445	78664	41798	36866	153459	76235	77224
江 西	Jiangxi	7327320	3782878	3544442	44207	20864	23343	11007	5179	5828
山 东	Shandong	18632571	9537089	9095482	88065	46438	41627	73482	36568	36914
河 南	Henan	13054477	6541805	6512672	62694	31403	31291	31411	15616	15795
湖 北	Hubei	13425245	6830865	6594380	56952	30546	26406	31830	14773	17057
湖 南	Hunan	10384897	5232988	5151909	54215	28235	25980	15315	7038	8277
广 东	Guangdong	49618272	27539974	22078298	415921	218575	197346	160033	73936	86097
广 西	Guangxi	8451951	4301682	4150269	69998	36188	33810	18637	7124	11513
海 南	Hainan	2330637	1233943	1096694	15390	8325	7065	2163	840	1323
重 庆	Chongqing	10053333	5006151	5047182	23354	11911	11443	12586	5210	7376
四 川	Sichuan	17952455	8928543	9023912	59905	30662	29243	29135	13875	15260
贵 州	Guizhou	6179364	3111466	3067898	45131	22784	22347	6223	2626	3597
云 南	Yunnan	7090798	3640070	3450728	47515	25085	22430	9176	4295	4881
西 藏	Tibet	564530	313313	251217	4414	2541	1873	35	14	21
陕 西	Shaanxi	8617180	4461443	4155737	44924	24058	20866	14100	6599	7501
甘 肃	Gansu	4027986	2044714	1983272	17869	8679	9190	7814	3828	3986
青 海	Qinghai	1217443	640006	577437	8743	4708	4035	1029	458	571
宁 夏	Ningxia	1771385	899390	871995	5738	3080	2658	3541	1670	1871
新 疆	Xinjiang	5175968	2720053	2455915	23269	12738	10531	21288	10156	11132

2-14 分地区分性别、户口登记状况的人口(镇)(2020年)
Population by Gender, Household Registration Status and Region (Town)(2020)

单位：人 (person)

地 区	Region	人口数 Population			住本乡、镇、街道，户口在本乡、镇、街道 Residing in the Townships, Towns and Street Communities with Permanent Household Registration There		
		合 计 Total	男 Male	女 Female	小 计 Sub-total	男 Male	女 Female
全 国	**National Total**	**324820307**	**165029877**	**159790430**	**204010092**	**103099224**	**100910868**
北 京	Beijing	1414752	769805	644947	449907	227062	222845
天 津	Tianjin	811348	436437	374911	471345	240072	231273
河 北	Hebei	22686891	11461223	11225668	15257020	7699746	7557274
山 西	Shanxi	8633857	4360787	4273070	4918265	2468936	2449329
内蒙古	Inner Mongolia	6781056	3424007	3357049	3009784	1511700	1498084
辽 宁	Liaoning	5153499	2566297	2587202	3383962	1704038	1679924
吉 林	Jilin	4787311	2360236	2427075	2262534	1131534	1131000
黑龙江	Heilongjiang	6458296	3198834	3259462	3849228	1921465	1927763
上 海	Shanghai	2336300	1252659	1083641	814051	407609	406442
江 苏	Jiangsu	21973116	11138540	10834576	14387583	7165937	7221646
浙 江	Zhejiang	13514673	7069220	6445453	6783011	3381119	3401892
安 徽	Anhui	19266016	9752125	9513891	11603310	5884207	5719103
福 建	Fujian	11452224	5858483	5593741	6822926	3407113	3415813
江 西	Jiangxi	13750536	7045709	6704827	8447975	4318933	4129042
山 东	Shandong	24557279	12506091	12051188	16831327	8520461	8310866
河 南	Henan	29105339	14716285	14389054	18207395	9174770	9032625
湖 北	Hubei	11662953	5908873	5754080	8255293	4204038	4051255
湖 南	Hunan	20129507	10242115	9887392	14020698	7152110	6868588
广 东	Guangdong	17048413	8892530	8155883	10764945	5483794	5281151
广 西	Guangxi	12382976	6338893	6044083	8738344	4525040	4213304
海 南	Hainan	2314503	1221821	1092682	1698806	899023	799783
重 庆	Chongqing	5920039	2948837	2971202	3786984	1889623	1897361
四 川	Sichuan	17034233	8388350	8645883	10730469	5331841	5398628
贵 州	Guizhou	10369821	5220851	5148970	6482652	3306800	3175852
云 南	Yunnan	11273005	5752439	5520566	7613993	3870553	3743440
西 藏	Tibet	468141	249208	218933	258451	129430	129021
陕 西	Shaanxi	9113596	4622046	4491550	5850172	2964141	2886031
甘 肃	Gansu	5972151	2989421	2982730	3637047	1821511	1815536
青 海	Qinghai	1435280	728786	706494	756206	376104	380102
宁 夏	Ningxia	1690065	857525	832540	691333	343244	348089
新 疆	Xinjiang	5323131	2751444	2571687	3225076	1637270	1587806

2-14 续表 continued

单位：人 (person)

地 区	Region	住本乡、镇、街道，户口在外乡、镇、街道，离开户口登记地半年以上 Residing in Townships, Towns and Street Communities, with Permanent Household Registration Elsewhere and Away from Registration Place For More Than 6 Months.			住本乡、镇、街道，户口待定 Residing in Townships, Towns and Street Communities, with Place of Permanent Household Registration Unsettled			居住在港澳台或国外，户口在本乡、镇、街道 Residing in Hong Kong SAR, Macao SAR and Taiwan or abroad, with Permanent Household Registration in Townships,Towns and Street Communities		
		小 计 Sub-total	男 Male	女 Female	小 计 Sub-total	男 Male	女 Female	小 计 Sub-total	男 Male	女 Female
全 国	**National Total**	**119450766**	**61218159**	**58232607**	**884396**	**449200**	**435196**	**475053**	**263294**	**211759**
北 京	Beijing	958712	539769	418943	4577	2270	2307	1556	704	852
天 津	Tianjin	336920	194769	142151	2650	1377	1273	433	219	214
河 北	Hebei	7371515	3730052	3641463	44222	22206	22016	14134	9219	4915
山 西	Shanxi	3691171	1879198	1811973	21591	10885	10706	2830	1768	1062
内蒙古	Inner Mongolia	3750215	1901020	1849195	17787	9620	8167	3270	1667	1603
辽 宁	Liaoning	1748519	851374	897145	6071	3021	3050	14947	7864	7083
吉 林	Jilin	2462484	1197278	1265206	7141	3861	3280	55152	27563	27589
黑龙江	Heilongjiang	2578957	1262475	1316482	10450	5388	5062	19661	9506	10155
上 海	Shanghai	1512143	840082	672061	7004	3554	3450	3102	1414	1688
江 苏	Jiangsu	7509748	3930657	3579091	50288	25293	24995	25497	16653	8844
浙 江	Zhejiang	6593618	3617406	2976212	42064	22050	20014	95980	48645	47335
安 徽	Anhui	7585048	3827834	3757214	65830	33118	32712	11828	6966	4862
福 建	Fujian	4471350	2367245	2104105	61948	31786	30162	96000	52339	43661
江 西	Jiangxi	5257488	2703327	2554161	39560	20111	19449	5513	3338	2175
山 东	Shandong	7647292	3941993	3705299	50176	25380	24796	28484	18257	10227
河 南	Henan	10819783	5499777	5320006	66249	33274	32975	11912	8464	3448
湖 北	Hubei	3369464	1684797	1684667	32607	16668	15939	5589	3370	2219
湖 南	Hunan	6052634	3060712	2991922	46336	23423	22913	9839	5870	3969
广 东	Guangdong	6173567	3352112	2821455	90417	46518	43899	19484	10106	9378
广 西	Guangxi	3591378	1787296	1804082	44179	21417	22762	9075	5140	3935
海 南	Hainan	604933	317621	287312	8812	4418	4394	1952	759	1193
重 庆	Chongqing	2120019	1052626	1067393	10291	5091	5200	2745	1497	1248
四 川	Sichuan	6262343	3034903	3227440	31753	15665	16088	9668	5941	3727
贵 州	Guizhou	3849786	1895151	1954635	34078	16784	17294	3305	2116	1189
云 南	Yunnan	3613414	1857713	1755701	34881	17696	17185	10717	6477	4240
西 藏	Tibet	206973	118018	88955	2697	1753	944	20	7	13
陕 西	Shaanxi	3239827	1645100	1594727	19856	10280	9576	3741	2525	1216
甘 肃	Gansu	2322295	1161078	1161217	10986	5614	5372	1823	1218	605
青 海	Qinghai	674036	349966	324070	4798	2572	2226	240	144	96
宁 夏	Ningxia	995085	512370	482715	3072	1569	1503	575	342	233
新 疆	Xinjiang	2080049	1104440	975609	12025	6538	5487	5981	3196	2785

2-15 分地区分性别、户口登记状况的人口(乡村)(2020年)
Population by Gender, Household Registration Status and Region (Countryside)(2020)

单位：人 (person)

地 区	Region	人口数 Population			住本乡、镇、街道，户口在本乡、镇、街道 Residing in the Townships, Towns and Street Communities with Permanent Household Registration There		
		合 计 Total	男 Male	女 Female	小 计 Sub-total	男 Male	女 Female
全 国	**National Total**	**509787562**	**264595042**	**245192520**	**456919492**	**235722455**	**221197037**
北 京	Beijing	2726662	1488424	1238238	1552587	793095	759492
天 津	Tianjin	2121569	1098351	1023218	1809453	926813	882640
河 北	Hebei	29793749	15207373	14586376	28161561	14408064	13753497
山 西	Shanxi	13084122	6855573	6228549	11263451	5789604	5473847
内蒙古	Inner Mongolia	7821680	4136772	3684908	6238872	3257009	2981863
辽 宁	Liaoning	11865431	6070813	5794618	10505222	5411626	5093596
吉 林	Jilin	8994439	4629137	4365302	7135164	3724505	3410659
黑龙江	Heilongjiang	10952394	5640170	5312224	8805272	4571980	4233292
上 海	Shanghai	2661515	1508990	1152525	1105597	550241	555356
江 苏	Jiangsu	22505633	11510786	10994847	19275072	9687802	9587270
浙 江	Zhejiang	17969123	9445605	8523518	13615332	6948274	6667058
安 徽	Anhui	25432068	13208668	12223400	23887456	12409359	11478097
福 建	Fujian	12982839	6827964	6154875	10825074	5596883	5228191
江 西	Jiangxi	17878024	9366260	8511764	16856317	8802907	8053410
山 东	Shandong	37513199	19083645	18429554	35635519	18070226	17565293
河 南	Henan	44286965	22202937	22084028	42390923	21174824	21216099
湖 北	Hubei	21432183	11290985	10141198	19669775	10336063	9333712
湖 南	Hunan	27398688	14281054	13117634	26152007	13652367	12499640
广 东	Guangdong	32576438	17163861	15412577	27412153	14184102	13228051
广 西	Guangxi	22955848	12119132	10836716	21628826	11464289	10164537
海 南	Hainan	4005251	2155432	1849819	3419080	1846940	1572140
重 庆	Chongqing	9790131	5169776	4620355	8838008	4663851	4174157
四 川	Sichuan	36208954	18870936	17338018	32462748	16928771	15533977
贵 州	Guizhou	18066202	9397708	8668494	16331068	8539854	7791214
云 南	Yunnan	23580713	12432456	11148257	21949141	11518102	10431039
西 藏	Tibet	2344657	1216478	1128179	2072682	1050130	1022552
陕 西	Shaanxi	14759269	7679000	7080269	13315853	6851245	6464608
甘 肃	Gansu	11952499	6146432	5806067	10924524	5558543	5365981
青 海	Qinghai	2364594	1223114	1141480	2174717	1115158	1059559
宁 夏	Ningxia	2524000	1323169	1200831	1921607	991975	929632
新 疆	Xinjiang	11238723	5844041	5394682	9584431	4897853	4686578

2-15 续表 continued

单位：人 (person)

地 区	Region	住本乡、镇、街道，户口在外乡、镇、街道，离开户口登记地半年以上 Residing in Townships, Towns and Street Communities, with Permanent Household Registration Elsewhere and Away from Registration Place For More Than 6 Months.			住本乡、镇、街道，户口待定 Residing in Townships, Towns and Street Communities, with Place of Permanent Household Registration Unsettled			居住在港澳台或国外，户口在本乡、镇、街道 Residing in Hong Kong SAR, Macao SAR and Taiwan or abroad, with Permanent Household Registration in Townships,Towns and Street Communities		
		小 计 Sub-total	男 Male	女 Female	小 计 Sub-total	男 Male	女 Female	小 计 Sub-total	男 Male	女 Female
全 国	**National Total**	**49823947**	**27243484**	**22580463**	**1418789**	**691499**	**727290**	**1625334**	**937604**	**687730**
北 京	Beijing	1164565	689660	474905	7695	4902	2793	1815	767	1048
天 津	Tianjin	308337	169574	138763	1834	862	972	1945	1102	843
河 北	Hebei	1551937	754659	797278	49094	22087	27007	31157	22563	8594
山 西	Shanxi	1786939	1047564	739375	26214	12889	13325	7518	5516	2002
内蒙古	Inner Mongolia	1558453	866882	691571	12460	6328	6132	11895	6553	5342
辽 宁	Liaoning	1270572	612384	658188	12980	6051	6929	76657	40752	35905
吉 林	Jilin	1630107	785453	844654	8778	4394	4384	220390	114785	105605
黑龙江	Heilongjiang	1980182	985747	994435	10118	5123	4995	156822	77320	79502
上 海	Shanghai	1546779	954311	592468	4838	2537	2301	4301	1901	2400
江 苏	Jiangsu	3147754	1773195	1374559	38081	17854	20227	44726	31935	12791
浙 江	Zhejiang	4059741	2340030	1719711	36685	18457	18228	257365	138844	118521
安 徽	Anhui	1401082	725082	676000	120064	58572	61492	23466	15655	7811
福 建	Fujian	1787156	1025471	761685	73165	36670	36495	297444	168940	128504
江 西	Jiangxi	936126	517943	418183	71152	35525	35627	14429	9885	4544
山 东	Shandong	1746899	938402	808497	67700	32426	35274	63081	42591	20490
河 南	Henan	1765345	951983	813362	84123	40533	43590	46574	35597	10977
湖 北	Hubei	1681852	910181	771671	60660	31149	29511	19896	13592	6304
湖 南	Hunan	1138316	571760	566556	84006	41262	42744	24359	15665	8694
广 东	Guangdong	4843247	2819761	2023486	194248	94742	99506	126790	65256	61534
广 西	Guangxi	1195452	589953	605499	104083	47083	57000	27487	17807	9680
海 南	Hainan	562591	298044	264547	17482	7986	9496	6098	2462	3636
重 庆	Chongqing	923083	490245	432838	18073	8590	9483	10967	7090	3877
四 川	Sichuan	3608406	1865173	1743233	90475	43951	46524	47325	33041	14284
贵 州	Guizhou	1665613	821880	843733	56878	26959	29919	12643	9015	3628
云 南	Yunnan	1505102	844997	660105	84670	41673	42997	41800	27684	14116
西 藏	Tibet	259629	159878	99751	12178	6370	5808	168	100	68
陕 西	Shaanxi	1410088	807356	602732	19565	10495	9070	13763	9904	3859
甘 肃	Gansu	1002184	573319	428865	19408	9660	9748	6383	4910	1473
青 海	Qinghai	179181	102459	76722	9463	4582	4881	1233	915	318
宁 夏	Ningxia	596200	327637	268563	4477	2260	2217	1716	1297	419
新 疆	Xinjiang	1611029	922501	688528	18142	9527	8615	25121	14160	10961

2-16 分地区人口年龄构成和抚养比（2020年）
Age Composition and Dependency Ratio of Population by Region (2020)

地 区	Region	人口数 (人) Population (person)	0-14岁 Aged 0-14	15-64岁 Aged 15-64	65岁及以上 Aged 65 and Over	总抚养比 (%) Gross Dependency Ratio (%)	少年儿童抚养比 Children Dependency Ratio	老年人口抚养比 Elderly Dependency Ratio
全 国	**National Total**	**1409778724**	**253383938**	**965759506**	**190635280**	**45.98**	**26.24**	**19.74**
北 京	Beijing	21893095	2591507	16389528	2912060	33.58	15.81	17.77
天 津	Tianjin	13866009	1868056	9952261	2045692	39.33	18.77	20.56
河 北	Hebei	74610235	15088968	49133330	10387937	51.85	30.71	21.14
山 西	Shanxi	34915616	5709895	24701047	4504674	41.35	23.12	18.24
内蒙古	Inner Mongolia	24049155	3377673	17532564	3138918	37.17	19.27	17.90
辽 宁	Liaoning	42591407	4737939	30435987	7417481	39.94	15.57	24.37
吉 林	Jilin	24073453	2818723	17497506	3757224	37.58	16.11	21.47
黑龙江	Heilongjiang	31850088	3286466	23590754	4972868	35.01	13.93	21.08
上 海	Shanghai	24870895	2436296	18385587	4049012	35.27	13.25	22.02
江 苏	Jiangsu	84748016	12891948	58129537	13726531	45.79	22.18	23.61
浙 江	Zhejiang	64567588	8681781	47319458	8566349	36.45	18.35	18.10
安 徽	Anhui	61027171	11742682	40125078	9159411	52.09	29.27	22.83
福 建	Fujian	41540086	8025225	28904862	4609999	43.71	27.76	15.95
江 西	Jiangxi	45188635	9922364	29895250	5371021	51.16	33.19	17.97
山 东	Shandong	101527453	19062638	67100737	15364078	51.31	28.41	22.90
河 南	Henan	99365519	22988954	62974661	13401904	57.79	36.51	21.28
湖 北	Hubei	57752557	9420477	39907741	8424339	44.72	23.61	21.11
湖 南	Hunan	66444864	12969522	43633275	9842067	52.28	29.72	22.56
广 东	Guangdong	126012510	23749882	91449628	10813000	37.79	25.97	11.82
广 西	Guangxi	50126804	11842501	32170186	6114117	55.82	36.81	19.01
海 南	Hainan	10081232	2013725	7016007	1051500	43.69	28.70	14.99
重 庆	Chongqing	32054159	5098363	21482191	5473605	49.21	23.73	25.48
四 川	Sichuan	83674866	13471112	56036154	14167600	49.32	24.04	25.28
贵 州	Guizhou	38562148	9242038	24863655	4456455	55.09	37.17	17.92
云 南	Yunnan	47209277	9237474	32898544	5073259	43.50	28.08	15.42
西 藏	Tibet	3648100	894865	2546272	206963	43.27	35.14	8.13
陕 西	Shaanxi	39528999	6852205	27410197	5266597	44.21	25.00	19.21
甘 肃	Gansu	25019831	4853543	17018471	3147817	47.02	28.52	18.50
青 海	Qinghai	5923957	1232956	4176908	514093	41.83	29.52	12.31
宁 夏	Ningxia	7202654	1468004	5041826	692824	42.86	29.12	13.74
新 疆	Xinjiang	25852345	5806156	18040304	2005885	43.30	32.18	11.12

2-17 按年龄和性别分人口数（2020年）
Population by Age and Gender (2020)

年龄 Age	人口数（人） Population (person)	男 Male	女 Female	比重（%） Proportion (%)	男 Male	女 Female	性别比（女=100） Sex Ratio (Female=100)
总计 Total	**1409778724**	**721416394**	**688362330**	**100.00**	**51.24**	**48.76**	**104.80**
0-4	77883888	40969331	36914557	5.52	2.91	2.62	110.98
5-9	90244056	48017458	42226598	6.40	3.41	3.00	113.71
10-14	85255994	45606790	39649204	6.05	3.24	2.81	115.03
15-19	72684140	39053343	33630797	5.16	2.77	2.39	116.12
20-24	74941675	39675995	35265680	5.32	2.81	2.50	112.51
25-29	91847332	48162270	43685062	6.52	3.42	3.10	110.25
30-34	124145190	63871808	60273382	8.81	4.53	4.28	105.97
35-39	99012932	50932037	48080895	7.02	3.61	3.41	105.93
40-44	92955330	47632694	45322636	6.59	3.38	3.21	105.10
45-49	114224887	58191686	56033201	8.10	4.13	3.97	103.85
50-54	121164296	61105470	60058826	8.59	4.33	4.26	101.74
55-59	101400786	50816026	50584760	7.19	3.60	3.59	100.46
60-64	73382938	36871125	36511813	5.21	2.62	2.59	100.98
65-69	74005560	36337923	37667637	5.25	2.58	2.67	96.47
70-74	49590036	24162733	25427303	3.52	1.71	1.80	95.03
75-79	31238849	14752433	16486416	2.22	1.05	1.17	89.48
80+	35800835	15257272	20543563	2.54	1.08	1.46	74.27

2-18 按年龄和性别分人口数(城市)(2020年)
Population by Age and Gender (City)(2020)

年龄 Age	人口数（人） Population (person)	男 Male	女 Female	比重（%） Proportion (%)	男 Male	女 Female	性别比（女=100） Sex Ratio (Female=100)
总计 Total	**575170855**	**291791475**	**283379380**	**100.00**	**50.73**	**49.27**	**102.97**
0-4	30601537	16078524	14523013	5.32	2.80	2.52	110.71
5-9	32260730	17172999	15087731	5.61	2.99	2.62	113.82
10-14	27347422	14619691	12727731	4.75	2.54	2.21	114.86
15-19	32654045	17249362	15404683	5.68	3.00	2.68	111.97
20-24	38258137	19776472	18481665	6.65	3.44	3.21	107.01
25-29	44415879	22937131	21478748	7.72	3.99	3.73	106.79
30-34	60075584	30519381	29556203	10.44	5.31	5.14	103.26
35-39	48129615	24437714	23691901	8.37	4.25	4.12	103.15
40-44	42221092	21424853	20796239	7.34	3.72	3.62	103.02
45-49	47056463	23879328	23177135	8.18	4.15	4.03	103.03
50-54	44885021	22560304	22324717	7.80	3.92	3.88	101.06
55-59	37888257	18844970	19043287	6.59	3.28	3.31	98.96
60-64	27440811	13477770	13963041	4.77	2.34	2.43	96.52
65-69	24764064	11839355	12924709	4.31	2.06	2.25	91.60
70-74	15504914	7363010	8141904	2.70	1.28	1.42	90.43
75-79	9606840	4398180	5208660	1.67	0.76	0.91	84.44
80+	12060444	5212431	6848013	2.10	0.91	1.19	76.12

2-19 按年龄和性别分人口数(镇)(2020年)
Population by Age and Gender (Town)(2020)

年 龄 Age	人口数（人）Population (person)	男 Male	女 Female	比重（%）Proportion (%)	男 Male	女 Female	性别比（女=100）Sex Ratio (Female=100)
总计 Total	**324820307**	**165029877**	**159790430**	**100.00**	**50.81**	**49.19**	**103.28**
0-4	19259140	10153970	9105170	5.93	3.13	2.80	111.52
5-9	23278035	12439629	10838406	7.17	3.83	3.34	114.77
10-14	22411117	12010832	10400285	6.90	3.70	3.20	115.49
15-19	20519304	10916999	9602305	6.32	3.36	2.96	113.69
20-24	15185202	8037872	7147330	4.67	2.47	2.20	112.46
25-29	20079963	10256896	9823067	6.18	3.16	3.02	104.42
30-34	28927650	14418673	14508977	8.91	4.44	4.47	99.38
35-39	23078298	11575785	11502513	7.10	3.56	3.54	100.64
40-44	22201769	11161095	11040674	6.84	3.44	3.40	101.09
45-49	26787369	13499304	13288065	8.25	4.16	4.09	101.59
50-54	27698456	13898540	13799916	8.53	4.28	4.25	100.71
55-59	22109153	11020484	11088669	6.81	3.39	3.41	99.39
60-64	14938709	7469262	7469447	4.60	2.30	2.30	100.00
65-69	14963434	7299792	7663642	4.61	2.25	2.36	95.25
70-74	9989579	4849995	5139584	3.08	1.49	1.58	94.37
75-79	6324210	2991818	3332392	1.95	0.92	1.03	89.78
80+	7068919	3028931	4039988	2.18	0.93	1.24	74.97

2-20 按年龄和性别分人口数(乡村)(2020年)
Population by Age and Gender (Countryside)(2020)

年 龄 Age	人口数（人）Population (person)	男 Male	女 Female	比重（%）Proportion (%)	男 Male	女 Female	性别比（女=100）Sex Ratio (Female=100)
总计 Total	**509787562**	**264595042**	**245192520**	**100.00**	**51.90**	**48.10**	**107.91**
0-4	28023211	14736837	13286374	5.50	2.89	2.61	110.92
5-9	34705291	18404830	16300461	6.81	3.61	3.20	112.91
10-14	35497455	18976267	16521188	6.96	3.72	3.24	114.86
15-19	19510791	10886982	8623809	3.83	2.14	1.69	126.24
20-24	21498336	11861651	9636685	4.22	2.33	1.89	123.09
25-29	27351490	14968243	12383247	5.37	2.94	2.43	120.87
30-34	35141956	18933754	16208202	6.89	3.71	3.18	116.82
35-39	27805019	14918538	12886481	5.45	2.93	2.53	115.77
40-44	28532469	15046746	13485723	5.60	2.95	2.65	111.58
45-49	40381055	20813054	19568001	7.92	4.08	3.84	106.36
50-54	48580819	24646626	23934193	9.53	4.83	4.69	102.98
55-59	41403376	20950572	20452804	8.12	4.11	4.01	102.43
60-64	31003418	15924093	15079325	6.08	3.12	2.96	105.60
65-69	34278062	17198776	17079286	6.72	3.37	3.35	100.70
70-74	24095543	11949728	12145815	4.73	2.34	2.38	98.39
75-79	15307799	7362435	7945364	3.00	1.44	1.56	92.66
80+	16671472	7015910	9655562	3.27	1.38	1.89	72.66

2-21 分地区分性别、民族的人口数
Population by Gender, Ethnic Groups and Region

单位：人 (person)

地区	Region	合计 Total 合计 Total	男 Male	女 Female	汉族 Han Ethnic Group 小计 Sub-total	男 Male	女 Female	少数民族 Ethnic Minorities 小计 Sub-total	男 Male	女 Female
全国	**National Total**	**1409778724**	**721416394**	**688362330**	**1284446389**	**657368603**	**627077786**	**125332335**	**64047791**	**61284544**
北京	Beijing	21893095	11195390	10697705	20845166	10678298	10166868	1047929	517092	530837
天津	Tianjin	13866009	7144949	6721060	13422528	6922626	6499902	443481	222323	221158
河北	Hebei	74610235	37679003	36931232	71389092	36031624	35357468	3221143	1647379	1573764
山西	Shanxi	34915616	17805148	17110468	34793761	17743845	17049916	121855	61303	60552
内蒙古	Inner Mongolia	24049155	12275274	11773881	18935537	9727865	9207672	5113618	2547409	2566209
辽宁	Liaoning	42591407	21263529	21327878	36169617	18007012	18162605	6421790	3256517	3165273
吉林	Jilin	24073453	12018319	12055134	21985839	10982522	11003317	2087614	1035797	1051817
黑龙江	Heilongjiang	31850088	15952468	15897620	30728612	15372449	15356163	1121476	580019	541457
上海	Shanghai	24870895	12875211	11995684	24471085	12671742	11799343	399810	203469	196341
江苏	Jiangsu	84748016	43031586	41716430	84126802	42720406	41406396	621214	311180	310034
浙江	Zhejiang	64567588	33680008	30887580	62349874	32459845	29890029	2217714	1220163	997551
安徽	Anhui	61027171	31103394	29923777	60594623	30895103	29699520	432548	208291	224257
福建	Fujian	41540086	21466757	20073329	40418616	20842446	19576170	1121470	624311	497159
江西	Jiangxi	45188635	23318533	21870102	44969369	23202205	21767164	219266	116328	102938
山东	Shandong	101527453	51432931	50094522	100622494	50981231	49641263	904959	451700	453259
河南	Henan	99365519	49832349	49533170	98210038	49250126	48959912	1155481	582223	573258
湖北	Hubei	57752557	29694718	28057839	54981458	28280322	26701136	2771099	1414396	1356703
湖南	Hunan	66444864	33995673	32449191	59759648	30546249	29213399	6685216	3449424	3235792
广东	Guangdong	126012510	66873646	59138864	121260372	64136835	57123537	4752138	2736811	2015327
广西	Guangxi	50126804	25916169	24210635	31318824	16298072	15020752	18807980	9618097	9189883
海南	Hainan	10081232	5345081	4736151	8498241	4516722	3981519	1582991	828359	754632
重庆	Chongqing	32054159	16202133	15852026	29883369	15094389	14788980	2170790	1107744	1063046
四川	Sichuan	83674866	42289718	41385148	77986638	39449256	38537382	5688228	2840462	2847766
贵州	Guizhou	38562148	19705293	18856855	24511882	12533161	11978721	14050266	7172132	6878134
云南	Yunnan	47209277	24420924	22788353	31573245	16476357	15096888	15636032	7944567	7691465
西藏	Tibet	3648100	1913588	1734512	443370	301303	142067	3204730	1612285	1592445
陕西	Shaanxi	39528999	20226490	19302509	39306255	20114790	19191465	222744	111700	111044
甘肃	Gansu	25019831	12700948	12318883	22363438	11378609	10984829	2656393	1322339	1334054
青海	Qinghai	5923957	3033846	2890111	2993534	1564730	1428804	2930423	1469116	1461307
宁夏	Ningxia	7202654	3668938	3533716	4612964	2365052	2247912	2589690	1303886	1285804
新疆	Xinjiang	25852345	13354380	12497965	10920098	5823411	5096687	14932247	7530969	7401278

2-22 分民族、性别的人口数
Population by Ethnic Groups and Gender

单位：人 (person)

民族	Ethnic Groups	合计 Total	男 Male	女 Female
合　计	**Total**	**1409778724**	**721416394**	**688362330**
汉　族	Han	1284446389	657368603	627077786
蒙古族	Mongolian	6290204	3141714	3148490
回　族	Hui	11377914	5753371	5624543
藏　族	Zang	7060731	3518532	3542199
维吾尔族	Uyghur	11774538	5928453	5846085
苗　族	Miao	11067929	5744282	5323647
彝　族	Yi	9830327	4991137	4839190
壮　族	Zhuang	19568546	10125270	9443276
布依族	Buyi	3576752	1833800	1742952
朝鲜族	Korean	1702479	830107	872372
满　族	Manchu	10423303	5352343	5070960
侗　族	Dong	3495993	1843875	1652118
瑶　族	Yao	3309341	1722586	1586755
白　族	Bai	2091543	1054892	1036651
土家族	Tujia	9587732	4968899	4618833
哈尼族	Hani	1733166	892508	840658
哈萨克族	Kazak	1562518	781750	780768
傣　族	Dai	1329985	659012	670973
黎　族	Li	1602104	830734	771370
傈僳族	Lisu	762996	382280	380716
佤　族	Va	430977	216741	214236
畲　族	She	746385	403516	342869
高山族	Gaoshan	3479	1835	1644
拉祜族	Lahu	499167	251596	247571
水　族	Shui	495928	260442	235486
东乡族	Dongxiang	774947	391337	383610
纳西族	Naxi	323767	160471	163296
景颇族	Jingpo	160471	78234	82237
柯尔克孜族	Kirgiz	204402	103112	101290
土　族	Tu	281928	144133	137795
达斡尔族	Daur	132299	64247	68052
仫佬族	Mulao	277233	142063	135170
羌　族	Qiang	312981	157600	155381
布朗族	Blang	127345	64603	62742
撒拉族	Salar	165159	83238	81921
毛南族	Maonan	124092	64842	59250
仡佬族	Gelao	677521	359222	318299
锡伯族	Xibe	191911	98506	93405
阿昌族	Achang	43775	21840	21935
普米族	Pumi	45012	22372	22640
塔吉克族	Tajik	50896	25679	25217
怒　族	Nu	36575	18412	18163
乌孜别克族	Uzbeks	12742	6744	5998
俄罗斯族	Eluosi	16136	7615	8521
鄂温克族	Ewenki	34617	16597	18020
德昂族	De'ang	22354	11114	11240
保安族	Baoan	24434	12329	12105
裕固族	Yugu	14706	7343	7363
京　族	Jing	33112	17160	15952
塔塔尔族	Tatar	3544	1863	1681
独龙族	Drung	7310	3562	3748
鄂伦春族	Oroqen	9168	4326	4842
赫哲族	Hezhen	5373	2558	2815
门巴族	Moinba	11143	5548	5595
珞巴族	Lhoba	4237	2052	2185
基诺族	Jino	26025	13005	13020
未定族称人口	Undecided Ethnic Group Population	836488	439083	397405
外国人加入中国籍	Foreigners Become Chinese Nationals	16595	7306	9289

2-23 分地区按现住地、户口登记地分的户口登记地在外乡镇街道的人口
Population with Permanent Household Registration Elsewhere by Current Residence and Household Registration Status

单位：人 (person)

现住地	Current Residences	户口登记地在外乡镇街道的人口 Population with Permanent Household Registration Elsewhere	省内 Inside Province	市区内人户分离 Population Who Live in Places Other Than Their Household Registration but still in the Same City	省内流动人口 Migrant Population of Inside Province	省外 Between Province
全　国	**National Total**	**492762506**	**367925353**	**116945747**	**250979606**	**124837153**
北　京	Beijing	13409576	4991158	4991158		8418418
天　津	Tianjin	6479695	2944879	2944879		3534816
河　北	Hebei	19775641	16620369	4442713	12177656	3155272
山　西	Shanxi	12891174	11270656	3217374	8053282	1620518
内蒙古	Inner Mongolia	11462961	9776541	2394517	7382024	1686420
辽　宁	Liaoning	15670121	12822813	5676890	7145923	2847308
吉　林	Jilin	10350683	9349212	2399266	6949946	1001471
黑龙江	Heilongjiang	11549584	10720408	3067675	7652733	829176
上　海	Shanghai	15134258	4654606	4654606		10479652
江　苏	Jiangsu	29979948	19671338	6316191	13355147	10308610
浙　江	Zhejiang	30107815	13921361	4550365	9370996	16186454
安　徽	Anhui	18099918	16549409	4227612	12321797	1550509
福　建	Fujian	16464611	11574735	2803364	8771371	4889876
江　西	Jiangxi	13520934	12241920	3886904	8355016	1279014
山　东	Shandong	28026762	23897755	7283477	16614278	4129007
河　南	Henan	25639605	24365959	4437885	19928074	1273646
湖　北	Hubei	18476561	16226947	5712376	10514571	2249614
湖　南	Hunan	17575847	15998284	3403819	12594465	1577563
广　东	Guangdong	60635086	31012976	8568936	22444040	29622110
广　西	Guangxi	13238781	11879397	3716255	8163142	1359384
海　南	Hainan	3498161	2410018	835883	1574135	1088143
重　庆	Chongqing	13096435	10902860	8285047	2617813	2193575
四　川	Sichuan	27823204	25233163	7134650	18098513	2590041
贵　州	Guizhou	11694763	10548217	2104710	8443507	1146546
云　南	Yunnan	12209314	9978920	1610264	8368656	2230394
西　藏	Tibet	1031132	624011	138902	485109	407121
陕　西	Shaanxi	13267095	11333383	3993217	7340166	1933712
甘　肃	Gansu	7352465	6586817	2010870	4575947	765648
青　海	Qinghai	2070660	1653356	464625	1188731	417304
宁　夏	Ningxia	3362670	2687551	855675	1831876	675119
新　疆	Xinjiang	8867046	5476334	815642	4660692	3390712

注：1.人户分离人口是指居住地和户口登记地所在乡镇街道不一致，且离开户口登记地半年以上的人口。
2.流动人口是指人户分离人口中扣除市辖区内人户分离的人口。市辖区内人户分离的人口是指一个直辖市或地级市所辖区内和区与区之间，居住地和户口登记地不在同一乡镇街道的人口。

a) Population who live in places other than their household registration areas refers to those whose current residences are different from the registered towns or streets and have been away from there for over 6 months.

b) Floating population refers to the population who live in places other than their household registration excluding those with current residences different from their household registration but still in the same city. Population who live in places other than their household registration but still in the same city refers to those whose current residences are different from the registered towns or streets in the same or different district of the same municipality or prefecture-level city.

2-24 分地区按性别、受教育程度分的6岁及以上人口(2020年)
Population Aged 6 and Over by Gender, Educational Attainment and Region (2020)

单位：人 (person)

地 区	Region	6岁及以上人口 Population Aged 6 and Over			未上过学 No Schooling			小学 Primary Schools		
		合计 Total	男 Male	女 Female	小计 Subtotal	男 Male	女 Female	小计 Subtotal	男 Male	女 Female
全 国	**National Total**	**1315347565**	**671681215**	**643666350**	**51407479**	**15678886**	**35728593**	**347410503**	**163696640**	**183713863**
北 京	Beijing	20703522	10578708	10124814	279900	87766	192134	2282300	1074810	1207490
天 津	Tianjin	13147602	6772080	6375522	254429	82421	172008	2222887	1064610	1158277
河 北	Hebei	69573757	35046721	34527036	1896778	638100	1258678	18263614	8507807	9755807
山 西	Shanxi	32815557	16726919	16088638	632175	228280	403895	6767442	3113078	3654364
内蒙古	Inner Mongolia	22794639	11626306	11168333	933016	286892	646124	5661318	2649402	3011916
辽 宁	Liaoning	40878677	20380622	20498055	634325	227953	406372	8009163	3697748	4311415
吉 林	Jilin	23149460	11541906	11607554	449954	159089	290865	5353871	2508440	2845431
黑龙江	Heilongjiang	30857096	15440329	15416767	633702	226935	406767	6937700	3243373	3694327
上 海	Shanghai	23831641	12334395	11497246	524993	135606	389387	2955653	1363711	1591942
江 苏	Jiangsu	80046507	40567178	39479329	3118252	822092	2296160	19161646	8643044	10518602
浙 江	Zhejiang	61029579	31818816	29210763	2552311	745747	1806564	16992024	8205712	8786312
安 徽	Anhui	56618804	28763377	27855427	3550180	967242	2582938	16269694	7581262	8688432
福 建	Fujian	38380642	19753631	18627011	1628918	422982	1205936	11587586	5303876	6283710
江 西	Jiangxi	41861535	21518701	20342834	1264854	351105	913749	12334710	5617170	6717540
山 东	Shandong	93771911	47312563	46459348	4408718	1206478	3202240	23882751	10940932	12941819
河 南	Henan	91662174	45812887	45849287	3451389	1087077	2364312	24118792	11269371	12849421
湖 北	Hubei	54126000	27760788	26365212	1829136	496242	1332894	13481849	6248390	7233459
湖 南	Hunan	61884569	31573120	30311449	1658183	538664	1119519	16605023	7847679	8757344
广 东	Guangdong	116379547	61727421	54652126	3054164	1028675	2025489	25863130	12191322	13671808
广 西	Guangxi	45727812	23576513	22151299	1705137	541499	1163638	13868231	6613030	7255201
海 南	Hainan	9316151	4928859	4387292	325538	93578	231960	1968658	934286	1034372
重 庆	Chongqing	30197599	15238160	14959439	796277	259888	536389	9543543	4524714	5018829
四 川	Sichuan	78735442	39728965	39006477	4096195	1286787	2809408	26099143	12584059	13515084
贵 州	Guizhou	34977275	17797834	17179441	2918476	768147	2150329	12250509	6089266	6161243
云 南	Yunnan	43586787	22536524	21050263	2657178	849502	1807676	16768092	8314082	8454010
西 藏	Tibet	3276331	1723676	1552655	877738	359363	518375	1164556	645530	519026
陕 西	Shaanxi	36818525	18817082	18001443	1459288	479882	979406	8496315	3983070	4513245
甘 肃	Gansu	23104504	11707531	11396973	1960184	595385	1364799	7416829	3519617	3897212
青 海	Qinghai	5450137	2789423	2660714	572852	198843	374009	1927604	954451	973153
宁 夏	Ningxia	6621978	3368850	3253128	395264	119240	276024	1869944	883783	986161
新 疆	Xinjiang	24021805	12411330	11610475	887975	387426	500549	7285926	3579015	3706911

注：未上过学中包括学前教育分类。
a) Preschool education is included in the category of no schooling.

2-24 续表 1 continued

单位：人 (person)

地 区	Region	初中 Junior Secondary Schools 小计 Subtotal	男 Male	女 Female	普通高中 Regular Senior Secondary Schools 小计 Subtotal	男 Male	女 Female
全 国	**National Total**	**487095010**	**263448804**	**223646206**	**212209922**	**116996970**	**95212952**
北 京	Beijing	5098789	2835520	2263269	3851750	1998990	1852760
天 津	Tianjin	4477871	2441338	2036533	2456872	1283238	1173634
河 北	Hebei	29806993	15793154	14013839	10341463	5555492	4785971
山 西	Shanxi	13599508	7211213	6388295	5755952	3138030	2617922
内蒙古	Inner Mongolia	8143252	4453870	3689382	3562745	1932094	1630651
辽 宁	Liaoning	18228529	9332828	8895701	6248324	3216122	3032202
吉 林	Jilin	9204361	4746766	4457595	4111787	2114922	1996865
黑龙江	Heilongjiang	13629637	7042829	6586808	4944614	2544418	2400196
上 海	Shanghai	7196422	3940356	3256066	4730359	2543192	2187167
江 苏	Jiangsu	28227982	15058047	13169935	13721862	7673049	6048813
浙 江	Zhejiang	21117295	11865837	9251458	9397637	5366119	4031518
安 徽	Anhui	20581055	11211154	9369901	8113247	4622745	3490502
福 建	Fujian	13383222	7585075	5798147	5903843	3372383	2531460
江 西	Jiangxi	16042444	8695411	7347033	6843632	3930875	2912757
山 东	Shandong	36324213	19499036	16825177	14552759	8064406	6488353
河 南	Henan	37279869	19423408	17856461	15142250	8189929	6952321
湖 北	Hubei	19797523	10615140	9182383	10064948	5597853	4467095
湖 南	Hunan	23678161	12491345	11186816	11810957	6513011	5297946
广 东	Guangdong	44714248	24895602	19818646	22965096	13224360	9740736
广 西	Guangxi	18240352	10106028	8134324	6497534	3593806	2903728
海 南	Hainan	4050000	2227745	1822255	1568761	911574	657187
重 庆	Chongqing	9802882	5201319	4601563	5114680	2756774	2357906
四 川	Sichuan	26309511	14188760	12120751	11129746	6035213	5094533
贵 州	Guizhou	11747605	6680427	5067178	3837415	2091886	1745529
云 南	Yunnan	13804371	7979378	5824993	4880416	2662907	2217509
西 藏	Tibet	574831	355820	219011	257226	147301	109925
陕 西	Shaanxi	13431688	7214803	6216885	6159204	3365801	2793403
甘 肃	Gansu	6861224	3839670	3021554	3236918	1824369	1412549
青 海	Qinghai	1442149	838949	603200	626038	338930	287108
宁 夏	Ningxia	2140403	1208827	931576	967429	528316	439113
新 疆	Xinjiang	8158620	4469149	3689471	3414458	1858865	1555593

2-24 续表 2 continued

单位：人 (person)

地 区	Region	大学专科 College Students 小计 Subtotal	男 Male	女 Female	大学本科 Undergraduates 小计 Subtotal	男 Male	女 Female	研究生 Postgraduates 小计 Subtotal	男 Male	女 Female
全 国	**National Total**	**112303002**	**58727560**	**53575442**	**94156072**	**47637012**	**46519060**	**10765577**	**5495343**	**5270234**
北 京	Beijing	2928407	1473704	1454703	4771495	2353594	2417901	1490881	754324	736557
天 津	Tianjin	1521915	799341	722574	1949699	974316	975383	263929	126816	137113
河 北	Hebei	5270623	2649100	2621523	3709065	1773591	1935474	285221	129477	155744
山 西	Shanxi	3263029	1692381	1570648	2569948	1245712	1324236	227503	98225	129278
内蒙古	Inner Mongolia	2399015	1288416	1110599	1943502	950199	993303	151791	65433	86358
辽 宁	Liaoning	3769813	1922438	1847375	3631684	1814004	1817680	356839	169529	187310
吉 林	Jilin	1813601	936634	876967	2025967	988951	1037016	189919	87104	102815
黑龙江	Heilongjiang	2334507	1217073	1117434	2193435	1077875	1115560	183501	87826	95675
上 海	Shanghai	3071823	1630768	1441055	4280759	2167527	2113232	1071632	553235	518397
江 苏	Jiangsu	8187482	4412757	3774725	6806564	3510224	3296340	822719	447965	374754
浙 江	Zhejiang	5475328	2877746	2597582	4951134	2467073	2484061	543850	290582	253268
安 徽	Anhui	4411306	2353427	2057879	3351127	1834059	1517068	342195	193488	148707
福 建	Fujian	2900588	1520534	1380054	2754214	1432220	1321994	222271	116561	105710
江 西	Jiangxi	3038109	1652911	1385198	2170366	1179874	990492	167420	91355	76065
山 东	Shandong	7848001	4151742	3696259	6082292	3119051	2963241	673177	330918	342259
河 南	Henan	6803340	3474543	3328797	4500926	2193216	2307710	365608	175343	190265
湖 北	Hubei	4697717	2551279	2146438	3775459	1995037	1780422	479368	256847	222521
湖 南	Hunan	4717827	2447913	2269914	3141800	1594082	1547718	272618	140426	132192
广 东	Guangdong	10824882	5690177	5134705	8075009	4213472	3861537	883018	483813	399205
广 西	Guangxi	3037733	1574358	1463375	2235496	1075565	1159931	143329	72227	71102
海 南	Hainan	736645	409354	327291	625359	331459	293900	41190	20863	20327
重 庆	Chongqing	2614730	1337036	1277694	2119899	1053865	1066034	205588	104564	101024
四 川	Sichuan	6046102	3067955	2978147	4578724	2315609	2263115	476021	250582	225439
贵 州	Guizhou	2150649	1119230	1031419	1976937	1002236	974701	95684	46642	49042
云 南	Yunnan	2874410	1473842	1400568	2442457	1180513	1261944	159863	76300	83563
西 藏	Tibet	188989	104041	84948	204734	106716	98018	8257	4905	3352
陕 西	Shaanxi	3805304	2009046	1796258	3088054	1572133	1515921	378672	192347	186325
甘 肃	Gansu	1931242	1037137	894105	1578442	831116	747326	119665	60237	59428
青 海	Qinghai	462335	247576	214759	398133	200337	197796	21026	10337	10689
宁 夏	Ningxia	645523	331865	313658	565068	279437	285631	38347	17382	20965
新 疆	Xinjiang	2532027	1273236	1258791	1658324	803949	854375	84475	39690	44785

2-25 按年龄、性别、受教育程度分的6岁及以上人口
Population Aged 6 and Over by Age, Gender and Educational Attainment

单位：人 (person)

年龄 Age	6岁及以上人口 Population Aged 6 and Over 合计 Total	男 Male	女 Female	未上过学 No Schooling 小计 Sub-total	男 Male	女 Female
总计 Total	**1315347565**	**671681215**	**643666350**	**51407479**	**15678886**	**35728593**
6-9	**73696785**	**39251610**	**34445175**	**7717520**	**4119838**	**3597682**
6	18591806	9881523	8710283	5964704	3202890	2761814
7	17963157	9548981	8414176	936342	491120	445222
8	19353752	10317678	9036074	488694	254463	234231
9	17788070	9503428	8284642	327780	171365	156415
10-14	**85255994**	**45606790**	**39649204**	**1106326**	**579883**	**526443**
10	17347565	9285412	8062153	271523	142810	128713
11	17695044	9462024	8233020	239029	125462	113567
12	17356919	9279079	8077840	202924	106787	96137
13	16677054	8920655	7756399	193991	101023	92968
14	16179412	8659620	7519792	198859	103801	95058
15-19	**72684140**	**39053343**	**33630797**	**347165**	**189310**	**157855**
15	15323224	8225995	7097229	121898	64863	57035
16	15218156	8195908	7022248	73955	40369	33586
17	13730626	7401041	6329585	50437	27982	22455
18	14043179	7560195	6482984	52061	28986	23075
19	14368955	7670204	6698751	48814	27110	21704
20-24	**74941675**	**39675995**	**35265680**	**272534**	**143885**	**128649**
20	14563347	7742857	6820490	55409	30227	25182
21	13935509	7389412	6546097	50059	26660	23399
22	15249809	8078183	7171626	53319	28188	25131
23	15325970	8103460	7222510	55602	29033	26569
24	15867040	8362083	7504957	58145	29777	28368
25-29	**91847332**	**48162270**	**43685062**	**347056**	**169635**	**177421**
25	17146447	9042474	8103973	62961	31750	31211
26	16826988	8845171	7981817	62817	31127	31690
27	18298935	9588428	8710507	67585	33211	34374
28	19060645	9975395	9085250	73206	35328	37878
29	20514317	10710802	9803515	80487	38219	42268
30-34	**124145190**	**63871808**	**60273382**	**571220**	**258448**	**312772**
30	25973082	13463923	12509159	103418	48809	54609
31	25451203	13094627	12356576	111601	51330	60271
32	24037711	12335076	11702635	111551	50239	61312
33	25946853	13315974	12630879	124356	55447	68909
34	22736341	11662208	11074133	120294	52623	67671
35-39	**99012932**	**50932037**	**48080895**	**669650**	**274606**	**395044**
35	19586332	10077433	9508899	117736	50055	67681
36	19499941	10034259	9465682	123841	51514	72327
37	19063741	9815714	9248027	127993	52724	75269
38	21799284	11217120	10582164	150251	60953	89298
39	19063634	9787511	9276123	149829	59360	90469
40-44	**92955330**	**47632694**	**45322636**	**965616**	**347853**	**617763**
40	17540717	8997291	8543426	158278	59508	98770
41	19339617	9934985	9404632	178983	67125	111858
42	18564211	9492205	9072006	192626	69083	123543
43	17758286	9097039	8661247	199733	71215	128518
44	19752499	10111174	9641325	235996	80922	155074

注：未上过学中包括学前教育分类。
a) Preschool education is included in the category of no schooling.

2-25 续表 1 continued

单位：人 (person)

年 龄 Age	6岁及以上人口 Population Aged 6 and Over			未上过学 No Schooling		
	合计 Total	男 Male	女 Female	小计 Sub-total	男 Male	女 Female
45-49	**114224887**	**58191686**	**56033201**	**1713606**	**544374**	**1169232**
45	20259918	10335133	9924785	262042	87672	174370
46	22208985	11305313	10903672	308914	100895	208019
47	23233417	11844299	11389118	345548	110388	235160
48	23862010	12147117	11714893	383870	118580	265290
49	24660557	12559824	12100733	413232	126839	286393
50-54	**121164296**	**61105470**	**60058826**	**2655636**	**735669**	**1919967**
50	26062036	13149971	12912065	482566	139958	342608
51	24444570	12342864	12101706	500808	143818	356990
52	26105080	13149508	12955572	571905	157304	414601
53	20959668	10539231	10420437	509593	137432	372161
54	23592942	11923896	11669046	590764	157157	433607
55-59	**101400786**	**50816026**	**50584760**	**2948814**	**687851**	**2260963**
55	23106155	11648724	11457431	596194	152828	443366
56	22559346	11301683	11257663	611791	150217	461574
57	26044142	13130492	12913650	706770	165141	541629
58	19132096	9562232	9569864	633718	135725	497993
59	10559047	5172895	5386152	400341	83940	316401
60-64	**73382938**	**36871125**	**36511813**	**4068478**	**958739**	**3109739**
60	12899885	6442344	6457541	521017	117895	403122
61	12135959	6148108	5987851	583896	139575	444321
62	15464277	7832019	7632258	853650	208064	645586
63	17232007	8678055	8553952	1054674	249326	805348
64	15650810	7770599	7880211	1055241	243879	811362
65-69	**74005560**	**36337923**	**37667637**	**6422748**	**1506040**	**4916708**
65	16295105	8101750	8193355	1193285	276831	916454
66	16248455	8003803	8244652	1298120	299319	998801
67	14620318	7147712	7472606	1299994	302898	997096
68	14550479	7115265	7435214	1396526	331805	1064721
69	12291203	5969393	6321810	1234823	295187	939636
70-74	**49590036**	**24162733**	**25427303**	**6099581**	**1526775**	**4572806**
70	11600773	5667080	5933693	1244371	309375	934996
71	11228645	5539299	5689346	1329768	345475	984293
72	9552234	4640378	4911856	1210794	304742	906052
73	9046226	4399581	4646645	1184919	296005	888914
74	8162158	3916395	4245763	1129729	271178	858551
75-79	**31238849**	**14752433**	**16486416**	**5351159**	**1306087**	**4045072**
75	7179399	3414021	3765378	1074237	256166	818071
76	6818961	3265307	3553654	1112705	274373	838332
77	6019552	2835339	3184213	1049842	256195	793647
78	5672036	2657484	3014552	1030109	252703	777406
79	5548901	2580282	2968619	1084266	266650	817616
80+	**35800835**	**15257272**	**20543563**	**10150370**	**2329893**	**7820477**

2-25 续表 2 continued

单位：人 (person)

年 龄 Age	小学 Primary Schools			初中 Junior Secondary Schools			高中 Senior Secondary Schools		
	小计 Sub-total	男 Male	女 Female	小计 Sub-total	男 Male	女 Female	小计 Sub-total	男 Male	女 Female
总计 Total	**347410503**	**163696640**	**183713863**	**487095010**	**263448804**	**223646206**	**212209922**	**116996970**	**95212952**
6-9	**64605507**	**34373453**	**30232054**	**1370880**	**756701**	**614179**	**2878**	**1618**	**1260**
6	12372778	6538686	5834092	254324	139947	114377			
7	16736111	8897786	7838325	290704	160075	130629			
8	18479074	9849519	8629555	384584	212910	171674	1400	786	614
9	17017544	9087462	7930082	441268	243769	197499	1478	832	646
10-14	**42559756**	**22855180**	**19704576**	**39918118**	**21335253**	**18582865**	**1658078**	**829941**	**828137**
10	16372613	8758988	7613625	700610	382067	318543	1853	1003	850
11	15327382	8215496	7111886	2124576	1118991	1005585	3042	1568	1474
12	7413472	4034648	3378824	9732719	5133962	4598757	6601	3108	3493
13	2412651	1297117	1115534	13740052	7348939	6391113	328456	172636	155820
14	1033638	548931	484707	13620161	7351294	6268867	1318126	651626	666500
15-19	**1785614**	**976917**	**808697**	**17212309**	**10055548**	**7156761**	**37653292**	**20155739**	**17497553**
15	452084	242653	209431	6713369	3760010	2953359	7776332	4021663	3754669
16	328059	178540	149519	3292590	1902280	1390310	11038032	5818254	5219778
17	308627	168746	139881	2358374	1409099	949275	9678097	5146358	4531739
18	338992	187424	151568	2333759	1430795	902964	5804790	3230057	2574733
19	357852	199554	158298	2514217	1553364	960853	3356041	1939407	1416634
20-24	**2004751**	**1097406**	**907345**	**18727352**	**10972323**	**7755029**	**15043693**	**8722260**	**6321433**
20	345686	193291	152395	2825545	1728008	1097537	2817970	1647551	1170419
21	339868	188569	151299	3148119	1884050	1264069	2689912	1570142	1119770
22	403997	221713	182284	3891403	2282837	1608566	3064932	1780268	1284664
23	434898	235873	199025	4204697	2428230	1776467	3151234	1822284	1328950
24	480302	257960	222342	4657588	2649198	2008390	3319645	1902015	1417630
25-29	**3433511**	**1795841**	**1637670**	**31158384**	**17106885**	**14051499**	**19824101**	**11071119**	**8752982**
25	546003	292617	253386	5289606	2981874	2307732	3636786	2071674	1565112
26	579631	306543	273088	5408790	3010291	2398499	3582347	2021682	1560665
27	680902	357048	323854	6181557	3393806	2787751	3942327	2200436	1741891
28	759235	393248	365987	6717804	3653264	3064540	4147540	2297711	1849829
29	867740	446385	421355	7560627	4067650	3492977	4515101	2479616	2035485
30-34	**6610091**	**3250697**	**3359394**	**50489061**	**26384934**	**24104127**	**26214083**	**14095804**	**12118279**
30	1172933	593076	579857	10042896	5332623	4710273	5692746	3090164	2602582
31	1267937	630765	637172	10121237	5310007	4811230	5480696	2951411	2529285
32	1284071	631646	652425	9747545	5077374	4670171	5086906	2730092	2356814
33	1483240	721078	762162	10845684	5633059	5212625	5395818	2887359	2508459
34	1401910	674132	727778	9731699	5031871	4699828	4557917	2436778	2121139
35-39	**7476875**	**3475442**	**4001433**	**45043476**	**23361887**	**21681589**	**18899618**	**10071850**	**8827768**
35	1325552	629241	696311	8689121	4495537	4193584	3762345	2015549	1746796
36	1381849	645674	736175	8820494	4561076	4259418	3656307	1953671	1702636
37	1403535	654210	749325	8634601	4486372	4148229	3585273	1910762	1674511
38	1690058	781445	908613	9962680	5184682	4777998	4190080	2224746	1965334
39	1675881	764872	911009	8936580	4634220	4302360	3705613	1967122	1738491
40-44	**11887211**	**5296705**	**6590506**	**45607619**	**23686797**	**21920822**	**17190163**	**9187866**	**8002297**
40	1765751	792923	972828	8317533	4314828	4002705	3405605	1813635	1591970
41	2196111	995652	1200459	9364928	4864506	4500422	3733615	1990005	1743610
42	2347717	1041926	1305791	9075943	4704537	4371406	3475904	1853984	1621920
43	2505744	1115076	1390668	8842516	4598549	4243967	3186941	1707311	1479630
44	3071888	1351128	1720760	10006699	5204377	4802322	3388098	1822931	1565167

2-25 续表 3 continued

单位：人 (person)

年 龄 Age	小学 Primary Schools			初中 Junior Secondary Schools			高中 Senior Secondary Schools		
	小计 Sub-total	男 Male	女 Female	小计 Sub-total	男 Male	女 Female	小计 Sub-total	男 Male	女 Female
45–49	**22169511**	**9532602**	**12636909**	**58758715**	**30712995**	**28045720**	**17774101**	**9703008**	**8071093**
45	3444525	1507214	1937311	10358000	5379965	4978035	3343352	1801724	1541628
46	4073616	1767297	2306319	11458925	5951665	5507260	3523353	1908830	1614523
47	4456445	1922089	2534356	11972922	6254762	5718160	3625243	1976609	1648634
48	4853168	2065886	2787282	12296865	6442537	5854328	3630989	1997888	1633101
49	5341757	2270116	3071641	12672003	6684066	5987937	3651164	2017957	1633207
50–54	**33076193**	**14017560**	**19058633**	**60391565**	**32123231**	**28268334**	**15334234**	**8537761**	**6796473**
50	6120441	2571017	3549424	13263655	6973899	6289756	3709595	2048426	1661169
51	6481219	2773597	3707622	12154428	6435306	5719122	3211279	1779366	1431913
52	7265993	3081536	4184457	12925637	6875117	6050520	3266690	1819244	1447446
53	6184690	2609976	3574714	10408482	5571343	4837139	2410176	1351418	1058758
54	7023850	2981434	4042416	11639363	6267566	5371797	2736494	1539307	1197187
55–59	**29072679**	**11858155**	**17214524**	**45906947**	**24714621**	**21192326**	**16436010**	**9151281**	**7284729**
55	6699146	2806777	3892369	11223704	6019859	5203845	2977201	1671175	1306026
56	6390343	2630201	3760142	10557291	5634510	4922781	3356828	1864806	1492022
57	7196042	2954083	4241959	11779281	6352281	5427000	4476130	2477391	1998739
58	5625984	2236361	3389623	8154574	4443584	3710990	3487636	1962539	1525097
59	3161164	1230733	1930431	4192097	2264387	1927710	2138215	1175370	962845
60–64	**27021583**	**11560703**	**15460880**	**26441590**	**15054772**	**11386818**	**12294138**	**7012393**	**5281745**
60	3983442	1629725	2353717	4994081	2747104	2246977	2664081	1479853	1184228
61	4134007	1763170	2370837	4492171	2541311	1950860	2320728	1316027	1004701
62	5691444	2461252	3230192	5567609	3192487	2375122	2630427	1503343	1127084
63	6749401	2925524	3823877	6049930	3502372	2547558	2593624	1495313	1098311
64	6463289	2781032	3682257	5337799	3071498	2266301	2085278	1217857	867421
65–69	**35121021**	**15611992**	**19509029**	**23097872**	**13447948**	**9649924**	**6593751**	**3995851**	**2597900**
65	7119048	3116128	4002920	5402027	3132663	2269364	1880601	1127247	753354
66	7446724	3287034	4159690	5226052	3021351	2204701	1615354	975602	639752
67	7062402	3144858	3917544	4521067	2628339	1892728	1214611	739401	475210
68	7273031	3275614	3997417	4352649	2555258	1797391	1048972	642700	406272
69	6219816	2788358	3431458	3596077	2110337	1485740	834213	510901	323312
70–74	**26539917**	**12347369**	**14192548**	**11949433**	**7133071**	**4816362**	**3339792**	**2040620**	**1299172**
70	5987996	2722253	3265743	3203123	1894362	1308761	773925	479429	294496
71	6040069	2838545	3201524	2729858	1639803	1090055	759946	466044	293902
72	5216869	2441874	2774995	2155222	1285493	869729	658823	398929	259894
73	4922634	2315110	2607524	2020322	1210924	809398	618353	375499	242854
74	4372349	2029587	2342762	1840908	1102489	738419	528745	320719	208026
75–79	**16271899**	**7616629**	**8655270**	**6320668**	**3785337**	**2535331**	**2124672**	**1273870**	**850802**
75	3794430	1756073	2038357	1594218	957317	636901	458853	274421	184432
76	3588036	1698609	1889427	1430054	865742	564312	447746	268138	179608
77	3123423	1463233	1660190	1202003	718475	483528	422282	251804	170478
78	2904935	1359175	1545760	1097434	650440	446994	414955	248223	166732
79	2861075	1339539	1521536	996959	593363	403596	380836	231284	149552
80+	**17774384**	**8029989**	**9744395**	**4701021**	**2816501**	**1884520**	**1827318**	**1145989**	**681329**

2-25 续表 4 continued

单位：人 (person)

年 龄 Age	大学专科 College Students			大学本科 Undergraduates			研究生 Postgraduates		
	小计 Subtotal	男 Male	女 Female	小计 Subtotal	男 Male	女 Female	小计 Subtotal	男 Male	女 Female
总计 Total	**112303002**	**58727560**	**53575442**	**94156072**	**47637012**	**46519060**	**10765577**	**5495343**	**5270234**
6-9									
6									
7									
8									
9									
10-14	**10573**	**4943**	**5630**	**2892**	**1454**	**1438**	**251**	**136**	**115**
10	493	291	202	473	253	220			
11	601	300	301	414	207	207			
12	667	309	358	466	234	232	70	31	39
13	1265	599	666	568	300	268	71	41	30
14	7547	3444	4103	971	460	511	110	64	46
15-19	**8649946**	**4411279**	**4238667**	**7026288**	**3259156**	**3767132**	**9526**	**5394**	**4132**
15	231767	122419	109348	27685	14323	13362	89	64	25
16	428045	228215	199830	57300	28100	29200	175	150	25
17	898401	459409	438992	435522	188749	246773	1168	698	470
18	2916350	1481073	1435277	2594245	1200184	1394061	2982	1676	1306
19	4175383	2120163	2055220	3911536	1827800	2083736	5112	2806	2306
20-24	**18459023**	**9260026**	**9198997**	**18887047**	**8794574**	**10092473**	**1547275**	**685521**	**861754**
20	4108835	2088756	2020079	4398833	2049637	2349196	11069	5387	5682
21	3455154	1747441	1707713	4181742	1942549	2239193	70655	30001	40654
22	3635179	1812826	1822353	3858873	1800590	2058283	342106	151761	190345
23	3625315	1803000	1822315	3316938	1547604	1769334	537286	237436	299850
24	3634540	1808003	1826537	3130661	1454194	1676467	586159	260936	325223
25-29	**18407431**	**9264429**	**9143002**	**16179914**	**7630408**	**8549506**	**2496935**	**1123953**	**1372982**
25	3775525	1888867	1886658	3255567	1515303	1740264	579999	260389	319610
26	3539259	1780170	1759089	3143163	1467380	1675783	510981	227978	283003
27	3668005	1848480	1819525	3268838	1536399	1732439	489721	219048	270673
28	3648555	1841166	1807389	3249955	1545193	1704762	464350	209485	254865
29	3776087	1905746	1870341	3262391	1566133	1696258	451884	207053	244831
30-34	**20431473**	**10236402**	**10195071**	**17396273**	**8491178**	**8905095**	**2432989**	**1154345**	**1278644**
30	4581541	2297790	2283751	3840266	1852089	1988177	539282	249372	289910
31	4326115	2158830	2167285	3623974	1750035	1873939	519643	242249	277394
32	3965430	1981931	1983499	3365450	1638607	1726843	476758	225187	251571
33	4112686	2061671	2051015	3506553	1726046	1780507	478516	231314	247202
34	3445701	1736180	1709521	3060030	1524401	1535629	418790	206223	212567
35-39	**12905024**	**6566555**	**6338469**	**12219512**	**6247528**	**5971984**	**1798777**	**934169**	**864608**
35	2761283	1405792	1355491	2571697	1300944	1270753	358598	180315	178283
36	2617755	1339939	1277816	2534112	1295006	1239106	365583	187379	178204
37	2497223	1269428	1227795	2450499	1252983	1197516	364617	189235	175382
38	2770838	1403874	1366964	2636198	1351779	1284419	399179	209641	189538
39	2257925	1147522	1110403	2027006	1046816	980190	310800	167599	143201
40-44	**9066178**	**4709339**	**4356839**	**7221752**	**3818064**	**3403688**	**1016791**	**586070**	**430721**
40	1960755	1004401	956354	1678040	871706	806334	254755	140290	114465
41	1996503	1028075	968428	1626100	851285	774815	243377	138337	105040
42	1827912	946913	880999	1441583	758429	683154	202526	117333	85193
43	1620059	847440	772619	1239330	660452	578878	163963	96996	66967
44	1660949	882510	778439	1236699	676192	560507	152170	93114	59056

2-25 续表 5 continued

单位：人 (person)

年 龄 Age	大学专科 College Students			大学本科 Undergraduates			研究生 Postgraduates		
	小计 Subtotal	男 Male	女 Female	小计 Subtotal	男 Male	女 Female	小计 Subtotal	男 Male	女 Female
45-49	**7753040**	**4213823**	**3539217**	**5437265**	**3090471**	**2346794**	**618649**	**394413**	**224236**
45	1577675	843558	734117	1139879	631245	508634	134445	83755	50690
46	1592650	860616	732034	1122553	634143	488410	128974	81867	47107
47	1589157	863887	725270	1113939	633917	480022	130163	82647	47516
48	1527504	838966	688538	1052699	607573	445126	116915	75687	41228
49	1466054	806796	659258	1008195	583593	424602	108152	70457	37695
50-54	**5500117**	**3112330**	**2387787**	**3820404**	**2315662**	**1504742**	**386147**	**263257**	**122890**
50	1423796	787914	635882	963622	563837	399785	98361	64920	33441
51	1186592	662514	524078	826876	492270	334606	83368	55993	27375
52	1169614	661558	508056	822580	498992	323588	82661	55757	26904
53	817036	472313	344723	573697	357644	216053	55994	39105	16889
54	903079	528031	375048	633629	402919	230710	65763	47482	18281
55-59	**4229518**	**2518550**	**1710968**	**2529750**	**1675805**	**853945**	**277068**	**209763**	**67305**
55	923217	543899	379318	617649	403056	214593	69044	51130	17914
56	970513	572678	397835	603862	397564	206298	68718	51707	17011
57	1141927	678631	463296	668480	445156	223324	75512	57809	17703
58	768358	467380	300978	418585	283182	135403	43241	33461	9780
59	425503	255962	169541	221174	146847	74327	20553	15656	4897
60-64	**2427938**	**1519954**	**907984**	**1039046**	**694864**	**344182**	**90165**	**69700**	**20465**
60	485680	297283	188397	231395	154888	76507	20189	15596	4593
61	410800	256336	154464	178609	119503	59106	15748	12186	3562
62	499059	315154	183905	203994	137703	66291	18094	14016	4078
63	542344	341490	200854	222098	148622	73476	19936	15408	4528
64	490055	309691	180364	202950	134148	68802	16198	12494	3704
65-69	**1943986**	**1234553**	**709433**	**779608**	**506472**	**273136**	**46574**	**35067**	**11507**
65	485501	307134	178367	200072	130647	69425	14571	11100	3471
66	463698	291375	172323	186588	120249	66339	11919	8873	3046
67	367527	232042	135485	146478	93992	52486	8239	6182	2057
68	339525	217902	121623	133086	86932	46154	6690	5054	1636
69	287735	186100	101635	113384	74652	38732	5155	3858	1297
70-74	**1157663**	**769887**	**387776**	**485928**	**331324**	**154604**	**17722**	**13687**	**4035**
70	278108	184774	93334	108576	73332	35244	4674	3555	1119
71	264781	177080	87701	100182	69239	30943	4041	3113	928
72	225664	149836	75828	81860	57196	24664	3002	2308	694
73	211172	140818	70354	85976	58989	26987	2850	2236	614
74	177938	117379	60559	109334	72568	36766	3155	2475	680
75-79	**677735**	**438861**	**238874**	**481525**	**322931**	**158594**	**11191**	**8718**	**2473**
75	150191	97695	52496	104547	70006	34541	2923	2343	580
76	141369	91392	49977	96461	64994	31467	2590	2059	531
77	131565	84731	46834	88398	59287	29111	2039	1614	425
78	130845	84350	46495	91878	61184	30694	1880	1409	471
79	123765	80693	43072	100241	67460	32781	1759	1293	466
80+	**683357**	**466629**	**216728**	**648868**	**457121**	**191747**	**15517**	**11150**	**4367**

2-26 分地区按性别分的15岁及以上文盲人口（2020年）
Illiterate Population Aged 15 and Over by Gender and Region (2020)

地 区	Region	15岁及以上人口（人）Population Aged 15 and Over (person)	男 Male	女 Female	文盲人口（人）Illiterate Population (person)	男 Male	女 Female	文盲人口占15岁及以上人口的比重(%) Percentage of Illiterate Population to Total Aged 15 and Over(%)	男 Male	女 Female
全 国	**National Total**	**1156394786**	**586822815**	**569571971**	**37750200**	**9518082**	**28232118**	**3.26**	**1.62**	**4.96**
北 京	Beijing	19301588	9847962	9453626	172244	38270	133974	0.89	0.39	1.42
天 津	Tianjin	11997953	6162151	5835802	169973	41646	128327	1.42	0.68	2.20
河 北	Hebei	59521267	29691311	29829956	1128423	260881	867542	1.90	0.88	2.91
山 西	Shanxi	29205721	14857263	14348458	422524	123823	298701	1.45	0.83	2.08
内蒙古	Inner Mongolia	20671482	10519559	10151923	793074	216560	576514	3.84	2.06	5.68
辽 宁	Liaoning	37853468	18801024	19052444	382208	105686	276522	1.01	0.56	1.45
吉 林	Jilin	21254730	10556023	10698707	321318	96020	225298	1.51	0.91	2.11
黑龙江	Heilongjiang	28563622	14253881	14309741	437943	132119	305824	1.53	0.93	2.14
上 海	Shanghai	22434599	11600663	10833936	401585	81132	320453	1.79	0.70	2.96
江 苏	Jiangsu	71856068	36156582	35699486	2211291	460758	1750533	3.08	1.27	4.90
浙 江	Zhejiang	55885807	29069882	26815925	1754402	437933	1316469	3.14	1.51	4.91
安 徽	Anhui	49284489	24775087	24509402	2739952	668212	2071740	5.56	2.70	8.45
福 建	Fujian	33514861	17115416	16399445	970202	174482	795720	2.89	1.02	4.85
江 西	Jiangxi	35266271	17908471	17357800	876897	179241	697656	2.49	1.00	4.02
山 东	Shandong	82464815	41142117	41322698	3308280	735197	2573083	4.01	1.79	6.23
河 南	Henan	76376565	37582340	38794225	2228594	544348	1684246	2.92	1.45	4.34
湖 北	Hubei	48332080	24601435	23730645	1341340	294484	1046856	2.78	1.20	4.41
湖 南	Hunan	53475342	27071624	26403718	1137340	287428	849912	2.13	1.06	3.22
广 东	Guangdong	102262628	54125030	48137598	1826344	394059	1432285	1.79	0.73	2.98
广 西	Guangxi	38284303	19595172	18689131	1188381	248888	939493	3.10	1.27	5.03
海 南	Hainan	8067507	4244519	3822988	327406	77970	249436	4.06	1.84	6.52
重 庆	Chongqing	26955796	13541057	13414739	521169	138879	382290	1.93	1.03	2.85
四 川	Sichuan	70203754	35298112	34905642	3330733	954914	2375819	4.74	2.71	6.81
贵 州	Guizhou	29320110	14772958	14547152	2574322	604189	1970133	8.78	4.09	13.54
云 南	Yunnan	37971803	19601151	18370652	2193281	641814	1551467	5.78	3.27	8.45
西 藏	Tibet	2753235	1457393	1295842	773442	297954	475488	28.09	20.44	36.69
陕 西	Shaanxi	32676794	16632837	16043957	1088905	313163	775742	3.33	1.88	4.84
甘 肃	Gansu	20166288	10168955	9997333	1680299	474829	1205470	8.33	4.67	12.06
青 海	Qinghai	4691001	2398640	2292361	470197	147534	322663	10.02	6.15	14.08
宁 夏	Ningxia	5734650	2906355	2828295	291030	77018	214012	5.07	2.65	7.57
新 疆	Xinjiang	20046189	10367845	9678344	687101	268651	418450	3.43	2.59	4.32

注：本表"文盲人口"指15岁及15岁以上不识字及识字很少人口。

a) Illiterate population in this table refers to the population aged 15 and over who are unable or have difficulty in reading.

2-27 按年龄、性别分的15岁及以上文盲人口
Illiterate Population Aged 15 and Over by Age and Gender

单位：人,% (person,%)

年龄 Age	15岁及以上人口 Population Aged 15 and Over			文盲人口 Illiterate Population			文盲人口占15岁及以上人口比重 Percentage of Illiterate Population to Total Aged 15 and Over		
	合计 Total	男 Male	女 Female	合计 Total	男 Male	女 Female	合计 Total	男 Male	女 Female
总计 Total	**1156394786**	**586822815**	**569571971**	**37750200**	**9518082**	**28232118**	**3.26**	**1.62**	**4.96**
15-19	**72684140**	**39053343**	**33630797**	**162112**	**91571**	**70541**	**0.22**	**0.23**	**0.21**
15	15323224	8225995	7097229	40584	22500	18084	0.26	0.27	0.25
16	15218156	8195908	7022248	31195	17810	13385	0.20	0.22	0.19
17	13730626	7401041	6329585	27541	15764	11777	0.20	0.21	0.19
18	14043179	7560195	6482984	31128	17688	13440	0.22	0.23	0.21
19	14368955	7670204	6698751	31664	17809	13855	0.22	0.23	0.21
20-24	**74941675**	**39675995**	**35265680**	**199111**	**104850**	**94261**	**0.27**	**0.26**	**0.27**
20	14563347	7742857	6820490	37996	20754	17242	0.26	0.27	0.25
21	13935509	7389412	6546097	36719	19562	17157	0.26	0.26	0.26
22	15249809	8078183	7171626	39643	20990	18653	0.26	0.26	0.26
23	15325970	8103460	7222510	41322	21473	19849	0.27	0.26	0.27
24	15867040	8362083	7504957	43431	22071	21360	0.27	0.26	0.28
25-29	**91847332**	**48162270**	**43685062**	**276048**	**133153**	**142895**	**0.30**	**0.28**	**0.33**
25	17146447	9042474	8103973	47612	23746	23866	0.28	0.26	0.29
26	16826988	8845171	7981817	49337	24168	25169	0.29	0.27	0.32
27	18298935	9588428	8710507	54124	26310	27814	0.30	0.27	0.32
28	19060645	9975395	9085250	59302	28144	31158	0.31	0.28	0.34
29	20514317	10710802	9803515	65673	30785	34888	0.32	0.29	0.36
30-34	**124145190**	**63871808**	**60273382**	**489861**	**216638**	**273223**	**0.39**	**0.34**	**0.45**
30	25973082	13463923	12509159	85042	39504	45538	0.33	0.29	0.36
31	25451203	13094627	12356576	93982	42277	51705	0.37	0.32	0.42
32	24037711	12335076	11702635	95952	42377	53575	0.40	0.34	0.46
33	25946853	13315974	12630879	108092	46962	61130	0.42	0.35	0.48
34	22736341	11662208	11074133	106793	45518	61275	0.47	0.39	0.55
35-39	**99012932**	**50932037**	**48080895**	**613977**	**245797**	**368180**	**0.62**	**0.48**	**0.77**
35	19586332	10077433	9508899	106067	44069	61998	0.54	0.44	0.65
36	19499941	10034259	9465682	113194	45799	67395	0.58	0.46	0.71
37	19063741	9815714	9248027	117484	47107	70377	0.62	0.48	0.76
38	21799284	11217120	10582164	138105	54611	83494	0.63	0.49	0.79
39	19063634	9787511	9276123	139127	54211	84916	0.73	0.55	0.92
40-44	**92955330**	**47632694**	**45322636**	**915313**	**324396**	**590917**	**0.98**	**0.68**	**1.30**
40	17540717	8997291	8543426	149563	55198	94365	0.85	0.61	1.10
41	19339617	9934985	9404632	168468	62153	106315	0.87	0.63	1.13
42	18564211	9492205	9072006	182531	64371	118160	0.98	0.68	1.30
43	17758286	9097039	8661247	189648	66609	123039	1.07	0.73	1.42
44	19752499	10111174	9641325	225103	76065	149038	1.14	0.75	1.55
45-49	**114224887**	**58191686**	**56033201**	**1622940**	**511094**	**1111846**	**1.42**	**0.88**	**1.98**
45	20259918	10335133	9924785	250017	82563	167454	1.23	0.80	1.69
46	22208985	11305313	10903672	294175	95077	199098	1.32	0.84	1.83
47	23233417	11844299	11389118	326985	103533	223452	1.41	0.87	1.96
48	23862010	12147117	11714893	362794	111241	251553	1.52	0.92	2.15
49	24660557	12559824	12100733	388969	118680	270289	1.58	0.94	2.23

2-27 续表 continued

单位：人,% (person,%)

年 龄 Age	15岁及以上人口 Population Aged 15 and Over			文盲人口 Illiterate Population			文盲人口占15岁及以上人口比重 Percentage of Illiterate Population to Total Aged 15 and Over		
	合计 Total	男 Male	女 Female	合计 Total	男 Male	女 Female	合计 Total	男 Male	女 Female
50-54	**121164296**	**61105470**	**60058826**	**2493910**	**687491**	**1806419**	**2.06**	**1.13**	**3.01**
50	26062036	13149971	12912065	455809	131393	324416	1.75	1.00	2.51
51	24444570	12342864	12101706	471554	134485	337069	1.93	1.09	2.79
52	26105080	13149508	12955572	538114	147383	390731	2.06	1.12	3.02
53	20959668	10539231	10420437	478219	128518	349701	2.28	1.22	3.36
54	23592942	11923896	11669046	550214	145712	404502	2.33	1.22	3.47
55-59	**101400786**	**50816026**	**50584760**	**2714775**	**629590**	**2085185**	**2.68**	**1.24**	**4.12**
55	23106155	11648724	11457431	554740	141017	413723	2.40	1.21	3.61
56	22559346	11301683	11257663	566906	138007	428899	2.51	1.22	3.81
57	26044142	13130492	12913650	646225	149813	496412	2.48	1.14	3.84
58	19132096	9562232	9569864	578742	123478	455264	3.02	1.29	4.76
59	10559047	5172895	5386152	368162	77275	290887	3.49	1.49	5.40
60-64	**73382938**	**36871125**	**36511813**	**3677458**	**856364**	**2821094**	**5.01**	**2.32**	**7.73**
60	12899885	6442344	6457541	478294	107546	370748	3.71	1.67	5.74
61	12135959	6148108	5987851	532848	126114	406734	4.39	2.05	6.79
62	15464277	7832019	7632258	773045	186099	586946	5.00	2.38	7.69
63	17232007	8678055	8553952	946657	220743	725914	5.49	2.54	8.49
64	15650810	7770599	7880211	946614	215862	730752	6.05	2.78	9.27
65-69	**74005560**	**36337923**	**37667637**	**5712948**	**1318074**	**4394874**	**7.72**	**3.63**	**11.67**
65	16295105	8101750	8193355	1066080	243296	822784	6.54	3.00	10.04
66	16248455	8003803	8244652	1157857	262780	895077	7.13	3.28	10.86
67	14620318	7147712	7472606	1157192	265557	891635	7.91	3.72	11.93
68	14550479	7115265	7435214	1237653	289297	948356	8.51	4.07	12.75
69	12291203	5969393	6321810	1094166	257144	837022	8.90	4.31	13.24
70-74	**49590036**	**24162733**	**25427303**	**5372233**	**1314179**	**4058054**	**10.83**	**5.44**	**15.96**
70	11600773	5667080	5933693	1104486	269557	834929	9.52	4.76	14.07
71	11228645	5539299	5689346	1171370	297240	874130	10.43	5.37	15.36
72	9552234	4640378	4911856	1064164	261349	802815	11.14	5.63	16.34
73	9046226	4399581	4646645	1041536	253899	787637	11.51	5.77	16.95
74	8162158	3916395	4245763	990677	232134	758543	12.14	5.93	17.87
75-79	**31238849**	**14752433**	**16486416**	**4684034**	**1115822**	**3568212**	**14.99**	**7.56**	**21.64**
75	7179399	3414021	3765378	942317	219124	723193	13.13	6.42	19.21
76	6818961	3265307	3553654	973665	233801	739864	14.28	7.16	20.82
77	6019552	2835339	3184213	920465	219694	700771	15.29	7.75	22.01
78	5672036	2657484	3014552	901426	216112	685314	15.89	8.13	22.73
79	5548901	2580282	2968619	946161	227091	719070	17.05	8.80	24.22
80+	**35800835**	**15257272**	**20543563**	**8815480**	**1969063**	**6846417**	**24.62**	**12.91**	**33.33**

2-28 分地区按家庭户规模分的户数（2020年）
Family Households by Size and Region (2020)

单位：户 (household)

地 区	Region	家庭户户数 Number of Family Households	一人户 One Person	二人户 Two Persons	三人户 Three Persons	四人户 Four Persons	五人户 Five Persons	六人户 Six Persons	七人户 Seven Persons	八人户 Eight Persons	九人户 Nine Persons	十人及以上户 Ten Persons and Over
全 国	**National Total**	**494157423**	**125490007**	**146690059**	**103700982**	**65100986**	**30513352**	**15125667**	**4589308**	**1557638**	**655060**	**734364**
北 京	Beijing	8230792	2463325	2727924	1787020	736163	362811	122068	20084	6721	2426	2250
天 津	Tianjin	4867116	1167393	1727332	1209181	511932	167772	65668	11920	3353	1165	1400
河 北	Hebei	25429609	5082767	7970304	5515397	3942333	1612428	921110	262348	71919	25660	25343
山 西	Shanxi	12746142	3057920	4052452	2966829	1766944	562979	253691	54906	16458	6177	7786
内蒙古	Inner Mongolia	9483957	2209731	3565544	2389562	950775	257424	91271	14473	3070	955	1152
辽 宁	Liaoning	17467111	4647274	6444633	4180433	1438393	535394	175193	32067	7723	2508	3493
吉 林	Jilin	9426822	2313775	3496744	2292234	866072	329271	103878	18584	4171	1137	956
黑龙江	Heilongjiang	13024687	3806499	4721066	2969241	1054009	349169	92959	19285	6154	2084	4221
上 海	Shanghai	9644628	2736214	3332304	2159011	815316	449473	121950	21041	5870	1858	1591
江 苏	Jiangsu	29910849	6975663	9635959	6499826	3718062	1957228	837511	191310	54635	19086	21569
浙 江	Zhejiang	25008606	7713848	8098038	4783169	2484481	1203164	563053	110538	30637	11563	10115
安 徽	Anhui	21910377	5183087	6790657	4768002	2972819	1290366	643354	172899	52268	20103	16822
福 建	Fujian	14371078	3925247	3776762	2794833	2047208	997876	568885	162312	52431	24113	21411
江 西	Jiangxi	14072847	3071115	3564176	2841228	2277494	1199459	692355	259897	87974	37171	41978
山 东	Shandong	35184241	7056119	11230306	7673801	5790216	2035963	1057955	229065	61259	22119	27438
河 南	Henan	31782693	6985186	8496727	6502612	5109476	2550635	1424419	476958	134122	48036	54522
湖 北	Hubei	19931045	4706405	5840677	4589950	2625213	1323054	602406	154397	50151	20675	18117
湖 南	Hunan	22878336	5796689	6332392	4767652	3308914	1570332	744743	224425	72339	28622	32228
广 东	Guangdong	42469178	14109849	10298011	6999483	5189548	2872342	1632082	699877	313946	158737	195303
广 西	Guangxi	16215014	4075139	3845306	3263580	2462519	1341827	702577	289204	117128	54923	62811
海 南	Hainan	2961646	663799	648854	589414	521817	260663	144126	67554	30363	15807	19249
重 庆	Chongqing	12040234	3526142	3644792	2437753	1370388	670554	293837	64913	18295	6151	7409
四 川	Sichuan	30756120	8836045	9159406	6087228	3570933	1877152	859836	233376	74507	27556	30081
贵 州	Guizhou	12696585	3032510	3313502	2580003	1942394	998508	507951	192247	71429	29649	28392
云 南	Yunnan	15146831	3456738	3743328	3161675	2366552	1310492	740959	237507	78082	28876	22622
西 藏	Tibet	1014090	336840	180079	139821	120796	77418	53322	36433	24565	16241	28575
陕 西	Shaanxi	14211344	3863271	4126025	3047409	1892842	799508	359857	77879	21851	8248	14454
甘 肃	Gansu	8422836	1909342	2390297	1808686	1194718	593173	342791	115902	38647	14782	14498
青 海	Qinghai	1965893	498970	492672	410938	275803	149242	84795	31175	11818	5205	5275
宁 夏	Ningxia	2535074	537492	791806	593704	384377	139732	59356	19521	6011	1818	1257
新 疆	Xinjiang	8351642	1745613	2251984	1891307	1392479	667943	261709	87211	29741	11609	12046

2-29 分地区按家庭户类别分的户数
Family Households by Type and Region

单位：户，%　　(household,%)

地 区 Region	家庭户户数 Number of Family Households	一代户 One Generation 户数 Number of Households	一代户 比重 Proportion	二代户 Two Generations 户数 Number of Households	二代户 比重 Proportion	三代户 Three Generations 户数 Number of Households	三代户 比重 Proportion	四代户 Four Generations 户数 Number of Households	四代户 比重 Proportion	五代及以上户 Five Generations and Over 户数 Number of Households	五代及以上户 比重 Proportion
全 国 National Total	**494157423**	**244615023**	**49.50**	**181471659**	**36.72**	**65528182**	**13.26**	**2540015**	**0.51**	**2544**	
北 京 Beijing	8230792	4842948	58.84	2532522	30.77	839474	10.20	15839	0.19	9	
天 津 Tianjin	4867116	2627276	53.98	1826511	37.53	403160	8.28	10163	0.21	6	
河 北 Hebei	25429609	11841204	46.56	10124450	39.81	3325910	13.08	137953	0.54	92	
山 西 Shanxi	12746142	6415068	50.33	5154387	40.44	1134834	8.90	41819	0.33	34	
内蒙古 Inner Mongolia	9483957	5342168	56.33	3551257	37.44	577594	6.09	12931	0.14	7	
辽 宁 Liaoning	17467111	9986900	57.18	6033090	34.54	1418474	8.12	28641	0.16	6	
吉 林 Jilin	9426822	5289361	56.11	3281969	34.82	832788	8.83	22690	0.24	14	
黑龙江 Heilongjiang	13024687	7768696	59.65	4343411	33.35	892050	6.85	20516	0.16	14	
上 海 Shanghai	9644628	5724125	59.35	2922514	30.30	975837	10.12	22120	0.23	32	
江 苏 Jiangsu	29910849	15025242	50.23	10302199	34.44	4378053	14.64	205124	0.69	231	
浙 江 Zhejiang	25008606	14720779	58.86	7524177	30.09	2651582	10.60	111958	0.45	110	
安 徽 Anhui	21910377	10485076	47.85	8415966	38.41	2905658	13.26	103600	0.47	77	
福 建 Fujian	14371078	6904602	48.05	5193171	36.14	2196570	15.28	76661	0.53	74	
江 西 Jiangxi	14072847	5807051	41.26	5675773	40.33	2495443	17.73	94492	0.67	88	
山 东 Shandong	35184241	16850888	47.89	14276272	40.58	3943407	11.21	113582	0.32	92	
河 南 Henan	31782693	13662758	42.99	12696589	39.95	5217873	16.42	205270	0.65	203	
湖 北 Hubei	19931045	9140388	45.86	7438231	37.32	3225348	16.18	126990	0.64	88	
湖 南 Hunan	22878336	10404799	45.48	8752996	38.26	3563064	15.57	157377	0.69	100	
广 东 Guangdong	42469178	22913634	53.95	13585529	31.99	5786238	13.62	183612	0.43	165	
广 西 Guangxi	16215014	6797321	41.92	6575668	40.55	2740198	16.90	101718	0.63	109	
海 南 Hainan	2961646	1197762	40.44	1255462	42.39	490557	16.56	17848	0.60	17	
重 庆 Chongqing	12040234	6294089	52.28	4046138	33.61	1637662	13.60	62299	0.52	46	
四 川 Sichuan	30756120	15828732	51.47	10186787	33.12	4502509	14.64	237833	0.77	259	
贵 州 Guizhou	12696585	5605224	44.15	5153180	40.59	1857870	14.63	80205	0.63	106	
云 南 Yunnan	15146831	6197184	40.91	5886076	38.86	2887764	19.07	175479	1.16	328	
西 藏 Tibet	1014090	490418	48.36	339413	33.47	174747	17.23	9466	0.93	46	
陕 西 Shaanxi	14211344	7016397	49.37	5293797	37.25	1833268	12.90	67841	0.48	41	
甘 肃 Gansu	8422836	3798856	45.10	3218727	38.21	1332582	15.82	72554	0.86	117	
青 海 Qinghai	1965893	871172	44.31	783279	39.84	301150	15.32	10269	0.52	23	
宁 夏 Ningxia	2535074	1195081	47.14	1125665	44.40	209813	8.28	4514	0.18	1	
新 疆 Xinjiang	8351642	3569824	42.74	3976453	47.61	796705	9.54	8651	0.10	9	

注：本表中的"空格"表示该项统计指标数据不足本表最小单位数。
a) "Space" in this table indicates that the statistical indicator data is less than the minimum number in this table.

主要统计指标解释

人口数 指一定时点、一定地区范围内有生命的个人总和。

年度统计的年末人口数指每年12月31日24时的人口数。年度统计的全国人口总数内未包括香港、澳门特别行政区和台湾地区以及海外华侨人数。

城镇人口和乡村人口 城镇人口是指居住在城镇范围内的全部常住人口；乡村人口是除上述人口以外的全部人口。

出生率(又称粗出生率) 指在一定时期内(通常为一年)一定地区的出生人数与同期内平均人数(或期中人数)之比，用千分率表示。本资料中的出生率指年出生率，其计算公式为：

$$\text{出生率}=\frac{\text{年出生人数}}{\text{年平均人数}}\times 1000‰$$

式中：出生人数指活产婴儿，即胎儿脱离母体时(不管怀孕月数)，有过呼吸或其他生命现象。年平均人数指年初、年底人口数的平均数，也可用年中人口数代替。

死亡率(又称粗死亡率) 指在一定时期内(通常为一年)一定地区的死亡人数与同期内平均人数(或期中人数)之比，用千分率表示。本资料中的死亡率指年死亡率，其计算公式为：

$$\text{死亡率}=\frac{\text{年死亡人数}}{\text{年平均人数}}\times 1000‰$$

人口自然增长率 指在一定时期内(通常为一年)人口自然增加数(出生人数减死亡人数)与该时期内平均人数(或期中人数)之比，用千分率表示。计算公式为：

$$\text{人口自然增长率}=\frac{\text{本年出生人数}-\text{本年死亡人数}}{\text{年平均人数}}\times 1000‰$$

$$=\text{人口出生率}-\text{人口死亡率}$$

总抚养比 也称总负担系数。指人口总体中非劳动年龄人口数与劳动年龄人口数之比。通常用百分比表示。说明每100名劳动年龄人口大致要负担多少名非劳动年龄人口。计算公式为：

$$GDR=\frac{P_{0\sim14}+P_{65^+}}{P_{15\sim64}}\times 100\%$$

其中：GDR 为总抚养比；

$P_{0\sim14}$为0～14岁少年儿童人口数；

P_{65}^{+}为65岁及65岁以上的老年人口数；

$P_{15\sim64}$为15～64岁劳动年龄人口数。

老年人口抚养比 也称老年人口抚养系数。指某一人口中老年人口数与劳动年龄人口数之比。通常用百分比表示。用以表明每100名劳动年龄人口要负担多少名老年人。计算公式为：

$$EDR=\frac{P_{65^+}}{P_{15-64}}\times 100\%$$

其中：EDR 为老年人口抚养比；

P_{65}^{+}为65岁及65岁以上的老年人口数；

$P_{15\sim64}$为15～64岁的劳动年龄人口数。

少年儿童抚养比 也称少年儿童抚养系数。指某一人口中少年儿童人口数与劳动年龄人口数之比。通常用百分比表示。以反映每100名劳动年龄人口要负担多少名少年儿童。计算公式为：

$$CDR=\frac{P_{0\sim14}}{P_{15\sim64}}\times 100\%$$

其中：CDR 为少年儿童抚养比；

$P_{0\sim14}$为0～14岁少年儿童人口数；

$P_{15\sim64}$为15～64岁劳动年龄人口数。

人户分离人口 是指居住地与户口登记地所在的乡镇街道不一致且离开户口登记地半年以上的人口。

流动人口 是指人户分离人口中扣除市辖区内人户分离的人口。市辖区内人户分离的人口是指一个直辖市或地级市所辖区内和区与区之间，居住地和户口登记地不在同一乡镇街道的人口。

Explanatory Notes on Main Statistical Indicators

Total Population refers to the total number of people alive at a certain point of time within a given area.

The annual statistics on total population is taken at midnight, the 31st of December, not including residents in Hong Kong SAR, Macao SAR and Taiwan and Chinese national residing abroad.

Urban Population and Rural Population Urban population refers to all people residing in cities and towns, while rural population refers to population other than urban population.

Birth Rate (or Crude Birth Rate) refers to the ratio of the number of births to the average population (or mid-year population) during a certain period of time (usually a year), expressed in ‰. Birth rate in the chapter refers to annual birth rate. The following formula is used:

$$\text{Birth rate} = \frac{\text{Number of births}}{\text{Annual average population}} \times 1000‰$$

Number of births in the formula refers to live births, i.e. when a baby has breathed or showed any vital phenomena regardless of the length of pregnancy.

Annual average population is the average of the number of population at the beginning of the year and that at the end of the year. Sometimes it is substituted by the mid-year population.

Death Rate (or Crude Death Rate) refers to the ratio of the number of deaths to the average population (or mid-year population) during a certain period of time (usually a year), expressed in ‰. Death rate in the chapter refers to annual death rate. The following formula is used:

$$\text{Death rate} = \frac{\text{Number of deaths}}{\text{Annual average population}} \times 1000‰$$

Natural Growth Rate of Population refers to the ratio of natural increase in population (number of births minus number of deaths) in a certain period of time (usually a year) to the average population (or mid-year population) of the same period, expressed in ‰. The following formula is applied:

$$\text{Natural growth rate of population} = \frac{\text{Number of births - number of deaths}}{\text{Annual average population}} \times 1000‰$$

Natural growth rate of population = Birth rate-death rate

Gross Dependency Ratio also called gross dependency coefficient, refers to the ratio of non-working-age population to the working-age population, express in %. Describing in general the number of non-working-age population that every 100 people at working ages will take care of. The gross dependency ratio is calculated with the following formula:

$$GDR = \frac{P_{0\sim14} + P_{65^+}}{P_{15\sim64}} \times 100\%$$

Where: GDR is the gross dependency ratio,

$P_{0\text{-}14}$ is the population of children aged 0-14,

P_{65+} is the elderly population aged 65 and over, and

$P_{15\text{-}64}$ is the working-age population aged 15-64.

Elderly Dependency Ratio also called elderly dependency coefficient, refers to the ratio of the elderly population to the working-age population, express in %. It describes the number of the elderly population that every 100 people at working ages will take care of. Elderly dependency ratio is one of the indicators reflecting the social implication of population aging from the economic perspective. The elderly dependency ratio is calculated with the following formula:

$$EDR = \frac{P_{65^+}}{P_{15\sim64}} \times 100\%$$

Where: EDR is the elderly dependency ratio,

P_{65+} is the elderly population aged 65 and over, and

$P_{15\text{-}64}$ is the working-age population aged 15-64.

Children Dependency Ratio also called children dependency coefficient, refers to the ratio of the children population to the working-age population, express in %. It describes the number of children population that every 100 people at working ages will take care of. The children dependency ratio is calculated with the following formula:

$$CDR = \frac{P_{0\sim14}}{P_{15\sim64}} \times 100\%$$

Where: CDR is the children dependency ratio,

$P_{0\text{-}14}$ is the children population aged 0-14, and

$P_{15\text{-}64}$ is the working-age population aged 15-64.

Population of Residence-registration Inconsistency refer to those who have been residing in places other than the registered streets or towns and been away from their registration areas for over half a year.

Migrant Population refer to the population of residence-registration inconsistency excluding those intra-city ones. Population of intra-city residence-registration inconsistency refer to those whose residing streets or towns and registered ones are inconsistent but still in the same municipality or prefecture city either the two are in the same district or different ones.

3

国民经济核算

National Accounts

简 要 说 明

本篇章的主要内容和资料来源

国民经济核算资料主要包括国内生产总值、资金流量表、国际收支平衡表和资产负债表四个部分。

一、国内生产总值

国内生产总值数据是由国家统计局国民经济核算司根据不同产业部门、不同支出构成的特点和资料来源情况采用不同方法计算的。国民总收入是在国内生产总值的基础上加上来自国外的初次分配收入净额求得的。

本年鉴公布的国内生产总值以及与之有关的指标数据，最后一年数据不是最终数，还会在获得更多的财务和行政记录等资料后发生变动。如果遇到普查或者重大核算方法改革，在能够获得更详细的基础资料的情况下，国内生产总值的历史数据还会发生变动。2018年是第四次全国经济普查年份，国家统计局依据经济普查数据和相关部门资料，修订了1952年以来的国内生产总值历史数据。本年鉴中的数据是修订后的数据。

国内生产总值是一个价值量指标，其价值的变化受价格变化和物量变化两大因素影响。不变价国内生产总值是把按当期价格计算的国内生产总值换算成按某个固定期（基期）价格计算的价值，从而使两个不同时期的价值进行比较时，能够剔除价格变化的影响，以反映物量变化，反映生产活动成果的实际变动。国内生产总值指数就是根据两个时期不变价国内生产总值计算得到的。随着经济的不断发展，行业的价格结构也会不断发生变化，为了更好的反映这种变化对于经济的影响，计算不变价国内生产总值需要每隔若干年调整一次基期。我国自开始核算国内生产总值以来，共有1952年、1957年、1970年、1980年、1990年、2000年、2005年、2010年、2015年9个不变价基期，目前的基期是2015年。也就是说，2016年至2020年的不变价国内生产总值是按照2015年价格计算的。由于计算不变价国内生产总值采用按不同基期分段计算，因此本年鉴中的不变价国内生产总值数据也按分段方式公布。

该指标在地区层面被称为地区生产总值。本年鉴所列地区生产总值数据由国家统计局与各省、自治区、直辖市统计局统一核算得到。由于部分活动仅核算在全国不核算在地区，各地区数据相加之和略小于全国。

二、资金流量表

我国资金流量表表式与国际上通用的表式相似，是机构部门与交易项目的矩阵表式。主栏为交易项目，主要反映分配方式和融资工具；宾栏按机构部门分类。机构部门分类是根据机构单位具有的基本特征所进行的部门分类。资金流量表把参与资金活动的主体分为非金融企业、金融机构、广义政府、住户和国外五个部门。每一部门下设资金来源与资金运用两栏。现行的资金流量表分为两大部分，上半部分为非金融交易部分，由国家统计局国民经济核算司编制；下半部分为金融交易部分，由中国人民银行调查统计司编制。

2018年第四次全国经济普查后，国家统计局根据国民经济核算国际标准的变化以及《中国国民经济核算体系（2016）》，利用第四次全国经济普查资料和相关部门资料，改进和完善资金流量表编制方法，编制了2018年资金流量表（非金融交易部分），并修订了1992年以来的资金流量表（非金融交易部分）历史数据。本年鉴中的数据是修订后的数据。

三、国际收支平衡表

国际收支平衡表由国家外汇管理局国际收支司依据国际货币基金组织编写的《国际收支统计手册》第六版编制。

Brief Introduction

Statistics on national accounts include mainly four parts, namely, gross domestic product, flow of funds table and balance of payments table.

I. Gross Domestic Product

Data on gross domestic product (GDP) are computed by the Department of National Accounts of the National Bureau of Statistics (NBS) based on different approaches in the light of the different features of various sectors, various expenditure structures and different data sources. Data on Gross National Income (GNI) are calculated on the basis of GDP, which is equal to GDP plus the net primary distribution income from the rest of the world.

Data on GDP and related indicators of the most recent year published in the Yearbook are not final and are subject to revision when more information from financial data and administrative records become available. Where a census has been conducted, or significant accounting methods reform implemented, historical GDP data will also be revised. 2018 is the year of the fourth national economic census, and the National Bureau of Statistics revised the historical data of GDP since 1952 based on the data of economic census and relevant source data. Data in this Yearbook are revised data.

Gross Domestic Product (GDP) is a measurement of value which changes depending on changes of price and volume. GDP at constant prices converts the gross domestic product based on the current price into a value based on the price of certain base period. After price effects are removed, the values of two different periods can be compared to reflect the volume changes, i.e., the real changes of production activity results. GDP index is derived from the constant-price GDP. As the economy grows, changes will take place in the price structures of various industries, and the base period for the measurement of constant-price GDP thus needs to be adjusted every few years in order to better reflect the impact of price change in the economy. Since China started GDP calculation, eight constant-price base periods have been used, i.e., 1952, 1957, 1970, 1980, 1990, 2000, 2005, 2010 and 2015, and the current base period is 2015. That is to say, the 2019 GDP at constant prices is calculated on the basis of the 2015 prices. As the calculation of constant-price GDP is based on different base periods, the constant-price GDP data in this yearbook are also published on the basis of different base periods.

This indicator is called Gross Regional Product (GRP) at the regional level. GRP data in this yearbook are jointly compiled by the National Bureau of Statistics and the statistics bureaus of the provinces, autonomous regions and municipalities. As some activities are only calculated at the national level but not at regional level, the sum of the GRP is slightly smaller than GDP.

II. Flow of Funds Table

Similar to internationally accepted approaches, the Flow of Funds table of China constitutes a matrix of institutional sectors by transaction items. Items of transactions are expressed as row headings representing forms of distribution and methods of financing. Institutional sectors are shown as column headings, grouped by the characteristics of the transactors. There are 5 groups of institutional sectors in the flow of funds table, namely, non-financial corporations, financial institutions, general governments, households, and the rest of the world. Under each sector there are 2 headings: sources of funds and uses of funds. The current flow of funds table is composed of two parts: the first part, comprising the non-financial transactions, is compiled by the Department of National Accounts of the National Bureau of Statistics; and the second part, comprising financial transactions, is compiled by the Research and Statistics Department of the People's Bank of China.

After the fourth national economic census in 2018, according to the change of international standard of national accounting and the new standard of China, Chinese System of National Accounts (2016), based on the economic census data and related administrative records, the National Bureau of Statistics of China improved the compilation methods of Flow of Funds Table, compiled the Flow of Funds Table (non-financial transaction) of 2018, and revised the historical Flow of Funds Table (non-transaction) since 1992. Data in this Yearbook are revised data.

III. Balance of Payments Table

The Balance of Payments Table is compiled by the Balance of Payments Department of the State Administration of Foreign Exchanges in accordance with the 6th edition of the Manual on Balance of Payments prepared by the International Monetary Fund.

3-1 国内生产总值
Gross Domestic Product

本表按当年价格计算。
Data in this table are calculated at current prices.

单位：亿元 (100 million yuan)

年 份 Year	国 民 总收入 Gross National Income	国内生产 总 值 Gross Domestic Product	第一产业 Primary Industry	第二产业 Secondary Industry	第三产业 Tertiary Industry	农林牧渔业 Agriculture, Forestry, Animal Husbandry and Fishery	工业 Industry
1978	3678.7	3678.7	1018.5	1755.1	905.1	1027.5	1621.4
1979	4100.5	4100.5	1259.0	1925.3	916.1	1270.2	1786.5
1980	4587.6	4587.6	1359.5	2204.7	1023.4	1371.6	2014.8
1981	4933.7	4935.8	1545.7	2269.0	1121.1	1559.4	2067.7
1982	5380.5	5373.4	1761.7	2397.6	1214.0	1777.3	2183.0
1983	6043.8	6020.9	1960.9	2663.0	1397.1	1978.3	2399.0
1984	7314.2	7278.5	2295.6	3124.7	1858.2	2316.0	2815.8
1985	9123.6	9098.9	2541.7	3886.4	2670.8	2564.3	3478.2
1986	10375.4	10376.2	2764.1	4515.1	3097.0	2788.6	4000.7
1987	12166.6	12174.6	3204.5	5273.8	3696.3	3232.9	4621.1
1988	15174.4	15180.4	3831.2	6607.2	4742.0	3865.2	5814.0
1989	17188.4	17179.7	4228.2	7300.7	5650.8	4265.8	6525.5
1990	18923.3	18872.9	5017.2	7744.1	6111.6	5061.8	6904.5
1991	22050.3	22005.6	5288.8	9129.6	7587.2	5341.9	8137.9
1992	27208.2	27194.5	5800.3	11725.0	9669.2	5866.2	10340.2
1993	35599.2	35673.2	6887.6	16472.7	12313.0	6963.3	14248.4
1994	48548.2	48637.5	9471.8	22452.5	16713.1	9572.1	19546.3
1995	60356.6	61339.9	12020.5	28676.7	20642.7	12135.1	25023.2
1996	70779.6	71813.6	13878.3	33827.3	24108.0	14014.7	29528.9
1997	78802.9	79715.0	14265.2	37545.0	27904.8	14440.8	33022.6
1998	83817.6	85195.5	14618.7	39017.5	31559.3	14816.4	34133.9
1999	89366.5	90564.4	14549.0	41079.9	34935.5	14768.7	36014.4
2000	99066.1	100280.1	14717.4	45663.7	39899.1	14943.6	40258.5
2001	109276.2	110863.1	15502.5	49659.4	45701.2	15780.0	43854.3
2002	120480.4	121717.4	16190.2	54104.1	51423.1	16535.7	47774.9
2003	136576.3	137422.0	16970.2	62695.8	57756.0	17380.6	55362.2
2004	161415.4	161840.2	20904.3	74285.0	66650.9	21410.7	65774.9
2005	185998.9	187318.9	21806.7	88082.2	77430.0	22416.2	77958.3
2006	219028.5	219438.5	23317.0	104359.2	91762.2	24036.4	92235.8
2007	270704.0	270092.3	27674.1	126630.5	115787.7	28483.7	111690.8
2008	321229.5	319244.6	32464.1	149952.9	136827.5	33428.1	131724.0
2009	347934.9	348517.7	33583.8	160168.8	154765.1	34659.7	138092.6
2010	410354.1	412119.3	38430.8	191626.5	182061.9	39619.0	165123.1
2011	483392.8	487940.2	44781.5	227035.1	216123.6	46122.6	195139.1
2012	537329.0	538580.0	49084.6	244639.1	244856.2	50581.2	208901.4
2013	588141.2	592963.2	53028.1	261951.6	277983.5	54692.4	222333.2
2014	644380.2	643563.1	55626.3	277282.8	310654.0	57472.2	233197.4
2015	685571.2	688858.2	57774.6	281338.9	349744.7	59852.6	234968.9
2016	742694.1	746395.1	60139.2	295427.8	390828.1	62451.0	245406.4
2017	830945.7	832035.9	62099.5	331580.5	438355.9	64660.0	275119.3
2018	915243.5	919281.1	64745.2	364835.2	489700.8	67558.7	301089.3
2019	983751.2	986515.2	70473.6	380670.6	535371.0	73576.9	311858.7
2020	1008782.5	1015986.2	77754.1	384255.3	553976.8	81103.9	313071.1

注：1980年以后国民总收入(原称国民生产总值)与国内生产总值的差额为来自国外的初次分配收入净额。

a) Since 1980, the difference between the Gross Domestic Product and the Gross National Income (formerly, the Gross National Product) is the net income of primary distribution from the rest of the world.

3-1 续表 continued

单位：亿元 (100 million yuan)

年 份 Year	建筑业 Construction	批发和零售业 Wholesale and Retail Trades	交通运输、仓储和邮政业 Transport, Storage and Post	住宿和餐饮业 Hotels and Catering Services	金融业 Financial Intermediation	房地产业 Real Estate	其他 Others	人均国民总收入(元) Per Capita GNI (yuan)	人均国内生产总值(元) Per Capita GDP (yuan)
1978	138.9	242.4	182.0	44.6	76.5	79.7	265.6	385	385
1979	144.6	200.9	193.7	44.0	75.9	86.2	298.5	423	423
1980	196.3	193.8	213.4	47.4	85.8	96.2	368.2	468	468
1981	208.0	231.2	220.8	54.1	91.7	99.8	403.3	496	497
1982	221.6	171.5	246.9	62.3	130.6	110.6	469.5	533	533
1983	271.7	198.7	275.0	72.5	168.9	121.6	535.2	591	588
1984	317.9	363.6	338.6	96.8	230.6	162.0	637.3	705	702
1985	419.3	802.5	421.8	138.3	293.9	214.8	765.8	868	866
1986	527.3	852.7	499.0	163.2	401.2	297.5	846.1	973	973
1987	667.5	1059.7	568.5	187.1	506.2	381.9	949.8	1122	1123
1988	811.8	1483.6	685.9	241.4	658.9	472.8	1146.8	1377	1378
1989	796.1	1536.4	812.9	277.4	1079.9	565.1	1320.7	1537	1536
1990	861.7	1269.2	1167.2	301.9	1144.1	660.9	1501.7	1667	1663
1991	1017.7	1834.8	1420.5	442.3	1195.2	762.2	1853.1	1916	1912
1992	1417.9	2405.4	1689.2	584.6	1482.1	1099.1	2309.8	2336	2334
1993	2269.9	2817.0	2174.3	712.1	1903.5	1376.9	3207.8	3021	3027
1994	2968.8	3774.0	2788.2	1008.5	2557.9	1905.6	4516.1	4073	4081
1995	3733.7	4779.4	3244.7	1200.1	3211.5	2349.4	5662.8	5009	5091
1996	4393.0	5600.5	3782.6	1336.8	3700.7	2611.9	6844.5	5813	5898
1997	4628.3	6328.4	4149.1	1561.3	4179.2	2914.5	8490.9	6406	6481
1998	4993.0	6914.3	4661.5	1786.9	4318.2	3427.7	10143.7	6749	6860
1999	5180.9	7492.2	5175.9	1941.2	4489.7	3674.5	11827.0	7134	7229
2000	5534.0	8159.8	6161.9	2146.3	4842.2	4140.9	14092.9	7846	7942
2001	5945.5	9120.8	6871.3	2400.1	5202.8	4705.8	16982.6	8592	8717
2002	6482.1	9996.8	7494.3	2724.8	5555.8	5334.5	19818.6	9410	9506
2003	7510.8	11171.2	7914.8	3126.1	6045.7	6157.0	22753.8	10600	10666
2004	8720.5	12455.8	9306.5	3664.8	6600.2	7152.1	26754.6	12454	12487
2005	10400.5	13968.5	10668.8	4195.7	7486.0	8482.7	31742.1	14267	14368
2006	12450.1	16533.4	12186.3	4792.6	9972.3	10320.9	36910.8	16707	16738
2007	15348.0	20941.1	14605.1	5548.1	15200.0	13714.0	44561.5	20541	20494
2008	18807.6	26186.2	16367.6	6616.1	18345.6	14600.3	53169.3	24250	24100
2009	22681.5	29004.6	16522.4	6957.0	21836.8	18760.5	60002.6	26136	26180
2010	27259.3	35907.9	18783.6	7712.0	25733.1	23326.6	68654.7	30676	30808
2011	32926.5	43734.5	21842.0	8565.4	30747.2	27780.7	81082.2	35939	36277
2012	36896.1	49835.5	23763.2	9536.9	35272.2	30751.9	93041.6	39679	39771
2013	40896.8	56288.9	26042.7	10228.3	41293.4	35340.4	105847.3	43143	43497
2014	45401.7	63170.4	28534.4	11228.7	46853.4	38086.4	119618.5	46971	46912
2015	47761.3	67719.6	30519.5	12306.1	56299.8	42573.8	136856.5	49684	49922
2016	51498.9	73724.5	33028.7	13607.8	59964.0	49969.4	156744.3	53516	53783
2017	57905.6	81156.6	37121.9	15056.0	64844.3	57086.0	179086.3	59514	59592
2018	65493.0	88903.7	40337.2	16520.6	70610.3	64623.0	204145.2	65246	65534
2019	70648.1	95650.9	42466.3	17903.1	76250.6	70444.8	227715.8	70131	70328
2020	72995.7	95686.1	41561.7	15970.7	84070.1	74552.5	236974.3	71489	72000

3-2 国内生产总值构成
Composition of Gross Domestic Product

本表按当年价格计算。
Data in this table are calculated at current prices.

单位: % (%)

年 份 Year	国内生产总 值 Gross Domestic Product	第一产业 Primary Industry	第二产业 Secondary Industry	第三产业 Tertiary Industry	农林牧渔业 Agriculture, Forestry, Animal Husbandry and Fishery	工业 Industry
1978	100.0	27.7	47.7	24.6	27.9	44.1
1979	100.0	30.7	47.0	22.3	31.0	43.6
1980	100.0	29.6	48.1	22.3	29.9	43.9
1981	100.0	31.3	46.0	22.7	31.6	41.9
1982	100.0	32.8	44.6	22.6	33.1	40.6
1983	100.0	32.6	44.2	23.2	32.9	39.8
1984	100.0	31.5	42.9	25.5	31.8	38.7
1985	100.0	27.9	42.7	29.4	28.2	38.2
1986	100.0	26.6	43.5	29.8	26.9	38.6
1987	100.0	26.3	43.3	30.4	26.6	38.0
1988	100.0	25.2	43.5	31.2	25.5	38.3
1989	100.0	24.6	42.5	32.9	24.8	38.0
1990	100.0	26.6	41.0	32.4	26.8	36.6
1991	100.0	24.0	41.5	34.5	24.3	37.0
1992	100.0	21.3	43.1	35.6	21.6	38.0
1993	100.0	19.3	46.2	34.5	19.5	39.9
1994	100.0	19.5	46.2	34.4	19.7	40.2
1995	100.0	19.6	46.8	33.7	19.8	40.8
1996	100.0	19.3	47.1	33.6	19.5	41.1
1997	100.0	17.9	47.1	35.0	18.1	41.4
1998	100.0	17.2	45.8	37.0	17.4	40.1
1999	100.0	16.1	45.4	38.6	16.3	39.8
2000	100.0	14.7	45.5	39.8	14.9	40.1
2001	100.0	14.0	44.8	41.2	14.2	39.6
2002	100.0	13.3	44.5	42.2	13.6	39.3
2003	100.0	12.3	45.6	42.0	12.6	40.3
2004	100.0	12.9	45.9	41.2	13.2	40.6
2005	100.0	11.6	47.0	41.3	12.0	41.6
2006	100.0	10.6	47.6	41.8	11.0	42.0
2007	100.0	10.2	46.9	42.9	10.5	41.4
2008	100.0	10.2	47.0	42.9	10.5	41.3
2009	100.0	9.6	46.0	44.4	9.9	39.6
2010	100.0	9.3	46.5	44.2	9.6	40.1
2011	100.0	9.2	46.5	44.3	9.5	40.0
2012	100.0	9.1	45.4	45.5	9.4	38.8
2013	100.0	8.9	44.2	46.9	9.2	37.5
2014	100.0	8.6	43.1	48.3	8.9	36.2
2015	100.0	8.4	40.8	50.8	8.7	34.1
2016	100.0	8.1	39.6	52.4	8.4	32.9
2017	100.0	7.5	39.9	52.7	7.8	33.1
2018	100.0	7.0	39.7	53.3	7.3	32.8
2019	100.0	7.1	38.6	54.3	7.5	31.6
2020	100.0	7.7	37.8	54.5	8.0	30.8

3-2 续表 continued

单位：% (%)

年 份 Year	建筑业 Construction	批发和零售业 Wholesale and Retail Trades	交通运输、仓储和邮政业 Transport, Storage and Post	住宿和餐饮业 Hotels and Catering Services	金融业 Financial Intermediation	房地产业 Real Estate	其他 Others
1978	3.8	6.6	4.9	1.2	2.1	2.2	7.2
1979	3.5	4.9	4.7	1.1	1.9	2.1	7.3
1980	4.3	4.2	4.7	1.0	1.9	2.1	8.0
1981	4.2	4.7	4.5	1.1	1.9	2.0	8.2
1982	4.1	3.2	4.6	1.2	2.4	2.1	8.7
1983	4.5	3.3	4.6	1.2	2.8	2.0	8.9
1984	4.4	5.0	4.7	1.3	3.2	2.2	8.8
1985	4.6	8.8	4.6	1.5	3.2	2.4	8.4
1986	5.1	8.2	4.8	1.6	3.9	2.9	8.2
1987	5.5	8.7	4.7	1.5	4.2	3.1	7.8
1988	5.3	9.8	4.5	1.6	4.3	3.1	7.6
1989	4.6	8.9	4.7	1.6	6.3	3.3	7.7
1990	4.6	6.7	6.2	1.6	6.1	3.5	8.0
1991	4.6	8.3	6.5	2.0	5.4	3.5	8.4
1992	5.2	8.8	6.2	2.1	5.5	4.0	8.5
1993	6.4	7.9	6.1	2.0	5.3	3.9	9.0
1994	6.1	7.8	5.7	2.1	5.3	3.9	9.3
1995	6.1	7.8	5.3	2.0	5.2	3.8	9.2
1996	6.1	7.8	5.3	1.9	5.2	3.6	9.5
1997	5.8	7.9	5.2	2.0	5.2	3.7	10.7
1998	5.9	8.1	5.5	2.1	5.1	4.0	11.9
1999	5.7	8.3	5.7	2.1	5.0	4.1	13.1
2000	5.5	8.1	6.1	2.1	4.8	4.1	14.1
2001	5.4	8.2	6.2	2.2	4.7	4.2	15.3
2002	5.3	8.2	6.2	2.2	4.6	4.4	16.3
2003	5.5	8.1	5.8	2.3	4.4	4.5	16.6
2004	5.4	7.7	5.8	2.3	4.1	4.4	16.5
2005	5.6	7.5	5.7	2.2	4.0	4.5	16.9
2006	5.7	7.5	5.6	2.2	4.5	4.7	16.8
2007	5.7	7.8	5.4	2.1	5.6	5.1	16.5
2008	5.9	8.2	5.1	2.1	5.7	4.6	16.7
2009	6.5	8.3	4.7	2.0	6.3	5.4	17.2
2010	6.6	8.7	4.6	1.9	6.2	5.7	16.7
2011	6.7	9.0	4.5	1.8	6.3	5.7	16.6
2012	6.9	9.3	4.4	1.8	6.5	5.7	17.3
2013	6.9	9.5	4.4	1.7	7.0	6.0	17.9
2014	7.1	9.8	4.4	1.7	7.3	5.9	18.6
2015	6.9	9.8	4.4	1.8	8.2	6.2	19.9
2016	6.9	9.9	4.4	1.8	8.0	6.7	21.0
2017	7.0	9.8	4.5	1.8	7.8	6.9	21.5
2018	7.1	9.7	4.4	1.8	7.7	7.0	22.2
2019	7.2	9.7	4.3	1.8	7.7	7.1	23.1
2020	7.2	9.4	4.1	1.6	8.3	7.3	23.3

3-3 不变价国内生产总值
Gross Domestic Product at Constant Prices

单位：亿元 (100 million yuan)

年份 Year	国内生产总值 Gross Domestic Product	第一产业 Primary Industry	第二产业 Secondary Industry	第三产业 Tertiary Industry	农林牧渔业 Agriculture, Forestry, Animal Husbandry and Fishery	工业 Industry
		按1970年价格计算		Price Base Year=1970		
1978	3593.0	927.8	1776.4	888.8	936.0	1659.5
1979	3865.8	984.7	1922.5	958.5	993.4	1803.6
1980	4168.6	970.1	2181.9	1016.6	978.7	2030.5
		按1980年价格计算		Price Base Year=1980		
1980	4587.6	1359.5	2204.7	1023.4	1371.6	2014.8
1981	4822.1	1454.4	2246.2	1121.5	1467.3	2050.0
1982	5257.0	1622.1	2371.4	1263.4	1636.5	2168.6
1983	5823.1	1757.1	2617.7	1448.3	1772.7	2379.8
1984	6707.8	1983.5	2995.3	1729.0	2001.1	2731.8
1985	7608.7	2020.0	3546.4	2042.2	2038.0	3224.4
1986	8289.6	2087.1	3908.8	2293.8	2105.6	3535.1
1987	9256.0	2185.3	4440.2	2630.6	2204.7	3999.4
1988	10294.7	2240.8	5076.9	2977.0	2260.8	4603.1
1989	10727.8	2309.8	5267.2	3150.8	2330.3	4835.4
1990	11148.3	2479.0	5434.4	3234.9	2501.0	4997.8
		按1990年价格计算		Price Base Year=1990		
1990	18872.9	5017.2	7744.1	6111.6	5061.8	6904.5
1991	20621.0	5135.3	8811.6	6674.1	5183.2	7892.0
1992	23554.3	5374.1	10665.1	7515.0	5426.9	9552.4
1993	26824.5	5624.0	12770.9	8429.6	5682.0	11458.9
1994	30321.5	5845.9	15087.7	9387.9	5909.3	13611.4
1995	33642.9	6134.8	17173.6	10334.5	6204.7	15515.4
1996	36981.2	6444.0	19250.3	11286.9	6521.2	17453.4
1997	40397.0	6665.5	21267.3	12464.2	6749.4	19429.3
1998	43566.6	6894.3	23160.8	13511.5	6985.5	21157.0
1999	46904.5	7082.6	25060.7	14761.2	7181.1	22969.1
2000	50886.7	7247.5	27434.9	16204.3	7353.5	25233.3
		按2000年价格计算		Price Base Year=2000		
2000	100280.1	14717.4	45663.7	39899.1	14943.6	40258.5
2001	108639.2	15105.6	49541.1	43992.5	15362.0	43768.0
2002	118561.9	15513.5	54443.1	48605.4	15807.4	48163.1
2003	130463.2	15881.4	61339.5	53242.3	16202.5	54304.5
2004	143657.8	16851.0	68176.3	58630.4	17223.2	60578.7
2005	160027.0	17706.0	76445.0	65875.9	18124.5	67633.9
		按2005年价格计算		Price Base Year=2005		
2005	187318.9	21806.7	88082.2	77430.0	22416.2	77958.3
2006	211147.7	22843.7	99929.8	88374.1	23537.2	88037.2
2007	241195.8	23648.6	114970.0	102577.2	24418.7	101196.3
2008	264472.8	24867.9	126281.9	113323.0	25732.2	111288.0
2009	289329.9	25863.3	139279.8	124186.8	26809.9	121401.5
2010	320102.6	26962.7	156945.5	136194.4	27954.2	136671.7
		按2010年价格计算		Price Base Year=2010		
2010	412119.3	38430.8	191626.5	182061.9	39619.0	165123.1
2011	451480.1	40035.1	212108.9	199336.2	41303.3	183193.8
2012	486983.3	41823.2	229848.9	215311.2	43181.0	198078.1
2013	524803.1	43415.5	248207.4	233180.2	44891.2	213397.7
2014	563773.8	45174.1	265968.0	252631.7	46773.7	227776.8
2015	603470.9	46935.2	281731.3	274804.4	48667.5	240736.1
		按2015年价格计算		Price Base Year=2015		
2015	688858.2	57774.6	281338.9	349744.7	59852.6	234968.9
2016	736036.5	59668.4	298307.8	378060.3	61918.9	248317.4
2017	787170.4	62032.0	315813.4	409325.0	64459.4	263770.4
2018	840302.6	64192.5	334106.6	442003.5	66811.6	279848.2
2019	890304.8	66167.6	350393.0	473744.2	68982.9	293252.3
2020	911205.3	68143.7	359441.8	483619.8	71105.8	300269.9

注：1.更换基期的年份有两个不变价数据，一个按上一基期价格计算，一个按新基期价格计算。
2.有关不变价国内生产总值的解释见简要说明。

a) There are two figures for the base switching years, one at the former base year prices and the other at the new base year prices.
b) Please refer to the brief introduction for the definition of gross domestic product at constant prices.

3-3 续表 continued

单位：亿元 (100 million yuan)

年 份 Year	建筑业 Construction	批发和零售业 Wholesale and Retail Trades	交通运输、仓储和邮政业 Transport, Storage and Post	住宿和餐饮业 Hotels and Catering Services	金融业 Financial Intermediation	房地产业 Real Estate	其他 Others
			按1970年价格计算	Price Base Year=1970			
1978	122.0	253.4	179.7	44.8	77.0	64.8	255.7
1979	124.5	275.5	194.6	49.8	75.5	67.5	281.4
1980	157.7	270.4	202.9	51.7	81.0	72.8	322.9
			按1980年价格计算	Price Base Year=1980			
1980	196.3	193.8	213.4	47.4	85.8	96.2	368.2
1981	202.6	251.0	217.4	55.7	89.8	92.8	395.4
1982	209.5	249.2	242.1	73.3	128.5	101.3	447.9
1983	245.2	302.1	265.1	87.5	162.7	106.5	501.5
1984	271.8	376.8	304.6	94.6	212.7	136.0	578.4
1985	331.9	503.1	346.6	100.6	249.1	170.0	645.0
1986	384.6	550.6	394.6	116.3	324.4	214.0	664.4
1987	453.1	631.7	432.6	127.5	397.6	276.7	732.7
1988	489.2	706.0	486.7	159.5	477.9	311.7	799.7
1989	448.0	630.4	507.2	175.4	601.3	361.4	838.4
1990	453.4	597.2	549.5	181.5	614.3	384.0	869.6
			按1990年价格计算	Price Base Year=1990			
1990	861.7	1269.2	1167.2	301.9	1144.1	660.9	1501.7
1991	944.0	1334.9	1290.4	326.5	1176.5	739.9	1733.6
1992	1142.1	1475.2	1420.2	414.7	1252.6	936.9	1933.3
1993	1347.3	1601.8	1598.2	448.9	1393.9	1037.7	2255.8
1994	1531.2	1733.1	1734.4	570.7	1529.6	1161.8	2540.1
1995	1720.8	1875.7	1924.8	629.1	1664.6	1306.4	2801.4
1996	1867.2	2018.9	2137.3	672.1	1796.3	1358.9	3155.8
1997	1916.4	2195.9	2333.9	745.7	1958.6	1414.9	3652.9
1998	2089.1	2338.9	2581.0	828.2	2058.9	1523.9	4003.9
1999	2179.1	2542.6	2895.2	892.1	2169.3	1614.4	4461.5
2000	2303.4	2782.1	3143.7	975.4	2320.6	1729.1	5045.7
			按2000年价格计算	Price Base Year=2000			
2000	5534.0	8159.8	6161.9	2146.3	4842.2	4140.9	14092.9
2001	5910.3	8901.9	6704.6	2310.4	5182.0	4596.0	15904.0
2002	6431.0	9686.2	7182.5	2590.9	5572.0	5050.2	18078.6
2003	7208.2	10648.9	7622.6	2911.0	5986.5	5543.5	20035.5
2004	7795.6	11348.3	8726.1	3270.2	6267.2	5867.4	22581.1
2005	9043.2	12826.5	9703.9	3671.2	7152.7	6578.9	25292.2
			按2005年价格计算	Price Base Year=2005			
2005	10400.5	13968.5	10668.8	4195.7	7486.0	8482.7	31742.1
2006	12192.3	16687.2	11732.4	4723.0	9262.6	9786.1	35189.6
2007	14166.5	20060.5	13117.2	5177.3	11652.1	12137.8	39269.5
2008	15514.3	23240.1	14078.2	5674.3	13060.6	12212.1	43673.1
2009	18453.8	26005.6	14552.9	5887.4	15195.1	13610.4	47413.2
2010	21005.1	29801.8	15930.6	6371.4	16555.6	14585.8	51226.4
			按2010年价格计算	Price Base Year=2010			
2010	27259.3	35907.9	18783.6	7712.0	25733.1	23326.6	68654.7
2011	29910.4	40383.5	20598.3	8106.2	27710.1	24975.0	75299.4
2012	32827.7	44542.3	21852.4	8629.3	30329.6	26060.7	81482.2
2013	36004.7	49225.9	23294.2	8966.1	33534.6	27844.8	87643.7
2014	39476.5	54275.6	24907.1	9521.6	37059.8	28434.0	95548.8
2015	42372.3	57925.7	26014.1	10146.8	43263.1	29528.0	104817.2
			按2015年价格计算	Price Base Year=2015			
2015	47761.3	67719.6	30519.5	12306.1	56299.8	42573.8	136856.5
2016	51442.4	72916.2	32620.3	13256.1	59007.1	46313.9	150244.2
2017	53463.7	78615.8	35737.5	14338.1	61815.6	49534.8	165435.2
2018	56041.8	83869.1	38691.8	15296.5	64771.8	51254.3	183717.5
2019	58979.8	88572.0	41205.0	16136.3	69077.2	52576.4	201523.0
2020	61050.4	87406.3	41390.7	14027.1	73908.9	54116.4	207929.6

3-4 国内生产总值指数
Indices of Gross Domestic Product

本表按不变价格计算。
Data in this table are calculated at constant prices.

(上年=100) (preceding year=100)

年 份 Year	国民总收入 Gross National Income	国内生产总值 Gross Domestic Product	第一产业 Primary Industry	第二产业 Secondary Industry	第三产业 Tertiary Industry	农林牧渔业 Agriculture, Forestry, Animal Husbandry and Fishery	工业 Industry
1978	111.7	111.7	104.1	115.0	113.6	104.1	116.4
1979	107.6	107.6	106.1	108.2	107.8	106.1	108.7
1980	107.8	107.8	98.5	113.5	106.1	98.5	112.6
1981	105.1	105.1	107.0	101.9	109.6	107.0	101.7
1982	109.2	109.0	111.5	105.6	112.7	111.5	105.8
1983	111.0	110.8	108.3	110.4	114.6	108.3	109.7
1984	115.3	115.2	112.9	114.4	119.4	112.9	114.8
1985	113.2	113.4	101.8	118.4	118.1	101.8	118.0
1986	108.6	108.9	103.3	110.2	112.3	103.3	109.6
1987	111.6	111.7	104.7	113.6	114.7	104.7	113.1
1988	111.3	111.2	102.5	114.3	113.2	102.5	115.1
1989	104.3	104.2	103.1	103.7	105.8	103.1	105.0
1990	104.1	103.9	107.3	103.2	102.7	107.3	103.4
1991	109.2	109.3	102.4	113.8	109.2	102.4	114.3
1992	114.1	114.2	104.7	121.0	112.6	104.7	121.0
1993	113.6	113.9	104.6	119.7	112.2	104.7	120.0
1994	113.1	113.0	103.9	118.1	111.4	104.0	118.8
1995	109.4	111.0	104.9	113.8	110.1	105.0	114.0
1996	110.1	109.9	105.0	112.1	109.2	105.1	112.5
1997	109.6	109.2	103.4	110.5	110.4	103.5	111.3
1998	107.3	107.8	103.4	108.9	108.4	103.5	108.9
1999	108.0	107.7	102.7	108.2	109.2	102.8	108.6
2000	108.6	108.5	102.3	109.5	109.8	102.4	109.9
2001	108.1	108.3	102.6	108.5	110.3	102.8	108.7
2002	109.6	109.1	102.7	109.9	110.5	102.9	110.0
2003	110.5	110.0	102.4	112.7	109.5	102.5	112.8
2004	110.5	110.1	106.1	111.1	110.1	106.3	111.6
2005	110.9	111.4	105.1	112.1	112.4	105.2	111.6
2006	113.3	112.7	104.8	113.5	114.1	105.0	112.9
2007	114.7	114.2	103.5	115.1	116.1	103.7	114.9
2008	110.1	109.7	105.2	109.8	110.5	105.4	110.0
2009	108.5	109.4	104.0	110.3	109.6	104.2	109.1
2010	110.3	110.6	104.3	112.7	109.7	104.3	112.6
2011	109.0	109.6	104.2	110.7	109.5	104.3	110.9
2012	108.6	107.9	104.5	108.4	108.0	104.5	108.1
2013	107.1	107.8	103.8	108.0	108.3	104.0	107.7
2014	108.4	107.4	104.1	107.2	108.3	104.2	106.7
2015	106.4	107.0	103.9	105.9	108.8	104.0	105.7
2016	106.8	106.8	103.3	106.0	108.1	103.5	105.7
2017	107.3	106.9	104.0	105.9	108.3	104.1	106.2
2018	106.4	106.7	103.5	105.8	108.0	103.6	106.1
2019	106.1	106.0	103.1	104.9	107.2	103.2	104.8
2020	101.9	102.3	103.0	102.6	102.1	103.1	102.4

3-4 续表 continued

(上年=100) (preceding year=100)

年份 Year	建筑业 Construction	批发和零售业 Wholesale and Retail Trades	交通运输、仓储和邮政业 Transport, Storage and Post	住宿和餐饮业 Hotels and Catering Services	金融业 Financial Intermediation	房地产业 Real Estate	其他 Others	人均国民总收入 Per Capita GNI	人均国内生产总值 Per Capita GDP
1978	99.5	123.1	108.9	118.1	110.1	105.7	111.2	110.2	110.2
1979	102.0	108.7	108.3	111.1	98.0	104.1	110.1	106.2	106.2
1980	126.6	98.1	104.3	103.9	107.3	107.9	114.8	106.5	106.5
1981	103.2	129.5	101.9	117.5	104.7	96.5	107.4	103.7	103.8
1982	103.4	99.3	111.4	131.6	143.1	109.1	113.3	107.6	107.4
1983	117.0	121.2	109.5	119.4	126.5	105.2	112.0	109.5	109.2
1984	110.8	124.7	114.9	108.1	130.7	127.7	115.3	113.8	113.7
1985	122.1	133.5	113.8	106.3	117.1	125.0	111.5	111.7	111.9
1986	115.8	109.4	113.9	115.6	130.2	125.9	103.0	107.0	107.3
1987	117.8	114.7	109.6	109.7	122.6	129.3	110.3	109.8	109.9
1988	108.0	111.8	112.5	125.1	120.2	112.7	109.1	109.5	109.4
1989	91.6	89.3	104.2	109.9	125.8	115.9	104.8	102.7	102.6
1990	101.2	94.7	108.3	103.5	102.2	106.2	103.7	102.6	102.4
1991	109.6	105.2	110.6	108.2	102.8	112.0	115.4	107.7	107.8
1992	121.0	110.5	110.1	127.0	106.5	126.6	111.5	112.7	112.8
1993	118.0	108.6	112.5	108.2	111.3	110.8	116.7	112.3	112.6
1994	113.6	108.2	108.5	127.1	109.7	112.0	112.6	111.8	111.8
1995	112.4	108.2	111.0	110.2	108.8	112.4	110.3	108.2	109.8
1996	108.5	107.6	111.0	106.8	107.9	104.0	112.7	109.0	108.8
1997	102.6	108.8	109.2	110.9	109.0	104.1	115.8	108.4	108.1
1998	109.0	106.5	110.6	111.1	105.1	107.7	109.6	106.3	106.8
1999	104.3	108.7	112.2	107.7	105.4	105.9	111.4	107.1	106.7
2000	105.7	109.4	108.6	109.3	107.0	107.1	113.1	107.8	107.6
2001	106.8	109.1	108.8	107.6	107.0	111.0	112.9	107.3	107.6
2002	108.8	108.8	107.1	112.1	107.5	109.9	113.7	108.9	108.4
2003	112.1	109.9	106.1	112.4	107.4	109.8	110.8	109.8	109.4
2004	108.2	106.6	114.5	112.3	104.7	105.8	112.7	109.9	109.5
2005	116.0	113.0	111.2	112.3	114.1	112.1	112.0	110.3	110.7
2006	117.2	119.5	110.0	112.6	123.7	115.4	110.9	112.7	112.1
2007	116.2	120.2	111.8	109.6	125.8	124.0	111.6	114.1	113.6
2008	109.5	115.9	107.3	109.6	112.1	100.6	111.2	109.5	109.1
2009	118.9	111.9	103.4	103.8	116.3	111.5	108.6	108.0	108.9
2010	113.8	114.6	109.5	108.2	109.0	107.2	108.0	109.8	110.1
2011	109.7	112.5	109.7	105.1	107.7	107.1	109.7	108.4	109.0
2012	109.8	110.3	106.1	106.5	109.5	104.3	108.2	107.9	107.1
2013	109.7	110.5	106.6	103.9	110.6	106.8	107.6	106.4	107.1
2014	109.6	110.3	106.9	106.2	110.5	102.1	109.0	107.8	106.8
2015	107.3	106.7	104.4	106.6	116.7	103.8	109.7	105.8	106.4
2016	107.7	107.7	106.9	107.7	104.8	108.8	109.8	106.2	106.2
2017	103.9	107.8	109.6	108.2	104.8	107.0	110.1	106.7	106.3
2018	104.8	106.7	108.3	106.7	104.8	103.5	111.1	105.9	106.3
2019	105.2	105.6	106.5	105.5	106.6	102.6	109.7	106.1	106.0
2020	103.5	98.7	100.5	86.9	107.0	102.9	103.2	101.3	101.7

3-5 国内生产总值指数
Indices of Gross Domestic Product

本表按不变价格计算。
Data in this table are calculated at constant prices.

(1978年=100) (year of 1978=100)

年 份 Year	国 民 总收入 Gross National Income	国内生产 总 值 Gross Domestic Product	第一产业 Primary Industry	第二产业 Secondary Industry	第三产业 Tertiary Industry	农林牧渔业 Agriculture, Forestry, Animal Husbandry and Fishery	工业 Industry
1978	100.0	100.0	100.0	100.0	100.0	100.0	100.0
1979	107.6	107.6	106.1	108.2	107.8	106.1	108.7
1980	116.0	116.0	104.6	122.8	114.4	104.6	122.4
1981	121.9	122.0	111.9	125.1	125.3	111.9	124.5
1982	133.1	132.9	124.8	132.1	141.2	124.8	131.7
1983	147.8	147.3	135.1	145.8	161.9	135.1	144.5
1984	170.5	169.6	152.6	166.9	193.2	152.6	165.9
1985	192.9	192.4	155.4	197.6	228.3	155.4	195.8
1986	209.6	209.6	160.5	217.8	256.4	160.5	214.7
1987	233.9	234.1	168.1	247.4	294.0	168.1	242.9
1988	260.3	260.4	172.3	282.8	332.7	172.3	279.5
1989	271.4	271.3	177.6	293.4	352.2	177.6	293.6
1990	282.7	281.9	190.7	302.8	361.6	190.7	303.5
1991	308.7	308.1	195.2	344.5	394.8	195.2	346.9
1992	352.1	351.9	204.2	416.9	444.6	204.4	419.9
1993	399.9	400.7	213.7	499.3	498.7	214.0	503.7
1994	452.1	453.0	222.2	589.8	555.4	222.6	598.3
1995	494.5	502.6	233.1	671.4	611.4	233.7	682.0
1996	544.5	552.5	244.9	752.6	667.7	245.6	767.2
1997	596.6	603.5	253.3	831.4	737.4	254.2	854.1
1998	640.3	650.8	262.0	905.5	799.3	263.1	930.0
1999	691.4	700.7	269.2	979.7	873.3	270.5	1009.7
2000	751.0	760.2	275.4	1072.6	958.6	277.0	1109.2
2001	811.8	823.6	282.7	1163.6	1057.0	284.7	1205.9
2002	889.7	898.8	290.3	1278.8	1167.8	293.0	1327.0
2003	982.9	989.0	297.2	1440.8	1279.2	300.3	1496.2
2004	1086.2	1089.0	315.4	1601.3	1408.7	319.2	1669.1
2005	1204.6	1213.1	331.4	1795.6	1582.8	336.0	1863.5
2006	1364.9	1367.4	347.1	2037.1	1806.5	352.8	2104.4
2007	1565.6	1562.0	359.3	2343.7	2096.8	366.0	2418.9
2008	1723.4	1712.8	377.9	2574.3	2316.5	385.6	2660.1
2009	1870.6	1873.8	393.0	2839.2	2538.5	401.8	2901.9
2010	2064.2	2073.1	409.7	3199.3	2784.0	418.9	3266.9
2011	2249.9	2271.1	426.8	3541.3	3048.1	436.8	3624.4
2012	2444.0	2449.6	445.9	3837.5	3292.4	456.6	3918.9
2013	2618.4	2639.9	462.8	4144.0	3565.7	474.7	4222.0
2014	2839.5	2835.9	481.6	4440.5	3863.1	494.6	4506.5
2015	3021.1	3035.6	500.4	4703.7	4202.2	514.6	4762.9
2016	3227.4	3243.5	516.8	4987.4	4542.4	532.4	5033.4
2017	3464.3	3468.8	537.2	5280.1	4918.0	554.2	5346.7
2018	3686.7	3703.0	555.9	5585.9	5310.7	574.5	5672.6
2019	3912.3	3923.3	573.1	5858.2	5692.0	593.1	5944.3
2020	3987.0	4015.4	590.2	6009.5	5810.7	611.4	6086.5

3-5 续表 continued

(1978年＝100) (year of 1978=100)

年 份 Year	建筑业 Construction	批发和零售业 Wholesale and Retail Trades	交通运输、仓储和邮政业 Transport, Storage and Post	住宿和餐饮业 Hotels and Catering Services	金融业 Financial Intermediation	房地产业 Real Estate	其他 Others	人均国民总收入 Per Capita GNI	人均国内生产总值 Per Capita GDP
1978	100.0	100.0	100.0	100.0	100.0	100.0	100.0	100.0	100.0
1979	102.0	108.7	108.3	111.1	98.0	104.1	110.1	106.2	106.2
1980	129.2	106.7	112.9	115.5	105.2	112.3	126.3	113.1	113.1
1981	133.3	138.2	115.0	135.6	110.2	108.4	135.6	117.3	117.3
1982	137.9	137.2	128.1	178.5	157.7	118.2	153.6	126.2	126.0
1983	161.3	166.3	140.2	213.1	199.5	124.3	172.0	138.1	137.6
1984	178.8	207.4	161.1	230.3	260.8	158.7	198.4	157.2	156.4
1985	218.4	277.0	183.3	244.8	305.5	198.4	221.2	175.5	175.1
1986	253.0	303.1	208.8	283.1	397.9	249.7	227.9	187.9	187.9
1987	298.1	347.7	228.8	310.5	487.8	322.9	251.3	206.3	206.5
1988	321.8	388.7	257.5	388.5	586.2	363.8	274.3	225.9	226.0
1989	294.8	347.1	268.3	426.9	737.6	421.8	287.6	232.0	231.9
1990	298.3	328.8	290.7	441.8	753.5	448.2	298.3	238.1	237.5
1991	326.8	345.8	321.4	477.9	774.9	501.7	344.3	256.5	256.0
1992	395.4	382.2	353.7	607.0	825.0	635.3	384.0	289.0	288.8
1993	466.4	415.0	398.0	657.0	918.1	703.6	448.1	324.5	325.1
1994	530.0	449.0	432.0	835.3	1007.5	787.8	504.5	362.7	363.4
1995	595.7	485.9	479.4	920.8	1096.4	885.8	556.4	392.5	398.9
1996	646.4	523.0	532.3	983.8	1183.2	921.4	626.8	427.6	433.9
1997	663.4	568.9	581.3	1091.4	1290.1	959.4	725.5	463.7	469.1
1998	723.2	605.9	642.8	1212.2	1356.1	1033.3	795.3	493.0	501.1
1999	754.3	658.7	721.1	1305.7	1428.8	1094.7	886.1	527.7	534.8
2000	797.3	720.7	782.9	1427.7	1528.4	1172.5	1002.2	568.7	575.7
2001	851.5	786.3	851.9	1536.8	1635.7	1301.4	1131.0	610.3	619.1
2002	926.6	855.5	912.6	1723.4	1758.8	1430.0	1285.6	664.4	671.2
2003	1038.5	940.6	968.5	1936.4	1889.6	1569.7	1424.8	729.5	734.0
2004	1123.2	1002.3	1108.8	2175.3	1978.2	1661.4	1605.8	801.3	803.4
2005	1302.9	1132.9	1233.0	2442.0	2257.7	1862.8	1798.6	883.5	889.7
2006	1527.4	1353.4	1355.9	2748.9	2793.5	2149.1	1993.9	995.5	997.3
2007	1774.7	1627.0	1516.0	3013.3	3514.2	2665.5	2225.1	1135.9	1133.3
2008	1943.5	1884.9	1627.0	3302.6	3939.0	2681.8	2474.6	1244.0	1236.3
2009	2311.8	2109.2	1681.9	3426.6	4582.7	2988.9	2686.5	1343.6	1345.8
2010	2631.4	2417.0	1841.1	3708.3	4993.1	3203.1	2902.6	1475.4	1481.8
2011	2887.3	2718.3	2019.0	3897.9	5376.7	3429.4	3183.5	1599.4	1614.5
2012	3168.9	2998.2	2141.9	4149.4	5884.9	3578.5	3444.9	1725.6	1729.6
2013	3475.6	3313.5	2283.2	4311.4	6506.8	3823.5	3705.4	1836.5	1851.6
2014	3810.8	3653.4	2441.3	4578.5	7190.8	3904.4	4039.6	1979.1	1976.6
2015	4090.3	3899.1	2549.8	4879.1	8394.5	4054.6	4431.5	2093.5	2103.5
2016	4405.6	4198.3	2725.3	5255.8	8798.1	4410.8	4864.9	2223.6	2234.7
2017	4578.7	4526.5	2985.7	5684.8	9216.9	4717.6	5356.8	2372.4	2375.6
2018	4799.5	4829.0	3232.6	6064.8	9657.6	4881.3	5948.8	2513.0	2524.1
2019	5051.1	5099.7	3442.5	6397.7	10299.6	5007.2	6525.4	2666.8	2674.3
2020	5228.4	5032.6	3458.1	5561.5	11020.0	5153.9	6732.8	2701.6	2720.9

3-6 分行业增加值
Value-added by Sector

本表按当年价格计算。
Data in this table are calculated at current prices.
单位：亿元 (100 million yuan)

行业	Sector	2016	2017	2018	2019
国内生产总值	**Gross Domestic Product**	**746395.1**	**832035.9**	**919281.1**	**986515.2**
农林牧渔业	Agriculture, Forestry, Animal Husbandry and Fishery	62451.0	64660.0	67558.7	73576.9
采矿业	Mining	18514.8	21380.1	22592.3	23695.5
制造业	Manufacturing	209508.9	233876.5	255937.2	264136.7
电力、热力、燃气及水生产和供应业	Production and Supply of Electricity, Heat, Gas and Water	17382.7	19862.7	22559.8	24026.4
建筑业	Construction	51498.9	57905.6	65493.0	70648.1
批发和零售业	Wholesale and Retail Trades	73724.5	81156.6	88903.7	95650.9
交通运输、仓储和邮政业	Transport, Storage and Post	33028.7	37121.9	40337.2	42466.3
住宿和餐饮业	Hotels and Catering Services	13607.8	15056.0	16520.6	17903.1
信息传输、软件和信息技术服务业	Information Transmission, Software and Information Technology	20124.1	23808.9	28733.5	33391.8
金融业	Financial Intermediation	59964.0	64844.3	70610.3	76250.6
房地产业	Real Estate	49969.4	57086.0	64623.0	70444.8
租赁和商务服务业	Leasing and Business Services	21528.6	25273.3	29468.5	32638.0
科学研究和技术服务业	Scientific Research and Technical Services	15394.2	17444.7	20175.3	22624.3
水利、环境和公共设施管理业	Management of Water Conservancy, Environment and Public Facilities	4354.6	4602.6	5096.1	5861.3
居民服务、修理和其他服务业	Household Service, Repair and Other Services	12183.5	13725.4	14793.3	16983.4
教育	Education	26964.9	30208.4	34001.4	37934.1
卫生和社会工作	Health and Social Service	16766.8	18548.8	20652.6	22354.6
文化、体育和娱乐业	Culture, Sports and Entertainment	5579.8	6625.4	7301.3	8137.8
公共管理、社会保障和社会组织	Public Management, Social Security and Social Organization	33847.8	38848.8	43923.1	47790.5

3-7 三次产业和主要行业贡献率

Share of the Contributions of the Three Strata of Industry and Main Sectors to the Increase of the GDP

本表按不变价格计算。
Data in this table are calculated at constant prices.

单位：% (%)

年 份 Year	国内生产总值 Gross Domestic Product	第一产业 Primary Industry	第二产业 Secondary Industry	第三产业 Tertiary Industry	#工业 Industry	#批发和零售业 Wholesale and Retail Trades	#金融业 Financial Intermediation
1978	100.0	9.8	61.8	28.4	62.2	12.7	1.9
1979	100.0	20.9	53.6	25.6	52.8	8.1	-0.6
1980	100.0	-4.8	85.6	19.2	74.9	-1.7	1.8
1981	100.0	40.5	17.7	41.8	15.0	24.4	1.7
1982	100.0	38.6	28.8	32.6	27.3	-0.4	8.9
1983	100.0	23.9	43.5	32.7	37.3	9.3	6.0
1984	100.0	25.6	42.7	31.7	39.8	8.4	5.6
1985	100.0	4.1	61.2	34.8	54.7	14.0	4.0
1986	100.0	9.8	53.2	36.9	45.6	7.0	11.1
1987	100.0	10.2	55.0	34.8	48.0	8.4	7.6
1988	100.0	5.4	61.3	33.4	58.1	7.2	7.7
1989	100.0	15.9	44.0	40.1	53.6	-17.5	28.5
1990	100.0	40.2	39.8	20.0	38.6	-7.9	3.1
1991	100.0	6.8	61.1	32.2	56.5	3.8	1.9
1992	100.0	8.1	63.2	28.7	56.6	4.8	2.6
1993	100.0	7.6	64.4	28.0	58.3	3.9	4.3
1994	100.0	6.3	66.3	27.4	61.6	3.8	3.9
1995	100.0	8.7	62.8	28.5	57.3	4.3	4.1
1996	100.0	9.3	62.2	28.5	58.1	4.3	3.9
1997	100.0	6.5	59.0	34.5	57.8	5.2	4.8
1998	100.0	7.2	59.7	33.0	54.5	4.5	3.2
1999	100.0	5.6	56.9	37.4	54.3	6.1	3.3
2000	100.0	4.1	59.6	36.2	56.9	6.0	3.8
2001	100.0	4.6	46.4	49.0	42.0	8.9	4.1
2002	100.0	4.1	49.4	46.5	44.3	7.9	3.9
2003	100.0	3.1	57.9	39.0	51.6	8.1	3.5
2004	100.0	7.3	51.8	40.8	47.6	5.3	2.1
2005	100.0	5.2	50.5	44.3	43.1	9.0	5.4
2006	100.0	4.4	49.7	45.9	42.3	11.4	7.5
2007	100.0	2.7	50.1	47.3	43.8	11.2	8.0
2008	100.0	5.2	48.6	46.2	43.4	13.7	6.1
2009	100.0	4.0	52.3	43.7	40.7	11.1	8.6
2010	100.0	3.6	57.4	39.0	49.6	12.3	4.4
2011	100.0	4.1	52.0	43.9	45.9	11.4	5.0
2012	100.0	5.0	50.0	45.0	41.9	11.7	7.4
2013	100.0	4.2	48.5	47.2	40.5	12.4	8.5
2014	100.0	4.5	45.6	49.9	36.9	13.0	9.0
2015	100.0	4.4	39.7	55.9	32.6	9.2	15.6
2016	100.0	4.0	36.0	60.0	28.3	11.0	5.7
2017	100.0	4.6	34.2	61.1	30.2	11.1	5.5
2018	100.0	4.1	34.4	61.5	30.3	9.9	5.6
2019	100.0	3.9	32.6	63.5	26.8	9.4	8.6
2020	100.0	9.5	43.3	47.3	33.6	-5.6	23.1

注：贡献率指三次产业或主要行业增加值增量与GDP增量之比。

a) Share of the contributions of the three strata of industry or main sectors to the increase of the GDP refers to the proportion of the increment of the value-added of each industry or sector to the increment of GDP.

3-8 三次产业和主要行业对国内生产总值增长的拉动
Contribution of the Three Strata of Industry and Main Sectors to GDP Growth

本表按不变价格计算。
Data in this table are calculated at constant prices.
单位：百分点 (percentage points)

年 份 Year	国内生产总值 Gross Domestic Product	第一产业 Primary Industry	第二产业 Secondary Industry	第三产业 Tertiary Industry	#工业 Industry	#批发和零售业 Wholesale and Retail Trades	#金融业 Financial Intermediation
1978	11.7	1.1	7.2	3.3	7.3	1.5	0.2
1979	7.6	1.6	4.1	1.9	4.0	0.6	0.0
1980	7.8	-0.4	6.7	1.5	5.9	-0.1	0.1
1981	5.1	2.1	0.9	2.1	0.8	1.2	0.1
1982	9.0	3.5	2.6	2.9	2.5	0.0	0.8
1983	10.8	2.6	4.7	3.5	4.0	1.0	0.6
1984	15.2	3.9	6.5	4.8	6.0	1.3	0.9
1985	13.4	0.5	8.2	4.7	7.3	1.9	0.5
1986	8.9	0.9	4.8	3.3	4.1	0.6	1.0
1987	11.7	1.2	6.4	4.1	5.6	1.0	0.9
1988	11.2	0.6	6.9	3.7	6.5	0.8	0.9
1989	4.2	0.7	1.8	1.7	2.3	-0.7	1.2
1990	3.9	1.6	1.6	0.8	1.5	-0.3	0.1
1991	9.3	0.6	5.7	3.0	5.2	0.3	0.2
1992	14.2	1.2	9.0	4.1	8.1	0.7	0.4
1993	13.9	1.1	8.9	3.9	8.1	0.5	0.6
1994	13.0	0.8	8.6	3.6	8.0	0.5	0.5
1995	11.0	1.0	6.9	3.1	6.3	0.5	0.4
1996	9.9	0.9	6.2	2.8	5.8	0.4	0.4
1997	9.2	0.6	5.5	3.2	5.3	0.5	0.4
1998	7.8	0.6	4.7	2.6	4.3	0.4	0.2
1999	7.7	0.4	4.4	2.9	4.2	0.5	0.3
2000	8.5	0.4	5.1	3.1	4.8	0.5	0.3
2001	8.3	0.4	3.9	4.1	3.5	0.7	0.3
2002	9.1	0.4	4.5	4.2	4.0	0.7	0.4
2003	10.0	0.3	5.8	3.9	5.2	0.8	0.3
2004	10.1	0.7	5.2	4.1	4.8	0.5	0.2
2005	11.4	0.6	5.8	5.0	4.9	1.0	0.6
2006	12.7	0.6	6.3	5.8	5.4	1.5	0.9
2007	14.2	0.4	7.1	6.7	6.2	1.6	1.1
2008	9.7	0.5	4.7	4.5	4.2	1.3	0.6
2009	9.4	0.4	4.9	4.1	3.8	1.0	0.8
2010	10.6	0.4	6.1	4.2	5.3	1.3	0.5
2011	9.6	0.4	5.0	4.2	4.4	1.1	0.5
2012	7.9	0.4	3.9	3.5	3.3	0.9	0.6
2013	7.8	0.3	3.8	3.7	3.1	1.0	0.7
2014	7.4	0.3	3.4	3.7	2.7	1.0	0.7
2015	7.0	0.3	2.8	3.9	2.3	0.6	1.1
2016	6.8	0.3	2.5	4.1	1.9	0.8	0.4
2017	6.9	0.3	2.4	4.2	2.1	0.8	0.4
2018	6.7	0.3	2.3	4.2	2.0	0.7	0.4
2019	6.0	0.2	1.9	3.8	1.6	0.6	0.5
2020	2.3	0.2	1.0	1.1	0.8	-0.1	0.5

注：拉动指GDP增长速度与三次产业或主要行业贡献率之乘积。
a) Contribution of the three strata of industry or main sectors to GDP growth refers to the growth rate of GDP multiplied by the contribution share of every industry or sector.

3-9 地区生产总值（2020年）
Gross Regional Product (2020)

本表绝对数按当年价格计算，指数按不变价格计算。
Data on value in this table are calculated at current prices while indices are at constant prices.

单位：亿元 (100 million yuan)

地 区	Region	地区生产总值 Gross Regional Product	三次产业增加值 Value-Added by Three Strata of Industry			分行业增加值 Value-Added by Sector		
			第一产业 Primary Industry	第二产业 Secondary Industry	第三产业 Tertiary Industry	农林牧渔业 Agriculture, Forestry, Animal Husbandry and Fishery	工 业 Industry	建筑业 Construction
北 京	Beijing	36102.55	107.61	5716.37	30278.57	110.04	4216.48	1539.83
天 津	Tianjin	14083.73	210.18	4804.08	9069.47	218.16	4188.13	719.73
河 北	Hebei	36206.89	3880.14	13597.20	18729.54	4113.01	11545.87	2087.40
山 西	Shanxi	17651.93	946.68	7675.44	9029.81	1000.16	6733.92	952.53
内蒙古	Inner Mongolia	17359.82	2025.12	6868.03	8466.66	2056.23	5547.53	1320.51
辽 宁	Liaoning	25114.96	2284.61	9400.91	13429.44	2370.08	7938.10	1539.74
吉 林	Jilin	12311.32	1553.00	4326.22	6432.10	1600.55	3501.19	843.59
黑龙江	Heilongjiang	13698.50	3438.29	3483.51	6776.70	3526.49	3143.98	412.78
上 海	Shanghai	38700.58	103.57	10289.47	28307.54	110.16	9656.51	719.64
江 苏	Jiangsu	102718.98	4536.72	44226.43	53955.83	4867.56	37744.85	6530.85
浙 江	Zhejiang	64613.34	2169.23	26412.95	36031.16	2224.56	22654.39	3812.20
安 徽	Anhui	38680.63	3184.68	15671.69	19824.26	3353.37	11662.21	4032.69
福 建	Fujian	43903.89	2732.32	20328.80	20842.78	2833.33	15745.55	4654.13
江 西	Jiangxi	25691.50	2241.59	11084.83	12365.08	2327.72	8952.70	2139.11
山 东	Shandong	73129.00	5363.76	28612.19	39153.05	5749.47	23110.99	5616.59
河 南	Henan	54997.07	5353.74	22875.33	26768.01	5600.17	17771.96	5183.01
湖 北	Hubei	43443.46	4131.91	17023.90	22287.65	4358.69	14249.78	2827.95
湖 南	Hunan	41781.49	4240.45	15937.69	21603.36	4461.66	12363.48	3585.49
广 东	Guangdong	110760.94	4769.99	43450.17	62540.78	4916.02	38903.90	4651.50
广 西	Guangxi	22156.69	3555.82	7108.49	11492.38	3664.71	5221.24	1903.37
海 南	Hainan	5532.39	1135.98	1055.26	3341.15	1178.39	536.29	522.61
重 庆	Chongqing	25002.79	1803.33	9992.21	13207.25	1836.78	6990.77	3001.44
四 川	Sichuan	48598.76	5556.58	17571.11	25471.07	5700.94	13428.65	4277.47
贵 州	Guizhou	17826.56	2539.88	6211.62	9075.07	2675.59	4602.69	1613.51
云 南	Yunnan	24521.90	3598.91	8287.54	12635.46	3663.21	5457.96	2834.06
西 藏	Tibet	1902.74	150.65	798.25	953.84	154.82	145.16	653.09
陕 西	Shaanxi	26181.86	2267.54	11362.58	12551.74	2381.64	8860.11	2599.80
甘 肃	Gansu	9016.70	1198.14	2852.03	4966.52	1237.34	2288.96	572.62
青 海	Qinghai	3005.92	334.30	1143.55	1528.07	338.73	785.90	357.65
宁 夏	Ningxia	3920.55	338.01	1608.96	1973.58	356.18	1283.69	326.78
新 疆	Xinjiang	13797.58	1981.28	4744.45	7071.85	2098.21	3633.33	1197.03

注：表中数据为初步核算数。
a) Data in this table are preliminary data.

3-9 续表 1 continued

单位: 亿元 (100 million yuan)

地 区	Region	批发和零售业 Wholesale and Retail Trades	交通运输、仓储和邮政业 Transport, Storage and Post	住宿和餐饮业 Hotels and Catering Services	金融业 Financial Intermediation	房地产业 Real Estate	其 他 Others	人均地区生产总值(元) Per Capita Gross Regional Product (yuan)
北 京	Beijing	2758.88	836.52	391.07	7187.97	2644.23	16417.55	164889
天 津	Tianjin	1246.22	815.55	132.04	2056.73	1302.51	3404.66	101614
河 北	Hebei	2887.90	2890.65	341.82	2599.55	2642.99	7097.72	48564
山 西	Shanxi	1333.17	1068.18	187.49	1207.68	1183.77	3985.04	50528
内蒙古	Inner Mongolia	1359.96	1163.07	305.00	888.90	921.31	3797.31	72062
辽 宁	Liaoning	2002.83	1239.01	275.23	2103.11	1583.61	6063.25	58872
吉 林	Jilin	733.49	582.11	159.98	901.24	809.37	3179.79	50800
黑龙江	Heilongjiang	984.03	501.71	186.90	1052.94	757.03	3132.64	42635
上 海	Shanghai	4869.89	1474.82	369.14	7166.26	3393.40	10940.76	155768
江 苏	Jiangsu	11108.67	3239.92	1427.38	8405.79	8944.94	20449.00	121231
浙 江	Zhejiang	7502.42	1967.85	1019.18	5590.60	5053.47	14788.66	100620
安 徽	Anhui	3516.69	1970.77	698.07	2553.94	3100.88	7792.00	63426
福 建	Fujian	4667.60	1497.31	614.44	3418.36	2904.80	7568.37	105818
江 西	Jiangxi	2176.24	1104.89	429.14	1808.63	1925.09	4827.98	56871
山 东	Shandong	9751.16	3553.15	1102.45	4567.36	4298.02	15379.81	72151
河 南	Henan	4106.25	3052.62	1068.89	2955.87	3532.67	11725.64	55435
湖 北	Hubei	2824.00	1780.67	916.35	3027.37	3308.51	10150.13	74440
湖 南	Hunan	4054.43	1561.04	827.40	2126.44	2902.37	9899.19	62900
广 东	Guangdong	10634.94	3360.13	1605.14	9906.99	10625.65	26156.67	88210
广 西	Guangxi	1820.31	908.81	338.80	1598.00	1923.65	4777.80	44309
海 南	Hainan	653.34	244.08	221.81	397.91	526.02	1251.94	55131
重 庆	Chongqing	2319.80	952.87	488.91	2212.80	1577.55	5621.87	78170
四 川	Sichuan	4273.50	1472.28	1064.08	3375.75	3498.75	11507.34	58126
贵 州	Guizhou	1369.48	725.39	397.33	1141.71	730.64	4570.22	46267
云 南	Yunnan	2456.70	1109.77	534.89	1500.41	1503.67	5461.23	51975
西 藏	Tibet	100.23	45.72	36.05	138.56	57.09	572.01	52345
陕 西	Shaanxi	1834.26	1135.82	376.25	1820.90	1538.72	5634.36	66292
甘 肃	Gansu	659.34	420.20	144.69	897.52	497.28	2298.76	35995
青 海	Qinghai	165.85	120.16	43.08	263.67	147.48	783.40	50819
宁 夏	Ningxia	194.34	181.88	50.13	321.07	175.86	1030.63	54528
新 疆	Xinjiang	682.20	613.39	142.89	1086.45	536.35	3807.73	53593

3-9 续表 2 continued

地 区	Region	构 成（地区生产总值=100） Composition (GRP=100)			指 数 （上年=100） Indices (preceding year=100)				
		第一产业 Primary Industry	第二产业 Secondary Industry	第三产业 Tertiary Industry	地区生产总值 Gross Regional Product	第一产业 Primary Industry	第二产业 Secondary Industry	第三产业 Tertiary Industry	人均地区生产总值 Per Capita Gross Regional Product
北 京	Beijing	0.3	15.8	83.9	101.2	91.5	102.1	101.0	101.2
天 津	Tianjin	1.5	34.1	64.4	101.5	99.4	101.6	101.4	101.3
河 北	Hebei	10.7	37.6	51.7	103.9	103.2	104.8	103.3	103.6
山 西	Shanxi	5.4	43.5	51.2	103.6	103.6	105.5	102.1	103.7
内蒙古	Inner Mongolia	11.7	39.6	48.8	100.2	101.7	101.0	99.1	100.5
辽 宁	Liaoning	9.1	37.4	53.5	100.6	103.2	101.8	99.3	101.1
吉 林	Jilin	12.6	35.1	52.2	102.4	101.3	105.7	100.1	104.1
黑龙江	Heilongjiang	25.1	25.4	49.5	101.0	102.9	102.6	99.0	103.4
上 海	Shanghai	0.3	26.6	73.1	101.7	91.8	101.3	101.8	101.4
江 苏	Jiangsu	4.4	43.1	52.5	103.7	101.7	103.7	103.8	103.5
浙 江	Zhejiang	3.4	40.9	55.8	103.6	101.3	103.1	104.1	102.0
安 徽	Anhui	8.2	40.5	51.3	103.9	102.2	105.2	102.8	103.6
福 建	Fujian	6.2	46.3	47.5	103.3	103.1	102.5	104.1	102.5
江 西	Jiangxi	8.7	43.1	48.1	103.8	102.2	104.0	104.0	103.8
山 东	Shandong	7.3	39.1	53.5	103.6	102.7	103.3	103.9	103.1
河 南	Henan	9.7	41.6	48.7	101.3	102.2	100.7	101.6	100.9
湖 北	Hubei	9.5	39.2	51.3	95.0	100.0	92.6	96.2	96.4
湖 南	Hunan	10.1	38.1	51.7	103.8	103.7	104.7	102.9	103.7
广 东	Guangdong	4.3	39.2	56.5	102.3	103.8	101.8	102.5	101.1
广 西	Guangxi	16.0	32.1	51.9	103.7	105.0	102.2	104.2	102.9
海 南	Hainan	20.5	19.1	60.4	103.5	102.0	98.8	105.7	102.0
重 庆	Chongqing	7.2	40.0	52.8	103.9	104.7	104.9	102.9	103.1
四 川	Sichuan	11.4	36.2	52.4	103.8	105.2	103.8	103.4	103.4
贵 州	Guizhou	14.2	34.8	50.9	104.5	106.3	104.3	104.1	104.0
云 南	Yunnan	14.7	33.8	51.5	104.0	105.7	103.6	103.8	103.7
西 藏	Tibet	7.9	42.0	50.1	107.8	107.7	118.3	101.4	106.1
陕 西	Shaanxi	8.7	43.4	47.9	102.2	103.3	101.4	102.8	101.9
甘 肃	Gansu	13.3	31.6	55.1	103.9	105.4	105.9	102.2	104.2
青 海	Qinghai	11.1	38.0	50.8	101.5	104.5	102.7	100.1	101.0
宁 夏	Ningxia	8.6	41.0	50.3	103.9	103.3	104.0	103.9	103.1
新 疆	Xinjiang	14.4	34.4	51.3	103.4	104.3	107.8	100.2	102.0

3-10 支出法国内生产总值
Gross Domestic Product by Expenditure Approach

本表按当年价格计算。
Data in this table are calculated at current prices.

年 份 Year	支出法国内生产总值(亿元) Gross Domestic Product by Expenditure Approach (100 million yuan)	最终消费支出 Final Consumption Expenditure	资本形成总额 Gross Capital Formation	货物和服务净出口 Net Exports of Goods and Services	最终消费率(消费率)(%) Final Consumption Rate (%)	资本形成率(投资率)(%) Capital Formation Rate (%)
1978	3606	2234	1383	-11	61.9	38.4
1979	4047	2579	1488	-20	63.7	36.8
1980	4541	2968	1588	-15	65.4	35.0
1981	4922	3278	1626	17	66.6	33.0
1982	5386	3577	1718	91	66.4	31.9
1983	6034	4061	1922	51	67.3	31.9
1984	7290	4787	2502	1	65.7	34.3
1985	9108	5921	3554	-367	65.0	39.0
1986	10390	6731	3915	-255	64.8	37.7
1987	12198	7644	4544	11	62.7	37.2
1988	15210	9429	5932	-151	62.0	39.0
1989	17250	11044	6392	-186	64.0	37.1
1990	18969	12012	6447	510	63.3	34.0
1991	21997	13626	7754	618	61.9	35.2
1992	27140	16239	10625	276	59.8	39.1
1993	35576	20815	15440	-679	58.5	43.4
1994	48410	28297	19479	634	58.5	40.2
1995	61050	36229	23823	999	59.3	39.0
1996	71541	43122	26960	1459	60.3	37.7
1997	79416	47549	28317	3550	59.9	35.7
1998	84791	51502	29660	3629	60.7	35.0
1999	90095	56667	30891	2537	62.9	34.3
2000	99799	63749	33667	2383	63.9	33.7
2001	110388	68661	39403	2325	62.2	35.7
2002	121327	74227	44005	3094	61.2	36.3
2003	137147	79735	54447	2965	58.1	39.7
2004	161356	89394	67726	4236	55.4	42.0
2005	187658	101873	75576	10209	54.3	40.3
2006	219598	115364	87579	16655	52.5	39.9
2007	270499	137737	109339	23423	50.9	40.4
2008	318068	158899	134942	24227	50.0	42.4
2009	347650	174539	158075	15037	50.2	45.5
2010	408505	201581	191867	15057	49.3	47.0
2011	484109	244747	227673	11688	50.6	47.0
2012	539040	275444	248960	14636	51.1	46.2
2013	596344	306664	275129	14552	51.4	46.1
2014	646548	338031	294906	13611	52.3	45.6
2015	692094	371921	297827	22346	53.7	43.0
2016	745981	410806	318198	16976	55.1	42.7
2017	828983	456518	357886	14578	55.1	43.2
2018	915774	506135	402585	7054	55.3	44.0
2019	990708	552632	426679	11398	55.8	43.1
2020	1025917	556986	442401	26530	54.3	43.1

注：1.最终消费率指最终消费支出占支出法国内生产总值的比重；资本形成率指资本形成总额占支出法国内生产总值的比重。
2.由于支出法国内生产总值核算的改进和完善，对2018年及以前的历史数据进行了修订(以下相关表同)。

a) Final consumption rate refers to the share of final consumption expenditure in GDP by expenditure approach, capital formation rate refers to the share of gross capital formation in GDP by expenditure approach.

b) As the calculation methods for GDP by expenditure approach have been improved, the historical data of and before 2018 are revised. The same applies to the relevant tables.

3-11 支出法国内生产总值及构成
Components of Gross Domestic Product by Expenditure Approach

本表按当年价格计算。
Data in this table are calculated at current prices.

年份 Year	最终消费支出 (亿元) Final Consumption Expenditure (100 million yuan)				资本形成总额 (亿元) Gross Capital Formation (100 million yuan)		货物和服务净出口 (亿元) Net Exports of Goods and Services (100 million yuan)	
	居民消费支出 Household Consumption Expenditure	城镇居民 Urban Households	农村居民 Rural Households	政府消费支出 Government Consumption Expenditure	固定资本形成总额 Gross Fixed Capital Formation	存货变动 Change in Inventories	出口 Exports	进口 Imports
1978	1759	667	1092	475	1079	304		
1979	2014	759	1255	565	1163	326		
1980	2337	922	1415	631	1310	277		
1981	2628	1017	1610	651	1345	281		
1982	2867	1050	1817	710	1517	201		
1983	3221	1197	2024	840	1697	226		
1984	3690	1438	2251	1097	2134	368		
1985	4627	1841	2787	1293	2769	786		
1986	5294	2180	3113	1437	3212	702		
1987	6048	2576	3472	1596	3720	823		
1988	7532	3381	4152	1897	4714	1218		
1989	8778	3913	4865	2266	4399	1993		
1990	9435	4194	5241	2577	4527	1919		
1991	10544	4971	5573	3081	5656	2098		
1992	12312	6366	5947	3927	8253	2373		
1993	15695	8694	7001	5120	13232	2209		
1994	21443	12271	9172	6854	16751	2728		
1995	28066	16528	11538	8163	19838	3985		
1996	33644	19489	14155	9478	22723	4237		
1997	36586	21625	14961	10963	24714	3603		
1998	38768	23894	14875	12733	28014	1645		
1999	41846	27035	14811	14821	29467	1424		
2000	46863	31251	15612	16886	32669	998		
2001	50465	34167	16297	18196	37088	2315		
2002	54667	37650	17017	19561	42672	1333		
2003	58690	40915	17775	21045	52574	1872		
2004	65725	46492	19233	23670	63975	3751		
2005	74154	53242	20912	27719	73852	1724		
2006	82842	60203	22640	32522	84979	2600		
2007	98231	72643	25589	39506	102345	6995		
2008	112655	84414	28241	46245	124701	10241		
2009	123122	93198	29924	51417	152691	5383		
2010	141465	108938	32527	60116	181041	10826		
2011	170391	131555	38836	74357	214017	13656		
2012	190585	148273	42312	84859	238321	10639		
2013	212477	165890	46588	94186	263980	11149		
2014	236238	184739	51500	101793	282242	12664		
2015	260202	203780	56423	111718	289970	7856		
2016	288668	226960	61708	122138	310145	8054	146177	129201
2017	320690	252083	68606	135829	348300	9586	163847	149268
2018	354124	277365	76759	152011	393848	8737	175694	168640
2019	387188	305131	82057	165444	422451	4227	182470	171072
2020	387176	303993	83183	169810	435683	6718	188805	162275

3-11 续表 continued

年份 Year	最终消费支出=100 Final Consumption Expenditure=100		居民消费支出=100 Household Consumption Expenditure=100		资本形成总额=100 Gross Capital Formation=100		货物和服务净出口=100 Net Exports of Goods and Services=100	
	居民消费支出 Household Consumption Expenditure	政府消费支出 Government Consumption Expenditure	城镇居民 Urban Households	农村居民 Rural Households	固定资本形成总额 Gross Fixed Capital Formation	存货变动 Change in Inventories	出口 Exports	进口 Imports
1978	78.8	21.2	37.9	62.1	78.0	22.0		
1979	78.1	21.9	37.7	62.3	78.1	21.9		
1980	78.7	21.3	39.5	60.5	82.5	17.5		
1981	80.2	19.8	38.7	61.3	82.7	17.3		
1982	80.2	19.8	36.6	63.4	88.3	11.7		
1983	79.3	20.7	37.1	62.9	88.3	11.7		
1984	77.1	22.9	39.0	61.0	85.3	14.7		
1985	78.2	21.8	39.8	60.2	77.9	22.1		
1986	78.6	21.4	41.2	58.8	82.1	17.9		
1987	79.1	20.9	42.6	57.4	81.9	18.1		
1988	79.9	20.1	44.9	55.1	79.5	20.5		
1989	79.5	20.5	44.6	55.4	68.8	31.2		
1990	78.5	21.5	44.5	55.5	70.2	29.8		
1991	77.4	22.6	47.1	52.9	72.9	27.1		
1992	75.8	24.2	51.7	48.3	77.7	22.3		
1993	75.4	24.6	55.4	44.6	85.7	14.3		
1994	75.8	24.2	57.2	42.8	86.0	14.0		
1995	77.5	22.5	58.9	41.1	83.3	16.7		
1996	78.0	22.0	57.9	42.1	84.3	15.7		
1997	76.9	23.1	59.1	40.9	87.3	12.7		
1998	75.3	24.7	61.6	38.4	94.5	5.5		
1999	73.8	26.2	64.6	35.4	95.4	4.6		
2000	73.5	26.5	66.7	33.3	97.0	3.0		
2001	73.5	26.5	67.7	32.3	94.1	5.9		
2002	73.6	26.4	68.9	31.1	97.0	3.0		
2003	73.6	26.4	69.7	30.3	96.6	3.4		
2004	73.5	26.5	70.7	29.3	94.5	5.5		
2005	72.8	27.2	71.8	28.2	97.7	2.3		
2006	71.8	28.2	72.7	27.3	97.0	3.0		
2007	71.3	28.7	74.0	26.0	93.6	6.4		
2008	70.9	29.1	74.9	25.1	92.4	7.6		
2009	70.5	29.5	75.7	24.3	96.6	3.4		
2010	70.2	29.8	77.0	23.0	94.4	5.6		
2011	69.6	30.4	77.2	22.8	94.0	6.0		
2012	69.2	30.8	77.8	22.2	95.7	4.3		
2013	69.3	30.7	78.1	21.9	95.9	4.1		
2014	69.9	30.1	78.2	21.8	95.7	4.3		
2015	70.0	30.0	78.3	21.7	97.4	2.6		
2016	70.3	29.7	78.6	21.4	97.5	2.5		
2017	70.2	29.8	78.6	21.4	97.3	2.7		
2018	70.0	30.0	78.3	21.7	97.8	2.2		
2019	70.1	29.9	78.8	21.2	99.0	1.0		
2020	69.5	30.5	78.5	21.5	98.5	1.5		

3-12 实际最终消费及构成
Actual Final Consumption and Its Composition

本表按当年价格计算。
Data in this table are calculated at current price.

年份 Year	实际最终消费 Actual Final Consumption (亿元) (100 million yuan)		构成 Composition (实际最终消费=100) (Actual Final Consumption=100)	
	居民实际最终消费 Household Actual Final Consumption	政府实际最终消费 Government Actual Final Consumption	居民实际最终消费 Household Actual Final Consumption	政府实际最终消费 Government Actual Final Consumption
1978	1868	366	83.6	16.4
1979	2141	438	83.0	17.0
1980	2486	482	83.8	16.2
1981	2790	488	85.1	14.9
1982	3053	524	85.4	14.6
1983	3432	629	84.5	15.5
1984	3937	849	82.3	17.7
1985	4926	995	83.2	16.8
1986	5651	1080	84.0	16.0
1987	6426	1217	84.1	15.9
1988	7988	1441	84.7	15.3
1989	9298	1746	84.2	15.8
1990	10015	1997	83.4	16.6
1991	11211	2415	82.3	17.7
1992	13056	3183	80.4	19.6
1993	16592	4223	79.7	20.3
1994	22639	5658	80.0	20.0
1995	29440	6789	81.3	18.7
1996	35239	7884	81.7	18.3
1997	38366	9182	80.7	19.3
1998	40787	10715	79.2	20.8
1999	44098	12569	77.8	22.2
2000	49426	14323	77.5	22.5
2001	53613	15048	78.1	21.9
2002	58411	15816	78.7	21.3
2003	62952	16783	79.0	21.0
2004	70589	18806	79.0	21.0
2005	79940	21933	78.5	21.5
2006	89892	25472	77.9	22.1
2007	107158	30579	77.8	22.2
2008	124347	34552	78.3	21.7
2009	137198	37341	78.6	21.4
2010	158386	43195	78.6	21.4
2011	192063	52685	78.5	21.5
2012	217915	57529	79.1	20.9
2013	242473	64191	79.1	20.9
2014	269424	68608	79.7	20.3
2015	299487	72434	80.5	19.5
2016	331829	78978	80.8	19.2
2017	368062	88457	80.6	19.4
2018	406179	99956	80.3	19.7
2019	445658	106974	80.6	19.4

3-13 居民消费水平
Household Consumption Expenditure

本表绝对数按当年价格计算，指数按不变价格计算。
Data on value in this table are calculated at current prices, while indices are calculated at constant prices.

年份 Year	绝对数(元) Value (yuan) 全体居民 All Households	城镇居民 Urban Households	农村居民 Rural Households	城乡消费水平对比(农村居民=1) Urban/Rural Consumption Ratio (Rural Household=1)	指数（上年=100） Index (Preceding Year=100) 全体居民 All Households	城镇居民 Urban Households	农村居民 Rural Households	指数(1978=100) Index (1978=100) 全体居民 All Households	城镇居民 Urban Households	农村居民 Rural Households
1978	184	393	139	2.8	104.1	102.9	104.4	100.0	100.0	100.0
1980	238	490	178	2.7	109.1	107.3	108.6	116.8	113.8	115.0
1985	440	750	346	2.2	112.7	107.4	114.4	181.3	141.6	191.3
1990	831	1404	627	2.2	102.8	101.4	103.4	227.5	168.6	238.8
1995	2329	4767	1345	3.5	108.3	109.5	105.0	339.7	294.2	286.9
2000	3712	6972	1917	3.6	110.5	109.6	106.6	491.9	393.0	375.2
2001	3968	7272	2032	3.6	105.9	103.4	104.6	520.7	406.5	392.7
2002	4270	7662	2157	3.6	108.1	105.9	106.6	563.1	430.6	418.5
2003	4555	7977	2292	3.5	105.4	103.0	104.6	593.4	443.4	437.7
2004	5071	8718	2521	3.5	106.6	105.2	103.9	632.7	466.6	454.9
2005	5688	9637	2784	3.5	109.5	108.3	106.8	693.0	505.4	485.8
2006	6319	10516	3066	3.4	108.0	105.9	107.3	748.3	535.4	521.4
2007	7454	12217	3538	3.5	112.4	111.2	108.7	841.4	595.5	566.8
2008	8505	13722	3981	3.4	107.5	106.2	104.8	904.2	632.2	593.8
2009	9249	14687	4295	3.4	110.5	108.6	110.1	999.4	686.6	654.0
2010	10575	16570	4782	3.5	107.5	105.9	105.4	1074.7	726.9	689.2
2011	12668	19219	5880	3.3	109.8	106.8	110.8	1179.7	776.3	764.0
2012	14074	20869	6573	3.2	109.1	107.1	108.1	1286.9	831.0	826.1
2013	15586	22620	7397	3.1	107.9	105.7	109.4	1388.9	878.2	903.9
2014	17220	24430	8365	2.9	108.4	105.9	110.9	1505.1	930.3	1002.3
2015	18857	26119	9409	2.8	109.5	106.9	112.7	1648.4	994.3	1129.1
2016	20801	28154	10609	2.7	108.2	105.6	110.8	1783.2	1050.4	1251.4
2017	22969	30323	12145	2.5	106.6	104.0	110.8	1901.7	1092.0	1386.6
2018	25245	32483	13985	2.3	107.4	104.7	112.4	2041.9	1143.0	1558.8
2019	27504	34900	15382	2.3	106.1	104.6	107.0	2166.0	1195.9	1668.2
2020	27438	34033	16063	2.1	97.8	95.5	102.7	2118.0	1142.1	1712.9

注：1.城乡消费水平对比没有剔除城乡价格不可比的因素(相关表同)。
2.居民消费水平指按年中常住人口计算的人均居民消费支出(相关表同)。

a) The effect of price differentials between urban and rural areas has not been removed in the calculation of the urban/rural consumption ratio. The same applies to the relevant tables.

b) Household consumption level refers to per capita household consumption expenditure on the basis of mid-year resident population. The same applies to the relevant tables.

3-14 三大需求对国内生产总值增长的贡献率和拉动
Contribution Share and Contribution of the Three Components of GDP to the Growth of GDP

本表按不变价格计算。
Data in this table are calculated at constant prices.

年份 Year	最终消费支出 Final Consumption Expenditure		资本形成总额 Gross Capital Formation		货物和服务净出口 Net Exports of Goods and Services	
	贡献率 (%) Contribution Share (%)	拉动 (百分点) Contribution (percentage points)	贡献率 (%) Contribution Share (%)	拉动 (百分点) Contribution (percentage points)	贡献率 (%) Contribution Share (%)	拉动 (百分点) Contribution (percentage points)
1978	38.7	4.5	66.7	7.8	-5.4	-0.6
1980	78.1	6.1	20.1	1.6	1.8	0.1
1985	71.9	9.7	79.6	10.7	-51.5	-6.9
1990	89.0	3.5	-69.4	-2.7	80.5	3.2
1995	46.7	5.1	46.1	5.0	7.2	0.8
2000	78.8	6.7	21.7	1.8	-0.5	0.0
2001	50.0	4.2	63.5	5.3	-13.5	-1.1
2002	58.1	5.3	40.0	3.7	1.9	0.2
2003	36.1	3.6	68.8	6.9	-4.9	-0.5
2004	42.9	4.3	62.0	6.3	-4.9	-0.5
2005	56.8	6.5	33.1	3.8	10.1	1.1
2006	43.2	5.5	42.5	5.4	14.3	1.8
2007	47.9	6.8	44.2	6.3	7.8	1.1
2008	44.0	4.2	53.3	5.1	2.7	0.3
2009	57.6	5.4	85.3	8.0	-42.8	-4.0
2010	47.4	5.0	63.4	6.7	-10.8	-1.1
2011	65.7	6.3	41.1	3.9	-6.8	-0.6
2012	55.4	4.4	42.1	3.3	2.5	0.2
2013	50.2	3.9	53.1	4.1	-3.3	-0.3
2014	56.3	4.2	45.0	3.3	-1.3	-0.1
2015	69.0	4.9	22.6	1.6	8.4	0.6
2016	66.0	4.5	45.7	3.1	-11.7	-0.8
2017	55.9	3.9	39.5	2.7	4.7	0.3
2018	64.0	4.3	43.2	2.9	-7.2	-0.5
2019	58.6	3.5	28.9	1.7	12.6	0.7
2020	-22.0	-0.5	94.1	2.2	28.0	0.7

注：1.三大需求指支出法国内生产总值的三大构成项目，即最终消费支出、资本形成总额、货物和服务净出口。
2.贡献率指三大需求增量与支出法国内生产总值增量之比。
3.拉动指国内生产总值增长速度与三大需求贡献率的乘积。

a)Three components of GDP by expenditure approach are final consumption expenditure,gross capital formation and net exports of goods and services.
b)Contribution share of the three components to the increase of the GDP refers to the proportion of the increment of the each component of GDP by expenditure approach to the increment of GDP.
c)Contribution of the three components to GDP growth refers to the growth rate of GDP multiplied by the contribution share of the three components.

3-15 资金流量表(非金融交易，2019年)
Flow of Funds Accounts (Non-financial Transaction, 2019)

单位：亿元 (100 million yuan)

机构部门 交易项目	Sectors Items	非金融企业部门 Non-financial Enterprises		金融机构部门 Financial Institutions		广义政府部门 General Government	
		运用 Uses	来源 Resources	运用 Uses	来源 Resources	运用 Uses	来源 Resources
一、净出口	**Net Exports**						
二、增加值	**Value Added**		**612165.0**		**76250.6**		**100788.0**
三、劳动者报酬	**Compensation of Employees**	**266647.3**		**20824.0**		**89252.9**	
四、生产税净额	**Taxes on Production, Net**	**88545.5**		**7593.5**		**300.2**	**97932.4**
五、财产收入	**Property Income**	**67270.1**	**30341.9**	**82159.7**	**69160.0**	**12026.9**	**27491.7**
(一)利息	Interest	32617.0	21767.9	71315.5	67931.1	9767.6	7608.6
(二)红利	Distributed Income of Corporations	26165.2	8435.2	7174.7	1228.8		11257.3
(三)地租	Rent	8481.7					8496.2
(四)其他	Others	6.1	138.9	3669.5		2259.3	129.6
六、初次分配总收入	**Gross Primary Income**		**220044.0**		**34833.4**		**124632.1**
七、经常转移	**Current Transfers**	**33720.1**	**2342.9**	**15377.5**	**7250.5**	**69978.9**	**120718.6**
(一)所得税、财产税等经常税	Current Taxes on Income, Wealth, etc.	28428.1		8875.7			47702.6
(二)社会保险缴款	Social Insurance Contributions						64049.0
(三)社会保险福利	Social Insurance Benefits					53980.0	
(四)社会补助	Social Assistance	508.9				15749.4	
(五)其他	Others	4783.1	2342.9	6501.8	7250.5	249.6	8967.0
八、可支配总收入	**Gross Disposable Income**		**188666.8**		**26706.4**		**175371.8**
九、实物社会转移	**Social Transfers in Kind**					**58469.6**	
十、调整后可支配总收入	**Adjusted Gross Disposable Income**		**188666.8**		**26706.4**		**116902.2**
十一、实际最终消费	**Actual Final Consumption**					**106974.1**	
(一)居民实际最终消费	Households Actual Final Consumption						
(二)政府实际最终消费	Government Actual Final Consumption					106974.1	
十二、总储蓄	**Gross Saving**		**188666.8**		**26706.4**		**9928.2**
十三、资本转移	**Capital Transfers**		**12889.7**			**12927.4**	**15.0**
(一)投资性补助	Investment Grants		12889.7			12889.7	
(二)其他	Others					37.7	15.0
十四、资本形成总额	**Gross Capital Formation**	**263867.2**		**2160.9**		**43901.1**	
(一)固定资本形成总额	Gross Fixed Capital Formation	259055.6		2160.9		43890.8	
(二)存货变动	Changes in Inventories	4811.6				10.3	
十五、其他非金融资产获得减处置	**Acquisitions Less Disposals of Other Non-financial Assets**	**59255.4**				**-23941.8**	
十六、净金融投资	**Net Financial Investment**	**-121566.2**		**24545.5**		**-22943.6**	

3-15 续表 continued

单位：亿元 (100 million yuan)

机构部门 交易项目	Sectors Items	住户部门 Households		国内合计 Total of Domestic Sectors		国外 The Rest of the World		合 计 Total	
		运 用 Uses	来 源 Resources	运 用 Uses	来 源 Resources	运 用 Uses	来 源 Resources	运 用 Uses	来 源 Resources
一、净出口	**Net Exports**						**-9173.5**		**-9173.5**
二、增加值	**Value Added**		**197311.5**		**986515.2**				**986515.2**
三、劳动者报酬	**Compensation of Employees**	**136534.1**	**513472.1**	**513258.3**	**513472.1**	**982.9**	**769.2**	**514241.2**	**514241.2**
四、生产税净额	**Taxes on Production, Net**	**1493.2**		**97932.4**	**97932.4**			**97932.4**	**97932.4**
五、财产收入	**Property Income**	**12944.6**	**44429.9**	**174401.2**	**171423.5**	**17845.6**	**20823.3**	**192246.8**	**192246.8**
(一)利息	Interest	12930.0	35223.3	126630.1	132530.9	9287.0	3386.2	135917.1	135917.1
(二)红利	Distributed Income of Corporations		3466.6	33339.9	24387.9	8435.2	17387.2	41775.1	41775.1
(三)地租	Rent	14.5		8496.2	8496.2			8496.2	8496.2
(四)其他	Others		5740.0	5935.0	6008.5	123.4	49.9	6058.4	6058.4
六、初次分配总收入	**Gross Primary Income**		**604241.6**		**983751.2**				**983751.2**
七、经常转移	**Current Transfers**	**86691.4**	**76162.5**	**205767.9**	**206474.3**	**1786.6**	**1080.1**	**207554.5**	**207554.5**
(一)所得税、财产税等经常税	Current Taxes on Income, Wealth, etc.	10398.8		47702.6	47702.6			47702.6	47702.6
(二)社会保险缴款	Social Insurance Contritutions	64049.0		64049.0	64049.0			64049.0	64049.0
(三)社会保险福利	Social Insurance Benefits		53980.0	53980.0	53980.0			53980.0	53980.0
(四)社会补助	Social Assistance		16258.3	16258.3	16258.3			16258.3	16258.3
(五)其他	Others	12243.5	5924.2	23778.1	24484.5	1786.6	1080.1	25564.7	25564.7
八、可支配总收入	**Gross Disposable Income**		**593712.7**		**984457.7**				**984457.7**
九、实物社会转移	**Social Transfers in Kind**		**58469.6**	**58469.6**	**58469.6**			**58469.6**	**58469.6**
十、调整后可支配总收入	**Adjusted Gross Disposable Income**		**652182.3**		**984457.7**				**984457.7**
十一、实际最终消费	**Actual Final Consumption**	**445657.7**		**552631.7**				**552631.7**	
(一)居民实际最终消费	Households Actual Final Consumption	445657.7		445657.7				445657.7	
(二)政府实际最终消费	Government Actual Final Consumption			106974.1				106974.1	
十二、总储蓄	**Gross Saving**		**206524.6**		**431825.9**		**-7116.0**		**424710.0**
十三、资本转移	**Capital Transfers**			**12927.4**	**12904.7**	**15.0**	**37.7**	**12942.4**	**12942.4**
(一)投资性补助	Investment Grants			12889.7	12889.7			12889.7	12889.7
(二)其他	Others			37.7	15.0	15.0	37.7	52.7	52.7
十四、资本形成总额	**Gross Capital Formation**	**116749.5**		**426678.7**				**426678.7**	
(一)固定资本形成总额	Gross Fixed Capital Formation	117344.0		422451.3				422451.3	
(二)存货变动	Changes in Inventories	-594.5		4227.4				4227.4	
十五、其他非金融资产获得减处置	**Acquisitions Less Disposals of Other Non-financial Assets**	**-35313.6**							
十六、净金融投资	**Net Financial Investment**	**125088.8**		**5124.5**		**-7093.3**		**-1968.8**	

3-16 资金流量表（金融交易，2019年）
Flow of Funds Accounts (Financial Transaction, 2019)

单位：亿元 (100 million yuan)

机构部门 交易项目	Sectors Items	非金融企业部门 Non-financial Enterprises		金融机构部门 Financial Institutions		广义政府部门 General Government	
		运用 Uses	来源 Resources	运用 Uses	来源 Resources	运用 Uses	来源 Resources
净金融投资	Net Financial Investment	-55099		35147		-54651	
资金运用合计	Financial Uses	39036		228475		9649	
资金来源合计	Financial Sources		94134		193328		64300
通货	Currency	358			3981	80	
存款	Deposits	33079		-2204	139960	8456	
活期存款	Demand Deposits	6705			32601	-1665	
定期存款	Time Deposits	26236			108770	11404	
财政存款	Fiscal Deposits				301	301	
外汇存款	Foreign Exchange Deposits	4693		-103	2077	754	
其他存款	Other Deposits	-4556		-2102	-3789	-2338	
证券公司客户保证金	Customer Margin of Securities Companies	2231		873	5191	243	
贷款	Loans		67631	157962	2331		7356
短期贷款与票据融资	Short-term Loans & Bills Financing		31743	52427			
中长期贷款	Medium-term and Long-term Loans		51762	106278			
外汇贷款	Foreign Exchange Loans		-1587	-548	-82		44
委托贷款	Designated Loans		-12618	-9633	-39		-1524
其他贷款	Other Loans		-1670	9438	2453		8836
未贴现的银行承兑汇票	Undiscounted Bankers' Acceptance Bills	-4757	-4757	-4757	-4757		
保险准备金	Insurance Technical Reserves	1448			15994		7549
金融机构往来	Inter-financial Institutions Accounts			-8430	-11058		
存款准备金	Required and Excessive Reserves			-8547	-8838		
债券	Bonds	662	28384	117247	42387	-103	47205
政府债券	Government and Public Bonds	-5		46610		19	47205
金融债券	Financial Bonds	52		41869	42167	-71	
中央银行债券	Central Bank Bonds			276	220		
企业债券	Corporate Bonds	615	28384	28492		-51	
股票	Shares	5292	6046	964	3729	332	
证券投资基金份额	Securities Investment Fund Shares	3426		1341	7971	374	
库存现金	Cash in Vault			-276	-267		
中央银行贷款	Central Bank Loans			-4930	-4930		
其他（净）	Miscellaneous (net)	-6899	3655	-20629	341	267	254
直接投资	Foreign Direct Investment	6740	10749				
其他对外债权债务	Other Foreign Assets and Debts	-2545	-1488	1192	1291		1936
国际储备资产	International Reserve Assets			-1331			
国际收支错误与遗漏	Errors and Omissions in the Balance of Payments		-16086				

3-16 续表 continued

单位：亿元 (100 million yuan)

机构部门 交易项目	Sectors Items	住户部门 Households 运用 Uses	住户部门 Households 来源 Resources	国内合计 Total of Domestic Sectors 运用 Uses	国内合计 Total of Domestic Sectors 来源 Resources	国外 The Rest of the World 运用 Uses	国外 The Rest of the World 来源 Resources	合计 Total 运用 Uses	合计 Total 来源 Resources
净金融投资	Net Financial Investment	86856		12254		-12254		0	
资金运用合计	Financial Uses	167908		445067		1558		446625	
资金来源合计	Financial Sources		81051		432813		13812		446625
通货	Currency	3537		3975	3981	6		3981	3981
存款	Deposits	102916		142246	139960	3166	5452	145412	145412
活期存款	Demand Deposits	27561		32601	32601			32601	32601
定期存款	Time Deposits	71129		108770	108770			108770	108770
财政存款	Fiscal Deposits			301	301			301	301
外汇存款	Foreign Exchange Deposits	-256		5088	2077	2441	5452	7528	7528
其他存款	Other Deposits	4482		-4514	-3789	725		-3789	-3789
证券公司客户保证金	Customer Margin of Securities Companies	1550		4898	5191	293		5191	5191
贷款	Loans		79539	157962	156858	-402	702	157560	157560
短期贷款与票据融资	Short-term Loans & Bills Financing		20684	52427	52427			52427	52427
中长期贷款	Medium-term and Long-term Loans		54516	106278	106278			106278	106278
外汇贷款	Foreign Exchange Loans		-9	-548	-1634	-402	685	-949	-949
委托贷款	Designated Loans		4530	-9633	-9651		18	-9633	-9633
其他贷款	Other Loans		-182	9438	9438			9438	9438
未贴现的银行承兑汇票	Undiscounted Bankers' Acceptance Bills			-9513	-9513			-9513	-9513
保险准备金	Insurance Technical Reserves	22095		23543	23543			23543	23543
金融机构往来	Inter-financial Institutions Accounts			-8430	-11058	-4386	-1758	-12816	-12816
存款准备金	Required and Excessive Reserves			-8547	-8838	-290		-8838	-8838
债券	Bonds	293		118100	117976	3221	3345	121321	121321
政府债券	Government and Public Bonds	30		46655	47205	1521	971	48176	48176
金融债券	Financial Bonds	26		41876	42167	1295	1005	43172	43172
中央银行债券	Central Bank Bonds			276	220		56	276	276
企业债券	Corporate Bonds	237		29293	28384	405	1314	29698	29698
股票	Shares	2113		8701	9776	3098	2023	11799	11799
证券投资基金份额	Securities Investment Fund Shares	2380		7521	7971	450		7971	7971
库存现金	Cash in Vault			-276	-267		-9	-276	-276
中央银行贷款	Central Bank Loans			-4930	-4930			-4930	-4930
其他（净）	Miscellaneous (net)	33023	1512	5762	5762			5762	5762
直接投资	Foreign Direct Investment			6740	10749	10749	6740	17489	17489
其他对外债权债务	Other Foreign Assets and Debts			-1353	1739	1739	-1353	386	386
国际储备资产	International Reserve Assets			-1331			-1331	-1331	-1331
国际收支错误与遗漏	Errors and Omissions in the Balance of Payments				-16086	-16086		-16086	-16086

3-17 企业、广义政府与住户部门初次分配总收入及比重
Gross Primary Income of Enterprises, General Government and Households Sector

年份 Year	企业部门 Enterprises Sector 初次分配总收入(亿元) Gross Primary Income (100 million yuan)	企业部门 占比(%) Share (%)	广义政府部门 General Government Sector 初次分配总收入(亿元) Gross Primary Income (100 million yuan)	广义政府部门 占比(%) Share (%)	住户部门 Households Sector 初次分配总收入(亿元) Gross Primary Income (100 million yuan)	住户部门 占比(%) Share (%)
1992	6411.3	23.6	2983.3	11.0	17813.6	65.5
1993	9495.0	26.7	4037.0	11.3	22067.3	62.0
1994	12229.1	25.2	5111.4	10.5	31207.7	64.3
1995	15634.3	25.9	6006.5	10.0	38715.8	64.1
1996	15403.9	21.8	8054.2	11.4	47321.5	66.9
1997	18192.2	23.1	9209.3	11.7	51401.3	65.2
1998	18472.0	22.0	10180.7	12.1	55164.9	65.8
1999	19912.0	22.3	11242.4	12.6	58212.0	65.1
2000	22050.0	22.3	12679.1	12.8	64337.0	64.9
2001	25636.6	23.5	14212.8	13.0	69426.7	63.5
2002	28450.6	23.6	17198.5	14.3	74831.3	62.1
2003	34837.1	25.5	18794.6	13.8	82944.6	60.7
2004	44249.4	27.4	22726.9	14.1	94439.2	58.5
2005	51570.5	27.7	26516.7	14.3	107911.7	58.0
2006	61195.1	27.9	31704.6	14.5	126128.7	57.6
2007	76064.4	28.1	39105.7	14.4	155533.9	57.5
2008	92899.9	28.9	45254.9	14.1	183074.8	57.0
2009	97564.7	28.0	49222.7	14.1	201147.4	57.8
2010	114853.3	28.0	61074.7	14.9	234426.2	57.1
2011	128324.5	26.5	74461.1	15.4	280607.2	58.0
2012	136413.1	25.4	85003.2	15.8	315912.6	58.8
2013	148284.0	25.2	89261.7	15.2	350595.6	59.6
2014	162643.7	25.2	97949.6	15.2	383786.8	59.6
2015	168223.5	24.5	100962.7	14.7	416385.0	60.7
2016	185687.7	25.0	104442.7	14.1	452563.7	60.9
2017	212823.1	25.6	111450.7	13.4	506672.0	61.0
2018	238899.0	26.1	116898.0	12.8	559446.5	61.1
2019	254877.5	25.9	124632.1	12.7	604241.6	61.4

注：1.第四次全国经济普查后，1992-2017年资金流量表(非金融交易部分)进行了修订，表中历史数据为修订后的数据。(以下相关表同)
2.企业部门包括非金融企业部门和金融机构部门。

a) After the Fourth National Economic Census(2018), the Flow of Funds Accounts (Non-financial Transaction) for 1992-2017 have been revised. The historical data in this table are revised data. The same applies to the following related tables.

b) Enterprises Sector includes non-financial and financial enterprises sector.

3-18 企业、广义政府与住户部门可支配总收入及比重
Gross Disposable Income of Enterprises, General Government and Households Sector

年份 Year	企业部门 Enterprises Sector		广义政府部门 General Government Sector		住户部门 Households Sector	
	可支配总收入 (亿元) Gross Disposable Income (100 million yuan)	占比 (%) Share (%)	可支配总收入 (亿元) Gross Disposable Income (100 million yuan)	占比 (%) Share (%)	可支配总收入 (亿元) Gross Disposable Income (100 million yuan)	占比 (%) Share (%)
1992	5187.6	19.0	3515.2	12.9	18569.2	68.1
1993	8142.9	22.8	4607.9	12.9	22916.0	64.3
1994	10687.7	22.0	5755.3	11.8	32220.4	66.2
1995	13525.7	22.4	7087.0	11.7	39863.7	65.9
1996	12904.8	18.2	9401.3	13.2	48650.5	68.6
1997	15033.8	19.0	10784.0	13.6	53411.4	67.4
1998	15994.6	19.0	11448.8	13.6	56728.5	67.4
1999	18597.1	20.7	12409.9	13.8	58768.6	65.5
2000	20396.0	20.5	14428.1	14.5	64764.5	65.0
2001	23096.0	21.0	17191.7	15.6	69691.3	63.4
2002	25997.6	21.4	20541.9	16.9	75015.7	61.7
2003	31966.0	23.2	23042.2	16.7	83012.3	60.1
2004	40520.5	24.8	28244.5	17.3	94545.6	57.9
2005	46632.7	24.8	34104.2	18.1	107217.0	57.0
2006	54769.3	24.8	41379.1	18.7	125117.6	56.5
2007	67207.1	24.6	54052.9	19.8	152265.3	55.7
2008	81371.3	25.1	62975.1	19.4	179880.3	55.5
2009	85972.0	24.6	66637.2	19.0	197488.3	56.4
2010	102163.3	24.7	80976.7	19.6	229965.4	55.7
2011	110295.3	22.7	99761.9	20.6	274930.2	56.7
2012	114300.6	21.3	114900.4	21.4	308344.8	57.4
2013	122765.5	20.9	123086.2	20.9	341749.7	58.2
2014	135796.0	21.1	135045.9	21.0	373626.5	58.0
2015	138237.9	20.2	141642.1	20.7	404897.5	59.1
2016	154123.5	20.8	146768.3	19.8	441165.5	59.5
2017	178105.8	21.5	162859.5	19.6	489176.9	58.9
2018	200543.6	21.9	171265.6	18.7	543300.9	59.4
2019	215373.1	21.9	175371.8	17.8	593712.7	60.3

注：企业部门包括非金融企业部门和金融机构部门。
a) Enterprises Sector includes non-financial and financial enterprises sector.

3-19 企业、广义政府与住户部门调整后可支配总收入及比重
Adjusted Gross Disposable Income of Enterprises, General Government and Households Sector

年份 Year	企业部门 Enterprises Sector 调整后可支配总收入(亿元) Adjusted Gross Disposable Income (100 million yuan)	占比(%) Share (%)	广义政府部门 General Government Sector 调整后可支配总收入(亿元) Adjusted Gross Disposable Income (100 million yuan)	占比(%) Share (%)	住户部门 Households Sector 调整后可支配总收入(亿元) Adjusted Gross Disposable Income (100 million yuan)	占比(%) Share (%)
1992	5187.6	19.0	2771.3	10.2	19313.0	70.8
1993	8142.9	22.8	3710.9	10.4	23813.0	66.8
1994	10687.7	22.0	4559.8	9.4	33416.0	68.7
1995	13525.7	22.4	5713.0	9.4	41237.7	68.2
1996	12904.8	18.2	7806.9	11.0	50244.9	70.8
1997	15033.8	19.0	9003.3	11.4	55192.1	69.7
1998	15994.6	19.0	9430.5	11.2	58746.7	69.8
1999	18597.1	20.7	10157.4	11.3	61021.2	68.0
2000	20396.0	20.5	11865.5	11.9	67327.1	67.6
2001	23096.0	21.0	14043.2	12.8	72839.8	66.2
2002	25997.6	21.4	16797.7	13.8	78759.9	64.8
2003	31966.0	23.2	18780.3	13.6	87274.2	63.2
2004	40520.5	24.8	23380.8	14.3	99409.4	60.9
2005	46632.7	24.8	28318.2	15.1	113003.0	60.1
2006	54769.3	24.8	34329.7	15.5	132167.0	59.7
2007	67207.1	24.6	45125.8	16.5	161192.4	58.9
2008	81371.3	25.1	51282.7	15.8	191572.7	59.1
2009	85972.0	24.6	52561.3	15.0	211564.2	60.4
2010	102163.3	24.7	64056.2	15.5	246886.0	59.8
2011	110295.3	22.7	78090.1	16.1	296602.0	61.2
2012	114300.6	21.3	87570.0	16.3	335675.2	62.4
2013	122765.5	20.9	93090.6	15.8	371745.3	63.3
2014	135796.0	21.1	101860.8	15.8	406811.6	63.1
2015	138237.9	20.2	102357.4	14.9	444182.1	64.9
2016	154123.5	20.8	103607.7	14.0	484326.1	65.3
2017	178105.8	21.5	115487.4	13.9	536548.9	64.6
2018	200543.6	21.9	119211.4	13.0	595355.1	65.1
2019	215373.1	21.9	116902.2	11.9	652182.3	66.2

注：企业部门包括非金融企业部门和金融机构部门。
a)Enterprises Sector includes non-financial and financial enterprises sector.

3-20 国际收支平衡表(2020年)
Balance of Payments (2020)

单位：万美元 (USD 10 000)

项　目	Type of Transaction	2020
1. 经常账户	**1.Current Account**	**27398040**
贷方	Credit	301165301
借方	Debit	-273767261
1.A 货物和服务	**1.A Goods and Services**	**36967280**
贷方	Credit	273236508
借方	Debit	-236269228
1.A.a 货物	**1.A.a Goods**	**51500021**
贷方	Credit	249715605
借方	Debit	-198215583
1.A.b 服务	**1.A.b Services**	**-14532741**
贷方	Credit	23520904
借方	Debit	-38053645
1.A.b.1 加工服务	1.A.b.1 Manufacturing Services on Physical Inputs Owned by Others	1270573
贷方	Credit	1320667
借方	Debit	-50094
1.A.b.2 维护和维修服务	1.A.b.2 Maintenance and Repair Services n.i.e	430037
贷方	Credit	766603
借方	Debit	-336567
1.A.b.3 运输	1.A.b.3 Transport	-3806023
贷方	Credit	5664133
借方	Debit	-9470156
1.A.b.4 旅行	1.A.b.4 Travel	-11627051
贷方	Credit	1423333
借方	Debit	-13050385
1.A.b.5 建设	1.A.b.5 Construction	458813
贷方	Credit	1264710
借方	Debit	-805897
1.A.b.6 保险和养老金服务	1.A.b.6 Insurance and Pension Services	-696137
贷方	Credit	538135
借方	Debit	-1234273
1.A.b.7 金融服务	1.A.b.7 Financial Service	96177
贷方	Credit	427331
借方	Debit	-331154

注：1.根据《国际收支和国际投资头寸手册》(第六版)编制，资本和金融账户中包含储备资产。
2.“贷方”按正值列示，“借方”按负值列示，差额等于“贷方”加上“借方”。本表除标注“贷方”和“借方”的项目外，其他项目均指差额。
3.金融账户下，对外金融资产的净增加用负值列示，净减少用正值列示。对外负债的净增加用正值列示，净减少用负值列示。
4.本表计数采用四舍五入原则。

a) By *Manual on Balance of Payments and International Investment Position* (the 6th edition), Capital and Finance Account includes Reserve Assets.
b) Credit is listed on positive, debit is on negative, the balance equals to Credit plus Debit. Except the item noted as credit and debit, other items all refer to the balance.
c) In the financial account, a positive value for assets represents a net decrease while a negative value represents a net increase. A positive value for liabilites reprensents a net increase while a negative value represents a net decrease.
d) Data in this table are rounded.

3-20 续表 1 continued

单位：万美元 (USD 10 000)

项 目	Type of Transaction	2020
1.A.b.8 知识产权使用费	1.A.b.8 Charges for the Use of Intellectual Property	-2922727
贷方	Credit	855446
借方	Debit	-3778173
1.A.b.9 电信、计算机和信息服务	1.A.b.9 Telecommunications, Computer, and Information Service	590356
贷方	Credit	3886524
借方	Debit	-3296168
1.A.b.10 其他商业服务	1.A.b.10 Other Business Services	1978231
贷方	Credit	7022428
借方	Debit	-5044197
1.A.b.11 个人、文化和娱乐服务	1.A.b.11 Personal, Cultural, and Recreational Services	-199697
贷方	Credit	100898
借方	Debit	-300595
1.A.b.12 别处未提及的政府服务	1.A.B.12 Government Goods and Services n.i.e	-105291
贷方	Credit	250695
借方	Debit	-355986
1.B 初次收入	**1.B Primary Income**	**-10517264**
贷方	Credit	24168087
借方	Debit	-34685351
1.B.1 雇员报酬	**1.B.1 Compensation of Employees**	**37637**
贷方	Credit	1473590
借方	Debit	-1435953
1.B.2 投资收益	**1.B.2 Investment Income**	**-10711480**
贷方	Credit	22439297
借方	Debit	-33150778
1.B.3 其他初次收入	**1.B.3 Other Primary Income**	**156579**
贷方	Credit	255199
借方	Debit	-98620
1.C 二次收入	**1.C Secondary Income**	**948024**
贷方	Credit	3760706
借方	Debit	-2812682
2. 资本和金融账户	**2.Capital and Finance Account**	**-10584214**
2.1 资本账户	**2.1 Capital Account**	**-7682**
贷方	Credit	16615
借方	Debit	-24297
2.2 金融账户	**2.2 Financial Account**	**-10576532**
资产	Assets	-62632854
负债	Liabilities	52056321
2.2.1 非储备性质的金融账户	**2.2.1 Financial Account Excluding Reserve Assets**	**-7775945**
资产	Financial Assets Excluding Reserve Assets	-59832266
负债	Liabilities	52056321
2.2.1.1 直接投资	2.2.1.1 Direct Investments	10255389

3-20 续表 2 continued

单位：万美元 (USD 10 000)

项 目	Type of Transaction	2020
2.2.1.1.1 资产	2.2.1.1.1 Assets	-10992181
2.2.1.1.1.1 股权	2.2.1.1.1.1 Equity and Investment Fund Shares	-8363674
2.2.1.1.1.2 关联企业债务	2.2.1.1.1.2 Debt Instruments	-2628508
2.2.1.1.2 负债	2.2.1.1.2 Liabilities	21247570
2.2.1.1.2.1 股权	2.2.1.1.2.1 Equity and Investment Fund Shares	17002208
2.2.1.1.2.2 关联企业债务	2.2.1.1.2.2 Debt Instruments	4245362
2.2.1.2 证券投资	2.2.1.2 Portfolio Investment	8732908
2.2.1.2.1 资产	2.2.1.2.1 Assets	-16733322
2.2.1.2.1.1 股权	2.2.1.2.1.1 Equity and Investment Fund Shares	-13099553
2.2.1.2.1.2 债券	2.2.1.2.1.2 Debt Instruments	-3633769
2.2.1.2.2 负债	2.2.1.2.2 Liabilities	25466229
2.2.1.2.2.1 股权	2.2.1.2.2.1 Equity and Investment Fund Shares	6413775
2.2.1.2.2.2 债券	2.2.1.2.2.2 Debt Instruments	19052455
2.2.1.3 金融衍生工具	2.2.1.3 Financial Derivatives(other than reserves) and Employee Stock Options	-1140884
2.2.1.3.1 资产	2.2.1.3.1 Assets	-690123
2.2.1.3.2 负债	2.2.1.3.2 Liabilities	-450761
2.2.1.4 其他投资	2.2.1.4 Other Investment	-25623357
2.2.1.4.1 资产	2.2.1.4.1 Assets	-31416640
2.2.1.4.1.1 其他股权	2.2.1.4.1.1 Other Equity	-48400
2.2.1.4.1.2 货币和存款	2.2.1.4.1.2 Currency and Deposits	-13039706
2.2.1.4.1.3 贷款	2.2.1.4.1.3 Loans	-12817746
2.2.1.4.1.4 保险和养老金	2.2.1.4.1.4 Insurance, Pension, and Standardized Guarantee Schemes	-333024
2.2.1.4.1.5 贸易信贷	2.2.1.4.1.5 Trade Credit and Advances	-3690000
2.2.1.4.1.6 其他	2.2.1.4.1.6 Other Accounts Receivable	-1487764
2.2.1.4.2 负债	2.2.1.4.2 Liabilities	5793283
2.2.1.4.2.1 其他股权	2.2.1.4.2.1 Other Equity	
2.2.1.4.2.2 货币和存款	2.2.1.4.2.2 Currency and Deposits	7743686
2.2.1.4.2.3 贷款	2.2.1.4.2.3 Loans	-3544186
2.2.1.4.2.4 保险和养老金	2.2.1.4.2.4 Insurance, Pension, and Standardized Guarantee Schemes	327491
2.2.1.4.2.5 贸易信贷	2.2.1.4.2.5 Trade Credit and Advances	755000
2.2.1.4.2.6 其他	2.2.1.4.2.6 Other Accounts Receivable	511291
2.2.1.4.2.7 特别提款权	2.2.1.4.2.7 Special Drawing Rights	
2.2.2 储备资产	**2.2.2 Reserve Assets**	**-2800588**
2.2.2.1 货币黄金	2.2.2.1 Monetary Gold	
2.2.2.2 特别提款权	2.2.2.2 Special Drawing Rights	8791
2.2.2.3 在国际货币基金组织的储备头寸	2.2.2.3 Reserve Position in the IMF	-190706
2.2.2.4 外汇储备	2.2.2.4 Foreign Exchange Reserves	-2618673
2.2.2.5 其他储备资产	2.2.2.5 Other Reserve Assets	
3. 净误差与遗漏	**3.Net Errors and Omissions**	**-16813825**

主要统计指标解释

国内生产总值(GDP) 指一个国家所有常住单位在一定时期内生产活动的最终成果。国内生产总值有三种表现形态，即价值形态、收入形态和产品形态。从价值形态看，它是所有常住单位在一定时期内生产的全部货物和服务价值与同期投入的全部非固定资产货物和服务价值的差额，即所有常住单位的增加值之和；从收入形态看，它是所有常住单位在一定时期内创造的各项收入之和，包括劳动者报酬、生产税净额、固定资产折旧和营业盈余；从产品形态看，它是所有常住单位在一定时期内最终使用的货物和服务价值与货物和服务净出口价值之和。在实际核算中，国内生产总值有三种计算方法，即生产法、收入法和支出法。三种方法分别从不同的方面反映国内生产总值及其构成。

对于一个地区来说，称为地区生产总值或地区 GDP。

国民总收入（GNI） 原称国民生产总值（GNP），指一个国家所有常住单位在一定时期内收入初次分配的最终结果。一国常住单位从事生产活动所创造的增加值在初次分配中主要分配给该国的常住单位，但也有一部分以生产税（扣除生产补贴）、劳动者报酬和财产收入等形式分配给非常住单位；同时，国外生产所创造的增加值也有一部分以生产税(扣除生产补贴)、劳动者报酬和财产收入等形式分配给该国的常住单位，从而产生了国民总收入的概念。它等于国内生产总值加上来自国外的初次分配收入净额。与国内生产总值不同，国民总收入是个收入概念，而国内生产总值是个生产概念。

三次产业 三次产业的划分是世界上较为常用的产业结构分类，但各国的划分不尽一致。根据《国民经济行业分类》（GB/T 4754—2017）和《三次产业划分规定》，我国的三次产业划分是：

第一产业是指农、林、牧、渔业（不含农、林、牧、渔专业及辅助性活动）。

第二产业是指采矿业（不含开采专业及辅助性活动），制造业（不含金属制品、机械和设备修理业），电力、热力、燃气及水生产和供应业，建筑业。

第三产业即服务业，是指除第一产业、第二产业以外的其他行业。

劳动者报酬 指劳动者从事生产活动应获得的全部报酬，既包括货币形式的报酬，也包括实物形式的报酬。主要包括工资、奖金、津贴和补贴，单位为其员工交纳的社会保险费、补充社会保险费和住房公积金、行政事业单位职工的离退休金、单位为其员工提供的其他各种形式的福利和报酬等。

生产税净额 指生产税减生产补贴后的差额。其中，生产税指政府对生产单位从事生产、销售和经营活动，以及因从事生产活动使用某些生产要素（如固定资产和土地等）所征收的各种税收、附加费和其他规费。生产税分为产品税和其他生产税，产品税主要有：增值税、消费税、进口关税、出口税等；其他生产税主要有：房产税、车船使用税、城镇土地使用税等。生产补贴则相反，它是政府为影响生产单位的生产、销售及定价等生产活动而对其提供的无偿支付，包括农业生产补贴、政策亏损补贴、进口补贴等。生产补贴作为负生产税处理。

固定资产折旧 指由于自然退化、正常淘汰或损耗而导致的固定资产价值下降，用以代表固定资产通过生产过程被转移到其产出中的价值。原则上，固定资产折旧应按照固定资产的重置价值计算。

营业盈余 指常住单位创造的增加值扣除劳动者报酬、生产税净额和固定资产折旧后的余额。

支出法国内生产总值 是从最终使用的角度反映一个国家(或地区)一定时期内生产活动最终成果的一种方法，包括最终消费支出、资本形成总额及货物和服务净出口三部分。计算公式为：

支出法国内生产总值=最终消费支出+资本形成总额+货物和服务净出口

最终消费支出 指常住单位为满足物质、文化和精神生活的需要，从本国经济领土和国外购买的货物和服务的支出。它不包括非常住单位在本国经济领土内的消费支出。最终消费支出分为居民消费支出和政府消费支出。

居民消费支出 指常住住户在一定时期内对于货物和服务的全部最终消费支出。居民消费支出除了直接以货币形式购买的货物和服务的消费支出外，还包括以其他方式获得的货物和服务的消费支出，后者称为虚拟消费支出。居民虚拟消费支出主要包括：单位以实物报酬及实物转移的形式提供给劳动者的货物和服务；住户生产用于自身消费的货物（如自产自用的农产品），以及纳入生产核算范围并用于自身消费的服务（如住户的自有住房服务）；银行和保险机构提供的间接计算的金融服务。

政府消费支出 指广义政府部门为全社会提供的公共服务的消费支出和免费或以较低的价格向居民住户提供的货物和服务的净支出，前者等于政府服务的产出价值减去政府单位所获得的经营收入的价值，后者等于广义政府部门免费或以较低价格向居民住户提供的货物和服务的市场价值减去向住户收取的价值。

实际最终消费 指核算期内常住单位实际获得的用于满足他们个人或公共需要或需求而使用的货物和服务。分为居民实际最终消费和政府实际最终消费。实际最终消费在数值上等于最终消费支出。

实物社会转移 指广义政府部门免费或以没有显著经济意义的价格向居民提供消费性货物和服务的支出。

居民实际最终消费 指常住住户获得的用于消费的货物和服务价值，它等于居民自身承担的消费性货物和服务支出加上广义政府部门以实物社会转移形式向居民提供的消费性货物和服务支出。

政府实际最终消费 指广义政府部门向全社会提供的公共服务的价值，它等于政府最终消费支出减去以实物转移形式向居民提供的消费性货物和服务支出。

资本形成总额 指常住单位在一定时期内获得减去处置的固定资产和存货的净额，包括固定资本形成总额和存货变动两部分。

固定资本形成总额 指常住单位在一定时期内获得的固定资产减处置的固定资产的价值总额。固定资产是通过生产活动生产出来的，且其使用年限在一年以上、单位价值在规定标准以上的资产，不包括自然资产、耐用消费品、小型工器具。固定资本形成总额包括住宅、其他建筑和构筑物、机器和设备、培育性生物资源、知识产权产品（研发支出、矿藏的勘探、计算机软件）的价值获得减处置。

存货变动 指常住单位在一定时期内存货实物量变动的市场价值，即期末价值减期初价值的差额，再扣除当期由于价格变动而产生的持有收益。存货变动可以是正值，也可以是负值，正值表示存货上升，负值表示存货下降。存货包括生产单位购进的原材料、燃料和储备物资等存货，以及生产单位生产的产成品、在制品和半成品等存货。

货物和服务净出口 指货物和服务出口减货物和服务进口的差额。出口包括常住单位向非常住单位出售或无偿转让的各种货物和服务的价值；进口包括常住单位从非常住单位购买或无偿得到的各种货物和服务的价值。货物的出口和进口都按离岸价格计算。

机构单位 指能够以自己的名义拥有资产和承担负债，能够独立地从事经济活动并与其他主体进行交易的经济主体。

机构部门 将相同性质的机构单位归并在一起，就形成机构部门。资金流量核算将常住机构单位划分为以下四个机构部门：非金融企业部门、金融机构部门、广义政府部门、住户部门。与常住单位发生交易的非常住单位称为国外，在资金流量核算中也视同机构部门。

非金融企业与非金融企业部门 非金融企业指主要从事市场性货物生产或提供非金融市场性服务的常住企业，它主要包括从事上述活动的各类法人企业。所有非金融企业组成非金融企业部门。

金融机构与金融机构部门 金融机构指主要从事金融媒介及与金融媒介密切相关的辅助金融活动的常住机构单位，包括从事货币金融服务、资本市场服务、保险服务、其他金融服务等活动的法人单位。所有金融机构组成金融机构部门。

广义政府机构与广义政府部门 广义政府机构指在设定区域内对其他机构单位拥有立法、司法或行政权的法律实体及其附属单位。广义政府机构的主要职能是利用征税和其他方式获得的资金向社会和公众提供货物和服务；通过转移支付，对社会收入和财产进行再分配；从事非市场性生产。它主要包括各级党政机关、群众团体、事业单位、基层群众的自治组织等。所有广义政府机构组成广义政府部门。

住户与住户部门 住户指共享同一生活设施，共同使用部分或全部收入和财产，共同消费住房、食品和其他消费品与服务的常住个人或个人群体。所有住户组成住户部门。

非常住单位与国外 所有不具有常住性的机构单位都是非常住单位。与我国常住单位发生交易的所有非常住单位称为国外。

初次分配总收入 收入初次分配是生产活动创造的价值在参与生产活动的生产要素所有者及政府之间的分配。生产活动的最终成果是增加值。生产要素主要包括劳动力、资本、自然资源。劳动力所有者因提供劳动而获得劳动报酬；资本的所有者因提供资本而获得不同形式的收入，如借贷资本所有者获得利息收入；股权所有者获得红利或参与利润分配；自然资源所有者因出让自然资源使用权而获得地租；政府因国家管理需要对生产活动或生产要素征收生产税同时也因扶持有关生产活动而支付生产补贴。初次分配的结果形成各个机构部门的初次分配总收入。各部门的初次分配总收入之和就等于国民总收入。

经常转移 转移是一个机构单位向另一个机构单位提供货物、服务或资产，但又不从后者获取任何直接对应回报的一种交易。经常转移指交易的一方或双方都不涉及获得或处置资产（除存货和现金外）的转移。其形式有所得税、财产税等经常税、社会保险缴款、社会保险福利、社会补助和其他经常转移。

可支配总收入 在初次分配总收入的基础上，通过经常转移的形式对初次分配总收入进行再次分配。再分配的结果形成各个机构部门的可支配总收入。各部门的可支配总收入之和称为国民可支配总收入。

调整后可支配总收入 在各机构部门可支配总收入的基础上，加上该部门应得的实物社会转移，减去该部门应付的实物社会转移，形成调整后可支配总收入，反映各部门获得的对应于实际最终消费的收入总和。

总储蓄 指可支配总收入用于最终消费后的余额。各部门的总储蓄之和称为国民总储蓄。

资本转移 指交易的一方或双方涉及获得或处置资产（除存货和现金外）的转移。资本转移包括资本税、投资性补助和其他资本转移。

净金融投资 它反映各机构部门或经济总体非金融投资过程中资金富余或短缺的状况。从非金融交易角度看，它是指总储蓄加资本转移收入减资本转移支出减非金融投资后的差额。从金融交易角度看，它是金融资产的增加额减金融负债的增加额之后的差额。

通货 指以现金形式存在于市场流通领域中的货币，包括辅币和纸币。

存款 指以各种形式存在存款类金融机构的存款，包括活期存款、定期存款、财政存款、外汇存款和其他存款等。

贷款 指金融机构发放的各类贷款，包括短期贷款、票据融资、中长期贷款、外汇贷款、委托贷款和其他贷款等。

债券 指机构单位为筹措资金而发行，并且承诺按约定条件偿还的有价证券，包括政府债券、金融债券、中央银行债券、企业债券等。

股票 指股份有限公司根据公司法的规定，为筹集公司资本所发行的、用于证明股东身份和权益并据以获得股息和红利的凭证。

保险准备金 指社会保险和商业保险基金的净权益、保险费预付款和未结索赔准备金。

金融机构往来 指金融机构部门子部门之间发生的同业存放、同业拆借和债券回购等。

存款准备金 指各金融机构在中央银行的存款及缴存中央银行的法定准备金。

中央银行贷款 指中央银行向各金融机构的贷款。

国际储备资产 指我国中央银行拥有的对外资产，包括外汇、货币黄金、特别提款权、在国际货币基金组织的储备头寸等。

经常账户 包括货物和服务、初次收入和二次收入。

货物 指经济所有权在我国居民与非居民之间发生转移的货物交易。

服务 包括加工服务，维护和维修服务，运输，旅行，建设，保险和养老金服务，金融服务，知识产权使用费，电信、计算机和信息服务，其他商业服务，个人、文化和娱乐服务以及别处未提及的政府服务。

初次收入 指由于提供劳务、金融资产和出租自然资源而获得的回报，包括雇员报酬、投资收益和其他初次收入三部分。

二次收入 指居民与非居民之间的经常转移，包括现金和实物。

资本账户 指居民与非居民之间的资本转移，以及居民与非居民之间非生产非金融资产的取得和处置。

金融账户 指发生在居民与非居民之间、涉及金融资产与负债的各类交易。金融账户细分为非储备性质的金融账户和国际储备资产。

直接投资 以投资者寻求在本国以外运行企业获取有效发言权为目的的投资，包括直接投资资产和直接投资负债两部分。相关投资工具可划分为股权和关联企业债务。股权包括股权和投资基金份额，以及再投资收益。关联企业债务包括关联企业间可流通和不可流通的债权和债务。

证券投资 包括证券投资资产和证券投资负债，相关投资工具可划分为股权和债券。股权包括股权和投资基金份额，记录在证券投资项下的股权和投资基金份额均应可流通（可交易）。股权通常以股份、股票、参股、存托凭证或类似单据作为凭证。投资基金份额指投资者持有的共同基金等集合投资产品的份额。债券指可流通的债务工具，是证明其持有人（债权人）有权在未来某个（些）时点向其发行人（债务人）收回本金或收取利息的凭证，包括可转让存单、商业票据、公司债券、有资产担保的证券、货币市场工具以及通常在金融市场上交易的类似工具。

金融衍生工具 又称金融衍生工具和雇员认股权，用于记录我国居民与非居民金融衍生工具和雇员认股权交易情况。

其他投资 除直接投资、证券投资、金融衍生工具和储备资产外，居民与非居民之间的其他金融交易。包括其他股权、货币和存款、贷款、保险和养老金、贸易信贷和其他。

净误差与遗漏 国际收支平衡表采用复式记账法，由于统计资料来源和时点不同等原因，会形成经常账户与资本和金融账户不平衡，形成统计残差项，称为净误差与遗漏。

Explanatory Notes on Main Statistical Indicators

Gross Domestic Product (GDP) refers to the final products produced by all resident units in a country during a certain period of time. Gross domestic product is expressed in three different perspectives, namely value, income, and products respectively. GDP in its value perspective refers to the balance of total value of all goods and services produced by all resident units during a certain period of time, minus the total value of input of goods and services of the nature of non-fixed assets; in other words, it is the sum of the value-added of all resident units. GDP from the perspective of income refers to the sum of all kinds of revenue, including compensation of employees, net taxes on production, depreciation of fixed assets, and operating surplus. GDP from the perspective of products refers to the value of all goods and services for final demand by all resident units plus the net exports of goods and services during a given period of time. In the practice of national accounting, gross domestic product is calculated by three approaches, namely production approach, income approach and expenditure approach, which reflect gross domestic product and its composition from different angles.

For a region, it is called as gross regional product(GRP) or regional GDP.

Gross National Income (GNI) originally known as gross national product(GNP), refers to the final result of the primary distribution of the income created by all resident units of a country during a certain period of time. The value-added created by the resident units of a country engaged in production activities is distributed, during the primary distribution, mainly to the resident units of that country, while part of it is distributed to the non-resident units in the form of production tax (minus subsidies to production), compensation of employees and property income. In the meantime, a part of the value-added created abroad is distributed to the resident units of the country in the form of production tax (minus subsidies to production), compensation of employees and property income. The concept of gross national income is thus developed, which equals to gross domestic product plus the net income from primary distribution from abroad. Unlike GDP which is a concept of production, GNI is a concept of income.

Three Strata of Industry Classification of economic activities into three strata of industries is a common practice in the world, although the grouping varies to some extent from country to country. In China, according to *Industrial Classification for National Economic Activities* (GB/T 4754—2017) and *Rules on Division of Three Strata of Industries*, economic activities are categorized into the following three strata of industries:

Primary industry refers to agriculture, forestry, animal husbandry and fishery industries (not including services in support of agriculture, forestry, animal husbandry and fishery industries).

Secondary industry refers to mining and quarrying (not including support activities for mining), manufacturing (not including repair service of metal products, machinery and equipment), production and supply of electricity, heat, gas and water, and construction.

Tertiary industry refers to all other economic activities not included in the primary or secondary industries.

Compensation of Employees refers to the total payment of various forms to employees for the productive activities they are engaged in. It includes the compensation earned by employees in cash or in kind. It mainly includes: wages, bonuses and allowances, subsidies, social insurance paid by company or employer for its staff, supplementary social insurance, housing fund, the pension for the employees of the administrative institution, other forms of welfare and remuneration provided by the employers for its employees.

Net Taxes on Production refers to taxes on production less subsidies on production. The taxes on production refers to the various taxes, extra charges and fees levied on the production units on their production, sale and business activities as well as on the use of some factors of production, such as fixed assets, land etc. in the production activities they are engaged in. Taxes on production are divided into product tax and other kinds of taxes on production, where product tax mainly includes: value-added tax, consumption tax, import duty, export duty; and other taxes on production mainly include: house property tax, tax on vehicles and boat operation, urban land use tax, etc. In contrast to taxes on production, subsidies on production refer to the payment by the government for free to the production units to influence production units's activities such as production, sales and pricing. Subsidies on production include agricultural production subsidies, subsidies for policy losses, import subsidies, etc., and are treated as negative taxes on production.

Depreciation of Fixed Assets refers to the decline of the value of fixed assets due to natural deterioration, normal elimination or loss, and it reflects the value of the fixed assets transferred into the output through production. In principle, the depreciation of fixed assets should be calculated on the basis of the re-purchased value of the fixed assets.

Operating Surplus refers to the balance of the value added created by the resident units after deducting the compensation of employees, net taxes on production and the depreciation of fixed assets.

GDP by Expenditure Approach refers to the method of measuring the final results of production activities of a country (region) during a given period from the perspective of final uses. It includes final consumption expenditure, gross capital formation and net export of goods and services. The formula for computation is:

GDP by expenditure approach = final consumption expenditure + gross capital formation + net export of goods and services

Final Consumption Expenditure refers to the total expenditure of resident units for purchases of goods and services from both the domestic economic territory and abroad to meet the needs of material, cultural and spiritual life. It does not include the expenditure of non-resident units on consumption in the economic territory of the country. The final consumption expenditure is broken down into household consumption expenditure and government consumption expenditure.

Household Consumption Expenditure refers to the total expenditure of resident households on the final consumption of goods and services. In addition to the consumption of goods and services bought by the households directly with money, the household consumption expenditure also includes expenditure on goods and services obtained by the households in other ways, i.e. the so-called imputed consumption expenditure, which mainly includes: (a) the goods and services provided to households by employers in the form of payment in kind and transfer in kind; (b) goods and services produced and consumed by the households themselves (such as self-producing-and-self-consuming agricultural products); (c) financial intermediate services provided by banking and insurance institutions.

Government Consumption Expenditure refers to the consumption expenditure spent for the provision of public services provided by the government to the whole country and the net expenditure on the goods and services provided by the government to households free of charge or at low prices. The former equals to the output value of the government services minus the value of operating income obtained by the government departments. The latter equals to the market value of the goods and services provided by the government free of charge or at low prices to the households minus the value received by the government from the households.

Actual Final Consumption refers to all goods and services acquired and used by resident units, for the satisfaction of their individual or collective needs or wants. It is broken down into household actual final consumption and government actual final consumption. From the numerical point of view, actual final consumption is equal to final consumption expenditure.

Social Transfer in Kind refers to the expenditure on goods and services provided by government, free of charge or at economically insignificant prices, to households for consumption purpose.

Household Actual Final Consumption refers to the value of goods and services for consumption, acquired by resident households, which is equal to the expenditure of households on goods and services for consumption plus the expenditure on goods and services for consumption provided by government to households in the form of social transfer in kind.

Government Actual Final Consumption refers to the value of the collective consumption services provided by government to the whole society, which is equal to the government final consumption expenditure minus the expenditure on goods and services for consumption provided by government to households in the form of social transfer in kind.

Gross Capital Formation refers to resident units' acquisitions less disposals of fixed assets and inventory during a given period, including gross fixed capital formation and changes in inventories.

Gross Fixed Capital Formation refers to the value of acquisitions less disposals of fixed assets during a given period. Fixed assets are the assets produced through production activities with unit value above a specified amount and which could be used for over one year. Natural assets, consumer durables, small instruments are not included. Gross fixed capital formation includes the value of housing, other buildings and structure, equipment and machinery, breeding biological resources, intellectual property right product (expenditure for R&D, the prospecting of minerals and the acquisition of computer software) minus the disposal of them.

Changes in Inventories refer to the market value of the change in the physical volume of inventory of resident units during a given period, i.e. the difference between the values at the beginning and at the end of the period minus the gains due to the change in prices. The changes in inventories can have a positive or a negative value. A positive value indicates an increase in inventory while a negative value indicates a decrease in inventory. The inventory includes raw materials, fuels and reserve materials purchased by the production units as well as the inventory of finished products, semi-finished products and work-in-progress.

Net Export of Goods and Services refers to the exports of goods and services subtracting the imports of goods and services. Exports include the value of various goods and services sold or gratuitously transferred by resident units to non-resident units. Imports include the value of various goods and services purchased or gratuitously acquired by resident units from non-resident units. The exports and imports of goods are calculated at FOB.

Institutional Units refer to economic entities that are capable, in its own rights, of owning assets, incurring liabilities and engaging independently in economic activities and in transactions with other entities.

Institutional Sectors refer to groups of institutional units that are homogenous in nature and grouped together. The following 4 institutional sectors are identified in the flow of funds accounts: non-financial corporations, financial institutions, government and households. Also treated as an institutional sector is the rest of the world, which is composed of non-resident units that have transactions with resident units.

Non-Financial Corporations and the Sector of Non-Financial Corporations Non-financial corporations refer to resident corporations that are engaged in the production of goods and the provision of non-financial services in the market, mainly covering corporate enterprises of various types engaging in the above-mentioned activities. All non-financial corporations make up the sector of non-financial corporations.

Financial Institutions and the Sector of Financial Institutions Financial institutions refer to resident institutions that are engaged in the financial intermediary services or auxiliary financial activities that are closely related with financial intermediary services, mainly covering legal entities engaging in activities of monetary services, capital market services, insurance services, and other financial services. All financial institutions make up the sector of financial institutions.

General Government and the Sector of General Governments General government refer to legal entities and their auxiliary units that are established through the political process and are empowered with legislative, administrative or judicial rights over other institutional within specific regions. The main function of general government is to acquire funds through taxation or other means in order to provide goods and services to society and households; and to conduct redistribution of income and properties of society through transfer payment; and to engage in non-market production. General government cover mainly: party and government organizations at all levels, mass organizations, public institutions, grass roots self-governing organizations, etc. All general governments make up the sector of general governments.

Households and the Sector of Households Households refer to resident individuals or groups of resident individuals who share common living facilities, jointly use entire or part of their income and properties, and share their housing, food and other consumer goods and services. All households make up the sector of households.

Non-resident Units and the Rest of the World All units that are not resident units are non-resident units. All non-resident units that have transactions with resident units make up the rest of the world.

Gross Primary Income Primary income refers to the distribution of the value created from production activities among the owners of factors of production and the governments. The final result from production activities is the value-added. Factors of production mainly include labour force, capital, natural resources. Owners of labour force gain compensation of employees by providing labour. Owners of capitals gain income of various forms by providing capital: owners of loan capital receive income from interests; share holders receive dividends or participate in profit distribution; owners of natural resources receive rents for assign the use right of natural resources. Government levies production tax on production activities or factors of production for state administration needs and pay production subsidies for supporting related production activities. Results of primary distribution generate the gross primary income of each sector, and the sum of the gross primary income of all sectors make up the gross national income, or the gross national product.

Current Transfers Transfer refers to the transaction in the form of provision of goods, services or assets by an institutional unit to another institutional unit without receiving any direct corresponding return from the recipient. Current transfers are transfers that don't involve obtaining or disposing property (except inventory and cash) of one side or both sides. They include regular tax such as income tax and property tax, social insurance contributions, social insurance benefits, social assistance and other current transfers.

Gross Disposable Income Gross income from primary distribution is re-distributed through current transfer, resulting in the gross disposable income of various institutional sectors. The sum of gross disposable income of all institutional sectors is the gross national disposable income.

Adjusted Gross Disposable Income The adjusted gross disposal income of each institutional sector, is equal to gross disposal income plus social transfer in kind receivable minus social transfer in kind payable of the institutional sector. It reflects the total income responding to the actual final consumption of each institutional sector.

Gross Savings refer to gross disposable income subtracting final consumption. The sum of gross savings of all sectors is the gross national savings.

Capital Transfer refers to the transfers that involve obtaining or disposing of property (except inventory and cash) of one side or both sides. Capital transfer includes: capital tax, investment grants and other capital transfers.

Net Financial Investment reflects the surplus or shortage of capitals of institutional sectors or of the economy in general in the process of non-financial investment. It is equal to gross savings plus net capital transfer minus non-financial investment. From the point of view of financial transaction, it is the difference between the increase of financial assets minus the increase of the financial liabilities.

Currency refers to currency that is in circulation in the market, including paper money and coin.

Deposits refer to deposits in depository financial institutions in various forms, which mainly include demand deposit, time deposit, fiscal deposit, foreign exchange deposit and other deposit, etc.

Loans refer to various types of loans granted by financial institutions, which mainly include short-term loan and bill financing, medium- and long-term loan, foreign exchange loan, entrusted loans and other loans.

Bonds refer to securities issued by institutional units to raise funds and promised to be repaid on agreed terms. They include government bonds, financial bonds, central bank bonds, and corporation bonds, etc.

Stock is certificate issued by limited liability company in accordance with the provisions of the company law, to raise capital, to justify the shareholder rights and interests and accordingly obtain the dividend and bonus.

Insurance Technical Reserves consists of net equity of social insurance fund and commercial insurance fund, prepayments of insurance premiums, and reserves for outstanding claims, and bond repurchase.

Inter- financial Institutions Accounts refer to flow of capital between financial institutions, consisting of nostro & vostro accounts, inter-bank lending.

Required and Excessive Reserves refer to financial institutions' deposits and required reserves in the People's Bank of China.

Central Bank Loans refer to lending to financial institutions by the People's Bank of China

International Reserve Assets refers to the foreign assets owned by the central bank, including foreign exchange, monetary gold, SDRs, and reserve position in the International Monetary Fund and other creditor's rights.

Current Account includes goods, services, primary income, and secondary income.

Goods refer to transactions of goods where economic ownership is transferred between residents and non-residents.

Services include processing services, maintenance and repair services, transportation, travel, construction, insurance and pension services, financial services, intellectual property rights royalties, telecommunications, computer and information services, other business services, personal, cultural and entertainment services and government services not mentioned elsewhere.

Primary Income refers to the returns received for the provision of services, financial assets, and leasing of natural resources, which includes three parts: employee compensation, investment income, and other primary income.

Secondary Income refers to the current transfers between resident units and non-resident units, including cash and transfers in kind.

Capital Account reflects the capital transfers between resident units and non-resident units, and the acquisition and disposal of non-productive non-financial assets between residents and non-residents.

Financial Account refers to the transaction of financial assets and liabilities between resident units and non-resident units, including non-reserve financial accounts and international reserves.

Direct Investment is an investment aimed at investors seeking effective voice for enterprises operating outside their own country. It includes two parts: direct investment assets and direct investment liabilities. Related investment instruments can be divided into equity and related enterprise debt. Equity includes equity and investment fund shares, as well as reinvestment returns. The liabilities of affiliated enterprises include negotiable and non-negotiable creditor's rights and liabilities among affiliated enterprises.

Security Investment includes securities investment assets and securities investment liabilities, and related investment instruments can be divided into equity and bonds. Equity rights include share rights and investment fund shares. Shares recorded under securities investment and investment fund shares should be negotiable (tradable). Equity rights are usually evidenced by shares, stocks, shares, depository receipts or similar documents. Investment fund share refers to the share of collective investment products such as mutual funds held by investors. A bond is a negotiable debt instrument, which is a certificate proving that its holder (creditor) has the right to recover principal or interest from its issuer (debtor) at some point in the future, including negotiable deposits, commercial instruments, corporate bonds, asset-backed securities, money market instruments, and a similar tool for usually trading on the financial market.

Financial Derivatives also known as financial derivatives and employee stock options, are used to record the transactions of financial derivatives and employee stock options between resident units and non-resident units.

Other Investments refer to financial transactions between residents and non-residents other than direct investment, securities investment, financial derivatives and reserve assets. They include other equity, currency and deposits, loans, insurance and pensions, trade credit and others.

Net Errors and Omissions Balance of payments statement adopts double-entry accounting method. Because of the differences in source data and recording time, it will cause imbalance between current account and capital and financial account, and result in statistical residual, which is called net errors and omissions.

4

就业和工资

Employment and Wages

简 要 说 明

一、本篇资料的主要内容

本篇资料反映我国劳动经济方面的基本情况，包括全国及31个省、自治区、直辖市的主要劳动统计数据。如：劳动力，就业人员，城镇登记失业人员，单位就业人员，工资总额，平均工资及指数变化情况等。

二、本篇资料的统计范围

《劳动工资统计报表制度》的调查范围为城镇地区全部法人单位；《全国月度劳动力调查制度》的调查范围为我国大陆地区的城镇和乡村地域。

三、本篇的资料来源

1.就业基本情况及分组资料、工资总额等资料，是国家统计局人口和就业统计司根据《劳动工资统计报表制度》和《全国月度劳动力调查制度》搜集资料，加工整理。1990年及以后的劳动力、就业人员总量及结构数据根据劳动力调查、全国人口普查推算；其中2011-2019年数据是根据第七次全国人口普查修订数。

2.城镇登记失业人员及登记失业率，是人力资源和社会保障部根据其《人力资源和社会保障统计调查制度》整理提供。

四、本篇的统计调查方法

劳动工资统计采用全面调查和抽样调查相结合的方法；劳动力调查采用抽样调查方法。

Brief Introduction

I. Main Contents

Data in this chapter show the basic conditions of China's labour economy, including main labour statistics on the whole country and 31 provinces, autonomous regions and municipalities directly under the Central Government, such as the number of labour force, number of employed persons, number of registered unemployed persons in urban areas, persons employed in various units, total wage bills and average wages of employed persons as well as changes in related indices.

II. Scope of Statistics

The Reporting Form System on Labour and Wage Statistics covers all corporate units in urban area. *The National Monthly Labour Force Survey* covers all population in urban and rural areas in China.

III. Sources of Data

(1) Data on basic conditions of employment and their breakdowns, total wage bills of staff and workers are collected and compiled through *The Reporting Form System on Labour and Wage Statistics* and *The National Monthly Labour Force Survey* by the Department of Population and Employment Statistics, NBS. From 1990, the total and structural data of labour force and employed persons were estimated according to Labour Force Survey and Population Census. The data from 2011 to 2019 were revised according to the Seventh National Population Census.

(2) Data on the number of registered unemployed persons and unemployment rate in urban areas are collected through *The Human Resources and Social Security Statistical Survey System,* which are provided by the Ministry of Human Resources and Social Security.

IV. Methodology of Survey

The method of overall survey and sampling survey is used in the labour wage statistics. The Labour Force Survey is conducted by using sampling methods.

4-1 就业基本情况
Employment

项目	Item	2016	2017	2018	2019	2020
劳动力（万人）	**Labour Force (10 000 persons)**	**79282**	**79042**	**78653**	**78985**	**78392**
就业人员（万人）	**Number of Employed Persons (10 000 persons)**	**76245**	**76058**	**75782**	**75447**	**75064**
第一产业	Primary Industry	20908	20295	19515	18652	17715
第二产业	Secondary Industry	22295	21762	21356	21234	21543
第三产业	Tertiary Industry	33042	34001	34911	35561	35806
按城乡分就业人员(万人)	**Number of Employed Persons by Urban and Rural Areas (10 000 persons)**					
城镇就业人员	Urban Employed Persons	42051	43208	44292	45249	46271
乡村就业人员	Rural Employed Persons	34194	32850	31490	30198	28793
按登记注册类型分城镇非私营单位就业人员(万人)	**Number of Employed Persons in Urban Non-private Units by Status of Registration (10 000 persons)**					
国有单位	State-owned Units	6170	6064	5740	5473	5563
城镇集体单位	Urban Collective-owned Units	453	406	347	296	271
股份合作单位	Cooperative Units	86	77	66	60	69
联营单位	Joint Ownership Units	18	13	12	12	25
有限责任公司	Limited Liability Corporations	6381	6367	6555	6608	6542
股份有限公司	Share-holding Corporations Ltd.	1824	1846	1875	1879	1837
港澳台商投资单位	Units with Funds from Hong Kong, Macao and Taiwan	1305	1290	1153	1157	1159
外商投资单位	Foreign Funded Units	1361	1291	1212	1203	1216
城镇登记失业人员(万人)	**Number of Registered Unemployed Persons in Urban Areas (10 000 persons)**	**982**	**972**	**974**	**945**	**1160**
城镇登记失业率（%）	**Registered Unemployment Rate in Urban Areas (%)**	**4.02**	**3.90**	**3.80**	**3.62**	**4.24**
城镇调查失业率（%）	**Surveyed Unemployment Rate in Urban Areas (%)**			**4.9**	**5.2**	**5.2**

注：1990年及以后的劳动力、就业人员数据根据劳动力调查、全国人口普查推算；其中2011-2019年数据是根据第七次全国人口普查修订数(下表同)。

a) From 1990, the total number of labour force and employed persons were estimated according to Labour Force Survey and Population Census. The data from 2011 to 2019 were revised according to the Seventh National Population Census. The same applies to the following tables.

4-2 按三次产业分就业人员数（年底数）
Number of Employed Persons at Year-end by Three Strata of Industry

年 份 Year	就业人员（万人） Employed Persons (10 000 persons)	第一产业 Primary Industry	第二产业 Secondary Industry	第三产业 Tertiary Industry	构成（合计=100）Composition in Percentage 第一产业 Primary Industry	第二产业 Secondary Industry	第三产业 Tertiary Industry
1952	20729	17317	1531	1881	83.5	7.4	9.1
1957	23771	19309	2142	2320	81.2	9.0	9.8
1962	25910	21276	2059	2575	82.1	8.0	9.9
1965	28670	23396	2408	2866	81.6	8.4	10.0
1970	34432	27811	3518	3103	80.8	10.2	9.0
1975	38168	29456	5152	3560	77.2	13.5	9.3
1978	40152	28318	6945	4890	70.5	17.3	12.2
1979	41024	28634	7214	5177	69.8	17.6	12.6
1980	42361	29122	7707	5532	68.7	18.2	13.1
1981	43725	29777	8003	5945	68.1	18.3	13.6
1982	45295	30859	8346	6090	68.1	18.4	13.5
1983	46436	31151	8679	6606	67.1	18.7	14.2
1984	48197	30868	9590	7739	64.0	19.9	16.1
1985	49873	31130	10384	8359	62.4	20.8	16.8
1986	51282	31254	11216	8811	60.9	21.9	17.2
1987	52783	31663	11726	9395	60.0	22.2	17.8
1988	54334	32249	12152	9933	59.3	22.4	18.3
1989	55329	33225	11976	10129	60.1	21.6	18.3
1990	64749	38914	13856	11979	60.1	21.4	18.5
1991	65491	39098	14015	12378	59.7	21.4	18.9
1992	66152	38699	14355	13098	58.5	21.7	19.8
1993	66808	37680	14965	14163	56.4	22.4	21.2
1994	67455	36628	15312	15515	54.3	22.7	23.0
1995	68065	35530	15655	16880	52.2	23.0	24.8
1996	68950	34820	16203	17927	50.5	23.5	26.0
1997	69820	34840	16547	18432	49.9	23.7	26.4
1998	70637	35177	16600	18860	49.8	23.5	26.7
1999	71394	35768	16421	19205	50.1	23.0	26.9
2000	72085	36043	16219	19823	50.0	22.5	27.5
2001	72797	36399	16234	20165	50.0	22.3	27.7
2002	73280	36640	15682	20958	50.0	21.4	28.6
2003	73736	36204	15927	21605	49.1	21.6	29.3
2004	74264	34830	16709	22725	46.9	22.5	30.6
2005	74647	33442	17766	23439	44.8	23.8	31.4
2006	74978	31941	18894	24143	42.6	25.2	32.2
2007	75321	30731	20186	24404	40.8	26.8	32.4
2008	75564	29923	20553	25087	39.6	27.2	33.2
2009	75828	28890	21080	25857	38.1	27.8	34.1
2010	76105	27931	21842	26332	36.7	28.7	34.6
2011	76196	26472	22539	27185	34.7	29.6	35.7
2012	76254	25535	23226	27493	33.5	30.4	36.1
2013	76301	23838	23142	29321	31.3	30.3	38.4
2014	76349	22372	23057	30920	29.3	30.2	40.5
2015	76320	21418	22644	32258	28.0	29.7	42.3
2016	76245	20908	22295	33042	27.4	29.3	43.3
2017	76058	20295	21762	34001	26.7	28.6	44.7
2018	75782	19515	21356	34911	25.7	28.2	46.1
2019	75447	18652	21234	35561	24.7	28.2	47.1
2020	75064	17715	21543	35806	23.6	28.7	47.7

4-3 分地区就业人员数(2020年底数)
Number of Employed Persons by Region (End of 2020)

单位：万人 (10 000 persons)

地 区	Region	就业人员 Employed Persons	按城乡分 By Urban and Rural Areas 城镇 Urban	乡村 Rural	按三次产业分 By Three Industries 第一产业 Primary Industry	第二产业 Secondary Industry	第三产业 Tertiary Industry
全 国	**National Total**	**75064**	**46271**	**28793**	**17715**	**21543**	**35806**
北 京	Beijing	1164	1018	146	28	194	942
天 津	Tianjin	647	538	109	36	221	390
河 北	Hebei	3671	2099	1572	815	1171	1685
山 西	Shanxi	1738	1002	736	424	438	876
内蒙古	Inner Mongolia	1242	784	458	443	211	588
辽 宁	Liaoning	2231	1481	750	631	496	1104
吉 林	Jilin	1261	728	533	472	184	605
黑龙江	Heilongjiang	1473	923	550	538	240	695
上 海	Shanghai	1374	1202	172	27	448	899
江 苏	Jiangsu	4893	3481	1412	675	1944	2274
浙 江	Zhejiang	3857	2755	1102	208	1692	1957
安 徽	Anhui	3243	1791	1452	815	1020	1408
福 建	Fujian	2206	1479	727	323	719	1164
江 西	Jiangxi	2264	1296	968	455	767	1042
山 东	Shandong	5510	3346	2164	1373	1838	2299
河 南	Henan	4884	2591	2293	1223	1443	2218
湖 北	Hubei	3261	1872	1389	897	857	1507
湖 南	Hunan	3280	1871	1409	836	884	1560
广 东	Guangdong	7039	5418	1621	767	2526	3746
广 西	Guangxi	2558	1339	1219	866	655	1037
海 南	Hainan	541	318	223	171	62	308
重 庆	Chongqing	1676	1100	576	378	421	877
四 川	Sichuan	4745	2489	2256	1542	1098	2105
贵 州	Guizhou	1892	977	915	634	472	786
云 南	Yunnan	2806	1292	1514	1226	497	1083
西 藏	Tibet	193	73	120	69	30	94
陕 西	Shaanxi	2105	1235	870	632	443	1030
甘 肃	Gansu	1331	618	713	597	237	497
青 海	Qinghai	279	170	109	71	62	146
宁 夏	Ningxia	344	220	124	83	82	179
新 疆	Xinjiang	1356	765	591	460	191	705

4-4 按登记注册类型分城镇非私营单位就业人员数(年底数)
Number of Employed Persons in Urban Non-Private Units at Year-end by Status of Registration

单位：万人 (10 000 persons)

年 份 Year	单位就业人员 Persons Employed in Various Units	国有单位 State-owned Units	城镇集体单位 Urban Collective-owned Units	股份合作单位 Cooperative Units	联营单位 Joint Ownership Units	有限责任公司 Limited Liability Corporations	股份有限公司 Share-holding Corporations Ltd.	港澳台商投资单位 Units with Funds from Hong Kong, Macao and Taiwan	外商投资单位 Foreign Funded Units
1971	6787	5318	1469						
1975	8198	6426	1772						
1980	10444	8019	2425						
1981	10940	8372	2568						
1982	11281	8630	2651						
1983	11515	8771	2744						
1984	11890	8637	3216						
1985	12358	8990	3324		38				
1986	12809	9333	3421						
1987	13214	9654	3488		50				
1988	13608	9984	3527		63				
1989	13742	10108	3502		82				
1990	14059	10346	3549		96			4	62
1991	14508	10664	3628		49			69	96
1992	14792	10889	3621		56			83	138
1993	14849	10920	3393		66		164	155	133
1994	14849	10890	3211		52		292	211	195
1995	15301	11261	3147		53		317	272	241
1996	15221	11244	3016		49		363	265	275
1997	15036	11044	2883		43		468	281	300
1998	12696	9058	1963	136	48	484	410	294	293
1999	12130	8572	1712	144	46	603	420	306	306
2000	11612	8102	1499	155	42	687	457	310	332
2001	11166	7640	1291	153	45	841	483	326	345
2002	10985	7163	1122	161	45	1083	538	367	391
2003	10970	6876	1000	173	44	1261	592	409	454
2004	11099	6710	897	192	44	1436	625	470	563
2005	11404	6488	810	188	45	1750	699	557	688
2006	11713	6430	764	178	45	1920	741	611	796
2007	12024	6424	718	170	43	2075	788	680	903
2008	12193	6447	662	164	43	2194	840	679	943
2009	12573	6420	618	160	37	2433	956	721	978
2010	13052	6516	597	156	36	2613	1024	770	1053
2011	14413	6704	603	149	37	3269	1183	932	1217
2012	15236	6839	590	149	39	3787	1243	969	1246
2013	18108	6365	566	108	25	6069	1721	1397	1566
2014	18278	6312	537	103	22	6315	1751	1393	1562
2015	18062	6208	481	92	20	6389	1798	1344	1446
2016	17888	6170	453	86	18	6381	1824	1305	1361
2017	17644	6064	406	77	13	6367	1846	1290	1291
2018	17258	5740	347	66	12	6555	1875	1153	1212
2019	17162	5473	296	60	12	6608	1879	1157	1203
2020	17039	5563	271	69	25	6542	1837	1159	1216

注：1.1994年及以前为职工数(以下各表同)。
2.1998年及以后城镇单位就业人员、工资总额、平均工资等指标中不再包括离开本单位仍保留劳动关系的职工及其生活费。
3.2013年部分经济类型单位、部分行业就业人员数、工资总额变动较大，系将原属于乡镇企业的规模以上法人单位纳入劳动工资统计范围所致。

a) Data before 1994 are figures for staff and workers. The same applies to the following tables.
b) The scope of statistics on employed person in urban units, total wage bills, average wages do not include the persons who had left their working units and while keeping their labour contract/employment relation unchanged since 1998.
c) In 2013, there is fairly big change in figures on employment and total wage bill for some units by status of registration and for some industries, because some corporate units above designated size originally classified as township enterprises are taken into statistics of labour wages.

4-5 按登记注册类型和行业分城镇非私营单位就业人员数（2020年底）
Number of Employed Persons in Urban Non-Private Units at Year-end by Status of Registration and Sector (2020)

单位：万人 (10 000 persons)

项目	Item	单位就业人员 Persons Employed in Various Units	国有单位 State-owned Units	城镇集体单位 Urban Collective-owned Units	其他单位 Units of Other Types of Ownership
全国总计	**National Total**	**17039.1**	**5563.0**	**271.2**	**11204.9**
农、林、牧、渔业	Agriculture, Forestry, Animal Husbandry and Fishery	85.7	58.0	1.8	25.8
采矿业	Mining	352.1	18.0	2.7	331.4
制造业	Manufacturing	3805.5	46.4	21.9	3737.2
电力、热力、燃气及水生产和供应业	Production and Supply of Electricity, Heat, Gas and Water	379.7	102.4	3.4	273.9
建筑业	Construction	2153.3	89.1	83.2	1980.9
批发和零售业	Wholesale and Retail Trades	786.9	47.8	9.2	730.0
交通运输、仓储和邮政业	Transport, Storage and Post	812.2	108.5	7.8	695.9
住宿和餐饮业	Hotels and Catering Services	256.6	20.6	2.6	233.4
信息传输、软件和信息技术服务业	Information Transmission, Software and Information Technology	487.1	25.6	0.6	460.9
金融业	Financial Intermediation	859.0	68.6	7.0	783.4
房地产业	Real Estate	525.4	22.1	9.2	494.0
租赁和商务服务业	Leasing and Business Services	643.6	96.2	19.5	527.9
科学研究和技术服务业	Scientific Research and Technical Services	431.2	152.2	4.7	274.3
水利、环境和公共设施管理业	Management of Water Conservancy, Environment and Public Facilities	245.6	122.1	4.9	118.5
居民服务、修理和其他服务业	Services to Households, Repair and Other Services	82.8	11.8	3.8	67.2
教育	Education	1958.9	1637.0	46.7	275.2
卫生和社会工作	Health and Social Service	1051.9	894.5	35.2	122.2
文化、体育和娱乐业	Culture, Sports and Entertainment	149.5	85.5	1.7	62.4
公共管理、社会保障和社会组织	Public Management, Social Security and Social Organization	1972.2	1956.6	5.4	10.2

4-6 按行业分城镇非私营单位就业人员数(年底数)
Number of Employed Persons in Urban Non-Private Units at Year-end by Sector

单位: 万人 (10 000 persons)

年份 地区	Year Region	单位就业人员 Persons Employed in Various Units	农、林、牧、渔业 Agriculture, Forestry, Animal Husbandry and Fishery	采矿业 Mining	制造业 Manufacturing	电力、热力、燃气及水生产和供应业 Production and Supply of Electricity, Heat, Gas and Water	建筑业 Construction	批发和零售业 Wholesale and Retail Trades
	2005	11404.0	446.3	509.2	3210.9	299.9	926.6	544.0
	2006	11713.2	435.2	529.7	3351.6	302.5	988.7	515.7
	2007	12024.4	426.3	535.0	3465.4	303.4	1050.8	506.9
	2008	12192.5	410.1	540.4	3434.3	306.5	1072.6	514.4
	2009	12573.0	373.7	553.7	3491.9	307.7	1177.5	520.8
	2010	13051.5	375.7	562.0	3637.2	310.5	1267.5	535.1
	2011	14413.3	359.5	611.6	4088.3	334.7	1724.8	647.5
	2012	15236.4	338.9	631.0	4262.2	344.6	2010.3	711.8
	2013	18108.4	294.8	636.5	5257.9	404.5	2921.9	890.8
	2014	18277.8	284.6	596.5	5243.1	403.7	2921.2	888.6
	2015	18062.5	270.0	545.8	5068.7	396.0	2796.0	883.3
	2016	17888.1	263.2	490.9	4893.8	387.6	2724.7	875.0
	2017	17643.8	255.4	455.4	4635.5	377.0	2643.2	842.8
	2018	17258.2	192.6	414.4	4178.3	369.2	2710.9	823.3
	2019	17161.8	134.1	367.7	3832.0	373.1	2270.5	830.0
	2020	17039.1	85.7	352.1	3805.5	379.7	2153.3	786.9
北京	Beijing	739.9	1.2	3.1	59.8	9.5	45.4	52.9
天津	Tianjin	255.3	0.3	5.7	65.1	4.1	23.0	18.2
河北	Hebei	561.2	2.5	16.0	98.5	18.7	41.2	20.4
山西	Shanxi	442.6	1.3	82.6	57.9	15.7	28.9	13.7
内蒙古	Inner Mongolia	270.6	7.5	11.3	31.2	16.0	10.2	7.8
辽宁	Liaoning	476.8	7.7	18.6	102.4	15.3	28.3	17.7
吉林	Jilin	257.8	5.1	7.4	45.4	9.5	13.3	9.3
黑龙江	Heilongjiang	316.4	20.1	23.6	28.0	13.9	14.7	10.9
上海	Shanghai	645.6	0.9	0.1	130.5	3.4	28.5	89.0
江苏	Jiangsu	1342.5	2.3	5.3	454.1	14.3	282.5	57.8
浙江	Zhejiang	1025.8	0.6	0.5	309.4	13.0	198.0	41.4
安徽	Anhui	565.6	3.0	13.6	127.3	10.1	105.8	23.5
福建	Fujian	605.9	1.1	1.6	162.1	10.9	136.9	24.1
江西	Jiangxi	451.5	2.5	2.9	108.7	9.6	79.5	16.0
山东	Shandong	1098.3	1.3	28.5	273.3	28.3	139.6	44.4
河南	Henan	964.9	2.2	27.5	215.6	23.8	148.3	35.2
湖北	Hubei	631.2	1.9	2.7	130.0	14.5	104.3	31.5
湖南	Hunan	604.9	1.8	4.5	96.7	15.4	103.6	23.2
广东	Guangdong	2085.3	2.2	1.4	819.1	26.9	127.8	105.4
广西	Guangxi	410.4	2.6	0.8	51.2	11.6	67.0	12.8
海南	Hainan	108.5	4.4	0.5	7.2	2.2	5.7	6.5
重庆	Chongqing	370.8	0.4	3.0	67.1	6.2	71.2	19.0
四川	Sichuan	861.8	2.5	13.6	139.4	23.2	151.4	31.9
贵州	Guizhou	335.3	1.0	12.2	28.8	9.5	43.9	12.4
云南	Yunnan	358.2	2.6	5.7	40.3	11.3	33.7	14.4
西藏	Tibet	41.7	0.3	0.7	1.7	1.1	3.5	2.5
陕西	Shaanxi	489.6	1.6	28.9	75.7	13.1	54.6	21.9
甘肃	Gansu	262.2	1.9	7.2	28.3	10.7	33.1	8.5
青海	Qinghai	66.4	0.7	3.0	8.6	2.2	4.2	2.2
宁夏	Ningxia	69.1	0.6	6.1	9.3	4.2	3.2	2.3
新疆	Xinjiang	323.0	1.8	13.5	32.8	11.4	21.8	10.2

4-6 续表 1 continued

单位：万人 (10 000 persons)

年份 Year / 地区 Region		交通运输、仓储和邮政业 Transport, Storage and Post	住宿和餐饮业 Hotels and Catering Services	信息传输、软件和信息技术服务业 Information Transmission, Software and Information Technology	金融业 Financial Intermediation	房地产业 Real Estate	租赁和商务服务业 Leasing and Business Services
	2005	613.9	181.2	130.1	359.3	146.5	218.5
	2006	612.7	183.9	138.2	367.4	153.9	236.7
	2007	623.1	185.8	150.2	389.7	166.5	247.2
	2008	627.3	193.2	159.5	417.6	172.7	274.7
	2009	634.4	202.1	173.8	449.0	190.9	290.5
	2010	631.1	209.2	185.8	470.1	211.6	310.1
	2011	662.8	242.7	212.8	505.3	248.6	286.6
	2012	667.5	265.1	222.8	527.8	273.7	292.3
	2013	846.2	304.4	327.3	537.9	373.7	421.9
	2014	861.4	289.3	336.3	566.3	402.2	449.4
	2015	854.4	276.1	349.9	606.8	417.3	474.0
	2016	849.5	269.7	364.1	665.2	431.7	488.4
	2017	843.9	265.9	395.4	688.8	444.8	522.6
	2018	819.0	269.8	424.3	699.3	466.0	529.5
	2019	815.5	265.2	455.3	826.1	510.3	660.4
	2020	812.2	256.6	487.1	859.0	525.4	643.6
北京	Beijing	56.0	26.8	92.3	62.8	45.0	62.3
天津	Tianjin	14.7	5.6	7.0	18.0	9.2	13.6
河北	Hebei	27.3	4.3	10.4	36.4	11.8	15.0
山西	Shanxi	23.5	3.7	5.2	27.2	5.7	11.4
内蒙古	Inner Mongolia	19.7	2.4	4.6	21.2	5.3	5.4
辽宁	Liaoning	30.6	4.9	13.9	32.2	12.0	14.5
吉林	Jilin	16.5	1.9	4.4	21.1	5.4	5.1
黑龙江	Heilongjiang	23.4	1.4	8.6	24.3	5.4	12.4
上海	Shanghai	47.8	26.3	44.8	29.7	28.5	68.9
江苏	Jiangsu	45.5	19.7	32.8	40.4	29.8	45.7
浙江	Zhejiang	35.2	14.7	28.3	48.2	28.8	37.5
安徽	Anhui	20.8	5.8	9.7	27.5	15.6	18.6
福建	Fujian	22.8	8.8	10.3	26.6	16.9	18.3
江西	Jiangxi	18.6	3.7	5.5	18.0	9.9	7.4
山东	Shandong	47.6	11.3	19.9	65.7	27.6	23.5
河南	Henan	42.1	7.7	18.3	27.0	29.3	23.9
湖北	Hubei	29.2	9.0	16.4	23.8	18.7	19.6
湖南	Hunan	25.6	6.3	8.5	31.2	16.2	12.8
广东	Guangdong	83.1	39.3	74.0	95.3	90.1	118.6
广西	Guangxi	18.6	4.1	5.9	19.5	9.4	13.4
海南	Hainan	7.8	5.2	2.4	8.1	8.4	3.1
重庆	Chongqing	21.3	4.2	5.9	28.0	14.9	12.3
四川	Sichuan	34.6	16.3	23.7	37.9	29.7	28.5
贵州	Guizhou	13.2	2.7	4.6	14.8	10.6	7.2
云南	Yunnan	16.2	4.9	5.3	11.9	10.2	11.7
西藏	Tibet	2.1	0.8	1.1	1.1	0.6	1.8
陕西	Shaanxi	28.8	8.7	14.0	26.6	13.8	11.9
甘肃	Gansu	13.2	3.0	3.6	14.3	6.7	4.2
青海	Qinghai	5.1	0.5	0.9	2.9	1.5	1.3
宁夏	Ningxia	3.7	0.4	0.8	4.2	1.5	1.0
新疆	Xinjiang	17.6	2.3	4.0	13.1	6.4	12.6

4-6 续表 2 continued

单位：万人 (10 000 persons)

年 份 Year 地 区 Region	科学研究和技术服务业 Scientific Research and Technical Services	水利、环境和公共设施管理业 Management of Water Conservancy, Environment and Public Facilities	居民服务、修理和其他服务业 Services to Households, Repair and Other Services	教育 Education	卫生和社会工作 Health and Social Service	文化、体育和娱乐业 Culture, Sports and Entertainment	公共管理、社会保障和社会组织 Public Management, Social Security and Social Organization
2005	227.7	180.4	53.9	1483.2	508.9	122.5	1240.8
2006	235.5	187.0	56.6	1504.4	525.4	122.4	1265.6
2007	243.4	193.5	57.4	1520.9	542.8	125.0	1291.2
2008	257.0	197.3	56.5	1534.0	563.6	126.0	1335.0
2009	272.6	205.7	58.8	1550.4	595.8	129.5	1394.3
2010	292.3	218.9	60.2	1581.8	632.5	131.4	1428.5
2011	298.5	230.3	59.9	1617.8	679.1	135.0	1467.6
2012	330.7	243.8	62.1	1653.4	719.3	137.7	1541.5
2013	387.8	259.2	72.3	1687.2	770.0	147.0	1567.0
2014	408.0	269.1	75.4	1727.3	810.4	145.5	1599.3
2015	410.6	273.3	75.2	1736.5	841.6	149.1	1637.8
2016	419.6	269.6	75.4	1729.2	867.0	150.8	1672.6
2017	420.4	268.5	78.2	1730.4	897.9	152.2	1725.6
2018	411.5	260.6	77.4	1735.6	912.4	146.6	1817.5
2019	434.3	244.5	86.3	1909.3	1006.2	151.2	1989.8
2020	431.2	245.6	82.8	1958.9	1051.9	149.5	1972.2
北 京 Beijing	58.2	11.6	5.9	58.0	31.6	17.9	39.7
天 津 Tianjin	11.4	3.3	6.3	19.3	11.7	1.7	17.3
河 北 Hebei	15.7	9.7	2.3	83.0	45.3	5.2	97.5
山 西 Shanxi	7.9	7.6	1.1	54.7	26.1	4.6	63.8
内蒙古 Inner Mongolia	6.3	4.2	0.6	36.0	19.5	3.2	58.2
辽 宁 Liaoning	10.5	8.3	1.6	52.7	33.3	4.4	67.9
吉 林 Jilin	7.3	5.7	1.8	35.9	21.2	3.0	38.4
黑龙江 Heilongjiang	5.6	6.5	1.2	39.8	26.5	2.5	47.7
上 海 Shanghai	32.1	10.2	11.1	38.1	29.6	6.0	20.0
江 苏 Jiangsu	26.6	13.7	5.2	108.8	59.9	8.9	89.0
浙 江 Zhejiang	19.6	11.6	4.2	90.9	53.2	7.9	82.9
安 徽 Anhui	11.1	7.1	2.0	66.0	35.1	3.5	59.6
福 建 Fujian	8.4	7.4	3.6	63.5	26.5	4.2	51.8
江 西 Jiangxi	7.1	5.7	1.0	61.6	28.4	3.3	62.2
山 东 Shandong	20.5	17.7	3.0	129.1	73.0	7.5	136.5
河 南 Henan	18.4	15.2	2.9	129.6	69.0	7.5	121.2
湖 北 Hubei	17.1	8.7	2.1	75.3	44.2	6.1	76.2
湖 南 Hunan	13.3	9.6	2.5	91.7	46.5	6.2	89.3
广 东 Guangdong	47.8	20.4	11.6	169.8	90.6	12.5	149.4
广 西 Guangxi	8.6	7.1	0.9	76.7	38.1	2.9	59.2
海 南 Hainan	2.5	4.4	0.9	15.2	7.6	1.6	14.9
重 庆 Chongqing	7.7	3.8	0.8	41.4	21.5	2.7	39.3
四 川 Sichuan	20.4	11.0	3.4	114.2	62.2	6.3	111.5
贵 州 Guizhou	5.5	5.0	1.8	57.9	27.8	2.4	74.0
云 南 Yunnan	9.6	6.4	1.5	68.5	33.6	3.8	66.6
西 藏 Tibet	1.0	0.6	0.2	5.1	1.9	0.7	14.8
陕 西 Shaanxi	13.5	9.3	1.5	64.9	33.8	5.6	61.5
甘 肃 Gansu	7.3	4.5	0.9	40.8	19.3	2.9	51.7
青 海 Qinghai	2.0	1.1	0.1	8.4	5.5	0.8	15.2
宁 夏 Ningxia	1.7	1.6	0.0	10.3	5.6	1.0	11.7
新 疆 Xinjiang	6.7	6.7	0.6	51.6	23.8	2.7	83.5

4-7 城镇非私营单位就业人员工资总额和指数

Total Wage Bill of Employed Persons in Urban Non-Private Units and Indices

年份 地区	Year Region	工资总额(亿元) Total Wage Bill (100 million yuan)	国有单位 State-owned Units	城镇集体单位 Urban Collective-owned Units	其他单位 Other Units	指数(上年=100) Indices (preceding year=100)	国有单位 State-owned Units	城镇集体单位 Urban Collective-owned Units	其他单位 Other Units
	1995	8055.8	6172.6	1210.6	672.6	119.0	117.4	115.6	142.2
	2000	10954.7	7744.9	950.7	2259.1	107.9	106.2	95.5	120.8
	2005	20627.1	12291.7	906.4	7429.0	117.1	111.4	103.4	130.3
	2010	47269.9	24886.4	1433.7	20949.7	117.3	113.8	112.6	122.1
	2011	59954.7	28954.8	1737.4	29262.4	126.8	116.3	121.2	139.7
	2012	70914.2	32950.0	1990.4	35973.8	118.3	113.8	114.6	122.9
	2013	93064.3	33359.6	2195.8	57508.9	131.2	101.2	110.3	159.9
	2014	102817.2	36106.6	2302.7	64408.0	110.5	108.2	104.9	112.0
	2015	112007.8	40387.9	2239.4	69380.5	108.9	111.9	97.3	107.7
	2016	120074.8	44462.9	2268.6	73343.3	107.2	110.1	101.3	105.7
	2017	129889.1	48884.1	2215.6	78789.3	108.2	109.9	97.7	107.4
	2018	141480.0	51126.6	2082.3	88271.1	108.9	104.6	94.0	112.0
	2019	154296.1	53743.7	1841.5	98710.9	109.1	105.1	88.4	111.8
	2020	164126.9	59628.1	1841.8	102657.0	106.4	110.9	100.0	104.0
北京	Beijing	13187.6	3092.5	66.9	10028.3	100.0	95.9	64.9	101.6
天津	Tianjin	2928.8	866.4	12.1	2050.3	100.1	101.9	103.9	99.4
河北	Hebei	4345.5	2011.1	65.4	2269.0	103.8	102.9	106.0	104.5
山西	Shanxi	3299.3	1282.7	30.9	1985.7	107.8	108.3	64.5	108.7
内蒙古	Inner Mongolia	2314.5	1125.5	20.6	1168.5	102.5	99.8	141.1	104.8
辽宁	Liaoning	3821.9	1497.2	43.7	2281.0	104.3	111.5	84.0	100.4
吉林	Jilin	2005.4	949.5	9.5	1046.5	97.7	100.3	110.2	95.4
黑龙江	Heilongjiang	2372.0	1151.0	16.1	1204.9	98.0	99.9	85.4	96.4
上海	Shanghai	11142.4	1755.9	87.1	9299.4	104.0	109.8	99.5	103.0
江苏	Jiangsu	13526.2	4004.2	308.4	9213.6	106.7	116.1	120.0	102.7
浙江	Zhejiang	10923.9	3690.6	52.2	7181.2	112.4	114.7	93.9	111.4
安徽	Anhui	4740.3	1884.5	57.8	2798.1	104.8	111.9	109.4	100.5
福建	Fujian	5219.2	1713.8	60.2	3445.2	101.3	111.1	90.5	97.2
江西	Jiangxi	3497.0	1572.5	46.4	1878.1	106.5	112.2	91.3	102.5
山东	Shandong	9597.4	3952.3	112.4	5532.8	110.5	117.0	107.3	106.3
河南	Henan	6634.6	2753.9	117.0	3763.7	103.8	112.5	108.5	98.2
湖北	Hubei	5281.5	2225.7	42.6	3013.2	102.9	106.3	71.0	101.2
湖南	Hunan	4710.7	2269.3	77.0	2364.3	107.9	111.1	107.5	105.0
广东	Guangdong	22422.0	6287.5	261.9	15872.6	109.3	122.8	113.0	104.7
广西	Guangxi	3318.8	1695.4	34.4	1589.0	110.0	106.9	63.8	115.3
海南	Hainan	926.9	413.4	6.0	507.5	111.3	108.4	104.1	114.0
重庆	Chongqing	3416.4	1320.9	30.2	2065.4	106.8	113.5	104.0	102.9
四川	Sichuan	7471.1	3152.2	88.9	4229.9	115.1	112.6	109.4	117.1
贵州	Guizhou	2937.2	1606.1	19.3	1311.8	111.4	116.1	109.6	106.2
云南	Yunnan	3283.6	1922.8	55.9	1304.9	104.6	109.9	97.0	98.0
西藏	Tibet	496.8	346.7	2.1	148.0	94.0	89.7	120.7	105.5
陕西	Shaanxi	4047.8	1569.6	58.4	2419.8	104.1	106.3	75.5	103.7
甘肃	Gansu	2075.2	1205.5	33.4	836.4	112.0	113.0	113.8	110.5
青海	Qinghai	668.5	389.3	7.2	272.0	110.2	118.2	110.3	100.5
宁夏	Ningxia	680.4	363.6	3.1	313.8	115.7	126.2	77.6	105.9
新疆	Xinjiang	2833.8	1556.7	14.8	1262.3	109.1	113.3	117.1	104.3

注：1995-2008年的城镇非私营单位就业人员工资总额即为原来的城镇单位就业人员劳动报酬总额(以下相关表同)。

a) Total wage bill of employed persons in urban non-private units from 1995 to 2008 refers to total earning of employed persons in urban non-private units. The same applies to the related following tables.

4-8 按行业分城镇非私营单位就业人员工资总额
Total Wage Bill of Employed Persons in Urban Non-Private Units by Sector

单位: 亿元 (100 million yuan)

年份 地区	Year Region	工资总额 Total Wage Bill	农、林、牧、渔业 Agriculture, Forestry, Animal Husbandry and Fishery	采矿业 Mining	制造业 Manufacturing	电力、热力、燃气及水生产和供应业 Production and Supply of Electricity, Heat, Gas and Water	建筑业 Construction	批发和零售业 Wholesale and Retail Trades
	2005	20627.1	368.7	1031.2	5056.6	741.8	1324.7	832.0
	2006	24262.3	403.3	1259.6	6035.8	858.0	1612.1	920.0
	2007	29471.5	464.6	1500.5	7241.2	1012.7	1946.2	1061.8
	2008	35289.5	516.4	1847.3	8498.9	1180.4	2313.6	1323.9
	2009	40288.2	537.4	2089.1	9302.2	1283.5	2837.9	1509.2
	2010	47269.9	627.1	2458.8	11140.8	1468.3	3471.5	1783.0
	2011	59954.7	697.7	3174.2	15031.4	1755.7	5596.4	2594.8
	2012	70914.2	760.8	3600.7	17668.1	1999.6	7392.7	3271.3
	2013	93064.3	758.0	3833.2	24566.6	2715.3	12315.1	4451.9
	2014	102817.2	808.9	3728.2	27011.4	2965.8	13389.4	4931.4
	2015	112007.8	862.6	3318.2	28341.6	3137.4	13619.3	5324.6
	2016	120074.8	882.1	3038.1	29088.9	3235.7	13969.2	5681.2
	2017	129889.1	949.9	3208.6	29740.5	3406.6	14283.9	5980.1
	2018	141480.0	716.1	3413.4	30385.0	3704.0	15949.5	6628.5
	2019	154296.1	535.1	3388.2	30197.5	4030.1	14431.7	7402.2
	2020	164126.9	410.6	3428.8	31352.9	4420.0	14376.2	7623.4
北京	Beijing	13187.6	10.3	42.6	900.0	174.7	610.5	919.5
天津	Tianjin	2928.8	1.9	83.3	645.3	68.5	226.6	171.8
河北	Hebei	4345.5	8.6	140.2	718.2	204.5	253.7	121.5
山西	Shanxi	3299.3	6.3	709.9	381.7	144.0	186.5	87.0
内蒙古	Inner Mongolia	2314.5	48.7	155.4	250.8	180.3	62.9	55.6
辽宁	Liaoning	3821.9	15.8	161.5	796.9	130.6	188.7	115.1
吉林	Jilin	2005.4	25.0	54.6	392.7	88.4	79.7	59.7
黑龙江	Heilongjiang	2372.0	71.2	216.6	213.1	121.2	87.4	68.6
上海	Shanghai	11142.4	7.1	3.7	1826.6	79.6	351.8	1637.6
江苏	Jiangsu	13526.2	12.0	57.0	4135.3	218.7	1841.4	559.0
浙江	Zhejiang	10923.9	5.0	3.7	2592.1	201.5	1226.0	434.9
安徽	Anhui	4740.3	15.8	147.1	942.2	124.8	664.6	158.1
福建	Fujian	5219.2	6.6	9.4	1215.8	134.5	870.8	203.6
江西	Jiangxi	3497.0	12.6	19.4	724.3	87.2	483.8	105.9
山东	Shandong	9597.4	8.6	301.2	2038.1	325.2	1003.2	306.4
河南	Henan	6634.6	10.9	211.1	1263.8	226.3	822.1	205.5
湖北	Hubei	5281.5	8.8	26.0	961.8	179.2	699.4	208.4
湖南	Hunan	4710.7	9.3	28.0	719.3	157.3	580.2	148.1
广东	Guangdong	22422.0	13.7	25.3	6824.1	404.0	948.2	998.7
广西	Guangxi	3318.8	15.7	4.8	363.8	122.6	408.5	88.6
海南	Hainan	926.9	20.9	3.8	56.0	24.0	27.9	49.7
重庆	Chongqing	3416.4	2.5	23.2	529.8	61.2	438.0	146.3
四川	Sichuan	7471.1	15.6	142.4	1076.9	267.4	922.2	240.2
贵州	Guizhou	2937.2	5.2	90.7	244.5	113.2	313.3	98.2
云南	Yunnan	3283.6	12.0	45.9	320.6	126.1	209.1	119.4
西藏	Tibet	496.8	1.5	7.8	14.6	11.7	23.7	22.4
陕西	Shaanxi	4047.8	9.9	312.8	590.6	148.3	373.5	140.0
甘肃	Gansu	2075.2	10.8	72.8	218.2	95.2	190.2	48.8
青海	Qinghai	668.5	3.9	42.2	66.4	25.2	34.7	16.8
宁夏	Ningxia	680.4	3.2	86.2	72.3	51.4	23.4	14.0
新疆	Xinjiang	2833.8	11.1	200.3	257.2	123.2	224.1	74.0

4-8 续表 1 continued

单位: 亿元 (100 million yuan)

年份 Year 地区 Region	交通运输、仓储和邮政业 Transport, Storage and Post	住宿和餐饮业 Hotels and Catering Services	信息传输、软件和信息技术服务业 Information Transmission, Software and Information Technology	金融业 Financial Intermediation	房地产业 Real Estate	租赁和商务服务业 Leasing and Business Services
2005	1279.5	249.8	491.8	1047.7	293.0	449.8
2006	1471.5	280.0	587.4	1292.9	338.4	565.6
2007	1727.9	314.6	699.1	1670.3	426.2	668.9
2008	2006.3	371.2	862.8	2202.9	520.8	893.7
2009	2234.9	418.9	996.2	2658.8	607.8	1021.4
2010	2541.9	484.6	1171.7	3219.0	745.6	1198.5
2011	3074.1	655.2	1475.6	4007.0	1052.5	1325.3
2012	3531.5	824.4	1769.4	4669.0	1271.3	1531.2
2013	4834.6	1038.3	2957.7	5269.0	1882.3	2629.4
2014	5435.4	1079.1	3375.8	6017.4	2220.5	2985.9
2015	5898.0	1130.0	3912.7	6730.1	2493.0	3399.9
2016	6238.7	1167.9	4431.8	7557.3	2802.1	3704.3
2017	6754.1	1211.9	5198.4	8295.0	3059.3	4176.0
2018	7273.3	1293.0	6204.1	8907.3	3507.8	4453.3
2019	7913.9	1330.5	7281.1	10711.3	4057.4	5727.2
2020	8171.8	1228.0	8444.5	11619.0	4401.7	5890.2
北京 Beijing	699.0	156.4	2307.4	1662.1	528.9	982.8
天津 Tianjin	157.9	22.2	103.6	267.5	89.6	115.3
河北 Hebei	243.4	17.9	105.7	335.6	78.0	81.0
山西 Shanxi	222.4	12.9	47.4	211.4	36.4	62.1
内蒙古 Inner Mongolia	188.1	10.7	48.0	188.4	28.9	33.9
辽宁 Liaoning	278.0	19.5	158.5	297.4	78.7	79.5
吉林 Jilin	134.6	7.7	36.8	171.6	29.3	28.6
黑龙江 Heilongjiang	209.8	5.3	69.5	168.8	28.1	100.4
上海 Shanghai	692.5	156.7	1182.0	1007.7	339.2	1269.9
江苏 Jiangsu	454.0	98.0	519.3	651.2	257.8	345.0
浙江 Zhejiang	384.1	79.2	656.1	746.3	259.5	295.9
安徽 Anhui	182.8	24.5	95.6	251.5	117.7	114.0
福建 Fujian	219.4	39.3	136.4	311.9	144.9	121.8
江西 Jiangxi	167.1	15.1	52.1	172.8	72.0	43.9
山东 Shandong	451.6	52.8	208.1	623.9	204.5	173.3
河南 Henan	326.7	32.8	139.4	326.3	185.8	124.1
湖北 Hubei	266.4	34.4	173.8	239.4	134.4	134.6
湖南 Hunan	224.2	24.9	91.5	290.0	116.0	82.5
广东 Guangdong	928.0	191.6	1402.7	1697.7	849.8	1040.7
广西 Guangxi	175.9	16.4	58.6	202.7	77.4	89.7
海南 Hainan	69.0	28.0	35.4	93.9	63.7	24.2
重庆 Chongqing	191.2	18.6	77.6	358.4	123.8	74.6
四川 Sichuan	334.1	63.5	301.1	378.6	217.8	169.2
贵州 Guizhou	124.2	12.0	51.4	185.9	78.7	46.5
云南 Yunnan	160.9	21.1	56.1	162.9	70.9	65.1
西藏 Tibet	24.7	4.9	15.3	24.3	4.6	14.5
陕西 Shaanxi	267.5	35.0	221.4	249.8	95.7	72.3
甘肃 Gansu	119.6	12.1	30.8	114.1	33.6	23.6
青海 Qinghai	55.2	2.2	11.9	33.8	8.2	8.3
宁夏 Ningxia	34.6	1.6	9.5	48.0	10.5	6.0
新疆 Xinjiang	184.8	11.0	41.5	144.9	37.3	66.6

4-8 续表 2 continued

单位: 亿元 (100 million yuan)

年 份 Year / 地 区 Region	科学研究和技术服务业 Scientific Research and Technical Services	水利、环境和公共设施管理业 Management of Water Conservancy, Environment and Public Facilities	居民服务、修理和其他服务业 Services to Households, Repair and Other Services	教育 Education	卫生和社会工作 Health and Social Service	文化、体育和娱乐业 Culture, Sports and Entertainment	公共管理、社会保障和社会组织 Public Management, Social Security and Social Organization
2005	614.0	257.3	85.1	2690.8	1047.8	275.8	2489.6
2006	736.9	289.8	102.5	3127.8	1226.1	314.9	2839.7
2007	923.9	352.2	115.8	3917.2	1496.6	378.1	3553.8
2008	1154.6	413.8	132.1	4556.1	1789.3	429.3	4276.0
2009	1350.6	474.3	146.8	5338.6	2095.3	488.5	4896.8
2010	1619.3	555.9	168.4	6136.5	2506.4	543.7	5428.8
2011	1879.6	659.8	197.9	6938.8	3078.6	642.1	6118.1
2012	2259.4	784.6	217.1	7851.0	3718.5	735.4	7058.3
2013	2940.3	933.7	277.2	8721.1	4397.8	867.8	7675.0
2014	3339.7	1049.9	312.9	9722.5	5057.8	936.8	8448.6
2015	3665.8	1177.7	336.1	11492.1	5941.3	1086.0	10141.4
2016	4037.3	1278.2	357.8	12787.1	6825.6	1204.4	11787.2
2017	4491.5	1394.3	390.2	14324.4	7930.8	1339.9	13753.5
2018	5045.1	1456.5	423.8	15928.1	8857.8	1450.7	15882.8
2019	5740.5	1491.2	520.1	18445.3	10812.9	1628.7	18651.1
2020	5960.0	1576.1	498.7	20565.8	11966.8	1670.0	20522.3
北 京 Beijing	1151.1	133.6	44.0	1130.4	625.9	393.1	715.2
天 津 Tianjin	189.1	32.6	35.7	278.6	173.1	24.8	241.3
河 北 Hebei	153.6	47.4	10.4	709.0	353.4	40.3	722.9
山 西 Shanxi	65.6	29.5	5.7	421.1	193.5	27.4	448.5
内蒙古 Inner Mongolia	54.5	23.0	2.7	327.0	165.2	25.9	464.4
辽 宁 Liaoning	106.3	40.0	8.4	492.0	280.2	39.0	535.9
吉 林 Jilin	66.2	23.8	7.1	305.5	180.6	19.9	293.5
黑龙江 Heilongjiang	50.7	28.0	5.3	338.3	202.0	16.1	371.6
上 海 Shanghai	685.5	107.3	84.8	667.2	562.0	105.9	375.3
江 苏 Jiangsu	374.8	110.0	38.9	1525.4	834.7	105.3	1388.2
浙 江 Zhejiang	310.2	97.9	27.2	1270.7	854.6	96.6	1382.4
安 徽 Anhui	113.6	37.7	10.8	699.7	400.8	27.5	611.5
福 建 Fujian	105.6	48.6	22.7	647.0	333.9	38.5	608.5
江 西 Jiangxi	72.2	22.2	4.7	527.4	290.4	26.4	597.4
山 东 Shandong	226.3	83.1	16.5	1358.6	768.4	72.8	1374.8
河 南 Henan	160.1	72.5	13.7	967.7	557.7	55.9	932.4
湖 北 Hubei	211.1	65.1	12.5	688.8	420.4	53.9	763.0
湖 南 Hunan	130.3	56.9	17.1	742.0	493.7	61.8	737.7
广 东 Guangdong	746.7	156.5	69.4	2227.0	1430.2	165.8	2301.7
广 西 Guangxi	88.8	40.7	4.6	619.1	394.7	22.4	524.0
海 南 Hainan	24.8	21.7	3.8	150.3	79.4	11.6	138.7
重 庆 Chongqing	102.8	28.9	4.6	483.8	277.5	23.7	449.8
四 川 Sichuan	259.6	68.4	17.6	1091.6	684.1	52.8	1168.1
贵 州 Guizhou	57.4	27.7	7.4	534.4	286.4	21.0	639.1
云 南 Yunnan	107.8	38.5	6.5	697.0	332.0	34.6	697.1
西 藏 Tibet	13.2	3.8	1.7	70.6	23.4	7.0	207.2
陕 西 Shaanxi	144.9	50.2	6.3	546.6	271.5	38.3	473.2
甘 肃 Gansu	77.5	24.8	4.2	372.6	155.1	20.9	450.2
青 海 Qinghai	22.2	7.3	0.7	98.3	56.8	7.1	167.4
宁 夏 Ningxia	17.9	10.6	0.2	105.4	62.6	9.1	113.9
新 疆 Xinjiang	69.5	37.7	3.7	472.8	222.5	24.5	627.2

4-9 城镇非私营单位就业人员平均工资和指数
Average Wage of Employed Persons in Urban Non-Private Units and Indices

年份 地区	Year Region	平均工资(元) Average Wage (yuan)	#在岗职工 Staff and Workers	国有单位 State-owned Units	城镇集体单位 Urban Collective-owned Units	其他单位 Other Units
	1995	5348	5500	5553	3934	7728
	2000	9333	9371	9441	6241	11238
	2005	18200	18364	18978	11176	18362
	2010	36539	37147	38359	24010	35801
	2011	41799	42452	43483	28791	41323
	2012	46769	47593	48357	33784	46360
	2013	51483	52388	52657	38905	51453
	2014	56360	57361	57296	42742	56485
	2015	62029	63241	65296	46607	60906
	2016	67569	68993	72538	50527	65531
	2017	74318	76121	81114	55243	71304
	2018	82413	84744	89474	60664	79453
	2019	90501	93383	98899	62612	87195
	2020	97379	100512	108132	68590	92721
北京	Beijing	178178	185026	199278	70383	174267
天津	Tianjin	114682	118918	143337	55675	106361
河北	Hebei	77323	79964	79037	56703	76652
山西	Shanxi	74739	77364	74525	48098	75531
内蒙古	Inner Mongolia	85310	87916	83635	88066	86938
辽宁	Liaoning	79472	82223	83417	45309	78176
吉林	Jilin	77995	81050	81289	69727	75307
黑龙江	Heilongjiang	74554	78972	73622	66859	75583
上海	Shanghai	171884	174678	200875	108344	168224
江苏	Jiangsu	103621	106034	144716	96330	92447
浙江	Zhejiang	108645	111722	160069	69286	93581
安徽	Anhui	85854	89381	107953	76836	75613
福建	Fujian	88149	91072	113614	70225	79627
江西	Jiangxi	78182	80503	94065	56105	69087
山东	Shandong	87749	90661	106784	61845	78429
河南	Henan	70239	71351	80077	59875	64765
湖北	Hubei	85052	87782	98035	56590	77979
湖南	Hunan	79122	82356	90482	55650	71490
广东	Guangdong	108045	110324	149783	72174	98028
广西	Guangxi	82751	86111	90320	48952	77016
海南	Hainan	86609	89642	101463	57939	77791
重庆	Chongqing	93816	98380	120882	69458	82434
四川	Sichuan	88559	91928	105350	59099	79905
贵州	Guizhou	89228	94276	94013	64676	84438
云南	Yunnan	93133	98287	106766	86756	78592
西藏	Tibet	121005	126226	139628	70728	92926
陕西	Shaanxi	83520	87054	84595	59169	83661
甘肃	Gansu	79730	83392	88145	58131	71012
青海	Qinghai	101401	104157	110750	76570	91174
宁夏	Ningxia	97438	101827	105813	78082	89449
新疆	Xinjiang	86343	88782	85727	87448	87101

注：1995-2008年的城镇非私营单位就业人员平均工资即为原来的城镇单位就业人员平均劳动报酬(以下相关表同)。

a)Average wage of employed persons in urban non-private units from 1995 to 2008 refers to average earning of employed persons in urban non-private units. The same applies to the related following tables.

4-9 续表 continued

年份 Year 地区 Region		平均货币工资指数(上年=100) Indices of Average Nominal Wage (preceding year=100)	#在岗职工 Staff and Workers	国有单位 State-owned Units	城镇集体单位 Urban Collective-owned Units	其他单位 Other Units	平均实际工资指数(上年=100) Indices of Average Real Wage (preceding year=100)	#在岗职工 Staff and Workers	国有单位 State-owned Units	城镇集体单位 Urban Collective-owned Units	其他单位 Other Units
	1995	118.9	121.2	117.3	121.1	119.9	101.8	103.8	100.4	103.7	102.6
	2000	112.2	112.3	111.8	108.4	110.8	111.3	111.4	110.9	107.5	109.9
	2005	114.3	114.6	115.4	114.9	111.2	112.5	112.8	113.6	113.1	109.4
	2010	113.3	113.5	112.4	116.5	114.2	109.8	110.0	108.9	112.9	110.7
	2011	114.4	114.3	113.4	119.9	115.4	108.6	108.5	107.7	113.9	109.6
	2012	111.9	112.1	111.2	117.3	112.2	109.0	109.2	108.3	114.3	109.2
	2013	110.1	110.1	108.9	115.2	111.0	107.3	107.3	106.1	112.2	108.2
	2014	109.5	109.5	108.8	109.9	109.8	107.2	107.2	106.6	107.6	107.5
	2015	110.1	110.3	114.0	109.0	107.8	108.5	108.6	112.3	107.4	106.2
	2016	108.9	109.1	111.1	108.4	107.6	106.7	106.9	108.8	106.2	105.4
	2017	110.0	110.3	111.8	109.3	108.8	108.2	108.5	110.0	107.5	107.0
	2018	110.9	111.3	110.3	109.8	111.4	108.6	109.0	108.0	107.5	109.1
	2019	109.8	110.2	110.5	103.2	109.7	106.8	107.2	107.5	100.4	106.8
	2020	107.6	107.6	109.3	109.5	106.3	105.2	105.2	106.9	107.1	103.9
北京	Beijing	106.8	106.8	105.0	102.4	107.1	104.4	104.4	102.6	100.1	104.7
天津	Tianjin	106.2	106.6	104.7	111.8	106.4	103.8	104.2	102.4	109.2	104.0
河北	Hebei	106.0	105.5	105.7	118.3	105.8	103.6	103.2	103.3	115.7	103.5
山西	Shanxi	107.5	107.1	108.9	91.9	106.5	105.0	104.7	106.4	89.8	104.1
内蒙古	Inner Mongolia	105.9	105.6	102.0	107.2	109.8	103.5	103.2	99.7	104.7	107.3
辽宁	Liaoning	109.0	109.2	115.8	106.1	104.8	106.6	106.8	113.2	103.7	102.4
吉林	Jilin	105.7	106.1	107.9	116.5	103.6	103.3	103.7	105.5	113.9	101.3
黑龙江	Heilongjiang	109.0	108.8	114.7	104.6	103.6	106.5	106.3	112.1	102.3	101.3
上海	Shanghai	115.1	115.1	118.2	131.3	114.1	112.5	112.5	115.5	128.4	111.6
江苏	Jiangsu	107.3	107.5	109.7	105.7	105.5	104.9	105.0	107.2	103.3	103.1
浙江	Zhejiang	109.0	109.5	110.8	105.7	108.0	106.6	107.1	108.3	103.4	105.6
安徽	Anhui	108.6	108.8	108.1	116.3	107.4	106.2	106.4	105.7	113.7	105.0
福建	Fujian	107.7	107.9	107.3	95.5	106.7	105.3	105.5	104.9	93.4	104.3
江西	Jiangxi	106.0	105.7	109.6	100.3	103.0	103.7	103.4	107.2	98.1	100.7
山东	Shandong	107.7	107.8	108.3	109.8	106.3	105.3	105.4	105.9	107.4	103.9
河南	Henan	104.4	104.5	104.6	104.3	103.3	102.1	102.1	102.3	102.0	100.9
湖北	Hubei	107.2	107.7	111.0	104.4	104.5	104.8	105.3	108.5	102.0	102.1
湖南	Hunan	106.5	106.2	107.2	106.9	105.3	104.1	103.8	104.8	104.5	102.9
广东	Guangdong	109.3	109.6	111.5	119.0	107.0	106.8	107.1	109.0	116.3	104.6
广西	Guangxi	108.2	108.3	109.9	87.8	107.3	105.8	105.9	107.4	85.8	104.9
海南	Hainan	105.3	105.9	109.9	102.1	102.9	103.0	103.5	107.5	99.8	100.6
重庆	Chongqing	108.4	109.7	108.8	112.2	106.9	105.9	107.2	106.3	109.7	104.5
四川	Sichuan	106.2	105.8	108.2	104.6	105.5	103.8	103.5	105.8	102.3	103.1
贵州	Guizhou	107.1	107.2	107.9	113.4	105.7	104.7	104.8	105.5	110.9	103.3
云南	Yunnan	107.6	107.1	107.3	113.9	105.7	105.1	104.6	104.9	111.3	103.3
西藏	Tibet	102.4	102.6	104.3	108.0	103.3	100.1	100.3	102.0	105.6	101.0
陕西	Shaanxi	106.6	106.0	106.5	98.5	106.6	104.2	103.6	104.1	96.3	104.2
甘肃	Gansu	108.3	107.8	111.7	112.9	104.0	105.9	105.4	109.2	110.3	101.7
青海	Qinghai	111.5	111.4	112.7	107.9	108.7	109.0	108.9	110.2	105.5	106.2
宁夏	Ningxia	116.1	115.5	123.5	119.7	108.2	113.5	112.9	120.7	117.0	105.8
新疆	Xinjiang	108.7	108.2	113.5	121.6	103.1	106.3	105.8	111.0	118.9	100.8

4-10 按登记注册类型城镇非私营单位就业人员平均工资
Average Wage of Employed Persons in Urban Non-Private Units by Status of Registration

单位：元 (yuan)

年份 地区	Year Region	平均工资 Average Wage	国有单位 State-owned Units	城镇集体单位 Urban Collective-owned Units	股份合作单位 Coopera-tive Units	联营单位 Joint Ownership Units	有限责任公司 Limited Liability Corpora-tions	股份有限公司 Share-holding Corpora-tions Ltd.	其他内资 Other Domestic Units	港、澳、台商投资单位 Units with Funds from Hong Kong, Macao & Taiwan	外商投资单位 Foreign Funded Units
	1995	5348	5553	3934	7260	6074			6483	7711	8812
	2000	9333	9441	6241	7479	10608	9750	11105	9888	12210	15692
	2005	18200	18978	11176	13808	17476	17010	20272	11230	17833	23625
	2010	36539	38359	24010	30271	33939	32799	44118	25253	31983	41739
	2011	41799	43483	28791	36740	36142	37611	49978	29961	38341	48869
	2012	46769	48357	33784	43433	42083	41860	56254	34694	44103	55888
	2013	51483	52657	38905	48657	43973	46718	61145	38306	49961	63171
	2014	56360	57296	42742	54806	49078	50942	67421	42224	55935	69826
	2015	62029	65296	46607	60369	50733	54481	72644	46945	62017	76302
	2016	67569	72538	50527	65962	53455	58490	78285	49759	67506	82902
	2017	74318	81114	55243	71871	61467	63895	85028	54417	73016	90064
	2018	82413	89474	60664	77751	72107	72114	93316	61666	82027	99367
	2019	90501	98899	62612	81058	75220	79515	103087	71329	91304	106604
	2020	97379	108132	68590	83655	88584	84439	108583	71772	100155	112089
北京	Beijing	178178	199278	70383	67476	106043	148599	211673	105353	212643	219578
天津	Tianjin	114682	143337	55675	64011	78478	101143	128919	70167	99530	112761
河北	Hebei	77323	79037	56703	81645	63736	72818	89423	54447	75448	75852
山西	Shanxi	74739	74525	48098	98902	23490	75261	82750	41646	78236	73205
内蒙古	Inner Mongolia	85310	83635	88066	134098	67873	88257	84291	56822	87827	65167
辽宁	Liaoning	79472	83417	45309	71330	60052	73230	89794	63574	70022	88228
吉林	Jilin	77995	81289	69727	91492	53929	67012	82997	70525	68296	109608
黑龙江	Heilongjiang	74554	73622	66859	74605	50130	78929	72375	60102	64247	58019
上海	Shanghai	171884	200875	108344	75042	103196	143138	204788	92256	179842	195298
江苏	Jiangsu	103621	144716	96330	67915	69869	85406	108180	75296	88378	101427
浙江	Zhejiang	108645	160069	69286	64203	110058	85334	104897	77038	113245	97919
安徽	Anhui	85854	107953	76836	53948	60991	70752	94154	68458	75210	80457
福建	Fujian	88149	113614	70225	87712	63379	76858	101853	65303	72426	81250
江西	Jiangxi	78182	94065	56105	68630	83675	68253	84142	60881	59264	60193
山东	Shandong	87749	106784	61845	73707	69275	73741	92074	68562	81833	78215
河南	Henan	70239	80077	59875	84376	64253	61636	81492	54409	62046	70804
湖北	Hubei	85052	98035	56590	58039	123528	76062	83807	57587	69020	92120
湖南	Hunan	79122	90482	55650	67136	59967	70024	84376	51516	66541	71248
广东	Guangdong	108045	149783	72174	106877	120531	97513	133124	91429	83713	93426
广西	Guangxi	82751	90320	48952	129517	58372	76968	91969	40088	57622	73916
海南	Hainan	86609	101463	57939	157519	85898	72633	88383	61151	95436	90161
重庆	Chongqing	93816	120882	69458	52185	89060	74430	106785	81871	83584	88030
四川	Sichuan	88559	105350	59099	86961	104175	76019	98562	65998	84417	85042
贵州	Guizhou	89228	94013	64676	160863	57951	80688	101849	80664	82834	70503
云南	Yunnan	93133	106766	86756	90862	51557	76900	95301	64298	70522	72370
西藏	Tibet	121005	139628	70728	61154	69336	83047	134389	115663	117330	124916
陕西	Shaanxi	83520	84595	59169	70816	80517	84727	87505	55930	69395	99977
甘肃	Gansu	79730	88145	58131	94360	48624	66279	82598	56180	76772	98744
青海	Qinghai	101401	110750	76570	49981	43112	83853	115848	39272	92520	66903
宁夏	Ningxia	97438	105813	78082	110946	84150	91649	84402	59844	90636	97932
新疆	Xinjiang	86343	85727	87448	138720	162828	80502	114780	53489	83175	80412

4-11 按登记注册类型和行业分城镇非私营单位就业人员平均工资（2020年）
Average Wage of Employed Persons in Urban Non-Private Units by Status of Registration and Sector (2020)

单位：元 (yuan)

项 目	Item	平均工资 Average Wage	国有单位 State-owned Units	城镇集体单位 Urban Collective-owned Units	其他单位 Other Units
全 国	**National Average**	**97379**	**108132**	**68590**	**92721**
农、林、牧、渔业	Agriculture, Forestry, Animal Husbandry and Fishery	48540	46047	42436	54682
采矿业	Mining	96674	95817	70952	96927
制造业	Manufacturing	82783	94634	53607	82811
电力、热力、燃气及水生产和供应业	Production and Supply of Electricity, Heat, Gas and Water	116728	110109	52219	120005
建筑业	Construction	69986	66779	50651	70965
批发和零售业	Wholesale and Retail Trades	96521	121262	46641	95533
交通运输、仓储和邮政业	Transport, Storage and Post	100642	87142	49736	103331
住宿和餐饮业	Hotels and Catering Services	48833	53890	46511	48400
信息传输、软件和信息技术服务业	Information Transmission, Software and Information Technology	177544	119323	95646	180950
金融业	Financial Intermediation	133390	161584	126555	131035
房地产业	Real Estate	83807	83237	59383	84286
租赁和商务服务业	Leasing and Business Services	92924	76452	54318	97408
科学研究和技术服务业	Scientific Research and Technical Services	139851	129707	85734	146478
水利、环境和公共设施管理业	Management of Water Conservancy, Environment and Public Facilities	63914	70758	58272	57123
居民服务、修理和其他服务业	Services to Households, Repair and Other Services	60722	82009	65197	56716
教育	Education	106474	112554	93031	72375
卫生和社会工作	Health and Social Service	115449	120663	95883	82897
文化、体育和娱乐业	Culture, Sports and Entertainment	112081	115151	75951	108792
公共管理、社会保障和社会组织	Public Management, Social Security and Social Organization	104487	104535	94506	100549

4-12 按行业分城镇非私营单位就业人员平均工资
Average Wage of Employed Persons in Urban Non-Private Units by Sector

单位：元 (yuan)

年 份 地 区	Year Region	平均工资 Average Wage	农、林、牧、渔业 Agriculture, Forestry, Animal Husbandry and Fishery	采矿业 Mining	制造业 Manufacturing	电力、热力、燃气及水生产和供应业 Production and Supply of Electricity, Heat, Gas and Water	建筑业 Construction	批发和零售业 Wholesale and Retail Trades
	2005	18200	8207	20449	15934	24750	14112	15256
	2006	20856	9269	24125	18225	28424	16164	17796
	2007	24721	10847	28185	21144	33470	18482	21074
	2008	28898	12560	34233	24404	38515	21223	25818
	2009	32244	14356	38038	26810	41869	24161	29139
	2010	36539	16717	44196	30916	47309	27529	33635
	2011	41799	19469	52230	36665	52723	32103	40654
	2012	46769	22687	56946	41650	58202	36483	46340
	2013	51483	25820	60138	46431	67085	42072	50308
	2014	56360	28356	61677	51369	73339	45804	55838
	2015	62029	31947	59404	55324	78886	48886	60328
	2016	67569	33612	60544	59470	83863	52082	65061
	2017	74318	36504	69500	64452	90348	55568	71201
	2018	82413	36466	81429	72088	100162	60501	80551
	2019	90501	39340	91068	78147	107733	65580	89047
	2020	97379	48540	96674	82783	116728	69986	96521
北 京	Beijing	178178	83332	137130	148777	186760	134678	167745
天 津	Tianjin	114682	74302	143184	99225	166791	99331	93601
河 北	Hebei	77323	33731	87131	72268	109908	62532	59563
山 西	Shanxi	74739	49707	86091	65378	92027	65914	63230
内蒙古	Inner Mongolia	85310	65237	133615	81355	113878	54997	72024
辽 宁	Liaoning	79472	20492	83482	77241	85886	63625	64316
吉 林	Jilin	77995	48596	72928	86711	92983	58156	63830
黑龙江	Heilongjiang	74554	36523	91342	75263	86997	52585	63050
上 海	Shanghai	171884	81858	306826	137441	233016	128461	182212
江 苏	Jiangsu	103621	52767	103964	92049	152813	72042	97424
浙 江	Zhejiang	108645	80641	81803	84810	155978	66094	104158
安 徽	Anhui	85854	53372	106968	75944	123009	68085	68125
福 建	Fujian	88149	59655	56885	75992	123310	68618	86482
江 西	Jiangxi	78182	51748	66591	66362	90923	62753	66171
山 东	Shandong	87749	66966	103837	75024	114740	72969	67322
河 南	Henan	70239	50282	76348	58982	94755	58683	59403
湖 北	Hubei	85052	46137	95423	74917	122976	70986	66126
湖 南	Hunan	79122	51841	61207	75122	102379	59109	64475
广 东	Guangdong	108045	64023	175206	83201	150501	77869	93402
广 西	Guangxi	82751	60242	67471	72260	106068	65627	70164
海 南	Hainan	86609	51403	78171	77316	109178	51147	77804
重 庆	Chongqing	93816	63154	74292	80718	98449	64567	77665
四 川	Sichuan	88559	63143	104970	78474	115047	63551	76167
贵 州	Guizhou	89228	55986	75400	85171	118631	76881	79877
云 南	Yunnan	93133	47579	79391	80563	112020	65417	82809
西 藏	Tibet	121005	54121	115499	85228	106114	71077	88062
陕 西	Shaanxi	83520	63039	108306	78175	113711	72375	63647
甘 肃	Gansu	79730	58010	102480	76729	90420	58193	58371
青 海	Qinghai	101401	50895	137017	76699	114121	84164	75163
宁 夏	Ningxia	97438	49858	138670	78347	124032	66168	59910
新 疆	Xinjiang	86343	62429	147196	78660	110698	72412	75550

4-12 续表 1 continued

单位：元 (yuan)

年份 地区	Year Region	交通运输、仓储和邮政业 Transport, Storage and Post	住宿和餐饮业 Hotels and Catering Services	信息传输、软件和信息技术服务业 Information Transmission, Software and Information Technology	金融业 Financial Intermediation	房地产业 Real Estate	租赁和商务服务业 Leasing and Business Services
	2005	20911	13876	38799	29229	20253	21233
	2006	24111	15236	43435	35495	22238	24510
	2007	27903	17046	47700	44011	26085	27807
	2008	32041	19321	54906	53897	30118	32915
	2009	35315	20860	58154	60398	32242	35494
	2010	40466	23382	64436	70146	35870	39566
	2011	47078	27486	70918	81109	42837	46976
	2012	53391	31267	80510	89743	46764	53162
	2013	57993	34044	90915	99653	51048	62538
	2014	63416	37264	100845	108273	55568	67131
	2015	68822	40806	112042	114777	60244	72489
	2016	73650	43382	122478	117418	65497	76782
	2017	80225	45751	133150	122851	69277	81393
	2018	88508	48260	147678	129837	75281	85147
	2019	97050	50346	161352	131405	80157	88190
	2020	100642	48833	177544	133390	83807	92924
北京	Beijing	122947	58283	259729	260508	116230	156427
天津	Tianjin	107113	37867	146977	149568	94969	85348
河北	Hebei	89331	43895	100220	87980	66510	54376
山西	Shanxi	94622	35748	90594	76173	63904	54183
内蒙古	Inner Mongolia	95689	44138	104563	88380	54483	62983
辽宁	Liaoning	90193	39227	113412	89811	65509	54198
吉林	Jilin	81879	40376	81754	84591	55239	56213
黑龙江	Heilongjiang	88628	39837	80673	68288	51387	84975
上海	Shanghai	143897	59260	270619	330125	117532	182869
江苏	Jiangsu	101032	51239	162939	160386	87008	76649
浙江	Zhejiang	110340	54847	235430	145804	91873	82139
安徽	Anhui	87492	44834	101715	90083	74611	61745
福建	Fujian	97558	45186	131811	113781	84869	65475
江西	Jiangxi	89359	41130	95779	94077	72990	62533
山东	Shandong	94427	46966	105284	93192	74682	73711
河南	Henan	78218	43675	83900	122314	64168	53357
湖北	Hubei	91185	40075	114162	101770	72485	69580
湖南	Hunan	87160	39690	107317	95844	71243	64663
广东	Guangdong	111495	49427	193867	172070	94311	91120
广西	Guangxi	94090	39236	101642	106903	80405	65195
海南	Hainan	89890	54977	146342	116626	75415	75692
重庆	Chongqing	90619	45243	137276	125400	82900	60861
四川	Sichuan	96980	45879	128891	101327	73764	61768
贵州	Guizhou	93973	45394	111635	130597	70507	64352
云南	Yunnan	100042	43125	105698	136175	70066	56899
西藏	Tibet	120811	59029	142827	216447	77378	83663
陕西	Shaanxi	92863	40873	160066	92856	69919	61438
甘肃	Gansu	90589	39892	85034	79300	51419	56313
青海	Qinghai	109729	48561	125531	121703	54212	64159
宁夏	Ningxia	92942	42136	121971	100687	67584	62085
新疆	Xinjiang	106955	48210	108429	112938	58769	58889

4-12 续表 2 continued

单位: 元 (yuan)

年 份 地 区	Year Region	科学研究和技术服务业 Scientific Research and Technical Services	水利、环境和公共设施管理业 Management of Water Conservancy, Environment and Public Facilities	居民服务、修理和其他服务业 Services to Households, Repair and Other Services	教育 Education	卫生和社会工作 Health and Social Service	文化、体育和娱乐业 Culture, Sports and Entertainment	公共管理、社会保障和社会组织 Public Management, Social Security and Social Organization
	2005	27155	14322	15747	18259	20808	22670	20234
	2006	31644	15630	18030	20918	23590	25847	22546
	2007	38432	18383	20370	25908	27892	30430	27731
	2008	45512	21103	22858	29831	32185	34158	32296
	2009	50143	23159	25172	34543	35662	37755	35326
	2010	56376	25544	28206	38968	40232	41428	38242
	2011	64252	28868	33169	43194	46206	47878	42062
	2012	69254	32343	35135	47734	52564	53558	46074
	2013	76602	36123	38429	51950	57979	59336	49259
	2014	82259	39198	41882	56580	63267	64375	53110
	2015	89410	43528	44802	66592	71624	72764	62323
	2016	96638	47750	47577	74498	80026	79875	70959
	2017	107815	52229	50552	83412	89648	87803	80372
	2018	123343	56670	55343	92383	98118	98621	87932
	2019	133459	61158	60232	97681	108903	107708	94369
	2020	139851	63914	60722	106474	115449	112081	104487
北 京	Beijing	200894	113766	73883	196511	201025	221193	180110
天 津	Tianjin	167961	98608	55135	145253	150657	143036	141405
河 北	Hebei	99962	43496	43837	86360	78829	77217	74568
山 西	Shanxi	83282	39160	56249	78007	75370	60412	70356
内蒙古	Inner Mongolia	86557	54348	42613	91823	85734	81138	79423
辽 宁	Liaoning	102297	47146	52911	94041	84506	87366	78852
吉 林	Jilin	90778	41663	39095	85857	85195	67641	76135
黑龙江	Heilongjiang	90288	43365	45351	85176	76562	64342	77808
上 海	Shanghai	217700	104121	75979	173073	193028	174370	188371
江 苏	Jiangsu	142558	80511	75561	141694	140575	117081	156447
浙 江	Zhejiang	163113	85935	67141	141852	164473	125984	167848
安 徽	Anhui	104463	52834	56552	107175	115979	79224	103215
福 建	Fujian	128207	66565	64190	103820	127830	93079	117688
江 西	Jiangxi	102246	40970	48871	87012	103695	80903	96820
山 东	Shandong	112510	45567	55092	106901	106272	96490	101467
河 南	Henan	86681	49218	49073	76442	82555	74843	77985
湖 北	Hubei	123331	74358	59259	92526	95982	88357	99649
湖 南	Hunan	98683	59080	71915	82230	107458	100019	82535
广 东	Guangdong	159036	76933	60253	132286	160600	133576	153490
广 西	Guangxi	105029	57307	53318	82971	105839	77581	89130
海 南	Hainan	101088	49981	41211	101164	105694	80492	93913
重 庆	Chongqing	135736	75626	56216	119570	131163	86261	115664
四 川	Sichuan	128671	61888	52308	96949	111990	84292	106167
贵 州	Guizhou	103864	55566	43595	94177	105109	85191	87335
云 南	Yunnan	112615	59066	43730	104605	101348	91621	105153
西 藏	Tibet	131623	59659	72953	140450	128525	108769	141391
陕 西	Shaanxi	107580	54346	42229	85499	81302	68473	77163
甘 肃	Gansu	105441	57660	46793	92385	81533	71080	87459
青 海	Qinghai	109599	70036	52023	118061	105119	85283	110955
宁 夏	Ningxia	109447	64223	61268	104402	113963	90726	97761
新 疆	Xinjiang	103693	57053	57703	92345	95037	89779	75477

4-13 按行业分城镇私营单位就业人员平均工资
Average Wage of Employed Persons in Urban Private Units by Sector

单位：元 (yuan)

年 份 地 区	Year Region	平均工资 Average Wage	农、林、牧、渔业 Agriculture, Forestry, Animal Husbandry and Fishery	采矿业 Mining	制造业 Manufacturing	电力、热力、燃气及水生产和供应业 Production and Supply of Electricity, Heat, Gas and Water	建筑业 Construction	批发和零售业 Wholesale and Retail Trades
	2009	18199	14585	18553	17260	17795	19867	17775
	2010	20759	16370	20981	20090	18834	22228	19928
	2011	24556	19223	25519	24138	22091	26108	22791
	2012	28752	21973	29684	28215	25478	30911	27233
	2013	32706	24645	33081	32035	29597	34882	30604
	2014	36390	26862	35819	35653	33184	38838	33894
	2015	39589	28869	38192	38948	34631	41710	36635
	2016	42833	31301	39600	42115	38605	44803	39589
	2017	45761	34272	41236	44991	41510	46944	42359
	2018	49575	36375	44096	49275	44239	50879	45177
	2019	53604	37760	49675	52858	49633	54167	48722
	2020	57727	38956	54563	57910	54268	57309	53018
北 京	Beijing	90603	64255	84408	83389	71384	68768	75329
天 津	Tianjin	59862	56165	76953	59652	62840	55221	59082
河 北	Hebei	44942	36410	43362	47933	48349	43910	40442
山 西	Shanxi	42905	32299	52611	46106	43565	45747	37977
内蒙古	Inner Mongolia	47566	45300	69794	53848	55177	50020	44956
辽 宁	Liaoning	46011	33819	44836	48071	47994	45348	44300
吉 林	Jilin	42119	30032	54698	41645	37971	48671	38496
黑龙江	Heilongjiang	38685	32494	48006	41348	39089	35463	35848
上 海	Shanghai	80134	63422		77186	87222	67746	73693
江 苏	Jiangsu	63830	49812	54251	64691	73620	63699	59595
浙 江	Zhejiang	60521	48773	60578	59339	67602	57943	59712
安 徽	Anhui	52582	39219	53990	54360	53181	55465	46630
福 建	Fujian	58631	46674	63617	60593	51440	60041	52577
江 西	Jiangxi	48864	34361	51611	50530	53078	50997	42342
山 东	Shandong	55542	49850	61525	54833	62537	58916	54155
河 南	Henan	46733	38624	41712	46774	47071	49583	44361
湖 北	Hubei	48295	40183	41533	49213	48762	51115	42464
湖 南	Hunan	51157	37604	51711	54891	46619	52525	42576
广 东	Guangdong	67302	51826	45426	65788	63702	65116	62097
广 西	Guangxi	45238	38061	46449	47420	48339	45473	43442
海 南	Hainan	51388	49312	47913	47313	45147	50709	49843
重 庆	Chongqing	55678	37465	69435	58555	53662	59037	49648
四 川	Sichuan	53338	37093	51936	54067	50218	52988	47551
贵 州	Guizhou	47381	34999	60729	45306	56322	49589	46427
云 南	Yunnan	45897	33318	50392	45698	51788	48163	45544
西 藏	Tibet	60360	52968	73013	54475	90745	51588	76726
陕 西	Shaanxi	47724	33099	54289	49956	50584	48847	41448
甘 肃	Gansu	43771	35617	49055	43266	46701	46026	43422
青 海	Qinghai	46309	35823	51793	51299	57850	50173	45866
宁 夏	Ningxia	49928	42386	57950	55478	63891	52818	45438
新 疆	Xinjiang	52590	42337	75445	48425	70957	59755	49755

4-13 续表 1 continued

单位：元 (yuan)

年份 Year 地区 Region		交通运输、仓储和邮政业 Transport, Storage and Post	住宿和餐饮业 Hotels and Catering Services	信息传输、软件和信息技术服务业 Information Transmission, Software and Information Technology	金融业 Financial Intermediation	房地产业 Real Estate	租赁和商务服务业 Leasing and Business Services
2009		19634	15623	28166	30452	21334	21334
2010		21989	17531	31226	30513	23228	23879
2011		25949	20882	35562	28664	27017	27115
2012		28159	23933	39518	32696	30778	31796
2013		33141	27352	44060	37253	35038	36243
2014		38891	29483	51044	41553	37826	39414
2015		40495	31889	57719	44898	41767	43770
2016		42705	34712	63578	50366	46063	47836
2017		45852	36886	70415	52289	48025	51394
2018		50547	39632	76326	62943	51393	53382
2019		54006	42424	85301	76107	54416	57248
2020		57313	42258	101281	82930	55759	58155
北　京	Beijing	74154	54241	156044	183735	71558	86718
天　津	Tianjin	57908	44062	87103	79634	63157	61761
河　北	Hebei	52014	35066	49106	75578	42646	41670
山　西	Shanxi	50025	32225	46368	61797	37418	42194
内蒙古	Inner Mongolia	51336	38497	50836	64946	39820	46069
辽　宁	Liaoning	49122	34440	59417	42647	39483	49133
吉　林	Jilin	42700	36424	51420	49786	37104	35513
黑龙江	Heilongjiang	43075	34027	47617	47414	37050	38780
上　海	Shanghai	79737	55233	149256	133732	85758	65204
江　苏	Jiangsu	62404	46553	91114	107398	60834	61288
浙　江	Zhejiang	57440	47897	103478	102941	68792	64211
安　徽	Anhui	55011	38630	72918	71289	50890	51475
福　建	Fujian	58494	43025	85901	71411	58915	53710
江　西	Jiangxi	51153	38731	57090	51035	53621	46563
山　东	Shandong	55780	43445	67111	69813	57196	54750
河　南	Henan	47500	38195	50772	68899	48095	50193
湖　北	Hubei	50136	38387	57821	76929	48848	46757
湖　南	Hunan	49666	36550	69908	55739	48550	49392
广　东	Guangdong	66293	45364	125143	106945	66162	66077
广　西	Guangxi	47094	35123	55545	55481	44581	46836
海　南	Hainan	53618	39649	82909	64560	57169	51167
重　庆	Chongqing	55710	40011	71269	96284	59316	50786
四　川	Sichuan	53858	38711	94760	66615	49877	52445
贵　州	Guizhou	48275	36977	61857	104214	51606	50047
云　南	Yunnan	48443	36396	56979	77091	46765	43313
西　藏	Tibet	85967	52698	84416	74646	71567	79315
陕　西	Shaanxi	53709	35599	68577	48085	50040	49080
甘　肃	Gansu	46927	35796	60125	55295	42654	47213
青　海	Qinghai	56057	38630	49084	65253	41141	44177
宁　夏	Ningxia	53624	36772	56625	62158	42478	47675
新　疆	Xinjiang	56606	39769	57324	66563	45649	54124

4-13 续表 2 continued

单位: 元 (yuan)

年份 Year / 地区 Region		科学研究和技术服务业 Scientific Research and Technical Services	水利、环境和公共设施管理业 Management of Water Conservancy, Environment and Public Facilities	居民服务、修理和其他服务业 Services to Households, Repair and Other Services	教育 Education	卫生和社会工作 Health and Social Service	文化、体育和娱乐业 Culture, Sports and Entertainment
2009		26187	17170	15688	21066	18641	17339
2010		28886	19607	18350	21862	21571	20012
2011		31320	22958	20543	23636	25590	22666
2012		36598	26402	24068	26625	29173	26177
2013		42854	31241	27483	31521	33862	30402
2014		47462	33847	30580	33678	37205	32024
2015		50441	37222	33203	37040	40558	34974
2016		54764	40099	35824	39508	43993	38228
2017		58102	41061	38417	43263	47296	41201
2018		61876	42409	41058	46228	52343	44592
2019		67642	44444	43926	50761	57140	49289
2020		72233	43287	44536	48443	60689	51300
北 京	Beijing	108548	58703	51176	90622	90836	89806
天 津	Tianjin	70929	38781	50436	58828	58490	57636
河 北	Hebei	51484	29513	34765	42417	47563	43875
山 西	Shanxi	46271	30771	33107	33548	40537	31191
内蒙古	Inner Mongolia	55784	41560	36460	33851	43948	34835
辽 宁	Liaoning	54242	35923	40748	35347	50584	37708
吉 林	Jilin	51088	30205	36401	38174	50581	30995
黑龙江	Heilongjiang	47070	32883	30241	32701	37626	35035
上 海	Shanghai	117153	59347	55021	96752	96937	81986
江 苏	Jiangsu	75389	45569	45617	61289	69408	59413
浙 江	Zhejiang	76040	48475	49395	55650	75075	51676
安 徽	Anhui	56168	31000	38556	47028	54604	44752
福 建	Fujian	57701	50612	45129	43257	67295	44934
江 西	Jiangxi	53605	36263	41188	43708	53450	42422
山 东	Shandong	63383	37257	43923	52563	55850	53455
河 南	Henan	52670	39196	39463	41801	47810	41995
湖 北	Hubei	54724	38554	40724	38450	53206	46427
湖 南	Hunan	55216	45261	44412	45554	58352	46038
广 东	Guangdong	82119	57897	48759	53036	76209	54836
广 西	Guangxi	53240	39910	36736	32227	54615	37337
海 南	Hainan	60630	38865	55584	36259	50318	48242
重 庆	Chongqing	62560	42404	41338	50886	66819	47678
四 川	Sichuan	68629	45135	40170	43955	61726	44103
贵 州	Guizhou	58018	38627	38521	42492	51603	41040
云 南	Yunnan	62472	37807	38766	38030	52906	39120
西 藏	Tibet	91164	84154	54583	58138	98236	57603
陕 西	Shaanxi	55172	41750	38785	42280	48456	40147
甘 肃	Gansu	56872	32421	38985	37998	41784	36888
青 海	Qinghai	59219	41662	39831	33843	47590	39187
宁 夏	Ningxia	55584	37302	40812	33642	49005	37573
新 疆	Xinjiang	60484	41991	41719	38329	45994	43639

4-14 分地区城镇登记失业人员及失业率
Registered Unemployed Persons and Unemployment Rate in Urban Area by Region

地 区	Region	失业人员（万人） Unemployed Persons (10 000 persons)							失业率（%） Unemployment Rate (%)						
		1990	2005	2010	2015	2018	2019	2020	1990	2005	2010	2015	2018	2019	2020
北 京	Beijing	1.7	10.6	7.7	7.8	7.9	7.4	29.0	0.4	2.1	1.4	1.4	1.4	1.3	2.6
天 津	Tianjin	8.1	11.7	16.1	25.1	25.8	26.1	27.0	2.7	3.7	3.6	3.5	3.5	3.5	3.6
河 北	Hebei	7.7	27.8	35.1	39.4	38.0	36.0	38.5	1.1	3.9	3.9	3.6	3.3	3.1	3.5
山 西	Shanxi	5.5	14.3	20.4	25.6	24.6	21.3	27.7	1.2	3.0	3.6	3.5	3.3	2.7	3.1
内蒙古	Inner Mongolia	15.2	17.7	20.8	25.9	27.0	28.1	30.0	3.8	4.3	3.9	3.7	3.6	3.7	3.8
辽 宁	Liaoning	23.7	60.4	38.9	46.2	44.4	45.6	50.7	2.2	5.6	3.6	3.4	3.9	4.2	4.6
吉 林	Jilin	10.5	27.6	22.7	23.9	26.8	23.9	20.6	1.9	4.2	3.8	3.5	3.5	3.1	3.4
黑龙江	Heilongjiang	20.4	31.3	36.2	41.0	39.4	34.7	31.0	2.2	4.4	4.3	4.5	4.0	3.5	3.4
上 海	Shanghai	7.7	27.5	27.6	24.8	19.4	19.3	19.7	1.5		4.4	4.0	3.5	3.6	3.7
江 苏	Jiangsu	22.5	41.6	40.6	36.0	34.4	35.1	36.7	2.4	3.6	3.2	3.0	3.0	3.0	3.2
浙 江	Zhejiang	11.2	29.0	31.1	33.7	34.1	34.4	42.1	2.2	3.7	3.2	2.9	2.6	2.5	2.8
安 徽	Anhui	15.2	27.8	26.9	30.9	28.1	26.8	30.0	2.8	4.4	3.7	3.1	2.8	2.6	2.8
福 建	Fujian	9.0	14.9	14.5	15.4	17.3	16.8	35.7	2.6	4.0	3.8	3.7	3.7	3.5	3.8
江 西	Jiangxi	10.3	22.8	26.3	29.9	35.1	27.5	29.9	2.4	3.5	3.3	3.4	3.4	2.9	3.2
山 东	Shandong	26.2	42.9	44.5	43.7	46.5	44.2	46.7	3.2	3.3	3.4	3.4	3.4	3.3	3.1
河 南	Henan	25.1	33.0	38.2	42.5	48.6	49.4	62.2	3.3	3.5	3.4	3.0	3.0	3.2	3.2
湖 北	Hubei	12.7	52.6	55.7	33.4	36.1	37.6	55.3	1.7	4.3	4.2	2.6	2.6	2.4	3.4
湖 南	Hunan	15.9	41.9	43.2	45.1	40.4	31.1	31.4	2.7	4.3	4.2	4.1	3.6	2.7	2.7
广 东	Guangdong	19.2	34.5	39.3	37.0	36.6	36.9	73.9	2.2	2.6	2.5	2.5	2.4	2.3	2.5
广 西	Guangxi	13.9	18.5	19.1	18.1	16.7	19.7	22.9	3.9	4.2	3.7	2.9	2.3	2.6	2.8
海 南	Hainan	3.5	5.1	4.8	4.8	5.5	5.6	7.9	3.0	3.6	3.0	2.3	2.3	2.3	2.8
重 庆	Chongqing		16.9	13.0	14.3	13.1	17.5	29.6		4.1	3.9	3.6	3.0	2.6	4.5
四 川	Sichuan	38.0	34.3	34.6	54.6	53.3	50.4	54.4	3.7	4.6	4.1	4.1	3.5	3.3	3.6
贵 州	Guizhou	10.7	12.1	12.2	14.5	15.1	15.3	19.5	4.1	4.2	3.6	3.3	3.2	3.1	3.8
云 南	Yunnan	7.8	13.0	15.7	19.5	20.9	22.9	31.9	2.5	4.2	4.2	4.0	3.4	3.3	3.9
西 藏	Tibet			2.1	1.8	2.1	2.1	2.1			4.0	2.5	2.8	2.9	2.9
陕 西	Shaanxi	11.2	21.5	21.4	22.3	24.1	23.8	24.5	2.8	4.2	3.9	3.4	3.2	3.2	3.6
甘 肃	Gansu	12.5	9.3	10.7	9.5	10.0	10.8	12.2	4.9	3.3	3.2	2.1	2.8	3.0	3.3
青 海	Qinghai	4.2	3.6	4.2	4.4	4.6	3.1	3.1	5.6	3.9	3.8	3.2	3.0	2.2	2.1
宁 夏	Ningxia	4.0	4.4	4.8	4.9	5.4	5.0	5.6	5.4	4.5	4.4	4.0	3.9	3.7	3.9
新 疆	Xinjiang	9.6	11.1	11.0	10.3	9.5	8.4	9.4	3.0	3.9	3.2	2.9	2.4	2.1	2.4

注：1.新疆数据不包括新疆生产建设兵团。
2.2020年登记失业统计口径有所调整，与历史数据不可比。
a) The data of Xinjiang does not include Xinjiang Production and Construction Corps.
b) The statistical caliber of registered unemployment in 2020 has been adjusted, which is not comparable with historical data.

主要统计指标解释

劳动力 指年满16周岁，有劳动能力，参加或要求参加社会经济活动的人口。包括就业人员和失业人员。

就业人员 指年满16周岁，为取得报酬或经营利润，在调查周内从事了1小时（含1小时）以上劳动的人员；或由于在职学习、休假等原因在调查周内暂时未工作的人员；或由于停工、单位不景气等原因临时未工作的人员。

单位就业人员 指报告期末最后一日在本单位工作，并取得工资或其他形式劳动报酬的人员数。该指标为时点指标，不包括最后一日当天及以前已经与单位解除劳动合同关系的人员，是在岗职工、劳务派遣人员及其他就业人员之和。就业人员不包括：

(1)离开本单位仍保留劳动关系，并定期领取生活费的人员；

(2)在本单位实习的各类在校学生；

(3)本单位以劳务外包形式使用的人员，如：建筑业整建制使用的人员。

在岗职工 指在本单位工作且与本单位签订劳动合同，并由单位支付各项工资和社会保险、住房公积金的人员，以及上述人员中由于学习、病伤、产假等原因暂未工作仍由单位支付工资的人员。在岗职工还包括：

(1)应订立劳动合同而未订立劳动合同人员(如使用的农村户籍人员)；

(2)处于试用期人员；

(3)编制外招用的人员，如临时人员；

(4)派往外单位工作，但工资仍由本单位发放的人员(如挂职锻炼、外派工作等情况)。

工资总额 指根据《关于工资总额组成的规定》(1990年1月1日国家统计局发布的一号令)进行修订，本单位在报告期内(季度或年度)直接支付给本单位全部就业人员的劳动报酬总额。包括计时工资、计件工资、奖金、津贴和补贴、加班加点工资、特殊情况下支付的工资，是在岗职工工资总额、劳务派遣人员工资总额和其他就业人员工资总额之和。

工资总额是税前工资，包括单位从个人工资中直接为其代扣或代缴的房费、水费、电费、住房公积金和社会保险基金个人缴纳部分等。

工资总额不论是计入成本的还是不计入成本的，不论是以货币形式支付的还是以实物形式支付的，均应列入工资总额的计算范围。

平均工资 指单位就业人员在一定时期内平均每人所得的工资额。它表明一定时期工资收入的高低程度，是反映就业人员工资水平的主要指标。计算公式为：

$$\text{平均工资}=\frac{\text{报告期就业人员工资总额}}{\text{报告期就业人员平均人数}}$$

平均货币工资指数 指报告期就业人员平均工资与基期就业人员平均工资的比率，是反映不同时期就业人员货币工资水平变动情况的相对数。计算公式为：

$$\text{平均货币工资指数}=\frac{\text{报告期就业人员平均工资}}{\text{基期就业人员平均工资}}\times 100\%$$

平均实际工资指数 就业人员平均实际工资指扣除物价变动因素后的就业人员平均工资。就业人员平均实际工资指数是反映实际工资变动情况的相对数，表明就业人员实际工资水平提高或降低的程度。计算公式为:

$$\text{平均实际工资指数}=\frac{\text{报告期就业人员平均工资指数}}{\text{报告期城镇居民消费价格指数}}\times 100\%$$

城镇登记失业人员 劳动年龄（年满16周岁（含）至依法享受基本养老保险待遇）内，有劳动能力，有就业要求，处于无业状态，并在公共就业和人才服务机构进行失业登记的城镇常住人员。

城镇登记失业率 指报告期末，登记失业人员期末实有人数占期末从业人员总数与登记失业人员期末实有人数之和的比重。

城镇调查失业率 指城镇失业人口占城镇就业人口与失业人口之和的百分比，根据全国月度劳动力调查数据计算。

Explanatory Notes on Main Statistical Indicators

Labour Force refers to the population aged 16 and over who are capable of working, are participating in or willing to participate in economic activities, including employed persons and unemployed persons.

Employed Persons refer to persons, aged 16 and over, who performed some work for compensation or business gains for one hour or more during the reference period; or persons who do not work for the reasons of study or on holiday; or persons who are temporarily absent from a job for disorganization or suspension of work, recession, etc.

Persons Employed in Various Units refer to the total number of employees who work at his unit on the last day and obtain wages or other forms of payment at the end of the reporting period. This indicator is a kind of time point index and it equals to the sum of the number of employed staff and workers, labor dispatch personnel and other employed persons, excluding those who have terminated labor contracts with working unit on or before the last day of the reporting period. Employed persons do not include:

1)persons who have left their working units while keeping their labour contract (employment relation) unchanged and receiving regular alimony;

2)all kinds of enrolled students who do internship in various units;

3)persons employed due to labor outsourcing, for example, persons employed in the organizational system of construction industry.

Employed Staff and Workers refer to persons who signed labor contracts with working units and working units would pay wages, social insurance and housing funds for them. Persons who have their work posts but are temporarily absent from work for reasons of study or on sick, injury or maternal leave and still receive wages from their working units are also included. Employed staff and workers also include:

1)Persons who should have signed the labor contracts but not (like people with rural household registration);

2)Employees on probation;

3)Employees beyond the staffing quota, for example, temporary employees;

4)Employees who are sent to other working units but still obtain wages from their original units (situations like on-the-job placement, expatriated assignment, etc.)

Total Wage Bill It is revised according to the "Provision of Composition of Total Wages" (Order No.1 by National Bureau of Statistics on January, 1st, ,1990), total wage bill refers to the total remuneration payment to all employed persons in various units during the reporting period (by quarter or by year), including hourly-paid wages, piece-rate wages, bonuses, allowance and subsidies, overtime wages and wages paid under special circumstances. It equals to the sum of total wages of employed staff and workers, dispatch labors and other employed persons.

Total wage bill is pre-tax wages, including the room charges, utility bills, housing funds and social insurance paid or withheld by employee's units.

Total wage bill, whether or not included in cost, whether or not paid in money or in kind, shall be included in the calculation of total wage.

Average Wage refers to the average per capita wage during a certain period of time for employed persons. It shows the general level of wage income during a certain period of time and it's one major indicator to reflect the wage level. It is calculated as follows:

$$\text{Average Wage} = \frac{\text{Total wage bill of employed persons at reference time}}{\text{Average number of persons employed at reference time}}$$

Average Nominal Wage Indices refers to the ratio of average wage of employed persons at the reporting period to that at the base period, which reflects the change of money wage of employed persons at the different period. It is calculated as follows:

$$\text{Average money wage indices} = \frac{\text{Average wage of employed persons at reference time}}{\text{Average wage of persons employeds at base period}} \times 100\%$$

Average Real Wage Indices average real wage of employed persons refers to the average wage of employed persons after removing the effects of the price changes and average real wage indices of employed persons refers to the change of real wage, which reflects the relative increasing or decreasing level of real wage of employed persons ,which is calculated as follows:

$$\text{Average real wage indices} = \frac{\text{Average wage indices of employed persons at the reference time}}{\text{Urban consumer price indices at reference time}} \times 100\%$$

Registered Unemployed Persons in Urban Areas refer to the persons residing in urban areas at certain working ages (16 years old to the age of enjoying primary endowment insurance benefits according to the law), who are capable of working, unemployed and willing to work, and have been registered at the public employment and talent service agencies to apply for a job.

Registered Unemployment Rate in Urban Areas refers to the ratio of the actual number of registered unemployed persons at the end of the period to the sum of the total number of employees at the end of the period and the actual number of registered unemployed persons at the end of the period.

Surveyed Unemployment Rate in Urban Areas refers to the ratio of the number of the unemployed persons in urban areas to the sum of the number of the employed persons and the unemployed persons in urban areas, calculated on the basis of the Labour Force Survey.

5

价　格

Prices

简 要 说 明

一、本篇资料的主要内容

本篇价格指数资料，反映生产、流通、消费等环节的价格变动趋势和变动幅度。主要包括居民消费价格指数、商品零售价格指数、农业生产资料价格指数、农产品生产者价格指数、工业生产者出厂价格指数、工业生产者购进价格指数、进出口商品价格指数等。

二、本篇的资料来源

除进出口商品价格指数以外的价格指数编制由国家统计局城市社会经济调查司和农村社会经济调查司组织实施。由各省、自治区、直辖市及抽选出的市、县调查队依据国家统计局统一制定的价格统计调查制度从基层采集原始数据汇总后上报。进出口商品价格指数统计资料由海关总署提供。

三、居民消费、商品零售价格指数

编制居民消费、商品零售价格指数的资料采用抽样调查的方法取得，即在全国选择不同经济区域和分布合理的地区，以及有代表性的商品（服务）作为样本，对其市场价格进行定期调查，以样本推断总体。目前，参加国家级数据汇总的调查市、县500个。编制过程按下列几个步骤进行：

1.选择调查地区和调查点。调查地区按照经济区域和地区分布合理等原则，选出具有代表性的大、中、小城市和县作为国家的调查地区，在此基础上选定经营规模大、商品种类多的商场(店)、超市、农贸市场、服务网点和互联网电商等作为调查点。

2.选择代表规格品。代表规格品是选择那些消费量大、价格变动有代表性的商品（服务）；代表规格品的确定是根据城乡居民的消费支出记账资料和商品零售资料，按照有关规定筛选的。筛选原则：(1)与社会生产和人民生活关系密切；(2)消费(销售)数量(金额)大；(3)市场供应稳定；(4)价格变动趋势有代表性；(5)所选的代表规格品之间性质差异大，价格变动特征的相关性低。

目前，居民消费价格调查按用途划分为8个大类，262个基本分类；商品零售价格按用途划分为16个大类，197个基本分类。

3.价格调查方式。通过手持数据采集器，采用定人、定点、定时的方法直接调查，或者由选中的调查对象协助填报。在保证价格准确的前提下，经国家统计局审定，各地可通过相关政府部门发布的通知、公告等文件，以及部分企业、单位公开发布的收费信息资料和被调查单位的电子数据进行辅助采价，也可从互联网采集特定商品和服务价格。

4.权数的确定。居民消费价格指数的权数主要根据城乡居民家庭消费支出构成确定；商品零售价格指数的权数主要根据社会商品零售额资料确定。

四、工业生产者出厂价格指数

工业生产者出厂价格是工业品第一次出售时的出厂价格。该项调查采用重点调查与典型调查相结合的调查方法。重点调查对象为年主营业务收入2000万元及以上的工业法人企业；典型调查对象为年主营业务收入2000万元以下的工业法人企业。

1.选择代表企业的原则：(1)按工业行业选择调查企业；(2)大型企业应尽量都选上(或占相当大比重)；(3)选择生产正常、稳定的企业作为调查对象。

2.选择代表产品的原则：(1)按工业行业选择代表产品；(2)选择对国计民生影响大的产品；(3)选择生产较为稳定的产品；(4)选择有发展前景的产品；(5)选择具有地方特色的产品。

目前《工业生产者出厂价格调查目录》包括20000多种产品，并将其划分为1638个基本分类。

3.价格调查方式。采用企业报表形式，每月5万多家工业企业上报数据资料。

4.权数的确定。工业生产者出厂价格统计中，工业小类及小类以上的权数资料来源于工业统计中分行业工业销售产值数据资料；基本分类的权数资料来源于独立的工业企业产品权数调查。

五、农产品生产者价格指数

农产品生产者价格是农产品生产者直接出售其产品时实际获得的单位产品价格。农产品生产价格调查采用抽样调查和重点调查相结合的方法。内容包括被调查单位生产并出售的主要农产品。农产品代表产品的选择涵盖农、林、牧、渔四大类、各中类以及90%以上的小类，一般是生产量和销售量大的对国计民生影响大、稳定性强的产品，具有发展前景的新产品和具有地方特色的产品。代表品一般稳定五年。调查周期为季度。

六、进出口商品价格指数

进出口商品价格指数是反映一定时期内进出口商品价格变动趋势及幅度的统计指标。采用“单位价值法”编制，计算指数的资料全部来自中国海关的进出口货物贸易统计。计量单位按人民币计价，进口价格指数的计算按到岸价格（CIF）计算，出口价格指数的计算按离岸价格（FOB）计算。

Brief Introduction

I. Main Contents

Data on price indices in this chapter show the trends and rates of changes in the prices of production, distribution and consumption, including mainly consumer price indices, retail price indices, price indices of agricultural means of production, producer price indices for farm products, producer price indices for industrial products, purchasing price indices for industrial producers and price indices for imports and exports.

II. Sources of Data

Compilation of statistics on price indices is organized by the Department of Urban Social and Economic Surveys and the Department of Rural Social and Economic Surveys of NBS. The social and economic survey organizations of provinces, autonomous regions and municipalities directly under the Central Government and of the selected cities and counties collect data from the grassroots units in accordance with the scheme of price survey system stipulated by the NBS, tabulate them and report them to agencies at higher levels. Statistics on price for imports and exports are provided by the General Administration of Customs.

III. Consumer Price Indices and Retail Price Indices

Data for compilation of the consumer price indices and the retail price indices in China are collected through sample surveys. Areas distributed in different economic regions are selected as the sample areas and representative goods or services are selected as the sample commodities. Regular surveys are conducted to collect data on their market prices. Price statistics are estimated on the basis of the results from the samples. At present, 500 cities and counties have been selected for this purpose. Following are major steps in the process of calculation of the price indices:

(1) The selection of areas and outlets: Based on such principles as regional economic features and reasonable geographic distribution, representative sample areas for the national survey are selected which include large, medium and small cities and counties. When the sample areas have been selected, shopping malls (stores), supermarkets, farmers' markets, service outlets and Internet e-commerce with large operation scale and various commodity types are selected as outlets for the survey.

(2) The selection of representative commodities and their specifications or varieties: The representative specifications are to choose those goods or services that have large consumption and representative price changes. The representative specifications or varieties are determined based on the consumption expenditure account data of urban and rural residents and data on the retail sales of commodities in line with related instructions. The principles for selection are: (a) The commodities are closely related to social production and people's living conditions; (b) They are consumes (or sold) in large quantities (or large values); (c) The market supply is stable; (d) The changes of their prices are representative in trend; (e) There is great heterogeneity among the specifications or varieties selected, and the correlation of price changes is low.

At present, data are collected under 262 basic headings in 8 categories in the consumer price surveys. For the retail price surveys, data are collected under 197 basic headings in 16 categories.

(3) Method of data collection: Through hand-held data capturing device, direct investigation is conducted by the method of fixed data collector, fixed outlet and fixed timing, or the selected respondents assist in filling in the forms. On the premise of ensuring accurate prices and with the approval by the NBS, local governments can collect prices of specific goods and services from the Internet through announcements and other documents issued by relevant government departments, as well as publicly published fee-collecting information of some enterprises and units, and electronic data of the units under investigation.

(4) Determination of the weights: The weights of the consumer price indices are determined according to the composition of the consumption expenditures of urban and rural households. The weights of the retail price indices are determined mainly according to the total retail sales of commodities.

IV. Producer Price Indices for Industrial Products

Producer prices for industrial products refer to the ex-factory price of manufactured goods when they are first sold. The survey covers both key industrial enterprises with annual revenue from the primary activities at and above 20 million yuan, and typical industrial enterprises with annual revenue from the primary activities below 20 million yuan.

(1) Principles for selecting the representative enterprises: (a) Enterprises to be covered in the survey are selected by industrial sectors; (b) All (or a majority of) large-scaled enterprises should be selected; (c) Enterprises selected should be those with normal and stable production.

(2) Principle for the selection of representative products:

(a) Products are selected by industrial sectors; (b) The

selected products should have great impact on the national economy and people's living conditions; (c) The production of the products selected are relatively more stable; (d) The prospects of the products selected are promising; (e) The products selected are representative to the localities.

The *survey catalog of Producer Prices for Industrial Products* includes over 20,000 products under 1,638 basic headings.

(3) Method of data collection: The method of reporting forms by enterprises is adopted. There are more than 50,000 industrial enterprises which should report the price data every month.

(4) Determination of the weights: In statistics of producer price indices for industrial products, the weight of small groups and above of industrial classification comes from the output value of industrial sales by sector in industrial statistics; the weight of basic headings of categories comes from an independent product weight survey of industrial enterprises.

V. Price Index for Farm Products

Price index for farm products refers to the actual price per unit through directly selling their products by producers of farm products. The survey program of price index for farm products is a combined use of sampling survey and survey of typical units'. It covers main farm products produced and sold by the units surveyed. Representative farm products covered about 90% of small groups of all major groups in 4 branches of agriculture, forestry, animal husbandry and fishery. The products are generally with large production and sales, having great impact on the national economy and people's living conditions, with strong stability, with promising to new products and with local characters. Representative products are in the sample for 5 years. The survey is conducted quarterly.

VI. Price Indices for Imports and Exports

Price indices for imports and exports reflect trend and degree of price changes in import and export of commodity over a given period of time. They are compiled with the unit value method on the basis of statistics of imports and exports of goods of the China Customs. With Renminbi as the unit of measurements, import price index is computed at CIF prices and export price index is computed at FOB prices.

5-1 各种价格指数
Price Indices

(上年=100) (preceding year=100)

年 份 Year	居民消费价格指数 Consumer Price Index	城市居民消费价格指数 Urban	农村居民消费价格指数 Rural	商品零售价格指数 Retail Price Index	工业生产者出厂价格指数 Producer Price Index for Industrial Products	工业生产者购进价格指数 Purchasing Price Index for Industrial Producers
1978	100.7	100.7		100.7	100.1	
1980	107.5	107.5		106.0	100.5	
1985	109.3	111.9	107.6	108.8	108.7	
1990	103.1	101.3	104.5	102.1	104.1	105.6
1995	117.1	116.8	117.5	114.8	114.9	115.3
1996	108.3	108.8	107.9	106.1	102.9	103.9
1997	102.8	103.1	102.5	100.8	99.7	101.3
1998	99.2	99.4	99.0	97.4	95.9	95.8
1999	98.6	98.7	98.5	97.0	97.6	96.7
2000	100.4	100.8	99.9	98.5	102.8	105.1
2001	100.7	100.7	100.8	99.2	98.7	99.8
2002	99.2	99.0	99.6	98.7	97.8	97.7
2003	101.2	100.9	101.6	99.9	102.3	104.8
2004	103.9	103.3	104.8	102.8	106.1	111.4
2005	101.8	101.6	102.2	100.8	104.9	108.3
2006	101.5	101.5	101.5	101.0	103.0	106.0
2007	104.8	104.5	105.4	103.8	103.1	104.4
2008	105.9	105.6	106.5	105.9	106.9	110.5
2009	99.3	99.1	99.7	98.8	94.6	92.1
2010	103.3	103.2	103.6	103.1	105.5	109.6
2011	105.4	105.3	105.8	104.9	106.0	109.1
2012	102.6	102.7	102.5	102.0	98.3	98.2
2013	102.6	102.6	102.8	101.4	98.1	98.0
2014	102.0	102.1	101.8	101.0	98.1	97.8
2015	101.4	101.5	101.3	100.1	94.8	93.9
2016	102.0	102.1	101.9	100.7	98.6	98.0
2017	101.6	101.7	101.3	101.1	106.3	108.1
2018	102.1	102.1	102.1	101.9	103.5	104.1
2019	102.9	102.8	103.2	102.0	99.7	99.3
2020	102.5	102.3	103.0	101.4	98.2	97.7

注：从2011年起工业品出厂价格指数改为工业生产者出厂价格指数，原材料、燃料、动力购进价格指数改为工业生产者购进价格指数(以下相关表同)。

a) Since 2011, the producer price index for manufactured good has been replaced by the producer price index for industrial products, and the purchasing price index for raw materials, fuel and power has been replaced by the purchasing price index for industrial producers. The same applies to the tables following.

5-2 各种价格定基指数
Fixed-base Price Indices

年份 Year	居民消费价格指数 Consumer Price Index (1978=100)	城市居民消费价格指数 Urban (1978=100)	农村居民消费价格指数 Rural (1985=100)	商品零售价格指数 Retail Price Index (1978=100)	工业生产者出厂价格指数 Producer Price Index for Industrial Products (1985=100)	工业生产者购进价格指数 Purchasing Price Index for Industrial Producers (1990=100)
1978	100.0	100.0		100.0		
1980	109.5	109.5		108.1		
1985	131.1	134.2	100.0	128.1	100.0	
1990	216.4	222.0	165.1	207.7	159.0	100.0
1995	396.9	429.6	291.4	356.1	307.1	222.9
1996	429.9	467.4	314.4	377.8	316.0	231.6
1997	441.9	481.9	322.3	380.8	315.0	234.6
1998	438.4	479.0	319.1	370.9	302.1	224.7
1999	432.2	472.8	314.3	359.8	294.8	217.3
2000	434.0	476.6	314.0	354.4	303.1	228.4
2001	437.0	479.9	316.5	351.6	299.2	227.9
2002	433.5	475.1	315.2	347.0	292.6	222.7
2003	438.7	479.4	320.2	346.7	299.3	233.4
2004	455.8	495.2	335.6	356.4	317.6	260.0
2005	464.0	503.1	343.0	359.3	333.2	281.6
2006	471.0	510.6	348.1	362.9	343.2	298.5
2007	493.6	533.6	366.9	376.7	353.8	311.6
2008	522.7	563.5	390.7	398.9	378.2	344.3
2009	519.0	558.4	389.5	394.1	357.8	317.2
2010	536.1	576.3	403.5	406.3	377.5	347.7
2011	565.0	606.8	426.9	426.2	400.2	379.3
2012	579.7	623.2	437.6	434.7	393.4	372.5
2013	594.8	639.4	449.9	440.8	385.9	365.1
2014	606.7	652.8	458.0	445.2	378.6	357.1
2015	615.2	662.6	464.0	445.6	358.9	335.3
2016	627.5	676.5	472.8	448.7	353.9	328.6
2017	637.5	688.0	478.9	453.6	376.2	355.2
2018	650.9	702.4	489.0	462.2	389.4	369.8
2019	669.8	722.1	504.6	471.4	388.2	367.2
2020	686.5	738.7	519.7	478.0	381.2	358.8

5-3 居民消费价格分类指数(2020年)
Consumer Price Indices by Category (2020)

(上年=100) (preceding year=100)

项目名称	Item	全国 National Indices	城市 Urban Indices	农村 Rural Indices
居民消费价格总指数	**Consumer Price Index**	**102.5**	**102.3**	**103.0**
食品烟酒	**Food, Tobacco and Alcohol**	**108.3**	**107.8**	**109.6**
食品	Food	110.6	110.0	112.1
粮食	Grain	101.2	101.2	101.2
薯类	Tubers	103.3	103.7	102.4
豆类	Beans	105.6	105.8	105.2
食用油	Edible Oil and Fats	105.3	103.8	108.0
菜	Vegetables	106.6	106.6	106.7
#鲜菜	Fresh Vegetables	107.1	107.1	107.2
畜肉类	Meat of Livestock	138.4	137.6	140.3
禽肉类	Meat of Poultry	102.2	102.5	101.5
水产品	Aquatic Products	103.0	102.9	103.2
蛋类	Eggs	90.6	90.9	89.8
奶类	Milk and Other Dairy Products	101.0	101.1	100.7
干鲜瓜果类	Fruits and Nuts	91.6	91.8	90.7
#鲜瓜果	Fresh Fruits	88.9	89.2	88.2
糖果糕点类	Candy and Cake	101.0	101.0	100.9
调味品	Flavoring	101.3	101.4	101.1
其他食品类	Other Foods	101.8	101.9	101.6
茶及饮料	Tea and Beverages	100.6	100.6	100.7
烟酒	Tobacco and Alcohol	101.3	101.4	101.1
在外餐饮	Dining Out	104.7	104.5	105.4
衣着	**Clothing**	**99.8**	**99.8**	**99.7**
服装	Garments	99.9	99.9	99.7
服装材料	Garments Material	100.5	100.6	100.3
其他衣着及配件	Other Clothing and Accessories	99.6	99.5	100.3
衣着加工服务费	Clothing Manufacturing Services	102.1	102.1	102.0
鞋类	Footwear	99.2	99.2	99.4
居住	**Residence**	**99.6**	**99.6**	**99.5**
租赁房房租	Rent of Rental Housing	99.4	99.4	99.4
住房保养维修及管理	Housing Maintenance and Management	101.1	101.2	100.8
水电燃料	Water, Electricity and Fuels	99.3	99.5	98.6

5-3 续表 continued

(上年=100) (preceding year=100)

项目名称	Item	全国 National Indices	城市 Urban Indices	农村 Rural Indices
生活用品及服务	**Articles for Daily Use and Services**	**100.0**	**100.1**	**99.9**
家具及室内装饰品	Furniture and Interior Decorations	99.9	99.8	99.9
家用器具	Home Appliances	98.2	98.0	98.7
家用纺织品	Home Textiles	99.8	99.7	99.8
家庭日用杂品	Daily Use Household Articles	100.5	100.6	100.3
个人护理用品	Personal-care Supplies	101.0	101.1	100.5
家庭服务	Household Services	102.7	102.7	102.4
交通和通信	**Transport and Communications**	**96.5**	**96.4**	**96.8**
交通	Transport	95.0	94.9	95.5
交通工具	Transport Facility	97.8	97.7	98.2
交通工具用燃料	Fuels for Transport Facility	86.2	86.2	86.0
交通工具使用和维修	Use and Maintenance of Transport Facility	101.4	101.4	101.4
交通费	Traffic Fee	97.4	96.9	99.0
通信	Communications	99.3	99.3	99.3
教育文化和娱乐	**Education, Culture and Recreation**	**101.3**	**101.4**	**101.1**
教育	Education	102.2	102.3	101.7
教育用品	Education Articles	101.5	101.7	100.9
教育服务	Education Services	102.2	102.4	101.8
文化娱乐	Culture and Recreation	100.1	100.1	99.6
文娱耐用消费品	Durable Consumer Goods for Culture and Recreation	98.7	98.6	99.0
其他文娱用品	Other Articles	100.4	100.4	100.6
文化娱乐服务	Services for Culture and Recreation	99.1	99.1	99.4
旅游	Touring	101.1	101.3	99.9
医疗保健	**Health Care**	**101.8**	**101.7**	**102.0**
药品及医疗器具	Medicine and Medical Instruments	101.0	100.8	101.7
医疗服务	Medical Services	102.3	102.4	102.2
其他用品和服务	**Other Articles and Services**	**104.3**	**104.4**	**104.1**
其他用品类	Other Articles	109.5	110.0	107.4
其他服务类	Other Services	100.3	100.1	101.1

5-4 商品零售价格分类指数(2020年)
Retail Price Indices by Category (2020)

(上年=100) (preceding year=100)

项目名称	Item	全国 National Indices	城市 Urban Indices	农村 Rural Indices
商品零售价格指数	**Retail Price Index**	**101.4**	**101.3**	**102.1**
食品	**Food**	**109.0**	**108.8**	**110.6**
粮食	Grain	101.2	101.3	101.2
食用油	Edible Oil and Fats	104.1	103.5	106.4
菜	Vegetables	106.7	106.7	107.1
畜肉类	Meat of Livestock	138.2	137.7	140.3
禽肉类	Meat of Poultry	102.5	102.7	101.2
水产品	Aquatic Products	103.1	102.9	103.8
蛋类	Eggs	90.8	91.1	89.5
奶类	Milk and Other Dairy Products	101.2	101.2	100.8
干鲜瓜果类	Fruits and Nuts	91.6	91.8	90.6
糖果糕点类	Candy and Cake	101.0	101.0	101.0
调味品	Flavoring	101.3	101.3	101.1
其他食品类	Other Foods	101.9	101.9	101.6
在外餐饮	Dining Out	104.8	104.6	105.8
饮料、烟酒	**Beverages, Tobacco and Alcohol**	**101.2**	**101.2**	**101.0**
茶及饮料	Tea and Beverages	100.5	100.5	100.6
酒类	Alcohol	102.1	102.2	101.9
服装、鞋帽	**Garments, Shoes and Hats**	**99.7**	**99.7**	**99.6**
服装	Garments	99.8	99.8	99.7
鞋帽袜	Footgear and Hats	99.2	99.1	99.5
纺织品	**Textiles**	**99.8**	**99.9**	**99.5**
服装材料	Clothing	100.6	100.6	100.3
床上用品	Bedding	99.6	99.7	99.2
家用电器及音像器材	**Household Appliances, Music and Video Equipment**	**98.0**	**97.9**	**98.5**
文化办公用品	**Cultural and Office Appliances**	**100.2**	**100.2**	**100.6**
日用品	**Articles for Daily Use**	**100.2**	**100.2**	**100.0**
日用百货	General Merchandise for Daily Use	100.0	100.1	99.9
体育娱乐用品	**Sports and Recreation Articles**	**99.8**	**99.8**	**100.1**
交通、通信用品	**Transportation and Communication Appliances**	**98.6**	**98.6**	**98.2**
家具	**Furniture**	**99.8**	**99.8**	**99.8**
化妆品	**Cosmetics**	**101.3**	**101.4**	**100.7**
金银饰品	**Gold and Silver Ornaments**	**117.0**	**117.3**	**114.7**
中西药品及医疗保健用品	**Traditional Chinese and Western Medicines and Health Care Articles**	**100.9**	**100.7**	**102.0**
医疗卫生器具	Medical Instruments	102.1	101.6	105.5
中药	Traditional Chinese Medicines	102.5	102.5	102.9
西药	Western Medicines	100.1	99.9	101.5
书报杂志及电子出版物	**Books, Newspapers, Magazines and Electronic Publications**	**101.5**	**101.5**	**101.4**
燃料	**Fuels**	**91.1**	**91.0**	**92.0**
建筑材料及五金电料	**Building Materials and Hardware**	**100.3**	**100.2**	**100.6**
建筑装璜材料	Building Decoration Materials	100.2	100.1	100.5
五金水暖	Hardware	100.5	100.4	100.8

5-5 居民消费价格指数和商品零售价格指数
Consumer Price Indices and Retail Price Indices

(上年=100) (preceding year=100)

年份 Year / 地区 Region	居民消费价格 Consumer Price Index 总指数 General	城市 Urban	农村 Rural	商品零售价格 Retail Price Index 总指数 General	城市 Urban	农村 Rural
1994	124.1	125.0	123.4	121.7	120.9	122.9
1995	117.1	116.8	117.5	114.8	113.5	116.4
2000	100.4	100.8	99.9	98.5	98.5	98.5
2005	101.8	101.6	102.2	100.8	100.5	101.4
2006	101.5	101.5	101.5	101.0	100.9	101.4
2007	104.8	104.5	105.4	103.8	103.3	104.9
2008	105.9	105.6	106.5	105.9	105.5	106.7
2009	99.3	99.1	99.7	98.8	98.7	99.0
2010	103.3	103.2	103.6	103.1	102.8	103.6
2011	105.4	105.3	105.8	104.9	104.7	105.5
2012	102.6	102.7	102.5	102.0	101.9	102.2
2013	102.6	102.6	102.8	101.4	101.3	101.8
2014	102.0	102.1	101.8	101.0	101.0	101.0
2015	101.4	101.5	101.3	100.1	100.0	100.3
2016	102.0	102.1	101.9	100.7	100.7	100.9
2017	101.6	101.7	101.3	101.1	101.1	101.3
2018	102.1	102.1	102.1	101.9	101.9	102.1
2019	102.9	102.8	103.2	102.0	101.9	102.5
2020	102.5	102.3	103.0	101.4	101.3	102.1
北京 Beijing	101.7	101.7		101.0	101.0	
天津 Tianjin	102.0	102.0		101.0	101.0	
河北 Hebei	102.1	102.0	102.2	101.4	101.3	101.7
山西 Shanxi	102.9	102.8	103.3	100.9	100.7	101.6
内蒙古 Inner Mongolia	101.9	101.6	102.7	100.5	100.4	101.0
辽宁 Liaoning	102.4	102.2	103.4	101.1	101.0	102.0
吉林 Jilin	102.3	102.0	103.1	100.7	100.6	101.8
黑龙江 Heilongjiang	102.3	102.1	102.9	101.5	101.5	101.6
上海 Shanghai	101.7	101.7		100.9	100.9	
江苏 Jiangsu	102.5	102.4	102.8	101.8	101.8	102.4
浙江 Zhejiang	102.3	102.1	102.8	101.2	101.0	102.1
安徽 Anhui	102.7	102.5	102.9	101.6	101.6	101.7
福建 Fujian	102.2	102.2	102.1	101.3	101.2	101.6
江西 Jiangxi	102.6	102.4	103.0	101.6	101.5	101.9
山东 Shandong	102.8	102.5	103.6	102.0	101.9	102.6
河南 Henan	102.8	102.5	103.3	100.9	100.9	101.2
湖北 Hubei	102.7	102.5	103.5	102.2	102.1	103.0
湖南 Hunan	102.3	102.0	102.9	101.3	101.2	102.5
广东 Guangdong	102.6	102.6	103.0	100.8	100.7	101.2
广西 Guangxi	102.8	102.5	103.5	101.4	101.3	102.1
海南 Hainan	102.3	101.8	103.8	101.6	101.5	102.4
重庆 Chongqing	102.3	102.3		102.2	102.2	
四川 Sichuan	103.2	102.9	103.8	102.7	102.5	103.4
贵州 Guizhou	102.6	102.3	103.1	101.6	101.5	102.4
云南 Yunnan	103.6	103.4	103.9	102.4	102.4	102.6
西藏 Tibet	102.2	102.2	102.1	102.0	102.0	101.7
陕西 Shaanxi	102.5	102.5	102.5	101.9	101.8	102.4
甘肃 Gansu	102.0	101.9	102.1	101.3	101.3	101.5
青海 Qinghai	102.6	102.7	102.5	102.4	102.5	102.3
宁夏 Ningxia	101.5	101.7	101.0	100.6	100.6	100.2
新疆 Xinjiang	101.5	101.3	102.0	100.6	100.6	101.2

5-6 分地区居民消费价格分类指数(2020年)
Consumer Price Indices by Category and by Region (2020)

(上年=100) (preceding year=100)

地 区	Region	总指数 General Index	食品烟酒 Food, Tobacco and Alcohol	食品 Food	粮食 Grain	薯类 Tubers	豆类 Beans	食用油 Edible Oil and Fats	菜 Vegetables	#鲜菜 Fresh Vegetables
全 国	**National Average**	**102.5**	**108.3**	**110.6**	**101.2**	**103.3**	**105.6**	**105.3**	**106.6**	**107.1**
北 京	Beijing	101.7	105.7	106.1	101.8	106.8	105.3	103.7	106.6	107.5
天 津	Tianjin	102.0	106.5	107.6	101.7	104.9	109.9	98.9	109.8	109.8
河 北	Hebei	102.1	107.1	108.4	101.3	101.9	104.0	102.9	105.6	106.1
山 西	Shanxi	102.9	106.9	108.2	100.5	100.0	103.1	103.1	108.1	108.7
内蒙古	Inner Mongolia	101.9	105.7	107.0	100.8	98.7	101.4	110.9	107.1	107.6
辽 宁	Liaoning	102.4	107.4	108.9	101.7	104.9	106.7	102.3	108.7	109.5
吉 林	Jilin	102.3	107.5	109.0	100.8	104.7	107.2	105.2	107.2	107.7
黑龙江	Heilongjiang	102.3	108.0	109.6	101.9	100.5	106.4	103.2	105.1	105.6
上 海	Shanghai	101.7	105.3	106.3	101.5	108.4	99.9	106.6	105.9	106.3
江 苏	Jiangsu	102.5	109.1	111.9	100.7	110.5	108.0	104.5	109.4	110.3
浙 江	Zhejiang	102.3	107.4	109.5	101.7	105.2	105.8	105.3	104.6	105.1
安 徽	Anhui	102.7	108.4	110.9	101.2	104.5	108.1	108.5	109.5	110.2
福 建	Fujian	102.2	107.0	109.3	100.3	105.8	104.6	104.6	101.4	101.8
江 西	Jiangxi	102.6	108.8	111.5	101.9	106.4	106.9	102.7	104.5	104.7
山 东	Shandong	102.8	109.5	112.1	102.4	104.5	107.5	101.6	109.3	109.9
河 南	Henan	102.8	108.5	111.2	100.3	101.8	104.6	102.1	107.8	108.5
湖 北	Hubei	102.7	109.3	112.3	101.3	104.0	106.0	103.3	109.0	109.6
湖 南	Hunan	102.3	108.3	111.4	101.1	104.7	105.5	106.1	104.4	104.7
广 东	Guangdong	102.6	109.1	111.8	101.9	102.5	103.1	102.5	102.1	102.3
广 西	Guangxi	102.8	109.2	111.6	100.9	103.2	106.9	103.7	103.3	103.6
海 南	Hainan	102.3	108.4	110.5	101.3	103.4	106.5	111.1	98.9	98.8
重 庆	Chongqing	102.3	107.9	110.3	97.4	105.4	106.6	100.0	109.1	110.2
四 川	Sichuan	103.2	111.0	114.2	100.7	103.7	107.9	109.8	109.6	110.4
贵 州	Guizhou	102.6	110.3	113.3	99.9	107.9	105.8	124.6	106.0	106.4
云 南	Yunnan	103.6	111.6	115.8	101.1	98.2	105.5	121.2	107.0	107.5
西 藏	Tibet	102.2	104.8	106.2	102.4	98.7	99.8	103.2	102.5	102.3
陕 西	Shaanxi	102.5	107.6	109.3	101.6	105.4	108.4	104.3	111.8	112.6
甘 肃	Gansu	102.0	106.4	108.5	101.7	101.5	102.3	103.0	112.5	113.1
青 海	Qinghai	102.6	106.5	108.5	101.1	99.1	102.8	102.6	105.6	105.8
宁 夏	Ningxia	101.5	105.4	106.6	101.7	101.1	102.8	100.6	113.5	114.1
新 疆	Xinjiang	101.5	104.5	105.4	102.1	98.2	103.0	103.6	101.7	101.7

5-6 续表 1 continued

(上年=100) (preceding year=100)

地 区	Region	畜肉类 Meat of Livestock	禽肉类 Meat of Poultry	水产品 Aquatic Products	蛋类 Eggs	奶类 Milk and Other Dairy Products	干鲜瓜果类 Fruits and Nuts	#鲜瓜果 Fresh Fruits	糖果糕点类 Candy and Cake	调味品 Flavoring	其他食品类 Other Foods
全 国	**National Average**	**138.4**	**102.2**	**103.0**	**90.6**	**101.0**	**91.6**	**88.9**	**101.0**	**101.3**	**101.8**
北 京	Beijing	127.4	104.0	101.3	89.9	104.0	90.9	86.7	99.9	100.9	102.0
天 津	Tianjin	131.1	99.4	102.7	87.5	100.0	93.5	90.7	101.2	102.1	102.0
河 北	Hebei	135.6	104.7	101.8	89.1	100.6	90.5	87.2	101.3	101.2	101.8
山 西	Shanxi	137.2	101.4	102.6	79.6	101.2	90.9	88.1	100.7	100.9	101.7
内蒙古	Inner Mongolia	127.4	101.9	99.9	89.5	100.1	92.4	90.4	99.6	100.1	100.6
辽 宁	Liaoning	134.7	100.2	102.1	89.5	101.6	95.8	94.4	100.8	100.7	100.9
吉 林	Jilin	135.9	100.8	105.7	89.9	102.1	92.3	90.1	100.9	101.9	102.3
黑龙江	Heilongjiang	138.9	102.9	103.7	89.0	101.4	92.7	90.9	100.4	99.9	100.9
上 海	Shanghai	131.0	99.9	100.6	96.7	100.7	94.4	92.9	101.9	103.6	100.4
江 苏	Jiangsu	137.5	105.3	105.5	90.7	102.4	93.7	91.2	102.2	102.0	101.8
浙 江	Zhejiang	137.3	104.0	102.1	94.5	100.8	93.3	90.1	102.7	102.4	102.9
安 徽	Anhui	139.4	100.4	105.5	87.7	100.2	88.7	84.6	101.2	102.8	101.9
福 建	Fujian	137.0	100.4	103.1	90.0	101.8	88.8	85.6	101.3	101.4	101.5
江 西	Jiangxi	141.2	98.8	105.1	90.7	100.5	89.6	86.1	100.4	100.8	102.2
山 东	Shandong	140.5	102.5	104.7	90.7	100.6	91.7	89.3	100.4	100.9	102.1
河 南	Henan	142.3	100.1	100.8	86.2	100.4	91.6	88.4	100.3	101.9	102.4
湖 北	Hubei	143.8	103.8	106.4	93.5	100.2	90.0	87.0	101.1	101.9	100.6
湖 南	Hunan	139.3	103.8	102.3	96.1	99.6	91.5	89.0	100.5	100.4	101.9
广 东	Guangdong	142.9	101.6	101.4	94.1	102.4	88.9	86.4	100.5	100.9	102.0
广 西	Guangxi	143.1	99.6	103.0	94.2	100.9	91.0	89.3	100.4	100.7	101.3
海 南	Hainan	139.2	102.1	101.8	95.2	101.9	92.1	91.1	97.6	100.9	99.8
重 庆	Chongqing	139.9	101.6	102.5	86.9	95.9	84.4	82.1	101.3	101.7	102.0
四 川	Sichuan	139.3	101.0	103.8	94.9	100.6	93.5	91.6	100.6	101.1	102.8
贵 州	Guizhou	141.2	101.1	103.7	94.5	100.8	91.2	89.2	101.5	99.9	102.3
云 南	Yunnan	150.9	107.8	101.8	98.9	100.1	90.2	88.0	102.1	100.7	103.8
西 藏	Tibet	118.6	107.7	100.2	97.7	101.8	97.8	97.6	100.4	102.2	101.1
陕 西	Shaanxi	135.6	103.0	104.4	85.6	103.2	89.8	85.8	100.3	101.3	102.8
甘 肃	Gansu	127.9	107.9	100.0	90.4	99.9	93.9	90.0	101.6	100.9	101.3
青 海	Qinghai	124.9	102.9	101.4	87.0	101.1	93.5	91.3	98.9	101.1	100.5
宁 夏	Ningxia	120.2	105.6	101.7	88.8	99.1	93.9	91.2	99.9	101.1	99.1
新 疆	Xinjiang	118.6	104.7	100.7	88.8	98.9	90.3	88.6	101.5	100.4	101.1

5-6 续表 2 continued

(上年=100) (preceding year=100)

地 区	Region	茶及饮料 Tea and Beverages	烟酒 Tobacco and Alcohol	在外餐饮 Dining Out	衣着 Clothing	服装 Garments	服装材料 Garments Material	其他衣着及配件 Other Clothing and Accessories	衣着加工服务费 Clothing Manufacturing Service Fees	鞋类 Footwear
全 国	**National Average**	**100.6**	**101.3**	**104.7**	**99.8**	**99.9**	**100.5**	**99.6**	**102.1**	**99.2**
北 京	Beijing	100.4	100.9	106.3	99.8	99.4	101.4	100.7	105.6	99.9
天 津	Tianjin	101.5	102.5	104.9	98.5	99.0	99.6	99.6	103.3	96.1
河 北	Hebei	100.8	101.3	105.1	99.7	100.0	100.5	99.3	101.5	98.9
山 西	Shanxi	100.3	100.7	105.6	101.3	101.4	101.2	99.8	103.6	100.7
内蒙古	Inner Mongolia	99.6	100.2	104.0	100.1	100.1	100.1	100.0	101.2	100.1
辽 宁	Liaoning	99.8	100.6	105.0	99.6	99.3	100.2	99.4	101.3	100.2
吉 林	Jilin	100.7	100.6	105.1	99.4	99.7	100.3	100.3	101.4	98.2
黑龙江	Heilongjiang	100.8	100.4	105.9	99.1	99.0	100.1	100.3	99.0	99.1
上 海	Shanghai	101.8	102.8	103.6	100.9	101.5	101.6	100.6	102.6	98.6
江 苏	Jiangsu	101.6	101.9	105.1	99.7	99.7	102.4	100.7	102.4	99.4
浙 江	Zhejiang	100.7	100.8	104.8	100.5	100.9	100.1	101.0	103.2	98.5
安 徽	Anhui	101.3	101.3	104.7	100.3	100.6	98.9	99.4	103.1	99.2
福 建	Fujian	100.2	100.6	103.3	99.9	99.6	101.6	99.5	102.3	100.5
江 西	Jiangxi	100.3	100.8	104.7	99.2	98.9	99.1	100.0	102.1	99.8
山 东	Shandong	100.1	101.4	105.9	100.6	100.8	98.3	99.3	101.9	100.1
河 南	Henan	100.8	101.1	104.3	98.8	98.6	101.9	99.7	101.6	98.9
湖 北	Hubei	100.2	100.5	104.4	99.7	99.7	102.6	100.0	102.4	99.3
湖 南	Hunan	99.8	100.7	101.5	100.2	100.1	100.4	99.8	100.4	100.3
广 东	Guangdong	100.5	103.3	103.8	99.5	99.7	100.5	96.8	102.1	98.9
广 西	Guangxi	100.4	100.7	106.0	99.9	99.7	100.6	99.3	101.1	100.2
海 南	Hainan	99.9	100.8	104.2	101.5	101.8	110.7	99.6	101.4	100.4
重 庆	Chongqing	100.3	100.5	104.4	98.3	98.5	97.5	99.1	101.7	97.4
四 川	Sichuan	100.5	102.3	106.1	99.7	99.9	100.5	99.7	101.6	99.1
贵 州	Guizhou	100.8	100.2	106.1	98.4	98.4	99.2	99.8	103.0	98.1
云 南	Yunnan	99.9	101.1	105.4	100.4	100.8	100.4	100.4	100.8	99.3
西 藏	Tibet	101.1	101.0	102.6	101.0	101.3	100.5	100.5	99.8	101.1
陕 西	Shaanxi	100.7	101.5	106.0	99.4	99.8	100.5	100.0	101.0	97.9
甘 肃	Gansu	100.9	100.5	102.8	99.4	99.4	98.6	100.3	101.8	99.3
青 海	Qinghai	102.2	100.2	103.2	99.7	99.5	101.2	101.5	102.4	100.0
宁 夏	Ningxia	100.6	100.4	103.9	98.9	99.3	100.6	99.2	101.2	97.5
新 疆	Xinjiang	99.2	101.8	103.1	99.4	99.5	100.0	99.3	102.4	98.9

5-6 续表 3 continued

(上年=100) (preceding year=100)

地 区	Region	居住 Housing	租赁房房租 Rent of Rental Housing	住房保养维修及管理 Housing Maintenance and Management	水电燃料 Water, Electricity and Fuels	生活用品及服务 Articles for Daily Use and Services	家具及室内装饰品 Furniture and Interior Decorations	家用器具 Home Appliances	家用纺织品 Home Textiles
全 国	**National Average**	**99.6**	**99.4**	**101.1**	**99.3**	**100.0**	**99.9**	**98.2**	**99.8**
北 京	Beijing	99.1	98.9	101.6	100.0	100.0	100.4	96.3	98.2
天 津	Tianjin	100.7	101.0	100.8	99.9	100.2	100.9	98.5	99.4
河 北	Hebei	99.1	98.9	101.6	98.4	99.9	98.8	98.1	100.2
山 西	Shanxi	100.1	100.4	102.4	99.1	100.0	100.0	98.8	99.0
内蒙古	Inner Mongolia	100.2	99.6	101.0	99.8	99.9	100.0	98.9	100.1
辽 宁	Liaoning	100.2	100.2	100.0	100.0	99.5	99.2	97.1	100.0
吉 林	Jilin	99.8	98.0	100.3	99.0	100.8	101.4	99.5	100.2
黑龙江	Heilongjiang	98.5	96.9	100.4	100.2	99.7	100.3	98.8	99.6
上 海	Shanghai	100.8	101.0	102.4	99.6	99.8	99.3	96.6	100.4
江 苏	Jiangsu	99.9	99.9	102.2	99.6	100.5	100.2	98.5	100.2
浙 江	Zhejiang	99.9	99.9	101.6	98.9	101.6	101.1	98.7	102.4
安 徽	Anhui	99.8	99.8	100.5	99.3	99.8	99.7	98.5	99.3
福 建	Fujian	100.0	100.0	101.0	99.7	100.6	99.6	98.8	99.7
江 西	Jiangxi	99.4	99.5	101.6	97.7	99.7	100.5	97.5	99.6
山 东	Shandong	99.7	99.9	101.5	99.2	99.9	100.2	98.7	99.0
河 南	Henan	99.6	98.6	100.6	99.5	99.9	99.8	98.8	99.1
湖 北	Hubei	99.2	99.6	100.8	99.4	100.1	100.4	97.2	99.6
湖 南	Hunan	99.1	100.0	100.1	97.9	99.9	99.7	99.4	100.2
广 东	Guangdong	98.9	98.5	101.4	98.7	99.7	98.2	97.9	98.9
广 西	Guangxi	98.9	99.1	100.5	97.5	99.7	99.6	98.2	99.2
海 南	Hainan	97.8	94.8	100.9	98.2	100.3	99.3	99.2	104.1
重 庆	Chongqing	99.5	100.6	100.2	100.0	100.0	100.4	97.4	98.7
四 川	Sichuan	98.9	98.5	100.8	99.9	99.9	101.1	97.0	99.1
贵 州	Guizhou	98.4	97.7	99.7	99.2	99.6	100.0	98.0	99.4
云 南	Yunnan	100.1	99.4	101.0	99.7	99.7	99.6	98.3	98.5
西 藏	Tibet	100.1	101.5	101.2	98.6	101.6	103.8	100.4	100.0
陕 西	Shaanxi	100.1	99.9	100.7	100.2	100.3	100.0	98.5	100.8
甘 肃	Gansu	100.1	99.7	99.8	100.0	100.3	99.7	99.6	99.9
青 海	Qinghai	101.0	101.6	99.4	102.7	99.9	99.7	98.3	102.3
宁 夏	Ningxia	100.3	98.1	100.2	102.9	99.6	100.2	98.4	100.2
新 疆	Xinjiang	102.1	101.6	100.3	100.7	99.5	98.5	96.9	99.9

5-6 续表 4 continued

(上年=100) (preceding year=100)

地 区	Region	家庭日用杂品 Household Articles for Daily Use	个人护理用品 Personal-care Supplies	家庭服务 Household Services	交通和通信 Transport and Communications	交通 Transport	交通工具 Transport Facility	交通工具用燃料 Fuels for Transport Facility	交通工具使用和维修 Use and Maintenance of Transport Facility	交通费 Traffic Fee	通信 Communications
全 国	**National Average**	**100.5**	**101.0**	**102.7**	**96.5**	**95.0**	**97.8**	**86.2**	**101.4**	**97.4**	**99.3**
北 京	Beijing	100.7	101.3	103.2	95.8	93.7	98.5	86.2	101.3	92.9	101.7
天 津	Tianjin	99.8	100.7	102.8	97.1	96.6	96.4	85.8	102.9	105.3	98.0
河 北	Hebei	100.6	101.9	102.2	96.9	95.3	98.3	86.3	101.0	98.8	99.9
山 西	Shanxi	100.7	100.6	102.7	96.6	94.3	96.2	86.0	100.6	99.5	100.6
内蒙古	Inner Mongolia	100.2	100.0	100.9	96.4	95.4	99.0	86.2	101.7	96.1	98.6
辽 宁	Liaoning	100.1	101.3	99.5	96.7	95.4	97.2	85.9	100.4	98.2	99.3
吉 林	Jilin	100.4	101.3	104.6	96.5	95.7	97.2	85.7	100.2	100.5	97.9
黑龙江	Heilongjiang	99.1	101.7	98.3	96.5	95.2	96.5	85.9	100.4	98.2	99.1
上 海	Shanghai	100.4	101.0	101.6	96.6	94.2	97.3	85.9	102.2	97.5	100.8
江 苏	Jiangsu	100.8	101.7	104.4	96.5	95.1	98.5	85.9	101.5	98.3	99.3
浙 江	Zhejiang	102.2	102.9	105.3	96.5	94.9	97.1	86.0	104.0	97.5	99.8
安 徽	Anhui	100.1	101.0	101.7	96.8	95.5	96.5	89.2	101.1	98.2	99.0
福 建	Fujian	101.6	101.0	104.1	97.0	95.4	98.5	86.0	102.3	95.9	99.7
江 西	Jiangxi	100.4	99.9	103.3	96.3	94.7	97.2	85.7	101.4	99.0	99.2
山 东	Shandong	100.1	100.0	103.4	96.2	94.4	97.7	85.8	101.0	95.7	99.4
河 南	Henan	100.4	100.9	102.3	95.8	95.7	98.4	86.0	101.3	96.6	96.1
湖 北	Hubei	100.7	102.4	102.5	96.5	94.6	95.0	85.9	102.3	99.2	99.5
湖 南	Hunan	100.0	100.6	100.8	96.7	95.1	98.4	85.7	101.3	98.7	99.5
广 东	Guangdong	100.3	99.8	102.5	96.2	94.6	98.5	86.1	101.5	95.1	99.3
广 西	Guangxi	99.9	101.2	101.6	96.0	94.6	96.6	86.3	100.2	101.4	98.5
海 南	Hainan	99.9	100.0	104.2	95.4	93.4	97.6	85.1	100.5	93.4	98.8
重 庆	Chongqing	100.3	101.9	102.9	97.3	94.7	98.5	86.0	100.3	94.9	102.1
四 川	Sichuan	100.5	101.0	103.6	96.4	94.8	97.4	86.8	100.8	98.3	99.4
贵 州	Guizhou	100.2	99.6	101.2	95.7	94.0	98.0	86.1	101.0	97.4	98.2
云 南	Yunnan	100.1	101.8	101.4	96.9	95.6	99.2	86.6	100.5	98.8	99.2
西 藏	Tibet	102.2	101.4	102.0	98.1	96.2	100.2	87.6	100.3	97.8	100.6
陕 西	Shaanxi	101.1	100.7	101.2	97.8	97.1	99.1	86.4	99.9	99.0	99.1
甘 肃	Gansu	100.7	100.6	101.6	97.4	96.3	99.4	86.6	100.7	98.1	99.5
青 海	Qinghai	99.6	100.4	101.1	97.8	95.7	99.4	85.9	100.5	97.5	102.4
宁 夏	Ningxia	99.3	99.7	102.0	96.9	94.8	96.2	86.5	100.6	97.0	100.9
新 疆	Xinjiang	100.0	100.3	102.8	96.8	95.9	98.8	86.6	101.7	96.2	99.2

5-6 续表 5 continued

(上年=100) (preceding year=100)

地 区	Region	教育文化和娱乐 Education, Culture and Recreation	教育 Education	教育用品 Education Articles	教育服务 Education Services	文化娱乐 Cultural and Recreational Articles	文娱耐用消费品 Durable Consumer Goods for Culture and Recreation	其他文娱用品 Other Articles
全 国	**National Average**	**101.3**	**102.2**	**101.5**	**102.2**	**100.1**	**98.7**	**100.4**
北 京	Beijing	102.5	100.9	99.4	100.9	103.7	97.9	100.9
天 津	Tianjin	102.6	104.9	103.9	104.9	100.4	97.9	100.6
河 北	Hebei	102.0	103.3	101.8	103.4	99.5	97.6	100.0
山 西	Shanxi	101.1	101.9	102.4	101.9	99.6	100.3	100.3
内蒙古	Inner Mongolia	100.5	100.7	100.0	100.8	100.2	98.8	100.1
辽 宁	Liaoning	100.8	100.9	101.4	100.8	100.6	95.3	99.5
吉 林	Jilin	101.4	101.1	102.6	101.0	101.9	99.0	101.1
黑龙江	Heilongjiang	102.3	102.4	101.4	102.5	101.9	99.0	100.3
上 海	Shanghai	101.1	102.5	105.2	102.4	100.1	100.8	100.8
江 苏	Jiangsu	101.4	103.0	103.5	103.0	99.4	99.0	101.1
浙 江	Zhejiang	101.8	103.6	101.2	103.6	99.1	100.3	101.1
安 徽	Anhui	101.5	102.4	101.1	102.5	99.8	97.7	99.6
福 建	Fujian	101.2	101.9	101.0	102.0	100.1	99.0	100.8
江 西	Jiangxi	102.1	103.4	101.5	103.5	100.0	98.7	100.6
山 东	Shandong	101.2	102.2	106.3	102.0	99.7	98.7	100.2
河 南	Henan	102.0	102.7	100.9	102.8	100.7	100.8	100.1
湖 北	Hubei	100.9	101.6	100.1	101.8	99.7	99.1	100.5
湖 南	Hunan	100.0	100.7	100.5	100.7	98.8	100.1	100.1
广 东	Guangdong	100.9	102.1	101.4	102.1	99.0	98.1	99.8
广 西	Guangxi	100.5	101.2	100.8	101.3	99.2	98.5	100.9
海 南	Hainan	100.9	103.2	101.0	103.4	97.4	99.7	99.7
重 庆	Chongqing	101.8	102.2	101.3	102.2	101.4	96.3	99.9
四 川	Sichuan	101.2	101.5	100.6	101.6	100.8	96.8	100.2
贵 州	Guizhou	100.8	101.3	101.0	101.4	100.1	98.2	100.9
云 南	Yunnan	101.0	100.9	100.8	101.0	101.2	98.1	101.0
西 藏	Tibet	101.2	99.9	99.3	100.1	102.4	99.8	101.1
陕 西	Shaanxi	101.8	103.1	102.0	103.3	99.6	97.5	100.7
甘 肃	Gansu	101.2	101.9	100.3	102.0	100.0	99.5	100.9
青 海	Qinghai	100.2	100.3	101.9	100.3	100.0	98.5	101.0
宁 夏	Ningxia	101.0	102.3	100.3	102.5	98.7	99.3	99.8
新 疆	Xinjiang	100.6	100.5	101.2	100.4	100.8	98.2	101.3

5-6 续表 6 continued

(上年=100) (preceding year=100)

地 区	Region	文化娱乐服务 Cultural and Recreational Services	旅游 Touring	医疗保健 Health Care	药品及医疗器具 Medicine and Medical Instruments	医疗服务 Medical Services	其他用品和服务 Other Articles and Services	其他用品类 Other Articles	其他服务类 Other Services
全 国	**National Average**	**99.1**	**101.1**	**101.8**	**101.0**	**102.3**	**104.3**	**109.5**	**100.3**
北 京	Beijing	99.8	110.4	104.9	98.5	114.8	108.3	115.7	103.4
天 津	Tianjin	101.0	101.2	99.9	99.8	100.0	107.9	116.8	100.6
河 北	Hebei	100.0	100.2	102.1	102.5	101.8	104.5	106.4	103.2
山 西	Shanxi	95.3	101.2	109.4	100.8	115.3	102.4	106.2	99.4
内蒙古	Inner Mongolia	99.3	101.8	103.6	102.4	104.5	103.0	107.3	99.5
辽 宁	Liaoning	98.0	105.4	103.4	100.7	105.2	103.6	108.5	99.8
吉 林	Jilin	99.6	105.1	101.8	100.9	102.5	104.2	110.5	99.1
黑龙江	Heilongjiang	99.8	105.6	102.5	102.2	102.8	104.4	110.0	100.2
上 海	Shanghai	98.6	100.2	101.2	102.4	100.0	102.9	111.3	97.4
江 苏	Jiangsu	99.2	99.2	100.1	100.1	100.1	104.8	109.9	101.0
浙 江	Zhejiang	100.4	97.5	101.5	98.5	103.5	104.2	110.2	100.2
安 徽	Anhui	99.6	101.1	101.2	101.2	101.2	103.1	107.6	99.0
福 建	Fujian	99.9	100.5	100.2	101.0	99.8	103.7	110.0	98.7
江 西	Jiangxi	100.1	100.3	99.9	100.7	99.6	104.9	108.6	101.4
山 东	Shandong	96.5	101.3	101.5	101.2	101.8	104.6	109.0	100.6
河 南	Henan	99.2	102.9	103.4	102.2	104.2	107.6	115.7	100.8
湖 北	Hubei	96.8	101.8	102.2	101.9	102.4	104.8	109.0	101.0
湖 南	Hunan	99.3	97.0	101.0	101.0	101.1	103.6	108.6	99.1
广 东	Guangdong	99.9	98.8	100.8	101.8	100.2	104.0	109.3	99.6
广 西	Guangxi	99.4	98.7	105.5	100.3	108.6	102.7	105.6	100.5
海 南	Hainan	99.8	92.1	100.3	100.1	100.4	103.2	107.9	99.7
重 庆	Chongqing	101.0	104.5	101.9	101.0	102.5	102.7	108.8	98.8
四 川	Sichuan	100.3	102.7	100.7	101.0	100.5	103.1	107.7	100.4
贵 州	Guizhou	97.6	102.7	100.8	101.1	100.5	103.0	106.9	99.8
云 南	Yunnan	98.4	105.5	100.6	101.2	100.2	103.2	104.7	100.6
西 藏	Tibet	100.4	107.0	102.2	104.0	101.0	104.9	107.8	101.9
陕 西	Shaanxi	96.5	102.7	100.9	100.6	101.1	105.2	108.6	102.4
甘 肃	Gansu	98.5	101.0	100.6	101.5	99.9	104.3	108.3	100.9
青 海	Qinghai	99.5	101.6	104.2	101.4	106.4	106.0	110.7	101.1
宁 夏	Ningxia	98.5	97.4	100.6	100.0	101.1	103.2	108.3	98.8
新 疆	Xinjiang	101.8	99.7	100.4	101.4	100.0	102.6	106.0	99.7

5-7 分地区商品零售价格分类指数(2020年)

Retail Price Indices by Category of Commodities and by Region (2020)

(上年=100) (preceding year=100)

地 区	Region	总指数 General Index	食 品 Food	#粮 食 Grain	#菜 Vegetables	#畜 肉 Meat of Livestock	#禽 肉 Meat of Poultry	#水产品 Aquatic Products	#蛋 Eggs	#干鲜瓜果 Fruits and Nuts
全 国	**National Average**	**101.4**	**109.0**	**101.2**	**106.7**	**138.2**	**102.5**	**103.1**	**90.8**	**91.6**
北 京	Beijing	101.0	106.2	101.8	106.6	127.4	104.0	101.3	89.9	90.9
天 津	Tianjin	101.0	106.9	101.8	109.8	131.1	99.4	102.7	87.5	93.5
河 北	Hebei	101.4	107.7	101.3	105.2	134.5	103.2	100.9	89.5	90.4
山 西	Shanxi	100.9	107.6	100.4	108.1	136.9	101.2	102.5	79.7	90.9
内蒙古	Inner Mongolia	100.5	106.1	100.7	106.0	125.7	102.2	101.1	89.8	92.1
辽 宁	Liaoning	101.1	108.6	101.8	108.6	135.3	99.4	102.2	89.6	96.1
吉 林	Jilin	100.7	107.9	100.9	106.8	132.6	102.2	104.7	89.4	92.1
黑龙江	Heilongjiang	101.5	109.6	102.4	105.2	137.8	102.8	103.3	88.4	93.5
上 海	Shanghai	100.9	105.9	101.5	105.9	131.0	99.9	100.6	96.7	94.4
江 苏	Jiangsu	101.8	110.3	100.8	109.8	137.2	105.3	105.5	91.1	94.1
浙 江	Zhejiang	101.2	108.1	101.5	104.7	137.6	104.4	102.1	94.6	93.3
安 徽	Anhui	101.6	109.4	101.4	109.6	138.8	100.5	105.3	87.4	88.6
福 建	Fujian	101.3	108.0	100.2	101.8	137.6	101.2	102.9	89.9	89.1
江 西	Jiangxi	101.6	110.0	101.8	105.4	140.8	97.4	106.5	90.6	89.0
山 东	Shandong	102.0	111.0	102.4	109.1	140.6	103.2	104.7	90.5	91.6
河 南	Henan	100.9	107.9	100.4	107.6	141.0	100.7	101.1	86.6	91.3
湖 北	Hubei	102.2	111.0	101.3	109.1	143.3	103.1	105.3	92.8	89.9
湖 南	Hunan	101.3	109.0	101.1	103.9	138.8	104.0	101.6	94.5	92.3
广 东	Guangdong	100.8	108.3	101.5	102.4	141.9	102.4	101.8	95.0	89.7
广 西	Guangxi	101.4	110.2	100.9	103.7	142.4	99.6	103.6	93.4	90.5
海 南	Hainan	101.6	108.4	101.3	98.1	138.1	102.0	101.6	95.6	92.3
重 庆	Chongqing	102.2	108.4	97.4	109.1	139.9	101.6	102.5	86.9	84.4
四 川	Sichuan	102.7	112.5	101.0	109.5	138.4	100.7	103.0	95.6	93.4
贵 州	Guizhou	101.6	111.8	100.2	105.7	141.7	100.6	103.9	95.0	90.5
云 南	Yunnan	102.4	113.9	100.8	107.3	152.0	108.0	102.3	98.2	89.5
西 藏	Tibet	102.0	105.8	101.9	104.3	118.3	109.8	101.1	99.2	97.0
陕 西	Shaanxi	101.9	108.4	101.3	111.6	138.9	101.8	103.8	84.6	89.7
甘 肃	Gansu	101.3	106.4	101.9	112.1	126.7	109.5	100.6	89.9	92.3
青 海	Qinghai	102.4	107.4	101.2	106.9	126.5	102.0	101.4	84.6	93.9
宁 夏	Ningxia	100.6	104.9	102.4	111.8	120.9	103.6	102.4	89.6	93.7
新 疆	Xinjiang	100.6	104.4	102.5	100.9	121.0	104.1	100.8	87.8	90.3

5-7 续表 1 continued

(上年=100) (preceding year=100)

地 区	Region	饮料烟酒 Beverages, Tobacco and Alcohol	服装鞋帽 Garments, Shoes and Hats	纺织品 Textiles	家用电器及音像器材 Household Appliances, Music and Video Equipment	文化办公用品 Cultural and Office Appliances	日用品 Articles for Daily Use	体育娱乐用品 Sports and Recreation Articles	交通、通信用品 Transportation and Communication Appliances
全 国	**National Average**	**101.2**	**99.7**	**99.8**	**98.0**	**100.2**	**100.2**	**99.8**	**98.6**
北 京	Beijing	100.7	99.6	98.8	97.2	99.8	99.8	100.2	100.7
天 津	Tianjin	102.3	98.2	99.7	97.9	100.4	99.8	100.7	97.9
河 北	Hebei	101.5	100.0	100.2	98.1	98.1	100.8	100.0	98.7
山 西	Shanxi	100.6	101.1	98.8	99.2	101.1	100.1	100.4	98.5
内蒙古	Inner Mongolia	99.9	99.7	100.5	98.3	99.9	100.1	99.3	97.7
辽 宁	Liaoning	100.8	99.6	99.9	96.3	96.9	100.0	98.9	98.0
吉 林	Jilin	101.2	99.0	100.5	98.7	100.8	100.1	100.8	96.3
黑龙江	Heilongjiang	100.8	98.7	99.0	99.0	100.0	98.4	99.9	97.4
上 海	Shanghai	102.6	100.8	100.1	97.7	101.4	100.7	100.4	98.5
江 苏	Jiangsu	101.9	99.7	101.1	98.2	103.7	100.5	100.0	100.1
浙 江	Zhejiang	100.7	100.4	102.1	98.9	99.8	101.2	101.3	98.5
安 徽	Anhui	101.5	100.3	98.9	98.5	99.0	99.6	100.3	97.3
福 建	Fujian	99.9	99.6	100.3	98.3	101.1	100.6	100.2	97.9
江 西	Jiangxi	100.7	99.4	99.2	97.9	100.2	100.0	99.8	97.8
山 东	Shandong	101.0	100.4	98.3	98.1	100.2	100.0	100.0	98.7
河 南	Henan	101.1	98.8	99.6	99.3	100.9	99.9	100.0	95.8
湖 北	Hubei	100.4	99.2	100.4	96.9	101.4	100.6	100.2	97.4
湖 南	Hunan	100.6	100.2	100.1	99.4	100.3	100.0	100.1	99.1
广 东	Guangdong	102.2	98.9	99.1	97.2	99.2	99.8	98.4	98.4
广 西	Guangxi	101.1	99.4	99.4	97.7	99.8	99.8	99.7	96.4
海 南	Hainan	100.7	101.7	107.5	99.8	99.9	100.2	99.3	98.7
重 庆	Chongqing	100.5	98.2	98.7	96.9	99.3	100.0	100.2	103.2
四 川	Sichuan	101.5	99.6	99.4	96.4	98.9	100.0	99.2	98.9
贵 州	Guizhou	100.3	98.2	99.3	97.8	99.5	100.1	100.0	98.3
云 南	Yunnan	100.3	100.7	96.9	97.7	99.1	99.3	99.6	98.5
西 藏	Tibet	101.6	101.0	100.0	99.6	99.5	100.4	100.7	99.7
陕 西	Shaanxi	101.5	99.7	100.7	97.9	100.5	100.9	100.5	99.1
甘 肃	Gansu	100.6	99.6	99.2	99.5	100.2	100.4	100.9	99.0
青 海	Qinghai	100.5	99.7	103.5	98.6	98.7	99.2	101.2	103.5
宁 夏	Ningxia	100.5	98.9	100.1	98.0	101.3	99.5	99.9	99.1
新 疆	Xinjiang	101.7	99.1	99.4	97.3	103.1	100.5	100.6	98.3

5-7 续表 2 continued

(上年=100) (preceding year=100)

地 区	Region	家 具 Furniture	化妆品 Cosmetics	金银饰品 Gold and Silver Ornaments	中西药品及医疗保健用品 Traditional Chinese and Western Medicines and Health Care Articles	书报杂志及电子出版物 Books, Newspapers, Magazines and Electronic Publications	燃 料 Fuels	建筑材料及五金电料 Building Materials and Hardware
全 国	**National Average**	**99.8**	**101.3**	**117.0**	**100.9**	**101.5**	**91.1**	**100.3**
北 京	Beijing	100.5	101.4	122.8	98.5	101.5	88.9	100.1
天 津	Tianjin	101.0	100.6	125.6	99.4	103.4	89.8	99.4
河 北	Hebei	98.6	102.7	115.3	102.6	101.0	92.3	102.0
山 西	Shanxi	100.0	100.4	111.9	100.8	101.1	90.8	100.6
内蒙古	Inner Mongolia	100.0	100.0	112.7	103.2	101.0	91.4	100.0
辽 宁	Liaoning	98.8	101.1	116.0	100.6	100.8	92.2	100.2
吉 林	Jilin	101.6	101.6	120.1	100.3	102.7	90.9	100.2
黑龙江	Heilongjiang	100.3	102.4	118.3	102.3	101.0	92.9	100.2
上 海	Shanghai	99.3	100.9	117.1	102.4	106.5	88.2	101.8
江 苏	Jiangsu	100.6	102.0	117.3	99.7	103.1	90.6	100.6
浙 江	Zhejiang	101.2	103.3	116.6	98.5	101.0	90.4	100.3
安 徽	Anhui	100.0	101.3	115.4	101.3	99.3	94.3	100.2
福 建	Fujian	99.2	101.1	119.2	100.7	101.4	91.6	99.9
江 西	Jiangxi	100.5	100.1	115.0	100.4	101.4	91.0	100.5
山 东	Shandong	99.9	100.2	115.9	100.9	103.7	91.0	100.6
河 南	Henan	99.8	101.0	118.3	102.1	101.1	91.3	99.8
湖 北	Hubei	100.5	102.8	116.1	102.3	100.2	92.7	100.4
湖 南	Hunan	99.4	101.2	118.0	101.0	100.7	89.2	100.0
广 东	Guangdong	98.0	99.8	116.7	101.9	100.5	90.4	99.8
广 西	Guangxi	99.3	101.7	117.2	100.0	101.6	89.5	100.1
海 南	Hainan	99.6	99.9	116.2	99.8	100.1	88.9	100.3
重 庆	Chongqing	100.5	101.9	116.9	101.0	100.8	94.8	100.3
四 川	Sichuan	102.2	101.9	113.7	100.9	100.5	92.7	100.0
贵 州	Guizhou	100.7	100.3	116.6	101.7	101.6	89.6	99.5
云 南	Yunnan	99.4	102.4	109.0	100.8	101.6	90.0	99.8
西 藏	Tibet	102.2	101.7	116.0	105.0	101.0	93.5	100.5
陕 西	Shaanxi	100.6	101.2	117.2	99.8	101.2	94.4	99.3
甘 肃	Gansu	99.7	100.9	117.4	101.2	100.2	92.9	99.7
青 海	Qinghai	100.3	100.4	120.3	101.1	100.8	95.3	99.1
宁 夏	Ningxia	100.2	99.9	113.3	99.8	101.0	91.7	100.0
新 疆	Xinjiang	98.4	99.6	111.3	100.8	100.2	93.0	99.5

5-8 农业生产资料价格分类指数

Price Indices for Means of Agricultural Production by Category

(上年=100) (preceding year=100)

年 份 Year / 地 区 Region		总指数 General Index	农用手工工具 Farm Handtools	饲 料 Feed	仔畜幼禽及产品畜 Young Animals and Commodity Animals	半机械化农具 Semi-mechanized Farm Tools	机械化农具 Mechanized Farm Machinery
	2003	101.4	99.3	102.0	102.9	99.4	98.5
	2004	110.6	104.3	116.5	127.6	102.1	102.2
	2005	108.3	105.1	103.9	106.5	102.3	102.3
	2006	101.5	106.2	101.1	88.0	101.8	101.5
	2007	107.7	104.9	108.2	144.5	102.7	101.7
	2008	120.3	112.5	115.8	131.5	107.9	109.0
	2009	97.5	103.1	102.4	82.7	101.5	100.9
	2010	102.9	102.5	108.3	100.8	100.7	101.4
	2011	111.3	105.3	107.6	137.3	103.6	104.6
	2012	105.6	104.4	105.7	104.6	102.1	102.1
	2013	101.4	103.0	104.5	100.3	100.7	100.5
	2014	99.1	103.1	102.0	97.8	100.5	100.6
	2015	100.4	101.5	98.1	108.3	100.1	99.8
	2016	100.1	101.0	95.5	126.9	99.5	100.0
	2017	100.6	102.3	99.1	94.1	101.0	101.5
	2018	103.1	103.8	102.9	89.5	101.4	101.8
	2019	104.6	102.6	101.3	145.8	100.3	100.9
	2020	106.1	100.9	104.2	156.6	100.1	100.1
北 京	Beijing						
天 津	Tianjin						
河 北	Hebei	104.3	101.8	105.3	142.9	103.5	100.2
山 西	Shanxi	108.1	100.2	109.3	160.7	99.3	100.4
内蒙古	Inner Mongolia	103.2	100.7	103.3	142.9	100.8	100.7
辽 宁	Liaoning	104.9	99.6	103.8	158.4	100.5	101.3
吉 林	Jilin	100.0	100.0	101.6	109.3	100.1	101.8
黑龙江	Heilongjiang	103.7	100.0	102.7	137.4	99.6	99.8
上 海	Shanghai						
江 苏	Jiangsu	105.7	99.8	104.3	159.6	101.2	100.3
浙 江	Zhejiang	106.1	105.5	106.8	154.5	100.3	99.9
安 徽	Anhui	104.8	100.6	104.8	173.7	99.9	99.6
福 建	Fujian	103.3	101.1	104.2	131.2	98.5	100.2
江 西	Jiangxi	107.2	105.8	108.0	152.0	103.0	100.3
山 东	Shandong	105.6	102.7	106.0	144.5	102.7	100.6
河 南	Henan	103.6	100.5	102.6	142.3	100.7	98.1
湖 北	Hubei	106.4	99.2	100.9	179.3	99.0	100.5
湖 南	Hunan	103.5	100.1	103.6	138.9	100.5	100.6
广 东	Guangdong	108.8	103.4	102.3	177.9	99.6	99.7
广 西	Guangxi	109.7	101.2	103.6	195.7	100.5	101.0
海 南	Hainan	104.4	100.3	103.7	154.1	99.7	99.1
重 庆	Chongqing						
四 川	Sichuan	120.9	99.9	107.3	191.3	100.0	100.0
贵 州	Guizhou	112.2	101.3	104.5	176.4	100.3	100.3
云 南	Yunnan	106.7	96.6	99.2	172.4	96.6	91.2
西 藏	Tibet	99.6	100.0	100.0	100.0	100.0	100.0
陕 西	Shaanxi	104.6	99.8	104.2	157.7	99.8	99.2
甘 肃	Gansu	100.7	101.1	102.8	120.5	97.9	99.4
青 海	Qinghai	109.0	101.6	106.0	160.3	100.5	99.8
宁 夏	Ningxia	103.8	100.0	109.4	122.3	100.0	100.0
新 疆	Xinjiang	106.2	103.5	108.2	152.3	100.6	100.3

5-8 续表 continued

(上年=100) (preceding year=100)

年 份 Year 地 区 Region	化学肥料 Chemical Fertilizer	农药及农药器械 Pesticide and Related Equipment	农机用油 Fuel Oil for Farm Machinery	其他农用生产资料 Other Means of Agricultural Production	农业生产服务 Service for Agricultural Production
2003	101.6	99.9	107.8	97.0	
2004	112.8	103.0	108.4	106.3	
2005	112.8	104.1	111.1	109.4	
2006	100.1	101.6	113.4	105.8	107.8
2007	103.4	101.4	105.3	103.4	109.7
2008	131.7	108.0	113.1	108.1	110.3
2009	93.7	100.1	94.4	102.5	107.9
2010	98.6	100.4	110.3	107.2	104.3
2011	113.3	102.6	110.8	108.1	108.3
2012	106.6	102.4	104.2	105.9	108.3
2013	97.7	101.6	100.5	103.9	106.5
2014	94.2	101.2	98.2	102.1	104.0
2015	100.6	100.5	87.3	100.8	102.2
2016	96.9	99.9	96.6	99.9	101.5
2017	102.1	101.0	110.0	100.7	101.5
2018	107.4	104.8	112.6	101.3	102.8
2019	101.9	102.9	94.6	100.9	102.3
2020	98.4	100.8	86.5	99.6	101.8
北 京 Beijing					
天 津 Tianjin					
河 北 Hebei	98.6	101.6	87.6	99.3	101.1
山 西 Shanxi	102.4	100.3	85.2	100.6	100.9
内蒙古 Inner Mongolia	97.5	101.9	86.5	96.5	100.6
辽 宁 Liaoning	99.6	99.7	86.0	100.7	101.0
吉 林 Jilin	96.6	101.1	86.4	99.0	100.6
黑龙江 Heilongjiang	101.2	100.0	85.3	100.3	104.1
上 海 Shanghai					
江 苏 Jiangsu	98.6	100.5	85.9	98.9	101.5
浙 江 Zhejiang	99.2	102.1	85.6	100.4	99.1
安 徽 Anhui	97.0	100.3	85.9	100.6	101.0
福 建 Fujian	98.4	100.9	88.1	100.3	101.0
江 西 Jiangxi	98.0	102.5	86.2	101.1	103.9
山 东 Shandong	97.7	102.1	87.5	98.7	104.0
河 南 Henan	100.0	102.2	84.9	99.8	99.7
湖 北 Hubei	100.3	100.2	86.5	99.7	100.8
湖 南 Hunan	98.5	100.9	85.4	101.0	102.9
广 东 Guangdong	99.0	101.3	87.6	102.2	103.9
广 西 Guangxi	98.3	100.5	86.4	100.0	102.7
海 南 Hainan	97.3	101.1	86.5	97.7	100.3
重 庆 Chongqing					
四 川 Sichuan	99.0	101.1	88.8	100.4	101.1
贵 州 Guizhou	99.2	100.3	92.0	100.3	101.5
云 南 Yunnan	93.4	96.2	86.8	95.4	93.9
西 藏 Tibet	99.4	100.0	93.5	100.0	100.0
陕 西 Shaanxi	97.8	102.0	88.3	98.9	101.5
甘 肃 Gansu	93.2	100.9	86.8	102.4	102.3
青 海 Qinghai	92.8	112.2	85.6	100.8	104.5
宁 夏 Ningxia	95.6	99.9	86.3	99.1	99.3
新 疆 Xinjiang	97.5	101.0	88.1	100.3	103.4

5-9 农产品生产者价格指数
Producer Price Indices for Farm Products

(上年＝100) (preceding year=100)

指 标	Item	2005	2010	2015	2019	2020
农产品生产者价格指数	**Producer Price Indices for Farm Products**	**101.4**	**110.9**	**101.7**	**114.5**	**115.0**
农业产品	**Agriculture Products**	**101.6**	**116.6**	**99.2**	**100.8**	**102.8**
谷物	Cereals	99.2	112.8	98.7	100.3	104.1
#小麦	Wheat	96.4	107.9	99.2	100.1	100.5
稻谷	Rice	101.6	112.8	101.6	96.5	100.8
玉米	Corn	98.0	116.1	96.5	102.0	107.6
大豆	Soybeans	94.2	107.9	99.0	100.1	105.5
油料	Oil-bearing Crops	91.3	112.1	100.8	105.2	107.9
棉花	Cotton	111.8	157.7	87.5	97.8	98.5
糖料	Sugar Crops	111.6	106.0	98.8	97.7	103.1
蔬菜	Vegetables	107.2	116.8	104.6	101.2	105.2
水果	Fruits	107.4	118.9	99.7	103.6	95.3
林业产品	**Forestry Products**	**104.8**	**122.8**	**97.9**	**100.1**	**100.7**
饲养动物及其产品	**Raised Animals and Related Products**	**100.5**	**103.0**	**104.2**	**133.5**	**132.4**
生猪	Live Pigs	97.6	98.3	108.9	150.5	155.7
活牛	Live Cattle and Buffaloes	101.7	104.7	99.1	112.5	110.5
活羊	Live Sheep and Goats	101.7	108.7	89.4	114.3	110.4
活家禽	Live Poultry	105.6	107.0	101.3	107.8	92.9
禽蛋	Eggs	106.4	107.5	96.9	102.1	85.9
生奶	Raw Milk	99.6	115.3	92.2	105.6	101.5
渔业产品	**Fishery Products**	**104.7**	**107.6**	**102.5**	**99.4**	**100.2**
海水养殖产品	Seawater Cultured Products			101.0	97.2	96.3
海水捕捞产品	Seawater Fishing Products			106.0	100.6	99.6
淡水养殖产品	Freshwater Cultured Products			102.1	99.8	102.0

5-10 分地区农产品生产者价格指数
Producer Price Indices for Farm Products by Region

(上年=100) (preceding year=100)

地区	Region	2019 总指数 General Index	2019 农业产品 Agriculture Products	2019 林业产品 Forestry Products	2019 饲养动物及其产品 Raised Animals and Related Products	2019 渔业产品 Fishery Products	2020 总指数 General Index	2020 农业产品 Agriculture Products	2020 林业产品 Forestry Products	2020 饲养动物及其产品 Raised Animals and Related Products	2020 渔业产品 Fishery Products
全国	**National Average**	**114.5**	**100.8**	**100.1**	**133.5**	**99.4**	**115.0**	**102.8**	**100.7**	**132.4**	**100.2**
北京	Beijing	109.9	98.6		123.3	99.6	110.9	99.3		124.6	98.1
天津	Tianjin	108.8	99.7		124.7	102.3	114.9	110.1		128.0	99.7
河北	Hebei	107.1	101.0	90.6	118.8	100.7	111.5	112.4	94.9	110.8	106.0
山西	Shanxi	115.2	107.8	150.0	128.1	106.3	109.4	105.5	103.5	116.8	95.7
内蒙古	Inner Mongolia	105.6	101.9	101.5	110.4	101.9	111.0	108.9	88.8	115.9	107.4
辽宁	Liaoning	107.6	100.6	97.2	116.8	100.5	108.1	107.5	100.0	109.2	97.2
吉林	Jilin	108.7	101.1	99.5	131.8	97.0	117.1	112.0	100.3	132.9	109.6
黑龙江	Heilongjiang	106.2	99.5	102.5	141.1	105.3	118.5	112.1	100.7	129.9	112.8
上海	Shanghai	105.6	102.8	100.2	126.7	96.7	106.7	101.5	101.8	129.1	103.2
江苏	Jiangsu	109.3	100.3	104.8	125.8	102.7	107.5	103.7	102.8	116.6	101.9
浙江	Zhejiang	109.9	102.8	100.3	140.3	102.2	107.3	98.2	100.4	138.2	101.5
安徽	Anhui	109.3	99.5	102.7	136.2	100.2	115.6	104.2	102.9	129.3	103.4
福建	Fujian	106.9	103.8	103.2	128.8	98.4	102.3	100.1	89.1	119.7	95.8
江西	Jiangxi	113.2	100.7	101.0	141.0	99.1	111.0	102.5	91.0	135.5	99.3
山东	Shandong	112.2	106.1	100.3	132.2	101.3	108.7	107.9	104.8	115.2	101.8
河南	Henan	119.9	103.2	102.3	148.4	95.8	116.8	105.4	96.3	137.4	106.6
湖北	Hubei	110.1	102.0	101.8	132.1	99.3	118.1	102.3	106.1	155.9	108.8
湖南	Hunan	118.0	102.0	101.2	139.8	101.1	123.3	102.7	94.1	151.7	103.1
广东	Guangdong	107.3	103.5	98.0	121.0	102.1	104.7	99.8	99.5	119.5	99.2
广西	Guangxi	115.5	103.5	99.9	139.6	101.2	115.5	99.5	97.6	147.1	96.3
海南	Hainan	109.2	106.6	91.6	136.1	100.1	112.8	96.4	104.4	134.4	99.8
重庆	Chongqing	112.1	102.1	97.2	133.7	101.4	113.6	105.8	100.1	130.5	106.6
四川	Sichuan	115.6	102.7	101.7	128.0	102.4	116.1	102.9	98.4	128.8	104.6
贵州	Guizhou	116.2	103.3	100.9	126.7	107.5	122.6	103.5	98.5	138.3	99.2
云南	Yunnan	109.6	101.0	93.1	127.6	100.3	120.2	100.3	99.0	157.4	98.4
西藏	Tibet										
陕西	Shaanxi	107.7	104.2	98.0	115.5	96.1	112.3	108.5	93.2	121.2	104.2
甘肃	Gansu	109.9	104.8		121.1	101.2	106.6	102.3		116.2	91.8
青海	Qinghai	109.6	106.4		115.0	88.0	122.6	100.8		121.6	100.0
宁夏	Ningxia	106.4	98.5		115.8	91.8	113.1	110.7		116.2	105.4
新疆	Xinjiang	99.6	94.5	96.2	114.4	102.5	111.0	100.3	90.9	115.6	101.9

5-11 按工业行业分工业生产者出厂价格指数
Producer Price Indices for Industrial Products by Sector

(上年＝100) (preceding year=100)

行业	Sector	2017	2018	2019	2020
总指数	**General Index**	**106.3**	**103.5**	**99.7**	**98.2**
煤炭开采和洗选业	Mining and Washing of Coal	128.2	104.6	100.8	94.6
石油和天然气开采业	Extraction of Petroleum and Natural Gas	129.0	124.3	96.4	72.6
黑色金属矿采选业	Mining and Processing of Ferrous Metal Ores	115.6	103.0	112.3	107.0
有色金属矿采选业	Mining and Processing of Non-Ferrous Metal Ores	114.0	104.4	101.2	104.8
非金属矿采选业	Mining and Processing of Non-metal Ores	105.0	107.1	104.8	101.5
开采辅助活动	Support Activities for Mining	98.2	95.3	101.4	99.1
其他采矿业	Other Mining				
农副食品加工业	Processing of Food from Agricultural Products	100.6	100.3	103.0	104.8
食品制造业	Manufacturing of Foods	101.2	101.6	101.3	100.6
酒、饮料和精制茶制造业	Manufacturing of Alcohol, Beverages and Refined Tea	100.3	101.6	101.2	100.7
烟草制品业	Manufacturing of Tobacco	100.0	100.4	102.3	101.4
纺织业	Manufacturing of Textiles	103.1	102.3	99.4	95.3
纺织服装、服饰业	Manufacturing of Textile Wearing Apparel and Accessories	100.8	101.0	100.6	98.8
皮革、毛皮、羽毛及其制品和制鞋业	Manufacturing of Leather, Fur, Feather and Related Products; Manufacture of Footware	101.0	100.6	101.4	99.3
木材加工和木、竹、藤、棕、草制品业	Processing of Timber, Manufacture of Wood, Bamboo, Rattan, Palm and Straw Products	100.5	101.7	100.9	99.3
家具制造业	Manufacturing of Furniture	101.7	101.2	101.3	100.0
造纸和纸制品业	Manufacturing of Paper and Paper Products	109.5	106.7	95.0	97.2
印刷和记录媒介复制业	Printing and Reproduction of Recorded Media	101.3	101.8	100.2	98.7
文教、工美、体育和娱乐用品制造业	Manufacturing of Articles for Culture, Education, Arts and Crafts, Sport and Entertainment Activities	101.1	99.5	102.7	103.3
石油加工、炼焦和核燃料加工业	Processing of Petroleum, Coking and Processing of Nuclear Fuel	119.2	116.3	96.4	85.7
化学原料和化学制品制造业	Manufacturing of Raw Chemical Materials and Chemical Products	109.4	106.2	96.1	94.1
医药制造业	Manufacturing of Medicines	101.5	103.0	101.7	100.6
化学纤维制造业	Manufacturing of Chemical Fibres	109.7	105.4	93.9	86.5
橡胶和塑料制品业	Manufacturing of Rubber and Plastic Products	102.6	101.6	99.4	98.1
非金属矿物制品业	Manufacturing of Non-metallic Mineral Products	108.1	109.7	102.2	98.4
黑色金属冶炼和压延加工业	Smelting and Pressing of Ferrous Metals	127.9	109.0	98.2	97.9
有色金属冶炼和压延加工业	Smelting and Pressing of Non-ferrous Metals	115.9	103.4	99.3	100.8
金属制品业	Manufacturing of Metal Products	105.6	104.6	100.9	99.9
通用设备制造业	Manufacturing of General Purpose Machinery	100.8	101.6	100.8	99.7
专用设备制造业	Manufacturing of Special Purpose Machinery	100.4	101.1	100.4	100.0
汽车制造业	Manufacturing of Automobiles	99.8	100.1	99.3	99.6
铁路、船舶、航空航天和其他运输设备制造业	Manufacturing of Railway, Ship, Aerospace and Other Transport Equipment	101.2	100.9	100.3	100.4
电气机械和器材制造业	Manufacturing of Electrical Machinery and Apparatus	102.0	100.1	98.0	97.4
计算机、通信和其他电子设备制造业	Manufacturing of Computers, Communication and Other Electronic Equipment	99.7	98.5	99.1	98.5
仪器仪表制造业	Manufacturing of Measuring Instruments and Machinery	99.8	99.5	100.8	100.2
其他制造业	Other Manufacturing	102.7	101.3	101.2	100.3
废弃资源综合利用业	Utilization of Waste Resources	115.8	115.0	104.1	100.2
金属制品、机械和设备修理业	Repair Service of Metal Products, Machinery and Equipment	102.6	100.6	102.8	103.6
电力、热力生产和供应业	Production and Supply of Electric Power and Heat Power	99.3	99.0	99.1	98.1
燃气生产和供应业	Production and Supply of Gas	102.1	104.0	103.1	95.7
水的生产和供应业	Production and Supply of Water	102.0	101.5	102.1	100.1

5-12 分地区工业生产者出厂价格指数
Producer Price Indices for Industrial Products by Region

(上年=100) (preceding year=100)

地 区	Region	2013	2014	2015	2016	2017	2018	2019	2020
全 国	**National Average**	**98.1**	**98.1**	**94.8**	**98.6**	**106.3**	**103.5**	**99.7**	**98.2**
北 京	Beijing	97.4	99.1	96.9	98.1	100.7	100.0	99.6	99.1
天 津	Tianjin	97.0	96.3	90.3	97.9	108.4	105.4	99.3	97.1
河 北	Hebei	96.6	95.2	89.1	99.9	115.0	106.2	100.2	98.5
山 西	Shanxi	90.7	91.4	87.7	96.8	119.4	106.7	99.7	96.7
内蒙古	Inner Mongolia	97.0	97.3	94.0	98.9	110.6	103.2	102.1	99.7
辽 宁	Liaoning	99.0	98.2	93.9	98.8	108.1	104.8	99.5	97.0
吉 林	Jilin	98.7	99.1	95.3	98.4	103.1	102.8	98.9	98.6
黑龙江	Heilongjiang	98.0	97.1	86.0	95.1	109.3	109.0	98.2	93.4
上 海	Shanghai	98.2	98.9	96.1	98.8	103.5	101.7	98.8	98.3
江 苏	Jiangsu	98.0	98.3	95.3	98.1	104.8	102.8	98.9	97.8
浙 江	Zhejiang	98.2	98.8	96.4	98.3	104.8	103.4	98.9	96.9
安 徽	Anhui	98.2	97.4	93.9	98.5	108.0	103.0	100.3	99.1
福 建	Fujian	98.4	98.6	97.0	99.1	104.1	102.8	100.6	98.4
江 西	Jiangxi	98.5	97.8	93.7	98.6	107.9	104.2	98.9	98.3
山 东	Shandong	98.4	98.4	95.2	98.5	105.5	103.7	99.7	98.1
河 南	Henan	98.5	98.1	95.4	99.0	106.8	103.6	100.2	99.2
湖 北	Hubei	99.2	98.4	96.7	99.0	105.6	104.2	100.2	99.1
湖 南	Hunan	98.5	98.4	96.3	98.9	105.8	103.2	99.6	99.0
广 东	Guangdong	98.8	98.9	96.8	99.4	103.3	101.8	100.2	99.0
广 西	Guangxi	98.2	98.4	97.0	99.1	107.6	103.2	99.3	99.4
海 南	Hainan	99.5	97.6	89.8	96.0	108.8	108.2	97.4	93.8
重 庆	Chongqing	98.0	98.3	97.2	98.6	104.1	102.1	99.8	99.1
四 川	Sichuan	98.7	98.7	96.4	98.9	106.5	103.6	100.4	98.8
贵 州	Guizhou	97.4	98.3	96.1	97.9	107.2	101.8	99.8	98.3
云 南	Yunnan	97.5	97.8	94.9	97.6	105.2	102.4	100.0	98.6
西 藏	Tibet	99.8	99.0	93.2	102.9	110.0	100.1	98.9	99.4
陕 西	Shaanxi	97.3	97.1	90.8	97.6	110.8	105.4	100.8	95.1
甘 肃	Gansu	96.9	96.7	87.0	94.9	114.5	109.5	98.3	93.9
青 海	Qinghai	97.0	96.1	93.1	98.5	116.7	104.8	98.5	96.6
宁 夏	Ningxia	96.0	96.3	93.7	99.1	112.1	107.3	99.4	96.9
新 疆	Xinjiang	96.5	96.2	82.4	94.5	113.7	111.2	98.5	91.6

5-13 工业生产者出厂价格分类指数
Producer Price Indices for Industrial Products by Category

(上年=100) (preceding year=100)

类 别	Item	2013	2014	2015	2016	2017	2018	2019	2020
总指数	**General Index**	**98.1**	**98.1**	**94.8**	**98.6**	**106.3**	**103.5**	**99.7**	**98.2**
生产资料	**Means of Production**	**97.4**	**97.5**	**93.3**	**98.2**	**108.3**	**104.6**	**99.2**	**97.3**
采掘工业	Mining & Quarrying Industry	94.3	93.5	80.3	95.4	120.7	108.8	102.4	94.8
原材料工业	Raw Materials Industry	96.9	97.0	90.5	96.7	111.5	106.3	97.4	94.4
加工工业	Processing Industry	98.0	98.2	95.7	99.0	106.1	103.5	99.7	98.7
生活资料	**Consumer Goods**	**100.2**	**100.0**	**99.7**	**100.0**	**100.7**	**100.5**	**100.9**	**100.5**
食品类	Food	100.7	100.2	100.0	100.6	100.6	100.5	102.7	102.9
衣着类	Clothing	101.2	100.7	100.7	100.9	101.2	100.8	101.1	99.0
一般日用品	Articles for Daily Use	99.8	100.1	99.3	100.0	101.3	101.0	100.4	99.7
耐用消费品	Durable Consumer Goods	99.1	99.2	99.2	98.5	99.9	99.8	98.8	98.2

5-14 工业生产者购进价格指数
Purchasing Price Indices for Industrial Producers

(上年=100) (preceding year=100)

年 份 Year	总指数 General Index	燃料、动力类 Fuel and Power	黑色金属材料类 Ferrous Metals	有色金属材料及电线类 Nonferrous Metals and Cables	化 工 原料类 Raw Chemical Materials	木材及纸浆类 Timber and Paper Pulp	建筑材料及非金属类 Building Materials and Non-metals	农 副 产品类 Agricultural Products	纺 织 原料类 Textile Materials
1989	126.4	124.7	130.3	127.6	124.4	111.4	122.7	128.9	128.5
1990	105.6	110.7	103.9	97.2	95.6	99.4	115.2	107.8	107.4
1991	109.1	112.9	112.5	101.2	99.8	105.6	101.2	106.8	108.9
1992	111.0	116.4	114.5	112.4	102.6	102.0	118.8	103.4	100.5
1993	135.1	136.7	174.1	115.8	114.3	128.6	140.9	112.2	107.1
1994	118.2	118.0	103.8	110.7	111.7	115.1	114.3	148.3	139.6
1995	115.3	108.7	98.2	128.3	127.2	115.8	102.6	143.1	123.6
1996	103.9	110.2	99.3	92.4	98.0	101.9	102.5	114.7	94.5
1997	101.3	109.3	97.4	96.2	97.1	100.9	99.7	102.0	94.7
1998	95.8	99.1	95.1	88.3	93.6	96.7	98.6	94.5	94.3
1999	96.7	100.9	94.7	98.9	97.6	100.4	98.8	89.8	96.8
2000	105.1	115.4	100.9	110.3	105.6	99.8	101.5	99.9	102.4
2001	99.8	100.2	100.5	95.6	98.4	100.4	98.6	101.2	99.7
2002	97.7	100.1	98.2	96.5	97.5	98.7	98.2	95.7	97.1
2003	104.8	107.4	107.9	105.3	102.9	100.3	99.7	106.7	101.4
2004	111.4	109.7	120.4	120.1	108.9	102.8	105.1	114.2	104.7
2005	108.3	115.0	107.5	114.0	108.3	103.5	103.1	101.7	102.4
2006	106.0	111.9	98.3	130.8	102.1	102.6	101.9	104.3	102.9
2007	104.4	104.3	105.4	111.6	103.6	102.7	103.0	106.1	101.4
2008	110.5	120.6	118.4	98.6	105.2	105.2	109.5	107.5	103.1
2009	92.1	89.2	86.3	81.1	91.3	95.8	101.1	97.0	98.8
2010	109.6	116.3	106.6	122.2	107.0	103.0	103.8	110.4	106.7
2011	109.1	110.8	109.4	112.1	110.4	104.6	108.4	115.6	112.7
2012	98.2	100.9	92.9	94.5	96.1	100.1	99.7	100.2	99.1
2013	98.0	96.6	95.7	95.4	97.3	99.6	98.7	101.6	99.9
2014	97.8	97.1	94.6	96.1	98.3	99.4	99.8	99.4	98.9
2015	93.9	88.7	88.4	92.7	93.7	99.3	95.9	97.7	97.8
2016	98.0	95.6	97.7	97.9	97.6	99.7	97.6	100.1	99.7
2017	108.1	113.0	115.9	115.3	108.4	106.2	108.6	101.5	104.0
2018	104.1	107.1	106.1	103.9	104.6	105.4	110.5	99.6	102.2
2019	99.3	98.2	102.3	97.6	94.8	97.5	104.2	102.8	99.3
2020	97.7	91.6	100.5	99.8	92.7	98.1	100.5	105.4	96.8

5-15 进出口商品价格指数
Price Indices of Imports and Exports of Commodity

(上年=100) (preceding year=100)

年份 Year	出口 Exports	进口 Imports	年份 Year	出口 Exports	进口 Imports
1983	91.6	91.5	2002	97.5	102.3
1984	102.3	98.2	2003	103.0	109.2
1985	97.0	98.0	2004	106.6	113.3
1986	85.3	106.4	2005	103.0	103.5
1987	103.4	100.6	2006	102.5	103.2
1988	105.1	114.9	2007	105.5	106.6
1989	106.6	108.3	2008	108.6	115.8
1990	103.3	96.7	2009	93.8	87.3
1991	97.6	94.3	2010	102.9	113.6
1992	99.3	103.3	2011	110.0	113.9
1993	96.0	101.5	2012	102.0	99.3
1994	105.3	104.6	2013	99.2	97.6
1995	110.7	112.1	2014	99.3	96.6
1996	102.9	102.2	2015	99.0	88.4
1997	101.5	103.2	2016	98.0	97.6
1998	95.3	99.4	2017	103.9	109.4
1999	95.6	104.4	2018	103.3	106.1
2000	100.8	110.1	2019	103.5	101.9
2001	98.4	100.1	2020	101.6	96.2

注：1.本表数据2013年及以前用美元值计算，2014年起，改用人民币值计算。
2.由于2020年进出口商品价格指数计算方法调整，2019年数据进行相应修订。

a) Data in this table are calculated in USD for 2013 and before, and in Renminbi since 2014.

b) Calculation method of price indices of imports and exports of commodity in 2020 has changed, data of 2019 was revised accordingly.

5-16 分行业进出口商品价格指数
Price Indices of Imports and Exports of Commodity by Industry

(上年=100) (preceding year=100)

行 业	Industry	出口 Exports		进口 Imports	
		2019	2020	2019	2020
农、林、牧、渔业	Agriculture, Forestry, Animal Husbandry and Fishery	112.9	101.4	99.8	98.8
农业	Farming	113.5	100.9	100.1	100.1
林业	Forestry	105.7	107.7	97.2	95.6
畜牧业	Animal Husbandry	118.5	116.8	102.8	91.6
渔业	Fishery	100.8	92.6	100.8	93.8
采矿业	Mining	109.2	95.6	103.9	84.2
煤炭开采和洗选业	Mining and Washing of Coal	103.0	83.1	92.3	87.2
石油和天然气开采业	Extraction of Petroleum and Natural Gas	104.8	83.0	97.2	70.1
黑色金属矿采选业	Mining and Processing of Ferrous Metal Ores	130.9	107.1	132.0	109.6
有色金属矿采选业	Mining and Processing of Non-Ferrous Metal Ores	90.5	78.3	99.8	103.7
非金属矿采选业	Mining and Processing of Non-metal Ores	113.9	105.9	108.0	92.6
制造业	Manufacturing	103.4	101.7	101.5	100.0
农副食品加工业	Processing of Food from Agricultural Products	101.7	99.6	102.7	101.9
食品制造业	Manufacturing of Foods	105.4	102.0	106.1	105.0
酒、饮料和精制茶制造业	Manufacture of Liquor, Beverages and Refined Tea	110.3	97.8	99.9	107.8
烟草制品业	Manufacturing of Tobacco	105.8	62.9	99.4	79.1
纺织业	Manufacturing of Textiles	102.7	98.1	102.5	98.6
纺织服装、服饰业	Manufacture of Textile, Wearing Apparel and Accessories	104.0	102.6	112.9	116.6
皮革、毛皮、羽毛及其制品和制鞋业	Manufacturing of Leather, Fur, Feather and Related Products and Footwear	106.6	106.6	105.3	107.3
木材加工和木、竹、藤、棕、草制品业	Processing of Timber, Manufacture of Wood, Bamboo, Rattan, Palm and Straw Products	101.1	100.9	98.1	99.5
家具制造业	Manufacturing of Furniture	107.8	104.7	103.8	109.8
造纸及纸制品业	Manufacturing of Paper and Paper Products	110.6	103.6	86.6	85.7
印刷和记录媒介复制业	Printing, Reproduction of Recorded Media	107.1	104.3	111.9	91.8
文教、工美、体育和娱乐用品制造业	Manufacture of Articles for Culture, Education, Arts and Crafts, Sport and Entertainment Activities	113.8	117.1	109.2	115.5
石油、煤炭及核燃料加工业	Processing of Petroleum, Coal and Other Fuels	96.6	75.5	95.9	79.3
化学原料和化学制品制造业	Manufacturing of Raw Chemical Materials and Chemical Products	95.1	94.1	92.8	92.7
医药制造业	Manufacturing of Medicines	102.0	108.8	114.1	96.4
化学纤维制造业	Manufacturing of Chemical Fibres	93.3	84.5	97.9	92.2
橡胶和塑料制品业	Manufacture of Rubber and Plastics Products	103.7	107.0	106.6	102.8
非金属矿物制品业	Manufacturing of Non-metallic Mineral Products	109.3	110.5	93.7	90.8
黑色金属冶炼和压延加工业	Smelting and Pressing of Ferrous Metals	97.4	97.1	98.5	91.0
有色金属冶炼和压延加工业	Smelting and Pressing of Non-ferrous Metals	98.8	102.9	105.1	108.1
金属制品业	Manufacturing of Metal Products	105.7	106.0	106.5	101.5
通用设备制造业	Manufacturing of General Purpose Machinery	104.5	97.9	109.6	99.9
专用设备制造业	Manufacturing of Special Purpose Machinery	105.4	99.5	107.2	105.9
汽车制造业	Manufacture of Automobiles	102.0	103.2	104.0	107.2
铁路、船舶、航空航天和其他运输设备制造业	Manufacture of Railway, Ship, Aerospace and Other Transport Equipments	103.4	102.1	113.0	88.3
电气机械及器材制造业	Manufacturing of Electrical Machinery and Equipment	103.3	103.6	108.1	103.6
计算机、通信和其他电子设备制造业	Manufacture of Computers, Communication and Other Electronic Equipment	102.4	100.0	99.1	101.3
仪器仪表制造业	Manufacture of Measuring Instruments and Machinery	104.0	102.6	105.4	102.7
其他制造业	Other Manufacture	106.4	104.9	111.3	101.0
废弃资源综合利用业	Utilization of Waste Resources	111.7	117.6	109.4	97.5
电力、热力、燃气及水生产和供应业	Production and Supply of Electricity, Heat, Gas and Water	106.0	94.9	89.9	98.0
科学研究和技术服务业	Scientific Research and Technical Services	128.4		50.4	92.2
文化、体育和娱乐业	Culture, Sports and Entertainment	110.3	103.0	67.8	108.6

注：本表行业类别按照《国民经济行业分类》（GB/T 4754-2017）划分。
a) Industry in this table are classified by *Industrial Classification of the National Economy* (GB/T 4754-2017).

主要统计指标解释

居民消费价格指数 是反映一定时期内城乡居民所购买的生活消费品和服务项目价格变动趋势和程度的相对数。

商品零售价格指数 是反映一定时期内城乡商品零售价格变动趋势和程度的相对数。

农业生产资料价格指数 是反映一定时期内农业生产资料价格变动趋势和程度的相对数。

农产品生产者价格指数 是反映一定时期内，农产品生产者出售农产品价格水平变动趋势及幅度的相对数。该指数可以客观反映全国农产品生产价格水平和结构变动情况，满足农业与国民经济核算需要。其中某代表品生产价格指数是通过对全部有出售该产品行为的调查单位的个体指数进行几何平均求得的，类价格指数是通过对其所属的类（或代表品）的价格指数进行加权平均求得的。季度累计价格指数的计算方法与分季指数的计算方法相同。

工业生产者出厂价格指数 是反映一定时期内全部工业产品第一次出售时的出厂价格总水平的变动趋势和变动幅度的相对数。

工业生产者购进价格指数 是反映作为中间投入的原材料、燃料、动力购进价格总水平的变动趋势和变动幅度的相对数。

Explanatory Notes on Main Statistical Indicators

Consumer Price Indices are relative figures reflecting the trend and degree of changes in prices of consumer goods and services purchased by urban and rural households during a given period.

Retail Price Indices are relative figures reflecting the trend and degree of changes in retail prices of commodities during a given period.

Price Indices for Means of Agricultural Production are relative figures reflecting the trend and degree of changes in the prices of the means of agricultural production during a given period.

Producer Prices Indices for Farm Products are relative figures reflecting the trend and degree of changes in producers' prices received by farmers when they sell farm products during a given period. These indices depict the change in the level and structure of producer prices for farm products of the country and meet the needs of agricultural statistics and national accounts statistics. The producer price index for a given product is calculated as the geometrical mean of individual indices for all surveyed units which sell such products, and the indices for a product category is obtained as the weighted mean of price indices for all products in the category. Method for calculating accumulative quarterly indices is the same as for calculating the distinctive quarterly indices.

Producer Price Indices for Industrial Products are relative figures reflecting the trend and degree of changes in general ex-factory prices of all manufactured goods for first sale during a given period.

Purchasing Price Indices for Industrial Producers are relative figures reflecting changes in the level and degree of purchasing prices such as intermediate input such as raw materials, fuels and power.

6

人民生活

People's Livelihoods

简 要 说 明

一、本篇资料的主要内容

本篇资料反映我国人民生活现状及变化情况，主要包括居民家庭基本情况及生活状况、收入及支出、住房等。

二、数据来源及调查方法

2013 年及以后数据，来源于国家统计局的住户收支与生活状况调查。1978-2012 年的数据，根据国家统计局的城镇住户调查和农村住户调查历史数据，按照住户收支与生活状况调查可比口径推算得到。

（一）住户收支与生活状况调查的调查方法

国家统计局住户调查办公室从 2012 年四季度起对分别进行的城乡住户调查实施了一体化改革，开始实施住户收支与生活状况抽样调查。主要内容包括：居民收入和消费情况，同时收集反映居民就业、社会保障参与、住房状况、家庭经营和生产投资以及收入分配影响因素等调查内容。

住户收支与生活状况调查是以省为总体，综合采用分层、多阶段、与人口规模大小成比例和随机等距抽样相结合的方法抽选村级单位、确定调查小区、抽选样本住户。

全国共抽选出 1800 个县(市、区)的 1.6 万个调查小区，对抽中小区中的 160 多万个住户进行全面摸底调查，在此基础上随机等距抽选出约 16 万住户参加记账调查。定期对调查小区和调查住宅进行轮换。

住户收支与生活状况调查是在 95%的置信度下，全国居民人均可支配收入的抽样误差小于 1%。主要是采用调查户记日记账的方式采集居民收支数据，同时辅之以统一的调查问卷，收集与收入支出有关的其他调查内容。所有调查工作由国家统计局派驻各地的调查队独立完成。由市县级调查队使用统一的方法和数据处理程序对原始调查资料进行编码、审核、录入，然后将分户基础数据直接传输至国家统计局进行统一汇总计算。

2013 年起，按照住户收支与生活状况调查制度，国家统计局每年收集 16 万调查户 12 个月的记账数据，在此基础上汇总计算出各年的全国居民可支配收入、城镇居民可支配收入、农村居民可支配收入等收支数据。

（二）城镇住户调查的调查方法

2012 年及以前，国家统计局城市司组织开展城镇住户调查。调查内容主要包括家庭人口及其构成、家庭现金收支、主要商品购买数量及支出金额、劳动就业状况、居住状况和耐用消费品的拥有量等。

调查对象在 2001 年以前为全国非农业住户，2002 至 2012 年改为全国城市市区和县城关镇区住户。

城镇住户调查采用分层随机抽样的方法确定，首先，按照城镇规模将全国所有省（自治区、直辖市）的城镇划分为三层：大中城市（地级和地级以上的城市）、县级市和县城（镇）。第二，按各层人口占全省（自治区、直辖市）人口的比例来分配每层的样本量。第三，按城镇就业者年人均工资从高到低排队，依次计算各城镇人口累计数，然后根据样本量的大小随机起点等距抽取所需数量的调查城镇。

城镇调查户的抽选工作分两步进行。第一步进行一次性的大样本调查；第二步从大样本调查中抽出一个小样本，作为经常性调查户，开展记账工作。

大样本调查每三年进行一次，其目的主要是为经常性调查提供抽样框和为经常性调查数据评估提供基础资料。在大样本调查中，各调查市、县采取分层、二（多）阶段、与大小成比例（PPS 方法）的随机等距方法选取调查样本。即先按区分层，在层内按照 PPS 方法随机等距抽选调查社区/居委会，在抽中社区/居委会内随机等距抽选调查住宅。部分大城市根据需要可以采用三阶段抽样，即先抽选社区/居委会，再抽选调查小区，最后抽选调查住宅。对选出的大样本或一相样本开展调查，取得调查户家庭人口、就业人口、收入等辅助资料，然后，根据这些资料进行分组，从中按比例抽出一个小样本也称二相样本，作为经常性调查户，开展日记账工作。每年轮换三分之一的经常性调查户。

截至 2012 年底，参加国家汇总的调查样本量为 6.6 万户。

（三）农村住户调查的调查方法

2012 年及以前，国家统计局农村司组织开展农村住户调查。主要内容包括农村居民家庭基本情况、住房情况、收入、生活消费支出、主要食品消费量、耐用消费品拥有量等。

农村住户调查是以各省(自治区、直辖市)为总体，直接抽选调查村，在抽中村中抽选调查户。综合运用多种抽样方法确定住户调查网点。农村住户调查网点分布在全国 7000 多个村，共抽取了 7.4 万个样本户。

农村住户调查在 95%的概率把握程度下要求抽样误差不得超过 ± 3%。为保证农村住户调查资料的准确性，国家统计局农村司为调查户设置了现金和实物两本账，并聘请了近万名辅助调查员帮助做好记账工作，及时核实、汇总住户调查资料。

为解决调查户的厌烦情绪及样本老化问题，增强抽样调查网点的代表性，更加准确、及时地反映农村社会经济情况，对农村住户调查网点实行样本轮换制度，每五年为一个周期。

Brief Introduction

I. Main Contents

Data in this chapter show the people's living conditions and their changes in China, mainly including basic conditions, living status, income and expenditure, and housing of households.

II. Sources of Data and Methodology on Survey

Data of 2013 and after come from Household Survey on Income and Expenditure and Living Conditions. Data from 1978 to 2012 are estimated based on the historical data of Urban Household Survey and Rural Household Survey according to the comparable definition and coverage of main income and consumption indicators of Household Survey on Income and Expenditure and Living Conditions.

1. Methodology of Household Survey on Income and Expenditures and Living Conditions

In the fourth quarter of 2012, NBS launched reform on the household survey programme, to develop an integrated survey, instead of the two separate urban and rural household surveys. Main contents of the survey include: income and expenditure of households, employment, social security participation, housing, family operation, production, investment, and factors affecting the income distribution.

The survey is conducted by randomly selecting village-level units, small enumeration area and surveyed households, adopting the sampling method of combining stratification, multi-stage, probability proportional to population size and systematic sampling,with all households in a province as the population. More than 1.6 million households in 16,000 communities of 1,800 counties in the country are selected, and surveyed for pre-investigation. On this large sample, about 160,000 households are selected by systematic sampling for diary-keeping. Selected communities and households are rotated regularly.

Survey on Income and Expenditures and Living Conditions is so designed that the sampling error should not exceed ±1%, with a confidence probability of 95%. Income and expenditure data are collected with household diaries as the main source, assisted by questionnaires to collect other relevant data. All field work is conducted independently by local survey offices under NBS. Coding, checking, data entering are conducted by survey offices at city level with the unified methods and data processing program, and then household basic data are transferred to NBS for final tabulation.

Starting from 2013, NBS collected diary accounts of 160,000 households for 12 months, and tabulated national disposable income of all residents, urban residents and rural residents, with this system of Household Survey on Income and Expenditures and Living Conditions.

2. Methodology of Urban Household Survey

Urban Household Survey was conducted by the Office of Urban Household Surveys of the NBS prior to 2012. The main contents of the survey included persons in the household and the household composition; cash income and expenditure of the household; quantity of major commodities purchased and expenditure; the employment of household members; the housing condition; and the possession of durable consumer goods.

The survey covered only non-agricultural households prior to 2001. From 2002 to 2012, the survey covered the households in district areas of all city and county towns.

Sample cities and towns in urban areas were selected by using stratified random sampling method. Firstly, all the urban areas and towns of all provinces (autonomous regions and municipalities directly under the Central Government) were stratified into three strata according to population size: large and medium-sized cities (at and above prefecture level), county-level cities and county towns. Secondly, the sample size was decided by proportion of population in selected stratus to the provincial total. Thirdly, cities and towns were arranged in ranking the annual average wages of the employed persons, then with the accumulative population in each city and town sample cities and towns were selected by systematic sampling scheme according to the size of the samples.

The selection of sample households in urban areas was done by two steps: the first step was to conduct an ad hoc large sample survey; the second step was to select a small sample from the large sample, to be used as regular sample households for diary-keeping.

The ad hoc survey with large sample was conducted every three years; with the objective of providing sample frame for regular surveys and basic information for data evaluation of regular surveys. In the large sample survey, samples in sampled cities and towns were selected with stratified two (multi)-stage and probability proportional to size (PPS) method. Namely, stratification was done at district level, and then PPS sampling method was used to select sample communities/resident's committees, and finally the systematic sampling method was used to select dwellings from the selected communities/resident's committees. In some large cities, three-stage sampling method was used. Firstly, the communities/resident's committees were selected. Secondly, small enumeration areas were selected. Thirdly, sample dwellings were selected. A survey would be conducted to the large samples or the first phase samples to collect relevant information on population, persons employed, income and so on of the households. Then grouping is made based on the information collected, small samples or the second phase samples were selected according to proportions which were regular sample households to keep diary.

The national sample included 66,000 households at the end of 2012.

3. Methodology of Rural Household Survey

Rural Household Survey was organized by the Office of Rural Household Survey of the NBS prior to 2012. The main contents of the survey included basic condition of rural households, housing conditions, income, consumption expenditure, consumption of major consumer goods and the quantity of durable consumer goods owned.

Sample survey on rural households was conducted by first selecting sampled villages and then selecting households in the selected villages in each province, with all rural households in the province as the population. A combination of various sampling approaches is used to identify a sample of 74,000 households selected from 7,000 villages throughout the whole country.

The survey was so designed that the sampling error should not exceed ±3%, with a confidence probability of 95%. In order to ensure the accuracy of the survey data on the rural households, two accounts were designed for the respondent households by the Office of Household Survey of the NBS: the cash account and the account on goods in kind. Nearly 10 thousand assistant interviewers were recruited to help the households keep good accounts and to check on a timely basis, and to check and tabulate data from the survey.

In order to overcome the tedium of respondent households and to ensure that the sample was accurately representative over time and reflected the changing rural social and economic situation, a 5-year sample rotation scheme was implemented.

6-1 全国居民人均收支情况
Nationwide Per Capita Income and Consumption Expenditure

单位：元 (yuan)

指　标	Item	2014	2015	2016	2017	2018	2019	2020
全国居民人均收入	**Nationwide Per Capita Income**							
可支配收入	Disposable Income	20167.1	21966.2	23821.0	25973.8	28228.0	30732.8	32188.8
1.工资性收入	1.Income from Wages and Salaries	11420.6	12459.0	13455.2	14620.3	15829.0	17186.2	17917.4
2.经营净收入	2.Net Business Income	3732.0	3955.6	4217.7	4501.8	4852.4	5247.3	5306.8
3.财产净收入	3.Net Income from Properties	1587.8	1739.6	1889.0	2107.4	2378.5	2619.1	2791.5
4.转移净收入	4.Net Income from Transfer	3426.8	3811.9	4259.1	4744.3	5168.1	5680.3	6173.2
现金可支配收入	Disposable Income in Cash	18747.4	20424.3	22204.5	24201.9	26291.4	28612.1	29918.7
1.工资性收入	1.Income of Wages and Salaries	11352.7	12386.2	13379.0	14537.8	15746.4	17096.9	17817.6
2.经营净收入	2.Net Business Income	3571.5	3782.7	4111.4	4424.1	4880.3	5269.7	5307.1
3.财产净收入	3.Net Income from Property	621.8	689.5	739.8	811.5	877.8	1001.5	1067.5
4.转移净收入	4.Net Income from Transfer	3201.3	3565.9	3974.3	4428.6	4786.9	5244.0	5726.4
全国居民人均支出	**Nationwide Per Capita Expenditure**							
消费支出	Consumption Expenditure	14491.4	15712.4	17110.7	18322.1	19853.1	21558.9	21209.9
#服务性消费	Consumption Expenditure on Services	5842.1	6459.7	7156.6	7802.6	8780.8	9886.0	9037.3
1.食品烟酒	1.Food,Tobacco and Liquor	4493.9	4814.0	5151.0	5373.6	5631.1	6084.2	6397.3
2.衣着	2. Clothing and Footwear	1099.3	1164.1	1202.7	1237.6	1288.9	1338.1	1238.4
3.居住	3. Housing	3200.5	3419.2	3746.4	4106.9	4646.6	5054.8	5215.3
4.生活用品及服务	4.Household Equipments, Furnishings and Services	889.7	951.4	1043.7	1120.7	1222.7	1280.9	1259.5
5.交通通信	5.Transport and Communications	1869.3	2086.9	2337.8	2498.9	2675.4	2861.6	2761.8
6.教育文化娱乐	6.Education, Culture and Recreation	1535.9	1723.1	1915.3	2086.2	2225.7	2513.1	2032.2
7.医疗保健	7.Health Care and Medical Services	1044.8	1164.5	1307.5	1451.2	1685.2	1902.3	1843.1
8.其他用品及服务	8.Miscellaneous Goods and Services	358.0	389.2	406.3	447.0	477.5	524.0	462.2
现金消费支出	Consumption Expenditure in Cash	11975.7	12988.7	14142.0	15122.3	16174.8	17526.0	16994.7
1.食品烟酒	1.Food, Tobacco and Liquor	4185.6	4505.0	4846.7	5073.0	5366.2	5798.1	6068.0
2.衣着	2.Clothing	1098.6	1163.5	1202.2	1237.0	1288.3	1337.6	1237.9
3.居住	3.Housing	1215.7	1251.9	1359.8	1519.0	1615.1	1755.7	1774.3
4.生活用品及服务	4.Household Equipments, Furnishings and Services	882.6	943.8	1036.1	1110.8	1211.0	1266.9	1245.8
5.交通通信	5.Transport and Communications	1866.2	2083.7	2332.9	2495.3	2669.1	2857.4	2758.2
6.教育文化娱乐	6.Education, Culture and Recreation	1534.9	1722.0	1914.3	2085.3	2224.1	2511.7	2031.5
7.医疗保健	7.Health Care and Medical Services	838.3	933.3	1048.5	1160.7	1332.6	1482.4	1426.0
8.其他用品及服务	8.Miscellaneous Goods and Services	353.8	385.6	401.5	441.2	468.4	516.2	452.9

6-2 全国居民按收入五等份分组的人均可支配收入
Nationwide Per Capita Disposable Income of Households by Income Quintile

单位：元 (yuan)

组 别	Group	2014	2015	2016	2017	2018	2019	2020
20%低收入组家庭人均可支配收入	Lowest 20% Households	4747.3	5221.2	5528.7	5958.4	6440.5	7380.4	7868.8
20%中间偏下收入组家庭人均可支配收入	Second 20% Households	10887.4	11894.0	12898.9	13842.8	14360.5	15777.0	16442.7
20%中间收入组家庭人均可支配收入	Third 20% Households	17631.0	19320.1	20924.4	22495.3	23188.9	25034.7	26248.9
20%中间偏上收入组家庭人均可支配收入	Fourth 20% Households	26937.4	29437.6	31990.4	34546.8	36471.4	39230.5	41171.7
20%高收入组家庭人均可支配收入	Highest 20% Households	50968.0	54543.5	59259.5	64934.0	70639.5	76400.7	80293.8

注：全国居民按收入五等份分组是指将所有调查户按人均可支配收入水平从低到高顺序排列，平均分为五个等份，处于最低20%的收入群体为低收入组，依此类推依次为中间偏下收入组、中间收入组、中间偏上收入组、高收入组。本表数据为不同分组家庭的人均可支配收入。6-7、6-12表与此相同。

a) The income quintile refers to the five equal partitions of all surveyed households, who are ranked from low to high based on per capita disposable income level. The 20 percent with lowest income are classified as low-income group (Lowest 20%), and the other four levels are lower-middle-income group (Second 20%), middle-income group (Third 20%), higher-middle-income group (Fourth 20%) and high-income group (Highest 20%). The figures in table 6-2 are the per capita disposable income of the households in the different income groups.The same applies to Table 6-7 and Table 6-12.

6-3 全国居民按东、中、西部及东北地区分组的人均可支配收入
Nationwide Per Capita Disposable Income of Households in Eastern, Central, Western and Northeastern Regions

单位：元 (yuan)

组 别	Group	2014	2015	2016	2017	2018	2019	2020
东部地区	Eastern Region	25954.0	28223.3	30654.7	33414.0	36298.2	39438.9	41239.7
中部地区	Central Region	16867.7	18442.1	20006.2	21833.6	23798.3	26025.3	27152.4
西部地区	Western Region	15376.1	16868.1	18406.8	20130.3	21935.8	23986.1	25416.0
东北地区	Northeastern Region	19604.4	21008.4	22351.5	23900.5	25543.2	27370.6	28266.2

6-4 全国居民人均主要食品消费量
Nationwide Per Capita Consumption of Major Foods

单位: 千克 (kg)

指标	Item	2014	2015	2016	2017	2018	2019	2020
粮食(原粮)	Grain (Unprocessed)	141.0	134.5	132.8	130.1	127.2	130.1	141.2
谷物	Cereals	131.4	124.3	122.0	119.6	116.3	117.9	128.1
薯类	Tuber	2.2	2.4	2.6	2.5	2.6	2.9	3.1
豆类	Beans and Products	7.5	7.8	8.3	8.0	8.3	9.3	10.0
食用油	Edible Oil and Fats	10.4	10.6	10.6	10.4	9.6	9.5	10.4
#食用植物油	Edible Vegetable Oil	9.8	10.0	10.0	9.8	8.9	8.9	9.8
蔬菜及食用菌	Vegetable and Edible Mushroom	96.9	97.8	100.1	99.2	96.1	98.6	103.7
#鲜菜	Fresh Vegetables	94.1	94.9	96.9	96.1	93.0	95.2	100.2
肉类	Meat and Products	25.6	26.2	26.1	26.7	29.5	26.9	24.8
#猪肉	Pork	20.0	20.1	19.6	20.1	22.8	20.3	18.2
牛肉	Beef	1.5	1.6	1.8	1.9	2.0	2.2	2.3
羊肉	Mutton	1.0	1.2	1.5	1.3	1.3	1.2	1.2
禽类	Poultry	8.0	8.4	9.1	8.9	9.0	10.8	12.7
水产品	Aquatic Products	10.8	11.2	11.4	11.5	11.4	13.6	13.9
蛋类	Eggs	8.6	9.5	9.7	10.0	9.7	10.7	12.8
奶类	Milk and Dairy Products	12.6	12.1	12.0	12.1	12.2	12.5	13.0
干鲜瓜果类	Dried and Fresh Melons and Fruits	42.2	44.5	48.3	50.1	52.1	56.4	56.3
#鲜瓜果	Fresh Melons and Fruits	38.6	40.5	43.9	45.6	47.4	51.4	51.3
坚果类	Nuts and Processed Products	2.9	3.1	3.4	3.5	3.5	3.8	3.7
食糖	Sugar	1.3	1.3	1.3	1.3	1.3	1.3	1.3

6-5 全国居民平均每百户年末主要耐用消费品拥有量
Main Durable Goods Owned Per 100 Households Nationwide

指标	Item	2014	2015	2016	2017	2018	2019	2020
家用汽车 (辆)	Automobile (unit)	19.2	22.7	27.7	29.7	33.0	35.3	37.1
摩托车 (辆)	Motorcycle (unit)	43.5	42.2	40.0	39.3	35.7	34.2	33.1
电动助力车 (辆)	Electric Bicycle (unit)	43.8	47.6	53.2	56.5	59.2	63.9	66.7
洗衣机 (台)	Washing Machine (set)	83.7	86.4	89.8	91.7	93.8	96.0	96.7
电冰箱(柜) (台)	Refrigerator (set)	85.5	89.0	93.5	95.3	98.8	100.9	101.8
微波炉 (台)	Microwave Oven (set)	36.0	36.9	38.4	40.0	39.2	40.1	41.0
彩色电视机 (台)	Color TV Set (set)	119.2	119.9	120.8	122.2	119.3	120.6	120.8
空调 (台)	Air Conditioner (set)	75.2	81.5	90.9	96.1	109.3	115.6	117.7
热水器 (台)	Water Heater (set)	67.7	71.2	76.2	78.6	85.0	86.9	90.4
排油烟机 (台)	Kitchen Ventilator (set)	44.3	45.7	48.6	51.0	56.4	59.3	60.9
移动电话 (部)	Mobile Phone (set)	215.9	224.8	235.4	240.0	249.1	253.2	253.8
计算机 (台)	Computer (set)	53.0	55.5	57.5	58.7	53.4	53.2	54.2
照相机 (台)	Camera (set)	21.7	20.4	17.7	18.4	12.6	12.2	12.1

6-6 城镇居民人均收支情况
Per Capita Income and Consumption Expenditure of Urban Households

单位：元 (yuan)

指　标	Item	2014	2015	2016	2017	2018	2019	2020
城镇居民人均收入	**Per Capita Income of Urban Households**							
可支配收入	Disposable Income	28843.9	31194.8	33616.2	36396.2	39250.8	42358.8	43833.8
1.工资性收入	1.Income of Wages and Salaries	17936.8	19337.1	20665.0	22200.9	23792.2	25564.8	26380.7
2.经营净收入	2.Net Business Income	3279.0	3476.1	3770.1	4064.7	4442.6	4840.4	4710.8
3.财产净收入	3.Net Income from Property	2812.1	3041.9	3271.3	3606.9	4027.7	4390.6	4626.5
4.转移净收入	4.Net Income from Transfer	4815.9	5339.7	5909.8	6523.6	6988.3	7563.0	8115.8
现金可支配收入	Disposable Income in Cash	26860.2	29042.0	31270.0	33757.3	36316.2	39147.6	40377.8
1.工资性收入	1.Income of Wages and Salaries	17821.3	19214.8	20541.7	22072.7	23670.9	25439.1	26240.5
2.经营净收入	2.Net Business Income	3528.0	3714.0	4032.3	4321.9	4808.0	5180.9	4987.5
3.财产净收入	3.Net Income from Property	977.8	1072.8	1139.6	1234.1	1311.6	1494.7	1569.3
4.转移净收入	4.Net Income from Transfer	4533.1	5040.4	5556.4	6128.5	6525.7	7032.9	7580.6
城镇居民人均支出	**Per Capita Expenditure of Urban Households**							
消费支出	Consumption Expenditure	19968.1	21392.4	23078.9	24445.0	26112.3	28063.4	27007.4
#服务性消费	Consumption Expenditure on Services	8438.5	9192.4	10068.1	10854.5	12130.4	13517.7	12012.8
1.食品烟酒	1.Food, Tobacco and Liquor	6000.0	6359.7	6762.4	7001.0	7239.0	7732.6	7880.5
2.衣着	2.Clothing and Footwear	1627.2	1701.1	1739.0	1757.9	1808.2	1831.9	1644.8
3.居住	3.Housing	4489.6	4726.0	5113.7	5564.0	6255.0	6780.2	6957.7
4.生活用品及服务	4.Household Equipments, Furnishings and Services	1233.2	1306.5	1426.8	1525.0	1629.4	1689.3	1640.0
5.交通通信	5.Transport and Communications	2637.3	2895.4	3173.9	3321.5	3473.5	3671.3	3474.3
6.教育文化娱乐	6.Education, Culture and Recreation	2142.3	2382.8	2637.6	2846.6	2974.1	3328.0	2591.7
7.医疗保健	7.Health Care and Medical Services	1305.6	1443.4	1630.8	1777.4	2045.7	2282.7	2172.2
8.其他用品及服务	8.Miscellaneous Goods and Services	532.9	577.5	594.7	651.5	687.4	747.2	646.2
现金消费支出	Consumption Expenditure in Cash	16690.6	17887.0	19284.1	20329.4	21287.1	22798.0	21555.6
1.食品烟酒	1.Food, Tobacco and Liquor	5874.9	6224.8	6627.7	6861.2	7099.2	7583.9	7709.6
2.衣着	2.Clothing and Footwear	1626.6	1700.5	1738.4	1757.3	1807.5	1831.3	1644.2
3.居住	3.Housing	1625.6	1665.9	1810.4	1986.8	2045.2	2223.5	2222.2
4.生活用品及服务	4.Household Equipments, Furnishings and Services	1225.6	1298.7	1417.8	1514.5	1617.5	1676.2	1627.1
5.交通通信	5.Transport and Communications	2631.5	2889.8	3166.5	3315.6	3466.0	3665.0	3468.9
6.教育文化娱乐	6.Education, Culture and Recreation	2140.7	2381.0	2636.3	2845.4	2972.1	3326.0	2590.7
7.医疗保健	7.Health Care and Medical Services	1038.5	1153.7	1298.7	1403.7	1604.0	1754.6	1658.4
8.其他用品及服务	8.Miscellaneous Goods and Services	527.1	572.6	588.3	644.8	675.5	737.6	634.6

6-7 城镇居民按收入五等份分组的人均可支配收入
Per Capita Disposable Income of Urban Households by Income Quintile

单位：元 (yuan)

组 别	Group	2014	2015	2016	2017	2018	2019	2020
20%低收入组家庭人均可支配收入	Lowest 20% Households	11219.3	12230.9	13004.1	13723.1	14386.9	15549.4	15597.7
20%中间偏下收入组家庭人均可支配收入	Second 20% Households	19650.5	21446.2	23054.9	24550.1	24856.5	26783.7	27501.1
20%中间收入组家庭人均可支配收入	Third 20% Households	26650.6	29105.2	31521.8	33781.3	35196.1	37875.8	39278.2
20%中间偏上收入组家庭人均可支配收入	Fourth 20% Households	35631.2	38572.4	41805.6	45163.4	49173.5	52907.3	54910.1
20%高收入组家庭人均可支配收入	Highest 20% Households	61615.0	65082.2	70347.8	77097.2	84907.1	91682.6	96061.6

6-8 城镇居民按东、中、西部及东北地区分组的人均可支配收入
Per Capita Disposable Income of Urban Households in Eastern, Central, Western and Northeastern Regions

单位：元 (yuan)

组 别	Group	2014	2015	2016	2017	2018	2019	2020
东部地区	Eastern Region	33905.4	36691.3	39651.0	42989.8	46432.6	50145.4	52027.1
中部地区	Central Region	24733.3	26809.6	28879.3	31293.8	33803.2	36607.5	37658.2
西部地区	Western Region	24390.6	26473.1	28609.7	30986.9	33388.6	36040.6	37548.1
东北地区	Northeastern Region	25578.9	27399.6	29045.1	30959.5	32993.7	35130.3	35700.1

6-9 城镇居民人均主要食品消费量
Per Capita Consumption of Major Foods of Urban Households

单位: 千克 (kg)

指 标	Item	2014	2015	2016	2017	2018	2019	2020
粮食(原粮)	Grain (Unprocessed)	117.2	112.6	111.9	109.7	110.0	110.6	120.2
谷物	Cereals	106.5	101.6	100.5	98.6	98.8	98.5	107.3
薯类	Tuber	2.0	2.1	2.3	2.3	2.4	2.6	2.8
豆类	Beans and Products	8.6	8.9	9.1	8.8	8.8	9.5	10.0
食用油	Edible Oil and Fats	11.0	11.1	11.0	10.7	9.4	9.2	9.9
#食用植物油	Edible Vegetable Oil	10.6	10.7	10.6	10.3	8.9	8.7	9.5
蔬菜及食用菌	Vegetable and Edible Mushroom	104.0	104.4	107.5	106.7	103.1	105.8	109.8
#鲜菜	Fresh Vegetables	100.1	100.2	103.2	102.5	99.0	101.5	105.4
肉类	Meat and Products	28.4	28.9	29.0	29.2	31.2	28.7	27.4
#猪肉	Pork	20.8	20.7	20.4	20.6	22.7	20.3	19.0
牛肉	Beef	2.2	2.4	2.5	2.6	2.7	2.9	3.1
羊肉	Mutton	1.2	1.5	1.8	1.6	1.5	1.4	1.4
禽类	Poultry	9.1	9.4	10.2	9.7	9.8	11.4	13.0
水产品	Aquatic Products	14.4	14.7	14.8	14.8	14.3	16.7	16.6
蛋类	Eggs	9.8	10.5	10.7	10.9	10.8	11.5	13.5
奶类	Milk and Dairy Products	18.1	17.1	16.5	16.5	16.5	16.7	17.3
干鲜瓜果类	Dried and Fresh Melons and Fruits	52.9	55.1	58.1	59.9	62.0	66.8	65.9
#鲜瓜果	Fresh Melons and Fruits	48.1	49.9	52.6	54.3	56.4	60.9	60.1
坚果类	Nuts and Processed Products	3.7	4.0	4.2	4.3	4.1	4.3	4.2
食糖	Sugar	1.3	1.3	1.3	1.3	1.3	1.2	1.2

6-10 城镇居民平均每百户年末主要耐用消费品拥有量
Main Durable Goods Owned Per 100 Urban Households

指 标	Item	2014	2015	2016	2017	2018	2019	2020
家用汽车 (辆)	Automobile (unit)	25.7	30.0	35.5	37.5	41.0	43.2	44.9
摩托车 (辆)	Motorcycle (unit)	24.5	22.7	20.9	20.8	19.5	18.7	18.2
电动助力车 (辆)	Electric Bicycle (unit)	42.5	45.8	49.7	53.1	55.0	59.4	62.0
洗衣机 (台)	Washing Machine (set)	90.7	92.3	94.2	95.7	97.7	99.2	99.7
电冰箱(柜) (台)	Refrigerator (set)	91.7	94.0	96.4	98.0	100.9	102.5	103.1
微波炉 (台)	Microwave Oven (set)	52.6	53.8	55.3	56.9	55.2	55.7	56.5
彩色电视机 (台)	Color TV Set (set)	122.0	122.3	122.3	123.8	121.3	122.8	123.0
空调 (台)	Air Conditioner (set)	107.4	114.6	123.7	128.6	142.2	148.3	149.6
热水器 (台)	Water Heater (set)	83.0	85.6	88.7	90.7	97.2	98.2	100.7
排油烟机 (台)	Kitchen Ventilator (set)	68.2	69.2	71.5	73.7	79.1	81.7	82.6
移动电话 (部)	Mobile Phone (set)	216.6	223.8	231.4	235.4	243.1	247.4	248.7
计算机 (台)	Computer (set)	76.2	78.5	80.0	80.8	73.1	72.2	72.9
照相机 (台)	Camera (set)	35.2	33.0	28.5	29.1	20.2	19.5	19.3

6-11 农村居民人均收支情况
Per Capita Income and Consumption Expenditure of Rural Households

单位：元 (yuan)

指 标	Item	2014	2015	2016	2017	2018	2019	2020
农村居民人均收入	**Per Capita Income of Rural Households**							
可支配收入	Disposable Income	10488.9	11421.7	12363.4	13432.4	14617.0	16020.7	17131.5
1.工资性收入	1.Income of Wages and Salaries	4152.2	4600.3	5021.8	5498.4	5996.1	6583.5	6973.9
2.经营净收入	2.Net Business Income	4237.4	4503.6	4741.3	5027.8	5358.4	5762.2	6077.4
3.财产净收入	3.Net Income from Property	222.1	251.5	272.1	303.0	342.1	377.3	418.8
4.转移净收入	4.Net Income from Transfer	1877.2	2066.3	2328.2	2603.2	2920.5	3297.8	3661.3
现金可支配收入	Disposable Income in Cash	9698.2	10577.8	11600.6	12703.9	13912.8	15279.8	16394.5
1.工资性收入	1.Income of Wages and Salaries	4137.5	4583.9	5000.8	5470.9	5961.3	6540.2	6926.6
2.经营净收入	2.Net Business Income	3620.1	3861.3	4203.9	4547.0	4969.5	5382.2	5720.3
3.财产净收入	3.Net Income from Property	224.7	251.5	272.1	303.0	342.1	377.3	418.8
4.转移净收入	4.Net Income from Transfer	1715.9	1881.2	2123.8	2383.0	2639.9	2980.2	3328.9
农村居民人均支出	**Per Capita Expenditure of Rural Households**							
消费支出	Consumption Expenditure	8382.6	9222.6	10129.8	10954.5	12124.3	13327.7	13713.4
#服务性消费	Consumption Expenditure on Services	2945.9	3337.4	3750.9	4130.2	4644.7	5290.2	5189.9
1.食品烟酒	1.Food,Tobacco and Liquor	2814.0	3048.0	3266.1	3415.4	3645.6	3998.2	4479.4
2.衣着	2.Clothing and Footwear	510.4	550.5	575.4	611.6	647.7	713.3	712.8
3.居住	3.Housing	1762.7	1926.2	2147.1	2353.5	2660.6	2871.3	2962.4
4.生活用品及服务	4.Household Equipments, Furnishings and Services	506.5	545.6	595.7	634.0	720.5	763.9	767.5
5.交通通信	5.Transport and Communications	1012.6	1163.1	1359.9	1509.1	1690.0	1836.8	1840.6
6.教育文化娱乐	6.Education, Culture and Recreation	859.5	969.3	1070.3	1171.3	1301.6	1481.8	1308.7
7.医疗保健	7.Health Care and Medical Services	753.9	846.0	929.2	1058.7	1240.1	1420.8	1417.5
8.其他用品及服务	8.Miscellaneous Goods and Services	163.0	174.0	186.0	200.9	218.3	241.5	224.4
现金消费支出	Consumption Expenditure in Cash	6716.7	7392.1	8127.3	8856.5	9862.0	10854.5	11097.2
1.食品烟酒	1.Food, Tobacco and Liquor	2301.3	2540.0	2763.4	2921.2	3226.3	3538.2	3945.5
2.衣着	2.Clothing and Footwear	509.7	549.9	575.0	610.9	647.2	712.9	712.5
3.居住	3.Housing	758.5	779.0	832.8	956.0	1084.0	1163.8	1195.3
4.生活用品及服务	4.Household Equipments, Furnishings and Services	500.1	538.3	589.7	624.9	709.0	748.9	752.9
5.交通通信	5.Transport and Communications	1012.5	1162.6	1357.8	1508.1	1685.0	1835.5	1839.3
6.教育文化娱乐	6.Education, Culture and Recreation	859.2	969.0	1069.9	1170.7	1300.5	1481.3	1308.4
7.医疗保健	7.Health Care and Medical Services	614.9	681.4	755.8	868.2	997.4	1137.9	1125.4
8.其他用品及服务	8.Miscellaneous Goods and Services	160.5	172.0	183.0	196.3	212.7	236.0	217.9

6-12　农村居民按收入五等份分组的人均可支配收入
Per Capita Disposable Income of Rural Households by Income Quintile

单位：元　　(yuan)

组　别	Group	2014	2015	2016	2017	2018	2019	2020
20%低收入组家庭人均可支配收入	Lowest 20% Households	2768.1	3085.6	3006.5	3301.9	3666.2	4262.6	4681.5
20%中间偏下收入组家庭人均可支配收入	Second 20% Households	6604.4	7220.9	7827.7	8348.6	8508.5	9754.1	10391.6
20%中间收入组家庭人均可支配收入	Third 20% Households	9503.9	10310.6	11159.1	11978.0	12530.2	13984.2	14711.7
20%中间偏上收入组家庭人均可支配收入	Fourth 20% Households	13449.2	14537.3	15727.4	16943.6	18051.5	19732.4	20884.5
20%高收入组家庭人均可支配收入	Highest 20% Households	23947.4	26013.9	28448.0	31299.3	34042.6	36049.4	38520.3

6-13　农村居民按东、中、西部及东北地区分组的人均可支配收入
Per Capita Disposable Income of Rural Households in Eastern, Central, Western and Northeastern Regions

单位：元　　(yuan)

组　别	Group	2014	2015	2016	2017	2018	2019	2020
东部地区	Eastern Region	13144.6	14297.4	15498.3	16822.1	18285.7	19988.6	21286.0
中部地区	Central Region	10011.1	10919.0	11794.3	12805.8	13954.1	15290.5	16213.2
西部地区	Western Region	8295.0	9093.4	9918.4	10828.6	11831.4	13035.3	14110.8
东北地区	Northeastern Region	10802.1	11490.1	12274.6	13115.8	14080.4	15356.7	16581.5

6-14 农村居民人均主要食品消费量
Per Capita Consumption of Major Foods of Rural Households

单位: 千克 (kg)

指 标	Item	2014	2015	2016	2017	2018	2019	2020
粮食(原粮)	Grain (Unprocessed)	167.6	159.5	157.2	154.6	148.5	154.8	168.4
谷物	Cereals	159.1	150.2	147.1	144.8	137.9	142.6	155.0
薯类	Tuber	2.4	2.7	2.9	2.8	3.0	3.2	3.5
豆类	Beans and Products	6.2	6.6	7.3	7.1	7.7	9.1	9.9
食用油	Edible Oil and Fats	9.8	10.1	10.2	10.1	9.9	9.8	11.0
#食用植物油	Edible Vegetable Oil	9.0	9.2	9.3	9.2	9.0	9.0	10.2
蔬菜及食用菌	Vegetable and Edible Mushroom	88.9	90.3	91.5	90.2	87.5	89.5	95.8
#鲜菜	Fresh Vegetables	87.5	88.7	89.7	88.5	85.6	87.2	93.5
肉类	Meat and Products	22.5	23.1	22.7	23.6	27.5	24.7	21.4
#猪肉	Pork	19.2	19.5	18.7	19.5	23.0	20.2	17.1
牛肉	Beef	0.8	0.8	0.9	0.9	1.1	1.2	1.3
羊肉	Mutton	0.7	0.9	1.1	1.0	1.0	1.0	1.0
禽类	Poultry	6.7	7.1	7.9	7.9	8.0	10.0	12.4
水产品	Aquatic Products	6.8	7.2	7.5	7.4	7.8	9.6	10.3
蛋类	Eggs	7.2	8.3	8.5	8.9	8.4	9.6	11.8
奶类	Milk and Dairy Products	6.4	6.3	6.6	6.9	6.9	7.3	7.4
干鲜瓜果类	Dried and Fresh Melons and Fruits	30.3	32.3	36.8	38.4	39.9	43.3	43.8
#鲜瓜果	Fresh Melons and Fruits	28.0	29.7	33.8	35.1	36.3	39.3	39.9
坚果类	Nuts and Processed Products	1.9	2.1	2.4	2.6	2.8	3.1	3.1
食糖	Sugar	1.3	1.3	1.4	1.4	1.3	1.4	1.4

6-15 农村居民平均每百户年末主要耐用消费品拥有量
Main Durable Goods Owned Per 100 Rural Households

指 标	Item	2014	2015	2016	2017	2018	2019	2020
家用汽车 (辆)	Automobile (unit)	11.0	13.3	17.4	19.3	22.3	24.7	26.4
摩托车 (辆)	Motorcycle (unit)	67.6	67.5	65.1	64.1	57.4	55.1	53.6
电动助力车 (辆)	Electric Bicycle (unit)	45.4	50.1	57.7	61.1	64.9	70.1	73.1
洗衣机 (台)	Washing Machine (set)	74.8	78.8	84.0	86.3	88.5	91.6	92.6
电冰箱(柜) (台)	Refrigerator (set)	77.6	82.6	89.5	91.7	95.9	98.6	100.1
微波炉 (台)	Microwave Oven (set)	14.7	15.0	16.1	17.3	17.7	18.9	19.7
彩色电视机 (台)	Color TV Set (set)	115.6	116.9	118.8	120.0	116.6	117.6	117.8
空调 (台)	Air Conditioner (set)	34.2	38.8	47.6	52.6	65.2	71.3	73.8
热水器 (台)	Water Heater (set)	48.2	52.5	59.7	62.5	68.7	71.7	76.2
排油烟机 (台)	Kitchen Ventilator (set)	13.9	15.3	18.4	20.4	26.0	29.0	30.9
移动电话 (部)	Mobile Phone (set)	215.0	226.1	240.7	246.1	257.0	261.2	260.9
计算机 (台)	Computer (set)	23.5	25.7	27.9	29.2	26.9	27.5	28.3
照相机 (台)	Camera (set)	4.5	4.1	3.4	3.9	2.5	2.3	2.2

6-16 居民人均可支配收入和指数
Per Capita Disposable Income of Households and Index

年 份 Year	全国居民人均可支配收入 Nationwide Per Capita Disposable Income of Households		城镇居民人均可支配收入 Per Capita Disposable Income of Urban Households		农村居民人均可支配收入 Per Capita Disposable Income of Rural Households	
	绝对数（元） Value (yuan)	指数（1978=100） Index(1978=100)	绝对数（元） Value (yuan)	指数（1978=100） Index(1978=100)	绝对数（元） Value (yuan)	指数（1978=100） Index(1978=100)
1978	171.2	100.0	343.4	100.0	133.6	100.0
1980	246.8	131.6	477.6	127.0	191.3	139.0
1985	478.6	213.2	739.1	160.4	397.6	268.9
1990	903.9	243.8	1510.2	198.1	686.3	311.2
1995	2363.3	347.6	4283.0	290.3	1577.7	383.6
2000	3721.3	500.7	6255.7	382.3	2282.1	489.6
2001	4070.4	543.8	6824.0	414.1	2406.9	512.3
2002	4531.6	610.4	7652.4	469.1	2528.9	539.2
2003	5006.7	666.3	8405.5	510.6	2690.3	564.9
2004	5660.9	725.1	9334.8	549.0	3026.6	606.1
2005	6384.7	803.4	10382.3	600.9	3370.2	646.6
2006	7228.8	896.2	11619.7	662.5	3731.0	697.6
2007	8583.5	1015.4	13602.5	742.2	4327.0	767.7
2008	9956.5	1112.2	15549.4	803.5	4998.8	833.1
2009	10977.5	1234.8	16900.5	881.0	5435.1	908.3
2010	12519.5	1363.3	18779.1	948.5	6272.4	1012.1
2011	14550.7	1503.3	21426.9	1028.1	7393.9	1127.4
2012	16509.5	1662.5	24126.7	1126.8	8389.3	1248.1
2013	18310.8	1797.1	26467.0	1205.4	9429.6	1364.5
2014	20167.1	1940.5	28843.9	1287.1	10488.9	1490.5
2015	21966.2	2084.4	31194.8	1371.5	11421.7	1602.3
2016	23821.0	2216.1	33616.2	1448.0	12363.4	1702.1
2017	25973.8	2378.4	36396.2	1541.6	13432.4	1825.5
2018	28228.0	2532.1	39250.8	1627.6	14617.0	1945.3
2019	30732.8	2679.7	42358.8	1708.4	16020.7	2066.0
2020	32188.8	2737.3	43833.8	1728.4	17131.5	2144.2

注：1.本表2013-2020年人均可支配收入来源于住户收支与生活状况调查，1978-2012年数据是根据历史数据按住户收支与生活状况调查可比口径推算获得。可支配收入绝对数按当年价计算，指数按可比价计算。

2.全国居民人均收入是根据全国十几万户抽样调查基础数据，依据每个样本户所代表的户数加权汇总而成。由于受城镇化和人口迁移等因素影响，各时期的分城乡、分地区人口构成发生变化，有时会导致全国居民收入增速超出分城乡居民收入增速区间的现象发生。全国居民收入增速快于分城乡居民收入增速的原因主要是在城镇化过程中，一部分在农村收入较高的人口进入城镇地区，但在城镇属于较低收入人群，他们的迁移对城乡居民收入均有拉低作用；但无论在城镇还是农村，其收入增长效应都会体现在全体居民收入增长中。

a) Data of 2013-2020 are compiled on the basis of the household survey on income and expenditure and living conditions, data of 1978-2012 are estimated based on historical data at comparable coverage by the household survey on income and expenditure and living conditions. The absolute amounts of disposable income are calculated at current prices, the indices are calculated at comparable prices.

b) The nationwide per capita disposable income of households is based on the sample survey of more than 100,000 households and is aggregated according to the weight of each houschold in the sample. Due to the factors such as urbanization and migration, the population composition of different cities and regions has changed in different periods, the growth rate of household income nationwide sometimes outpaces the growth rate in urban and rural areas. The reason of this phenomenon is that, in urbanization process, some population with higher income in rural areas move to cities and fall into lower income group in urban areas. Their migration brings down the income of both urban and rural households. However, the effect of income growth, whether in urban or rural areas, is reflected in the national income growth.

6-17 居民人均消费支出和指数
Per Capita Consumption Expenditure of Households and Their Indices

年份 Year	全国居民人均消费支出 Nationwide Per Capita Consumption Expenditure of Households		城镇居民人均消费支出 Per Capita Consumption Expenditure of Urban Households		农村居民人均消费支出 Per Capita Consumption Expenditure of Rural Households	
	绝对数(元) Value(yuan)	指数(1978=100) Indices(1978=100)	绝对数(元) Value(yuan)	指数(1978=100) Indices(1978=100)	绝对数(元) Value(yuan)	指数(1978=100) Indices(1978=100)
1978	151.0	100.0	311.2	100.0	116.1	100.0
1980	210.7	127.4	412.4	121.0	162.2	131.2
1985	401.8	203.0	673.2	161.2	317.4	220.6
1990	768.0	234.9	1278.9	185.1	584.6	246.3
1995	1957.1	326.4	3537.6	264.6	1310.4	312.8
2000	2914.0	444.6	5026.7	338.9	1714.3	380.0
2001	3138.8	475.5	5349.7	358.3	1803.2	396.4
2002	3547.7	541.8	6088.5	411.8	1917.1	423.2
2003	3888.6	586.8	6587.1	441.5	2049.6	445.5
2004	4395.3	638.4	7280.5	472.4	2326.5	482.6
2005	5035.4	718.4	8067.7	515.5	2748.8	543.6
2006	5634.4	792.0	8850.7	557.3	3072.3	598.7
2007	6591.9	884.1	10195.7	614.3	3535.5	653.6
2008	7547.7	955.9	11489.0	655.6	4054.0	703.6
2009	8376.6	1068.4	12557.7	723.2	4464.2	777.1
2010	9378.3	1158.0	13820.7	771.0	4944.8	830.7
2011	10819.6	1267.5	15554.0	823.4	5892.0	935.4
2012	12053.7	1376.3	17106.6	881.9	6667.1	1032.7
2013	13220.4	1471.2	18487.5	928.9	7485.1	1127.8
2014	14491.4	1581.0	19968.1	982.7	8382.6	1240.7
2015	15712.4	1690.6	21392.4	1037.2	9222.6	1347.5
2016	17110.7	1804.9	23078.9	1096.0	10129.8	1452.5
2017	18322.1	1902.3	24445.0	1141.4	10954.5	1550.6
2018	19853.1	2019.7	26112.3	1194.0	12124.3	1681.2
2019	21558.9	2131.6	28063.4	1248.6	13327.7	1790.4
2020	21209.9	2046.3	27007.4	1174.1	13713.4	1788.6

注：本表2013-2020年人均消费支出来源于住户收支与生活状况调查，1978-2012年数据是根据历史数据按住户收支与生活状况调查可比口径推算获得。消费支出绝对数按当年价计算，指数按可比价计算。

a) Data of 2013-2020 are compiled on the basis of the household survey on income and expenditure and living conditions, data of 1978-2012 are estimated based on historical data at comparable coverage by the household survey on income and expenditure and living conditions.The absolute amounts of consumption expenditure are calculated at current prices,the indices are calculated at comparable prices.

6-18 分地区居民人均可支配收入
Per Capita Disposable Income of Households by Region

单位：元 (yuan)

地 区	Region	2014	2015	2016	2017	2018	2019	2020
全 国	**National Average**	**20167.1**	**21966.2**	**23821.0**	**25973.8**	**28228.0**	**30732.8**	**32188.8**
北 京	Beijing	44488.6	48458.0	52530.4	57229.8	62361.2	67755.9	69433.5
天 津	Tianjin	28832.3	31291.4	34074.5	37022.3	39506.1	42404.1	43854.1
河 北	Hebei	16647.4	18118.1	19725.4	21484.1	23445.7	25664.7	27135.9
山 西	Shanxi	16538.3	17853.7	19048.9	20420.0	21990.1	23828.5	25213.7
内蒙古	Inner Mongolia	20559.3	22310.1	24126.6	26212.2	28375.7	30555.0	31497.3
辽 宁	Liaoning	22820.2	24575.6	26039.7	27835.4	29701.4	31819.7	32738.3
吉 林	Jilin	17520.4	18683.7	19967.0	21368.3	22798.4	24562.9	25751.0
黑龙江	Heilongjiang	17404.4	18592.7	19838.5	21205.8	22725.8	24253.6	24902.0
上 海	Shanghai	45965.8	49867.2	54305.3	58988.0	64182.6	69441.6	72232.4
江 苏	Jiangsu	27172.8	29538.9	32070.1	35024.1	38095.8	41399.7	43390.4
浙 江	Zhejiang	32657.6	35537.1	38529.0	42045.7	45839.8	49898.8	52397.4
安 徽	Anhui	16795.5	18362.6	19998.1	21863.3	23983.6	26415.1	28103.2
福 建	Fujian	23330.9	25404.4	27607.9	30047.7	32643.9	35616.1	37202.4
江 西	Jiangxi	16734.2	18437.1	20109.6	22031.4	24079.7	26262.4	28016.5
山 东	Shandong	20864.2	22703.2	24685.3	26929.9	29204.6	31597.0	32885.7
河 南	Henan	15695.2	17124.8	18443.1	20170.0	21963.5	23902.7	24810.1
湖 北	Hubei	18283.2	20025.6	21786.6	23757.2	25814.5	28319.5	27880.6
湖 南	Hunan	17621.7	19317.5	21114.8	23102.7	25240.7	27679.7	29379.9
广 东	Guangdong	25685.0	27858.9	30295.8	33003.3	35809.9	39014.3	41028.6
广 西	Guangxi	15557.1	16873.4	18305.1	19904.8	21485.0	23328.2	24562.3
海 南	Hainan	17476.5	18979.0	20653.4	22553.2	24579.0	26679.5	27904.1
重 庆	Chongqing	18351.9	20110.1	22034.1	24153.0	26385.8	28920.4	30823.9
四 川	Sichuan	15749.0	17221.0	18808.3	20579.8	22460.6	24703.1	26522.1
贵 州	Guizhou	12371.1	13696.6	15121.1	16703.6	18430.2	20397.4	21795.4
云 南	Yunnan	13772.2	15222.6	16719.9	18348.3	20084.2	22082.4	23294.9
西 藏	Tibet	10730.2	12254.3	13639.2	15457.3	17286.1	19501.3	21744.1
陕 西	Shaanxi	15836.7	17395.0	18873.7	20635.2	22528.3	24666.3	26226.0
甘 肃	Gansu	12184.7	13466.6	14670.3	16011.0	17488.4	19139.0	20335.1
青 海	Qinghai	14374.0	15812.7	17301.8	19001.0	20757.3	22617.7	24037.4
宁 夏	Ningxia	15906.8	17329.1	18832.3	20561.7	22400.4	24411.9	25734.9
新 疆	Xinjiang	15096.6	16859.1	18354.7	19975.1	21500.2	23103.4	23844.7

6-19 分地区居民人均可支配收入来源（2020年）
Per Capita Disposable Income of Households by Source and Region (2020)

单位：元 (yuan)

地区	Region	可支配收入 Disposable Income	工资性收入 Income from Wages and Salaries	经营净收入 Net Business Income	财产净收入 Net Income from Properties	转移净收入 Net Income from Transfers
全国	**National Average**	**32188.8**	**17917.4**	**5306.8**	**2791.5**	**6173.2**
北京	Beijing	69433.5	41439.1	810.8	11789.4	15394.3
天津	Tianjin	43854.1	27339.3	2796.7	4240.1	9478.0
河北	Hebei	27135.9	16287.5	4150.7	1931.9	4765.9
山西	Shanxi	25213.7	13853.8	3250.2	1386.2	6723.5
内蒙古	Inner Mongolia	31497.3	16325.2	8146.7	1623.6	5401.8
辽宁	Liaoning	32738.3	17374.2	5068.6	1529.2	8766.3
吉林	Jilin	25751.0	13503.6	5702.1	1056.6	5488.7
黑龙江	Heilongjiang	24902.0	11561.3	5122.1	1126.0	7092.6
上海	Shanghai	72232.4	41500.3	2051.4	9904.3	18776.4
江苏	Jiangsu	43390.4	24656.6	5703.4	4736.6	8293.8
浙江	Zhejiang	52397.4	30059.4	8313.3	6136.5	7888.1
安徽	Anhui	28103.2	14793.3	6205.7	1929.4	5174.8
福建	Fujian	37202.4	21651.4	6567.4	4011.4	4972.3
江西	Jiangxi	28016.5	16001.0	4445.6	1870.7	5699.2
山东	Shandong	32885.7	18716.1	6964.4	2357.2	4848.0
河南	Henan	24810.1	12439.7	5142.4	1563.3	5664.7
湖北	Hubei	27880.6	13668.9	5600.9	2061.7	6549.2
湖南	Hunan	29379.9	14664.5	6033.9	2226.1	6455.4
广东	Guangdong	41028.6	27824.4	5037.4	5339.1	2827.7
广西	Guangxi	24562.3	11865.2	5639.7	1679.3	5378.2
海南	Hainan	27904.1	16175.1	4687.6	2097.7	4943.7
重庆	Chongqing	30823.9	16513.5	4901.6	1907.2	7501.6
四川	Sichuan	26522.1	13031.6	5289.3	1719.6	6481.6
贵州	Guizhou	21795.4	11320.0	4426.0	1460.5	4588.8
云南	Yunnan	23294.9	11444.4	5543.7	2116.9	4189.8
西藏	Tibet	21744.1	11757.4	5376.2	1341.8	3268.7
陕西	Shaanxi	26226.0	14044.0	3459.2	1607.5	7115.2
甘肃	Gansu	20335.1	11461.8	3730.7	1195.8	3946.8
青海	Qinghai	24037.4	13871.8	3781.5	1046.8	5337.3
宁夏	Ningxia	25734.9	15526.3	4418.4	881.7	4908.5
新疆	Xinjiang	23844.7	12683.2	4859.6	873.5	5428.5

6-20 分地区居民人均消费支出
Per Capita Consumption Expenditure of Households by Region

单位：元 (yuan)

地 区	Region	2014	2015	2016	2017	2018	2019	2020
全 国	**National Average**	**14491.4**	**15712.4**	**17110.7**	**18322.1**	**19853.1**	**21558.9**	**21209.9**
北 京	Beijing	31102.9	33802.8	35415.7	37425.3	39842.7	43038.3	38903.3
天 津	Tianjin	22343.0	24162.5	26129.3	27841.4	29902.9	31853.6	28461.4
河 北	Hebei	11931.5	13030.7	14247.5	15437.0	16722.0	17987.2	18037.0
山 西	Shanxi	10863.8	11729.1	12682.9	13664.4	14810.1	15862.6	15732.7
内蒙古	Inner Mongolia	16258.1	17178.5	18072.3	18945.5	19665.2	20743.4	19794.5
辽 宁	Liaoning	16068.0	17199.8	19852.8	20463.4	21398.3	22202.8	20672.1
吉 林	Jilin	13026.0	13763.9	14772.6	15631.9	17200.4	18075.4	17317.7
黑龙江	Heilongjiang	12768.8	13402.5	14445.8	15577.5	16994.0	18111.5	17056.4
上 海	Shanghai	33064.8	34783.6	37458.3	39791.9	43351.3	45605.1	42536.3
江 苏	Jiangsu	19163.6	20555.6	22129.9	23468.6	25007.4	26697.3	26225.1
浙 江	Zhejiang	22552.0	24116.9	25526.6	27079.1	29470.7	32025.8	31294.7
安 徽	Anhui	11727.0	12840.1	14711.5	15751.7	17044.6	19137.4	18877.3
福 建	Fujian	17644.5	18850.2	20167.5	21249.3	22996.0	25314.3	25125.8
江 西	Jiangxi	11088.9	12403.4	13258.6	14459.0	15792.0	17650.5	17955.3
山 东	Shandong	13328.9	14578.4	15926.4	17280.7	18779.8	20427.5	20940.1
河 南	Henan	11000.4	11835.1	12712.3	13729.6	15168.5	16331.8	16142.6
湖 北	Hubei	12928.3	14316.5	15888.7	16937.6	19537.8	21567.0	19245.9
湖 南	Hunan	13288.7	14267.3	15750.5	17160.4	18807.9	20478.9	20997.6
广 东	Guangdong	19205.5	20975.7	23448.4	24819.6	26054.0	28994.7	28491.9
广 西	Guangxi	10274.3	11401.0	12295.2	13423.7	14934.8	16418.3	16356.8
海 南	Hainan	12470.6	13575.0	14275.4	15402.7	17528.4	19554.9	18971.6
重 庆	Chongqing	13810.6	15139.5	16384.8	17898.1	19248.5	20773.9	21678.1
四 川	Sichuan	12368.4	13632.1	14838.5	16179.9	17663.6	19338.3	19783.4
贵 州	Guizhou	9303.4	10413.8	11931.6	12969.6	13798.1	14780.0	14873.8
云 南	Yunnan	9869.5	11005.4	11768.8	12658.1	14249.9	15779.8	16792.4
西 藏	Tibet	7317.0	8245.8	9318.7	10320.1	11520.2	13029.2	13224.8
陕 西	Shaanxi	12203.6	13087.2	13943.0	14899.7	16159.7	17464.9	17417.6
甘 肃	Gansu	9874.6	10950.8	12254.2	13120.1	14624.0	15879.1	16174.9
青 海	Qinghai	12604.8	13611.3	14774.7	15503.1	16557.2	17544.8	18284.2
宁 夏	Ningxia	12484.5	13815.6	14965.4	15350.3	16715.1	18296.8	17505.8
新 疆	Xinjiang	11903.7	12867.4	14066.5	15087.3	16189.1	17396.6	16512.1

6-21 分地区居民人均消费支出构成（2020年）
Per Capita Consumption Expenditure of Households by Composition and Region (2020)

单位：元 (yuan)

地区	Region	消费支出 Consumption Expenditure	食品烟酒 Food, Tobacco and Liquor	衣着 Clothing and Footwear	居住 Housing	生活用品及服务 Household Equipments, Furnishings and Services	交通通信 Transport and Communi-cations	教育文化娱乐 Education, Culture and Recreation	医疗保健 Health Care and Medical Services	其他用品及服务 Miscellaneous Goods and Services
全　国	**National Average**	**21209.9**	**6397.3**	**1238.4**	**5215.3**	**1259.5**	**2761.8**	**2032.2**	**1843.1**	**462.2**
北　京	Beijing	38903.3	8373.9	1803.5	15710.5	2145.8	3789.5	2766.0	3513.3	800.7
天　津	Tianjin	28461.4	8516.0	1711.8	7035.3	1669.4	3778.7	2253.7	2646.0	850.5
河　北	Hebei	18037.0	4992.5	1249.7	4394.5	1171.2	2356.9	1799.1	1692.0	381.2
山　西	Shanxi	15732.7	4362.4	1235.8	3460.4	863.9	1980.9	1608.4	1854.0	366.9
内蒙古	Inner Mongolia	19794.5	5686.1	1568.3	4148.6	1119.2	3099.2	1835.9	1891.5	445.8
辽　宁	Liaoning	20672.1	6110.1	1378.2	4473.8	1091.8	2660.0	1950.8	2303.2	704.1
吉　林	Jilin	17317.7	5021.6	1293.9	3448.2	906.7	2386.0	1742.0	2031.2	488.1
黑龙江	Heilongjiang	17056.4	5287.2	1300.6	3450.7	895.4	2122.2	1602.9	2023.2	374.4
上　海	Shanghai	42536.3	11224.7	1694.0	15247.3	2091.2	4557.5	3662.9	3033.4	1025.3
江　苏	Jiangsu	26225.1	7258.4	1450.5	7505.9	1523.0	3588.8	2298.2	2018.6	581.8
浙　江	Zhejiang	31294.7	8922.1	1703.2	9009.1	1789.3	4301.2	2889.4	1955.9	724.4
安　徽	Anhui	18877.3	6280.4	1210.4	4375.9	1108.4	2172.1	1855.3	1548.0	326.8
福　建	Fujian	25125.8	8385.1	1182.4	7304.8	1274.8	2972.0	1895.9	1583.2	527.5
江　西	Jiangxi	17955.3	5780.6	987.2	4454.9	966.5	2146.4	1879.0	1437.3	303.3
山　东	Shandong	20940.1	5757.3	1438.0	4437.0	1571.0	3004.1	2373.7	1914.0	444.8
河　南	Henan	16142.6	4417.9	1221.8	3807.6	1077.6	1917.2	1685.4	1621.9	393.2
湖　北	Hubei	19245.9	5897.7	1173.0	4659.6	1088.9	2559.5	1755.9	1764.9	346.4
湖　南	Hunan	20997.6	6251.7	1236.9	4436.2	1289.0	2745.5	2587.3	2034.7	416.3
广　东	Guangdong	28491.9	9629.3	1044.5	7733.0	1560.6	3808.7	2442.9	1677.9	595.1
广　西	Guangxi	16356.8	5591.5	595.0	3579.0	929.1	2107.9	1766.2	1540.7	247.3
海　南	Hainan	18971.6	7514.0	660.6	4168.0	890.0	2118.9	1880.5	1407.3	332.3
重　庆	Chongqing	21678.1	7284.6	1459.1	4062.1	1517.4	2630.9	2120.9	2101.5	501.6
四　川	Sichuan	19783.4	7026.4	1190.4	3855.7	1234.8	2465.1	1650.5	1908.0	452.4
贵　州	Guizhou	14873.8	4606.9	944.6	2998.2	901.1	2218.0	1636.7	1269.6	298.7
云　南	Yunnan	16792.4	5092.1	868.3	3469.8	958.5	2709.4	1835.8	1547.4	311.0
西　藏	Tibet	13224.8	4786.6	1137.2	2970.5	838.6	1987.5	550.9	589.9	363.6
陕　西	Shaanxi	17417.6	4819.5	1156.6	3857.6	1179.3	2194.0	1756.6	2078.4	375.6
甘　肃	Gansu	16174.9	4768.8	1140.6	3557.3	1045.5	2020.4	1728.6	1544.7	369.1
青　海	Qinghai	18284.2	5224.5	1301.4	3618.5	1073.4	3121.0	1521.3	1975.7	448.5
宁　夏	Ningxia	17505.8	4816.3	1263.9	3348.8	1037.2	2922.0	1760.6	1906.3	450.7
新　疆	Xinjiang	16512.1	5225.9	1138.9	3304.7	1031.0	2318.9	1488.4	1611.7	392.7

6-22 分地区居民家庭人均主要食品消费量(2020年)
Per Capita Consumption of Major Foods of Households by Region (2020)

单位：千克 (kg)

地 区	Region	粮食 (原粮) Grain (Unprocessed)	谷物 Cereals	食用油 Edible Oil and Fats	食用植物油 Edible Vegetable Oil	蔬菜及食用菌 Vegetable and Edible Mushroom	肉类 Meat and Products	猪肉 Pork
全 国	**National Average**	**141.2**	**128.1**	**10.4**	**9.8**	**103.7**	**24.8**	**18.2**
北 京	Beijing	107.2	95.0	7.5	7.4	122.7	27.3	15.3
天 津	Tianjin	111.1	100.2	9.6	9.5	117.2	23.8	14.1
河 北	Hebei	161.8	146.0	8.8	8.5	108.3	20.6	12.9
山 西	Shanxi	159.3	139.5	8.6	8.5	98.9	14.7	9.7
内蒙古	Inner Mongolia	173.1	155.8	7.7	7.3	100.9	31.9	18.3
辽 宁	Liaoning	145.9	128.8	10.4	10.3	117.1	25.1	16.5
吉 林	Jilin	157.5	140.6	11.2	11.1	105.6	20.6	14.2
黑龙江	Heilongjiang	167.1	150.2	16.2	16.1	108.0	22.2	15.0
上 海	Shanghai	111.4	98.6	9.2	8.9	105.3	29.1	19.1
江 苏	Jiangsu	122.1	108.5	10.2	9.9	104.5	25.0	18.1
浙 江	Zhejiang	137.3	123.0	11.5	11.0	96.9	26.3	20.0
安 徽	Anhui	148.3	132.4	9.0	8.3	104.8	24.1	18.1
福 建	Fujian	124.4	114.9	9.6	8.9	89.6	24.6	19.3
江 西	Jiangxi	154.0	141.4	15.6	15.2	105.5	29.7	24.9
山 东	Shandong	124.0	112.5	7.7	7.7	95.9	18.6	12.4
河 南	Henan	150.9	137.3	8.9	8.8	94.1	15.9	10.3
湖 北	Hubei	132.9	119.1	13.3	12.8	126.8	25.2	19.4
湖 南	Hunan	157.2	146.6	12.5	10.6	104.5	27.1	22.7
广 东	Guangdong	128.2	118.4	9.9	9.5	113.0	33.6	26.0
广 西	Guangxi	141.8	134.1	9.1	8.2	89.7	24.4	20.7
海 南	Hainan	107.7	102.4	9.5	8.7	99.4	21.2	16.8
重 庆	Chongqing	149.5	133.5	15.3	13.4	130.3	35.3	29.9
四 川	Sichuan	146.9	133.6	11.7	10.5	119.6	33.6	28.0
贵 州	Guizhou	119.3	106.6	8.1	6.7	79.4	24.7	22.3
云 南	Yunnan	139.1	126.4	7.4	5.8	90.0	28.8	24.7
西 藏	Tibet	193.6	189.8	15.3	10.5	55.7	30.4	6.7
陕 西	Shaanxi	142.3	126.9	11.5	11.3	90.0	15.2	10.5
甘 肃	Gansu	159.0	144.7	9.6	9.5	82.5	17.6	11.9
青 海	Qinghai	112.2	105.9	8.8	8.4	58.4	23.8	8.1
宁 夏	Ningxia	115.6	107.9	8.5	8.4	88.8	16.3	5.8
新 疆	Xinjiang	156.0	151.8	13.7	13.6	106.2	23.7	3.4

6-22 续表 continued

单位：千克 (kg)

地 区	Region			禽类 Poultry	水产品 Aquatic Products	蛋类 Eggs	奶类 Milk and Dairy Products	干鲜瓜果类 Dried and Fresh Melons and Fruits	食糖 Sugar
		牛肉 Beef	羊肉 Mutton						
全 国	**National Average**	**2.3**	**1.2**	**12.7**	**13.9**	**12.8**	**13.0**	**56.3**	**1.3**
北 京	Beijing	3.9	3.1	7.9	9.5	16.9	30.1	81.9	1.2
天 津	Tianjin	2.9	2.7	7.0	16.8	21.5	16.8	85.8	1.2
河 北	Hebei	1.7	1.6	7.2	7.6	18.7	16.5	79.1	1.3
山 西	Shanxi	0.8	1.3	4.1	3.1	16.3	17.9	63.0	1.1
内蒙古	Inner Mongolia	3.9	6.4	8.0	6.5	14.3	24.8	67.3	1.3
辽 宁	Liaoning	3.1	1.4	7.1	15.1	16.6	17.7	69.6	1.2
吉 林	Jilin	2.7	0.8	7.1	10.2	14.0	11.6	64.0	1.4
黑龙江	Heilongjiang	2.3	1.4	8.2	10.3	16.4	10.6	70.2	1.8
上 海	Shanghai	4.2	1.0	14.0	27.1	13.9	23.1	60.2	1.5
江 苏	Jiangsu	2.2	0.8	13.2	19.5	13.2	15.4	44.2	1.1
浙 江	Zhejiang	2.9	0.6	13.0	25.9	10.6	14.7	56.0	1.6
安 徽	Anhui	2.3	0.9	15.7	14.6	14.2	11.3	55.9	0.9
福 建	Fujian	2.1	0.6	15.7	26.4	10.7	11.7	45.0	1.6
江 西	Jiangxi	2.6	0.3	12.8	15.7	9.5	11.2	46.7	1.0
山 东	Shandong	1.1	1.0	8.2	15.7	20.1	17.6	81.1	0.7
河 南	Henan	1.5	1.1	8.7	5.2	18.9	13.5	62.7	1.2
湖 北	Hubei	2.5	0.7	7.7	18.1	9.7	7.7	42.5	0.8
湖 南	Hunan	2.2	0.6	15.8	14.6	10.3	7.4	57.0	1.2
广 东	Guangdong	3.2	0.6	31.1	30.0	9.9	9.6	47.5	1.6
广 西	Guangxi	1.9	0.5	30.7	13.5	7.6	5.6	39.2	1.2
海 南	Hainan	2.4	0.8	30.4	30.8	5.6	4.9	30.2	1.0
重 庆	Chongqing	1.9	0.5	13.6	12.5	11.8	14.0	46.5	2.7
四 川	Sichuan	1.9	0.4	14.5	9.2	9.9	10.0	45.8	1.7
贵 州	Guizhou	1.0	0.2	6.6	3.0	4.8	5.1	34.1	0.8
云 南	Yunnan	1.7	0.3	9.6	4.8	5.4	6.2	38.2	1.4
西 藏	Tibet	17.4	5.5	1.2	0.4	2.4	8.5	11.2	4.0
陕 西	Shaanxi	1.2	1.3	4.0	3.1	10.3	14.7	50.4	1.0
甘 肃	Gansu	1.6	1.8	6.3	2.8	9.3	15.7	59.8	1.7
青 海	Qinghai	10.0	4.7	3.7	1.9	5.2	16.7	29.1	1.6
宁 夏	Ningxia	4.9	4.4	8.4	2.9	7.4	13.5	73.3	1.5
新 疆	Xinjiang	5.3	12.7	6.9	3.1	8.5	18.7	58.6	1.3

6-23 分地区居民平均每百户年末主要耐用消费品拥有量(2020年)
Main Durable Goods Owned Per 100 Households at Year-end by Region (2020)

地 区	Region	家用汽车(辆) Automobile (unit)	摩托车(辆) Motorcycle (unit)	电动助力车(辆) Electric Bicycle (unit)	洗衣机(台) Washing Machine (set)	电冰箱(台) Refrigerator (set)	微波炉(台) Microwave Oven (set)	彩色电视机(台) Color TV Set (set)
全 国	**National Average**	**37.1**	**33.1**	**66.7**	**96.7**	**101.8**	**41.0**	**120.8**
北 京	Beijing	55.0	3.5	27.9	101.3	104.8	77.6	126.6
天 津	Tianjin	55.2	3.9	51.6	100.1	104.1	69.5	111.4
河 北	Hebei	47.9	25.5	104.5	103.7	103.3	38.3	112.4
山 西	Shanxi	28.1	24.4	57.3	94.5	88.9	25.1	103.0
内蒙古	Inner Mongolia	44.6	28.0	53.0	98.0	106.8	30.5	104.5
辽 宁	Liaoning	29.6	21.3	28.6	94.6	101.1	43.8	106.4
吉 林	Jilin	32.4	26.6	17.7	95.8	99.3	32.8	102.7
黑龙江	Heilongjiang	24.5	19.3	18.7	96.0	100.5	23.6	101.3
上 海	Shanghai	39.4	2.6	72.7	95.6	101.9	86.0	175.9
江 苏	Jiangsu	41.0	14.6	134.8	102.6	110.0	82.4	167.1
浙 江	Zhejiang	48.2	11.5	90.0	93.7	106.5	53.1	176.1
安 徽	Anhui	31.5	20.5	110.8	95.9	104.0	46.9	136.7
福 建	Fujian	29.4	50.6	61.6	91.6	103.0	49.5	130.9
江 西	Jiangxi	31.8	44.8	76.8	82.1	99.1	33.7	127.5
山 东	Shandong	52.3	23.0	110.3	99.1	104.1	39.3	106.9
河 南	Henan	33.0	27.7	120.5	100.3	98.5	28.8	115.4
湖 北	Hubei	32.2	53.8	43.9	94.0	105.7	32.5	121.3
湖 南	Hunan	32.4	56.9	26.8	97.9	105.4	26.5	117.8
广 东	Guangdong	42.7	65.5	41.8	93.2	98.2	41.8	110.5
广 西	Guangxi	32.1	61.7	86.4	93.6	103.7	50.4	109.9
海 南	Hainan	28.7	48.8	100.8	74.4	93.1	21.0	103.2
重 庆	Chongqing	29.0	22.6	16.3	95.7	104.0	45.5	124.6
四 川	Sichuan	29.1	32.5	35.4	98.7	103.0	30.3	120.3
贵 州	Guizhou	32.8	40.2	20.7	100.5	98.0	22.7	104.5
云 南	Yunnan	42.9	59.3	33.2	95.9	95.1	36.3	105.9
西 藏	Tibet	41.7	58.4	23.3	86.9	91.6	19.2	118.7
陕 西	Shaanxi	31.4	33.9	43.9	97.0	93.3	27.5	105.8
甘 肃	Gansu	27.9	35.9	36.3	99.3	90.8	29.0	106.0
青 海	Qinghai	47.1	35.3	14.7	100.8	106.0	41.9	100.8
宁 夏	Ningxia	40.5	29.7	67.3	103.2	101.2	40.7	105.7
新 疆	Xinjiang	32.9	23.2	68.7	101.2	110.6	26.1	103.1

6-23 续表 continued

地 区	Region	空 调 (台) Air Conditioner (set)	热水器 (台) Water Heater (set)	排油烟机 (台) Kitchen Ventilator (set)	移动电话 (部) Mobile Phone (set)	计算机 (台) Computer (set)	照相机 (台) Camera (set)
全 国	**National Average**	**117.7**	**90.4**	**60.9**	**253.8**	**54.2**	**12.1**
北 京	Beijing	192.5	101.6	93.2	234.5	92.7	42.5
天 津	Tianjin	160.3	98.3	89.9	235.8	66.9	18.5
河 北	Hebei	114.1	85.5	61.2	244.6	50.7	9.9
山 西	Shanxi	36.0	58.4	50.7	226.1	45.4	8.4
内蒙古	Inner Mongolia	14.6	62.7	57.8	233.5	47.1	11.6
辽 宁	Liaoning	44.1	70.6	67.9	211.8	48.4	15.6
吉 林	Jilin	14.5	54.6	58.1	237.1	49.2	8.7
黑龙江	Heilongjiang	9.4	51.4	57.5	229.1	41.3	7.3
上 海	Shanghai	207.3	98.2	83.3	226.0	104.9	33.5
江 苏	Jiangsu	201.4	107.6	72.5	252.3	62.7	13.3
浙 江	Zhejiang	198.5	105.9	83.6	247.9	73.7	17.0
安 徽	Anhui	156.2	101.1	60.1	262.5	46.6	9.1
福 建	Fujian	156.6	113.2	63.2	256.8	63.4	11.3
江 西	Jiangxi	115.8	96.0	57.9	263.3	48.4	8.4
山 东	Shandong	127.6	97.5	71.6	234.4	63.7	17.5
河 南	Henan	143.7	87.0	49.5	262.9	47.4	6.8
湖 北	Hubei	137.3	99.0	60.3	268.6	57.4	9.7
湖 南	Hunan	129.3	94.3	57.3	281.4	51.3	9.8
广 东	Guangdong	190.1	104.2	69.4	268.4	74.3	16.2
广 西	Guangxi	113.4	98.3	43.1	280.0	48.7	9.5
海 南	Hainan	130.2	90.2	41.6	281.9	42.6	7.0
重 庆	Chongqing	164.5	95.2	57.0	264.8	48.0	11.5
四 川	Sichuan	108.1	92.0	47.7	257.3	38.9	7.8
贵 州	Guizhou	19.9	81.9	33.4	294.6	33.0	4.5
云 南	Yunnan	5.3	92.7	43.4	276.6	36.0	9.2
西 藏	Tibet	5.3	30.9	18.8	244.9	22.4	6.0
陕 西	Shaanxi	89.9	75.5	47.9	249.1	40.2	10.2
甘 肃	Gansu	9.1	62.1	47.4	277.6	41.0	9.1
青 海	Qinghai	1.0	64.1	58.8	261.5	37.5	8.6
宁 夏	Ningxia	13.9	102.0	67.8	271.0	52.7	8.9
新 疆	Xinjiang	19.7	90.9	64.7	235.3	35.8	8.5

6-24 分地区城镇居民人均可支配收入
Per Capita Disposable Income of Urban Households by Region

单位：元 (yuan)

地 区	Region	2014	2015	2016	2017	2018	2019	2020
全 国	**National Average**	**28843.9**	**31194.8**	**33616.2**	**36396.2**	**39250.8**	**42358.8**	**43833.8**
北 京	Beijing	48531.8	52859.2	57275.3	62406.3	67989.9	73848.5	75601.5
天 津	Tianjin	31506.0	34101.3	37109.6	40277.5	42976.3	46118.9	47658.5
河 北	Hebei	24141.3	26152.2	28249.4	30547.8	32977.2	35737.7	37285.7
山 西	Shanxi	24069.4	25827.7	27352.3	29131.8	31034.8	33262.4	34792.7
内蒙古	Inner Mongolia	28349.6	30594.1	32974.9	35670.0	38304.7	40782.5	41353.1
辽 宁	Liaoning	29081.7	31125.7	32876.1	34993.4	37341.9	39777.2	40375.9
吉 林	Jilin	23217.8	24900.9	26530.4	28318.7	30171.9	32299.2	33395.7
黑龙江	Heilongjiang	22609.0	24202.6	25736.4	27446.0	29191.3	30944.6	31114.7
上 海	Shanghai	48841.4	52961.9	57691.7	62595.7	68033.6	73615.3	76437.3
江 苏	Jiangsu	34346.3	37173.5	40151.6	43621.8	47200.0	51056.1	53101.7
浙 江	Zhejiang	40392.7	43714.5	47237.2	51260.7	55574.3	60182.3	62699.3
安 徽	Anhui	24838.5	26935.8	29156.0	31640.3	34393.1	37540.0	39442.1
福 建	Fujian	30722.4	33275.3	36014.3	39001.4	42121.3	45620.5	47160.3
江 西	Jiangxi	24309.2	26500.1	28673.3	31198.1	33819.4	36545.9	38555.8
山 东	Shandong	29221.9	31545.3	34012.1	36789.4	39549.4	42329.2	43726.3
河 南	Henan	23672.1	25575.6	27232.9	29557.9	31874.2	34201.0	34750.3
湖 北	Hubei	24852.3	27051.5	29385.8	31889.4	34454.6	37601.4	36705.7
湖 南	Hunan	26570.2	28838.1	31283.9	33947.9	36698.3	39841.9	41697.5
广 东	Guangdong	32148.1	34757.2	37684.3	40975.1	44341.0	48117.6	50257.0
广 西	Guangxi	24669.0	26415.9	28324.4	30502.1	32436.1	34744.9	35859.3
海 南	Hainan	24486.5	26356.4	28453.5	30817.4	33348.7	36016.7	37097.0
重 庆	Chongqing	25147.2	27238.8	29610.0	32193.2	34889.3	37938.6	40006.2
四 川	Sichuan	24234.4	26205.3	28335.3	30726.9	33215.9	36153.7	38253.1
贵 州	Guizhou	22548.2	24579.6	26742.6	29079.8	31591.9	34404.2	36096.2
云 南	Yunnan	24299.0	26373.2	28610.6	30995.9	33487.9	36237.7	37499.5
西 藏	Tibet	22015.8	25456.6	27802.4	30671.1	33797.4	37410.0	41156.4
陕 西	Shaanxi	24365.8	26420.2	28440.1	30810.3	33319.3	36098.2	37868.2
甘 肃	Gansu	21803.9	23767.1	25693.5	27763.4	29957.0	32323.4	33821.8
青 海	Qinghai	22306.6	24542.3	26757.4	29168.9	31514.5	33830.3	35505.8
宁 夏	Ningxia	23284.6	25186.0	27153.0	29472.3	31895.2	34328.5	35719.6
新 疆	Xinjiang	23214.0	26274.7	28463.4	30774.8	32763.5	34663.7	34838.4

6-25 分地区城镇居民人均可支配收入来源（2020年）
Per Capita Disposable Income of Urban Households by Source and Region (2020)

单位：元 (yuan)

地 区	Region	可支配收入 Disposable Income	工资性收入 Income from Wages and Salaries	经营净收入 Net Business Income	财产净收入 Net Income from Properties	转移净收入 Net Income from Transfers
全 国	**National Average**	**43833.8**	**26380.7**	**4710.8**	**4626.5**	**8115.8**
北 京	Beijing	75601.5	44619.0	685.0	13152.4	17145.2
天 津	Tianjin	47658.5	30052.7	2216.1	4824.3	10565.3
河 北	Hebei	37285.7	23602.4	2850.7	3435.2	7397.3
山 西	Shanxi	34792.7	20197.1	2943.2	2384.4	9268.0
内蒙古	Inner Mongolia	41353.1	24888.4	7697.3	2366.4	6401.0
辽 宁	Liaoning	40375.9	22801.1	3666.7	2144.8	11763.3
吉 林	Jilin	33395.7	20990.9	2987.4	1603.0	7814.4
黑龙江	Heilongjiang	31114.7	17543.3	2753.0	1324.0	9494.5
上 海	Shanghai	76437.3	43802.5	2063.5	10884.2	19687.1
江 苏	Jiangsu	53101.7	31167.7	5328.3	6680.4	9925.2
浙 江	Zhejiang	62699.3	35369.6	8672.1	8747.5	9910.1
安 徽	Anhui	39442.1	23635.6	6189.1	3504.5	6112.9
福 建	Fujian	47160.3	29119.1	5992.4	6219.0	5829.8
江 西	Jiangxi	38555.8	24309.5	3089.0	3390.8	7766.5
山 东	Shandong	43726.3	27250.0	6097.2	3793.1	6585.9
河 南	Henan	34750.3	19620.3	5105.3	3077.4	6947.3
湖 北	Hubei	36705.7	20071.4	4728.3	3470.1	8436.0
湖 南	Hunan	41697.5	22457.3	6255.2	4146.0	8839.0
广 东	Guangdong	50257.0	35429.3	5237.3	7425.9	2164.4
广 西	Guangxi	35859.3	20241.2	5375.4	3217.3	7025.5
海 南	Hainan	37097.0	23626.1	3551.4	3513.9	6405.6
重 庆	Chongqing	40006.2	23353.3	4480.0	2860.2	9312.6
四 川	Sichuan	38253.1	21950.7	4333.8	3058.9	8909.7
贵 州	Guizhou	36096.2	20472.1	5808.4	3252.2	6563.5
云 南	Yunnan	37499.5	21594.7	4213.6	4725.1	6966.1
西 藏	Tibet	41156.4	30717.4	1203.6	3330.0	5905.4
陕 西	Shaanxi	37868.2	21850.4	2836.3	2851.0	10330.5
甘 肃	Gansu	33821.8	22903.6	2489.1	2627.4	5801.8
青 海	Qinghai	35505.8	23546.9	2699.4	1667.1	7592.3
宁 夏	Ningxia	35719.6	24272.6	3465.1	1293.2	6688.7
新 疆	Xinjiang	34838.4	22408.3	3161.4	1518.1	7750.5

6-26 分地区城镇居民人均消费支出
Per Capita Consumption Expenditure of Urban Households by Region

单位：元 (yuan)

地 区	Region	2014	2015	2016	2017	2018	2019	2020
全 国	**National Average**	**19968.1**	**21392.4**	**23078.9**	**24445.0**	**26112.3**	**28063.4**	**27007.4**
北 京	Beijing	33717.5	36642.0	38255.5	40346.3	42925.6	46358.2	41726.3
天 津	Tianjin	24289.6	26229.5	28344.6	30283.6	32655.1	34810.7	30894.7
河 北	Hebei	16203.8	17586.6	19105.9	20600.3	22127.4	23483.1	23167.4
山 西	Shanxi	14636.9	15818.6	16992.8	18404.0	19789.8	21159.0	20331.9
内蒙古	Inner Mongolia	20885.2	21876.5	22744.5	23637.8	24437.1	25382.5	23887.7
辽 宁	Liaoning	20519.6	21556.7	24995.9	25379.4	26447.9	27355.0	24849.1
吉 林	Jilin	17156.1	17972.6	19166.4	20051.2	22393.7	23394.3	21623.2
黑龙江	Heilongjiang	16466.6	17152.1	18145.2	19269.8	21035.5	22164.9	20397.3
上 海	Shanghai	35182.4	36946.1	39856.8	42304.3	46015.2	48271.6	44839.3
江 苏	Jiangsu	23476.3	24966.0	26432.9	27726.3	29461.9	31329.1	30882.2
浙 江	Zhejiang	27241.7	28661.3	30067.7	31924.2	34597.9	37507.9	36196.9
安 徽	Anhui	16107.1	17233.5	19606.2	20740.2	21522.7	23781.5	22682.7
福 建	Fujian	22204.1	23520.2	25005.5	25980.5	28145.1	30945.5	30486.5
江 西	Jiangxi	15141.8	16731.8	17695.6	19244.5	20760.0	22714.3	22134.3
山 东	Shandong	18322.6	19853.8	21495.3	23072.1	24798.4	26731.5	27291.1
河 南	Henan	16184.5	17154.3	18087.8	19422.3	20989.2	21971.6	20644.9
湖 北	Hubei	16681.4	18192.3	20040.0	21275.6	23995.9	26421.8	22885.5
湖 南	Hunan	18334.7	19501.4	21420.0	23162.6	25064.2	26924.0	26796.4
广 东	Guangdong	23611.7	25673.1	28613.3	30197.9	30924.3	34424.1	33511.3
广 西	Guangxi	15045.4	16321.2	17268.5	18348.6	20159.4	21590.9	20906.5
海 南	Hainan	17513.8	18448.4	19015.5	20371.9	22971.2	25316.7	23559.9
重 庆	Chongqing	18279.5	19742.3	21030.9	22759.2	24154.2	25785.5	26464.4
四 川	Sichuan	17759.9	19276.8	20659.8	21990.6	23483.9	25367.4	25133.2
贵 州	Guizhou	15254.6	16914.2	19201.7	20347.8	20787.9	21402.4	20587.0
云 南	Yunnan	16268.3	17675.0	18622.4	19559.7	21626.4	23454.9	24569.4
西 藏	Tibet	15669.4	17022.0	19440.5	21087.5	23029.4	25636.7	24927.4
陕 西	Shaanxi	17546.0	18463.9	19368.9	20388.2	21966.4	23514.3	22866.4
甘 肃	Gansu	15942.3	17450.9	19539.2	20659.4	22606.0	24453.9	24614.6
青 海	Qinghai	17492.9	19200.6	20853.2	21473.0	22997.5	23799.2	24315.2
宁 夏	Ningxia	17216.2	18983.9	20364.2	20219.5	21976.7	24161.0	22379.1
新 疆	Xinjiang	17684.5	19414.7	21228.5	22796.9	24191.4	25594.2	22951.8

6-27 分地区城镇居民人均消费支出构成（2020年）
Per Capita Consumption Expenditure of Urban Households by Composition and Region (2020)

单位：元 (yuan)

地区	Region	消费支出 Consumption Expenditure	食品烟酒 Food, Tobacco and Liquor	衣着 Clothing and Footwear	居住 Housing	生活用品及服务 Household Equipments, Furnishings and Services	交通通信 Transport and Communi-cations	教育文化娱乐 Education, Culture and Recreation	医疗保健 Health Care and Medical Services	其他用品及服务 Miscellaneous Goods and Services
全国	**National Average**	**27007.4**	**7880.5**	**1644.8**	**6957.7**	**1640.0**	**3474.3**	**2591.7**	**2172.2**	**646.2**
北京	Beijing	41726.3	8751.4	1924.0	17163.1	2306.7	3925.2	3020.7	3755.0	880.0
天津	Tianjin	30894.7	9122.2	1860.4	7770.0	1804.1	4045.7	2530.6	2811.0	950.7
河北	Hebei	23167.4	6234.6	1667.4	5996.0	1540.6	2798.3	2412.2	1988.8	529.6
山西	Shanxi	20331.9	5304.4	1671.0	4452.3	1149.4	2687.2	2150.2	2421.2	496.3
内蒙古	Inner Mongolia	23887.7	6690.6	2123.5	5149.3	1472.9	3724.4	2099.5	2039.8	587.7
辽宁	Liaoning	24849.1	7334.0	1717.8	5503.6	1372.7	3016.5	2371.4	2595.2	937.9
吉林	Jilin	21623.2	6040.8	1749.7	4597.2	1236.5	2770.2	2187.7	2396.4	644.7
黑龙江	Heilongjiang	20397.3	6029.5	1615.0	4449.4	1142.1	2436.1	1891.1	2350.7	483.6
上海	Shanghai	44839.3	11515.1	1763.5	16465.1	2177.5	4677.1	3962.6	3188.7	1089.9
江苏	Jiangsu	30882.2	8291.7	1768.0	9388.4	1809.0	3994.6	2728.2	2173.7	728.6
浙江	Zhejiang	36196.9	9913.7	2035.5	10664.7	2073.1	4987.6	3449.7	2162.1	910.5
安徽	Anhui	22682.7	7400.8	1548.9	5348.9	1358.6	2674.1	2283.1	1637.6	430.6
福建	Fujian	30486.5	9673.0	1443.5	9355.8	1519.3	3755.2	2300.9	1773.8	665.0
江西	Jiangxi	22134.3	6949.1	1354.5	5315.6	1233.9	2856.8	2262.3	1724.3	437.9
山东	Shandong	27291.1	7318.6	2012.5	5972.9	2148.7	3688.4	3204.5	2298.1	647.4
河南	Henan	20644.9	5584.3	1620.0	4992.8	1413.8	2391.8	2141.9	1899.3	600.9
湖北	Hubei	22885.5	7112.4	1472.3	5774.3	1316.0	2852.5	2040.8	1922.3	394.8
湖南	Hunan	26796.4	7807.1	1778.4	5465.5	1708.7	3722.5	3360.8	2350.5	602.8
广东	Guangdong	33511.3	10794.7	1282.1	9457.9	1895.3	4626.3	2958.7	1748.6	747.7
广西	Guangxi	20906.5	7091.9	874.1	4645.1	1232.9	2601.8	2181.1	1903.4	376.2
海南	Hainan	23559.9	8896.1	896.8	5463.9	1140.0	2677.5	2383.2	1668.3	434.1
重庆	Chongqing	26464.4	8618.8	1918.0	4970.8	1897.3	3290.8	2648.3	2445.3	675.1
四川	Sichuan	25133.2	8741.1	1674.5	4951.4	1599.6	3052.2	2253.0	2193.4	668.1
贵州	Guizhou	20587.0	6568.4	1436.0	3929.1	1319.7	3168.4	2001.3	1706.6	457.5
云南	Yunnan	24569.4	6851.9	1434.4	5310.2	1486.7	4092.4	2531.1	2317.7	544.9
西藏	Tibet	24927.4	8637.7	2303.1	5855.3	1827.7	3621.1	1015.1	1098.9	568.4
陕西	Shaanxi	22866.4	6295.8	1649.8	4887.6	1622.3	2855.2	2387.2	2608.4	560.2
甘肃	Gansu	24614.6	7068.2	1859.4	5786.6	1662.0	3081.4	2426.7	2090.5	639.8
青海	Qinghai	24315.2	6754.1	1770.5	5053.7	1509.6	4076.4	2043.1	2524.6	583.1
宁夏	Ningxia	22379.1	6068.3	1776.3	4319.2	1383.5	3680.3	2250.3	2267.3	634.0
新疆	Xinjiang	22951.8	7194.3	1616.8	4483.1	1500.8	3413.5	1778.2	2349.1	615.9

6-28 分地区城镇居民家庭人均主要食品消费量(2020年)
Per Capita Consumption of Major Foods of Urban Households by Region (2020)

单位：千克 (kg)

地区	Region	粮食(原粮) Grain (Unprocessed)	谷物 Cereals	食用油 Edible Oil and Fats	食用植物油 Edible Vegetable Oil	蔬菜及食用菌 Vegetable and Edible Mushroom	肉类 Meat and Products	猪肉 Pork
全国	**National Average**	**120.2**	**107.3**	**9.9**	**9.5**	**109.8**	**27.4**	**19.0**
北京	Beijing	105.2	93.1	7.3	7.2	124.0	27.7	15.1
天津	Tianjin	101.9	91.4	9.0	8.9	119.6	24.5	14.2
河北	Hebei	157.7	140.9	9.4	9.2	124.1	25.2	15.0
山西	Shanxi	130.9	113.5	8.0	7.9	104.6	17.6	10.9
内蒙古	Inner Mongolia	141.1	125.2	8.0	7.8	109.3	32.9	16.6
辽宁	Liaoning	129.6	112.1	10.0	9.9	125.0	27.4	16.7
吉林	Jilin	129.7	114.4	11.2	11.1	106.5	24.9	15.4
黑龙江	Heilongjiang	134.1	120.1	14.1	14.0	109.4	23.8	14.7
上海	Shanghai	106.4	93.7	8.8	8.5	105.9	28.6	18.4
江苏	Jiangsu	109.9	97.7	9.4	9.1	106.7	27.1	19.4
浙江	Zhejiang	124.2	110.5	10.9	10.5	97.8	27.1	19.8
安徽	Anhui	126.5	110.8	8.5	8.0	107.5	26.8	19.4
福建	Fujian	98.4	89.6	9.0	8.6	85.5	25.6	19.3
江西	Jiangxi	130.9	117.7	15.6	15.2	110.4	33.8	27.3
山东	Shandong	110.2	98.2	7.4	7.3	105.6	20.9	13.5
河南	Henan	136.6	122.4	8.7	8.7	107.8	19.6	12.0
湖北	Hubei	119.3	106.0	12.3	11.8	120.9	29.2	21.9
湖南	Hunan	124.0	113.0	12.0	10.3	110.9	31.2	25.0
广东	Guangdong	108.9	99.6	9.1	8.8	113.7	34.4	25.8
广西	Guangxi	103.3	95.1	8.3	7.9	96.9	27.4	21.7
海南	Hainan	91.5	85.6	8.8	8.4	100.5	23.0	17.4
重庆	Chongqing	122.0	107.3	14.9	13.9	131.3	36.5	29.2
四川	Sichuan	112.8	99.8	11.5	10.7	124.7	37.0	28.9
贵州	Guizhou	108.2	95.2	9.0	7.8	80.5	27.7	23.5
云南	Yunnan	112.1	98.5	7.9	6.7	99.8	26.5	19.6
西藏	Tibet	164.2	157.3	13.7	11.2	104.9	53.5	14.7
陕西	Shaanxi	126.5	110.3	10.3	10.1	101.0	18.1	11.4
甘肃	Gansu	135.0	121.4	9.1	9.0	107.2	21.3	12.6
青海	Qinghai	94.5	88.0	8.8	8.7	66.8	23.2	8.3
宁夏	Ningxia	93.0	84.9	7.6	7.6	96.9	17.3	6.4
新疆	Xinjiang	135.9	129.3	13.1	13.0	119.9	26.1	5.9

6-28 续表 continued

单位：千克 (kg)

地　区	Region	牛肉 Beef	羊肉 Mutton	禽类 Poultry	水产品 Aquatic Products	蛋类 Eggs	奶类 Milk and Dairy Products	干鲜瓜果类 Dried and Fresh Melons and Fruits	食糖 Sugar
全　国	**National Average**	**3.1**	**1.4**	**13.0**	**16.6**	**13.5**	**17.3**	**65.9**	**1.2**
北　京	Beijing	4.1	3.1	8.1	9.7	16.8	32.4	83.5	1.2
天　津	Tianjin	3.3	2.9	7.2	17.3	21.6	18.2	86.4	1.1
河　北	Hebei	2.6	2.3	8.4	9.9	21.2	23.7	91.5	1.2
山　西	Shanxi	1.3	1.8	4.8	4.3	16.9	22.8	76.2	0.9
内蒙古	Inner Mongolia	4.8	7.2	8.2	7.6	15.3	31.4	80.7	1.1
辽　宁	Liaoning	4.0	1.8	8.1	18.6	17.9	23.4	83.0	1.2
吉　林	Jilin	4.2	1.2	7.1	12.3	15.3	15.9	77.4	1.3
黑龙江	Heilongjiang	3.0	1.7	7.5	11.6	17.0	14.4	76.9	1.5
上　海	Shanghai	4.4	1.0	13.6	26.8	13.8	23.8	60.6	1.4
江　苏	Jiangsu	2.6	0.9	13.7	21.4	13.2	17.6	49.0	1.0
浙　江	Zhejiang	3.4	0.6	13.6	28.3	10.9	16.5	62.1	1.5
安　徽	Anhui	3.0	1.1	15.8	16.2	14.2	13.4	61.5	0.9
福　建	Fujian	2.8	0.7	13.3	27.7	10.7	13.9	49.5	1.3
江　西	Jiangxi	3.7	0.5	13.3	17.9	9.7	15.4	55.8	1.0
山　东	Shandong	1.5	1.2	8.5	19.1	20.6	22.5	91.7	0.7
河　南	Henan	2.2	1.7	9.6	6.6	19.9	19.3	72.4	1.1
湖　北	Hubei	3.1	0.8	8.4	19.3	9.9	10.0	49.2	0.8
湖　南	Hunan	3.0	0.7	14.9	17.3	9.6	10.6	67.6	1.1
广　东	Guangdong	3.7	0.7	28.1	30.1	10.2	11.7	53.5	1.5
广　西	Guangxi	3.0	0.7	29.0	16.5	8.2	9.0	50.4	1.3
海　南	Hainan	3.0	1.0	27.6	31.1	6.2	7.0	37.5	0.9
重　庆	Chongqing	2.7	0.6	14.4	14.1	11.7	17.8	53.5	1.9
四　川	Sichuan	2.6	0.5	14.4	11.1	10.0	13.8	57.1	1.4
贵　州	Guizhou	1.8	0.3	8.8	4.4	6.0	9.5	46.0	0.8
云　南	Yunnan	3.0	0.3	10.0	6.5	5.7	10.9	54.6	1.3
西　藏	Tibet	30.7	5.6	3.5	1.4	6.3	19.4	26.4	3.3
陕　西	Shaanxi	2.0	1.5	5.0	4.7	12.2	20.3	67.9	0.9
甘　肃	Gansu	2.7	2.3	6.9	5.0	12.0	27.6	86.1	1.5
青　海	Qinghai	9.7	3.7	4.7	3.1	6.9	22.9	38.7	1.1
宁　夏	Ningxia	4.8	4.6	7.4	4.1	8.9	18.1	81.4	1.2
新　疆	Xinjiang	6.8	10.4	8.4	5.5	11.5	31.2	73.5	1.4

6-29 分地区城镇居民平均每百户年末主要耐用消费品拥有量(2020年)

Main Durable Goods Owned Per 100 Urban Households at Year-end by Region (2020)

地区	Region	家用汽车(辆) Automobile (unit)	摩托车(辆) Motorcycle (unit)	电动助力车(辆) Electric Bicycle (unit)	洗衣机(台) Washing Machine (set)	电冰箱(台) Refrigerator (set)	微波炉(台) Microwave Oven (set)	彩色电视机(台) Color TV Set (set)
全国	**National Average**	**44.9**	**18.2**	**62.0**	**99.7**	**103.1**	**56.5**	**123.0**
北京	Beijing	55.5	2.9	20.3	101.1	103.5	79.2	125.2
天津	Tianjin	57.0	1.7	37.4	99.7	103.7	76.8	109.7
河北	Hebei	53.7	11.2	92.8	101.9	103.0	55.2	112.0
山西	Shanxi	39.2	11.0	55.7	101.5	98.8	42.8	102.3
内蒙古	Inner Mongolia	54.4	11.9	46.4	100.0	107.4	46.3	103.1
辽宁	Liaoning	33.3	5.4	16.5	96.5	101.4	58.9	105.4
吉林	Jilin	36.4	8.4	11.3	98.2	100.5	49.9	101.2
黑龙江	Heilongjiang	26.4	5.5	11.3	97.5	101.1	35.6	100.1
上海	Shanghai	39.9	2.3	65.6	96.9	101.8	87.4	177.7
江苏	Jiangsu	49.6	9.9	127.6	104.3	109.3	89.3	174.5
浙江	Zhejiang	55.6	7.2	83.7	96.5	105.2	60.8	176.2
安徽	Anhui	36.6	13.1	101.7	100.8	103.7	65.7	138.6
福建	Fujian	36.1	35.5	66.7	92.8	102.0	57.3	128.7
江西	Jiangxi	40.9	27.2	79.5	95.8	100.3	51.7	129.4
山东	Shandong	61.2	11.8	98.3	100.9	106.4	54.9	106.4
河南	Henan	40.1	15.6	116.5	101.6	100.2	44.7	116.0
湖北	Hubei	37.9	32.1	44.2	99.3	104.9	47.0	120.9
湖南	Hunan	43.2	37.6	30.9	104.7	106.1	42.1	119.6
广东	Guangdong	48.9	44.9	41.5	94.3	98.5	46.9	108.2
广西	Guangxi	45.4	31.2	104.9	103.2	106.3	70.2	112.8
海南	Hainan	42.8	24.7	104.4	91.6	99.1	30.3	103.5
重庆	Chongqing	36.3	14.1	13.7	99.2	103.5	63.7	129.5
四川	Sichuan	36.6	16.8	34.0	101.6	103.5	50.2	124.5
贵州	Guizhou	45.0	23.6	21.0	103.7	103.7	43.8	107.8
云南	Yunnan	58.8	33.9	46.3	104.4	102.7	62.9	110.0
西藏	Tibet	51.4	10.4	23.1	100.0	105.5	41.5	126.8
陕西	Shaanxi	40.5	18.2	36.3	100.5	98.4	43.5	105.6
甘肃	Gansu	35.5	12.3	26.5	102.4	98.1	54.2	102.1
青海	Qinghai	44.5	11.2	9.8	101.7	104.7	58.5	99.2
宁夏	Ningxia	45.3	12.5	60.2	101.4	100.6	56.9	102.1
新疆	Xinjiang	41.1	7.0	35.4	100.7	109.5	41.1	101.3

6-29 续表 continued

地 区	Region	空 调 (台) Air Conditioner (set)	热水器 (台) Water Heater (set)	排油烟机 (台) Kitchen Ventilator (set)	移动电话 (部) Mobile Phone (set)	计算机 (台) Computer (set)	照相机 (台) Camera (set)
全 国	**National Average**	**149.6**	**100.7**	**82.6**	**248.7**	**72.9**	**19.3**
北 京	Beijing	193.4	100.4	94.3	232.2	96.4	46.8
天 津	Tianjin	165.7	98.9	94.5	236.4	73.1	21.8
河 北	Hebei	134.7	97.2	83.3	239.4	62.5	15.8
山 西	Shanxi	50.6	85.8	82.0	239.4	64.1	15.4
内蒙古	Inner Mongolia	22.2	85.1	83.2	231.6	64.1	18.3
辽 宁	Liaoning	58.4	89.4	88.0	208.1	59.0	22.0
吉 林	Jilin	23.5	83.1	88.9	231.1	64.5	13.9
黑龙江	Heilongjiang	15.0	78.4	88.3	223.9	54.3	11.6
上 海	Shanghai	213.9	99.0	86.9	228.3	112.6	36.6
江 苏	Jiangsu	227.6	112.8	87.3	254.2	78.0	18.6
浙 江	Zhejiang	222.5	109.2	90.4	245.4	86.0	22.9
安 徽	Anhui	188.0	106.6	82.1	252.7	65.7	15.5
福 建	Fujian	194.1	117.2	71.2	258.8	80.3	16.2
江 西	Jiangxi	158.2	103.7	79.2	257.5	68.6	14.4
山 东	Shandong	151.3	102.9	90.9	236.8	79.4	28.0
河 南	Henan	183.7	97.5	77.6	254.1	64.7	12.5
湖 北	Hubei	169.9	104.7	79.7	263.9	74.6	14.9
湖 南	Hunan	182.8	105.9	80.7	274.8	73.5	17.3
广 东	Guangdong	213.9	105.3	75.9	264.6	88.6	21.4
广 西	Guangxi	177.0	109.5	71.4	276.2	79.4	19.2
海 南	Hainan	170.1	99.8	64.3	280.5	65.8	11.9
重 庆	Chongqing	220.7	103.3	79.5	262.5	65.1	17.5
四 川	Sichuan	156.3	101.8	78.8	255.3	61.3	13.7
贵 州	Guizhou	38.4	100.0	62.2	287.7	58.7	9.5
云 南	Yunnan	10.3	103.0	79.4	260.0	67.2	19.3
西 藏	Tibet	12.2	59.5	45.5	217.9	48.2	13.3
陕 西	Shaanxi	123.3	90.9	75.1	240.3	59.5	17.8
甘 肃	Gansu	17.4	90.1	87.8	249.4	65.0	18.2
青 海	Qinghai	1.1	79.9	83.3	239.1	52.6	13.3
宁 夏	Ningxia	22.0	100.7	91.4	256.2	69.6	14.1
新 疆	Xinjiang	31.8	97.9	91.2	234.4	54.7	14.5

6-30 分地区农村居民人均可支配收入
Per Capita Disposable Income of Rural Households by Region

单位：元 (yuan)

地 区	Region	2014	2015	2016	2017	2018	2019	2020
全 国	**National Average**	**10488.9**	**11421.7**	**12363.4**	**13432.4**	**14617.0**	**16020.7**	**17131.5**
北 京	Beijing	18867.3	20568.7	22309.5	24240.5	26490.3	28928.4	30125.7
天 津	Tianjin	17014.2	18481.6	20075.6	21753.7	23065.2	24804.1	25690.6
河 北	Hebei	10186.1	11050.5	11919.4	12880.9	14030.9	15373.1	16467.0
山 西	Shanxi	8809.4	9453.9	10082.5	10787.5	11750.0	12902.4	13878.0
内蒙古	Inner Mongolia	9976.3	10775.9	11609.0	12584.3	13802.6	15282.8	16566.9
辽 宁	Liaoning	11191.5	12056.9	12880.7	13746.8	14656.3	16108.3	17450.3
吉 林	Jilin	10780.1	11326.2	12122.9	12950.4	13748.2	14936.0	16067.0
黑龙江	Heilongjiang	10453.2	11095.2	11831.9	12664.8	13803.7	14982.1	16168.4
上 海	Shanghai	21191.6	23205.2	25520.4	27825.0	30374.7	33195.2	34911.3
江 苏	Jiangsu	14958.4	16256.7	17605.6	19158.0	20845.1	22675.4	24198.5
浙 江	Zhejiang	19373.3	21125.0	22866.1	24955.8	27302.4	29875.8	31930.5
安 徽	Anhui	9916.4	10820.7	11720.5	12758.2	13996.0	15416.0	16620.2
福 建	Fujian	12650.2	13792.7	14999.2	16334.8	17821.2	19568.4	20880.3
江 西	Jiangxi	10116.6	11139.1	12137.7	13241.8	14459.9	15796.3	16980.8
山 东	Shandong	11882.3	12930.4	13954.1	15117.5	16297.0	17775.5	18753.2
河 南	Henan	9966.1	10852.9	11696.7	12719.2	13830.7	15163.7	16107.9
湖 北	Hubei	10849.1	11843.9	12725.0	13812.1	14977.8	16390.9	16305.9
湖 南	Hunan	10060.2	10992.5	11930.4	12935.8	14092.5	15394.8	16584.6
广 东	Guangdong	12245.6	13360.4	14512.2	15779.7	17167.7	18818.4	20143.4
广 西	Guangxi	8683.2	9466.6	10359.5	11325.5	12434.8	13675.7	14814.9
海 南	Hainan	9912.6	10857.6	11842.9	12901.8	13988.9	15113.1	16278.8
重 庆	Chongqing	9489.8	10504.7	11548.8	12637.9	13781.2	15133.3	16361.4
四 川	Sichuan	9347.7	10247.4	11203.1	12226.9	13331.4	14670.1	15929.1
贵 州	Guizhou	6671.2	7386.9	8090.3	8869.1	9716.1	10756.3	11642.3
云 南	Yunnan	7456.1	8242.1	9019.8	9862.2	10767.9	11902.4	12841.9
西 藏	Tibet	7359.2	8243.7	9093.8	10330.2	11449.8	12951.0	14598.4
陕 西	Shaanxi	7932.2	8688.9	9396.4	10264.5	11212.8	12325.7	13316.5
甘 肃	Gansu	6276.6	6936.2	7456.9	8076.1	8804.1	9628.9	10344.3
青 海	Qinghai	7282.7	7933.4	8664.4	9462.3	10393.3	11499.4	12342.5
宁 夏	Ningxia	8410.0	9118.7	9851.6	10737.9	11707.6	12858.4	13889.4
新 疆	Xinjiang	8723.8	9425.1	10183.2	11045.3	11974.5	13121.7	14056.1

6-31 分地区农村居民人均可支配收入来源（2020年）
Per Capita Disposable Income of Rural Households by Source and Region (2020)

单位：元 (yuan)

地区	Region	可支配收入 Disposable Income	工资性收入 Income from Wages and Salaries	经营净收入 Net Business Income	财产净收入 Net Income from Properties	转移净收入 Net Income from Transfers
全国	**National Average**	**17131.5**	**6973.9**	**6077.4**	**418.8**	**3661.3**
北京	Beijing	30125.7	21173.8	1612.6	3103.3	4235.9
天津	Tianjin	25690.6	14384.5	5568.4	1450.9	4286.7
河北	Hebei	16467.0	8598.4	5517.2	351.6	1999.8
山西	Shanxi	13878.0	6347.2	3613.6	204.8	3712.4
内蒙古	Inner Mongolia	16566.9	3352.9	8827.7	498.2	3888.1
辽宁	Liaoning	17450.3	6511.3	7874.7	296.9	2767.5
吉林	Jilin	16067.0	4018.8	9141.1	364.5	2542.6
黑龙江	Heilongjiang	16168.4	3152.2	8452.5	847.7	3716.1
上海	Shanghai	34911.3	21067.2	1944.0	1206.9	10693.2
江苏	Jiangsu	24198.5	11789.0	6444.5	895.1	5069.8
浙江	Zhejiang	31930.5	19509.7	7600.6	949.2	3871.0
安徽	Anhui	16620.2	5838.6	6222.6	334.3	4224.7
福建	Fujian	20880.3	9411.0	7509.8	392.9	3566.6
江西	Jiangxi	16980.8	7301.2	5866.0	279.1	3534.6
山东	Shandong	18753.2	7590.9	8094.8	485.2	2582.3
河南	Henan	16107.9	6153.4	5174.9	237.7	4541.9
湖北	Hubei	16305.9	5271.6	6745.4	214.4	4074.5
湖南	Hunan	16584.6	6569.6	5804.0	231.7	3979.3
广东	Guangdong	20143.4	10613.5	4584.9	616.1	4328.9
广西	Guangxi	14814.9	4638.2	5867.7	352.2	3956.8
海南	Hainan	16278.8	6752.8	6124.4	306.8	3094.9
重庆	Chongqing	16361.4	5740.5	5565.7	406.1	4649.1
四川	Sichuan	15929.1	4977.8	6152.0	510.2	4289.1
贵州	Guizhou	11642.3	4822.4	3444.6	188.5	3186.9
云南	Yunnan	12841.9	3975.0	6522.6	197.6	2146.8
西藏	Tibet	14598.4	4778.3	6912.1	609.9	2298.1
陕西	Shaanxi	13316.5	5387.8	4150.0	228.6	3550.0
甘肃	Gansu	10344.3	2985.9	4650.5	135.3	2572.6
青海	Qinghai	12342.5	4005.7	4884.9	414.2	3037.7
宁夏	Ningxia	13889.4	5150.0	5549.4	393.5	2796.5
新疆	Xinjiang	14056.1	4024.0	6371.7	299.5	3360.9

6-32 分地区农村居民人均消费支出
Per Capita Consumption Expenditure of Rural Households by Region

单位：元 (yuan)

地 区	Region	2014	2015	2016	2017	2018	2019	2020
全 国	**National Average**	**8382.6**	**9222.6**	**10129.8**	**10954.5**	**12124.3**	**13327.7**	**13713.4**
北 京	Beijing	14535.1	15811.2	17329.0	18810.5	20195.3	21881.0	20912.7
天 津	Tianjin	13738.6	14739.4	15912.1	16385.9	16863.3	17843.3	16844.1
河 北	Hebei	8248.0	9022.8	9798.3	10535.9	11382.8	12372.0	12644.2
山 西	Shanxi	6991.7	7421.2	8028.8	8424.0	9172.2	9728.4	10290.1
内蒙古	Inner Mongolia	9972.2	10637.4	11462.6	12184.4	12661.5	13816.0	13593.7
辽 宁	Liaoning	7800.7	8872.8	9953.1	10787.3	11455.0	12030.2	12311.2
吉 林	Jilin	8139.8	8783.3	9521.4	10279.4	10826.2	11456.6	11863.6
黑龙江	Heilongjiang	7830.0	8391.5	9423.8	10523.9	11416.8	12494.9	12360.0
上 海	Shanghai	14820.1	16152.3	17070.8	18089.8	19964.7	22448.9	22095.5
江 苏	Jiangsu	11820.3	12882.5	14428.2	15611.5	16567.0	17715.9	17021.7
浙 江	Zhejiang	14497.8	16107.7	17358.9	18093.4	19706.8	21351.7	21555.4
安 徽	Anhui	7980.8	8975.2	10287.3	11106.1	12748.1	14545.8	15023.5
福 建	Fujian	11055.9	11960.8	12910.8	14003.4	14942.8	16281.4	16338.9
江 西	Jiangxi	7548.3	8485.6	9128.3	9870.4	10885.2	12496.7	13579.4
山 东	Shandong	7962.2	8747.6	9518.9	10342.1	11270.1	12308.9	12660.4
河 南	Henan	7277.2	7887.4	8586.6	9211.5	10392.0	11546.0	12201.1
湖 北	Hubei	8680.9	9803.1	10938.3	11632.5	13946.3	15328.0	14472.5
湖 南	Hunan	9024.8	9690.6	10629.9	11533.6	12720.5	13968.8	14974.0
广 东	Guangdong	10043.2	11103.0	12414.8	13199.6	15411.3	16949.4	17132.3
广 西	Guangxi	6675.1	7582.0	8351.2	9436.6	10617.0	12045.0	12431.1
海 南	Hainan	7029.0	8210.3	8921.2	9599.4	10955.8	12417.5	13169.3
重 庆	Chongqing	7982.6	8937.7	9954.4	10936.1	11976.8	13112.1	14139.5
四 川	Sichuan	8301.1	9250.6	10191.6	11396.7	12723.2	14055.6	14952.6
贵 州	Guizhou	5970.3	6644.9	7533.3	8299.0	9170.2	10221.7	10817.6
云 南	Yunnan	6030.3	6830.1	7330.5	8027.3	9122.9	10260.2	11069.5
西 藏	Tibet	4822.1	5579.7	6070.3	6691.5	7452.1	8417.9	8917.1
陕 西	Shaanxi	7252.4	7900.7	8567.7	9305.6	10070.8	10934.7	11375.7
甘 肃	Gansu	6147.8	6829.8	7487.0	8029.7	9064.6	9694.0	9922.9
青 海	Qinghai	8235.1	8566.5	9222.2	9902.7	10352.4	11343.1	12134.2
宁 夏	Ningxia	7676.5	8414.9	9138.4	9982.1	10789.6	11464.6	11724.3
新 疆	Xinjiang	7365.3	7697.9	8277.0	8712.6	9421.3	10318.4	10778.2

6-33 分地区农村居民人均消费支出构成（2020年）
Per Capita Consumption Expenditure of Rural Households by Composition and Region (2020)

单位：元 (yuan)

地 区	Region	消费支出 Consumption Expenditure	食品烟酒 Food, Tobacco and Liquor	衣着 Clothing and Footwear	居住 Housing	生活用品及服务 Household Equipments, Furnishings and Services	交通通信 Transport and Communi-cations	教育文化娱乐 Education, Culture and Recreation	医疗保健 Health Care and Medical Services	其他用品及服务 Miscellaneous Goods and Services
全 国	**National Average**	**13713.4**	**4479.4**	**712.8**	**2962.4**	**767.5**	**1840.6**	**1308.7**	**1417.5**	**224.4**
北 京	Beijing	20912.7	5968.1	1035.6	6453.1	1120.6	2924.4	1142.7	1972.8	295.4
天 津	Tianjin	16844.1	5621.7	1002.2	3527.9	1026.1	2504.3	931.6	1858.2	372.1
河 北	Hebei	12644.2	3686.8	810.6	2711.1	782.9	1892.8	1154.6	1380.1	225.3
山 西	Shanxi	10290.1	3247.6	720.9	2286.6	526.0	1145.0	967.4	1182.8	213.8
内蒙古	Inner Mongolia	13593.7	4164.3	727.1	2632.6	583.5	2152.1	1436.5	1667.0	230.8
辽 宁	Liaoning	12311.2	3660.3	698.6	2412.5	529.6	1946.4	1109.1	1718.7	236.1
吉 林	Jilin	11863.6	3730.5	716.4	1992.7	488.9	1899.2	1177.4	1568.5	289.8
黑龙江	Heilongjiang	12360.0	4243.7	858.6	2046.8	548.6	1680.9	1197.7	1562.9	220.8
上 海	Shanghai	22095.5	8647.8	1077.5	4439.3	1325.2	3495.5	1003.1	1655.3	451.8
江 苏	Jiangsu	17021.7	5216.3	823.0	3785.6	957.7	2786.9	1448.4	1712.2	291.6
浙 江	Zhejiang	21555.4	6952.1	1043.1	5719.9	1225.5	2937.5	1776.3	1546.2	354.9
安 徽	Anhui	15023.5	5145.8	867.5	3390.5	855.0	1663.7	1422.0	1457.4	221.7
福 建	Fujian	16338.9	6273.9	754.5	3943.0	874.0	1688.3	1232.0	1270.9	302.1
江 西	Jiangxi	13579.4	4557.1	602.6	3553.8	686.6	1402.6	1477.6	1136.7	162.4
山 东	Shandong	12660.4	3721.9	689.0	2434.7	817.9	2112.0	1290.8	1413.4	180.7
河 南	Henan	12201.1	3396.7	873.1	2770.1	783.2	1501.8	1285.6	1379.1	211.4
湖 北	Hubei	14472.5	4304.5	780.4	3197.6	790.9	2175.3	1382.3	1558.5	283.0
湖 南	Hunan	14974.0	4635.9	674.4	3367.0	853.0	1730.5	1783.8	1706.6	222.6
广 东	Guangdong	17132.3	6991.8	506.9	3829.2	803.2	1958.1	1275.5	1517.9	249.8
广 西	Guangxi	12431.1	4296.9	354.2	2659.2	667.0	1681.8	1408.2	1227.8	136.1
海 南	Hainan	13169.3	5766.2	362.1	2529.2	573.8	1412.4	1244.9	1077.3	203.5
重 庆	Chongqing	14139.5	5183.1	736.3	2630.9	919.1	1591.5	1290.3	1560.1	228.3
四 川	Sichuan	14952.6	5478.1	753.3	2866.4	905.4	1935.0	1106.5	1650.3	257.6
贵 州	Guizhou	10817.6	3214.3	595.7	2337.3	603.9	1543.2	1377.8	959.4	185.9
云 南	Yunnan	11069.5	3797.1	451.7	2115.4	569.9	1691.7	1324.2	980.6	138.8
西 藏	Tibet	8917.1	3369.0	708.0	1908.6	474.6	1386.2	380.1	402.5	288.2
陕 西	Shaanxi	11375.7	3182.6	609.6	2715.4	688.1	1460.9	1057.4	1490.7	170.9
甘 肃	Gansu	9922.9	3065.4	608.1	1905.8	588.8	1234.4	1211.4	1140.4	168.6
青 海	Qinghai	12134.2	3664.7	823.0	2154.9	628.5	2146.7	989.2	1416.0	311.2
宁 夏	Ningxia	11724.3	3331.1	656.0	2197.5	626.4	2022.4	1179.6	1478.0	233.3
新 疆	Xinjiang	10778.2	3473.3	713.3	2255.4	612.6	1344.2	1230.4	955.0	193.9

6-34 分地区农村居民家庭人均主要食品消费量(2020年)
Per Capita Consumption of Major Foods of Rural Households by Region (2020)

单位：千克 (kg)

地 区	Region	粮食 (原粮) Grain (Unprocessed)	谷物 Cereals	食用油 Edible Oil and Fats	食用植物油 Edible Vegetable Oil	蔬菜及食用菌 Vegetable and Edible Mushroom	肉类 Meat and Products	猪肉 Pork
全 国	**National Average**	**168.4**	**155.0**	**11.0**	**10.2**	**95.8**	**21.4**	**17.1**
北 京	Beijing	120.1	106.9	8.9	8.7	114.1	25.1	16.5
天 津	Tianjin	155.0	141.8	12.8	12.7	105.5	20.5	13.7
河 北	Hebei	166.1	151.3	8.1	7.9	91.8	15.8	10.8
山 西	Shanxi	192.8	170.1	9.4	9.3	92.3	11.3	8.4
内蒙古	Inner Mongolia	221.6	202.2	7.2	6.7	88.2	30.5	20.8
辽 宁	Liaoning	178.5	162.2	11.3	11.1	101.5	20.5	16.1
吉 林	Jilin	192.7	173.8	11.2	11.0	104.5	15.1	12.7
黑龙江	Heilongjiang	213.6	192.6	19.1	19.0	106.1	20.0	15.3
上 海	Shanghai	154.9	142.3	12.7	12.4	99.8	32.9	24.7
江 苏	Jiangsu	146.1	129.8	11.8	11.5	100.1	20.7	15.5
浙 江	Zhejiang	163.5	147.9	12.7	12.0	95.1	24.8	20.2
安 徽	Anhui	170.4	154.3	9.5	8.6	102.0	21.4	16.8
福 建	Fujian	167.1	156.2	10.6	9.4	96.3	22.8	19.3
江 西	Jiangxi	178.2	166.3	15.7	15.2	100.3	25.4	22.3
山 东	Shandong	142.0	131.1	8.2	8.2	83.3	15.6	10.9
河 南	Henan	163.4	150.4	9.1	9.0	82.0	12.7	8.8
湖 北	Hubei	150.7	136.3	14.6	14.2	134.5	19.9	16.1
湖 南	Hunan	191.6	181.5	13.0	10.9	97.8	23.0	20.2
广 东	Guangdong	172.0	160.9	11.8	11.1	111.5	31.9	26.3
广 西	Guangxi	175.1	167.7	9.7	8.4	83.5	21.8	19.8
海 南	Hainan	128.3	123.5	10.2	9.1	98.1	18.9	16.0
重 庆	Chongqing	192.9	174.7	15.9	12.7	128.8	33.5	30.9
四 川	Sichuan	177.7	164.2	11.9	10.4	115.1	30.4	27.2
贵 州	Guizhou	127.1	114.7	7.5	5.9	78.5	22.6	21.5
云 南	Yunnan	159.0	146.9	7.1	5.1	82.8	30.4	28.5
西 藏	Tibet	204.5	201.8	15.9	10.2	37.5	21.9	3.8
陕 西	Shaanxi	159.8	145.2	12.8	12.5	77.8	12.1	9.5
甘 肃	Gansu	176.7	162.0	10.0	9.9	64.1	14.8	11.4
青 海	Qinghai	130.2	124.2	8.9	8.1	49.9	24.5	7.9
宁 夏	Ningxia	142.5	135.2	9.5	9.4	79.2	15.1	5.1
新 疆	Xinjiang	173.9	171.9	14.2	14.1	94.1	21.7	1.1

6-34 续表 continued

单位：千克 (kg)

地 区	Region	牛肉 Beef	羊肉 Mutton	禽类 Poultry	水产品 Aquatic Products	蛋类 Eggs	奶类 Milk and Dairy Products	干鲜瓜果类 Dried and Fresh Melons and Fruits	食糖 Sugar
全 国	**National Average**	**1.3**	**1.0**	**12.4**	**10.3**	**11.8**	**7.4**	**43.8**	**1.4**
北 京	Beijing	2.1	3.0	6.8	8.4	17.6	15.1	71.7	1.4
天 津	Tianjin	0.9	1.8	6.3	14.7	20.9	10.4	83.3	1.6
河 北	Hebei	0.7	0.8	5.9	5.2	16.1	8.9	66.1	1.4
山 西	Shanxi	0.2	0.7	3.2	1.7	15.5	12.0	47.3	1.4
内蒙古	Inner Mongolia	2.5	5.1	7.8	4.7	12.8	14.7	47.1	1.7
辽 宁	Liaoning	1.3	0.6	4.9	8.2	14.1	6.1	42.6	1.2
吉 林	Jilin	0.9	0.2	7.0	7.6	12.2	6.1	47.1	1.6
黑龙江	Heilongjiang	1.3	0.8	9.3	8.5	15.6	5.3	60.6	2.2
上 海	Shanghai	2.7	0.8	17.9	29.8	14.4	16.8	57.0	1.7
江 苏	Jiangsu	1.4	0.6	12.2	15.8	13.1	11.0	34.8	1.3
浙 江	Zhejiang	2.0	0.5	11.8	21.2	9.8	11.3	43.8	1.9
安 徽	Anhui	1.6	0.7	15.5	13.1	14.2	9.1	50.2	1.0
福 建	Fujian	1.0	0.5	19.5	24.2	10.7	8.3	37.6	2.1
江 西	Jiangxi	1.6	0.2	12.4	13.3	9.3	6.8	37.2	1.1
山 东	Shandong	0.5	0.8	7.9	11.2	19.5	11.1	67.3	0.7
河 南	Henan	0.8	0.6	7.8	4.0	18.0	8.4	54.2	1.3
湖 北	Hubei	1.6	0.5	6.8	16.5	9.5	4.8	33.7	0.9
湖 南	Hunan	1.4	0.4	16.8	11.8	11.1	4.1	46.0	1.2
广 东	Guangdong	2.1	0.4	38.0	29.9	9.1	4.7	33.8	1.9
广 西	Guangxi	0.9	0.3	32.2	10.9	7.1	2.6	29.6	1.1
海 南	Hainan	1.6	0.5	34.0	30.3	4.9	2.3	20.9	1.0
重 庆	Chongqing	0.7	0.4	12.3	10.0	12.0	8.0	35.3	3.8
四 川	Sichuan	1.3	0.3	14.7	7.5	9.9	6.6	35.5	1.9
贵 州	Guizhou	0.4	0.1	5.1	2.0	3.9	2.0	25.6	0.8
云 南	Yunnan	0.8	0.4	9.3	3.6	5.2	2.8	26.2	1.4
西 藏	Tibet	12.5	5.5	0.4	0.0	1.0	4.5	5.5	4.3
陕 西	Shaanxi	0.4	1.1	2.9	1.2	8.2	8.6	30.9	1.1
甘 肃	Gansu	0.9	1.5	5.8	1.1	7.3	6.9	40.3	1.9
青 海	Qinghai	10.3	5.8	2.7	0.8	3.5	10.5	19.3	2.0
宁 夏	Ningxia	5.1	4.3	9.7	1.5	5.5	7.9	63.8	1.8
新 疆	Xinjiang	4.0	14.8	5.5	0.9	5.9	7.6	45.3	1.3

6-35 分地区农村居民平均每百户年末主要耐用消费品拥有量(2020年)
Main Durable Goods Owned Per 100 Rural Households at Year-end by Region (2020)

地 区	Region	家用汽车 (辆) Automobile (unit)	摩托车 (辆) Motorcycle (unit)	电动助力车 (辆) Electric Bicycle (unit)	洗衣机 (台) Washing Machine (set)	电冰箱 (台) Refrigerator (set)	微波炉 (台) Microwave Oven (set)	彩色电视机 (台) Color TV Set (set)
全 国	**National Average**	**26.4**	**53.6**	**73.1**	**92.6**	**100.1**	**19.7**	**117.8**
北 京	Beijing	51.8	7.7	81.8	103.0	113.4	66.4	136.5
天 津	Tianjin	46.3	14.9	122.7	102.0	106.1	32.5	120.0
河 北	Hebei	40.8	43.0	118.9	105.9	103.7	17.5	112.8
山 西	Shanxi	16.3	38.6	59.0	87.1	78.3	6.3	103.7
内蒙古	Inner Mongolia	30.1	51.7	62.9	95.0	106.0	7.0	106.7
辽 宁	Liaoning	21.7	54.5	53.8	90.7	100.5	12.5	108.3
吉 林	Jilin	26.8	52.3	26.8	92.4	97.5	8.6	104.9
黑龙江	Heilongjiang	21.6	39.9	29.8	93.8	99.7	5.8	103.1
上 海	Shanghai	35.3	5.6	132.4	84.8	102.5	74.2	160.9
江 苏	Jiangsu	24.7	23.6	148.6	99.5	111.3	69.2	152.8
浙 江	Zhejiang	33.0	20.3	103.0	87.8	109.2	37.4	175.9
安 徽	Anhui	26.1	28.1	120.2	90.7	104.4	27.2	134.8
福 建	Fujian	18.5	75.2	53.1	89.7	104.6	36.8	134.4
江 西	Jiangxi	22.5	62.9	73.9	68.0	97.9	15.2	125.5
山 东	Shandong	40.0	38.4	126.8	96.7	101.0	17.7	107.6
河 南	Henan	26.6	38.6	124.1	99.1	97.1	14.4	115.0
湖 北	Hubei	24.7	82.7	43.6	86.9	106.7	13.1	121.9
湖 南	Hunan	21.0	77.4	22.3	90.6	104.6	9.9	115.9
广 东	Guangdong	27.7	115.5	42.4	90.3	97.5	29.5	115.9
广 西	Guangxi	20.0	89.4	69.5	84.8	101.4	32.4	107.3
海 南	Hainan	10.5	79.9	96.2	52.1	85.2	8.9	102.7
重 庆	Chongqing	17.7	35.8	20.3	90.4	104.7	17.6	117.0
四 川	Sichuan	22.3	46.8	36.7	96.0	102.5	12.2	116.4
贵 州	Guizhou	23.4	52.8	20.5	98.0	93.6	6.5	102.0
云 南	Yunnan	29.9	80.0	22.7	88.9	88.9	14.7	102.5
西 藏	Tibet	35.2	90.3	23.4	78.2	82.4	4.4	113.3
陕 西	Shaanxi	20.3	53.0	53.1	92.8	87.2	8.1	106.1
甘 肃	Gansu	21.3	56.4	44.9	96.5	84.5	7.0	109.5
青 海	Qinghai	50.7	68.2	21.3	99.7	107.7	19.4	103.0
宁 夏	Ningxia	33.5	55.1	77.6	105.8	102.1	16.7	111.0
新 疆	Xinjiang	22.7	43.5	110.4	101.9	112.1	7.2	105.2

6-35 续表 continued

地 区	Region	空 调 (台) Air Conditioner (set)	热水器 (台) Water Heater (set)	排油烟机 (台) Kitchen Ventilator (set)	移动电话 (部) Mobile Phone (set)	计算机 (台) Computer (set)	照相机 (台) Camera (set)
全 国	**National Average**	**73.8**	**76.2**	**30.9**	**260.9**	**28.3**	**2.2**
北 京	Beijing	186.3	110.3	86.0	251.1	66.6	12.1
天 津	Tianjin	132.9	95.5	67.0	232.6	35.9	2.3
河 北	Hebei	88.7	71.0	34.1	250.9	36.1	2.5
山 西	Shanxi	20.6	29.3	17.4	211.9	25.5	1.1
内蒙古	Inner Mongolia	3.5	29.6	20.2	236.3	21.8	1.5
辽 宁	Liaoning	14.1	31.5	25.9	219.6	26.3	2.1
吉 林	Jilin	1.6	14.1	14.4	245.7	27.4	1.2
黑龙江	Heilongjiang	1.0	11.4	11.7	236.8	22.0	1.0
上 海	Shanghai	151.5	91.6	53.1	207.0	40.6	7.3
江 苏	Jiangsu	151.2	97.5	44.1	248.6	33.2	3.1
浙 江	Zhejiang	149.0	99.1	69.5	253.1	48.2	4.9
安 徽	Anhui	122.8	95.2	37.0	272.7	26.5	2.4
福 建	Fujian	95.2	106.6	50.0	253.6	35.9	3.1
江 西	Jiangxi	72.2	88.0	36.0	269.2	27.6	2.2
山 东	Shandong	95.0	90.1	45.1	231.0	42.0	3.2
河 南	Henan	107.5	77.6	24.1	271.0	31.7	1.6
湖 北	Hubei	93.8	91.4	34.4	274.9	34.3	2.6
湖 南	Hunan	72.4	81.9	32.3	288.4	27.7	1.9
广 东	Guangdong	132.7	101.7	53.6	277.8	39.7	3.6
广 西	Guangxi	55.5	88.1	17.4	283.4	20.8	0.7
海 南	Hainan	78.7	77.8	12.3	283.8	12.7	0.6
重 庆	Chongqing	78.2	82.9	22.6	268.3	21.8	2.2
四 川	Sichuan	64.2	83.1	19.4	259.2	18.5	2.5
贵 州	Guizhou	5.7	67.9	11.2	299.8	13.4	0.7
云 南	Yunnan	1.3	84.4	14.3	290.0	10.8	1.1
西 藏	Tibet	0.7	11.9	1.2	262.8	5.3	1.1
陕 西	Shaanxi	49.2	56.8	14.8	259.9	16.7	0.9
甘 肃	Gansu	1.9	37.6	12.1	302.3	20.0	1.2
青 海	Qinghai	0.9	42.6	25.6	291.9	16.9	2.1
宁 夏	Ningxia	2.0	104.0	33.0	292.9	27.7	1.2
新 疆	Xinjiang	4.5	82.1	31.5	236.5	12.2	1.1

6-36 农村贫困状况
Poverty Conditions in Rural Areas

年份 Year	1978年标准 1978 Standard		2008年标准 2008 Standard		2010年标准 2010 Standard	
	贫困人口(万人) Poverty Population (10 000 persons)	贫困发生率(%) Poverty Headcount Ratio (%)	贫困人口(万人) Poverty Population (10 000 persons)	贫困发生率(%) Poverty Headcount Ratio (%)	贫困人口(万人) Poverty Population (10 000 persons)	贫困发生率(%) Poverty Headcount Ratio (%)
1978	25000	30.7			77039	97.5
1980	22000	26.8			76542	96.2
1981	15200	18.5				
1982	14500	17.5				
1983	13500	16.2				
1984	12800	15.1				
1985	12500	14.8			66101	78.3
1986	13100	15.5				
1987	12200	14.3				
1988	9600	11.1				
1989	10200	11.6				
1990	8500	9.4			65849	73.5
1991	9400	10.4				
1992	8000	8.8				
1994	7000	7.7				
1995	6540	7.1			55463	60.5
1997	4962	5.4				
1998	4210	4.6				
1999	3412	3.7				
2000	3209	3.5	9422	10.2	46224	49.8
2001	2927	3.2	9029	9.8		
2002	2820	3.0	8645	9.2		
2003	2900	3.1	8517	9.1		
2004	2610	2.8	7587	8.1		
2005	2365	2.5	6432	6.8	28662	30.2
2006	2148	2.3	5698	6.0		
2007	1479	1.6	4320	4.6		
2008			4007	4.2		
2009			3597	3.8		
2010			2688	2.8	16567	17.2
2011					12238	12.7
2012					9899	10.2
2013					8249	8.5
2014					7017	7.2
2015					5575	5.7
2016					4335	4.5
2017					3046	3.1
2018					1660	1.7
2019					551	0.6
2020					全部脱贫	全部脱贫

注：1. 1978年标准：1978—1999年称为农村贫困标准，2000—2007年称为农村绝对贫困标准。
2. 2008年标准：2000—2007年称为农村低收入标准，2008—2010年称为农村贫困标准。
3. 2010年标准：即现行农村贫困标准。现行农村贫困标准为每人每年生活水平2300元(2010年不变价)。
4. 2020年，我国现行农村贫困标准下的农村贫困人口全部脱贫。

a) 1978 Standard: It was referred to as the rural poverty line from 1978 to 1999, and as the rural absolute poverty line from 2000 to 2007.
b) 2008 Standard: It was referred to as the rural low-income line from 2000 to 2007, and as the rural poverty line from 2008 to 2010.
c) 2010 Standard: It was the current rural poverty line which is annual per capita consumption expenditure of 2300 yuan (at 2010 constant prices).
d) China has eliminated absolute poverty by 2020.

6-37 建档立卡户“两不愁三保障”和饮水安全有保障实现情况（国家脱贫攻坚普查主要结果）

Realization of Registered Poverty-Stricken Households' "Two Assurances and Three Guarantees" and Drinking Water Safety (Main Results of National Poverty Relief Census)

单位：% (%)

指标 Item	国家贫困县 State Poverty Counties	非国家贫困县 Non-state Poverty Counties
不愁吃（平时能吃得饱且能适当吃好） Assurance of adequate food (able to have enough food and eat properly)	**全面实现** **Fully Realized**	**全面实现** **Fully Realized**
#随时能吃肉蛋奶或豆制品的户数比重 Proportion of households that can eat meat, eggs, milk or bean products at any time	98.94	99.03
不愁穿（一年四季都有应季的换洗衣物和御寒被褥） Assurance of adequate clothing (seasonal laundry and cold-proof bedding are available all year round)	**全面实现** **Fully Realized**	**全面实现** **Fully Realized**
义务教育有保障 Guarantee of access to compulsory education	**全面实现** **Fully Realized**	**全面实现** **Fully Realized**
义务教育阶段适龄少年儿童中在校的人数比重 Proportion of school-age children receiving compulsory education in school	98.83	99.06
义务教育阶段适龄少年儿童中送教上门的人数比重 Proportion of school-age children receiving compulsory education in “home delivery” teaching programs	0.26	0.57
义务教育阶段适龄少年儿童中因身体原因不具备学习条件、休学、延缓入学、已初中毕业等不在校的人数比重 Proportion of school-age children out of school due to physical conditions, being suspended, enrolment being postponed or having graduated from junior middle school	0.91	0.37
基本医疗有保障 Guarantee of access to basic medical services	**全面实现** **Fully Realized**	**全面实现** **Fully Realized**
建档立卡人口中参加城乡居民基本医疗保险的人数比重 Proportion of people enrolling in the basic medical insurance system for urban and rural residents among the registered poverty-stricken population	99.85	99.74
建档立卡人口中参加职工基本医疗保险的人数比重 Proportion of people enrolling in the basic medical insurance system for employees among the registered poverty-stricken population	0.14	0.24
建档立卡人口中新生儿等正在办理参保手续、处于参军等特殊保障状态或暂时不需要的人数比重 Proportion of people who are currently going through the enrolling procedure (e.g., newborns), are enrolling in other insurance system (e.g., military insurance system) or are temporarily not in need among the registered poverty-stricken population	0.01	0.01
住房安全有保障 Guarantee of access to safe housing	**全面实现** **Fully Realized**	**全面实现** **Fully Realized**
现住房鉴定或评定安全，或有其他安全住房居住的户数比重 Proportion of households with appraisal or assessment of safety for current houses, or living in other safe houses	43.74	58.26
享受危房改造政策的户数比重 Proportion of households obtaining dilapidated houses renovation policy	42.25	34.70
享受易地扶贫搬迁政策的户数比重 Proportion of households obtaining relocation policies for poverty alleviation	14.01	7.04
饮水安全有保障 Guarantee of access to safe drinking water	**全面实现** **Fully Realized**	**全面实现** **Fully Realized**
#供水入户的户数比重 Proportion of households with access to centralized water supply	93.67	84.25
未供水入户但取水方便的户数比重 Proportion of households acquiring water by convenient manual water fetching without access to centralized water supply	6.33	15.75
#全年不缺水的户数比重 Proportion of households without water shortage in the whole year	99.86	99.95
供水有基本保障但有少量天数缺水的户数比重 Proportion of households with basic water supply guarantee but water shortage for a few days	0.14	0.05

注：按照党中央、国务院决策部署，我国于2020年至2021年年初分两批在中西部22省(区、市)开展了国家脱贫攻坚普查。普查对832个国家扶贫开发工作重点县和集中连片特困地区县、享受片区政策的新疆维吾尔自治区阿克苏地区7个市县(统称国家贫困县)，以及在中西部22省(区、市)抽取的100个非国家贫困县，共计939个普查县，19万普查行政村和1563万建档立卡户逐一实地完成数据采集报送。本表数据均为普查登记时的数据，第一批普查登记时间为2020年7月至8月，第二批普查登记时间为2020年12月至2021年1月。由于四舍五入的原因，个别指标的分项之和不等于合计项。

a) According to the decision-making and deployment of the CPC Central Committee and the State Council, China carried out the national poverty relief census in 22 provinces and equivalent administrative units in central and western China in two batches from 2020 to the beginning of 2021. A total of 939 counties including 832 key counties of national poverty alleviation and counties in contiguous areas of extreme poverty, 7 counties obtaining regional policies in Aksu region of Xinjiang Uygur Autonomous Region (collectively referred to as state poverty counties) and 100 non-state poverty counties sampled from 22 provinces and equivalent administrative units in central and western China, 190 thousand administrative villages and 15.63 million registered households completed data collection and submission one by one. The data in this table represents the data at the time of census registration. The time of first batch of census registration is from July to August 2020, and the time of second batch of census registration is from December 2020 to January 2021. Due to rounding, the sum of sub items of indicators is not always equal to the total.

6-38 国家贫困县建档立卡户享受帮扶政策及基础设施和基本公共服务情况（国家脱贫攻坚普查主要结果）

Assistance Policies, Infrastructure and Basic Public Services Obtained by Registered Poverty-Stricken Households in National Poverty Counties (Main Results of National Poverty Relief Census)

指标		Item		数值 Value
建档立卡户享受帮扶政策情况		**Registered households' obtainment of assistance policies**		
享受过产业帮扶政策的户数	(万户)	Number of households that have obtained industrial assistance policies	(10000 households)	1465.8
享受过就业帮扶政策的户数	(万户)	Number of households that have obtained employment assistance policies	(10000 households)	1390.6
享受过健康帮扶政策的户数	(万户)	Number of households that have obtained health assistance policies	(10000 households)	1476.6
享受过教育帮扶政策的户数	(万户)	Number of households that have obtained education assistance policies	(10000 households)	807.1
享受过危房改造政策的户数	(万户)	Number of households that have obtained dilapidated houses renovation policy	(10000 households)	626.2
享受过易地扶贫搬迁政策的户数	(万户)	Number of households that have obtained relocation policies for poverty alleviation	(10000 households)	207.7
享受过残疾人帮扶政策的户数	(万户)	Number of households that have obtained the assistance policy for the disabled	(10000 households)	338.3
享受过生态扶贫政策的户数	(万户)	Number of households that have obtained ecological poverty alleviation policies	(10000 households)	1111.3
享受过资产收益扶贫政策的户数	(万户)	Number of households that have obtained the asset income poverty alleviation policy	(10000 households)	944.5
借过扶贫小额信贷发展产业的户数*	(万户)	Number of households developing new economic activity through poverty alleviation microfinance *	(10000 households)	521.1
纳入最低生活保障范围的人数*	(万人)	Number of eligible people having subsistence allowances *	(10000 persons)	1109.0
生产生活基础设施		**Production and living infrastructure**		
通硬化路的行政村比重	(%)	Proportion of administrative villages with hardened roads	(%)	99.6
通动力电的行政村比重	(%)	Proportion of administrative villages with three-phase power	(%)	99.3
通信信号覆盖的行政村比重	(%)	Proportion of administrative villages covered by communication signals	(%)	99.9
通宽带互联网的行政村比重	(%)	Proportion of administrative villages connected to broadband Internet	(%)	99.6
医疗卫生设施及服务		**Medical and health facilities and services**		
至少有一所县级公立医院(含中医院)的县比重**	(%)	Proportion of counties with at least one county-level public hospital (including traditional Chinese medicine hospital) **	(%)	99.8
符合基本医疗有保障标准无需单独设立县级公立医院的县比重**	(%)	Proportion of counties that meet the guarantee of access to basic medical services standards and do not need to set up separate county-level public hospitals **	(%)	0.2
所在乡镇有卫生院的行政村比重	(%)	Proportion of administrative villages with health centers in the township	(%)	99.8
符合基本医疗有保障标准所在乡镇可不设置卫生院的行政村比重	(%)	Proportion of administrative villages that meet the guarantee of access to basic medical services standards and do not need to set up health centers in towns	(%)	0.2
有卫生室或联合设置卫生室的行政村比重	(%)	Proportion of administrative villages with clinics or joint clinics	(%)	96.3
符合基本医疗有保障标准可不设置卫生室的行政村比重	(%)	Proportion of administrative villages that meet the guarantee of access to basic medical services standards and do not need to set up clinics	(%)	3.7
教育文化设施及服务		**Educational and cultural facilities and services**		
有小学(教学点)的行政村比重	(%)	Proportion of administrative villages with primary schools (extension centers)	(%)	47.7
有小学的乡镇比重**	(%)	Proportion of villages and towns with primary schools **	(%)	98.5
有初中的乡镇比重**	(%)	Proportion of villages and towns with junior middle schools **	(%)	70.3
有初中的县比重**	(%)	Proportion of counties with junior middle schools **	(%)	100.0
有寄宿制学校的乡镇比重	(%)	Proportion of villages and towns with boarding schools	(%)	94.1
有公共图书馆的县比重**	(%)	Proportion of counties with public libraries **	(%)	98.1
有综合文化站的乡镇比重**	(%)	Proportion of villages and towns with comprehensive cultural stations **	(%)	99.4
有图书室或文化站的行政村比重	(%)	Proportion of administrative villages with libraries or cultural stations	(%)	98.9

注：国家脱贫攻坚普查对832个国家扶贫开发工作重点县和集中连片特困地区县、享受片区政策的新疆维吾尔自治区阿克苏地区7个市县(统称国家贫困县)的建档立卡户享受帮扶政策及基础设施和基本公共服务情况进行了调查，涉及17万个行政村、1482万建档立卡户。本表数据标*的为截至2020年9月底的数据，标**的为2019年末数据，其他均为普查登记时的数据，或为建档立卡以来至普查登记时的数据。

a) National Poverty Relief Census surveyed the registered poverty-stricken households in 832 key counties of the national poverty alleviation and counties in contiguous areas of extreme poverty, 7 counties obtaining regional policies in Aksu region of Xinjiang Uygur Autonomous Region (collectively referred to as state poverty counties), and their access to assistance policies, infrastructure and basic public services, involving 170 thousand administrative villages and 14.82 million registered poverty-stricken households. The data marked with * in this table represent the data up to the end of September 2020. The data marked with ** in this table represent the data at the end of 2019. The others represent the data either at the time of census registration or during the period from poverty registration to the time of census registration.

主要统计指标解释

从2012年四季度起，国家统计局对分别进行的城乡住户调查实施了一体化改革，规范了城乡划分范围，统一了城乡居民收入指标名称、分类和统计标准，建立了城乡统一的一体化住户调查，并据此采集全国居民有关数据。1978-2012年的数据，根据国家统计局城镇住户调查和农村住户调查的历史数据，按照住户收支与生活状况调查可比口径推算得到。

一、居民可支配收入

居民可支配收入指居民可用于最终消费支出和储蓄的总和，即居民可用于自由支配的收入。既包括现金收入，也包括实物收入。按照收入的来源，可支配收入包含四项，分别为：工资性收入、经营净收入、财产净收入和转移净收入。

工资性收入 指就业人员通过各种途径得到的全部劳动报酬和各种福利，包括受雇于单位或个人、从事各种自由职业、兼职和零星劳动得到的全部劳动报酬和福利。

经营净收入 指住户或住户成员从事生产经营活动所获得的净收入，是全部经营收入中扣除经营费用、生产性固定资产折旧和生产税之后得到的净收入。计算公式为：

经营净收入=经营收入-经营费用-生产性固定资产折旧-生产税

财产净收入 指住户或住户成员将其所拥有的金融资产、住房等非金融资产和自然资源交由其他机构单位、住户或个人支配而获得的回报并扣除相关的费用之后得到的净收入。财产净收入包括利息净收入、红利收入、储蓄性保险净收益、转让承包土地经营权租金净收入、出租房屋净收入、出租其他资产净收入和自有住房折算净租金等。财产净收入不包括转让资产所有权的溢价所得。

转移净收入 计算公式为：转移净收入=转移性收入-转移性支出

转移性收入 指国家、单位、社会团体对住户的各种经常性转移支付和住户之间的经常性收入转移。包括养老金或退休金、社会救济和补助、政策性生产补贴、政策性生活补贴、经常性捐赠和赔偿、报销医疗费、住户之间的赡养收入，本住户非常住成员寄回带回的收入等。转移性收入不包括住户之间的实物馈赠。

转移性支出 指调查户对国家、单位、住户或个人的经常性或义务性转移支付。包括缴纳的税款、各项社会保障支出、赡养支出、经常性捐赠和赔偿支出以及其他经常转移支出等。

根据住户收支与生活状况调查，分城镇和农村的居民人均可支配收入等数据的覆盖人群主要变化：一是计算城镇居民人均可支配收入时分母包括了在城镇地区常住的农民工，计算农村居民人均可支配收入时分母不包括在城镇地区常住的农民工；二是由本户供养的在外大学生视为常住人口。

二、居民消费支出

居民消费支出是指居民用于满足家庭日常生活消费需要的全部支出，既包括现金消费支出，也包括实物消费支出。消费支出可划分为食品烟酒、衣着、居住、生活用品及服务、交通通信、教育文化娱乐、医疗保健以及其他用品及服务八大类。

食品烟酒 指用于各种食品和烟草、酒类的支出。

衣着 指与居民穿着有关的支出，包括服装、服装材料、鞋类、其他衣类及配件、衣着相关加工服务的支出。

居住 指与居住有关的支出，包括房租、水、电、燃料、物业管理等方面的支出，也包括自有住房折算租金。

生活用品及服务 指家庭及个人的各类生活品及家庭服务。包括家具及室内装饰品、家用器具、家用纺织品、家庭日用杂品、个人用品和家庭服务。

交通通信 指用于交通和通信工具及相关的各种服务费、维修费和车辆保险等支出。

教育文化娱乐 指用于教育、文化和娱乐方面的支出。

医疗保健 指用于医疗和保健的药品、用品和服务的总费用。包括医疗器具及药品，以及医疗服务。

其他用品及服务 指无法直接归入上述各类支出的其他用品与服务支出。

服务性消费 指住户用于各种生活服务的消费支出，包括餐饮服务、衣着鞋类加工服务、居住服务、家庭服务、交通通信服务、教育文化娱乐服务、医疗服务和其他服务等。

Explanatory Notes on Main Statistical Indicators

In the fourth quarter of 2012, the NBS launched its reform on the household survey programme, to develop an integrated survey, instead of two separate urban and rural household surveys. The reform aims at regulating the division of urban and rural areas, integrating the concepts, classifications and standards, implementing the integrated household survey, and collecting household data in the whole country thereafter. Data from 1978 to 2012 are estimated based on the historical data of Urban Household Survey and Rural Household Survey according to the comparable definition and coverage of main income and consumption indicators of Household Survey on Income and Expenditure and Living Conditions.

I. Disposable Income of Residents

Disposable Income of Residents refers to the income of residents for purpose of final expenditure and savings. It includes income both in cash and in kind. By sources of income, disposable income includes four categories: income from wages and salaries, net business income, net income from properties and net income from transfer.

Income from Wages and Salaries refers to remuneration and benefits of all kinds of employed persons, including those employed by other units or individuals, freelance workers, part-time jobs, and sporadic workers.

Net Business Income refers to net income earned by households and their members engaged in production and business activities. It refers to the net income of operating revenue minus operating costs, depreciation of productive fixed assets, and production tax. The formula is:

Net business income = operating revenue-operating costs -depreciation of productive fixed assets-production tax

Net Income from Properties refers to the net income received as returns by households or members through lending of their financial assets, non-financial assets such as housing, to other institutions, households or individuals, minus relevant costs. Net income from properties includes net income of interest, bonus income, net income of saving insurance, net income from transferring management right of contract land, income from lending of housing, income from lending other assets, net converted rents of self-owned housing. Net income from properties do not include premium of transferring ownership of assets.

Net Income from Transfer The formula is:

Net income from transfer = income from transfer - expenditure from transfer

Income from Transfer refers to the regular transfer received from governments, institutions, social organizations to households and between households. It includes old-age and retirement pension, regular donation and compensation, reimbursement of medical fees, supporting income between households, income from non-resident members of households, etc. Income from transfer do not include gifts in kinds between households.

Expenditure from Transfer refers to regular or obligatory transfer paid to government, institutions, households or individuals. It includes tax payment, expenditure on all kinds of social security, supporting expenditure, regular donation, compensation payment and other regular transfer expenditure.

According to Household Survey on Income and Expenditure and Living Conditions, main changes of population coverage of per capita disposable income of urban and rural residents includes: migrant workers residing in urban areas are included in the denominator when calculating per capita disposable income of urban residents, and not included in denominator when calculating per capita disposable income of rural residents; students studying in universities or colleges in other places who are supported by the households are regarded as permanent residents of the households.

II. Consumption Expenditure of Residents

Consumption Expenditure of Residents refers to all expenditure of residents for living expenditure to satisfy family daily living. It includes expenditure in cash and in kind. It includes eight categories: food, tobacco and liquor; clothing and footwear; housing; household equipments, furnishings and services; transport and communications; education, culture and recreation; health care and medical services, and miscellaneous goods and services.

Food, Tobacco and Liquor refers to expenditure for food, tobacco and liquor of all kinds.

Clothing and Footwear refers to expenditure related to clothing, including clothes, clothing materials, footwear, other clothing and accessories, processing services related to clothing.

Housing refers to expenditure related to housing, including rents, water, electricity, fuel, property management, as well as imputed rent on owner-occupied dwellings.

Household Equipments, Furnishings and Services refers to expenditure of households and individuals on equipments, furnishings and articles for living purpose and on household services. It includes furniture and interior decoration, home appliances, home textiles, household miscellaneous daily articles, personal articles, and household services.

Transport and Communications refers to expenditure on transport and communication and related services, maintenance and repairs, and vehicle insurance.

Education, Culture and Recreation refers to expenditure on educational, cultural and recreational activities.

Health Care and Medical Services refers to expenditure on drugs, supplies and services of medical and health care. It includes medical appliances and drugs, and medical services.

Miscellaneous Goods and Services refers to expenditure on all other articles and services that can not classified into the above categories.

Service Consumption refers to consumption expenditure of households for various living services, including catering services, clothing and footwear processing services, housing services, household services, transportation and communication services, education, culture and entertainment services, medical services and other services.

7

财　政

Government Finance

简 要 说 明

本篇反映国家财政收支状况，包括全国一般公共预算收支、全国政府性基金收支和全国国有资本经营收支三个方面。资料来源于财政部，基础资料为国家财政决算有关报表。

一般公共预算是指对以税收为主体的财政收入，安排用于保障和改善民生、推动经济社会发展、维护国家安全、维持国家机构正常运转等方面的收支预算。政府性基金预算是指对依照法律、行政法规的规定在一定期限内向特定对象征收、收取或者以其他方式筹集的资金，专项用于特定公共事业发展的收支预算。国有资本经营预算是指对国有资本收益作出支出安排的收支预算。

财政决算包括财政总决算和部门决算。财政总决算是指各级政府依照法律规定和法定程序编制，经同级人民代表大会常务委员会（乡级为人民代表大会）批准的全面反映各级政府年度预算收支执行结果的综合报表，是政府收支预算执行的最终结果。部门决算是各部门依据国家有关法律法规及其履行职能情况编制，反映部门所有收入和支出情况等的综合性年度报告，由各部门本级决算和所属预算单位决算组成。全国财政决算由中央本级财政决算和地方财政决算组成。省（自治区、直辖市）本级财政决算及其所属市（州）、县（区）财政决算汇总组成省（自治区、直辖市）财政决算；各省（自治区、直辖市）财政决算汇总成地方财政决算。

为保持决算口径一致，财政部每年要制定和颁发各省(自治区、直辖市)财政总决算报表格式和部门决算报表格式。各级财政部门和中央主管部门也要结合本地区、本部门的具体情况下达有关决算表格。决算表数据根据财政总预算会计或单位预算会计账簿填报。

Brief Introduction

The data in this chapter present the government revenue and expenditure situation, including three categories of revenue and expenditures: state general public budget revenue and expenditure, government funds, and operation of state-owned assets. The data are based on final State accounts from the Ministry of Finance.

The State General Public Budget refers to the budget of revenues and expenditures that the revenue mainly in a form of taxes are arranged to assure and improve the people's life, to promote economic and social development and safeguard national security, to maintain the regular operation of the government. The government budget funds refer to the budget revenue and expenditure that the funds are collected, charged or in other form to specific objects in accordance with laws and administrative regulations within a certain period, that are earmarked for the specific public development. The state-owned capital management budget refers to the budget for the expenditure of state-owned capital.

The final financial accounts include the final financial budget and the final accounts of department. Final fiscal accounts refers to the consolidated statements that are budgeted by all levels of government in accordance with the provisions of law and legal procedures, approved by the Standing Committee of the people's Congress (Township People's Congress), reflecting the annual budget execution results at all levels of government, it is the final result of government budget execution. The final accounts of ministries are a comprehensive annual document reflecting the all of the revenue and expenditure of each ministry, budgeted by ministries in accordance with the law and regulations, and composed of the final accounts of each ministry and the budget units under their respective budgets. The national financial accounts are composed of the central financial budget at the corresponding level and the final accounts of the local governments. financial accounts of provinces (autonomous regions and municipalities) level, and subordinate prefectures and counties (cities) aggregated into financial accounts of provinces (autonomous regions and municipalities); financial accounts of provinces (autonomous regions and municipalities) aggregated into local financial accounts.

In order to ensure the consistency in the coverage of the final accounts, the Ministry of Finance works out and issues the forms for the financial final account for the provinces, autonomous regions and municipalities directly under the Central Government and the forms for the final accounts for the departments at the central level. The financial departments at various regions and levels and the Central Government departments would also work out and issue the forms for the final accounts in the light of the specific departmental conditions to the departments or units at the lower level. The data for the final accounts are filled out in accordance with the data in the account books of the total budget or unit budget.

7-1 一般公共预算收支总额及增长速度
General Public Budget Revenue and Expenditure and Their Growth Rates

年 份 Year	一般公共预算收入（亿元） General Public Budget Revenue (100 million yuan)	中央 Central Government	地方 Local Governments	一般公共预算支出（亿元） General Public Budget Expenditure (100 million yuan)	中央 Central Government	地方 Local Governments	增长速度 (%) Growth Rates (%) 一般公共预算收入 General Public Budget Revenue	一般公共预算支出 General Public Budget Expenditure
1978	1132.26	175.77	956.49	1122.09	532.12	589.97	29.5	33.0
1979	1146.38	231.34	915.04	1281.79	655.08	626.71	1.2	14.2
1980	1159.93	284.45	875.48	1228.83	666.81	562.02	1.2	-4.1
1981	1175.79	311.07	864.72	1138.41	625.65	512.76	1.4	-7.5
1982	1212.33	346.84	865.49	1229.98	651.81	578.17	3.1	8.0
1983	1366.95	490.01	876.94	1409.52	759.60	649.92	12.8	14.6
1984	1642.86	665.47	977.39	1701.02	893.33	807.69	20.2	20.7
1985	2004.82	769.63	1235.19	2004.25	795.25	1209.00	22.0	17.8
1986	2122.01	778.42	1343.59	2204.91	836.36	1368.55	5.8	10.0
1987	2199.35	736.29	1463.06	2262.18	845.63	1416.55	3.6	2.6
1988	2357.24	774.76	1582.48	2491.21	845.04	1646.17	7.2	10.1
1989	2664.90	822.52	1842.38	2823.78	888.77	1935.01	13.1	13.3
1990	2937.10	992.42	1944.68	3083.59	1004.47	2079.12	10.2	9.2
1991	3149.48	938.25	2211.23	3386.62	1090.81	2295.81	7.2	9.8
1992	3483.37	979.51	2503.86	3742.20	1170.44	2571.76	10.6	10.5
1993	4348.95	957.51	3391.44	4642.30	1312.06	3330.24	24.8	24.1
1994	5218.10	2906.50	2311.60	5792.62	1754.43	4038.19	20.0	24.8
1995	6242.20	3256.62	2985.58	6823.72	1995.39	4828.33	19.6	17.8
1996	7407.99	3661.07	3746.92	7937.55	2151.27	5786.28	18.7	16.3
1997	8651.14	4226.92	4424.22	9233.56	2532.50	6701.06	16.8	16.3
1998	9875.95	4892.00	4983.95	10798.18	3125.60	7672.58	14.2	16.9
1999	11444.08	5849.21	5594.87	13187.67	4152.33	9035.34	15.9	22.1
2000	13395.23	6989.17	6406.06	15886.50	5519.85	10366.65	17.0	20.5
2001	16386.04	8582.74	7803.30	18902.58	5768.02	13134.56	22.3	19.0
2002	18903.64	10388.64	8515.00	22053.15	6771.70	15281.45	15.4	16.7
2003	21715.25	11865.27	9849.98	24649.95	7420.10	17229.85	14.9	11.8
2004	26396.47	14503.10	11893.37	28486.89	7894.08	20592.81	21.6	15.6
2005	31649.29	16548.53	15100.76	33930.28	8775.97	25154.31	19.9	19.1
2006	38760.20	20456.62	18303.58	40422.73	9991.40	30431.33	22.5	19.1
2007	51321.78	27749.16	23572.62	49781.35	11442.06	38339.29	32.4	23.2
2008	61330.35	32680.56	28649.79	62592.66	13344.17	49248.49	19.5	25.7
2009	68518.30	35915.71	32602.59	76299.93	15255.79	61044.14	11.7	21.9
2010	83101.51	42488.47	40613.04	89874.16	15989.73	73884.43	21.3	17.8
2011	103874.43	51327.32	52547.11	109247.79	16514.11	92733.68	25.0	21.6
2012	117253.52	56175.23	61078.29	125952.97	18764.63	107188.34	12.9	15.3
2013	129209.64	60198.48	69011.16	140212.10	20471.76	119740.34	10.2	11.3
2014	140370.03	64493.45	75876.58	151785.56	22570.07	129215.49	8.6	8.3
2015	152269.23	69267.19	83002.04	175877.77	25542.15	150335.62	5.8	13.2
2016	159604.97	72365.62	87239.35	187755.21	27403.85	160351.36	4.5	6.3
2017	172592.77	81123.36	91469.41	203085.49	29857.15	173228.34	7.4	7.6
2018	183359.84	85456.46	97903.38	220904.13	32707.81	188196.32	6.2	8.7
2019	190390.08	89309.47	101080.61	238858.37	35115.15	203743.22	3.8	8.1
2020	182913.88	82770.72	100143.16	245679.03	35095.57	210583.46	-3.9	2.9

注：1.在一般公共预算收支中，价格补贴1985年以前冲减财政收入，1986年以后列为财政支出。为了可比，本表将1985年以前冲减财政收入的价格补贴改列在财政支出中。

2.一般公共预算收入中不包括国内外债务收入。

3.从2000年起，一般公共预算支出中包括国内外债务付息支出。

a) For the general public budget revenue and expenditure, the government price subsidies were listed as negative revenue items prior to 1985, but they have been listed as expenditure items in government accounts since 1986. For comparison purpose, budgetary price subsidies before 1985 were adjusted and listed as expenditure items.

b) General public budget revenue does not include the receipts of domestic and foreign debts.

c) General public budget expenditure include the interest payment on domestic and foreign debts since 2000.

7-2 中央和地方一般公共预算主要收入项目（2020年）
Main Items of General Public Budget Revenue of the Central and Local Governments (2020)

单位：亿元 (100 million yuan)

项　目	Item	一般公共预算收入 General Public Budget Revenue	中央 Central Government	地方 Local Governments
合计	**Total**	**182913.88**	**82770.72**	**100143.16**
税收收入	**Tax Revenue**	**154312.29**	**79644.23**	**74668.06**
国内增值税	Domestic Value-added Tax	56791.24	28353.14	28438.10
国内消费税	Domestic Consumption Tax	12028.10	12028.10	
进口货物增值税	VAT from Imports	13914.52	13914.52	
进口消费品消费税	Consumption Tax from Imports	620.98	620.98	
出口货物退增值税	VAT Rebate for Exports	-13611.63	-13611.63	
出口消费品退消费税	Consumption Tax Rebate for Exports	-17.35	-17.35	
企业所得税	Corporate Income Tax	36425.81	23257.53	13168.28
个人所得税	Individual Income Tax	11568.26	6940.99	4627.27
资源税	Resource Tax	1754.76	48.23	1706.53
城市维护建设税	City Maintenance and Construction Tax	4607.58	164.48	4443.10
房产税	House Property Tax	2841.76		2841.76
印花税	Stamp Tax	3087.45	1773.65	1313.80
其中：证券交易印花税	Stamp Tax on Security Exchange	1773.65	1773.65	
城镇土地使用税	Urban Land Use Tax	2058.22		2058.22
土地增值税	Land Appreciation Tax	6468.51		6468.51
车船税	Tax on Vehicles and Boat Operation	945.41		945.41
船舶吨税	Tax on Ship Tonnage	53.72	53.72	
车辆购置税	Vehicle Purchase Tax	3530.88	3530.88	
关税	Tariffs	2564.25	2564.25	
耕地占用税	Farm Land Occupation Tax	1257.57		1257.57
契税	Deed Tax	7061.02		7061.02
烟叶税	Tobacco Leaf Tax	108.67		108.67
环境保护税	Environment Protection Tax	207.06		207.06
其他税收收入	Other Tax Revenue	45.50	22.74	22.76
非税收入	**Non-Tax Revenue**	**28601.59**	**3126.49**	**25475.10**
专项收入	Special Program Receipts	7123.36	196.28	6927.08
行政事业性收费收入	Charge of Administrative and Institutional Units	3838.65	419.22	3419.43
罚没收入	Penalty Receipts	3113.87	144.81	2969.06
国有资本经营收入	Operating Income from Government Capital	1938.95	972.89	966.06
国有资源(资产)有偿使用收入	Income from Use of State-owned Resources (Assets)	9934.33	1282.39	8651.94
其他收入	Other Revenue	2652.43	110.90	2541.53

7-3 中央和地方一般公共预算主要支出项目（2020年）
Main Items of General Public Budget Expenditure of the Central and Local Governments (2020)

单位：亿元 (100 million yuan)

项 目	Item	一般公共预算支出 General Public Budget Expenditure	中央 Central Government	地方 Local Governments
合计	**Total**	**245679.03**	**35095.57**	**210583.46**
一般公共服务支出	Expenditure for General Public Services	20061.10	1735.21	18325.89
外交支出	Expenditure for Foreign Affairs	515.44	514.07	1.37
国防支出	Expenditure for National Defense	12918.77	12679.92	238.85
公共安全支出	Expenditure for Public Security	13862.90	1835.91	12026.99
教育支出	Expenditure for Education	36359.94	1673.64	34686.30
科学技术支出	Expenditure for Science and Technology	9018.34	3216.48	5801.86
文化旅游体育与传媒支出	Expenditure for Culture, Tourism, Sport and Media	4245.58	250.24	3995.34
社会保障和就业支出	Expenditure for Social Security and Employment	32568.51	1119.98	31448.53
卫生健康支出	Expenditure for Health Care	19216.19	342.78	18873.41
节能环保支出	Expenditure for Energy Conservation and Environment Protection	6333.40	344.26	5989.14
城乡社区支出	Expenditure for Urban and Rural Community Affairs	19945.91	77.25	19868.66
农林水支出	Expenditure for Agriculture, Forestry and Water Conservancy	23948.46	503.32	23445.14
交通运输支出	Expenditure for Transportation	12197.88	1165.93	11031.95
资源勘探工业信息等支出	Expenditure for Resource Exploration and Industrial Information	6066.88	308.85	5758.03
商业服务业等支出	Expenditure for Commerce and Services	1568.92	47.16	1521.76
金融支出	Expenditure for Financial Affairs	1277.39	639.05	638.34
援助其他地区支出	Expenditure for Assistance to Other Regions	448.59		448.59
自然资源海洋气象等支出	Expenditure for Nature Resources, Ocean and Weather	2333.94	262.18	2071.76
住房保障支出	Expenditure for Housing Security	7106.08	606.58	6499.50
粮油物资储备支出	Expenditure for Reserve of Grain, Oil and Other Materials	2117.30	1224.57	892.73
灾害防治及应急管理支出	Expenditure for Prevention of Disasters and Emergency Management	1940.66	429.82	1510.84
债务付息支出	Expenditure for Interest Payments on Debts	9812.62	5538.95	4273.67
债务发行费用支出	Expenditure for Issuing Debts	77.05	52.21	24.84
其他支出	Other Expenditure	1737.18	527.21	1209.97

7-4 各项税收
Taxes

单位：亿元 (100 million yuan)

年　份 Year	合　计 Total	#国内增值税 Domestic Value-added Tax	#国内消费税 Domestic Consumption Tax	#营业税 Business Tax	#企业所得税 Corporate Income Tax	#个人所得税 Individual Income Tax	#关　税 Tariffs
1978	519.28						28.76
1979	537.82						26.00
1980	571.70						33.53
1981	629.89						54.04
1982	700.02						47.46
1983	775.59						53.88
1984	947.35						103.07
1985	2040.79	147.70		211.07	696.06		205.21
1986	2090.73	232.19		261.07	692.40		151.62
1987	2140.36	254.20		302.00	664.71		142.67
1988	2390.47	384.37		397.92	676.04		155.02
1989	2727.40	430.83		487.30	700.43		181.54
1990	2821.86	400.00		515.75	716.00		159.01
1991	2990.17	406.36		564.00	731.13		187.28
1992	3296.91	705.93		658.67	720.78		212.75
1993	4255.30	1081.48		966.09	678.60		256.47
1994	5126.88	2308.34	487.40	670.02	708.49		272.68
1995	6038.04	2602.33	541.48	865.56	878.44		291.83
1996	6909.82	2962.81	620.23	1052.57	968.48		301.84
1997	8234.04	3283.92	678.70	1324.27	963.18		319.49
1998	9262.80	3628.46	814.93	1575.08	925.54		313.04
1999	10682.58	3881.87	820.66	1668.56	811.41	413.66	562.23
2000	12581.51	4553.17	858.29	1868.78	999.63	659.64	750.48
2001	15301.38	5357.13	929.99	2064.09	2630.87	995.26	840.52
2002	17636.45	6178.39	1046.32	2450.33	3082.79	1211.78	704.27
2003	20017.31	7236.54	1182.26	2844.45	2919.51	1418.03	923.13
2004	24165.68	9017.94	1501.90	3581.97	3957.33	1737.06	1043.77
2005	28778.54	10792.11	1633.81	4232.46	5343.92	2094.91	1066.17
2006	34804.35	12784.81	1885.69	5128.71	7039.60	2453.71	1141.78
2007	45621.97	15470.23	2206.83	6582.17	8779.25	3185.58	1432.57
2008	54223.79	17996.94	2568.27	7626.39	11175.63	3722.31	1769.95
2009	59521.59	18481.22	4761.22	9013.98	11536.84	3949.35	1483.81
2010	73210.79	21093.48	6071.55	11157.91	12843.54	4837.27	2027.83
2011	89738.39	24266.63	6936.21	13679.00	16769.64	6054.11	2559.12
2012	100614.28	26415.51	7875.58	15747.64	19654.53	5820.28	2783.93
2013	110530.70	28810.13	8231.32	17233.02	22427.20	6531.53	2630.61
2014	119175.31	30855.36	8907.12	17781.73	24642.19	7376.61	2843.41
2015	124922.20	31109.47	10542.16	19312.84	27133.87	8617.27	2560.84
2016	130360.73	40712.08	10217.23	11501.88	28851.36	10088.98	2603.75
2017	144369.87	56378.18	10225.09		32117.29	11966.37	2997.85
2018	156402.86	61530.77	10631.75		35323.71	13871.97	2847.78
2019	158000.46	62347.36	12564.44		37303.77	10388.53	2889.13
2020	154312.29	56791.24	12028.10		36425.81	11568.26	2564.25

注：1.企业所得税2001年以前只包括国有及集体企业所得税，从2001年起，企业所得税还包括除国有企业和集体企业外的其他所有制企业所得税。
2.国内增值税不包括进口货物增值税；国内消费税不包括进口消费品消费税。
3.自2016年5月1日起，在全国范围内全面推开营业税改征增值税试点，全部营业税纳税人由缴纳营业税改为缴纳增值税。

a) Before 2001, the corporate income tax only included that of state-owned and collective-owned enterprises. Since 2001, the corporate income tax also includes the income tax levied on enterprises of other forms of ownership except for state-owned and collective-owned enterprises.
b) Domestic value-added tax does not include VAT from imports; Domestic consumption tax does not include consumption tax from imports.
c) Since May 1,2016, the replacement of business tax with VAT has been extended to all industries. All business tax payers pay VAT instead of business tax.

7-5 分地区一般公共预算收入（2020年）
General Public Budget Revenue by Region (2020)

单位：亿元 (100 million yuan)

地 区	Region	地方一般公共预算收入 General Public Budget Revenue	税收收入 Tax Revenue	国内增值税 Domestic Value-added Tax	企业所得税 Corporate Income Tax	个人所得税 Individual Income Tax	资源税 Resource Tax	城市维护建设税 City Maintenance and Construction Tax	房产税 House Property Tax
地方合计	**Total of All Regions**	**100143.16**	**74668.06**	**28438.10**	**13168.28**	**4627.27**	**1706.53**	**4443.10**	**2841.76**
北 京	Beijing	5483.89	4643.87	1653.11	1182.49	611.91	29.64	222.05	308.47
天 津	Tianjin	1923.11	1500.14	650.26	310.58	103.40	11.56	101.61	72.51
河 北	Hebei	3826.46	2527.28	916.30	355.51	67.69	53.06	132.55	79.28
山 西	Shanxi	2296.57	1625.99	628.46	229.99	38.11	358.73	72.46	45.71
内蒙古	Inner Mongolia	2051.20	1457.76	456.00	161.10	58.38	300.79	66.38	51.37
辽 宁	Liaoning	2655.75	1879.06	726.94	328.72	64.39	41.02	126.16	95.12
吉 林	Jilin	1085.02	771.95	286.50	127.55	33.07	8.68	58.07	29.02
黑龙江	Heilongjiang	1152.51	811.92	280.21	98.39	30.61	48.00	49.41	38.67
上 海	Shanghai	7046.30	5841.88	2285.70	1394.30	670.37		267.54	198.75
江 苏	Jiangsu	9058.99	7413.86	2944.76	1348.57	393.94	6.23	458.78	321.75
浙 江	Zhejiang	7248.24	6261.75	2317.15	1145.02	468.79	12.84	356.74	234.12
安 徽	Anhui	3216.01	2199.52	943.21	362.51	76.74	30.72	148.11	72.57
福 建	Fujian	3079.04	2184.72	839.36	368.49	192.81	7.26	122.31	81.74
江 西	Jiangxi	2507.54	1701.92	766.40	232.54	62.84	27.41	110.91	34.23
山 东	Shandong	6559.93	4757.62	1814.47	686.55	182.06	108.27	283.97	165.57
河 南	Henan	4168.84	2764.73	980.69	362.63	82.32	67.06	156.69	82.25
湖 北	Hubei	2511.54	1923.45	752.85	349.84	90.04	15.46	146.28	68.65
湖 南	Hunan	3008.66	2057.98	700.55	255.96	87.95	11.43	139.23	69.48
广 东	Guangdong	12923.85	9881.95	3693.94	1946.60	760.88	11.72	581.28	315.94
广 西	Guangxi	1716.94	1113.22	456.64	170.13	46.66	18.09	77.39	35.91
海 南	Hainan	816.06	559.82	179.57	92.58	25.53	3.58	27.39	16.98
重 庆	Chongqing	2094.85	1430.72	514.31	221.06	65.38	13.79	89.18	71.74
四 川	Sichuan	4260.89	2967.20	1104.00	523.25	135.84	73.59	181.39	112.48
贵 州	Guizhou	1786.80	1086.04	417.54	206.39	42.26	29.57	83.80	37.38
云 南	Yunnan	2116.69	1453.07	563.05	217.62	49.96	31.54	129.97	50.55
西 藏	Tibet	220.99	143.24	83.06	15.53	17.52	2.35	12.07	
陕 西	Shaanxi	2257.31	1752.14	677.45	244.14	84.24	235.37	110.00	64.97
甘 肃	Gansu	874.55	567.93	260.17	64.39	20.54	21.70	45.74	24.92
青 海	Qinghai	297.99	213.27	94.96	28.81	7.70	24.75	13.96	7.74
宁 夏	Ningxia	419.44	263.87	110.88	28.45	10.63	20.14	17.69	11.34
新 疆	Xinjiang	1477.22	910.19	339.63	108.59	44.68	82.19	53.99	42.56

7-5 续表 1 continued

单位：亿元 (100 million yuan)

地区 Region	印花税 Stamp Tax	城镇土地使用税 Urban Land Use Tax	土地增值税 Land Appreciation Tax	车船税 Tax on Vehicles and Boat Operation	耕地占用税 Farm Land Occupation Tax	契税 Deed Tax	烟叶税 Tobacco Leaf Tax	环境保护税 Environ-ment Protection Tax
地方合计 Total of All Regions	**1313.80**	**2058.22**	**6468.51**	**945.41**	**1257.57**	**7061.02**	**108.67**	**207.06**
北京 Beijing	80.59	18.51	259.30	34.21	2.88	231.20		9.44
天津 Tianjin	32.97	14.19	90.58	13.96	2.38	92.98		3.12
河北 Hebei	51.79	145.90	269.72	54.44	119.79	255.79	0.18	24.49
山西 Shanxi	32.97	28.57	52.85	26.15	19.70	79.02	0.17	12.60
内蒙古 Inner Mongolia	23.64	82.44	75.52	23.49	73.80	62.38	0.12	19.76
辽宁 Liaoning	37.11	135.66	92.14	44.90	15.45	163.64	0.81	5.95
吉林 Jilin	16.57	22.46	38.90	20.60	20.81	107.30	0.45	1.48
黑龙江 Heilongjiang	12.96	72.66	66.18	25.14	19.95	65.01	1.19	2.27
上海 Shanghai	99.06	18.10	497.68	20.61	8.29	380.10		1.95
江苏 Jiangsu	106.06	172.08	584.00	60.92	61.90	918.64		35.24
浙江 Zhejiang	102.74	110.54	515.59	60.22	93.32	838.16	0.01	3.35
安徽 Anhui	36.29	102.30	147.64	25.24	22.77	226.24	0.80	3.22
福建 Fujian	42.89	31.60	229.67	26.30	12.42	219.72	6.36	3.14
江西 Jiangxi	24.04	41.19	142.12	20.98	28.49	204.88	1.45	3.51
山东 Shandong	83.63	299.89	433.38	82.30	97.67	502.83	2.35	13.41
河南 Henan	45.98	155.12	268.61	54.97	176.38	316.86	5.76	9.04
湖北 Hubei	34.74	40.37	159.57	29.55	29.51	198.45	1.78	5.84
湖南 Hunan	31.48	68.99	256.05	30.67	72.26	321.15	8.07	4.17
广东 Guangdong	166.46	93.59	1375.09	84.13	58.71	783.82	1.37	6.29
广西 Guangxi	26.48	19.12	94.87	23.78	37.18	101.67	0.81	4.19
海南 Hainan	7.80	17.53	134.65	5.14	2.98	45.22	0.01	0.83
重庆 Chongqing	29.42	81.66	104.44	16.72	34.79	182.67	2.00	2.71
四川 Sichuan	56.12	78.08	244.38	43.47	91.19	308.80	7.71	5.86
贵州 Guizhou	19.54	29.42	62.89	16.95	28.13	94.26	12.22	5.94
云南 Yunnan	31.02	42.83	103.57	26.38	25.19	120.74	53.20	5.88
西藏 Tibet	3.24	0.18	5.78	1.79	1.48			0.20
陕西 Shaanxi	32.36	46.58	70.76	27.24	39.28	113.55	1.73	4.14
甘肃 Gansu	13.56	21.65	34.11	15.66	4.14	38.94	0.11	2.26
青海 Qinghai	4.02	3.61	8.12	4.00	2.68	11.86		0.82
宁夏 Ningxia	6.36	10.76	12.53	5.39	5.97	21.95	0.03	1.57
新疆 Xinjiang	21.91	52.63	37.85	20.13	48.07	53.20		4.38

7-5 续表 2 continued

单位：亿元 (100 million yuan)

地 区	Region	其他税收收入 Other Tax Revenue	非税收入 Non-Tax Revenue	专 项 收 入 Special Program Receipts	行政事业性收费收入 Charge of Administrative and Institutional Units	罚 没 收 入 Penalty Receipts	国有资本经营收入 Operating Income from Government Capital	国有资源(资产)有偿使用收入 Income from Use of State-owned Resources (Assets)	其 他 收 入 Other Revenue
地方合计	**Total of All Regions**	**22.76**	**25475.10**	**6927.08**	**3419.43**	**2969.06**	**966.06**	**8651.94**	**2541.53**
北 京	Beijing	0.06	840.02	335.80	48.63	56.81	68.53	173.84	156.40
天 津	Tianjin	0.06	422.97	119.04	27.21	76.21	12.29	109.51	78.71
河 北	Hebei	0.81	1299.18	372.10	143.02	152.97	39.78	463.87	127.44
山 西	Shanxi	0.51	670.58	156.31	110.66	93.28	29.77	229.07	51.49
内蒙古	Inner Mongolia	2.59	593.43	122.61	131.28	128.06	13.59	172.51	25.37
辽 宁	Liaoning	1.03	776.70	136.08	87.04	152.24	46.76	298.25	56.33
吉 林	Jilin	0.48	313.08	74.79	87.84	42.79	3.72	84.34	19.60
黑龙江	Heilongjiang	1.25	340.59	55.89	50.00	56.09	20.26	120.75	37.61
上 海	Shanghai	-0.56	1204.42	504.99	67.00	55.54	147.62	399.37	29.89
江 苏	Jiangsu	0.98	1645.13	412.02	312.48	173.00		553.50	194.14
浙 江	Zhejiang	3.16	986.49	480.94	141.44	152.98	-100.37	275.64	35.87
安 徽	Anhui	1.17	1016.48	295.04	123.40	99.29	43.94	382.46	72.34
福 建	Fujian	0.65	894.32	327.36	82.76	90.69	36.55	301.24	55.72
江 西	Jiangxi	0.91	805.63	123.13	159.21	119.70	9.63	339.60	54.35
山 东	Shandong	1.25	1802.31	360.11	308.32	225.16	70.97	743.58	94.16
河 南	Henan	0.37	1404.11	409.89	216.18	167.69	77.52	359.90	172.93
湖 北	Hubei	0.52	588.09	168.04	114.97	80.51	3.17	140.78	80.61
湖 南	Hunan	0.54	950.69	198.84	156.58	130.32	2.39	297.21	165.34
广 东	Guangdong	2.14	3041.90	974.77	226.87	238.46	93.26	1190.99	317.54
广 西	Guangxi	0.30	603.72	109.63	89.02	87.48	20.02	235.58	61.98
海 南	Hainan	0.05	256.24	74.39	23.03	42.38	19.53	81.15	15.76
重 庆	Chongqing	0.86	664.13	134.74	62.83	62.69		280.30	123.57
四 川	Sichuan	1.05	1293.69	243.55	193.24	129.82	65.42	481.08	180.57
贵 州	Guizhou	-0.23	700.76	109.41	75.36	71.88	168.83	217.74	57.54
云 南	Yunnan	1.58	663.62	177.55	121.31	102.06	9.64	184.45	68.61
西 藏	Tibet	0.04	77.75	21.63	12.92	11.12	1.22	22.28	8.59
陕 西	Shaanxi	0.31	505.17	162.00	99.11	56.77	5.93	110.14	71.21
甘 肃	Gansu	0.05	306.62	87.91	55.52	37.72	1.90	81.28	42.28
青 海	Qinghai	0.25	84.71	20.39	14.83	9.24	0.09	32.20	7.97
宁 夏	Ningxia	0.18	155.57	33.53	16.37	14.07	2.94	74.33	14.34
新 疆	Xinjiang	0.39	567.02	124.61	60.98	52.03	51.13	215.03	63.25

7-6 分地区一般公共预算支出（2020年）
General Public Expenditure by Region (2020)

单位：亿元 (100 million yuan)

地　区	Region	地方一般公共预算支出 General Public Budget Expenditure	一般公共服务支出 Expenditure for General Public Services	外交支出 Expenditure for Foreign Affairs	国防支出 Expenditure for National Defense	公　共安全支出 Expenditure for Public Security	教育支出 Expenditure for Education	科　学技术支出 Expenditure for Science and Technology	文化旅游体育与传媒支出 Expenditure for Culture, Tourism, Sport and Media
地方合计	**Total of All Regions**	**210583.46**	**18325.89**	**1.37**	**238.85**	**12026.99**	**34686.30**	**5801.86**	**3995.34**
北　京	Beijing	7116.18	527.10		8.87	505.98	1138.29	410.96	225.11
天　津	Tianjin	3151.35	220.66		1.30	206.27	442.91	118.17	34.01
河　北	Hebei	9022.79	784.82		14.25	428.51	1596.26	101.76	163.73
山　西	Shanxi	5110.87	423.63		3.30	258.96	733.36	66.09	112.31
内蒙古	Inner Mongolia	5270.16	396.71	0.03	4.13	254.13	642.17	32.38	123.64
辽　宁	Liaoning	6014.17	452.31		4.50	382.86	741.15	72.71	89.73
吉　林	Jilin	4127.17	321.44		4.41	229.70	526.69	39.94	71.92
黑龙江	Heilongjiang	5449.41	321.04		4.48	264.25	562.42	42.98	58.37
上　海	Shanghai	8102.11	371.01		8.36	440.82	1000.59	406.20	161.26
江　苏	Jiangsu	13681.55	1233.45		21.23	884.45	2406.53	584.39	311.68
浙　江	Zhejiang	10082.01	1051.55		9.32	691.96	1881.09	472.13	229.62
安　徽	Anhui	7473.59	515.12		5.96	299.78	1261.86	369.98	97.06
福　建	Fujian	5216.10	467.52		5.62	343.55	1031.57	149.44	112.88
江　西	Jiangxi	6674.08	558.28		9.69	316.60	1223.59	195.74	120.35
山　东	Shandong	11233.52	1118.07		15.67	631.66	2283.84	298.62	170.11
河　南	Henan	10372.67	1061.53		7.87	488.26	1882.56	254.28	140.93
湖　北	Hubei	8442.88	772.33		4.32	434.39	1192.02	287.85	146.52
湖　南	Hunan	8403.13	861.15		13.25	422.49	1325.25	220.66	139.87
广　东	Guangdong	17430.79	1889.53	0.06	16.81	1428.11	3510.56	955.73	417.22
广　西	Guangxi	6179.47	520.48		10.41	314.87	1061.10	66.26	109.49
海　南	Hainan	1972.46	159.90	0.77	12.97	105.21	295.84	35.67	53.22
重　庆	Chongqing	4893.95	330.27	0.19	5.39	265.34	754.97	82.87	64.89
四　川	Sichuan	11198.54	947.62	0.03	13.99	527.12	1686.16	181.70	229.27
贵　州	Guizhou	5739.50	497.36		3.89	273.71	1073.34	113.19	72.76
云　南	Yunnan	6974.02	604.15		7.59	388.91	1162.02	64.94	93.08
西　藏	Tibet	2210.92	294.60	0.28	2.11	132.07	273.89	8.99	59.43
陕　西	Shaanxi	5930.32	528.47		7.04	283.08	998.58	56.45	140.57
甘　肃	Gansu	4163.40	382.17		3.00	196.10	662.99	32.07	88.43
青　海	Qinghai	1932.84	141.39		0.92	85.28	218.14	10.56	45.93
宁　夏	Ningxia	1480.36	98.21		0.68	68.19	208.42	27.91	29.43
新　疆	Xinjiang	5533.16	474.02	0.03	7.51	474.39	908.11	41.25	82.50

7-6 续表 1 continued

单位：亿元 (100 million yuan)

地 区	Region	社会保障和就业支出 Expenditure for Social Security and Employment	卫生健康支出 Expenditure for Health Care	节能环保支出 Expenditure for Energy Conservation and Environment Protection	城乡社区支出 Expenditure for Urban and Rural Community Affairs	农林水支出 Expenditure for Agriculture, Forestry and Water Conservancy	交通运输支出 Expenditure for Transportation	资源勘探工业信息等支出 Expenditure for Resource Exploration and Industrial Information	商业服务业等支出 Expenditure for Commerce and Services
地方合计	**Total of All Regions**	**31448.53**	**18873.41**	**5989.14**	**19868.66**	**23445.14**	**11031.95**	**5758.03**	**1521.76**
北 京	Beijing	1055.86	605.64	236.90	872.94	497.33	327.97	167.15	37.13
天 津	Tianjin	518.88	175.49	60.72	543.72	154.82	103.92	285.64	59.31
河 北	Hebei	1412.67	817.27	509.27	857.35	988.74	510.03	95.48	25.38
山 西	Shanxi	810.20	433.55	260.28	477.16	653.68	335.56	97.07	14.66
内蒙古	Inner Mongolia	854.83	375.05	149.37	487.93	867.59	334.51	146.59	22.52
辽 宁	Liaoning	1658.63	413.52	97.94	558.67	504.83	190.01	162.54	39.52
吉 林	Jilin	818.75	300.20	131.53	366.59	577.76	274.22	64.94	16.37
黑龙江	Heilongjiang	1350.85	401.19	220.27	444.84	914.53	248.95	103.58	19.47
上 海	Shanghai	980.56	545.06	181.88	1419.49	473.80	349.38	968.18	196.14
江 苏	Jiangsu	1779.31	1007.47	336.90	1818.13	1091.25	550.83	308.11	104.41
浙 江	Zhejiang	1130.02	838.85	220.59	1021.67	764.89	470.50	312.91	200.76
安 徽	Anhui	1173.07	761.62	190.83	860.18	924.29	333.69	115.30	43.76
福 建	Fujian	572.34	521.96	156.42	422.41	450.05	234.06	254.90	69.80
江 西	Jiangxi	865.65	642.36	218.27	728.41	740.31	260.37	253.98	28.93
山 东	Shandong	1657.53	1045.50	291.54	1053.86	1065.29	375.89	259.47	74.28
河 南	Henan	1575.03	1085.39	272.63	1063.83	1145.40	437.31	110.95	38.07
湖 北	Hubei	1419.11	1019.71	219.18	743.36	868.90	504.02	167.48	42.05
湖 南	Hunan	1300.22	737.62	245.58	785.71	987.71	371.17	156.29	55.34
广 东	Guangdong	1807.20	1772.99	517.76	1574.89	1125.81	652.43	413.58	100.45
广 西	Guangxi	918.25	624.84	100.74	419.33	904.38	417.78	153.27	40.61
海 南	Hainan	252.93	220.09	57.84	178.93	268.57	128.23	34.92	7.12
重 庆	Chongqing	950.77	434.45	179.71	511.04	416.76	303.57	134.22	43.45
四 川	Sichuan	1998.67	1030.52	264.02	711.17	1339.36	792.73	298.12	65.90
贵 州	Guizhou	678.48	565.66	146.15	209.70	1024.31	341.50	149.56	18.98
云 南	Yunnan	978.77	711.34	163.97	363.78	1100.13	628.49	76.28	50.08
西 藏	Tibet	184.74	144.37	48.93	125.28	415.44	304.56	68.81	3.31
陕 西	Shaanxi	994.13	509.17	190.34	497.58	742.25	295.21	117.60	42.40
甘 肃	Gansu	580.95	370.24	114.03	206.35	775.83	323.34	49.60	14.11
青 海	Qinghai	317.96	172.09	73.51	128.93	279.80	237.00	36.71	4.01
宁 夏	Ningxia	206.45	118.57	49.48	121.91	253.45	89.91	48.60	9.29
新 疆	Xinjiang	645.73	471.66	82.59	293.55	1127.88	304.81	146.19	34.16

7-6 续表 2 continued

单位：亿元 (100 million yuan)

地 区 Region	金融支出 Expenditure for Financial Affairs	援助其他地区支出 Expenditure for Assistance to Other Regions	自然资源海洋气象等支出 Expenditure for Nature Resources, Ocean and Weather	住房保障支出 Expenditure for Housing Security	粮油物资储备支出 Expenditure for Reserve of Grain, Oil and Other Materials	灾害防治及应急管理支出 Expenditure for Prevention of Disasters and Emergency Management	债务付息支出 Expenditure for Interest Payments on Debts	债务发行费用支出 Expenditure for Issuing Debts	其他支出 Other Expenditure
地方合计 Total of All Regions	**638.34**	**448.59**	**2071.76**	**6499.50**	**892.73**	**1510.84**	**4273.67**	**24.84**	**1209.97**
北 京 Beijing	16.62	53.26	30.61	145.55	13.12	48.04	73.12	0.42	118.20
天 津 Tianjin	9.35	35.93	16.54	67.48	10.63	16.58	51.16	0.35	17.50
河 北 Hebei	5.39	9.16	158.16	167.72	33.02	52.93	188.91	1.27	100.73
山 西 Shanxi	38.75	3.72	67.58	118.74	20.20	47.77	78.67	0.83	54.79
内蒙古 Inner Mongolia	20.40		77.19	177.75	23.62	30.15	179.43	0.74	69.30
辽 宁 Liaoning	16.56	14.64	57.24	219.41	21.73	26.04	231.70	1.03	56.90
吉 林 Jilin	6.86	2.97	38.67	149.10	37.97	26.26	111.12	0.76	9.00
黑龙江 Heilongjiang	8.46	3.21	26.98	227.77	63.60	37.13	123.37	0.67	0.99
上 海 Shanghai	25.88	77.21	35.27	291.93	16.84	27.94	94.15	0.59	29.57
江 苏 Jiangsu	18.75	56.69	111.65	661.29	33.59	64.68	231.30	1.64	63.82
浙 江 Zhejiang	52.55	39.46	111.82	237.33	36.49	65.06	219.05	1.24	23.15
安 徽 Anhui	7.65	5.83	60.36	218.59	30.52	57.81	132.07	0.70	7.58
福 建 Fujian	10.48	5.91	59.30	130.32	22.84	36.15	110.57	0.49	47.51
江 西 Jiangxi	9.77	2.15	51.01	205.25	20.91	60.47	106.50	0.83	54.68
山 东 Shandong	91.57	30.18	131.11	251.63	45.89	74.49	240.59	1.54	25.19
河 南 Henan	32.38	4.29	99.43	349.43	63.65	42.42	166.50	1.05	49.49
湖 北 Hubei	17.72	8.04	85.58	205.18	46.91	76.41	151.39	1.15	29.27
湖 南 Hunan	23.17	5.51	108.39	244.84	53.21	63.71	233.16	1.05	47.79
广 东 Guangdong	28.89	83.12	178.71	543.33	59.46	123.92	198.76	1.03	30.47
广 西 Guangxi	15.67		89.09	188.50	30.19	41.69	139.47	0.89	12.14
海 南 Hainan	2.41		19.95	40.53	8.04	10.43	50.33	0.23	28.36
重 庆 Chongqing	10.47	2.06	54.77	178.00	24.39	49.19	90.03	0.49	6.67
四 川 Sichuan	84.39	4.79	87.16	381.43	46.02	168.77	221.46	1.42	116.72
贵 州 Guizhou	2.45		44.97	183.65	22.23	56.22	215.49	1.05	44.84
云 南 Yunnan	8.60		50.42	241.71	24.67	54.06	191.03	0.62	9.38
西 藏 Tibet	10.92		25.51	55.50	4.04	21.58	7.19	0.10	19.26
陕 西 Shaanxi	44.50	0.44	77.92	175.46	26.19	39.90	137.64	0.80	24.63
甘 肃 Gansu	12.19		37.34	139.62	20.56	45.40	67.81	0.49	40.78
青 海 Qinghai	0.87	0.01	21.08	64.29	8.22	14.82	63.93	0.40	7.00
宁 夏 Ningxia	2.68		22.41	61.90	3.72	9.36	45.64	0.28	3.87
新 疆 Xinjiang	1.98		35.56	176.28	20.25	21.47	122.14	0.68	60.38

7-7 中央财政债务余额情况
Outstanding of Debts of Central Government

单位：亿元 (100 million yuan)

年 份 Year	合计 Total	国内债务 Domestic Debts	国外债务 External Debts
2005	32614.21	31848.59	765.52
2006	35015.28	34380.24	635.02
2007	52074.65	51467.39	607.26
2008	53271.54	52799.32	472.22
2009	60237.68	59736.95	500.73
2010	67548.11	66987.97	560.14
2011	72044.51	71410.80	633.71
2012	77565.70	76747.91	817.79
2013	86746.91	85836.05	910.86
2014	95655.45	94676.31	979.14
2015	106599.59	105467.48	1132.11
2016	120066.75	118811.24	1255.51
2017	134770.15	133447.43	1322.72
2018	149607.41	148208.62	1398.79
2019	168038.04	166032.13	2005.91
2020	208905.87	206290.31	2615.56

7-8 按部门划分的外债总额头寸
Gross External Debt Position by Sector

单位：亿美元 (USD 100 million)

债务类型	Type of Debts	2019末 End of 2019	2020末 End of 2020
广义政府	**General Government**	**2709**	**3795**
短期	Short-term	102	109
货币与存款	Currency and Deposits		
债务证券	Debt Securities	102	109
贷款	Loans		
贸易信贷与预付款	Trade Credit and Advances		
其他债务负债	Other Debt Liabilities		
长期	Long-term	2608	3685
货币与存款	Currency and Deposits		
债务证券	Debt Securities	2145	3137
贷款	Loans	462	549
贸易信贷与预付款	Trade Credit and Advances		
其他债务负债	Other Debt Liabilities		
中央银行	**Central Bank**	**363**	**381**
短期	Short-term	254	263
货币与存款	Currency and Deposits	108	125
债务证券	Debt Securities	146	138
贷款	Loans		
贸易信贷与预付款	Trade Credit and Advances		
其他债务负债	Other Debt Liabilities		
长期	Long-term	109	118
SDR分配	Special Drawing Rights	97	101
货币与存款	Currency and Deposits		
债务证券	Debt Securities		
贷款	Loans		
贸易信贷与预付款	Trade Credit and Advances		
其他债务负债	Other Debt Liabilities	12	18
其他接受存款公司	**Other Depository Corporations**	**9179**	**10918**
短期	Short-term	6823	7763
货币与存款	Currency and Deposits	4113	5051
债务证券	Debt Securities	535	628
贷款	Loans	2150	2024
贸易信贷与预付款	Trade Credit and Advances		
其他债务负债	Other Debt Liabilities	25	59
长期	Long-term	2357	3156
货币与存款	Currency and Deposits		
债务证券	Debt Securities	1633	2355
贷款	Loans	715	789
贸易信贷与预付款	Trade Credit and Advances		
其他债务负债	Other Debt Liabilities	9	12
其他部门	**Other Sectors**	**5923**	**6081**
短期	Short-term	4288	4228
货币与存款	Currency and Deposits	3	1
债务证券	Debt Securities	27	16
贷款	Loans	543	388
贸易信贷与预付款	Trade Credit and Advances	3580	3654
其他债务负债	Other Debt Liabilities	136	169
长期	Long-term	1635	1853
货币与存款	Currency and Deposits		
债务证券	Debt Securities	705	884
贷款	Loans	687	653
贸易信贷与预付款	Trade Credit and Advances	64	65
其他债务负债	Other Debt Liabilities	179	251
直接投资：公司间贷款	**Direct Investment: Intercompany Lending**	**2533**	**2833**
直接投资企业对直接投资者的债务负债	Debt Liabilities of Direct Investment Enterprises to Direct Investors	1618	1754
直接投资者对直接投资企业的债务负债	Debt Liabilities of Direct Investors to Direct Investment Enterprises	100	137
对关联企业的债务负债	Debt Liabilities to Affiliated Enterprises	815	942
外债总额头寸	**Gross External Debt Position**	**20708**	**24008**

注：1.本表按照签约期限划分长期、短期外债。
2.本表统计采用四舍五入法。

a) The short-term and long-term herein are broken down by contractual (original) maturity.

b) The data in this table are rounded.

7-9 外债风险指标
Risk Indicators on External Debt

单位：% (%)

年 份 Year	偿 债 率 Debt Servicing Ratio	负 债 率 Liability Ratio	债 务 率 Debt Ratio
1985	2.7	5.1	56.0
1986	15.4	7.1	72.1
1987	9.0	9.2	77.1
1988	6.5	9.8	87.1
1989	8.3	9.1	86.4
1990	8.7	13.3	91.6
1991	8.5	14.6	91.9
1992	7.1	14.1	87.9
1993	10.2	13.5	96.5
1994	9.1	16.4	78.0
1995	7.6	14.5	72.4
1996	6.0	13.5	67.7
1997	7.3	13.6	63.2
1998	10.9	14.2	70.4
1999	11.2	13.9	68.7
2000	9.2	12.0	52.1
2001	7.5	15.2	67.9
2002	7.9	13.8	55.5
2003	6.9	13.2	45.2
2004	3.2	13.4	40.2
2005	3.1	13.0	35.4
2006	2.1	12.3	31.9
2007	2.0	11.0	29.0
2008	1.8	8.5	24.7
2009	2.9	8.4	32.2
2010	1.6	9.0	29.2
2011	1.7	9.2	33.3
2012	1.6	8.6	32.8
2013	1.6	9.0	35.6
2014	2.6	17.0	69.9
2015	5.0	12.5	58.6
2016	6.1	12.6	64.4
2017	5.5	14.3	72.6
2018	5.5	14.3	74.8
2019	6.7	14.5	78.3
2020	6.5	16.3	87.9

注：1.2015年，我国按照国际货币基金组织数据公布特殊标准(SDDS)调整了外债统计口径并对外公布全口径外债数据，将人民币外债纳入统计，并按照签约期限划分中长期和短期外债。为保证数据的可比性，将2014年末外债数据相应调整为全口径外债数据，之前年份未做调整。表内数据根据最新国际收支平衡表数据及GDP数据进行调整。

2.负债率是指年末外债余额与当年国内生产总值的比率；债务率是指年末外债余额与当年国际收支统计口径的货物与服务贸易出口收入的比率；偿债率是指当年外债还本付息额(中长期外债还本付息额加上短期外债付息额)与当年国际收支统计口径的货物与服务贸易出口收入的比率。

a) In accordance with the Special Data Dissemination Standard (SDDS) of the IMF, China adjusted the statistical coverage of external debt and disseminated the full-scale data on China's external debt in 2015, including RMB-denominated external debt, which was classified into medium-and long-term external debt and short-term external debt by contractual maturity. Outstanding external debt at the end of 2014 was adjusted to the full-scale data on the base of comparable coverage. No adjustments were made for previous years. Figures in the table were adjusted according to the latest BOP and GDP data.

b) Liability ratio is defined as the outstanding external debt at the end of the year divided by annual GDP for that year. Debt ratio is defined as the outstanding external debt at the end of the year divided by income from exports of goods and services according to the statistical coverage of the BOP for that year. Debt servicing ratio is defined as the repayment of principal and payment of interest on medium-and long-term external debt, plus payment of interest on short-term external debt, divided by income from exports of goods and services according to the statistical coverage of the BOP for that year.

7-10 全国政府性基金收入决算表(2020年)
Final Accounts for Revenue of Government Funds (2020)

单位：亿元 (100 million yuan)

项目	Item	预算数 Budget	决算数 Final Accounts	决算数为预算数的% Final as % of Budget	决算数为上年决算数的% Final as % of Previous Year
一、农网还贷资金收入	1. Credit Repayment for Rural Power Grid	238.71	243.94	102.2	106.3
二、铁路建设基金收入	2. Railway Construction Fund	550.80	514.10	93.3	95.0
三、民航发展基金收入	3. Civil Aviation Development Fund	327.00	208.11	63.6	48.5
四、海南省高等级公路车辆通行附加费收入	4. Hainan Province Highway Traffic Surcharge	26.07	19.01	72.9	76.6
五、港口建设费收入	5. Port Construction Fees	229.18	97.81	42.7	41.3
六、旅游发展基金收入	6. Tourism Development Fund	10.81	3.69	34.1	23.5
七、国家电影事业发展专项资金收入	7. National Special Fund for Film Development	10.13	6.77	66.8	22.4
八、国有土地使用权出让金收入	8. Transfer of Use Rights of State Land	68593.68	82158.99	119.8	116.2
九、国有土地收益基金收入	9. State Land Income Fund	1689.55	1892.65	112.0	107.3
十、农业土地开发资金收入	10. Agricultural Land Development Funds	179.53	148.38	82.6	80.2
十一、中央水库移民扶持基金收入	11. Central Fund for Support to Reservoir Resettlement	271.13	289.18	106.7	104.1
十二、中央特别国债经营基金财务收入	12. Special National Debt Management Fund	632.14	633.35	100.2	100.0
十三、彩票公益金收入	13. Public Welfare Fund from Lottery	640.32	972.36	151.9	83.4
十四、城市基础设施配套费收入	14. Urban Infrastructure Support Fee	2817.39	2508.74	89.0	91.3
十五、地方水库移民扶持基金收入	15. Local Fund for Support to Reservoir Resettlement	57.88	55.10	95.2	99.8
十六、国家重大水利工程建设基金收入	16. Fund for National Key Projects on Water Conservancy	157.06	168.03	107.0	76.7
十七、车辆通行费收入	17. Vehicle Toll	1080.00	905.34	83.8	63.1
十八、核电站乏燃料处理处置基金收入	18. Fund for Disposal of Spent Fuel of Nuclear Power Plants	28.29	30.25	106.9	126.2
十九、可再生能源电价附加收入	19. Electricity Surcharge Due to Renewable Energy	883.52	892.39	101.0	102.8
二十、船舶油污损害赔偿基金收入	20. Vessel-Induced Oil Pollution Compensation Fund	1.69	1.06	62.7	63.9
廿一、废弃电器电子产品处理基金收入	21. Fund for Disposal of Waste Electrical and Electronic Equipment	24.07	26.42	109.8	95.0
廿二、彩票发行和销售机构业务费收入	22.Business of Lottery Issuance and Sales Agency	117.40	155.57	132.5	73.3
廿三、污水处理费收入	23.Sewage Treatment	645.74	614.51	95.2	102.0
廿四、其他政府性基金收入	24. Other Government Funds	2233.96	682.77	30.6	34.0
廿五、专项债务对应项目专项收入	25.Special Program Receipts of Projects Corresponding to Special Debt		262.74		260.5
全国政府性基金收入	**Total Revenue of Government Funds**	**81446.05**	**93491.26**	**114.8**	**110.6**

7-11 全国政府性基金支出决算表(2020年)
Final Accounts for Expenditure of Government Funds (2020)

单位：亿元 (100 million yuan)

项　目	Item	预算数 Budget	决算数 Final Accounts	决算数为预算数的% Final as % of Budget	决算数为上年决算数的% Final as % of Previous Year
一、农网还贷资金支出	1. Credit Repayment for Rural Power Grid	252.60	218.42	86.5	99.9
二、铁路建设基金支出	2. Railway Construction Fund	550.96	513.46	93.2	92.5
三、民航发展基金支出	3. Civil Aviation Development Fund	416.83	286.93	68.8	70.8
四、海南省高等级公路车辆通行附加费安排的支出	4. Hainan Province Highway Traffic Surcharge	36.54	19.72	54.0	46.0
五、港口建设费安排的支出	5. Port Construction Fees	235.22	100.07	42.5	47.1
六、旅游发展基金支出	6. Tourism Development Fund	10.96	8.23	75.1	49.5
七、国家电影事业发展专项资金安排的支出	7. National Special Fund for Film Development	9.27	11.06	119.3	40.2
八、国有土地使用权出让金收入安排的支出	8. Transfer of Use Rights of State Land	97812.34	74229.71	75.9	99.8
九、国有土地收益基金安排的支出	9. State Land Income Fund	2008.92	1310.74	65.2	97.0
十、农业土地开发资金安排的支出	10. Agricultural Land Development Funds	179.53	65.02	36.2	75.5
十一、中央水库移民扶持基金支出	11. Central Fund for Support to Reservoir Resettlement	286.09	289.06	101.0	100.8
十二、中央特别国债经营基金财务支出	12. Special National Debt Management Fund	632.92	632.92	100.0	100.0
十三、彩票公益金安排的支出	13. Public Welfare Fund from Lottery	642.40	737.33	114.8	59.0
十四、城市基础设施配套费安排的支出	14. Urban Infrastructure Support Fee	2973.17	2061.57	69.3	113.3
十五、地方水库移民扶持基金支出	15. Local Fund for Support to Reservoir Resettlement	58.30	31.52	54.1	103.1
十六、国家重大水利工程建设基金安排的支出	16. Fund for National Key Projects on Water Conservancy	162.92	127.16	78.1	49.4
十七、车辆通行费安排的支出	17. Vehicle Toll	3638.68	3017.81	82.9	102.3
十八、核电站乏燃料处理处置基金支出	18. Fund for Disposal of Spent Fuel of Nuclear Power Plants	35.48	10.39	29.3	128.3
十九、可再生能源电价附加收入安排的支出	19. Electricity Surcharge Due to Renewable Energy	923.55	923.56	100.0	107.5
二十、船舶油污损害赔偿基金支出	20. Vessel-Induced Oil Pollution Compensation Fund	2.18	0.35	16.1	205.9
廿一、废弃电器电子产品处理基金支出	21. Fund for Disposal of Waste Electrical and Electronic Equipment	25.64	24.22	94.5	69.5
廿二、彩票发行和销售机构业务费安排的支出	22.Business of Lottery Issuance and Sales Agency	135.07	153.34	113.5	87.6
廿三、污水处理费安排的支出	23.Sewage Treatment	715.32	807.72	112.9	146.3
廿四、抗疫特别国债支出	24.Special Government Bonds for Epidemic Prevention	7000.00	5757.64	82.3	
廿五、其他政府性基金支出	25. Other Government Funds	7378.70	26720.03	362.1	484.7
全国政府性基金支出	**Total Expenditure of Government Funds**	**126123.59**	**118057.98**	**93.6**	**128.8**

7-12 全国国有资本经营收入决算表(2020年)
Final Accounts of Operating Revenue of State-owned Capital (2020)

单位：亿元 (100 million yuan)

项 目	Item	预算数 Budget	决算数 Final Accounts	决算数为预算数的% Final as % of Budget	决算数为上年决算数的% Final as % of Previous Year
一、利润收入	I. Revenue from Profits	2497.29	3039.58	121.7	116.2
烟草企业利润收入	Tobacco Enterprises	430.00	468.90	109.0	112.2
石油石化企业利润收入	Petroleum and Petrochemical Enterprises	204.06	169.21	82.9	89.6
电力企业利润收入	Power Enterprises	168.68	175.29	103.9	88.1
电信企业利润收入	Telecommunication Enterprises	148.50	151.24	101.8	86.9
煤炭企业利润收入	Coal Enterprises	62.47	77.04	123.3	118.5
有色冶金采掘企业利润收入	Non-Ferrous Metal Enterprises	10.39	9.41	90.6	80.6
钢铁企业利润收入	Iron and Steel Enterprises	42.03	49.78	118.4	95.2
化工企业利润收入	Chemical Enterprises	10.01	10.02	100.1	103.9
运输企业利润收入	Transportation Enterprises	75.36	65.88	87.4	85.5
电子企业利润收入	Electronics Enterprises	5.35	21.05	393.5	285.6
机械企业利润收入	Machinery Enterprises	98.08	107.07	109.2	75.0
投资服务企业利润收入	Investment Services Enterprises	222.25	281.00	126.4	114.9
纺织轻工企业利润收入	Textile and Light Industry Enterprises	88.28	243.81	276.2	349.0
贸易企业利润收入	Trade Enterprises	57.47	54.85	95.4	93.4
建筑施工企业利润收入	Construction Enterprises	108.74	143.73	132.2	129.4
房地产企业利润收入	Real Estate Enterprises	34.02	41.16	121.0	113.4
建材企业利润收入	Building Material Enterprises	5.58	4.70	84.2	87.4
境外企业利润收入	Overseas Enterprises	80.41	77.88	96.9	102.8
对外合作企业利润收入	Enterprises of Economic Cooperation with Foreign Countries	2.04	2.25	110.3	97.4
医药企业利润收入	Medicine Enterprises	6.44	5.45	84.6	96.6
农林牧渔企业利润收入	Agriculture, Forestry, Animal Husbandry and Fishery Enterprises	16.06	16.85	104.9	121.5
邮政企业利润收入	Post Enterprises	19.00	19.12	100.6	123.9
转制科研院所利润收入	Transformed Scientific Research Institutes	4.47	4.70	105.1	114.9
地质勘查企业利润收入	Geological Prospecting Enterprises	3.26	3.85	118.1	116.0
卫生体育福利企业利润收入	Public Health, Sports and Welfare Enterprises	0.26	0.40	153.8	137.9
教育文化广播企业利润收入	Education, Culture and Broadcasting Enterprises	16.29	20.86	128.1	98.4
科学研究企业利润收入	Scientific Research Enterprises	0.36	0.64	177.8	220.7
机关社团所属企业利润收入	Enterprise under Government Agencies and Social Organizations	10.11	15.63	154.6	226.5
金融企业利润收入	Financial Enterprises	32.12	38.20	118.9	142.2
新疆生产建设兵团所属企业利润收入	Enterprises Affiliated to Xinjiang PC Corps	3.02	9.99	330.8	227.6
其他国有资本经营预算企业利润收入	Other Enterprises with State-owned Capital	532.18	749.62	140.9	133.2
二、股利、股息收入	II. Revenue from Stock Dividends	610.53	646.39	105.9	118.9
国有控股公司股利、股息收入	State Controlling Companies	172.37	179.83	104.3	132.2
国有参股公司股利、股息收入	State Holding Companies	42.90	57.21	133.4	115.1
金融企业股利、股息收入	Financial Enterprises	335.93	342.16	101.9	120.5
新疆生产建设兵团所属企业股利、股息收入	Enterprises Affiliated to Xinjiang PC Corps	0.76	1.18	155.3	196.7
其他国有资本经营预算企业股利、股息收入	Other Enterprises with State-owned Capital	58.57	66.01	112.7	89.9
三、产权转让收入	III. Revenue from Property Right Transfer	295.60	688.32	232.9	138.9
国有股减持收入	From Reducing Holding-Shares	116.93	0.21	0.2	48.8
国有股权、股份转让收入	From Shares Transfer	90.72	489.71	539.8	211.2
国有独资企业产权转让收入	From Property Rights Transfer from Entirely SOEs	8.00	51.17	639.6	87.9
金融企业产权转让收入	Financial Enterprises		11.54		
新疆生产建设兵团所属企业产权转让收入	Enterprises Affiliated to Xinjiang PC Corps	0.95	2.94	309.5	101.7
其他国有资本经营预算企业产权转让收入	Other Property Rights Transfers	79.00	132.75	168.0	66.0
四、清算收入	IV. Revenue from Clearing	35.40	32.29	91.2	59.2
其中：国有股权、股份清算收入	State-owned Shares	7.36	6.01	81.7	93.5
国有独资企业清算收入	Entirely SOEs	25.14	1.84	7.3	4.1
新疆生产建设兵团所属企业清算收入	Enterprises Affiliated to Xinjiang PC Corps		0.15		75.0
其他国有资本经营预算企业清算收入	Other Enterprises with State-owned Capital	2.90	24.29	837.6	688.1
五、其他国有资本经营预算收入	V. Revenue from Other Activities of Operation of State-owned Capital	199.44	367.97	184.5	139.7
全国国有资本经营收入	**Operating Revenue of State-owned Capital**	**3638.26**	**4774.55**	**131.2**	**120.2**

7-13 全国国有资本经营支出决算表(2020年)
Final Accounts for Operating Expenditure of State-owned Capital (2020)

单位: 亿元 (100 million yuan)

项　　目	Item	预算数 Budget	决算数 Final Accounts	决算数为预算数的% Final as % of Budget	决算数为上年决算数的% Final as % of Previous Year
一、国有资本经营预算补充社保基金支出	I. Supplement of Social Security Fund from State Capital Operating Budget	0.45	0.21	46.7	48.8
二、解决历史遗留问题及改革成本支出	II. Solving Historical Issues and Reforming Cost	388.87	298.64	76.8	40.4
其中: 厂办大集体改革支出	Reforming Collectively Owned Factories	65.11	16.00	24.6	28.4
"三供一业"移交补助支出	"Three Supplies and Property Management" Transferring Subsidy	84.25	139.88	166.0	24.6
国有企业办职教幼教补助支出	Subsidy of Vocational and Preschool Education Run by State-owned Enterprises	3.53	3.39	96.0	88.3
国有企业办公共服务机构移交补助支出	Subsidy of Transferring Public Service Organization Run by State-owned Enterprises	1.05	1.01	96.2	100.0
国有企业退休人员社会化管理补助支出	Subsidy of Socialized Management of Retirees of State-owned Enterprises	19.43	9.37	48.2	480.5
国有企业棚户区改造支出	Slum Upgrading of State-owned Enterprises	1.22	3.09	253.3	702.3
国有企业改革成本支出	Reforming Cost of State-owned Enterprises	142.79	68.10	47.7	122.1
离休干部医药费补助支出	Medical Expenses Subsidy for Retired Cadres	3.31	2.83	85.5	86.0
其他解决历史遗留问题及改革成本支出	Other Expenditure Related to Solving Historical Issues and Reforming Cost	68.18	54.97	80.6	95.3
三、国有企业资本金注入	III. Capital Injection into State-owned Enterprises	1337.43	1400.17	104.7	126.1
其中: 国有经济结构调整支出	Structural Adjustment of State Owned Economy	634.74	521.92	82.2	102.5
公益性设施投资支出	Investment in Public Welfare Facilities	81.34	73.54	90.4	75.9
前瞻性战略性产业发展支出	Development of Forward Looking Strategic Industries	167.78	210.68	125.6	205.3
生态环境保护支出	Ecological Environmental Protection	14.89	14.89	100.0	109.6
支持科技进步支出	Support for Scientific and Technological Progress	59.68	47.25	79.2	80.6
保障国家经济安全支出	Guaranteeing National Economic Security	62.45	12.31	19.7	
对外投资合作支出	Foreign Investment Cooperation	27.20	27.00	99.3	
其他国有企业资本金注入	Other Capital Injection into State-owned Enterprises	289.35	492.58	170.2	145.2
四、国有企业政策性补贴	IV. Policy Subsidy to State-owned Enterprises	159.35	231.52	145.3	163.0
五、金融国有资本经营预算支出	V. Financial State-owned Capital Operating Budget Expenditure	190.21	156.60	82.3	394.0
其中: 资本性支出	Capital Expenditure	162.81	149.03	91.5	399.4
改革性支出	Reform Expenditure	27.40			
其他金融国有资本经营预算支出	Other Financial State-owned Capital Operating Budget Expenditure		7.57		310.2
六、其他国有资本经营预算支出	VI. Other State-owned Capital Operating Budget Expenditure	538.61	469.07	87.1	178.5
全国国有资本经营支出	**State-owned Capital Operating Expenditure**	**2614.92**	**2556.21**	**97.8**	**111.4**

主要统计指标解释

一般公共预算收入 指国家财政参与社会产品分配所取得的收入，是实现国家职能的财力保证。主要包括：(1)各项税收：包括国内增值税、国内消费税、进口货物增值税、进口消费品消费税、出口货物退增值税、出口消费品退消费税、企业所得税、个人所得税、资源税、城市维护建设税、房产税、印花税、城镇土地使用税、土地增值税、车船税、船舶吨税、车辆购置税、关税、耕地占用税、契税、烟叶税、环境保护税等。(2) 非税收入：包括专项收入、行政事业性收费收入、罚没收入、国有资本经营收入、国有资源（资产）有偿使用收入和其他收入。财政收入按现行分税制财政体制划分为中央本级收入和地方本级收入。

一般公共预算支出 指国家财政将筹集起来的资金进行分配使用，以满足经济建设和各项事业的需要。主要包括：一般公共服务、外交、国防、公共安全、教育、科学技术、文化旅游体育与传媒、社会保障和就业、卫生健康、节能环保、城乡社区、农林水、交通运输、资源勘探工业信息等、商业服务业等、金融、援助其他地区、自然资源海洋气象等、住房保障、粮油物资储备、灾害防治及应急管理、债务付息、债务发行费用等方面的支出。财政支出根据政府在经济和社会活动中的不同职权，划分为中央财政支出和地方财政支出。

中央一般公共预算收入和地方一般公共预算收入 属于中央一般公共预算的收入包括关税，进口货物增值税和消费税，出口货物退增值税和消费税，国内消费税，铁道部门、各银行总行、各保险公司总公司等集中缴纳的城市维护建设税，增值税 50%部分，纳入共享范围的企业所得税 60%部分，未纳入共享范围的中央企业所得税、中央企业上交的利润，个人所得税 60%部分，车辆购置税，船舶吨税，证券交易印花税，海洋石油资源税，中央非税收入等。属于地方一般公共预算的收入包括城市维护建设税（不含铁道部门、各银行总行、各保险公司总公司集中缴纳的部分），房产税，城镇土地使用税，土地增值税，车船税，耕地占用税，契税，烟叶税，印花税（不含证券交易印花税），增值税 50%部分，纳入共享范围的企业所得税 40%部分，个人所得税 40%部分，海洋石油资源税以外的其他资源税，地方非税收入等。

中央一般公共预算支出和地方一般公共预算支出 指根据政府在经济和社会活动中的不同职责，划分中央和地方政府的责权，按照政府的责权划分确定的支出。中央一般公共预算支出包括一般公共服务，外交支出，国防支出，公共安全支出，以及中央政府调整国民经济结构、协调地区发展、实施宏观调控的支出等。地方一般公共预算支出包括一般公共服务，公共安全支出，地方统筹的各项社会事业支出等。

Explanatory Notes on Main Statistical Indicators

General Public Budget Revenue refers to income for the government finance through participating in the distribution of social products. It is the financial guarantee to ensure government functioning. The government revenue includes the following main items: (1) Various tax revenues including domestic value added tax (VAT), domestic consumption tax, VAT from imports, consumption tax from imports, VAT rebate for exports, consumption tax rebate for exports, corporate income tax, individual income tax, resource tax, city maintenance and construction tax, house property tax, stamp tax, urban land use tax, land appreciation tax, tax on vehicles and boat operation, ship tonnage tax, vehicle purchase tax, tariffs, farm land occupation tax, deed tax, and tobacco tax, environment protection tax, etc. (2) Non-tax revenue, including special program receipts, charge income of administrative and institutional units, penalty receipts, operating income from government capital, income from use of state-owned resources (assets) and others non-tax receipts.

General Public Budget Expenditure refers to the distribution and use of the funds which the government finance has raised, so as to meet the needs of economic construction and various undertakings. It includes the following main items: expenditure for general public services, expenditure for foreign affairs, expenditure for national defence expenditure for public security, expenditure for education, expenditure for science and technology, expenditure for culture, tourism, sport and media, expenditure for social safety net and employment effort, expenditure for health care, expenditure for energy conservation and environment protection, expenditure for urban and rural community affairs, expenditure for agriculture, forestry and water conservancy, expenditure for transportation, expenditure for resource exploration and industrial information, expenditure for affairs of commerce and services, expenditure for finance, aid to other regions, expenditure for nature resources, ocean and weather, expenditure for housing security, expenditure for grain & oil reserves, expenditure for prevention of disasters and emergency management, interest payment for public debts, expenditure for issuing debts. General public budget expenditure is divided into general public budget expenditure of central government and general public budget expenditure of local government according to the different functions of the governments played in economic and social activities.

General Public Budget Revenue of the Central Government and the Local Governments The general public budget revenue of the Central Government includes tariff, VAT and consumption tax from imports, VAT and consumption tax rebate for exports, domestic consumption tax, city maintenance and construct tax from the Ministry of Railways, head offices of banks, head offices of insurance company, which are handed over to the government in a centralized way, 50% of the value added tax, 60% the share part of the corporate income tax, unshared part of corporate income tax of the central enterprises, profit handed in by the central enterprises, 60% of individual income tax, vehicle purchase tax, ship tonnage tax, stamp tax on securities transactions, resource tax on the offshore petroleum resources. The general public budget revenue of the local governments includes city maintenance and construct tax (excluding the part of the Ministry of Railways, head offices of banks, head offices of insurance company, which are handed over to the government in a centralized way), house property tax, urban land use tax, land appreciation tax, tax on vehicles and boat operation, farm land occupation tax, deed tax, and tobacco leaf tax, stamp tax (not including stamp tax on security exchange), 50% of the value added tax, 40% the share part of the corporate income tax, 40% of individual income tax, resource tax other than the tax on offshore petroleum resources, local non-tax revenue, etc.

General Public Budget Expenditure of the Central Government and Local Governments according to the different functions of the Central Government and local governments in economic and social activities, the rights of administration are demarcated between those of the Central Government and those of local governments; and the classification of the expenditure between the Central Government and local governments are made on the basis of the classification of the rights administration between them. The general public budget expenditure of the Central Government includes the expenditure for general public services, expenditure for foreign affairs, expenditure for public security, and the general public budget expenditure of the Central Government for adjusting the national economic structure; coordinating the development among different regions; and exercising macroeconomic regulation. The general public budget expenditure of the local governments includes mainly the expenditure for general public services, expenditure for public security, and expenditures for social development which are planed by local governments, etc.

8

资源和环境

Resources and Environment

简 要 说 明

一、本篇资料的主要内容

本篇主要反映我国自然资源状况和生态环境保护事业发展情况。

自然资源包括土地状况、水资源、森林资源、矿产资源和气象等资料。

生态环境保护事业发展情况主要包括供水用水情况；废水和废气中主要污染物排放情况；固体废物处理利用情况；城市空气质量情况；城市生活垃圾清运及处理情况；城市道路交通和区域环境噪声监测情况；造林、草原建设及自然保护基本情况；地质、地震、海洋、森林灾害及突发环境事件情况；环境污染治理投资情况等。

二、本篇的资料来源

土地状况、河流、矿产资源、海洋灾害、水资源、气象、城市生活垃圾清运及处理、森林资源和造林、草原建设利用、自然保护区、自然灾害损失、地震灾害等情况分别由自然资源部、水利部、中国气象局、住房和城乡建设部、国家林业和草原局、应急管理部提供。

环境污染与治理、空气质量、噪声、工业污染治理投资等情况由生态环境部提供。

Brief Introduction

I. Main Contents

This chapter provides information that reflects natural resource conditions and the progress of ecological of ecological environment protection in China.

Data on natural resources cover land conditions water resources, forest resources, mineral resources and meteorological conditions.

The progress of ecological environment protection mainly include water supply and water use, discharge of main pollutant contents in wastewater and waste gas; treatment and reuse of solid wastes; urban air quality; collection, transportation and disposal of municipal waste; monitoring of urban road traffic noise and environmental noise in major cities; afforestation, grassland construction and natural reserve protection; incidences of geological disasters, earthquake, marine disasters and forest disasters, environmental emergency events; investment in environment pollution treatment, etc.

II. Sources of Data

Data on land conditions, rivers, mineral resources, marine disasters, water resources, meteorological conditions, collection and disposal of municipal wastes, forest resources and afforestation, grassland construction, natural reserve, losses of natural disasters and extreme events, earthquake, etc. are provided respectively by Ministry of Natural Resources, Ministry of Water Resources, China Meteorological Administration, Ministry of Housing and Urban-Rural Development, State Forestry and Grassland Administration, Ministry of Agriculture and Rural Affairs, Ministry of Emergency Management.

Data on environmental pollution and treatment, air quality, noise and investment in the treatment of industrial pollution are provided by the Ministry of Ecology and Environment.

8-1 土地状况(2019年)
Land Use (2019)

项　目	Item	面　积 (万平方公里) Area (10 000 sq.km)
耕地	Cultivated Land	127.9
园地	Garden Land	20.2
林地	Forest Land	284.1
草地	Grassland	264.5
湿地	Wetland	23.5
城镇村及工矿用地	Land for Urban, Rural, Industrial and Mining Activities	35.3
交通运输用地	Land Used for Transport	9.6
水域及水利设施用地	Land Used for Water and Water Conservancy Facilities	36.3

注：2019年土地利用数据来源于第三次全国国土调查(以下相关表同)。
a) Data of land use in 2019 were obtained from the third national land survey. The same as in the relevant following tables.

8-2 主要河流基本情况
Major Rivers

名　称	River	流域面积 (平方公里) Drainage Area (sq.km)	河　长 (公里) Length (km)	年径流量 (亿立方米) Annual Volume of Runoff (100 million cu.m)
长　江	Changjiang River (Yangtze River)	1782715	6300	9857
黄　河	Huanghe River (Yellow River)	752773	5464	592
松花江	Songhuajiang River	561222	2308	818
辽　河	Liaohe River	221097	1390	137
珠　江	Zhujiang River (Pearl River)	442527	2214	3381
海　河	Haihe River	265511	1090	163
淮　河	Huaihe River	268957	1000	595

注：本表数据由水利部提供，为2002年至2005年进行的第二次水资源评价数据。
a) Figures in this table are provided by the Ministry of Water Resources, and are from the Second Water Resources Assessment between 2002 and 2005.

8-3 河流流域面积
Drainage Area of Rivers

流 域 名 称	River	流域面积 (平方公里) Drainage Area (sq.km)	占外流河、内陆河流域面积合计 Percentage to Total (%)
合计	**Total**	**9506678**	**100.00**
外流河	**Out-flowing Rivers**	**6150927**	**64.70**
黑龙江及绥芬河	Heilongjiang River and Suifenhe River	934802	9.83
辽河、鸭绿江及沿海诸河	Liaohe, Yalujiang and Related Coastal Rivers	314146	3.30
海滦河	Haihe River and Luanhe River	320041	3.37
黄河	Huanghe River (Yellow River)	752773	7.92
淮河及山东沿海诸河	Huaihe and Related Coastal Rivers in Shandong Province	330009	3.47
长江	Changjiang River (Yangtze River)	1782715	18.75
浙闽台诸河	Rivers in Zhejiang, Fujian and Taiwan Provinces	244574	2.57
珠江及沿海诸河	Zhujiang River (Pearl River) and Related Coastal Rivers	578974	6.09
元江及澜仓江	Yuanjiang River and Lancang River	240389	2.53
怒江及滇西诸河	Nujiang River and West Yunnan Rivers	157392	1.66
雅鲁藏布江及藏南诸河	Yarlung Zangbo River and Southern Tibet Rivers	387550	4.08
藏西诸河	Western Tibet Rivers	58783	0.62
额尔齐斯河	Ertix River	48779	0.51
内陆河	**Inland Rivers**	**3355751**	**35.30**
内蒙内陆河	Rivers in Inner Mongolia	311378	3.28
河西内陆河	Rivers in Huanghe Upper Reach Area	469843	4.94
准噶尔内陆河	Rivers in Zhunger Basin	323621	3.40
中亚细亚内陆河	Rivers in Central Asia	77757	0.82
塔里木内陆河	Rivers in Tarim Basin	1079643	11.36
青海内陆河	Rivers in Qinghai Province	321161	3.38
羌唐内陆河	Rivers in Qiangtang	730077	7.68
松花江、黄河、藏南闭流区	Blind Drainage Areas of Songhua River, Huanghe River and Southern Tibet	42271	0.44

注：本表数据由水利部提供，为2002年至2005年进行的第二次水资源评价数据。

a) Figures in this table are provided by the Ministry of Water Resources, and are from the Second Water Resources Assessment between 2002 and 2005.

8-4 2020年底主要矿产储量

Reserves of Major Minerals at the End of 2020

矿 产		Item		储量
煤炭	(亿吨)	Coal	(100 million tons)	1622.88
石油	(亿吨)	Petroleum	(100 million tons)	36.19
天然气	(亿立方米)	Natural Gas	(100 million cu.m)	62665.78
铁矿矿石	(亿吨)	Iron Ore	(100 million tons)	108.78
锰矿矿石	(万吨)	Manganese Ore	(10 000 tons)	21295.69
铬铁矿矿石	(万吨)	Chromite Ore	(10 000 tons)	276.97
钒矿V_2O_5	(万吨)	Vanadium Ore V_2O_5	(10 000 tons)	951.2
钛矿TiO_2	(万吨)	Titanium Ore TiO_2	(10 000 tons)	19432.1
铜矿金属	(万吨)	Copper Ore Metals	(10 000 tons)	2701.3
铅矿金属	(万吨)	Lead Ore Metals	(10 000 tons)	1233.1
锌矿金属	(万吨)	Zinc Ore Metals	(10 000 tons)	3094.83
铝土矿矿石	(万吨)	Bauxite Ore	(10 000 tons)	57650.24
镍矿金属	(万吨)	Nickel Ore Metals	(10 000 tons)	21437.25
钨矿WO_3	(万吨)	Tungsten Ore WO_3	(10 000 tons)	222.49
锡矿金属	(万吨)	Tin Ore Metals	(10 000 tons)	72.25
钼矿金属	(万吨)	Molybdenum Ore Metals	(10 000 tons)	373.61
锑矿金属	(万吨)	Antimony Ore Metals	(10 000 tons)	35.17
金矿金属	(吨)	Gold Ore Metals	(ton)	1927.37
银矿金属	(吨)	Silver Ore Metals	(ton)	50672.26
菱镁矿矿石	(万吨)	Magnesite Ore	(10 000 tons)	49475.87
萤石矿物	(万吨)	Fluorite Minerals	(10 000 tons)	4857.55
硫铁矿矿石	(万吨)	Pyrite Ore	(10 000 tons)	66503.54
磷矿矿石	(亿吨)	Phosphate Ore	(100 million tons)	19.13
钾盐KCl	(万吨)	Potassium KCl	(10 000 tons)	28059.54
钠盐NaCl	(亿吨)	Sodium Salt NaCl	(100 million tons)	207.11
芒硝Na_2SO_4	(亿吨)	Glauber's Salt Na_2SO_4	(100 million tons)	17.73
重晶石矿石	(万吨)	Barite Ore	(10 000 tons)	3689.12
玻璃硅质原料矿石	(万吨)	Glass Siliceous Ore	(10 000 tons)	11.33
晶质石墨矿物	(万吨)	Crystalline Graphite Minerals	(10 000 tons)	5231.85
滑石矿石	(万吨)	Talc Ore	(10 000 tons)	5581.06

注：1.矿产资源储量标准依据2020年5月1日起实施的《固体矿产资源储量分类》(GB/T 17766-2020)和《油气矿产资源储量分类》(GB/T 19492-2020)。

2.石油、天然气为剩余探明技术可采储量。

a) Data are referred to The Classification of Solid Mineral Reserves (GB/T17766-2020) and The Classification of Oil and Gas Reservers (GB/T 19492-2020), which were implemented since May 1,2020.

b) Data on oil and gas mineral reserves (petroleum, natural gas, coal seam gas, shale gas) are the remaining recoverable reserves.

8-5 主要城市平均气温(2020年)
Monthly Average Temperature by Major City (2020)

单位：摄氏度 (℃)

城 市	City	1月 Jan.	2月 Feb.	3月 Mar.	4月 Apr.	5月 May	6月 June	7月 July	8月 Aug.	9月 Sept.	10月 Oct.	11月 Nov.	12月 Dec.	年平均 Annual Average
北 京	Beijing	-1.5	1.0	9.1	15.7	21.1	26.9	26.7	26.7	21.8	13.5	6.5	-2.2	13.8
天 津	Tianjin	-1.1	1.9	9.3	15.3	20.7	26.4	27.0	26.3	21.4	13.4	6.9	-2.4	13.8
石家庄	Shijiazhuang	-1.0	3.9	10.8	15.8	22.0	27.2	26.0	26.1	22.6	14.5	8.1	0.0	14.7
太 原	Taiyuan	-3.4	0.6	8.3	12.1	20.0	23.6	23.2	22.4	18.0	10.2	4.3	-5.1	11.2
呼和浩特	Hohhot	-10.5	-4.1	2.3	9.3	16.5	21.8	21.7	20.0	14.9	6.1	-1.1	-12.9	7.0
沈 阳	Shenyang	-9.9	-4.5	3.9	10.1	17.0	23.4	25.2	24.5	18.0	9.2	2.1	-8.4	9.2
大 连	Dalian	-1.1	0.2	6.0	11.1	15.2	21.6	23.2	24.6	21.3	14.8	7.6	-0.7	12.0
长 春	Changchun	-12.5	-7.8	1.1	7.9	15.9	21.8	25.0	23.2	16.3	7.8	-1.4	-12.2	7.1
哈尔滨	Harbin	-16.9	-11.4	-1.1	7.5	15.6	19.9	24.4	21.7	16.3	7.2	-3.3	-15.2	5.4
上 海	Shanghai	7.3	8.6	12.3	15.2	22.3	25.3	26.6	30.5	24.3	19.2	15.3	7.0	17.8
南 京	Nanjing	5.1	8.2	12.3	15.8	23.0	25.8	25.4	30.1	24.1	17.5	13.2	4.6	17.1
杭 州	Hangzhou	7.3	9.9	13.1	16.4	23.5	26.1	26.9	31.0	23.9	19.2	15.0	6.8	18.3
合 肥	Hefei	3.4	7.4	11.7	15.4	22.9	25.4	25.1	28.9	23.1	16.3	11.5	3.5	16.2
福 州	Fuzhou	13.4	13.6	15.7	17.8	24.7	28.8	30.7	30.1	26.0	22.3	20.5	13.9	21.5
南 昌	Nanchang	7.3	11.1	14.2	17.8	24.9	27.6	28.8	30.7	23.7	19.6	15.8	7.7	19.1
济 南	Jinan	1.1	5.6	11.2	14.8	22.2	26.3	25.2	26.4	22.4	14.9	9.4	0.7	15.0
青 岛	Qingdao	2.3	4.1	8.4	11.9	17.0	21.7	23.2	25.6	23.1	16.4	10.5	2.1	13.9
郑 州	Zhengzhou	2.7	6.3	12.8	16.2	24.7	27.1	26.6	27.5	24.6	15.6	10.9	2.9	16.5
武 汉	Wuhan	4.1	8.6	13.0	16.8	23.1	26.5	26.5	30.0	23.1	16.7	12.5	4.8	17.1
长 沙	Changsha	5.1	10.0	13.3	17.0	22.9	26.3	27.6	29.4	22.0	16.8	13.5	6.1	17.5
广 州	Guangzhou	15.8	16.1	20.0	20.0	27.1	28.2	30.3	28.4	27.0	23.4	21.2	14.6	22.7
南 宁	Nanning	15.4	16.5	19.0	19.7	27.4	28.5	29.2	27.6	26.6	22.1	20.2	13.4	22.1
桂 林	Guilin	9.9	14.1	15.8	17.9	26.4	27.2	29.1	28.8	25.0	20.7	17.9	9.4	20.2
海 口	Haikou	20.4	20.8	24.8	24.0	29.6	30.0	30.0	28.4	28.4	25.3	23.4	18.6	25.3
重庆(沙坪坝)	Chongqing(Shapingba)	10.0	11.2	16.0	17.9	24.8	26.5	27.6	31.4	23.5	17.7	15.3	8.7	19.2
成都(温江)	Chengdu(Wenjiang)	7.1	9.7	13.5	16.0	22.6	24.8	25.0	24.8	21.2	15.9	13.0	5.6	16.6
贵 阳	Guiyang	6.2	8.9	12.4	13.4	20.9	22.5	23.7	23.8	18.8	14.2	11.1	3.3	14.9
昆 明	Kunming	9.9	11.0	16.0	16.1	20.6	22.5	20.6	20.8	19.4	16.5	13.5	10.7	16.5
拉 萨	Lhasa	-0.7	1.7	5.9	7.8	11.9	17.7	17.2	17.2	16.8	13.1	5.0	2.8	9.7
西安(泾河)	Xi'an(Jinghe)	2.4	6.2	12.6	16.4	23.0	24.9	25.7	25.4	21.8	13.6	9.4	1.0	15.2
兰州(皋兰)	Lanzhou(Gaolan)	-6.2	-3.2	4.5	9.9	15.7	20.4	21.6	19.8	14.8	7.9	0.5	-8.1	8.1
西 宁	Xining	-5.3	-2.4	2.8	6.6	11.7	14.8	16.8	16.1	12.4	6.2	0.7	-7.1	6.1
银 川	Yinchuan	-4.2	0.2	7.2	12.8	18.8	23.7	25.1	22.5	17.3	8.8	2.7	-7.0	10.7
乌鲁木齐	Urumqi	-9.3	-4.8	2.9	16.4	19.9	21.7	23.8	23.3	16.1	8.0	-1.3	-12.3	8.7

注：从2004年1月份开始成都站被温江站替代、兰州站被皋兰站替代；从2006年1月份开始重庆被沙坪坝站替代、西安站被泾河站替代(以下相关表同)。

a) Since January 2004, Chengdu station was substituted by Wenjiang station, Lanzhou station by Gaolan station; Since January 2006, Chongqing station was substituted by Shapingba station, Xi'an station by Jinghe station, same as the following tables.

8-6 主要城市平均相对湿度（2020年）
Monthly Average Relative Humidity by Major City (2020)

单位：%　　(%)

城　市	City	1月 Jan.	2月 Feb.	3月 Mar.	4月 Apr.	5月 May	6月 June	7月 July	8月 Aug.	9月 Sept.	10月 Oct.	11月 Nov.	12月 Dec.	年平均 Annual Average
北　京	Beijing	51	58	40	32	53	50	66	72	63	50	50	40	52
天　津	Tianjin	62	65	45	37	60	57	70	80	71	59	57	48	59
石家庄	Shijiazhuang	72	58	45	41	56	50	73	77	63	57	59	49	58
太　原	Taiyuan	71	56	37	40	44	54	75	82	70	62	60	52	59
呼和浩特	Hohhot	69	49	37	20	35	39	62	69	58	39	50	57	49
沈　阳	Shenyang	70	65	51	41	65	61	68	81	78	65	59	55	63
大　连	Dalian	60	68	50	42	71	69	77	85	68	55	58	55	63
长　春	Changchun	78	66	55	46	60	62	67	78	84	56	66	66	66
哈尔滨	Harbin	74	72	62	48	61	75	78	86	85	64	67	68	70
上　海	Shanghai	81	76	70	63	76	86	85	73	76	69	76	70	75
南　京	Nanjing	86	76	69	59	71	87	95	82	78	74	76	67	77
杭　州	Hangzhou	81	73	72	60	72	85	85	64	74	70	73	69	73
合　肥	Hefei	90	80	76	71	75	87	93	85	84	85	82	74	82
福　州	Fuzhou	74	74	80	66	81	79	70	70	78	64	67	72	73
南　昌	Nanchang	81	76	81	67	76	84	83	71	82	73	68	64	75
济　南	Jinan	67	58	44	42	50	55	71	79	62	53	57	52	57
青　岛	Qingdao	68	74	62	55	78	84	85	91	70	57	62	57	70
郑　州	Zhengzhou	72	65	51	49	47	62	79	82	58	67	62	53	62
武　汉	Wuhan	86	81	79	71	77	86	88	76	85	85	82	76	81
长　沙	Changsha	86	80	83	68	79	86	84	70	87	81	75	71	79
广　州	Guangzhou	76	82	84	81	84	84	74	83	88	75	73	69	79
南　宁	Nanning	78	79	86	79	79	83	80	84	84	75	71	67	79
桂　林	Guilin	73	73	80	72	73	84	76	73	77	68	61	65	73
海　口	Haikou	83	83	81	82	75	76	74	83	82	81	79	80	80
重庆(沙坪坝)	Chongqing(Shapingba)	77	80	72	74	67	76	80	59	80	87	78	78	76
成都(温江)	Chengdu(Wenjiang)	83	76	74	73	69	78	84	87	87	85	83	85	80
贵　阳	Guiyang	88	84	80	78	75	83	81	75	90	84	78	86	82
昆　明	Kunming	63	64	49	58	56	66	81	83	86	78	70	69	69
拉　萨	Lhasa	22	21	31	40	42	47	60	54	49	35	24	18	37
西安(泾河)	Xi'an(Jinghe)	68	54	49	47	47	67	76	79	70	78	68	63	64
兰州(皋兰)	Lanzhou(Gaolan)	66	40	41	31	46	48	63	68	77	55	60	56	54
西　宁	Xining	59	36	44	44	51	61	67	70	74	56	57	58	56
银　川	Yinchuan	61	35	30	23	35	39	48	59	63	54	63	59	47
乌鲁木齐	Urumqi	73	69	53	29	32	35	42	41	43	48	65	76	51

8-7 主要城市降水量（2020年）
Monthly Precipitation by Major City (2020)

单位：毫米 (milimeters)

城 市	City	1月 Jan.	2月 Feb.	3月 Mar.	4月 Apr.	5月 May	6月 June	7月 July	8月 Aug.	9月 Sept.	10月 Oct.	11月 Nov.	12月 Dec.	全年 Annual Total
北 京	Beijing	4.7	37.7	11.9	12.7	49.3	35.0	108.5	167.4	71.1	1.8	27.9	0.0	528.0
天 津	Tianjin	3.4	13.5	13.6	11.8	73.3	46.1	108.9	209.3	191.5	4.7	28.4	0.0	704.5
石家庄	Shijiazhuang	9.1	4.5	11.2	14.6	54.7	124.6	128.9	230.5	49.1	0.0	30.6	0.3	658.1
太 原	Taiyuan	16.1	5.5	9.5	17.4	64.3	14.8	97.5	243.6	38.2	9.3	29.5	1.3	547.0
呼和浩特	Hohhot	4.1	0.0	2.7	0.0	27.0	30.2	84.1	148.9	59.9	5.3	1.5	0.5	364.2
沈 阳	Shenyang	2.0	24.3	10.0	16.4	127.2	46.0	55.7	333.5	82.8	13.0	41.5	0.0	752.4
大 连	Dalian	4.4	20.6	3.3	19.8	196.8	49.9	102.6	276.7	67.8	34.0	66.4	10.3	852.6
长 春	Changchun	5.0	3.6	13.4	20.6	46.4	50.8	69.1	124.0	273.3	21.5	34.3	0.0	662.0
哈尔滨	Harbin	3.2	8.3	6.9	6.3	77.6	199.8	116.0	146.1	174.1	13.6	31.0	0.4	783.3
上 海	Shanghai	142.7	59.7	95.0	28.1	75.2	306.5	343.1	190.1	183.8	43.4	75.6	11.8	1555.0
南 京	Nanjing	75.2	35.5	89.9	70.8	33.7	281.6	271.9	114.3	82.8	64.9	76.8	20.6	1218.0
杭 州	Hangzhou	227.6	82.4	154.3	45.9	152.3	384.4	236.6	66.1	222.3	39.9	32.4	21.2	1665.4
合 肥	Hefei	102.4	44.5	112.0	19.8	45.2	344.1	529.9	90.7	64.7	63.0	61.9	19.4	1497.6
福 州	Fuzhou	28.2	65.2	262.8	63.9	262.6	224.1	81.7	80.0	119.4	5.6	0.5	16.5	1210.5
南 昌	Nanchang	215.5	104.5	201.8	98.3	261.0	283.4	664.5	35.0	161.6	40.2	55.7	19.2	2140.7
济 南	Jinan	29.0	36.9	7.7	36.0	42.9	82.0	75.7	248.5	35.5	10.5	46.4	10.7	661.8
青 岛	Qingdao	33.6	39.4	1.6	16.6	133.0	97.1	297.0	378.5	32.3	2.7	55.6	8.5	1095.9
郑 州	Zhengzhou	47.7	33.5	5.5	22.3	54.5	129.1	127.0	129.0	51.7	31.1	39.6	8.4	679.4
武 汉	Wuhan	113.2	106.9	84.4	45.9	124.3	420.4	553.6	121.0	169.2	173.1	81.9	18.4	2012.3
长 沙	Changsha	166.5	135.3	168.9	107.0	194.1	183.2	160.7	68.6	195.5	79.3	24.9	37.0	1521.0
广 州	Guangzhou	22.4	124.9	151.6	125.7	545.5	262.7	67.5	226.5	345.0	12.2	4.4	1.9	1890.3
南 宁	Nanning	40.8	58.5	182.2	104.9	155.3	119.8	39.4	177.3	103.4	88.8	1.0	1.6	1073.0
桂 林	Guilin	84.2	174.8	338.9	199.8	256.0	605.5	339.4	121.6	173.3	31.3	6.2	10.7	2341.7
海 口	Haikou	33.2	11.9	16.8	82.6	42.7	105.6	131.2	214.5	118.2	419.9	28.1	14.2	1218.9
重庆(沙坪坝)	Chongqing(Shapingba)	22.2	15.6	62.4	74.9	61.4	209.3	368.8	10.9	175.7	138.4	20.8	22.5	1182.9
成都(温江)	Chengdu(Wenjiang)	13.0	4.2	25.3	25.7	59.5	104.4	101.8	747.2	52.8	60.0	4.2	13.7	1211.8
贵 阳	Guiyang	77.8	39.5	22.7	77.7	197.8	208.5	290.7	48.0	286.6	96.1	18.0	17.1	1380.5
昆 明	Kunming	61.5	24.2	5.3	45.3	22.9	122.8	379.8	258.0	95.4	26.9	6.6	8.7	1057.4
拉 萨	Lhasa	0.3	0.2	10.2	9.1	36.0	76.9	174.2	79.1	40.8	1.3	0.0	0.0	428.1
西安(泾河)	Xi'an(Jinghe)	3.1	7.2	16.5	8.4	81.7	131.2	102.9	116.6	40.7	68.5	42.9	2.7	622.4
兰州(皋兰)	Lanzhou(Gaolan)	1.8	0.1	3.0	0.3	35.5	25.6	49.2	72.4	34.1	1.6	0.1	0.0	223.7
西 宁	Xining	4.8	1.6	5.1	3.9	62.9	64.1	82.0	123.6	72.7	2.4	3.1	1.6	427.8
银 川	Yinchuan	0.3	0.0	0.0	4.0	8.9	43.0	13.7	82.5	26.7	0.5	6.6	0.3	186.5
乌鲁木齐	Urumqi	9.7	6.3	18.6	1.3	19.6	38.2	17.8	29.9	5.1	23.1	15.9	8.8	194.3

8-8 主要城市日照时数（2020年）
Monthly Sunshine Hours by Major City (2020)

单位：小时 (hour)

城 市	City	1月 Jan.	2月 Feb.	3月 Mar.	4月 Apr.	5月 May	6月 June	7月 July	8月 Aug.	9月 Sept.	10月 Oct.	11月 Nov.	12月 Dec.	全年 Annual Total
北 京	Beijing	183.4	153.2	253.1	281.7	185.3	199.4	150.8	164.7	225.4	243.9	186.9	213.6	2441.4
天 津	Tianjin	167.7	160.9	265.2	305.4	243.6	211.4	186.4	168.9	225.7	239.7	186.2	205.0	2566.1
石家庄	Shijiazhuang	104.6	165.3	237.7	277.8	233.2	168.8	122.2	168.6	219.0	213.4	204.4	223.7	2338.7
太 原	Taiyuan	120.9	180.4	252.2	280.5	339.4	318.7	308.5	276.8	297.0	271.3	221.5	236.0	3103.2
呼和浩特	Hohhot	168.7	187.3	271.1	305.5	267.0	245.2	228.6	210.6	236.1	270.0	210.2	217.5	2817.8
沈 阳	Shenyang	203.6	231.9	275.8	318.4	281.4	244.2	236.4	142.0	156.0	233.8	178.2	203.9	2705.5
大 连	Dalian	164.5	148.9	245.4	294.7	181.2	236.8	203.7	153.9	212.9	216.7	172.5	169.0	2400.2
长 春	Changchun	238.4	235.7	285.4	203.7	186.0	218.5	249.2	174.3	120.6	232.5	188.8	204.9	2538.0
哈尔滨	Harbin	235.3	243.1	307.9	324.9	364.0	340.2	387.6	295.4	240.8	243.2	213.6	225.4	3421.4
上 海	Shanghai	70.2	147.9	155.4	218.4	151.3	95.7	98.4	262.2	171.2	190.7	147.0	121.5	1829.9
南 京	Nanjing	44.6	130.2	153.4	210.9	167.8	95.2	95.2	202.5	171.3	154.3	140.4	137.5	1703.3
杭 州	Hangzhou	73.9	108.5	109.2	197.5	155.1	104.1	102.7	258.0	122.9	134.0	131.9	110.0	1607.8
合 肥	Hefei	52.7	133.7	157.6	224.3	217.3	125.5	83.3	229.1	172.9	136.8	151.0	133.8	1818.0
福 州	Fuzhou	116.5	125.7	82.0	165.5	134.5	185.5	217.5	195.3	112.4	152.6	120.5	54.4	1662.4
南 昌	Nanchang	62.2	114.8	75.0	173.1	120.4	82.0	137.3	232.5	65.8	112.3	127.6	93.5	1396.5
济 南	Jinan	211.3	196.5	294.7	312.5	329.9	313.4	316.1	260.7	226.9	166.7	160.6	180.9	2970.2
青 岛	Qingdao	126.7	136.0	235.6	315.8	308.9	287.5	298.5	207.9	220.2	166.3	146.3	156.7	2606.4
郑 州	Zhengzhou	62.0	150.3	170.1	218.1	245.9	121.1	97.2	124.0	165.8	87.5	102.2	132.7	1676.9
武 汉	Wuhan	93.9	173.4	224.7	212.5	155.2	97.1	62.0	240.6	99.4	98.5	113.2	83.3	1653.8
长 沙	Changsha	55.9	77.0	69.5	162.7	121.9	88.2	119.7	290.6	47.6	87.5	106.1	65.8	1292.5
广 州	Guangzhou	118.7	98.2	52.1	125.6	95.7	133.4	207.1	187.8	119.5	160.3	195.8	147.5	1641.7
南 宁	Nanning	71.5	62.6	41.5	87.9	201.4	168.5	218.5	169.8	123.1	106.6	123.6	117.6	1492.6
桂 林	Guilin	53.4	56.7	45.1	80.3	105.7	56.3	153.7	193.6	70.4	124.5	101.3	65.4	1106.4
海 口	Haikou	128.4	91.4	142.5	113.0	255.1	220.3	261.7	177.3	158.9	55.5	82.8	55.3	1742.2
重庆(沙坪坝)	Chongqing(Shapingba)	30.6	24.7	106.2	105.4	164.1	99.5	90.8	221.2	43.6	16.0	92.6	13.1	1007.8
成都(温江)	Chengdu(Wenjiang)	62.7	73.3	88.1	104.3	128.0	99.8	77.6	103.0	47.5	21.9	27.2	94.0	927.4
贵 阳	Guiyang	62.9	63.3	106.1	111.2	177.1	108.7	146.4	190.2	53.5	102.5	133.7	30.9	1286.5
昆 明	Kunming	241.0	252.0	324.4	290.4	333.0	313.7	276.1	284.3	246.3	245.0	245.3	229.8	3281.3
拉 萨	Lhasa	268.8	279.4	317.2	310.9	318.9	306.4	265.6	323.0	301.0	316.8	275.5	261.2	3544.7
西安(泾河)	Xi'an(Jinghe)	83.7	172.6	164.9	186.1	221.3	132.6	143.3	147.1	161.1	69.2	110.1	83.6	1675.6
兰州(皋兰)	Lanzhou(Gaolan)	162.8	225.3	223.3	230.3	240.4	204.5	218.6	191.8	172.7	171.6	174.0	189.7	2405.0
西 宁	Xining	198.5	245.6	215.3	210.5	215.3	170.4	179.3	184.6	164.1	187.6	187.6	187.3	2346.1
银 川	Yinchuan	150.4	220.3	237.5	296.7	274.9	268.3	229.3	190.7	205.7	208.2	164.8	164.0	2610.8
乌鲁木齐	Urumqi	140.0	181.5	248.9	265.2	267.2	275.5	271.0	282.8	237.1	256.7	143.2	150.3	2719.4

8-9 水资源情况
Water Resources

年份 Year 地区 Region		水资源总量（亿立方米）Total Water Resources (100 million cu.m)	地表水资源量 Surface Water Resources	地下水资源量 Groundwater Resources	地表水与地下水资源重复量 Overlapped Measurement Between Surface Water and Groundwater	人均水资源量（立方米/人）Per Capita Water Resources (cu.m/person)
	2000	27700.8	26561.9	8501.9	7363.0	2193.9
	2005	28053.1	26982.4	8091.1	7020.4	2151.8
	2006	25330.1	24358.1	7642.9	6670.8	1932.1
	2007	25255.2	24242.5	7617.2	6604.5	1916.3
	2008	27434.3	26377.0	8122.0	7064.7	2071.1
	2009	24180.2	23125.2	7267.0	6212.1	1816.3
	2010	30906.4	29797.6	8417.0	7308.2	2310.4
	2011	23256.7	22213.6	7214.5	6171.4	1729.1
	2012	29528.8	28373.3	8296.4	7140.9	2180.5
	2013	27957.9	26839.5	8081.1	6962.7	2050.8
	2014	27266.9	26263.9	7745.0	6742.0	1987.6
	2015	27962.6	26900.8	7797.0	6735.2	2026.5
	2016	32466.4	31273.9	8854.8	7662.3	2339.4
	2017	28761.2	27746.3	8309.6	7294.7	2059.9
	2018	27462.5	26323.2	8246.5	7107.2	1957.7
	2019	29041.0	27993.3	8191.5	7143.8	2062.9
	2020	31605.2	30407.0	8553.5	7355.3	2239.8
北京	Beijing	25.8	8.2	22.3	4.7	117.8
天津	Tianjin	13.3	8.6	5.8	1.1	96.0
河北	Hebei	146.3	55.7	130.3	39.7	196.2
山西	Shanxi	115.2	72.2	85.9	42.9	329.8
内蒙古	Inner Mongolia	503.9	354.2	243.9	94.2	2091.7
辽宁	Liaoning	397.1	357.7	115.2	75.8	930.8
吉林	Jilin	586.2	504.8	169.4	88.0	2418.8
黑龙江	Heilongjiang	1419.9	1221.5	406.5	208.1	4419.2
上海	Shanghai	58.6	49.9	11.6	2.9	235.9
江苏	Jiangsu	543.4	486.6	137.8	81.0	641.3
浙江	Zhejiang	1026.6	1008.8	224.4	206.6	1598.7
安徽	Anhui	1280.4	1193.7	228.6	141.9	2099.5
福建	Fujian	760.3	759.0	243.5	242.2	1832.5
江西	Jiangxi	1685.6	1666.7	386.0	367.1	3731.3
山东	Shandong	375.3	259.8	201.8	86.3	370.3
河南	Henan	408.6	294.8	185.8	72.0	411.9
湖北	Hubei	1754.7	1735.0	381.6	361.9	3006.7
湖南	Hunan	2118.9	2111.2	466.1	458.4	3189.9
广东	Guangdong	1626.0	1616.3	399.1	389.4	1294.9
广西	Guangxi	2114.8	2113.7	445.4	444.3	4229.2
海南	Hainan	263.6	260.6	74.6	71.6	2626.8
重庆	Chongqing	766.9	766.9	128.7	128.7	2397.7
四川	Sichuan	3237.3	3236.2	649.1	648.0	3871.9
贵州	Guizhou	1328.6	1328.6	281.0	281.0	3448.2
云南	Yunnan	1799.2	1799.2	619.8	619.8	3813.5
西藏	Tibet	4597.3	4597.3	1045.7	1045.7	126473.2
陕西	Shaanxi	419.6	385.6	146.7	112.7	1062.4
甘肃	Gansu	408.0	396.0	158.2	146.2	1628.7
青海	Qinghai	1011.9	989.5	437.3	414.9	17107.4
宁夏	Ningxia	11.0	9.0	17.8	15.8	153.0
新疆	Xinjiang	801.0	759.6	503.5	462.1	3111.3

8-10 供水用水情况
Water Supply and Water Use

年份 Year / 地区 Region		供水总量(亿立方米) Water Supply (100 million cu.m)	地表水 Surface Water	地下水 Ground-water	其他 Others	用水总量(亿立方米) Water Use (100 million cu.m)	农业 Agriculture	工业 Industry	生活 Households and Service	人工生态环境补水 Artificial Eco-environment	人均用水量(立方米/人) Per Capita Water Use (cu.m/person)
	2000	5530.7	4440.4	1069.2	21.1	5497.6	3783.5	1139.1	574.9		435.4
	2005	5633.0	4572.2	1038.8	22.0	5633.0	3580.0	1285.2	675.1	92.7	432.1
	2006	5795.0	4706.7	1065.5	22.7	5795.0	3664.4	1343.8	693.8	93.0	442.0
	2007	5818.7	4723.9	1069.1	25.7	5818.7	3599.5	1403.0	710.4	105.7	441.5
	2008	5910.0	4796.4	1084.8	28.7	5910.0	3663.5	1397.1	729.3	120.2	446.2
	2009	5965.2	4839.5	1094.5	31.2	5965.2	3723.1	1390.9	748.2	103.0	448.1
	2010	6022.0	4881.6	1107.3	33.1	6022.0	3689.1	1447.3	765.8	119.8	450.2
	2011	6107.2	4953.3	1109.1	44.8	6107.2	3743.6	1461.8	789.9	111.9	454.1
	2012	6131.2	4952.8	1133.8	44.6	6131.2	3902.5	1380.7	739.7	108.3	452.8
	2013	6183.4	5007.3	1126.2	49.9	6183.4	3921.5	1406.4	750.1	105.4	453.6
	2014	6094.9	4920.5	1116.9	57.5	6094.9	3869.0	1356.1	766.6	103.2	444.3
	2015	6103.2	4969.5	1069.2	64.5	6103.2	3852.2	1334.8	793.5	122.7	442.3
	2016	6040.2	4912.4	1057.0	70.8	6040.2	3768.0	1308.0	821.6	142.6	435.2
	2017	6043.4	4945.5	1016.7	81.2	6043.4	3766.4	1277.0	838.1	161.9	432.8
	2018	6015.5	4952.7	976.4	86.4	6015.5	3693.1	1261.6	859.9	200.9	428.8
	2019	6021.2	4982.5	934.2	104.5	6021.2	3682.3	1217.6	871.7	249.6	427.7
	2020	5812.9	4792.3	892.5	128.1	5812.9	3612.4	1030.4	863.1	307.0	411.9
北京	Beijing	40.6	15.1	13.5	12.0	40.6	3.2	3.0	17.2	17.2	185.4
天津	Tianjin	27.8	19.2	3.0	5.6	27.8	10.3	4.5	6.6	6.4	200.6
河北	Hebei	182.8	84.8	88.2	9.8	182.8	107.7	18.2	27.0	29.9	245.2
山西	Shanxi	72.8	39.5	27.7	5.5	72.8	41.0	12.4	14.6	4.8	208.4
内蒙古	Inner Mongolia	194.4	105.7	81.6	7.1	194.4	140.0	13.4	11.6	29.4	807.0
辽宁	Liaoning	129.3	72.9	50.8	5.7	129.3	79.6	16.9	25.4	7.4	303.1
吉林	Jilin	117.7	79.5	36.0	2.3	117.7	83.0	10.0	13.3	11.4	485.7
黑龙江	Heilongjiang	314.1	182.9	129.4	1.8	314.1	278.4	18.5	14.9	2.3	977.6
上海	Shanghai	97.5	97.4		0.1	97.5	15.2	57.9	23.6	0.8	392.4
江苏	Jiangsu	572.0	556.0	4.3	11.7	572.0	266.6	236.9	63.7	4.8	675.1
浙江	Zhejiang	163.9	159.7	0.3	4.0	163.9	73.9	35.7	47.4	7.0	255.2
安徽	Anhui	268.3	233.8	28.7	5.8	268.3	144.5	80.4	35.1	8.3	439.9
福建	Fujian	183.0	177.8	3.4	1.8	183.0	99.7	41.1	33.0	9.3	441.1
江西	Jiangxi	244.1	235.8	6.0	2.3	244.1	161.9	50.4	28.8	3.2	540.3
山东	Shandong	222.5	135.7	75.0	11.9	222.5	134.0	31.9	37.5	19.1	219.5
河南	Henan	237.1	120.8	105.8	10.6	237.1	123.5	35.6	43.1	35.0	239.0
湖北	Hubei	278.9	273.8	4.6	0.4	278.9	139.1	77.6	50.3	11.8	477.9
湖南	Hunan	305.1	297.9	4.8	2.4	305.1	195.8	58.0	44.4	6.9	459.3
广东	Guangdong	405.1	390.4	11.1	3.6	405.1	210.9	80.4	107.9	6.0	322.6
广西	Guangxi	261.1	249.8	9.1	2.2	261.1	186.9	34.7	35.4	4.1	522.1
海南	Hainan	44.0	42.6	1.1	0.3	44.0	33.4	1.5	8.0	1.1	438.5
重庆	Chongqing	70.1	64.6	1.0	4.6	70.1	29.0	17.1	22.4	1.7	219.2
四川	Sichuan	236.9	227.8	7.9	1.1	236.9	153.9	23.5	53.6	5.9	283.3
贵州	Guizhou	90.1	87.1	2.0	1.0	90.1	51.8	18.7	18.0	1.7	233.8
云南	Yunnan	156.0	149.9	3.8	2.3	156.0	110.0	16.5	25.1	4.4	330.6
西藏	Tibet	32.2	28.5	3.6	0.1	32.2	27.4	1.2	3.3	0.3	885.8
陕西	Shaanxi	90.6	55.7	30.9	4.0	90.6	55.6	10.9	18.9	5.2	229.4
甘肃	Gansu	109.9	82.1	23.6	4.2	109.9	83.7	6.2	9.3	10.7	438.7
青海	Qinghai	24.3	18.9	4.8	0.5	24.3	17.7	2.4	3.0	1.1	410.8
宁夏	Ningxia	70.2	63.6	6.1	0.5	70.2	58.6	4.2	3.7	3.7	976.4
新疆	Xinjiang	570.4	442.9	124.3	3.1	570.4	496.2	10.7	17.3	46.2	2215.6

注：2012年起，生活用水量中的牲畜用水量调整至农业用水量中。
a) Since 2012, water use on animal husbandry is moved to agriculture use from households and service use.

8-11 分地区废水中主要污染物排放情况（2020年）
Main Pollutant Contents Discharged in Wastewater by Region (2020)

地区	Region	废水中主要污染物排放量 Main Pollutant Contents Discharged in Wastewater					
		化学需氧量（万吨）COD (10 000 tons)	氨氮（万吨）Ammonia Nitrogen (10 000 tons)	总氮（万吨）Total Nitrogen (10 000 tons)	总磷（万吨）Total Phosphorus (10 000 tons)	石油类（吨）Petroleum (ton)	挥发酚（吨）Volatile Phenol (ton)
全国	**National Total**	**2564.76**	**98.40**	**322.34**	**33.67**	**3734.0**	**59.8**
北京	Beijing	5.36	0.28	1.09	0.05	4.7	0.0
天津	Tianjin	15.63	0.26	1.69	0.16	8.8	0.1
河北	Hebei	127.42	3.22	11.45	1.12	133.5	5.0
山西	Shanxi	61.98	1.64	5.40	0.67	26.5	1.0
内蒙古	Inner Mongolia	70.88	1.39	5.81	0.43	45.0	0.2
辽宁	Liaoning	124.75	1.85	10.00	1.28	278.5	11.2
吉林	Jilin	56.25	0.96	4.75	0.50	34.6	0.4
黑龙江	Heilongjiang	149.17	2.42	10.32	1.23	52.1	1.1
上海	Shanghai	7.29	0.30	2.68	0.07	226.4	0.5
江苏	Jiangsu	120.78	5.19	18.65	1.79	191.9	4.4
浙江	Zhejiang	53.22	3.84	12.32	0.99	157.7	0.8
安徽	Anhui	118.60	4.43	15.17	1.78	91.0	1.3
福建	Fujian	62.30	4.55	12.22	1.35	55.7	0.7
江西	Jiangxi	101.48	4.59	12.91	1.58	104.8	12.0
山东	Shandong	153.48	5.31	17.07	1.39	219.8	8.7
河南	Henan	144.57	4.63	17.39	1.63	46.5	0.7
湖北	Hubei	153.03	5.82	18.94	2.45	1078.0	1.1
湖南	Hunan	147.64	7.14	20.31	2.37	64.8	0.4
广东	Guangdong	161.31	9.64	29.11	3.06	203.0	0.8
广西	Guangxi	103.04	7.25	22.92	2.36	25.4	0.2
海南	Hainan	17.28	0.81	3.08	0.40	0.8	0.3
重庆	Chongqing	32.06	2.01	5.92	0.46	108.8	3.4
四川	Sichuan	130.46	8.02	20.06	1.77	357.1	2.0
贵州	Guizhou	116.78	2.89	10.37	1.52	27.5	0.1
云南	Yunnan	68.60	2.79	11.02	1.06	40.7	1.1
西藏	Tibet	53.05	0.51	1.88	0.38	0.2	0.0
陕西	Shaanxi	48.88	2.53	7.05	0.50	39.3	0.4
甘肃	Gansu	59.54	0.65	3.60	0.46	30.4	0.3
青海	Qinghai	8.57	0.54	1.34	0.06	10.0	0.5
宁夏	Ningxia	22.03	0.34	1.43	0.19	9.4	0.3
新疆	Xinjiang	69.34	2.58	6.34	0.61	60.9	0.9

8-11 续表 continued

地 区	Region	废水中主要污染物排放量 Main Pollutant Contents Discharged in Wastewater					
		总铅 (千克) Total Plumbum (kg)	总汞 (千克) Total Mercury (kg)	总镉 (千克) Total Cadmium (kg)	六价铬 (千克) Hexavalent Chromium (kg)	总铬 (千克) Total Chromium (kg)	总砷 (千克) Total Arsenic (kg)
全 国	**National Total**	**26680**	**1129**	**4166**	**8550**	**30913**	**10241**
北 京	Beijing	3	0	0	3	12	4
天 津	Tianjin	23	5	3	32	125	20
河 北	Hebei	70	6	2	70	670	65
山 西	Shanxi	59	1	20	6	16	167
内蒙古	Inner Mongolia	399	17	45	18	153	257
辽 宁	Liaoning	44	17	7	46	269	112
吉 林	Jilin	953	24	201	19	370	1317
黑龙江	Heilongjiang	46	1	9	15	32	241
上 海	Shanghai	58	3	15	48	197	47
江 苏	Jiangsu	312	29	10	474	2115	103
浙 江	Zhejiang	409	7	90	849	2961	56
安 徽	Anhui	936	11	236	167	639	732
福 建	Fujian	500	20	91	117	976	208
江 西	Jiangxi	2673	28	660	3879	4989	1258
山 东	Shandong	796	36	146	255	2664	653
河 南	Henan	336	6	33	86	998	110
湖 北	Hubei	905	233	384	973	4733	958
湖 南	Hunan	6678	186	519	394	4747	896
广 东	Guangdong	4947	61	520	602	2330	444
广 西	Guangxi	848	30	252	45	253	350
海 南	Hainan	10	0	4	9	39	11
重 庆	Chongqing	143	29	3	49	160	137
四 川	Sichuan	238	52	34	132	465	365
贵 州	Guizhou	115	7	27	18	72	196
云 南	Yunnan	2140	219	279	32	338	693
西 藏	Tibet	5	0	2	2	4	3
陕 西	Shaanxi	917	8	222	40	191	337
甘 肃	Gansu	792	23	160	123	225	296
青 海	Qinghai	816	18	105	2	6	52
宁 夏	Ningxia	1	42	0	1	2	21
新 疆	Xinjiang	506	6	87	46	162	133

8-12 主要城市废水中主要污染物排放情况（2020年）
Main Pollutant Contents Discharged in Wastewater by Main City (2020)

城 市 City	工业化学需氧量排放量（吨）Industrial COD Discharged (ton)	工业氨氮排放量（吨）Industrial Ammonia Nitrogen Discharged (ton)	生活化学需氧量排放量（吨）Municipal COD Discharged (ton)	生活氨氮排放量（吨）Municipal Ammonia Nitrogen Discharged (ton)
北 京 Beijing	1413	34	40464	2606
天 津 Tianjin	2821	96	33600	1302
石家庄 Shijiazhuang	4221	141	31356	1004
太 原 Taiyuan	775	33	12022	432
呼和浩特 Hohhot	1180	45	18369	2738
沈 阳 Shenyang	1675	96	29365	1605
长 春 Changchun	1248	44	51698	974
哈尔滨 Harbin	1927	86	45625	2043
上 海 Shanghai	8603	206	56113	2496
南 京 Nanjing	3567	97	59465	4494
杭 州 Hangzhou	6050	131	43143	4163
合 肥 Hefei	1289	35	42796	787
福 州 Fuzhou	1845	32	69149	3571
南 昌 Nanchang	2643	107	26076	1185
济 南 Jinan	1744	54	48172	2961
郑 州 Zhengzhou	1365	46	39631	1480
武 汉 Wuhan	3329	128	89699	7063
长 沙 Changsha	2840	144	69205	9857
广 州 Guangzhou	2885	82	93987	5891
南 宁 Nanning	2027	56	94082	13598
海 口 Haikou	178	5	11463	588
重 庆 Chongqing	9318	358	132399	16402
成 都 Chengdu	2255	98	307455	34059
贵 阳 Guiyang	1161	352	21124	4423
昆 明 Kunming	976	58	14204	1753
拉 萨 Lhasa	145	9	6007	859
西 安 Xi'an	1431	58	43812	3912
兰 州 Lanzhou	814	36	9765	304
西 宁 Xining	447	31	23104	2206
银 川 Yinchuan	1217	25	9129	333
乌鲁木齐 Urumqi	658	123	10696	4785

注：本表生活化学需氧量排放量和生活氨氮排放量包括城镇和农村。
a) The discharge of COD and Ammonia Nitrogen includes urban and rural areas.

8-13 分地区废气中主要污染物排放情况（2020年）
Main Pollutant Contents Emission in Waste Gas by Region (2020)

单位：万吨 (10 000 tons)

地 区	Region	二氧化硫 Sulphur Dioxide	氮氧化物 Nitrogen Oxides	颗粒物 Particulate Matter
全 国	**National Total**	**318.22**	**1181.65**	**613.35**
北 京	Beijing	0.18	8.67	0.94
天 津	Tianjin	1.02	11.70	1.56
河 北	Hebei	16.17	76.97	37.07
山 西	Shanxi	16.05	56.34	45.13
内蒙古	Inner Mongolia	27.39	47.56	71.42
辽 宁	Liaoning	20.64	57.96	28.91
吉 林	Jilin	6.84	20.11	24.52
黑龙江	Heilongjiang	14.32	29.76	38.72
上 海	Shanghai	0.54	15.98	1.05
江 苏	Jiangsu	11.26	48.50	16.01
浙 江	Zhejiang	5.15	38.73	8.60
安 徽	Anhui	10.86	46.43	12.99
福 建	Fujian	7.88	25.82	13.07
江 西	Jiangxi	10.25	28.33	14.52
山 东	Shandong	19.33	62.47	24.42
河 南	Henan	6.68	54.55	8.58
湖 北	Hubei	9.72	49.80	18.91
湖 南	Hunan	10.24	27.33	21.46
广 东	Guangdong	11.69	60.78	15.65
广 西	Guangxi	8.78	29.34	11.00
海 南	Hainan	0.59	4.07	0.99
重 庆	Chongqing	6.75	16.70	8.47
四 川	Sichuan	16.31	40.45	22.40
贵 州	Guizhou	17.74	189.49	20.17
云 南	Yunnan	17.66	34.44	29.57
西 藏	Tibet	0.57	5.39	1.02
陕 西	Shaanxi	9.37	26.62	28.43
甘 肃	Gansu	8.58	19.64	14.90
青 海	Qinghai	4.01	7.10	7.63
宁 夏	Ningxia	7.16	12.06	10.21
新 疆	Xinjiang	14.48	28.59	55.04

8-14 主要城市废气中主要污染物排放情况（2020年）
Main Pollutant Contents Emission in Waste Gas by Main City (2020)

单位：吨 (ton)

城市	City	工业二氧化硫排放量 Industrial Sulphur Dioxide Emission	工业氮氧化物排放量 Industrial Nitrogen Oxides Emission	工业颗粒物排放量 Industrial Particulate Matter Emission	生活及其他二氧化硫排放量 Domestic and Other Sulphur Dioxide Emission	生活及其他氮氧化物排放量 Domestic and Other Nitrogen Oxides Emission	生活及其他颗粒物排放量 Domestic and Other Particulate Matter Emission
北京	Beijing	988	9751	4376	761	8613	4538
天津	Tianjin	9756	29167	10053	417	3458	4428
石家庄	Shijiazhuang	7886	29232	23647	1461	2211	7429
太原	Taiyuan	8481	19936	19493	891	1719	2362
呼和浩特	Hohhot	16438	17592	6423	454	250	2269
沈阳	Shenyang	9671	15885	4178	2680	1541	6774
长春	Changchun	16566	26811	15464	6318	3907	25371
哈尔滨	Harbin	9500	21970	6162	26760	15035	133829
上海	Shanghai	5200	23396	7899	232	4211	1298
南京	Nanjing	9685	23684	21820	1	1644	151
杭州	Hangzhou	3973	16056	10411	80	387	262
合肥	Hefei	4742	11628	4519	599	1679	6081
福州	Fuzhou	13237	34460	18876	739	603	1518
南昌	Nanchang	5081	8027	3264	215	505	472
济南	Jinan	11356	25382	13414	4519	2384	12147
郑州	Zhengzhou	5465	12329	7690	111	1651	349
武汉	Wuhan	9600	22464	6357	10001	3857	20152
长沙	Changsha	1845	4971	4021	1361	806	3442
广州	Guangzhou	2005	10605	6077	1437	2421	4285
南宁	Nanning	6426	13843	9548	1126	609	2284
海口	Haikou	475	130	66	0	178	16
重庆	Chongqing	46992	71189	59050	20527	7328	24575
成都	Chengdu	4026	14206	8321	3017	6389	5176
贵阳	Guiyang	13340	12015	5169	2391	374	2665
昆明	Kunming	16790	15131	19313	2609	1308	4424
拉萨	Lhasa	4084	2604	1932	124	72	195
西安	Xi'an	1506	2917	1797	6516	5305	18912
兰州	Lanzhou	12714	15919	6732	2542	1965	10246
西宁	Xining	24094	11807	7008	230	1159	2374
银川	Yinchuan	9286	14133	6244	20	467	142
乌鲁木齐	Urumqi	8095	11877	18104	4085	4580	27372

8-15 分地区固体废物处理利用情况（2020年）
Disposal and Reuse of Industrial Solid Wastes by Region (2020)

单位：万吨 (10 000 tons)

地 区	Region	一般工业固体废物产生量 Common Industrial Solid Wastes Generated	一般工业固体废物综合利用量 Integrated Reuse of Common Industrial Solid Wastes	一般工业固体废物处置量 Common Industrial Solid Wastes Disposed	一般工业固体废物贮存量 Stock of Common Industrial Solid Wastes	一般工业固体废物倾倒丢弃量 Common Industrial Solid Wastes Discharged	危险废物产生量 Hazardous Wastes Generated	危险废物利用处置量 Integrated Reuse and Disposal of Hazardous Wastes	危险废物本年末贮存量 Year-end Stock of Hazardous Wastes
全 国	**National Total**	**367546**	**203798**	**91749**	**80798**	**113.49**	**7281.81**	**8073.73**	**11899.99**
北 京	Beijing	415	193	223	0	0.00	24.97	27.01	0.63
天 津	Tianjin	1739	1731	6	3	0.02	63.70	63.79	0.65
河 北	Hebei	34081	18880	11399	3935		357.46	369.69	15.80
山 西	Shanxi	42635	17150	19546	6350	92.00	213.98	225.36	5.32
内蒙古	Inner Mongolia	35117	12377	13711	10366	1.73	540.58	495.87	119.74
辽 宁	Liaoning	25526	11478	7942	6410	10.51	137.53	134.81	21.61
吉 林	Jilin	4676	2407	1512	829	0.25	197.02	169.95	803.55
黑龙江	Heilongjiang	6769	3166	1328	2745		118.54	126.56	16.92
上 海	Shanghai	1809	1702	111	2		131.91	133.41	1.29
江 苏	Jiangsu	11870	10866	970	121	0.01	522.05	607.04	12.18
浙 江	Zhejiang	4591	4546	56	15		444.79	464.49	9.74
安 徽	Anhui	14012	12026	1813	891	0.04	168.02	170.77	11.40
福 建	Fujian	6043	4016	2044	88	0.25	138.55	144.38	2.48
江 西	Jiangxi	12083	5498	816	6018	0.74	147.66	178.97	30.92
山 东	Shandong	24989	19612	1587	3991		933.35	1052.06	247.53
河 南	Henan	15355	11468	2099	2159	0.15	212.31	253.34	43.07
湖 北	Hubei	8987	6178	2016	1364	0.24	122.17	123.92	7.36
湖 南	Hunan	4360	3270	538	675	0.07	218.63	275.74	27.58
广 东	Guangdong	6944	5631	956	405	0.61	418.21	438.11	23.79
广 西	Guangxi	9030	4389	1396	3544	0.25	252.21	276.61	63.03
海 南	Hainan	714	484	228	2	0.01	9.77	9.58	1.18
重 庆	Chongqing	2272	1909	445	161	0.07	83.53	102.64	10.37
四 川	Sichuan	14903	5656	2562	7058	1.00	456.89	458.56	49.66
贵 州	Guizhou	9516	6610	1494	1813	0.02	57.05	74.45	2.91
云 南	Yunnan	17473	9060	4621	4609	0.03	290.16	929.34	26.88
西 藏	Tibet	1940	185	1	1754	0.05	0.49	0.49	0.01
陕 西	Shaanxi	12430	6443	4903	1745	0.24	160.96	167.94	113.76
甘 肃	Gansu	5450	2804	1728	1399	0.08	157.63	148.40	208.28
青 海	Qinghai	15724	6892	203	8709	0.01	319.65	85.77	7606.62
宁 夏	Ningxia	6738	3117	3336	343	0.10	97.77	113.27	16.26
新 疆	Xinjiang	9354	4053	2161	3293	5.00	284.27	251.44	2399.49

8-16 主要城市固体废物处理利用情况(2020年)
Disposal and Reuse of Industrial Solid Wastes by Main City (2020)

单位：万吨 (10 000 tons)

城市 City		一般工业固体废物产生量 Common Industrial Solid Wastes Generated	一般工业固体废物综合利用量 Integrated Reuse of Common Industrial Solid Wastes	一般工业固体废物处置量 Common Industrial Solid Wastes Disposed	一般工业固体废物贮存量 Stock of Common Industrial Solid Wastes
北　京	Beijing	415	193	223	0
天　津	Tianjin	1739	1731	6	3
石家庄	Shijiazhuang	1487	1427	43	29
太　原	Taiyuan	2762	994	1068	701
呼和浩特	Hohhot	1305	283	1022	1
沈　阳	Shenyang	1064	846	178	75
长　春	Changchun	655	600	116	5
哈尔滨	Harbin	537	416	110	20
上　海	Shanghai	1809	1702	111	2
南　京	Nanjing	1888	1770	70	67
杭　州	Hangzhou	547	551	4	2
合　肥	Hefei	1121	923	9	245
福　州	Fuzhou	839	733	104	3
南　昌	Nanchang	316	309	7	0
济　南	Jinan	2263	2169	117	7
郑　州	Zhengzhou	1295	1061	192	44
武　汉	Wuhan	1275	1233	31	13
长　沙	Changsha	142	114	20	10
广　州	Guangzhou	567	550	17	2
南　宁	Nanning	153	136	21	3
海　口	Haikou	6	6	0	0
重　庆	Chongqing	2272	1909	445	161
成　都	Chengdu	304	278	26	1
贵　阳	Guiyang	1573	1105	434	95
昆　明	Kunming	2010	478	1553	18
拉　萨	Lhasa	1600	159	0	1441
西　安	Xi'an	183	156	27	0
兰　州	Lanzhou	523	511	6	6
西　宁	Xining	412	388	10	18
银　川	Yinchuan	1386	650	724	14
乌鲁木齐	Urumqi	974	839	133	3

8-17 主要城市空气质量情况（2020年）
Ambient Air Quality by Main City (2020)

城市	City	二氧化硫年平均浓度 (μg/m³) Annual Average Concentration of SO_2 (μg/m³)	二氧化氮年平均浓度 (μg/m³) Annual Average Concentration of NO_2 (μg/m³)	可吸入颗粒物(PM_{10})年平均浓度 (μg/m³) Annual Average Concentration of PM_{10} (μg/m³)	一氧化碳日均值第95百分位浓度 (mg/m³) 95th Percentile Daily Average Concentration of CO (mg/m³)	臭氧(O_3)日最大8小时第90百分位浓度 (μg/m³) 90th Percentile Daily Maximum 8 Hours Average Concentration of O_3(μg/m³)	细颗粒物($PM_{2.5}$)年平均浓度 (μg/m³) Annual Average Concentration of $PM_{2.5}$ (μg/m³)	空气质量达到及好于二级的天数(天) Days of Air Quality Equal to or Above Grade II (day)
北京	Beijing	4	29	56	1.3	174	38	276
天津	Tianjin	8	39	68	1.7	190	48	245
石家庄	Shijiazhuang	12	41	101	2.1	180	58	205
太原	Taiyuan	17	45	95	1.8	186	54	224
呼和浩特	Hohhot	13	33	71	2.4	141	40	294
沈阳	Shenyang	18	35	74	1.7	154	42	287
长春	Changchun	10	32	59	1.3	126	42	305
哈尔滨	Harbin	17	32	64	1.4	121	47	303
上海	Shanghai	6	37	41	1.1	152	32	319
南京	Nanjing	7	36	56	1.1	167	31	304
杭州	Hangzhou	6	38	55	1.1	151	30	334
合肥	Hefei	7	39	56	1.1	144	36	311
福州	Fuzhou	5	21	38	0.9	128	21	364
南昌	Nanchang	9	29	58	1.0	147	33	335
济南	Jinan	13	36	88	1.6	188	50	223
郑州	Zhengzhou	9	39	84	1.4	182	51	230
武汉	Wuhan	8	36	58	1.2	150	37	309
长沙	Changsha	7	27	48	1.2	146	41	309
广州	Guangzhou	7	36	43	1.0	160	23	331
南宁	Nanning	8	24	46	1.0	118	26	357
海口	Haikou	4	11	29	0.8	120	14	361
重庆	Chongqing	8	39	53	1.1	150	33	331
成都	Chengdu	6	37	64	1.0	169	41	280
贵阳	Guiyang	10	18	41	0.9	113	23	362
昆明	Kunming	9	26	42	0.9	126	24	366
拉萨	Lhasa	7	19	29	1.0	118	12	366
西安	Xi'an	8	41	88	1.5	159	51	250
兰州	Lanzhou	15	47	76	2.0	150	34	312
西宁	Xining	15	36	61	2.3	130	35	337
银川	Yinchuan	14	35	72	1.8	148	36	301
乌鲁木齐	Urumqi	9	36	75	2.2	123	47	279

8-18 分地区城市生活垃圾清运和处理情况（2020年）
Collection, Transportation and Treatment of Municipal Domestic Garbage by Region (2020)

地区	Region	生活垃圾清运量（万吨）Volume of Domestic Garbage Collected and Transported (10 000 tons)	无害化处理厂数（座）Number of Plants for Harmless Treatment of Domestic Garbage (number)	卫生填埋 Sanitary Landfill	焚烧 Incinerate	其他 Others	无害化处理能力（吨/日）Harmless Treatment Capacity (ton/day)	卫生填埋 Sanitary Landfill	焚烧 Incinerate	其他 Others
全国	**National Total**	**23511.7**	**1287**	**644**	**463**	**180**	**963460**	**337848**	**567804**	**57808**
北京	Beijing	797.5	41	9	12	20	33811	7491	18090	8230
天津	Tianjin	306.5	19	4	11	4	20400	5100	13550	1750
河北	Hebei	786.2	59	38	15	6	32173	11743	18460	1970
山西	Shanxi	460.7	31	21	8	2	16783	9207	7298	278
内蒙古	Inner Mongolia	387.7	29	25	4		12948	8798	4150	
辽宁	Liaoning	993.3	41	29	8	4	32837	18737	12580	1520
吉林	Jilin	464.2	34	21	10	3	18925	8795	9450	680
黑龙江	Heilongjiang	497.6	45	34	7	4	22498	15003	6452	1043
上海	Shanghai	868.1	23	5	10	8	40046	15350	19300	5396
江苏	Jiangsu	1870.5	85	25	46	14	83051	13715	65420	3916
浙江	Zhejiang	1444.9	76	16	43	17	76603	12133	58630	5840
安徽	Anhui	660.7	49	16	22	11	32242	8182	21510	2550
福建	Fujian	878.5	35	10	18	7	27759	4379	20800	2580
江西	Jiangxi	527.5	29	12	14	3	23293	7690	15200	403
山东	Shandong	1673.9	97	31	49	17	67636	14946	49450	3240
河南	Henan	1130.2	48	36	11	1	37366	20516	16800	50
湖北	Hubei	987.4	63	34	16	13	36597	14569	16205	5824
湖南	Hunan	797.1	43	26	11	6	32355	15851	14619	1885
广东	Guangdong	3102.5	118	48	57	13	136593	43558	87416	5620
广西	Guangxi	519.6	33	18	14	1	18972	7172	11650	150
海南	Hainan	253.6	12	6	4	2	8685	2310	5875	500
重庆	Chongqing	628.5	25	16	7	2	19449	8049	11100	300
四川	Sichuan	1136.6	51	22	25	4	39444	13175	25336	933
贵州	Guizhou	358.5	35	14	14	7	18607	6347	11100	1160
云南	Yunnan	487.5	36	24	11	1	17195	6145	10950	100
西藏	Tibet	62.3	11	10	1		3055	2355	700	
陕西	Shaanxi	550.0	33	28	4	1	18710	11699	6911	100
甘肃	Gansu	272.6	24	19	3	2	9593	5674	3208	710
青海	Qinghai	116.2	12	10		2	2140	1970		170
宁夏	Ningxia	126.8	14	7	4	3	5936	2630	2745	560
新疆	Xinjiang	364.2	36	30	4	2	17760	14560	2850	350

8-18 续表 continued

地区	Region	无害化处理量(万吨) Volume of Domestic Garbage Harmlessly Treated (10 000 tons)	卫生填埋 Sanitary Landfill	焚烧 Incinerate	其他 Others	生活垃圾无害化处理率(%) Rate of Domestic Garbage Harmless Treatment (%)
全国	**National Total**	**23452.3**	**7771.5**	**14607.6**	**1073.2**	**99.7**
北京	Beijing	797.5	111.6	507.2	178.7	100.0
天津	Tianjin	306.5	79.3	195.7	31.6	100.0
河北	Hebei	786.2	309.7	447.2	29.2	100.0
山西	Shanxi	460.7	284.2	167.3	9.3	100.0
内蒙古	Inner Mongolia	387.4	268.6	118.8		99.9
辽宁	Liaoning	988.6	574.0	375.6	39.0	99.5
吉林	Jilin	464.2	174.7	279.2	10.2	100.0
黑龙江	Heilongjiang	497.0	349.2	130.2	17.6	99.9
上海	Shanghai	868.1	70.0	682.1	116.0	100.0
江苏	Jiangsu	1870.5	196.6	1599.1	74.8	100.0
浙江	Zhejiang	1444.9	294.7	1068.5	81.7	100.0
安徽	Anhui	660.7	87.8	548.9	24.0	100.0
福建	Fujian	878.5	131.6	699.1	47.8	100.0
江西	Jiangxi	527.5	195.9	324.7	6.9	100.0
山东	Shandong	1673.9	137.8	1476.7	59.4	100.0
河南	Henan	1129.5	683.1	445.2	1.2	99.9
湖北	Hubei	987.4	423.5	479.1	84.8	100.0
湖南	Hunan	797.1	348.4	415.6	33.1	100.0
广东	Guangdong	3101.0	896.4	2108.4	96.2	99.9
广西	Guangxi	519.6	251.6	262.1	5.9	100.0
海南	Hainan	253.6	80.3	157.5	15.9	100.0
重庆	Chongqing	589.7	194.4	386.2	9.2	93.8
四川	Sichuan	1136.5	370.5	749.3	16.6	100.0
贵州	Guizhou	350.8	136.6	197.3	16.8	97.8
云南	Yunnan	487.4	196.9	278.9	11.6	100.0
西藏	Tibet	62.1	42.4	19.7		99.6
陕西	Shaanxi	549.6	300.2	247.0	2.5	99.9
甘肃	Gansu	272.6	136.0	121.4	15.2	100.0
青海	Qinghai	115.4	97.7		17.7	99.3
宁夏	Ningxia	126.8	40.0	71.7	15.1	100.0
新疆	Xinjiang	360.8	308.0	47.8	5.0	99.1

8-19 主要城市噪声监测情况（2020年）
Monitoring of Noise by Main City (2020)

城　市　City		道路交通噪声 等效声级 dB(A) Road Traffic Noise Average Noise Level dB(A)	区域环境噪声 等效声级 dB(A) Urban Environment Noise Average Noise Level dB(A)
北　京	Beijing	69.0	53.6
天　津	Tianjin	66.7	53.3
石家庄	Shijiazhuang	67.3	53.7
太　原	Taiyuan	66.8	53.0
呼和浩特	Hohhot	68.1	53.0
沈　阳	Shenyang	70.0	55.7
长　春	Changchun	69.7	55.2
哈尔滨	Harbin	70.3	58.0
上　海	Shanghai	68.2	54.2
南　京	Nanjing	66.8	53.5
杭　州	Hangzhou	67.6	56.3
合　肥	Hefei	69.1	57.9
福　州	Fuzhou	68.3	57.0
南　昌	Nanchang	66.2	53.8
济　南	Jinan	69.1	55.1
郑　州	Zhengzhou	68.5	55.4
武　汉	Wuhan	68.2	55.9
长　沙	Changsha	69.3	54.3
广　州	Guangzhou	69.3	55.7
南　宁	Nanning	68.5	53.3
海　口	Haikou	67.7	57.5
重　庆	Chongqing	65.3	52.2
成　都	Chengdu	69.6	54.6
贵　阳	Guiyang	69.7	55.2
昆　明	Kunming	67.3	53.9
拉　萨	Lhasa	67.7	57.1
西　安	Xi'an	69.4	55.8
兰　州	Lanzhou	68.8	54.1
西　宁	Xining	68.3	52.5
银　川	Yinchuan	66.6	52.6
乌鲁木齐	Urumqi	61.5	55.0

8-20 分地区耕地面积
Area of Cultivated Land by Region

单位：千公顷 (1 000 hectares)

地 区	Region	2013	2014	2015	2016	2017	2019
全 国	**National Total**	**135163.4**	**135057.3**	**134998.7**	**134920.9**	**134881.2**	**127861.9**
北 京	Beijing	221.2	219.9	219.3	216.3	213.7	93.5
天 津	Tianjin	438.3	437.2	436.9	436.9	436.8	329.6
河 北	Hebei	6551.2	6535.5	6525.5	6520.5	6518.9	6034.2
山 西	Shanxi	4062.0	4056.8	4058.8	4056.8	4056.3	3869.5
内蒙古	Inner Mongolia	9199.0	9230.7	9238.0	9257.9	9270.8	11496.5
辽 宁	Liaoning	4989.7	4981.7	4977.4	4974.5	4971.6	5182.1
吉 林	Jilin	7006.5	7001.4	6999.2	6993.4	6986.7	7498.5
黑龙江	Heilongjiang	15864.1	15860.0	15854.1	15850.1	15845.7	17195.4
上 海	Shanghai	188.0	188.2	189.8	190.7	191.6	162.0
江 苏	Jiangsu	4581.6	4574.2	4574.9	4571.1	4573.3	4089.7
浙 江	Zhejiang	1978.5	1976.6	1978.6	1974.7	1977.0	1290.5
安 徽	Anhui	5883.1	5872.1	5872.9	5867.5	5866.8	5546.9
福 建	Fujian	1338.7	1336.4	1336.3	1336.3	1336.9	932.0
江 西	Jiangxi	3087.3	3085.4	3082.7	3082.2	3086.0	2721.6
山 东	Shandong	7633.5	7620.6	7611.0	7606.9	7589.8	6461.9
河 南	Henan	8140.7	8117.9	8105.9	8111.0	8112.3	7514.1
湖 北	Hubei	5281.8	5261.7	5255.0	5245.3	5235.9	4768.6
湖 南	Hunan	4149.5	4149.0	4150.2	4148.7	4151.0	3629.2
广 东	Guangdong	2621.8	2623.3	2615.9	2607.6	2599.7	1901.9
广 西	Guangxi	4419.4	4410.3	4402.3	4395.1	4387.5	3307.6
海 南	Hainan	726.7	725.7	725.9	722.7	722.4	486.9
重 庆	Chongqing	2455.8	2454.6	2430.5	2382.5	2369.8	1870.2
四 川	Sichuan	6734.8	6734.2	6731.4	6732.9	6725.2	5227.2
贵 州	Guizhou	4548.1	4540.1	4537.4	4530.2	4518.8	3472.6
云 南	Yunnan	6219.8	6207.4	6208.5	6207.8	6213.3	5395.5
西 藏	Tibet	441.8	442.5	443.0	444.6	444.0	442.1
陕 西	Shaanxi	3992.0	3994.8	3995.2	3989.5	3982.9	2934.3
甘 肃	Gansu	5378.8	5377.9	5374.9	5372.4	5377.0	5209.5
青 海	Qinghai	588.2	585.7	588.4	589.4	590.1	564.2
宁 夏	Ningxia	1281.1	1285.9	1290.1	1288.8	1289.9	1195.4
新 疆	Xinjiang	5160.2	5169.5	5188.9	5216.5	5239.6	7038.6

注：2013-2017年数据为自然资源部当年全国土地变更调查数据。

a) Data in 2013-2017 are provided by the Ministry of Natural Resources, which are results of the National Land Change Survey of corresponding years.

8-21 分地区土地利用情况（2019年）
Land Use by Region (2019)

单位：千公顷 (1 000 hectares)

地区	Region	耕地 Cultivated Land	园地 Garden Land	林地 Forest Land	草地 Grassland	湿地 Wetland	城镇村及工矿用地 Land for Urban, Rural, Industrial and Mining Activities	交通运输用地 Land Used for Transport	水域及水利设施用地 Land Used for Water and Water Conservancy Facilities
全国	**National Total**	**127861.9**	**20171.6**	**284125.9**	**264530.1**	**23469.3**	**35306.4**	**9553.1**	**36287.9**
北京	Beijing	93.5	126.3	967.6	14.5	3.1	313.6	49.3	61.7
天津	Tianjin	329.6	36.9	148.3	15.0	32.7	332.2	45.3	237.3
河北	Hebei	6034.2	1005.9	6425.3	1947.3	142.7	2102.9	407.1	571.1
山西	Shanxi	3869.5	640.9	6095.7	3105.1	54.4	1017.6	269.8	173.1
内蒙古	Inner Mongolia	11496.5	47.2	24360.0	54171.9	3809.4	1493.3	799.4	1061.8
辽宁	Liaoning	5182.1	527.9	6015.7	487.2	286.4	1316.2	308.9	691.6
吉林	Jilin	7498.5	76.5	8759.0	674.7	230.3	850.9	264.6	598.1
黑龙江	Heilongjiang	17195.4	62.4	21623.2	1185.7	3501.0	1164.4	544.3	1686.4
上海	Shanghai	162.0	15.1	81.8	13.2	72.7	289.5	34.1	191.3
江苏	Jiangsu	4089.7	230.3	787.0	93.6	416.4	2097.3	365.1	2503.4
浙江	Zhejiang	1290.5	760.3	6093.6	63.5	165.2	1146.8	246.9	702.5
安徽	Anhui	5546.9	372.7	4091.5	47.9	47.7	1755.7	305.5	1728.5
福建	Fujian	932.0	918.4	8811.4	74.9	188.6	704.9	217.5	373.1
江西	Jiangxi	2721.6	572.4	10413.7	88.7	28.7	1103.6	349.8	1289.6
山东	Shandong	6461.9	1262.4	2605.3	235.2	246.2	2806.5	446.4	1325.4
河南	Henan	7514.1	427.8	4396.3	257.0	39.1	2449.5	381.7	850.7
湖北	Hubei	4768.6	487.0	9280.1	89.4	61.2	1411.5	329.9	1983.7
湖南	Hunan	3629.2	886.1	12717.1	140.5	236.1	1630.3	364.8	1258.5
广东	Guangdong	1901.9	1324.8	10792.5	238.5	178.9	1763.8	327.4	1342.3
广西	Guangxi	3307.6	1670.2	16095.2	276.2	127.2	979.9	352.3	749.0
海南	Hainan	486.9	1217.7	1174.1	17.1	121.2	243.1	58.9	183.1
重庆	Chongqing	1870.2	280.6	4689.0	23.6	15.0	637.7	155.8	271.7
四川	Sichuan	5227.2	1203.2	25419.6	9687.8	1230.8	1841.2	473.9	1053.2
贵州	Guizhou	3472.6	568.1	11210.1	188.3	7.1	772.5	331.0	255.4
云南	Yunnan	5395.5	2572.2	24969.0	1322.9	39.8	1073.7	526.4	608.5
西藏	Tibet	442.1	11.9	17896.1	80065.0	4302.5	162.3	166.6	5930.4
陕西	Shaanxi	2934.3	1214.0	12476.0	2210.3	48.7	917.8	302.6	273.3
甘肃	Gansu	5209.5	428.6	7962.8	14307.1	1185.6	852.6	331.2	409.4
青海	Qinghai	564.2	62.3	4603.6	39470.8	5101.2	367.8	140.5	2446.6
宁夏	Ningxia	1195.4	91.5	952.6	2031.0	24.9	297.1	94.0	168.7
新疆	Xinjiang	7038.6	1070.1	12212.5	51986.0	1524.5	1410.0	561.9	5308.5

8-22 分地区森林资源情况
Forest Resources by Region

地区	Region	林业用地面积（万公顷）Area of Afforested Land (10 000 hectares)	森林面积（万公顷）Forest Area (10 000 hectares)	#人工林 Planted Forest	森林覆盖率(%) Forest Coverage Rate (%)	活立木总蓄积量（万立方米）Total Stock Volume of Living Trees (10 000 cu.m)	森林蓄积量（万立方米）Stock Volume of Forest (10 000 cu.m)
全国	**National Total**	**32368.55**	**22044.62**	**8003.10**	**22.96**	**1900713.20**	**1756022.99**
北京	Beijing	107.10	71.82	43.48	43.77	3000.81	2437.36
天津	Tianjin	20.39	13.64	12.98	12.07	620.56	460.27
河北	Hebei	775.64	502.69	263.54	26.78	15920.34	13737.98
山西	Shanxi	787.25	321.09	167.63	20.50	14778.65	12923.37
内蒙古	Inner Mongolia	4499.17	2614.85	600.01	22.10	166271.98	152704.12
辽宁	Liaoning	735.92	571.83	315.32	39.24	30888.53	29749.18
吉林	Jilin	904.79	784.87	175.94	41.49	105368.45	101295.77
黑龙江	Heilongjiang	2453.77	1990.46	243.26	43.78	199999.41	184704.09
上海	Shanghai	10.19	8.90	8.90	14.04	664.32	449.59
江苏	Jiangsu	174.98	155.99	150.83	15.20	9609.62	7044.48
浙江	Zhejiang	659.77	604.99	244.65	59.43	31384.86	28114.67
安徽	Anhui	449.33	395.85	232.91	28.65	26145.10	22186.55
福建	Fujian	924.40	811.58	385.59	66.80	79711.29	72937.63
江西	Jiangxi	1079.90	1021.02	368.70	61.16	57564.29	50665.83
山东	Shandong	349.34	266.51	256.11	17.51	13040.49	9161.49
河南	Henan	520.74	403.18	245.78	24.14	26564.48	20719.12
湖北	Hubei	876.09	736.27	197.42	39.61	39579.82	36507.91
湖南	Hunan	1257.59	1052.58	501.51	49.69	46141.03	40715.73
广东	Guangdong	1080.29	945.98	615.51	53.52	50063.49	46755.09
广西	Guangxi	1629.50	1429.65	733.53	60.17	74433.24	67752.45
海南	Hainan	217.50	194.49	140.40	57.36	16347.14	15340.15
重庆	Chongqing	421.71	354.97	95.93	43.11	24412.17	20678.18
四川	Sichuan	2454.52	1839.77	502.22	38.03	197201.77	186099.00
贵州	Guizhou	927.96	771.03	315.45	43.77	44464.57	39182.90
云南	Yunnan	2599.44	2106.16	507.68	55.04	213244.99	197265.84
西藏	Tibet	1798.19	1490.99	7.84	12.14	230519.15	228254.42
陕西	Shaanxi	1236.79	886.84	310.53	43.06	51023.42	47866.70
甘肃	Gansu	1046.35	509.73	126.56	11.33	28386.88	25188.89
青海	Qinghai	819.16	419.75	19.10	5.82	5556.86	4864.15
宁夏	Ningxia	179.52	65.60	43.55	12.63	1111.14	835.18
新疆	Xinjiang	1371.26	802.23	121.42	4.87	46490.95	39221.50

注：1.本表为第九次全国森林资源清查（2014-2018）资料。
2.除林业用地面积外，其他指标全国总计数包括台湾省和香港、澳门特别行政区数据。

a) Data in the table are results of the Ninth National Forestry Survey (2014-2018).
b) Data of national total include forest resources in Taiwan province and Hong Kong SAR and Macao SAR except Area of Afforested Land.

8-23 造林面积
Area of Afforestation

单位：公顷 (hectare)

年份 地区	Year Region	造林总面积 Total Area of Afforestation	按造林方式分 By Approach				
			人工造林 Manual Planting	飞播造林 Airplane Planting	封山育林 Closed Hillsides for Afforestation	退化林修复 Restoration of Degraded Forest	人工更新 Artificial Regeneration
	2000	5105138	4345008	760130			
	2005	5403791	3231556	416386	1755849		
	2006	3838794	2446122	271803	1120869		
	2007	3907711	2738521	118671	1050519		
	2008	5354387	3684913	154065	1515409		
	2009	6262330	4156293	226337	1879700		
	2010	5909919	3872762	195948	1841209		
	2011	5996613	4065693	196931	1733989		
	2012	5595791	3820704	136409	1638678		
	2013	6100057	4209686	154400	1735971		
	2014	5549612	4052912	108055	1388645		
	2015	7683695	4362589	128390	2152877	739334	300505
	2016	7203509	3823656	162322	1953638	991088	272805
	2017	7680711	4295890	141220	1657169	1280993	305439
	2018	7299473	3677952	135429	1785067	1329166	371859
	2019	7390294	3458315	125565	1898314	1537877	370223
	2020	6933696	3000060	151496	1774608	1619648	387884
北京	Beijing	41762	14909		26733		120
天津	Tianjin	2535	1878			10	647
河北	Hebei	446772	241999	36732	149635	13306	5100
山西	Shanxi	272071	201658		46666	23747	
内蒙古	Inner Mongolia	649981	301516	28665	129869	183933	5998
辽宁	Liaoning	158008	30152	13334	55334	51659	7529
吉林	Jilin	123892	37573			77117	9202
黑龙江	Heilongjiang	121280	53725		20268	47287	
上海	Shanghai	5444	5444				
江苏	Jiangsu	51644	46336			115	5193
浙江	Zhejiang	119926	41759		2489	70341	5337
安徽	Anhui	151465	59639		42144	48433	1249
福建	Fujian	204315	4895		134855	17408	47157
江西	Jiangxi	270736	72022		75779	119307	3628
山东	Shandong	141753	102830			10938	27985
河南	Henan	211209	171883	17951	14959	6416	
湖北	Hubei	258160	111910		85225	52433	8592
湖南	Hunan	574010	129184		236244	208049	533
广东	Guangdong	264967	29625		103327	66180	65835
广西	Guangxi	211006	20998		20124	6487	163397
海南	Hainan	15162	2467				12695
重庆	Chongqing	303153	78633		78922	145598	
四川	Sichuan	343922	118658		100578	112064	12622
贵州	Guizhou	280039	220402			59637	
云南	Yunnan	334084	254181		53854	25844	205
西藏	Tibet	96986	38453	14533	44000		
陕西	Shaanxi	324453	148897	20281	84979	70296	
甘肃	Gansu	341959	240723		67598	33638	
青海	Qinghai	294308	38169	20000	153879	82260	
宁夏	Ningxia	87032	58190		5500	23342	
新疆	Xinjiang	204196	119219		41647	38470	4860
大兴安岭	Daxinganling	27466	2133			25333	

注：自2015年起造林面积包括人工造林、飞播造林、新封山育林、退化林修复和人工更新。自2019年起新封山育林指标名称改为封山育林。

a) Since 2015, total area of afforestation includes that of manual planting, airplane planting, new closed hillsides for afforestation, restoration of degraded forest, artificial regeneration. Since 2019, New Closed Hillsides for Afforestation is renamed as Closed Hillsides for Afforestation.

8-24 分地区草原建设利用情况(2020年)
Grassland Protection and Use by Region (2020)

单位：千公顷 (1 000 hectares)

地 区	Region	种草面积 Grass Planting Area	草原改良面积 Grassland Improvement Area	草原鼠害 Rat Plague in Grassland 发生面积 Area of Occurrence	草原鼠害 防治面积 Area of Prevention and Control	草原虫害 Insect Plague in Grassland 发生面积 Area of Occurrence	草原虫害 防治面积 Area of Prevention and Control	草原火灾受害面积(公顷) Area Affected by Fire (hectare)
全 国	**National Total**	**1187.1**	**2038.7**	**34447.3**	**5422.3**	**9838.9**	**3482.1**	**11045.9**
北 京	Beijing	1.1						
天 津	Tianjin							
河 北	Hebei	31.7	44.4	175.3	135.9	207.9	134.0	
山 西	Shanxi	1.1	16.8	376.3	51.1	316.0	47.3	
内蒙古	Inner Mongolia	378.3	240.8	8108.2	3066.5	4205.1	1825.3	9004.9
辽 宁	Liaoning	20.8	19.0	193.3	72.9	232.3	100.6	
吉 林	Jilin	9.5	15.9	17.8	29.6	35.6	26.0	
黑龙江	Heilongjiang	14.0	13.3	51.3	43.0	104.6	84.5	
上 海	Shanghai							
江 苏	Jiangsu							
浙 江	Zhejiang							
安 徽	Anhui	0.2						
福 建	Fujian							
江 西	Jiangxi							
山 东	Shandong							
河 南	Henan							
湖 北	Hubei	0.1						
湖 南	Hunan							
广 东	Guangdong							
广 西	Guangxi							
海 南	Hainan							
重 庆	Chongqing	0.1	0.0					
四 川	Sichuan	105.3	143.9	2751.3	226.7	830.7	123.3	2021.0
贵 州	Guizhou	1.6						
云 南	Yunnan	88.9	12.4	44.1	45.7	50.6	54.9	
西 藏	Tibet	68.1	448.7	10666.7	666.7	17.4	12.7	
陕 西	Shaanxi	18.8	1.3	226.3	66.0	48.5	8.7	
甘 肃	Gansu	89.9	162.7	2833.7	438.4	992.7	227.7	11.0
青 海	Qinghai	174.2	241.6	105.3	40.2	113.6	36.2	
宁 夏	Ningxia	10.9	20.0	7475.3	173.0	1350.4	124.0	
新 疆	Xinjiang	172.5	657.8	1422.2	366.6	1333.6	676.9	9.0

8-25 分地区自然保护基本情况（2020年）
Basic Conditions of Natural Protection by Region (2020)

地　区	Region	国家级自然保护区个数(个) Number of National Nature Reserves (number)	国家级自然保护区面积(万公顷) Area of National Nature Reserves (10 000 hectares)
全　国	**National Total**	**474**	**9821.3**
北　京	Beijing	2	2.9
天　津	Tianjin	3	3.1
河　北	Hebei	13	27.1
山　西	Shanxi	8	14.1
内蒙古	Inner Mongolia	29	434.9
辽　宁	Liaoning	19	90.5
吉　林	Jilin	24	122.8
黑龙江	Heilongjiang	49	389.4
上　海	Shanghai	2	6.5
江　苏	Jiangsu	3	30.2
浙　江	Zhejiang	11	14.8
安　徽	Anhui	8	14.4
福　建	Fujian	17	22.7
江　西	Jiangxi	16	26.1
山　东	Shandong	7	22.1
河　南	Henan	13	44.2
湖　北	Hubei	22	54.6
湖　南	Hunan	23	60.6
广　东	Guangdong	15	33.9
广　西	Guangxi	23	37.2
海　南	Hainan	10	16.3
重　庆	Chongqing	6	25.5
四　川	Sichuan	32	304.9
贵　州	Guizhou	10	29.0
云　南	Yunnan	20	152.2
西　藏	Tibet	11	3712.3
陕　西	Shaanxi	26	62.8
甘　肃	Gansu	21	671.7
青　海	Qinghai	7	2116.2
宁　夏	Ningxia	9	46.6
新　疆	Xinjiang	15	1232.0

8-26 分地区自然灾害损失情况(2020年)
Losses Caused by Natural Disasters by Region (2020)

单位：千公顷 (1 000 hectares)

地 区	Region	农作物受灾面积合计 Total Areas Affected of Farm Crops		旱 灾 Drought		洪涝、地质灾害和台风 Flood, Geological Disaster, Typhoon		风雹灾害 Wind and Hail	
		受灾 Area Affected	绝收 Total Crop Failure	受灾 Area Affected	绝收 Total Crop Failure	受灾 Area Affected	绝收 Total Crop Failure	受灾 Area Affected	绝收 Total Crop Failure
全 国	**National Total**	**19957.6**	**2706.0**	**5081.0**	**704.5**	**11059.6**	**1498.0**	**2765.2**	**290.8**
北 京	Beijing	1.6	1.1					1.6	1.1
天 津	Tianjin	17.2	8.4					17.2	8.4
河 北	Hebei	371.4	69.4	19.3	3.1	20.1	2.1	189.9	26.2
山 西	Shanxi	1029.9	182.7	510.2	43.4	62.7	9.6	163.3	9.4
内蒙古	Inner Mongolia	2367.8	239.6	1165.1	149.7	419.8	20.8	771.8	67.8
辽 宁	Liaoning	1321.5	327.8	1121.5	317.0	143.6	5.9	55.9	4.8
吉 林	Jilin	1219.4	70.2	139.2	31.3	1008.6	35.0	71.5	3.9
黑龙江	Heilongjiang	3178.5	212.4	76.0	5.4	2960.7	193.4	137.4	13.3
上 海	Shanghai	5.2				5.2			
江 苏	Jiangsu	135.6	20.4			123.6	19.7	12.0	0.7
浙 江	Zhejiang	114.1	10.8			114.1	10.8		
安 徽	Anhui	1237.9	393.9			1221.3	393.7	6.0	0.1
福 建	Fujian	65.3	3.7	31.1	1.6	30.6	1.7	3.6	0.4
江 西	Jiangxi	943.2	206.9	4.3	0.3	902.0	202.7	28.2	1.7
山 东	Shandong	382.2	33.6			185.0	15.7	177.6	17.9
河 南	Henan	670.4	45.2	95.4	0.9	505.7	35.8	28.6	4.3
湖 北	Hubei	1632.2	263.3			1503.2	251.1	125.7	11.4
湖 南	Hunan	817.1	122.9	120.7	17.8	659.2	98.7	36.1	6.4
广 东	Guangdong	84.1	8.2	11.6	0.1	72.4	8.1	0.1	
广 西	Guangxi	279.3	19.9	136.1	3.2	136.4	16.3	6.8	0.4
海 南	Hainan	40.4	2.2	32.2	1.9	8.1	0.3	0.1	
重 庆	Chongqing	158.5	34.0	14.2	1.4	128.0	28.5	15.3	4.0
四 川	Sichuan	632.5	76.3	248.6	16.0	359.7	57.4	23.3	2.9
贵 州	Guizhou	233.4	50.0			149.5	32.7	59.8	13.3
云 南	Yunnan	1225.0	95.0	871.7	33.9	152.5	28.4	160.2	29.2
西 藏	Tibet	9.2	1.8			3.6	0.8	4.2	0.6
陕 西	Shaanxi	532.3	102.5	222.0	50.9	62.5	14.9	119.9	18.0
甘 肃	Gansu	395.6	33.4	7.2		74.7	11.6	136.0	15.7
青 海	Qinghai	43.1	1.0			22.5	0.2	17.2	0.8
宁 夏	Ningxia	175.4	16.6	5.2	2.7	15.1	0.1	20.2	1.2
新 疆	Xinjiang	638.3	52.8	249.4	23.9	9.2	2.0	375.7	26.9

注：农作物受灾面积合计、受灾人口、死亡人口(含失踪)和直接经济损失含地震、森林、海洋等灾害。

a) Total areas affected of farm crops, population affected, deaths (including missing) and direct economic loss include earthquake, forest disasters and marine disasters.

8-26 续表 continued

单位：千公顷 (1 000 hectares)

地区	Region	低温冷冻和雪灾 Low-temperature, Freezing and Snow Disaster		人口受灾 Population Affected		直接经济损失(亿元) Direct Economic Losses (100 million yuan)
		受灾 Area Affected	绝收 Total Crop Failure	受灾人口(万人次) Population Affected (10 000 person-times)	死亡人口(含失踪)(人) Deaths (including missing) (person)	
全 国	**National Total**	**1051.8**	**212.7**	**13829.7**	**591**	**3701.5**
北 京	Beijing			1.8		1.3
天 津	Tianjin			12.9		5.5
河 北	Hebei	142.1	38.0	286.1	4	39.9
山 西	Shanxi	293.7	120.3	607.3	10	93.7
内蒙古	Inner Mongolia	11.1	1.3	416.1	7	115.5
辽 宁	Liaoning	0.5	0.1	612.8	1	99.8
吉 林	Jilin	0.1		475.1	2	82.3
黑龙江	Heilongjiang	4.4	0.3	528.6	10	147.1
上 海	Shanghai			0.8		0.9
江 苏	Jiangsu			108.2	5	19.0
浙 江	Zhejiang			230.7	8	144.7
安 徽	Anhui	10.6	0.1	1064.1	15	602.6
福 建	Fujian			59.3	3	37.1
江 西	Jiangxi	8.7	2.2	954.7	13	355.3
山 东	Shandong	19.6		395.7	2	102.5
河 南	Henan	40.7	4.2	814.5	4	35.8
湖 北	Hubei	3.3	0.8	1575.1	44	278.0
湖 南	Hunan	1.1		907.8	29	166.3
广 东	Guangdong			119.0	15	54.6
广 西	Guangxi			336.9	38	118.7
海 南	Hainan			26.7		2.3
重 庆	Chongqing	1.0	0.1	401.8	39	167.4
四 川	Sichuan	0.9		1152.3	120	446.4
贵 州	Guizhou	24.1	4.0	475.2	54	89.9
云 南	Yunnan	40.6	3.5	1128.5	73	139.2
西 藏	Tibet	1.4	0.4	16.5	6	4.0
陕 西	Shaanxi	127.9	18.7	409.7	31	91.6
甘 肃	Gansu	177.7	6.1	485.3	35	191.5
青 海	Qinghai	3.4		48.3	17	3.9
宁 夏	Ningxia	134.9	12.6	93.2		16.7
新 疆	Xinjiang	4.0		84.7	6	48.0

8-27 地质灾害及防治情况
Geological Disasters and Prevention

年份 地区	Year Region	发生地质灾害数量(处) Geological Disasters (case)	#滑坡 Landslide	#崩塌 Collapse	#泥石流 Debris Flow	#地面塌陷 Ground Collapse	人员伤亡(人) Casualties (person)	#死亡人数 Deaths	直接经济损失(万元) Direct Economic Losses (10 000 yuan)
	2000	19653	13431	2945	1958	347	27697	1179	494201
	2005	17751	9367	7654	566	137	1223	578	357678
	2006	102804	88523	13160	417	398	1227	663	431590
	2007	25364	15478	7722	1215	578	1123	598	247528
	2008	26580	13450	8080	843	454	1598	656	326936
	2009	10580	6310	2378	1442	326	845	331	190109
	2010	30670	22250	5688	1981	478	3445	2244	638509
	2011	15804	11504	2445	1356	386	413	244	413151
	2012	14675	11112	2152	952	364	636	293	625253
	2013	15374	9832	3288	1547	385	929	482	1043568
	2014	10937	8149	1860	554	307	637	360	567027
	2015	8355	5668	1870	483	292	422	226	250528
	2016	10997	8194	1905	652	225	593	362	354290
	2017	7521	5524	1356	387	206	523	329	359477
	2018	2966	1631	858	339	122	185	105	147128
	2019	6181	4220	1238	599	121	299	211	276868
	2020	7840	4810	1797	899	183	197	117	502027
北京	Beijing	16	1	15					123
天津	Tianjin								
河北	Hebei	4		3					203
山西	Shanxi	1	1						458
内蒙古	Inner Mongolia								
辽宁	Liaoning	1		1					20
吉林	Jilin	5		5					62
黑龙江	Heilongjiang	2	1			1			2
上海	Shanghai								
江苏	Jiangsu	6	4	2					417
浙江	Zhejiang	115	64	30	20	1	3	2	2107
安徽	Anhui	345	167	171	5	2			2133
福建	Fujian	27	9	16		2	1	1	669
江西	Jiangxi	291	231	36	7	17	1	1	1491
山东	Shandong	6	2	1		3	2	2	89
河南	Henan	14	4	10			5	3	123
湖北	Hubei	270	188	68	6	8	22	16	10820
湖南	Hunan	659	520	85	21	29	17	10	16251
广东	Guangdong	231	52	165	6	7	12	9	2057
广西	Guangxi	570	106	380	15	67	20	12	7389
海南	Hainan								
重庆	Chongqing	274	162	86	9	16	18	11	4836
四川	Sichuan	2513	1737	325	447	2	12	7	235247
贵州	Guizhou	53	50	2		1	20	10	22560
云南	Yunnan	375	269	24	78	1	37	14	27161
西藏	Tibet	57	12	7	38		2		5075
陕西	Shaanxi	161	72	71	10	8	8	7	4668
甘肃	Gansu	1714	1099	233	229	16	16	11	155883
青海	Qinghai	108	52	48	6	2	1	1	1994
宁夏	Ningxia	17	6	11					106
新疆	Xinjiang	5	1	2	2				83

8-28 森林火灾情况(2020年)
Forest Fires (2020)

地区	Region	森林火灾次数(次) Forest Fires (case)	一般火灾 Ordinary Fires	较大火灾 Major Fires	重大火灾 Severe Fires	特别重大火灾 Extraordinarily Severe Fires	火场总面积(公顷) Total Area of Fires (hectare)	受害森林面积(公顷) Destructed Forest Area (hectare)	伤亡人数(人) Casualties (person)	其他损失折款(万元) Other Losses (10 000 yuan)
全国	**National Total**	**1153**	**722**	**424**	**7**		**25081**	**8526**	**41**	**10077.7**
北京	Beijing	9	5	4			25	24		
天津	Tianjin									
河北	Hebei	11	10	1			148	3		300.0
山西	Shanxi	17	7	9	1		4289	839		1482.3
内蒙古	Inner Mongolia	91	46	44	1		1647	759		154.4
辽宁	Liaoning	11	8	3			67	56	1	5.7
吉林	Jilin	19	17	2			22	11	1	9.2
黑龙江	Heilongjiang	50	48	2			52	27		
上海	Shanghai									
江苏	Jiangsu	2	2				1	1		
浙江	Zhejiang	21	8	13			242	108		67.5
安徽	Anhui	8	6	2			22	11		
福建	Fujian	55	29	26			660	356	1	118.6
江西	Jiangxi	57	26	31			822	409		528.4
山东	Shandong	13	9	4			1577	161	1	36.0
河南	Henan	16	14	2			92	42		6.9
湖北	Hubei	45	36	9			180	70	4	25.0
湖南	Hunan	59	33	26			627	284	4	123.7
广东	Guangdong	114	79	35			1002	591	1	573.7
广西	Guangxi	206	121	85			2103	786	2	247.1
海南	Hainan	48	12	35	1		840	528		82.6
重庆	Chongqing	9	9				5	1	1	3.4
四川	Sichuan	111	88	20	3		5178	1453	24	5503.5
贵州	Guizhou	16	8	8			361	63		54.4
云南	Yunnan	53	19	34			3742	993		457.9
西藏	Tibet	2	1		1		756	577		100.0
陕西	Shaanxi	77	57	20			406	238	1	22.6
甘肃	Gansu	11	4	7			132	79		140.7
青海	Qinghai	7	6	1			42	36		16.7
宁夏	Ningxia	8	8				14	13		4.0
新疆	Xinjiang	7	6	1			29	8		13.6

8-29 林业有害生物防治情况
Prevention of Forest Harmful Organisms

单位：万公顷 (10 000 hectares)

年 份 Year 地 区 Region	合 计 Total			森林病害 Forest Diseases	
	发生面积 Area of Occurrence	防治面积 Area of Prevention	防治率 (%) Prevention Rate (%)	发生面积 Area of Occurrence	防治面积 Area of Prevention
2000	851.86	574.19	67.4	93.45	61.95
2005	961.03	640.75	66.7	101.20	70.62
2006	1100.67	735.47	66.8	103.87	71.80
2007	1209.68	801.20	66.2	110.95	85.88
2008	1141.84	783.96	68.7	116.83	90.48
2009	1141.97	819.38	71.8	103.12	81.88
2010	1164.24	812.36	69.8	129.06	89.56
2011	1168.14	728.50	62.4	119.72	79.23
2012	1176.90	782.59	66.5	131.16	84.26
2013	1223.05	766.83	62.7	139.17	89.88
2014	1206.45	787.43	65.3	137.28	86.71
2015	1218.35	877.77	72.0	139.05	97.71
2016	1211.34	833.82	68.8	138.89	95.90
2017	1253.12	962.17	76.8	133.09	101.71
2018	1219.52	948.93	77.8	176.87	134.54
2019	1236.77	1015.31	82.1	229.54	165.18
2020	1278.45	1009.24	78.9	295.14	237.37
北 京 Beijing	3.13	3.13	100.0	0.12	0.12
天 津 Tianjin	4.86	4.86	100.0	0.60	0.60
河 北 Hebei	48.28	44.34	91.8	2.00	1.78
山 西 Shanxi	24.35	22.53	92.5	1.61	1.37
内蒙古 Inner Mongolia	97.09	59.00	60.8	13.92	7.85
辽 宁 Liaoning	55.45	49.06	88.5	3.76	3.09
吉 林 Jilin	36.70	33.09	90.2	2.04	2.02
黑龙江 Heilongjiang	46.30	38.18	82.5	3.48	2.24
上 海 Shanghai	1.25	1.25	99.8	0.09	0.09
江 苏 Jiangsu	11.51	9.68	84.1	1.34	1.34
浙 江 Zhejiang	51.97	43.50	83.7	49.11	40.77
安 徽 Anhui	44.25	36.37	82.2	14.25	9.61
福 建 Fujian	27.21	26.36	96.9	9.75	9.75
江 西 Jiangxi	54.85	52.50	95.7	33.43	33.20
山 东 Shandong	45.93	43.33	94.3	13.26	12.86
河 南 Henan	54.55	46.44	85.1	10.50	9.55
湖 北 Hubei	46.51	36.97	79.5	11.79	9.69
湖 南 Hunan	41.77	24.50	58.7	9.66	4.92
广 东 Guangdong	52.95	37.53	70.9	29.90	22.45
广 西 Guangxi	38.34	8.38	21.9	7.50	3.13
海 南 Hainan	2.64	0.56	21.2	0.00	0.00
重 庆 Chongqing	39.25	39.25	100.0	14.94	14.94
四 川 Sichuan	66.31	49.10	74.0	12.69	9.86
贵 州 Guizhou	17.79	16.34	91.9	2.54	1.95
云 南 Yunnan	38.18	37.76	98.9	7.45	7.36
西 藏 Tibet	25.97	16.62	64.0	6.59	4.22
陕 西 Shaanxi	38.33	32.47	84.7	8.12	6.52
甘 肃 Gansu	39.98	32.71	81.8	7.68	6.37
青 海 Qinghai	28.13	19.89	70.7	3.87	2.22
宁 夏 Ningxia	28.23	12.06	42.7	0.21	0.15
新 疆 Xinjiang	149.37	128.64	86.1	8.97	6.53
大兴安岭 Daxinganling	17.00	2.81	16.5	3.98	0.83

8-29 续表 continued

单位：万公顷 (10 000 hectares)

年份 地区	Year Region	森林虫害 Forest Pest Plague		森林鼠(兔)害 Forest Rat & Rabbit Plague		有害植物 Harmful Plants	
		发生面积 Area of Occurrence	防治面积 Area of Prevention	发生面积 Area of Occurrence	防治面积 Area of Prevention	发生面积 Area of Occurrence	防治面积 Area of Prevention
2000		669.28	456.59	89.12	55.65		
2005		726.09	498.51	133.73	71.62		
2006		829.87	557.20	166.93	106.47		
2007		887.72	604.53	211.02	110.79		
2008		843.19	590.23	181.81	103.25		
2009		850.30	638.14	188.55	99.36		
2010		852.32	628.70	182.86	94.11		
2011		845.91	546.58	202.51	102.69		
2012		846.29	572.93	199.45	125.41		
2013		847.46	589.56	224.25	82.97	12.16	4.43
2014		841.28	599.54	211.60	96.03	16.29	5.16
2015		846.64	620.92	214.82	150.19	17.84	8.94
2016		857.02	615.03	195.51	112.13	19.92	10.77
2017		905.97	714.40	194.20	133.24	19.88	12.82
2018		840.41	665.25	184.40	138.60	17.85	10.54
2019		811.46	701.32	178.03	138.52	17.74	10.30
2020		790.62	627.07	174.00	133.09	18.68	11.71
北　京	Beijing	3.02	3.02				
天　津	Tianjin	4.26	4.26				
河　北	Hebei	43.32	40.15	2.97	2.41		
山　西	Shanxi	16.83	15.55	5.73	5.42	0.19	0.18
内蒙古	Inner Mongolia	63.95	39.89	19.21	11.26		
辽　宁	Liaoning	51.05	45.46	0.64	0.52		
吉　林	Jilin	31.11	27.53	3.56	3.54		
黑龙江	Heilongjiang	27.05	22.22	15.77	13.73		
上　海	Shanghai	1.16	1.16				
江　苏	Jiangsu	10.07	8.23			0.11	0.11
浙　江	Zhejiang	2.86	2.73				
安　徽	Anhui	30.00	26.76				
福　建	Fujian	17.46	16.62				
江　西	Jiangxi	21.42	19.30			0.00	
山　东	Shandong	32.66	30.47				
河　南	Henan	44.05	36.89				
湖　北	Hubei	27.05	22.41	0.33	0.30	7.35	4.56
湖　南	Hunan	32.11	19.58			0.00	
广　东	Guangdong	17.55	10.95			5.51	4.14
广　西	Guangxi	29.61	4.73	0.02	0.02	1.21	0.50
海　南	Hainan	0.85	0.47			1.79	0.09
重　庆	Chongqing	23.05	23.05	1.14	1.14	0.11	0.11
四　川	Sichuan	50.24	36.41	3.38	2.82	0.01	0.01
贵　州	Guizhou	14.70	13.87	0.32	0.29	0.24	0.24
云　南	Yunnan	27.96	27.68	1.12	1.10	1.65	1.62
西　藏	Tibet	14.07	9.00	5.25	3.36	0.07	0.04
陕　西	Shaanxi	23.65	19.86	6.56	6.09	0.00	0.00
甘　肃	Gansu	18.00	14.85	14.30	11.49		
青　海	Qinghai	10.65	7.62	13.15	9.94	0.46	0.11
宁　夏	Ningxia	11.22	4.66	16.80	7.25		
新　疆	Xinjiang	85.82	71.06	54.58	51.05		
大兴安岭	Daxinganling	3.85	0.64	9.18	1.34		

注：自2019年起，森林鼠害指标改为森林鼠(兔)害。
a) Since 2019, Forest Rat Plague is renamed as Forest Rat & Rabbit Plague.

8-30 突发环境事件情况(2020年)
Environmental Emergency Events (2020)

地区	Region	突发环境事件次数(次) Number of Environmental Emergency Events (case)	特别重大环境事件 Extraordinarily Severe Environmental Emergency Events	重大环境事件 Serious Environmental Emergency Events	较大环境事件 Comparatively Severe Environmental Emergency Events	一般环境事件 Ordinary Environmental Emergency Events
全国	**National Total**	**208**		**2**	**8**	**198**
北京	Beijing	8				8
天津	Tianjin	1				1
河北	Hebei	2				2
山西	Shanxi	17				17
内蒙古	Inner Mongolia	2				2
辽宁	Liaoning	5				5
吉林	Jilin					
黑龙江	Heilongjiang	1		1		
上海	Shanghai					
江苏	Jiangsu	12				12
浙江	Zhejiang	10				10
安徽	Anhui	10			2	8
福建	Fujian	6				6
江西	Jiangxi	5				5
山东	Shandong	3			1	2
河南	Henan	5				5
湖北	Hubei	9				9
湖南	Hunan	7			1	6
广东	Guangdong	24				24
广西	Guangxi	3				3
海南	Hainan	1				1
重庆	Chongqing	8				8
四川	Sichuan	17			2	15
贵州	Guizhou	11		1		10
云南	Yunnan	3				3
西藏	Tibet					
陕西	Shaanxi	10			1	9
甘肃	Gansu	5				5
青海	Qinghai					
宁夏	Ningxia	12				12
新疆	Xinjiang	11			1	10

8-31 地震灾害情况
Earthquake Disasters

年份 Year 地区 Region		地震灾害次数 (次) Number of Earthquakes (case)	#5.0-5.9级 5.0-5.9 Richter Scale	#6.0-6.9级 6.0-6.9 Richter Scale	#7.0级以上 Over 7.0 Richter Scale	人员伤亡 (人) Casualties (person)	#死亡人数 Deaths	直接经济损失 (亿元) Direct Economic Losses (100 million yuan)
	2000	10	7	2		2987	10	14.68
	2005	13	9	2		882	15	26.28
	2006	10	9			229	25	8.00
	2007	3	1	1		422	3	20.19
	2008	17	6	4	2	446293	69283	8594.96
	2009	8	5	2		407	3	27.38
	2010	12	4		1	13795	2705	236.11
	2011	18	11	2	1	540	32	602.09
	2012	12	8	3		1279	86	82.88
	2013	14	10	3	1	15965	294	995.36
	2014	20	14	4	1	3666	623	332.61
	2015	14	13	1		1192	30	179.19
	2016	16	8	4		104	1	66.87
	2017	12	4	3	1	676	38	147.66
	2018	11	7			85		30.27
	2019	16	9	2		428	17	91.00
	2020	5	3	2		35	5	20.54
内蒙古	Inner Mongolia							0.04
湖北	Hubei							0.03
重庆	Chongqing							0.03
四川	Sichuan	1	1					2.00
贵州	Guizhou							0.10
云南	Yunnan	1	1			32	4	1.00
西藏	Tibet							0.20
甘肃	Gansu							0.04
新疆	Xinjiang	3	1	2		3	1	17.10

8-32 主要海洋灾害情况（2020年）
Major Marine Disasters (2020)

灾种	Disaster Categories	发生次数 (次) Occurance of Disasters (case)	人员死亡、失踪 (人) Casualties and Missing People (person)	直接经济损失 (亿元) Direct Economic Losses (100 million yuan)
合计	**Total**	**15**	**6**	**8.32**
风暴潮	Stormy Tides	7		8.10
赤潮	Red Tides			
海浪	Huge Waves	8	6	0.22
海冰	Sea Ice			

8-33 管辖海域未达到第一类海水水质标准的海域面积(2020年)
Sea Area with Marine Water Quality Not Reaching Standard of Grade 1 (2020)

单位：平方公里 (sq.km)

项 目	Item	第二类水质海域面积 Sea Area with Marine Water Quality at Grade 2	第三类水质海域面积 Sea Area with Marine Water Quality at Grade 3	第四类水质海域面积 Sea Area with Marine Water Quality at Grade 4	劣于第四类水质海域面积 Sea Area with Marine Water Quality Below Grade 4
总 计	**Total**	**30730**	**20650**	**13480**	**30070**
渤 海	Bohai Sea	9170	2300	1020	1000
黄 海	Huanghai Sea	7430	8300	4550	5080
东 海	Donghai Sea	10800	8910	6810	21480
南 海	Nanhai Sea	3330	1140	1100	2510

8-34 城镇环境基础设施建设投资情况(2020年)
Investment in Urban Environmental Infrastructure (2020)

单位：万元 (10 000 yuan)

地 区	Region	城镇环境基础设施建设投资 Investment in Urban Environmental Infrastructure	燃气 Gas Supply	集中供热 Centralized Heating	排水 Drainage Works	园林绿化 Gardening & Greening	市容环境卫生 Environmental Sanitation
全 国	**National Total**	**68421571**	**3182971**	**5236106**	**26756904**	**21945294**	**11300296**
北 京	Beijing	3141447	95627	239518	492303	2108501	205498
天 津	Tianjin	745914	7360	30822	259944	110128	337660
河 北	Hebei	4306913	171868	582890	1378098	1149465	1024592
山 西	Shanxi	1717209	60124	723389	303948	528628	101120
内蒙古	Inner Mongolia	1221630	4511	521426	379615	214177	101902
辽 宁	Liaoning	1002466	91938	201576	540001	76458	92493
吉 林	Jilin	587616	68276	70590	317265	67573	63912
黑龙江	Heilongjiang	948064	43479	268252	422037	52313	161983
上 海	Shanghai	975919	110168		656790	135580	73381
江 苏	Jiangsu	5157729	314726	6410	1560533	2206454	1069605
浙 江	Zhejiang	3815339	138443		1175291	1656014	845590
安 徽	Anhui	3225073	235337	37684	1544562	892032	515458
福 建	Fujian	2605803	160542		1374185	576936	494140
江 西	Jiangxi	2938128	139082		1260376	871497	667173
山 东	Shandong	5340730	220883	1002031	2025684	1466444	625689
河 南	Henan	5347885	176595	439721	1216631	2714921	800017
湖 北	Hubei	2096384	97971	22699	1388817	461511	125385
湖 南	Hunan	1870727	192656	1300	908433	392721	375617
广 东	Guangdong	4794626	278194		3233846	253314	1029271
广 西	Guangxi	3396979	113572		1071503	1949115	262789
海 南	Hainan	176270	10802		70651	28592	66225
重 庆	Chongqing	2087095	52821		696313	955747	382214
四 川	Sichuan	3831704	87600	23095	1758811	1265019	697179
贵 州	Guizhou	802941	40438	3000	377848	159535	222119
云 南	Yunnan	1113766	58790		472218	384345	198414
西 藏	Tibet	31203			14975	10050	6178
陕 西	Shaanxi	2173966	80296	303862	642737	778113	368958
甘 肃	Gansu	906181	29303	183546	475486	161550	56298
青 海	Qinghai	107509	6671	10964	33949	32578	23347
宁 夏	Ningxia	473767	30452	223942	154702	54876	9796
新 疆	Xinjiang	1480588	64444	339391	549353	231107	296293

8-35 工业污染治理投资完成情况
Investment Completed in the Treatment of Industrial Pollution

单位：万元 (10 000 yuan)

年份 地区	Year Region	工业污染治理完成投资 Investment Completed in the Treatment of Industrial Pollution	治理废水 Treatment of Wastewater	治理废气 Treatment of Waste Gas	治理固体废物 Treatment of Solid Waste	治理噪声 Treatment of Noise Pollution	治理其他 Treatment of Other Pollution
	2000	2347895	1095897	909242	114673	13692	214390
	2005	4581909	1337147	2129571	274181	30613	810396
	2006	4839485	1511165	2332697	182631	30145	782848
	2007	5523909	1960722	2752642	182532	18279	606838
	2008	5426404	1945977	2656987	196851	28383	598206
	2009	4426207	1494606	2324616	218536	14100	374349
	2010	3969768	1295519	1881883	142692	14193	620021
	2011	4443610	1577471	2116811	313875	21623	413831
	2012	5004573	1403448	2577139	247499	11627	764860
	2013	8496647	1248822	6409109	140480	17628	680608
	2014	9976511	1152473	7893935	150504	10950	768649
	2015	7736822	1184138	5218073	161468	27892	1145251
	2016	8190041	1082395	5614702	466733	6236	1019974
	2017	6815345	763760	4462628	127419	12862	1448676
	2018	6212736	640082	3931104	184249	15181	1442119
	2019	6151513	699004	3676995	170729	14168	1590616
	2020	4542586	573852	2423725	173064	7405	1364540
北京	Beijing	5122	2055	1832			1236
天津	Tianjin	74511	52	73987		37	434
河北	Hebei	129336	4605	100483	10		24238
山西	Shanxi	284910	12301	203095	7882	178	61454
内蒙古	Inner Mongolia	154407	11492	52017	3711		87187
辽宁	Liaoning	98020	3194	20832	78	48	73868
吉林	Jilin	8063	1070	6229			764
黑龙江	Heilongjiang	40805	12072	9302	7606		11824
上海	Shanghai	90711	26720	24190	2	11	39788
江苏	Jiangsu	531335	158679	317097		12	55546
浙江	Zhejiang	505097	39553	213698	6528	391	244927
安徽	Anhui	243546	14256	146489	3000	45	79755
福建	Fujian	175766	10995	73897	50311		40563
江西	Jiangxi	93009	23981	59375	192	524	8937
山东	Shandong	519487	96402	328130	22210	2561	70184
河南	Henan	144548	8357	95704	460		40027
湖北	Hubei	198108	15576	117300	43893		21339
湖南	Hunan	33508	4406	19462	4899	350	4391
广东	Guangdong	235470	44963	119907	652	259	69689
广西	Guangxi	35534	7644	20387	185		7317
海南	Hainan	476	476				
重庆	Chongqing	40176	696	39170			310
四川	Sichuan	244414	17495	75658	5500	637	145124
贵州	Guizhou	154911	11930	31567	11785	216	99414
云南	Yunnan	142339	24933	77362	600	335	39109
西藏	Tibet	2094		592		1502	
陕西	Shaanxi	194957	3204	88916	3560	15	99262
甘肃	Gansu	33844	6610	27068		92	74
青海	Qinghai	2897		1677			1220
宁夏	Ningxia	60458	5780	36638		23	18018
新疆	Xinjiang	64729	4355	41664		170	18540

8-36 林业草原投资完成情况(2020年)
Investment of Forestry and Grassland Completed (2020)

单位：万元 (10 000 yuan)

地 区	Region	本年完成投资 Investment Completed in the Year	国家投资 State Investment	生态修复治理 Ecological Restoration and Treatment	林(草)产品加工制造 Manufacture of Forest and Grassland Products	林业草原服务、保障和公共管理 Services, Security and Public Management of Forest and Grassland Sector
全 国	**National Total**	**47168172**	**28795976**	**24415077**	**10491847**	**12261248**
北 京	Beijing	2969690	2951827	1792370		1177320
天 津	Tianjin	179527	154005	175688		3839
河 北	Hebei	1508738	1172989	1288706	1793	218239
山 西	Shanxi	1051436	986693	785528	642	265266
内蒙古	Inner Mongolia	1673095	1622091	863715	529	808851
辽 宁	Liaoning	366924	362887	226635		140289
吉 林	Jilin	881714	781939	597131	75006	209577
黑龙江	Heilongjiang	3930004	3910711	516837	2588516	824651
上 海	Shanghai	250512	250512	207046		43466
江 苏	Jiangsu	951145	651000	770823	131608	48714
浙 江	Zhejiang	966388	676223	561330	16066	388992
安 徽	Anhui	1280315	538104	793536	304060	182719
福 建	Fujian	573789	495386	373086	43547	157156
江 西	Jiangxi	1251461	824638	694127	11070	546264
山 东	Shandong	2169805	533597	817117	927013	425675
河 南	Henan	1077062	630495	936353	4010	136699
湖 北	Hubei	1930440	638422	707928	979010	243502
湖 南	Hunan	2643964	1042339	1353072	680786	610106
广 东	Guangdong	986221	899073	444695	1694	539832
广 西	Guangxi	7247677	706683	2108438	3809295	1329944
海 南	Hainan	188041	158683	67604	1879	118558
重 庆	Chongqing	793734	573648	521823	35078	236833
四 川	Sichuan	2464904	1235491	1165730	636868	662306
贵 州	Guizhou	3203989	1191295	2901510	7634	294845
云 南	Yunnan	1266827	1204738	769135	14306	483386
西 藏	Tibet	255249	255249	244636	10	10603
陕 西	Shaanxi	1127137	1024807	731791	29897	365449
甘 肃	Gansu	1433581	955041	779047	182873	471661
青 海	Qinghai	538762	536850	262762	2020	273980
宁 夏	Ningxia	288519	216278	221223		67296
新 疆	Xinjiang	825027	732432	519142	6189	299696
局直属单位(含大兴安岭)	Units under the Bureau (including Daxinganling)	892495	881850	216513	448	675534

主要统计指标解释

耕地　指利用地表耕作层种植农作物为主，每年种植一季及以上（含以一年一季以上的耕种方式种植多年生作物）的土地，包括熟地，新开发、复垦、整理地，休闲地（含轮歇地、休耕地）；以及间有零星果树、桑树或其他树木的耕地；包括南方宽度＜1.0 米，北方宽度＜2.0 米固定的沟、渠、路和地坎(埂)；包括直接利用地表耕作层种植的温室、大棚、地膜等保温、保湿设施用地。

园地　指种植以采集果、叶、根、茎、枝、汁等为主的集约经营的多年生木本和草本作物，覆盖度大于 50%和每亩株数大于合理株数 70%的土地。包括用于育苗的土地。

林地　指生长乔木、竹类、灌木的土地。不包括生长林木的湿地，城镇、村庄范围内的绿化林木用地，铁路、公路征地范围内的林木，以及河流、沟渠的护堤林用地。

草地　指生长草本植物为主的土地，包括乔木郁闭度＜0.1 的疏林草地、灌木覆盖度＜40%的灌丛草地，不包括生长草本植物的湿地。

湿地　指陆地和水域的交汇处，水位接近或处于地表面，或有浅层积水，且处于自然状态的土地。

城镇村及工矿用地　指城乡居民点、独立居民点以及居民点以外的工矿、国防、名胜古迹等企事业单位用地，包括其内部交通、绿化用地。

交通运输用地　指用于运输通行的地面线路、场站等的土地。包括民用机场、汽车客货运场站、港口、码头、地面运输管道和各种道路以及轨道交通用地。

水域及水利设施用地　指陆地水域、沟渠、水工建筑物等用地。不包括滞洪区。

径流量　指在一定时段内通过河流某一过水断面的水量，用以反映一个国家或地区水资源的丰歉程度。计算公式为：

径流量=降水量-蒸发量

流域　每条河流都有自己的干流和支流，干支流共同组成这条河流的水系。每条河流都有自己的集水区域，这个集水区域就称为该河流的流域。

外流河　指直接或间接流入海洋的河流。供给外流河河水的区域称为外流区域。

内陆河　指在陆地内部干燥地区，河水沿途消失于沙漠或注入内陆湖泊的河流。供给内陆河河水的区域称为内陆区域。

矿产资源　矿产资源指由地质作用形成的，具有利用价值的，呈固态、液态、气态的自然资源，是社会生产发展的重要物质基础。目前我国已发现矿种有 170 多种，按其特点和用途，可分为能源矿产(如煤炭、石油、天然气、地热)、金属矿产(如铁矿、锰矿、铜矿、铅矿、铝土矿)、非金属矿产(如金刚石、石灰岩、粘土)和水气矿产(如地下水、矿泉水、二氧化碳气)四大类。其中：金属矿产按其物质成份和性质又可分为：黑色金属矿产、有色金属矿产、贵金属矿产、稀有金属矿产、稀土金属矿产、分散元素金属矿产六类。

储量　为探明资源量和（或）控制资源量中可经济采出的部分，是经过预可行性研究、可行性研究或与之相当的技术经济评价，充分考虑了可能的矿石损失和贫化，合理使用转换因素后估算的，满足开采的技术可行性和经济合理性。石油、天然气为剩余探明技术可采储量。

平均气温　气温指空气的温度，我国一般以摄氏度为单位表示。气象观测的温度表是放在离地面约 1.5 米处通风良好的百叶箱里测量的，因此，通常说的气温指的是离地面 1.5 米处百叶箱中的温度。计算方法：月平均气温是将全月各日的平均气温相加，除以该月的天数而得。年平均气温是将 12 个月的月平均气温累加后除以 12 而得。

平均相对湿度　指空气中实际水气压与当时气温下的饱和水气压之比。其统计方法与气温相同。

降水量　指从天空降落到地面的液态或固态(经融化后)水，未经蒸发、渗透、流失而在地面上积聚的深度。通常以毫米为单位计量。计算方法：月降水量是将全月各日的降水量累加而得。年降水量是将 12 个月的月降水量累加而得。

日照时数　指太阳实际照射地面的时数，通常以小时为单位表示。其统计方法与降水量相同。

水资源总量　指当地降水形成的地表和地下产水总量，即地表产流量与降水入渗补给地下水量之和。

地表水资源量　指河流、湖泊、冰川等地表水体逐年更新的动态水量，即当地天然河川径流量。

地下水资源量　指地下饱和含水层逐年更新的动态水量，即降水和地表水入渗对地下水的补给量。

地表水与地下水重复计算量　指地表水和地下水相互转化的部分，即天然河川径流量中的地下水排泄量和地下水补给量中来源于地表水的入渗补给量。

供水总量　指各种水源提供的包括输水损失在内的水量之和。

地表水源供水量　指地表水工程的取水量，按蓄水工程、引水工程、提水工程、调水工程四种形式统计。

地下水源供水量　指水井工程的开采量，按浅层淡水、深层承压水和微咸水分别统计。

其他水源供水量　包括再生水厂、集雨工程、海水淡化设施供水量及矿坑水利用量。

用水总量　指各类河道外用水户取用的包括输水损失

在内的毛水量之和。不包括海水直接利用量以及水力发电、航运等河道内用水量。

农业用水 包括耕地和林地、园地、牧草地灌溉，鱼塘补水及牲畜用水。

工业用水 指工矿企业在生产过程中用于制造、加工、冷却、空调、净化、洗涤等方面的用水，按新水取用量计，不包括企业内部的重复利用水量。

生活用水 包括城镇生活用水和农村生活用水。城镇生活用水由城镇居民生活用水和公共用水（含第三产业及建筑业等用水）组成；农村生活用水指农村居民生活用水。

人工生态环境补水 仅包括人为措施供给的城镇环境用水和部分河湖、湿地补水，而不包括降水、径流自然满足的水量。

一般工业固体废物产生量 指当年全年调查对象实际产生的一般工业固体废物的量。一般工业固体废物指企业在工业生产过程中产生且不属于危险废物的工业固体废物。

一般工业固体废物综合利用量 指调查年度企业通过回收、加工、循环、交换等方式，从固体废物中提取或者使其转化为可以利用的资源、能源和其他原材料的固体废物量（包括当年利用的往年工业固体废物累计贮存量）。如用作农业肥料、生产建筑材料、筑路、用作充填回填材料等。综合利用量由原产生固体废物的单位统计。

一般工业固体废物处置量 指调查年度企业将工业固体废物焚烧和用其他改变工业固体废物的物理、化学、生物特性的方法，达到减少或者消除其危险成分的活动，或者将工业固体废物最终置于符合环境保护规定要求的填埋场的活动中，所消纳固体废物的量（包括当年处置的往年工业固体废物贮存量）。

一般工业固体废物贮存量 指调查年度企业以综合利用或处置为目的，将固体废物暂时贮存或堆存在专设的贮存设施或专设的集中堆存场所内的量。专设的固体废物贮存场所或贮存设施必须有防扩散、防流失、防渗漏、防止污染大气、水体的措施。

一般工业固体废物倾倒丢弃量 指调查年度企业将所产生的固体废物倾倒或者丢弃到固体废物污染防治设施、场所以外的量。

危险废物产生量 指调查年度调查对象实际产生的危险废物的量，包括利用处置危险废物过程中二次产生的危险废物的量。危险废物指列入国家危险废物名录或者根据国家规定的危险废物鉴别标准和鉴别方法认定的具有危险特性的废物。按《国家危险废物名录》（2016）填报。

危险废物利用处置量 指调查年度调查对象从危险废物中提取物质作为原材料或者燃料的活动中消纳危险废物的量，以及将危险废物焚烧和用其他改变危险废物物理、化学、生物特性的方法，达到减少或者消除其危险成分的活动，或者将危险废物最终置于符合环境保护规定要求的填埋场的活动中，所消纳危险废物的量。包括本单位自行处置利用的本单位产生和接收外单位危险废物量。

危险废物本年末贮存量 指截至调查年度年末，调查对象将危险废物以一定包装方式暂时存放在专设的贮存设施内的量。专设的贮存设施应符合《危险废物贮存污染控制标准》（GB18597-2001）等相关环保法律法规要求，具有防扩散、防流失、防渗漏、防止污染大气和水体措施的设施。包括本单位自行贮存的本单位产生的和接收外单位的危险废物量。

生活垃圾清运量 指报告期收集和运送到各生活垃圾处理厂(场)和生活垃圾最终消纳点的生活垃圾数量。生活垃圾指城市日常生活或为城市日常生活提供服务的活动中产生的固体废物以及法律行政规定的视为城市生活垃圾的固体废物。包括：居民生活垃圾、商业垃圾、集市贸易市场垃圾、街道清扫垃圾、公共场所垃圾和机关、学校、厂矿等单位的生活垃圾。

生活垃圾无害化处理率 指报告期生活垃圾无害化处理量与生活垃圾产生量的比率。在统计上，由于生活垃圾产生量不易取得，可用清运量代替。计算公式为：

$$\text{生活垃圾无害化处理率}=\frac{\text{生活垃圾无害化处理量}}{\text{生活垃圾产生量}}\times 100\%$$

森林面积 包括郁闭度0.2以上的乔木林地面积和竹林面积，国家特别规定的灌木林地面积，农田林网以及村旁、路旁、水旁、宅旁林木的覆盖面积。

人工林面积 指由人工播种、植苗或扦插造林形成的生长稳定，(一般造林3-5年后或飞机播种5-7年后)每公顷保存株数大于或等于造林设计植树株数80%或郁闭度0.20以上(含0.20)的林分面积。

森林覆盖率 以行政区域为单位的森林面积占区域土地总面积的百分比。计算公式为：

$$\text{森林覆盖率}=\frac{\text{森林面积}}{\text{土地总面积}}\times 100\%$$

活立木总蓄积量 指一定范围土地上全部树木蓄积的总量，包括森林蓄积、疏林蓄积、散生木蓄积和四旁树蓄积。

森林蓄积量 指一定森林面积上存在着的林木树干部分的总材积。

造林面积 指在宜林荒山荒地、宜林沙荒地、无立木林地、疏林地和退耕地等其他宜林地上通过人工措施形成或恢复森林、林木、灌木林的过程。

人工造林 指在宜林荒山荒地、宜林沙荒地、无立木林地、疏林地和退耕地等其他宜林地上通过播种、植苗和分植来提高森林植被覆被率的技术措施。

飞播造林 通过飞机播种，并辅以适当的人工措施，在自然力的作用下使其形成森林或灌草植被，提高森林植被覆被率或提高森林植被质量的技术措施。

封山育林 对宜林地、无立木林地、疏林地或低质低效有林地、灌木林地实施封禁并辅以人工促进手段，使其形成森林或灌草植被或提高林分质量的一项技术措施。包括无林地和疏林地封育、有林地和灌木林地封育、新造林地封育。

退化林修复 为改善林分的活力和结构，有效遏制防护林退化，提高林分质量和恢复森林功能，对结构失调和稳定性降低、功能退化甚至丧失且自然更新能力弱的林分采取的结构调整、树种替换、补植补播、嫁接复壮等森林经营措施。

人工更新造林 指在采伐迹地、火烧迹地、林中空地上通过人工造林重新形成森林的过程。

自然保护区 指保护典型的自然生态系统、珍稀濒危野生动植物种的天然集中分布区、有特殊意义的自然遗迹的区域。具有较大面积，确保主要保护对象安全，维持和恢复珍稀濒危野生动植物种群数量及赖以生存的栖息环境。

滑坡 指斜坡上不稳定的岩土体在重力作用下沿一定软弱面(或滑动带)整体向下滑动的物理地质现象。

崩塌 指陡坡上大块的岩土体在重力作用下突然脱离母体崩落的物理地质现象。

泥石流 指山地突然爆发的饱含大量泥沙、石块的特殊洪流。

地面塌陷 指地表岩、土体在自然或人为因素作用下向下陷落，并在地面形成塌陷坑(洞)的一种动力地质现象。

森林火灾次数 指发生在城市市区外的一切森林、林木和林地的火灾次数。按照受害森林面积和伤亡人数，森林火灾分为一般森林火灾、较大森林火灾、重大森林火灾和特别重大森林火灾：1.一般森林火灾：受害森林面积在 1 公顷以下或者其他林地起火的，或者死亡 1 人以上 3 人以下的，或者重伤 1 人以上 10 人以下的；2.较大森林火灾：受害森林面积在 1 公顷以上 100 公顷以下的，或者死亡 3 人以上 10 人以下的，或者重伤 10 人以上 50 人以下的；3.重大森林火灾：受害森林面积在 100 公顷以上 1000 公顷以下的，或者死亡 10 人以上 30 人以下的，或者重伤 50 人以上 100 人以下的；4.特别重大森林火灾：受害森林面积在 1000 公顷以上的，或者死亡 30 人以上的，或者重伤 100 人以上的。本条所称“以上”包括本数，“以下”不包括本数。

林业有害生物 危害森林、林木、荒漠植被、湿地植被等的病虫鼠兔及有害植物。

突发环境事件 指突然发生，造成或可能造成重大人员伤亡、重大财产损失和对全国或者某一地区的经济社会稳定、政治安定构成重大威胁和损害，有重大社会影响的涉及公共安全的环境事件。

发生地震灾害次数 指发生形成灾害(包括人员伤亡或经济损失)的所有震级的地震次数。

Explanatory Notes on Main Statistical Indicators

Cultivated Land refers to the land that mainly for the regular cultivation of farm crops by using the surface tillage layer, planting more than one harvest a year (including perennial crops cultivated by more than one harvest a year), including cultivated land, newly-developed land, reclaimed land, consolidated land, fallow; It covers the land with some fruit trees, mulberry trees and others; It also covers fixed ditch, canal, road and sill (ridge) with width less than 1 meter in the South and 2 meters in the North; It covers the land for thermal insulation and moisturizing facilities such as greenhouse, greenhouse and plastic film planted directly by surface tillage layer.

Garden Land refers to land for intensive cultivation of perennial woody plants and herbs to collect fruits, leaves, roots, stems, branches and juice, with a coverage rate over 50% and plant number over 70% of rational plant number per mu. Land for nursery is included.

Forest Land refers to land for planting arbor, bamboo, bush shrub. It does not include the wetland where trees grow, the land for greening trees within the scope of towns and villages, the forest within the scope of railway and highway land acquisition, the land for revetment forest of rivers and ditches.

Grassland refers to land mainly for the growth of herbaceous forage crops. It includes sparse forest grassland with tree canopy density less than 0.1, shrub grassland with shrub coverage less than 40%, excluding wetlands with herbaceous plants.

Wetland refers to the land at the intersection of land and water, where the water level is close to or on the ground surface, or there is shallow ponding and is in a natural state.

Land for Urban, Rural, Industrial and Mining Activities refer to urban and rural residential areas, independent residential areas, and the land used by enterprises and institutions such as industrial and mining, national defense and scenic spots outside residential areas, including their internal traffic and greening land.

Land Used for Transport refers to the land for ground lines, stations, etc. used for transportation. It includes civil airport, automobile passenger and freight transport station, port, wharf, ground transportation pipeline, various roads and rail transit land.

Land Used for Water and Water Conservancy Facilities refers to land for water areas, ditches, hydraulic structures, etc. Flood detention area is not included.

Volume of Runoff refers to the total volume of water running through a certain cross section of a river during a certain period of time, reflecting the water resources condition in a country or a region. The formula for calculating volume of runoff is as follows:

River Runoff =Precipitation- Evapotranspiration

Drainage Area Each river has its own main stream and branches to form the water system of the river. Each river has its own catchment's area, which is also called as the drainage area of the river.

Out-flowing Rivers refer to rivers directly or indirectly flowing into the sea. The area providing water to the out-flowing rivers is called as out-flowing area.

Inland Rivers refer to rivers in inland dry areas that die away in desert on the way or infuse into inland lakes. The area providing water to the inland rivers is called as inland area.

Mineral Resources refer to useful minerals, with solid state, liquid state, gaseity, due to the geological process. Minerals are important natural resources, and important material base for economic and social development. At present, there are more than 170 types of minerals discovered in China. They can be categorized into four groups: energy minerals (including coal, petroleum, natural gas and terrestrial heat), metallic minerals (including iron, manganese, copper, lead and bauxite), nonmetallic minerals (including diamond, limestone and clay), and water/gas related minerals (including ground water, mineral water and carbon dioxide). Metallic minerals can be further classified as ferrous, non-ferrous, noble metal, rare metal, rare earth and dispersed metals.

Reserves are the economically recoverable part of the proved and/or controlled resources, are estimated after pre feasibility study, feasibility study or equivalent technical and economic evaluation, fully considering possible ore loss and dilution, and rational use of conversion factors, which meet the technical feasibility and economic rationality of mining. Oil and natural gas are the remaining proved technical recoverable reserves.

Average Temperature refers to the average air temperature on a regular basis, generally expressed in centigrade in China. Thermometers used for meteorological observation are placed in well-ventilated shelters about 1.5 meters above the ground. Therefore, the commonly used temperature refers to the temperature in the shelter 1.5 meters above the ground. The calculation method is as follows:

The summation of daily average temperature of one month divided by the actual days of that month represents the monthly average temperature. The summation of monthly average temperature of a year divided by 12 represents the annual average temperature.

Average Relative Humidity refers to the ratio of actual vapour pressure in the air to the saturation water vapour pressure at the current temperature. The calculation method is the same as that of average temperature.

Precipitation refers to the depth of water in liquid state or solid state (thawed), falling from atmosphere onto the ground without being evaporated, percolating or running off. It is usually expressed in millimeters. The calculation method is as follows:

The monthly precipitation is obtained by the sum of daily precipitation of the month, and the annual precipitation is the sum of monthly precipitation of the 12 months of the year.

Sunshine Hours refer to the actual hours of sun irradiating the earth, usually expressed in hours. The calculation method is the same as that of the precipitation.

Total Water Resources refers to total volume of surface water and groundwater which is from the local precipitation and is measured as the summation of run-off for surface water and recharge of groundwater from local precipitation.

Surface Water Resources refers to total volume of yearly renewable water flow which exist in rivers, lakes, glaciers and other surface water, and are measured as the natural run-off of local rivers.

Groundwater Resources refers to total volume of yearly renewable water flow which exist in saturation aquifers of groundwater, and are measured as recharge of groundwater from local precipitation and surface water.

Overlapped Measurement between Surface Water and Groundwater refers to the part of mutual transfer between surface water and groundwater, i.e. which is the run-off of rivers includes some depletion into groundwater while groundwater includes recharge from surface water.

Water Supply refers to gross water supplied by various sources, including losses during distribution.

Surface Water Supply refers to withdrawals through the surface water supply system, which can be divided into four categories: storage, flow, pumping and transfer project.

Groundwater Supply refers to withdrawals from supplying wells, which can be divided into three categories: shallow layer freshwater, deep confided freshwater and slightly brackish water.

Other Water Supply Sources include supplies by water reclamation plants, rainwater collection projects, seawater desalinization facilities and the consumption of mine water.

Water Use refers to gross water used by various off-stream water users, including losses during distribution, while excluding the direct use of seawater and in-stream water use such as hydroelectric generation and shipping.

Water Use for Agriculture includes uses of water for irrigation of cultivated land, forest land, garden land and grass land, replenishment of fishing farms and water used for livestock raising.

Water Use for Industry refers to water use by industrial and mining enterprises in the production process of manufacturing, processing, cooling, air conditioning, cleansing, washing, etc. Only including new withdrawals of water, excluding reuse of water within enterprise.

Water Use for Households and Service includes water use in both urban and rural areas. Urban water use is composed of households use and public use (including tertiary industry and construction). Rural water use refers to households use.

Water Use for Artificial Eco-environment only includes the artificially replenishment of some rivers, lakes and wetlands, and use for urban environment, excluding the natural precipitation and runoff meet.

Common Industrial Solid Wastes Generated refers to the amount of common industrial solid wastes the surveyed units actual generated over the year. The common industrial solid wastes refers to the industrial solid wastes that are generated during the industrial process and are not hazardous wastes.

Common Industrial Solid Wastes Integrated Use refers to amount of solid wastes from which useable materials can be extracted or converted into usable resources, energy or other materials through reclamation, processing, recycling and exchange (including utilizing in the year the stocks of industrial solid wastes of the previous year) generated by surveyed units over the year of the survey, e.g. being used as agricultural fertilizers, building materials, material for paving road or as backfill material. The information should be measured as the unit of generating wastes.

Common Industrial Solid Wastes Disposed refers to the amount of industrial solid wastes disposed, which covers the amount of previous years, through incineration or other methods to change its physical, chemical and biological properties to reduce or eliminate the hazards or land filled in the sites following the requirements for environmental protection by surveyed units over the year of the survey.

Stock of Common Industrial Solid Wastes refers to the amount of solid wastes placed in special facilities or special sites by enterprises for the purposes of integrated use or disposal over the year of the survey. The sites or facilities should take measures against dispersion, loss, seepage, and air and water contamination.

Common Industrial Solid Wastes Discharged refers to the amount of industrial solid wastes dumped or discharged by producing enterprises to disposal facilities or to other sites over the year of the survey.

Hazardous Wastes Generated refers to the amount of actual hazardous wastes generated by surveyed units over the year of the survey, which is covered secondary generation during the process of disposal and reuse of hazardous wastes. Hazardous waste refers to those listed in *the National Hazardous Wastes* catalogue or identified as any one of the hazardous properties in light of the national hazardous wastes identification standards and methods. It should be reported following the *National Catalogue of Hazardous Wastes* (2016 Version).

Hazardous Wastes Reused and Disposed refers to the amount of hazardous wastes that are used to extract materials for raw materials or fuel over the year of the survey, and the amount of hazardous wastes which are incineration or specially disposed using other methods to change its physical, chemical and biological properties and thus to reduce or eliminate the hazards, or placed ultimately in the sites following the requirements for environmental protection over the year of the survey. It includes the hazardous wastes generated by the enterprise itself and received from other enterprises.

Year-end Stock of Hazardous Wastes refers to the amount of hazardous wastes specially packaged and placed in special facilities or special sites by enterprises by the end of the year, which covered stock of surveyed units generated and received from other units. The special stock facilities should meet the requirements set in relevant environment protection laws and regulations such as *"Pollution Control Standards for Hazardous Waste Stock"* (GB18597-2001) and take measures against dispersion, loss, seepage, and air and water contamination.

Domestic Garbage Collected and Transported refers to volume of domestic garbage collected and transported to disposal factories or sites during the reference period. Domestic garbage are solid wastes generated from urban households or from service activities for urban households, and solid wastes regarded as municipal domestic garbage according to the laws and administrative regulations, including those from households, commercial activities, markets, cleaning of streets, public sites, offices, schools, factories, mining units and other sources.

Rate of Domestic Garbage Harmless Treatment refers to the ratio of the volume of domestic garbage harmlessly treated to the volume of domestic garbage produced during the reference period. In practical statistics, as the volume of domestic garbage produced is difficult to obtain, it can be replaced by the volume of collected and transported. It is calculated as:

$$\text{rate of domestic garbage harmless treatment} = \frac{\text{volume of domestic garbage harmless treated}}{\text{volume of domestic garbage collected and transported}} \times 100\%$$

Forest Area refers to the area of trees and bamboo grow with a canopy density above 0.2 degree, the area of shrubby tree according to regulations of the government, area of land under agroforestry and the area of trees planted by the side of villages, farm houses and along roads and rivers.

Area of Planted Forests refer to the area of stable growing forests, planted manually or by airplanes, with a survival rate of 80% or higher of the designed number of trees per hectare, or with a canopy density of 0.20 degree or above (after 3-5 years of manual planting or 5-7 years of airplane planting).

Forest Coverage Rate refers to the ratio of forest area to the total land area within the administrative region. The formula is as follows:

$$\text{forest coverage rate} = \frac{\text{forest area}}{\text{area of total land}} \times 100\%$$

Total Stock Volume of Living Trees refers to the total stock volume of trees accumulated on a certain area of land, including trees in forest, tress in sparse forest, scattered wood and trees planted by the side of villages, farm houses and along roads and rivers.

Stock Volume of Forest refers to total stock volume of timber of tree trunk in a given forest area.

Area of Afforestation refers to the total area of land suitable for afforestation, including barren hills, idle land, sand dunes, non-timber forest land, woodland and "grain for green" land, on which acres of forests, trees and shrubs are planted through manual planting.

Manual Planting refers to technical measures of sowing, planting seedlings and divided transplanting on land suitable for afforestation, including barren hills, idle land, sand dunes, non-timber forest land, woodland and "grain for green" land to increase vegetation coverage rate of forests.

Airplane Planting refers to technical measures of airplane planting with of appropriate artificial help taken under the influence of natural power to restore certain amount of seedlings on land suitable for afforestation, with an aim of increasing vegetation coverage rate of forests or improving forest quality.

Closed Hillsides for Afforestation is a technical measure by isolation with artificial means to form forest or shrub and grass or improve forest quality land, to the suitable area for forest, forest land without stumpage, sparse forest land, or low quality forest, shrub forest.

Restoration of Degraded Forest In order to improve the vitality and structure of forest, effectively control forest degradation, improve forest quality and restore forest function, management measures are taken to the forest of structural imbalance and stability reduction, function reduction or even loss and natural regeneration ability is weak, which include structural adjustment, species replacement, replanting sowing, grafting rejuvenation, etc.

Artificial Regeneration refers to forest reforming process in logging slash, slash burning, the glade through afforestation.

Natural Reserves refer to the area that protect typical natural ecosystems, natural concentrated distribution of rare and endangered wild animal and plant species, and natural relics of special significance. It has a large area to ensure the safety of the main protected objects, and to maintain and restore the quantity of rare and endangered wild animals and plants and their habitats.

Landslides refer to the geological phenomenon of unstable rocks or earth on slopes sliding down along certain soft surface as a result of gravity.

Collapse refers to the geological phenomenon of large mass of rocks or earth suddenly collapsing from the mountain or cliff as a result of gravity.

Debris Flow refers to the sudden rush of flood torrents containing large amount of mud and rocks in mountainous areas.

Ground Collapse refers to the geological phenomenon of surface rocks or earth subsiding into holes or pits as a result of natural or human factors.

Number of Forest Fires refers to the number of wild fires in forests, woods and woodland outside of cities. In light of the area plagued by fires and the number of casualties, forest fires can be categorized into general forest fires, relatively larger fires, serious forest fires and extraordinary serous forest fires: 1). General forest fires: the destructed forest area is less than 1 hectare, or the fire erupts in other woodland, or the number of deaths is no less than 1 but less than 3, or the number of seriously injured persons is no less than 1 but less than 10 persons. 2). Relatively larger forest fires: the destructed forest area is no less than 1 hectare but less than 100 hectares, or the number of deaths is no less than 3 but less than 10, or the number of seriously injured persons is no less than 10 but less than 50 persons. 3). Serious forest fires: the destructed forest area is no less than 100 hectares but less than 1000 hectares, or the number of deaths is no less than 10 but less than 30, or the number of seriously injured persons is no less than 50 but u less than 100 persons. 4). Extraordinary serious forest fires: the destructed forest area is no less than 1000 hectares, or the number of deaths is no less than 30, or the number of seriously injured persons is no less than 100 persons.

Forest Harmful Organisms refer to the diseases, pests, rats and harmful plants that plague forests, wood, desert and wetland vegetation.

Abrupt Environmental Accidents refer to environmental emergencies that caused or likely to cause significant causalities, serious property damages and pose a major threat and damage to the economic, social or political stability of the country or a region, or have significant social impact that related to the public safety.

Number of Earthquakes refers to the number of earthquakes of all magnitude that cause damages (including casualties or economic losses).

9

能　源

Energy

简 要 说 明

一、本篇资料的主要内容

本篇包括的主要内容有能源生产、消费及品种构成，能源生产和消费弹性系数，综合能源平衡表和主要能源品种的单项平衡表，分行业、分主要能源品种的消费量，能源加工转换效率及居民生活用能源消费量等。从2013年开始，增加全国单位国内生产总值能耗和发电装机容量等指标。

二、本篇资料的统计范围

本篇资料的统计范围为全社会。

三、本篇的资料来源

9－1表数据来自能源产品产量统计，并以此为依据计算；9－14、9－15表数据来自中国电力企业联合会；其他表的数据均来自历年能源平衡表。

四、关于数据口径与计算方法的说明

1.一次能源生产量与能源产品产量统计数字一致。

2.能源生产与消费弹性系数分别以能源生产、消费增长速度与国内生产总值增长速度相比求得。

3.能源平衡表中，进口量和出口量采用海关统计数据。进口量中包括境内飞机和轮船在境外的加油量，出口量中包括境外飞机和轮船在境内的加油量。电力折算标准煤系数按平均发电煤耗计算。

4.能源加工转换效率表中，电力折算标准煤系数采用当量值计算，每千瓦小时折0.1229千克标准煤。

5.GDP按可比价格计算。

Brief Introduction

I. Main Contents

Data in this chapter cover mainly energy production, consumption, and composition; elasticity ratio of energy production and consumption; overall balance sheet of energy and balance sheets by main types of energy; consumption of energy by sector and by main types of energy; efficiency of energy transformation; and the household energy consumption. Since 2013, indicators like energy intensity by GDP and installed capacity of power generation are also included.

II. Scope of Data

The scope of data in this chapter is the whole country.

III. Sources of Data

Data in Table 9-1 are calculated on the basis of statistics on output of energy products; data in Tables 9-14 and 9-15 come from the China Electricity Council; and data in other tables in this chapter are from the energy balance sheets over the years.

IV. Notes on Coverage and Compilation of Data

(1) The data on production of primary energy are the same as the corresponding data on output of energy products.

(2) The elasticity ratio of energy production is calculated as the quotient of the growth rate of energy production divided by the growth rate of GDP; and the elasticity ratio of energy consumption is calculated as the quotient of the growth rate of energy consumption divided by the growth rate of GDP.

(3) In the energy balance sheet, data on imports and exports are from Customs statistics. Data on imports include the domestic airplanes and ships refueling abroad. Data on exports include the oversea airplanes and ships refueling domestically. The coefficient for conversion of electric power into the standard coal equivalent is calculated according to the average consumption of coal for generating electricity.

(4) In the table on the efficiency of energy transformation, the coefficient for the conversion of electric power into the standard coal equivalent is calculated on the basis of the heat value equivalent. One kilowatt is equal to 0.1229 kgce.

(5) Gross domestic product are calculated at constant prices.

9-1 一次能源生产总量及构成
Total Primary Energy Production and Its Composition

年 份 Year	一次能源生产总量(万吨标准煤) Total Primary Energy Production (10 000 tce)	占一次能源生产总量的比重 (%) Proportion to Total Primary Energy Production (%)			
		原 煤 Raw Coal	原 油 Crude Oil	天然气 Natural Gas	一次电力及其他能源 Primary Electricity and Other Energy
1978	62770	70.3	23.7	2.9	3.1
1980	63735	69.4	23.8	3.0	3.8
1985	85546	72.8	20.9	2.0	4.3
1990	103922	74.2	19.0	2.0	4.8
1991	104844	74.1	19.2	2.0	4.7
1992	107256	74.3	18.9	2.0	4.8
1993	111059	74.0	18.7	2.0	5.3
1994	118729	74.6	17.6	1.9	5.9
1995	129034	75.3	16.6	1.9	6.2
1996	133032	75.0	16.9	2.0	6.1
1997	133460	74.2	17.2	2.1	6.5
1998	129834	73.3	17.7	2.2	6.8
1999	131935	73.9	17.3	2.5	6.3
2000	138570	72.9	16.8	2.6	7.7
2001	147425	72.6	15.9	2.7	8.8
2002	156277	73.1	15.3	2.8	8.8
2003	178299	75.7	13.6	2.6	8.1
2004	206108	76.7	12.2	2.7	8.4
2005	229037	77.4	11.3	2.9	8.4
2006	244763	77.5	10.8	3.2	8.5
2007	264173	77.8	10.1	3.5	8.6
2008	277419	76.8	9.8	3.9	9.5
2009	286092	76.8	9.4	4.0	9.8
2010	312125	76.2	9.3	4.1	10.4
2011	340178	77.8	8.5	4.1	9.6
2012	351041	76.2	8.5	4.1	11.2
2013	358784	75.4	8.4	4.4	11.8
2014	362212	73.5	8.3	4.7	13.5
2015	362193	72.2	8.5	4.8	14.5
2016	345954	69.8	8.3	5.2	16.7
2017	358867	69.6	7.6	5.4	17.4
2018	378859	69.2	7.2	5.4	18.2
2019	397317	68.5	6.9	5.6	19.0
2020	408000	67.6	6.8	6.0	19.6

注：电力折算标准煤的系数根据当年平均发电煤耗计算(下表同)。

a) The coefficient for conversion of electric power into the standard coal equivalent is calculated according to the average consumption of coal for generating electricity in the year. The same applies to the following tables.

9-2 能源消费总量及构成
Total Energy Consumption and Its Composition

年 份 Year	能源消费总量 (万吨标准煤) Total Energy Consumption (10 000 tce)	占能源消费总量的比重（%） Proportion to Total Energy Consumption (%)			
		煤 炭 Coal	石 油 Petroleum	天然气 Natural Gas	一次电力及其他能源 Primary Electricity and Other Energy
1978	57144	70.7	22.7	3.2	3.4
1980	60275	72.2	20.7	3.1	4.0
1985	76682	75.8	17.1	2.2	4.9
1990	98703	76.2	16.6	2.1	5.1
1991	103783	76.1	17.1	2.0	4.8
1992	109170	75.7	17.5	1.9	4.9
1993	115993	74.7	18.2	1.9	5.2
1994	122737	75.0	17.4	1.9	5.7
1995	131176	74.6	17.5	1.8	6.1
1996	135192	73.5	18.7	1.8	6.0
1997	135909	71.4	20.4	1.8	6.4
1998	136184	70.9	20.8	1.8	6.5
1999	140569	70.6	21.5	2.0	5.9
2000	146964	68.5	22.0	2.2	7.3
2001	155547	68.0	21.2	2.4	8.4
2002	169577	68.5	21.0	2.3	8.2
2003	197083	70.2	20.1	2.3	7.4
2004	230281	70.2	19.9	2.3	7.6
2005	261369	72.4	17.8	2.4	7.4
2006	286467	72.4	17.5	2.7	7.4
2007	311442	72.5	17.0	3.0	7.5
2008	320611	71.5	16.7	3.4	8.4
2009	336126	71.6	16.4	3.5	8.5
2010	360648	69.2	17.4	4.0	9.4
2011	387043	70.2	16.8	4.6	8.4
2012	402138	68.5	17.0	4.8	9.7
2013	416913	67.4	17.1	5.3	10.2
2014	428334	65.8	17.3	5.6	11.3
2015	434113	63.8	18.4	5.8	12.0
2016	441492	62.2	18.7	6.1	13.0
2017	455827	60.6	18.9	6.9	13.6
2018	471925	59.0	18.9	7.6	14.5
2019	487488	57.7	19.0	8.0	15.3
2020	498000	56.8	18.9	8.4	15.9

9-3 综合能源平衡表
Overall Energy Balance Sheet

单位：万吨标准煤 (10 000 tce)

项 目	Item	1990	1995	2000	2005	2010	2015	2016	2017	2018	2019
可供消费的能源总量	**Total Energy Available for Consumption**	**96138**	**129535**	**144234**	**254619**	**365588**	**431636**	**434121**	**450444**	**471686**	**493178**
一次能源生产总量	Total Primary Energy Production	103922	129034	138570	229037	312125	362193	345954	358867	378859	397317
回收能	Recovery of Energy		2312	3087	7452	8958					
进口量	Imports	1310	5456	14327	26823	57671	77695	90235	100039	110787	119064
出口量(−)	Exports (-)	5875	6776	9327	11257	8803	9785	11956	12669	13337	14151
年初年末库存差额	Stock Changes in the Year	-3219	-491	-2424	2564	-4363	1532	9888	4206	-4623	-9052
能源消费总量	**Total Energy Consumption**	**98703**	**131176**	**146964**	**261369**	**360648**	**434113**	**441492**	**455827**	**471925**	**487488**
在总量中:	Consumption by Sector										
农、林、牧、渔业	Agriculture, Forestry, Animal Husbandry and Fishery	4852	5505	4233	6860	7266	8271	8585	8945	8781	9018
工 业	Industry	67578	96191	103014	187914	261377	295953	295615	302308	311151	322503
建筑业	Construction	1213	1335	2207	3486	5533	7545	7847	8243	8685	9142
交通运输、仓储和邮政业	Transport, Storage and Post	4541	5863	11447	19136	27102	38510	39883	42140	43617	43909
批发和零售业、住宿和餐饮业	Wholesale and Retail Trades, Hotels and Catering Services	1247	2018	3251	5917	7847	11447	12042	12456	12994	13624
其他	Other Sectors	3473	4519	6118	10484	15052	21925	23185	24277	26262	27582
居民生活	Household Consumption	15799	15745	16695	27573	36470	50461	54336	57459	60436	61709
在总量中:	Consumption by Usage										
终端消费	Final Consumption	94289	124252	140476	250877	337469	420110	428342	442255	461020	476219
#工业	Industry	63239	89473	96871	177775	238652	282291	282809	289098	300558	311542
加工转换损失量	Losses During the Process of Energy Transformation	2264	3634	2472	3882	14294	18770	18674	19279	20803	22156
#炼焦	Coking	905		526	855	1595	4261	3887	3721	4129	4209
炼油及煤制油	Petroleum Refining and Coal-to-liquids	326		781	1273	1960	2866	3543	4280	5027	5895
回收能(−)	Recovery of Energy (-)						14492	15373	15921	20465	21350
损失量	Other Losses	2150	3289	4016	6610	8885	9724	9849	10213	10567	10462
平衡差额	**Balance**	**-2565**	**-1641**	**-2730**	**-6751**	**4940**	**-2477**	**-7371**	**-5383**	**-239**	**5690**

注：进口量包括境内飞机和轮船在境外的加油量；出口量包括境外飞机和轮船在境内的加油量(下表同)。

a) Data on imports include the domestic airplanes and ships refueling abroad. Data on exports include the oversea airplanes and ships refueling domestically. The same applies to the following tables.

9-4 石油平衡表
Petroleum Balance Sheet

单位：万吨 (10 000 tons)

项　目	Item	1990	1995	2000	2005	2010	2015	2016	2017	2018	2019
可供量	**Available for Consumption**	**11435**	**16073**	**22631**	**32539**	**44178**	**55688**	**57711**	**60811**	**63727**	**66901**
生产量	Production	13831	15004	16300	18135	20301	21456	19969	19151	18932	19101
进口量	Imports	756	3673	9748	17163	29437	39749	44503	49141	54094	58102
出口量(-)	Exports (-)	3110	2455	2172	2888	4079	5128	6383	7027	7557	8211
年初年末库存差额	Stock Changes in the Year	-41	-151	-1245	129	-1481	-388	-378	-454	-1743	-2091
消费量	**Consumption**	**11486**	**16065**	**22496**	**32547**	**44101**	**55960**	**57693**	**60396**	**62245**	**64507**
在消费量中:	Consumption by Sector										
农、林、牧、渔业	Agriculture, Forestry, Animal Husbandry and Fishery	1034	1203	789	1452	1383	1733	1730	1786	1725	1748
工　业	Industry	7322	9349	11249	14030	18555	19718	20383	21487	22460	25211
建筑业	Construction	327	243	841	1502	2483	3384	3599	3804	3936	4055
交通运输、仓储和邮政业	Transport, Storage and Post	1683	2864	6399	10928	15079	20663	21146	22076	22739	22110
批发和零售业、住宿和餐饮业	Wholesale and Retail Trades, Hotels and Catering Services	78	334	247	376	481	616	585	601	599	608
其他	Other Sectors	758	1390	1636	1974	2578	3683	3537	3503	3458	3461
居民生活	Household Consumption	285	682	1336	2284	3542	6162	6713	7140	7328	7314
在消费量中:	Consumption by Usage										
终端消费	Final Consumption	9305	13676	19950	29496	41243	52946	54387	56880	58623	61019
#工　业	Industry	5180	7096	8860	11108	15858	16740	17100	17980	18848	21732
中间消费	Intermediate Consumption										
(用于加工转换)	(Consumed in Transformation)	1630	2230	2353	2896	2663	2927	3264	3469	3593	3454
火力发电	Thermal Power	1234	1359	1178	1306	385	266	285	281	309	308
供　热	Heating	356	400	427	429	593	493	518	523	590	654
制　气	Gas Production	40	52	26	14			5	5	5	4
炼油损失量	Losses in Petroleum Refining	296	420	722	1146	1685	2168	2457	2661	2689	2488
损失量	Other Losses	255	159	193	155	194	88	42	47	29	35
平衡差额	**Balance**	**-51**	**8**	**135**	**-8**	**77**	**-272**	**18**	**415**	**1481**	**2394**

注：生产量为原油产量。

a) Data on production refer to the crude oil production.

9-5 煤炭平衡表
Coal Balance Sheet

单位：万吨 (10 000 tons)

项 目	Item	1990	1995	2000	2005	2010	2015	2016	2017	2018	2019
可供量	**Available for Consumption**	**102221**	**133462**	**131895**	**235508**	**355578**	**397074**	**378494**	**383480**	**394848**	**405537**
生产量	Production	107988	136073	138418	236515	342845	374654	341060	352356	369774	384633
进口量	Imports	200	164	218	2622	18307	20406	25555	27093	28210	29977
出口量(–)	Exports (-)	1729	2862	5506	7173	1911	534	879	809	494	603
年初年末库存差额	Stock Changes in the Year	-4239	87	-1235	3545	-3663	2547	12758	4839	-2642	-8470
消费量	**Consumption**	**105523**	**137677**	**135690**	**243375**	**349008**	**399834**	**388820**	**391403**	**397452**	**401915**
在消费量中:	Consumption by Sector										
农、林、牧、渔业	Agriculture, Forestry, Animal Husbandry and Fishery	2095	1857	1051	1802	2147	2625	2778	2834	2363	2202
工 业	Industry	81091	117571	121807	224766	329728	378190	367435	371160	380696	387268
建筑业	Construction	438	440	537	604	731	878	805	733	650	640
交通运输、仓储和邮政业	Transport, Storage and Post	2161	1315	882	811	639	492	404	353	321	283
批发和零售业、住宿和餐饮业	Wholesale and Retail Trades, Hotels and Catering Services	1058	977	1461	2627	3192	3864	3826	3461	2686	2378
其他	Other Sectors	1980	1987	1495	2727	3412	4159	4081	3580	3021	2598
居民生活	Household Consumption	16700	13530	8457	10039	9159	9627	9492	9283	7714	6547
在消费量中:	Consumption by Usage										
终端消费	Final Consumption	60206	66156	50511	86386	114826	112975	101569	92841	81171	73449
#工 业	Industry	35774	46050	36628	67776	95546	91331	80183	72598	64415	58802
中间消费(用于加工转换)	Intermediate Consumption (Consumed in Transformation)	41258	69488	81987	152208	222948	267061	272512	285325	303986	316252
#火力发电	Thermal Power	27204	44440	55811	103663	153742	179568	182666	193925	205197	210159
供 热	Heating	2996	5887	8794	13542	17553	24115	26577	28983	32388	34442
炼 焦	Coking	10698	18396	16496	33446	49950	60874	60649	58910	61603	65673
煤制油	Coal-to-liquids					213	679	1105	1568	2497	3240
制 气	Gas Production	360	764	960	1277	1040	1320	1212	1663	2010	2459
洗选损耗	Losses in Coal Washing and Dressing	4059	2033	3191	4782	11235	19798	14740	13237	12295	12213
平衡差额	**Balance**	**-3302**	**-4215**	**-3795**	**-7868**	**6569**	**-2760**	**-10326**	**-7924**	**-2604**	**3623**

注：生产量为原煤产量。
a) Data on production refer to the raw coal production.

9-6 电力平衡表
Electricity Balance Sheet

单位：亿千瓦小时 (100 million kW·h)

项 目	Item	1990	1995	2000	2005	2010	2015	2016	2017	2018	2019
可供量	**Available for Consumption**	**6230**	**10023**	**13473**	**24941**	**41936**	**58021**	**61204**	**65914**	**71509**	**74866**
生产量	Production	6212	10077	13556	25003	42072	58146	61332	66044	71661	75034
水 电	Hydropower	1267	1906	2224	3970	7222	11303	11840	11979	12318	13044
火 电	Thermal Power	4945	8043	11142	20473	33319	42842	44371	47546	50963	52202
核 电	Nuclear Power		128	167	531	739	1708	2133	2481	2944	3484
风 电	Wind Power					446	1858	2371	2972	3660	4060
进口量	Imports	19	6	15	50	55	62	62	64	57	49
出口量(–)	Exports (-)	1	60	99	112	191	187	189	195	209	217
消费量	**Consumption**	**6230**	**10023**	**13472**	**24940**	**41934**	**58020**	**61205**	**65914**	**71508**	**74866**
在消费量中:	Consumption by Sector										
农、林、牧、渔业	Agriculture, Forestry, Animal Husbandry and Fishery	427	582	533	776	976	1040	1092	1175	1243	1336
工 业	Industry	4873	7660	10005	18522	30872	41550	42997	46053	49095	50698
建筑业	Construction	65	160	160	234	483	699	726	789	888	991
交通运输、仓储和邮政业	Transport, Storage and Post	106	182	281	430	735	1126	1251	1418	1608	1752
批发和零售业、住宿和餐饮业	Wholesale and Retail Trades, Hotels and Catering Services	76	200	419	752	1292	2122	2324	2527	2900	3187
其他	Other Sectors	202	234	623	1341	2452	3919	4395	4881	5716	6264
居民生活	Household Consumption	481	1006	1452	2885	5125	7565	8421	9072	10058	10637
在消费量中:	Consumption by Usage										
终端消费	Final Consumption	5796	9279	12536	23234	39366	55032	58142	62718	68156	71536
#工 业	Industry	4439	6915	9068	16815	28304	38562	39934	42857	45743	47368
输配电损失量	Losses in Transmission	435	745	937	1706	2568	2988	3063	3196	3352	3330

9-7 能源生产弹性系数
Elasticity Ratio of Energy Production

年 份 Year	能源生产 比上年增长（%） Growth Rate of Energy Production over Preceding Year (%)	电力生产 比上年增长（%） Growth Rate of Electricity Production over Preceding Year(%)	国内生产总值 比上年增长（%） Growth Rate of Gross Domestic Product (GDP) over Preceding Year(%)	能源生产 弹性系数 Elasticity Ratio of Energy Production	电力生产 弹性系数 Elasticity Ratio of Electricity Production
1985	9.9	8.9	13.4	0.74	0.66
1990	2.2	6.2	3.9	0.56	1.59
1991	0.9	9.1	9.3	0.10	0.98
1992	2.3	11.3	14.2	0.16	0.80
1993	3.6	15.3	13.9	0.26	1.10
1994	6.9	10.7	13.0	0.53	0.82
1995	8.7	8.6	11.0	0.79	0.78
1996	3.1	7.2	9.9	0.31	0.73
1997	0.3	5.1	9.2	0.03	0.55
1998	-2.7	2.7	7.8		0.35
1999	1.6	6.3	7.7	0.21	0.82
2000	5.0	9.4	8.5	0.59	1.11
2001	6.4	9.2	8.3	0.77	1.11
2002	6.0	11.7	9.1	0.66	1.29
2003	14.1	15.5	10.0	1.41	1.55
2004	15.6	15.3	10.1	1.54	1.51
2005	11.1	13.5	11.4	0.97	1.18
2006	6.9	14.6	12.7	0.54	1.15
2007	7.9	14.5	14.2	0.56	1.02
2008	5.0	5.6	9.7	0.52	0.58
2009	3.1	7.1	9.4	0.33	0.76
2010	9.1	13.3	10.6	0.86	1.25
2011	9.0	12.0	9.6	0.94	1.25
2012	3.2	5.8	7.9	0.41	0.73
2013	2.2	8.9	7.8	0.28	1.14
2014	1.0	6.7	7.4	0.14	0.91
2015	0.0	0.3	7.0		0.04
2016	-4.5	5.5	6.8		0.81
2017	3.7	7.7	6.9	0.54	1.12
2018	5.6	8.5	6.7	0.84	1.27
2019	4.9	4.7	6.0	0.82	0.78
2020	2.8	3.7	2.3	1.22	1.61

注：国内生产总值增长速度按不变价格计算(下表同)。
a) The growth rates of GDP are calculated at constant prices. The same applies to the following tables.

9-8 能源消费弹性系数
Elasticity Ratio of Energy Consumption

年 份 Year	能源消费 比上年增长(%) Growth Rate of Energy Consumption over Preceding Year (%)	电力消费 比上年增长(%) Growth Rate of Electricity Consumption over Preceding Year(%)	国内生产总值 比上年增长(%) Growth Rate of Gross Domestic Product (GDP) over Preceding Year(%)	能源消费 弹性系数 Elasticity Ratio of Energy Consumption	电力消费 弹性系数 Elasticity Ratio of Electricity Consumption
1985	8.1	9.0	13.4	0.60	0.67
1990	1.8	6.2	3.9	0.46	1.59
1991	5.1	9.2	9.3	0.55	0.99
1992	5.2	11.5	14.2	0.37	0.81
1993	6.3	11.0	13.9	0.45	0.79
1994	5.8	9.9	13.0	0.45	0.76
1995	6.9	8.2	11.0	0.63	0.75
1996	3.1	7.4	9.9	0.31	0.75
1997	0.5	4.8	9.2	0.05	0.52
1998	0.2	2.8	7.8	0.03	0.36
1999	3.2	6.1	7.7	0.42	0.79
2000	4.5	9.5	8.5	0.53	1.12
2001	5.8	9.3	8.3	0.70	1.12
2002	9.0	11.8	9.1	0.99	1.30
2003	16.2	15.6	10.0	1.62	1.56
2004	16.8	15.4	10.1	1.66	1.52
2005	13.5	13.5	11.4	1.18	1.18
2006	9.6	14.6	12.7	0.76	1.15
2007	8.7	14.4	14.2	0.61	1.01
2008	2.9	5.6	9.7	0.30	0.58
2009	4.8	7.2	9.4	0.51	0.77
2010	7.3	13.2	10.6	0.69	1.25
2011	7.3	12.1	9.6	0.76	1.26
2012	3.9	5.9	7.9	0.49	0.75
2013	3.7	8.9	7.8	0.47	1.14
2014	2.7	6.7	7.4	0.36	0.91
2015	1.3	0.3	7.0	0.19	0.04
2016	1.7	5.5	6.8	0.25	0.81
2017	3.2	7.7	6.9	0.46	1.12
2018	3.5	8.5	6.7	0.52	1.27
2019	3.3	4.7	6.0	0.55	0.78
2020	2.2	3.1	2.3	0.96	1.35

注：2020年电力消费数据来源于中国电力企业联合会。
a) The electricity consumption data of 2020 are from China Electricity Council.

9-9 按行业分能源消费量（2019年）

行 业	Sector	能源消费总量(万吨标准煤) Total Energy Consumption (10 000 tce)
消费总量	**Total Consumption**	**487488**
农、林、牧、渔业	**Agriculture, Forestry, Animal Husbandry and Fishery**	**9018**
工业	**Industry**	**322503**
采矿业	**Mining**	**19233**
煤炭开采和洗选业	Mining and Washing of Coal	10133
石油和天然气开采业	Extraction of Petroleum and Natural Gas	3755
黑色金属矿采选业	Mining and Processing of Ferrous Metal Ores	1660
有色金属矿采选业	Mining and Processing of Non-Ferrous Metal Ores	1258
非金属矿采选业	Mining and Processing of Nonmetal Ores	1324
开采专业及辅助性活动	Professional and Support Activities for Mining	470
其他采矿业	Mining of Other Ores	633
制造业	**Manufacturing**	**268426**
农副食品加工业	Processing of Food from Agricultural Products	4126
食品制造业	Manufacture of Foods	2042
酒、饮料和精制茶制造业	Manufacture of Liquor, Beverages and Refined Tea	1283
烟草制品业	Manufacture of Tobacco	192
纺织业	Manufacture of Textile	7398
纺织服装、服饰业	Manufacture of Textile, Wearing Apparel and Accessories	905
皮革、毛皮、羽毛及其制品和制鞋业	Manufacture of Leather, Fur, Feather and Related Products and Footwear	539
木材加工和木、竹、藤、棕、草制品业	Processing of Timber, Manufacture of Wood, Bamboo, Rattan, Palm, and Straw Products	1036
家具制造业	Manufacture of Furniture	383
造纸和纸制品业	Manufacture of Paper and Paper Products	3847
印刷和记录媒介复制业	Printing and Reproduction of Recording Media	508
文教、工美、体育和娱乐用品制造业	Manufacture of Articles for Culture, Education, Arts and Crafts, Sport and Entertainment Activities	493
石油、煤炭及其他燃料加工业	Processing of Petroleum, Coal and Other Fuels	32572
化学原料和化学制品制造业	Manufacture of Raw Chemical Materials and Chemical Products	53272
医药制造业	Manufacture of Medicines	2179
化学纤维制造业	Manufacture of Chemical Fibers	2416
橡胶和塑料制品业	Manufacture of Rubber and Plastics Products	4868
非金属矿物制品业	Manufacture of Non-metallic Mineral Products	33344
黑色金属冶炼和压延加工业	Smelting and Pressing of Ferrous Metals	65387
有色金属冶炼和压延加工业	Smelting and Pressing of Non-ferrous Metals	24436
金属制品业	Manufacture of Metal Products	6552
通用设备制造业	Manufacture of General Purpose Machinery	3627
专用设备制造业	Manufacture of Special Purpose Machinery	1884
汽车制造业	Manufacture of Automobiles	3663
铁路、船舶、航空航天和其他运输设备制造业	Manufacture of Railway, Ship, Aerospace and Other Transport Equipments	853
电气机械和器材制造业	Manufacture of Electrical Machinery and Apparatus	2841
计算机、通信和其他电子设备制造业	Manufacture of Computers, Communication and Other Electronic Equipment	5028
仪器仪表制造业	Manufacture of Measuring Instruments and Machinery	249
其他制造业	Other Manufacture	1799
废弃资源综合利用业	Utilization of Waste Resources	635
金属制品、机械和设备修理业	Repair Service of Metal Products, Machinery and Equipment	68
电力、热力、燃气及水生产和供应业	**Production and Supply of Electricity, Heat, Gas and Water**	**34844**
电力、热力生产和供应业	Production and Supply of Electric Power and Heat Power	31759
燃气生产和供应业	Production and Supply of Gas	1309
水的生产和供应业	Production and Supply of Water	1775
建筑业	**Construction**	**9142**
交通运输、仓储和邮政业	**Transport, Storage and Post**	**43909**
批发和零售业、住宿和餐饮业	**Wholesale and Retail Trades, Hotels and Catering Services**	**13624**
其他	**Others**	**27582**
居民生活	**Household Consumption**	**61709**

Energy Consumption by Sector (2019)

煤炭 (万吨) Coal (10 000 tons)	焦炭 (万吨) Coke (10 000 tons)	原油 (万吨) Crude Oil (10 000 tons)	汽油 (万吨) Gasoline (10 000 tons)	煤油 (万吨) Kerosene (10 000 tons)	柴油 (万吨) Diesel Oil (10 000 tons)	燃料油 (万吨) Fuel Oil (10 000 tons)	天然气 (亿立方米) Natural Gas (100 million cu.m)	电力 (亿千瓦小时) Electricity (100 million kW·h)
401915	**46426**	**67268**	**13628**	**3950**	**14918**	**4690**	**3060**	**74866**
2202	**60**		**253**	**11**	**1475**	**1**	**1**	**1336**
387268	**46320**	**67259**	**262**	**11**	**1291**	**2613**	**2092**	**50698**
23850	**208**	**637**	**19**	**1**	**465**	**8**	**187**	**2777**
22140	49		5	1	153		25	1027
112		637	7		41	6	155	434
198	148		1		43			419
93	4		2		22	1	1	386
742	8		1		54		2	257
564			4		154	1	5	41
								212
159894	**46067**	**66622**	**216**	**10**	**770**	**2601**	**1405**	**38109**
1720	125		7		22	2	32	797
1642	2		4		8	1	24	302
619			3		5		17	174
7					1		1	53
790	3		6		6	3	45	1760
45			5		5		11	232
22			3		2		2	157
90	2		2		5		3	279
2	1		2		3		2	115
3942			3		15	8	23	745
62			4		4		5	131
14			3		3		14	90
53972	71	63223	28		108	1895	172	1199
22007	4014	3398	14	2	39	563	410	5427
786	3		4		6	3	15	408
1318	20		1		2		14	455
401			9		12	3	18	1426
22608	1340		15	1	314	96	178	3761
27987	39247		3		53	1	138	6460
20765	406		3	1	34	14	56	6674
333	469		12		20	2	63	1673
21	245		15	2	21	1	22	1007
32	7		12	1	14	1	21	499
97	14		25		27		27	1031
41			4	1	11	1	22	166
24	1		15		11	2	12	859
411			10		6	1	34	1500
2			4		1		1	75
2			1		1		4	578
132	97				5	1	19	58
				1	4		1	17
203524	**45**		**27**		**56**	**4**	**501**	**9813**
201798	44		22		52	4	493	9033
1707	1		3		1		8	186
20			3		2		1	594
640	**10**		**500**	**16**	**530**	**32**	**3**	**991**
283		**9**	**6245**	**3689**	**9867**	**2025**	**341**	**1752**
2378	**17**		**288**	**15**	**204**	**10**	**62**	**3187**
2598	**6**		**2241**	**184**	**954**	**9**	**57**	**6264**
6547	**13**		**3839**	**23**	**597**		**502**	**10637**

9-10 能源加工转换效率
Efficiency of Energy Transformation

单位：% (%)

年 份 Year	总效率 Total Efficiency	发电及供热 Power Generation and Heating	炼 焦 Coking	炼油及煤制油 Petroleum Refining and Coal-to-liquids
1983	69.9	36.9	91.2	99.2
1984	69.2	37.0	90.1	99.2
1985	68.3	36.9	90.8	99.1
1986	68.3	36.7	90.6	99.0
1987	67.5	36.8	90.5	98.8
1988	66.5	36.3	90.8	98.8
1989	66.5	36.7	90.3	98.6
1990	66.5	37.3	91.3	90.2
1991	65.9	37.6	89.9	98.1
1992	66.0	37.8	92.7	96.8
1993	67.3	39.9	98.1	98.5
1994	65.2	39.4	89.6	97.5
1995	71.1	37.3	92.0	97.7
1996	70.2	36.6	94.1	97.5
1997	69.8	35.9	94.0	97.4
1998	69.3	37.1	95.0	96.4
1999	69.3	37.0	96.1	97.5
2000	69.4	37.8	96.2	97.3
2001	69.7	38.2	96.5	97.6
2002	69.0	38.7	96.6	96.7
2003	69.4	38.5	96.1	96.4
2004	70.6	38.6	97.1	96.5
2005	71.1	39.0	97.1	96.9
2006	70.9	39.1	97.0	96.9
2007	71.2	39.8	97.5	97.2
2008	71.5	40.5	98.5	96.2
2009	72.4	41.2	98.0	96.7
2010	72.5	42.0	96.4	97.0
2011	72.2	42.1	96.3	97.4
2012	72.7	42.8	95.7	97.1
2013	73.0	43.1	95.6	97.7
2014	73.1	43.5	93.7	97.5
2015	73.4	44.2	92.1	96.9
2016	73.5	44.6	92.8	96.4
2017	73.0	45.0	92.8	96.0
2018	72.8	45.5	92.4	95.6
2019	73.3	45.8	92.6	95.3

9-11 平均每天能源消费量
Average Daily Energy Consumption

能源品种	Type of Energy	1990	1995	2000	2005	2010	2015	2016	2017	2018	2019
合计 （万吨标准煤）	**Total (10 000 tce)**	**270.4**	**359.4**	**401.5**	**716.1**	**988.1**	**1189.4**	**1206.3**	**1248.8**	**1292.9**	**1335.6**
煤炭 （万吨）	Coal (10 000 tons)	289.1	377.2	370.7	666.8	956.2	1095.4	1062.4	1072.3	1088.9	1101.1
焦炭 （万吨）	Coke (10 000 tons)	18.9	29.4	29.6	68.8	106.0	120.7	124.2	119.8	119.8	127.2
原油 （万吨）	Crude Oil (10 000 tons)	32.2	40.8	58.0	82.4	117.5	150.1	156.1	162.7	172.6	184.3
燃料油 （万吨）	Fuel Oil (10 000 tons)	9.2	10.2	10.6	11.6	10.3	12.8	12.7	13.4	12.4	12.9
汽油 （万吨）	Gasoline (10 000 tons)	5.2	8.0	9.6	13.3	19.1	31.1	32.4	33.7	35.8	37.3
煤油 （万吨）	Kerosene (10 000 tons)	1.0	1.4	2.4	3.0	4.8	7.3	8.1	9.1	10.0	10.8
柴油 （万吨）	Diesel Oil (10 000 tons)	7.4	11.8	18.6	30.1	40.3	47.6	46.0	46.3	45.0	40.9
天然气 （亿立方米）	Natural Gas (100 million cu.m)	0.4	0.5	0.7	1.3	3.0	5.3	5.7	6.6	7.7	8.4
电力 （亿千瓦小时）	Electricity (100 million kW·h)	17.1	27.5	36.8	68.3	114.9	159.0	167.2	180.6	195.9	205.1

9-12 居民生活能源消费量
Household Energy Consumption

能源品种	Type of Energy	1990	1995	2000	2005	2010	2015	2016	2017	2018	2019
合计 （万吨标准煤）	**Total (10 000 tce)**	**15799**	**15745**	**16695**	**27573**	**36470**	**50461**	**54336**	**57459**	**60436**	**61709**
煤炭 （万吨）	Coal (10 000 tons)	16700	13530	8457	10039	9159	9627	9492	9283	7714	6547
煤油 （万吨）	Kerosene (10 000 tons)	105	64	72	25	21	29	26	28	25	23
液化石油气 （万吨）	Liquefied Petroleum Gas (10 000 tons)	159	534	858	1329	1537	2549	2955	3225	3147	2855
天然气 （亿立方米）	Natural Gas (100 million cu.m)	19	19	32	79	227	360	380	420	468	502
煤气 （亿立方米）	Coal Gas (100 million cu.m)	29	57	126	145	167	80	63	52	47	46
热力 （万百万千焦）	Heat (10 billion kilo-joule)	8972	12637	23234	52044	67410	93841	98623	106330	121684	128832
电力 （亿千瓦小时）	Electricity (100 million kW·h)	481	1006	1452	2885	5125	7565	8421	9072	10058	10637

9-13 人均生活能源消费量
Household Energy Consumption Per Capita

年 份 Year	人均生活能源消费量（千克标准煤） Annual Per Capita Consumption (kgce)	煤 炭（千克） Coal (kg)	电 力（千瓦小时） Electricity (kW·h)	液化石油气（千克） Liquefied Petroleum Gas (kg)	天然气（立方米） Natural Gas (cu.m)	煤 气（立方米） Coal Gas (cu.m)
1983	107	128	13	0.6	0.1	1.5
1984	113	135	15	0.6	0.4	1.6
1985	127	149	21	0.9	0.4	1.3
1986	127	148	23	1.1	0.6	1.3
1987	132	152	26	1.1	0.7	1.6
1988	141	159	31	1.2	1.4	1.6
1989	139	152	35	1.4	1.5	2.4
1990	139	147	42	1.4	1.6	2.5
1991	139	143	47	1.8	1.6	3.2
1992	134	127	55	2.1	1.8	4.4
1993	133	123	63	2.5	1.5	4.6
1994	129	109	73	3.2	1.7	6.3
1995	131	112	83	4.4	1.6	4.7
1996	121	83	88	5.9	1.7	6.4
1997	119	77	99	6.2	1.7	8.9
1998	119	73	104	6.9	1.9	9.7
1999	122	70	109	6.8	2.1	9.3
2000	132	67	115	6.8	2.6	10.0
2001	136	66	127	6.7	3.3	9.4
2002	146	66	138	7.6	3.6	9.8
2003	166	70	160	8.6	4.0	10.1
2004	191	75	184	10.4	5.2	10.7
2005	211	77	221	10.2	6.1	11.1
2006	230	77	256	11.5	7.8	12.7
2007	250	74	308	12.4	10.9	14.1
2008	254	69	332	11.0	12.8	13.9
2009	264	69	366	11.2	13.3	12.5
2010	273	68	383	11.5	17.0	12.5
2011	294	68	418	11.9	19.7	10.9
2012	312	68	459	12.1	21.3	10.1
2013	334	68	513	13.5	23.7	7.9
2014	344	68	523	15.8	25.0	7.1
2015	366	70	548	18.5	26.1	5.8
2016	392	68	607	21.3	27.4	4.5
2017	412	66	650	23.1	30.1	3.7
2018	431	55	717	22.4	33.4	3.4
2019	438	47	756	20.3	35.7	3.3

注：1.计算消费量所使用的人口数为平均人口数。
2.2011—2019年数据根据第七次全国人口普查结果修订。

a) Data in the table are calculated with the data on the annual average population.

b) Data from 2011 to 2019 were revised based on the results of the Seventh National Population Census.

9-14 分地区用电量
Electricity Consumption by Region

单位：亿千瓦小时 (100 million kW·h)

地 区	Region	1995	2000	2005	2010	2015	2019	2020
北 京	Beijing	262	384	571	810	953	1166	1140
天 津	Tianjin	179	234	385	646	801	878	875
河 北	Hebei	603	809	1502	2692	3176	3856	3934
山 西	Shanxi	399	502	946	1460	1737	2262	2342
内蒙古	Inner Mongolia	187	254	668	1537	2543	3653	3900
辽 宁	Liaoning	623	749	1111	1715	1985	2401	2423
吉 林	Jilin	268	291	378	577	652	780	805
黑龙江	Heilongjiang	409	442	556	748	869	996	1014
上 海	Shanghai	403	559	922	1296	1406	1569	1576
江 苏	Jiangsu	685	971	2193	3864	5115	6264	6374
浙 江	Zhejiang	440	738	1642	2821	3554	4706	4830
安 徽	Anhui	289	339	582	1078	1640	2301	2428
福 建	Fujian	261	402	757	1315	1852	2402	2483
江 西	Jiangxi	181	208	392	701	1087	1536	1627
山 东	Shandong	741	1001	1912	3298	5117	6219	6940
河 南	Henan	571	719	1353	2354	2880	3364	3392
湖 北	Hubei	415	503	789	1330	1665	2214	2144
湖 南	Hunan	375	406	674	1172	1448	1864	1929
广 东	Guangdong	788	1335	2674	4060	5311	6696	6926
广 西	Guangxi	221	314	510	993	1334	1907	2029
海 南	Hainan	32	38	82	159	272	355	363
重 庆	Chongqing		308	348	626	875	1160	1186
四 川	Sichuan	583	521	943	1549	1992	2636	2865
贵 州	Guizhou	204	288	487	835	1174	1541	1586
云 南	Yunnan	224	274	557	1004	1439	1812	2025
西 藏	Tibet				20	41	78	82
陕 西	Shaanxi	240	293	516	859	1222	1912	1741
甘 肃	Gansu	241	295	489	804	1099	1288	1376
青 海	Qinghai	69	109	207	465	658	716	742
宁 夏	Ningxia	92	136	303	547	878	1084	1038
新 疆	Xinjiang	120	183	310	662	2160	2868	3099

注：2000年及以后数据来源于中国电力企业联合会。
a) Data since 2000 are from China Electricity Council.

9-15 发电装机容量
Installed Capacity of Power Generation

单位：万千瓦 (10 000 kW)

年份 Year	发电装机容量 Installed Capacity of Power Generation	火电 Thermal Power	水电 Hydropower	核电 Nuclear Power	风电 Wind Power	太阳能发电 Solar Power	其他 Others
2000	31932	23754	7935	210	34		
2001	33849	25301	8301	210	38		
2002	35657	26555	8607	447	47		
2003	39141	28977	9490	619	55		
2004	44239	32948	10524	696	82		
2005	51718	39138	11739	696	106		
2006	62370	48382	13029	696	207		
2007	71822	55607	14823	908	420		
2008	79273	60286	17260	908	839		
2009	87410	65108	19629	908	1760	3	3
2010	96641	70967	21606	1082	2958	26	3
2011	106253	76834	23298	1257	4623	212	19
2012	114676	81968	24947	1257	6142	341	20
2013	125768	87009	28044	1466	7652	1589	8
2014	137887	93232	30486	2008	9657	2486	19
2015	152527	100554	31954	2717	13075	4218	9
2016	165051	106094	33207	3364	14747	7631	7
2017	177708	110495	34359	3582	16325	12942	7
2018	190012	114408	35259	4466	18427	17433	20
2019	201006	118957	35804	4874	20915	20418	37
2020	220204	124624	37028	4989	28165	25356	41

注：数据来源于中国电力企业联合会。
a) The data are from China Electricity Council.

9-16 万元国内生产总值能源消费量
Energy Intensity of GDP

年 份 Year	万元国内生产总值能源消费量(吨标准煤/万元) Total (tce/10 000 yuan)	万元国内生产总值煤炭消费量(吨/万元) Coal (ton/10 000 yuan)	万元国内生产总值焦炭消费量(吨/万元) Coke (ton/10 000 yuan)	万元国内生产总值石油消费量(吨/万元) Petroleum (ton/10 000 yuan)	万元国内生产总值原油消费量(吨/万元) Crude Oil (ton/10 000 yuan)	万元国内生产总值燃料油消费量(吨/万元) Fuel Oil (ton/10 000 yuan)	万元国内生产总值电力消费量(万千瓦小时/万元) Electricity (10 000 kW·h/10 000 yuan)
	国内生产总值按1980年可比价格计算 GDP at 1980 constant price						
1980	13.14	13.30	0.94	1.91	2.01	0.67	0.66
1981	12.33	12.56	0.81	1.93	1.81	0.59	0.64
1982	11.81	12.20	0.76	1.56	1.65	0.53	0.62
1983	11.34	11.80	0.71	1.44	1.56	0.49	0.60
1984	10.57	11.18	0.66	1.29	1.37	0.43	0.56
1985	10.08	10.72	0.62	1.21	1.25	0.37	0.54
1986	9.75	10.38	0.63	1.17	1.23	0.36	0.54
1987	9.36	10.03	0.62	1.11	1.15	0.34	0.54
1988	9.03	9.65	0.59	1.08	1.09	0.31	0.53
1989	9.04	9.64	0.59	1.08	1.08	0.32	0.55
1990	8.85	9.47	0.62	1.03	1.06	0.30	0.56
	国内生产总值按1990年可比价格计算 GDP at 1990 constant price						
1990	5.23	5.59	0.37	0.61	0.62	0.18	0.33
1991	5.03	5.36	0.35	0.60	0.60	0.17	0.33
1992	4.63	4.84	0.33	0.57	0.56	0.15	0.32
1993	4.32	4.51	0.33	0.55	0.52	0.14	0.31
1994	4.05	4.24	0.30	0.49	0.46	0.12	0.31
1995	3.90	4.09	0.32	0.48	0.44	0.11	0.30
1996	3.66	3.79	0.32	0.48	0.43	0.10	0.29
1997	3.36	3.41	0.27	0.48	0.43	0.09	0.28
1998	3.13	3.10	0.26	0.45	0.40	0.09	0.27
1999	3.00	2.97	0.23	0.45	0.40	0.08	0.26
2000	2.89	2.67	0.21	0.44	0.42	0.08	0.26
	国内生产总值按2000年可比价格计算 GDP at 2000 constant price						
2000	1.47	1.35	0.11	0.22	0.21	0.04	0.13
2001	1.43	1.32	0.11	0.21	0.20	0.04	0.14
2002	1.43	1.30	0.11	0.21	0.19	0.03	0.14
2003	1.51	1.41	0.12	0.21	0.19	0.03	0.15
2004	1.60	1.48	0.13	0.22	0.20	0.03	0.15
2005	1.63	1.52	0.16	0.20	0.19	0.03	0.16
	国内生产总值按2005年可比价格计算 GDP at 2005 constant price						
2005	1.40	1.30	0.13	0.17	0.16	0.02	0.13
2006	1.36	1.28	0.13	0.17	0.15	0.02	0.14
2007	1.29	1.20	0.13	0.15	0.14	0.02	0.14
2008	1.21	1.14	0.12	0.14	0.13	0.01	0.13
2009	1.16	1.12	0.13	0.13	0.13	0.01	0.13
2010	1.13	1.09	0.12	0.14	0.13	0.01	0.13
	国内生产总值按2010年可比价格计算 GDP at 2010 constant price						
2010	0.88	0.85	0.09	0.11	0.10	0.01	0.10
2011	0.86	0.86	0.09	0.10	0.10	0.01	0.10
2012	0.83	0.85	0.09	0.10	0.10	0.01	0.10
2013	0.79	0.81	0.09	0.10	0.09	0.01	0.10
2014	0.76	0.73	0.08	0.09	0.09	0.01	0.10
2015	0.72	0.66	0.07	0.09	0.09	0.01	0.10
	国内生产总值按2015年可比价格计算 GDP at 2015 constant price						
2015	0.63	0.58	0.06	0.08	0.08	0.01	0.08
2016	0.60	0.53	0.06	0.08	0.08	0.01	0.08
2017	0.58	0.50	0.06	0.08	0.08	0.01	0.08
2018	0.56	0.47	0.05	0.07	0.07	0.01	0.09
2019	0.55	0.45	0.05	0.07	0.08	0.01	0.08

主要统计指标解释

一次能源生产总量 指一定时期内，全国一次能源生产量的总和。该指标是观察全国能源生产水平、规模、构成和发展速度的总量指标。包括：原煤、原油、天然气、水电、核能及其他动力能(如风能、地热能等)发电量等，不包括低热值燃料生产量和由一次能源加工转换而成的二次能源产量。

能源消费总量 指一定地域内，国民经济各行业和居民家庭在一定时期内消费的各种能源的总和。包括：原煤、原油、天然气、水能、核能、风能、太阳能、地热能、生物质能等一次能源；一次能源通过加工转换产生的洗煤、焦炭、煤气、电力、热力、成品油等二次能源和同时产生的其他产品；其他化石能源、可再生能源和新能源。其中水能、风能、太阳能、地热能、生物质能等可再生能源，是指人们通过一定技术手段获得的，并作为商品能源使用的部分。在核算过程中，一次能源、二次能源消费不能重复计算。能源消费总量分为终端能源消费量、能源加工转换损失量和能源损失量三部分。

(1)终端能源消费量：指一定时期内，用于消费（而非用于加工转换产出其他能源）的各种能源之和。

(2)能源加工转换损失量：指一定时期内，全国投入加工转换的各种能源数量之和与产出各种能源产品之和的差额。该指标是观察能源在加工转换过程中损失量变化的指标。

(3)能源损失量：指一定时期内，能源在输送、分配、储存过程中发生的损失和由客观原因造成的各种损失量，不包括各种气体能源放空、放散量。

能源生产弹性系数 是研究能源生产增长速度与国民经济增长速度之间关系的指标。计算公式为：

$$\text{能源生产弹性系数}=\frac{\text{能源生产量年平均增长速度}}{\text{国民经济年平均增长速度}}$$

国民经济年平均增长速度，可根据不同的目的或需要，用国民生产总值、国内生产总值等指标来计算，本书是采用国内生产总值指标计算。

电力生产弹性系数 是研究电力生产增长速度与国民经济增长速度之间关系的指标。计算公式为：

$$\text{电力生产弹性系数}=\frac{\text{电力生产量年平均增长速度}}{\text{国民经济年平均增长速度}}$$

能源消费弹性系数 反映能源消费增长速度与国民经济增长速度之间关系的指标。计算公式为：

$$\text{能源消费弹性系数}=\frac{\text{能源消费量年平均增长速度}}{\text{国民经济年平均增长速度}}$$

电力消费弹性系数 反映电力消费增长速度与国民经济增长速度之间关系的指标。计算公式为：

$$\text{电力消费弹性系数}=\frac{\text{电力消费量年平均增长速度}}{\text{国民经济年平均增长速度}}$$

能源加工转换效率 指一定时期内，能源经过加工、转换后，产出的各种能源产品的数量与同期内投入加工转换的各种能源数量的比率。该指标是观察能源加工转换装置和生产工艺先进与落后、管理水平高低等的重要指标。计算公式为：

$$\text{能源加工转换效率}=\frac{\text{能源加工转换产出量}}{\text{能源加工转换投入量}}\times 100\%$$

单位国内生产总值能耗 指一定时期内，一个国家或地区每生产一个单位的国内生产总值所消费的能源。计算公式为：

$$\text{单位国内生产总值能耗}=\frac{\text{能源消费总量}}{\text{国内生产总值}}$$

单位国内生产总值电耗 指一定时期内，一个国家或地区每生产一个单位的国内生产总值所消费的电力。计算公式为：

$$\text{单位国内生产总值电耗}=\frac{\text{全社会用电量}}{\text{国内生产总值}}$$

Explanatory Notes on Main Statistical Indicators

Total Primary Energy Production refers to the total production of primary energy in a given period of time. It is a comprehensive indicator to show the level, scale, composition and growth of energy production of the country. It includes that of coal, crude oil, natural gas, hydropower and electricity generated by nuclear energy and other means such as wind power and geothermal power, etc. However, it does not include the production of fuels of low calorific value and secondary energy converted from primary energy.

Total Energy Consumption refers to the total consumption of energy of various kinds by the production sectors of the economy and the households in a given period of time. It includes primary energy such as coal, crude oil, natural gas, hydropower, nuclear power, wind power, solar power, geothermal power and bio-energy; the secondary energy and their products which are transformed from the primary energy such as washed coal, coke, coal gas, electricity, heating, and petroleum products; and other kinds of fossil energy, renewable energy and new energy. The renewable energy refers to the part of renewable energy that is attained with some given technical means and used for commercial purposes, including hydropower, wind power, solar power, geothermal power and bio-energy. In the process of accounting, there should be no double or multiple counting between and primary and the secondary accounting. Total energy consumption can be divided into three parts: final energy consumption; loss during the process of energy transformation; and other losses.

(1) Final Energy Consumption: It refers to the consumption of various kinds of energy in a given period of time, not involving the energy consumed for transformation.

(2) Losses During the Process of Energy Transformation: It refers to the total input of various kinds of energy for transformation, minus the total output of various kinds of energy products in a given period of time. It is an indicator to show the losses that occurs during the process of energy transformation.

(3) Other Losses: It refers to the total of the losses of energy during the course of energy transport, distribution and storage and the losses caused by any objective reason in a given period of time. The losses of various kinds of gas due to gas discharges and stocktaking is not included.

Elasticity Ratio of Energy Production is an indicator to show the relationship between the growth rate of energy production and the growth rate of the national economy. The formula is:

$$\text{Elasticity ratio of energy production} = \frac{\text{Average annual growth rate of energy production}}{\text{Average annual growth rate of national economy}}$$

The average annual growth rate of the national economy can be measured by indicators such as the gross national product or the gross domestic product, depending on the purposes or needs. The gross domestic product has been used in the calculation of the ratio in the Yearbook.

Elasticity Ratio of Electricity Production is an indicator to show the relationship between the growth rate of electricity production and the growth rate of the national economy. The formula is:

$$\text{Elasticity ratio of electricity production} = \frac{\text{Average annual growth rate of electricity production}}{\text{Average annual growth rate of national economy}}$$

Elasticity Ratio of Energy Consumption is an indicator to show the relationship between the growth rate of energy consumption and the growth rate of the national economy. The formula is:

$$\text{Elasticity ratio of energy consumption} = \frac{\text{Average annual growth Rate of energy consumption}}{\text{Average annual growth rate of national economy}}$$

Elasticity Ratio of Electricity Consumption is an indicator to show the relationship between the growth rate of electricity consumption and the growth rate of the national economy. The formula is:

$$\text{Elasticity ratio of electricity consumption} = \frac{\text{Average annual growth rate of electricity consumption}}{\text{Average annual growth rate of national economy}}$$

Efficiency of Energy Transformation refers to the ratio of the total output of various kinds of energy products after transformation to the total input of various kinds of energy for transformation during a given period. It is an important indicator to show the current conditions of energy transformation equipment, production technique and management. The formula is:

$$\text{Efficiency of energy transformation} = \frac{\text{Output of energy after transformation}}{\text{Input of energy for transformation}} \times 100\%$$

Energy Consumption per Unit of GDP refers to the energy consumption per unit of gross domestic product in a country or in a region during a given period. The formula is:

$$\text{Energy consumption per unit of GDP} = \frac{\text{Total energy consumption}}{\text{Gross domestic product}}$$

Electricity Consumption per Unit of GDP refers to the electricity consumption per unit of gross domestic product in a country or in a region during a given period. The formula is:

$$\text{Electricity consumption per unit of GDP} = \frac{\text{Total electricity consumption}}{\text{Gross domestic product}}$$

10

固定资产投资

Investment in Fixed Assets

简 要 说 明

一、本篇资料的主要内容

本篇资料通过对一定时期全社会建造和购置固定资产活动的数量方面的描述，反映报告期内固定资产投资的规模、速度、结构和比例关系、固定资产投资的资金来源及新增主要产品生产能力等。

二、本篇资料的统计范围

固定资产投资统计的范围包括：建设项目投资、房地产开发投资及农户投资。

三、本篇的资料来源

跨省（区）项目资料来自国务院有关部门（企业）等；农户固定资产投资资料来自国家统计局住户调查司的住户调查；除此以外的固定资产投资统计资料均来自国家统计局固定资产投资统计司的统计调查。

四、本篇的统计调查方法

除农户固定资产投资统计采用抽样调查方法外，其他均为全面调查。

五、统计口径的变化

自 1997 年起，除房地产开发投资、农村非农户投资、农户投资及城镇和工矿区私人建房投资外，固定资产投资的统计起点由 5 万元提高到 50 万元。

自 2006 年起，农村非农户固定资产投资统计改为按项目统计，调查方法由抽样调查改为全面调查，起点提高到 50 万元。

自 2006 年起，城镇和工矿区私人建房投资改为按项目统计，起点为 50 万元。

自 2011 年起，除房地产开发投资、农户投资外，固定资产投资项目统计起点由计划总投资 50 万元提高到 500 万元。

为便于比较，增速均按可比口径计算。

六、内容修订

根据经济普查、投资统计制度方法改革以及统计执法检查、统计督察等因素，对 2003 年以来的全社会固定资产投资总量及增速、固定资产投资（不含农户）总量及增速、民间投资总量及增速、第一、二、三产投资总量及增速进行了修订。

Brief Introduction

I. Main Contents

Statistics in this chapter describe activities on the construction and purchase of fixed assets of the whole country during a given period of time, and reflect the size, growth, structure, ratio, financing of the investment in fixed assets, capacity increased of main production during the reference period.

II. Scope of Statistics

Statistics on the investment in fixed assets cover investments in capital construction projects in urban and rural areas, investments in real estate development, and rural household investment.

III. Sources of Data

Data on trans-provincial projects are provided by various departments under the State Council. Data on investments in fixed assets by individuals in rural areas are provided by the Department of Rural Social and Economic Survey of the NBS through its rural social and economic survey. Other data on investments in fixed assets are from surveys conducted by the Department of Investment and Construction Statistics of the NBS.

IV. Methodology of Data Collection

All data on investments in fixed assets are collected by the system of reporting form with complete enumeration, except data on individual investments in fixed assets in rural areas, which are collected through sample surveys.

V. Changes in Statistical Scope

Since 1997, the cut-off point of projects covered by statistics of investment in fixed assets are raised from an investment of 50,000 yuan to 500,000 yuan, except investment in real estate development, farm household investment, non-farm household investment and private investment in housing construction in urban areas and industrial and mining areas. For the convenience of comparison, relevant data of 1996 are adjusted accordingly, and figures compiled on the basis of the old standard are enclosed in brackets.

Since 2006, statistics on investments in fixed assets of rural non-farm households are changed to project-based. Survey method is changed from sample survey to the system of reporting form with complete enumeration. The cut-off point has been raised to 500,000 yuan.

Since 2006, statistics on private investment in housing construction in urban areas and industrial and mining areas have become project-based. The cut-off point has been raised to 500,000 yuan.

Since 2011, the cut-off size of fixed assets investment projected rose from a total planned investment above 500 thousand yuan to 5 million yuan. Relevant data in 2010 are adjusted for the purpose of comparison, data in parenthesis are those of original statistical scope.

VI. Revision of Content

In order to further implement the New Development Principles, better reflect the changes in economic structure and quality, and reflect the key role of investment in optimizing the supply structure. Since 2019,this chapter revises the fixed assets investment form, and increases three field such as infrastructure, etc investment, non-governmental investment and three strata of industries. The content is mainly about the growth rate of fixed assets investment in each group compared with the preceding year, reflecting the situation of fixed assets investment and policy effects through the change of speed.

10-1 全社会固定资产投资
Total Investment in Fixed Assets in the Whole Country

年份 Year	全社会固定资产投资 Total Investment in Fixed Assets		房地产开发投资 Real Estate Development	
	绝对数(亿元) Value (100 million yuan)	比上年增长(%) Growth Rate over Preceding Year (%)	绝对数(亿元) Value (100 million yuan)	比上年增长(%) Growth Rate over Preceding Year (%)
1981	961	5.5		
1982	1230	28.0		
1983	1430	16.2		
1984	1833	28.2		
1985	2543	38.8		
1986	3121	22.7	101	
1987	3792	21.5	150	48.5
1988	4754	25.4	257	71.6
1989	4410	-7.2	273	6.0
1990	4517	2.4	253	-7.1
1991	5595	23.9	336	32.7
1992	8080	44.4	731	117.5
1993	13072	61.8	1938	165.0
1994	17042	30.4	2554	31.8
1995	20019	17.5	3149	23.3
1996	22974	14.8	3216	2.1
1997	24941	8.8	3178	-1.2
1998	28406	13.9	3614	13.7
1999	29855	5.1	4103	13.5
2000	32918	10.3	4984	21.5
2001	37214	13.0	6344	27.3
2002	43500	16.9	7791	22.8
2003	53841	23.8	10154	30.3
2004	66235	23.0	13158	29.6
2005	80994	22.3	15909	20.9
2006	97583	20.5	19423	22.1
2007	118323	21.3	25289	30.2
2008	144587	22.2	31203	23.4
2009	181760	25.7	36242	16.1
2010	218834	20.4	48259	33.2
2011	238782	20.1	61797	28.1
2012	281684	18.0	71804	16.2
2013	329318	16.9	86013	19.8
2014	373637	13.5	95036	10.5
2015	405928	8.6	95979	1.0
2016	434364	7.0	102581	6.9
2017	461284	6.2	109799	7.0
2018	488499	5.9	120165	9.4
2019	513608	5.1	132194	10.0
2020	527270	2.7	141443	7.0
平均每年增长(%) Annual Growth Rate(%)				
1982-2020	19.0			
1991-2020	19.1		26.0	
2001-2020	17.1		20.8	

注：根据经济普查、投资统计制度方法改革以及统计执法检查、统计督察等因素，对2003年以来的全社会固定资产投资总量及增速、固定资产投资(不含农户)总量及增速、民间投资总量及增速、第一、二、三产投资总量及增速进行了修订。

a) According to the results of the National Economic Cencus, Reform of Statistic System and Methods, the Statistical Law Enforcement Inspection, Statistics supervision and other factors, the value and growth rates of investment in fixed assets in the whole country since 2003, the value and growth rates of investment in fixed assets (excluding rural households), the value and growth rates of non-governmental investment in fixed assets, and the value and growth rates of the primary, secondary, tertiary industry are revised.

10-2 全社会固定资产投资实际到位资金比上年增长情况
Growth Rate of Actual Funds Available for Investment in Total Investment in Fixed Assets in the Whole Country over Preceding Year

单位：% (%)

年 份 Year	本年实际到位资金 Actual Funds Available for Investment	国家预算资金 State Budget	国内贷款 Domestic Loans	利用外资 Foreign Investment	自筹资金 Self-raised Funds	其他资金 Other Funds
1996	14.1	1.4	9.0	19.7	5.2	58.9
1997	8.1	11.3	4.6	-2.3	12.6	6.5
1998	13.7	71.9	15.9	-2.5	11.6	17.7
1999	3.6	54.7	3.3	-23.3	4.4	3.5
2000	11.3	13.9	17.5	-15.5	11.5	13.2
2001	14.7	20.7	7.6	2.0	15.9	20.7
2002	18.6	24.1	22.4	20.5	20.6	7.5
2003	30.1	-15.0	36.0	24.7	37.8	21.0
2004	27.2	21.1	14.5	26.4	31.2	31.8
2005	26.9	27.6	18.4	21.1	33.5	16.0
2006	25.8	12.5	20.0	8.9	29.0	28.3
2007	26.8	25.4	17.6	18.4	28.6	31.7
2008	21.3	35.8	14.8	3.5	29.7	-2.8
2009	36.8	59.5	48.6	-13.0	29.5	62.4
2010	24.3	15.7	20.2	7.9	28.4	17.1
2011	21.1	14.1	5.3	7.6	28.3	11.2
2012	18.4	27.7	11.3	-11.7	21.1	12.9
2013	20.0	17.7	15.2	-3.3	20.3	25.3
2014	10.6	19.9	9.7	-6.2	13.6	-5.0
2015	7.5	15.6	-6.4	-29.6	9.2	10.1
2016	5.6	17.1	10.1	-20.5	-0.2	30.7
2017	4.7	7.8	8.7	-3.1	2.2	11.5
2018	3.4	0.1	-5.4	-2.3	3.7	8.7
2019	4.1	-0.9	2.0	33.3	1.4	11.4
2020	7.4	32.8	0.0	-4.4	6.7	7.5

10-3 民间固定资产投资
Non-governmental Investment in Fixed Assets

年 份 Year	民间固定资产投资 (亿元) Non-governmental Investment in Fixed Assets (100 million yuan)	比上年增长 (%) Growth Rate over Preceding Year (%)	占固定资产投资 (不含农户)比重(%) As Percentage of Total Investment (Excluding investment by rural households) (%)
2012	153698		56.5
2013	184662	20.1	57.9
2014	213811	15.8	58.9
2015	232644	8.8	58.8
2016	239137	2.8	56.3
2017	251650	5.2	55.7
2018	273543	8.7	57.2
2019	286400	4.7	56.8
2020	289264	1.0	55.7

注：10-3至10-19表中数据均为固定资产投资(不含农户)口径。
a) Data in tables 10-3 to 10-19 are fixed asset investment (excluding rural households).

10-4 三次产业固定资产投资
Total Investment in Fixed Assets by Three Strata of Industries

年 份 Year	全部投资 (亿元) Investment in Fixed Assets (100 million yuan)	第一产业 Primary Industry	第二产业 Secondary Industry	第三产业 Tertiary Industry	全部投资比上年增长(%) Growth Rate over Preceding Year (%)	第一产业 Primary Industry	第二产业 Secondary Industry	第三产业 Tertiary Industry
2003	44389	518	16112	27759				
2004	55475	595	21017	33862	25.0	14.8	30.4	22.0
2005	68514	727	27588	40199	23.5	22.1	31.3	18.7
2006	82830	898	33263	48670	20.9	23.6	20.6	21.1
2007	101212	1096	41001	59114	22.2	22.1	23.3	21.5
2008	124434	1588	50365	72481	22.9	44.8	22.8	22.6
2009	156933	2220	61177	93536	26.1	39.9	21.5	29.0
2010	189964	2493	72647	114825	21.0	12.3	18.7	22.8
2011	229693	3712	87371	138609	20.3	16.4	19.7	20.8
2012	271843	4442	99620	167781	18.4	19.6	14.0	21.0
2013	318772	5399	111876	201496	17.3	21.6	12.3	20.1
2014	362881	6613	122410	233858	13.8	22.5	9.4	16.1
2015	395518	8095	129557	257865	9.0	22.4	5.8	10.3
2016	424399	9146	132867	282386	7.3	13.0	2.6	9.5
2017	451729	9810	135970	305949	6.4	7.3	2.3	8.3
2018	478460	11075	144455	322931	5.9	12.9	6.2	5.6
2019	504212	11136	149005	344071	5.4	0.6	3.2	6.5
2020	518907	13302	149154	356451	2.9	19.5	0.1	3.6

注：2003-2010年为城镇固定资产投资口径，2011-2020年为固定资产投资(不含农户)口径，增速为可比口径。
a) From 2003 to 2010 is the diameter of urban fixed assets investment, from 2011 to 2020 is the diameter of fixed assets investment (excluding rural households), and the growth rate is comparable.

10-5 分地区按领域分固定资产投资比上年增长情况(2020年)

Growth Rate of Total Investment in Fixed Assets over Preceding Year by Region and Field (Excluding Rural Households)(2020)

单位：%　　(%)

地 区	Region	全部投资 Total Investment in Fixed Assets	#基础设施 Infrastructure	制造业 Manufacturing	房地产开发 Real Estate Development
全 国	**National Average**	**2.9**	**0.9**	**-2.2**	**7.0**
北 京	Beijing	2.2	-11.0	66.6	2.6
天 津	Tianjin	3.0	26.7	0.6	-4.4
河 北	Hebei	3.2	14.9	-10.1	5.8
山 西	Shanxi	10.6	-1.6	25.9	10.5
内蒙古	Inner Mongolia	-1.5	-18.9	-9.6	12.9
辽 宁	Liaoning	2.6	6.0	-7.0	5.1
吉 林	Jilin	8.3	4.3	4.7	11.0
黑龙江	Heilongjiang	3.6	4.4	-4.3	2.6
上 海	Shanghai	10.3	-1.4	20.6	11.0
江 苏	Jiangsu	0.3	0.1	-8.6	9.7
浙 江	Zhejiang	5.4	2.8	3.4	6.8
安 徽	Anhui	5.1	10.6	-5.6	5.6
福 建	Fujian	-0.4	-9.8	-2.3	6.2
江 西	Jiangxi	8.2	4.2	7.0	6.2
山 东	Shandong	3.6	-0.7	7.6	9.7
河 南	Henan	4.3	2.2	0.8	4.3
湖 北	Hubei	-18.8	-22.8	-24.5	-4.4
湖 南	Hunan	7.6	4.6	8.1	9.8
广 东	Guangdong	7.2	11.6	-5.1	9.2
广 西	Guangxi	4.2	12.9	4.2	0.8
海 南	Hainan	8.0	1.1	49.7	0.4
重 庆	Chongqing	3.9	10.0	3.7	-2.0
四 川	Sichuan	2.8	-0.2	2.0	11.3
贵 州	Guizhou	3.2	-7.8	-0.8	14.3
云 南	Yunnan	7.7	7.4	5.9	8.5
西 藏	Tibet	5.4	-6.4	36.8	27.7
陕 西	Shaanxi	4.1	-1.7	3.2	12.8
甘 肃	Gansu	7.8	12.2	5.0	7.8
青 海	Qinghai	-12.2	-11.5	-48.0	3.7
宁 夏	Ningxia	4.0	-15.3	0.2	7.5
新 疆	Xinjiang	16.2	21.3	-3.2	17.4

10-6 分地区实际到位资金比上年增长情况(2020年)
Growth Rate of Actual Funds Available for Investment over Preceding Year by Region (2020)

单位：% (%)

地区	Region	本年实际到位资金 Actual Funds Available for Investment	国家预算资金 State Budget	国内贷款 Domestic Loans	利用外资 Foreign Investment	自筹资金 Self-raised Funds	其他资金 Other Funds
全国	**National Average**	**7.8**	**32.8**	**0.2**	**-4.4**	**7.5**	**7.3**
北京	Beijing	3.4	18.1	-0.6	188.7	8.0	-1.8
天津	Tianjin	-5.1	152.7	-15.7	-37.7	-7.6	-6.8
河北	Hebei	-1.1	54.1	-2.7	-35.1	-7.8	18.3
山西	Shanxi	15.6	27.1	17.9	-11.1	15.4	12.5
内蒙古	Inner Mongolia	5.6	6.4	18.3	106.8	-4.1	26.1
辽宁	Liaoning	5.4	35.4	-7.4	199.1	6.1	4.7
吉林	Jilin	9.5	-17.9	17.5		25.3	-12.5
黑龙江	Heilongjiang	1.3	53.3	-4.6	83.0	1.4	-14.7
上海	Shanghai	1.8	25.9	-11.8	12.5	6.9	-2.9
江苏	Jiangsu	22.7	56.6	20.8	-20.7	28.2	17.0
浙江	Zhejiang	20.7	7.0	22.0	-0.3	17.3	26.2
安徽	Anhui	6.4	11.7	14.4	-40.2	4.6	6.6
福建	Fujian	4.8	25.2	-11.8	-39.1	4.2	9.0
江西	Jiangxi	15.9	2.8	-18.6	-30.0	22.0	16.6
山东	Shandong	5.8	65.9	-1.3	-27.2	4.9	3.7
河南	Henan	6.5	16.0	-8.2	-63.1	6.6	12.5
湖北	Hubei	-16.6	-1.8	-12.3	22.1	-18.1	-18.9
湖南	Hunan	30.9	58.3	13.9	9.6	40.0	11.7
广东	Guangdong	14.8	60.4	9.5	-22.2	19.1	4.2
广西	Guangxi	5.1	35.5	8.6	-84.1	0.6	5.7
海南	Hainan	20.1	103.3	16.0	-26.5	13.4	5.8
重庆	Chongqing	2.7	49.3	2.9	-54.3	7.0	-3.9
四川	Sichuan	-0.1	14.2	-18.1	-64.5	1.2	2.5
贵州	Guizhou	1.1	12.6	-1.9	-58.9	1.0	0.9
云南	Yunnan	5.3	114.8	-10.7	2.8	-5.0	7.0
西藏	Tibet	-14.9	-44.0	-39.6		27.2	11.1
陕西	Shaanxi	-0.5	16.9	-9.5		-6.8	11.5
甘肃	Gansu	13.2	77.5	5.6	95.7	7.5	4.6
青海	Qinghai	-10.9	-34.4	-3.4	-99.3	-20.3	18.1
宁夏	Ningxia	19.8	18.3	15.3	-61.7	19.6	22.8
新疆	Xinjiang	20.6	107.7	-3.7	-79.2	8.0	10.9

10-7 分地区按构成分固定资产投资比上年增长情况(2020年)
Growth Rate of Total Investment in Fixed Assets over Preceding Year by Region and Composition of Investment (2020)

单位：% (%)

地 区	Region	全部投资 Total Investment in Fixed Assets	建筑安装工程 Construction and Installation	设备工器具购置 Purchase of Equipment and Instruments	其他费用 Other Expenses
全 国	**National Average**	**2.9**	**3.9**	**-7.1**	**6.7**
北 京	Beijing	2.2	-3.0	-11.9	10.7
天 津	Tianjin	3.0	1.7	2.7	4.8
河 北	Hebei	3.2	5.3	-17.0	25.3
山 西	Shanxi	10.6	13.4	3.6	4.2
内蒙古	Inner Mongolia	-1.5	-6.0	16.6	-0.3
辽 宁	Liaoning	2.6	6.8	-7.4	-1.4
吉 林	Jilin	8.3	4.7	-4.2	33.4
黑龙江	Heilongjiang	3.6	11.8	-11.7	-17.8
上 海	Shanghai	10.3	5.2	2.3	21.6
江 苏	Jiangsu	0.3	2.7	-14.7	12.6
浙 江	Zhejiang	5.4	5.7	21.0	1.4
安 徽	Anhui	5.1	6.9	-6.3	8.2
福 建	Fujian	-0.4	-4.7	1.3	14.0
江 西	Jiangxi	8.2	12.2	-4.7	-5.7
山 东	Shandong	3.6	1.9	1.2	13.9
河 南	Henan	4.3	7.7	-18.8	7.8
湖 北	Hubei	-18.8	-18.9	-22.3	-14.2
湖 南	Hunan	7.6	10.8	-8.0	1.5
广 东	Guangdong	7.2	7.4	-11.7	15.7
广 西	Guangxi	4.2	4.5	7.8	1.5
海 南	Hainan	8.0	7.0	-5.0	14.9
重 庆	Chongqing	3.9	3.4	-1.1	7.9
四 川	Sichuan	2.8	8.8	-4.8	-24.4
贵 州	Guizhou	3.2	4.5	4.3	-4.8
云 南	Yunnan	7.7	7.4	16.5	7.4
西 藏	Tibet	5.4	0.8	67.6	24.1
陕 西	Shaanxi	4.1	2.7	4.0	12.8
甘 肃	Gansu	7.8	10.4	-7.0	1.9
青 海	Qinghai	-12.2	-14.5	7.0	-23.0
宁 夏	Ningxia	4.0	-0.8	13.0	12.2
新 疆	Xinjiang	16.2	20.5	11.7	-8.7

10-8 分地区按建设性质分固定资产投资比上年增长情况(2020年)
Growth Rate of Total Investment in Fixed Assets over Preceding Year by Region and Type of Construction (2020)

单位：% (%)

地区	Region	全部投资 Total Investment in Fixed Assets	#新建 New Construction	扩建 Expansion	改建和技术改造 Reconstruction and Technical Transformation
全国	**National Average**	**2.9**	**1.8**	**3.8**	**1.6**
北京	Beijing	2.2	7.4	-34.1	27.1
天津	Tianjin	3.0	13.8	19.3	3.9
河北	Hebei	3.2	10.5	-25.8	-0.3
山西	Shanxi	10.6	9.9	9.9	7.5
内蒙古	Inner Mongolia	-1.5	-4.4	-7.2	-16.3
辽宁	Liaoning	2.6	-2.0	19.4	9.5
吉林	Jilin	8.3	12.0	-24.8	1.8
黑龙江	Heilongjiang	3.6	7.4	-31.0	2.1
上海	Shanghai	10.3	14.5	-15.8	20.9
江苏	Jiangsu	0.3	17.9	-16.0	-34.2
浙江	Zhejiang	5.4	5.0	1.8	4.2
安徽	Anhui	5.1	5.8	-2.5	3.0
福建	Fujian	-0.4	-8.7	5.6	5.5
江西	Jiangxi	8.2	0.4	39.5	33.2
山东	Shandong	3.6	-0.8	0.6	9.2
河南	Henan	4.3	1.5	-4.1	58.1
湖北	Hubei	-18.8	-19.8	-27.0	-28.6
湖南	Hunan	7.6	4.5	-3.5	22.3
广东	Guangdong	7.2	9.2	-18.1	15.3
广西	Guangxi	4.2	1.2	9.1	47.4
海南	Hainan	8.0	13.8	45.6	-30.3
重庆	Chongqing	3.9	8.5	7.4	1.7
四川	Sichuan	2.8	1.3	1.4	-4.9
贵州	Guizhou	3.2	-2.8	17.4	17.4
云南	Yunnan	7.7	11.6	-20.3	6.6
西藏	Tibet	5.4	2.5	20.0	-14.6
陕西	Shaanxi	4.1	-0.7	19.8	31.4
甘肃	Gansu	7.8	7.6	29.2	1.5
青海	Qinghai	-12.2	-14.1	-7.5	-37.7
宁夏	Ningxia	4.0	2.9	-18.3	12.6
新疆	Xinjiang	16.2	23.1	-36.9	35.1

10-9 分地区按隶属关系分固定资产投资比上年增长情况(2020年)
Growth Rate of Total Investment in Fixed Assets over Preceding Year by Region and Jurisdiction of Management (2020)

单位：% (%)

地 区	Region	全部投资 Total Investment in Fixed Assets	中央项目 Central Government Projects	地方项目 Local Projects
全 国	**National Average**	**2.9**	**-1.6**	**3.2**
北 京	Beijing	2.2	-27.9	5.3
天 津	Tianjin	3.0	10.1	1.9
河 北	Hebei	3.2	-16.4	4.0
山 西	Shanxi	10.6	15.4	10.4
内蒙古	Inner Mongolia	-1.5	25.7	-3.7
辽 宁	Liaoning	2.6	-7.6	3.7
吉 林	Jilin	8.3	3.4	8.8
黑龙江	Heilongjiang	3.6	-14.0	7.4
上 海	Shanghai	10.3	-24.4	13.3
江 苏	Jiangsu	0.3	13.6	0.1
浙 江	Zhejiang	5.4	17.3	5.2
安 徽	Anhui	5.1	24.9	4.8
福 建	Fujian	-0.4	16.4	-0.9
江 西	Jiangxi	8.2	0.2	8.3
山 东	Shandong	3.6	-13.4	4.3
河 南	Henan	4.3	-0.5	4.3
湖 北	Hubei	-18.8	-13.6	-19.0
湖 南	Hunan	7.6	63.4	6.3
广 东	Guangdong	7.2	5.7	7.3
广 西	Guangxi	4.2	17.0	3.6
海 南	Hainan	8.0	26.9	6.2
重 庆	Chongqing	3.9	11.7	3.5
四 川	Sichuan	2.8	-15.3	3.5
贵 州	Guizhou	3.2	5.5	3.1
云 南	Yunnan	7.7	17.6	7.0
西 藏	Tibet	5.4	44.5	0.2
陕 西	Shaanxi	4.1	-27.4	5.8
甘 肃	Gansu	7.8	19.6	6.8
青 海	Qinghai	-12.2	6.1	-15.9
宁 夏	Ningxia	4.0	56.5	-1.0
新 疆	Xinjiang	16.2	-2.4	22.1

10-10 分地区按登记注册类型分固定资产投资比上年增长情况(2020年)
Growth Rate of Total Investment in Fixed Assets over Preceding Year by Region and Registration Status (2020)

单位：% (%)

地区	Region	全部投资 Total Investment in Fixed Assets	#内资 Domestic Funded	港澳台商投资 Funds from Hong Kong, Macao and Taiwan	外商投资 Foreign Funded
全　国	**National Average**	**2.9**	**2.7**	**6.6**	**11.5**
北　京	Beijing	2.2	2.0	-19.7	42.4
天　津	Tianjin	3.0	3.3	42.7	-14.7
河　北	Hebei	3.2	2.5	31.6	25.4
山　西	Shanxi	10.6	10.8	-28.0	8.7
内蒙古	Inner Mongolia	-1.5	-0.9	-18.7	-50.4
辽　宁	Liaoning	2.6	2.4	-0.3	11.8
吉　林	Jilin	8.3	9.7	-26.1	-5.7
黑龙江	Heilongjiang	3.6	3.8	7.7	-29.9
上　海	Shanghai	10.3	9.6	-6.1	38.5
江　苏	Jiangsu	0.3	-1.2	17.9	9.7
浙　江	Zhejiang	5.4	4.8	3.2	32.1
安　徽	Anhui	5.1	5.4	13.4	-21.5
福　建	Fujian	-0.4	-1.3	-1.1	49.9
江　西	Jiangxi	8.2	7.7	31.9	26.1
山　东	Shandong	3.6	2.4	36.2	24.0
河　南	Henan	4.3	3.3	30.4	158.7
湖　北	Hubei	-18.8	-18.4	-36.2	-19.7
湖　南	Hunan	7.6	7.9	2.6	-14.5
广　东	Guangdong	7.2	9.2	-6.8	-10.1
广　西	Guangxi	4.2	4.5	5.2	-5.9
海　南	Hainan	8.0	7.0	32.6	-24.6
重　庆	Chongqing	3.9	3.9	30.0	-25.2
四　川	Sichuan	2.8	2.0	38.9	37.1
贵　州	Guizhou	3.2	3.1	18.7	-17.5
云　南	Yunnan	7.7	7.2	44.3	37.2
西　藏	Tibet	5.4	5.1	109.4	65.8
陕　西	Shaanxi	4.1	3.3	-25.4	54.2
甘　肃	Gansu	7.8	7.0	7.4	463.5
青　海	Qinghai	-12.2	-12.2	154.8	-88.8
宁　夏	Ningxia	4.0	4.7	-3.5	-17.8
新　疆	Xinjiang	16.2	16.8	-18.1	-49.0

10-11 分地区按控股情况分固定资产投资比上年增长情况(2020年)

Growth Rate of Total Investment in Fixed Assets over Preceding Year by Region and Holding Type (2020)

单位：% (%)

地区	Region	全部投资 Total Investment in Fixed Assets	#国有控股 State-holding	集体控股 Collective-holding	私人控股 Private-holding
全国	**National Average**	**2.9**	**5.6**	**-9.8**	**1.6**
北京	Beijing	2.2	-1.6	21.0	6.5
天津	Tianjin	3.0	4.2	-32.3	-10.3
河北	Hebei	3.2	27.6	-10.0	-4.4
山西	Shanxi	10.6	10.9	-13.7	13.3
内蒙古	Inner Mongolia	-1.5	-6.3	-15.5	5.9
辽宁	Liaoning	2.6	2.0	-41.4	1.4
吉林	Jilin	8.3	11.3	-38.0	12.1
黑龙江	Heilongjiang	3.6	4.9	40.1	0.0
上海	Shanghai	10.3	9.1	8.2	13.1
江苏	Jiangsu	0.3	3.7	12.1	-2.5
浙江	Zhejiang	5.4	9.9	5.4	3.3
安徽	Anhui	5.1	14.3	22.5	0.1
福建	Fujian	-0.4	-0.1	-27.5	6.2
江西	Jiangxi	8.2	16.3	-3.0	1.4
山东	Shandong	3.6	-3.7	-22.3	8.0
河南	Henan	4.3	7.0	-2.2	1.1
湖北	Hubei	-18.8	-13.3	-27.8	-18.1
湖南	Hunan	7.6	16.4	-42.5	2.9
广东	Guangdong	7.2	20.4	-11.8	2.4
广西	Guangxi	4.2	15.2	-6.0	-3.4
海南	Hainan	8.0	13.8	14.4	-1.6
重庆	Chongqing	3.9	8.4	-9.3	5.9
四川	Sichuan	2.8	-0.1	-0.9	6.5
贵州	Guizhou	3.2	-0.8	7.6	10.6
云南	Yunnan	7.7	4.5	-46.2	13.8
西藏	Tibet	5.4	1.9	65.9	26.3
陕西	Shaanxi	4.1	0.5	19.0	2.1
甘肃	Gansu	7.8	8.7	-12.6	2.1
青海	Qinghai	-12.2	-11.5	-47.0	-5.4
宁夏	Ningxia	4.0	0.4	-53.2	9.9
新疆	Xinjiang	16.2	20.0	67.6	8.9

10-12 各行业按构成分固定资产投资比上年增长情况(2020年)
Growth Rate of Total Investment in Fixed Assets over Preceding Year by Sector and Composition of Investment (2020)

单位：% (%)

指标	Item	全部投资 Total Investment in Fixed Assets	建筑安装工程投资 Construction and Installations	设备工器具购置 Purchase of Equipment and Instruments	其他费用 Other Expenses
全国	**National Average**	**2.9**	**3.9**	**-7.1**	**6.7**
农、林、牧、渔业	**Agriculture, Forestry, Animal Husbandry and Fishery**	**19.1**	**23.3**	**2.3**	**1.8**
农业	Farming	-4.7	-0.1	-25.6	-22.4
林业	Forestry	-3.3	-5.5	-25.9	10.1
畜牧业	Animal Husbandry	92.1	96.1	72.1	81.1
渔业	Fishery	-17.9	-12.9	-30.1	-48.2
农、林、牧、渔专业及辅助性活动	Professional and Support Activities for Agriculture, Forestry, Animal Husbandry and Fishery	16.3	21.2	-10.1	-3.2
采矿业	**Mining**	**-14.1**	**-12.2**	**-16.9**	**-23.8**
煤炭开采和洗选业	Mining and Washing of Coal	-0.7	1.3	-4.0	-2.6
石油和天然气开采业	Extraction of Petroleum and Natural Gas	-29.6	-24.5	-59.7	-59.5
黑色金属矿采选业	Mining and Processing of Ferrous Metal Ores	-10.3	-5.0	-16.2	-29.2
有色金属矿采选业	Mining and Processing of Non-Ferrous Metal Ores	-4.0	0.5	-0.4	-33.9
非金属矿采选业	Mining and Processing of Non-metal Ores	6.2	9.6	-4.3	5.6
开采专业及辅助活动	Professional and Support Activities for Mining	2.7	-2.4	3.3	114.3
其他采矿业	Mining of Other Ores	-31.5	-41.2	-14.3	37.9
制造业	**Manufacturing**	**-2.2**	**1.2**	**-8.0**	**-1.8**
农副食品加工业	Processing of Food from Agricultural Products	-0.4	3.7	-14.8	4.9
食品制造业	Manufacture of Foods	-1.8	0.5	-10.9	16.0
酒、饮料和精制茶制造业	Manufacture of Liquor, Beverages and Refined Tea	-7.8	-3.0	-20.4	-16.8
烟草制品业	Manufacture of Tobacco	-18.8	-31.6	10.3	11.1
纺织业	Manufacture of Textile	-6.9	-3.5	-9.1	-27.9
纺织服装、服饰业	Manufacture of Textile, Wearing Apparel and Accessories	-31.9	-22.5	-53.8	-17.1
皮革、毛皮、羽毛及其制品和制鞋业	Manufacture of Leather, Fur, Feather and Related Products and Footware	-15.8	-7.7	-33.4	-24.2
木材加工和木、竹、藤、棕、草制品业	Processing of Timber, Manufacture of Wood, Bamboo, Rattan, Palm and Straw Products	-18.0	-14.3	-27.0	-15.6
家具制造业	Manufacture of Furniture	-15.8	-9.5	-32.6	-20.7
造纸及纸制品业	Manufacture of Paper and Paper Products	-5.1	-1.3	-9.4	-13.2
印刷和记录媒介复制业	Printing and Reproduction of Recording Media	-20.5	-16.4	-26.6	-22.5
文教、工美、体育和娱乐用品制造业	Manufacture of Articles for Culture, Education, Arts and Crafts, Sport and Entertainment Activities	-26.5	-18.2	-42.8	-36.6
石油、煤炭及其他燃料加工业	Processing of Petroleum, Coal and Other Fuels	9.4	8.1	11.0	10.7
化学原料及化学制品制造业	Manufacture of Raw Chemical Materials and Chemical Products	-1.2	3.7	-10.7	6.9
医药制造业	Manufacture of Medicines	28.4	24.1	39.6	23.4
化学纤维制造业	Manufacture of Chemical Fibres	-19.4	-26.3	-12.9	-15.3
橡胶和塑料制品业	Manufacture of Rubber and Plastics Products	-1.2	4.0	-7.6	-11.9
非金属矿物制品业	Manufacture of Non-metallic Mineral Products	-3.0	0.5	-11.9	2.6
黑色金属冶炼和压延加工业	Smelting and Pressing of Ferrous Metals	26.5	27.3	26.4	20.3
有色金属冶炼和压延加工业	Smelting and Pressing of Non-ferrous Metals	-0.4	4.6	-4.0	-17.6
金属制品业	Manufacture of Metal Products	-8.2	-2.4	-19.9	-7.4
通用设备制造业	Manufacture of General Purpose Machinery	-6.6	0.1	-20.6	8.8
专用设备制造业	Manufacture of Special Purpose Machinery	-2.3	3.0	-16.7	20.0
汽车制造业	Manufacture of Automobiles	-12.4	-11.0	-12.5	-21.0
铁路、船舶、航空航天和其他运输设备制造业	Manufacture of Railway, Ship, Aerospace and Other Transport Equipments	2.5	11.1	-8.2	-23.2
电气机械和器材制造业	Manufacture of Electrical Machinery and Apparatus	-7.6	0.1	-18.4	-7.4
计算机、通信和其他电子设备制造业	Manufacture of Computers, Communication and Other Electronic Equipment	12.5	10.8	16.0	-1.0
仪器仪表制造业	Manufacture of Measuring Instruments and Machinery	-7.1	1.5	-19.5	-16.6
其他制造业	Other Manufacture	-6.7	-1.1	-34.1	-2.3
废弃资源综合利用业	Utilization of Waste Resources	4.1	7.3	-12.0	47.1
金属制品、机械和设备修理业	Repair Service of Metal Products, Machinery and Equipment	-31.3	-22.8	-47.3	-24.3
电力、热力、燃气及水生产和供应业	**Production and Supply of Electricity, Heat, Gas and Water**	**17.6**	**16.7**	**23.3**	**8.4**
电力、热力生产和供应业	Production and Supply of Electric Power and Heat Power	17.0	12.5	29.4	3.7
燃气生产和供应业	Production and Supply of Gas	8.6	13.5	-19.6	39.8
水的生产和供应业	Production and Supply of Water	22.4	26.0	-7.0	24.7
建筑业	**Construction**	**9.2**	**18.1**	**-28.7**	**36.4**
房屋建筑业	Construction of Buildings	9.6	17.8	-62.3	60.7
土木工程建筑业	Civil Engineering	23.7	34.4	-11.0	33.7
建筑安装业	Building Installation	-64.4	-70.3	-41.0	-78.1
建筑装饰、装修和其他建筑业	Building Decoration and Other Constructions	-34.0	-24.5	-55.1	-12.2

10-12 续表 continued

单位：% (%)

指标	Item	全部投资 Total Investment in Fixed Assets	建筑安装工程投资 Construction and Installations	设备工器具购置 Purchase of Equipment and Instruments	其他费用 Other Expenses
批发和零售业	**Wholesale and Retail Trades**	**-21.5**	**-21.3**	**-46.2**	**10.1**
批发业	Wholesale Trade	-26.6	-22.5	-48.2	-22.1
零售业	Retail Trade	-17.2	-20.2	-43.6	29.1
交通运输、仓储和邮政业	**Transport, Storage and Post**	**1.4**	**2.6**	**-25.9**	**13.8**
铁路运输业	Railway Transport	-2.2	1.1	-37.5	30.6
道路运输业	Road Transport	1.8	1.7	-9.8	6.0
水上运输业	Water Transport	9.5	1.2	10.0	62.6
航空运输业	Air Transport	-15.1	2.6	-50.3	84.6
管道运输业	Transport Via Pipelines	8.8	12.5	46.5	-24.6
多式联运和运输代理业	Intermodality and Forwarding Agency	13.3	18.2	-12.6	-1.8
装卸搬运和仓储业	Loading, Unloading and Storage	9.9	13.0	-17.3	14.5
邮政业	Post	-4.4	-0.7	-2.2	-35.2
住宿和餐饮业	**Hotels and Catering Services**	**-5.5**	**-3.3**	**-42.7**	**3.4**
住宿业	Hotels	-0.8	1.4	-40.0	3.9
餐饮业	Catering Services	-28.4	-27.3	-48.7	-0.2
信息传输、软件和信息技术服务业	**Information Transmission, Software and Information Technology**	**18.7**	**15.4**	**16.0**	**47.0**
电信、广播电视和卫星传输服务	Telecommunication, Radio and Television and Satellite Transmission Service	23.3	18.5	24.6	52.0
互联网和相关服务	Internet and Related Service	4.2	12.7	-9.2	13.3
软件和信息技术服务业	Software and Information Technology	25.1	14.2	28.2	61.5
金融业	**Financial Intermediation**	**-13.3**	**-18.4**	**-46.3**	**25.4**
货币金融服务	Monetary and Financial Service	-13.3	-12.6	-47.0	27.9
资本市场服务	Capital Market Service	-9.0	-14.8	-13.8	13.3
保险业	Insurance	-28.1	-37.7	-41.6	-13.4
其他金融业	Other Financial Activities	1.3	-19.9	-86.4	
房地产业	**Real Estate**	**5.0**	**4.6**	**-20.1**	**6.7**
租赁和商务服务业	**Leasing and Business Services**	**5.0**	**7.1**	**-17.7**	**8.9**
租赁业	Leasing	-7.1	-7.4	-5.3	-49.7
商务服务业	Business Services	5.8	7.3	-31.0	9.6
科学研究和技术服务业	**Scientific Research and Technical Services**	**3.4**	**3.3**	**-3.6**	**10.9**
研究和试验发展	Research and Experimental Development	2.3	-1.2	30.9	-1.2
专业技术服务业	Professional Technical Services	-8.2	-10.5	-8.3	11.8
科技推广和应用服务业	Science and Technology Popularization and Application Services	12.3	17.0	-25.8	22.1
水利、环境和公共设施管理业	**Management of Water Conservancy, Environment and Public Facilities**	**0.2**	**0.7**	**-25.1**	**4.5**
水利管理业	Management of Water Conservancy	4.5	2.2	-8.3	26.2
生态保护和环境治理业	Ecological Protection and Environmental Treatment	8.6	8.7	-11.7	28.4
公共设施管理业	Management of Public Facilities	-1.4	-0.3	-30.6	-0.8
土地管理业	Management of Land	4.3	2.2	-22.7	46.3
居民服务、修理和其他服务业	**Service to Households, Repair and Other Services**	**-2.9**	**-0.1**	**-40.6**	**14.4**
居民服务业	Services to Households	4.2	5.5	-29.6	17.7
机动车、电子产品和日用产品修理业	Repair of Motor Vehicles, Electronics and Household Products	-19.7	-9.7	-59.3	1.6
其他服务业	Other Services	-20.8	-19.6	-38.7	1.3
教育	**Education**	**12.3**	**13.4**	**-16.4**	**18.3**
卫生和社会工作	**Health and Social Service**	**26.8**	**24.3**	**33.1**	**41.6**
卫生	Health	29.9	26.6	40.9	43.4
社会工作	Social Service	14.4	15.7	-31.3	36.7
文化、体育和娱乐业	**Culture, Sports and Entertainment**	**1.0**	**2.8**	**-16.2**	**-2.8**
新闻和出版业	Journalism and Publishing Activities	-47.5	-38.0	-54.6	-79.7
广播、电视、电影和影视录音制作业	Radio, Television, Motion Picture and Audio-visual Programme Production Services	-14.9	-20.3	-12.2	9.5
文化艺术业	Cultural and Art Activities	-0.3	-0.6	-23.0	7.9
体育	Sports Activities	9.7	11.7	-7.6	1.7
娱乐业	Entertainment	0.5	3.5	-16.1	-11.1
公共管理、社会保障和社会组织	**Public Management, Social Security and Social Organization**	**-6.4**	**-6.9**	**-12.8**	**27.7**
中国共产党机关	Organs of Communist Party of China	-24.4	-12.0	-40.3	-91.0
国家机构	Government Agencies	-3.8	-4.6	-11.2	44.3
人民政协、民主党派	People's Political Consultative Conference and Democratic Parties	-19.8	-21.7		
社会保障	Social Security	-25.3	-32.2	-16.0	58.6
群众团体、社会团体和其他成员组织	Mass Organizations, Social Organizations and Other Membership Organizations	-31.4	-27.1	-55.8	-59.0
基层群众自治组织	Grass Roots Self-Governing Organizations	-16.8	-18.0	-21.2	21.9
国际组织	**International Organizations**				

10-13 各行业按建设性质分固定资产投资比上年增长情况(2020年)
Growth Rate of Total Investment in Fixed Assets over Preceding Year by Sector and Type of Construction (2020)

单位：% (%)

指标	Item	全部投资 Total Investment in Fixed Assets	#新建 New Construction	扩建 Expansion	改建和技术改造 Reconstruction and Technical Transformation
全国	**National Average**	**2.9**	**1.8**	**3.8**	**1.6**
农、林、牧、渔业	**Agriculture, Forestry, Animal Husbandry and Fishery**	**19.1**	**23.7**	**-21.5**	**0.4**
农业	Farming	-4.7	-0.8	-42.3	-20.9
林业	Forestry	-3.3	1.0	-45.1	-12.7
畜牧业	Animal Husbandry	92.1	99.0	34.1	43.0
渔业	Fishery	-17.9	-13.2	-33.0	-55.2
农、林、牧、渔专业及辅助性活动	Professional and Support Activities for Agriculture, Forestry, Animal Husbandry and Fishery	16.3	19.8	-19.5	14.4
采矿业	**Mining**	**-14.1**	**-30.4**	**16.9**	**5.7**
煤炭开采和洗选业	Mining and Washing of Coal	-0.7	0.9	-2.3	-1.8
石油和天然气开采业	Extraction of Petroleum and Natural Gas	-29.6	-50.1	30.7	40.4
黑色金属矿采选业	Mining and Processing of Ferrous Metal Ores	-10.3	-22.3	-26.7	0.6
有色金属矿采选业	Mining and Processing of Non-Ferrous Metal Ores	-4.0	-19.0	29.5	-5.9
非金属矿采选业	Mining and Processing of Non-metal Ores	6.2	15.1	-0.9	-1.6
开采专业及辅助性活动	Professional and Support Activities for Mining	2.7	-13.6	15.4	57.0
其他采矿业	Mining of Other Ores	-31.5	-48.6	13.8	2.6
制造业	**Manufacturing**	**-2.2**	**-4.8**	**2.8**	**-0.3**
农副食品加工业	Processing of Food from Agricultural Products	-0.4	1.3	-5.7	-3.9
食品制造业	Manufacture of Foods	-1.8	-4.8	-2.0	2.6
酒、饮料和精制茶制造业	Manufacture of Liquor, Beverages and Refined Tea	-7.8	-18.2	-3.5	7.8
烟草制品业	Manufacture of Tobacco	-18.8	-53.1	103.3	-5.0
纺织业	Manufacture of Textile	-6.9	1.1	-27.7	-3.5
纺织服装、服饰业	Manufacture of Textile, Wearing Apparel and Accessories	-31.9	-18.3	-55.2	-37.2
皮革、毛皮、羽毛及其制品和制鞋业	Manufacture of Leather, Fur, Feather and Related Products and Footware	-15.8	-4.2	-27.3	-25.3
木材加工和木、竹、藤、棕、草制品业	Processing of Timber, Manufacture of Wood, Bamboo, Rattan, Palm and Straw Products	-18.0	-21.9	-7.8	-19.9
家具制造业	Manufacture of Furniture	-15.8	-23.3	-21.6	1.3
造纸及纸制品业	Manufacture of Paper and Paper Products	-5.1	3.0	-22.4	-3.8
印刷和记录媒介复制业	Printing and Reproduction of Recording Media	-20.5	-30.4	-30.7	-0.6
文教、工美、体育和娱乐用品制造业	Manufacture of Articles for Culture, Education, Arts and Crafts, Sport and Entertainment Activities	-26.5	-17.9	-37.6	-32.3
石油、煤炭及其他燃料加工业	Processing of Petroleum, Coal and Other Fuels	9.4	1.1	27.2	4.6
化学原料及化学制品制造业	Manufacture of Raw Chemical Materials and Chemical Products	-1.2	-3.6	4.1	-2.7
医药制造业	Manufacture of Medicines	28.4	24.9	28.6	34.2
化学纤维制造业	Manufacture of Chemical Fibres	-19.4	-29.7	4.4	-17.1
橡胶和塑料制品业	Manufacture of Rubber and Plastics Products	-1.2	1.1	-2.6	-3.2
非金属矿物制品业	Manufacture of Non-metallic Mineral Products	-3.0	-6.1	1.6	1.4
黑色金属冶炼和压延加工业	Smelting and Pressing of Ferrous Metals	26.5	23.9	15.4	33.4
有色金属冶炼和压延加工业	Smelting and Pressing of Non-ferrous Metals	-0.4	-11.7	13.5	12.7
金属制品业	Manufacture of Metal Products	-8.2	-9.5	-6.0	-6.6
通用设备制造业	Manufacture of General Purpose Machinery	-6.6	-5.8	-5.2	-6.2
专用设备制造业	Manufacture of Special Purpose Machinery	-2.3	1.2	7.5	-8.7
汽车制造业	Manufacture of Automobiles	-12.4	-19.7	6.5	-10.9
铁路、船舶、航空航天和其他运输设备制造业	Manufacture of Railway, Ship, Aerospace and Other Transport Equipments	2.5	10.5	14.6	-10.8
电气机械和器材制造业	Manufacture of Electrical Machinery and Apparatus	-7.6	-11.6	7.8	-4.2
计算机、通信和其他电子设备制造业	Manufacture of Computers, Communication and Other Electronic Equipment	12.5	1.9	58.2	15.1
仪器仪表制造业	Manufacture of Measuring Instruments and Machinery	-7.1	5.0	5.3	-22.1
其他制造业	Other Manufacture	-6.7	-8.6	7.7	-6.0
废弃资源综合利用业	Utilization of Waste Resources	4.1	-4.5	22.9	20.0
金属制品、机械和设备修理业	Repair Service of Metal Products, Machinery and Equipment	-31.3	-20.2	-61.1	-39.8
电力、热力、燃气及水生产和供应业	**Production and Supply of Electricity, Heat, Gas and Water**	**17.6**	**17.2**	**19.6**	**20.1**
电力、热力生产和供应业	Production and Supply of Electric Power and Heat Power	17.0	17.1	12.7	22.1
燃气生产和供应业	Production and Supply of Gas	8.6	7.0	15.1	10.9
水的生产和供应业	Production and Supply of Water	22.4	20.9	37.0	17.3
建筑业	**Construction**	**9.2**	**32.0**	**-78.6**	**45.0**
房屋建筑业	Construction of Buildings	9.6	25.5	-77.8	19.0
土木工程建筑业	Civil Engineering	23.7	53.0	-71.6	16.8
建筑安装业	Building Installation	-64.4	-64.2	-71.1	
建筑装饰、装修和其他建筑业	Building Decoration and Other Constructions	-34.0	-23.6	-95.5	181.9

10-13 续表 continued

单位：% (%)

指　　标	Item	全部投资 Total Investment in Fixed Assets	#新建 New Construction	扩建 Expansion	改建和技术改造 Reconstruction and Technical Transformation
批发和零售业	**Wholesale and Retail Trades**	**-21.5**	**-14.8**	**-51.7**	**-39.7**
批发业	Wholesale Trade	-26.6	-20.5	-47.6	-46.7
零售业	Retail Trade	-17.2	-10.1	-55.6	-33.6
交通运输、仓储和邮政业	**Transport, Storage and Post**	**1.4**	**-0.2**	**67.4**	**1.2**
铁路运输业	Railway Transport	-2.2	-32.8		-34.6
道路运输业	Road Transport	1.8	4.1	-16.2	4.2
水上运输业	Water Transport	9.5	9.3	18.4	3.9
航空运输业	Air Transport	-15.1	17.5	12.1	-31.9
管道运输业	Transport Via Pipelines	8.8	16.0	-31.6	-30.4
多式联运和运输代理业	Intermodality and Forwarding Agency	13.3	14.6	-0.7	34.3
装卸搬运和仓储业	Loading, Unloading and Storage	9.9	11.2	-2.6	17.1
邮政业	Post	-4.4	-6.0	52.6	4.4
住宿和餐饮业	**Hotels and Catering Services**	**-5.5**	**-2.7**	**-28.5**	**-8.9**
住宿业	Hotels	-0.8	1.8	-21.1	-8.8
餐饮业	Catering Services	-28.4	-27.9	-49.9	-9.0
信息传输、软件和信息技术服务业	**Information Transmission, Software and Information Technology**	**18.7**	**27.3**	**12.6**	**-5.5**
电信、广播电视和卫星传输服务	Telecommunication, Radio and Television and Satellite Transmission Service	23.3	35.4	23.0	-16.5
互联网和相关服务	Internet and Related Service	4.2	15.5	-14.7	-12.9
软件和信息技术服务业	Software and Information Technology	25.1	26.0	15.7	37.9
金融业	**Financial Intermediation**	**-13.3**	**-1.9**	**-84.8**	**-5.7**
货币金融服务	Monetary and Financial Service	-13.3	5.1	-77.3	-1.2
资本市场服务	Capital Market Service	-9.0	-8.7	-94.3	39.8
保险业	Insurance	-28.1	-26.8	124.4	-74.5
其他金融业	Other Financial Activities	1.3	22.9	-95.8	-38.8
房地产业	**Real Estate**	**5.0**	**-7.9**	**-33.0**	**-0.9**
租赁和商务服务业	**Leasing and Business Services**	**5.0**	**8.7**	**-36.4**	**-10.3**
租赁业	Leasing	-7.1	-4.8	-18.6	-25.9
商务服务业	Business Services	5.8	9.0	-37.3	-9.8
科学研究和技术服务业	**Scientific Research and Technical Services**	**3.4**	**6.2**	**-4.9**	**-14.8**
研究和试验发展	Research and Experimental Development	2.3	5.4	-7.5	-27.1
专业技术服务业	Professional Technical Services	-8.2	-6.9	23.0	-22.6
科技推广和应用服务业	Science and Technology Popularization and Application Services	12.3	15.3	-16.8	12.6
水利、环境和公共设施管理业	**Management of Water Conservancy, Environment and Public Facilities**	**0.2**	**1.6**	**-28.9**	**11.8**
水利管理业	Management of Water Conservancy	4.5	6.4	-16.2	3.2
生态保护和环境治理业	Ecological Protection and Environmental Treatment	8.6	12.6	-29.6	3.3
公共设施管理业	Management of Public Facilities	-1.4	-0.3	-30.6	14.6
土地管理业	Management of Land	4.3	7.7	-55.1	-19.9
居民服务、修理和其他服务业	**Service to Households, Repair and Other Services**	**-2.9**	**3.9**	**-24.8**	**-38.1**
居民服务业	Services to Households	4.2	8.4	-7.4	-32.7
机动车、电子产品和日用产品修理业	Repair of Motor Vehicles, Electronics and Household Products	-19.7	0.1	-49.9	-54.4
其他服务业	Other Services	-20.8	-16.1	-57.9	-35.6
教育	**Education**	**12.3**	**16.0**	**-0.6**	**-15.6**
卫生和社会工作	**Health and Social Service**	**26.8**	**30.0**	**4.6**	**40.5**
卫生	Health	29.9	33.9	8.8	40.0
社会工作	Social Service	14.4	17.3	-23.5	43.5
文化、体育和娱乐业	**Culture, Sports and Entertainment**	**1.0**	**3.2**	**-31.3**	**7.0**
新闻和出版业	Journalism and Publishing Activities	-47.5	-36.2	-59.4	-80.3
广播、电视、电影和影视录音制作业	Radio, Television, Motion Picture and Audio-visual Programme Production Services	-14.9	-14.4	-11.2	-29.9
文化艺术业	Cultural and Art Activities	-0.3	1.5	-34.7	24.6
体育	Sports Activities	9.7	12.7	-31.0	3.5
娱乐业	Entertainment	0.5	2.5	-30.0	7.1
公共管理、社会保障和社会组织	**Public Management, Social Security and Social Organization**	**-6.4**	**-2.5**	**-35.5**	**-25.2**
中国共产党机关	Organs of Communist Party of China	-24.4	-6.9	-64.4	-88.3
国家机构	Government Agencies	-3.8	-0.4	-38.9	-17.2
人民政协、民主党派	People's Political Consultative Conference and Democratic Parties	-19.8	4.9		
社会保障	Social Security	-25.3	-20.2	-56.6	-43.9
群众团体、社会团体和其他成员组织	Mass Organizations, Social Organizations and Other Membership Organizations	-31.4	-26.1	-51.2	-43.3
基层群众自治组织	Grass Roots Self-Governing Organizations	-16.8	-15.5	-8.9	-53.4
国际组织	**International Organizations**				

10-14 各行业按隶属关系分固定资产投资比上年增长情况(2020年) Growth Rate of Total Investment in Fixed Assets over Preceding Year by Sector and Jurisdiction of Management (2020)

单位：% (%)

指标	Item	全部投资 Total Investment in Fixed Assets	中央 Central Government	地方 Local
全国	**National Average**	**2.9**	**-1.6**	**3.2**
农、林、牧、渔业	**Agriculture, Forestry, Animal Husbandry and Fishery**	**19.1**	**47.6**	**18.7**
农业	Farming	-4.7	36.7	-5.1
林业	Forestry	-3.3	-3.5	-3.3
畜牧业	Animal Husbandry	92.1		91.2
渔业	Fishery	-17.9	-11.2	-17.9
农、林、牧、渔专业及辅助性活动	Professional and Support Activities for Agriculture, Forestry, Animal Husbandry and Fishery	16.3	33.9	15.7
采矿业	**Mining**	**-14.1**	**-28.9**	**-1.6**
煤炭开采和洗选业	Mining and Washing of Coal	-0.7	3.0	-1.0
石油和天然气开采业	Extraction of Petroleum and Natural Gas	-29.6	-32.0	-7.9
黑色金属矿采选业	Mining and Processing of Ferrous Metal Ores	-10.3	15.8	-12.0
有色金属矿采选业	Mining and Processing of Non-Ferrous Metal Ores	-4.0	-22.2	-3.1
非金属矿采选业	Mining and Processing of Non-metal Ores	6.2	61.5	6.0
开采专业及辅助性活动	Professional and Support Activities for Mining	2.7	43.2	-9.8
其他采矿业	Mining of Other Ores	-31.5		-31.2
制造业	**Manufacturing**	**-2.2**	**-3.3**	**-2.1**
农副食品加工业	Processing of Food from Agricultural Products	-0.4	8.4	-0.5
食品制造业	Manufacture of Foods	-1.8	-16.6	-1.8
酒、饮料和精制茶制造业	Manufacture of Liquor, Beverages and Refined Tea	-7.8	78.0	-8.1
烟草制品业	Manufacture of Tobacco	-18.8	13.5	-37.7
纺织业	Manufacture of Textile	-6.9	-56.7	-6.8
纺织服装、服饰业	Manufacture of Textile, Wearing Apparel and Accessories	-31.9	-43.1	-31.8
皮革、毛皮、羽毛及其制品和制鞋业	Manufacture of Leather, Fur, Feather and Related Products and Footware	-15.8	9.4	-16.0
木材加工和木、竹、藤、棕、草制品业	Processing of Timber, Manufacture of Wood, Bamboo, Rattan, Palm and Straw Products	-18.0	60.3	-18.3
家具制造业	Manufacture of Furniture	-15.8		-15.7
造纸及纸制品业	Manufacture of Paper and Paper Products	-5.1	-29.0	-5.0
印刷和记录媒介复制业	Printing and Reproduction of Recording Media	-20.5	-24.5	-20.4
文教、工美、体育和娱乐用品制造业	Manufacture of Articles for Culture, Education, Arts and Crafts, Sport and Entertainment Activities	-26.5	263.5	-26.8
石油、煤炭及其他燃料加工业	Processing of Petroleum, Coal and Other Fuels	9.4	-7.8	14.7
化学原料及化学制品制造业	Manufacture of Raw Chemical Materials and Chemical Products	-1.2	-9.4	-0.9
医药制造业	Manufacture of Medicines	28.4	33.1	28.4
化学纤维制造业	Manufacture of Chemical Fibres	-19.4	-44.2	-18.6
橡胶和塑料制品业	Manufacture of Rubber and Plastics Products	-1.2	-9.3	-1.2
非金属矿物制品业	Manufacture of Non-metallic Mineral Products	-3.0	-15.7	-2.8
黑色金属冶炼和压延加工业	Smelting and Pressing of Ferrous Metals	26.5	39.1	25.5
有色金属冶炼和压延加工业	Smelting and Pressing of Non-ferrous Metals	-0.4	-5.7	-0.1
金属制品业	Manufacture of Metal Products	-8.2	-18.1	-8.1
通用设备制造业	Manufacture of General Purpose Machinery	-6.6	26.5	-6.9
专用设备制造业	Manufacture of Special Purpose Machinery	-2.3	-21.1	-2.1
汽车制造业	Manufacture of Automobiles	-12.4	-7.5	-12.7
铁路、船舶、航空航天和其他运输设备制造业	Manufacture of Railway, Ship, Aerospace and Other Transport Equipments	2.5	-12.8	4.6
电气机械和器材制造业	Manufacture of Electrical Machinery and Apparatus	-7.6	-31.2	-7.2
计算机、通信和其他电子设备制造业	Manufacture of Computers, Communication and Other Electronic Equipment	12.5	16.2	12.4
仪器仪表制造业	Manufacture of Measuring Instruments and Machinery	-7.1	-16.1	-6.9
其他制造业	Other Manufacture	-6.7		-7.6
废弃资源综合利用业	Utilization of Waste Resources	4.1	200.0	2.9
金属制品、机械和设备修理业	Repair Service of Metal Products, Machinery and Equipment	-31.3	-28.0	-31.6
电力、热力、燃气及水生产和供应业	**Production and Supply of Electricity, Heat, Gas and Water**	**17.6**	**25.7**	**14.6**
电力、热力生产和供应业	Production and Supply of Electric Power and Heat Power	17.0	26.0	11.7
燃气生产和供应业	Production and Supply of Gas	8.6	18.8	7.5
水的生产和供应业	Production and Supply of Water	22.4	20.4	22.4
建筑业	**Construction**	**9.2**	**-19.3**	**14.0**
房屋建筑业	Construction of Buildings	9.6	63.7	5.2
土木工程建筑业	Civil Engineering	23.7	-26.5	36.1
建筑安装业	Building Installation	-64.4		-57.0
建筑装饰、装修和其他建筑业	Building Decoration and Other Constructions	-34.0	18.5	-34.1

10-14 续表 continued

单位：% (%)

指标	Item	全部投资 Total Investment in Fixed Assets	中央 Central Government	地方 Local
批发和零售业	**Wholesale and Retail Trades**	**-21.5**	**20.8**	**-22.2**
批发业	Wholesale Trade	-26.6	-13.0	-26.8
零售业	Retail Trade	-17.2	66.9	-18.2
交通运输、仓储和邮政业	**Transport, Storage and Post**	**1.4**	**-13.7**	**4.4**
铁路运输业	Railway Transport	-2.2	-16.9	32.0
道路运输业	Road Transport	1.8	15.9	1.0
水上运输业	Water Transport	9.5	11.7	9.1
航空运输业	Air Transport	-15.1	-61.1	31.1
管道运输业	Transport Via Pipelines	8.8	-50.4	32.7
多式联运和运输代理业	Intermodality and Forwarding Agency	13.3	-15.7	14.2
装卸搬运和仓储业	Loading, Unloading and Storage	9.9	24.8	9.6
邮政业	Post	-4.4	-13.1	-4.0
住宿和餐饮业	**Hotels and Catering Services**	**-5.5**	**4.9**	**-5.6**
住宿业	Hotels	-0.8	-1.4	-0.8
餐饮业	Catering Services	-28.4	128.8	-28.7
信息传输、软件和信息技术服务业	**Information Transmission, Software and Information Technology**	**18.7**	**26.7**	**15.1**
电信、广播电视和卫星传输服务	Telecommunication, Radio and Television and Satellite Transmission Service	23.3	31.8	8.9
互联网和相关服务	Internet and Related Service	4.2	48.9	2.6
软件和信息技术服务业	Software and Information Technology	25.1	-32.9	31.2
金融业	**Financial Intermediation**	**-13.3**	**11.6**	**-16.6**
货币金融服务	Monetary and Financial Service	-13.3	30.4	-19.0
资本市场服务	Capital Market Service	-9.0	-89.6	0.4
保险业	Insurance	-28.1	45.9	-46.0
其他金融业	Other Financial Activities	1.3	-98.0	5.1
房地产业	**Real Estate**	**5.0**	**-12.5**	**5.1**
租赁和商务服务业	**Leasing and Business Services**	**5.0**	**-13.1**	**5.6**
租赁业	Leasing	-7.1	145.6	-13.9
商务服务业	Business Services	5.8	-27.8	6.8
科学研究和技术服务业	**Scientific Research and Technical Services**	**3.4**	**8.3**	**3.1**
研究和试验发展	Research and Experimental Development	2.3	28.5	0.3
专业技术服务业	Professional Technical Services	-8.2	-10.2	-7.9
科技推广和应用服务业	Science and Technology Popularization and Application Services	12.3	26.8	12.2
水利、环境和公共设施管理业	**Management of Water Conservancy, Environment and Public Facilities**	**0.2**	**2.1**	**0.1**
水利管理业	Management of Water Conservancy	4.5	2.8	4.6
生态保护和环境治理业	Ecological Protection and Environmental Treatment	8.6	53.2	7.8
公共设施管理业	Management of Public Facilities	-1.4	-1.7	-1.4
土地管理业	Management of Land	4.3	-33.7	6.1
居民服务、修理和其他服务业	**Service to Households, Repair and Other Services**	**-2.9**	**12.1**	**-3.0**
居民服务业	Services to Households	4.2	24.4	4.1
机动车、电子产品和日用产品修理业	Repair of Motor Vehicles, Electronics and Household Products	-19.7	31.0	-19.8
其他服务业	Other Services	-20.8	1.9	-21.8
教育	**Education**	**12.3**	**9.3**	**12.5**
卫生和社会工作	**Health and Social Service**	**26.8**	**42.0**	**26.4**
卫生	Health	29.9	42.2	29.6
社会工作	Social Service	14.4	40.4	14.2
文化、体育和娱乐业	**Culture, Sports and Entertainment**	**1.0**	**-12.7**	**1.3**
新闻和出版业	Journalism and Publishing Activities	-47.5	-58.8	-46.3
广播、电视、电影和影视录音制作业	Radio, Television, Motion Picture and Audio-visual Programme Production Services	-14.9	-3.1	-15.1
文化艺术业	Cultural and Art Activities	-0.3	21.8	-0.7
体育	Sports Activities	9.7	45.7	8.6
娱乐业	Entertainment	0.5	-53.4	1.5
公共管理、社会保障和社会组织	**Public Management, Social Security and Social Organization**	**-6.4**	**-2.7**	**-8.1**
中国共产党机关	Organs of Communist Party of China	-24.4	-51.8	-18.1
国家机构	Government Agencies	-3.8	-2.0	-4.9
人民政协、民主党派	People's Political Consultative Conference and Democratic Parties	-19.8		-17.4
社会保障	Social Security	-25.3		-28.8
群众团体、社会团体和其他成员组织	Mass Organizations, Social Organizations and Other Membership Organizations	-31.4	-80.5	-30.3
基层群众自治组织	Grass Roots Self-Governing Organizations	-16.8	-57.6	-16.2
国际组织	**International Organizations**			

10-15 各行业按登记注册类型分固定资产投资比上年增长情况(2020年)
Growth Rate of Total Investment in Fixed Assets over Preceding Year by Sector and Registration Status (2020)

单位：% (%)

指 标	Item	全部投资 Total Investment in Fixed Assets	#内资 Domestic Funded	港澳台商投资 Funds from Hong Kong, Macao and Taiwan	外商投资 Foreign Funded
全 国	**National Average**	**2.9**	**2.7**	**6.6**	**11.5**
农、林、牧、渔业	**Agriculture, Forestry, Animal Husbandry and Fishery**	**19.1**	**18.3**	**30.6**	**85.3**
农业	Farming	-4.7	-4.8	9.5	-11.0
林业	Forestry	-3.3	-3.3	-13.5	56.3
畜牧业	Animal Husbandry	92.1	89.7	73.4	176.6
渔业	Fishery	-17.9	-17.2	-39.4	-87.5
农、林、牧、渔专业及辅助性活动	Professional and Support Activities for Agriculture, Forestry, Animal Husbandry and Fishery	16.3	16.0	35.6	-13.8
采矿业	**Mining**	**-14.1**	**-15.8**	**58.2**	**58.2**
煤炭开采和洗选业	Mining and Washing of Coal	-0.7	-0.2	27.2	-61.2
石油和天然气开采业	Extraction of Petroleum and Natural Gas	-29.6	-33.4	61.8	283.3
黑色金属矿采选业	Mining and Processing of Ferrous Metal Ores	-10.3	-11.1	-19.5	281.3
有色金属矿采选业	Mining and Processing of Non-Ferrous Metal Ores	-4.0	-6.2	55.5	109.9
非金属矿采选业	Mining and Processing of Non-metal Ores	6.2	6.2	47.8	-45.4
开采专业及辅助性活动	Professional and Support Activities for Mining	2.7	1.7		280.1
其他采矿业	Mining of Other Ores	-31.5	-31.0		
制造业	**Manufacturing**	**-2.2**	**-2.8**	**8.6**	**2.4**
农副食品加工业	Processing of Food from Agricultural Products	-0.4	-1.0	17.1	7.0
食品制造业	Manufacture of Foods	-1.8	-2.3	-2.2	6.7
酒、饮料和精制茶制造业	Manufacture of Liquor, Beverages and Refined Tea	-7.8	-8.0	-3.7	-12.8
烟草制品业	Manufacture of Tobacco	-18.8	-19.3		
纺织业	Manufacture of Textile	-6.9	-6.3	-13.4	-23.2
纺织服装、服饰业	Manufacture of Textile, Wearing Apparel and Accessories	-31.9	-34.0	8.9	-12.0
皮革、毛皮、羽毛及其制品和制鞋业	Manufacture of Leather, Fur, Feather and Related Products and Footware	-15.8	-17.3	-22.2	227.9
木材加工和木、竹、藤、棕、草制品业	Processing of Timber, Manufacture of Wood, Bamboo, Rattan, Palm and Straw Products	-18.0	-18.0	-16.4	33.5
家具制造业	Manufacture of Furniture	-15.8	-16.3	29.5	-20.6
造纸及纸制品业	Manufacture of Paper and Paper Products	-5.1	-8.4	11.3	57.0
印刷和记录媒介复制业	Printing and Reproduction of Recording Media	-20.5	-21.9	-19.1	89.0
文教、工美、体育和娱乐用品制造业	Manufacture of Articles for Culture, Education, Arts and Crafts, Sport and Entertainment Activities	-26.5	-24.7	-21.8	-20.4
石油、煤炭及其他燃料加工业	Processing of Petroleum, Coal and Other Fuels	9.4	6.8	102.9	10.8
化学原料及化学制品制造业	Manufacture of Raw Chemical Materials and Chemical Products	-1.2	-0.1	-18.8	-1.3
医药制造业	Manufacture of Medicines	28.4	25.4	54.9	67.2
化学纤维制造业	Manufacture of Chemical Fibres	-19.4	-20.5	2.1	-37.1
橡胶和塑料制品业	Manufacture of Rubber and Plastics Products	-1.2	-0.4	-24.8	5.3
非金属矿物制品业	Manufacture of Non-metallic Mineral Products	-3.0	-3.0	-8.0	-1.1
黑色金属冶炼和压延加工业	Smelting and Pressing of Ferrous Metals	26.5	25.5	60.3	23.9
有色金属冶炼和压延加工业	Smelting and Pressing of Non-ferrous Metals	-0.4	0.1	-39.6	54.0
金属制品业	Manufacture of Metal Products	-8.2	-8.3	-25.9	17.4
通用设备制造业	Manufacture of General Purpose Machinery	-6.6	-7.3	19.5	-5.3
专用设备制造业	Manufacture of Special Purpose Machinery	-2.3	-2.2	-2.0	-4.5
汽车制造业	Manufacture of Automobiles	-12.4	-16.5	23.0	-0.6
铁路、船舶、航空航天和其他运输设备制造业	Manufacture of Railway, Ship, Aerospace and Other Transport Equipments	2.5	3.6	-41.7	4.3
电气机械和器材制造业	Manufacture of Electrical Machinery and Apparatus	-7.6	-7.6	2.4	-16.3
计算机、通信和其他电子设备制造业	Manufacture of Computers, Communication and Other Electronic Equipment	12.5	12.9	27.7	4.5
仪器仪表制造业	Manufacture of Measuring Instruments and Machinery	-7.1	-11.0	168.7	3.6
其他制造业	Other Manufacture	-6.7	-6.2	-33.0	-8.8
废弃资源综合利用业	Utilization of Waste Resources	4.1	5.0	-13.1	-19.7
金属制品、机械和设备修理业	Repair Service of Metal Products, Machinery and Equipment	-31.3	-34.9	165.0	-33.6
电力、热力、燃气及水生产和供应业	**Production and Supply of Electricity, Heat, Gas and Water**	**17.6**	**16.6**	**36.2**	**43.8**
电力、热力生产和供应业	Production and Supply of Electric Power and Heat Power	17.0	15.7	36.4	61.6
燃气生产和供应业	Production and Supply of Gas	8.6	6.0	46.0	21.4
水的生产和供应业	Production and Supply of Water	22.4	22.5	25.5	8.4
建筑业	**Construction**	**9.2**	**9.1**	**156.6**	**-93.1**
房屋建筑业	Construction of Buildings	9.6	8.2		
土木工程建筑业	Civil Engineering	23.7	24.0		-93.1
建筑安装业	Building Installation	-64.4	-64.4		
建筑装饰、装修和其他建筑业	Building Decoration and Other Constructions	-34.0	-33.3		

10-15 续表 continued

单位：% (%)

指 标	Item	全部投资 Total Investment in Fixed Assets	#内资 Domestic Funded	港澳台商投资 Funds from Hong Kong, Macao and Taiwan	外商投资 Foreign Funded
批发和零售业	**Wholesale and Retail Trades**	**-21.5**	**-21.8**	**-24.2**	**9.7**
批发业	Wholesale Trade	-26.6	-26.9	-32.4	26.4
零售业	Retail Trade	-17.2	-17.3	-21.0	3.4
交通运输、仓储和邮政业	**Transport, Storage and Post**	**1.4**	**1.4**	**-4.8**	**20.9**
铁路运输业	Railway Transport	-2.2	-2.2	-49.6	22.8
道路运输业	Road Transport	1.8	1.8	30.0	-38.3
水上运输业	Water Transport	9.5	7.9	67.0	4.7
航空运输业	Air Transport	-15.1	-14.5	-18.4	-92.9
管道运输业	Transport Via Pipelines	8.8	13.1	-76.2	-51.0
多式联运和运输代理业	Intermodality and Forwarding Agency	13.3	21.6	-62.3	-17.4
装卸搬运和仓储业	Loading, Unloading and Storage	9.9	10.0	-6.1	38.5
邮政业	Post	-4.4	-4.6	-6.2	0.3
住宿和餐饮业	**Hotels and Catering Services**	**-5.5**	**-6.0**	**2.4**	**34.0**
住宿业	Hotels	-0.8	-1.7	0.4	43.7
餐饮业	Catering Services	-28.4	-28.0	12.6	-55.1
信息传输、软件和信息技术服务业	**Information Transmission, Software and Information Technology**	**18.7**	**14.3**	**3.6**	**142.3**
电信、广播电视和卫星传输服务	Telecommunication, Radio and Television and Satellite Transmission Service	23.3	16.4	-32.2	186.9
互联网和相关服务	Internet and Related Service	4.2	5.9	-11.6	65.7
软件和信息技术服务业	Software and Information Technology	25.1	17.8	111.5	60.8
金融业	**Financial Intermediation**	**-13.3**	**-9.3**	**-78.7**	**109.8**
货币金融服务	Monetary and Financial Service	-13.3	-7.3	-97.9	
资本市场服务	Capital Market Service	-9.0	-3.4	-44.1	-95.7
保险业	Insurance	-28.1	-28.1		-16.7
其他金融业	Other Financial Activities	1.3	1.2	5.0	
房地产业	**Real Estate**	**5.0**	**4.9**	**2.1**	**20.1**
租赁和商务服务业	**Leasing and Business Services**	**5.0**	**5.5**	**-17.6**	**1.9**
租赁业	Leasing	-7.1	-2.0	-94.3	-77.1
商务服务业	Business Services	5.8	5.9	-5.4	17.2
科学研究和技术服务业	**Scientific Research and Technical Services**	**3.4**	**2.9**	**57.9**	**-22.3**
研究和试验发展	Research and Experimental Development	2.3	1.6	52.7	2.9
专业技术服务业	Professional Technical Services	-8.2	-8.2	-39.7	57.1
科技推广和应用服务业	Science and Technology Popularization and Application Services	12.3	12.0	80.3	-68.7
水利、环境和公共设施管理业	**Management of Water Conservancy, Environment and Public Facilities**	**0.2**	**0.1**	**11.3**	**17.7**
水利管理业	Management of Water Conservancy	4.5	4.6	-64.6	-52.7
生态保护和环境治理业	Ecological Protection and Environmental Treatment	8.6	7.9	62.6	73.6
公共设施管理业	Management of Public Facilities	-1.4	-1.4	-2.0	-1.6
土地管理业	Management of Land	4.3	4.4		
居民服务、修理和其他服务业	**Service to Households, Repair and Other Services**	**-2.9**	**-3.7**	**81.5**	**44.1**
居民服务业	Services to Households	4.2	3.9	-21.5	26.0
机动车、电子产品和日用产品修理业	Repair of Motor Vehicles, Electronics and Household Products	-19.7	-20.4	260.5	
其他服务业	Other Services	-20.8	-24.7		
教育	**Education**	**12.3**	**12.3**	**58.1**	**6.1**
卫生和社会工作	**Health and Social Service**	**26.8**	**26.9**	**77.7**	**-20.6**
卫生	Health	29.9	30.2	47.0	-19.4
社会工作	Social Service	14.4	14.0		-26.0
文化、体育和娱乐业	**Culture, Sports and Entertainment**	**1.0**	**1.0**	**6.6**	**-9.6**
新闻和出版业	Journalism and Publishing Activities	-47.5	-47.5		
广播、电视、电影和影视录音制作业	Radio, Television, Motion Picture and Audio-visual Programme Production Services	-14.9	-14.1	-40.8	16.5
文化艺术业	Cultural and Art Activities	-0.3	-0.1	-31.7	-23.6
体育	Sports Activities	9.7	9.9	27.7	-0.2
娱乐业	Entertainment	0.5	0.3	38.3	-15.6
公共管理、社会保障和社会组织	**Public Management, Social Security and Social Organization**	**-6.4**	**-6.3**		
中国共产党机关	Organs of Communist Party of China	-24.4	-24.4		
国家机构	Government Agencies	-3.8	-3.8		
人民政协、民主党派	People's Political Consultative Conference and Democratic Parties	-19.8	-19.8		
社会保障	Social Security	-25.3	-25.3		
群众团体、社会团体和其他成员组织	Mass Organizations, Social Organizations and Other Membership Organizations	-31.4	-31.2		
基层群众自治组织	Grass Roots Self-Governing Organizations	-16.8	-16.8		
国际组织	**International Organizations**				

10-16 各行业按控股情况分固定资产投资比上年增长情况(2020年)
Growth Rate of Total Investment in Fixed Assets over Preceding Year by Sector and Holding Type (2020)

单位：% (%)

指标	Item	全部投资 Total Investment in Fixed Assets	#国有控股 State-holding	集体控股 Collective-holding	私人控股 Private-holding
全国	**National Average**	**2.9**	**5.6**	**-9.8**	**1.6**
农、林、牧、渔业	**Agriculture, Forestry, Animal Husbandry and Fishery**	**19.1**	**34.2**	**8.4**	**11.2**
农业	Farming	-4.7	47.4	-0.2	-21.6
林业	Forestry	-3.3	8.0	-4.2	-30.3
畜牧业	Animal Husbandry	92.1	81.6	77.4	93.0
渔业	Fishery	-17.9	16.5	25.4	-21.4
农、林、牧、渔专业及辅助性活动	Professional and Support Activities for Agriculture, Forestry, Animal Husbandry and Fishery	16.3	24.5	-26.5	3.6
采矿业	**Mining**	**-14.1**	**-25.4**	**-23.4**	**-9.1**
煤炭开采和洗选业	Mining and Washing of Coal	-0.7	15.2	21.4	-18.3
石油和天然气开采业	Extraction of Petroleum and Natural Gas	-29.6	-42.2	-10.2	65.5
黑色金属矿采选业	Mining and Processing of Ferrous Metal Ores	-10.3	-10.5	-47.0	-11.0
有色金属矿采选业	Mining and Processing of Non-Ferrous Metal Ores	-4.0	-4.7	-46.6	-0.6
非金属矿采选业	Mining and Processing of Non-metal Ores	6.2	48.1	-32.3	2.8
开采专业及辅助性活动	Professional and Support Activities for Mining	2.7	27.0	-57.2	-55.7
其他采矿业	Mining of Other Ores	-31.5		-24.4	-54.3
制造业	**Manufacturing**	**-2.2**	**13.0**	**-6.8**	**-5.8**
农副食品加工业	Processing of Food from Agricultural Products	-0.4	10.6	51.4	-4.2
食品制造业	Manufacture of Foods	-1.8	-5.6	-26.1	-2.9
酒、饮料和精制茶制造业	Manufacture of Liquor, Beverages and Refined Tea	-7.8	22.5	-29.7	-10.1
烟草制品业	Manufacture of Tobacco	-18.8	-22.9	-11.9	141.2
纺织业	Manufacture of Textile	-6.9	-3.3	8.2	-2.9
纺织服装、服饰业	Manufacture of Textile, Wearing Apparel and Accessories	-31.9	11.6	-1.9	-37.0
皮革、毛皮、羽毛及其制品和制鞋业	Manufacture of Leather, Fur, Feather and Related Products and Footware	-15.8	47.9	19.7	-19.1
木材加工和木、竹、藤、棕、草制品业	Processing of Timber, Manufacture of Wood, Bamboo, Rattan, Palm and Straw Products	-18.0	8.2	-38.8	-18.7
家具制造业	Manufacture of Furniture	-15.8	-19.6	38.0	-16.4
造纸及纸制品业	Manufacture of Paper and Paper Products	-5.1	-45.5	-35.8	-8.3
印刷和记录媒介复制业	Printing and Reproduction of Recording Media	-20.5	11.4	-21.4	-22.5
文教、工美、体育和娱乐用品制造业	Manufacture of Articles for Culture, Education, Arts and Crafts, Sport and Entertainment Activities	-26.5	34.1	-49.6	-26.5
石油、煤炭及其他燃料加工业	Processing of Petroleum, Coal and Other Fuels	9.4	6.9	94.5	7.2
化学原料及化学制品制造业	Manufacture of Raw Chemical Materials and Chemical Products	-1.2	9.9	-2.2	-3.4
医药制造业	Manufacture of Medicines	28.4	52.6	12.4	27.0
化学纤维制造业	Manufacture of Chemical Fibres	-19.4	-13.2	-34.3	-13.1
橡胶和塑料制品业	Manufacture of Rubber and Plastics Products	-1.2	41.2	-42.5	-2.9
非金属矿物制品业	Manufacture of Non-metallic Mineral Products	-3.0	24.9	-3.7	-5.3
黑色金属冶炼和压延加工业	Smelting and Pressing of Ferrous Metals	26.5	28.8		15.4
有色金属冶炼和压延加工业	Smelting and Pressing of Non-ferrous Metals	-0.4	-2.9	-39.3	2.3
金属制品业	Manufacture of Metal Products	-8.2	9.7	-41.1	-9.8
通用设备制造业	Manufacture of General Purpose Machinery	-6.6	12.8	-22.4	-9.0
专用设备制造业	Manufacture of Special Purpose Machinery	-2.3	19.5	-29.5	-6.4
汽车制造业	Manufacture of Automobiles	-12.4	-15.0	27.6	-17.4
铁路、船舶、航空航天和其他运输设备制造业	Manufacture of Railway, Ship, Aerospace and Other Transport Equipments	2.5	9.4	-84.5	4.3
电气机械和器材制造业	Manufacture of Electrical Machinery and Apparatus	-7.6	13.2	-14.3	-11.3
计算机、通信和其他电子设备制造业	Manufacture of Computers, Communication and Other Electronic Equipment	12.5	37.0	-13.9	5.8
仪器仪表制造业	Manufacture of Measuring Instruments and Machinery	-7.1	27.8	-20.7	-12.0
其他制造业	Other Manufacture	-6.7	17.3	-35.9	-23.8
废弃资源综合利用业	Utilization of Waste Resources	4.1	0.4	32.1	2.4
金属制品、机械和设备修理业	Repair Service of Metal Products, Machinery and Equipment	-31.3	-19.7	171.0	-44.3
电力、热力、燃气及水生产和供应业	**Production and Supply of Electricity, Heat, Gas and Water**	**17.6**	**19.3**	**-18.1**	**11.0**
电力、热力生产和供应业	Production and Supply of Electric Power and Heat Power	17.0	16.5	-17.4	16.0
燃气生产和供应业	Production and Supply of Gas	8.6	25.5	-28.3	-10.7
水的生产和供应业	Production and Supply of Water	22.4	25.4	-16.9	8.6
建筑业	**Construction**	**9.2**	**24.6**	**-33.4**	**-25.6**
房屋建筑业	Construction of Buildings	9.6	30.9	-67.2	-33.4
土木工程建筑业	Civil Engineering	23.7	32.4	79.1	-6.8
建筑安装业	Building Installation	-64.4	-84.1	-69.7	-48.2
建筑装饰、装修和其他建筑业	Building Decoration and Other Constructions	-34.0	-19.7		-37.8

10-16 续表 continued

单位：% (%)

指 标	Item	全部投资 Total Investment in Fixed Assets	#国有控股 State-holding	集体控股 Collective-holding	私人控股 Private-holding
批发和零售业	**Wholesale and Retail Trades**	**-21.5**	**-4.3**	**-36.3**	**-28.7**
批发业	Wholesale Trade	-26.6	-16.0	-46.7	-31.3
零售业	Retail Trade	-17.2	4.8	-29.7	-26.3
交通运输、仓储和邮政业	**Transport, Storage and Post**	**1.4**	**2.3**	**-1.7**	**-2.5**
铁路运输业	Railway Transport	-2.2	-2.7	80.5	16.4
道路运输业	Road Transport	1.8	2.7	-5.4	-1.5
水上运输业	Water Transport	9.5	18.8	7.3	-23.3
航空运输业	Air Transport	-15.1	-13.8	-69.4	-24.5
管道运输业	Transport Via Pipelines	8.8	15.4	11.4	9.6
多式联运和运输代理业	Intermodality and Forwarding Agency	13.3	79.9	-70.8	-8.6
装卸搬运和仓储业	Loading, Unloading and Storage	9.9	33.2	34.5	-0.5
邮政业	Post	-4.4	-9.4	-54.7	-11.8
住宿和餐饮业	**Hotels and Catering Services**	**-5.5**	**0.6**	**10.6**	**-10.0**
住宿业	Hotels	-0.8	2.3	16.4	-4.2
餐饮业	Catering Services	-28.4	-15.0	-20.9	-33.9
信息传输、软件和信息技术服务业	**Information Transmission, Software and Information Technology**	**18.7**	**20.1**	**16.6**	**3.7**
电信、广播电视和卫星传输服务	Telecommunication, Radio and Television and Satellite Transmission Service	23.3	19.1	-7.5	21.8
互联网和相关服务	Internet and Related Service	4.2	25.6	50.8	-1.7
软件和信息技术服务业	Software and Information Technology	25.1	20.3	4.5	7.0
金融业	**Financial Intermediation**	**-13.3**	**11.2**	**-20.1**	**-24.8**
货币金融服务	Monetary and Financial Service	-13.3	16.4	-31.0	-34.4
资本市场服务	Capital Market Service	-9.0	0.6		-11.7
保险业	Insurance	-28.1	86.2	-64.2	-65.6
其他金融业	Other Financial Activities	1.3	-26.7		51.1
房地产业	**Real Estate**	**5.0**	**2.3**	**1.4**	**9.4**
租赁和商务服务业	**Leasing and Business Services**	**5.0**	**8.1**	**14.4**	**2.3**
租赁业	Leasing	-7.1	4.2	-22.8	-45.1
商务服务业	Business Services	5.8	8.2	14.8	5.6
科学研究和技术服务业	**Scientific Research and Technical Services**	**3.4**	**9.4**	**-7.1**	**-6.7**
研究和试验发展	Research and Experimental Development	2.3	7.5	-22.2	-1.4
专业技术服务业	Professional Technical Services	-8.2	-12.2	-40.5	-5.3
科技推广和应用服务业	Science and Technology Popularization and Application Services	12.3	37.0	82.8	-10.1
水利、环境和公共设施管理业	**Management of Water Conservancy, Environment and Public Facilities**	**0.2**	**2.7**	**-36.4**	**-10.3**
水利管理业	Management of Water Conservancy	4.5	6.3	-44.6	-15.0
生态保护和环境治理业	Ecological Protection and Environmental Treatment	8.6	9.3	-46.0	4.5
公共设施管理业	Management of Public Facilities	-1.4	1.4	-34.5	-12.8
土地管理业	Management of Land	4.3	5.2	-73.9	58.8
居民服务、修理和其他服务业	**Service to Households, Repair and Other Services**	**-2.9**	**-1.8**	**-44.0**	**-2.1**
居民服务业	Services to Households	4.2	6.1	-30.9	7.2
机动车、电子产品和日用产品修理业	Repair of Motor Vehicles, Electronics and Household Products	-19.7	14.8	-78.0	-24.6
其他服务业	Other Services	-20.8	-40.6	-89.0	10.7
教育	**Education**	**12.3**	**13.9**	**-25.1**	**9.7**
卫生和社会工作	**Health and Social Service**	**26.8**	**39.8**	**-11.3**	**2.7**
卫生	Health	29.9	44.1	-24.6	-0.4
社会工作	Social Service	14.4	9.4	43.4	7.9
文化、体育和娱乐业	**Culture, Sports and Entertainment**	**1.0**	**6.5**	**-15.1**	**-1.3**
新闻和出版业	Journalism and Publishing Activities	-47.5	-45.9		-55.5
广播、电视、电影和影视录音制作业	Radio, Television, Motion Picture and Audio-visual Programme Production Services	-14.9	-31.9	-71.3	17.2
文化艺术业	Cultural and Art Activities	-0.3	5.9	-38.6	-12.5
体育	Sports Activities	9.7	16.2	-30.0	-0.6
娱乐业	Entertainment	0.5	6.7	7.1	0.1
公共管理、社会保障和社会组织	**Public Management, Social Security and Social Organization**	**-6.4**	**-4.9**	**-48.7**	**-11.5**
中国共产党机关	Organs of Communist Party of China	-24.4	-24.7	-62.3	
国家机构	Government Agencies	-3.8	-3.6	-68.1	10.1
人民政协、民主党派	People's Political Consultative Conference and Democratic Parties	-19.8	-19.8		
社会保障	Social Security	-25.3	-21.7	-37.7	-93.1
群众团体、社会团体和其他成员组织	Mass Organizations, Social Organizations and Other Membership Organizations	-31.4	-20.2	-45.5	-17.1
基层群众自治组织	Grass Roots Self-Governing Organizations	-16.8	-14.7	-26.8	-35.6
国际组织	**International Organizations**				

10-17 各行业实际到位资金比上年增长情况（2020年）

单位：%

指　　标	Item	本年实际到位资金 Actual Funds Available for Investment
全　国	**National Average**	**7.8**
农、林、牧、渔业	**Agriculture, Forestry, Animal Husbandry and Fishery**	**36.4**
农业	Farming	2.5
林业	Forestry	6.0
畜牧业	Animal Husbandry	126.5
渔业	Fishery	-5.4
农、林、牧、渔专业及辅助性活动	Professional and Support Activities for Agriculture, Forestry, Animal Husbandry and Fishery	33.4
采矿业	**Mining**	**-13.5**
煤炭开采和洗选业	Mining and Washing of Coal	10.8
石油和天然气开采业	Extraction of Petroleum and Natural Gas	-31.1
黑色金属矿采选业	Mining and Processing of Ferrous Metal Ores	-21.7
有色金属矿采选业	Mining and Processing of Non-Ferrous Metal Ores	6.2
非金属矿采选业	Mining and Processing of Non-metal Ores	27.3
开采专业及辅助性活动	Professional and Support Activities for Mining	23.8
其他采矿业	Mining of Other Ores	-15.6
制造业	**Manufacturing**	**8.5**
农副食品加工业	Processing of Food from Agricultural Products	7.9
食品制造业	Manufacture of Foods	8.4
酒、饮料和精制茶制造业	Manufacture of Liquor, Beverages and Refined Tea	-1.3
烟草制品业	Manufacture of Tobacco	-22.9
纺织业	Manufacture of Textile	6.8
纺织服装、服饰业	Manufacture of Textile, Wearing Apparel and Accessories	-10.7
皮革、毛皮、羽毛及其制品和制鞋业	Manufacture of Leather, Fur, Feather and Related Products and Footware	0.3
木材加工和木、竹、藤、棕、草制品业	Processing of Timber, Manufacture of Wood, Bamboo, Rattan, Palm and Straw Products	-2.3
家具制造业	Manufacture of Furniture	-8.5
造纸及纸制品业	Manufacture of Paper and Paper Products	-1.1
印刷和记录媒介复制业	Printing and Reproduction of Recording Media	-7.6
文教、工美、体育和娱乐用品制造业	Manufacture of Articles for Culture, Education, Arts and Crafts, Sport and Entertainment Activities	-2.3
石油、煤炭及其他燃料加工业	Processing of Petroleum, Coal and Other Fuels	12.0
化学原料及化学制品制造业	Manufacture of Raw Chemical Materials and Chemical Products	9.1
医药制造业	Manufacture of Medicines	32.9
化学纤维制造业	Manufacture of Chemical Fibres	-11.3
橡胶和塑料制品业	Manufacture of Rubber and Plastics Products	11.8
非金属矿物制品业	Manufacture of Non-metallic Mineral Products	5.7
黑色金属冶炼和压延加工业	Smelting and Pressing of Ferrous Metals	32.0
有色金属冶炼和压延加工业	Smelting and Pressing of Non-ferrous Metals	15.3
金属制品业	Manufacture of Metal Products	1.0
通用设备制造业	Manufacture of General Purpose Machinery	9.7
专用设备制造业	Manufacture of Special Purpose Machinery	13.1
汽车制造业	Manufacture of Automobiles	-10.2
铁路、船舶、航空航天和其他运输设备制造业	Manufacture of Railway, Ship, Aerospace and Other Transport Equipments	8.0
电气机械和器材制造业	Manufacture of Electrical Machinery and Apparatus	1.3
计算机、通信和其他电子设备制造业	Manufacture of Computers, Communication and Other Electronic Equipment	22.6
仪器仪表制造业	Manufacture of Measuring Instruments and Machinery	22.0
其他制造业	Other Manufacture	-1.8
废弃资源综合利用业	Utilization of Waste Resources	11.4
金属制品、机械和设备修理业	Repair Service of Metal Products, Machinery and Equipment	-36.6
电力、热力、燃气及水生产和供应业	**Production and Supply of Electricity, Heat, Gas and Water**	**23.0**
电力、热力生产和供应业	Production and Supply of Electric Power and Heat Power	21.8
燃气生产和供应业	Production and Supply of Gas	10.1
水的生产和供应业	Production and Supply of Water	32.4
建筑业	**Construction**	**48.2**
房屋建筑业	Construction of Buildings	44.1
土木工程建筑业	Civil Engineering	65.9
建筑安装业	Building Installation	-83.0
建筑装饰、装修和其他建筑业	Building Decoration and Other Constructions	-15.3

Growth Rate of Actual Funds Available for Investment over Preceding Year by Sector (2020)

(%)

国家预算资金 State Budget	国内贷款 Domestic Loans	利用外资 Foreign Investment	自筹资金 Self-raised Funds	其他资金 Other Funds
32.8	**0.2**	**-4.4**	**7.5**	**7.3**
90.2	**54.6**	**-35.9**	**32.1**	**19.7**
140.2	6.8	-29.2	-7.2	13.4
36.1	86.8		5.1	-45.3
117.3	113.4	-39.5	128.4	140.1
289.8	-56.0	93.3	-5.6	-17.6
88.0	123.4	-26.0	17.0	10.2
-9.3	**-38.0**	**-22.7**	**-8.8**	**-19.3**
-63.6	40.5		6.2	61.0
2.1	-53.5	-15.5	-24.1	-74.4
	-23.5		-23.4	49.8
	-1.6		8.6	6.7
-33.8	34.1	-84.1	31.2	-21.0
139.1	21.4		40.4	-94.8
			-11.6	
93.2	**7.1**	**14.6**	**7.8**	**14.0**
174.9	-15.4	54.1	5.2	64.6
189.3	-4.4	103.6	5.9	41.4
19.6	-7.9	-57.3	-1.8	22.9
-43.8			-22.7	-19.7
265.0	-11.8	8.7	5.5	66.1
69.0	-24.5	70.8	-11.8	-3.4
	-46.2	52.3	5.1	-56.9
-76.1	14.9	13.8	-1.7	-9.4
-18.8	17.3	-6.7	-10.4	12.1
-89.7	44.4	-89.8	0.6	15.3
-89.5	-12.7	-50.7	-5.9	-11.8
-61.5	-21.1	11.9	-0.2	-21.7
-5.1	45.5		4.3	3.6
140.3	16.7	51.8	6.3	34.1
	96.6	96.9	31.2	-3.4
	-28.8	-77.0	-6.7	-64.0
97.7	-7.7	27.6	12.4	13.7
	-3.6	23.8	5.4	4.3
12.0	20.0	3.2	30.0	153.0
	-12.4		15.3	33.8
152.8	7.6	5.9	-0.4	18.0
132.8	3.7	-42.2	9.7	23.7
67.5	-4.2	-38.7	12.2	59.4
-51.6	-23.5	-50.2	-10.0	21.3
29.6	-30.3	-34.7	11.9	-2.0
63.9	-16.7	12.9	0.7	24.5
93.5	20.8	44.2	24.2	-17.3
-9.2	-9.8	-16.4	25.1	49.0
	0.6	-0.9	-8.7	-11.7
82.1		-49.7	15.5	-27.0
	124.6	-65.2	-40.2	-49.8
45.4	**23.0**	**-1.2**	**18.5**	**39.7**
21.2	23.2	-9.4	19.8	37.8
187.2	4.6		3.0	11.4
58.6	27.1	-1.9	21.6	47.1
83.5	**109.9**		**51.2**	**18.3**
6.4			12.5	79.6
107.9	140.4		97.2	-15.2
			-75.2	
			-38.3	

10-17 续表

单位：%

指　　标	Item	本年实际到位资金 Actual Funds Available for Investment
批发和零售业	**Wholesale and Retail Trades**	**-3.6**
批发业	Wholesale Trade	-6.9
零售业	Retail Trade	-0.8
交通运输、仓储和邮政业	**Transport, Storage and Post**	**2.4**
铁路运输业	Railway Transport	-1.9
道路运输业	Road Transport	3.3
水上运输业	Water Transport	6.6
航空运输业	Air Transport	-19.2
管道运输业	Transport Via Pipelines	24.2
多式联运和运输代理业	Intermodality and Forwarding Agency	19.0
装卸搬运和仓储业	Loading, Unloading and Storage	13.9
邮政业	Post	1.9
住宿和餐饮业	**Hotels and Catering Services**	**-1.0**
住宿业	Hotels	0.2
餐饮业	Catering Services	-11.1
信息传输、软件和信息技术服务业	**Information Transmission, Software and Information Technology**	**28.7**
电信、广播电视和卫星传输服务	Telecommunication, Radio and Television and Satellite Transmission Service	33.3
互联网和相关服务	Internet and Related Service	11.6
软件和信息技术服务业	Software and Information Technology	37.1
金融业	**Financial Intermediation**	**-5.6**
货币金融服务	Monetary and Financial Service	-15.2
资本市场服务	Capital Market Service	-1.7
保险业	Insurance	15.7
其他金融业	Other Financial Activities	9.9
房地产业	**Real Estate**	**6.8**
租赁和商务服务业	**Leasing and Business Services**	**12.1**
租赁业	Leasing	0.1
商务服务业	Business Services	12.8
科学研究和技术服务业	**Scientific Research and Technical Services**	**8.9**
研究和试验发展	Research and Experimental Development	-1.2
专业技术服务业	Professional Technical Services	-6.7
科技推广和应用服务业	Science and Technology Popularization and Application Services	30.3
水利、环境和公共设施管理业	**Management of Water Conservancy, Environment and Public Facilities**	**3.7**
水利管理业	Management of Water Conservancy	8.9
生态保护和环境治理业	Ecological Protection and Environmental Treatment	19.3
公共设施管理业	Management of Public Facilities	1.3
土地管理业	Management of Land	35.0
居民服务、修理和其他服务业	**Service to Households, Repair and Other Services**	**14.3**
居民服务业	Services to Households	13.5
机动车、电子产品和日用产品修理业	Repair of Motor Vehicles, Electronics and Household Products	48.1
其他服务业	Other Services	
教育	**Education**	**16.2**
卫生和社会工作	**Health and Social Service**	**41.8**
卫生	Health	45.0
社会工作	Social Service	28.4
文化、体育和娱乐业	**Culture, Sports and Entertainment**	**5.4**
新闻和出版业	Journalism and Publishing Activities	-54.9
广播、电视、电影和影视录音制作业	Radio, Television, Motion Picture and Audio-visual Programme Production Services	7.0
文化艺术业	Cultural and Art Activities	4.6
体育	Sports Activities	9.1
娱乐业	Entertainment	5.2
公共管理、社会保障和社会组织	**Public Management, Social Security and Social Organization**	**6.5**
中国共产党机关	Organs of Communist Party of China	-3.1
国家机构	Government Agencies	6.5
人民政协、民主党派	People's Political Consultative Conference and Democratic Parties	-64.2
社会保障	Social Security	99.1
群众团体、社会团体和其他成员组织	Mass Organizations, Social Organizations and Other Membership Organizations	-15.9
基层群众自治组织	Grass Roots Self-Governing Organizations	24.3
国际组织	**International Organizations**	

continued

(%)

国家预算资金 State Budget	国内贷款 Domestic Loans	利用外资 Foreign Investment	自筹资金 Self-raised Funds	其他资金 Other Funds
58.2	**6.2**	**-68.3**	**-5.8**	**21.5**
28.5	12.9	-62.8	-8.6	1.6
82.6	-1.7	-72.9	-3.5	35.2
30.2	**-15.2**	**-41.0**	**8.1**	**-5.0**
31.5	-39.6	-81.6	35.1	-3.2
27.6	-6.2	-54.0	2.1	-5.7
18.0	-13.3	-93.4	10.8	-3.4
104.3	-50.2		-16.5	-30.1
	127.7		4.7	-35.6
	-15.3	75.2	12.8	24.6
63.5	28.3	-24.4	11.4	20.4
20.8	-4.3		-3.5	79.9
112.4	**-15.6**	**-64.7**	**-1.0**	**6.1**
166.0	-15.5	-50.7	0.3	4.8
-38.9	-18.2		-12.0	21.1
66.8	**14.8**	**69.2**	**28.4**	**28.8**
49.9	108.9		31.3	52.2
34.6	-3.2	-26.4	13.0	5.3
176.6	1.6		37.3	43.8
42.9	**8.4**		**-8.3**	**7.4**
22.0	-17.9		-19.5	151.3
	274.8		-4.6	-52.7
			13.9	-11.5
	-6.8		18.4	-29.4
4.0	**4.0**	**-5.0**	**7.1**	**7.5**
48.5	**-1.4**	**-53.8**	**11.8**	**19.6**
-46.2	-57.2	-1.7	23.6	-36.6
48.9	5.2	-60.4	11.3	24.9
18.1	**29.8**	**-42.4**	**8.0**	**-2.6**
20.1	21.2	42.2	-0.8	-32.7
-13.0	50.4	-51.8	-13.8	76.0
73.5	34.3	-91.8	30.0	22.1
27.0	**-9.6**	**-49.1**	**-1.7**	**-0.8**
27.5	24.9	-92.7	-13.0	10.0
17.7	43.0	-15.2	13.8	33.4
27.9	-17.7	-55.3	-2.6	-5.4
39.8	-33.9	74.6	74.5	-28.9
63.0	**-3.5**	**-80.3**	**8.2**	**55.9**
40.5	-2.8	-78.6	8.6	62.6
	20.2		28.6	
232.6	-42.9		-7.1	-49.5
40.2	**3.9**	**-26.4**	**8.7**	**8.7**
140.0	**17.4**	**4.5**	**22.3**	**23.1**
145.0	18.8	52.0	19.3	27.6
72.5	10.0	-73.2	32.3	-1.3
61.0	**-3.0**	**-56.9**	**1.8**	**-1.3**
-54.4	-89.4		-11.4	-95.1
27.8	-15.1		15.7	-39.8
57.3	7.3	-76.8	-7.7	4.9
70.5	-13.3	-13.1	-2.9	13.4
73.0	0.3	-66.6	5.5	-3.7
4.4	**46.9**	**23.9**	**2.7**	**29.8**
-27.2	103.8		8.3	7.7
5.0	59.5	23.9	2.0	26.2
31.3			108.1	281.0
-5.6	2.1		-13.7	-44.5
-44.3	-18.8		26.4	180.4

10-18 分地区各行业固定资产投资比上年增长情况(2020年)
Growth Rate of Total Investment in Fixed Assets over Preceding Year by Region and Sector (2020)

单位：%　　(%)

地区	Region	合计 Total	农、林、牧、渔业 Agriculture, Forestry, Animal Husbandry and Fishery	采矿业 Mining	制造业 Manufacturing	电力、热力、燃气及水生产和供应业 Production and Supply of Electricity, Heat, Gas and Water	建筑业 Construction	批发和零售业 Wholesale and Retail Trades
全　国	**National Average**	**2.9**	**19.1**	**-14.1**	**-2.2**	**17.6**	**9.2**	**-21.5**
北　京	Beijing	2.2	-23.8	26.5	66.6	-10.3	67.7	-40.0
天　津	Tianjin	3.0	73.6	-3.1	0.6	8.3		-5.3
河　北	Hebei	3.2	-7.3	-11.0	-10.1	20.8	-86.5	-18.7
山　西	Shanxi	10.6	26.9	-7.2	25.9	20.4	45.5	13.2
内蒙古	Inner Mongolia	-1.5	24.9	-9.1	-9.6	12.4		-31.5
辽　宁	Liaoning	2.6	80.1	0.5	-7.0	-2.6		-23.5
吉　林	Jilin	8.3	31.2	-6.0	4.7	33.3		-21.1
黑龙江	Heilongjiang	3.6	49.3	-2.6	-4.3	11.6		-59.7
上　海	Shanghai	10.3	113.4		20.6	-4.6		-13.5
江　苏	Jiangsu	0.3	35.3	-63.7	-8.6	56.3	28.8	-61.0
浙　江	Zhejiang	5.4	60.1	31.7	3.4	28.2	7.5	55.7
安　徽	Anhui	5.1	31.3	-24.0	-5.6	11.9	77.4	-21.6
福　建	Fujian	-0.4	-6.4	32.1	-2.3	19.8	-32.5	15.4
江　西	Jiangxi	8.2	24.4	17.5	7.0	20.8	-3.2	-40.1
山　东	Shandong	3.6	43.2	-23.1	7.6	20.1	-90.1	-10.0
河　南	Henan	4.3	12.1	20.9	0.8	8.9	-76.0	-2.9
湖　北	Hubei	-18.8	-26.7	-11.3	-24.5	-19.9	-3.7	-35.3
湖　南	Hunan	7.6	-8.1	-2.8	8.1	44.0	30.9	-17.9
广　东	Guangdong	7.2	43.5	9.4	-5.1	13.1	-36.2	-47.3
广　西	Guangxi	4.2	9.9	7.4	4.2	18.8	83.4	-42.3
海　南	Hainan	8.0	115.5	97.5	49.7	-1.8	-36.2	-21.5
重　庆	Chongqing	3.9	23.4	57.6	3.7	5.3	-4.7	14.1
四　川	Sichuan	2.8	38.1	-21.3	2.0	-1.0	26.3	-4.0
贵　州	Guizhou	3.2	48.1	14.1	-0.8	36.6	-90.7	-3.5
云　南	Yunnan	7.7	42.0	-1.7	5.9	6.7	29.0	-0.4
西　藏	Tibet	5.4	15.8	63.3	36.8	20.3	-86.8	-8.2
陕　西	Shaanxi	4.1	6.2	-30.6	3.2	22.1	-23.1	-29.3
甘　肃	Gansu	7.8	37.0	2.0	5.0	-6.9		-28.7
青　海	Qinghai	-12.2	-9.1	-37.0	-48.0	14.6	-87.8	-61.8
宁　夏	Ningxia	4.0	15.6	2.1	0.2	51.8		17.7
新　疆	Xinjiang	16.2	107.7	-11.8	-3.2	45.6		17.7

10-18 续表 1 continued

单位：% (%)

地 区	Region	交通运输、仓储和邮政业 Transport, Storage and Post	住宿和餐饮业 Hotels and Catering Services	信息传输、软件和信息技术服务业 Information Transmission, Software and Information Technology	金融业 Financial Intermediation	房地产业 Real Estate	租赁和商务服务业 Leasing and Business Services	科学研究和技术服务业 Scientific Research and Technical Services
全 国	**National Average**	**1.4**	**-5.5**	**18.7**	**-13.3**	**5.0**	**5.0**	**3.4**
北 京	Beijing	-9.4	45.0	0.2	-9.1	3.6	-22.4	57.0
天 津	Tianjin	37.6	-50.6	62.2	-58.9	-4.2	0.5	-2.4
河 北	Hebei	15.2	10.6	10.1	-11.8	13.8	-13.1	-8.7
山 西	Shanxi	9.4	58.9	66.7	167.5	8.3	-7.6	9.4
内蒙古	Inner Mongolia	-10.4	-46.5	-17.0	-4.9	12.5	-42.6	2.1
辽 宁	Liaoning	3.0	-21.4	29.9	-12.8	5.8	-17.4	-16.7
吉 林	Jilin	-27.5	-20.5	170.2	-81.8	8.6	-14.1	13.4
黑龙江	Heilongjiang	-0.1	-39.8	0.0	-78.5	-0.5	53.2	39.6
上 海	Shanghai	-27.4	158.6	-2.0	-29.9	11.1	45.9	18.3
江 苏	Jiangsu	-12.6	-12.0	49.0	-57.9	12.4	-20.3	9.9
浙 江	Zhejiang	6.1	4.4	10.5	-31.1	6.2	2.0	12.7
安 徽	Anhui	10.6	11.5	89.6	-8.8	7.8	18.3	37.5
福 建	Fujian	-16.1	25.0	7.4	20.1	4.5	-13.8	-13.0
江 西	Jiangxi	14.4	4.0	63.5	-19.2	11.1	8.0	4.7
山 东	Shandong	-10.8	-2.9	47.5	-28.8	-0.3	-5.4	-2.6
河 南	Henan	16.8	7.3	115.9	-7.8	3.8	14.7	-5.5
湖 北	Hubei	-8.9	-21.3	-33.5	-12.0	-9.6	6.5	-28.5
湖 南	Hunan	3.4	-17.9	-7.8	-45.3	7.9	35.4	16.0
广 东	Guangdong	10.7	-2.0	15.0	13.6	8.1	10.0	-5.8
广 西	Guangxi	22.9	-36.4	40.9	-7.1	-1.3	8.4	-17.0
海 南	Hainan	15.4	-13.6	27.3	-93.3	5.4	17.1	0.8
重 庆	Chongqing	15.0	-24.5	70.3	190.6	-2.3	-0.3	38.8
四 川	Sichuan	1.1	-7.0	9.0	4.3	2.9	5.5	-23.2
贵 州	Guizhou	4.2	-16.3	31.4	52.0	1.5	-2.3	2.3
云 南	Yunnan	4.1	-19.2	32.7	-20.4	-0.8	94.1	75.9
西 藏	Tibet	-15.3	1.4	183.1	17.1	24.8	1.6	-10.5
陕 西	Shaanxi	-0.2	8.7	38.9	-43.8	9.3	14.3	7.3
甘 肃	Gansu	18.2	-35.4	16.5	49.2	7.7	36.4	3.0
青 海	Qinghai	18.3	-41.4	-63.5	-61.9	-6.3	25.8	-21.5
宁 夏	Ningxia	-3.9	-39.6	-10.5		-2.2	100.2	122.0
新 疆	Xinjiang	21.5	47.8	-17.6	152.1	6.5	28.7	60.5

10-18 续表 2 continued

单位：% (%)

地 区	Region	水利、环境和公共设施管理业 Management of Water Conservancy, Environment and Public Facilities	居民服务、修理和其他服务业 Service to Households, Repair and Other Services	教 育 Education	卫生和社会工作 Health and Social Service	文化、体育和娱乐业 Culture, Sports and Entertainment	公共管理、社会保障和社会组织 Public Management, Social Security and Social Organization	国际组织 International Organizations
全 国	**National Average**	**0.2**	**-2.9**	**12.3**	**26.8**	**1.0**	**-6.4**	
北 京	Beijing	-10.0	173.3	34.9	22.7	1.1	8.9	
天 津	Tianjin	16.4	-30.4	13.9	-0.5	85.8	-15.2	
河 北	Hebei	12.3	34.0	8.1	31.7	27.6	-1.3	
山 西	Shanxi	-9.3	3.2	38.4	12.5	-12.8	33.7	
内蒙古	Inner Mongolia	-25.4	33.3	12.5	3.8	-16.4	10.5	
辽 宁	Liaoning	6.9	-19.1	27.5	-9.9	-1.4	17.6	
吉 林	Jilin	25.5	19.3	11.8	4.0	41.1		
黑龙江	Heilongjiang	13.6	-55.3	-7.8	83.2	-11.0	2.2	
上 海	Shanghai	31.8	-23.5	1.8	31.3	28.9	94.4	
江 苏	Jiangsu	1.6	-46.0	16.4	26.0	-21.9	-49.6	
浙 江	Zhejiang	-2.0	-4.5	-5.8	13.1	-14.5	0.6	
安 徽	Anhui	7.2	-13.7	27.6	34.2	4.9	-0.1	
福 建	Fujian	-6.3	14.6	2.1	0.6	4.1	-10.2	
江 西	Jiangxi	2.3	-8.4	16.4	27.3	25.3	10.8	
山 东	Shandong	15.1	-5.2	-5.1	45.1	12.1	-23.2	
河 南	Henan	-5.2	23.7	5.8	13.9	25.8	-29.2	
湖 北	Hubei	-30.8	-15.9	-11.2	49.5	-20.5	-28.2	
湖 南	Hunan	6.1	4.0	11.6	19.8	-8.1	-11.6	
广 东	Guangdong	11.2	2.7	32.1	29.6	36.0	-0.1	
广 西	Guangxi	-0.3	-50.6	-2.3	31.4	-7.3	-34.0	
海 南	Hainan	-4.1	27.3	21.4	16.8	-13.7	114.1	
重 庆	Chongqing	-0.1	36.3	12.4	18.2	-17.1	74.0	
四 川	Sichuan	1.0	26.7	5.5	6.7	7.6	-22.8	
贵 州	Guizhou	-17.3	0.7	11.7	69.7	-11.8	74.8	
云 南	Yunnan	15.7	71.6	27.8	48.6	15.3	3.7	
西 藏	Tibet	23.4	-15.7	8.7	15.5	-1.1	-50.3	
陕 西	Shaanxi	-2.1	-22.5	66.2	29.3	7.1	-35.3	
甘 肃	Gansu	-4.5	43.2	-4.0	8.6	9.9	-10.2	
青 海	Qinghai	-18.0	-68.8	15.3	-18.2	-43.3	-53.5	
宁 夏	Ningxia	-22.7	-22.9	0.1	-16.1	-22.7	53.7	
新 疆	Xinjiang	29.5	87.2	12.8	129.5	13.3	34.6	

10-19 农村农户固定资产投资比上年增长情况(2020年)
Growth Rate of Investment in Fixed Assets of Rural Households over Preceding Year (2020)

单位：% (%)

地 区	Region	全部投资 Total Investment in Fixed Assets	#竣工房屋投资 Investment in Buildings Completed	#住宅投资 Investment in Residential Buildings
全 国	**National Average**	**-11.0**	**-18.6**	**-19.2**
北 京	Beijing	7.6	-3.0	-4.1
天 津	Tianjin	-17.1	-26.7	-11.8
河 北	Hebei	-15.7	-30.6	-23.0
山 西	Shanxi	-31.6	-51.0	-52.7
内蒙古	Inner Mongolia	-6.4	-49.2	-59.7
辽 宁	Liaoning	-5.6	-30.1	-52.0
吉 林	Jilin	5.0	-35.0	-35.0
黑龙江	Heilongjiang	-2.0	-22.8	-20.5
上 海	Shanghai	-9.0	-16.6	-12.2
江 苏	Jiangsu	-23.3	-10.7	-17.5
浙 江	Zhejiang	0.1	-11.0	-13.9
安 徽	Anhui	-20.5	-34.8	-28.0
福 建	Fujian	-16.7	-17.6	-17.4
江 西	Jiangxi	-1.0	-10.1	-5.3
山 东	Shandong	-8.5	-13.5	-13.9
河 南	Henan	-12.0	-14.5	-12.9
湖 北	Hubei	-36.6	-49.5	-46.3
湖 南	Hunan	-7.6	-15.2	-18.3
广 东	Guangdong	-10.3	-4.2	-5.8
广 西	Guangxi	-5.5	5.1	7.2
海 南	Hainan	-15.5	-33.0	-33.7
重 庆	Chongqing	-10.4	-5.8	-13.2
四 川	Sichuan	-2.2	-24.3	-29.4
贵 州	Guizhou	11.1	-12.2	-15.4
云 南	Yunnan	-9.1	-5.4	-12.1
西 藏	Tibet			
陕 西	Shaanxi	-24.8	-34.2	-35.2
甘 肃	Gansu	-14.4	-11.5	-9.3
青 海	Qinghai	-38.6	-36.4	-38.8
宁 夏	Ningxia	24.8	10.0	-3.9
新 疆	Xinjiang	-31.3	-45.9	-50.8

主要统计指标解释

全社会固定资产投资 是以货币形式表现的在一定时期内全社会建造和购置固定资产的工作量以及与此有关费用的总称。该指标是反映固定资产投资规模、结构和发展速度的综合性指标。全社会固定资产投资按登记注册类型可分为国有、集体、联营、股份制、私营和个体、港澳台商、外商、其他等。

固定资产投资（不含农户） 指城镇和农村各种登记注册类型的企业、事业、行政单位及城镇个体户进行的计划总投资500万元及以上的建设项目投资和房地产开发投资，包括原口径的城镇固定资产投资加上农村企事业组织项目投资，该口径自2011年起开始使用。

民间固定资产投资 指具有集体、私营、个人性质的内资企事业单位以及由其控股（包括绝对控股和相对控股）的企业单位在中华人民共和国境内建造或购置固定资产的投资。

基础设施投资 指为社会生产和生活提供基础性、大众性服务的工程和设施，是社会赖以生存和发展的基本条件。包括以下行业投资：铁路运输业、道路运输业、水上运输业、航空运输业、管道运输业、多式联运和运输代理业、装卸搬运业、邮政业、电信广播电视和卫星传输服务业、互联网和相关服务业、水利管理业、生态保护和环境治理业、公共设施管理业。

实际到位资金 指用于固定资产投资的各种货币资金。包括国家预算资金、国内贷款、利用外资、自筹资金和其他资金。

国家预算资金 国家预算包括一般预算、政府性基金预算、国有资本经营预算和社保基金预算。各类预算中用于固定资产投资的资金全部作为国家预算资金填报，其中一般预算中用于固定资产投资的部分包括基建投资、车购税、灾后恢复重建基金和其他财政投资。各级政府债券也应归入国家预算资金。

国内贷款 指报告期固定资产投资项目单位向银行及非银行金融机构借入用于固定资产投资的各种国内借款，包括银行利用自有资金及吸收存款发放的贷款、上级拨入的国内贷款、国家专项贷款（包括煤代油贷款、劳改煤矿专项贷款等），地方财政专项资金安排的贷款、国内储备贷款、周转贷款等。

利用外资 指报告期收到的境外（包括外国及港澳台地区）资金(包括设备、材料、技术在内)。包括对外借款(外国政府贷款、国际金融组织贷款、出口信贷、外国银行商业贷款、对外发行债券和股票)、外商直接投资、外商其他投资(包括补偿贸易、加工装配由外商提供的设备价款、国际租赁、外商投资收益的再投资资金)。不包括我国自有外汇资金(国家外汇、地方外汇、留成外汇、调济外汇和国内银行自有资金发放的外汇贷款等)。各类外资按报告期的外汇牌价（中间价）折成人民币计算。

自筹资金 指在报告期内筹集的用于项目建设和购置的资金。包括自有资金、股东投入资金和借入资金，但不包括各类财政性资金、从各类金融机构借入资金和国外资金。

其他资金来源 指在报告期收到的除以上各种资金之外的用于固定资产投资的资金。包括社会集资、个人资金、无偿捐赠的资金及其他单位拨入的资金等。

固定资产投资按国民经济行业分 指根据其从事的社会经济活动性质对各类单位进行的分类。应根据建设项目建成投产后的主要产品种类或主要用途及社会经济活动种类来划分，不能根据项目单位本身的行业类别来划分。如果项目投产后有几种产品，应根据主要产品来确定行业类别。一般情况下，一个建设项目只能属于一种国民经济行业。

固定资产投资按隶属关系分 是按建设单位或企业、事业、行政单位的主管上级机关确定的。

（1）中央 是指中共中央、人大常委会和国务院各部、委、局、总公司以及直属机构直接领导的建设项目和企业、事业、行政单位。这些单位的固定资产投资计划由国务院各部门直接编制和下达，统一组织或委托下级实施。包括有中央垂直管理的部门（如国家统计局各级调查队）和中央直属企业、事业单位（如工商银行、中国电信、中国石油）等。

（2）地方 是由省（自治区、直辖市）、地（区、市、州、盟）、县（区、市、旗）三级政府及业务主管部门直接领导和管理的建设项目、企业、事业、行政单位。地方项目还包括不隶属以上各级政府及主管部门的建设项目和企业、事业单位，如外商投资企业和无主管部门的企业等。

固定资产投资按建设性质分 按整个建设项目情况来确定。建设项目的性质一般分为新建、扩建、改建和技术改造、单纯建造生活设施、迁建、恢复、单纯购置。农户投资不划分建设性质。

（1）新建 指从无到有“平地起家”开始建设的项目。现有企业、事业、行政单位投资的项目一般不属于新建。但如有的单位原有基础很小，经过建设后新增的固定资产价值超过该企业、事业、行政单位原有固定资产价值（原值）三倍以上的，也应作为新建。

（2）扩建 指在厂内或其他地点，为扩大原有产品的生产能力（或效益）或增加新的产品生产能力，而增建的生产车间（或主要工程）、分厂、独立的生产线等项目。行政、事业单位在原单位增建业务性用房（如学校增建教学用房、医院增建门诊部、病房等）也作为扩建。

现有企、事业单位为扩大原有主要产品生产能力或增加新的产品生产能力，增建一个或几个主要生产车间（或主要工程）、分厂，同时进行一些更新改造工程的，也应作为扩建。

（3）改建和技术改造　指现有企业、事业单位对原有设施进行技术改造或更新（包括相应配套的辅助性生产、生活福利设施）的建设项目。改建项目包括企业、事业单位为适应市场变化的需要，而改变企业的主要产品种类（如军工企业转民用产品等）的建设项目；原有产品生产作业线由于各工序（车间）之间能力不平衡，为填平补齐充分发挥原有生产能力而增建但不增加主要产品生产能力的建设项目。技术改造是指企业、事业单位在现有基础上用先进的技术代替落后的技术，用先进的工艺和装备代替落后的工艺和装备，以改变企业落后的技术经济面貌，实现以内涵为主的扩大再生产，达到提高产品质量、促进产品更新换代、节约能源、降低消耗、扩大生产规模、全面提高社会经效益的目的。技术改造具体包括以下内容：机器设备和工具的更新改造；生产工艺改革、节约能源和原材料的改造；厂房建筑和公共设施的改造；保护环境进行的“三废”治理改造；劳动条件和生产环境的改造等。

固定资产投资按构成分

（1）建筑工程　指各种房屋、建筑物的建造工程。这部分投资额必须兴工动料，通过施工活动才能实现，是固定资产投资额的重要组成部分。

（2）安装工程　指各种设备、装置的安装工程。

在安装工程中，不包括被安装设备本身价值。

（3）设备工器具购置　指报告期内购置或自制的，达到固定资产标准的设备、工具、器具的价值。新建单位及扩建单位的新建车间，按照设计或计划要求购置或自制的全部设备、工具、器具，不论是否达到固定资产标准均计入“设备工器具购置”中。

（4）其他费用　指在固定资产建造和购置过程中发生的，除建筑安装工程和设备、工器具购置投资完成额以外的应当分摊计入固定资产投资的费用，不指经营中财务上的其他费用。

Explanatory Notes on Main Statistical Indicators

Total Investment in Fixed Assets in the Whole Country refers to the volume of activities in construction and purchases of fixed assets of the whole country and related fees, expressed in monetary terms during the reference period. It is a comprehensive indicator which shows the size, structure and growth of the investment in fixed assets, providing a basis for observing the progress of construction projects and evaluating results of investment. Total investment in fixed assets in the whole country includes, by type of ownership, the investment by State-owned units, collective-owned units, joint ownership units, share-holding units, private units, individuals as well as investments by entrepreneurs from Hong Kong, Macao and Taiwan, foreign investors and others.

Investment in Fixed Assets (Excluding Rural Households) refers to the investment in construction projects with a total planned investment of 5 million yuan and over by enterprises of various ownerships, institutions, administrative units and urban self-employed individuals, and the investment in real estate development in both urban and rural areas. Since 2011, it covers the urban investment in fixed assets under the previous statistical coverage plus project investments by rural enterprises and institutions.

Non-governmental Investment in Fixed Assets refers to the investment in the construction or purchase of fixed assets in the territory of the People's Republic of China by domestic-funded enterprises and institutions with collective, private and personal nature and by enterprises and institutions controlled by them (including absolute and relative holding).

Infrastructure Investment refers to projects and facilities that provide basic and popular services for social production and life. It is the basic condition for the survival and development of society. It includes: railway transport, road transport, water transport, air transport, pipeline transport, multimodal transport and transport agent Intermodality and Forwarding Agency, loading and unloading, posts, telecommunications, radio and television and satellite transmission services, Internet and related services, water management industry, ecological protection and environmental governance, public facilities management.

Actual Funds for Investment refer to all kinds of monetary funds used for fixed assets investment. It includes state budget funds, domestic loans, foreign capital utilization, self-raising funds and other funds.

Fund from the State Budget State budget consists of general budget, government fund budget, operation budget of state-owned assets and social security fund budget. Funds for investment in fixed assets from various budgets are reported as fund from the state budget, of which, the general budget utilized on fixed assets investment includes investment on infrastructure construction, vehicle purchase tax, post-disaster restoration and reconstruction funds and other financial investment. Government bonds at all levels should also be included.

Domestic Loans refer to loans of various forms borrowed by investing units from banks and non-bank financial institutions during the reference period for the purpose of investment in fixed assets, including loans issued by banks from their self-owned funds and deposit, loans appropriated by higher responsible authorities, special loans by government (including loan for substituting petroleum with coal, special loans for reform-through-labour coal mines), loans arranged by local government from special funds, domestic reserve loan, and revolving loan, etc.

Foreign Investment refers to overseas (including foreign countries, Hongkong, Macao and Taiwan) funds received during the reference period (covering equipment, materials and technology), including foreign borrowings (loans from foreign governments and international financial institutions, export credit, commercial loans from foreign banks, issue of bonds and stocks overseas), foreign direct investment and other foreign investments (including funds from foreign direct investment income that are reinvested in fixed assets domestically). Excluded from this category is capital in foreign exchanges owned by China (foreign exchanges owned by the central and local governments, foreign exchanges retained by enterprises, foreign exchanges by enterprises through the regulating mechanism, loans in foreign exchanges issued by the Bank of China with its own fund, etc.). In calculating the utilization of foreign capital, foreign currencies are converted into Chinese Renminbi applying the exchange rate (central parity rate) at the end of the reference period.

Self-raised Funds refer to funds for investment in fixed assets received during the reference period by investing units, including investment in fixed assets using own funds of various enterprises and institutions or funds raised from other units other than financial funds, funds borrowed from financial institutions and overseas funds.

Other Funds refer to funds for investment in fixed assets received from sources other than those listed above, including funds raised from individuals and through donations, and funds transferred from other units.

Investment in Fixed Assets by Sector refers to the classification of investment by the nature of social economic activities the investing units are engaged in. The classification of construction projects by sector is determined by the major products or the purpose of the projects when they are put into production or use, and by the nature of their social economic activities, instead of being determined by industrial classification of the project enterprises. The project will be classified according to major product if there are several kinds of products yielded. In general, one project can only be classified into one sector.

Investment in Fixed Assets by Jurisdiction of Management refers to the classification of investment by the competent authorities under which investment is made by construction units, enterprises, institutions or administrative units.

(1) Central investment refers to the investment in projects or by enterprises, institutions or administrative units which are under the direct leadership and management of the State Council and of the national commissions, ministries, agencies and State-owned large corporations. Various ministries and departments of the State Council prepare and implement plans through unified organization or lower-level commissions, which include departments direct under central government (i.e. survey offices at all level of the National Bureau of Statistics) and enterprises and institutions directly under central government (like the Industrial and Commercial Bank of China, China Telecom and China National Petroleum Corporation).

(2) Local investment refers to the investment in projects or by enterprises, institutions or administrative units which are under the direct leadership and management of competent departments and governments at the level of province (autonomous regions and municipalities directly under the Central Government), prefecture （prefectures, cities and leagues） and county (districts, cities and banners). Also included are projects by foreign-invested enterprises and enterprises without competent managing authorities.

Investment in Fixed Assets by Type of Construction Construction projects in general can be classified, by the type of construction, into new construction, expansion, reconstruction and technical transformation, purely construction of living facilities, moving, restoration and purely purchasing. However, investment by type of construction is not applied to investment by real-estate development units and investment by rural households.

(1) New construction in general refers to construction projects, which start from scratch. The existing projects invested by enterprises, institutions and administrative agencies cannot be classified as new construction. In case the size of the existing unit is quite small, and the value of newly added fixed assets is more than three times of the original value, the expansion will be considered as new construction.

(2) Expansion refers to projects of construction of new production workshop, branch factory or independent production line within a factory or in other locations, for the purpose of increasing the production capacity (or improving efficiency) or adding new production capacity. Newly constructed accommodation for the operation of institutions and administrative organizations (such as newly constructed buildings for teaching in schools, buildings for clinics or wards in hospitals, etc.) are also classified as expansion.

Also included in expansion are investments by existing enterprises or institutions in building major production line(s) or branch factory (ies) along with some work on innovation, for the purpose of expanding the production capacity of original products or producing new products.

(3) Reconstruction and technical transformation refers to construction projects by existing enterprises or institutions in innovation or technical transformation of the old facilities (including auxiliary production equipment and welfare facilities). Also considered as reconstruction is the construction of new workshops by the existing enterprises or institutions to change the variety of products to meet the market demand (such as the production of civil products by defence industries), or to bring the designed production capacity into full play through a more balanced production process on production lines. Technical transformation refers to replacement of old technology or equipment by new technology or equipment, in order to expand the reproduction through improvement of technology contents in production, to improve product quality, to promote new products, to save energy, to reduce consumption, to expand the production scale and to improve overall social-economic efficiency. Contents of technical transformation include: updating of machinery, equipment and tools; reforming production process by using energy or materials saving technology; construction of factory workshops and transformation of public facilities; treatment transformation of “three wastes” (waste gas, waste water and industrial residue) aiming at environmental protection; improvement of working conditions and environment, etc.

Investment in Fixed Assets by Structure

(1) Construction refers to the construction of houses and buildings, also known as work volume of construction. This part of investment can only be achieved through construction activities, it is the major component of the total investment in fixed assets.

(2) Installation refers to the installation of various kinds of equipment and instruments, also known as work volume of installation.

The value of equipment installed itself is not included in the value of installation projects.

(3) Purchase of equipment and instruments refers to the total value of equipment, tools, and instruments purchased or self-produced which come up to the cut-off point for fixed assets during the reference period. Equipment, tools and instruments purchased or self-produced for new workshops by newly established or expanded units are categorized as “purchase of equipment and instruments” no matter whether they come up to the cut-off point for fixed assets.

(4) Other expenses refer to expenses arising during the construction or purchase of fixed assets other than those expenses on construction, installation and purchase of equipment and instruments. Other financial expenses arising in operation are not included.

11

对外经济贸易

International Trade and Economic Cooperation

简要说明

本篇资料综合反映中国的货物贸易、服务进出口、利用外资、对外直接投资、对外经济合作的历年概况，重点反映对外经济贸易的近期发展状况。

一、货物贸易部分

货物贸易统计的主要内容包括：进出口货物的品种、数(重)量、金额、国别(地区)、收发货人所在地、境内目的地、境内货源地等项目。

货物贸易统计的范围是按照联合国的国际贸易统计原则制定的，即凡能引起中华人民共和国关境内物质资源存量增加或减少的进出口货物，除制度另有规定者外，均列入该项统计。

货物贸易统计的资料来源于海关总署，调查方法是全面调查。

历年出口商品分类金额和历年进口商品分类金额按照联合国《国际贸易标准分类》(SITC)进行统计。进出口商品目录是在海关合作理事会（世界海关组织 WCO）制定的《商品名称和编码协调制度》(HS)的基础上，结合我国进出口实际情况制定的。

我国对各国(地区)进出口总额表中，出口货物按中华人民共和国关境外最终目的国(地区)，进口货物按中华人民共和国关境外原产国(地区)统计。各地区进出口商品总值分别按境内收发货人所在地和目的地、货源地列示。收发货人所在地是指中华人民共和国关境内进出口企业报关注册的登记地；境内货源地是指出口货物在中华人民共和国关境内的产地或原始发货地；境内目的地则指进口货物在中华人民共和国关境内的消费、使用地或最终运抵地。

二、服务进出口部分

服务进出口统计包括服务提供者从中国关境内向其他国家或地区的服务消费者提供的服务，即服务出口；以及境外服务提供者从其他国家或地区向中国关境内的服务消费者提供的服务，即服务进口。

三、利用外资部分

利用外资统计的主要内容包括：实际使用外资情况，外商投资企业登记注册情况。

实际使用外资情况统计范围是在中华人民共和国境内设立的外商投资企业和合作开发项目（包括港澳台地区投资企业），资料来源于商务部。

外商投资企业登记注册情况的统计范围是经市场监督管理机关核准登记的外商投资企业，在境内从事经营活动的外国及港澳台地区企业以及外商投资企业分支机构，资料来源于国家市场监督管理总局。

特殊说明：利用外资统计 1985 年及以前为政府统计部门的调查汇总数，1986 年及以后全部来源于商务部（2003 年以前为对外贸易经济合作部）。2000 年及以前利用外资数据中含对外借款数。利用外资数据不含银行、证券、保险领域。

四、对外直接投资部分

对外直接投资统计的内容主要包括：境内投资主体的基本情况；境外企业的基本情况；境内投资主体与境外企业间的投资、收益和分配情况；通过境外企业实现的货物进出口情况；境外企业核准情况。

统计范围主要包括境内投资者通过直接投资方式在境外拥有或控制 10%或以上股权、投票权或其他等价利益的各类公司型和非公司型的境外直接投资企业。

资料来源于商务部，调查方法是全面调查。

五、对外经济合作部分

对外经济合作统计的主要内容包括：对外承包工程的合同数、合同金额、完成营业额以及对外劳务合作派出人数、年末在外人数等。

统计范围是发生对外承包工程业务的企业或单位，有对外劳务合作经营资格的企业以及海员外派机构。

资料来源于商务部，调查方法是全面调查。

Brief Introduction

Data in this chapter provide summary data of China's international trade in goods and services, utilization of foreign capital, outward direct investment, contracted projects and labour cooperation with foreign countries or territories over the years, focusing on the recent situation of international trade and economic cooperation.

I. Trade in Goods

Data on trade in goods include: varieties of imports and exports, quantity (weight), value, countries (regions), import and export corporations, destination within territory, origin of goods within territory, mode of trade, types of tariffs and so on.

The scope of trade in goods statistics are designed according to United Nations' principles on international trade statistics, that is: all imports or exports that will lead to stock changes of material resources within the territory of People's Republic of China; excluding goods by escape clause.

Sources of data on trade in goods are from the General Administration of Customs of the People's Republic of China through a comprehensive reporting system.

Customs statistics in value terms for both imports and exports are compiled according to the classifications of *UN Standard International Trade Classification (SITC)*. The list of import and export commodities is compiled based on the *Harmonized Commodity Description and Coding System (HS)* stipulated by the Customs Cooperation Council (World Customs Organization), taking into consideration of China's reality of imports and exports.

In the tables on China's total imports and exports with related countries and regions, the exported commodities are compiled by the countries (regions) of destination outside China's customs, and the imported commodities are compiled by the Customs of the countries (regions) of origin outside China's customs. The total values of the imports and exports by region are compiled respectively at the provinces where the import or export corporations are located and at the provinces of destination or provinces of origin within the border of the People's Republic of China. The province where the import or export corporations are located refers to the province where the import or export corporations have applied to and have been registered at the Customs. The province of origin within the border of the Peoples Republic of China refers to the province where the export commodities are produced or originally delivered. The province of destination within the border of the People's Republic of China refers to the province where the imported commodities are consumed, used or transported to the destination.

II. Trade in Services

Statistics on imports and exports in services include services provided by service providers to service consumers in other countries or regions from China's customs territory, that is, exports in services; And the services provided by overseas service providers from other countries or regions to service consumers within the customs territory of China, that is, imports in services.

III. Utilization of Foreign Capitals

Utilization of foreign capitals includes: total amount of foreign investment actually utilized, and the basic condition of registration of foreign invested enterprises.

The statistical scope of total amount of foreign investment actually utilized is the foreign invested enterprises and cooperative development projects (including enterprises with investment from Hong Kong, Macao and Taiwan) established within the territory of the People's Republic of China. The data are from the Ministry of Commerce.

The statistical scope of the basic condition of registration of foreign invested enterprises includes foreign invested enterprises approved and registered by the market supervision and administration organ, foreign and Hong Kong, Macao and Taiwan enterprises engaged in business activities in China and branches of foreign-invested enterprises. The data comes from the State Administration for Market Regulation.

Special notice: data on utilization of foreign capitals before 1985 were survey results from governmental statistical agencies, since 1986 all data are from the Ministry of Commerce (formerly MOFTEC before 2003). Data on utilization of foreign capitals in 2000 and before include foreign loans. Data on the utilization of foreign capitals do not include banking, securities and insurance.

IV. Outward Direct Investment

Outward direct investment includes: basic situation of domestic investors and overseas enterprises, investment, earnings and their distribution between domestic and overseas invested enterprises, import and export of commodities through overseas enterprises, approval of overseas enterprises.

Statistics cover all types of overseas corporations and non-corporations that domestic investors own or control 10% or more equity, voting rights or other equivalent interests through direct investment.

Data are from the Ministry of Commerce through comprehensive survey.

V. Foreign Economic Cooperation

Data on foreign economic cooperation include: number of contracts for overseas contracted projects, contracted volume, completed business turnover, and dispatched workers for overseas labour services, persons abroad by the end of year and so on.

Statistics in this aspect cover enterprises or units that have overseas contracted projects, enterprises with qualifications for overseas labour services and qualified agencies engaging in dispatching seamen.

Data on foreign economic cooperation are from the Ministry of Commerce through a comprehensive reporting system.

11-1 对外经济贸易基本情况
International Trade and Economic Cooperation

指标	Item	2016	2017	2018	2019	2020
货物进出口总额(亿元人民币)	**Import and Export of Goods(RMB 100 million yuan)**	**243386.5**	**278099.2**	**305008.1**	**315627.3**	**322215.2**
出口总额	Exports	138419.3	153309.4	164127.8	172373.6	179278.8
进口总额	Imports	104967.2	124789.8	140880.3	143253.7	142936.4
进出口差额	Balance	33452.1	28519.6	23247.5	29119.9	36342.4
货物进出口总额 (亿美元)	**Import and Export of Goods (USD 100 million)**	**36855.6**	**41071.4**	**46224.2**	**45778.9**	**46559.1**
出口总额	Exports	20976.3	22633.5	24866.8	24994.8	25899.5
进口总额	Imports	15879.3	18437.9	21357.3	20784.1	20659.6
进出口差额	Balance	5097.1	4195.5	3509.5	4210.7	5239.9
服务进出口总额 (亿美元)	**Import and Export of Services (USD 100 million)**	**6616.3**	**6956.8**	**7918.8**	**7850.0**	**6617.2**
出口总额	Exports	2095.3	2280.9	2668.4	2836.0	2806.3
进口总额	Imports	4521.0	4675.9	5250.4	5014.0	3810.9
进出口差额	Balance	-2425.7	-2395.0	-2582.0	-2178.0	-1004.6
外商直接投资额 (亿美元)	**Inward Foreign Direct Investments (USD 100 million)**	**1260.0**	**1310.4**	**1349.7**	**1381.3**	**1443.7**
新设立外商直接投资企业数(个)	**Newly Established Foreign-Invested Enterprises (FIEs) (unit)**	**27900**	**35652**	**60533**	**40888**	**38570**
外资企业基本情况	**Registered Foreign-Invested Enterprises**					
年底登记户数 (户)	Number of Registered Enterprises (household)	505151	539345	593276	627223	635402
投资总额 (亿美元)	Total Investment (USD 100 million)	51240.1	68992.4	77738.0	88400.3	136437.0
注册资本 (亿美元)	Registered Capital (USD 100 million)	31243.4	37107.2	42738.6	50159.7	84334.2
#外方	Capital from Foreign Investors	23918.5	28266.2	32341.9	37894.5	62823.1
对外直接投资流量(亿美元)	**Outward Direct Investment (USD 100 million)**	**1961.5**	**1582.9**	**1430.4**	**1369.1**	**1537.1**
对外经济合作 (亿美元)	**Economic Cooperation with Foreign Countries & Regions (USD 100 million)**					
对外承包工程合同金额	Contracted Value of Contracted Projects	2440.1	2652.8	2418.0	2602.5	2555.4
对外承包工程完成营业额	Value of Turnover Fulfilled of Contracted Projects	1594.2	1685.9	1690.4	1729.0	1559.4

注：外资企业基本情况数据来自国家市场监督管理总局。
a) Data of foreign-invested enterprises come from State Administration for Market Regulation.

11-2 货物进出口总额
International Trade in Goods

年份 Year	亿元人民币 RMB 100 million				亿美元 USD 100 million			
	进出口总额 Total	出口总额 Exports	进口总额 Imports	差额 Balance	进出口总额 Total	出口总额 Exports	进口总额 Imports	差额 Balance
1978	355.0	167.7	187.4	-19.7	206.4	97.5	108.9	-11.5
1980	570.0	271.2	298.8	-27.6	381.4	181.2	200.2	-19.0
1985	2066.7	808.9	1257.9	-449.0	696.0	273.5	422.5	-149.0
1990	5560.1	2985.8	2574.3	411.6	1154.4	620.9	533.5	87.5
1991	7225.8	3827.1	3398.7	428.5	1356.3	718.4	637.9	80.5
1992	9119.6	4676.3	4443.3	233.0	1655.3	849.4	805.9	43.6
1993	11271.0	5284.8	5986.2	-701.4	1957.0	917.4	1039.6	-122.2
1994	20381.9	10421.8	9960.1	461.8	2366.2	1210.1	1156.2	53.9
1995	23499.9	12451.8	11048.1	1403.7	2808.6	1487.8	1320.8	167.0
1996	24133.9	12576.4	11557.4	1019.0	2898.8	1510.5	1388.3	122.2
1997	26967.2	15160.7	11806.6	3354.1	3251.6	1827.9	1423.7	404.2
1998	26849.7	15223.5	11626.1	3597.4	3239.5	1837.1	1402.4	434.8
1999	29896.2	16159.8	13736.5	2423.3	3606.3	1949.3	1657.0	292.3
2000	39273.3	20634.4	18638.8	1995.6	4743.0	2492.0	2250.9	241.1
2001	42183.6	22024.4	20159.2	1865.3	5096.5	2661.0	2435.5	225.5
2002	51378.2	26947.9	24430.3	2517.6	6207.7	3256.0	2951.7	304.3
2003	70483.5	36287.9	34195.6	2092.3	8509.9	4382.3	4127.6	254.7
2004	95539.1	49103.3	46435.8	2667.6	11545.5	5933.3	5612.3	321.0
2005	116921.8	62648.1	54273.7	8374.4	14219.1	7619.5	6599.5	1020.0
2006	140974.7	77597.9	63376.9	14221.0	17604.4	9689.8	7914.6	1775.2
2007	166924.1	93627.1	73296.9	20330.2	21761.8	12200.6	9561.2	2639.4
2008	179921.5	100394.9	79526.5	20868.4	25632.6	14306.9	11325.6	2981.3
2009	150648.1	82029.7	68618.4	13411.3	22075.4	12016.1	10059.2	1956.9
2010	201722.3	107022.8	94699.5	12323.3	29740.0	15777.5	13962.5	1815.1
2011	236402.0	123240.6	113161.4	10079.2	36418.6	18983.8	17434.8	1549.0
2012	244160.2	129359.3	114801.0	14558.3	38671.2	20487.1	18184.1	2303.1
2013	258168.9	137131.4	121037.5	16094.0	41589.9	22090.0	19499.9	2590.2
2014	264241.8	143883.8	120358.0	23525.7	43015.3	23422.9	19592.4	3830.6
2015	245502.9	141166.8	104336.1	36830.7	39530.3	22734.7	16795.6	5939.0
2016	243386.5	138419.3	104967.2	33452.1	36855.6	20976.3	15879.3	5097.1
2017	278099.2	153309.4	124789.8	28519.6	41071.4	22633.5	18437.9	4195.5
2018	305008.1	164127.8	140880.3	23247.5	46224.2	24866.8	21357.3	3509.5
2019	315627.3	172373.6	143253.7	29119.9	45778.9	24994.8	20784.1	4210.7
2020	322215.2	179278.8	142936.4	36342.4	46559.1	25899.5	20659.6	5239.9

注：1.本表1978年为外贸业务统计数，1980年起为海关进出口统计数。
2.货物进出口差额负数为逆差。

a) Data in 1978 were from the Ministry of Foreign Trade; and data since 1980 are from China Customs statistics.

b) A negative balance indicates trade deficit. That is, imports surpassing exports.

11-3 按国际贸易标准分类分进出口商品金额(2020年)
International Trade in Goods by SITC (2020)

商品分类	Commodity (by SITC)	出口 Exports		进口 Imports	
		亿元人民币 RMB 100 million	亿美元 USD 100 million	亿元人民币 RMB 100 million	亿美元 USD 100 million
总额	**Total**	**179278.83**	**25899.52**	**142936.40**	**20659.62**
初级产品	**Primary Goods**	**8014.77**	**1156.29**	**47560.57**	**6869.07**
食品及活动物	**Food and Live Animals**	**4399.42**	**635.32**	**6804.56**	**982.54**
活动物	Live Animals	41.52	6.00	43.92	6.35
肉及肉制品	Meat and Meat Preparations	156.05	22.52	2093.86	301.91
乳品及蛋品	Dairy Products and Birds' Eggs	19.45	2.80	466.84	67.44
鱼、甲壳及软体类动物及其制品	Fish, Crustaceans, Molluscs and Aquatic Invertebrates, and Preparations Thereof	1268.66	183.35	877.82	126.62
谷物及其制品	Cereals and Cereal Preparations	141.45	20.35	739.08	107.02
蔬菜及水果	Vegetables and Fruit	1704.27	246.35	1077.65	155.52
糖、糖制品及蜂蜜	Sugars, Sugar Preparations and Honey	155.38	22.43	190.72	27.74
咖啡、茶、可可、调味料及其制品	Coffee, Tea, Cocoa, Spices, and Manufactures Thereof	315.60	45.48	156.85	22.74
饲料(不包括未碾磨谷物)	Feeding Stuff For Animals(Not Including Unmilled Cereals)	203.02	29.25	375.03	54.13
杂项食品	Miscellaneous Edible Products And Preparations	394.03	56.78	782.80	113.08
饮料及烟类	**Beverages and Tobacco**	**175.31**	**25.28**	**428.75**	**62.04**
饮料	Beverages	121.32	17.49	347.55	50.38
烟草及其制品	Tobacco and Tobacco Manufactures	53.99	7.79	81.20	11.66
非食用原料(燃料除外)	**Crude Materials, Inedible, Except Fuels**	**1101.53**	**159.17**	**20878.40**	**3017.26**
生皮及生毛皮	Hides, Skins and Furskins, Raw	1.93	0.28	82.13	11.89
油籽及含油果实	Oil-seeds and Oleaginous Fruits	83.72	12.13	3005.05	433.12
生橡胶(包括合成橡胶及再生橡胶)	Crude Rubber (Including Synthetic and Reclaimed)	59.77	8.68	736.22	106.60
软木及木材	Cork and Wood	38.95	5.63	1286.02	185.50
纸浆及废纸	Pulp and Waste Paper	7.98	1.15	1168.17	168.60
纺织纤维及其废料	Textile Fibres and Their Wastes	185.53	26.82	508.29	73.63
天然肥料及矿物(煤、石油及宝石除外)	Crude Fertilizers, and Crude Minerals (Excluding Coal, Petroleum and Precious Stones)	223.07	32.21	374.33	54.15
金属矿砂及金属废料	Metalliferous Ores and Metal Scrap	138.80	20.06	13555.71	1960.29
其他动、植物原料	Crude Animal and Vegetable Materials, n.e.s.	361.77	52.20	162.47	23.47
矿物燃料、润滑油及有关原料	**Mineral Fuels, Lubricants and Related Materials**	**2240.73**	**322.48**	**18711.83**	**2700.69**
煤、焦炭及煤砖	Coal, Coke and Briquettes	84.12	12.09	1466.15	210.45
石油、石油产品及有关原料	Petroleum, Petroleum Products and Related Materials	1910.14	274.88	14329.87	2068.81
天然气及人造气	Gas, Natural and Manufactured	141.97	20.45	2903.48	419.66
电流	Electric Current	104.50	15.06	12.32	1.78
动、植物油脂及蜡	**Animal and Vegetable Oils, Fats and Wax**	**97.76**	**14.05**	**737.04**	**106.55**
动物油、脂	Animal Oils and Fats	14.38	2.07	33.54	4.85
植物油、脂	Vegetable Oils and Fats	20.92	3.01	687.25	99.35
已加工的动植物油、脂及动植物蜡	Animal or Vegetable Fats and Oils, Processed; Waxes of Animal or Vegetable Origin	62.46	8.97	16.25	2.35

11-3 续表 continued

商品分类	Commodity (by SITC)	出口 Exports 亿元人民币 RMB 100 million	出口 Exports 亿美元 USD 100 million	进口 Imports 亿元人民币 RMB 100 million	进口 Imports 亿美元 USD 100 million
工业制品	**Manufactured Goods**	**171264.06**	**24743.22**	**95375.82**	**13790.54**
化学成品及有关产品	**Chemicals and Related Products**	**11717.89**	**1691.33**	**14779.73**	**2134.64**
有机化学品	Organic Chemicals	3381.94	487.87	3152.92	454.86
无机化学品	Inorganic Chemicals	1045.43	151.05	677.96	97.97
染料、鞣料及着色料	Dyeing, Tanning and Colouring Materials	529.62	76.46	326.41	47.23
医药品	Medicinal and Pharmaceutical Products	1527.81	220.78	2565.33	369.82
精油、香料及盥洗、光洁制品	Essential Oils and Resinoids and Perfume Materials; Toilet, Polishing and Cleansing Preparations	639.60	92.20	1603.69	231.90
制成肥料	Fertilizers	453.78	65.41	201.24	29.01
初级形状的塑料	Plastics in Primary Forms	1070.76	154.82	3630.21	524.73
非初级形状的塑料	Plastics in Non-primary Forms	1239.32	178.98	918.03	132.75
其他化学原料及产品	Chemical Materials and Products	1829.63	263.77	1703.93	246.35
按原料分类的制成品	**Manufactured Goods Classified Chiefly by Material**	**30094.22**	**4340.70**	**11669.01**	**1687.57**
皮革、皮革制品及已鞣毛皮	Leather, Leather Manufactures and Dressed Furskins	135.53	19.60	146.09	21.20
橡胶制品	Rubber Manufactures	1317.36	190.28	335.76	48.56
软木及木制品(家具除外)	Cork and Wood Manufactures (Excluding Furniture)	900.86	130.06	115.68	16.75
纸及纸板；纸浆、纸及纸板制品	Paper, Paperboard and Articles of Paper Pulp, of Paper or of Paperboard	1394.14	201.11	497.91	71.99
纺纱、织物、制成品及有关产品	Textile Yarn, Fabrics, Made-up Articles and Related Products	10715.79	1541.31	977.44	141.27
非金属矿物制品	Non-metallic Mineral Manufactures	3354.87	485.19	1282.63	185.91
钢铁	Iron and Steel	3219.07	464.51	2711.01	391.71
有色金属	Non-ferrous Metals	1647.11	238.24	4606.89	666.22
金属制品	Manufactures of Metals	7409.48	1070.39	995.61	143.97
机械及运输设备	**Machinery and Transport Equipment**	**87009.73**	**12578.91**	**57288.09**	**8285.37**
动力机械及设备	Power-generating Machinery and Equipment	2648.65	382.15	1635.31	236.50
特种工业专用机械	Machinery Specialized for Particular Industries	3517.03	507.81	3925.24	567.60
金工机械	Metalworking Machinery	608.24	87.82	608.96	88.05
通用工业机械设备及零件	General Industrial Machinery and Equipment, and Machine Part	8897.19	1283.27	3445.06	498.10
办公用机械及自动数据处理设备	Office Machines and Automatic Data-processing Machines	15046.37	2174.19	4115.46	594.26
电信及声音的录制及重放装置设备	Telecommunications and Sound-recording and Reproducing Apparatus and Equipment	21426.28	3102.86	4615.01	670.20
电力机械、器具及其电气零件	Electrical Machinery, Apparatus and Appliances, and Electrical Parts Thereof	27372.96	3957.61	32956.23	4765.85
陆路车辆(包括气垫式)	Road Vehicles (Including Air-cushion Vehicles)	5649.95	817.06	5125.20	739.11
其他运输设备	Other Transport Equipment	1843.05	266.13	861.63	125.69
杂项制品	**Miscellaneous Manufactured Articles**	**40471.48**	**5846.79**	**10092.27**	**1459.73**
活动房屋；卫生、水道、供热及照明装置	Prefabricated Buildings; Sanitary, Plumbing, Heating and Lighting Fixtures and Fittings	3438.90	497.17	61.06	8.85
家具及其零件；褥垫及类似填充制品	Furniture and Parts Thereof; Bedding, Mattresses, Mattress Supports, Cushions and Similar Stuffed Furnishings	4775.99	690.58	155.88	22.58
旅行用品、手提包及类似品	Travel Goods, Handbags and Similar Containers	1439.10	207.89	303.80	43.97
服装及衣着附件	Articles of Apparel and Clothing Accessories	9805.61	1415.01	656.20	94.91
鞋靴	Footwear	2638.61	381.11	414.06	59.72
专业、科学及控制用仪器和装置	Professional, Scientific and Controlling Instruments and Apparatus	4350.52	628.10	5253.08	759.79
摄影器材、光学物品及钟表	Photographic Apparatus, Equipment and Supplies and Optical Goods; Watches and Clocks	1158.84	167.47	1400.08	202.53
杂项制品	Miscellaneous Manufactured Articles	12863.92	1859.45	1848.11	267.38
未分类的其他商品	**Commodities and Transactions not classified elsewhere in the SITC**	**1970.74**	**285.50**	**1546.72**	**223.23**

11-4 按商品类章分进出口商品金额(2020年)
International Trade in Goods by HS Section and Division (2020)

商品分类		Commodity (by HS Section and Division)	出口 Exports		进口 Imports	
			亿元人民币 RMB 100 million	亿美元 USD 100 million	亿元人民币 RMB 100 million	亿美元 USD 100 million
总　额		**Total**	**179278.83**	**25899.52**	**142936.40**	**20659.62**
第一类	**活动物；动物产品**	**Live Animals; Animal Products**	**998.73**	**144.24**	**3557.73**	**513.20**
01章	活动物	Live Animals	41.52	6.00	43.92	6.35
02章	肉及食用杂碎	Meat and Edible Meat Offal	49.21	7.11	2099.26	302.69
03章	鱼、甲壳动物、软体动物及其他水生无脊椎动物	Fish and Crustaceans Molluscs and Other Aquatic Invertebrates	741.25	107.11	857.44	123.66
04章	乳品；蛋品；天然蜂蜜；其他食用动物产品	Dairy Produce; Birds' Eggs; Natural Honey; Edible Products of Animal Origin, not Elsewhere Specified or Included	39.97	5.76	504.32	72.89
05章	其他动物产品	Products of Animal Origin, not Elsewhere Specified or Included	126.79	18.27	52.79	7.62
第二类	**植物产品**	**Vegetable Products**	**1907.16**	**275.64**	**4974.80**	**717.73**
06章	活树及其他活植物；鳞茎、根及类似品；插花及装饰用簇叶	Live Tree and Other Plants; Bulbs, Roots and the Like; Cut Flowers and Ornamental Foliage	32.66	4.73	16.83	2.44
07章	食用蔬菜、根及块茎	Edible Vegetables and Certain Roots and Tubers	670.21	96.72	135.59	19.57
08章	食用水果及坚果；甜瓜或柑桔属水果的果皮	Edible Fruit and Nuts; Peel of Citrus Fruit or Melons	486.29	70.64	838.86	120.98
09章	咖啡、茶、马黛茶及调味香料	Coffee, Tea, Mate and Spices	280.12	40.35	85.44	12.37
10章	谷物	Cereals	66.83	9.60	643.33	93.17
11章	制粉工业产品；麦芽；淀粉；菊粉；面筋	Products of The Milling Industry; Malt; Starches; Inulin; Wheat Gluten	48.10	6.93	99.60	14.40
12章	含油子仁及果实；杂项子仁及果实；工业用或药用植物；稻草、秸秆及饲料	Oil Seeds and Oleaginous Fruits; Miscellaneous Grains, Seeds and Fruit; Industrial or Medicinal Plants; Straw and Fodder	198.55	28.75	3120.50	449.81
13章	虫胶；树胶、树脂及其他植物液、汁	Lac; Gums, Resins And Other Vegetable Saps and Extracts	113.54	16.36	25.72	3.71
14章	编结用植物材料；其他植物产品	Vegetable Plaiting Materials; Vegetable Products Not Elsewhere Specified or Included	10.86	1.57	8.92	1.29
第三类	**动、植物油、脂及其分解产品；精制的食用油脂；动、植物蜡**	**Animal or Vegetable Fats and Oils and their Cleavage Products; Prepared Edible Fats; Animal or Vegetable Waxes**	**100.15**	**14.39**	**778.80**	**112.60**
15章	动、植物油、脂及其分解产品；精制的食用油脂；动、植物蜡	Animal or Vegetable Fats and Oils and Their Cleavage Products; Prepared Edible Fats; Animal or Vegetable Waxes	100.15	14.39	778.80	112.60
第四类	**食品；饮料、酒及醋；烟草、烟草及烟草代用品的制品**	**Prepared Foodstuffs; Beverages, Spirits And Vinegar; Tobacco and Manufactured Tobacco Substitutes**	**2155.78**	**310.99**	**1932.37**	**279.49**
16章	肉、鱼、甲壳动物、软体动物及其他水生无脊椎动物的制品	Preparations of Meat, of Fish or of Crustaceans, Molluscs or other Aquatic Invertebrates	634.25	91.65	24.73	3.59
17章	糖及糖食	Sugars and Sugar Confectionery	117.96	17.03	180.77	26.30
18章	可可及可可制品	Cocoa and Cocoa Preparations	22.59	3.27	54.16	7.88
19章	谷物、粮食粉、淀粉或乳的制品；糕饼点心	Preparations of Cereals, Flour, Starch or Milk; Pastry-Cooks' Products	139.36	20.10	507.69	73.32

11-4 续表 1 continued

商品分类	Commodity (by HS Section and Division)	出口 Exports 亿元人民币 RMB 100 million	亿美元 USD 100 million	进口 Imports 亿元人民币 RMB 100 million	亿美元 USD 100 million
20章 蔬菜、水果、坚果或植物其他部分的制品	Preparations of Vegetables, Fruit, Nuts or Other Parts of Plants	527.83	76.11	92.67	13.44
21章 杂项食品	Miscellaneous Edible Preparations	316.48	45.60	308.67	44.60
22章 饮料、酒及醋	Beverages, Spirits and Vinegar	140.51	20.23	350.50	50.80
23章 食品工业的残渣及废料；配制的动物饲料	Residues and Waste from The Food Industries; Prepared Animal Fodder	202.79	29.22	331.99	47.91
24章 烟草、烟草及烟草代用品的制品	Tobacco, Tobacco and Manufactured Tobacco Substitutes	53.99	7.79	81.20	11.66
第五类 矿产品	**Mineral Products**	**2590.03**	**372.94**	**32134.99**	**4641.73**
25章 盐；硫磺；泥土及石料；石膏料、石灰及水泥	Salt; Sulphur; Earths and Stone; Plastering Materials, Lime and Cement	214.82	31.02	476.11	68.90
26章 矿砂、矿渣及矿灰	Ores, Slag and Ash	134.39	19.42	12945.57	1871.93
27章 矿物燃料、矿物油及其蒸馏产品；沥青物质；矿物蜡	Mineral Fuels, Mineral Oils and Products of Their Distillation; Bituminous Substances; Mineral Waxes	2240.83	322.49	18713.30	2700.90
第六类 化学工业及其相关工业的产品	**Products of The Chemical or Industries Allied**	**9523.39**	**1374.28**	**10432.11**	**1506.11**
28章 无机化学品；贵金属、稀土金属、放射性元素及其同位素的有机及无机化合物	Inorganic Chemicals; Organic or Inorganic Compounds of Precious Metals, of Rare-Earth Metals, of Radioactive Elements or of Isotopes	1052.30	152.04	762.80	110.21
29章 有机化学品	Organic Chemicals	3948.67	569.54	3164.02	456.41
30章 药品	Pharmaceutical Products	912.12	132.08	2422.17	349.15
31章 肥料	Fertilizers	455.62	65.67	201.59	29.06
32章 鞣料浸膏及染料浸膏；鞣酸及其衍生物;染料、颜料及其他着色料;油漆及清漆;油灰及其他类似胶粘剂；墨水、油墨	Tanning or Dyeing Extracts; Tannins and Their Derivatives; Dyes, Pigments and Other Colouring Matter; Paints and Varnishes; Putty and Other Mastics; Inks	542.45	78.32	333.55	48.26
33章 精油及香膏；芳香料制品及化妆盥洗品	Essential Oils and Retinoid; Perfumery, Cosmetic or Toilet Preparations	359.93	51.88	1416.31	204.77
34章 肥皂、有机表面活性剂、洗涤剂、润滑剂、人造蜡、调制蜡、光洁剂、蜡烛及类似品、塑型用膏、“牙科用蜡”及牙科用熟石膏制剂	Soap,Organic Surface-Active Agents,Washing Preparations, Lubricating Preparations, Artificial Waxes, Prepared Waxes, Polishing or Scouring Preparations, Candles and Similar Articles, Modelling Pastes, "Dental Waxes" And Dental Preparations With a Basis of Plast	364.09	52.52	348.27	50.40
35章 蛋白类物质；改性淀粉；胶；酶	Albuminoidal Substances; Modified Starches; Glues; Enzymes	236.28	34.12	271.44	39.23
36章 炸药；烟火制品；火柴；引火合金；易燃材料制品	Explosives; Pyrotechnic Products; Matches; Pyrophoric Alloys; Certain Combustible Preparations	50.57	7.26	6.42	0.93
37章 照相及电影用品	Photographic or Cinematographic Goods	64.59	9.33	200.67	28.98
38章 杂项化学产品	Miscellaneous Chemical Products	1536.77	221.52	1304.87	188.68
第七类 塑料及其制品；橡胶及其制品	**Plastics and Articles Thereof Rubber and Articles Thereof**	**8229.53**	**1189.09**	**6031.58**	**872.15**
39章 塑料及其制品	Plastics and Articles Thereof	6670.43	963.78	4917.26	710.85
40章 橡胶及其制品	Rubber and Articles Thereof	1559.11	225.31	1114.32	161.30
第八类 生皮、皮革、毛皮及其制品；鞍具及挽具；旅行用品、手提包及类似品；动物肠线(蚕胶丝除外)制品	**Raw Hides and Skins, Leather, Fur Skins and Articles Thereof; Saddlery and Harness; Travel Goods, Handbags and Similar Containers; Articles of Animal Gut (Other Than Silk-Worm Gut)**	**1839.46**	**266.05**	**558.36**	**80.87**
41章 生皮(毛皮除外)及皮革	Raw Hides and Skins(Other Than Fur Skins) and Leather	44.55	6.44	188.44	27.28

11-4 续表 2 continued

商品分类		Commodity (by HS Section and Division)	出口 Exports		进口 Imports	
			亿元人民币 RMB 100 million	亿美元 USD 100 million	亿元人民币 RMB 100 million	亿美元 USD 100 million
42章	皮革制品；鞍具及挽具；旅行用品、手提包及类似容器；动物肠线(蚕胶丝除外)制品	Articles of Leather; Saddlery and Harness; Travel Goods, Handbags and Similar Containers; Articles of Animal Gut(Other Than Silk-Worm Gut)	1569.25	226.70	332.70	48.16
43章	毛皮、人造毛皮及其制品	Fur Skins and Artificial Fur; Manufactures Thereof	225.66	32.91	37.22	5.44
第九类	**木及木制品；木炭；软木及软木制品；稻草，秸秆、针茅或其他编结材料制品；篮筐及柳条编结品**	**Wood and Articles of Wood; Wood Charcoal; Cork and Articles of Cork; Manufactures of Straw, of Esparto or of Other Plaiting Materials; Basket Ware and Wickerwork**	**1054.64**	**152.27**	**1402.83**	**202.42**
44章	木及木制品；木炭	Wood and Articles of Wood; Wood Charcoal	937.86	135.41	1399.28	201.90
45章	软木及软木制品	Cork and Articles of Cork	1.96	0.28	2.42	0.35
46章	稻草、秸秆、针茅或其他编结材料制品；篮筐及柳条编结品	Manufactures of Straw, of Esparto or of Other Plaiting Materials; Basket Ware and Wickerwork	114.82	16.58	1.13	0.16
第十类	**木浆及其他纤维状纤维素浆；纸及纸板的废碎品；纸、纸板及其制品**	**Pulp of Wood or of Other Fibrous Cellulosic Material; Waste and Scrap of Paper or Paperboard; Paper and Paperboard and Articles Thereof**	**1697.26**	**244.85**	**1828.21**	**264.02**
47章	木浆及其他纤维状纤维素浆；纸及纸板的废碎品	Pulp of Wood or of Other Fibrous Cellulosic Material; Waste and Scrap of Paper or Paperboard	7.98	1.15	1168.17	168.60
48章	纸及纸板；纸浆、纸或纸板制品	Paper and Paperboard; Articles of Paper Pulp, of Paper or Paperboard	1447.40	208.81	507.37	73.36
49章	书籍、报纸、印刷图画及其他印制品；手稿、打字稿及设计图纸	Printed Books, Newspapers, Pictures and Other Products of The Printing Industry; Manuscripts, Typescripts and Plans	241.88	34.89	152.68	22.07
第十一类	**纺织原料及纺织制品**	**Textiles and Textile Articles**	**19481.32**	**2805.61**	**2028.75**	**293.41**
50章	蚕丝	Silk	35.44	5.11	3.33	0.48
51章	羊毛、动物细毛或粗毛；马毛纱线及其机织物	Wool, Fine or Coarse Animal Hair; Horsehair Yarn and Woven Fabric	107.09	15.45	159.01	22.93
52章	棉花	Cotton	761.45	109.99	571.39	82.79
53章	其他植物纺织纤维；纸纱线及其机织物	Other Vegetable Textile Fibres; Paper Yarn and Woven Fabrics of Paper Yarn	63.23	9.19	56.07	8.11
54章	化学纤维长丝	Man-Made Filaments	1258.58	181.91	153.11	22.16
55章	化学纤维短纤	Man-Made Short Fibres	696.58	100.61	112.66	16.27
56章	絮胎、毡呢及无纺织物；特种纱线；线、绳、索、缆及其制品	Wadding, Felt and Nonwoven; Special Yarns; Twine, Cordage, Ropes and Cables and Articles Thereof	566.29	81.70	102.89	14.85
57章	地毯及纺织材料的其他铺地制品	Carpets and Other Textile Floor Coverings	204.97	29.64	5.50	0.79
58章	特种机织物；簇绒织物；花边；装饰毯；装饰带；刺绣品	Special Woven Fabrics; Tufted Textile Fabrics; Lace; Tapestries; Trimmings; Embroidery	283.18	40.93	22.79	3.30
59章	浸渍、涂布、包覆或层压的纺织物；工业用纺织制品	Impregnated, Coated, Covered or Laminated Textile Fabrics; Textile Articles of a Kind Suitable for Industrial Use	464.79	67.12	101.42	14.67
60章	针织物及钩编织物	Knitted or Crocheted Fabrics	1126.52	162.69	70.39	10.18
61章	针织或钩编的服装及衣着附件	Articles of Apparel and Clothing Accessories, Knitted or Crocheted	4308.87	622.28	243.19	35.14
62章	非针织或非钩编的服装及衣着附件	Articles of Apparel and Clothing Accessories, not Knitted or Crocheted	4323.49	622.76	328.12	47.45

11-4 续表 3 continued

商品分类		Commodity (by HS Section and Division)	出口 Exports		进口 Imports	
			亿元人民币 RMB 100 million	亿美元 USD 100 million	亿元人民币 RMB 100 million	亿美元 USD 100 million
63章	其他纺织制成品；成套物品；旧衣着及旧纺织品；碎织物	Other Made Up Textile Articles; Sets; Worn Clothing And Worn Textile Articles; Rags Articles; Rags	5280.86	756.25	98.88	14.29
第十二类	**鞋、帽、伞、杖、鞭及其零件；已加工的羽毛及其制品；人造花；人发制品**	**Footwear, Headgear, Umbrellas, Sun Umbrellas, Walking-Sticks, Seat-Sticks, Whips, Riding-Crops and Parts Thereof; Prepared Feathers and Articles Made Therewith; Artificial Flowers; Articles of Human Hair**	**3673.31**	**530.77**	**449.54**	**64.88**
64章	鞋靴、护腿和类似品及其零件	Footwear, Gaiters and The Like; Parts of Such Articles	2638.61	381.11	414.06	59.72
65章	帽类及其零件	Headgear and Parts Thereof	278.98	40.26	13.15	1.91
66章	雨伞、阳伞、手杖、鞭子、马鞭及其零件	Umbrellas, Sun Umbrellas, Walking-Sticks, Seat-Sticks, Whips, Riding-Crops And Parts Thereof	166.05	23.97	0.62	0.09
67章	已加工羽毛、羽绒及其制品；人造花；人发制品	Prepared Feathers and Down and Articles Made of Feathers or of Down; Artificial Flowers; Articles of Human Hair	589.66	85.43	21.72	3.15
第十三类	**石料、石膏、水泥、石棉、云母及类似材料的制品；陶瓷产品；玻璃及其制品**	**Articles of Stone, Plaster, Cement, Asbestos, Mica or Similar Materials; Ceramic Products; Glass and Glassware**	**3878.51**	**560.75**	**763.33**	**110.36**
68章	石料、石膏、水泥、石棉、云母及类似材料的制品	Articles of Stone, Plaster, Cement, Asbestos, Mica or Similar Materials; Ceramic Products; Glass and Glassware	873.61	126.21	126.66	18.34
69章	陶瓷产品	Ceramic Products	1736.31	251.13	92.98	13.46
70章	玻璃及其制品	Glass and Glassware	1268.59	183.41	543.68	78.56
第十四类	**天然或养殖珍珠、宝石或半宝石、贵金属、包贵金属及其制品；仿首饰；硬币**	**Natural or Cultured Pearls, Precious or Semi-Precious Stones, Precious Metals, Metals Clad With Precious Metal and Stones, Precious Metals, Metals Clad With Precious Metal and Articles Thereof; Imitation Jewellery; Coin**	**1268.23**	**184.39**	**2191.51**	**317.35**
71章	天然或养殖珍珠、宝石或半宝石、贵金属、包贵金属及其制品；仿首饰；硬币	Natural or Cultured Pearls, Precious or Semi-Precious Stones, Precious Metals, Metals Clad With Precious Metal and Articles Thereof; Imitation Jewellery; Coin	1268.23	184.39	2191.51	317.35
第十五类	**贱金属及其制品**	**Base Metals and Articles of Base Metal**	**12201.12**	**1762.05**	**8205.46**	**1186.11**
72章	钢铁	Iron and Steel	2313.04	333.96	2553.95	369.01
73章	钢铁制品	Articles of Iron or Steel	4919.19	710.17	655.38	94.77
74章	铜及其制品	Copper and Articles Thereof	427.02	61.72	3383.93	489.14
75章	镍及其制品	Nickel and Articles Thereof	37.95	5.48	295.33	42.74
76章	铝及其制品	Aluminium and Articles Thereof	1702.60	245.90	564.09	81.48
78章	铅及其制品	Lead and Articles Thereof	2.93	0.42	8.38	1.21
79章	锌及其制品	Zinc and Articles Thereof	16.77	2.42	137.64	19.97
80章	锡及其制品	Tin and Articles Thereof	8.76	1.27	28.46	4.11
81章	其他贱金属、金属陶瓷及其制品	Other Base Metals; Cermets; Articles Thereof	189.50	27.36	237.02	34.35
82章	贱金属工具、器具、利口器、餐匙、餐叉及其零件	Tools, Implements, Cutlery, Spoons and Forks, of Base Metal; Parts Thereof of Base Metal	1188.24	171.64	215.78	31.18
83章	贱金属杂项制品	Miscellaneous Articles of Base Metal	1395.12	201.71	125.50	18.17

11-4 续表 4 continued

商品分类	Commodity (by HS Section and Division)	出口 Exports 亿元人民币 RMB 100 million	出口 Exports 亿美元 USD 100 million	进口 Imports 亿元人民币 RMB 100 million	进口 Imports 亿美元 USD 100 million
第十六类 机器、机械器具、电气设备及其零件；录音机及放声机、电视图像、声音的录制和重放设备及其零件、附件	**Machinery and Mechanical Appliances; Electrical Equipment; Parts Thereof; Sound Recorders and Reproducers, Television Image and Sound Recorders and Reproducers; and Parts and Accessories of Recorders and Reproducers; and Parts and Accessories of Such Artic**	**79542.14**	**11499.54**	**51191.73**	**7404.67**
84章 核反应堆、锅炉、机器、机械器具及其零件	Nuclear Reactors, Boilers, Machinery and Mechanical Appliances; Parts Thereof	30475.56	4400.21	13287.31	1920.47
85章 电机、电气设备及其零件；录音机及放声机、电视图像、声音的录制和重放设备及其零件、附件	Electrical Machinery and Equipment and Parts Thereof; Sound Recorders and Reproducers, Television Image and Sound Recorders and Reproducers, and Parts and Accessories of Such Articles	49066.58	7099.33	37904.41	5484.20
第十七类 车辆、航空器、船舶及有关运输设备	**Vehicles, Aircraft, Vessels And Associated Transport Equipment**	**7624.17**	**1102.09**	**5993.72**	**865.81**
86章 铁道及电车道机车、车辆及其零件；铁道及电车轨道固定装置及其零件、附件；各种机械(包括电动机械)交通信号设备	Railway or Tramway Locomotives, Rolling-Stock and Parts Thereof; Railway or Tramway Track Fixtures And Fittings and Parts Thereof; Mechanical(Including Electro-Mechanical) Traffic Signalling Equipment of All Kinds	674.84	97.87	49.70	7.17
87章 车辆及其零件、附件，但铁道及电车道车辆除外	Vehicles Other Than Railway or Tramway Rolling-Stock, and Parts and Accessories Thereof	5273.19	762.24	5130.28	739.85
88章 航空器、航天器及其零件	Aircraft, Spacecraft, and Parts Thereof	170.12	24.57	640.81	94.01
89章 船舶及浮动结构体	Ships, Boats and Floating Structures	1506.02	217.40	172.93	24.77
第十八类 光学、照相、电影、计量、检验、医疗或外科用仪器及设备、精密仪器及设备；钟表；乐器；上述物品的零件、附件	**Optical, Photographic, Cinematographic, Measuring, Checking, Precision, Medical or Surgical Instruments and Apparatus; Clocks And Watches; Musical Instruments; Parts and Accessories Thereof**	**5937.92**	**857.43**	**7187.82**	**1039.80**
90章 光学、照相、电影、计量、检验、医疗或外科用仪器及设备、精密仪器及设备；上述物品的零件、附件	Optical, Photographic, Cinematographic, Measuring, Checking, Precision Medical or Surgical Instruments and Apparatus; Parts and Accessories Thereof	5556.34	802.27	6849.03	990.67
91章 钟表及其零件	Clocks and Watches and Parts Thereof	251.19	36.33	308.22	44.69
92章 乐器及其零件、附件	Musical Instruments; Parts and Accessories of Such Articles	130.38	18.84	30.56	4.44
第十九类 武器、弹药及其零件、附件	**Arms and Ammunition; Parts and Accessories Thereof**	**12.77**	**1.85**	**0.74**	**0.11**
93章 武器、弹药及其零件、附件	Arms and Ammunition; Parts and Accessories Thereof	12.77	1.85	0.74	0.11
第二十类 杂项制品	**Miscellaneous Manufactured Articles**	**13791.82**	**1993.50**	**491.10**	**71.04**
94章 家具；寝具、褥垫、弹簧床垫、软坐垫及类似的填充制品；未列名灯具及照明装置；发光标志、发光名牌及类似品；活动房屋	Furniture; Bedding, Mattresses, Mattress Supports, Cushions and Similar Stuffed Furnishings; Lamps and Lighting Fittings, not Elsewhere Specified or Included; Illuminated Signs, Illuminated	7564.75	1093.67	200.28	29.00
95章 玩具、游戏品、运动用品及其零件、附件	Toys, Games and Sports Requisites; Parts and Accessories Thereof	4948.74	715.24	159.27	23.05
96章 杂项制品	Miscellaneous Manufactured Articles	1278.34	184.59	131.56	18.99
第二十一类 艺术品、收藏品及古物	**Works of Art, Collectors' Pieces and Antiques**	**46.90**	**6.84**	**45.97**	**6.69**
97章 艺术品、收藏品及古物	Works of Art, Collectors' Pieces and Antiques	46.90	6.84	45.97	6.69
第二十二类 特殊交易品及未分类商品	**Commodities and Transactions not Classified According to Kind**	**1724.51**	**249.96**	**754.96**	**109.07**
98章 特殊交易品及未分类商品	Commodities and Transactions not Classified According to Kind	1679.31	243.38	754.96	109.07
99章 跨境电商B2B简化申报商品	Simplified Declaration of Cross-border E-commerce B2B Commodities	45.20	6.58		

11-5 我国同各国(地区)海关货物进出口总额(2020年)
International Trade in Goods by Country (Region) of Origin/Destination(2020)

国别(地区)	Country (Region)	万元人民币 (RMB 10 000)			万美元 (USD 10 000)		
		进出口总额 Total	出口总额 Exports	进口总额 Imports	进出口总额 Total	出口总额 Exports	进口总额 Imports
总 计	**Total**	**3222152367**	**1792788345**	**1429364022**	**465591316**	**258995161**	**206596155**
亚洲	**Asia**	**1651843653**	**851526663**	**800316990**	**238775903**	**123074964**	**115700939**
阿富汗	Afghanistan	383832	347233	36599	55519	50068	5451
巴林	Bahrain	879894	777987	101907	126657	112026	14631
孟加拉国	Bangladesh	10975529	10422268	553261	1587545	1507570	79975
不丹	Bhutan	9467	9444	23	1359	1356	3
文莱	Brunei	1345684	323225	1022459	194222	46622	147599
缅甸	Myanmar	13062291	8677202	4385088	1889432	1254752	634680
柬埔寨	Cambodia	6612100	5578270	1033830	955198	805449	149749
塞浦路斯	Cyprus	636438	618923	17516	91828	89311	2517
朝鲜	Korea DPR	378596	344979	33617	53892	49097	4795
中国香港	Hong Kong, China	193058233	188242793	4815441	27955819	27257541	698278
印度	India	60662348	46127149	14535199	8769702	6671971	2097731
印度尼西亚	Indonesia	54315249	28375986	25939262	7846308	4098123	3748185
伊朗	Iran	10351987	5906187	4445799	1493339	849184	644156
伊拉克	Iraq	20959416	7567948	13391468	3022675	1092298	1930376
以色列	Israel	12154313	7800549	4353764	1753921	1125361	628560
日本	Japan	219558553	98800105	120758449	31728000	14261864	17466136
约旦	Jordan	2504622	2209157	295465	360724	318151	42573
科威特	Kuwait	9877729	2457136	7420593	1428293	354783	1073510
老挝	Laos	2475005	1033439	1441566	357957	149128	208829
黎巴嫩	Lebanon	675034	653025	22009	97742	94562	3180
中国澳门	Macao, China	1586538	1542838	43700	229166	222853	6314
马来西亚	Malaysia	90931345	38926076	52005268	13147574	5630131	7517442
马尔代夫	Maldives	194997	191019	3979	28147	27570	577
蒙古	Mongolia	4668906	1123727	3545179	674264	161807	512456
尼泊尔联邦民主共和国	Nepal	816298	805160	11138	118374	116748	1626
阿曼	Oman	12959781	2127482	10832299	1873593	307647	1565946
巴基斯坦	Pakistan	12091966	10626964	1465002	1748254	1535767	212487
巴勒斯坦	Palestine	69572	69566	6	10046	10046	1
菲律宾	Philippines	42344530	28977696	13366834	6121718	4188171	1933547
卡塔尔	Qatar	7549783	1821022	5728761	1093626	263117	830510
沙特阿拉伯	Saudi Arabia	46503341	19480409	27022933	6716515	2809529	3906986
新加坡	Singapore	61795061	39899437	21895623	8924419	5762612	3161807
韩国	Korea Rep.	197662739	77854953	119807786	28558074	11247683	17310391
斯里兰卡	Sri Lanka	2876761	2656905	219856	416049	384273	31776
叙利亚	Syria	579351	578431	920	83485	83352	133
泰国	Thailand	68348030	34997204	33350827	9865398	5051424	4813974
土耳其	Turkey	16669375	14090898	2578477	2407789	2034648	373141
阿联酋	United Arab Emirates	34190602	22372747	11817856	4936517	3231035	1705482
也门	Yemen	2465513	1997735	467778	355536	288134	67402
越南	Vietnam	132828264	78686297	54141967	19229008	11381566	7847443
中国	P. R. China	86681627		86681627	12526628		12526628
中国台湾	Taiwan, China	180234782	41611381	138623401	26061536	6011743	20049793
东帝汶	Timor Leste	133347	132506	842	19249	19128	121
哈萨克斯坦	Kazakhstan	14920683	8109801	6810882	2150823	1170313	980510
吉尔吉斯斯坦	Kirghizia	2020526	1996354	24171	290017	286537	3480
塔吉克斯坦	Tadzhikistan	738476	706945	31531	106214	101684	4529
土库曼斯坦	Turkmenistan	4519865	309098	4210767	651537	44349	607188
乌兹别克斯坦	Uzbekistan	4585182	3560932	1024250	662202	513872	148331
亚洲其他国家(地区)	Other Countries (Regions) in Asia	94	76	19	14	11	3
非洲	**Africa**	**130114280**	**79103406**	**51010874**	**18794272**	**11422062**	**7372210**
阿尔及利亚	Algeria	4565914	3875455	690459	659343	559637	99706
安哥拉	Angola	11417947	1208529	10209418	1650588	174815	1475773
贝宁	Benin	725600	685310	40290	104664	98839	5825
博茨瓦那	Botswana	223573	163038	60535	32293	23544	8749
布隆迪	Burundi	56373	51074	5299	8160	7397	764
喀麦隆	Cameroon	1926108	1401333	524775	278380	202247	76133
加那利群岛	Canary Is.	1152	1113	39	167	161	6

11-5 续表 1 continued

国 别（地区）	Country (Region)	万元人民币 (RMB 10 000) 进出口总额 Total	出口总额 Exports	进口总额 Imports	万美元 (USD 10 000) 进出口总额 Total	出口总额 Exports	进口总额 Imports
佛得角	Cape Verde	54977	54124	853	7905	7784	121
中非	Central Africa	59012	19432	39579	8504	2796	5708
塞卜泰(休达)	Ceuta	253	244	9	37	36	1
乍得	Chad	499883	207228	292655	71979	29832	42147
科摩罗	Comoros	35138	35057	81	5065	5054	12
刚果(布)	Congo	2749389	412743	2336646	396816	59631	337185
吉布提	Djibouti	1631840	1599866	31974	235638	231013	4625
埃及	Egypt	10075518	9436148	639370	1455133	1362784	92348
赤道几内亚	Eq. Guinea	905179	84462	820717	130467	12212	118255
埃塞俄比亚	Ethiopia	1784588	1548646	235942	257209	223332	33877
加蓬	Gabon	2543616	287643	2255973	365952	41545	324407
冈比亚	Gambia	392015	371293	20723	56557	53567	2990
加纳	Ghana	5906121	4674622	1231499	853078	675628	177450
几内亚	Guinea	3019480	1326358	1693122	435056	191170	243885
几内亚比绍	Guinea-Bissau	35651	35647	4	5144	5143	1
科特迪瓦	Cote d'Ivoire	2018013	1616910	401103	291404	233357	58047
肯尼亚	Kenya	3848055	3743343	104712	556026	540967	15059
利比里亚	Liberia	2438867	2370245	68622	349875	340141	9734
利比亚	Libya	1878642	1305409	573233	270752	188045	82707
马达加斯加	Madagascar	787119	691163	95956	113631	99765	13865
马拉维	Malawi	159790	151184	8606	23082	21849	1233
马里	Mali	442248	324665	117583	63709	46844	16865
毛里塔尼亚	Mauritania	1398530	512542	885987	201714	74009	127705
毛里求斯	Mauritius	502087	483783	18304	72645	69996	2649
摩洛哥	Morocco	3300374	2888500	411874	476919	417358	59561
莫桑比克	Mozambique	1784757	1385659	399098	257959	200009	57950
纳米比亚	Namibia	547561	154320	393241	78600	22311	56289
尼日尔	Niger	367429	210980	156450	52783	30313	22470
尼日利亚	Nigeria	13350027	11619051	1730976	1927287	1678751	248536
留尼汪	Reunion	128928	128913	15	18625	18623	2
卢旺达	Rwanda	222441	195963	26478	32073	28252	3821
圣多美和普林西比	Sao Tome & Principe	14108	14076	32	2036	2031	5
塞内加尔	Senegal	1994720	1775110	219611	287910	256401	31509
塞舌尔	Seychelles	40004	39978	27	5771	5767	4
塞拉利昂	Sierra Leone	367203	257056	110147	52986	37137	15849
索马里	Somalia	624000	618605	5394	90046	89258	787
南非	South Africa	24923802	10548941	14374860	3606367	1523887	2082480
西撒哈拉	Western Sahara	1018	1018		146	146	
苏丹	Sudan	2276027	1741561	534467	327775	251145	76630
坦桑尼亚	Tanzania	3173187	2888548	284639	458549	417437	41112
多哥	Togo	1818549	1703746	114802	262338	245918	16420
突尼斯	Tunisia	1141179	987312	153867	165040	142769	22272
乌干达	Uganda	574518	547041	27478	82998	79029	3969
布基纳法索	Burkina Faso	278460	223206	55254	40248	32252	7996
刚果(金)	Congo DR	6280205	1395556	4884649	909716	201343	708373
赞比亚	Zambia	2889289	473561	2415729	418739	68135	350604
津巴布韦	Zimbabwe	971829	361723	610106	139743	52471	87272
莱索托	Lesotho	49464	41123	8341	7164	5938	1226
梅利利亚	Melilla	484	474	11	69	67	1
斯威士兰	Swaziland	27997	27664	333	4038	3989	48
厄立特里亚	Eritrea	261558	49087	212471	37912	7049	30863
马约特	Mayotte	36730	36717	13	5312	5310	2
南苏丹共和国	Republic of South Sudan	584256	107835	476421	83932	15608	68324
非洲其他国家（地区）	Other Countries (Regions) in Africa	1496	1474	23	218	215	3
欧洲	**Europe**	**628801406**	**371091238**	**257710168**	**90824805**	**53568103**	**37256702**
比利时	Belgium	19783475	14373795	5409680	2858020	2075208	782811
丹麦	Denmark	9339016	5177889	4161126	1347557	746427	601130
英国	United Kingdom	64002240	50226882	13775357	9243392	7256176	1987216
德国	Germany	132810099	60128956	72681143	19191884	8680817	10511067
法国	France	46096550	25611729	20484821	6665121	3695592	2969529
爱尔兰	Ireland	12489498	2766987	9722511	1804111	399590	1404521
意大利	Italy	38180164	22816916	15363247	5516426	3291471	2224955
卢森堡	Luxembourg	846930	655721	191209	122541	94947	27593
荷兰	Netherlands	63516396	54677146	8839250	9179565	7900633	1278932

11-5 续表 2 continued

国 别（地区）	Country (Region)	万元人民币 (RMB 10 000)			万美元 (USD 10 000)		
		进出口总额 Total	出口总额 Exports	进口总额 Imports	进出口总额 Total	出口总额 Exports	进口总额 Imports
希腊	Greece	5409324	4876420	532904	781048	703659	77389
葡萄牙	Portugal	4815372	2898977	1916395	695308	418059	277249
西班牙	Spain	26255656	19073526	7182130	3790445	2751653	1038792
阿尔巴尼亚	Albania	453195	397036	56159	65235	57123	8112
安道尔	Andorra	2674	2374	300	383	340	43
奥地利	Austria	6949569	2361098	4588472	1004617	340637	663981
保加利亚	Bulgaria	2019744	1071261	948483	291807	154709	137098
芬兰	Finland	4952054	2048037	2904017	714608	294977	419632
直布罗陀	Gibraltar	2076	2075	1	299	298	0.15
匈牙利	Hungary	8098538	5136749	2961788	1168662	740372	428290
冰岛	Iceland	142322	69946	72376	20552	10088	10465
列支敦士登	Liechtenstein	113304	34162	79142	16376	4931	11445
马耳他	Malta	1219753	951763	267990	175542	136780	38761
摩纳哥	Monaco	39722	27940	11782	5702	3999	1702
挪威	Norway	7574450	2458065	5116385	1090183	353399	736784
波兰	Poland	21495317	18505866	2989450	3105118	2673075	432043
罗马尼亚	Romania	5375211	3551679	1823532	776481	512640	263840
圣马力诺	San Marino	6582	4610	1972	951	665	286
瑞典	Sweden	12413171	5812779	6600392	1788644	836817	951827
瑞士	Switzerland	15526681	3501369	12025313	2242270	504245	1738025
爱沙尼亚	Estonia	794046	599369	194677	114528	86388	28140
拉脱维亚	Latvia	868426	729888	138538	125273	105234	20039
立陶宛	Lithuania	1592466	1254239	338227	229522	180761	48761
格鲁吉亚	Georgia	955797	886469	69328	137656	127569	10087
亚美尼亚	Armenia	701945	155010	546935	101728	22279	79449
阿塞拜疆	Azerbaijan	916081	428691	487390	131665	61787	69878
白俄罗斯	Byelorussia	2079627	1464997	614630	300192	211323	88869
摩尔多瓦	Moldavia	142892	101104	41788	20627	14580	6047
俄罗斯联邦	Russian Federation	74951785	35005433	39946351	10818915	5050447	5768468
乌克兰	Ukraine	10310790	4767788	5543003	1487976	687801	800175
斯洛文尼亚	Slovenia	2741598	2390394	351204	396088	345219	50868
克罗地亚	Croatia	1182325	1087160	95165	170433	156674	13759
捷克	Czech	13049131	9503353	3545778	1887123	1373769	513354
斯洛伐克	Slovak	6547893	2095562	4452331	946263	303155	643108
北马其顿共和国	North Macedonia	264285	108430	155855	38393	15679	22713
波黑	Bosnia & Herzegovina	133689	83556	50134	19279	12010	7268
梵蒂冈城国	Vatican City State	571	503	67	82	73	10
法罗群岛	Faroe Islands	46890	936	45954	6746	135	6611
塞尔维亚	Serbia	1472492	1127024	345468	212252	162434	49818
黑山	Montenegro	118453	78591	39861	17055	11316	5738
欧洲其他国家（地区）	Other Countries (Regions) in Europe	1144	988	156	163	141	23
拉丁美洲	**Latin America**	**221685200**	**104314273**	**117370927**	**32012042**	**15070870**	**16941172**
安提瓜和巴布达	Antigua and Barbuda	63620	63597	23	9135	9132	3
阿根廷	Argentina	9639518	4902744	4736774	1389827	708381	681446
阿鲁巴	Aruba	24779	24717	62	3587	3578	9
巴哈马	Bahamas	243591	192446	51146	35076	27783	7293
巴巴多斯	Barbados	65056	54632	10424	9426	7910	1516
伯利兹	Belize	72359	72059	300	10430	10386	44
玻利维亚	Bolivia	677858	477000	200858	97899	68778	29121
博内尔	Bonaire	4	3	1	1	0.41	0.10
巴西	Brazil	83474600	24163145	59311455	12047100	3495378	8551722
开曼群岛	Cayman Is.	25465	25457	9	3659	3658	1
智利	Chile	31329704	10612245	20717459	4526854	1533653	2993201
哥伦比亚	Colombia	9462322	6456931	3005391	1365654	932052	433602
多米尼克	Dominica	15017	14604	414	2166	2106	60
哥斯达黎加	Costa Rica	1527306	1064782	462524	220429	153568	66861
古巴	Cuba	662999	336159	326840	95330	48329	47001
库腊索岛	Curacao	24572	24561	11	3532	3530	2
多米尼加共和国	Dominica Rep.	1932384	1725552	206832	279326	249396	29930
厄瓜多尔	Ecuador	5245987	2251744	2994244	757308	325233	432076
法属圭亚那	French Guyana	16581	16572	9	2385	2384	1
格林纳达	Granada	10771	10741	30	1545	1541	4
瓜德罗普	Guadeloupe	30511	30505	6	4398	4397	1

11-5 续表 3 continued

国 别（地区）	Country (Region)	万元人民币 (RMB 10 000) 进出口总额 Total	出口总额 Exports	进口总额 Imports	万美元 (USD 10 000) 进出口总额 Total	出口总额 Exports	进口总额 Imports
危地马拉	Guatemala	1892895	1710128	182767	273961	247251	26710
圭亚那	Guyana	396043	183910	212133	57433	26547	30886
海地	Haiti	492734	490631	2102	71230	70927	303
洪都拉斯	Honduras	670174	638594	31579	96883	92287	4595
牙买加	Jamaica	459147	436919	22229	66239	63046	3193
马提尼克	Martinique	18944	18859	85	2738	2726	12
墨西哥	Mexico	42265110	31046988	11218122	6104548	4482790	1621758
蒙特塞拉特	Montserrat	285	283	2	41	40	0.24
尼加拉瓜	Nicaragua	350765	337554	13211	50540	48644	1896
巴拿马	Panama	6412406	6090598	321808	926307	879365	46942
巴拉圭	Paraguay	854081	844453	9628	123084	121693	1391
秘鲁	Peru	16303659	6129723	10173936	2360122	886574	1473547
波多黎各	Puerto Rico	1287308	531418	755890	185680	76687	108993
萨巴	Saba	6	6		1	1	
圣卢西亚	Saint Lucia	16194	16154	41	2341	2335	6
圣马丁岛	Saint Martin Is.	3752	3694	58	541	533	8
圣文森特和格林纳丁斯	Saint Vincent & Grenadines	7079	7073	6	1020	1019	1
萨尔瓦多	El Salvador	769148	649920	119229	111003	93825	17178
苏里南	Surinam	195531	153110	42422	28243	22133	6110
特立尼达和多巴哥	Trinidad and Tobago	468907	236784	232123	67603	34120	33483
特克斯和凯科斯群岛	Turks & Caicos Is.	2330	2291	39	337	331	6
乌拉圭	Uruguay	2818261	1180184	1638077	407037	170305	236732
委内瑞拉	Venezuela	1422591	1052673	369918	205308	151884	53424
英属维尔京群岛	Virgin Is. (E)	6382	6195	187	917	891	27
圣其茨和尼维斯	St. Kitts-Nevis	9668	9375	294	1391	1348	42
圣皮埃尔和密克隆	St. Pierre and Miquelon	271	271	1	39	39	0.09
荷属安的列斯	Andreas Is. (N)	10339	10337	2	1497	1497	0.27
拉美其他国家（地区）	Other Countries (Regions) in Latin America	6184	5954	231	892	859	33
北美洲	**North America**	**450824404**	**341922482**	**108901922**	**65143586**	**49386185**	**15757401**
加拿大	Canada	44469910	29165072	15304838	6415793	4209457	2206337
美国	United States	406148797	312730914	93417884	58697967	45172903	13525065
格陵兰	Greenland	180304	1109	179196	26159	160	25999
百慕大	Bermuda	24642	24640	2	3559	3559	0.36
北美洲其他国家（地区）	Other Countries (Regions) in North America	749	747	2	108	107	0.28
大洋洲	**Oceanic**	**137457178**	**44830248**	**92626930**	**19834982**	**6472973**	**13362009**
澳大利亚	Australia	118609436	37013419	81596018	17116226	5346848	11769378
库克群岛	Cook Is.	5682	3831	1850	813	549	264
斐济	Fiji	238975	222875	16100	34572	32218	2354
盖比群岛	Gambier Is.	4	4	0.18	1	1	0.03
马克萨斯群岛	Marquesas Islands	0.37	0.30	0.06	0.05	0.04	0.01
瑙鲁	Nauru	1383	1327	56	202	194	8
新喀里多尼亚	New Caledonia (Fr)	889657	84348	805309	129124	12194	116931
瓦努阿图	Vanuatu	55773	50247	5526	8035	7241	794
新西兰	New Zealand	12559505	4191593	8367912	1812915	605303	1207612
诺福克岛	Norfolk Islands	1355	1351	4	197	197	0.61
巴布亚新几内亚	Papua New Guinea	2212833	640232	1572601	319372	92282	227090
社会群岛	Society Is.	357	357	0.04	51	51	0.01
所罗门群岛	Solomon Is.	328212	80895	247316	47184	11660	35524
汤加	Tonga	23518	23352	166	3396	3372	24
土阿莫土群岛	Tuamotu Archipelago	0.41	0.37	0.04	0.06	0.05	0.01
土布艾群岛	Tubuai Islands	0.48	0.44	0.04	0.07	0.06	0.01
萨摩亚	Samoa	60948	60545	402	8788	8731	58
基里巴斯	Kiribati	17043	16887	156	2463	2441	22
图瓦卢	Tuvalu	11195	11187	8	1615	1614	1
密克罗尼西亚联邦	Micronesia Commonwealth	19543	14501	5042	2813	2087	726
马绍尔群岛	Marshall Is.	2297551	2292204	5348	329229	328462	768
帕劳	Palau	16571	16566	5	2409	2408	1
法属波利尼西亚	Polynesia (F)	71704	68865	2839	10382	9967	415
瓦利斯和浮图纳	Wallis and Futuna	613	612	0.75	88	88	0.11
大洋洲其他国家（地区）	Other Countries (Regions) in Oceania	35320	35049	271	5106	5066	39
国别（地区）不详	**Others**	**1426236**	**24**	**1426212**	**205726**	**4**	**205723**

11-6 出口主要货物数量和金额(2020年)
Major Exported Commodities in Quantity and Value (2020)

品名		Commodity		数量 Quantity	金额 Value 万元人民币 RMB 10 000	万美元 USD 10 000
农产品		Agricultural Products			52683930	7606292
肉类(包含杂碎)	(万吨)	Meat (including entrails)	(10 000 tons)	31	1135717	163946
水海产品	(万吨)	Aquatic and Seawater Products	(10 000 tons)	375	12976231	1875319
蔬菜	(万吨)	Vegetables	(10 000 tons)	1017	8281368	1195129
鲜或冷藏蔬菜	(万吨)	Fresh or Refrigerated Vegetables	(10 000 tons)	692	3995865	577101
鲜、干水果及坚果	(万吨)	Fresh and Dried Fruits and Nuts	(10 000 tons)	387	4699335	682707
苹果	(万吨)	Apples	(10 000 tons)	106	997578	144961
茶叶	(吨)	Tea	(ton)	348814	1416433	203806
粮食	(万吨)	Grain	(10 000 tons)	355	1409137	202854
稻谷和大米	(万吨)	Paddy and Rice	(10 000 tons)	230	638394	91637
罐头	(吨)	Canned Food	(ton)	2189620	2195975	316095
蔬菜罐头	(吨)	Vegetable Can	(ton)	1540399	1531690	220438
酒类及饮料		Alcohol and Beverages			1600186	230808
果蔬汁	(万吨)	Fruit and vegetable juice	(10 000 tons)	49	374724	54132
啤酒	(万升)	Beer	(10 000 liters)	38674	168055	24267
烟草及其制品	(吨)	Tobacco and Tobacco Manufactures	(ton)	217859	539945	77878
烤烟	(吨)	Flue-cured Tobacco	(ton)	110449	231346	33246
卷烟	(吨)	Cigarettes	(ton)	21632	176585	25700
制盐	(吨)	Salt Manufacturing	(ton)	1151108	67933	9845
水泥及水泥熟料	(万吨)	Cement and Cement Clinkers	(10 000 tons)	313	152542	22024
钨品	(吨)	Tungsten Products	(ton)	14700	298000	42904
煤及褐煤	(万吨)	Coal and Lignite	(10 000 tons)	319	303191	43586
焦炭及半焦炭	(万吨)	Coke and Semi-coke	(10 000 tons)	349	537675	77268
成品油	(万吨)	Product Oil	(10 000 tons)	6180	17787498	2559591
汽油	(万吨)	Gasoline	(10 000 tons)	1600	4539175	653965
航空煤油	(万吨)	Aviation Kerosene	(10 000 tons)	997	3312947	475988
柴油	(万吨)	Diesel Oil	(10 000 tons)	1976	5497302	790482
氧化铝	(万吨)	Aluminum Oxide	(10 000 tons)	15	68647	9900
稀土及其制品	(吨)	Rare Earth and Its Products	(ton)	78137	1499198	216619
稀土	(吨)	Rare Earth	(ton)	35448	238256	34392
基本有机化学品		Basic Organic Chemicals			27200703	3924992
柠檬酸	(万吨)	Citric Acid	(10 000 tons)	94	394891	57028
医药材及药品	(吨)	Pharmaceutical Materials and Drugs	(ton)	1314213	15933817	2302554
中药材	(吨)	Traditional Chinese Medicine	(ton)	131884	180001	94729
中式成药	(吨)	Medicaments of Chinese Type	(ton)	12524	2574261	25929
抗菌素(制剂除外)	(吨)	Antibiotics (except preparations)	(ton)	83780	2574261	370902
医用敷料	(吨)	Medical Dressing	(ton)	216979	1288959	185841
肥料	(万吨)	Chemical Fertilizers	(10 000 tons)	2917	4674082	673693
尿素	(万吨)	Urea	(10 000 tons)	545	982984	142108
硫酸铵	(万吨)	Ammonium Sulphate	(10 000 tons)	866	702689	101222
磷酸氢二铵	(万吨)	Diammonium Hydrogen Phosphate	(10 000 tons)	573	1268669	182648
磷酸二氢铵	(万吨)	Ammonium Dihydrogen Phosphate	(10 000 tons)	253	581058	83635
合成有机染料	(吨)	Synthetic Organic Dyestuffs	(ton)	203917	836778	120862
美容化妆品及洗护用品	(吨)	Beauty Cosmetics and Toiletries	(ton)	998997	2945734	424330
烟花、爆竹	(吨)	Fireworks and Firecrackers	(ton)	270912	446313	64044
塑料制品		Plastic Articles			59002438	8523898
橡胶轮胎	(万吨)	Rubber Tire	(10 000 tons)	628	9651595	1393942
新的充气橡胶轮胎	(万吨)	New Pneumatic Rubber Tyres	(10 000 tons)	604	9194001	1327871

11-6 续表 1 continued

品名	Commodity	数量 Quantity	金额 Value 万元人民币 RMB 10 000	万美元 USD 10 000
皮革、毛皮及其制品	Leather, Fur and Their Products		5109424	741209
裘皮服装 (吨)	Fur Garment (ton)	5066	1715485	250690
箱包及类似容器 (万吨)	Luggage and Similar Containers (10 000 tons)	201	14279500	2062809
皮革箱包及类似容器 (吨)	Leather Cases, Bags and Similar Containers (ton)	92421	1584460	228805
木及其制品 (万吨)	Wood and Its Products (10 000 tons)	1034	9247248	1335009
家用或装饰用木制品(万吨)	Household or Decorative Wood Products (10 000 tons)	75	1853455	267686
胶合板及类似多层板(万吨)	Plywood and Similar Multilayer Boards (10 000 tons)	517	2927618	422378
植物材料编结品 (吨)	Plant Material Braid (ton)	312757	1148196	165774
纸浆、纸及其制品 (万吨)	Pulp, Paper and Its Products (10 000 tons)	916	14553464	2099547
纺织原料 (万吨)	Textile Raw Materials (10 000 tons)	137	1557502	225063
化学纤维纺织原料 (万吨)	Chemical Fiber Textile Raw Materials (10 000 tons)	132	1067934	154263
纺织纱线、织物及其制品	Textile Yarn, Fabric and Its Products		106916779	15378509
纺织纱线	Textile Yarn		6759679	976915
纺织织物	Textile Fabric		34384452	4967145
纺织制品	Textile Products		65772648	9434449
服装及衣着附件	Clothing and Accessories		95144622	13729740
服装	Garments		81663876	11780870
鞋靴 (万吨)	Footwear (10 000 tons)	318	24536449	3543379
帽类 (万个)	Hat Class (10 000 units)	1014959	2713600	391630
伞 (万吨)	Umbrellas (10 000 tons)	39	1406601	203013
花岗岩石材及其制品 (万吨)	Granite Stone and Its Products (10 000 tons)	484	2279634	328389
陶瓷产品 (万吨)	Ceramic Products (10 000 tons)	1768	17363070	2511328
日用陶瓷 (万吨)	Household Ceramics (10 000 tons)	424	12572362	1819171
建筑用陶瓷 (万吨)	Architectural Ceramics (10 000 tons)	1312	4368734	631191
玻璃及其制品	Glass and Its Products		13039494	1885124
珍珠、宝石及半宝石	Pearls, Precious Stones and Semi Precious Stones		1182167	172066
贵金属或包贵金属的首饰(吨)	Precious Metal or Jewelry Wrapped in Precious Metal(ton)	777	5484643	798622
铁合金 (万吨)	Ferroalloy (10 000 tons)	47	580156	83751
钢材 (万吨)	Rolled Steel (10 000 tons)	5367	31493002	4544361
钢铁棒材 (万吨)	Steel Bar (10 000 tons)	690	2965915	427995
角钢及型钢 (万吨)	Angle Steel and Section Steel (10 000 tons)	281	1381677	199623
钢铁板材 (万吨)	Steel Sheet (10 000 tons)	3273	16463613	2376772
钢铁线材 (万吨)	Steel Wire Rod (10 000 tons)	203	1904593	275275
未锻轧铜及铜材 (吨)	Unwrought Copper and Copper Products (ton)	744434	3761125	543669
未锻轧铝及铝材 (吨)	Unwrought Aluminum and Aluminum Products (ton)	4856419	9066495	1309379
家具及其零件	Furniture and Parts		40375796	5839124
玩具	Toys		23171255	3348298
体育用品及设备	Sporting Goods and Equipment		10926654	1580718
笔及其零件	Pen and Its Parts		1539701	221840
机电产品	Mechanical and Electrical Products		1065724417	154059415
机械基础件	Mechanical Foundation Parts		15110127	2181385
紧固件 (吨)	Fastener (ton)	4069125	6093669	878960
轴承 (吨)	Bearings (ton)	589205	2510076	362722
手用或机用工具 (万吨)	Hand Tools and Tools for Machines (10 000 tons)	196	8405266	1213933
农业机械	Agricultural Machinery		3476004	501550
拖拉机 (辆)	Tractors (unit)	126896	329661	47585
食品加工机械 (万台)	Food Processing Machinery (10 000 sets)	563	830202	120077
包装机械 (万台)	Packaging Machinery (10 000 sets)	1426	2044986	295457
印刷、装订机械及其零件	Printing and Binding Machinery and Its Parts		9317016	1345081

11-6 续表 2 continued

品名	Commodity	数量 Quantity	金额 Value 万元人民币 RMB 10 000	万美元 USD 10 000
打印机、复印机及一体机 (台)	Printer, Copier and All-in-one Machine (set)	44107219	5336640	770603
通用机械设备	General Mechanical Equipment		28778629	4151907
泵 (万台)	Pump (10 000 sets)	721763	4650025	671011
压缩机 (万台)	Compressor (10 000 sets)	12711	3757033	542801
分离设备	Separation Equipment		3708450	534897
阀门及类似装置 (万套)	Valves and Similar Devices (10 000 units)	500490	8642072	1247190
纺织机械及其零件	Textile Machinery and Its Parts		3168420	456629
缝制机械及其零件	Sewing Machinery and Its Parts		1200844	173682
机床 (台)	Machine Tool (set)	22256826	4421285	638738
自动数据处理设备及其零部件	Automatic Data Processing Equipment and Its Parts		145986778	21095622
自动数据处理设备 (万台)	Automatic Data Processing Equipment (10 000 sets)	33069	85130787	12306052
平板电脑 (万台)	Tablet PC (10 000 sets)	13794	18508122	2681964
笔记本电脑 (万台)	Notebook Computer (10 000 sets)	18129	61251076	8849676
中央处理部件 (万台)	Central Processing Unit (10 000 sets)	3526	10674449	1541680
存储部件 (万台)	Storage Unit (10 000 sets)	26416	12007183	1734922
自动数据处理设备的零件、附件 (吨)	Parts and Accessories of Automatic Data Processing Equipment (ton)	603534	21216076	3061813
液晶监视器 (万台)	LCD Monitor (10 000 sets)	9843	6767582	977197
电工器材	Electrical Equipment		70052437	10120002
变压器 (万个)	Transformer (10 000 units)	286169	2258643	325826
原电池 (亿个)	Primary Cells and Batteries (100 million units)	309	1568958	226244
蓄电池 (万个)	Electric Accumulators (10 000 units)	286250	13520408	1953911
锂离子蓄电池 (万个)	Lithium-ion Battery (10 000 units)	222052	11024416	1593936
电气控制装置	Electrical Control Device		18417230	2660778
高压开关及控制装置	High Voltage Switch and Control Device		1377864	198883
低压开关及控制装置	Low Voltage Switch and Control Device		17039366	2461894
电线及电缆 (万吨)	Wires and Cables (10 000 tons)	207	12784015	1846023
手机 (万台)	Mobile Phone (10 000 sets)	96595	86466307	12545218
家用电器 (万台)	Household Electric Appliances (10 000 sets)	339056	45822638	6612926
电扇 (万台)	Fans (10 000 sets)	36608	3302532	474426
空调 (万台)	Air Conditioner (10 000 sets)	4720	4785409	686766
冰箱 (万台)	Refrigerator (10 000 sets)	6954	5686153	820454
洗衣机 (万台)	Washing Machine (10 000 sets)	2154	1852217	266938
吸尘器 (万台)	Vacuum Cleaner (10 000 sets)	14778	3970161	573739
微波炉 (万个)	Microwave Oven (10 000 units)	6741	2243739	323723
音视频设备及其零件	Audio and Video Equipment and Its Parts		37790601	5463977
电视摄像机，数字照相机及视频摄录一体机 (万台)	TV Camera, Digital Camera and Video Recorder (10 000 sets)	52888	7450643	1078888
数字照相机 (万台)	Digital camera (10 000 sets)	1807	1841924	266925
无线电广播接收设备 (万台)	Radio Broadcasting Receiving Equipment(10 000 sets)	22729	2486214	360421
液晶电视机 (万台)	LCD TV (10 000 sets)	9994	9309623	1343177
音视频设备的零件	Parts of Audio and Video Equipment		9922116	1435977
有机发光二极管显示屏 (吨)	Organic Light Emitting Diode Display (ton)	17858	1026545	149444
电子元件	Electronic Component		143507718	20767937
印刷电路 (亿块)	Printed Circuit (100 million units)	363	10440696	1510427
二极管及类似半导体器件(亿个)	Diode and Semi Conductors (100 million units)	5796	23882324	3451785
太阳能电池 (万个)	Solar Cell (10 000 units)	272305	13700079	1979240
集成电路 (亿个)	Integrated Circuits (100 million units)	2598	80491942	11649597

11-6　续表 3　continued

品　　名		Commodity		数　量 Quantity	金　额 Value 万元人民币 RMB 10 000	万美元 USD 10 000
集装箱	(万个)	Containers	(10 000 units)	198	5076279	736707
摩托车	(万辆)	Motorcycle	(10 000 units)	2830	5952375	859901
内燃机摩托车	(万辆)	Internal Combustion Engine Motorcycle	(10 000 units)	970	3472794	501496
电动摩托车及脚踏车	(万辆)	Electric Motorcycle and Bicycle	(10 000 units)	1793	2425197	350569
自行车	(万辆)	Bicycles	(10 000 units)	6030	2518672	364306
摩托车及自行车的零配件		Spare Parts for Motorcycles and Bicycles			5990136	866930
汽车(包含底盘)	(万辆)	Automobile (including chassis)	(10 000 units)	108	10884097	1571956
乘用车	(辆)	Passenger Car	(unit)	804983	6209516	897745
商用车	(辆)	Commercial Vehicle	(unit)	276353	4674580	674211
客车(十座及以上)	(辆)	Passenger Cars (ten seats and above)	(unit)	40702	1311089	188250
货车	(辆)	Trucks	(unit)	189854	1877798	271588
专用汽车	(辆)	Special Purpose Vehicle	(unit)	12611	606787	87421
汽车零配件		Auto Parts			39083250	5650191
车用发动机	(万台)	Vehicle Engine	(10 000 sets)	330	1199788	173262
汽车轮胎	(吨)	Automobile Tire	(ton)	5397159	8055218	1163388
婴孩车及其零件	(吨)	Baby Carriages and Parts	(ton)	185390	880498	126756
船舶	(艘)	Shipping	(unit)	5345	11927117	1719339
液货船	(艘)	Tanker	(unit)	104	2532550	364459
集装箱船	(艘)	Container Ship	(unit)	49	1394164	203077
散货船	(艘)	Bulk Cargo Ship	(unit)	247	5437901	781245
眼镜及其零件		Glasses and Parts Thereof			3723525	537404
液晶显示板	(万个)	Liquid Crystal Display Panel	(10 000 units)	126746	13697688	1979000
计量检测分析自控仪器及器具		Automatic Control Instruments and Apparatus for Measurement, Detection and Analysis			17455222	2521925
分析仪器	(台)	Analysis instrument	(set)	76836960	1279576	184895
医疗仪器及器械		Medical Instruments and Appliances			12591537	1813493
钟表及其零件		Clocks and Watches and Their Parts			2511946	363262
手表	(万只)	Wrist Watches	(10 000 units)	36218	1137772	164587
灯具、照明装置及其零件		Lamps, Lighting Devices and Their Parts			26012009	3760369
游戏机及其零附件	(吨)	Game Console and Its Accessories	(ton)	490647	7252204	1055328
高新技术产品		New and High-tech Product			536649977	77625474
生物技术		Biotechnology			826464	120212
生命科学技术		Life Science and Technology			28467998	4109177
光电技术		Photoelectric Technology			18578338	2684109
计算机与通信技术		Computer and Communication Technology			338095986	48919142
电子技术		Electronic Technique			126985651	18369133
计算机集成制造技术		Computer Integrated Manufacturing Technology			13590914	1963799
材料技术		Material Technology			4916494	710211
航空航天技术		Aviation and Aerospace Technology			4473939	646331
其他技术		Other Technologies			714192	103361
电动载人汽车	(辆)	Electric manned vehicle	(unit)	222843	2240382	323241
混合动力客车(10座及以上)	(辆)	Hybrid Electric Bus (10 seats and above)	(unit)	82	5912	859
纯电动客车(10座及以上)	(辆)	Pure Electric Bus (10 seats and above)	(unit)	2478	432537	62225
非插电式混合动力乘用车	(辆)	Non Plug in Hybrid Passenger Vehicle	(unit)	1698	34782	4995
插电式混合动力乘用车	(辆)	Plug in Hybrid Passenger Car	(unit)	24680	676683	97274
纯电动乘用车	(辆)	Pure Electric Passenger Car	(unit)	193905	1090469	157887
文化产品		Cultural Products			67161721	9714757

11-7 进口主要货物数量和金额(2020年)

Major Imported Commodities in Quantity and Value (2020)

品 名	Commodity	数 量 Quantity	金 额 Value 万元人民币 RMB 10 000	万美元 USD 10 000
农产品	Agricultural Products		118355584	17087369
肉类(包含杂碎) (万吨)	Meat (including entrails) (10 000 tons)	991	21312102	3072967
牛肉及牛杂碎 (万吨)	Beef and Cattle Entrails (10 000 tons)	214	7124721	1027290
牛肉 (万吨)	Beef (10 000 tons)	212	7059044	1017839
猪肉及猪杂碎 (万吨)	Pork and Pig Entrails (10 000 tons)	573	10308542	1486680
猪肉 (万吨)	Pork (10 000 tons)	439	8347296	1204009
水海产品 (万吨)	Aquatic and Seawater Products (10 000 tons)	401	8967771	1293511
冻鱼 (万吨)	Frozen Fish (10 000 tons)	220	2718643	391857
乳品 (万吨)	Dairy Products (10 000 tons)	337	8658875	1250560
奶粉 (万吨)	Milk Powder (10 000 tons)	132	5789545	835691
鲜、干水果及坚果(万吨)	Fresh and Dried Fruits and Nuts (10 000 tons)	654	8076178	1164653
粮食 (万吨)	Grain (10 000 tons)	14255	35239979	5084254
小麦 (万吨)	Wheat (10 000 tons)	838	1631216	234884
大麦 (万吨)	Barley (10 000 tons)	808	1295065	188025
玉米 (万吨)	Corn (10 000 tons)	1124	1710559	248251
稻谷及大米 (万吨)	Paddy and Rice (10 000 tons)	294	1025304	149511
高粱 (万吨)	Jowar (10 000 tons)	481	803160	115607
大豆 (万吨)	Soybeans (10 000 tons)	10031	27434757	3954557
食用植物油 (万吨)	Edible Vegetable Oil (10 000 tons)	983	5150455	744358
豆油 (万吨)	Soybean Oil (10 000 tons)	96	504969	72352
棕榈油 (万吨)	RBD Palm Oil (10 000 tons)	466	2007976	290935
菜子油及芥子油(万吨)	Rapeseed Oil and Mustard Oil (10 000 tons)	193	1138096	164112
食糖 (万吨)	Sugar (10 000 tons)	527	1236492	180281
酒类及饮料	Alcohol and Beverages		3706560	537134
啤酒 (万升)	Beer (10 000 liters)	58416	481764	69502
葡萄酒 (万升)	Wine (10 000 liters)	47105	1946522	282891
制盐 (吨)	Salt Manufacturing (ton)	5948842	176711	25514
金属矿及矿砂 (万吨)	Metal Ore and Ore (10 000 tons)	140003	129610516	18741687
铁矿砂及其精矿 (万吨)	Iron Ore and Concentrates (10 000 tons)	116950	85563581	12373236
铜矿砂及其精矿 (万吨)	Copper Ores and Concentrates (10 000 tons)	2176	25208505	3647287
铝矿砂及其精矿 (万吨)	Aluminum Ores and Concentrates(10 000 tons)	11159	3489981	502376
煤及褐煤 (万吨)	Coal and Lignite (10 000 tons)	30331	14136798	2028654
原油 (万吨)	Crude Oil (10 000 tons)	54201	123621320	17845285
成品油 (万吨)	Petroleum Products Refined (10 000 tons)	2827	8192074	1181518
石脑油 (万吨)	Naphtha (10 000 tons)	789	2135739	308039
航空煤油 (万吨)	Aviation Kerosene (10 000 tons)	255	640127	92024
天然气 (万吨)	Natural Gas (10 000 tons)	10123	23042676	3330324
液化天然气 (万吨)	Liquified Natural Gas (10 000 tons)	6670	16071698	2324195
气态天然气 (万吨)	Natural Gas (10 000 tons)	3453	6970978	1006129
多晶硅 (吨)	Polysilicon (ton)	100738	655980	95357
基本有机化学品	Basic Organic Chemicals		29880434	4310701
二甲苯 (万吨)	Xylene (10 000 tons)	1407	5732179	826654
乙二醇 (万吨)	Ethylene Glycol (10 000 tons)	1055	3396392	489094
医药材及药品 (吨)	Pharmaceutical Materials and Drugs (ton)	219235	25791384	3718139
中药材 (吨)	Traditional Chinese Medicine (ton)	68025	138041	19976
人用疫苗 (千克)	Human Vaccine (kg)	1007226	1682673	243018
肥料 (万吨)	Chemical Fertilizers (10 000 tons)	1060	1998065	288060
氯化钾 (万吨)	Potassium Chloride (10 000 tons)	873	1449469	208911
氮磷钾三元复合肥(万吨)	N-P-K Compound Fertilizer (10 000 tons)	140	429671	61993
美容化妆品及洗护用品(吨)	Beauty Cosmetics and Toiletries (ton)	450427	13997693	2024409
初级形状的塑料 (万吨)	Plastics in Primary Forms (10 000 tons)	4062	36301979	5247324
塑料制品	Plastic Articles		13328972	1927340

11-7 续表 1 continued

品 名		Commodity		数 量 Quantity	金 额 Value 万元人民币 RMB 10 000	万美元 USD 10 000
天然及合成橡胶(包括胶乳)	(万吨)	Natural and Synthetic Rubber (including latex)	(10 000 tons)	747	7314615	1059094
皮革、毛皮及其制品		Leather, Fur and Their Products			3361030	487125
牛皮革及马皮革	(吨)	Cow Leather and Horse Leather	(ton)	535226	1035917	150097
木及其制品	(万吨)	Wood and Its Products	(10 000 tons)	7343	12369892	1785208
原木	(万吨)	Logs	(10 000 tons)	4873	5812758	840106
锯材	(万吨)	Wood Sawn	(10 000 tons)	2174	5310260	764526
纸浆、纸及其制品	(万吨)	Pulp, Paper and Its Products	(10 000 tons)	4305	15920742	2298797
纸浆	(万吨)	Paper Pulp	(10 000 tons)	3050	10847026	1565217
纺织原料	(万吨)	Textile Raw Materials	(10 000 tons)	376	5046591	731082
羊毛及毛条	(吨)	Wool and Wool Tops	(ton)	223938	1138973	164297
棉花	(万吨)	Cotton	(10 000 tons)	216	2451618	356563
纺织纱线、织物及其制品		Textile Yarn, Fabric and Its Products			9509174	1374359
纺织纱线		Textile Yarn			4100136	592296
棉纱线	(万吨)	Cotton Yarn	(10 000 tons)	190	2943841	425187
合成纤维纱线	(吨)	Synthetic Fiber Yarn	(ton)	229448	802419	116024
服装及衣着附件		Clothing and Accessories			6426244	929408
玻璃及其制品		Glass and Its Products			5450708	787587
玻璃纤维及其制品	(吨)	Glass Fiber and Its Products	(ton)	191784	662388	95693
珍珠、宝石及半宝石		Pearls, Precious Stones and Semi Precious Stones			4466657	650138
钻石	(千克)	Diamonds	(kg)	1575	4083510	594403
钢材	(万吨)	Rolled Steel	(10 000 tons)	2023	11651469	1682638
未锻轧铜及铜材	(吨)	Unwrought Copper and Copper Products	(ton)	6681122	30117935	4352204
未锻轧铝及铝材	(吨)	Unwrought Aluminum and Aluminum Products	(ton)	2705009	4360713	629869
机电产品		Mechanical and Electrical Products			656198811	94905298
机械基础件		Mechanical Foundation Parts			7725893	1117057
农业机械		Agricultural Machinery			569617	82106
收获机械	(台)	Harvesting Machinery	(set)	3016	253533	36244
拖拉机	(辆)	Tractors	(unit)	558	33225	4833
食品加工机械	(万台)	Food Processing Machinery	(10 000 sets)	11	387396	56127
包装机械	(台)	Packaging Machinery	(set)	145807	1082625	156861
印刷、装订机械及其零件		Printing and Binding Machinery and Its Parts			4502305	651164
打印机、复印机及一体机	(台)	Printer, Copier and All-in-one Machine	(set)	12794288	1788399	258380
通用机械设备		General Mechanical Equipment			13435830	1942560
泵	(万台)	Pump	(10 000 sets)	10680	2651756	383536
压缩机	(万台)	Compressor	(10 000 sets)	799	1153784	166683
分离设备		Separation Equipment			2393563	345845
阀门及类似装置	(万套)	Valves and Similar Devices	(10 000 sets)	103124	5250192	758941
机床	(台)	Machine Tool	(set)	108121	4564416	659956
自动数据处理设备及其零部件		Automatic Data Processing Equipment and Its Parts			37086414	5354551
自动数据处理设备	(万台)	Automatic Data Processing Equipment	(10 000 sets)	130	606046	87441
中央处理部件	(万台)	Central Processing Unit	(10 000 sets)	888	1381866	199952
存储部件	(万台)	Storage Unit	(10 000 sets)	34308	17754135	2563607
自动数据处理设备的零件、附件	(吨)	Parts and Accessories of Automatic Data Processing Equipment	(ton)	74254	13515944	1951132
半导体制造设备	(台)	Semiconductor Manufacturing Equipment	(set)	58438	17451999	2524357
制造单晶柱或晶圆用的机器及装置	(台)	Machines and Devices for Manufacturing Single Crystal Columns or Wafers	(set)	2417	594507	85886
制造半导体器件或集成电路用的机器及装置	(台)	Machines and Devices for Manufacturing Semiconductor Devices or Integrated Circuits	(set)	11499	9376457	1356125
制造平板显示器用的机器及装置	(台)	Machine and Device for Manufacturing Flat Panel Display	(set)	6723	4888646	707443
电工器材		Electrical Equipment			29623127	4282337
变压器	(万个)	Transformer	(10 000 units)	131477	520866	75148
蓄电池	(万个)	Electric Accumulators	(10 000 units)	148956	2697749	389438
锂离子蓄电池	(万个)	Lithium-ion Battery	(10 000 units)	142182	2449273	353650

11-7 续表 2 continued

品 名	Commodity	数 量 Quantity	金 额 Value 万元人民币 RMB 10 000	 万美元 USD 10 000
电气控制装置	Electrical Control Device		14892495	2153347
电线及电缆 (万吨)	Wires and Cables (10 000 tons)	21	3427730	495605
音视频设备及其零件	Audio and Video Equipment and Its Parts		11881805	1725524
电视摄像机,数字照相机及视频摄录一体机 (万台)	TV Camera, Digital Camera and Video Recorder(10 000 sets)	8445	1720426	249197
音视频设备的零件	Parts of Audio and Video Equipment		9181013	1334786
有机发光二极管显示屏 (吨)	Organic Light Emitting Diode Display (ton)	12518	571435	82956
电子元件	Electronic Component		280666473	40587990
电容器 (万吨)	Electrical Capacitors (10 000 tons)	7	7739525	1120247
印刷电路 (亿块)	Printed Circuit (100 million units)	465	7518086	1087717
二极管及类似半导体器件(亿个)	Diode and Semi Conductorst (100 million units)	5433	16224185	2346122
集成电路 (亿个)	Integrated Circuits (100 million units)	5435	242026423	34996363
汽车(包含底盘) (万辆)	Automobile (including chassis) (10 000 units)	93	32418865	4670185
乘用车 (辆)	Passenger Car (unit)	912242	31182353	4491740
商用车 (辆)	Commercial Vehicle (unit)	20860	1236512	178445
货车 (辆)	Trucks (unit)	14912	831561	120057
专用汽车 (辆)	Special Purpose Vehicle (unit)	257	118934	17209
汽车零配件	Auto Parts		22489142	3248586
车用发动机 (万台)	Vehicle Engine (10 000 sets)	72	1237148	177994
汽车轮胎 (吨)	Automobile Tire (ton)	106457	431830	62344
飞机及其他航空器 (架)	Aircraft and Others (unit)	715	4872505	718252
空载重量超过2吨的飞机 (架)	Aircraft with an Unloaded Weight of More Than 2 Tons(unit)	153	4755121	701147
航空器零部件	Aircraft Parts		5487779	794148
涡轮喷气发动机 (台)	Turbojet Engine (set)	701	2193124	317305
涡轮螺桨发动机 (台)	Turboprop Engine (set)	36	3407	500
船舶 (艘)	Shipping (unit)	2177	1016348	145621
液晶显示板 (万个)	Liquid Crystal Display Panel (10 000 units)	188330	13203427	1908917
计量检测分析自控仪器及器具	Automatic Control Instruments and Apparatus for Measurement, Detection and Analysis		27937946	4042281
医疗仪器及器械	Medical Instruments and Appliances		8758131	1267067
钟表及其零件	Clocks and Watches and Their Parts		3082221	446895
手表 (万只)	Wrist Watches (10 000 units)	2455	2623959	380745
电动手表 (万只)	Electric Watch (10 000 units)	2206	801926	116157
机械手表 (万只)	Mechanical Watch (10 000 units)	249	1822033	264589
高新技术产品	New and High-tech Product		471527735	68210083
生物技术	Biotechnology		2993764	432668
生命科学技术	Life Science and Technology		29419249	4246840
光电技术	Photoelectric Technology		22909387	3312032
计算机与通信技术	Computer and Communication Technology		84302952	12211876
电子技术	Electronic Technique		275173357	39789251
计算机集成制造技术	Computer Integrated Manufacturing Technology		39074945	5649406
材料技术 (吨)	Material Technology (ton)	39152	3580674	517739
航空航天技术	Aviation and Aerospace Technology		13439545	1958418
其他技术	Other Technologies		633863	91851
电动载人汽车 (辆)	Electric Manned Vehicle (unit)	130639	4198250	607830
纯电动客车(10座及以上) (辆)	Pure Electric Bus (10 seats and above) (unit)	1	60	9
非插电式混合动力乘用车 (辆)	Non Plug in Hybrid Passenger Vehicle (unit)	107591	2879663	416051
插电式混合动力乘用车 (辆)	Plug in Hybrid Passenger Car (unit)	11475	669493	96809
纯电动乘用车 (辆)	Pure Electric Passenger Car (unit)	11572	649033	94960
文化产品	Cultural Products		7933181	1148841

11-8 分地区货物进出口总额(2020年)
International Trade in Goods by Region (2020)

单位：亿元人民币 (RMB 100 million)

地 区	Region	按收发货人所在地分 By Location of Importers/Exporters			按境内目的地和货源地分 By Location of Domestic Consumers/Producers		
		进出口 Total	出 口 Exports	进 口 Imports	进出口 Total	出 口 Exports	进 口 Imports
全 国	**National Total**	**322215.2**	**179278.8**	**142936.4**	**322215.2**	**179278.8**	**142936.4**
北 京	Beijing	23313.0	4664.1	18648.9	7972.4	2047.8	5924.6
天 津	Tianjin	7367.9	3074.3	4293.6	8712.0	2811.6	5900.4
河 北	Hebei	4456.8	2520.8	1936.0	6921.0	3459.7	3461.3
山 西	Shanxi	1504.3	873.9	630.4	1517.9	981.8	536.1
内蒙古	Inner Mongolia	1054.2	349.0	705.1	1423.4	451.6	971.9
辽 宁	Liaoning	6569.2	2651.9	3917.2	8194.1	3186.4	5007.7
吉 林	Jilin	1282.3	290.9	991.4	1355.7	322.6	1033.1
黑龙江	Heilongjiang	1539.2	359.9	1179.3	1422.1	375.7	1046.3
上 海	Shanghai	34872.7	13720.9	21151.8	33132.1	11585.1	21547.0
江 苏	Jiangsu	44503.6	27433.3	17070.3	47397.3	27534.2	19863.1
浙 江	Zhejiang	33848.5	25169.3	8679.1	32213.9	24378.7	7835.3
安 徽	Anhui	5451.5	3160.9	2290.6	5210.0	3312.4	1897.5
福 建	Fujian	14098.1	8472.9	5625.2	11914.4	7676.4	4238.0
江 西	Jiangxi	4024.6	2918.2	1106.4	3531.1	2429.3	1101.8
山 东	Shandong	22130.3	13047.1	9083.3	24461.2	12417.3	12043.9
河 南	Henan	6678.8	4074.7	2604.1	7178.5	4538.0	2640.5
湖 北	Hubei	4305.2	2702.1	1603.2	4266.4	2640.5	1625.8
湖 南	Hunan	4884.9	3304.0	1580.9	3311.9	2123.8	1188.1
广 东	Guangdong	70871.1	43490.2	27380.9	83436.9	52296.8	31140.1
广 西	Guangxi	4869.8	2707.4	2162.4	4614.8	1467.4	3147.4
海 南	Hainan	936.3	277.0	659.2	1147.1	278.1	869.0
重 庆	Chongqing	6513.6	4187.3	2326.3	5809.6	3808.9	2000.7
四 川	Sichuan	8088.6	4653.6	3435.0	8114.5	4553.5	3561.0
贵 州	Guizhou	546.7	431.2	115.5	516.7	408.5	108.2
云 南	Yunnan	2692.8	1518.6	1174.2	2374.8	1177.1	1197.7
西 藏	Tibet	21.3	12.9	8.4	19.4	17.3	2.1
陕 西	Shaanxi	3777.6	1929.6	1848.0	3550.7	1850.2	1700.5
甘 肃	Gansu	382.4	85.6	296.8	394.5	124.9	269.6
青 海	Qinghai	23.0	12.3	10.7	21.5	12.6	8.9
宁 夏	Ningxia	123.4	86.7	36.7	202.7	155.0	47.6
新 疆	Xinjiang	1483.4	1098.1	385.3	1876.7	855.5	1021.2

11-9 分地区货物进出口总额(2020年)
International Trade in Goods by Region (2020)

单位：亿美元 (USD 100 million)

地区	Region	按收发货人所在地分 By Location of Importers/Exporters			按境内目的地和货源地分 By Location of Domestic Consumers/Producers		
		进出口 Total	出口 Exports	进口 Imports	进出口 Total	出口 Exports	进口 Imports
全 国	**National Total**	**46559.1**	**25899.5**	**20659.6**	**46559.1**	**25899.5**	**20659.6**
北 京	Beijing	3364.8	671.5	2693.3	1150.1	295.0	855.0
天 津	Tianjin	1063.2	443.5	619.7	1257.7	405.7	851.9
河 北	Hebei	644.7	364.5	280.2	1000.8	500.3	500.5
山 西	Shanxi	218.4	126.8	91.6	219.9	142.2	77.7
内蒙古	Inner Mongolia	152.2	50.4	101.8	205.8	65.2	140.6
辽 宁	Liaoning	948.3	383.3	565.0	1182.6	459.9	722.7
吉 林	Jilin	185.3	42.1	143.2	195.9	46.6	149.3
黑龙江	Heilongjiang	222.3	51.9	170.4	205.3	54.1	151.2
上 海	Shanghai	5038.3	1980.4	3057.9	4787.8	1672.6	3115.1
江 苏	Jiangsu	6428.3	3961.3	2467.1	6843.7	3973.9	2869.8
浙 江	Zhejiang	4885.4	3631.1	1254.3	4650.4	3517.8	1132.7
安 徽	Anhui	787.0	455.8	331.3	752.2	477.8	274.4
福 建	Fujian	2035.8	1223.8	812.0	1721.0	1109.1	611.9
江 西	Jiangxi	580.3	420.6	159.7	509.3	350.2	159.1
山 东	Shandong	3202.1	1889.2	1312.9	3534.7	1794.7	1740.1
河 南	Henan	972.7	593.0	379.7	1044.6	659.5	385.1
湖 北	Hubei	622.5	390.6	231.8	616.5	381.3	235.2
湖 南	Hunan	706.8	478.2	228.6	478.6	306.7	171.9
广 东	Guangdong	10240.2	6282.6	3957.7	12062.1	7561.0	4501.1
广 西	Guangxi	704.1	391.8	312.4	667.0	212.3	454.8
海 南	Hainan	135.9	40.2	95.6	165.8	40.1	125.7
重 庆	Chongqing	941.8	605.3	336.6	839.8	550.3	289.6
四 川	Sichuan	1169.0	672.4	496.6	1173.1	658.2	514.9
贵 州	Guizhou	79.1	62.3	16.8	74.8	59.0	15.8
云 南	Yunnan	391.3	221.4	169.9	343.6	170.4	173.1
西 藏	Tibet	3.1	1.9	1.2	2.8	2.5	0.3
陕 西	Shaanxi	546.0	278.9	267.1	513.0	267.4	245.6
甘 肃	Gansu	55.3	12.4	42.9	57.0	18.1	39.0
青 海	Qinghai	3.3	1.8	1.5	3.1	1.8	1.3
宁 夏	Ningxia	17.8	12.5	5.3	29.3	22.4	6.9
新 疆	Xinjiang	213.7	158.3	55.4	270.7	123.4	147.3

11-10 分地区外商投资企业货物进出口总额(2020年)
International Trade in Goods of Foreign-Invested Enterprises by Region (2020)

地区	Region	万元人民币 (RMB 10 000)			万美元 (USD 10 000)		
		进出口 Total	出口 Exports	进口 Imports	进出口 Total	出口 Exports	进口 Imports
全国	**National Total**	**1244763717**	**645079977**	**599683740**	**179896419**	**93208205**	**86688215**
北京	Beijing	54345851	13515788	40830063	7835647	1948725	5886922
天津	Tianjin	38171335	14039589	24131746	5510341	2026640	3483701
河北	Hebei	5982372	3252352	2730020	865377	470828	394549
山西	Shanxi	8706153	5764167	2941986	1263044	836210	426834
内蒙古	Inner Mongolia	643401	308252	335149	92768	44376	48392
辽宁	Liaoning	25322869	10921398	14401471	3658490	1578034	2080456
吉林	Jilin	6372074	726615	5645459	921196	105096	816099
黑龙江	Heilongjiang	1159683	531621	628063	167247	76404	90843
上海	Shanghai	225133722	82526981	142606740	32529042	11914593	20614450
江苏	Jiangsu	250025680	140087215	109938464	36112620	20229802	15882818
浙江	Zhejiang	54328372	33722431	20605941	7844407	4866857	2977551
安徽	Anhui	15506153	8698089	6808064	2240027	1256426	983602
福建	Fujian	39206569	23182013	16024556	5659560	3347546	2312014
江西	Jiangxi	9054135	5240394	3813741	1308184	756278	551906
山东	Shandong	48838590	30247633	18590958	7070508	4378469	2692039
河南	Henan	41010046	24371989	16638057	5990134	3558811	2431323
湖北	Hubei	8561824	4632521	3929304	1235162	667270	567891
湖南	Hunan	5385711	2593182	2792529	778771	374872	403898
广东	Guangdong	278808064	168942317	109865746	40301178	24407433	15893746
广西	Guangxi	7818967	3668925	4150042	1127340	529359	597981
海南	Hainan	3046905	1599319	1447586	438104	229968	208136
重庆	Chongqing	34974456	23794835	11179621	5046612	3432131	1614481
四川	Sichuan	57196988	30819038	26377950	8266933	4453683	3813250
贵州	Guizhou	248795	163084	85711	35810	23486	12324
云南	Yunnan	513859	229509	284350	73930	33099	40831
西藏	Tibet	14182	26	14156	2112	4	2108
陕西	Shaanxi	24025846	11334522	12691324	3469601	1637757	1831843
甘肃	Gansu	47895	10160	37735	6939	1469	5470
青海	Qinghai	4471	4176	294	643	602	42
宁夏	Ningxia	208655	115621	93034	30259	16724	13535
新疆	Xinjiang	100093	36214	63879	14433	5252	9180

11-11 服务进出口总额
International Trade in Services

年份 Year	亿美元 100 million USD				亿元人民币 100 million RMB			
	进出口 Total	出口 Exports	进口 Imports	差额 Balance	进出口 Total	出口 Exports	进口 Imports	差额 Balance
1982	46.9	26.7	20.2	6.5				
1983	47.6	27.7	19.9	7.7				
1984	59.5	30.9	28.6	2.3				
1985	56.2	31.0	25.2	5.8				
1986	61.4	38.6	22.8	15.9				
1987	65.7	40.8	24.9	16.0				
1988	87.0	51.0	36.0	15.0				
1989	101.1	62.0	39.1	22.9				
1990	124.2	80.7	43.5	37.1				
1991	136.7	95.5	41.2	54.3				
1992	220.1	125.8	94.3	31.5				
1993	266.2	145.8	120.4	25.5				
1994	365.0	202.0	163.0	39.0				
1995	496.4	244.2	252.2	-8.0				
1996	505.7	279.8	225.9	54.0				
1997	622.1	342.4	279.7	62.7				
1998	518.9	250.5	268.4	-17.9				
1999	610.2	293.7	316.5	-22.8				
2000	711.9	350.3	361.6	-11.3				
2001	784.5	391.8	392.7	-1.0				
2002	927.6	462.3	465.3	-3.0				
2003	1066.4	513.3	553.1	-39.8				
2004	1452.3	725.1	727.2	-2.2				
2005	1682.8	843.1	839.7	3.4				
2006	2038.2	1029.8	1008.4	21.4				
2007	2654.5	1353.2	1301.3	51.9				
2008	3222.6	1633.1	1589.5	43.7				
2009	3024.9	1435.7	1589.2	-153.5				
2010	3717.4	1783.4	1934.0	-150.6				
2011	4488.9	2010.5	2478.4	-468.0				
2012	4828.8	2015.8	2813.0	-797.3				
2013	5376.1	2070.1	3306.1	-1236.0				
2014	6520.2	2191.4	4328.8	-2137.4				
2015	6541.6	2186.2	4355.4	-2169.2				
2016	6616.3	2095.3	4521.0	-2425.7	43998.1	13933.7	30064.4	-16130.8
2017	6956.8	2280.9	4675.9	-2395.0	46991.1	15406.8	31584.3	-16177.4
2018	7918.8	2668.4	5250.4	-2582.0	52401.9	17658.0	34744.0	-17086.0
2019	7850.0	2836.0	5014.0	-2178.0	54152.9	19564.0	34588.9	-15024.9
2020	6617.2	2806.3	3810.9	-1004.6	45642.7	19356.7	26286.0	-6929.3

注：服务进出口总额包含政府服务。
a) Total value of imports and exports of services includes government services.

11-12 服务进出口分类金额(2020年)
International Trade in Services by Sector (2020)

类别	Classification	亿美元 100 million USD			亿元人民币 100 million RMB		
		进出口 Total	出口 Exports	进口 Imports	进出口 Total	出口 Exports	进口 Imports
总额	**Total**	**6617.2**	**2806.3**	**3810.9**	**45642.7**	**19356.7**	**26286.0**
运输	Transport	1512.8	566.0	946.8	10434.8	3904.1	6530.7
旅行	Travel	1477.7	165.5	1312.3	10192.9	1141.3	9051.6
建筑	Construction	332.8	251.3	81.5	2295.8	1733.6	562.2
保险服务	Insurance Services	177.2	53.8	123.4	1222.4	370.9	851.4
金融服务	Financial Services	73.6	41.8	31.7	507.6	288.7	219.0
电信、计算机和信息服务	Telecommunications, Computer and Information Services	937.3	607.7	329.7	6465.4	4191.4	2274.0
知识产权使用费	Fees for Use of Intellectual Property	463.1	86.8	376.3	3194.4	598.9	2595.5
个人、文化和娱乐服务	Personal, Cultural, and Recreational Services	43.2	13.2	30.1	298.2	90.7	207.5
维护和维修服务	Maintenance and Repair Services	110.2	76.6	33.6	760.2	528.6	231.6
加工服务	Manufacturing Services on Physical Inputs Owned by Others	175.3	170.3	5.0	1209.3	1174.8	34.5
其他商业服务	Other Business Services	1253.1	748.2	504.9	8643.2	5160.8	3482.4
政府服务	Government Services	60.7	25.1	35.6	418.5	172.9	245.6

注：本表按照国际货币基金组织《国际收支和国际头寸手册》(第六版)标准统计。
a) Data in this table are compiled based on Balance of Payments and International Investment Position Manual (6th edition) of IMF.

11-13　利用外资情况
Utilization of Foreign Capital

年　份 Year	设立企业 (个) Establishment of Enterprises (unit)	#外商直接投资 Foreign Direct Investment	实际使用外资金额 (亿美元) Total Amount of Foreign Investment Actually Utilized (USD 100 million)	#外商直接投资 Foreign Direct Investment
1979-1982	947	920	130.60	17.70
1983	690	638	22.60	9.20
1984	2204	2166	28.70	14.20
1985	3145	3073	47.60	19.60
1986	1551	1498	76.30	22.40
1987	2289	2233	84.52	23.14
1988	6063	5945	102.30	31.94
1989	5909	5779	100.59	33.92
1990	7371	7273	102.89	34.87
1991	13086	12978	115.50	43.66
1992	48858	48764	192.02	110.07
1993	83595	83437	389.55	275.15
1994	47646	47549	432.06	337.67
1995	37184	37011	481.33	375.21
1996	24673	24556	548.04	417.25
1997	21138	21001	644.08	452.57
1998	19850	19799	585.57	454.63
1999	17022	16918	526.59	403.19
2000	22347	22347	593.60	407.15
2001	26140	26140	496.70	468.78
2002	34171	34171	550.10	527.40
2003	41081	41081	561.40	535.05
2004	43664	43664	640.72	606.30
2005	44001	44001	638.05	603.25
2006	41473	41473	698.76	658.21
2007	37871	37871	783.40	747.70
2008	27514	27514	952.53	923.95
2009	23435	23435	918.04	900.33
2010	27406	27406	1088.20	1057.30
2011	27712	27712	1176.98	1160.11
2012	24925	24925	1132.94	1117.16
2013	22773	22773	1187.21	1175.86
2014	23778	23778	1197.05	1195.62
2015	26575	26575	1262.67	1262.67
2016	27900	27900	1260.01	1260.01
2017	35652	35652	1310.35	1310.35
2018	60533	60533	1349.66	1349.66
2019	40888	40888	1381.35	1381.35
2020	38570	38570	1443.69	1443.69

注：1.2000年及以前，实际使用外资包含对外借款。
　　2.2015年起，实际使用外资金额只包含外商直接投资金额。
a) In 2000 and before, total amount of foreign investment actually utilized included foreign loans.
b) Since 2015, total amount of foreign investment actually utilized only includes that of foreign direct investment.

11-14 按国别(地区)分外商直接投资额
Foreign Direct Investment by Country (Region)

单位：万美元 (USD 10000)

国别(地区)	Country (Region)	2019	2020
总计	**Total**	**13813462**	**14436926**
亚洲	**Asia**	**11688841**	**12402540**
孟加拉国	Bangladesh	71	27
文莱	Brunei	701	966
缅甸	Myanmar	215	
柬埔寨	Cambodia	5755	3761
塞浦路斯	Cyprus	730	445
中国香港	Hong Kong, China	9629894	10579336
印度	India	2563	1201
印度尼西亚	Indonesia	1242	1334
伊朗	Iran		92
伊拉克	Iraq	38	7
以色列	Israel	2930	2630
日本	Japan	372093	337448
约旦	Jordan	104	43
科威特	Kuwait	742	
黎巴嫩	Lebanon	36	5
中国澳门	Macao, China	173544	220230
马来西亚	Malaysia	7013	7810
蒙古	Mongolia	79	
尼泊尔	Nepal		1
阿曼	Oman		190
巴基斯坦	Pakistan	3	10
菲律宾	Philippines	1383	2364
沙特阿拉伯	Saudi Arabia	1170	97
新加坡	Singapore	759064	768098
韩国	Republic of Korea	553817	361376
叙利亚	Syria	65	306
泰国	Thailand	10580	10861
土耳其	Turkey	1123	234
阿联酋	United Arab Emirates	2141	2802
也门	Yemen	168	155
越南	Vietnam	1720	275
中国台湾	Taiwan, China	158740	99529
东帝汶	Timor-Leste		800
哈萨克斯坦	Kazakhstan	1116	86
吉尔吉斯斯坦	Kirghizia	1	1
乌兹别克斯坦	Uzbekistan		20
非洲	**Africa**	**47207**	**70474**
阿尔及利亚	Algeria	50	25
博茨瓦纳	Botswana		1927
喀麦隆	Cameroon	9	
刚果(布)	Congo	60	5
埃及	Egypt	10	139
埃塞俄比亚	Ethiopia		5

11-14 续表 1 continued

单位：万美元 (USD 10 000)

国别(地区)	Country (Region)	2019	2020
肯尼亚	Kenya	8	
利比里亚	Liberia	2	
马里	Mali	5	
毛里塔尼亚	Mauritania		146
毛里求斯	Mauritius	26990	41231
尼日利亚	Nigeria	6	
塞舌尔	Seychelles	19271	26323
南非	South Africa	311	612
坦桑尼亚	Tanzania	5	24
突尼斯	TuNiSia	92	
乌干达	Uganda	291	37
津巴布韦	Zimbabwe	80	
非洲其他国家(地区)	Other Countries (Regions) in Africa	17	
欧洲	**Europe**	**807360**	**747027**
比利时	Belgium	3698	11458
丹麦	Denmark	8928	3566
英国	United Kingdom	85705	97802
德国	Germany	165805	135497
法国	France	79337	51270
爱尔兰	Ireland	65678	7453
意大利	Italy	19188	20370
卢森堡	Luxembourg	33224	22825
荷兰	Netherlands	179544	255492
希腊	Greece	619	5
葡萄牙	Portugal	73	91
西班牙	Spain	11802	10585
奥地利	Austria	29930	19691
保加利亚	Bulgaria	141	77
芬兰	Finland	2828	3533
匈牙利	Hungary	2189	695
冰岛	Iceland		1916
列支敦士登	Liechtenstein		559
马耳他	Malta		102
摩纳哥	Monaco		104
挪威	Norway	5153	11188
波兰	Poland	1286	453
罗马尼亚	Romania	396	743
瑞典	Sweden	37387	20703
瑞士	Switzerland	64492	65391
爱沙尼亚	Estonia	816	17
拉脱维亚	Latvia	100	
立陶宛	Lithuania		14
格鲁吉亚	Georgia		1
亚美尼亚	Armenia	28	
阿塞拜疆	Azerbaijan	2	
白俄罗斯	Byelorussia	7	7
摩尔多瓦	Moldavia	20	
俄罗斯联邦	Russian Federation	5402	1126
乌克兰	Ukraine	20	61
斯洛文尼亚	Slovenia	1160	4125
捷克	Czech	167	101
斯洛伐克	Slovakia	110	2
塞尔维亚	Serbia		4
欧洲其他国家(地区)	Other Countries (Regions) in Europe	2125	

11-14 续表 2 continued

单位：万美元 (USD 10 000)

国别（地区）	Country (Region)	2019	2020
拉丁美洲	**Latin America**	**756690**	**805257**
阿根廷	Argentina	30	230
巴巴多斯	Barbados	1405	3013
伯利兹	Belize	988	1550
巴西	Brazil	340	2954
开曼群岛	Cayman Islands	255681	277361
智利	Chile	30	20
哥伦比亚	Colombia	18	2
厄瓜多尔	Ecuador	2	
危地马拉	Guatemala	5	
圭亚那	Guyana	1	41
墨西哥	Mexico	1	4
巴拿马	Panama	1528	
秘鲁	Peru	120	61
圣文森特和格林纳丁斯	Saint Vincent & Grenadines	13	
特克斯和凯科斯群岛	Turks & Caicos Is.	110	60
乌拉圭	Uruguay		4
英属维尔京群岛	Virgin Islands, British	496386	519957
拉美洲其他国家（地区）	Other Countries (Regions) in Latin America	32	
北美洲	**North America**	**340785**	**267838**
加拿大	Canada	23195	21686
美国	United States	268638	230451
百慕大	Bermuda	48386	15669
北美洲其他国家（地区）	Other Countries (Regions) in North America	566	32
大洋洲及太平洋岛屿	**Oceanic and Pacific Islands**	**172579**	**124903**
澳大利亚	Australia	42856	34156
库克群岛	Cook Islands		1525
瓦努阿图	Vanuatu	190	468
新西兰	New Zealand	4405	2727
萨摩亚	Samoan	119182	80408
马绍尔群岛	Marshall Islands	5776	5599
大洋洲其他国家（地区）	Other Countries (Regions) in Oceanic	170	20
其他	**Others**		**18887**

11-15 按行业分外商直接投资（2020年）
Foreign Direct Investment by Sector (2020)

行 业	Sector	设立企业（个）Establishment of Enterprises (unit)	实际使用金额（万美元）Realized FDI Value (USD 10 000)
总 计	**Total**	**38570**	**14436926**
农、林、牧、渔业	Agriculture, Forestry, Animal Husbandry and Fishery	493	57567
采矿业	Mining	46	66394
制造业	Manufacturing	3732	3099695
电力、热力、燃气及水生产和供应业	Production and Supply of Electricity, Heat, Gas and Water	260	311375
建筑业	Construction	602	181887
批发和零售业	Wholesale and Retail Trades	10812	1184445
交通运输、仓储和邮政业	Transport, Storage and Post	592	499859
住宿和餐饮业	Hotels and Catering Services	804	82415
信息传输、软件和信息技术服务业	Information Transmission, Software and Information Technology	3521	1643102
金融业	Financial Intermediation	356	648240
房地产业	Real Estate	1190	2033057
租赁和商务服务业	Leasing and Business Services	7513	2656159
科学研究和技术服务业	Scientific Research and Technical Services	6252	1793997
水利、环境和公共设施管理业	Management of Water Conservancy, Environment and Public Facilities	223	56758
居民服务、修理和其他服务业	Service to Households, Repair and Other Services	447	30766
教育	Education	210	28061
卫生和社会工作	Health and Social Service	109	23547
文化、体育和娱乐业	Culture, Sports and Entertainment	1407	39602
公共管理和社会组织	Public Management and Social Organizations	1	

注：本表中的行业分类执行2017年版的国民经济行业分类标准。
a) National Standards of Industrial Classification (2017 version) are used in this table.

11-16 按行业分外商投资企业年底注册登记情况（2020年）
Registration Status of Foreign-Invested Enterprises by Sector (Year-end of 2020)

行 业	Sector	企业数（户）Number of Enterprises (unit)	投资总额（亿美元）Total Investment (100 million USD)	注册资本（亿美元）Registered Capital (100 million USD)	#外 方 Foreign Capital
总 计	**Total**	**635402**	**136437**	**84334**	**62823**
农、林、牧、渔业	Agriculture, Forestry, Animal Husbandry and Fishery	6848	9762	1315	1067
采矿业	Mining	765	214	131	81
制造业	Manufacturing	128421	28202	14713	10481
电力、热力、燃气及水生产和供应业	Production and Supply of Electricity, Heat, Gas and Water	5390	3339	1680	1102
建筑业	Construction	7394	1678	1217	652
批发和零售业	Wholesale and Retail Trades	194684	11305	9193	6784
交通运输、仓储和邮政业	Transport, Storage and Post	13155	2265	1307	736
住宿和餐饮业	Hotels and Catering Services	38468	522	416	358
信息传输、软件和信息技术服务业	Information Transmission, Software and Information Technology	49890	5559	3410	2759
金融业	Financial Intermediation	17925	4941	4397	2588
房地产业	Real Estate	18538	21605	13801	12528
租赁和商务服务业	Leasing and Business Services	82053	26029	22292	16182
科学研究和技术服务业	Scientific Research and Technical Services	52640	16727	7886	5774
水利、环境和公共设施管理业	Management of Water Conservancy, Environment and Public Facilities	1622	1031	712	445
居民服务、修理和其他服务业	Service to Households, Repair and Other Services	6416	1352	648	389
教育	Education	970	89	37	33
卫生和社会工作	Health and Social Service	716	757	405	307
文化、体育和娱乐业	Culture, Sports and Entertainment	8443	885	664	479
其他	Others	1064	176	109	81

注：本表数据来自国家市场监督管理总局，数据包含外商投资企业及其分支机构。（下表同）

a) Data in this table are from the State Administration for Market Regulation, and include foreign invested enterprises and their branches. The same applies to the following table.

11-17 分地区外商投资企业年底注册登记情况
Registration Status of Foreign Invested Enterprises by Region at Year-end

地区	Region	企业数（户） Number of Enterprises (unit)		投资总额（亿美元） Total Investment (100 million USD)		注册资本（亿美元） Registered Capital (100 million USD)		#外方 Foreign Capital	
		2019	2020	2019	2020	2019	2020	2019	2020
全国	**National Total**	**627223**	**635402**	**88400**	**136437**	**50160**	**84334**	**37894**	**62823**
北京	Beijing	32201	32545	5996	6469	3782	4201	2532	2424
天津	Tianjin	15290	15151	3105	3064	2201	2523	1537	1874
河北	Hebei	9700	10088	1590	2254	789	1058	641	846
山西	Shanxi	3520	3617	701	926	362	615	206	415
内蒙古	Inner Mongolia	3504	3329	584	561	208	208	137	137
辽宁	Liaoning	15996	16257	4028	4157	2284	2383	1829	1829
吉林	Jilin	4118	4249	643	708	286	443	223	319
黑龙江	Heilongjiang	5296	6278	460	1686	288	1539	192	862
上海	Shanghai	90757	92922	9552	10334	6479	7139	4955	5422
江苏	Jiangsu	62360	63031	11735	13697	6373	7345	5265	5915
浙江	Zhejiang	43121	44024	5007	5893	3235	3751	2437	2763
安徽	Anhui	7903	8281	1656	3227	854	1022	632	754
福建	Fujian	31608	31638	2975	3153	1766	1990	1344	1492
江西	Jiangxi	6791	6813	1010	1331	726	817	567	592
山东	Shandong	33760	35378	5754	12073	4091	7722	3284	5954
河南	Henan	10145	10243	1163	1119	714	747	508	549
湖北	Hubei	12378	12468	1864	2371	1032	1309	795	874
湖南	Hunan	9870	10715	1841	2149	798	1067	606	765
广东	Guangdong	179268	175397	19533	21672	8543	9855	6353	7559
广西	Guangxi	5972	6577	916	2894	471	770	379	595
海南	Hainan	3319	4234	1045	27450	813	23014	705	17759
重庆	Chongqing	6358	6719	1111	1239	705	774	541	609
四川	Sichuan	12950	13545	2891	2963	1554	1477	856	808
贵州	Guizhou	3056	3184	487	836	274	409	223	328
云南	Yunnan	5602	6062	671	1424	363	632	295	487
西藏	Tibet	278	282	27	29	18	19	15	16
陕西	Shaanxi	6170	6287	1213	1833	656	894	464	424
甘肃	Gansu	2554	2532	256	259	185	185	170	170
青海	Qinghai	548	663	78	78	29	29	14	14
宁夏	Ningxia	898	899	265	270	120	129	87	93
新疆	Xinjiang	1932	1994	241	320	162	267	100	177

11-18 对外直接投资
Outward Direct Investment

单位：亿美元 (100 million USD)

年份 Year	对外直接投资流量 Flow of Outward Direct Investment	#非金融类 Non-financial	年末对外直接投资存量 Stock of Outward Direct Investment at Year-end
2002	27.0	27.0	299.0
2003	28.5	28.5	332.0
2004	55.0	55.0	448.0
2005	122.6	122.6	572.0
2006	211.6	176.3	906.3
2007	265.1	248.4	1179.1
2008	559.1	418.6	1839.7
2009	565.3	478.0	2457.5
2010	688.1	601.8	3172.1
2011	746.5	685.8	4247.8
2012	878.0	777.3	5319.4
2013	1078.4	927.4	6604.8
2014	1231.2	1072.0	8826.4
2015	1456.7	1214.2	10978.6
2016	1961.5	1812.3	13573.9
2017	1582.9	1395.0	18090.4
2018	1430.4	1213.2	19822.7
2019	1369.1	1169.6	21988.8
2020	1537.1	1340.5	25806.6

注：2002-2005年流量数据为中国对外非金融类直接投资数据，2006-2020年为全行业对外直接投资数据。

a) The flow data from 2002 to 2005 are the data of China's outward non-financial direct investment, while the data from 2006 to 2020 are the data of the whole industry.

11-19 按主要国别(地区)分对外直接投资
Outward Direct Investment by Country (Region)

单位：万美元 (USD 10 000)

国家（地区）	Country or Region	对外直接投资流量 Flow of Outward Direct Investment		截至2020年对外直接投资存量 Stock of Outward Direct Investment at the End of 2020
		2019	2020	
合计	**Total**	**13690756**	**15371026**	**258065844**
亚洲	**Asia**	**11084094**	**11234365**	**164489400**
#中国香港*	Hong Kong, China	9055008	8914586	143853092
印度*	India	53460	20519	318331
印度尼西亚	Indonesia	222308	219835	1793883
日本*	Japan	67378	48683	419672
中国澳门	Macao, China	59445	82684	1053234
新加坡*	Singapore	482567	592335	5985785
韩国	Republic of Korea	56180	13914	705473
泰国	Thailand	137191	188288	882555
越南	Vietnam	164852	187575	857456
非洲	**Africa**	**270442**	**422560**	**4339920**
#阿尔及利亚	Algeria	-12362	1864	164352
苏丹	Sudan	-7078	283	112030
几内亚	Guinea	5304	-29512	47282
马达加斯加	Madagascar	-16	13598	39074
尼日利亚	Nigeria	12327	30894	236754
南非*	South Africa	33891	40043	541722
欧洲	**Europe**	**1051992**	**1269565**	**12243189**
#英国*	United Kingdom	110345	92222	1764592
德国*	Germany	145901	137560	1454958
法国*	France	8722	14779	486095
俄罗斯联邦*	Russia	-37923	57032	1207089
拉丁美洲	**Latin America**	**639407**	**1665651**	**62981025**
#巴西*	Brazil	85993	31264	320506
开曼群岛*	Cayman Islands	-435668	856222	45702699
墨西哥*	Mexico	16356	26456	116695
英属维尔京群岛*	Virgin Is. (E)	868257	697562	15564495
北美洲	**North America**	**436713**	**634312**	**10001633**
#加拿大*	Canada	47288	21002	1248513
美国*	United States	380668	601867	8004771
大洋洲	**Oceania**	**208108**	**144573**	**4010677**
#澳大利亚*	Australia	208667	119859	3443936
新西兰	New Zealand	1140	45292	286784

注：“*”表示该国家(地区)2020年末存量数据中包含对以往历史数据进行调整。
a) "*" The stock for 2020 are recomputed after adjustment of historical Data.

11-20 按行业分对外直接投资
Outward Direct Investment by Sector

单位：万美元 (USD 10 000)

行 业	Sector	对外直接投资流量 Flow of Outward Direct Investment 2019	2020	截至2020年对外直接投资存量 Stock of Outward Direct Investment at the End of 2020
总 计	**Total**	**13690756**	**15371026**	**258065844**
农、林、牧、渔业	Agriculture, Forestry, Animal Husbandry and Fishery	243920	107864	1943495
采矿业	Mining	512823	613126	17587884
制造业	Manufacturing	2024181	2583821	27786853
电力、热力、燃气及水生产和供应业	Production and Supply of Electricity, Heat, Gas and Water	386872	577031	4237947
建筑业	Construction	377984	809455	5079699
批发和零售业	Wholesale and Retail Trades	1947108	2299764	34531558
交通运输、仓储和邮政业	Transport, Storage and Post	387962	623320	8077558
住宿和餐饮业	Hotels and Catering Services	60398	11841	492646
信息传输、软件和信息技术服务业	Information Transmission, Software and Information Technology	547794	918718	29791382
金融业	Financial Intermediation	1994929	1966318	27006173
房地产业	Real Estate	341839	518603	8140791
租赁和商务服务业	Leasing and Business Services	4187508	3872562	83164214
科学研究和技术服务业	Scientific Research and Technical Services	343163	373465	6057966
水利、环境和公共设施管理业	Management of Water Conservancy, Environment and Public Facilities	26988	15671	357106
居民服务、修理和其他服务业	Service to Households, Repair and Other Services	167338	216078	1354133
教育	Education	64880	13004	790280
卫生和社会工作	Health and Social Service	22717	63767	396516
文化、体育和娱乐业	Culture, Sports and Entertainment	52352	-213383	1269642
公共管理、社会保障和社会组织	Public Management, Social Security and Social Organization			

11-21 对外经济合作
Economic Cooperation with Foreign Countries or Regions

年份 Year	对外承包工程 Contracted Projects					对外劳务合作 Labour Services	
	合同数 (份) Number of Contracts (unit)	合同金额 (亿美元) Contracted Value (100 million USD)	完成营业额 (亿美元) Value of Turnover Fulfilled (100 million USD)	派出人数 (万人) Dispatched Persons (10 000 persons)	年末在外人数 (万人) Persons Abroad by the End of Year (10 000 persons)	派出劳务人数 (万人) Dispatched Workers (10 000 persons)	年末在外人数 (万人) Workers Abroad by the End of Year (10 000 persons)
1979	27	0.33					
1980	138	1.40	1.23				
1981	250	2.76					
1982	195	3.46	1.89				
1983	280	7.99	3.16				
1984	344	15.38	4.94		2.19		2.76
1985	465	11.16	6.63		3.06		2.49
1986	486	11.89	8.19		2.74		1.90
1987	616	16.48	11.14		3.13		3.19
1988	642	18.13	12.53		3.00		3.98
1989	776	17.81	14.84		2.40		4.31
1990	920	21.25	16.44		2.18		3.61
1991	1171	25.24	19.70		2.15		6.83
1992	1164	52.51	24.03		2.54		10.56
1993	1393	51.89	36.68		3.42		13.09
1994	1702	60.27	48.83		3.83		18.43
1995	1558	74.84	51.08		3.84		22.59
1996	1634	77.28	58.21		3.88		24.66
1997	2085	85.16	60.36		4.78		28.55
1998	2322	92.43	77.69		6.11		29.08
1999	2527	101.99	85.22		5.53		32.65
2000	2597	117.19	83.79		5.56		36.93
2001	5836	130.39	88.99		6.00		41.47
2002	4036	150.55	111.94		7.85		41.04
2003	3708	176.67	138.37		9.40		42.97
2004	6694	238.44	174.68	7.38	11.47	17.30	41.94
2005	9502	296.14	217.63	8.95	14.48	18.34	41.87
2006	12996	660.05	299.93	13.48	19.86	21.48	47.52
2007	6282	776.21	406.43	15.48	23.60	21.49	50.51
2008	5411	1045.62	566.12	20.01	27.16	22.49	46.71
2009	7280	1262.10	777.06	21.42	32.69	18.01	45.03
2010	9544	1343.67	921.70	22.46	37.65	18.68	47.01
2011	6381	1423.32	1034.24	24.32	32.40	20.91	48.84
2012	6710	1565.29	1165.97	23.34	34.46	27.84	50.56
2013	11578	1716.29	1371.43	27.09	37.01	25.57	48.26
2014	7740	1917.56	1424.11	26.92	40.89	29.26	59.69
2015	8662	2100.74	1540.74	25.31	40.86	27.68	61.83
2016	19157	2440.10	1594.17	23.02	37.29	26.40	59.60
2017	22774	2652.76	1685.87	22.21	37.68	30.02	60.23
2018	10985	2418.04	1690.44	22.70	39.07	26.50	60.61
2019	11932	2602.45	1729.01	21.15	36.81	27.60	62.41
2020	9933	2555.36	1559.35	13.87	27.34	16.23	34.98

11-22 按国别(地区)分对外经济合作(2020年)
Economic Cooperation by Country (Region) (2020)

国别(地区)	Country (Region)	对外承包工程 Contracted Projects			对外劳务合作 Labour Services	
		完成营业额(万美元) Value of Turnover Fulfilled (10 000 USD)	派出人数(人) Dispatched Persons (person)	年末在外人数(人) Persons Abroad by the End of Year (person)	派出人数(人) Dispatched Workers (person)	年末在外人数(人) Workers Abroad by the End of Year (person)
合　计	**Total**	**15593516**	**138652**	**273434**	**162334**	**349752**
亚洲	**Asia**	**8913866**	**85289**	**155083**	**140555**	**304860**
阿富汗	Afghanistan	3425	87	86	3	3
巴林	Bahrain					
孟加拉国	Bangladesh	550183	4050	7413	31	248
文莱	Brunei	10338	87	662	29	154
缅甸	Myanmar	186185	744	1410	42	192
柬埔寨	Cambodia	348846	5168	6331	45	240
塞浦路斯	Cyprus					
中国香港	Hong Kong, China	789962	648	1951	40282	41035
印度	India	180072	529	1292	43	28
印度尼西亚	Indonesia	712110	13781	18158	472	1171
伊朗	Iran					
伊拉克	Iraq	328905	4837	9876	135	455
以色列	Israel	148805	1475	3056	701	5150
日本	Japan	39536		24	15976	82630
约旦	Jordan	12813	184	1256		3
科威特	Kuwait	202205	1303	2270	20	182
老挝	Laos	382892	8455	16234	177	850
黎巴嫩	Lebanon					
中国澳门	Macao, China	131782	563	992	54388	107625
马来西亚	Malaysia	685330	3485	7472	272	1167
马尔代夫	Maldives	48094	681	1532	417	602
蒙古	Mongolia	62989	641	1244	229	779
尼泊尔	Nepal	39965	746	1059	311	473
阿曼	Oman	48919	520	880	3	3
巴基斯坦	Pakistan	732401	8313	14343	517	982
巴勒斯坦	Palestine					
菲律宾	Philippines	282550	1168	2928	142	393
卡塔尔	Qatar	42344	125	413	9	365
沙特阿拉伯	Saudi Arabia	618904	11832	19605	516	2158
新加坡	Singapore	235736	1256	2354	15536	41226
韩国	Korea	72691	146	185	1303	5011
斯里兰卡	Sri Lanka	128719	1162	3277	54	137
泰国	Thailand	263427	383	1561	532	146
土耳其	Turkey	92180	1673	1289	12	521
阿联酋	United Arab Emirates	818541	3375	10558	286	1801
也门	Yemen					
越南	Vietnam	292980	2505	6004	473	788
中国台湾	Taiwan, China			2	7094	7339
东帝汶	East Timor	23359	376	1131		
哈萨克斯坦	Kazakhstan	149105	1526	2407	21	52
吉尔吉斯斯坦	Kirghizia	13765	363	675	8	141
塔吉克斯坦	Tadzhikistan	36891	532	1086	1	30
土库曼斯坦	Turkmenistan	16522	31	116	5	5
乌兹别克斯坦	Uzbekistan	95709	1543	2375	299	616

11-22 续表 1 continued

国别(地区)	Country (Region)	对外承包工程 Contracted Projects			对外劳务合作 Labour Services	
		完成营业额 (万美元) Value of Turnover Fulfilled (10 000 USD)	派出人数 (人) Dispatched Persons (person)	年末在外人数 (人) Persons Abroad by the End of Year (person)	派出人数 (人) Dispatched Workers (person)	年末在外人数 (人) Workers Abroad by the End of Year (person)
非洲	**Africa**	**3833046**	**33894**	**81556**	**6400**	**22518**
阿尔及利亚	Algeria	468811	2428	13082	1029	4996
安哥拉	Angola	151473	946	5115	68	964
贝宁	Benin	23431	135	789	38	99
博茨瓦纳	Botswana	19391	66	201		
布隆迪	Burundi	5046	91	232	2	21
喀麦隆	Cameroon	89251	625	2315	57	159
佛得角	Cape Verde	2600	48	97		
中非	Central African	4995	115	194		
乍得	Chad	53709	465	1656	32	74
科摩罗	Comoros	3859	2	118	3	13
刚果(布)	Congo	57338	169	1295	13	226
吉布提	Djibouti	12174	135	542	9	273
埃及	Egypt	299339	1009	1546	68	345
赤道几内亚	Eq.Guinea	34048	135	956	55	144
埃塞俄比亚	Ethiopia	292473	2094	7540	210	479
加蓬	Gabon	6831	269	536	101	308
冈比亚	Gambia	5570	59	196	1	26
加纳	Ghana	112219	891	1903	5	404
几内亚	Guinea	177794	5740	4847	184	925
几内亚比绍	Guinea-Bissau	1374	51	55		2
科特迪瓦	Cote d'Ivoire	91750	1057	1291	23	116
肯尼亚	Kenya	295700	1492	3936	58	600
利比里亚	Liberia	22727	84	282	1779	1820
马达加斯加	Madagascar	19954	176	254	27	104
马拉维	Malawi	16598	282	421	12	38
马里	Mali	28204	259	700	7	38
毛里塔尼亚	Mauritania	13882	306	559	78	3244
毛里求斯	Mauritius	18691	360	365	2	17
摩洛哥	Morocco	21984	66	410	12	80
莫桑比克	Mozambique	67568	1144	2107	145	522
纳米比亚	Namibia	27891	83	495	3	23
尼日尔	Niger	40047	1367	1244	9	67
尼日利亚	Nigeria	351036	2164	6325	1240	2291
卢旺达	Rwanda	31770	428	753	27	248
塞内加尔	Senegal	52107	309	905	83	200
塞舌尔	Seychelles	1393	18	138	57	81
塞拉利昂	Sierra Leone	9208	41	252	32	137
南非	S. Africa	49127	146	181		
苏丹	Sudan	31721	117	1196	51	134
坦桑尼亚	Tanzania	145623	1715	2884	100	266
多哥	Togo	8497	150	154	17	94
突尼斯	Tunisia	8522	30	162		
乌干达	Uganda	121940	923	1821	158	318
赞比亚	Zambia	202219	1670	4185	178	635
津巴布韦	Zimbabwe	72961	487	1033	4	85
莱索托	Lesotho	7927	7	156		277
厄立特里亚	Eritrea	2164	60	160		7
南苏丹	Republic of South Sudan	29461	301	701		33
刚果(金)	Congo DR	202503	3146	5209	401	1556
欧洲	**Europe**	**1396201**	**10110**	**13923**	**5332**	**7199**
比利时	Belgium	11550	56			27
丹麦	Denmark	1955	22	22	109	64
英国	United Kingdom	68011	27	134	973	935
德国	Germany	50441	38	86	1585	3212

11-22 续表 2 continued

国别(地区)	Country (Region)	对外承包工程 Contracted Projects			对外劳务合作 Labour Services	
		完成营业额 (万美元) Value of Turnover Fulfilled (10 000 USD)	派出人数 (人) Dispatched Persons (person)	年末在外人数 (人) Persons Abroad by the End of Year (person)	派出人数 (人) Dispatched Workers (person)	年末在外人数 (人) Workers Abroad by the End of Year (person)
法国	France	147180	93	157	207	190
意大利	Italy	9156	8	9	148	211
荷兰	Netherlands	14228	17	25	127	247
希腊	Greece	8666	1	10	745	830
葡萄牙	Portugal	7415			2	3
西班牙	Spain	89611	2	57	20	24
奥地利	Austria	6256		84		22
保加利亚	Bulgaria	5219	3	3		
芬兰	Finland	480	12	23	6	6
匈牙利	Hungary	10563	33	23	1	3
挪威	Norway	23672			361	340
波兰	Poland	46575	206	122		5
罗马尼亚	Romania	8826		8		
瑞典	Sweden	6814	22	11	1	1
格鲁吉亚	Georgia	41016	1047	1799		2
阿塞拜疆	Azerbaijan	1824	26	9		
白俄罗斯	Belorussia	104052	819	1434	7	23
俄罗斯联邦	Russian Federation	426451	2561	3070	292	164
乌克兰	Ukraine	66566	162	257		
克罗地亚	Croatia	32776	317	568	21	1
捷克	Czech Rep.	7686			2	5
马其顿共和国	Macedonia	9194	29	386	3	10
塞尔维亚	Serbia	149651	3701	4552	38	63
黑山	Montenegro	15869	684	703		
拉丁美洲	**Latin America**	**788900**	**8243**	**18330**	**6522**	**9783**
安提瓜和巴布达	Antigua & Barbuda	7335	59	77	8	
阿根廷	Argentina	114033	1911	1831	16	159
玻利维亚	Bolivia	42824	353	1562	5	140
巴西	Brazil	163649	266	186		5
智利	Chile	22703	42	101	96	322
哥伦比亚	Colombia	25727	678	605	1	1
多米尼克	Dominica	4170		202	2	8
哥斯达黎加	Costa Rica	11656	97	566		14
多米尼加共和国	Republic of Dominica	307	28	37		1
厄瓜多尔	Ecuador	47667	209	596		2
圭亚那	Guyana	7772	72	640		54
牙买加	Jamaica	20519	59	165	25	376
墨西哥	Mexico	129634	37	267	20	18
巴拿马	Panama	10469	11	327	5438	6997
秘鲁	Peru	92355	3749	9526	2	119
苏里南	Suriname	5375	89	93		30
特立尼达和多巴哥	Trinidad & Tobago	11376	192	213		97
委内瑞拉	Venezuela	41089	50	313		9
北美洲	**North America**	**146504**	**489**	**2150**	**687**	**392**
加拿大	Canada	25028	19	43	155	134
美国	United States	121476	470	2107	526	253
大洋洲及太平洋岛屿	**Oceanic and Pacific Is.**	**514999**	**624**	**2392**	**2033**	**4167**
澳大利亚	Australia	390368	34	109	142	690
斐济	Fiji	20647	293	364	2	44
瓦努阿图	Vanuatu	5864	3	128		140
新西兰	New Zealand	15870	21	97	27	738
巴布亚新几内亚	Papua New Guinea	75607	257	1339	58	488
汤加	Tonga	731	3	16		
萨摩亚	Samoa	783	4	220	91	71
其他	**Others**		**3**		**805**	**833**

主要统计指标解释

货物进出口总额 指实际进出我国关境的货物总金额。包括对外贸易实际进出口货物，来料加工装配进出口货物，国家间、联合国及国际组织无偿援助物资和赠送品，华侨、港澳台同胞和外籍华人捐赠品，租赁期满归承租人所有的租赁货物，进料加工进出口货物，边境地方贸易及边境地区小额贸易进出口货物，中外合资企业、中外合作经营企业、外商独资经营企业进出口货物和公用物品，到、离岸价格在规定限额以上的进出口货样和广告品(无商业价值、无使用价值和免费提供出口的除外)，从保税仓库提取在中国境内销售的进口货物，以及其他进出口货物。该指标可以观察一个国家在货物贸易方面的总规模。我国规定出口货物按离岸价格统计，进口货物按到岸价格统计。

商品收发货人所在地进、出口额 指按进出口企业注册登记地进行分组汇总的进、出口额。

商品境内目的地进口额和商品境内货源地出口额 境内目的地进口额指按进口货物的消费、使用或最终抵运地进行分组汇总的进口额；境内货源地出口额指按出口货物的产地或原始发货地进行分组汇总的出口额。

服务进出口 指常住单位与非常住单位之间相互提供的服务。包括运输，旅行，建筑，保险服务，金融服务，电信、计算机和信息服务，知识产权使用费，个人、文化和娱乐服务，维护和维修服务，加工服务，其他商业服务，政府服务。

外商投资 是指国外及港澳台地区的法人和自然人在中国大陆地区以现金、实物、无形资产、股权等方式进行投资。其中，外商直接投资是指国外及港澳台地区投资者在非上市公司中的全部投资及在单个外国投资者所占股权比例不低于10%的上市公司中的投资。

对外直接投资 是境内投资者以控制国（境）外企业的经营管理权为核心的经济活动，体现在一经济体通过投资于另一经济体而实现其持久利益的目标。

对外承包工程 根据《对外承包工程管理条例》，对外承包工程是指中国的企业或者其他单位承包境外建设工程项目的活动。

对外劳务合作 指组织劳务人员赴其他国家或地区为国外的企业或机构工作的经营性活动。

Explanatory Notes on Main Statistical Indicators

Import and Export of Goods refer to the value of commodities actually imported or exported across the border of China. They include the actual imports and exports through foreign trade, imported and exported goods under the processing and assembling trades and materials, supplies and gifts as aid given gratis between governments and by the United Nations and other international organizations, and contributions donated by overseas Chinese, compatriots in Hong Kong and Macao and Chinese with foreign citizenship, leasing commodities owned by tenant at the expiration of leasing period, the imported and exported commodities processed with imported materials, commodities trading in border areas, the imported and exported commodities and articles for public use of the Sino-foreign joint ventures, cooperative enterprises and ventures with sole foreign investment. Also included are import or export of samples and advertising goods for which CIF or FOB value are beyond the permitted ceiling (excluding goods of no trading or use value and free commodities for export), imported goods sold in China from bonded warehouses and other imported or exported goods. The indicator of the total imports and exports at customs can be used to observe the total size of external trade in a country. In accordance with the stipulation of the Chinese government, exports are calculated at FOB, while imports are calculated at CIF.

Import or Export by Location of Importers/Exporters The location of importers or exporters refers to the place inside China's customs territory where the importers or exporters are registered.

Imports and Exports by Location of Domestic Consumers/Producers The location of domestic consumers refers to the place inside China's customs territory where the imported goods are to be consumed, utilized or destined for. The location of domestic producers refers to the place inside China's customs territory where the exported goods are produced, manufactured or initially delivered.

Import and Export of Services refers to services provided between resident and non-resident units, including transportation, travel, construction, insurance, finance, telecommunications, computer and information, professional and management consultancy, intellectual property fee, personal, cultural or recreational services, maintenance and repair, processing, other business services, and government services.

Foreign Investment refers to investment in China by legal or natural persons of foreign countries and of Hong Kong, Macau and Taiwan, in the form of cash、physical assets、intangible assets and equity and others. Foreign direct investment refers to investment by investors from foreign countries and from Hong Kong, Macau and Taiwan in a non-listed company, or the investment of over 10 percent or more in a listed company.

Outward Direct Investment refers to the economic activities of domestic investors focussing on controlling the operation and management of overseas enterprises. The content of overseas direct investment mainly reflects goal of lasting interest of one economic entity by investing in another economic entity.

Overseas Contracted Projects refer to activities of contracting overseas construction projects by Chinese enterprises or any other units, which are stipulated in the *Regulations on Administration of Foreign Contracted Project.*

Overseas Labour Services refer to operational activities of organizing labour force to go abroad providing services to foreign enterprises or agencies.

12

农　业

Agriculture

简要说明

一、本篇资料的主要内容及统计范围

本篇资料全面反映我国农林牧渔业生产成果及农业生产条件情况，内容主要包括农林牧渔业产值、主要农产品产量、农业机械拥有量、水利设施与除涝治碱、国营农场基本情况等方面的统计资料。

农业统计范围包括全部农业生产经营户，各省、自治区、直辖市以及新疆生产建设兵团所属的各种经济组织类型、各个系统的全部农林牧渔业生产单位和非农行业单位附属的农林牧渔业生产活动单位，以及所经营的农作物种植地块、养殖场、牧场等，但不包括农业科学试验机构进行的农业生产。

1.农业：指对各种农作物的种植活动。包括谷物、豆类、薯类、棉花、油料、糖料、麻类、烟叶、蔬菜、园艺作物、水果、坚果、饮料和香料作物、中草药及其他作物的种植。

2.林业：包括林木的栽培(不包括茶园、桑园和果园的栽培、管理和收获等活动)，木材和竹材的采运，林产品的采集。

3.畜牧业：包括牲畜饲养和放牧，家禽饲养。

4.渔业：包括水生动物和海藻类植物的养殖和捕捞。

5.农、林、牧、渔专业及辅助性活动：指对农、林、牧、渔业生产活动进行的各种支持性服务。但不包括各种科学技术和专业性技术服务活动。

二、本篇的资料来源及统计调查方法

1.农林牧渔业产值情况资料由国家统计局农村社会经济调查司根据《农业产值和价格综合统计报表制度》的有关资料整理提供。

2.农业、畜牧业生产及农业生产条件情况资料，由国家统计局农村社会经济调查司根据《农林牧渔业统计报表制度》的有关资料整理提供。农业的稻谷、小麦、玉米等主要粮食作物生产情况实行抽样调查和遥感测量；畜牧业的猪、牛、羊、家禽等主要畜禽生产情况实行抽样调查；农业生产条件情况、其他农作物、园林作物、其他畜禽等生产情况实行全面统计。

3.林业和渔业生产情况资料，分别来自国家林业和草原局和农业农村部汇总的统计报表，统计调查方法由部门自行确定。

4.国有农场基本情况资料，来自农业农村部农垦局汇总的统计报表。其统计范围是全国31个省、自治区、直辖市。统计方法为逐级上报、全面汇总。

5.灌溉、水库等水利设施和除涝、治水、治碱情况资料，主要来源于水利部汇总的统计报表。其统计范围是全国31个省、自治区、直辖市。资料收集以县为基本统计单位，采取逐级汇总上报的方式。有些特殊指标如灌区数、大型水库、跨区域的中小型水库，由上一级直接统计上报。

三、数据使用注意事项

根据第三次全国农业普查结果，按照国际惯例，对2007年以后农业、畜牧业、渔业年报数据及农林牧渔业总产值等数据进行了修订。具体修订情况见相关表的标注。

Brief Introduction

I. Main Contents and Statistical Scopes

The data in this chapter show comprehensively the production results in agriculture, forestry, animal husbandry, fishery, as well as conditions of agricultural production, including output value of agriculture, forestry, animal husbandry and fishery, output of major products, quantity of agricultural machinery, facilities of water conservancy and efforts to eliminate water-logging and combat alkalinity, basic conditions of state-owned farms.

Statistics on agriculture cover all rural households engaged in production and operation, organizations for agriculture, forestry, animal husbandry, fishery of all types of economic organization and their branches; organizations engaged in agricultural production activities belonging to non-agricultural industry in each province, autonomous region, municipality, Xinjiang Production and Construction Corps; and all crop land, farms, pastures. Agricultural production activities undertaken by agriculture research institutions are not included.

(1) Agriculture: refers to cultivation of farm crops, including cereals, beans, tuber crops, cotton, oil-bearing crops, sugar crops, hemp, tobacco leaves, vegetables, gardening plants, fruits, nuts, crops for beverages and spices, medicinal herbs and other farm crops.

(2) Forestry: includes the planting of trees (excluding the operations of planting, management and harvesting on tea plantations, mulberry fields and orchards), cutting and transport of timber and bamboo and collection of forest products.

(3) Animal husbandry: includes the raising and grazing of domestic animals and poultry.

(4) Fishery: includes cultivation and catching of aquatic animals and seaweed.

(5) Professional and support activities for agriculture, forestry, animal husbandry and fishery: include supporting services to production activities in agriculture, forestry, animal husbandry and fishery, but do not include activities of science and technology and professional services.

II. Data Sources and Survey Methods

(1) Data on output value of agriculture, forestry, animal husbandry and fishery are provided by the Department of Rural Social and Economic Survey of the NBS using data from the *Statistical Reporting System on Agricultural Output and Price.*

(2) Data on production of agriculture, animal husbandry and the agricultural production conditions are provided by the Department of Rural Social and Economic Survey of the NBS using data from the *Statistical Reporting System on Agriculture, Forestry, Animal Husbandry and Fishery*. Data on major farm crops such as rice, wheat, corn are collected through sample surveys and measurement by remote sensing technology. Data on animal husbandry such as hog, cattle, sheep and poultry are collected from sample surveys. Data on conditions of agricultural production, and on other farm crops, garden crops, and other poultry are collected from comprehensive reporting system by using statistical reporting forms.

(3) Data on the basic conditions of forestry and fishery production come from statistical reports tabulated by the National Forestry and Grassland Administration and by the Ministry of Agriculture and Rural Affairs, with survey methods decided by them respectively.

(4) Data on the basic conditions of the state-owned farms come from the statistical reports tabulated by the Bureau of Reclamation of the Ministry of Agriculture and Rural Affairs. The statistical scope covers 31 provinces, autonomous regions and municipalities directly under the Central Government. Data are collected from the grassroots units in accordance with the statistical reporting scheme whereby reporting is done level by level for aggregation.

(5) Data on irrigation and reservoirs, data on efforts to eliminate water-logging, to prevent floods by water control and to combat alkalinity as well as data on the facilities of water conservancy and the area of water-logging eliminated and the improved area of saline-alkaline land come mainly from statistical reports of the Ministry of Water Resources, which covers 31 provinces, autonomous regions and municipalities directly under the Central Government. Data are collected from individual counties in accordance with the statistical reporting system and are tabulated and reported level by level. Data on some special indicators, such as the number of irrigated areas, large reservoirs and the medium-sized and small reservoirs that cut across regions are collected and reported directly by the higher departments.

Ⅲ. Notes on Use of Data

According to the results of the Third National Agricultural Census and in line with international practices, data on gross output value of agriculture, forestry, animal husbandry and fishery after 2007 were revised. Please refer to the footnotes of relevant tables for detail.

12-1 农业生产条件与农作物播种面积
Conditions of Agricultural Production and Sown Area of Farm Crops

指 标	Item	2000	2010	2015	2019	2020
农业机械总动力 (万千瓦)	Total Agricultural Machinery Power (10 000 kW)	52573.6	92780.5	111728.1	102758.3	105622.1
大中型拖拉机 (万台)	Number of Large and Medium-sized Tractors (10 000 units)	97.5	392.2	607.3	443.9	477.3
小型拖拉机 (万台)	Number of Small Tractors (10 000 units)	1264.4	1785.8	1703.0	1780.4	1727.6
大中型拖拉机配套农具 (万部)	Number of Large and Medium-sized Tractor Towing Farm Machinery (10 000 units)	140.0	612.9	962.0	436.5	459.4
耕地灌溉面积 (千公顷)	Irrigated Area of Cultivated Land (1 000 hectares)	53820	60348	65873	68679	69161
农用化肥施用量 (万吨)	Consumption of Chemical Fertilizers (10 000 tons)	4146.4	5561.7	6022.6	5403.6	5250.7
农村用电量 (亿千瓦时)	Electricity Consumed in Rural Areas (100 million kWh)	2421.3	6632.3	9026.9	9482.9	9717.2
农作物总播种面积 (千公顷)	Total Sown Area (1 000 hectares)	156300	158579	166829	165931	167487
粮食	Grain Crops	108463	111695	118963	116064	116768
谷物	Cereals	85264	92621	103225	97847	97964
#稻谷	Rice	29962	30097	30784	29694	30076
小麦	Wheat	26653	24442	24567	23728	23380
玉米	Corn	23056	34977	44968	41284	41264
豆类	Beans	12660	11053	8433	11075	11593
薯类	Tubers	10538	8021	7305	7142	7210
油料	Oil-bearing Crops	15400	13695	13314	12925	13129
棉花	Cotton	4041	4366	3775	3339	3169
麻类	Fiber Crops	262	91	54	66	69
糖料	Sugar Crops	1514	1809	1573	1610	1568
烟叶	Tobacco	1437	1309	1254	1027	1014
蔬菜	Vegetables	15237	17431	19613	20863	21485
茶园面积 (千公顷)	Area of Tea Plantations (1 000 hectares)	1089	1932	2641	3105	3217
果园面积 (千公顷)	Area of Orchards (1 000 hectares)	8932	10681	11212	12277	12646

注：1.从2016年开始，农业机械总动力中不包括三轮汽车和低速载货汽车动力。

2.2018年，农业农村部修订制度，把大中型拖拉机和小型拖拉机的分类标准由发动机功率14.7千瓦改为22.1千瓦；大中型拖拉机配套农具口径改为"与58.8千瓦及以上拖拉机配套"。同时，取消小型拖拉机配套农具和农用排灌柴油机指标(以下相关表同)。

a) Since 2016, total agricultural machinery power does not include power of three-wheeled vehicles and low-speed trucks.

b) In 2018, the Ministry of Agriculture revised the classification standard of large and medium-sized tractors and small tractors by changing the engine power from 14.7 kW to 22.1 kW; and the coverage of large and medium-sized tractor towing farm machinery was changed to "matching with 58.8 kW and above tractors". At the same time, indicators on small tractor towing farm machinery and diesel engines for irrigation were cancelled. The same applies to following tables.

12-2 主要农牧渔业生产情况
Output of Agriculture, Animal Husbandry and Fishery

指　　标	Item	2015	2016	2017	2018	2019	2020
农产品产量　(万吨)	Output of Farm Products　(10 000 tons)						
粮食	Grain	66060.3	66043.5	66160.7	65789.2	66384.3	66949.2
谷物	Cereals	61818.4	61666.5	61520.5	61003.6	61369.7	61674.3
#稻谷	Rice	21214.2	21109.4	21267.6	21212.9	20961.4	21186.0
小麦	Wheat	13255.5	13318.8	13424.1	13144.0	13359.6	13425.4
玉米	Corn	26499.2	26361.3	25907.1	25717.4	26077.9	26066.5
豆类	Beans	1512.5	1650.7	1841.6	1920.3	2131.9	2287.5
薯类	Tubers	2729.3	2726.3	2798.6	2865.4	2882.7	2987.4
油料	Oil-bearing Crops	3390.5	3400.0	3475.2	3433.4	3493.0	3586.4
#花生	Peanuts	1596.1	1636.1	1709.2	1733.2	1752.0	1799.3
油菜籽	Rapeseeds	1385.9	1312.8	1327.4	1328.1	1348.5	1404.9
芝麻	Sesame	45.0	35.2	36.6	43.1	46.7	45.7
棉花	Cotton	590.7	534.3	565.3	610.3	588.9	591.0
麻类	Fiber Crops	15.6	18.1	21.8	20.3	23.4	24.9
#黄红麻	Jute and Ambary Hemp	4.8	3.4	2.9	2.9	2.9	1.9
甘蔗	Sugarcane	10706.4	10321.5	10440.4	10809.7	10938.8	10812.1
甜菜	Beetroots	508.8	854.5	938.4	1127.7	1227.3	1198.4
烟叶	Tobacco	267.7	257.4	239.1	224.1	215.3	213.4
#烤烟	Flue-Cured Tobacco	249.5	244.5	227.9	211.0	202.1	202.2
蚕茧	Silkworm Cocoons	81.2	80.3	81.7	83.1	83.3	78.8
#桑蚕茧	Mulberry Silkworm Cocoons	74.1	73.8	75.1	76.4	77.2	73.5
茶叶	Tea	227.7	231.3	246.0	261.0	277.7	293.2
水果	Fruits	24524.6	24405.2	25241.9	25688.4	27400.8	28692.4
农产品单位面积产量(公斤/公顷)	Output of Farm Products per Hectare　(kg/hectare)						
谷物	Cereals	5989	6004	6105	6120	6272	6296
棉花	Cotton	1565	1671	1769	1819	1764	1865
花生	Peanuts	3640	3678	3709	3752	3781	3803
油菜籽	Rapeseeds	1972	1982	1995	2027	2048	2077
芝麻	Sesames	1495	1529	1610	1645	1651	1564
黄红麻	Jute and Ambary Hemp	4232	5132	5178	5008	4741	3636
甘蔗	Sugarcane	72528	73638	76132	76891	78655	79890
甜菜	Beetroots	52751	55630	53843	52174	56057	56307
烤烟	Flue-Cured Tobacco	2084	2121	2108	2103	2079	2091
大牲畜年底头数(万头)	Number of Large Animals　(year-end,10 000 heads)	9929.8	9559.9	9763.6	9625.5	9877.4	10265.1
#牛	Cattle and Buffaloes	9055.8	8834.5	9038.7	8915.3	9138.3	9562.1
马	Horses	397.5	351.2	343.6	347.3	367.1	367.2
驴	Donkeys	342.4	259.3	267.8	253.3	260.1	232.4
骡	Mules	104.1	84.5	81.1	75.8	71.4	62.3
骆驼	Camels	30.1	30.5	32.3	33.8	40.5	41.1
肉猪出栏头数　(万头)	Number of Slaughtered Fattened Hogs (10 000 heads)	72415.6	70073.9	70202.1	69382.4	54419.2	52704.1
猪年底头数　(万头)	Number of Hogs　(year-end,10 000 heads)	45802.9	44209.2	44158.9	42817.1	31040.7	40650.4
羊年底只数　(万只)	Number of Sheep and Goats (year-end,10 000 heads)	31174.3	29930.5	30231.7	29713.5	30072.1	30654.8
山羊	Goats	14507.5	13691.8	13823.8	13574.7	13723.2	13345.2
绵羊	Sheep	16666.8	16238.8	16407.9	16138.8	16349.0	17309.5
肉类产量　(万吨)	Output of Meat　(10 000 tons)	8749.5	8628.3	8654.4	8624.6	7758.8	7748.4
#猪牛羊肉	Pork, Beef and Mutton	6702.2	6502.6	6557.5	6522.9	5410.1	5278.1
猪肉	Pork	5645.4	5425.5	5451.8	5403.7	4255.3	4113.3
牛肉	Beef	616.9	616.9	634.6	644.1	667.3	672.4
羊肉	Mutton	439.9	460.3	471.1	475.1	487.5	492.3
奶类　(万吨)	Milk　(10 000 tons)	3295.5	3173.9	3148.6	3176.8	3297.6	3529.6
#牛奶	Cow Milk	3179.8	3064.0	3038.6	3074.6	3201.2	3440.1
绵羊毛　(吨)	Sheep Wool　(ton)	413134	411642	410523	356608	341120	333625
山羊粗毛　(吨)	Goat Coarse Wool　(ton)	35487	35785	32863	26965	24875	24034
山羊绒　(吨)	Cashmere　(ton)	18684	18844	17852	15438	14964	15244
禽蛋　(万吨)	Poultry Eggs　(10 000 tons)	3046.1	3160.5	3096.3	3128.3	3309.0	3467.8
水产品总产量(万吨)	Total Output of Aquatic Products　(10 000 tons)	6211.0	6379.5	6445.3	6457.7	6480.4	6549.0
海水产品	Seawater Aquatic Products	3232.3	3301.3	3321.7	3301.4	3282.5	3314.4
淡水产品	Freshwater Aquatic Products	2978.7	3078.2	3123.6	3156.2	3197.9	3234.6

12-3 农、林、牧、渔业总产值及指数
Gross Output Value of Agriculture, Forestry, Animal Husbandry and Fishery and Related Indices

年份 地区	Year Region	绝对数（亿元） Gross Output Value (100 million yuan) 农林牧渔业总产值 Total	#农业 Farming	#林业 Forestry	#牧业 Animal Husbandry	#渔业 Fishery	指数（上年=100） Indices of Gross Output (preceding year=100) 农林牧渔业总产值 Total	#农业 Farming	#林业 Forestry	#牧业 Animal Husbandry	#渔业 Fishery
	1978	1397.0	1117.5	48.1	209.3	22.1					
	1980	1922.6	1454.1	81.4	354.2	32.9	101.4	99.7	112.2	107.0	107.7
	1985	3619.5	2506.4	188.7	798.3	126.1	103.4	99.8	104.5	117.2	118.9
	1990	7662.1	4954.3	330.3	1967.0	410.6	107.6	108.0	103.1	107.0	110.0
	1995	20340.9	11884.6	709.9	6045.0	1701.3	110.9	107.9	105.0	114.8	119.4
	2000	24915.8	13873.6	936.5	7393.1	2712.6	103.6	101.4	105.4	106.3	106.5
	2005	39450.9	19613.4	1425.5	13310.8	4016.1	105.7	104.1	103.2	107.8	106.5
	2006	40810.8	21522.3	1610.8	12083.9	3970.5	105.4	105.4	105.6	105.0	106.0
	2007	48651.8	24444.7	1889.9	16068.6	4427.9	103.9	103.7	109.8	103.2	104.0
	2008	57420.8	27679.9	2180.3	20354.2	5137.5	105.6	104.6	108.0	106.7	105.8
	2009	59311.3	29983.8	2324.4	19184.6	5514.7	104.6	103.4	106.7	105.5	105.6
	2010	67763.1	35909.1	2575.0	20461.1	6263.4	104.4	104.3	103.5	104.2	105.4
	2011	78837.0	40339.6	3092.4	25194.2	7337.4	104.4	105.6	107.6	101.7	104.1
	2012	86342.2	44845.7	3407.0	26491.2	8403.9	104.9	104.3	106.7	105.2	105.0
	2013	93173.7	48943.9	3847.4	27572.4	9254.5	104.0	104.4	107.4	102.0	105.1
	2014	97822.5	51851.1	4190.0	27963.4	9877.5	104.3	104.9	106.4	102.6	104.0
	2015	101893.5	54205.3	4358.4	28649.3	10339.1	104.0	105.4	106.1	100.5	104.3
	2016	106478.7	55659.9	4635.9	30461.2	10892.9	103.5	104.2	108.2	101.1	102.9
	2017	109331.7	58059.8	4980.6	29361.2	11577.1	104.0	104.7	106.9	102.1	102.8
	2018	113579.5	61452.6	5432.6	28697.4	12131.5	103.5	103.9	106.5	101.7	102.7
	2019	123967.9	66066.5	5775.7	33064.3	12572.4	102.8	104.6	105.2	97.9	102.5
	2020	137782.2	71748.2	5961.6	40266.7	12775.9	103.4	104.1	104.3	102.0	102.2
北京	Beijing	263.4	107.6	97.7	45.2	4.1	93.3	105.9	84.5	88.9	79.0
天津	Tianjin	476.4	228.8	15.7	145.5	68.1	101.4	104.8	65.9	100.6	102.4
河北	Hebei	6742.5	3413.3	255.4	2309.7	243.2	103.5	104.2	105.6	101.0	103.9
山西	Shanxi	1935.8	1075.9	137.1	606.3	6.6	105.8	105.7	91.4	109.2	101.2
内蒙古	Inner Mongolia	3472.4	1699.0	89.8	1603.4	27.8	101.8	100.3	93.8	104.2	99.5
辽宁	Liaoning	4582.6	2056.8	121.0	1604.7	617.5	103.0	102.0	105.4	105.3	103.5
吉林	Jilin	2976.0	1231.8	71.9	1547.4	41.4	101.8	103.0	112.4	100.2	102.9
黑龙江	Heilongjiang	6438.1	4044.1	192.4	1913.0	115.6	102.6	101.4	104.7	105.2	103.9
上海	Shanghai	279.8	138.0	15.2	55.1	51.0	93.0	93.7	81.4	90.8	90.0
江苏	Jiangsu	7952.6	4102.2	172.8	1315.8	1774.0	102.0	102.8	104.3	100.7	100.6
浙江	Zhejiang	3496.9	1594.0	189.6	472.6	1130.6	101.7	102.4	100.1	94.4	102.9
安徽	Anhui	5680.9	2525.4	387.5	1900.2	542.6	102.7	102.3	107.7	101.7	102.2
福建	Fujian	4901.1	1818.2	390.6	1141.1	1373.1	103.3	104.0	103.2	103.9	101.9
江西	Jiangxi	3820.7	1689.9	367.8	1125.4	473.5	102.7	103.9	105.5	100.1	100.3
山东	Shandong	10190.6	5168.4	214.2	2571.9	1432.1	103.0	103.4	106.3	102.3	101.3
河南	Henan	9956.3	6244.8	126.7	2855.8	117.6	102.7	103.1	109.8	99.9	101.9
湖北	Hubei	7303.6	3492.5	245.4	1864.8	1156.8	100.7	103.9	97.1	92.5	101.2
湖南	Hunan	7512.0	3364.8	428.0	2721.6	477.5	104.1	104.1	108.3	102.5	104.3
广东	Guangdong	7901.9	3769.3	414.3	1778.2	1581.5	104.0	105.6	101.2	96.8	105.7
广西	Guangxi	5913.3	3268.8	437.4	1423.8	508.3	105.0	106.5	107.7	102.1	101.1
海南	Hainan	1821.0	874.8	121.2	357.1	390.8	102.4	106.1	112.6	91.9	99.3
重庆	Chongqing	2749.1	1596.1	126.0	871.9	107.3	105.0	105.9	109.9	102.7	99.2
四川	Sichuan	9216.4	4701.9	379.8	3613.8	287.5	105.6	104.5	102.9	107.8	104.6
贵州	Guizhou	4358.6	2781.8	293.7	1019.0	61.1	106.5	107.7	108.2	102.8	106.4
云南	Yunnan	5920.5	2902.2	429.5	2315.4	104.0	105.8	107.0	106.4	103.6	103.4
西藏	Tibet	233.5	104.0	3.7	119.7	0.1	108.2	108.0	102.5	108.8	39.5
陕西	Shaanxi	4056.6	2807.1	116.9	893.4	30.0	103.5	104.0	113.9	100.6	100.6
甘肃	Gansu	2103.6	1423.8	31.7	495.3	2.0	105.2	105.5	83.3	107.8	105.6
青海	Qinghai	507.1	188.6	11.9	295.1	3.9	104.7	105.1	105.4	104.5	99.0
宁夏	Ningxia	703.1	397.9	10.9	246.6	19.0	103.6	102.2	87.4	107.3	101.4
新疆	Xinjiang	4315.6	2936.3	66.0	1038.1	27.2	104.7	105.8	108.3	100.9	95.2

注：本表绝对数按当年价格计算，指数按可比价格计算。2003年起总产值包括农林牧渔专业及辅助性活动产值。

a) Data in value terms in this table are calculated at current prices, while the indices are calculated at comparable prices. Since 2003, gross output value includes professional and support services for agriculture, forestry, animal husbandry and fishery.

12-4 主要农业机械拥有量（年底数）
Major Agricultural Machinery at Year-end

年份 Year 地区 Region		农业机械总动力（万千瓦）Total Power of Agricultural Machinery (10 000 kW)	大中型拖拉机 Large and Medium-sized Tractors 数量（万台）Number (10 000 units)	大中型拖拉机 配套农具（万部）Towing Farm Machinery (10 000 units)	小型拖拉机 Small Tractors 数量（万台）Number (10 000 units)
	1978	11749.9	55.74	119.20	137.30
	1980	14745.7	74.49	136.90	187.40
	1985	20912.5	85.24	112.80	382.40
	1990	28707.7	81.35	97.40	698.10
	1995	36118.1	67.18	99.12	864.64
	2000	52573.6	97.45	139.99	1264.37
	2005	68397.8	139.60	226.20	1526.89
	2006	72522.1	171.82	261.50	1567.90
	2007	76589.6	206.27	308.28	1619.11
	2008	82190.4	299.52	435.36	1722.41
	2009	87496.1	351.58	542.06	1750.90
	2010	92780.5	392.17	612.86	1785.79
	2011	97734.7	440.65	698.95	1811.27
	2012	102559.0	485.24	763.52	1797.23
	2013	103906.8	527.02	826.62	1752.28
	2014	108056.6	567.95	889.64	1729.77
	2015	111728.1	607.29	962.00	1703.04
	2016	97245.6	645.35	1028.11	1671.61
	2017	98783.3	670.08	1070.03	1634.24
	2018	100371.7	421.99	422.57	1818.26
	2019	102758.3	443.86	436.47	1780.42
	2020	105622.1	477.27	459.44	1727.60
北 京	Beijing	120.2	0.41	0.12	0.20
天 津	Tianjin	365.1	1.34	2.05	0.34
河 北	Hebei	7965.7	30.64	43.05	112.44
山 西	Shanxi	1595.3	11.32	10.03	27.88
内蒙古	Inner Mongolia	4056.6	39.12	21.60	83.40
辽 宁	Liaoning	2471.3	19.19	16.93	39.45
吉 林	Jilin	3896.9	38.47	10.83	87.92
黑龙江	Heilongjiang	6775.1	63.73	48.72	97.89
上 海	Shanghai	102.1	0.74	0.41	0.22
江 苏	Jiangsu	5213.8	17.16	28.89	58.75
浙 江	Zhejiang	1813.2	1.59	1.18	5.05
安 徽	Anhui	6799.5	26.25	44.05	200.49
福 建	Fujian	1260.2	0.58	0.33	8.13
江 西	Jiangxi	2591.0	5.13	3.71	32.44
山 东	Shandong	10964.7	50.41	59.24	197.58
河 南	Henan	10463.7	39.72	66.33	301.60
湖 北	Hubei	4626.1	18.17	19.35	112.58
湖 南	Hunan	6589.0	10.77	4.28	21.92
广 东	Guangdong	2495.4	2.63	2.24	31.03
广 西	Guangxi	3901.4	5.49	3.17	53.10
海 南	Hainan	615.6	2.29	1.42	5.78
重 庆	Chongqing	1498.0	0.24	0.21	0.47
四 川	Sichuan	4754.0	7.61	2.39	14.82
贵 州	Guizhou	2582.4	1.92	0.15	11.78
云 南	Yunnan	2786.7	7.33	3.60	28.97
西 藏	Tibet	576.8	6.97	0.08	21.10
陕 西	Shaanxi	2388.0	11.05	12.09	21.05
甘 肃	Gansu	2289.5	11.47	7.93	72.69
青 海	Qinghai	491.4	1.25	1.31	25.35
宁 夏	Ningxia	644.1	4.56	2.78	16.83
新 疆	Xinjiang	2929.4	39.73	40.97	36.36

12-5 耕地灌溉面积和农用化肥施用量
Irrigated Area of Cultivated Land and Consumption of Chemical Fertilizers

年 份 地 区	Year Region	耕地灌溉面积（千公顷）Irrigated Area of Cultivated Land (1 000 hectares)	农用化肥施用量（万吨）Consumption of Chemical Fertilizers (10 000 tons)	氮 肥 Nitrogenous Fertilizer	磷 肥 Phosphate Fertilizer	钾 肥 Potash Fertilizer	复合肥 Compound Fertilizer
	1978	44965.0	884.0				
	1980	44888.1	1269.4	934.2	273.3	34.6	27.2
	1985	44035.9	1775.8	1204.9	310.9	80.4	179.6
	1990	47403.1	2590.3	1638.4	462.4	147.9	341.6
	1995	49281.2	3593.7	2021.9	632.4	268.5	670.8
	2000	53820.3	4146.4	2161.6	690.5	376.5	917.9
	2005	55029.3	4766.2	2229.3	743.8	489.5	1303.2
	2006	55750.5	4927.7	2262.5	769.5	509.7	1385.9
	2007	56518.3	5107.8	2297.2	773.0	533.6	1503.0
	2008	58471.7	5239.0	2302.9	780.1	545.2	1608.6
	2009	59261.4	5404.4	2329.9	797.7	564.3	1698.7
	2010	60347.7	5561.7	2353.7	805.6	586.4	1798.5
	2011	61681.6	5704.2	2381.4	819.2	605.1	1895.1
	2012	62490.5	5838.8	2399.9	828.6	617.7	1990.0
	2013	63473.3	5911.9	2394.2	830.6	627.4	2057.5
	2014	64539.5	5995.9	2392.9	845.3	641.9	2115.8
	2015	65872.6	6022.6	2361.6	843.1	642.3	2175.7
	2016	67140.6	5984.4	2310.5	830.0	636.9	2207.1
	2017	67815.6	5859.4	2221.8	797.6	619.7	2220.3
	2018	68271.6	5653.4	2065.4	728.9	590.3	2268.8
	2019	68678.6	5403.6	1930.2	681.6	561.1	2230.7
	2020	69160.5	5250.7	1833.9	653.8	541.9	2221.0
北 京	Beijing	109.4	6.1	2.2	0.3	0.3	3.2
天 津	Tianjin	299.1	15.3	4.9	1.9	1.2	7.3
河 北	Hebei	4470.0	285.7	100.6	22.3	21.0	141.8
山 西	Shanxi	1517.4	107.4	20.9	9.4	8.2	68.9
内蒙古	Inner Mongolia	3199.1	207.7	77.1	36.0	17.1	77.4
辽 宁	Liaoning	1632.5	137.6	47.2	9.2	10.8	70.4
吉 林	Jilin	1905.4	225.3	50.2	5.7	12.6	156.8
黑龙江	Heilongjiang	6171.6	224.2	71.9	45.0	30.9	76.4
上 海	Shanghai	165.0	6.9	2.8	0.4	0.2	3.6
江 苏	Jiangsu	4224.7	280.8	137.1	31.1	16.4	96.1
浙 江	Zhejiang	1415.7	69.6	29.5	6.5	5.2	28.5
安 徽	Anhui	4608.8	289.9	83.5	24.9	25.4	156.1
福 建	Fujian	1110.4	100.8	36.8	14.1	19.7	30.2
江 西	Jiangxi	2038.5	108.8	28.8	15.0	15.3	49.8
山 东	Shandong	5293.6	380.9	113.9	36.4	31.9	198.7
河 南	Henan	5463.1	648.0	182.2	85.5	52.2	328.0
湖 北	Hubei	3086.0	267.3	101.4	41.7	26.1	98.2
湖 南	Hunan	3192.9	223.7	79.9	22.3	37.2	84.3
广 东	Guangdong	1776.5	219.8	84.1	25.8	41.7	68.2
广 西	Guangxi	1731.0	247.9	71.2	28.6	54.4	93.7
海 南	Hainan	292.2	42.6	11.7	2.8	7.7	20.4
重 庆	Chongqing	698.3	89.8	43.1	15.7	5.2	25.8
四 川	Sichuan	2992.2	210.8	90.7	38.0	15.1	67.0
贵 州	Guizhou	1165.5	78.8	32.5	9.0	7.3	30.0
云 南	Yunnan	1978.1	196.7	94.4	27.0	22.7	52.5
西 藏	Tibet	282.8	4.4	1.3	0.6	0.3	2.2
陕 西	Shaanxi	1336.8	201.9	79.8	17.4	23.0	81.8
甘 肃	Gansu	1338.6	80.4	30.9	14.9	7.8	26.7
青 海	Qinghai	219.2	5.5	2.1	0.6	0.2	2.6
宁 夏	Ningxia	552.5	38.1	15.8	3.9	2.7	15.7
新 疆	Xinjiang	4893.4	248.2	105.2	62.0	22.3	58.8

12-6 灌溉、水库和除涝治水情况
Irrigation, Reservoirs, Flood Prevention, Water and Soil Conservation

项　目	Item	2000	2005	2010	2015	2019	2020
万亩以上灌区数 (处)	Number of Irrigated Areas over 10 000 Mu (set)	5683	5860	5795	7773	7884	7713
3.3万公顷以上	33 000 Hectares and Over	101	117	131	176	176	172
2.0-3.3万公顷	20 000-33 000 Hectares	141	170	218	280	284	282
灌区有效灌溉面积(万公顷)	Effective Irrigated Area (10 000 hectares)	2449.3	2641.9	2941.5	3230.2	3350.1	3363.8
3.3万公顷以上	33 000 Hectares and Over	788.3	1023.0	1091.8	1202.4	1260.9	1234.4
2.0-3.3万公顷	20 000-33 000 Hectares	344.0	408.0	474.0	566.3	538.6	547.8
水库 (座)	Number of Reservoirs (unit)	83260	85108	87873	97988	98112	
大型水库	Large Reservoir	420	470	552	707	744	
中型水库	Medium-sized Reservoir	2704	2934	3269	3844	3978	
小型水库	Small Reservoir	80136	81704	84052	93437	93390	
水库库容量 (亿立方米)	Capacity of Reservoirs (100 million cu.m)	5184	5624	7162	8581	8983	
大型水库	Large Reservoir	3842	4197	5594	6812	7150	
中型水库	Medium-sized Reservoir	746	826	930	1068	1127	
小型水库	Small Reservoir	594	602	638	701	706	
节水灌溉面积 (万公顷)	Water-saving Irrigated Area (10 000 hectares)	1638.9	2133.8	2731.4	3106.0	3705.9	3779.6
除涝面积 (万公顷)	Area with Flood Prevention Measures(10 000 hectares)	2098.9	2133.9	2169.2	2271.3	2453.0	2458.6
水土流失治理面积(万公顷)	Area with Soil Erosion under Control (10 000 hectares)	8096.0	9465.0	10680.0	11557.8	13732.5	14312.2
堤防长度 (万公里)	Total Length of Dikes (10 000 km)	27.0	27.7	29.4	29.1	32.0	32.8
堤防保护面积 (万公顷)	Area of Land Protected by Dikes (10 000 hectares)	3960.0	4412.0	4683.1	4084.4	4190.3	4216.8

注：1.大型水库库容：1亿立方米以上；中型水库库容：1千万至1亿立方米；小型水库库容：10万至1千万立方米。堤防长度为5级及以上堤防。

2.水利部对全国水库数量进行摸底排查，2020年水库数量及库容数据暂未对外公布。

a) The capacity of the large-scale reservoir is over 100 million cubic meters, while that of the medium-scale one is from 10-100 million cubic meters, and that of the small-scale one is from 0.1-10 million cubic meters. The length of dikes is at Grade 5 and above.

b) The Ministry of Water Resources has conducted a thorough investigation on the number of reservoirs in the country, and the number and capacity of reservoirs in 2020 have not been released.

12-7 分地区水利设施和除涝面积（2020年）
Water Conservancy Facilities and Area with Flood Prevention Measures by Region (2020)

地 区	Region	水库数（座）Number of Reservoirs (unit)	水库总库容量（亿立方米）Capacity of Reservoirs (100 million cu.m)	除涝面积（千公顷）Area with Flood Prevention Measures (1 000 hectares)	水土流失治理面积（千公顷）Area with Soil Erosion under Control (1 000 hectares)
全 国	**National Total**	**98112**	**8983.2**	**24586.4**	**143122.1**
北 京	Beijing	86	52.1	12.0	928.7
天 津	Tianjin	28	26.4	364.6	101.8
河 北	Hebei	1060	206.3	1638.1	5934.4
山 西	Shanxi	613	69.8	89.3	7395.7
内蒙古	Inner Mongolia	601	109.7	277.0	15221.5
辽 宁	Liaoning	783	370.2	931.7	5723.6
吉 林	Jilin	1580	334.3	1034.0	2801.6
黑龙江	Heilongjiang	973	267.7	3411.1	5747.5
上 海	Shanghai			53.4	
江 苏	Jiangsu	952	35.3	4483.0	950.7
浙 江	Zhejiang	4278	445.3	567.4	3659.7
安 徽	Anhui	6080	203.8	2490.2	2157.0
福 建	Fujian	3676	170.4	169.8	4031.8
江 西	Jiangxi	10685	327.9	441.2	6195.9
山 东	Shandong	5932	220.3	3096.2	4430.3
河 南	Henan	2510	432.9	2167.1	4033.8
湖 北	Hubei	6935	1263.8	1429.8	6396.0
湖 南	Hunan	14047	514.0	443.5	4063.1
广 东	Guangdong	8352	455.6	543.8	1953.7
广 西	Guangxi	4536	715.8	237.2	3048.0
海 南	Hainan	1105	111.6	25.8	139.3
重 庆	Chongqing	3083	126.6		3856.0
四 川	Sichuan	8220	523.2	103.6	10974.6
贵 州	Guizhou	2431	445.5	125.9	7577.0
云 南	Yunnan	6769	763.1	304.8	10543.1
西 藏	Tibet	122	38.6	4.0	711.9
陕 西	Shaanxi	1101	93.8	103.4	8163.7
甘 肃	Gansu	387	104.0	16.0	10100.0
青 海	Qinghai	198	316.6		1607.8
宁 夏	Ningxia	327	27.8		2471.5
新 疆	Xinjiang	662	210.8	22.6	2202.3

注：由于2020年数据暂未公布，表中“水库数”和“水库总库容量”两个指标为2019年数据。
a) As the data of 2020 has not been released yet, the "number of reservoirs" and "capacity of reservoirs" in the table are the data of 2019.

12-8 农作物播种面积
Sown Areas of Farm Crops

单位：千公顷 (1 000 hectares)

年份 地区	Year Region	农作物总播种面积 Total Sown Area	粮食作物播种面积 Sown Area of Grain Crops	谷物 Cereals	#稻谷 Rice	#小麦 Wheat	#玉米 Corn	豆类 Beans
	1978	150104	120587		34421	29183	19961	
	1980	146380	117234		33878	28844	20087	
	1985	143626	108845		32070	29218	17694	
	1990	148362	113466		33064	30753	21401	
	1995	149879	110060	89310	30744	28860	22776	11232
	2000	156300	108463	85264	29962	26653	23056	12660
	2005	155488	104278	81874	28847	22793	26358	12901
	2006	152149	104958	84931	28938	23613	28463	12149
	2007	153010	105999	86388	28973	23762	30024	11708
	2008	155566	107545	87499	29350	23704	30981	11988
	2009	157242	110255	90383	29793	24425	32948	11785
	2010	158579	111695	92621	30097	24442	34977	11053
	2011	160360	112980	94615	30338	24507	36767	10367
	2012	162071	114368	97142	30476	24551	39109	9405
	2013	163702	115908	99288	30710	24440	41299	8893
	2014	165183	117455	101087	30765	24443	42997	8824
	2015	166829	118963	103225	30784	24567	44968	8433
	2016	166939	119230	102702	30746	24666	44178	9287
	2017	166332	117989	100765	30747	24478	42399	10051
	2018	165902	117038	99671	30189	24266	42130	10186
	2019	165931	116064	97847	29694	23728	41284	11075
	2020	167487	116768	97964	30076	23380	41264	11593
北　京	Beijing	98.2	48.9	45.8	0.2	8.4	35.6	1.7
天　津	Tianjin	419.2	350.2	344.4	53.4	104.0	178.9	4.4
河　北	Hebei	8089.4	6388.8	6036.0	78.7	2216.9	3417.1	122.1
山　西	Shanxi	3541.5	3130.0	2762.9	2.4	535.9	1742.2	183.8
内蒙古	Inner Mongolia	8882.8	6833.2	5172.0	160.9	479.0	3823.9	1380.7
辽　宁	Liaoning	4287.8	3527.2	3344.1	520.4	3.1	2699.3	116.2
吉　林	Jilin	6151.0	5681.8	5243.7	837.1	4.8	4287.2	393.7
黑龙江	Heilongjiang	14910.1	14438.4	9438.3	3872.0	48.7	5480.7	4930.5
上　海	Shanghai	255.2	114.3	113.4	104.1	7.5	1.2	0.5
江　苏	Jiangsu	7478.4	5405.6	5095.3	2202.8	2338.9	509.8	271.2
浙　江	Zhejiang	2014.5	993.4	804.2	636.0	93.4	63.3	115.8
安　徽	Anhui	8818.0	7289.5	6584.0	2512.1	2825.2	1234.8	642.0
福　建	Fujian	1631.3	834.4	639.2	601.7	0.1	33.1	42.4
江　西	Jiangxi	5644.4	3772.4	3510.0	3441.8	14.4	47.6	142.7
山　东	Shandong	10889.1	8281.5	7954.5	112.5	3934.4	3871.1	193.0
河　南	Henan	14688.0	10738.8	10168.3	617.1	5673.7	3818.0	406.1
湖　北	Hubei	7974.4	4645.3	4078.3	2280.7	1031.4	752.0	247.7
湖　南	Hunan	8400.1	4754.8	4420.5	3993.9	23.3	384.4	150.8
广　东	Guangdong	4451.8	2204.7	1959.9	1834.4	0.4	123.1	41.9
广　西	Guangxi	6107.3	2806.1	2377.9	1760.1	3.9	597.0	160.9
海　南	Hainan	676.9	270.7	227.5	227.5			5.3
重　庆	Chongqing	3372.5	2003.1	1137.4	657.3	18.5	440.9	202.0
四　川	Sichuan	9849.9	6312.6	4444.3	1866.3	596.8	1839.4	599.5
贵　州	Guizhou	5475.3	2754.1	1429.6	665.1	138.1	501.5	336.5
云　南	Yunnan	6989.7	4167.4	3139.0	818.9	320.0	1802.5	484.6
西　藏	Tibet	272.1	182.3	175.4	0.9	29.9	4.4	5.2
陕　西	Shaanxi	4160.8	3001.0	2468.3	105.1	964.2	1179.4	188.3
甘　肃	Gansu	3931.8	2638.3	1899.8	3.4	708.7	1000.8	163.8
青　海	Qinghai	571.4	290.0	201.6		94.8	21.4	14.9
宁　夏	Ningxia	1174.2	679.2	571.4	60.8	92.9	322.7	12.7
新　疆	Xinjiang	6280.0	2230.2	2177.2	47.6	1069.0	1051.1	32.7

12-8 续表 1 continued

单位：千公顷 (1 000 hectares)

年份 地区	Year Region	薯类 Tubers	棉花 Cotton	油料 Oil-bearing Crops	#花生 Peanuts	#油菜籽 Rapeseeds	麻类 Fiber Crops	#黄红麻 Jute and Ambary Hemp	糖料 Sugar Crops
	1978	11796	4866	6222	1768	2600	751	412	879
	1980	10153	4920	7928	2339	2844	666	314	922
	1985	8572	5140	11800	3318	4494	1231	992	1525
	1990	9121	5588	10900	2907	5503	495	300	1679
	1995	9519	5422	13102	3809	6907	376	147	1820
	2000	10538	4041	15400	4855	7494	262	50	1514
	2005	9503	5062	14318	4662	7278	335	31	1564
	2006	7877	5816	11738	3956	5984	283	31	1567
	2007	7902	5199	12344	4128	6140	219	32	1756
	2008	8057	5278	13232	4362	6838	176	24	1926
	2009	8088	4485	13445	4281	7170	115	18	1804
	2010	8021	4366	13695	4374	7316	91	17	1809
	2011	7998	4524	13471	4336	7192	79	17	1834
	2012	7821	4360	13435	4401	7187	69	15	1887
	2013	7727	4162	13438	4396	7193	63	15	1844
	2014	7544	4176	13395	4370	7158	58	12	1737
	2015	7305	3775	13314	4386	7028	54	11	1573
	2016	7241	3198	13191	4448	6623	54	7	1555
	2017	7173	3195	13223	4608	6653	58	6	1546
	2018	7180	3354	12872	4620	6551	57	6	1623
	2019	7142	3339	12925	4633	6583	66	6	1610
	2020	7210	3169	13129	4731	6765	69	5	1568
北京	Beijing	1.4	0.0	1.2	0.9	0.1			
天津	Tianjin	1.5	7.8	0.8	0.7	0.1			0.0
河北	Hebei	230.7	189.2	355.4	246.0	31.8	0.0		12.6
山西	Shanxi	183.3	1.1	88.3	4.8	17.7	1.7	0.3	0.0
内蒙古	Inner Mongolia	280.5	0.1	909.5	53.4	246.1	0.9	0.0	127.3
辽宁	Liaoning	66.9	0.0	309.6	306.2	0.7			1.5
吉林	Jilin	44.4		256.3	239.2	0.2	0.6		1.1
黑龙江	Heilongjiang	69.6		41.8	19.8	0.2	19.3		3.1
上海	Shanghai	0.4	0.0	2.4	0.2	2.1			0.0
江苏	Jiangsu	39.1	8.4	278.7	99.7	172.9	0.2	0.0	3.4
浙江	Zhejiang	73.3	4.8	137.3	17.0	113.7	0.0	0.0	7.2
安徽	Anhui	63.5	51.2	521.4	145.8	350.4	2.2	0.7	2.7
福建	Fujian	152.9	0.0	79.3	73.2	5.7	0.0	0.0	4.9
江西	Jiangxi	119.7	35.0	678.4	171.4	475.4	3.4	0.0	13.6
山东	Shandong	134.0	142.9	666.4	650.9	8.6	0.0		0.0
河南	Henan	164.4	16.2	1597.5	1261.8	177.0	1.6	1.6	1.5
湖北	Hubei	319.2	129.7	1377.9	248.7	1034.4	3.3	0.0	6.6
湖南	Hunan	183.5	59.5	1453.5	112.7	1326.4	1.8	0.1	7.6
广东	Guangdong	202.9		355.3	347.6	4.4	0.1	0.1	158.9
广西	Guangxi	267.3	1.1	262.2	223.3	32.5	2.6	2.1	874.8
海南	Hainan	37.9		30.7	29.9				17.9
重庆	Chongqing	663.6		333.9	63.1	258.3	2.1	0.0	1.9
四川	Sichuan	1268.9	2.3	1583.9	283.4	1292.2	18.1	0.2	9.7
贵州	Guizhou	988.1	0.4	579.4	47.3	430.9	0.3	0.1	10.5
云南	Yunnan	543.8	0.0	311.2	43.4	257.7	2.9		235.7
西藏	Tibet	1.7		20.2	0.1	20.1			0.0
陕西	Shaanxi	344.5	0.7	266.7	38.0	175.7	0.4		0.2
甘肃	Gansu	574.7	16.6	276.1	0.4	148.8	1.6		3.5
青海	Qinghai	73.5		143.6		142.5			
宁夏	Ningxia	95.1		33.0	0.0	4.5			
新疆	Xinjiang	20.3	2501.9	177.2	1.8	33.7	5.5		62.3

12-8 续表 2 continued

单位：千公顷 (1 000 hectares)

年份 Year 地区 Region	#甘蔗 Sugarcane	#甜菜 Beetroots	烟叶 Tobacco	#烤烟 Flue-cured Tobacco	蔬菜 Vegetables	茶园 Tea Plantations	果园 Orchards
1978	549	331	784	613	3331	1048	1657
1980	480	443	512	397	3163	1041	1783
1985	965	560	1313	1077	4753	1045	2736
1990	1009	670	1593	1342	6338	1061	5179
1995	1125	695	1470	1309	9515	1115	8091
2000	1185	329	1437	1269	15237	1089	8932
2005	1354	210	1363	1245	17721	1352	10035
2006	1378	189	1189	1088	16639	1431	10123
2007	1531	225	1180	1094	17557	1599	10119
2008	1709	218	1302	1219	17859	1716	10221
2009	1643	161	1329	1223	17818	1830	10454
2010	1624	185	1309	1209	17431	1932	10681
2011	1644	191	1418	1325	17910	2056	10808
2012	1696	191	1544	1446	18497	2201	10990
2013	1704	140	1552	1472	18836	2367	11043
2014	1638	99	1398	1330	19224	2526	11608
2015	1476	96	1254	1197	19613	2641	11212
2016	1402	154	1208	1153	19553	2723	10917
2017	1371	174	1131	1081	19981	2849	11149
2018	1406	216	1058	1003	20439	2986	11875
2019	1391	219	1027	972	20863	3105	12277
2020	1353	213	1014	967	21485	3217	12646
北京 Beijing			0.0		36.6		42.5
天津 Tianjin	0.0				52.9		24.0
河北 Hebei		12.6	1.0	0.6	803.5	0.0	521.6
山西 Shanxi	0.0	0.0	1.4	1.4	189.0	0.8	381.1
内蒙古 Inner Mongolia		125.8	1.3	1.1	197.7		98.3
辽宁 Liaoning		1.5	5.2	4.5	325.6		358.4
吉林 Jilin		1.1	8.6	4.4	126.6		27.1
黑龙江 Heilongjiang		3.1	10.7	10.0	152.4		41.1
上海 Shanghai	0.0				84.2	0.1	13.1
江苏 Jiangsu	0.8	2.6			1443.8	34.2	190.8
浙江 Zhejiang	7.2	0.0	0.5	0.1	659.6	206.6	318.8
安徽 Anhui	1.9		8.6	8.6	718.0	194.7	166.3
福建 Fujian	4.9		47.5	47.5	597.0	223.9	355.8
江西 Jiangxi	13.6		13.2	12.8	661.0	113.2	427.8
山东 Shandong		0.0	18.2	18.0	1487.3	27.2	603.2
河南 Henan	1.5		80.5	79.7	1753.8	113.0	452.2
湖北 Hubei	6.6		36.4	31.6	1279.9	358.4	400.8
湖南 Hunan	7.6		86.9	85.9	1355.0	185.8	556.1
广东 Guangdong	158.9		16.5	14.6	1363.6	78.2	1031.3
广西 Guangxi	874.8		10.6	8.9	1535.9	91.3	1352.6
海南 Hainan	17.9		0.1	0.1	259.0	2.2	178.4
重庆 Chongqing	1.9		27.4	22.3	772.0	52.1	347.8
四川 Sichuan	9.7	0.0	73.6	68.5	1444.0	396.4	806.9
贵州 Guizhou	10.2	0.2	133.1	126.6	1511.3	476.4	779.5
云南 Yunnan	235.7		408.6	395.8	1223.7	493.5	665.2
西藏 Tibet		0.0	0.0	0.0	25.8	3.6	4.2
陕西 Shaanxi	0.2	0.0	22.2	22.1	522.5	152.7	1154.5
甘肃 Gansu		3.5	1.6	1.6	401.8	12.3	326.7
青海 Qinghai			0.0		43.6		7.2
宁夏 Ningxia			0.3	0.3	135.2		104.7
新疆 Xinjiang		62.3			323.2		908.2

12-9 主要农作物种植结构
Planting Structure of Major Farm Crops

单位：% (%)

项　目	Item	1995	2000	2005	2010	2015	2019	2020
农作物总播种面积	**Total Sown Area of Farm Crops**	**100.00**	**100.00**	**100.00**	**100.00**	**100.00**	**100.00**	**100.00**
粮食作物	**Grain Crops**	**73.43**	**69.39**	**67.07**	**70.43**	**71.31**	**69.95**	**69.72**
谷物	Cereals	59.59	54.55	52.66	58.41	61.87	58.97	58.49
稻谷	Rice	20.51	19.17	18.55	18.98	18.45	17.90	17.96
小麦	Wheat	19.26	17.05	14.66	15.41	14.73	14.30	13.96
玉米	Corn	15.20	14.75	16.95	22.06	26.95	24.88	24.64
谷子	Millet	1.02	0.80	0.55	0.51	0.50	0.50	0.54
高粱	Jowar	0.81	0.57	0.37	0.32	0.25	0.39	0.38
其它谷物	Other Cereal		2.21	1.58	1.12	0.98	1.01	1.02
豆类	Beans	7.49	8.10	8.30	6.97	5.05	6.67	6.92
#大豆	Soybeans	5.42	5.95	6.17	5.49	4.09	5.62	5.90
杂豆	Miscellaneous Beans	2.07	2.15	2.13	1.48	0.96	1.05	1.02
薯类	Tubers	6.35	6.74	6.11	5.06	4.38	4.30	4.31
#马铃薯	Potato	2.29	3.02	3.14	3.08	2.87	2.82	2.78
油料作物	**Oil-bearing Crops**	**8.74**	**9.85**	**9.21**	**8.64**	**7.98**	**7.79**	**7.84**
#花生	Peanuts	2.54	3.11	3.00	2.76	2.63	2.79	2.82
油菜籽	Rapeseeds	4.61	4.79	4.68	4.61	4.21	3.97	4.04
芝麻	Sesame	0.43	0.50	0.38	0.23	0.18	0.17	0.17
胡麻籽	Benne	0.41	0.32	0.26	0.18	0.15	0.14	0.11
向日葵	Helianthus	0.54	0.79	0.66	0.62	0.65	0.55	0.52
棉花	**Cotton**	**3.62**	**2.59**	**3.26**	**2.75**	**2.26**	**2.01**	**1.89**
麻类	**Fiber Crops**	**0.25**	**0.17**	**0.22**	**0.06**	**0.03**	**0.04**	**0.04**
#黄红麻	Jute and Ambary Hemp	0.10	0.03	0.02	0.01	0.01	0.00	0.00
苎　麻	Ramee	0.06	0.06	0.08	0.04	0.02	0.02	0.02
大　麻	Hemp	0.01	0.01	0.01	0.00	0.00	0.01	0.01
亚　麻	Flax	0.08	0.06	0.10	0.01	0.00	0.00	0.00
糖料	**Sugar Crops**	**1.21**	**0.97**	**1.01**	**1.14**	**0.94**	**0.97**	**0.94**
甘蔗	Sugarcane	0.75	0.76	0.87	1.02	0.88	0.84	0.81
甜菜	Beetroots	0.46	0.21	0.14	0.12	0.06	0.13	0.13
烟叶	**Tobacco**	**0.98**	**0.92**	**0.88**	**0.83**	**0.75**	**0.62**	**0.61**
#烤烟	Flue-cured Tobacco	0.87	0.81	0.80	0.76	0.72	0.59	0.58
药材	**Medicinal Materials**	**0.19**	**0.43**	**0.78**	**0.80**	**1.12**	**1.63**	**1.73**
蔬菜	**Vegetables**	**6.35**	**9.75**	**11.40**	**10.99**	**11.76**	**12.57**	**12.83**
瓜果类	**Melon**	**0.73**	**1.31**	**1.42**	**1.40**	**1.32**	**1.31**	**1.29**
其他农作物	**Other Farm Crops**	**4.49**	**4.70**	**4.78**	**2.96**	**2.53**	**3.11**	**3.12**
#青饲料	Succulence	1.22	1.37	2.17	1.11	0.98	1.27	1.31

12-10 主要农产品产量
Output of Major Farm Products

单位：万吨 (10 000 tons)

年 份 地 区	Year Region	粮 食 Grain	谷 物 Cereals	#稻 谷 Rice	#小 麦 Wheat	#玉 米 Corn	豆 类 Beans	薯 类 Tubers	棉 花 Cotton
1978		30476.5		13693.0	5384.0	5594.5		3174.0	216.7
1980		32055.5		13990.5	5520.5	6260.0		2872.5	270.7
1985		37910.8		16856.9	8580.5	6382.6		2603.6	414.7
1990		44624.3		18933.1	9822.9	9681.9		2743.3	450.8
1995		46661.8	41611.6	18522.6	10220.7	11198.6	1787.5	3262.6	476.8
2000		46217.5	40522.4	18790.8	9963.6	10600.0	2010.0	3685.2	441.7
2005		48402.2	42776.0	18058.8	9744.5	13936.5	2157.7	3468.5	571.4
2006		49804.2	45099.2	18171.8	10846.6	15160.3	2003.7	2701.3	753.3
2007		50413.9	45963.0	18638.1	10949.2	15512.3	1709.1	2741.8	759.7
2008		53434.3	48569.4	19261.2	11290.1	17212.0	2021.9	2843.0	723.2
2009		53940.9	49243.3	19619.7	11579.6	17325.9	1904.6	2792.9	623.6
2010		55911.3	51196.7	19722.6	11609.3	19075.2	1871.8	2842.7	577.0
2011		58849.3	54061.7	20288.3	11857.0	21131.6	1863.3	2924.3	651.9
2012		61222.6	56659.0	20653.2	12247.5	22955.9	1680.6	2883.0	660.8
2013		63048.2	58650.4	20628.6	12363.9	24845.3	1542.4	2855.4	628.2
2014		63964.8	59601.5	20960.9	12823.5	24976.4	1564.5	2798.8	629.9
2015		66060.3	61818.4	21214.2	13255.5	26499.2	1512.5	2729.3	590.7
2016		66043.5	61666.5	21109.4	13318.8	26361.3	1650.7	2726.3	534.3
2017		66160.7	61520.5	21267.6	13424.1	25907.1	1841.6	2798.6	565.3
2018		65789.2	61003.6	21212.9	13144.0	25717.4	1920.3	2865.4	610.3
2019		66384.3	61369.7	20961.4	13359.6	26077.9	2131.9	2882.7	588.9
2020		66949.2	61674.3	21186.0	13425.4	26066.5	2287.5	2987.4	591.0
北 京	Beijing	30.5	29.4	0.1	4.6	24.2	0.3	0.8	0.0
天 津	Tianjin	228.2	226.3	50.2	62.9	109.7	0.9	1.0	1.0
河 北	Hebei	3795.9	3617.7	48.9	1439.3	2051.8	29.4	148.8	20.9
山 西	Shanxi	1424.3	1331.2	1.7	236.5	979.9	30.7	62.3	0.2
内蒙古	Inner Mongolia	3664.1	3281.6	123.1	170.8	2742.7	256.4	126.1	0.0
辽 宁	Liaoning	2338.8	2283.5	446.5	1.7	1793.9	25.6	29.7	0.0
吉 林	Jilin	3803.2	3698.6	665.4	1.7	2973.4	72.8	31.8	
黑龙江	Heilongjiang	7540.8	6576.9	2896.2	18.7	3646.6	932.0	31.9	
上 海	Shanghai	91.4	91.1	84.7	5.3	0.9	0.1	0.2	0.0
江 苏	Jiangsu	3729.1	3631.6	1965.7	1333.9	308.3	71.6	25.8	1.1
浙 江	Zhejiang	605.7	536.0	465.1	40.8	25.9	30.8	38.8	0.7
安 徽	Anhui	4019.2	3901.9	1560.5	1671.7	663.2	98.1	19.2	4.1
福 建	Fujian	502.3	408.2	391.7	0.0	14.8	12.0	82.2	0.0
江 西	Jiangxi	2163.9	2076.3	2051.2	3.3	20.7	32.0	55.6	5.3
山 东	Shandong	5446.8	5276.1	98.8	2568.9	2595.4	56.7	114.1	18.3
河 南	Henan	6825.8	6631.8	513.7	3753.1	2342.4	97.9	96.2	1.8
湖 北	Hubei	2727.4	2581.4	1864.3	400.7	311.5	39.7	106.3	10.8
湖 南	Hunan	3015.1	2876.9	2638.9	7.8	223.2	40.0	98.2	7.4
广 东	Guangdong	1267.6	1158.5	1099.6	0.1	58.2	11.8	97.3	
广 西	Guangxi	1370.0	1290.8	1013.7	0.6	273.3	26.6	52.6	0.1
海 南	Hainan	145.5	126.3	126.3			1.8	17.4	
重 庆	Chongqing	1081.4	753.7	489.2	6.1	251.1	41.5	286.2	
四 川	Sichuan	3527.4	2836.9	1475.3	246.7	1065.0	138.8	551.8	0.2
贵 州	Guizhou	1057.6	704.5	416.0	33.4	220.3	33.7	319.4	0.0
云 南	Yunnan	1895.9	1587.5	524.9	69.7	938.0	123.3	185.0	0.0
西 藏	Tibet	102.9	100.7	0.5	17.6	2.8	1.9	0.3	
陕 西	Shaanxi	1274.8	1150.0	80.5	413.2	620.2	28.3	96.5	0.1
甘 肃	Gansu	1202.2	942.2	1.7	268.9	616.8	37.2	222.8	3.0
青 海	Qinghai	107.4	72.1		37.6	14.8	3.5	31.8	
宁 夏	Ningxia	380.5	337.3	49.4	27.8	249.1	1.7	41.5	
新 疆	Xinjiang	1583.4	1557.4	41.9	582.1	928.4	10.2	15.8	516.1

12-10 续表 1 continued

单位：万吨 (10 000 tons)

年份 Year 地区 Region		油料 Oil-bearing Crops	#花生 Peanuts	#油菜籽 Rapeseeds	#芝麻 Sesame	麻类 Fiber Crops	#黄红麻 Jute and Ambary Hemp	甘蔗 Sugarcane	甜菜 Beetroots
	1978	521.8	237.7	186.8	32.2	135.1	108.8	2111.6	270.2
	1980	769.1	360.0	238.4	25.9	143.6	109.8	2280.7	630.5
	1985	1578.4	666.4	560.7	69.1	444.8	411.9	5154.9	891.9
	1990	1613.2	636.8	695.8	46.9	109.7	72.6	5762.0	1452.5
	1995	2250.3	1023.5	977.7	58.3	89.7	37.1	6541.7	1398.4
	2000	2954.8	1443.7	1138.1	81.1	52.9	12.6	6828.0	807.3
	2005	3077.1	1434.2	1305.2	62.5	110.5	8.3	8663.8	788.1
	2006	2640.3	1288.7	1096.6	66.2	89.1	8.7	9709.2	750.8
	2007	2787.0	1381.5	1138.2	52.0	66.1	9.6	11179.4	902.9
	2008	3036.8	1463.5	1240.3	51.5	56.1	8.0	12152.1	853.9
	2009	3139.4	1460.4	1353.6	53.5	31.9	7.1	11200.4	546.5
	2010	3156.8	1513.6	1278.8	46.2	24.2	6.5	10598.2	705.1
	2011	3212.5	1530.2	1313.7	45.8	22.3	7.0	10867.4	795.8
	2012	3285.6	1579.2	1340.1	46.6	19.6	6.3	11574.6	877.2
	2013	3348.0	1610.9	1363.6	43.9	17.6	5.7	11926.4	628.7
	2014	3371.9	1590.1	1391.4	43.7	16.5	5.1	11578.8	509.9
	2015	3390.5	1596.1	1385.9	45.0	15.6	4.8	10706.4	508.8
	2016	3400.0	1636.1	1312.8	35.2	18.1	3.4	10321.5	854.5
	2017	3475.2	1709.2	1327.4	36.6	21.8	2.9	10440.4	938.4
	2018	3433.4	1733.2	1328.1	43.1	20.3	2.9	10809.7	1127.7
	2019	3493.0	1752.0	1348.5	46.7	23.4	2.9	10938.8	1227.3
	2020	3586.4	1799.3	1404.9	45.7	24.9	1.9	10812.1	1198.4
北京	Beijing	0.3	0.3	0.0	0.0				
天津	Tianjin	0.3	0.3	0.0	0.0			0.0	
河北	Hebei	119.5	96.8	5.6	0.3	0.0			63.7
山西	Shanxi	14.3	1.3	2.1	0.2	0.6	0.2	0.0	0.2
内蒙古	Inner Mongolia	217.3	15.9	28.3	0.1	0.3	0.0		620.2
辽宁	Liaoning	99.7	98.7	0.1	0.0				9.1
吉林	Jilin	81.4	78.3	0.0	0.2	0.1			4.2
黑龙江	Heilongjiang	12.3	8.7	0.0	0.0	11.6			14.1
上海	Shanghai	0.7	0.1	0.6	0.0			0.2	
江苏	Jiangsu	93.0	40.6	51.2	1.1	0.1	0.0	5.2	1.9
浙江	Zhejiang	32.1	5.2	25.8	0.9	0.0	0.0	46.4	0.0
安徽	Anhui	162.5	72.3	85.3	2.0	1.0	0.3	8.0	
福建	Fujian	22.7	21.7	1.0	0.0	0.0	0.0	27.0	
江西	Jiangxi	122.7	50.9	67.8	3.9	0.6	0.0	61.2	
山东	Shandong	290.9	286.6	2.2	0.1	0.0			0.0
河南	Henan	672.6	594.9	45.9	18.4	0.7	0.7	10.7	
湖北	Hubei	344.5	87.1	241.1	13.1	0.8	0.0	28.2	
湖南	Hunan	260.7	29.9	228.7	1.6	0.5	0.0	34.9	
广东	Guangdong	113.5	112.1	0.8	0.6	0.0	0.0	1366.8	
广西	Guangxi	73.9	69.2	3.1	1.1	0.8	0.7	7412.5	
海南	Hainan	7.7	7.6		0.1			105.8	
重庆	Chongqing	67.1	14.1	51.4	0.5	0.4	0.0	8.2	
四川	Sichuan	392.9	73.8	317.2	0.3	3.1	0.0	37.8	0.1
贵州	Guizhou	103.4	11.7	76.2	0.1	0.1	0.1	61.3	0.3
云南	Yunnan	63.1	7.6	54.2	0.0	0.8		1597.2	
西藏	Tibet	5.1	0.0	5.1					
陕西	Shaanxi	59.1	12.4	37.5	1.1	0.1	0.0	0.7	0.0
甘肃	Gansu	61.4	0.2	33.9	0.0	0.3			22.4
青海	Qinghai	30.2		30.1					
宁夏	Ningxia	6.7	0.0	0.9					0.0
新疆	Xinjiang	54.9	0.9	8.6	0.0	3.3			462.2

12-10 续表 2 continued

单位：万吨　　(10 000 tons)

年份 地区	Year Region	烟叶 Tobacco	#烤烟 Flue-cured Tobacco	蚕茧 Silkworm Cocoons	#桑蚕茧 Mulberry Silkworm Cocoons	茶叶 Tea	水果 Fruits	#苹果 Apples	#柑橘 Citrus	#梨 Pears	#葡萄 Grapes	#香蕉 Bananas
	1978	124.2	105.2	22.8	17.3	26.8	657.0	227.5	38.3	151.7	10.4	8.5
	1980	84.5	71.7	32.6	25.0	30.4	679.3	236.3	71.3	146.6	11.0	6.1
	1985	242.5	207.5	37.1	33.6	43.2	1163.9	361.4	180.8	213.7	36.1	63.1
	1990	262.7	225.9	53.4	48.0	54.0	1874.4	431.9	485.5	235.3	85.9	145.6
	1995	231.4	207.2	80.0	76.0	58.8	4214.6	1400.8	822.5	494.2	174.2	312.5
	2000	255.2	223.8	54.8	50.1	68.3	6225.1	2043.1	878.3	841.2	328.2	494.1
	2005	268.3	243.5	78.0	71.3	93.5	16120.1	2401.1	1591.9	1132.4	579.4	651.8
	2006	245.6	225.5	87.9	82.0	102.8	17102.0	2605.9	1789.8	1198.6	627.1	690.1
	2007	242.2	224.9	92.7	86.2	117.0	17659.4	2734.7	2036.4	1258.8	670.9	764.0
	2008	275.9	258.2	88.2	80.5	125.5	18279.1	2899.5	2297.0	1296.4	698.2	748.4
	2009	296.2	275.0	79.5	72.8	135.1	19093.7	3047.5	2471.7	1343.6	764.9	829.6
	2010	283.2	261.2	82.7	75.5	146.2	20095.4	3164.9	2581.7	1409.5	813.5	884.1
	2011	299.8	278.6	84.3	76.8	160.8	21018.6	3367.3	2864.1	1448.6	857.7	946.1
	2012	324.6	302.3	83.7	76.7	176.1	22091.5	3581.4	3089.4	1550.4	1000.6	1036.0
	2013	322.0	304.0	81.8	74.7	188.7	22748.1	3629.8	3196.4	1544.4	1088.5	1103.0
	2014	284.7	269.7	81.5	74.4	204.9	23302.6	3735.4	3362.2	1581.9	1173.1	1062.2
	2015	267.7	249.5	81.2	74.1	227.7	24524.6	3889.9	3617.5	1652.7	1316.4	1062.7
	2016	257.4	244.5	80.3	73.8	231.3	24405.2	4039.3	3591.5	1596.3	1262.9	1094.0
	2017	239.1	227.9	81.7	75.1	246.0	25241.9	4139.0	3816.8	1641.0	1308.3	1117.0
	2018	224.1	211.0	83.1	76.4	261.0	25688.4	3923.3	4138.1	1607.8	1366.7	1122.2
	2019	215.3	202.1	83.3	77.2	277.7	27400.8	4242.5	4584.5	1731.4	1419.5	1165.6
	2020	213.4	202.2	78.8	73.5	293.2	28692.4	4406.6	5121.9	1781.5	1431.4	1151.3
北京	Beijing	0.0					53.8	4.3		5.9	1.9	
天津	Tianjin						56.4	2.8		5.0	8.8	
河北	Hebei	0.2	0.1	0.0	0.0	0.0	1424.4	239.7		350.2	124.6	
山西	Shanxi	0.4	0.4	0.2	0.2	0.1	909.8	436.6		97.7	34.5	
内蒙古	Inner Mongolia	0.5	0.4	0.6			238.7	25.8	0.0	5.1	5.0	
辽宁	Liaoning	1.6	1.3	3.6	0.0		851.3	267.3		133.0	79.8	
吉林	Jilin	2.3	0.9	0.2			146.6	5.6		7.3	8.8	
黑龙江	Heilongjiang	2.9	2.7	0.3			170.1	14.4		5.0	5.6	
上海	Shanghai					0.0	43.9		11.7	3.4	4.9	
江苏	Jiangsu			3.6	3.6	1.1	974.2	56.6	3.4	78.4	61.1	
浙江	Zhejiang	0.1	0.0	1.6	1.6	17.7	755.3	0.0	191.8	35.2	76.2	0.0
安徽	Anhui	2.0	2.0	1.0	1.0	12.9	741.5	37.6	3.3	127.5	53.4	
福建	Fujian	10.0	10.0			46.1	764.6	0.0	386.1	19.5	22.9	45.2
江西	Jiangxi	2.7	2.6	0.7	0.7	7.2	712.8		425.6	16.5	9.9	
山东	Shandong	4.7	4.7	0.5	0.5	2.6	2938.9	953.6		111.1	116.1	
河南	Henan	21.0	20.8	1.2	0.6	7.1	2563.4	407.6	4.7	138.2	88.1	
湖北	Hubei	6.3	5.3	0.1	0.1	36.1	1066.8	0.7	510.0	41.5	31.3	
湖南	Hunan	18.5	18.3	0.0	0.0	25.0	1150.8		626.7	20.1	24.4	
广东	Guangdong	4.1	3.6	12.0	12.0	12.8	1882.6		497.7	12.3	1.9	478.7
广西	Guangxi	1.9	1.5	37.7	37.7	8.8	2785.7		1382.1	47.1	62.6	303.7
海南	Hainan	0.1	0.0	0.1	0.1	0.1	495.6		14.4			112.9
重庆	Chongqing	5.3	4.0	1.2	1.2	4.8	514.8	0.6	319.9	32.0	12.7	0.1
四川	Sichuan	16.2	14.6	10.0	10.0	34.4	1221.3	80.8	489.0	95.6	41.6	5.1
贵州	Guizhou	22.5	21.1	0.3	0.3	21.1	548.1	34.5	67.8	44.8	33.7	7.8
云南	Yunnan	84.3	81.6	3.4	3.4	46.3	961.6	60.6	135.9	65.4	97.5	197.6
西藏	Tibet	0.0	0.0			0.0	2.2	0.8	0.0	0.1	0.1	0.1
陕西	Shaanxi	5.3	5.3	0.7	0.7	8.7	2070.6	1185.2	51.9	104.3	80.7	
甘肃	Gansu	0.5	0.5	0.0	0.0	0.2	779.0	386.0	0.1	23.9	27.1	
青海	Qinghai	0.0					2.9	0.4		0.5	0.0	
宁夏	Ningxia	0.1	0.1				204.5	21.1		0.5	10.8	
新疆	Xinjiang						1660.4	184.0		154.5	305.6	

注：2003年起水果产量包括瓜果类产量。
a) Data of output of fruits include melons since 2003.

12-11 主要农产品单位面积产量
Output of Major Farm Products per Hectare

单位：公斤/公顷 (kg/hectare)

年份 地区	Year Region	谷物 Cereals	棉花 Cotton	花生 Peanuts	油菜籽 Rapeseeds	芝麻 Sesame	黄红麻 Jute and Ambary Hemp	甘蔗 Sugarcane	甜菜 Beetroots	烤烟 Flue-cured Tobacco
	1978		445	1344	718	506	2639	38496	8166	1717
	1980		550	1539	838	333	3497	47562	14242	1806
	1985		807	2008	1248	657	4154	53430	15913	1927
	1990		807	2191	1264	702	2421	57118	21668	1683
	1995	4659	879	2687	1415	908	2534	58133	20132	1584
	2000	4753	1093	2973	1519	1034	2516	57626	24518	1763
	2005	5225	1129	3076	1793	1054	2670	63970	37523	1956
	2006	5310	1295	3258	1833	1173	2781	70450	39767	2072
	2007	5321	1461	3347	1854	1156	3033	73015	40097	2056
	2008	5551	1370	3355	1814	1205	3302	71122	39246	2118
	2009	5448	1390	3411	1888	1295	4017	68170	33845	2250
	2010	5528	1322	3460	1748	1293	3849	65271	38018	2160
	2011	5714	1441	3529	1827	1366	4028	66113	41720	2103
	2012	5833	1516	3588	1865	1439	4099	68264	45924	2090
	2013	5907	1509	3664	1896	1464	3847	69986	44801	2065
	2014	5896	1508	3639	1944	1443	4098	70682	51533	2027
	2015	5989	1565	3640	1972	1495	4232	72528	52751	2084
	2016	6004	1671	3678	1982	1529	5132	73638	55630	2121
	2017	6105	1769	3709	1995	1610	5178	76132	53843	2108
	2018	6120	1819	3752	2027	1645	5008	76891	52174	2103
	2019	6272	1764	3781	2048	1651	4741	78655	56057	2079
	2020	6296	1865	3803	2077	1564	3636	79890	56307	2091
北 京	Beijing	6407	1108	2966	584	1010				
天 津	Tianjin	6573	1313	4001	1767	1750		45000		
河 北	Hebei	5994	1102	3935	1776	1485			50471	1970
山 西	Shanxi	4818	1377	2774	1208	1111	5708	25000	36824	3028
内蒙古	Inner Mongolia	6345	1442	2969	1151	749	2250		49293	4007
辽 宁	Liaoning	6828	2000	3225	1685	1608			61405	2935
吉 林	Jilin	7053		3274	177	1008			37936	2142
黑龙江	Heilongjiang	6968		4418	1522	904			45628	2721
上 海	Shanghai	8033	1370	2890	3059	1334		54000		
江 苏	Jiangsu	7127	1269	4075	2962	1938	3800	64342	7396	
浙 江	Zhejiang	6665	1426	3043	2264	1695	5333	64675	9000	2358
安 徽	Anhui	5926	801	4960	2434	1632	3752	43217		2355
福 建	Fujian	6386	953	2962	1686	1415	3360	55002		2112
江 西	Jiangxi	5915	1511	2969	1426	1244	3800	45078		2041
山 东	Shandong	6633	1281	4404	2566	2256			22500	2593
河 南	Henan	6522	1111	4715	2596	1563	4228	70996		2611
湖 北	Hubei	6329	832	3502	2331	1631	2800	42430		1690
湖 南	Hunan	6508	1252	2653	1724	1419	2085	45975		2135
广 东	Guangdong	5911		3224	1848	1924	3333	86006		2455
广 西	Guangxi	5428	975	3100	967	3863	3053	84730		1709
海 南	Hainan	5549		2540		1280		59022		1682
重 庆	Chongqing	6627		2234	1989	1103	1854	43619		1800
四 川	Sichuan	6383	950	2603	2455	1745	1892	39172	33118	2136
贵 州	Guizhou	4928	1014	2484	1768	1462	6000	59909	11400	1669
云 南	Yunnan	5057	483	1753	2104	936		67774		2062
西 藏	Tibet	5744		3553	2518					1500
陕 西	Shaanxi	4659	1036	3261	2135	1457		42612	9033	2376
甘 肃	Gansu	4959	1815	4250	2279	3000			64956	3217
青 海	Qinghai	3574			2110					
宁 夏	Ningxia	5903		3550	2096					3041
新 疆	Xinjiang	7153	2063	4936	2549	1422			74170	

12-12 主要林产品产量
Output of Major Forestry Products

年份 Year / 地区 Region		木材（万立方米） Timber (10 000 cu.m)	橡胶（吨） Rubber (ton)	竹材（万根） Bamboo (10 000 units)	核桃（吨） Walnut (ton)	油茶籽（吨） Tea-oil Seeds (ton)
	1978	5162.3	101600	11181	118650	478900
	1980	5359.3	112945	9621	118900	490350
	1985	6323.4	187901	5641	121917	619229
	1990	5571.0	264243	18714	149560	523313
	1995	6766.9	424025	44792	230867	623128
	2000	4724.0	480248	56183	309875	823224
	2005	5560.3	513618	115174	499074	875022
	2006	6611.8	537983	131176	475455	919947
	2007	6976.6	588390	139761	629986	939096
	2008	8108.3	547861	126220	828635	989859
	2009	7068.3	619138	135650	979366	1169289
	2010	8089.6	693022	143008	1284351	1092243
	2011	8145.9	750850	153929	1655508	1480044
	2012	8174.9	802255	164412	1979583	1727708
	2013	8438.5	864806	187685	2325010	1776506
	2014	8233.3	840171	222440	2713741	2023445
	2015	7200.3	816103	235466	3331703	2163492
	2016	7775.9	815918	250630	3645170	2164440
	2017	8398.2	817366	272013	4171386	2431647
	2018	8810.9	824093	315517	3820720	2629796
	2019	10045.9	809859	314480	4689184	2679270
	2020	10257.0	826348	324265	4795939	3141620
北　京	Beijing	23.1			10447	
天　津	Tianjin	25.3			4103	
河　北	Hebei	114.9			159673	
山　西	Shanxi	27.8			158311	
内蒙古	Inner Mongolia	88.1				
辽　宁	Liaoning	118.0			11710	
吉　林	Jilin	228.3			7068	
黑龙江	Heilongjiang	124.3			532	
上　海	Shanghai					
江　苏	Jiangsu	213.9		592	1120	150
浙　江	Zhejiang	102.1		22084	27221	81759
安　徽	Anhui	536.2		20132	27561	110180
福　建	Fujian	576.4		95706		151962
江　西	Jiangxi	301.6		23652	159	482520
山　东	Shandong	506.9			149786	
河　南	Henan	267.4		110	164077	53736
湖　北	Hubei	231.6		3269	104242	221790
湖　南	Hunan	377.0		24250	7398	1373445
广　东	Guangdong	1017.3	17604	25734		201423
广　西	Guangxi	3600.4		68830	4295	298693
海　南	Hainan	234.4	336634	405		11316
重　庆	Chongqing	50.5		5621	30883	14639
四　川	Sichuan	222.9		17372	605797	25059
贵　州	Guizhou	318.9		1974	87892	77788
云　南	Yunnan	845.7	472110	13517	1502706	25060
西　藏	Tibet	2.3			1629	1
陕　西	Shaanxi	26.4		1018	443457	12099
甘　肃	Gansu	8.8			128433	
青　海	Qinghai	1.6			1300	
宁　夏	Ningxia				2025	
新　疆	Xinjiang	64.8			1154114	

12-13 牲畜饲养情况
Number of Livestock

单位：万头、万只 (10 000 heads)

年份 Year 地区 Region	大牲畜年底头数 Large Animals (year-end)	牛 Cattle and Buffaloes	马 Horses	驴 Donkeys	骡 Mules	骆驼 Camels
1996	13360.2	11031.8	871.5	944.4	478.0	34.5
2000	14638.1	12353.2	876.6	922.7	453.0	32.6
2005	12894.8	10990.8	740.0	777.2	360.4	26.6
2006	12325.7	10503.1	719.3	730.9	345.5	26.9
2007	11998.2	10397.5	646.7	638.9	291.0	24.1
2008	11529.7	10068.0	594.7	600.4	243.8	22.8
2009	11380.8	10035.9	562.3	540.4	219.7	22.6
2010	11074.6	9820.0	529.9	510.1	191.5	23.0
2011	10580.0	9384.0	515.4	485.3	171.1	24.3
2012	10248.4	9137.3	465.2	462.4	159.0	24.5
2013	10008.6	8985.8	431.7	425.7	138.0	27.4
2014	9952.0	9007.3	415.8	383.6	117.4	28.0
2015	9929.8	9055.8	397.5	342.4	104.1	30.1
2016	9559.9	8834.5	351.2	259.3	84.5	30.5
2017	9763.6	9038.7	343.6	267.8	81.1	32.3
2018	9625.5	8915.3	347.3	253.3	75.8	33.8
2019	9877.4	9138.3	367.1	260.1	71.4	40.5
2020	10265.1	9562.1	367.2	232.4	62.3	41.1
北京 Beijing	8.6	8.2	0.1	0.2	0.0	
天津 Tianjin	29.2	28.2	0.1	0.9	0.0	0.0
河北 Hebei	385.3	358.6	7.0	15.8	3.8	0.0
山西 Shanxi	129.6	117.4	0.8	8.9	2.5	0.0
内蒙古 Inner Mongolia	825.4	671.1	70.7	61.3	5.4	17.0
辽宁 Liaoning	323.9	279.7	5.1	35.6	3.5	0.0
吉林 Jilin	294.5	285.5	4.6	3.9	0.5	
黑龙江 Heilongjiang	529.8	515.8	9.3	4.3	0.4	0.0
上海 Shanghai	5.4	5.3	0.1			
江苏 Jiangsu	27.8	27.1	0.1	0.4	0.3	
浙江 Zhejiang	15.0	15.0				
安徽 Anhui	95.2	94.8	0.1	0.4	0.0	0.0
福建 Fujian	31.6	31.6			0.0	
江西 Jiangxi	276.6	275.5	1.1	0.1	0.0	
山东 Shandong	284.0	278.7	0.5	4.7	0.0	0.0
河南 Henan	394.9	391.7	0.8	2.2	0.3	
湖北 Hubei	242.3	242.1	0.1	0.1	0.0	0.0
湖南 Hunan	440.0	438.1	1.5	0.3	0.1	
广东 Guangdong	122.4	122.4	0.0			
广西 Guangxi	363.3	349.1	11.8	0.0	2.3	
海南 Hainan	49.2	49.2				
重庆 Chongqing	105.9	104.5	1.0	0.0	0.4	
四川 Sichuan	969.5	880.3	73.4	7.9	7.9	
贵州 Guizhou	533.9	517.7	15.7	0.1	0.4	
云南 Yunnan	913.9	858.8	16.1	16.5	22.6	
西藏 Tibet	656.0	624.0	27.6	3.3	1.1	
陕西 Shaanxi	154.9	151.2	0.2	3.1	0.3	
甘肃 Gansu	536.3	482.0	11.2	30.2	9.6	3.4
青海 Qinghai	667.2	652.3	12.6	0.8	0.5	1.0
宁夏 Ningxia	180.4	178.0	0.2	1.9	0.1	0.2
新疆 Xinjiang	673.0	528.1	95.4	29.6	0.2	19.6

12-13 续表 continued

单位：万头、万只 (10 000 heads)

年份 地区	Year Region	肉猪出栏头数 Slaughtered Fattened Hogs	猪年底头数 Hogs (year-end)	羊年底只数 Sheep and Goats (year-end)	山羊 Goats	绵羊 Sheep
	1996	41225.2	36283.6	23728.3	12315.8	11412.5
	2000	51862.3	41633.6	27948.2	14945.6	13002.6
	2005	60367.4	43319.1	29792.7	14659.0	15133.7
	2006	61209.0	41854.4	28337.6	13956.1	14381.5
	2007	56640.9	43933.2	28606.7	14564.1	14042.5
	2008	61278.9	46433.1	28823.7	15067.0	13756.7
	2009	64990.9	47177.2	29063.0	14734.0	14328.9
	2010	67332.7	46765.2	28730.2	14195.0	14535.2
	2011	67030.0	47074.8	28664.1	14087.4	14576.7
	2012	70724.5	48030.2	28512.7	13932.3	14580.4
	2013	72768.0	47893.1	28935.2	13657.5	15277.7
	2014	74951.5	47160.2	30391.3	14167.5	16223.8
	2015	72415.6	45802.9	31174.3	14507.5	16666.8
	2016	70073.9	44209.2	29930.5	13691.8	16238.8
	2017	70202.1	44158.9	30231.7	13823.8	16407.9
	2018	69382.4	42817.1	29713.5	13574.7	16138.8
	2019	54419.2	31040.7	30072.1	13723.2	16349.0
	2020	52704.1	40650.4	30654.8	13345.2	17309.5
北京	Beijing	17.6	32.2	16.4	4.8	11.6
天津	Tianjin	194.0	162.3	45.2	6.0	39.2
河北	Hebei	2907.6	1748.8	1270.3	365.0	905.3
山西	Shanxi	797.6	569.4	970.1	381.9	588.2
内蒙古	Inner Mongolia	742.1	534.1	6074.2	1629.3	4444.9
辽宁	Liaoning	2175.2	1284.2	809.5	404.2	405.3
吉林	Jilin	1321.6	899.1	457.4	59.5	397.9
黑龙江	Heilongjiang	1790.0	1371.2	811.2	116.6	694.6
上海	Shanghai	97.7	82.9	13.0	12.5	0.5
江苏	Jiangsu	1825.7	1374.9	352.9	330.8	22.1
浙江	Zhejiang	665.4	627.6	140.1	47.1	93.0
安徽	Anhui	2150.5	1419.3	597.9	582.8	15.0
福建	Fujian	1299.9	910.9	105.9	105.6	0.3
江西	Jiangxi	2218.3	1569.9	123.5	123.5	
山东	Shandong	3344.8	2933.9	1501.7	520.8	980.9
河南	Henan	4311.1	3887.0	1965.1	1672.5	292.6
湖北	Hubei	2631.1	2161.5	533.3	533.3	
湖南	Hunan	4658.9	3734.6	761.2	761.2	
广东	Guangdong	2537.4	1767.3	94.3	94.3	
广西	Guangxi	2281.2	1828.3	239.2	239.2	
海南	Hainan	262.2	248.6	65.9	65.8	0.1
重庆	Chongqing	1434.5	1082.9	323.1	322.9	0.1
四川	Sichuan	5614.4	3875.4	1524.8	1353.9	170.9
贵州	Guizhou	1661.8	1364.1	382.4	360.5	21.9
云南	Yunnan	3453.2	3120.4	1350.7	1251.7	99.0
西藏	Tibet	14.2	50.1	951.4	292.1	659.2
陕西	Shaanxi	984.8	849.8	871.7	722.5	149.1
甘肃	Gansu	664.3	622.0	2191.8	464.7	1727.1
青海	Qinghai	44.9	72.1	1343.5	63.5	1280.0
宁夏	Ningxia	98.6	90.0	596.1	92.7	503.5
新疆	Xinjiang	503.4	375.7	4171.3	364.1	3807.2

12-14 畜产品产量
Output of Livestock Products

年份 Year 地区 Region	肉类(万吨) Output of Meat (10 000 tons)	#猪牛羊肉 Output of Pork, Beef and Mutton	猪肉 Pork	牛肉 Beef	羊肉 Mutton	奶类(万吨) Milk (10 000 tons)	#牛奶 Cow Milk
1996	4584.0	3694.7	3158.0	355.7	181.0	735.8	629.4
2000	6013.9	4743.2	3966.0	513.1	264.1	919.1	827.4
2005	6938.9	5473.5	4555.3	568.1	350.1	2864.8	2753.4
2006	7099.9	5608.4	4650.3	590.3	367.7	3051.6	2944.6
2007	6916.4	5319.8	4307.9	626.2	385.7	3055.2	2947.1
2008	7370.9	5692.9	4682.0	617.7	393.2	3236.2	3010.6
2009	7706.7	5958.5	4932.8	626.2	399.4	3153.9	2995.1
2010	7993.6	6173.5	5138.4	629.1	406.0	3211.3	3038.9
2011	8023.0	6140.3	5131.6	610.7	398.0	3262.8	3109.9
2012	8471.1	6462.8	5443.5	614.7	404.5	3306.7	3174.9
2013	8632.8	6641.6	5618.6	613.1	409.9	3118.9	3000.8
2014	8817.9	6864.2	5820.8	615.7	427.6	3276.5	3159.9
2015	8749.5	6702.2	5645.4	616.9	439.9	3295.5	3179.8
2016	8628.3	6502.6	5425.5	616.9	460.3	3173.9	3064.0
2017	8654.4	6557.5	5451.8	634.6	471.1	3148.6	3038.6
2018	8624.6	6522.9	5403.7	644.1	475.1	3176.8	3074.6
2019	7758.8	5410.1	4255.3	667.3	487.5	3297.6	3201.2
2020	7748.4	5278.1	4113.3	672.4	492.3	3529.6	3440.1
北京 Beijing	3.5	2.1	1.4	0.4	0.2	24.2	24.2
天津 Tianjin	29.6	18.9	15.4	2.7	0.9	50.1	50.1
河北 Hebei	419.2	313.8	226.9	55.6	31.3	488.3	483.4
山西 Shanxi	102.7	78.7	62.8	7.4	8.6	117.4	117.0
内蒙古 Inner Mongolia	268.0	240.6	61.4	66.3	113.0	617.9	611.5
辽宁 Liaoning	378.2	221.4	183.5	31.0	6.9	137.1	136.7
吉林 Jilin	237.4	148.9	105.0	38.7	5.2	39.3	39.3
黑龙江 Heilongjiang	253.2	205.6	143.9	48.3	13.4	501.0	500.2
上海 Shanghai	9.3	7.6	7.2	0.3	0.2	29.1	29.1
江苏 Jiangsu	268.2	149.5	140.7	2.6	6.3	63.0	63.0
浙江 Zhejiang	90.1	57.8	54.2	1.4	2.2	18.4	18.3
安徽 Anhui	396.0	213.9	183.4	9.9	20.7	37.6	37.6
福建 Fujian	259.4	108.5	103.8	2.5	2.3	17.5	16.9
江西 Jiangxi	285.2	198.5	180.7	15.2	2.6	9.1	9.1
山东 Shandong	728.0	364.7	271.0	59.7	34.0	241.6	241.4
河南 Henan	544.1	390.2	324.8	36.7	28.6	214.7	210.0
湖北 Hubei	307.4	228.1	203.8	15.4	8.9	13.4	13.4
湖南 Hunan	455.0	374.3	337.7	20.5	16.1	5.6	5.6
广东 Guangdong	401.0	198.6	192.4	4.2	1.9	15.2	15.1
广西 Guangxi	380.4	191.3	174.1	13.6	3.6	11.2	11.2
海南 Hainan	58.4	24.4	20.9	2.3	1.2	0.3	0.3
重庆 Chongqing	161.2	123.0	108.8	7.4	6.8	3.2	3.2
四川 Sichuan	597.8	459.1	394.8	37.0	27.3	68.0	68.0
贵州 Guizhou	207.9	174.3	146.3	23.1	5.0	5.3	5.3
云南 Yunnan	417.4	353.3	291.6	40.9	20.8	73.1	67.3
西藏 Tibet	28.3	27.8	0.9	21.2	5.7	49.2	44.9
陕西 Shaanxi	107.1	96.1	77.7	8.7	9.7	161.5	108.7
甘肃 Gansu	110.2	101.7	49.2	24.9	27.6	58.4	57.5
青海 Qinghai	37.0	36.3	3.7	19.2	13.3	36.9	36.6
宁夏 Ningxia	33.8	30.5	8.0	11.4	11.1	215.3	215.3
新疆 Xinjiang	173.7	138.5	37.5	44.0	57.0	206.9	200.0

12-14 续表 continued

年 份 Year / 地 区 Region		绵羊毛 (吨) Sheep Wool (ton)	#细羊毛 Fine Wool	#半细羊毛 Semi-Fine Wool	山羊粗毛 (吨) Goat Wool (ton)	山羊绒 (吨) Cashmere (ton)	禽 蛋 (万吨) Poultry Eggs (10 000 tons)	蜂 蜜 (万吨) Honey (10 000 tons)
	1996	298102	121020	74099	35284	9585	1965.2	18.3
	2000	292502	117386	84921	33266	11057	2182.0	24.6
	2005	393172	127862	123068	36904	15435	2438.1	29.3
	2006	387643	130959	116043	35171	16223	2424.0	33.4
	2007	371075	124262	108635	35333	15665	2546.7	38.0
	2008	369665	119279	105272	35477	16534	2699.6	38.5
	2009	358121	124365	109013	35910	16593	2751.9	39.7
	2010	385125	123504	113998	36226	17848	2776.9	38.2
	2011	386487	132877	113305	38070	17126	2830.4	41.2
	2012	393725	124716	127313	40505	17211	2885.4	43.8
	2013	402081	131730	128335	40215	17307	2905.5	43.7
	2014	407230	122251	132693	38655	18465	2930.3	46.3
	2015	413134	130537	134905	35487	18684	3046.1	47.3
	2016	411642	129164	137973	35785	18844	3160.5	55.5
	2017	410523	127921	133458	32863	17852	3096.3	54.3
	2018	356608	117891	120430	26965	15438	3128.3	44.7
	2019	341120	108973	113284	24875	14964	3309.0	44.4
	2020	333625	106109	116849	24034	15244	3467.8	45.8
北 京	Beijing	8.1		5.8	3.0	2.3	9.7	0.1
天 津	Tianjin	277.7	30.3	247.4	1.9	0.1	20.8	0.0
河 北	Hebei	16882.6	3306.8	11131.1	1862.5	749.3	389.7	1.3
山 西	Shanxi	8012.8	2599.0	5413.8	2436.2	1424.0	108.8	0.9
内蒙古	Inner Mongolia	117124.8	47291.6	17981.7	5619.0	6717.6	60.4	0.2
辽 宁	Liaoning	5855.7	736.3	5119.5	1680.8	1207.1	331.9	0.2
吉 林	Jilin	8526.4	2585.5	5941.0	379.9	34.7	122.0	1.2
黑龙江	Heilongjiang	21274.7	3881.7	17393.0	826.7	60.0	117.4	1.3
上 海	Shanghai	1.0			67.5		2.9	0.1
江 苏	Jiangsu	308.6	97.3	211.2	1.1		231.9	0.6
浙 江	Zhejiang	905.5	1.4	904.1	76.9	2.8	33.2	5.0
安 徽	Anhui	194.3	116.2	77.1	17.9	2.4	184.2	1.7
福 建	Fujian						53.7	1.7
江 西	Jiangxi	21.5	15.5	6.0	122.9	0.6	61.2	2.3
山 东	Shandong	2472.9	484.6	1693.1	346.6	80.7	480.9	0.4
河 南	Henan	3768.2	440.8	2613.6	2492.2	371.3	449.4	6.9
湖 北	Hubei	7.4	2.4	5.0	43.2		193.1	2.0
湖 南	Hunan				11.8	0.9	118.8	1.3
广 东	Guangdong						44.6	2.6
广 西	Guangxi				0.2		26.7	2.6
海 南	Hainan						4.8	0.1
重 庆	Chongqing						45.7	2.4
四 川	Sichuan	4644.0	1807.0	2728.0	419.0	90.0	167.9	6.3
贵 州	Guizhou	548.2	157.8	390.4	69.6	7.9	26.2	0.4
云 南	Yunnan	1223.3	304.3	821.9	78.7	4.1	41.7	1.0
西 藏	Tibet	7419.3	2327.7	2705.2	740.6	837.5	0.7	0.0
陕 西	Shaanxi	3050.7	1011.9	2026.0	1700.5	1475.9	64.2	0.8
甘 肃	Gansu	33756.8	10288.8	5838.5	1419.2	410.6	19.8	0.5
青 海	Qinghai	14604.6	5537.9	7703.2	564.2	271.3	1.4	0.0
宁 夏	Ningxia	8429.8	1734.3	3813.8	876.6	446.0	13.9	0.1
新 疆	Xinjiang	74305.8	21350.2	22078.1	2174.6	1046.6	40.2	1.7

12-15 水产品产量
Output of Aquatic Products

单位：万吨 (10 000 tons)

年份 Year / 地区 Region		水产品总产量 Total Aquatic Products	海水产品 Seawater Aquatic Products	天然生产 Naturally Grown	人工养殖 Artificially Cultured	鱼类 Fish	虾蟹类 Shrimps, Prawns and Crabs	贝类 Shellfish	藻类 Algae	其他 Others
1978		465.4	359.5	314.5	45.0	256.1	50.6	26.8	26.0	
1980		449.7	325.7	281.3	44.4	234.1	42.1	23.4	26.2	
1985		705.2	419.7	348.5	71.2	274.5	70.6	47.3	27.3	
1990		1427.3	895.7	611.5	284.2	423.1	107.0	147.3	27.5	8.2
1995		2953.0	1861.3	1139.8	721.5	758.1	184.8	392.3	74.9	29.0
2000		3706.2	2203.9	1275.9	928.0	896.7	257.9	901.7	106.1	41.5
2005		4419.9	2465.9	1255.1	1210.8	913.9	281.3	1008.1	133.9	128.6
2006		4583.6	2509.6	1245.4	1264.2	892.1	299.4	1046.7	137.6	133.8
2007		4747.5	2550.9	1243.6	1307.3	891.3	298.9	1068.2	138.8	153.7
2008		4895.6	2598.3	1258.0	1340.3	864.3	288.8	1072.5	142.3	122.1
2009		5116.4	2681.6	1276.3	1405.2	880.8	303.6	1120.0	148.4	131.0
2010		5373.0	2797.5	1315.2	1482.3	906.3	310.4	1170.4	156.6	142.1
2011		5603.2	2908.0	1356.7	1551.3	1075.2	321.8	1212.8	162.9	135.3
2012		5502.1	2889.6	1314.4	1575.2	957.3	345.7	1264.8	179.0	142.8
2013		5744.2	2992.4	1327.7	1664.7	972.8	362.6	1327.6	188.5	140.9
2014		6001.9	3136.3	1403.9	1732.4	1042.5	382.9	1371.7	202.9	136.2
2015		6211.0	3232.3	1435.7	1796.6	1078.0	386.3	1414.0	211.5	142.5
2016		6379.5	3301.3	1386.0	1915.3	1063.1	396.1	1476.9	219.3	145.8
2017		6445.3	3321.7	1321.0	2000.7	1115.8	370.7	1481.4	224.8	129.0
2018		6457.7	3301.4	1270.2	2031.2	1091.5	368.2	1487.0	236.2	118.5
2019		6480.4	3282.5	1217.2	2065.3	1060.5	366.2	1480.2	255.6	120.1
2020		6549.0	3314.4	1179.1	2135.3	1055.4	358.6	1516.3	263.7	120.4
北京	Beijing	22.8	21.1	21.1		21.1				
天津	Tianjin	28.5	4.3	3.3	1.0	3.1	1.0	0.1		0.1
河北	Hebei	100.3	71.0	22.2	48.8	15.2	7.3	40.1	0.1	8.4
山西	Shanxi	4.7								
内蒙古	Inner Mongolia	11.8								
辽宁	Liaoning	462.3	377.8	71.4	306.5	58.5	12.0	238.1	47.1	22.1
吉林	Jilin	24.5								
黑龙江	Heilongjiang	67.4								
上海	Shanghai	24.4	16.1	16.0	0.0	15.4	0.7	0.0		0.0
江苏	Jiangsu	490.2	135.0	42.7	92.3	31.4	23.2	71.6	4.8	4.0
浙江	Zhejiang	589.6	450.9	313.7	137.2	235.5	79.4	109.2	12.0	14.8
安徽	Anhui	232.4								
福建	Fujian	833.0	740.5	213.7	526.8	215.7	49.0	334.0	123.8	18.0
江西	Jiangxi	262.7								
山东	Shandong	828.6	718.1	204.0	514.1	166.0	37.9	419.6	67.1	27.5
河南	Henan	98.1								
湖北	Hubei	467.9								
湖南	Hunan	258.9								
广东	Guangdong	875.8	450.5	119.3	331.2	161.8	83.4	189.6	7.3	8.4
广西	Guangxi	345.8	200.9	50.3	150.7	38.4	46.3	109.9		6.2
海南	Hainan	164.6	128.1	101.5	26.7	93.5	18.4	4.0	1.5	10.8
重庆	Chongqing	52.4								
四川	Sichuan	160.4								
贵州	Guizhou	24.9								
云南	Yunnan	64.4								
西藏	Tibet	0.1								
陕西	Shaanxi	16.9								
甘肃	Gansu	1.4								
青海	Qinghai	1.8								
宁夏	Ningxia	16.2								
新疆	Xinjiang	16.3								

注：北京市水产品产量含中农发集团产量。
a) Data of aquatic products of Beijing include that of China National Agricultural Development Group Co., Ltd.

12-15 续表 continued

单位：万吨 (10 000 tons)

年 份 Year 地 区 Region	淡水产品 Freshwater Aquatic Products	天然生产 Naturally Grown	人工养殖 Artificially Cultured	鱼 类 Fish	虾蟹类 Shrimps, Prawns and Crabs	贝 类 Shellfish	其 他 Others
1978	105.9	29.6	76.2	99.7	3.8	2.4	
1980	124.0	33.9	90.2	116.3	5.2	2.5	
1985	285.4	47.6	237.8	276.5	5.5	3.4	
1990	531.6	85.6	445.9	504.9	9.5	7.6	9.6
1995	1091.8	151.0	940.8	1018.6	27.3	20.5	25.3
2000	1502.3	193.4	1308.9	1358.4	76.3	40.0	27.7
2005	1954.0	221.0	1733.0	1737.2	140.3	46.3	30.2
2006	2074.0	220.4	1853.6	1822.5	167.8	50.9	32.8
2007	2196.6	225.6	1971.0	1908.5	202.1	50.5	35.5
2008	2297.3	224.8	2072.5	1998.5	210.1	50.1	38.7
2009	2434.8	218.4	2216.5	2109.9	228.8	52.0	44.2
2010	2575.5	228.9	2346.5	2225.6	248.1	53.8	47.9
2011	2695.2	223.2	2471.9	2343.7	248.8	53.9	48.8
2012	2612.5	204.0	2408.5	2235.9	268.7	54.0	54.0
2013	2751.9	204.2	2547.7	2366.5	277.0	52.8	55.5
2014	2865.7	202.5	2663.2	2470.7	288.7	51.4	54.8
2015	2978.7	199.3	2779.3	2571.9	300.2	51.6	54.9
2016	3078.2	200.3	2877.9	2653.8	316.1	52.5	55.8
2017	3123.6	218.3	2905.3	2702.6	320.8	46.7	53.6
2018	3156.2	196.4	2959.8	2691.4	369.7	40.8	54.4
2019	3197.9	184.1	3013.7	2686.4	416.5	39.4	55.5
2020	3234.6	145.8	3088.9	2697.3	442.0	35.8	59.6
北 京 Beijing	1.7	0.3	1.5	1.7			0.0
天 津 Tianjin	24.2	0.5	23.7	20.2	3.9	0.0	0.0
河 北 Hebei	29.3	3.4	26.0	26.3	2.8	0.0	0.2
山 西 Shanxi	4.7	0.2	4.5	4.6	0.0		0.0
内蒙古 Inner Mongolia	11.8	1.1	10.7	11.4	0.1		0.2
辽 宁 Liaoning	84.5	4.4	80.1	75.7	8.3	0.0	0.5
吉 林 Jilin	24.5	1.9	22.6	23.7	0.4	0.0	0.3
黑龙江 Heilongjiang	67.4	4.2	63.2	65.7	1.5	0.1	0.2
上 海 Shanghai	8.3	0.1	8.2	5.8	2.5		0.0
江 苏 Jiangsu	355.2	25.9	329.3	250.3	93.0	9.0	3.0
浙 江 Zhejiang	138.6	17.0	121.6	104.7	16.9	3.9	13.2
安 徽 Anhui	232.4	14.4	218.0	161.7	59.1	6.3	5.3
福 建 Fujian	92.5	7.0	85.5	76.8	10.0	4.7	1.0
江 西 Jiangxi	262.7	7.2	255.5	225.3	24.6	4.2	8.6
山 东 Shandong	110.5	9.6	101.0	94.5	14.5	0.4	1.2
河 南 Henan	98.1	11.1	86.9	88.5	8.1	0.7	0.8
湖 北 Hubei	467.9	7.5	460.4	343.5	116.2	0.6	7.5
湖 南 Hunan	258.9	2.5	256.5	213.1	38.7	1.5	5.7
广 东 Guangdong	425.3	9.9	415.4	386.3	31.5	2.4	5.1
广 西 Guangxi	144.9	8.8	136.1	138.9	1.3	1.6	3.1
海 南 Hainan	36.5	1.4	35.1	35.7	0.3	0.1	0.4
重 庆 Chongqing	52.4	0.5	51.9	50.7	1.1	0.0	0.6
四 川 Sichuan	160.4	0.5	159.9	153.8	5.2	0.2	1.2
贵 州 Guizhou	24.9	0.7	24.2	24.1	0.5	0.1	0.2
云 南 Yunnan	64.4	2.9	61.5	63.3	0.5	0.2	0.4
西 藏 Tibet	0.1	0.1	0.0	0.0			0.1
陕 西 Shaanxi	16.9	0.5	16.4	15.7	0.3	0.0	0.9
甘 肃 Gansu	1.4		1.4	1.4	0.0		0.0
青 海 Qinghai	1.8		1.8	1.8	0.0		
宁 夏 Ningxia	16.2	0.9	15.3	16.0	0.1		0.0
新 疆 Xinjiang	16.3	1.4	14.9	15.9	0.4	0.0	

12-16 人均主要农产品产量
Per Capita Output of Major Farm Products

单位：公斤 (kg)

年 份 Year 地 区 Region	粮 食 Grain	#谷 物 Cereals	棉 花 Cotton	油 料 Oil-bearing Crops	猪牛羊肉 Pork, Beef and Mutton	水产品 Total Aquatic Products	牛 奶 Milk
1978	319		2.3	5.5	9.1	4.9	
1980	327		2.8	7.8	12.3	4.6	1.2
1985	361		3.9	15.0	16.8	6.7	2.4
1990	393		4.0	14.2	22.1	10.9	3.7
1995	387	345	4.0	18.7	27.4	20.9	4.8
2000	366	321	3.5	23.4	37.6	29.4	6.6
2005	371	328	4.4	23.6	42.0	33.9	21.1
2006	380	344	5.7	20.1	42.8	35.0	22.5
2007	383	349	5.8	21.1	40.4	36.0	22.4
2008	403	367	5.5	22.9	43.0	37.0	22.7
2009	405	370	4.7	23.6	44.8	38.4	22.5
2010	418	383	4.3	23.6	46.2	40.2	22.7
2011	438	402	4.8	23.9	45.5	41.5	23.1
2012	452	418	4.9	24.3	47.5	40.5	23.4
2013	462	430	4.6	24.6	48.6	42.0	21.9
2014	466	434	4.6	24.6	49.9	43.6	23.0
2015	479	448	4.3	24.6	48.5	44.9	23.0
2016	476	444	3.8	24.5	46.7	45.8	22.0
2017	474	441	4.0	24.9	46.8	46.0	21.7
2018	469	435	4.4	24.5	46.4	45.9	21.9
2019	472	436	4.2	24.8	38.4	46.0	22.7
2020	474	437	4.2	25.4	37.4	46.4	24.4
北 京 Beijing	14	13	0.0	0.1	1.0	1.0	11.1
天 津 Tianjin	165	163	0.7	0.2	13.6	20.5	36.1
河 北 Hebei	509	485	2.8	16.0	42.0	13.4	64.8
山 西 Shanxi	408	381	0.0	4.1	22.6	1.3	33.5
内蒙古 Inner Mongolia	1521	1362	0.0	90.2	100.1	4.9	254.5
辽 宁 Liaoning	548	535	0.0	23.4	52.0	108.6	32.1
吉 林 Jilin	1569	1526		33.6	62.1	10.2	16.4
黑龙江 Heilongjiang	2347	2047		3.8	64.8	21.3	157.7
上 海 Shanghai	37	37	0.0	0.3	3.1	9.8	11.7
江 苏 Jiangsu	440	429	0.1	11.0	17.6	57.8	7.4
浙 江 Zhejiang	94	83	0.1	5.0	8.9	91.1	2.8
安 徽 Anhui	659	640	0.7	26.6	35.0	38.1	6.2
福 建 Fujian	121	98	0.0	5.5	26.1	200.2	4.1
江 西 Jiangxi	479	460	1.2	27.2	43.9	58.1	2.0
山 东 Shandong	537	521	1.8	28.7	35.9	81.5	23.8
河 南 Henan	688	668	0.2	67.8	39.2	9.9	21.1
湖 北 Hubei	467	442	1.8	59.0	39.7	81.4	2.3
湖 南 Hunan	454	433	1.1	39.2	56.3	39.0	0.8
广 东 Guangdong	101	92		9.0	15.7	69.4	1.2
广 西 Guangxi	274	258	0.0	14.8	38.1	68.9	2.2
海 南 Hainan	145	126		7.7	24.1	162.7	0.3
重 庆 Chongqing	338	236		21.0	38.3	16.3	1.0
四 川 Sichuan	422	339	0.0	47.0	54.8	19.2	8.1
贵 州 Guizhou	274	183	0.0	26.8	45.2	6.4	1.4
云 南 Yunnan	402	336	0.0	13.4	74.8	13.6	14.2
西 藏 Tibet	283	277		14.0	75.9	0.3	122.6
陕 西 Shaanxi	323	291	0.0	15.0	24.3	4.3	27.5
甘 肃 Gansu	480	376	1.2	24.5	40.7	0.6	23.0
青 海 Qinghai	182	122		51.1	61.2	3.1	61.7
宁 夏 Ningxia	529	469		9.3	42.4	22.4	298.7
新 疆 Xinjiang	615	605	200.5	21.3	53.5	6.3	77.2

注：因第七次全国人口普查后历史数据修订，近十年人均主要农产品产量数据相应调整。

a) As the historical data are revised after the Seventh National Population Census, the per capita output of major agricultural products in recent ten years has been adjusted accordingly.

12-17 国有农场基本情况
Basic Statistics on State Farms

本表为农垦系统数据。
Data in this table are from land reclamation departments.

指　　标	Item	2016	2017	2018	2019	2020
农场数　（个）	**Number of Farms　(unit)**	**1781**	**1758**	**1759**	**1834**	**1828**
职工人数　（万人）	**Number of Staff and Workers　(10 000 persons)**	**276.7**	**271.5**	**192.1**	**214.7**	**247.1**
耕地面积　（千公顷）	**Area of Cultivated Land　(1 000 hectares)**	**6446.9**	**6455.6**	**6419.7**	**6480.8**	**6516.6**
农业机械总动力　（亿瓦）	**Total Power of Agricultural Machinery (100 million watts)**	**296.5**	**302.6**	**306.2**	**311.9**	**320.9**
农业机械拥有量(万台、万辆)	**Possession of Agricultural Machinery(10 000 units)**					
大中型农用拖拉机	Large and Medium-sized Agricultural Tractors	21.6	22.2	22.9	22.8	23.1
小型及手扶拖拉机	Small and Walking Agricultural Tractors	26.8	30.1	37.3	29.1	28.2
农用排灌动力机械	Machinery for Agricultural Drainage and Irrigation	29.4	28.7	33.3	39.2	30.0
联合收割机	Combine Harvesters	9.4	6.4	6.4	6.5	6.8
农用运输汽车	Trucks for Agricultural Use	9.1	8.2	7.6	7.7	
农用化肥施用量　（万吨）	**Consumption of Chemical Fertilizers (10 000 tons)**	**273.9**	**278.0**	**273.8**	**252.3**	**242.8**
农业总产值　（亿元）	**Gross Agricultural Output Value (100 million yuan)**	**3457.8**	**3837.2**	**3823.1**	**3862.1**	**4230.3**
农作物总播种面积(千公顷)	**Sown Area of Farm Crops　(1 000 hectares)**	**6930.1**	**6872.7**	**6851.2**	**6789.1**	**6850.8**
粮食作物	Grain	4996.3	4894.1	4827.0	4794.8	4807.8
谷　物	Cereals	4039.0	3815.5	4022.4	3766.1	3748.1
棉　花	Cotton	732.1	796.4	1021.8	1006.6	1016.2
油　料	Oil-bearing Crops	361.2	337.2	306.2	309.7	306.8
糖　料	Sugar Crops	85.9	90.4	93.6	97.3	95.0
麻　类	Fiber Crops	5.1	5.1	5.7	7.0	7.9
年底实有茶园面积	Area of Tea Plantations (year-end)	28.9	28.5	27.3	31.9	29.8
年底实有桑园面积	Area of Mulberry Plantations (year-end)	1.6	1.0	0.9	1.3	0.8
年底实有果园面积	Area of Orchards (year-end)	418.5	418.0	411.3	404.2	403.3
年底实有橡胶园面积	Area of Rubber Plantations (year-end)	453.6	453.6	439.1	425.4	407.3
主要农产品产量　（万吨）	**Output of Major Farm Products　(10 000 tons)**					
粮食作物	Grain	3483.2	3515.2	3652.8	3441.1	3562.7
谷　物	Cereals	3249.7	3198.4	3359.4	3154.2	3241.9
棉　花	Cotton	187.7	208.6	284.8	244.7	261.8
油　料	Oil-bearing Crops	81.7	76.6	79.7	75.7	73.5
糖　料	Sugar Crops	734.5	774.8	755.8	746.5	712.5
麻　类	Fiber Crops	2.6	3.0	8.2	10.2	3.2
茶　叶	Tea	5.1	5.2	5.6	5.3	4.3
水　果	Fruits	677.5	737.5	745.3	784.2	817.0
干　胶	Rubber	28.6	27.0	29.3	28.5	25.6
畜牧业、渔业生产	**Production of Animal Husbandry and Fishery**					
大牲畜年底头数　（万头）	Number of Large Animals (year-end)(10 000 heads)	292.0	300.5	280.2	299.0	309.8
猪年底头数　（万头）	Number of Hogs　(10 000 heads)	1239.0	1263.7	1173.1	728.4	881.7
羊年底只数　（万只）	Number of Sheep and Goats　(10 000 heads)	1437.2	1369.8	1236.5	1118.5	1083.0
#绵　羊	Sheep	1195.0	1140.4	1031.6	916.7	931.1
畜产品产量　（万吨）	**Output of Livestock Products　(10 000 tons)**					
猪牛羊肉	Pork, Beef and Mutton	185.4	189.4	163.0	139.0	129.0
#猪　肉	Pork	147.5	150.9	126.2	102.1	92.5
牛　奶	Milk	379.0	385.1	389.8	418.2	435.2
禽　蛋	Poultry Eggs	50.5	54.4	45.4	48.1	48.8
羊　毛	Sheep Wool	3.4	3.4	3.2	3.2	3.1
水产品总产量　（万吨）	**Total Output of Aquatic Products (10 000 tons)**	**148.4**	**160.9**	**162.8**	**161.4**	**176.7**

注：根据《农垦综合统计调查制度》，从2020年起“职工人数”指标口径调整为“职工期末人数”；另外“农用运输汽车”取消调查。

a) According to general survey system of land reclamation, since 2020, the coverage of number of staff and workers is adjusted to staff and workers at term-end; Indicator of trucks for agricultural use is cancelled.

主要统计指标解释

农林牧渔业总产值 指以货币表现的农、林、牧、渔业全部产品和对农林牧渔业生产活动进行的各种支持性服务活动的价值总量，它反映一定时期内农林牧渔业生产总规模和总成果。1993年以前农林牧渔业总产值包括农、林、牧、副、渔五业，从1993年起取消副业，将野生动物的捕猎划入牧业，野生植物采集和农民家庭兼营商品性工业划归农业。从2003年起，执行新的国民经济行业分类标准，农林牧渔业总产值中包括了农、林、牧、渔及农林牧渔服务业产值，2018年以后农林牧渔服务业产值改称农林牧渔专业及辅助性活动产值。农业中取消了家庭兼营商品性工业产值，将野生林产品的采集划归林业。第一、二、三次农业普查以后，根据农业普查结果，对农业、牧业、渔业产值进行了修订。2010年执行《统计用产品分类目录》，对2009年的农业、林业产值做了相应调整。

农林牧渔业总产值采用“产品法”进行计算，通常是按农、林、牧、渔业产品及其副产品的产量分别乘以各自单位产品价格求得；少数生产周期较长，当年没有产品或产品产量不易统计的，则采用间接方法匡算其产值；然后将四业产品产值及农林牧渔专业及辅助性活动产值相加即为农林牧渔业总产值。

粮食产量 指日历年度内生产的全部粮食数量。按收获季节包括夏收粮食、早稻和秋收粮食，按作物品种包括谷物、豆类和薯类。其产量计算方法：谷物按脱粒后的原粮计算，豆类按去豆荚后的干豆计算；薯类(包括甘薯和马铃薯，不包括芋头和木薯)1964年以前按每4公斤鲜薯折1公斤粮食计算，从1964年开始改为按5公斤鲜薯折1公斤粮食计算；城市郊区作为蔬菜的薯类(如马铃薯等)按鲜品计算，并且不作粮食统计。1989年以前全国粮食产量数据主要靠全面报表取得，1989年开始使用抽样调查数据。

棉花产量 指全社会棉花的产量。包括春播棉和夏播棉。产量按皮棉计算。不包括木棉。

油料产量 指全部油料作物的生产量。包括花生、油菜籽、芝麻、向日葵籽、胡麻籽（亚麻籽）和其他油料。不包括大豆、木本油料和野生油料。花生以带壳干花生计算。

水产品产量 指渔业（捕捞和养殖）生产活动的最终有效成果，包括全部海水和淡水鱼类、甲壳类（虾、蟹）、贝类、头足类、藻类和其他类渔业产品的最终产量。水产品产量是通过各级渔业主管部门逐级上报取得数据。1995年及以前，贝类中牡蛎按鲜肉计算；蚶、蛤、蛙按5斤鲜品折1斤计算。1996年以后则统一按鲜品计算。

猪、牛、羊、禽肉产量 指当年出栏并已屠宰、除去头蹄下水后带骨肉(即胴体重)的重量。1996年以前为全面统计并逐级上报数据。1996年第一次农业普查以后，根据普查结果，对畜牧业主要年报数据进行了修正。1999年，国家统计局在部分地区开展了猪、牛、羊、禽等主要畜禽品种的抽样调查，并用抽样数据作为国家定案数据使用。未开展抽样调查的地区，仍使用各级统计部门逐级上报数据。2008年，建立了主要畜禽监测调查制度，猪、牛、羊、禽等主要畜禽数据均以抽样调查数为法定数据。

期初(末)畜禽存栏头(只)数 指报告期初(末)饲养的大牲畜、猪、羊、家禽等畜禽的数量。数据上报方式及数据调整情况同猪、牛、羊、禽肉产量。

农作物播种面积 指日历年度内收获农作物在全部土地（耕地或非耕地）上的播种或移植面积。凡是本年内收获的农作物，无论是本年还是上年播种，都算为播种面积，但不包括本年播种，下年收获的农作物面积。

耕地灌溉面积 指具有一定的水源，地块比较平整，灌溉工程或设备已经配套，在一般年景下能够进行正常灌溉的耕地面积。在一般情况下，耕地灌溉面积应等于灌溉工程或设备已经配套，能够进行正常灌溉的水田和水浇地面积之和。它是反映我国农田水利建设的重要指标。

农用化肥施用量 指本年内实际用于农业生产的化肥数量，包括氮肥、磷肥、钾肥和复合肥。化肥施用量要求按折纯量计算数量。折纯量是指把氮肥、磷肥、钾肥分别按含氮、含五氧化二磷、含氧化钾的百分之百成份进行折算后的数量。复合肥按其所含主要成分折算。公式为：

折纯量=实物量×某种化肥有效成份含量的百分比

农业机械总动力 指全部农业机械动力的额定功率之和。农业机械是指用于种植业、畜牧业、渔业、农产品初加工、农用运输和农田基本建设等活动的机械及设备。农机总动力按使用能源不同分为以下四部分：

柴油发动机动力：指全部柴油发动机额定功率之和；

汽油发动机动力：指全部汽油发动机额定功率之和；

电动机动力：指全部电动机（含潜水电泵的电动机）额定功率之和；

其他机械动力：指采用柴油、汽油、电力之外的其他能源，如水力、风力、煤炭、太阳能等动力机械功率之和。

本指标的统计数据来源于农业农村部。

Explanatory Notes on Main Statistical Indicators

Gross Output Value of Agriculture, Forestry, Animal Husbandry and Fishery refers to the total value of products (expressed in monetary terms) of agriculture, forestry, animal husbandry and fishery, and total value of services in support of agriculture, forestry, animal husbandry and fishery activities. It reflects the total scale and results of agricultural production during a given period. Before 1993, the gross output value of agriculture, forestry, animal husbandry and fishery included agriculture, forestry, animal husbandry, sideline and fishery. Since 1993, the subdivision of sideline occupations has been cancelled, and the hunting of wild animals has been classified into animal husbandry, and the gathering of wild plants and commodity industry run by rural household have been included in farming. A new industrial classification of economic activities was introduced in 2003. Under the new classification, the gross output value of agriculture included the value of farming, forestry, animal husbandry, and fishery, and included value of services to agriculture, forestry, animal husbandry and fishery. In 2018, the output value of services to agriculture, forestry, animal husbandry and fishery was renamed the output value of professional and support activities in agriculture, forestry, animal husbandry and fishery, value of industrial output by rural households is not included in agriculture. According to the result of the first, second and third agriculture census, efforts were made to adjust the output value of agriculture, animal husbandry and fishery output. In line with the *Classification of Products for Statistical Purposes* implemented in 2010, relevant revisions were made on the output value of agriculture and forestry in 2009.

Gross output value of agriculture is calculated by product method, and is obtained by multiplying the output of each product or by-product by its price, resulting in the output value of each single item. For a small number of products, annual output of which is not available or difficult to get due to the long production (growing) process involved, the output value is estimated through an indirect approach. The sum of output values of all products of agriculture, forestry, animal husbandry and fishery and professional and support activities in agriculture, forestry, animal husbandry and fishery is then equal to the gross output value of agriculture.

Grain Output refers to the total output of grains produced within a calendar year. It includes summer crops, early rice and autumn crops by harvest seasons; and covers cereals, beans and tubers by type of crops. Output of cereals cover husked grain only. Output of beans refers to dry beans without pods. The output of tubers (sweet potatoes and potatoes, not including taros and cassava) are converted with the ratio of 4:1, i.e. 4 kilograms of fresh tubers were equivalent to 1 kilogram of grain before 1964. Since 1964 the ratio has been changed to 5:1. Tubers consumed as vegetables (such as potatoes) in cities and suburbs are calculated as fresh vegetables and their output is not included in the output of grain. Data on grain production before 1989 were obtained through the comprehensive statistical reporting system. Since 1989, data from sample surveys are used.

Cotton Output refers to cotton production in the whole country including cotton planted in spring and in summer. Output is measured as the weight of ginned cotton. Ceiba is not included.

Output of Oil-bearing Crops refers to the total production of oil-bearing crops of various kinds, including peanuts (dry, in shell), rapeseeds, sesame, sunflower seeds, flax seeds, and other oil-bearing crops. Soybeans, oil-bearing woody plants, and wild oil-bearing crops are not included.

Output of Aquatic Products refers to final output actually yielded from fishing production (fishery and breeding), including all output of marine and freshwater fish, crustaceans (shrimps, crabs), shellfish, cephalopod, seaweed and other fishery products. Data on output of aquatic products are reported by fishery agencies level by level. Before 1995, among the shellfish, oyster was counted as fresh meat; and 5 kilograms of ark shell, clams and frogs were equivalent to 1 kilogram of fresh aquatic products; they have all been counted as fresh aquatic products since 1996.

Output of Pork, Beef, Mutton and Poultry refers to the meat of slaughtered hogs, cattle, sheep and goats with head, feet, and offal taken away. Before 1996, data were obtained through bottom-up comprehensive reporting system. The first agricultural census of China in 1996 revealed some discrepancy between the production of animal products from the annual reports and that from the census. Efforts were made to adjust the output value of animal husbandry to make the figures from the annual reports consistent with the census data. Since 1999, the NBS conducted sample surveys in selected regions for the major animal husbandry products, such as hogs, cattle, sheep and goats and fowls, and the data from sample surveys are used as finalized national data. Production of other regions which are not covered by the sample survey is still reported by statistical agencies level by level. A monitoring and survey program was set up in 2008 on main livestock, and data on the main livestock such as hog, cattle, sheep and poultry from the sample survey became the official data.

Number of Livestock or Poultry in Stock at Beginning/End of Period refers to the total number of large animals, pigs, sheep, fowls, etc. raised at the beginning/end of the reference period. Data reporting system and data adjustment are the same as that in the output of pork, beef, mutton and poultry.

Sown Area of Crops refers to area of all land (cultivated or non-cultivated area) sown or transplanted with crops that are harvested within the calendar year. All crops harvested within the year are counted as sown area, regardless of being sown in this year or the previous year. Crops sown this year but will be harvested in the coming year are excluded.

Irrigated Area of Cultivated Land refers to area of land that are effectively irrigated, i.e. relatively level land, where there are water sources or complete sets of irrigation facilities to lift and move adequate water for irrigation purpose under normal conditions. Under normal situations, irrigated area of cultivated land is the sum of watered fields and irrigated fields where irrigation systems or equipment have been installed for regular irrigation purpose. It is an important indicator to reflect the farmland water conservancy construction in China.

Consumption of Chemical Fertilizers in Agriculture refers to the quantity of chemical fertilizers applied in agriculture in the year, including nitrogenous fertilizer, phosphate fertilizer, potash fertilizer, and compound fertilizer. The consumption of chemical fertilizers is calculated in terms of volume of effective components by means of converting the gross weight of the respective fertilizers into weight containing effective component (e.g. nitrogen content in nitrogenous fertilizer, phosphorous pentoxide contents in phosphate fertilizer, and potassium oxide contents in potash fertilizer). Compound fertilizer is converted in regard to its major components. The formula is:

Volume of effective component= physical quantity× effective component of certain chemical fertilizer (%)

Total Power of Agricultural Machinery refers to the total rated capacity of all agricultural machinery. Agricultural machinery refers to the machines and equipment which are used for activities of farming, animal husbandry, fishery, primary processing of agricultural products, agricultural transport and infrastructure construction of farmland. Total power of agricultural machinery is classified into 4 groups according to the energy used:

Diesel engine power refers to the total rated capacity of all diesel engines.

Gasoline engine power refers to the total rated capacity of all gasoline engines.

Electric motor power refers to the total rated capacity of all electric motors (include submersible pump motors).

Other mechanical powers refer to the total mechanical capacity of machinery using other forms of energy apart from diesel, gasoline and electricity, such as hydro power, wind power, coal and solar energy.

Data are mainly from Ministry of Agriculture and Rural Affairs.

13

工　业

Industry

简 要 说 明

一、本篇资料的主要内容

本篇资料反映我国工业经济的基本情况，包括 31 个省、自治区、直辖市的主要工业经济统计数据：

1.全国规模以上工业企业主要经济指标，以及按工业门类、企业规模、企业登记注册类型、工业行业大类和按地区分组的主要经济指标；

2.国有控股、私营、外商投资和港澳台商投资工业企业按工业行业大类和按地区分组的主要经济指标；

3.大中型工业企业按工业行业大类和按地区分组的主要经济指标；

4.主要工业产品产量和生产能力等。

二、本篇资料的统计范围

本篇资料中规模以上工业企业的统计范围：1998 年至2006年为全部国有和年主营业务收入500万元及以上的非国有工业法人单位；2007 年至 2010 年为年主营业务收入500万元及以上的工业法人单位；从2011年开始，为年主营业务收入 2000 万元及以上的工业法人单位。

本篇资料中工业行业分类按《国民经济行业分类》（GB/T 4754—2017）标准划分；企业规模划分按《统计上大中小微型企业划分办法（2017）》标准执行。

三、本篇的资料来源和统计调查方法

本篇工业企业统计数据主要根据工业统计年度报表有关资料整理汇总。

四、数据使用注意事项

2017 年以来全国规模以上工业企业主要经济指标数据与上年数据之间存在不可比因素，其主要原因是：（一）根据统计制度，每年定期对规模以上工业企业调查范围进行调整。每年有部分企业达到规模标准纳入调查范围，也有部分企业因规模变小而退出调查范围，还有新建投产企业、破产、注（吊）销企业等变化。（二）加强统计执法，对统计执法检查中发现的不符合规模以上工业统计要求的企业进行了清理，对相关基数依规进行了修正。（三）加强数据质量管理，剔除跨地区、跨行业重复统计数据。

Brief Introduction

I. Main Contents

Data in this chapter reflect the basic conditions of the industrial sector, presenting main industrial economic indicators of 31 provinces, autonomous regions and municipalities:

(1) Main economic indicators of industrial enterprises above designated size; as well as the main economic indicators and efficiency indicators classified by industrial sector, by size of enterprise, by type of registration, by branch of industry and by province.

(2) Main economic indicators and efficiency indicators of State-holding industrial enterprises, private industrial enterprises, foreign-funded industrial enterprises and industrial enterprises with funds from Hong Kong, Macao and Taiwan classified by branch of industry and by province.

(3) Main economic indicators and efficiency indicators of large and medium-sized industrial enterprises classified by branch of industry and by province.

(4) Output and production capacity of key industrial products.

II. Scopes of Statistics

The scopes of industrial enterprises above designated size were: all State-owned industrial enterprises and the non-State-owned industrial enterprises with revenue from principal business over 5 million yuan from 1998 to 2006; all industrial enterprises with revenue from principal business over 5 million yuan from 2007 to 2010; and all industrial enterprises with revenue from principal business above 20 million yuan since 2011.

Data by branch of industry in this chapter are based on the *National Industrial Classification of all Economic Activities (GB/T 4754-2017)*, and data by size of enterprise are based on the 2017's *Standards of Enterprises by Size*.

III. Sources of Data and Methods of Survey

The data on industrial enterprises in this Chapter are compiled mainly on the basis of annual industrial statistics reporting forms.

Ⅳ. Data Usage Notes

Since 2017, data of main indicators of industrial enterprises above designated size nationwide are not comparable with previous years, the reasons are as following: (1) According to the statistical system, the investigation scope of industrial enterprises above designated size should be adjusted regularly every year. Every year, some enterprises meet the scale criteria to be included in the scope of investigation, some enterprises withdraw from the scope of investigation because of the smaller scale, and there are other changes: new enterprises, bankruptcy, annotation (cancellation) enterprises, etc. (2) Strengthening of statistical law enforcement, cleaning up enterprises found in the inspection of statistical law enforcement that do not meet the standard of industrial statistics above designated size, and amending the relevant cardinality in accordance with regulations. (3) Strengthening data quality management and eliminating duplicated statistical data across regions and across industries. According to the latest survey of organizational structure of enterprises carried out by the National Bureau of Statistics, the repeated calculation of enterprise groups (companies) across regions and industries is weighed. (4) After the implementation of the program to replace the business tax with a value-added tax, the value-added tax was paid by the service enterprises and the tax rate was lower. The industrial enterprises gradually stripped off the internal non-industrial production and operation activities and turned to the service industry, which reduced the financial data of the industrial enterprises.

13-1 规模以上工业企业主要指标（2020年）
Main Indicators of Industrial Enterprises above Designated Size (2020)

单位：亿元 (100 million yuan)

项 目	Item	企业单位数（个）Number of Enterprises (unit)	资产总计 Total Assets	营业收入 Business Revenue	利润总额 Total Profits
总 计	**Total**	**399375**	**1303499.3**	**1083658.4**	**68465.0**
按工业门类分	**Grouped by Industries**				
采矿业	Mining	10667	107931.6	40167.2	3624.3
制造业	Manufacturing	373498	979939.8	961643.8	59469.8
电力、热力、燃气及水生产和供应业	Production and Supply of Electricity, Heating, Gas and Water	15210	215627.9	81847.5	5370.9
按企业规模分	**Grouped by Size of Enterprises**				
大型企业	Large Enterprises	8020	604454.9	451853.1	29085.0
中型企业	Medium-sized Enterprises	39025	293324.4	243175.3	18113.6
小型企业	Small Enterprises	352330	405720.1	388630.1	21266.5
按登记注册类型分	**By Status of Registration**				
内资企业	Domestic Invested Enterprises	356349	1055072.4	840469.8	50297.6
国有企业	State-owned Enterprises	2494	43423.6	25169.9	639.1
集体企业	Collective-owned Enterprises	1001	1726.9	1338.3	67.7
股份合作企业	Cooperative Enterprises	761	669.6	686.2	34.8
联营企业	Joint Ownership Enterprises	98	232.4	152.9	8.5
国有联营企业	State Joint Ownership Enterprises	39	88.2	69.5	4.1
集体联营企业	Collective Joint Ownership Enterprises	15	15.2	14.8	1.8
国有与集体联营企业	Joint State-collective Enterprises	15	18.1	13.8	1.6
其他联营企业	Other Joint Ownership Enterprises	29	111.0	54.8	1.1
有限责任公司	Limited Liability Corporations	57005	478896.2	299936.6	17697.5
国有独资公司	State Sole-proprietorship Corporations	4169	130523.4	64094.7	3078.8
其他有限责任公司	Other Limited Liability Corporations	52836	348372.8	235841.9	14618.8
股份有限公司	Share-holding Corporations Ltd.	8427	185000.7	99526.3	8041.2
私营企业	Private Enterprises	286430	345022.8	413564.0	23800.5
私营独资企业	Private Sole-proprietorship Enterprises	9634	4940.4	8017.8	467.6
私营合伙企业	Private Partnership Enterprises	1543	832.8	1430.1	88.0
私营有限责任公司	Private Limited Liability Corporations	262254	291320.2	371165.3	19919.8
私营股份有限公司	Private Share-holding Corporations Ltd.	12999	47929.4	32950.9	3325.1
其他企业	Other Enterprises	133	100.3	95.7	8.4
港、澳、台商投资企业	Enterprises with Investment from Hong Kong, Macao and Taiwan	19746	107263.3	95890.8	7332.4
合资经营企业(港或澳、台资)	Joint-venture Enterprises	5325	44351.9	35669.0	2570.4
合作经营企业(港或澳、台资)	Cooperative Enterprises	284	1086.0	1183.5	103.6
港、澳、台商独资经营企业	Sole-proprietorship Enterprises	13471	53387.5	54437.6	4136.9
港、澳、台商投资股份有限公司	Share-holding Corporations Ltd.	513	7777.8	4281.6	482.2
其他港、澳、台商投资企业	Other Enterprises with Investment from Hong Kong, Macao and Taiwan	153	660.0	319.1	39.4
外商投资企业	Foreign Invested Enterprises	23280	141163.6	147297.9	10835.0
中外合资经营企业	Joint-venture Enterprises	7148	60828.9	63397.8	4897.2
中外合作经营企业	Cooperative Enterprises	311	1999.0	1696.5	200.3
外资企业	Sole-proprietorship Enterprises	15235	68904.4	76098.7	5284.5
外商投资股份有限公司	Share-holding Corporations Ltd.	402	8514.4	5273.4	417.2
其他外商投资企业	Other Foreign Invested Enterprises	184	917.0	831.5	35.9

注：1.全国规模以上工业企业统计范围1998年至2006年为全部国有及年主营业务收入在500万元及以上非国有工业企业；2007年至2010年为年主营业务收入在500万元及以上的工业企业；2011年及以后年份为年主营业务收入在2000万元及以上的工业企业。以下相关表均同。
2.2017年以来规模以上工业企业数据与上年数据之间存在不可比因素，原因详见“简要说明四”。以下相关表均同。

a) Industrial enterprises above designated size covered all state-owned enterprises, and non-state owned enterprises with annual revenue from principal business of over 5 million yuan from 1998 to 2006. The coverage was adjusted to include all industrial enterprise with annual revenue from principal business of over 5 million yuan from 2007 to 2010, and further adjusted to include industrial enterprise with annual revenue from principal business of over 20 million yuan since 2011. The same applies to the relevant following tables.

b) Data of 2017 and of following years are not comparable with the preceeding year. See "Brief Introduction IV" for explanation. The same applies to the relevant following tables.

13-2 按行业分规模以上工业企业主要指标（2020年）

单位：亿元

行业	Sector	企业单位数（个）Number of Enterprises (unit)	资产总计 Total Assets
总计	**National Total**	**399375**	**1303499.3**
煤炭开采和洗选业	Mining and Washing of Coal	4331	59712.5
石油和天然气开采业	Extraction of Petroleum and Natural Gas	128	21507.7
黑色金属矿采选业	Mining and Processing of Ferrous Metal Ores	1290	11645.0
有色金属矿采选业	Mining and Processing of Non-Ferrous Metal Ores	1208	6271.1
非金属矿采选业	Mining and Processing of Non-metal Ores	3429	5698.2
开采专业及辅助性活动	Professional and Support Activities for Mining	275	3081.1
其他采矿业	Mining of Other Ores	6	16.0
农副食品加工业	Processing of Food from Agricultural Products	21881	31462.0
食品制造业	Manufacture of Foods	8267	17291.1
酒、饮料和精制茶制造业	Manufacture of Liquor, Beverages and Refined Tea	5530	18983.2
烟草制品业	Manufacture of Tobacco	105	11052.4
纺织业	Manufacture of Textile	18510	20350.0
纺织服装、服饰业	Manufacture of Textile, Wearing Apparel and Accessories	12706	11234.2
皮革、毛皮、羽毛及其制品和制鞋业	Manufacture of Leather, Fur, Feather and Related Products and Footwear	7942	6613.8
木材加工和木、竹、藤、棕、草制品业	Processing of Timber, Manufacture of Wood, Bamboo, Rattan, Palm and Straw Products	9887	5158.3
家具制造业	Manufacture of Furniture	6531	6320.7
造纸和纸制品业	Manufacture of Paper and Paper Products	6656	15107.4
印刷和记录媒介复制业	Printing and Reproduction of Recording Media	5887	6381.2
文教、工美、体育和娱乐用品制造业	Manufacture of Articles for Culture, Education, Arts and Crafts, Sport and Entertainment Activities	8936	8891.1
石油、煤炭及其他燃料加工业	Processing of Petroleum, Coal and Other Fuels	2116	37434.3
化学原料和化学制品制造业	Manufacture of Raw Chemical Materials and Chemical Products	22008	78651.5
医药制造业	Manufacture of Medicines	8170	38010.1
化学纤维制造业	Manufacture of Chemical Fibres	1937	8965.0
橡胶和塑料制品业	Manufacture of Rubber and Plastics Products	20781	23964.3
非金属矿物制品业	Manufacture of Non-metallic Mineral Products	39675	62166.6
黑色金属冶炼和压延加工业	Smelting and Pressing of Ferrous Metals	5307	63240.1
有色金属冶炼和压延加工业	Smelting and Pressing of Non-ferrous Metals	7646	42707.8
金属制品业	Manufacture of Metal Products	26881	32971.6
通用设备制造业	Manufacture of General Purpose Machinery	26420	48383.3
专用设备制造业	Manufacture of Special Purpose Machinery	21089	47463.2
汽车制造业	Manufacture of Automobiles	16018	84079.8
铁路、船舶、航空航天和其他运输设备制造业	Manufacture of Railway, Ship, Aerospace and Other Transport Equipments	5050	25699.4
电气机械和器材制造业	Manufacture of Electrical Machinery and Apparatus	26944	77119.0
计算机、通信和其他电子设备制造业	Manufacture of Computers, Communication and Other Electronic Equipment	20867	129821.1
仪器仪表制造业	Manufacture of Measuring Instruments and Machinery	5289	11608.2
其他制造业	Other Manufacture	1762	3022.2
废弃资源综合利用业	Utilization of Waste Resources	2159	3397.5
金属制品、机械和设备修理业	Repair Service of Metal Products, Machinery and Equipment	541	2389.8
电力、热力生产和供应业	Production and Supply of Electric Power and Heat Power	9831	180566.7
燃气生产和供应业	Production and Supply of Gas	2624	13821.0
水的生产和供应业	Production and Supply of Water	2755	21240.2

Main Indicators of Industrial Enterprises above Designated Size by Industrial Sector (2020)

(100 million yuan)

流动资产合计 Current Assets	应收账款 Accounts Receivable	存货 Inventories	#产成品 Finished Goods	负债合计 Total Liabilities
648817.5	**167496.2**	**125903.8**	**46626.5**	**735385.9**
23324.8	2588.8	1161.1	526.6	40570.6
2893.2	388.9	172.2	86.5	10143.4
3529.4	475.5	297.4	171.5	6778.8
2060.6	255.2	316.5	143.8	3604.7
2376.1	443.6	282.5	169.9	2869.6
1665.1	503.1	106.8	17.0	1952.3
6.0	2.5	2.0	0.5	10.7
18587.6	2879.5	5553.4	2194.5	18091.6
9266.0	1873.4	1897.5	800.7	8468.9
11202.6	1063.2	3092.2	947.1	7943.3
7801.8	296.8	3981.1	215.9	2322.7
11553.6	2718.3	3102.1	1544.4	11360.3
6777.4	1822.5	1693.6	892.0	5640.8
3841.8	1086.8	985.5	427.9	3097.1
3035.3	843.1	783.2	380.3	2857.5
3874.0	1033.8	846.0	342.2	3576.7
7636.8	1849.5	1413.6	529.4	8769.8
3602.2	1094.2	673.0	269.6	2924.3
5781.8	1269.2	2092.3	1029.5	4710.0
16949.1	2014.7	4289.4	1197.5	24167.6
35428.6	7480.5	6385.3	2787.5	42731.4
21842.8	4694.5	4801.3	2286.8	15513.7
3871.5	588.7	807.1	438.2	5285.3
13982.3	4576.7	2898.0	1363.3	12087.0
35116.7	12700.9	5288.2	2347.4	33891.3
28220.8	2813.0	7126.1	2406.5	38286.2
21235.6	3458.4	6051.2	1540.7	25800.8
20860.8	6623.0	4696.8	1935.0	18694.4
32724.9	10221.0	7490.9	2786.9	26244.4
31862.8	9477.9	7406.0	2773.3	26255.5
50170.7	13898.5	7480.3	3553.3	49969.4
16934.2	4293.2	4413.5	790.0	15652.2
51815.2	17551.1	8650.9	3704.4	43757.1
83685.2	30494.6	14846.0	4881.8	73329.8
7950.2	2459.5	1604.0	528.6	5282.5
1649.3	383.8	353.2	117.5	1811.9
1963.5	464.6	526.1	262.3	1936.3
1336.0	405.4	287.4	34.9	1225.5
31187.8	8744.5	1499.1	69.1	106929.1
4772.5	809.5	319.8	97.0	8291.1
6441.1	854.5	231.4	35.0	12550.4

13-2 续表

单位：亿元

行　　业	Sector	营业收入 Business Revenue	营业成本 Business Cost
总　计	**National Total**	**1083658.4**	**903752.5**
煤炭开采和洗选业	Mining and Washing of Coal	20821.6	14726.0
石油和天然气开采业	Extraction of Petroleum and Natural Gas	6656.9	5077.9
黑色金属矿采选业	Mining and Processing of Ferrous Metal Ores	4160.0	3234.9
有色金属矿采选业	Mining and Processing of Non-Ferrous Metal Ores	2748.7	1952.3
非金属矿采选业	Mining and Processing of Non-metal Ores	3662.4	2723.0
开采专业及辅助性活动	Professional and Support Activities for Mining	2106.5	1977.5
其他采矿业	Mining of Other Ores	11.1	8.0
农副食品加工业	Processing of Food from Agricultural Products	48806.8	43766.6
食品制造业	Manufacture of Foods	19311.9	14935.9
酒、饮料和精制茶制造业	Manufacture of Liquor, Beverages and Refined Tea	14790.5	9640.8
烟草制品业	Manufacture of Tobacco	11380.6	3554.6
纺织业	Manufacture of Textile	23473.8	20411.8
纺织服装、服饰业	Manufacture of Textile, Wearing Apparel and Accessories	13868.6	11711.2
皮革、毛皮、羽毛及其制品和制鞋业	Manufacture of Leather, Fur, Feather and Related Products and Footwear	10129.0	8635.6
木材加工和木、竹、藤、棕、草制品业	Processing of Timber, Manufacture of Wood, Bamboo, Rattan, Palm and Straw Products	8668.7	7678.6
家具制造业	Manufacture of Furniture	7069.8	5822.5
造纸和纸制品业	Manufacture of Paper and Paper Products	13155.7	11103.6
印刷和记录媒介复制业	Printing and Reproduction of Recording Media	6638.3	5488.9
文教、工美、体育和娱乐用品制造业	Manufacture of Articles for Culture, Education, Arts and Crafts, Sport and Entertainment Activities	12300.2	10511.4
石油、煤炭及其他燃料加工业	Processing of Petroleum, Coal and Other Fuels	41976.6	34731.5
化学原料和化学制品制造业	Manufacture of Raw Chemical Materials and Chemical Products	63809.8	52682.6
医药制造业	Manufacture of Medicines	25053.6	14118.4
化学纤维制造业	Manufacture of Chemical Fibres	7991.1	7258.5
橡胶和塑料制品业	Manufacture of Rubber and Plastics Products	25580.3	21142.2
非金属矿物制品业	Manufacture of Non-metallic Mineral Products	58018.1	47371.2
黑色金属冶炼和压延加工业	Smelting and Pressing of Ferrous Metals	73054.9	66889.4
有色金属冶炼和压延加工业	Smelting and Pressing of Non-ferrous Metals	54229.8	49812.8
金属制品业	Manufacture of Metal Products	39034.4	33895.1
通用设备制造业	Manufacture of General Purpose Machinery	41166.8	33434.2
专用设备制造业	Manufacture of Special Purpose Machinery	33853.4	26321.6
汽车制造业	Manufacture of Automobiles	81703.9	68711.2
铁路、船舶、航空航天和其他运输设备制造业	Manufacture of Railway, Ship, Aerospace and Other Transport Equipments	15511.3	13137.7
电气机械和器材制造业	Manufacture of Electrical Machinery and Apparatus	69306.6	58096.4
计算机、通信和其他电子设备制造业	Manufacture of Computers, Communication and Other Electronic Equipment	123808.0	107000.4
仪器仪表制造业	Manufacture of Measuring Instruments and Machinery	8188.4	6091.0
其他制造业	Other Manufacture	2427.7	2029.6
废弃资源综合利用业	Utilization of Waste Resources	5878.9	5383.3
金属制品、机械和设备修理业	Repair Service of Metal Products, Machinery and Equipment	1456.6	1218.2
电力、热力生产和供应业	Production and Supply of Electric Power and Heat Power	68955.5	60860.5
燃气生产和供应业	Production and Supply of Gas	9340.5	8001.6
水的生产和供应业	Production and Supply of Water	3551.5	2604.0

注：“管理费用”包含“研发费用”，以下相关表均同。

continued

(100 million yuan)

销售费用 Selling Expenses	管理费用 Management Expenses	财务费用 Financial Expenses	利润总额 Total Profits	平均用工人数(万人) Annual Average Employees (10 000 persons)
30777.8	**58274.7**	**11687.7**	**68465.0**	**7756.1**
559.7	1628.6	788.4	2221.6	270.2
34.5	670.6	165.2	262.0	60.4
61.8	292.2	166.0	372.9	28.3
31.4	240.9	72.4	386.8	27.4
191.4	248.1	57.4	364.0	29.6
4.1	105.9	12.4	16.4	29.0
0.5	1.2	0.4	0.5	0.1
1056.7	1457.3	355.0	2244.1	279.2
1705.1	1018.5	99.9	1710.0	174.3
1180.3	794.4	62.6	2465.7	113.5
144.4	648.4	-59.2	1143.4	16.6
441.3	1131.4	283.9	1237.7	286.1
495.6	797.0	121.4	721.8	263.9
247.3	522.8	76.3	639.6	180.8
180.6	320.8	63.8	395.5	90.0
285.3	473.6	61.9	467.5	111.5
418.5	672.0	174.1	876.8	98.8
184.1	472.1	53.4	452.4	91.7
316.1	658.8	109.2	691.7	167.0
375.1	1101.7	366.7	1034.9	80.4
2020.8	3625.5	814.4	4439.6	339.9
4654.6	2598.2	259.6	3693.4	213.8
81.8	325.4	113.5	266.5	42.2
766.8	1626.2	244.8	1786.4	281.3
1982.5	2949.6	561.4	5054.7	457.0
686.2	2088.8	552.2	2624.3	213.3
382.1	1330.8	561.5	1903.7	162.3
811.8	2056.4	319.8	1881.7	356.9
1380.6	3168.1	305.1	2963.3	400.3
1451.9	2894.3	327.4	2999.2	325.6
2194.7	4946.1	272.3	5062.9	417.4
298.5	1250.1	112.7	817.4	159.5
2448.2	4315.8	502.3	4275.5	557.7
2666.2	8259.7	559.0	6252.9	914.8
409.2	870.9	61.2	887.4	90.7
56.5	187.4	14.4	156.1	33.1
55.8	156.9	41.6	255.5	18.2
16.1	143.2	16.3	68.2	20.3
75.2	1571.1	2734.3	4207.7	267.2
263.0	315.4	106.6	746.0	34.4
161.6	338.4	176.0	417.2	51.5

a) Management expenses include R&D expenses. The same applies to the relevant tables following.

13-3 规模以上工业企业主要指标
Main Indicators of Industrial Enterprises above Designated Size

单位：亿元 (100 million yuan)

年份 Year 地区 Region		企业单位数(个) Number of Enterprises (unit)	资产总计 Total Assets	流动资产合计 Current Assets	应收账款 Accounts Receivable	存货 Inventories	#产成品 Finished Goods	负债合计 Total Liabilities
	1998	165080	108821.9	46600.9	12612.7	15054.0	5975.0	69363.8
	2000	162885	126211.2	54338.2	14789.8	16034.1	6293.2	76743.8
	2005	271835	244784.3	111031.4	26646.2	31379.1	11087.6	141509.8
	2006	301961	291214.5	132310.1	31692.2	36999.3	13141.4	167322.2
	2007	336768	353037.4	163259.6	38690.6	45288.7	16024.4	202913.7
	2008	426113	431305.6	195681.8	43933.8	54108.6	19518.9	248899.4
	2009	434364	493692.9	223038.7	51399.8	56724.8	20495.0	285732.8
	2010	452872	592881.9	279227.3	61441.2	69790.1	23841.1	340396.4
	2011	325609	675796.9	327778.7	70502.0	80583.1	28478.6	392644.6
	2012	343769	768421.2	368200.7	84043.1	88324.7	31919.2	445371.8
	2013	369813	870751.1	413490.9	97402.7	97119.2	34535.8	505694.3
	2014	377888	956777.2	445742.4	107437.0	102874.4	38359.5	547031.4
	2015	383148	1023398.1	469207.3	117246.3	102804.0	39501.2	579310.5
	2016	378599	1085865.9	500852.8	126847.2	106962.7	40492.8	606641.5
	2017	372729	1121909.6	534080.9	135645.1	113305.4	42393.7	628016.3
	2018	374964	1153251.2	565178.3	146083.8	118974.9	43987.7	653871.3
	2019	377815	1205868.9	591231.3	156298.4	119225.7	44060.2	681085.1
	2020	399375	1303499.3	648817.5	167496.2	125903.8	46626.5	735385.9
北京	Beijing	3028	55167.0	21084.5	4510.6	2956.1	1069.0	24193.8
天津	Tianjin	5120	21666.0	10753.0	2807.4	2283.1	812.4	11980.5
河北	Hebei	14239	51303.1	23980.2	5302.2	4601.7	1671.7	31201.6
山西	Shanxi	5480	49185.0	21183.4	3598.3	2268.3	894.3	35853.0
内蒙古	Inner Mongolia	2985	34255.8	11285.1	2267.3	1786.8	589.1	20311.2
辽宁	Liaoning	7755	42923.6	21561.1	4346.8	4798.2	1442.8	26527.9
吉林	Jilin	3043	17292.0	7461.3	1562.9	1596.2	604.4	9139.6
黑龙江	Heilongjiang	3832	17238.3	7720.8	1530.8	1490.4	466.5	10384.3
上海	Shanghai	8804	49569.7	29065.2	7468.0	5624.8	1889.8	24125.2
江苏	Jiangsu	50168	133267.4	79085.5	26244.6	15930.2	6298.5	70749.8
浙江	Zhejiang	47956	95819.4	53512.6	15767.3	10317.4	4113.6	52453.2
安徽	Anhui	18447	43846.6	22826.6	7120.0	4087.3	1616.2	24376.5
福建	Fujian	18845	41996.0	21136.4	5185.6	4735.0	1921.4	21283.8
江西	Jiangxi	14341	28165.8	13907.2	3680.5	3058.7	1199.7	14872.3
山东	Shandong	29628	101462.9	53618.2	11576.8	10874.7	4418.9	63475.1
河南	Henan	19803	54669.2	25598.0	6089.7	4737.0	1636.4	30863.5
湖北	Hubei	15708	44195.5	21434.9	5282.6	4272.6	1541.9	23100.7
湖南	Hunan	18239	32463.3	15321.1	4457.3	3330.7	1219.3	16554.2
广东	Guangdong	58483	150717.8	90365.5	25774.7	18161.9	6785.2	84861.7
广西	Guangxi	7099	20709.9	9990.3	2263.2	2083.1	834.1	13185.1
海南	Hainan	493	3586.6	1607.6	356.2	232.5	71.1	1925.1
重庆	Chongqing	6938	23236.7	11753.1	3785.1	2043.2	788.9	13106.4
四川	Sichuan	15280	53091.1	23297.9	5940.6	4594.7	1602.9	29718.7
贵州	Guizhou	4482	17244.6	7625.5	1336.1	1460.9	364.3	10432.8
云南	Yunnan	4401	24673.7	8815.2	1576.2	2368.0	600.9	14289.3
西藏	Tibet	167	2044.0	453.3	68.4	40.9	13.5	1064.3
陕西	Shaanxi	7205	39183.4	16274.3	3453.8	2969.2	1101.9	21719.5
甘肃	Gansu	1952	12207.4	4446.2	1027.8	1014.8	273.1	7327.0
青海	Qinghai	580	6802.8	2105.8	522.4	311.2	102.3	4614.4
宁夏	Ningxia	1241	10657.5	3294.6	760.2	510.1	191.1	6625.3
新疆	Xinjiang	3633	24857.1	8253.3	1833.3	1364.1	491.1	15070.2

13-3 续表 continued

单位：亿元 (100 million yuan)

年 份 Year 地 区 Region	营业收入 Business Revenue	营业成本 Business Cost	销售费用 Selling Expenses	管理费用 Management Expenses	财务费用 Financial Expenses	利润总额 Total Profits	平均用工人数（万人）Annual Average Employees (10 000 persons)
1998	64148.9	52797.5	2290.7	4644.7	2415.7	1458.1	6195.8
2000	84151.8	68654.0	2985.8	5414.2	1961.0	4393.5	5559.4
2005	248544.0	209862.5	7209.4	10950.3	2671.0	14802.5	6896.0
2006	313592.5	264696.6	8592.7	12807.2	3375.2	19504.4	7358.4
2007	399717.1	334598.6	10728.1	15943.7	4287.9	27155.2	7875.2
2008	500020.1	423295.8	12893.3	20199.8	6021.8	30562.4	8837.6
2009	542522.4	457510.0	14137.4	22169.7	5898.9	34542.2	8831.2
2010	697744.0	585256.8	17520.3	28873.0	7024.7	53049.7	9544.7
2011	841830.2	708092.0	20259.6	32165.2	8913.5	61396.3	9167.3
2012	929291.5	784541.2	22908.7	35888.1	11295.6	61910.1	9567.3
2013	1038659.5	880679.7	25945.2	39431.9	12008.3	68378.9	9791.5
2014	1107032.5	943369.6	28001.1	41121.0	13482.3	68154.9	9977.2
2015	1109853.0	944857.3	29150.2	43125.3	13494.2	66187.1	9775.0
2016	1158998.5	984668.4	31174.9	45490.7	12650.6	71921.4	9475.6
2017	1133160.8	956120.0	31343.8	46717.8	12832.9	74916.3	8957.9
2018	1057327.3	880806.8	31007.9	48152.5	11856.5	71608.9	8356.4
2019	1067397.2	891095.0	31362.4	54801.7	11371.1	65799.0	7929.1
2020	1083658.4	903752.5	30777.8	58274.7	11687.7	68465.0	7756.1
北 京 Beijing	23849.0	19709.9	1224.4	1296.7	248.0	1729.6	83.1
天 津 Tianjin	19006.2	16297.7	448.1	903.5	121.3	971.2	107.6
河 北 Hebei	43213.2	37201.0	943.4	1755.1	570.2	2177.8	272.2
山 西 Shanxi	22021.0	18017.8	618.9	1229.5	743.9	1086.3	192.1
内蒙古 Inner Mongolia	17488.9	14051.0	456.4	716.2	444.3	1315.0	87.7
辽 宁 Liaoning	30666.5	26095.0	739.2	1439.8	426.1	1341.2	195.3
吉 林 Jilin	13226.0	10844.9	558.0	730.5	129.0	574.0	76.2
黑龙江 Heilongjiang	9896.7	8446.5	283.7	553.1	154.2	311.5	83.6
上 海 Shanghai	39524.9	31867.0	1414.6	2964.0	93.7	2882.7	183.7
江 苏 Jiangsu	125344.2	105135.4	3752.2	7304.9	982.6	7622.8	856.3
浙 江 Zhejiang	78625.0	64917.4	2380.6	4968.2	875.2	5807.0	683.8
安 徽 Anhui	38549.3	32583.1	977.0	1995.0	355.6	2439.6	282.8
福 建 Fujian	55280.9	47077.3	1250.9	2317.0	388.9	3949.9	414.3
江 西 Jiangxi	36442.7	31102.1	736.3	1480.0	263.7	2591.3	238.3
山 东 Shandong	87160.7	75333.9	2057.8	3855.8	995.3	4431.3	550.8
河 南 Henan	48606.5	41711.7	1000.2	1915.4	618.9	2823.2	465.3
湖 北 Hubei	40925.2	33842.1	1190.3	2216.5	336.0	2646.9	274.5
湖 南 Hunan	38914.8	30843.0	1215.5	2706.4	367.0	2559.9	313.1
广 东 Guangdong	149930.1	123896.0	5086.3	10291.9	1053.4	9572.1	1308.5
广 西 Guangxi	17646.3	15100.5	381.5	667.8	206.2	990.5	125.8
海 南 Hainan	2165.2	1673.9	118.2	98.6	37.6	133.2	11.1
重 庆 Chongqing	23052.1	19387.5	639.0	1186.7	172.0	1506.5	161.8
四 川 Sichuan	46565.3	38367.5	1460.5	2087.1	516.4	3386.4	302.2
贵 州 Guizhou	9342.2	6685.8	305.3	524.1	205.4	1174.4	77.0
云 南 Yunnan	14943.5	11672.1	388.5	643.2	298.3	1115.0	80.4
西 藏 Tibet	331.7	258.0	16.0	28.4	10.1	19.2	2.3
陕 西 Shaanxi	24422.6	19692.1	593.7	1226.2	333.7	2037.1	163.0
甘 肃 Gansu	7588.4	6390.4	132.6	272.5	161.9	300.1	46.6
青 海 Qinghai	2443.5	2016.3	46.6	122.1	99.7	103.2	14.6
宁 夏 Ningxia	4802.3	4030.8	83.9	209.1	175.7	194.6	29.8
新 疆 Xinjiang	11683.6	9505.1	278.3	569.7	303.5	671.8	72.2

注：2017年及以前为主营业务收入和主营业务成本，2018年及以后为营业收入和营业成本，以下相关表均同。

a) The revenue and cost indicators were revenue from principal business and cost of principal business in 2017 and before, and are revised to business revenue and business cost since 2018. The same applies to the following tables.

13-4 按行业分国有控股工业企业主要指标（2020年）

单位：亿元

行 业	Sector	企 业 单位数 (个) Number of Enterprises (unit)	资产总计 Total Assets
总 计	**National Total**	**22072**	**500461.0**
煤炭开采和洗选业	Mining and Washing of Coal	965	46081.1
石油和天然气开采业	Extraction of Petroleum and Natural Gas	86	18860.8
黑色金属矿采选业	Mining and Processing of Ferrous Metal Ores	120	8352.5
有色金属矿采选业	Mining and Processing of Non-Ferrous Metal Ores	269	3651.6
非金属矿采选业	Mining and Processing of Non-metal Ores	317	2273.8
开采专业及辅助性活动	Professional and Support Activities for Mining	34	2620.2
农副食品加工业	Processing of Food from Agricultural Products	720	2371.4
食品制造业	Manufacture of Foods	330	1580.2
酒、饮料和精制茶制造业	Manufacture of Liquor, Beverages and Refined Tea	280	7525.0
烟草制品业	Manufacture of Tobacco	85	10971.6
纺织业	Manufacture of Textile	148	996.6
纺织服装、服饰业	Manufacture of Textile, Wearing Apparel and Accessories	205	388.4
皮革、毛皮、羽毛及其制品和制鞋业	Manufacture of Leather, Fur, Feather and Related Products and Footwear	22	105.5
木材加工和木、竹、藤、棕、草制品业	Processing of Timber, Manufacture of Wood, Bamboo, Rattan, Palm and Straw Products	64	260.7
家具制造业	Manufacture of Furniture	18	59.5
造纸和纸制品业	Manufacture of Paper and Paper Products	98	1482.0
印刷和记录媒介复制业	Printing and Reproduction of Recording Media	276	939.9
文教、工美、体育和娱乐用品制造业	Manufacture of Articles for Culture, Education, Arts and Crafts, Sport and Entertainment Activities	61	301.1
石油、煤炭及其他燃料加工业	Processing of Petroleum, Coal and Other Fuels	247	17854.0
化学原料和化学制品制造业	Manufacture of Raw Chemical Materials and Chemical Products	1180	23443.1
医药制造业	Manufacture of Medicines	485	5582.0
化学纤维制造业	Manufacture of Chemical Fibres	55	1360.6
橡胶和塑料制品业	Manufacture of Rubber and Plastics Products	244	1708.2
非金属矿物制品业	Manufacture of Non-metallic Mineral Products	1950	12506.0
黑色金属冶炼和压延加工业	Smelting and Pressing of Ferrous Metals	283	27983.8
有色金属冶炼和压延加工业	Smelting and Pressing of Non-ferrous Metals	528	15925.7
金属制品业	Manufacture of Metal Products	577	4691.9
通用设备制造业	Manufacture of General Purpose Machinery	754	9150.0
专用设备制造业	Manufacture of Special Purpose Machinery	810	9559.3
汽车制造业	Manufacture of Automobiles	747	34572.5
铁路、船舶、航空航天和其他运输设备制造业	Manufacture of Railway, Ship, Aerospace and Other Transport Equipments	563	16171.5
电气机械和器材制造业	Manufacture of Electrical Machinery and Apparatus	664	8455.0
计算机、通信和其他电子设备制造业	Manufacture of Computers, Communication and Other Electronic Equipment	759	20780.3
仪器仪表制造业	Manufacture of Measuring Instruments and Machinery	242	2243.2
其他制造业	Other Manufacture	55	1663.5
废弃资源综合利用业	Utilization of Waste Resources	112	385.6
金属制品、机械和设备修理业	Repair Service of Metal Products, Machinery and Equipment	127	1565.1
电力、热力生产和供应业	Production and Supply of Electric Power and Heat Power	5201	151690.9
燃气生产和供应业	Production and Supply of Gas	739	7029.0
水的生产和供应业	Production and Supply of Water	1650	17303.2

Main Indicators of State-holding Industrial Enterprises by Industrial Sector (2020)

(100 million yuan)

流动资产合 计 Current Assets	应收账款 Accounts Receivable	存 货 Inventories	#产成品 Finished Goods	负债合计 Total Liabilities
177774.4	**32849.0**	**32479.2**	**8933.5**	**289137.0**
16889.0	1658.9	642.4	238.4	32244.7
2554.3	349.1	129.2	78.5	8244.7
1846.9	225.2	92.8	56.1	4684.0
1042.3	116.4	139.9	50.2	2075.0
942.9	127.8	101.2	58.7	1091.7
1392.8	368.7	89.0	14.5	1673.3
1382.8	114.8	485.5	202.4	1624.9
753.2	157.0	126.1	61.0	795.7
4984.8	126.3	1119.4	251.4	2478.5
7756.5	289.9	3971.4	210.0	2274.3
498.8	54.1	128.6	72.9	532.6
247.1	36.6	39.4	18.2	159.9
68.9	14.0	11.3	7.7	44.3
123.0	12.8	31.4	13.4	170.8
32.6	10.5	3.4	1.9	40.5
702.3	76.8	154.3	41.9	938.7
512.5	92.0	98.6	36.6	268.4
240.8	17.1	134.2	69.5	191.8
6415.1	597.7	1630.7	381.0	9748.7
7497.5	1020.4	1232.3	480.6	14457.5
2872.5	504.8	593.2	235.3	2154.8
528.1	54.8	128.4	65.3	841.3
855.4	189.4	193.9	103.7	964.8
6010.0	1646.2	618.3	242.1	6481.1
9544.6	856.1	2727.0	705.3	17041.8
6573.1	649.8	2508.0	447.5	9771.1
2874.8	702.2	684.1	259.4	2943.7
6343.1	1523.1	1442.1	520.2	5622.4
6425.1	1857.8	1700.4	654.5	6246.1
19765.2	4027.2	2816.3	1517.7	20708.6
10936.9	2480.8	3105.8	348.2	10273.7
5802.4	2015.3	1188.2	460.3	5504.2
10844.4	2810.0	2312.8	789.1	10353.1
1438.4	415.2	254.2	80.7	1146.6
777.6	150.1	145.7	34.5	1177.7
210.7	64.5	33.0	16.2	221.5
826.6	219.1	199.2	19.8	817.9
21942.7	6313.1	1152.9	34.2	88566.8
2065.1	280.0	127.2	28.5	4316.4
5248.3	621.3	185.5	25.5	10233.4

13-4 续表

单位：亿元

行　　业	Sector	营业收入 Business Revenue	营业成本 Business Cost
总　　计	**National Total**	**279606.8**	**229113.5**
煤炭开采和洗选业	Mining and Washing of Coal	12721.1	8620.7
石油和天然气开采业	Extraction of Petroleum and Natural Gas	5485.7	4522.7
黑色金属矿采选业	Mining and Processing of Ferrous Metal Ores	1647.3	1243.3
有色金属矿采选业	Mining and Processing of Non-Ferrous Metal Ores	1227.4	812.3
非金属矿采选业	Mining and Processing of Non-metal Ores	646.0	442.1
开采专业及辅助性活动	Professional and Support Activities for Mining	1870.9	1785.2
农副食品加工业	Processing of Food from Agricultural Products	3516.7	3231.9
食品制造业	Manufacture of Foods	1252.5	986.1
酒、饮料和精制茶制造业	Manufacture of Liquor, Beverages and Refined Tea	4143.6	1877.9
烟草制品业	Manufacture of Tobacco	11332.6	3518.5
纺织业	Manufacture of Textile	684.1	612.0
纺织服装、服饰业	Manufacture of Textile, Wearing Apparel and Accessories	213.5	160.9
皮革、毛皮、羽毛及其制品和制鞋业	Manufacture of Leather, Fur, Feather and Related Products and Footwear	72.4	60.0
木材加工和木、竹、藤、棕、草制品业	Processing of Timber, Manufacture of Wood, Bamboo, Rattan, Palm and Straw Products	151.4	138.1
家具制造业	Manufacture of Furniture	48.5	43.5
造纸和纸制品业	Manufacture of Paper and Paper Products	636.1	528.1
印刷和记录媒介复制业	Printing and Reproduction of Recording Media	572.6	447.7
文教、工美、体育和娱乐用品制造业	Manufacture of Articles for Culture, Education, Arts and Crafts, Sport and Entertainment Activities	632.4	584.5
石油、煤炭及其他燃料加工业	Processing of Petroleum, Coal and Other Fuels	22443.2	17409.2
化学原料和化学制品制造业	Manufacture of Raw Chemical Materials and Chemical Products	13133.3	10971.6
医药制造业	Manufacture of Medicines	2671.6	1449.0
化学纤维制造业	Manufacture of Chemical Fibres	1042.9	910.4
橡胶和塑料制品业	Manufacture of Rubber and Plastics Products	1015.4	835.6
非金属矿物制品业	Manufacture of Non-metallic Mineral Products	7275.2	5417.0
黑色金属冶炼和压延加工业	Smelting and Pressing of Ferrous Metals	23497.7	21411.9
有色金属冶炼和压延加工业	Smelting and Pressing of Non-ferrous Metals	18647.1	17293.4
金属制品业	Manufacture of Metal Products	3631.7	3241.2
通用设备制造业	Manufacture of General Purpose Machinery	5137.6	4255.2
专用设备制造业	Manufacture of Special Purpose Machinery	5039.4	4183.7
汽车制造业	Manufacture of Automobiles	33019.4	27569.3
铁路、船舶、航空航天和其他运输设备制造业	Manufacture of Railway, Ship, Aerospace and Other Transport Equipments	7980.2	6857.0
电气机械和器材制造业	Manufacture of Electrical Machinery and Apparatus	5741.7	5055.9
计算机、通信和其他电子设备制造业	Manufacture of Computers, Communication and Other Electronic Equipment	11025.6	9070.0
仪器仪表制造业	Manufacture of Measuring Instruments and Machinery	1069.5	845.7
其他制造业	Other Manufacture	736.1	626.1
废弃资源综合利用业	Utilization of Waste Resources	542.4	503.3
金属制品、机械和设备修理业	Repair Service of Metal Products, Machinery and Equipment	799.8	697.4
电力、热力生产和供应业	Production and Supply of Electric Power and Heat Power	61040.6	54835.6
燃气生产和供应业	Production and Supply of Gas	4723.6	4131.6
水的生产和供应业	Production and Supply of Water	2528.7	1921.1

continued

(100 million yuan)

销售费用 Selling Expenses	管理费用 Management Expenses	财务费用 Financial Expenses	利润总额 Total Profits	平均用工人数（万人） Annual Average Employees (10 000 persons)
5386.6	**13932.1**	**4821.0**	**15346.1**	**1382.8**
328.2	1196.1	643.4	1441.8	201.6
30.2	640.5	148.7	-253.8	58.6
17.7	166.3	121.2	113.7	11.5
8.7	129.5	41.3	215.6	13.7
28.7	53.0	19.3	102.4	6.1
1.2	83.7	8.8	2.7	24.7
81.1	85.5	34.8	83.1	14.5
125.9	68.9	11.8	64.2	12.4
328.7	217.8	-16.5	1374.6	24.9
143.3	642.9	-59.5	1137.3	15.4
10.1	32.3	13.7	24.4	8.8
4.7	50.0	-0.5	4.0	7.9
1.7	6.5	0.4	4.1	1.4
4.1	8.5	3.6	0.9	1.4
1.5	1.8	0.0	2.8	6.5
21.0	48.2	17.5	40.0	4.9
10.8	68.8	-0.3	51.7	7.4
9.3	10.6	3.9	34.3	1.5
145.1	633.4	121.0	178.2	38.8
296.1	779.2	299.5	507.5	65.6
514.5	280.1	23.6	485.2	22.9
12.8	52.5	22.2	48.5	6.3
35.0	69.4	15.8	68.8	10.4
229.4	411.6	85.1	1171.9	40.2
282.9	803.2	291.0	742.6	66.2
96.1	390.9	235.1	472.7	48.3
51.4	203.2	27.3	87.0	22.5
149.6	443.8	21.4	272.2	38.3
200.1	396.5	79.9	206.5	35.7
1207.9	1858.4	4.0	1980.3	86.7
114.6	702.7	43.2	323.3	65.2
181.2	347.1	38.1	145.6	28.8
338.6	1095.6	95.4	449.4	69.6
41.8	121.5	6.8	99.8	9.5
4.0	71.1	0.1	51.9	6.1
2.7	13.5	5.0	11.7	1.6
3.3	89.4	7.9	8.9	10.9
40.8	1269.4	2220.5	3061.1	229.2
139.9	131.5	61.8	309.2	15.8
141.6	256.3	124.5	219.4	41.2

13-5 国有控股工业企业主要指标
Main Indicators of State-holding Industrial Enterprises

单位：亿元 (100 million yuan)

年份 地区	Year Region	企业单位数(个) Number of Enterprises (unit)	资产总计 Total Assets	流动资产合计 Current Assets	应收账款 Accounts Receivable	存货 Inventories	#产成品 Finished Goods	负债合计 Total Liabilities
	1998	64737	74916.3	29559.0	7769.5	9163.7	3439.6	48144.4
	2000	53489	84014.9	32628.8	8396.6	8849.7	3242.0	51239.6
	2005	27477	117629.6	42155.3	6842.3	11841.6	3278.1	66653.6
	2006	24961	135153.4	46713.1	7129.9	12787.5	3630.9	76012.5
	2007	20680	158187.9	54997.5	8536.2	15262.8	4166.6	89372.3
	2008	21313	188811.4	65494.0	9660.7	18031.6	5094.7	111374.7
	2009	20510	215742.0	74114.0	11705.1	19373.6	5057.3	130098.9
	2010	20253	247759.9	90810.2	13054.2	23692.7	6109.7	149432.1
	2011	17052	281673.9	106550.4	15432.8	27478.6	7460.2	172289.9
	2012	17851	312094.4	115385.6	19061.3	29261.6	8010.9	191350.0
	2013	18574	343985.9	124529.4	22513.9	31551.6	8458.4	214230.6
	2014	18808	371308.8	131827.3	24270.9	32852.1	9278.6	230132.1
	2015	19273	397403.7	138438.2	26553.5	31760.2	9128.1	246147.1
	2016	19022	417704.2	147311.8	28354.4	32462.3	9304.8	257235.4
	2017	19022	439622.9	160206.5	29239.4	34082.7	9704.9	266097.9
	2018	19250	456504.2	166576.0	30722.4	34736.5	9581.6	268477.9
	2019	20683	469679.9	165149.7	31388.5	32761.0	8892.8	271603.0
	2020	22072	500461.0	177774.4	32849.0	32479.2	8933.5	289137.0
北京	Beijing	650	39980.0	10681.5	2170.7	1207.8	398.2	16270.9
天津	Tianjin	459	8547.4	3327.1	606.4	641.1	180.9	4797.1
河北	Hebei	899	19102.1	5811.3	1130.3	1100.3	318.2	12340.1
山西	Shanxi	1169	32873.7	12364.1	1719.1	1046.4	366.5	24699.8
内蒙古	Inner Mongolia	747	19273.9	5012.8	978.3	831.9	188.9	11724.5
辽宁	Liaoning	731	20244.8	8234.8	1043.9	1972.5	464.0	12658.5
吉林	Jilin	338	9822.6	3529.1	567.8	770.8	297.2	4832.5
黑龙江	Heilongjiang	514	10443.7	3948.4	600.5	556.0	150.4	6198.8
上海	Shanghai	632	22057.0	10439.8	1661.9	1860.8	488.6	10299.6
江苏	Jiangsu	1291	23684.1	10288.3	2565.9	2201.4	673.7	13285.8
浙江	Zhejiang	843	14229.2	5236.7	1529.4	946.6	204.9	7659.2
安徽	Anhui	848	16363.7	6177.9	985.8	951.2	264.9	8706.0
福建	Fujian	535	11214.4	3238.1	655.7	775.5	137.2	6468.1
江西	Jiangxi	587	7887.4	3382.1	745.1	699.6	206.0	4596.8
山东	Shandong	1614	31610.6	12331.0	2184.8	2105.4	822.5	20157.1
河南	Henan	838	18149.6	7156.5	1295.8	1606.5	407.1	12185.7
湖北	Hubei	798	19598.3	8282.2	1519.8	1443.3	348.8	10480.3
湖南	Hunan	759	10628.7	4386.9	1078.0	1115.0	208.8	6142.7
广东	Guangdong	1229	29717.5	9876.4	2010.5	2052.9	620.2	15626.6
广西	Guangxi	657	10162.3	3674.3	636.7	792.8	239.9	6592.5
海南	Hainan	68	1615.0	493.5	43.3	67.1	12.5	890.1
重庆	Chongqing	561	9259.8	3871.5	808.1	611.7	225.7	5290.8
四川	Sichuan	1239	25529.0	8592.4	1462.1	1652.1	433.6	14477.1
贵州	Guizhou	595	11080.5	4622.3	575.7	850.2	122.3	6637.7
云南	Yunnan	666	17055.5	4555.1	680.2	1432.5	212.2	10030.4
西藏	Tibet	56	1348.1	249.6	37.7	16.0	4.5	650.7
陕西	Shaanxi	943	26071.8	9568.5	1725.1	1754.0	565.9	15012.5
甘肃	Gansu	539	8654.5	2721.3	573.5	658.0	138.9	5242.0
青海	Qinghai	174	4953.8	1239.4	301.9	150.0	37.8	3395.7
宁夏	Ningxia	201	4769.4	891.0	248.9	143.2	32.6	3330.4
新疆	Xinjiang	892	14532.7	3590.8	706.0	466.8	161.1	8457.2

13-5 续表 continued

单位：亿元 (100 million yuan)

年份 Year 地区 Region	营业收入 Business Revenue	营业成本 Business Cost	销售费用 Selling Expenses	管理费用 Management Expenses	财务费用 Financial Expenses	利润总额 Total Profits	平均用工人数（万人） Annual Average Employees (10 000 persons)
1998	33566.1	27092.5	979.3	2961.1	1596.6	525.1	3747.8
2000	42203.1	33473.6	1178.1	3304.5	1228.8	2408.3	2995.2
2005	85574.2	69302.4	1869.7	4912.0	1166.7	6519.8	1874.9
2006	101404.6	81957.8	2081.3	5293.5	1416.8	8485.5	
2007	122617.1	98515.1	2487.6	6350.0	1724.2	10795.2	1743.0
2008	147507.9	122504.2	2753.1	7378.6	2477.6	9063.6	1794.1
2009	151700.6	124590.5	3042.1	8002.8	2409.0	9287.0	1803.4
2010	194339.7	158727.4	3739.5	9714.5	2681.3	14737.7	1836.3
2011	228900.1	187783.8	4255.9	10623.1	3430.9	16457.6	1812.0
2012	245076.0	202600.4	4794.4	11198.7	4396.4	15176.0	1892.8
2013	257816.9	213204.7	5201.2	11567.9	4513.2	15917.7	1889.5
2014	262692.3	217409.7	5552.9	11413.2	5331.7	14508.0	1842.7
2015	241668.9	199927.3	5245.5	11191.5	5420.7	11416.7	1777.8
2016	238990.2	196284.8	5507.3	11340.5	4877.6	12324.3	1695.9
2017	265393.0	216186.1	5802.9	11981.9	5012.5	17215.5	1595.8
2018	290753.9	236355.9	6077.3	12594.4	4977.8	19284.7	1524.1
2019	287707.7	235523.0	5814.3	13600.6	4922.5	16067.8	1418.5
2020	279606.8	229113.5	5386.6	13932.1	4821.0	15346.1	1382.8
北 京 Beijing	13622.3	11803.8	329.6	601.9	187.9	877.7	36.2
天 津 Tianjin	4958.2	4380.8	61.8	260.6	53.2	40.9	21.6
河 北 Hebei	10546.0	8948.2	150.1	519.3	265.7	307.0	63.4
山 西 Shanxi	10281.0	7985.1	301.7	732.5	556.7	510.1	103.4
内蒙古 Inner Mongolia	8267.3	6580.3	94.4	330.4	291.8	543.6	43.0
辽 宁 Liaoning	13109.5	11203.7	277.4	635.5	183.9	197.4	78.1
吉 林 Jilin	8264.8	6794.3	309.3	428.3	43.1	269.3	33.1
黑龙江 Heilongjiang	4715.3	4041.1	70.2	332.6	95.6	-61.6	48.2
上 海 Shanghai	13353.1	10611.4	276.5	1000.7	13.1	967.6	34.2
江 苏 Jiangsu	17850.8	14782.0	374.8	770.0	152.7	1028.5	56.9
浙 江 Zhejiang	10400.6	8516.5	153.5	382.8	117.3	750.7	26.1
安 徽 Anhui	10423.0	8598.6	175.6	516.8	130.3	735.4	52.4
福 建 Fujian	7422.9	6382.1	71.7	247.9	124.5	360.9	23.8
江 西 Jiangxi	6786.6	5796.4	103.3	259.9	71.4	311.9	31.0
山 东 Shandong	21230.2	18105.1	361.1	947.4	296.4	943.7	105.1
河 南 Henan	11103.6	9383.1	141.5	578.9	280.1	336.1	93.2
湖 北 Hubei	10682.4	8404.6	250.6	628.2	94.4	730.7	54.0
湖 南 Hunan	7569.8	5699.6	163.5	492.0	104.3	385.4	41.2
广 东 Guangdong	21279.8	17955.0	390.9	921.6	238.7	1250.2	69.2
广 西 Guangxi	7224.1	6073.2	138.9	268.5	98.0	338.3	32.7
海 南 Hainan	876.4	686.2	7.4	26.0	17.5	34.2	2.5
重 庆 Chongqing	5868.1	4814.6	214.3	377.3	84.3	257.7	29.9
四 川 Sichuan	12728.9	9991.6	311.3	658.8	238.9	1143.2	70.9
贵 州 Guizhou	4810.6	2997.1	108.0	272.0	144.4	893.7	32.7
云 南 Yunnan	8159.8	6000.8	116.3	329.0	230.2	587.0	31.5
西 藏 Tibet	151.3	136.0	6.9	14.4	4.7	-9.4	1.2
陕 西 Shaanxi	12440.5	9859.0	193.6	675.8	220.2	1005.3	80.6
甘 肃 Gansu	5739.0	4819.1	75.5	182.1	119.3	221.2	30.8
青 海 Qinghai	1541.3	1235.6	19.2	81.9	70.6	76.8	8.9
宁 夏 Ningxia	2051.3	1684.2	15.7	94.8	100.9	28.4	12.2
新 疆 Xinjiang	6148.5	4844.5	122.1	364.6	191.1	284.1	35.2

13-6 按行业分私营工业企业主要指标（2020年）

单位：亿元

行　　业	Sector	企业单位数（个）Number of Enterprises (unit)	资产总计 Total Assets
总　　计	**National Total**	**286430**	**345022.8**
煤炭开采和洗选业	Mining and Washing of Coal	2561	6097.6
石油和天然气开采业	Extraction of Petroleum and Natural Gas	15	44.5
黑色金属矿采选业	Mining and Processing of Ferrous Metal Ores	929	2085.8
有色金属矿采选业	Mining and Processing of Non-Ferrous Metal Ores	664	1119.4
非金属矿采选业	Mining and Processing of Non-metal Ores	2588	1987.0
开采专业及辅助性活动	Professional and Support Activities for Mining	185	255.3
其他采矿业	Mining of Other Ores	3	1.1
农副食品加工业	Processing of Food from Agricultural Products	16592	15614.3
食品制造业	Manufacture of Foods	5687	6309.9
酒、饮料和精制茶制造业	Manufacture of Liquor, Beverages and Refined Tea	3866	4425.0
烟草制品业	Manufacture of Tobacco	13	53.4
纺织业	Manufacture of Textile	15553	12132.9
纺织服装、服饰业	Manufacture of Textile, Wearing Apparel and Accessories	9597	5499.8
皮革、毛皮、羽毛及其制品和制鞋业	Manufacture of Leather, Fur, Feather and Related Products and Footwear	6449	3605.9
木材加工和木、竹、藤、棕、草制品业	Processing of Timber, Manufacture of Wood, Bamboo, Rattan, Palm and Straw Products	9037	3681.9
家具制造业	Manufacture of Furniture	5383	3847.6
造纸和纸制品业	Manufacture of Paper and Paper Products	5139	4475.5
印刷和记录媒介复制业	Printing and Reproduction of Recording Media	4453	3005.4
文教、工美、体育和娱乐用品制造业	Manufacture of Articles for Culture, Education, Arts and Crafts, Sport and Entertainment Activities	6758	5092.9
石油、煤炭及其他燃料加工业	Processing of Petroleum, Coal and Other Fuels	1386	9348.5
化学原料和化学制品制造业	Manufacture of Raw Chemical Materials and Chemical Products	14789	22105.4
医药制造业	Manufacture of Medicines	4900	10453.6
化学纤维制造业	Manufacture of Chemical Fibres	1550	3190.4
橡胶和塑料制品业	Manufacture of Rubber and Plastics Products	15820	11871.9
非金属矿物制品业	Manufacture of Non-metallic Mineral Products	31367	31354.1
黑色金属冶炼和压延加工业	Smelting and Pressing of Ferrous Metals	4115	20303.0
有色金属冶炼和压延加工业	Smelting and Pressing of Non-ferrous Metals	5713	11513.2
金属制品业	Manufacture of Metal Products	21230	17051.2
通用设备制造业	Manufacture of General Purpose Machinery	19564	18666.3
专用设备制造业	Manufacture of Special Purpose Machinery	15084	18665.9
汽车制造业	Manufacture of Automobiles	10014	14610.9
铁路、船舶、航空航天和其他运输设备制造业	Manufacture of Railway, Ship, Aerospace and Other Transport Equipments	3385	4374.7
电气机械和器材制造业	Manufacture of Electrical Machinery and Apparatus	19635	29425.1
计算机、通信和其他电子设备制造业	Manufacture of Computers, Communication and Other Electronic Equipment	12403	23482.7
仪器仪表制造业	Manufacture of Measuring Instruments and Machinery	3473	4035.7
其他制造业	Other Manufacture	1258	720.5
废弃资源综合利用业	Utilization of Waste Resources	1594	1792.7
金属制品、机械和设备修理业	Repair Service of Metal Products, Machinery and Equipment	248	297.1
电力、热力生产和供应业	Production and Supply of Electric Power and Heat Power	2242	10011.6
燃气生产和供应业	Production and Supply of Gas	765	1587.5
水的生产和供应业	Production and Supply of Water	423	825.6

Main Indicators of Private Enterprises by Industrial Sector (2020)

(100 million yuan)

流动资产合计 Current Assets	应收账款 Accounts Receivable	存货 Inventories	#产成品 Finished Goods	负债合计 Total Liabilities
205754.1	**60158.7**	**45126.9**	**19293.7**	**198275.5**
3168.4	559.3	349.0	205.6	4072.9
19.6	9.8	1.1	0.4	27.1
1107.9	138.2	147.2	85.9	1394.6
554.0	76.0	89.3	50.1	680.0
920.5	236.7	137.4	82.1	1063.6
150.6	75.1	8.9	1.6	149.5
0.4	0.0			0.4
9313.5	1623.4	2889.2	1201.0	8738.3
3240.0	618.0	921.1	357.3	3010.7
2166.6	331.8	780.3	361.6	2002.4
34.9	4.7	6.9	4.3	36.7
6797.1	1722.9	1931.5	975.0	7270.9
3226.2	813.9	895.8	462.7	2956.4
1906.6	568.3	544.2	243.5	1793.8
2185.7	661.5	569.4	282.9	2057.2
2271.3	569.2	523.1	213.2	2167.4
2493.5	706.5	616.8	247.6	2771.9
1684.8	586.7	349.5	136.9	1626.2
3065.1	691.9	966.7	432.5	2644.9
5667.6	878.1	1495.9	487.0	7233.3
11426.4	2952.2	2265.5	1077.4	11771.5
6040.9	1460.2	1528.5	792.9	4841.8
1767.1	284.6	383.3	224.2	1922.7
7127.1	2509.2	1482.1	708.8	6514.5
18902.6	8017.4	3167.0	1433.2	18099.5
10970.1	1176.0	2627.0	1112.7	12463.0
6987.2	1567.1	1853.6	686.2	7401.9
10858.8	3761.2	2411.2	1009.4	9877.4
12187.8	4245.7	2798.2	1089.5	10017.6
12338.5	3847.8	2866.1	1105.4	10235.4
8968.0	3139.4	1673.1	801.8	8839.1
2772.6	881.8	578.6	202.9	2596.7
19941.5	7118.6	3535.1	1589.3	16573.6
16582.6	5853.9	3462.6	1148.1	13839.3
2770.1	932.6	615.8	205.7	1904.3
455.4	130.0	109.4	43.6	377.1
1073.8	250.0	341.7	191.5	1102.2
171.0	60.9	26.7	6.1	138.6
3473.1	931.3	122.1	14.0	6553.1
693.8	96.2	41.3	15.5	1046.7
271.6	70.8	15.0	4.5	461.8

13-6 续表

单位：亿元

行　业	Sector	营业收入 Business Revenue	营业成本 Business Cost
总　计	**National Total**	**413564.0**	**351705.6**
煤炭开采和洗选业	Mining and Washing of Coal	4965.3	4008.6
石油和天然气开采业	Extraction of Petroleum and Natural Gas	10.5	9.0
黑色金属矿采选业	Mining and Processing of Ferrous Metal Ores	1709.4	1370.7
有色金属矿采选业	Mining and Processing of Non-Ferrous Metal Ores	882.2	704.4
非金属矿采选业	Mining and Processing of Non-metal Ores	2352.4	1801.6
开采专业及辅助性活动	Professional and Support Activities for Mining	143.5	120.7
其他采矿业	Mining of Other Ores	1.1	0.7
农副食品加工业	Processing of Food from Agricultural Products	27322.5	24385.8
食品制造业	Manufacture of Foods	8572.4	7020.7
酒、饮料和精制茶制造业	Manufacture of Liquor, Beverages and Refined Tea	5221.6	4030.6
烟草制品业	Manufacture of Tobacco	31.3	23.2
纺织业	Manufacture of Textile	16322.5	14243.4
纺织服装、服饰业	Manufacture of Textile, Wearing Apparel and Accessories	8490.6	7235.8
皮革、毛皮、羽毛及其制品和制鞋业	Manufacture of Leather, Fur, Feather and Related Products and Footwear	6515.2	5627.4
木材加工和木、竹、藤、棕、草制品业	Processing of Timber, Manufacture of Wood, Bamboo, Rattan, Palm and Straw Products	7494.7	6679.5
家具制造业	Manufacture of Furniture	4928.1	4072.8
造纸和纸制品业	Manufacture of Paper and Paper Products	6367.3	5554.3
印刷和记录媒介复制业	Printing and Reproduction of Recording Media	4232.7	3572.1
文教、工美、体育和娱乐用品制造业	Manufacture of Articles for Culture, Education, Arts and Crafts, Sport and Entertainment Activities	7365.8	6250.7
石油、煤炭及其他燃料加工业	Processing of Petroleum, Coal and Other Fuels	10582.3	9554.0
化学原料和化学制品制造业	Manufacture of Raw Chemical Materials and Chemical Products	23513.2	19641.5
医药制造业	Manufacture of Medicines	8388.8	5542.0
化学纤维制造业	Manufacture of Chemical Fibres	3762.3	3413.8
橡胶和塑料制品业	Manufacture of Rubber and Plastics Products	15463.5	13025.9
非金属矿物制品业	Manufacture of Non-metallic Mineral Products	37310.8	31348.7
黑色金属冶炼和压延加工业	Smelting and Pressing of Ferrous Metals	29855.0	27547.3
有色金属冶炼和压延加工业	Smelting and Pressing of Non-ferrous Metals	20349.9	18632.5
金属制品业	Manufacture of Metal Products	24893.0	21706.1
通用设备制造业	Manufacture of General Purpose Machinery	19067.6	15570.0
专用设备制造业	Manufacture of Special Purpose Machinery	16564.9	12827.5
汽车制造业	Manufacture of Automobiles	14348.1	12113.1
铁路、船舶、航空航天和其他运输设备制造业	Manufacture of Railway, Ship, Aerospace and Other Transport Equipments	4288.9	3602.0
电气机械和器材制造业	Manufacture of Electrical Machinery and Apparatus	31555.1	26461.8
计算机、通信和其他电子设备制造业	Manufacture of Computers, Communication and Other Electronic Equipment	28219.9	23791.8
仪器仪表制造业	Manufacture of Measuring Instruments and Machinery	3307.8	2456.1
其他制造业	Other Manufacture	1049.7	881.8
废弃资源综合利用业	Utilization of Waste Resources	3969.7	3679.8
金属制品、机械和设备修理业	Repair Service of Metal Products, Machinery and Equipment	253.6	201.4
电力、热力生产和供应业	Production and Supply of Electric Power and Heat Power	2487.6	1861.7
燃气生产和供应业	Production and Supply of Gas	1096.8	913.2
水的生产和供应业	Production and Supply of Water	306.6	221.9

continued

(100 million yuan)

销售费用 Selling Expenses	管理费用 Management Expenses	财务费用 Financial Expenses	利润总额 Total Profits	平均用工人数(万人) Annual Average Employees (10 000 persons)
11356.7	**21954.8**	**3718.9**	**23800.5**	**3574.4**
172.4	222.8	63.2	328.6	37.9
0.0	1.3	0.6	-0.6	0.2
29.6	76.2	28.4	177.5	11.1
16.7	60.7	15.5	67.7	8.6
134.9	143.2	24.0	192.5	18.3
1.6	13.7	2.2	5.0	2.9
0.1	0.2	0.0	0.0	0.0
575.5	874.6	210.3	1283.8	174.8
424.0	455.3	68.7	635.2	90.6
263.8	294.4	49.7	467.7	44.6
0.8	3.3	0.1	5.1	1.0
288.2	748.5	187.4	829.9	194.2
266.8	439.4	67.5	449.0	158.3
136.5	304.7	52.4	365.6	110.2
139.7	254.3	47.5	337.3	76.3
193.1	306.7	44.5	291.9	72.1
162.5	300.2	61.3	288.9	58.2
107.6	251.0	36.9	255.3	55.7
201.6	383.6	68.7	431.2	92.7
135.9	212.6	129.0	423.9	23.9
704.7	1375.8	240.3	1545.2	160.0
946.2	786.5	124.3	967.2	82.5
31.6	153.0	41.2	137.5	20.2
406.8	913.8	144.6	934.1	162.9
1302.5	1773.0	329.2	2367.3	308.0
233.3	727.4	160.0	998.3	91.8
174.4	529.8	138.2	821.6	71.1
515.3	1234.0	202.9	1147.7	225.2
614.9	1471.5	175.6	1225.4	215.8
669.0	1420.7	153.6	1498.6	177.0
328.9	921.7	147.9	817.3	144.7
100.8	294.9	38.3	257.8	63.0
1020.2	2038.4	240.4	1822.4	280.7
759.4	2222.7	136.1	1378.3	241.3
168.1	372.7	28.5	307.6	42.6
29.9	66.7	9.0	60.9	16.3
39.8	90.5	20.4	164.8	11.1
8.3	20.7	2.3	18.9	4.3
16.0	120.3	196.2	368.2	16.4
30.0	49.3	19.7	85.4	5.0
5.3	24.8	12.6	40.7	3.2

13-7 私营工业企业主要指标
Main Indicators of Private Industrial Enterprises

单位：亿元 (100 million yuan)

年份 Year / 地区 Region		企业单位数(个) Number of Enterprises (unit)	资产总计 Total Assets	流动资产合计 Current Assets	应收账款 Accounts Receivable	存货 Inventories	#产成品 Finished Goods	负债合计 Total Liabilities
	1998	10667	1487.0	776.5	222.3	301.9	148.2	909.4
	2000	22128	3873.8	1910.8	556.9	683.8	333.3	2208.8
	2005	123820	30325.1	16426.0	4333.8	4709.3	2198.3	18038.9
	2006	149736	40514.8	22035.6	5737.7	6198.8	2877.7	23946.8
	2007	177080	53305.0	29412.6	7500.2	8122.1	3762.3	31120.2
	2008	245850	75879.6	40572.4	10375.8	11220.3	5115.4	42825.3
	2009	256031	91175.6	47550.4	11944.2	12276.0	5876.1	50495.5
	2010	273259	116867.8	61798.7	15137.7	15004.2	6601.2	64068.4
	2011	180612	127749.9	69059.5	16244.4	16614.1	7388.3	69744.8
	2012	189289	152548.1	81049.1	19819.7	19166.3	8659.6	82699.3
	2013	208409	187704.4	99272.0	24676.2	23118.9	10101.7	101334.0
	2014	213789	213114.4	108457.8	27805.4	25066.2	11435.3	111130.1
	2015	216506	229006.5	114893.2	30628.4	26063.5	12075.1	118651.5
	2016	214309	239542.7	120053.6	32257.5	27468.5	12364.8	121386.1
	2017	215138	242636.7	127828.0	35237.1	29635.9	12840.8	127610.5
	2018	235424	263450.6	149298.6	41768.4	34157.6	14574.8	148739.5
	2019	243640	282829.6	164720.6	48769.7	37116.5	15814.1	162348.9
	2020	286430	345022.8	205754.1	60158.7	45126.9	19293.7	198275.5
北京	Beijing	1030	2268.1	1635.9	526.5	350.2	133.4	1132.0
天津	Tianjin	2780	3758.7	2295.9	641.8	460.1	195.5	2209.4
河北	Hebei	11184	16738.0	9785.3	2377.3	2044.2	836.1	9535.6
山西	Shanxi	3538	8750.2	4999.7	1016.3	811.8	380.5	6271.5
内蒙古	Inner Mongolia	1287	4242.8	1986.2	429.1	368.1	164.3	2624.9
辽宁	Liaoning	4647	9633.2	5856.5	1634.8	1446.8	504.6	6531.6
吉林	Jilin	1835	2747.4	1524.0	373.5	394.9	151.2	1716.0
黑龙江	Heilongjiang	2301	2894.7	1621.4	385.2	455.3	165.7	1815.3
上海	Shanghai	4508	7231.9	5121.4	1753.7	1017.8	434.1	3590.5
江苏	Jiangsu	37139	48313.9	31261.4	11009.8	6517.7	2791.5	27646.9
浙江	Zhejiang	40038	40123.6	25242.3	8163.4	5245.4	2182.1	24257.6
安徽	Anhui	12914	11024.6	6757.6	2470.2	1585.3	736.5	6213.2
福建	Fujian	14704	17330.8	9923.9	2387.9	2412.9	1135.8	8325.6
江西	Jiangxi	11092	10523.2	5292.2	1500.7	1249.8	578.0	5178.0
山东	Shandong	20995	27663.6	17766.4	4464.9	4170.6	1743.4	18969.5
河南	Henan	15706	17179.2	8016.3	1917.7	1635.2	673.3	7221.8
湖北	Hubei	11238	10711.9	5517.6	1606.1	1405.9	667.5	5144.9
湖南	Hunan	15659	14358.5	6820.7	1915.7	1631.5	743.8	6588.7
广东	Guangdong	37305	38956.9	27491.3	8050.3	6176.3	2508.1	23999.6
广西	Guangxi	5204	5285.3	3404.8	910.6	775.1	376.1	3617.9
海南	Hainan	117	206.7	151.7	43.6	41.6	10.4	140.8
重庆	Chongqing	5443	8080.0	4174.2	1412.9	800.5	344.7	4322.4
四川	Sichuan	10981	12594.7	6634.7	1915.5	1557.7	673.4	6482.3
贵州	Guizhou	3158	3224.0	1684.7	449.7	359.7	160.0	2021.6
云南	Yunnan	2921	4370.8	2398.2	519.3	564.3	251.7	2753.0
西藏	Tibet	55	98.5	47.5	13.6	8.4	3.6	68.3
陕西	Shaanxi	4633	5838.6	3236.2	996.0	626.7	289.2	3144.7
甘肃	Gansu	845	1253.6	710.8	210.3	158.4	76.1	781.8
青海	Qinghai	230	635.6	356.2	80.9	62.0	29.1	448.6
宁夏	Ningxia	891	4473.3	1944.9	409.0	300.8	132.7	2550.1
新疆	Xinjiang	2052	4510.5	2094.5	572.4	491.9	221.6	2971.4

13-7 续表 continued

单位：亿元 (100 million yuan)

年 份 地 区	Year Region	营业收入 Business Revenue	营业成本 Business Cost	销售费用 Selling Expenses	管理费用 Management Expenses	财务费用 Financial Expenses	利润总额 Total Profits	平均用工人数(万人) Annual Average Employees (10 000 persons)
	1998	1846.3	1563.2	74.0	75.2	43.4	67.3	160.8
	2000	4791.5	4122.0	178.4	180.3	72.0	189.7	346.4
	2005	45801.4	39914.5	1185.5	1469.7	465.9	2120.7	1692.1
	2006	64817.7	56316.2	1610.1	1972.0	632.5	3191.1	1971.0
	2007	90277.8	77335.8	2136.1	2734.1	903.3	5053.7	2252.9
	2008	131525.4	112220.3	3076.1	4135.6	1389.4	8302.1	2871.9
	2009	156603.6	134374.6	3539.4	4941.5	1442.0	9677.7	2973.8
	2010	207838.2	177049.5	4573.6	7179.9	1921.4	15102.5	3312.1
	2011	247277.9	210191.5	5083.5	7751.2	2415.9	18155.5	2956.4
	2012	285621.5	243192.1	5976.6	9025.3	2921.5	20191.9	3121.3
	2013	342002.6	293764.8	7161.7	10719.7	3471.6	23327.1	3359.4
	2014	372175.7	322482.8	7956.3	11266.7	3717.7	23550.4	3505.3
	2015	386394.6	334569.2	8618.5	12278.5	3603.0	24249.7	3464.0
	2016	410188.1	355823.8	9202.5	13142.6	3506.2	25494.9	3397.8
	2017	381034.4	329585.7	9217.5	13430.1	3550.8	23043.0	3230.0
	2018	343843.2	293245.3	9260.3	14366.8	3263.4	21762.8	3318.6
	2019	361133.2	307940.3	9929.3	17991.7	3198.0	20650.8	3245.4
	2020	413564.0	351705.6	11356.7	21954.8	3718.9	23800.5	3574.4
北 京	Beijing	1463.4	1055.8	120.6	151.1	11.5	145.9	11.7
天 津	Tianjin	4420.9	3995.1	79.6	185.6	22.6	130.6	37.3
河 北	Hebei	20694.7	18224.0	344.8	672.0	188.8	1069.0	138.4
山 西	Shanxi	7522.3	6541.7	226.0	289.5	115.0	294.9	49.6
内蒙古	Inner Mongolia	3120.3	2672.0	88.7	114.0	43.5	170.7	16.7
辽 宁	Liaoning	8308.6	7236.1	169.7	349.1	133.0	405.8	55.3
吉 林	Jilin	1962.8	1653.0	71.2	105.3	36.3	101.8	20.0
黑龙江	Heilongjiang	2320.9	2042.6	70.2	96.1	25.8	89.0	17.9
上 海	Shanghai	5934.1	4677.0	272.1	547.9	42.9	471.3	49.7
江 苏	Jiangsu	50815.7	43457.3	1237.9	3139.0	475.0	2581.7	418.3
浙 江	Zhejiang	38801.8	32521.2	1163.8	2693.4	466.0	2186.3	456.6
安 徽	Anhui	14413.9	12388.6	381.5	759.6	118.4	770.8	136.2
福 建	Fujian	30864.6	26408.7	714.0	1300.4	180.5	2149.3	249.5
江 西	Jiangxi	19301.7	16555.2	422.3	757.9	109.6	1448.3	132.8
山 东	Shandong	31334.6	27859.9	637.3	1273.5	309.4	1222.7	230.4
河 南	Henan	21018.5	17981.0	494.6	735.5	184.4	1532.3	240.1
湖 北	Hubei	18006.6	15261.6	516.9	886.5	163.3	1091.5	131.7
湖 南	Hunan	24736.7	19838.6	831.7	1779.5	210.3	1681.9	215.5
广 东	Guangdong	51482.5	43276.7	1771.8	3553.5	317.1	2597.0	510.6
广 西	Guangxi	6093.5	5339.0	143.9	246.3	58.6	294.7	61.5
海 南	Hainan	162.5	136.4	6.9	8.9	2.1	8.0	2.0
重 庆	Chongqing	9935.1	8125.3	274.2	549.4	70.4	879.8	93.8
四 川	Sichuan	20526.9	17198.5	708.9	865.1	163.7	1323.8	140.4
贵 州	Guizhou	3004.9	2479.9	117.9	163.5	31.1	171.2	29.8
云 南	Yunnan	4318.2	3747.6	117.2	191.2	50.8	203.5	33.9
西 藏	Tibet	29.6	21.2	1.7	3.5	2.3	0.8	0.3
陕 西	Shaanxi	6775.0	5676.4	209.7	301.7	52.3	451.4	49.5
甘 肃	Gansu	875.1	766.6	27.9	37.0	17.6	24.3	7.8
青 海	Qinghai	375.5	334.5	13.0	15.8	9.5	5.0	2.3
宁 夏	Ningxia	2167.0	1898.3	48.9	84.8	57.5	81.2	13.3
新 疆	Xinjiang	2776.4	2335.9	72.0	98.2	49.7	216.1	21.6

13-8 按行业分外商投资和港澳台商投资工业企业主要指标（2020年）

单位：亿元

行　　业	Sector	企业单位数（个）Number of Enterprises (unit)	资产总计 Total Assets
总　　计	**National Total**	**43026**	**248426.9**
煤炭开采和洗选业	Mining and Washing of Coal	35	3038.6
石油和天然气开采业	Extraction of Petroleum and Natural Gas	14	2523.3
黑色金属矿采选业	Mining and Processing of Ferrous Metal Ores	17	218.6
有色金属矿采选业	Mining and Processing of Non-Ferrous Metal Ores	37	359.7
非金属矿采选业	Mining and Processing of Non-metal Ores	43	103.0
开采专业及辅助性活动	Professional and Support Activities for Mining	7	75.3
农副食品加工业	Processing of Food from Agricultural Products	1303	5715.2
食品制造业	Manufacture of Foods	1069	5752.1
酒、饮料和精制茶制造业	Manufacture of Liquor, Beverages and Refined Tea	624	3153.9
纺织业	Manufacture of Textile	1661	3943.5
纺织服装、服饰业	Manufacture of Textile, Wearing Apparel and Accessories	1955	3219.5
皮革、毛皮、羽毛及其制品和制鞋业	Manufacture of Leather, Fur, Feather and Related Products and Footwear	1034	2115.6
木材加工和木、竹、藤、棕、草制品业	Processing of Timber, Manufacture of Wood, Bamboo, Rattan, Palm and Straw Products	254	448.9
家具制造业	Manufacture of Furniture	629	1392.9
造纸和纸制品业	Manufacture of Paper and Paper Products	746	5606.8
印刷和记录媒介复制业	Printing and Reproduction of Recording Media	535	1376.8
文教、工美、体育和娱乐用品制造业	Manufacture of Articles for Culture, Education, Arts and Crafts, Sport and Entertainment Activities	1478	2475.4
石油、煤炭及其他燃料加工业	Processing of Petroleum, Coal and Other Fuels	138	3256.4
化学原料和化学制品制造业	Manufacture of Raw Chemical Materials and Chemical Products	2699	16379.3
医药制造业	Manufacture of Medicines	752	7874.7
化学纤维制造业	Manufacture of Chemical Fibres	194	1641.6
橡胶和塑料制品业	Manufacture of Rubber and Plastics Products	2782	5873.8
非金属矿物制品业	Manufacture of Non-metallic Mineral Products	1552	6618.6
黑色金属冶炼和压延加工业	Smelting and Pressing of Ferrous Metals	331	5374.3
有色金属冶炼和压延加工业	Smelting and Pressing of Non-ferrous Metals	481	5621.7
金属制品业	Manufacture of Metal Products	2485	6023.8
通用设备制造业	Manufacture of General Purpose Machinery	3380	13019.6
专用设备制造业	Manufacture of Special Purpose Machinery	2493	8544.6
汽车制造业	Manufacture of Automobiles	3174	34759.4
铁路、船舶、航空航天和其他运输设备制造业	Manufacture of Railway, Ship, Aerospace and Other Transport Equipments	533	3566.7
电气机械和器材制造业	Manufacture of Electrical Machinery and Apparatus	3215	15121.1
计算机、通信和其他电子设备制造业	Manufacture of Computers, Communication and Other Electronic Equipment	4486	53007.8
仪器仪表制造业	Manufacture of Measuring Instruments and Machinery	798	2335.1
其他制造业	Other Manufacture	297	494.9
废弃资源综合利用业	Utilization of Waste Resources	99	273.2
金属制品、机械和设备修理业	Repair Service of Metal Products, Machinery and Equipment	84	555.0
电力、热力生产和供应业	Production and Supply of Electric Power and Heat Power	780	9892.8
燃气生产和供应业	Production and Supply of Gas	564	4445.2
水的生产和供应业	Production and Supply of Water	267	2217.7

Main Indicators of Industrial Enterprises with Hong Kong, Macao, Taiwan and Foreign Funds by Industrial Sector (2020)

(100 million yuan)

流动资产合计 Current Assets	应收账款 Accounts Receivable	存货 Inventories	#产成品 Finished Goods	负债合计 Total Liabilities
149146.4	**45399.7**	**27714.3**	**10616.4**	**133713.8**
1096.1	77.4	23.6	14.2	1849.2
296.1	24.0	41.0	7.5	1833.1
116.0	37.1	13.9	5.8	116.5
81.8	4.1	14.8	3.3	203.6
48.3	10.8	8.3	3.1	47.6
29.8	17.3	2.5	0.1	52.5
3596.1	561.4	1078.5	430.0	3112.2
3568.8	774.5	503.9	239.5	2734.2
1695.3	425.8	314.2	105.9	1504.8
2437.6	619.5	602.7	264.1	1791.2
2083.3	615.6	472.1	228.5	1586.2
1332.0	394.8	295.4	131.1	986.9
313.6	85.2	84.8	45.2	227.4
981.7	291.2	206.5	82.1	814.1
2920.9	805.1	419.6	152.3	2800.5
809.8	233.1	127.6	55.1	535.3
1744.4	449.4	735.9	430.2	1275.3
1453.5	211.9	338.7	76.7	1782.8
8471.5	2110.6	1532.1	648.4	7329.0
4943.0	1006.9	1240.0	622.1	3058.8
701.5	109.4	166.7	85.1	934.7
3519.5	1174.6	741.2	310.0	2520.0
3708.4	900.4	558.9	250.0	2851.5
2866.9	263.8	610.9	191.6	3137.3
3095.8	547.0	740.0	158.6	3337.4
4047.5	1272.4	868.3	354.2	3153.5
9505.2	3054.7	2254.6	825.2	6805.1
6223.6	1851.4	1508.9	546.3	3972.6
21663.5	5735.4	3237.5	1353.4	21202.6
2342.5	598.0	657.1	152.8	1889.6
10575.5	3796.5	1840.3	732.8	8187.1
35931.6	15429.9	5623.4	1904.7	31332.4
1702.2	510.3	371.9	117.7	993.1
270.5	71.2	73.1	29.1	226.4
149.2	34.1	17.2	6.3	133.3
319.0	117.8	79.5	8.7	286.5
2389.5	744.1	178.2	9.2	5493.8
1576.4	321.1	102.5	33.3	2334.5
535.2	111.4	26.9	1.8	1275.6

13-8 续表

单位：亿元

行　　业	Sector	营业收入 Business Revenue	营业成本 Business Cost
总　　计	**National Total**	**243188.6**	**202461.0**
煤炭开采和洗选业	Mining and Washing of Coal	744.9	500.5
石油和天然气开采业	Extraction of Petroleum and Natural Gas	1140.7	534.2
黑色金属矿采选业	Mining and Processing of Ferrous Metal Ores	177.3	154.5
有色金属矿采选业	Mining and Processing of Non-Ferrous Metal Ores	130.7	78.1
非金属矿采选业	Mining and Processing of Non-metal Ores	74.2	51.6
开采专业及辅助性活动	Professional and Support Activities for Mining	25.6	20.3
农副食品加工业	Processing of Food from Agricultural Products	8603.4	7761.6
食品制造业	Manufacture of Foods	6250.3	4348.2
酒、饮料和精制茶制造业	Manufacture of Liquor, Beverages and Refined Tea	3011.0	2118.5
纺织业	Manufacture of Textile	3639.7	3084.2
纺织服装、服饰业	Manufacture of Textile, Wearing Apparel and Accessories	3421.4	2884.2
皮革、毛皮、羽毛及其制品和制鞋业	Manufacture of Leather, Fur, Feather and Related Products and Footwear	2979.9	2465.4
木材加工和木、竹、藤、棕、草制品业	Processing of Timber, Manufacture of Wood, Bamboo, Rattan, Palm and Straw Products	363.1	304.6
家具制造业	Manufacture of Furniture	1313.8	1083.1
造纸和纸制品业	Manufacture of Paper and Paper Products	3991.9	3186.8
印刷和记录媒介复制业	Printing and Reproduction of Recording Media	1021.0	812.7
文教、工美、体育和娱乐用品制造业	Manufacture of Articles for Culture, Education, Arts and Crafts, Sport and Entertainment Activities	3240.8	2787.2
石油、煤炭及其他燃料加工业	Processing of Petroleum, Coal and Other Fuels	3801.2	3089.9
化学原料和化学制品制造业	Manufacture of Raw Chemical Materials and Chemical Products	14527.5	11532.6
医药制造业	Manufacture of Medicines	5652.6	2988.5
化学纤维制造业	Manufacture of Chemical Fibres	1554.0	1362.5
橡胶和塑料制品业	Manufacture of Rubber and Plastics Products	5581.5	4440.0
非金属矿物制品业	Manufacture of Non-metallic Mineral Products	4778.9	3623.7
黑色金属冶炼和压延加工业	Smelting and Pressing of Ferrous Metals	6877.3	6292.9
有色金属冶炼和压延加工业	Smelting and Pressing of Non-ferrous Metals	6754.7	6224.7
金属制品业	Manufacture of Metal Products	5435.9	4579.8
通用设备制造业	Manufacture of General Purpose Machinery	12243.6	9869.8
专用设备制造业	Manufacture of Special Purpose Machinery	6767.5	5254.8
汽车制造业	Manufacture of Automobiles	43418.4	35367.9
铁路、船舶、航空航天和其他运输设备制造业	Manufacture of Railway, Ship, Aerospace and Other Transport Equipments	2164.0	1788.9
电气机械和器材制造业	Manufacture of Electrical Machinery and Apparatus	15336.0	12707.7
计算机、通信和其他电子设备制造业	Manufacture of Computers, Communication and Other Electronic Equipment	57880.8	53116.2
仪器仪表制造业	Manufacture of Measuring Instruments and Machinery	2196.0	1671.6
其他制造业	Other Manufacture	434.5	352.8
废弃资源综合利用业	Utilization of Waste Resources	291.1	249.3
金属制品、机械和设备修理业	Repair Service of Metal Products, Machinery and Equipment	486.6	406.0
电力、热力生产和供应业	Production and Supply of Electric Power and Heat Power	3419.3	2583.3
燃气生产和供应业	Production and Supply of Gas	2943.4	2450.1
水的生产和供应业	Production and Supply of Water	511.5	330.7

continued

(100 million yuan)

销售费用 Selling Expenses	管理费用 Management Expenses	财务费用 Financial Expenses	利润总额 Total Profits	平均用工人数(万人) Annual Average Employees (10 000 persons)
8146.0	**12518.0**	**1276.8**	**18167.4**	**1672.0**
16.2	38.8	17.7	123.2	7.4
3.9	27.3	15.5	510.5	1.5
1.6	5.9	1.6	12.6	0.6
0.8	11.9	4.2	28.1	0.9
4.4	5.8	0.5	9.9	0.6
0.3	2.0	0.4	3.0	0.1
210.3	203.2	31.7	395.1	35.1
938.8	339.0	-5.7	697.8	42.2
386.7	133.2	3.4	321.3	22.2
82.9	219.4	42.0	230.4	47.2
137.7	208.4	33.9	154.0	71.5
96.3	178.1	21.0	237.8	58.2
14.0	21.5	4.4	20.3	4.7
47.7	105.9	10.6	106.0	20.3
172.4	213.8	48.3	397.7	20.9
37.2	87.1	7.8	78.1	16.7
73.6	202.5	25.8	159.2	59.4
46.6	103.1	20.2	137.8	5.2
672.5	773.5	92.4	1408.2	48.4
1234.9	553.3	33.2	901.6	37.3
22.2	73.9	19.5	82.0	7.4
200.7	409.0	42.8	460.6	72.1
162.3	281.7	32.2	698.1	39.5
47.6	184.0	42.8	322.7	15.4
43.8	160.3	69.8	254.1	14.9
132.9	335.7	44.8	368.0	63.6
426.2	859.1	46.2	1067.0	93.2
295.1	560.4	42.7	632.6	61.6
1187.2	2486.7	37.6	3522.7	150.6
51.1	161.5	17.7	176.5	19.7
508.2	949.0	105.2	1098.5	143.6
667.6	2109.9	134.8	2192.8	429.2
94.7	182.4	10.7	250.0	21.8
15.8	31.8	3.3	29.3	8.1
2.3	13.7	2.2	26.5	1.1
3.4	35.6	7.0	34.5	4.3
3.6	93.3	174.4	575.3	9.8
88.3	115.3	12.1	323.8	11.4
14.1	40.3	21.8	119.6	4.3

13-9 外商投资和港澳台商投资工业企业主要指标
Main Indicators of Industrial Enterprises with Hong Kong, Macao, Taiwan and Foreign Funds

单位：亿元 (100 million yuan)

年份 Year / 地区 Region		企业单位数(个) Number of Enterprises (unit)	资产总计 Total Assets	流动资产合计 Current Assets	应收账款 Accounts Receivable	存货 Inventories	#产成品 Finished Goods	负债合计 Total Liabilities
	1998	26442	21327.0	9971.9	3071.2	3233.0	1151.1	12481.6
	2000	28445	25714.1	12849.5	4045.9	4078.4	1417.6	14658.9
	2005	56387	64308.5	35304.0	11422.0	10093.4	3258.3	36459.4
	2006	60872	77108.7	42674.9	13655.9	12167.9	3954.6	43398.6
	2007	67456	96367.0	53781.5	16785.3	15126.2	4862.9	55168.2
	2008	77847	112145.0	60340.2	17123.6	16801.2	5782.2	62831.0
	2009	75376	124477.6	69082.1	20860.9	16469.7	5634.6	69928.8
	2010	74045	148552.3	84328.6	24176.3	20623.8	6588.1	82038.8
	2011	57216	161987.7	95334.6	27132.0	23075.2	7973.7	92130.8
	2012	56908	172320.3	100289.9	29850.6	23510.8	8199.6	97414.1
	2013	57368	188661.4	108770.2	32460.7	24399.1	8389.9	106197.3
	2014	55172	198162.1	113723.6	34419.4	24840.3	9023.0	109924.4
	2015	52758	201302.7	114481.0	35955.1	23622.2	8933.8	109679.8
	2016	49554	212744.4	122079.2	39362.5	23936.7	8829.7	114911.3
	2017	47458	215998.1	128098.4	41604.2	25712.3	9696.0	116678.1
	2018	44624	219165.4	131316.6	42574.5	26854.3	10306.4	118559.0
	2019	43588	228743.9	135590.5	43145.4	25934.3	9880.4	123011.5
	2020	43026	248426.9	149146.4	45399.7	27714.3	10616.4	133713.8
北 京	Beijing	617	10012.9	6986.8	1197.8	1201.2	486.2	5932.3
天 津	Tianjin	1100	7344.7	3839.3	1144.5	912.5	324.0	3792.8
河 北	Hebei	602	6047.6	3152.3	649.7	520.6	176.6	3395.5
山 西	Shanxi	147	2755.1	1633.1	522.2	149.8	49.6	1697.1
内蒙古	Inner Mongolia	124	2599.4	911.3	151.5	116.0	47.2	1245.6
辽 宁	Liaoning	1145	8398.1	4896.4	1141.5	1111.7	342.4	4513.7
吉 林	Jilin	248	3309.8	1699.9	372.4	486.5	218.9	2060.2
黑龙江	Heilongjiang	146	1488.4	836.9	209.8	165.3	44.7	886.6
上 海	Shanghai	3057	20116.3	12968.2	3635.9	2690.2	978.5	10738.3
江 苏	Jiangsu	8584	43520.3	26915.1	9702.1	5357.6	2024.3	21158.9
浙 江	Zhejiang	4315	19324.0	12091.5	3388.8	2204.5	914.2	9548.8
安 徽	Anhui	814	5483.3	3635.8	1900.0	457.2	148.4	3472.7
福 建	Fujian	3134	11893.6	7175.6	1967.9	1418.4	600.0	5818.8
江 西	Jiangxi	702	3428.2	1645.6	484.8	319.9	153.7	1711.9
山 东	Shandong	2610	16643.8	9767.0	2287.6	1676.4	638.3	9301.5
河 南	Henan	468	5922.9	4096.4	1603.5	469.9	205.9	4143.8
湖 北	Hubei	780	6757.7	3950.4	1044.2	485.6	172.6	4128.0
湖 南	Hunan	470	3765.8	1666.8	603.5	212.4	100.5	1865.3
广 东	Guangdong	11817	48909.2	30365.1	9714.8	6040.1	2357.6	26134.6
广 西	Guangxi	418	3608.7	2111.0	548.7	369.7	153.4	2135.6
海 南	Hainan	60	928.1	452.7	85.8	47.8	13.1	394.1
重 庆	Chongqing	430	4316.2	2673.0	1175.3	432.4	153.8	2821.5
四 川	Sichuan	557	6038.2	3484.7	1421.2	447.0	160.8	4062.9
贵 州	Guizhou	105	844.7	277.8	64.7	32.5	9.7	478.2
云 南	Yunnan	150	816.0	389.4	69.0	73.1	24.0	339.2
西 藏	Tibet	5	138.8	37.3	0.8	4.0	0.7	87.5
陕 西	Shaanxi	242	2525.3	1012.5	210.2	234.2	90.0	1072.7
甘 肃	Gansu	42	370.2	150.7	35.7	14.9	3.7	206.9
青 海	Qinghai	19	212.1	63.4	11.0	5.3	0.9	151.4
宁 夏	Ningxia	39	574.6	152.4	32.1	24.3	7.9	256.9
新 疆	Xinjiang	79	333.0	108.1	22.7	33.6	15.1	160.4

13-9 续表 continued

单位：亿元 (100 million yuan)

年 份 Year / 地 区 Region		营业收入 Business Revenue	营业成本 Business Cost	销售费用 Selling Expenses	管理费用 Management Expenses	财务费用 Financial Expenses	利润总额 Total Profits	平均用工人数（万人） Annual Average Employees (10 000 persons)
	1998	15604.6	13023.6	763.9	964.3	477.7	418.6	775.2
	2000	22545.7	18583.3	1044.8	1236.8	393.6	1282.5	853.0
	2005	78564.5	67863.0	2818.6	3084.6	468.0	4140.8	1899.6
	2006	98936.1	84903.3	3369.7	3733.3	684.4	5384.1	2118.1
	2007	125498.0	106981.4	4206.0	4655.2	808.3	7527.4	2353.0
	2008	146613.6	125931.6	4858.7	5830.8	1033.8	8242.6	2579.4
	2009	150263.1	127247.8	4965.8	5991.9	1145.4	10107.1	2450.4
	2010	188729.4	159273.1	5948.1	7544.3	1137.0	15019.6	2645.7
	2011	216304.3	183931.7	6859.4	8281.0	1164.5	15494.2	2574.1
	2012	221948.8	189558.5	7104.4	8982.6	1709.7	13965.9	2573.8
	2013	242964.2	207255.7	7832.2	9878.3	1443.0	15802.6	2536.1
	2014	252630.1	215004.2	8123.6	10365.1	1562.8	16577.3	2472.4
	2015	245697.6	208266.5	8006.4	10541.3	1703.9	15905.8	2355.4
	2016	250393.0	211127.9	8253.7	10794.7	1536.3	17597.5	2182.4
	2017	247619.7	208242.5	8328.5	10999.2	1417.1	18412.4	2052.3
	2018	236958.7	198405.2	8141.6	11270.4	1289.3	16943.5	1856.9
	2019	234409.8	195620.0	8103.6	12236.7	1149.1	16483.0	1748.3
	2020	243188.6	202461.0	8146.0	12518.0	1276.8	18167.4	1672.0
北 京	Beijing	9404.2	7452.9	732.3	392.5	20.4	748.0	24.5
天 津	Tianjin	7893.3	6444.3	241.9	339.9	26.6	760.9	34.0
河 北	Hebei	5009.8	4133.6	194.3	253.9	41.0	375.8	26.7
山 西	Shanxi	1770.1	1551.9	22.7	50.2	13.8	128.7	15.1
内蒙古	Inner Mongolia	1508.0	1207.4	113.2	60.1	14.3	99.2	5.2
辽 宁	Liaoning	7109.9	5516.1	313.9	315.1	34.5	788.9	36.9
吉 林	Jilin	5363.5	4269.9	230.7	209.5	6.5	498.2	12.7
黑龙江	Heilongjiang	1202.1	959.8	76.1	43.4	12.1	191.5	5.2
上 海	Shanghai	21592.8	17523.9	796.2	1596.9	19.2	1551.0	92.7
江 苏	Jiangsu	43026.5	35983.9	1324.2	2413.2	224.1	3075.4	299.9
浙 江	Zhejiang	15974.3	13143.1	588.9	999.2	131.5	1323.1	117.4
安 徽	Anhui	5279.7	4600.1	149.8	216.9	21.7	271.2	26.4
福 建	Fujian	15498.9	13066.2	422.3	679.7	72.9	1239.3	125.0
江 西	Jiangxi	3442.6	2881.5	77.9	154.1	27.9	288.9	29.0
山 东	Shandong	14208.4	11990.3	404.4	596.8	124.7	1158.6	87.3
河 南	Henan	6114.2	5603.5	104.3	128.9	14.2	261.4	44.1
湖 北	Hubei	7159.7	5942.5	228.0	344.0	20.5	483.7	35.9
湖 南	Hunan	2617.2	2059.1	73.9	171.8	49.8	198.8	28.2
广 东	Guangdong	49868.4	41549.5	1534.8	2887.5	294.5	3520.3	523.8
广 西	Guangxi	3506.8	2997.8	112.1	121.2	23.8	243.4	19.1
海 南	Hainan	653.3	487.6	19.1	23.5	7.2	38.2	1.5
重 庆	Chongqing	5704.1	5112.8	146.9	195.2	6.4	225.9	25.9
四 川	Sichuan	5961.5	5356.3	93.5	148.7	22.3	320.1	33.4
贵 州	Guizhou	414.0	320.8	18.1	17.7	8.6	48.7	4.3
云 南	Yunnan	467.8	348.4	34.5	29.7	3.9	50.4	3.8
西 藏	Tibet	49.5	32.1	0.7	3.9	1.3	10.6	0.2
陕 西	Shaanxi	1592.8	1297.6	64.5	94.0	12.8	172.3	9.2
甘 肃	Gansu	268.0	234.6	6.1	6.4	5.8	13.4	1.0
青 海	Qinghai	84.6	71.6	1.6	2.7	5.6	1.3	0.5
宁 夏	Ningxia	208.8	144.0	7.1	10.6	5.6	58.2	1.8
新 疆	Xinjiang	233.6	178.3	12.2	10.9	3.4	22.4	1.5

13-10 按行业分大中型工业企业主要指标（2020年）

单位：亿元

行　　业	Sector	企业单位数 (个) Number of Enterprises (unit)	资产总计 Total Assets
总　计	**National Total**	**47045**	**897779.2**
煤炭开采和洗选业	Mining and Washing of Coal	1407	52653.6
石油和天然气开采业	Extraction of Petroleum and Natural Gas	46	19801.4
黑色金属矿采选业	Mining and Processing of Ferrous Metal Ores	185	9387.2
有色金属矿采选业	Mining and Processing of Non-Ferrous Metal Ores	237	3861.8
非金属矿采选业	Mining and Processing of Non-metal Ores	110	1940.3
开采专业及辅助性活动	Professional and Support Activities for Mining	65	2866.3
农副食品加工业	Processing of Food from Agricultural Products	1820	14225.1
食品制造业	Manufacture of Foods	1305	10748.7
酒、饮料和精制茶制造业	Manufacture of Liquor, Beverages and Refined Tea	682	13223.5
烟草制品业	Manufacture of Tobacco	68	10846.0
纺织业	Manufacture of Textile	1994	10450.7
纺织服装、服饰业	Manufacture of Textile, Wearing Apparel and Accessories	1939	6728.2
皮革、毛皮、羽毛及其制品和制鞋业	Manufacture of Leather, Fur, Feather and Related Products and Footwear	1114	3419.5
木材加工和木、竹、藤、棕、草制品业	Processing of Timber, Manufacture of Wood, Bamboo, Rattan, Palm and Straw Products	334	1192.3
家具制造业	Manufacture of Furniture	739	3540.7
造纸和纸制品业	Manufacture of Paper and Paper Products	666	10568.9
印刷和记录媒介复制业	Printing and Reproduction of Recording Media	532	2826.7
文教、工美、体育和娱乐用品制造业	Manufacture of Articles for Culture, Education, Arts and Crafts, Sport and Entertainment Activities	1153	4599.2
石油、煤炭及其他燃料加工业	Processing of Petroleum, Coal and Other Fuels	508	33568.6
化学原料和化学制品制造业	Manufacture of Raw Chemical Materials and Chemical Products	2333	51091.1
医药制造业	Manufacture of Medicines	1563	28206.6
化学纤维制造业	Manufacture of Chemical Fibres	263	6974.5
橡胶和塑料制品业	Manufacture of Rubber and Plastics Products	1666	11723.2
非金属矿物制品业	Manufacture of Non-metallic Mineral Products	2857	26156.9
黑色金属冶炼和压延加工业	Smelting and Prcssing of Ferrous Metals	859	57090.0
有色金属冶炼和压延加工业	Smelting and Pressing of Non-ferrous Metals	959	33932.4
金属制品业	Manufacture of Metal Products	2143	15530.0
通用设备制造业	Manufacture of General Purpose Machinery	2498	29032.6
专用设备制造业	Manufacture of Special Purpose Machinery	2033	28432.4
汽车制造业	Manufacture of Automobiles	2815	66974.4
铁路、船舶、航空航天和其他运输设备制造业	Manufacture of Railway, Ship, Aerospace and Other Transport Equipments	855	18353.3
电气机械和器材制造业	Manufacture of Electrical Machinery and Apparatus	3708	54733.9
计算机、通信和其他电子设备制造业	Manufacture of Computers, Communication and Other Electronic Equipment	4733	108515.1
仪器仪表制造业	Manufacture of Measuring Instruments and Machinery	680	6337.8
其他制造业	Other Manufacture	187	2063.3
废弃资源综合利用业	Utilization of Waste Resources	85	826.5
金属制品、机械和设备修理业	Repair Service of Metal Products, Machinery and Equipment	136	1875.5
电力、热力生产和供应业	Production and Supply of Electric Power and Heat Power	1185	115723.4
燃气生产和供应业	Production and Supply of Gas	204	6209.5
水的生产和供应业	Production and Supply of Water	377	11533.8

注：从2017年开始，工业企业年报规模划分按《统计上大中小微型企业划分办法(2017)》执行。大中型工业企业为从业人员300人及以上并且主营业务收入在2000万元及以上的工业企业。

Main Indicators of Large and Medium-sized Industrial Enterprises by Industrial Sector (2020)

(100 million yuan)

流动资产合计 Current Assets	应收账款 Accounts Receivable	存货 Inventories	#产成品 Finished Goods	负债合计 Total Liabilities
428512.6	**98509.7**	**81448.0**	**28358.8**	**498299.2**
19961.1	1919.3	800.4	317.2	35522.6
2455.8	284.5	165.0	84.7	9535.3
2382.2	301.7	138.8	78.1	5334.9
1057.4	117.1	159.5	61.2	2061.0
671.1	82.1	58.6	29.4	844.2
1509.2	421.1	97.8	14.9	1818.1
8144.3	1016.9	2076.6	832.1	8105.0
5751.9	1126.7	963.5	407.8	5281.2
8329.2	525.2	2133.8	549.6	5112.2
7669.1	273.5	3956.5	197.9	2269.8
5624.2	1091.9	1427.5	691.5	5354.9
3974.1	1057.1	960.4	560.2	3130.7
2052.3	564.1	466.8	215.4	1478.4
671.3	152.7	173.3	85.0	620.2
2131.4	575.1	423.0	154.5	1993.4
4979.0	979.3	803.1	289.5	6026.3
1565.8	423.9	279.2	114.9	1078.8
3100.9	586.8	1214.0	634.9	2312.8
14759.6	1595.2	3601.6	940.4	21517.5
20290.6	3434.8	3394.1	1411.4	28430.2
16160.0	3266.2	3415.9	1665.0	10754.4
2786.2	370.8	539.6	289.0	4129.9
6314.6	1753.8	1336.2	639.5	5601.0
13302.7	2800.0	1923.7	893.3	12333.5
24369.2	2149.1	6046.2	1929.2	34144.9
15557.9	2202.2	4570.7	937.5	20104.8
9622.9	2698.5	2198.8	881.7	8794.4
19635.7	5649.1	4462.5	1638.8	15678.8
19106.9	5512.3	4425.4	1705.8	15666.5
39318.2	10243.3	5604.0	2741.2	39508.1
12104.3	2931.3	3186.5	528.2	11298.6
36218.8	11215.3	5707.7	2503.0	31288.6
69385.0	25288.9	12066.7	3849.3	61587.1
4280.1	1241.5	859.7	292.0	2757.2
1085.1	223.1	217.3	63.4	1306.9
458.7	102.3	119.7	40.2	412.3
1003.2	298.7	231.2	21.6	968.8
15771.6	3343.1	975.1	26.8	63709.3
1882.4	255.0	134.9	28.5	3697.9
3063.5	434.1	130.9	14.0	6718.8

a) Since 2017, sizes in industrial enterprises annual reporting forms are based on the 2017's Standards of Enterprises by Size. Large and medium-sized enterprises refer to enterprises with engaged persons over 300 and revenue from principal business above 20 million yuan.

13-10 续表

单位：亿元

行　业	Sector	营业收入 Business Revenue	营业成本 Business Cost
总　计	**National Total**	**695028.4**	**573691.0**
煤炭开采和洗选业	Mining and Washing of Coal	15581.7	10410.8
石油和天然气开采业	Extraction of Petroleum and Natural Gas	6208.0	4801.1
黑色金属矿采选业	Mining and Processing of Ferrous Metal Ores	2387.2	1749.6
有色金属矿采选业	Mining and Processing of Non-Ferrous Metal Ores	1467.3	935.0
非金属矿采选业	Mining and Processing of Non-metal Ores	518.3	378.6
开采专业及辅助性活动	Professional and Support Activities for Mining	1970.0	1864.8
农副食品加工业	Processing of Food from Agricultural Products	18710.7	16643.5
食品制造业	Manufacture of Foods	12007.9	8948.2
酒、饮料和精制茶制造业	Manufacture of Liquor, Beverages and Refined Tea	9472.4	5464.4
烟草制品业	Manufacture of Tobacco	11279.1	3489.2
纺织业	Manufacture of Textile	10751.8	9229.3
纺织服装、服饰业	Manufacture of Textile, Wearing Apparel and Accessories	7057.4	5796.1
皮革、毛皮、羽毛及其制品和制鞋业	Manufacture of Leather, Fur, Feather and Related Products and Footwear	5028.5	4219.1
木材加工和木、竹、藤、棕、草制品业	Processing of Timber, Manufacture of Wood, Bamboo, Rattan, Palm and Straw Products	1386.8	1157.6
家具制造业	Manufacture of Furniture	3342.9	2684.5
造纸和纸制品业	Manufacture of Paper and Paper Products	7371.9	6015.4
印刷和记录媒介复制业	Printing and Reproduction of Recording Media	2442.5	1935.0
文教、工美、体育和娱乐用品制造业	Manufacture of Articles for Culture, Education, Arts and Crafts, Sport and Entertainment Activities	5773.8	4870.9
石油、煤炭及其他燃料加工业	Processing of Petroleum, Coal and Other Fuels	37267.6	30456.8
化学原料和化学制品制造业	Manufacture of Raw Chemical Materials and Chemical Products	34703.2	28362.8
医药制造业	Manufacture of Medicines	17396.8	8954.8
化学纤维制造业	Manufacture of Chemical Fibres	6042.3	5493.6
橡胶和塑料制品业	Manufacture of Rubber and Plastics Products	10464.3	8350.9
非金属矿物制品业	Manufacture of Non-metallic Mineral Products	18583.3	14238.0
黑色金属冶炼和压延加工业	Smelting and Pressing of Ferrous Metals	62351.4	56927.6
有色金属冶炼和压延加工业	Smelting and Pressing of Non-ferrous Metals	34414.6	31132.8
金属制品业	Manufacture of Metal Products	15922.2	13675.7
通用设备制造业	Manufacture of General Purpose Machinery	21969.6	17669.8
专用设备制造业	Manufacture of Special Purpose Machinery	18294.6	14015.3
汽车制造业	Manufacture of Automobiles	66140.5	55328.6
铁路、船舶、航空航天和其他运输设备制造业	Manufacture of Railway, Ship, Aerospace and Other Transport Equipments	10280.0	8677.3
电气机械和器材制造业	Manufacture of Electrical Machinery and Apparatus	45871.1	38048.8
计算机、通信和其他电子设备制造业	Manufacture of Computers, Communication and Other Electronic Equipment	104804.8	90869.9
仪器仪表制造业	Manufacture of Measuring Instruments and Machinery	4164.3	3082.8
其他制造业	Other Manufacture	1368.9	1150.4
废弃资源综合利用业	Utilization of Waste Resources	1186.4	1045.8
金属制品、机械和设备修理业	Repair Service of Metal Products, Machinery and Equipment	1087.2	922.1
电力、热力生产和供应业	Production and Supply of Electric Power and Heat Power	55001.6	50679.6
燃气生产和供应业	Production and Supply of Gas	3220.1	2708.1
水的生产和供应业	Production and Supply of Water	1725.9	1299.3

continued

(100 million yuan)

销售费用 Selling Expenses	管理费用 Management Expenses	财务费用 Financial Expenses	利润总额 Total Profits	平均用工人数(万人) Annual Average Employees (10 000 persons)
20402.5	**36719.4**	**7144.6**	**47198.6**	**4582.6**
377.0	1409.2	714.3	1954.1	243.5
32.4	630.7	159.6	141.2	59.4
27.1	214.2	141.5	245.5	18.0
14.0	142.9	38.5	285.4	17.7
27.0	45.9	14.2	60.0	7.4
2.2	93.6	10.7	9.5	26.8
424.3	518.8	143.1	1098.9	126.1
1371.5	580.9	39.5	1226.6	103.6
941.4	496.4	9.4	2035.0	69.6
142.6	635.5	-57.8	1121.3	15.8
220.2	535.0	144.5	662.2	141.1
332.3	417.5	67.7	431.8	143.0
141.6	274.1	34.5	372.6	102.8
48.2	69.5	15.8	94.7	17.4
155.5	239.8	28.2	286.3	52.0
270.6	381.9	124.5	663.2	46.3
80.0	200.8	19.0	223.6	33.7
156.3	331.2	53.4	379.6	86.8
287.3	974.5	336.2	939.1	67.7
1122.7	1901.0	560.8	2574.9	174.3
3737.0	1827.9	176.8	2974.9	135.8
57.3	237.3	88.2	211.4	29.1
362.3	671.8	110.9	990.7	123.3
580.3	1054.9	209.3	2587.2	173.2
576.1	1837.2	496.5	2401.4	177.4
252.1	877.7	463.8	1518.3	108.5
342.4	830.7	129.4	933.5	142.6
791.9	1592.7	138.8	1864.4	192.2
863.7	1425.3	181.8	1957.3	151.8
1862.5	3900.8	140.0	4359.8	279.6
202.6	868.1	78.2	535.6	96.1
1824.7	2706.8	298.0	3338.7	339.3
2235.7	6741.1	408.8	5406.3	742.4
213.4	403.2	26.3	527.7	45.6
23.4	112.0	5.5	94.1	18.6
7.3	33.2	10.7	88.0	4.5
6.9	110.1	12.9	42.1	15.9
32.9	1091.3	1446.4	2134.2	209.9
141.1	135.9	41.6	256.8	16.3
114.4	166.9	82.7	170.3	27.8

13-11 大中型工业企业主要指标
Main Indicators of Large and Medium-sized Industrial Enterprises

单位：亿元 (100 million yuan)

年份 Year 地区 Region	企业单位数(个) Number of Enterprises (unit)	资产总计 Total Assets	流动资产合计 Current Assets	应收账款 Accounts Receivable	存货 Inventories	#产成品 Finished Goods	负债合计 Total Liabilities
1998	23408	76095.8	30719.9	8127.9	9481.4	3481.6	47836.5
2000	21724	87309.8	35282.9	9238.3	9918.3	3614.9	52083.9
2005	29774	178816.9	77623.7	17018.8	21879.5	7026.0	102529.7
2006	32930	212410.4	92049.1	20206.2	25788.9	8341.8	121016.5
2007	36506	257015.6	113694.5	24735.1	31839.6	10245.5	147160.5
2008	40392	305328.8	132898.8	26679.9	36825.6	12227.3	177416.3
2009	41290	351080.5	152364.1	32208.4	38724.5	12448.6	206323.4
2010	46648	427451.6	195899.0	39220.0	49505.4	15465.7	249848.2
2011	61347	505941.0	240505.3	47882.1	59552.6	19535.3	299089.3
2012	63314	564360.4	264650.9	55981.3	63992.4	21459.0	333780.3
2013	65514	626731.5	288989.1	63297.6	68989.0	22891.6	370709.3
2014	65301	679436.7	311020.9	69442.3	72064.1	24966.9	397804.3
2015	63703	718838.6	325464.4	75915.9	70757.8	25130.0	416708.3
2016	62312	767059.8	350655.7	83000.2	73915.5	26096.8	438442.2
2017	58854	797736.2	372934.5	87351.7	77583.6	27525.5	451584.5
2018	51073	820351.3	391077.9	92501.9	81197.0	28317.7	463975.9
2019	48184	840682.6	396805.1	95719.6	78716.2	27422.3	469324.8
2020	47045	897779.2	428512.6	98509.7	81448.0	28358.8	498299.2
北京 Beijing	508	47574.6	16246.0	3069.1	2005.9	709.1	20458.5
天津 Tianjin	580	14767.9	6395.5	1573.0	1356.6	486.3	7929.5
河北 Hebei	1409	34116.7	15297.6	2579.0	2967.4	1016.3	20716.0
山西 Shanxi	1197	40145.5	17233.0	2325.5	1619.6	591.6	29166.7
内蒙古 Inner Mongolia	592	25199.0	7790.8	1095.1	1311.4	379.4	14431.6
辽宁 Liaoning	1168	31528.9	15035.8	2598.0	3451.2	937.1	19259.7
吉林 Jilin	445	13019.2	5312.5	991.6	1077.5	407.1	6445.9
黑龙江 Heilongjiang	420	12579.4	5292.4	853.6	847.6	233.8	7296.6
上海 Shanghai	1110	36583.7	20124.0	4562.1	3816.0	1144.4	17695.8
江苏 Jiangsu	5279	83845.0	47883.7	14915.3	9701.1	3673.1	43401.9
浙江 Zhejiang	4426	56621.4	29546.1	8149.2	5676.9	2274.4	28998.6
安徽 Anhui	1405	28791.6	14272.1	4254.1	2308.4	778.1	15856.6
福建 Fujian	2723	27477.5	13427.6	3112.5	2964.1	1107.9	14016.0
江西 Jiangxi	1309	16598.4	8227.1	2006.1	1812.7	604.9	8858.3
山东 Shandong	3434	71957.4	36408.6	6697.0	7256.5	2971.4	43892.1
河南 Henan	2970	38941.6	18454.5	4085.8	3374.7	1105.2	23058.1
湖北 Hubei	1652	29730.3	14060.5	3064.9	2613.5	794.1	15742.7
湖南 Hunan	1728	20824.8	10582.1	3032.4	2276.0	738.7	11414.1
广东 Guangdong	8195	109677.6	63400.0	17041.8	12523.9	4660.8	60416.9
广西 Guangxi	844	13601.2	6267.7	1085.3	1322.5	492.7	8583.6
海南 Hainan	78	2280.4	1010.2	191.9	154.5	41.9	1217.3
重庆 Chongqing	1070	15229.4	8077.1	2572.2	1383.0	511.2	8722.7
四川 Sichuan	1784	33614.4	15065.7	3535.0	2935.6	932.6	18479.7
贵州 Guizhou	442	11734.9	5307.9	654.5	1053.9	197.8	6752.9
云南 Yunnan	499	15136.2	5489.8	745.8	1743.1	302.6	7663.7
西藏 Tibet	12	1330.5	228.4	5.7	15.6	3.3	554.7
陕西 Shaanxi	800	28180.5	10788.7	1915.2	1823.4	697.6	15403.1
甘肃 Gansu	250	7914.4	2690.5	413.1	716.2	150.9	4562.3
青海 Qinghai	86	4583.3	1239.9	201.3	196.9	57.4	3037.3
宁夏 Ningxia	181	7307.7	2152.7	355.7	337.2	115.7	4493.0
新疆 Xinjiang	449	16885.9	5204.5	827.9	805.4	241.9	9773.7

13-11 续表 continued

单位：亿元 (100 million yuan)

年 份 Year / 地 区 Region	营业收入 Business Revenue	营业成本 Business Cost	销售费用 Selling Expenses	管理费用 Management Expenses	财务费用 Financial Expenses	利润总额 Total Profits	平均用工人数（万人） Annual Average Employees (10 000 persons)
1998	37130.6	29949.7	1275.5	2987.3	1591.8	881.9	3412.8
2000	50120.3	39768.9	1717.4	3502.6	1313.0	3183.3	2880.6
2005	169237.9	141880.2	4949.2	7511.1	1878.3	11011.8	3798.9
2006	210877.1	176592.3	5884.6	8722.2	2368.0	14363.2	4116.5
2007	264015.8	219425.5	7367.6	10826.3	2946.3	19626.7	4403.1
2008	318812.5	268933.2	8488.7	13207.5	4060.6	19929.2	4759.7
2009	335751.1	280972.6	9342.3	14443.7	3927.4	22265.7	4831.3
2010	439013.7	365216.5	11654.8	18908.2	4677.8	34977.2	5390.2
2011	554055.8	463087.0	13900.0	22320.7	6091.1	41743.8	6177.8
2012	603021.4	506604.0	15840.2	24431.7	7784.7	40570.2	6394.5
2013	665283.3	561075.8	17589.4	26147.9	7998.1	44007.2	6457.2
2014	705027.1	595485.7	19091.3	27390.3	9013.3	44152.9	6435.2
2015	693927.8	585638.3	19566.0	28370.0	8869.5	41564.9	6245.2
2016	722934.4	607782.7	20902.9	29838.9	8206.7	46192.8	6051.6
2017	721344.7	600748.0	21141.3	30767.4	8380.8	51361.5	5664.9
2018	702409.1	578893.4	21412.4	31955.5	7622.0	50370.7	5138.2
2019	691560.6	570797.2	21105.2	35067.1	6993.1	46023.0	4732.8
2020	695028.4	573691.0	20402.5	36719.4	7144.6	47198.6	4582.6
北 京 Beijing	19410.1	16217.2	977.5	882.2	211.8	1410.8	56.7
天 津 Tianjin	12613.5	10704.4	291.0	568.6	72.5	717.2	59.4
河 北 Hebei	28871.6	24729.1	644.3	1218.2	374.0	1487.0	166.4
山 西 Shanxi	16597.6	13349.5	435.0	999.8	601.6	910.5	156.9
内蒙古 Inner Mongolia	13162.8	10561.6	342.0	530.7	310.8	1023.9	66.5
辽 宁 Liaoning	23004.5	19502.6	526.8	1011.3	304.9	1052.4	129.3
吉 林 Jilin	10704.6	8758.0	452.7	578.8	71.8	449.7	54.2
黑龙江 Heilongjiang	6837.7	5755.7	202.2	426.3	103.3	197.9	61.9
上 海 Shanghai	28245.7	22762.3	974.5	2048.1	20.8	2042.5	110.0
江 苏 Jiangsu	77208.3	64328.7	2502.7	4129.6	517.4	5150.0	473.1
浙 江 Zhejiang	43579.6	35356.7	1438.1	2567.0	402.1	3887.6	313.9
安 徽 Anhui	21244.2	17761.0	534.8	1094.5	191.0	1475.3	136.5
福 建 Fujian	30855.2	25838.0	730.5	1323.6	232.2	2524.7	237.8
江 西 Jiangxi	18334.3	15477.0	374.6	757.1	139.2	1351.9	122.4
山 东 Shandong	59849.8	51263.0	1428.0	2558.0	677.9	3403.8	340.3
河 南 Henan	33493.3	28808.5	637.8	1318.3	442.9	1817.3	317.1
湖 北 Hubei	22115.1	17917.4	647.3	1247.3	153.5	1558.9	147.5
湖 南 Hunan	18935.2	14520.3	626.7	1307.5	191.3	1398.8	154.7
广 东 Guangdong	103318.5	83956.9	3828.7	7299.5	693.2	7527.2	819.9
广 西 Guangxi	11239.6	9519.9	233.8	411.0	125.7	656.1	68.8
海 南 Hainan	1610.4	1219.3	87.1	61.8	26.6	111.9	6.9
重 庆 Chongqing	15492.3	13191.4	432.6	753.2	91.9	895.7	96.1
四 川 Sichuan	27069.6	22064.2	887.0	1211.4	240.6	2121.0	176.8
贵 州 Guizhou	5793.7	3773.1	182.2	335.9	132.2	951.1	48.4
云 南 Yunnan	9910.4	7402.8	260.6	423.8	157.2	822.8	48.6
西 藏 Tibet	199.0	164.7	8.2	17.2	3.3	6.0	1.2
陕 西 Shaanxi	15941.0	12662.3	355.6	785.1	227.2	1429.1	97.1
甘 肃 Gansu	5873.3	4974.1	88.2	194.0	88.2	214.7	33.8
青 海 Qinghai	1727.0	1426.8	26.3	91.2	54.5	80.1	10.7
宁 夏 Ningxia	3508.8	2956.4	53.0	155.6	110.9	115.8	21.8
新 疆 Xinjiang	8281.9	6768.4	192.9	412.8	174.3	407.1	48.3

13-12 工业产品产量
Output of Industrial Products

产品名称		Item		2019	2020
原煤	(亿吨)	Coal	(100 million tons)	38.46	39.02
原油	(万吨)	Crude Oil	(10 000 tons)	19162.83	19476.86
天然气	(亿立方米)	Natural Gas	(100 million cu.m)	1753.62	1924.95
原盐	(万吨)	Salt	(10 000 tons)	6701.44	5852.68
精制食用植物油	(万吨)	Refined Edible Vegetable Oil	(10 000 tons)	5421.76	5476.22
成品糖	(万吨)	Refined Sugar	(10 000 tons)	1389.39	1431.30
罐头	(万吨)	Canned Food	(10 000 tons)	1034.63	939.21
啤酒	(万千升)	Beer	(10 000 kiloliter)	3765.29	3411.11
卷烟	(亿支)	Cigarettes	(100 million pieces)	23642.49	23863.73
纱	(万吨)	Yarn	(10 000 tons)	2827.16	2618.28
布	(亿米)	Cloth	(100 million m)	555.19	459.19
机制纸及纸板	(万吨)	Machine-made Paper and Paperboard	(10 000 tons)	12515.30	12700.63
汽油	(万吨)	Gasoline	(10 000 tons)	14120.68	13171.69
柴油	(万吨)	Diesel Oil	(10 000 tons)	16638.27	15904.85
焦炭	(万吨)	Coke	(10 000 tons)	47126.16	47116.12
硫酸(折100%)	(万吨)	Sulfuric Acid	(10 000 tons)	9119.24	9238.18
烧碱(折100%)	(万吨)	Caustic Soda	(10 000 tons)	3457.89	3673.87
纯碱(碳酸钠)	(万吨)	Soda Ash	(10 000 tons)	2986.46	2812.37
乙烯	(万吨)	Ethylene	(10 000 tons)	2052.29	2159.96
合成氨	(万吨)	Synthetic Ammonia	(10 000 tons)	4735.03	5117.13
农用氮、磷、钾化肥	(万吨)	Chemical Fertilizers	(10 000 tons)	5731.18	5495.97
#氮肥	(万吨)	Nitrogen Fertilizers	(10 000 tons)	3556.25	3702.48
磷肥	(万吨)	Phosphate Fertilizers	(10 000 tons)	1308.40	1057.18
化学农药原药	(万吨)	Chemical Pesticides	(10 000 tons)	211.81	214.80
初级形态塑料	(万吨)	Primary Plastics	(10 000 tons)	9743.65	10542.20
合成橡胶	(万吨)	Synthetic Rubber	(10 000 tons)	743.96	751.32
合成洗涤剂	(万吨)	Synthetic Detergents	(10 000 tons)	1048.56	1149.16
化学药品原药	(万吨)	Chemical Medicines	(10 000 tons)	276.85	291.90
中成药	(万吨)	Traditional Chinese Medicine	(10 000 tons)	282.36	244.88
化学纤维	(万吨)	Chemical Fiber	(10 000 tons)	5883.37	6124.68
橡胶轮胎外胎	(万条)	Rubber Outer Tires	(10 000 tires)	84445.28	80747.48
水泥	(万吨)	Cement	(10 000 tons)	234430.62	239470.83
平板玻璃	(万重量箱)	Plate Glass	(10 000 weight cases)	94461.22	95227.79
生铁	(万吨)	Pig Iron	(10 000 tons)	80849.38	88897.61
粗钢	(万吨)	Crude Steel	(10 000 tons)	99541.89	106476.68
钢材	(万吨)	Rolled Steel	(10 000 tons)	120456.94	132489.18
#重轨	(万吨)	Heavy Rail	(10 000 tons)	405.73	357.09
大型型钢	(万吨)	Rolled-steel, Large	(10 000 tons)	1586.87	1855.74
中小型型钢	(万吨)	Rolled-steel, Medium and Small	(10 000 tons)	4889.77	5174.10
棒材	(万吨)	Steel Bar	(10 000 tons)	8035.74	9338.57
钢筋	(万吨)	Corrugated Steel Bar	(10 000 tons)	24916.21	26754.23
线材(盘条)	(万吨)	Wire Rod	(10 000 tons)	15682.00	16655.60
特厚板	(万吨)	Heavy Steel Plate	(10 000 tons)	859.87	1055.06
厚钢板	(万吨)	Thick Steel Plate	(10 000 tons)	3202.64	3636.02
中厚宽钢带	(万吨)	Medium Wide Steel Belt	(10 000 tons)	14938.25	17046.08

注：1.原煤包括无烟煤、烟煤、褐煤，不包括石煤。
2.原油包括天然原油和人造原油。
3.纱包括棉纱、棉混纺纱、纯化纤纱，不包括棉线、代用纤维纱和手工纺纱。
4.布包括棉布、棉混纺布、纯化纤布，不包括代用纤维布、手工织布。
5.农用化肥按有效成分100%计算。
6.橡胶轮胎外胎包括摩托车充气橡胶轮胎外胎。

a) Coal includes anthracite, bituminous coal and lignite, but excludes stone coal.
b) Crude oil includes natural and synthetic crude oil.
c) Yarn includes pure and blended cotton yarn, pure chemical-fiber yarn, but excludes cotton thread, substitute fiber yarn and hand-made yarn.
d) Cloth includes pure and blended cotton cloth, pure chemical-fiber cloth and canvas, but excludes substitute fiber cloth, hand-woven cloth and cord fabric.
e) The output of chemical fertilizers is calculated on the basis of 100% effective content.
f) Tires include pneumatic tires of motorcycle.

13-12 续表 continued

产品名称		Item		2019	2020
热轧薄宽钢带	(万吨)	Hot-rolled Thin Wide Steel Belt	(10 000 tons)	8361.98	8921.39
冷轧薄宽钢带	(万吨)	Cold-rolled Thin Wide Steel Belt	(10 000 tons)	5374.78	6061.19
镀层板(带)	(万吨)	Plated Plate(Belt)	(10 000 tons)	5738.87	6138.42
无缝钢管	(万吨)	Seamless Steel Pipe	(10 000 tons)	2798.38	2787.68
十种有色金属	(万吨)	Ten Kinds of Nonferrous Metals	(10 000 tons)	5865.96	6188.42
#精炼铜	(万吨)	Refined Copper	(10 000 tons)	978.42	1002.51
原铝(电解铝)	(万吨)	Electrolyzed Aluminum	(10 000 tons)	3512.96	3708.04
氧化铝	(万吨)	Aluminum Oxide	(10 000 tons)	7230.16	7313.19
发动机	(万千瓦)	Engines	(10 000 kW)	267228.95	262652.03
金属切削机床	(万台)	Metal-cutting Machine Tools	(10 000 units)	42.10	43.89
矿山专用设备	(万吨)	Special Equipment for Mining	(10 000 tons)	673.11	653.60
炼油、化工生产专用设备	(万吨)	Equipment for Oil Refining and Chemical Production	(10 000 tons)	127.09	118.52
大中型拖拉机	(万台)	Large and Medium Tractors	(10 000 sets)	28.08	34.52
铁路客车	(辆)	Railway Passenger Coaches	(unit)	1641.00	538.00
铁路货车	(万辆)	Railway Freight Wagons	(10 000 units)	6.03	4.12
汽车	(万辆)	Motor Vehicles	(10 000 sets)	2567.67	2532.49
#轿车	(万辆)	Cars	(10 000 sets)	1028.49	923.98
客车	(万辆)	Buses	(10 000 sets)	46.63	44.07
载货汽车	(万辆)	Trucks	(10 000 sets)	380.49	459.03
摩托车整车	(万辆)	Motorcycle	(10 000 sets)	1698.84	2180.25
两轮脚踏自行车	(万辆)	Pedal Bicycles with Two Wheels	(10 000 sets)	4978.97	5541.65
发电机组(发电设备)	(万千瓦)	Power Generation Equipment	(10 000 kW)	9073.69	13384.46
家用电冰箱	(万台)	Household Refrigerators	(10 000 sets)	7904.25	9014.71
房间空气调节器	(万台)	Air Conditioners	(10 000 sets)	21866.16	21035.25
家用电风扇	(万台)	Electric Fans	(10 000 sets)	21607.17	23630.83
家用吸排油烟机	(万台)	Household Kitchen Ventilators	(10 000 sets)	3711.80	3535.88
家用洗衣机	(万台)	Household Washing Machines	(10 000 sets)	7432.99	8041.87
家用吸尘器	(万台)	Vacuum Cleaners	(10 000 sets)	11214.60	13382.89
程控交换机	(万线)	Program-controlled Switchboards	(10 000 lines)	790.46	702.55
电话单机	(万部)	Telephone Sets	(10 000 units)	5710.16	5134.52
移动通信手持机	(万台)	Mobile Phones	(10 000 sets)	169603.36	146961.78
微型计算机设备	(万台)	Micro Computer Equipment	(10 000 units)	34163.22	37800.41
#笔记本计算机	(万台)	Notebook PCs	(10 000 units)	18533.22	23524.63
显示器	(万台)	Display	(10 000 units)	16982.95	17043.65
集成电路	(亿块)	Integrated Circuits	(100 million units)	2018.22	2614.23
彩色电视机	(万台)	Color Television Sets	(10 000 sets)	18999.06	19626.24
组合音响	(万台)	Hi-Fi Stereo Component Players	(10 000 sets)	16706.81	16428.79
照相机	(万台)	Cameras	(10 000 sets)	1595.24	1028.22
#数码照相机	(万台)	Digital Cameras	(10 000 sets)	818.60	560.30
复印和胶版印制设备	(万台)	Xerox and Hectograph Printing Equipment	(10 000 sets)	487.79	311.20
发电量	(亿千瓦小时)	Electricity Generation	(100 million kWh)	75034.28	77790.60
#火电	(亿千瓦小时)	Thermal Power	(100 million kWh)	52201.48	53302.48
水电	(亿千瓦小时)	Hydropower	(100 million kWh)	13044.38	13552.09

注：1.金属切削机床不包括台钻、砂轮机、抛光机。
2.拖拉机是指14.7千瓦及以上的轮式和履带式拖拉机。用本厂自产的拖拉机装配的推土机，只计推土机产量，不计拖拉机产量。
3.发电机组(发电设备)指500千瓦以上的水轮发电机组、汽轮发电机和燃气轮发电机等。

a) Metal-cutting machine tools do not include bench drills, grinders and polishing machines.

b) Tractors refer to both wheel and crawler tractors with a haulage capacity of 14.7 kW and over. The tractors which are refitted into bulldozers by the same tractor factories are deducted.

c) Power generating equipment refers to units with a generating capacity of 500 kW and over, including hydroturbine generating units, steam turbine generating units and gas turbine generating units.

13-13 分地区工业产品产量
Output of Industrial Products by Region

年份 地区	Year Region	原煤(亿吨) Coal (100 million tons)	天然气(亿立方米) Natural Gas (100 million cu.m)	原盐(万吨) Salt (10 000 tons)	成品糖(万吨) Refined Sugar (10 000 tons)	啤酒(万千升) Beer (10 000 kiloliter)	卷烟(亿支) Cigarettes (100 million pieces)	布(亿米) Cloth (100 million m)
	1978	6.18	137.30	1953.00	227.00	40.00	1182.00	110.30
	1980	6.20	142.70	1728.00	257.00	69.00	1520.00	134.70
	1985	8.72	129.30	1479.00	451.00	310.00	2370.00	146.70
	1990	10.80	152.98	2023.00	582.00	692.00	3298.00	188.80
	1995	13.61	179.47	2977.72	558.64	1568.82	3485.02	260.18
	2000	13.84	272.00	3128.00	700.00	2231.32	3397.00	277.00
	2005	23.65	493.20	4661.06	912.37	3126.05	19389.08	484.39
	2006	25.70	585.53	5663.13	949.07	3543.58	20218.13	598.55
	2007	27.60	692.40	6166.97	1271.38	3954.07	21438.84	675.26
	2008	29.03	802.99	6664.43	1432.61	4156.91	22199.20	723.05
	2009	31.15	852.69	6662.79	1338.35	4162.18	22901.50	753.42
	2010	34.28	957.91	7037.76	1117.59	4490.16	23752.60	800.00
	2011	37.64	1053.37	6742.16	1187.43	4834.50	24474.00	814.14
	2012	39.45	1106.08	6911.78	1409.47	4778.58	25160.90	848.94
	2013	39.74	1208.58	7367.60	1592.76	4982.79	25603.86	897.59
	2014	38.74	1301.57	7049.71	1642.67	4936.29	26098.49	893.68
	2015	37.47	1346.10	6665.54	1474.11	4715.60	25890.70	892.58
	2016	34.11	1368.65	6620.10	1443.30	4506.44	23825.76	906.75
	2017	35.24	1480.35	6654.17	1472.04	4401.49	23448.25	691.05
	2018	36.98	1601.59	6363.61	1198.77	3800.83	23375.59	698.47
	2019	38.46	1753.62	6701.44	1389.39	3765.29	23642.49	555.19
	2020	39.02	1924.95	5852.68	1431.30	3411.11	23863.73	459.19
北京	Beijing		19.98			79.26	161.82	
天津	Tianjin		36.31	195.61		16.42	210.62	0.39
河北	Hebei	0.50	5.61	291.17	51.34	178.20	773.54	11.67
山西	Shanxi	10.79	85.93			17.82	151.10	0.17
内蒙古	Inner Mongolia	10.26	25.55	103.86	81.51	58.52	305.10	
辽宁	Liaoning	0.31	7.37	92.97		171.39	274.25	0.77
吉林	Jilin	0.10	19.81		0.32	72.43	528.23	0.25
黑龙江	Heilongjiang	0.56	46.78		20.88	128.53	384.70	0.03
上海	Shanghai		15.11			28.88	878.08	1.03
江苏	Jiangsu	0.10	4.24	581.93	6.93	173.75	1039.45	87.25
浙江	Zhejiang				0.64	259.64	920.43	113.09
安徽	Anhui	1.11	2.24	155.35		75.99	1203.47	7.41
福建	Fujian	0.07		34.34	15.01	156.94	886.45	77.81
江西	Jiangxi	0.03		212.30	1.52	69.97	630.71	7.81
山东	Shandong	1.09	5.77	1295.75	105.33	457.96	1267.12	42.06
河南	Henan	1.06	2.90	107.50	0.26	192.90	1550.43	14.53
湖北	Hubei		1.01	426.58		97.54	1330.46	41.34
湖南	Hunan	0.11	0.03	330.46	1.36	66.64	1624.96	1.65
广东	Guangdong		131.59	4.38	126.02	357.46	1278.37	20.71
广西	Guangxi	0.04	0.22	3.85	677.03	111.84	706.71	0.39
海南	Hainan		1.04	5.62	11.43	3.38	115.00	
重庆	Chongqing	0.09	79.96	372.16	0.80	65.54	557.50	1.70
四川	Sichuan	0.22	463.34	514.10	2.67	217.97	895.22	14.92
贵州	Guizhou	1.21	5.04		3.58	100.50	1160.07	0.33
云南	Yunnan	0.55		160.30	257.18	69.65	3515.88	
西藏	Tibet					12.53		
陕西	Shaanxi	6.80	527.38			67.08	798.50	8.24
甘肃	Gansu	0.39	3.90	15.14	6.27	34.90	461.20	
青海	Qinghai	0.11	64.01	465.33		1.30		
宁夏	Ningxia	0.82		90.89	0.28	19.96	80.00	0.59
新疆	Xinjiang	2.70	369.83	393.08	60.93	46.20	174.35	5.07

注：1.成品糖1997年及以前名称为糖，产量包括土糖，1998-2004年名称为机制糖。
2.啤酒2003年及以前计量单位为万吨。
3.卷烟2003年及以前计量单位为万箱。

a) Refined sugar was called sugar in 1997 and before, in which the homemade sugar was included. During 1998-2004, it was called machine-made sugar.

b) Unit of beer in 2003 and before was 10 000 tons.

c) Unit of cigarettes in 2003 and before was 10 000 boxes.

13-13 续表 1 continued

年份 Year 地区 Region	机制纸及纸板(万吨) Machine-made Paper and Paperboards (10 000 tons)	焦炭(万吨) Coke (10 000 tons)	硫酸(万吨) Sulfuric Acid (10 000 tons)	烧碱(万吨) Caustic Soda (10 000 tons)	纯碱(万吨) Soda Ash (10 000 tons)	乙烯(万吨) Ethylene (10 000 tons)	农用氮、磷、钾化肥(万吨) Chemical Nitrogenous, Phosphate and Potash Fertilizers for Agricultural Use (10 000 tons)
1978	439.00	4690.00	661.00	164.00	132.90	38.03	869.30
1980	535.00	4343.00	764.30	192.30	161.30	48.99	1232.10
1985	911.00	4802.10	676.40	235.30	201.10	65.21	1322.20
1990	1372.00	7328.30	1196.90	335.40	379.50	157.20	1879.70
1995	2812.30	13424.49	1811.00	531.82	597.71	240.10	2548.14
2000	2486.93	12184.02	2427.00	667.88	834.00	470.00	3186.00
2005	6205.42	26511.70	4544.66	1239.98	1421.08	755.54	5177.86
2006	6863.02	30074.36	5033.17	1511.78	1560.03	940.51	5345.05
2007	7792.43	33105.28	5412.56	1759.29	1765.00	1027.80	5824.98
2008	8404.30	32313.94	5097.95	1926.01	1854.60	987.58	6028.05
2009	8965.13	35744.05	5960.91	1832.37	1944.77	1072.62	6385.01
2010	9832.63	38657.83	7090.47	2228.39	2034.82	1421.34	6337.86
2011	11010.89	43433.00	7482.70	2473.52	2294.03	1527.50	6419.39
2012	10956.54	43831.45	7876.63	2696.82	2395.93	1486.80	6832.10
2013	11323.06	48179.38	8154.49	2927.44	2431.63	1599.31	7026.18
2014	11785.80	47980.86	8901.55	3063.51	2525.84	1696.69	6876.85
2015	11742.77	44822.54	8975.70	3020.66	2591.80	1714.60	7431.99
2016	12319.22	44911.48	9133.03	3201.68	2584.98	1781.14	6629.62
2017	12542.01	43142.55	9212.92	3329.17	2767.14	1821.84	5891.71
2018	12045.97	44834.20	9209.27	3475.47	2647.96	1861.76	5403.51
2019	12515.30	47126.16	9119.24	3457.89	2986.46	2052.29	5731.18
2020	12700.63	47116.12	9238.18	3673.87	2812.37	2159.96	5495.97
北 京 Beijing	3.89					81.70	
天 津 Tianjin	266.70	175.36	21.59	82.32	62.82	111.82	14.78
河 北 Hebei	340.17	4825.52	181.07	135.26	218.46		212.82
山 西 Shanxi	69.64	10493.70	44.43	48.66	3.38		400.21
内蒙古 Inner Mongolia	7.37	4222.53	494.87	332.19	4.23	3.97	424.17
辽 宁 Liaoning	186.28	2297.07	142.36	76.47		183.87	35.60
吉 林 Jilin	52.24	368.65	79.91	2.58		86.00	21.88
黑龙江 Heilongjiang	31.86	1062.66	5.55	22.67	15.09	131.10	55.27
上 海 Shanghai	42.33	540.58	5.53	70.70		206.09	0.96
江 苏 Jiangsu	1411.25	1312.87	252.91	261.77	484.07	220.33	200.77
浙 江 Zhejiang	1452.75	213.23	274.33	208.35	29.59	204.20	63.96
安 徽 Anhui	406.64	1228.35	673.87	85.49	88.81		268.00
福 建 Fujian	798.49	223.46	343.73	35.90	25.49	138.74	86.25
江 西 Jiangxi	291.06	688.50	287.52	179.99	40.16	0.61	23.43
山 东 Shandong	2297.70	3162.55	541.09	988.61	383.75	119.88	352.64
河 南 Henan	355.66	1847.84	435.60	170.72	470.56	24.86	489.20
湖 北 Hubei	467.54	801.18	1330.48	85.69	173.29	69.78	490.03
湖 南 Hunan	316.10	603.99	207.55	59.74	32.86	0.64	65.09
广 东 Guangdong	2435.96	596.98	229.43	33.16	54.39	365.68	11.30
广 西 Guangxi	313.38	811.82	444.10	82.37			47.71
海 南 Hainan	174.95						65.25
重 庆 Chongqing	402.48	279.70	59.36	35.12	117.64		167.20
四 川 Sichuan	365.83	1074.23	513.05	120.42	128.93		359.13
贵 州 Guizhou	32.79	428.43	597.80				338.91
云 南 Yunnan	74.29	1093.32	1566.39	22.87	9.54		224.33
西 藏 Tibet							
陕 西 Shaanxi	58.34	4896.51	119.24	113.51	25.60		145.78
甘 肃 Gansu	5.54	516.84	248.32	36.39		69.70	24.54
青 海 Qinghai		182.57	13.72	19.61	413.79		523.14
宁 夏 Ningxia	23.27	920.81	63.22	73.09	29.91		68.22
新 疆 Xinjiang	16.13	2246.86	61.16	290.23		141.00	315.40

13-13 续表 2 continued

年份 Year 地区 Region	化学农药原药（万吨）Chemical Pesticide (10 000 tons)	初级形态塑料（万吨）Primary Plastics (10 000 tons)	化学纤维（万吨）Chemical Fiber (10 000 tons)	水泥（万吨）Cement (10 000 tons)	平板玻璃（万重量箱）Plate Glass (10 000 weight cases)	生铁（万吨）Pig Iron (10 000 tons)	粗钢（万吨）Crude Steel (10 000 tons)	钢材（万吨）Rolled Steel (10 000 tons)
1978	53.30	67.90	28.46	6524.00	1784.00	3479.00	3178.00	2208.00
1980	53.70	89.80	45.03	7986.00	2466.00	3802.00	3712.00	2716.00
1985	21.10	123.40	94.78	14595.00	4942.00	4384.00	4679.00	3693.00
1990	22.80	227.00	165.42	20971.00	8067.00	6238.00	6635.00	5153.00
1995	41.65	516.87	341.17	47560.59	15731.71	10529.27	9535.99	8979.80
2000	60.70	1087.51	694.00	59700.00	18352.20	13101.48	12850.00	13146.00
2005	114.73	2308.86	1664.79	106884.79	40210.24	34375.19	35323.98	37771.14
2006	138.46	2602.60	2073.18	123676.48	46574.70	41245.19	41914.85	46893.36
2007	176.48	3184.54	2413.78	136117.25	53918.07	47651.63	48928.80	56560.87
2008	209.99	3680.23	2453.29	142355.73	59890.39	47824.42	50305.75	60460.29
2009	208.92	3629.97	2747.28	164397.78	58574.07	55283.46	57218.23	69405.40
2010	223.52	4432.59	3090.00	188191.17	66330.80	59733.34	63722.99	80276.58
2011	230.00	4992.31	3390.07	209925.86	79107.55	64050.88	68528.31	88619.57
2012	290.88	5330.92	3837.37	220984.08	75050.50	66354.40	72388.22	95577.83
2013	303.14	6293.03	4160.28	241923.89	79285.80	71149.88	81313.89	108200.54
2014	374.40	7088.84	4389.75	249207.08	83128.16	71374.78	82230.63	112513.12
2015	374.00	7807.66	4831.71	235918.83	78651.63	69141.30	80382.50	103468.41
2016	320.97	8307.81	4886.36	241030.98	80408.45	70227.33	80760.94	104813.45
2017	250.74	8458.08	4877.05	233084.06	83765.80	71361.93	87074.09	104642.05
2018	240.02	8854.87	5418.02	223609.62	93963.26	77987.63	92903.84	113287.33
2019	211.81	9743.65	5883.37	234430.62	94461.22	80849.38	99541.89	120456.94
2020	214.80	10542.20	6124.68	239470.83	95227.79	88897.61	106476.68	132489.18
北京 Beijing		112.70	0.26	286.90	51.73			184.42
天津 Tianjin		339.70	7.49	551.50	3152.11	2198.87	2171.82	5724.05
河北 Hebei	3.59	183.14	96.50	11859.97	13728.37	22903.76	24976.95	31320.12
山西 Shanxi	0.06	102.37		5616.66	2252.16	6089.08	6637.78	6181.45
内蒙古 Inner Mongolia	4.30	860.16	0.71	3610.88	1041.24	2380.83	3119.87	2883.92
辽宁 Liaoning	1.55	542.72	18.79	5447.01	4682.69	7235.20	7609.40	7578.40
吉林 Jilin	1.82	135.51	40.28	2232.80	1199.02	1407.74	1525.61	1661.62
黑龙江 Heilongjiang	0.50	247.07	2.51	2409.91	399.14	863.13	986.55	878.96
上海 Shanghai	1.35	421.62	37.93	398.89		1411.33	1575.60	1879.61
江苏 Jiangsu	58.20	1135.60	1534.12	15275.13	1757.21	10022.92	12108.20	15004.86
浙江 Zhejiang	19.19	1132.52	2964.24	13260.00	4270.37	852.84	1457.03	3806.68
安徽 Anhui	16.07	328.09	51.46	14189.26	4466.23	2537.32	3696.69	3607.46
福建 Fujian		398.33	856.36	9718.36	5362.13	1106.21	2466.50	3861.65
江西 Jiangxi	1.36	84.68	86.90	10030.74	488.37	2332.07	2682.07	3093.92
山东 Shandong	28.54	945.98	74.75	15970.42	7792.64	7668.42	7993.51	11269.32
河南 Henan	8.22	215.50	75.33	11767.92	1907.57	2769.49	3530.16	4233.36
湖北 Hubei	14.91	174.51	32.54	9826.63	9566.46	2727.44	3557.23	3649.11
湖南 Hunan	13.02	60.20	6.95	11043.16	4318.31	2105.44	2612.90	2729.73
广东 Guangdong	1.98	713.44	67.15	17165.52	10027.52	2158.74	3382.34	4866.19
广西 Guangxi	3.11	28.60		12129.05	2650.24	1457.14	3452.23	4731.16
海南 Hainan	0.19	34.87		1838.85	424.67			
重庆 Chongqing	0.21	48.08	17.96	6524.41	1596.50	637.84	899.95	1309.95
四川 Sichuan	27.61	284.79	79.01	14517.47	5902.06	2136.79	2792.63	3437.18
贵州 Guizhou		4.73	1.37	10820.86	1648.07	368.63	461.94	741.09
云南 Yunnan	0.12	34.56	4.01	13130.31	2459.27	1873.25	2233.02	2640.72
西藏 Tibet				1085.04				
陕西 Shaanxi	0.48	593.24	3.97	6809.85	2222.51	1232.21	1521.53	2019.98
甘肃 Gansu	3.70	159.43		4716.73	534.26	782.29	1059.17	1102.65
青海 Qinghai		53.98		1225.79	74.34	160.34	193.24	189.11
宁夏 Ningxia	3.60	439.27	2.27	1979.94	422.68	319.98	466.62	481.99
新疆 Xinjiang	1.11	726.79	61.81	4030.88	829.90	1158.32	1306.13	1420.52

注：初级形态塑料2004年及以前名称为塑料树脂及共聚物，简称塑料。

a) Before 2004, the primary plastics was called plastic colophony copolymer, or plastics in short.

13-13 续表 3 continued

年 份 Year 地 区 Region	金属切削机床(万台) Metal-cutting Machine Tools (10 000 units)	大中型拖拉机(万台) Large and Medium-sized Tractors (10 000 units)	汽 车(万辆) Motor Vehicles (10 000 units)	#轿 车 Cars	发电机组(万千瓦) Power Generation Equipment (10 000 kW)	家用电冰箱(万台) Household Refrigerators (10 000 units)	房间空气调节器(万台) Air Conditioners (10 000 units)
1978	18.32	11.35	14.91		483.80	2.80	0.02
1980	13.36	9.77	22.23	0.54	419.30	4.90	1.32
1985	16.72	4.50	43.72	0.90	563.60	144.81	12.35
1990	13.45	3.94	51.40	3.50	1225.40	463.06	24.07
1995	20.34	6.33	145.27	33.70	1667.90	918.54	682.56
2000	17.66	4.10	207.00	60.70	1249.00	1279.00	1826.67
2005	51.14	16.33	570.49	277.01	9200.00	2987.06	6764.57
2006	57.30	19.93	727.89	386.94	11694.27	3530.89	6849.42
2007	64.69	20.31	888.89	479.78	12990.98	4397.13	8014.28
2008	71.73	28.44	930.59	503.81	13942.42	4799.95	8147.37
2009	58.55	37.13	1379.53	748.48	11729.25	5930.45	8078.25
2010	69.73	33.68	1826.53	957.59	12880.21	7295.72	10887.47
2011	88.68	40.19	1841.64	1012.67	14410.52	8699.20	13912.50
2012	88.23	52.73	1927.62	1077.00	13005.52	8427.00	12398.72
2013	87.55	66.56	2212.09	1210.43	14197.66	9255.74	13069.30
2014	85.80	64.37	2372.52	1248.31	15053.02	8796.09	14463.27
2015	75.50	68.82	2450.35	1162.97	12431.38	7992.75	14200.35
2016	67.28	61.84	2811.91	1211.12	13119.78	8481.57	14342.37
2017	60.85	34.44	2901.81	1194.54	11822.93	8314.48	17861.53
2018	54.07	26.21	2782.74	1217.38	10903.07	8108.79	20955.68
2019	42.10	28.08	2567.67	1028.49	9073.69	7904.25	21866.16
2020	43.89	34.52	2532.49	923.98	13384.46	9014.71	21035.25
北 京 Beijing	0.88		166.01	65.31	555.68		
天 津 Tianjin	0.09	0.41	94.57	53.73	775.98	22.15	158.75
河 北 Hebei	0.20		97.53	14.11	356.28		1197.98
山 西 Shanxi			4.89	0.46	30.23		
内蒙古 Inner Mongolia			2.90	2.89	85.95		
辽 宁 Liaoning	2.77		74.82	37.24	57.90	156.88	92.63
吉 林 Jilin			265.64	143.97			
黑龙江 Heilongjiang	0.04	1.33	7.17	7.17	1806.75		
上 海 Shanghai	0.41		264.68	145.48	1882.25	21.15	231.23
江 苏 Jiangsu	5.37	7.74	75.21	30.14	1365.86	1265.22	401.51
浙 江 Zhejiang	11.04	1.79	90.43	52.35	757.38	592.71	1583.33
安 徽 Anhui	1.97	0.09	116.07	13.24		2437.87	3009.70
福 建 Fujian	1.16		18.04	2.64	38.52		141.63
江 西 Jiangxi	0.35	0.02	45.20	0.73	34.54	78.14	486.56
山 东 Shandong	4.93	15.87	115.82	5.92	584.50	832.37	1479.23
河 南 Henan	0.23	6.46	54.54	17.84	123.16	216.11	1248.03
湖 北 Hubei	0.83	0.54	209.34	84.95	113.91	570.06	1760.31
湖 南 Hunan	0.33		39.13	7.83	493.97		622.75
广 东 Guangdong	5.48		313.29	172.70	624.79	2305.76	6714.61
广 西 Guangxi	0.11		174.49	23.80	8.20	99.38	
海 南 Hainan			0.13				
重 庆 Chongqing	0.77		158.00	28.78	102.67	148.70	1696.19
四 川 Sichuan	0.85	0.01	71.34	2.26	2589.29	111.13	210.80
贵 州 Guizhou	0.19		7.52			157.08	
云 南 Yunnan	3.49	0.27	2.00		40.08		
西 藏 Tibet							
陕 西 Shaanxi	2.07		62.83	10.11	30.18		
甘 肃 Gansu	0.13		0.04		1.20		
青 海 Qinghai	0.01				97.50		
宁 夏 Ningxia	0.19		0.01		94.89		
新 疆 Xinjiang			0.87	0.32	732.80		

13-13 续表 4 continued

年份 地区	Year Region	家用洗衣机(万台) Household Washing Machines (10 000 units)	移动通信手持机(万台) Mobile Phones (10 000 units)	微型计算机设备(万台) Micro-Computer Equipment (10 000 units)	集成电路(亿块) Integrated Circuit (100 million units)	彩色电视机(万台) Color Television Sets (10 000 units)	发电量(亿千瓦小时) Electricity Generation (100 million kWh)	#水电 Hydropower
	1978	0.04			0.30	0.38	2565.50	445.90
	1980	24.53			0.17	3.21	3006.30	582.10
	1985	887.20			0.64	435.28	4106.90	923.70
	1990	662.68		8.21	1.08	1033.04	6212.00	1267.20
	1995	948.40		83.57	55.17	2057.74	10077.30	1905.77
	2000	1442.98	5247.88	672.00	58.80	3936.00	13556.00	2224.14
	2005	3035.52	30354.21	8084.89	269.97	8283.22	25002.60	3970.17
	2006	3560.50	48013.79	9336.44	335.75	8375.40	28657.26	4357.86
	2007	4005.10	54857.86	12073.38	411.62	8478.01	32815.53	4852.64
	2008	4447.00	55945.10	15853.65	438.77	9187.14	34668.82	5851.87
	2009	4973.63	68193.37	18215.07	414.40	9898.79	37146.51	6156.44
	2010	6247.73	99827.36	24584.46	652.50	11830.03	42071.60	7221.72
	2011	6715.94	113257.71	32036.93	719.52	12231.34	47130.19	6989.45
	2012	6791.12	118154.57	31806.71	779.61	12823.52	49875.53	8721.07
	2013	7300.53	152343.90	35348.41	903.46	12745.21	54316.35	9202.92
	2014	7114.40	168202.75	35079.63	1015.53	14128.90	57944.57	10728.82
	2015	7274.50	181261.40	31418.70	1087.20	14475.73	58145.73	11302.70
	2016	7620.85	184845.66	29008.51	1317.95	15769.64	61331.60	11840.48
	2017	7500.88	188982.37	30678.37	1564.58	15932.62	66044.47	11978.65
	2018	7261.50	180050.62	31580.23	1852.60	19695.03	71661.33	12317.87
	2019	7432.99	169603.36	34163.22	2018.22	18999.06	75034.28	13044.38
	2020	8041.87	146961.78	37800.41	2614.23	19626.24	77790.60	13552.09
北京	Beijing		9928.54	552.42	170.71	279.41	457.47	11.46
天津	Tianjin	220.39	6.73		18.92	49.29	771.61	0.10
河北	Hebei	8.62			0.47		3425.07	15.17
山西	Shanxi		2261.35	0.53			3503.54	46.76
内蒙古	Inner Mongolia					173.24	5810.97	57.35
辽宁	Liaoning		15.95	46.26	7.40	11.68	2135.26	56.55
吉林	Jilin						1018.83	93.84
黑龙江	Heilongjiang		36.84		2.65		1137.84	31.99
上海	Shanghai	133.96	3686.58	1799.51	288.67	158.74	861.74	
江苏	Jiangsu	2238.61	5527.48	5029.46	836.45	796.37	5217.54	32.17
浙江	Zhejiang	907.21	3704.59	139.21	174.10	1.11	3531.31	209.09
安徽	Anhui	2380.40	91.35	3097.13	9.18	1611.76	2808.98	66.21
福建	Fujian		2382.81	1493.63	16.95	1330.02	2651.05	291.77
江西	Jiangxi	20.45	5649.09	2188.45	3.31	84.24	1444.71	144.89
山东	Shandong	662.19	606.47	0.26	22.16	1774.86	5806.43	8.66
河南	Henan	49.20	13625.32	1.48	0.03	24.72	2906.12	140.21
湖北	Hubei		2667.01	1720.01	0.57	178.78	3015.84	1647.22
湖南	Hunan		2369.20	184.51	17.85		1554.43	573.66
广东	Guangdong	741.57	61951.12	4621.58	373.57	11233.36	5225.91	285.42
广西	Guangxi	141.11	1504.90	185.05	0.20	670.91	1970.88	614.47
海南	Hainan						345.53	16.68
重庆	Chongqing	523.40	13450.47	9130.26	45.49		840.52	281.00
四川	Sichuan	14.76	13319.83	7527.01	106.37	970.10	4182.28	3541.38
贵州	Guizhou		1352.91	0.07	0.69	183.62	2305.44	831.16
云南	Yunnan		574.74	82.57	5.15	26.74	3674.44	2959.99
西藏	Tibet						88.90	70.24
陕西	Shaanxi		1707.75		56.06	67.28	2379.41	128.11
甘肃	Gansu		51.57		457.29		1762.35	506.81
青海	Qinghai						951.95	599.00
宁夏	Ningxia						1882.36	22.50
新疆	Xinjiang		489.19	1.00			4121.86	268.20

13-14 人均主要工业产品产量
Per Capita Output of Main Industrial Products

年 份 Year	原 煤 (吨) Coal (ton)	原 油 (公斤) Crude Oil (kg)	纱 (公斤) Yarn (kg)	布 (米) Cloth (m)	机制纸及纸板 (公斤) Machine-made Paper and Paperboard (kg)	水 泥 (公斤) Cement (kg)	粗 钢 (公斤) Crude Steel (kg)	发电量 (千瓦小时) Electricity Generation (kWh)
1978	0.65	108.82	2.49	11.54	4.59	68.23	33.24	268.36
1980	0.63	107.97	2.98	13.73	5.45	81.39	37.83	306.35
1985	0.83	118.83	3.36	13.96	8.67	138.86	44.52	390.76
1990	0.95	121.84	4.08	16.63	12.09	184.74	58.45	547.22
1995	1.13	124.53	4.50	21.59	23.34	394.74	79.15	836.39
1996	1.15	129.22	4.21	17.17	21.67	403.42	83.15	888.10
1997	1.13	130.68	4.55	20.23	22.22	416.02	88.57	923.16
1998	1.07	129.64	4.36	19.41	17.12	431.58	93.07	939.66
1999	1.09	127.72	4.53	19.96	17.24	457.40	99.19	989.28
2000	1.10	129.09	5.20	21.94	19.70	472.82	101.77	1073.62
2001	1.16	128.91	5.98	22.80	29.70	519.75	119.22	1164.29
2002	1.21	130.43	6.64	25.18	36.45	566.23	142.43	1291.78
2003	1.42	131.64	7.63	27.44	37.64	669.11	172.57	1482.91
2004	1.64	135.70	9.96	37.20	41.77	745.96	218.28	1699.99
2005	1.81	139.10	11.13	37.15	47.60	819.84	270.95	1917.79
2006	1.96	140.93	13.29	45.66	52.35	943.36	319.71	2185.88
2007	2.09	141.38	14.86	51.24	59.13	1032.85	371.27	2490.01
2008	2.19	143.77	15.52	54.58	63.45	1074.66	379.76	2617.20
2009	2.34	142.34	17.02	56.59	67.34	1234.90	429.81	2790.33
2010	2.56	151.76	19.23	59.80	73.50	1406.82	476.36	3145.06
2011	2.80	150.83	20.21	60.53	81.86	1560.75	509.49	3504.01
2012	2.91	153.21	22.04	62.69	80.91	1631.85	534.55	3683.05
2013	2.92	153.98	23.47	65.84	83.06	1774.62	596.48	3984.36
2014	2.82	154.12	24.63	65.14	85.91	1816.56	599.41	4223.80
2015	2.72	155.49	25.64	64.69	85.10	1709.73	582.54	4213.89
2016	2.46	143.89	26.90	65.34	88.77	1736.80	581.94	4419.37
2017	2.52	137.16	22.86	49.49	89.83	1669.40	623.64	4730.25
2018	2.64	134.97	21.95	49.79	85.87	1594.07	662.29	5108.60
2019	2.73	136.12	20.08	39.44	88.90	1665.29	707.10	5330.10
2020	2.77	138.03	18.55	32.54	90.01	1697.05	754.57	5512.76

注：2011—2019年数据根据第七次全国人口普查结果修订数修订。
a) The data from 2011 to 2019 were revised according to the results of the seventh National Population Census.

13-15 全国规模以上工业主要产品生产能力
Production Capacity of Main Industrial Products of Industrial Enterprises above Designated Size

产品名称		Item		2019	2020
天然原油	(万吨)	Natural Crude Oil	(10 000 tons)	20727.57	20448.11
卷烟	(亿支)	Cigarettes	(100 million pieces)	38603.03	30762.98
原油加工能力	(万吨)	Crude Oil Processing Capacity	(10 000 tons)	79489.57	84762.87
焦炭	(万吨)	Coke	(10 000 tons)	63034.61	60795.87
烧碱	(万吨)	Caustic Soda	(10 000 tons)	3985.07	4295.60
碳化钙(电石，折300升/千克)	(万吨)	Calsium Carbide (converted to 300 litres/kg)	(10 000 tons)	3118.61	3290.75
农用氮、磷、钾化学肥料总计(折纯)	(万吨)	Chemical Fertilizers	(10 000 tons)	8822.26	8381.40
初级形态塑料	(万吨)	Primary Plastics	(10 000 tons)	11395.19	12355.90
化学纤维	(万吨)	Chemical Fibre	(10 000 tons)	6923.34	7469.19
水泥	(万吨)	Cement	(10 000 tons)	332459.18	339735.63
平板玻璃	(万重量箱)	Plate Glass	(10 000 weight cases)	107848.96	112630.66
粗钢	(万吨)	Crude Steel	(10 000 tons)	106036.13	108562.57
钢材	(万吨)	Rolled Steel	(10 000 tons)	154018.91	159937.62
原铝(电解铝)	(万吨)	Electrolyzed Aluminum	(10 000 tons)	4040.16	4231.12
金属切削机床	(万台)	Metal-cutting Machine Tools	(10 000 sets)	70.82	81.06
汽车	(万辆)	Motor Vehicles	(10 000 sets)	4017.44	4139.32
家用电冰箱	(万台)	Household Refrigerators	(10 000 sets)	10851.65	12148.54
房间空气调节器	(万台)	Air Conditioners	(10 000 sets)	29828.75	31781.78
微型计算机设备	(万台)	Micro Computer Equipment	(10 000 sets)	50495.00	58006.39
移动通信手持机(手机)	(万台)	Mobile Phones	(10 000 sets)	212912.56	224666.81
彩色电视机	(万台)	Color TV Set	(10 000 sets)	26486.66	26777.33
发电设备容量总计	(万千瓦)	Installed Capacity of Power Generation	(10 000 kW)	178554.51	193908.12
#火电设备容量	(万千瓦)	Thermal Power	(10 000 kW)	117082.29	123740.13
水电设备容量	(万千瓦)	Hydropower	(10 000 kW)	30693.65	30963.43
核电设备容量	(万千瓦)	Nuclear Power	(10 000 kW)	4875.53	4987.33
风电设备容量	(万千瓦)	Wind Power	(10 000 kW)	17632.84	20400.66

主要统计指标解释

工业 指从事自然资源的开采，对采掘品和农产品进行加工和再加工的物质生产部门。具体包括：(1)对自然资源的开采，如采矿、晒盐等(但不包括禽兽捕猎和水产捕捞)；(2)对农副产品的加工、再加工，如粮油加工、食品加工、缫丝、纺织、制革等；(3)对采掘品的加工、再加工，如炼铁、炼钢、化工生产、石油加工、机器制造、木材加工等，以及电力、燃气及水的生产和供应等；(4)对工业品的修理、翻新，如机器设备的修理等。

工业统计调查单位为工业法人单位。

工业法人单位指从事工业生产经营活动的法人单位。工业法人单位应同时具备以下条件：①依法成立，有自己的名称、组织机构和场所，能够独立承担民事责任；②独立拥有（或授权）使用资产，承担负债，有权与其他单位签订合同；③具有包括资产负债表在内的帐户，或者能够根据需要编制帐户。

国有控股企业 即原来的国有及国有控股企业，根据企业实收资本中国有经济成分的出资人的实际投资情况，或国有经济成分的出资人对企业资产的实际控制、支配程度进行分类。以下情况为国有控股：(1) 在企业的全部实收资本中，国有经济成分的出资人拥有的实收资本（股本）所占企业全部实收资本（股本）的比例大于 50%的国有绝对控股。(2) 在企业的全部实收资本中，国有经济成分的出资人拥有的实收资本（股本）所占比例虽未大于 50%，但相对大于其他任何一方经济成分的出资人所占比例的国有相对控股；或者虽不大于其他经济成分，但根据协议规定拥有企业实际控制权的国有协议控股。(3) 投资双方各占 50%，且未明确由谁绝对控股的企业，若其中一方为国有经济成分的，一律按国有控股处理。

本篇涉及的企业登记注册类型的解释详见综合篇。

资产总计 指企业过去的交易或者事项形成的、由企业拥有或者控制的、预期会给企业带来经济利益的资源。包括企业拥有的土地、办公楼、厂房、机器、运输工具、存货等实物资产和现金、存款、应收账款和预付账款等金融资产。资产一般按流动性分为流动资产和非流动资产。其中流动资产可分为货币资金、交易性金融资产、应收票据、应收账款、预付款项、其他应收款、存货等；非流动资产可分为长期股权投资、固定资产、无形资产及其他非流动资产等。来源于会计“资产负债表”中“资产总计”项目的期末余额数。

流动资产合计 资产满足以下条件之一应归为流动资产：(1) 预计在一个正常营业周期中变现、出售或耗用，主要包括存货、应收账款等；(2) 主要为交易目的而持有；(3) 预计在资产负债表日起一年内（含一年）变现；(4) 自资产负债日起一年内，交换其他资产或清偿负债的能力不受限制的现金或现金等价物。包括货币资金、应收票据、应收账款、存货等项目。来源于会计“资产负债表”中“流动资产合计”项目的期末余额数。

负债合计 指企业过去的交易或者事项形成的，预期会导致经济利益流出企业的现时义务。包括银行贷款、借款、应付账款、应付职工工资、应付职工福利费、应交税金等企业负有偿还责任的债务。负债一般按偿还期长短分为流动负债和非流动负债。来源于会计“资产负债表”中“负债合计”项目的期末余额数。

应收账款 指资产负债表日以摊余成本计量的、企业因销售商品、提供服务等经营活动应收取的款项。来源于会计“资产负债表”中“应收账款”项目的期末余额数。

存货 指企业在日常活动中持有以备出售的产成品或商品、处在生产过程中的在产品、在生产过程或提供劳务过程中耗用的材料或物料等，通常包括原材料、在产品、半成品、产成品、商品以及周转材料等。来源于会计“资产负债表”中“存货”项目的期末余额数。

产成品 指企业已经完成全部生产过程并验收入库，可以按照合同规定的条件送交订货单位，或者可以作为商品对外销售的产品。如果会计“资产负债表”列示“产成品”或“库存商品”项目，则为其期末余额；或者，根据会计“产成品”或“库存商品”科目的借方余额，减去为“产成品”或“库存商品”计提的存货跌价准备等计算得出。

营业收入 指企业从事销售商品、提供劳务和让渡资产使用权等生产经营活动形成的经济利益流入。营业收入包括“主营业务收入”和“其他业务收入”。来源于会计“利润表”中“营业收入”项目的本年累计数。

营业成本 指企业从事销售商品、提供劳务和让渡资产使用权等生产经营活动发生的实际成本。包括企业（单位）在报告期内从事销售商品、提供劳务等日常活动发生的各种耗费。包括“主营业务成本”和“其他业务成本”。来源于会计“利润表”中“营业成本”项目的本年累计数。

销售费用 指企业在销售商品和材料、提供劳务的过程中发生的各种费用，包括保险费、包装费、展览费和广告费、商品维修费、预计产品质量保证损失、运输费、装卸费等以及为销售本企业商品而专设的销售机构（含销售网点、售后服务网点等）的职工薪酬、业务费、折旧费等经营费用。

管理费用 指企业为组织和管理企业生产经营所发生的费用，包括企业在筹建期间内发生的开办费、董事会和行政管理部门在企业经营管理中发生的，或者应当由企业统一负担的公司经费等。来源于会计“利润表”中“管理费用”项目的本年累计数。

财务费用 指企业为筹集生产经营所需资金等而发生的筹资费用，包括企业生产经营期间发生的利息支出（减利息收入）、汇兑损失（减汇兑收益）以及相关的手续费等。来源于会计“利润表”中“财务费用”项目的本年累计数。

利润总额 指企业在一定会计期间的经营成果，是生产经营过程中各种收入扣除各种耗费后的盈余，反映企业在报告期内实现的盈亏总额。来源于会计“利润表”中“利润总额”项目的本年累计数。

平均用工人数 指报告期企业平均实际拥有的、参与本企业生产经营活动的人员数。

Explanatory Notes on Main Statistical Indicators

Industry refers to the material production sector which is engaged in the extraction of natural resources and processing and reprocessing of minerals and agricultural products, including (1) extraction of natural resources, such as mining, salt production (but not including hunting and fishing); (2) processing and reprocessing of farm and sideline produces, such as grain and oil processing, food processing, silk reeling, spinning and weaving and leather making; (3) processing and reprocessing of mineral products, such as steel making, iron smelting, chemicals manufacturing, petroleum processing, machine building, timber processing, and production and supply of electricity, gas and water; (4) repairing and renovating of industrial products such as the machinery.

In industrial surveys, the units of enquiry are industrial corporate units.

Industrial corporate units refer to corporate units engaging in industrial production and operation activities, which meet the following requirements: (1) They are established legally, having their own names, organizations, location, and are able to take civil liability independently; (2) They possess (or are authorized to use) assets independently, assume liabilities and are entitled to sign contracts with other units; (3) They have accounts including the balance sheets or can compile the accounts according to the need.

State-holding Enterprises cover the original state-owned enterprises and state-holding enterprises. They are classified according to the actual investment made by the contributors of state-owned part in the paid-in capital of the enterprises, or the degree of control or dominance of the contributor on the assets of the enterprises. The following cases are regarded as state-holding: (1) Absolute state-holding in which the contributors of state-owned parts possess more than 50% of all the paid-in capital (stocks) of the enterprises; (2) Relative state-holding in which the contributors of state-owned parts possess no more than 50% of the paid-in capital (stocks) of the enterprises, but more than that of any other contributors; or agreed state-holding in which the contributors of state-owned parts possess no more than other contributors but have actual control over the enterprises according to agreements; (3) In case both contributors possess 50% and it is not clear which one is in absolute holding position, the enterprise is regarded as state-holding enterprise if one of the contributor has state-owned elements.

For explanation of types of registration covered in this chapter, please refer to Chapter 1 on General Survey.

Total Assets refer to all resources that are owned or controlled by enterprises through previous trades or transactions, with expectation of making economic profits to enterprises. Included are all assets owned by enterprises such as land, office buildings, factories, machines, vehicles, inventories and other physical assets as well as cash, deposits, accounts receivable, prepayments and other financial assets. Classified by the degree of liquidity, total assets include current assets and non-current assets. Current assets can be classified into monetary capital, trading financial assets, notes receivable, accounts receivable, advanced payments, other receivables and inventories. Non-current assets can be divided into long-term equity investment, fixed assets, intangible assets and other non-current assets. Data on this indicator can be obtained from the year-end figures of total assets in the *Balance Sheet* of accounting records.

Current Assets refer to the assets that meet one of the following requirements: (1) expected to be cashed, sold or used in a normal operation cycle, mainly including inventory and accounts receivable; (2) owned for transaction purpose mainly; (3) expected to be cashed within one year (including one year) from the day of the *Balance Sheet*; (4) unlimited cash or cash equivalents that can be exchanged with other assets or capable of settling debts during one year since the day of the *Balance Sheet*. Included are monetary capital, notes receivable, accounts receivable and inventories. Data on this indicator can be obtained from the year-end figures of total current assets in the *Balance Sheet* of accounting records.

Total Liabilities refer to payable liabilities of enterprises that are accumulated from earlier transactions with expectation of leaking out of economic profits. Included are debts that enterprises are responsible for repaying such as bank loans, borrowings, accounts payable, wages payable, employee benefits payable, taxes payable, etc. In terms of payment, it can be divided into liquid liabilities and long-term liabilities. Data on this indicator can be obtained from the year-end figures of total liabilities in the *Balance Sheet* of accounting records.

Accounts Receivable refers to creditor's rights through business activities such as selling goods and providing labor. It comes from the ending balance of accounts receivable in balance sheet.

Inventories refers to finished goods or commodities held in preparation for sale in enterprises' daily activities, goods in the production process, material or the physical materials consumed in the production process or in the process of providing labor, usually include raw materials, goods in the production process, semi-finished products, finished products, goods and materials in flow. It comes from the ending balance of inventory in balance sheet.

Finished Goods refers to the products that the enterprises have completed all of the production process and accepted and put in storage, and can be sent to the ordering units in accordance with the contract stipulations, or can be on sale. If "finished goods" or "goods in stock" are listed in the *Balance Sheet*, it is the ending balance; or, it is calculated according to the debit balance of the accounting "finished goods" or "goods in stock" account, minus the inventory falling price reserves for "finished products" or "goods in stock".

Business Revenue refers to the inflow of economic benefits through production and operation activities of enterprises, such as selling commodities, providing labor services and transferring the right to use of assets. Business revenue includes "revenue from principal business" and " revenue from other business". It comes from current year's cumulative report of "business revenue" items from the "income statement".

Business Cost refers to the actual costs incurred by the enterprises in such production and operation activities as selling commodities, providing labor services and transferring the right to use of assets. It includes various expenditures incurred by enterprises (units) in their daily activities of selling goods and providing labour services during the reporting period. It includes "cost of principal business" and "cost of other business". It comes from current year's cumulative report of "operating cost" items from the "income statement".

Selling Expenses refer to the cost during the sale of goods and materials, providing labour services, including insurance, packing, exhibition fees and advertising fees, merchandise maintenance costs, expected product quality guarantee loss, transportation fees, handling fees, and operating expenses for the sales of the company's products, such as employee compensation, business expenses, depreciation costs for dedicated sales offices (including sales outlets, after-sales service outlets, etc.).

Management Expenses refer to the expenses for the organization and management of enterprise operation, including the start-up costs during the construction of enterprises, funds occurred during enterprises operation by board of directors and executive management in the enterprise management, and other costs to be paid by enterprises. It comes from current year's cumulative amount of management cost in income statement.

Financial Expenses refer to cost of fund-raising for enterprises to raise funds for production and operation, including interest payments (a reduction in interest income), exchange loss (less exchange gains) and related fees during the period of production. It comes from current year's cumulative amount of financial expenses in income statement.

Total Profits refer to the operational results in a certain accounting period, and it is the balance of various incomes minus various spendings in the course of operation, reflecting the total profits and losses of enterprises in reference period. Data are obtained from current year's cumulative amount of total profits in the profit statement of the accounting record of enterprise.

Annual Average Employees refer to the number of persons engaged in the production and operation activities of enterprises in the reporting period, which are actually employed by the enterprises.

14

建筑业

Construction

简 要 说 明

一、本篇资料主要内容

本篇资料反映我国建筑业概况和发展情况。包括建筑业企业基本情况和生产经营情况。主要指标有企业个数、从业人员数、建筑业总产值、建筑业增加值、房屋建筑面积、利润、税金、劳动生产率等。此外，还包括勘察设计单位和人员情况的主要指标。

二、本篇资料统计范围

根据建筑业发展的实际情况，建筑业统计范围从2002年年报起由原具有建筑业资质等级四级及四级以上的独立核算的建筑业企业调整为具有建筑业资质的独立核算建筑业企业。

三、本篇资料来源及统计调查方法

本篇建筑业企业统计数据根据国家统计局制定的《建筑业统计报表制度》整理汇总。建筑业统计报表由国家统计局根据企业实际情况采取全面调查的方法布置、收集，由资质内建筑业企业通过联网直报系统上报。

勘察设计单位和人员表依据住房和城乡建设部制定的《勘察设计报表制度》中有关年报资料编制，由住房和城乡建设部提供。

Brief Introduction

I. Main Contents

Data in this chapter show the general situation and the development of the construction industry in China. They cover the situation of production and management of construction enterprises, including the number of enterprises; number of employed persons; gross output value and value added of the construction industry; floor space of buildings under construction; profits and taxes; and labour productivity etc. Also included in this chapter are main indicators on the situation of prospecting and designing institutions and personnel.

II. Scope of Statistics

In view of the development of the construction industry, starting from 2002 the scope of construction statistics has been adjusted to include all the construction enterprises of various types of ownership with qualification certificates and independent accounting systems, replacing the previous criteria that required construction enterprises of various types of ownership to have qualification certificates at or above Grade 4 with independent accounting systems.

III. Sources of Data and Methods of Survey

Data on construction enterprises are collected in accordance with the *Statistical Reporting System of Construction* stipulated by the National Bureau of Statistics. Report forms of construction statistics are distributed and collected through comprehensive survey by National Bureau of Statistics in accordance with the real conditions of the enterprises, and they are directly reported by qualified construction enterprises through internet.

Data on prospecting and designing institutions and their personnel are provided by the Ministry of Housing and Urban-Rural Development, based on the requirements on the annual reporting specified in the *Statistical Reporting Form System of Prospecting and Designing* stipulated by the Ministry of Housing and Urban-Rural Development.

14-1 建筑业企业概况
Main Indicators of Construction Enterprises

年份 Year	总计 Total	国有企业 State-owned Enterprises	集体企业 Collective-owned Enterprises	港澳台商投资企业 Enterprises with Investment from Hong Kong, Macao and Taiwan	外商投资企业 Foreign Invested Enterprises	其他 Other Enterprises
企业单位数（个） Number of Enterprises (unit)						
1980	6604	1996	4608			
1985	11150	3385	7765			
1990	13327	4275	9052			
1995	24133	7531	15348	329	312	613
2000	47518	9030	24756	635	319	12778
2005	58750	6007	8090	516	388	43749
2006	60166	5555	7051	479	370	46711
2007	62074	5319	6614	482	365	49294
2008	71095	5315	5843	474	363	59100
2009	70817	5009	5352	444	351	59661
2010	71863	4810	5026	416	331	61280
2011	72280	4642	4847	393	303	62095
2012	75280	4602	4640	385	295	65358
2013	78919	3847	3728	390	272	70682
2014	81141	3753	3589	369	261	73169
2015	80911	3603	3318	343	249	73398
2016	83017	3593	3154	326	222	75722
2017	88074	3453	2873	334	218	81196
2018	96544	3358	2546	266	203	90171
2019	103805	3309	2324	245	190	97737
2020	116722	3746	2180	235	183	110378
从业人员（万人） Number of Employed Persons (10 000 persons)						
1980	648.0	481.8	166.2			
1985	911.5	576.7	334.8			
1990	1010.7	621.0	389.7			
1995	1497.9	824.3	631.9	5.0	5.4	31.3
2000	1994.3	635.6	887.5	8.2	4.4	458.6
2005	2699.9	480.0	361.6	8.6	10.8	1838.9
2006	2878.2	467.6	332.0	8.9	8.1	2061.6
2007	3133.7	470.1	317.0	9.8	11.4	2325.4
2008	3315.0	472.1	266.8	10.5	9.2	2556.4
2009	3672.6	518.9	246.8	10.9	10.2	2885.7
2010	4160.4	576.9	246.5	12.2	9.8	3315.1
2011	3852.5	444.9	220.4	11.3	9.9	3166.0
2012	4267.2	457.8	216.2	13.0	10.3	3570.0
2013	4528.4	387.7	187.1	16.5	10.1	3927.0
2014	4537.0	371.2	175.0	15.4	8.6	3966.7
2015	5093.7	417.6	169.0	17.9	9.2	4480.0
2016	5184.5	438.1	168.2	16.1	8.7	4553.4
2017	5529.6	428.4	158.7	19.0	7.7	4915.8
2018	5305.2	438.5	123.2	17.6	7.6	4718.4
2019	5427.1	406.1	115.1	14.3	6.8	4884.8
2020	5367.0	432.3	103.5	18.0	7.8	4805.4
建筑业总产值（亿元） Gross Output Value (100 million yuan)						
1980	286.93	220.90	66.03			
1985	675.10	474.51	200.59			
1990	1345.01	935.19	409.82			
1995	5793.75	3670.25	1899.47	33.60	33.19	157.24
2000	12497.60	5053.79	4035.84	99.18	67.49	3241.30
2005	34552.10	8432.03	2815.20	172.54	249.03	22883.30
2006	41557.16	9218.56	2904.48	240.52	274.87	28918.73
2007	51043.71	10630.90	3153.65	281.95	396.32	36580.89
2008	62036.81	12231.66	3216.43	321.07	387.14	45880.52
2009	76807.74	15190.05	3281.75	334.59	415.17	57586.19
2010	96031.13	18148.59	3655.27	443.96	439.68	73343.64
2011	116463.32	20436.81	4306.49	612.68	658.17	90449.18
2012	137217.86	22930.19	4919.00	649.74	476.99	108241.94
2013	160366.06	20739.02	4524.68	621.96	607.72	133872.68
2014	176713.42	22069.45	4681.80	661.67	643.20	148657.29
2015	180757.47	21767.07	4364.40	693.34	606.24	153326.42
2016	193566.78	23849.02	4388.75	683.99	525.21	164119.81
2017	213943.56	26414.38	4317.92	799.36	547.30	181864.60
2018	225816.86	28273.22	3615.37	743.74	639.04	192545.49
2019	248443.27	30662.35	3690.94	750.80	593.89	212745.29
2020	263947.39	34882.17	3457.26	1211.48	962.32	223434.16

注：1.1980-1992年为全民和集体所有制建筑业企业数据；1993-1995年为各种经济成分的建制镇以上企业数据；1996-2001年数据为资质等级(旧资质)四级及四级以上建筑业企业数据；2002年及以后数据为所有具有资质等级的施工总承包、专业承包建筑业企业数据。

2.从业人员数1993年至1997年为年平均人数，其余年份为年末人数。

a) Data from 1980 to 1992 were construction enterprises owned by the whole people or under collective ownership. Data from 1993 to 1995 were enterprises above the designated town in diverse economic sectors. Data from 1996 to 2001 included construction enterprises at fourth or higher quality grades(old classification of grades). Data since 2002 included all general contracting and professional contracting construction enterprises which possess qualification certificates.

b) For 1993-1997,the number of employed persons refers to the annual average, and for other years, it refers to employed persons at the end of the year.

14-2 按登记注册类型分建筑业企业主要经济指标（2020年）

指　标		Item		合　计 Total
企业单位数	(个)	Number of Construction Enterprises	(unit)	116722
从业人员	(万人)	Number of Employed Persons	(10 000 persons)	5367
固定资产原价	(亿元)	Fixed Assets (original value)	(100 million yuan)	21171
建筑业总产值	(亿元)	Gross Output Value of Construction	(100 million yuan)	263947
房屋施工面积	(万平方米)	Floor Space of Buildings under Construction	(10 000 sq.m)	1494754
房屋竣工面积	(万平方米)	Floor Space of Buildings Completed	(10 000 sq.m)	384822
利润总额	(亿元)	Total Profits	(100 million yuan)	8448
税金总额	(亿元)	Total Tax	(100 million yuan)	6969
按总产值计算的劳动生产率	(元/人)	Overall Labour Productivity In Terms of Gross Output Value	(yuan/person)	422898
房屋建筑面积竣工率	(%)	Rate of Floor Space of Buildings Completed	(%)	25.7
产值利润率	(%)	Ratio of Profit to Gross Output Value	(%)	3.2
产值利税率	(%)	Ratio of Pre-tax Profit to Gross Output Value	(%)	5.8

Main Economic Indicators of Construction Enterprises by Registration Status (2020)

内资企业 Domestic Invested Enterprises	#国有 State-owned Enterprises	#集体 Collective-owned Enterprises	港澳台商投资企业 Enterprises with Investment from Hong Kong, Macao and Taiwan	#港澳台商独资企业 Sole-proprietorship Enterprises	外商投资企业 Foreign Invested Enterprises	#外商独资企业 Sole-proprietorship Enterprises
116304	3746	2180	235	74	183	69
5341	432	103	18	3	8	3
21012	3567	317	68	20	91	18
261774	34882	3457	1211	146	962	373
1479126	173140	22993	12076	354	3551	1903
382296	24142	9836	2087	68	438	208
8305	1089	101	72	21	70	25
6921	694	179	20	4	28	10
422164	635664	318885	501365	437273	583930	612884
25.8	13.9	42.8	17.3	19.4	12.3	10.9
3.2	3.1	2.9	5.9	14.2	7.3	6.8
5.8	5.1	8.1	7.6	16.6	10.2	9.5

14-3 分地区建筑业劳动生产率(2020年)
Labor Productivity of Construction Industry by Region (2020)

单位：元/人 (yuan/person)

地区	Region	按建筑业总产值计算的劳动生产率 Labor Productivity in Terms of Total Output Value of Construction	#国有 State-owned Enterprises	#集体 Collective-owned Enterprises
全国	**National Average**	**422898**	**635664**	**318885**
北京	Beijing	604213	653100	595292
天津	Tianjin	392999	921893	453290
河北	Hebei	604025	1330258	331291
山西	Shanxi	421446	614414	253112
内蒙古	Inner Mongolia	473094	1004501	274016
辽宁	Liaoning	481917	497965	224188
吉林	Jilin	532402	736392	389386
黑龙江	Heilongjiang	341327	348556	273305
上海	Shanghai	667640	863192	246039
江苏	Jiangsu	361942	473940	335444
浙江	Zhejiang	359809	561864	296359
安徽	Anhui	458066	820629	326192
福建	Fujian	286092	328362	265922
江西	Jiangxi	488057	761404	405563
山东	Shandong	488612	854489	294593
河南	Henan	423307	551902	483082
湖北	Hubei	752079	1961286	312709
湖南	Hunan	391485	517163	290688
广东	Guangdong	494394	483402	331620
广西	Guangxi	402603	704266	304870
海南	Hainan	498607	540693	467009
重庆	Chongqing	367064	656759	345270
四川	Sichuan	342207	407832	242514
贵州	Guizhou	435615	527444	382324
云南	Yunnan	358947	748247	301916
西藏	Tibet	469423	755860	429214
陕西	Shaanxi	504020	568634	310610
甘肃	Gansu	384944	493486	226166
青海	Qinghai	521494	907737	446056
宁夏	Ningxia	302575	419661	275470
新疆	Xinjiang	416649	583416	490139

14-4 分地区按登记注册类型分建筑业企业单位数（2020年）
Number of Construction Enterprises by Registration Status and Region (2020)

单位：个 (unit)

地 区	Region	合 计 Total	内资企业 Domestic Invested Enterprises	#国 有 State-owned Enterprises	#集 体 Collective-owned Enterprises	港澳台商投资企业 Enterprises with Investment from Hong Kong, Macao and Taiwan	#港澳台商独资企业 Sole-proprietorship Enterprises	外商投资企业 Foreign Invested Enterprises	#外商独资企业 Sole-proprietorship Enterprises
全 国	**National Total**	**116722**	**116304**	**3746**	**2180**	**235**	**74**	**183**	**69**
北 京	Beijing	2503	2456	87	57	29	7	18	3
天 津	Tianjin	1932	1921	69	26	5	3	6	
河 北	Hebei	2940	2934	112	61	4		2	
山 西	Shanxi	3357	3354	125	46	1		2	1
内蒙古	Inner Mongolia	1014	1014	30	5				
辽 宁	Liaoning	5635	5612	185	149	7	1	16	3
吉 林	Jilin	2511	2506	66	24	5	1		
黑龙江	Heilongjiang	2237	2234	104	45	1		2	
上 海	Shanghai	2365	2281	72	22	46	22	38	23
江 苏	Jiangsu	11000	10934	200	68	28	9	38	18
浙 江	Zhejiang	8004	7986	88	61	13	4	5	2
安 徽	Anhui	5692	5687	117	57	5	3		
福 建	Fujian	6774	6751	84	26	16	5	7	5
江 西	Jiangxi	3751	3745	109	130	4		2	
山 东	Shandong	8081	8063	374	285	8	1	10	
河 南	Henan	7415	7406	136	101	1		8	3
湖 北	Hubei	4633	4626	212	55	3		4	
湖 南	Hunan	3338	3334	179	128	3	1	1	1
广 东	Guangdong	7587	7529	256	215	47	13	11	4
广 西	Guangxi	1913	1913	91	132				
海 南	Hainan	250	250	14	11				
重 庆	Chongqing	3335	3329	96	42	3	1	3	1
四 川	Sichuan	7067	7064	304	95	2	1	1	
贵 州	Guizhou	1770	1769	138	41	1	1		
云 南	Yunnan	3449	3449	95	94				
西 藏	Tibet	402	402	28	4				
陕 西	Shaanxi	3416	3407	148	107	2	1	7	5
甘 肃	Gansu	1827	1826	90	60			1	
青 海	Qinghai	383	383	23	15				
宁 夏	Ningxia	654	653	44	7			1	
新 疆	Xinjiang	1487	1486	70	11	1			

14-5 分地区按登记注册类型分建筑业企业从业人员（2020年）
Number of Employed Persons in Construction Enterprises by Registration Status and Region (2020)

单位：人 (person)

地 区	Region	合 计 Total	内资企业 Domestic Invested Enterprises	#国 有 State-owned Enterprises	#集 体 Collective-owned Enterprises	港澳台商投资企业 Enterprises with Investment from Hong Kong, Macao and Taiwan	#港澳台商独资企业 Sole-proprietorship Enterprises	外商投资企业 Foreign Invested Enterprises	#外商独资企业 Sole-proprietorship Enterprises
全 国	**National Total**	**53669756**	**53411537**	**4322673**	**1034711**	**180454**	**28596**	**77765**	**25646**
北 京	Beijing	522584	515169	83789	7765	4193	1004	3222	687
天 津	Tianjin	658794	657478	64432	4721	484	254	832	
河 北	Hebei	814449	806821	67399	16018	7529		99	
山 西	Shanxi	873003	872912	77773	12544	17		74	39
内蒙古	Inner Mongolia	180171	180171	22643	922				
辽 宁	Liaoning	608552	604367	64971	27792	3462	3226	723	114
吉 林	Jilin	312662	312411	12989	3929	251	26		
黑龙江	Heilongjiang	232214	231894	55999	3714	15		305	
上 海	Shanghai	786316	772774	219349	5009	6821	2082	6721	4437
江 苏	Jiangsu	8550040	8527842	282739	24419	4287	2282	17911	4572
浙 江	Zhejiang	5433345	5379157	38516	32083	38872	9195	15316	187
安 徽	Anhui	2034450	2033974	148423	26830	476	289		
福 建	Fujian	4832004	4788166	238448	80051	41647	4712	2191	2039
江 西	Jiangxi	1649700	1611249	71509	76499	37836		615	
山 东	Shandong	2744858	2736175	249873	83485	2067	67	6616	
河 南	Henan	2876667	2874243	120534	60238	175		2249	166
湖 北	Hubei	2176338	2170206	211446	20439	528		5604	
湖 南	Hunan	2819295	2810338	364917	81733	4128	782	4829	4829
广 东	Guangdong	3416726	3382751	639695	139548	25588	3253	8387	7779
广 西	Guangxi	1256781	1256781	137762	65254				
海 南	Hainan	71753	71753	10885	3855				
重 庆	Chongqing	2166222	2165381	80994	31436	220	120	621	34
四 川	Sichuan	3933296	3933113	461570	101306	148	98	35	
贵 州	Guizhou	811042	810786	127095	12980	256	256		
云 南	Yunnan	1357532	1357532	58435	34678				
西 藏	Tibet	52414	52414	8206	309				
陕 西	Shaanxi	1431562	1429165	185494	49219	1450	950	947	763
甘 肃	Gansu	488257	488242	123369	23059			15	
青 海	Qinghai	72187	72187	20353	3093				
宁 夏	Ningxia	120596	120143	33876	660			453	
新 疆	Xinjiang	385946	385942	39190	1123	4			

14-6 建筑业企业技术装备情况
Machinery and Equipment Owned by Construction Enterprises

年 份 Year 地 区 Region	自有施工机械设备年末总台数(台) Number of Machinery and Equipment Owned (set)	自有施工机械设备年末总功率(万千瓦) Total Power of Machinery and Equipment Owned (10 000 kW)	自有施工机械设备年末净值(万元) Year-end Net Value of Machinery and Equipment Owned (10 000 yuan)	技术装备率(元/人) Value of Machinery per Worker (yuan/person)	动力装备率(千瓦/人) Power of Machines per Worker (kW/person)
1992	2531578	4431.9	3147398	2719	3.8
1995	3482784	7056.5	6386383	4264	4.7
2000	6259885	9228.1	12572317	6304	4.6
2005	8798527	13765.6	25037702	9273	5.1
2006	8973042	14156.3	26217542	9109	4.9
2007	9487515	15579.4	28856331	9208	5.0
2008	9448056	18195.4	32869151	9915	5.5
2009	9734910	19022.6	37049784	10088	5.2
2010	11209484	19386.4	39719872	9547	4.7
2011	10054231	21822.4	46327127	12025	5.7
2012	10157280	24275.3	57070804	13374	5.7
2013	11467280	25424.0	60941736	13458	5.6
2014	12030587	29602.2	56797668	12519	6.5
2015	9643725	26736.8	56619984	11116	5.2
2016	9579327	25365.3	56021121	10805	4.9
2017	10225555	25500.6	54818437	9914	4.6
2018	10923709	25757.7	62464586	11774	4.9
2019	9833258	25117.8	58450114	10770	4.6
2020	8166436	27321.8	52494828	9781	5.1
北 京 Beijing	85269	426.3	2527155	48359	8.2
天 津 Tianjin	66214	359.5	869100	13192	5.5
河 北 Hebei	336097	780.9	1358377	16679	9.6
山 西 Shanxi	209405	686.1	1283306	14700	7.9
内蒙古 Inner Mongolia	47931	151.2	386533	21454	8.4
辽 宁 Liaoning	118903	492.6	1165986	19160	8.1
吉 林 Jilin	51408	129.8	473343	15139	4.2
黑龙江 Heilongjiang	122333	229.5	446909	19246	9.9
上 海 Shanghai	47617	202.6	961337	12226	2.6
江 苏 Jiangsu	1717379	5204.7	10853178	12694	6.1
浙 江 Zhejiang	670593	1557.9	3388138	6236	2.9
安 徽 Anhui	207255	472.2	1106852	5441	2.3
福 建 Fujian	300843	1300.9	2106070	4359	2.7
江 西 Jiangxi	245107	600.2	1233788	7479	3.6
山 东 Shandong	575661	5285.0	5390570	19639	19.3
河 南 Henan	598334	1427.5	3056238	10624	5.0
湖 北 Hubei	381954	1694.8	2550228	11718	7.8
湖 南 Hunan	611196	1012.2	1987291	7049	3.6
广 东 Guangdong	480008	1401.7	2919497	8545	4.1
广 西 Guangxi	120941	223.3	554403	4411	1.8
海 南 Hainan	6026	15.9	45724	6372	2.2
重 庆 Chongqing	131113	355.6	911335	4207	1.6
四 川 Sichuan	299738	970.0	2041085	5189	2.5
贵 州 Guizhou	80437	332.9	501282	6181	4.1
云 南 Yunnan	148985	516.9	1064539	7842	3.8
西 藏 Tibet	4890	20.1	60434	11530	3.8
陕 西 Shaanxi	267449	799.1	1426528	9965	5.6
甘 肃 Gansu	143600	325.9	1312175	26875	6.7
青 海 Qinghai	23080	82.0	161431	22363	11.4
宁 夏 Ningxia	15780	36.1	76918	6378	3.0
新 疆 Xinjiang	50890	228.5	275079	7127	5.9

注：从2004年起，自有机械设备情况统计改为自有施工机械设备情况统计。
a) Starting from 2004, statistics on machinery and equipment owned refer to construction machinery and equipment owned.

14-7 分地区建筑业总产值（2020年）
Total Output Value of Construction by Region (2020)

单位：亿元 (100 million yuan)

地 区	Region	建筑业总产值 Total Output Value of Construction	建筑工程产值 Output Value of Construction	安装工程产值 Output Value of Installation	其 他 Others
全 国	**National Total**	**263947**	**232717**	**22080**	**9149**
北 京	Beijing	12906	12246	547	113
天 津	Tianjin	4389	3937	373	79
河 北	Hebei	5948	4824	728	396
山 西	Shanxi	5114	4389	532	192
内蒙古	Inner Mongolia	1134	974	61	100
辽 宁	Liaoning	3815	3144	522	149
吉 林	Jilin	2006	1644	234	127
黑龙江	Heilongjiang	1206	962	180	64
上 海	Shanghai	8277	7029	1002	247
江 苏	Jiangsu	35252	32679	2181	392
浙 江	Zhejiang	20939	18576	1874	488
安 徽	Anhui	9365	7964	679	722
福 建	Fujian	14118	13044	893	180
江 西	Jiangxi	8649	7437	652	560
山 东	Shandong	14947	12670	1957	320
河 南	Henan	13123	11257	1294	572
湖 北	Hubei	16136	14292	1265	578
湖 南	Hunan	11864	10111	973	780
广 东	Guangdong	18430	16087	1768	575
广 西	Guangxi	5853	5010	468	375
海 南	Hainan	391	337	37	18
重 庆	Chongqing	8975	8112	591	272
四 川	Sichuan	15613	13607	1323	682
贵 州	Guizhou	4080	3449	402	230
云 南	Yunnan	6725	6091	370	264
西 藏	Tibet	295	279	8	8
陕 西	Shaanxi	8501	7511	639	351
甘 肃	Gansu	2049	1757	230	63
青 海	Qinghai	512	466	36	10
宁 夏	Ningxia	642	549	78	15
新 疆	Xinjiang	2693	2284	183	227

14-8 分地区按登记注册类型分建筑业总产值（2020年）
Total Output Value of Construction by Registration Status and Region (2020)

单位：万元 (10 000 yuan)

地 区	Region	合 计 Total	内资企业 Domestic Invested Enterprises	#国 有 State-owned Enterprises	#集 体 Collective-owned Enterprises	港澳台商投资企业 Enterprises with Investment from Hong Kong, Macao and Taiwan	#港澳台商独资企业 Sole-proprietorship Enterprises	外商投资企业 Foreign Invested Enterprises	#外商独资企业 Sole-proprietorship Enterprises
全 国	**National Total**	**2639473929**	**2617735985**	**348821675**	**34572554**	**12114778**	**1462810**	**9623166**	**3725476**
北 京	Beijing	129058668	127930057	28561770	597376	567553	110563	561058	54808
天 津	Tianjin	43887908	43779208	8907887	242827	27684	7270	81015	
河 北	Hebei	59480899	55542244	8963943	791951	3862045		76610	
山 西	Shanxi	51136434	51130099	6048847	268248	9		6326	3575
内蒙古	Inner Mongolia	11344414	11344414	2520292	41897				
辽 宁	Liaoning	38153214	37871911	4038150	695631	246804	238013	34499	4267
吉 林	Jilin	20057838	20015976	824612	163698	41862	7792		
黑龙江	Heilongjiang	12063719	12043259	2820307	137664	2211		18249	
上 海	Shanghai	82770378	81180954	26403483	222616	753678	237058	835746	556177
江 苏	Jiangsu	352516381	348376373	17291456	1237790	270458	119763	3869550	663351
浙 江	Zhejiang	209386134	206818838	2780270	994018	2128675	249704	438621	83104
安 徽	Anhui	93651164	93596064	12719826	905149	55099	42267		
福 建	Fujian	141180100	139689309	8616042	1773382	1171393	72740	319398	317465
江 西	Jiangxi	86491592	85529202	5240970	3262636	951720		10670	
山 东	Shandong	149472993	148769084	21791083	2457609	379296	1212	324613	
河 南	Henan	131225641	130880544	8690361	2936801	6856		338241	10817
湖 北	Hubei	161361079	160794925	40175170	573384	10716		555439	
湖 南	Hunan	118640283	118281631	19214196	2566256	221045	36132	137606	137606
广 东	Guangdong	184298437	181413633	35521989	4532717	1231202	184578	1653602	1608079
广 西	Guangxi	58532426	58532426	9063686	1979092				
海 南	Hainan	3913714	3913714	590274	181853				
重 庆	Chongqing	89749662	89569723	6668014	1102207	122024	114684	57915	504
四 川	Sichuan	156126956	156113597	24983939	2884077	13138	3819	221	
贵 州	Guizhou	40802409	40794759	9145724	601013	7650	7650		
云 南	Yunnan	67248237	67248237	7360353	1104410				
西 藏	Tibet	2947413	2947413	692368	15023				
陕 西	Shaanxi	85011279	84678121	14454053	1494501	43625	29565	289533	285723
甘 肃	Gansu	20492848	20492755	6200656	547074			94	
青 海	Qinghai	5122427	5122427	2376455	149161				
宁 夏	Ningxia	6418104	6403943	1960742	20936			14161	
新 疆	Xinjiang	26931181	26931146	4194759	91558	36			

14-9 分地区按行业分建筑业总产值（2020年）
Total Output Value of Construction by Branch and Region (2020)

单位：万元 (10 000 yuan)

地 区	Region	建筑业总产值 Total Output Value of Construction	房屋建筑业 Construction of Buildings	土木工程建筑业 Civil Engineering	建筑安装业 Building Installation	建筑装饰、装修和其他建筑业 Building Decoration and Other Construction
全 国	**National Total**	**2639473929**	**1618770806**	**753642252**	**140577490**	**126483381**
北 京	Beijing	129058668	69952683	43422471	8091468	7592046
天 津	Tianjin	43887908	14784668	22843587	3597172	2662481
河 北	Hebei	59480899	33532992	18859081	5384280	1704547
山 西	Shanxi	51136434	24548852	22091954	2840948	1654680
内蒙古	Inner Mongolia	11344414	6319100	4313490	357489	354335
辽 宁	Liaoning	38153214	15939050	14773508	4010962	3429694
吉 林	Jilin	20057838	11301174	6404070	1626935	725659
黑龙江	Heilongjiang	12063719	4787044	5415165	1287191	574319
上 海	Shanghai	82770378	45610577	23009457	6479451	7670894
江 苏	Jiangsu	352516381	252968998	54121575	24781650	20644158
浙 江	Zhejiang	209386134	140511023	48287949	9212840	11374321
安 徽	Anhui	93651164	51623053	33420692	4747845	3859573
福 建	Fujian	141180100	100634302	33002742	2826975	4716080
江 西	Jiangxi	86491592	55273626	24870078	2760847	3587041
山 东	Shandong	149472993	88621467	41876314	11803176	7172036
河 南	Henan	131225641	73149246	42195321	8094839	7786235
湖 北	Hubei	161361079	95586481	57494007	4898091	3382501
湖 南	Hunan	118640283	84863625	26613401	4766792	2396465
广 东	Guangdong	184298437	89894358	59935587	12942873	21525619
广 西	Guangxi	58532426	41529412	15322371	1008104	672540
海 南	Hainan	3913714	2812505	649455	236403	215351
重 庆	Chongqing	89749662	62710813	19761521	3177946	4099381
四 川	Sichuan	156126956	107169765	40455076	5144020	3358096
贵 州	Guizhou	40802409	25240860	12726388	1979035	856126
云 南	Yunnan	67248237	41832245	21846121	2132926	1436945
西 藏	Tibet	2947413	1684744	1191254	15264	56151
陕 西	Shaanxi	85011279	43131167	36012488	3992317	1875308
甘 肃	Gansu	20492848	12217121	6714674	1086946	474108
青 海	Qinghai	5122427	1317619	3534083	219609	51115
宁 夏	Ningxia	6418104	3686753	2568891	122497	39963
新 疆	Xinjiang	26931181	15535485	9909481	950601	535614

14-10 分地区建筑业企业签订合同和承包工程完成情况（2020年）

Contracts Signed and Completion of Contracted Projects by Construction Enterprises by Region (2020)

单位：万元 (10 000 yuan)

地 区	Region	合同总额 Total Value of Contracts	上年结转合同额 Value from Contracts Signed in Last Year	本年新签合同额 Value from New Contracts Signed in This Year	直接从建设单位承揽工程完成的产值 Completed Output Value of Projects Contracted Directly from Investors	自行完成施工产值 Own-completed Output Value	分包出去工程的产值 Output Value of Out-subcontracted Projects	从建设单位以外承揽工程完成的产值 Completed Output Value of Projects Contracted from Non-investors
全 国	**National Total**	**5955383717**	**2704026097**	**3251357620**	**2591054892**	**2491990200**	**99064692**	**147483729**
北 京	Beijing	418205994	224173101	194032893	134356762	107525610	26831152	21533058
天 津	Tianjin	133220122	68052693	65167429	42871788	40233151	2638636	3654757
河 北	Hebei	141953040	63950406	78002634	58097342	56944554	1152789	2536345
山 西	Shanxi	120309527	45354200	74955327	49751670	49510543	241127	1625891
内蒙古	Inner Mongolia	35024702	16021228	19003475	11304780	11240656	64124	103759
辽 宁	Liaoning	79285224	27902220	51383004	36434632	35497721	936911	2655493
吉 林	Jilin	41609847	15468990	26140857	19633357	19394771	238586	663067
黑龙江	Heilongjiang	25864724	10852282	15012442	11970000	11721048	248953	342671
上 海	Shanghai	303108341	166876626	136231715	89053241	70868394	18184848	11901985
江 苏	Jiangsu	580503775	234465135	346038640	330047546	328276121	1771426	24240260
浙 江	Zhejiang	442072536	212583851	229488685	204135827	199444086	4691741	9942048
安 徽	Anhui	204221798	83364179	120857619	91426518	90001303	1425215	3649861
福 建	Fujian	280208310	123102299	157106011	136912480	136466063	446417	4714037
江 西	Jiangxi	140369104	52677802	87691302	84026525	82701215	1325310	3790377
山 东	Shandong	291723232	112958887	178764345	145642005	143954755	1687249	5518237
河 南	Henan	259481818	100131715	159350103	128395373	126905489	1489884	4320152
湖 北	Hubei	435923808	215364897	220558911	160009111	159092344	916768	2268736
湖 南	Hunan	252678837	114764850	137913987	115436186	114648864	787322	3991419
广 东	Guangdong	519730814	262735068	256995746	192883523	173208973	19674550	11089464
广 西	Guangxi	115744041	53399772	62344269	56899982	56428798	471185	2103629
海 南	Hainan	10864234	5548319	5315915	3906897	3885425	21473	28290
重 庆	Chongqing	165037632	71783304	93254328	88376897	85819977	2556920	3929685
四 川	Sichuan	366684733	165095121	201589612	151299450	146685094	4614356	9441862
贵 州	Guizhou	117938202	61820309	56117893	40192343	39945599	246744	856810
云 南	Yunnan	137480671	57495210	79985461	64477414	63725189	752225	3523048
西 藏	Tibet	6522167	3167854	3354313	2927559	2874848	52711	72565
陕 西	Shaanxi	198946383	83565527	115380856	82249714	77341190	4908524	7670089
甘 肃	Gansu	47194057	19659414	27534643	20631544	20246385	385160	246464
青 海	Qinghai	14373436	7919694	6453743	4558868	4474583	84286	647844
宁 夏	Ningxia	10821092	3328418	7492674	6471810	6361678	110132	56426
新 疆	Xinjiang	58281518	20442729	37838788	26673749	26565778	107971	365403

14-11 分地区按登记注册类型分建筑业企业实收资本（2020年）
Paid-in Capitals of Construction Enterprises by Registration Status and Region (2020)

单位：万元 (10 000 yuan)

地 区	Region	合 计 Total	内资企业 Domestic Invested Enterprises	#国 有 State-owned Enterprises	#集 体 Collective-owned Enterprises	港澳台商投资企业 Enterprises with Investment from Hong Kong, Macao and Taiwan	#港澳台商独资企业 Sole-proprietorship Enterprises	外商投资企业 Foreign Invested Enterprises	#外商独资企业 Sole-proprietorship Enterprises
全 国	**National Total**	**430003411**	**426474006**	**53839054**	**3992109**	**1987011**	**740482**	**1542395**	**785415**
北 京	Beijing	34655923	34435265	6107443	156980	106874	39229	113784	23351
天 津	Tianjin	9247830	9196184	1886168	94426	26859	4859	24787	
河 北	Hebei	13188004	13005807	1376069	79002	180947		1250	
山 西	Shanxi	11821437	11819518	1473439	62086	1799		120	100
内蒙古	Inner Mongolia	4250442	4250442	935049	10821				
辽 宁	Liaoning	10756114	10495385	1136158	186639	230051	220611	30679	601
吉 林	Jilin	5298335	5291144	200529	23188	7191	505		
黑龙江	Heilongjiang	5277542	5271801	1049682	60355	1660		4082	
上 海	Shanghai	14190972	13807663	2866913	38927	250760	114808	132549	100837
江 苏	Jiangsu	39796915	39255215	1929208	120964	74826	29269	466874	88726
浙 江	Zhejiang	27065561	26857997	457266	161348	185600	18672	21964	5788
安 徽	Anhui	13011210	12996853	1214046	57303	14357	9237		
福 建	Fujian	17825301	17720345	881460	99242	68808	11511	36148	26088
江 西	Jiangxi	12520540	12401285	639038	280806	108747		10509	
山 东	Shandong	22467704	22395098	3224581	443687	54382	1000	18225	
河 南	Henan	22791668	22766125	1643088	192752	2188		23355	3423
湖 北	Hubei	19658437	19590448	4296989	106867	7170		60820	
湖 南	Hunan	13674490	13661401	2411401	260222	7398	698	5691	5691
广 东	Guangdong	32198696	31198067	4983822	378211	466241	111472	534388	526700
广 西	Guangxi	6182245	6182245	792687	231525				
海 南	Hainan	1219997	1219997	99852	7116				
重 庆	Chongqing	10248235	10059541	1322317	79743	174883	173000	13810	810
四 川	Sichuan	24965171	24954425	4648483	184762	10686	586	60	
贵 州	Guizhou	6781734	6781708	2224273	86374	26	26		
云 南	Yunnan	20491815	20491815	993676	141909				
西 藏	Tibet	973567	973567	220688	6401				
陕 西	Shaanxi	15511814	15493514	2047851	291719	5500	5000	12800	3300
甘 肃	Gansu	5686830	5686330	1670375	106866			500	
青 海	Qinghai	1639825	1639825	350083	17482				
宁 夏	Ningxia	1610412	1580412	209214	12755			30000	
新 疆	Xinjiang	4994649	4994589	547209	11636	60			

14-12 分地区建筑业企业资产（2020年）
Assets of Construction Enterprises by Region (2020)

单位：万元 (10 000 yuan)

地 区	Region	资产总计 Total Assets	#流动资产 Current Assets	#固定资产 Fixed Assets	#在建工程 Projects Under Construction
全 国	**National Total**	**2830325536**	**2216957880**	**211710939**	**35067147**
北 京	Beijing	317532577	193676207	9563809	585897
天 津	Tianjin	74155181	58717191	5700546	325710
河 北	Hebei	73928708	62080426	7891452	1076877
山 西	Shanxi	74969739	56859722	5584311	1034228
内蒙古	Inner Mongolia	22875115	18131762	2478929	356472
辽 宁	Liaoning	64212061	53359861	6851276	493571
吉 林	Jilin	29641011	24178801	3468636	591277
黑龙江	Heilongjiang	23082728	19669460	2588248	172485
上 海	Shanghai	122997381	102637993	7776678	440451
江 苏	Jiangsu	244860272	207416925	23742160	2885921
浙 江	Zhejiang	158459963	133334786	14045325	1191384
安 徽	Anhui	83421948	67044343	6752913	986433
福 建	Fujian	80267653	66615960	7445672	703304
江 西	Jiangxi	59227936	48811774	4860259	1113531
山 东	Shandong	165350371	137501469	14914446	1851674
河 南	Henan	113435204	89870747	12524330	2177600
湖 北	Hubei	158178995	119839926	14500557	4045354
湖 南	Hunan	79861193	59633161	7780966	1911825
广 东	Guangdong	250196903	202710815	11522581	2539029
广 西	Guangxi	39009680	33398600	2558436	529000
海 南	Hainan	4854960	4213759	174470	54972
重 庆	Chongqing	70489549	56660732	4762361	1227121
四 川	Sichuan	150390380	114665036	9940660	4094530
贵 州	Guizhou	78291864	64686054	2194773	1804190
云 南	Yunnan	89298941	57598151	5528477	573623
西 藏	Tibet	7601802	6136233	373021	92108
陕 西	Shaanxi	101068195	84146532	7525273	753092
甘 肃	Gansu	37704212	28583068	3545347	488077
青 海	Qinghai	8093314	6075619	907608	101510
宁 夏	Ningxia	8002806	7074381	777265	39397
新 疆	Xinjiang	38864896	31628391	3430155	826504

14-13 分地区建筑业企业负债及所有者权益（2020年）
Liabilities and Owners' Equity of Construction Enterprises by Region (2020)

单位：万元 (10 000 yuan)

地 区	Region	负债合计 Total Liabilities	流动负债合计 Current Liabilities	非流动负债合计 Non-current Liabilities	所有者权益 Owners' Equity	#实收资本 Paid-in Capitals
全 国	**National Total**	**1979346782**	**1784669915**	**154824252**	**851002376**	**430003411**
北 京	Beijing	212481297	186543410	24229292	105051321	34655923
天 津	Tianjin	59063324	55193882	2943421	15091858	9247830
河 北	Hebei	54426890	49324886	3638718	19502119	13188004
山 西	Shanxi	56021043	50776332	5083157	18948696	11821437
内蒙古	Inner Mongolia	16105506	15350506	626404	6769609	4250442
辽 宁	Liaoning	46704728	42531305	2816809	17504744	10756114
吉 林	Jilin	19860813	18579058	774902	9780198	5298335
黑龙江	Heilongjiang	16196673	15485603	604368	6886055	5277542
上 海	Shanghai	95613795	92563150	2431722	27383586	14190972
江 苏	Jiangsu	146203607	136725011	6543197	98656804	39796915
浙 江	Zhejiang	107602276	103168881	3561844	50857687	27065561
安 徽	Anhui	58596959	52401673	3841568	24826120	13011210
福 建	Fujian	48945081	44587440	2870699	31322627	17825301
江 西	Jiangxi	38273126	34036945	2338196	20954810	12520540
山 东	Shandong	124759090	116382298	5791743	40591281	22467704
河 南	Henan	73772451	66814593	3662601	39662753	22791668
湖 北	Hubei	107544116	91749325	13786972	50635241	19658437
湖 南	Hunan	53059436	45332469	6009712	26801756	13674490
广 东	Guangdong	188507786	169241794	17370907	61689194	32198696
广 西	Guangxi	28841931	26369142	1909214	10187016	6182245
海 南	Hainan	2829066	2704819	97325	2025895	1219997
重 庆	Chongqing	50319115	43746597	4085249	20169167	10248235
四 川	Sichuan	106859090	90000438	13206714	43537450	24965171
贵 州	Guizhou	59650511	50096567	7585967	18641353	6781734
云 南	Yunnan	57529816	47515156	8864419	31769125	20491815
西 藏	Tibet	5112006	4132351	849452	2489795	973567
陕 西	Shaanxi	77314284	72550895	3842314	23753911	15511814
甘 肃	Gansu	26355238	23514562	2320625	11348974	5686830
青 海	Qinghai	5590259	5044398	460161	2503055	1639825
宁 夏	Ningxia	5711010	5542779	107176	2291795	1610412
新 疆	Xinjiang	29496460	26663652	2569405	9368382	4994649

14-14 分地区按登记注册类型分建筑业企业资产（2020年）
Assets of Construction Enterprises by Registration Status and Region (2020)

单位：万元 (10 000 yuan)

地区	Region	合计 Total	内资企业 Domestic Invested Enterprises	#国有 State-owned Enterprises	#集体 Collective-owned Enterprises	港澳台商投资企业 Enterprises with Investment from Hong Kong, Macao and Taiwan	#港澳台商独资企业 Sole-proprietorship Enterprises	外商投资企业 Foreign Invested Enterprises	#外商独资企业 Sole-proprietorship Enterprises
全国	**National Total**	**2830325536**	**2786391015**	**524779142**	**22541019**	**23963733**	**3736902**	**19970788**	**10756262**
北京	Beijing	317532577	315707512	55535085	1209809	915307	345380	909758	149028
天津	Tianjin	74155181	73944263	16520633	1048618	93317	23182	117601	
河北	Hebei	73928708	68801254	9716904	322877	5114085		13370	
山西	Shanxi	74969739	74958931	14611879	514062	3391		7417	5077
内蒙古	Inner Mongolia	22875115	22875115	4200995	43835				
辽宁	Liaoning	64212061	63030516	8470505	1179124	1053398	1029310	128147	7707
吉林	Jilin	29641011	29541458	2390822	209772	99552	5318		
黑龙江	Heilongjiang	23082728	23047401	6081926	348984	9486		25841	
上海	Shanghai	122997381	119296425	32730730	177954	1926272	526116	1774684	1414397
江苏	Jiangsu	244860272	238410591	21452669	822156	360608	114569	6089072	671301
浙江	Zhejiang	158459963	157262700	4410306	838601	1025173	145502	172091	67991
安徽	Anhui	83421948	83336237	12857558	366388	85711	58220		
福建	Fujian	80267653	79480654	9626293	637167	467124	59477	319875	292269
江西	Jiangxi	59227936	56798225	5487635	1594105	2384435		45277	
山东	Shandong	165350371	163880419	30965887	3088331	538687	4108	931265	
河南	Henan	113435204	112792298	11916845	664815	176772		466133	27078
湖北	Hubei	158178995	157953043	68901466	286275	20381		205572	
湖南	Hunan	79861193	79553186	15366770	819110	85543	5658	222464	222464
广东	Guangdong	250196903	233639491	40454867	2913186	8586611	452099	7970801	7621711
广西	Guangxi	39009680	39009680	7693622	1142695				
海南	Hainan	4854960	4854960	600553	118704				
重庆	Chongqing	70489549	69493437	10323910	304435	877027	858436	119085	3771
四川	Sichuan	150390380	150361440	44098732	783882	28740	1202	201	
贵州	Guizhou	78291864	78290558	30048053	558854	1306	1306		
云南	Yunnan	89298941	89298941	9158206	635181				
西藏	Tibet	7601802	7601802	1996518	16434				
陕西	Shaanxi	101068195	100672463	20578291	1105297	110691	107020	285041	273470
甘肃	Gansu	37704212	37701417	17112577	516635			2795	
青海	Qinghai	8093314	8093314	3650041	99217				
宁夏	Ningxia	8002806	7838507	1810174	83508			164299	
新疆	Xinjiang	38864896	38864779	6008691	91012	117			

14-15 分地区按登记注册类型分建筑业企业负债（2020年）
Liabilities of Construction Enterprises by Registration Status and Region (2020)

单位：万元 (10 000 yuan)

地 区	Region	合 计 Total	内资企业 Domestic Invested Enterprises	#国 有 State-owned Enterprises	#集 体 Collective-owned Enterprises	港澳台商投资企业 Enterprises with Investment from Hong Kong, Macao and Taiwan	#港澳台商独资企业 Sole-proprietorship Enterprises	外商投资企业 Foreign Invested Enterprises	#外商独资企业 Sole-proprietorship Enterprises
全 国	**National Total**	**1979346782**	**1946770788**	**405545057**	**15058856**	**18258048**	**2437590**	**14317946**	**8306804**
北 京	Beijing	212481297	211015116	42652388	914430	758958	310579	707224	114956
天 津	Tianjin	59063324	58937821	13044130	789267	60612	17831	64890	
河 北	Hebei	54426890	49904525	8077165	181232	4510487		11878	
山 西	Shanxi	56021043	56013066	11618876	436448	2266		5711	3453
内蒙古	Inner Mongolia	16105506	16105506	3154615	39407				
辽 宁	Liaoning	46704728	46073697	6368790	907758	549771	537101	81261	3177
吉 林	Jilin	19860813	19794147	1130683	174830	66666	1235		
黑龙江	Heilongjiang	16196673	16167480	5224226	227140	7202		21991	
上 海	Shanghai	95613795	92913183	25880128	111228	1285639	320407	1414974	1147089
江 苏	Jiangsu	146203607	142289630	16642100	446498	195976	65841	3718001	414238
浙 江	Zhejiang	107602276	106786965	3479936	567846	711787	122036	103524	60047
安 徽	Anhui	58596959	58540293	10775445	186667	56665	44565		
福 建	Fujian	48945081	48417606	7514640	432139	341807	44288	185668	162902
江 西	Jiangxi	38273126	36116331	4433690	1001843	2131365		25430	
山 东	Shandong	124759090	123665234	25453635	2365468	480186	72	613670	
河 南	Henan	73772451	73264244	9161432	294203	166936		341270	9843
湖 北	Hubei	107544116	107430664	50957492	112663	5103		108349	
湖 南	Hunan	53059436	52893035	11303256	443117	66466	4405	99936	99936
广 东	Guangdong	188507786	175930031	31946926	2054002	6134155	274096	6443600	6130794
广 西	Guangxi	28841931	28841931	5955920	754535				
海 南	Hainan	2829066	2829066	457691	58449				
重 庆	Chongqing	50319115	49622742	8065045	193748	607089	594117	89283	655
四 川	Sichuan	106859090	106842349	33894070	459899	16601	382	141	
贵 州	Guizhou	59650511	59649520	22471379	398687	992	992		
云 南	Yunnan	57529816	57529816	6316520	349782				
西 藏	Tibet	5112006	5112006	1468689	7129				
陕 西	Shaanxi	77314284	77051279	16509313	616508	101220	99645	161785	159715
甘 肃	Gansu	26355238	26355088	12705925	346726			150	
青 海	Qinghai	5590259	5590259	2706866	66421				
宁 夏	Ningxia	5711010	5591799	1484428	61228			119211	
新 疆	Xinjiang	29496460	29496358	4689661	59562	101			

14-16 分地区按登记注册类型分建筑业企业所有者权益（2020年）
Owners' Equity of Construction Enterprises by Registration Status and Region (2020)

单位：万元 (10 000 yuan)

地区	Region	合计 Total	内资企业 Domestic Invested Enterprises	#国有 State-owned Enterprises	#集体 Collective-owned Enterprises	港澳台商投资企业 Enterprises with Investment from Hong Kong, Macao and Taiwan	#港澳台商独资企业 Sole-proprietorship Enterprises	外商投资企业 Foreign Invested Enterprises	#外商独资企业 Sole-proprietorship Enterprises
全国	**National Total**	**851002376**	**839643850**	**119234085**	**7482790**	**5705684**	**1299312**	**5652841**	**2449458**
北京	Beijing	105051321	104692437	12882697	295379	156350	34801	202534	34072
天津	Tianjin	15091858	15006442	3476503	259352	32704	5351	52711	
河北	Hebei	19502119	18897029	1639739	141644	603598		1492	
山西	Shanxi	18948696	18945865	2993003	77614	1125		1706	1624
内蒙古	Inner Mongolia	6769609	6769609	1046380	4427				
辽宁	Liaoning	17504744	16954231	2101715	271994	503627	492209	46886	4530
吉林	Jilin	9780198	9747312	1260139	34942	32886	4084		
黑龙江	Heilongjiang	6886055	6879922	857701	121844	2283		3850	
上海	Shanghai	27383586	26383242	6850603	66726	640633	205709	359710	267308
江苏	Jiangsu	98656804	96121100	4810569	375659	164632	48728	2371072	257063
浙江	Zhejiang	50857687	50475735	930370	270756	313386	23467	68567	7944
安徽	Anhui	24826120	24797074	2082112	179721	29046	13656		
福建	Fujian	31322627	31063103	2111654	205028	125317	15189	134207	129367
江西	Jiangxi	20954810	20681894	1053945	592262	253069		19847	
山东	Shandong	40591281	40215185	5512253	722863	58501	4035	317595	
河南	Henan	39662753	39528054	2755413	370611	9836		124863	17235
湖北	Hubei	50635241	50522741	17943974	173612	15278		97222	
湖南	Hunan	26801756	26660151	4063514	375993	19077	1253	122528	122528
广东	Guangdong	61689194	57709537	8507941	859184	2452457	178003	1527201	1490916
广西	Guangxi	10187016	10187016	1737702	388160				
海南	Hainan	2025895	2025895	142862	60255				
重庆	Chongqing	20169167	19869427	2258865	110688	269938	264319	29802	3116
四川	Sichuan	43537450	43525251	10204662	323983	12139	820	60	
贵州	Guizhou	18641353	18641038	7576674	160167	315	315		
云南	Yunnan	31769125	31769125	2841686	285399				
西藏	Tibet	2489795	2489795	527829	9305				
陕西	Shaanxi	23753911	23621184	4068978	488790	9471	7374	123256	113756
甘肃	Gansu	11348974	11346329	4406652	169909			2645	
青海	Qinghai	2503055	2503055	943175	32796				
宁夏	Ningxia	2291795	2246708	325746	22280			45088	
新疆	Xinjiang	9368382	9368366	1319030	31450	16			

14-17 分地区建筑业企业营业收入（2020年）
Business Revenue of Construction Enterprises by Region (2020)

单位：万元 (10 000 yuan)

地 区	Region	营业收入 Business Revenue	主营业务收入 Revenue from Principal Business	#主营业务成本 Costs of Principal Business	#主营业务利润 Profits from Principal Business	其他业务收入 Revenue from Other Businesses	#其他业务利润 Profits from Other Businesses
全 国	**National Total**	**2448644980**	**2412673878**	**2216879171**	**81874129**	**35971102**	**2173359**
北 京	Beijing	163786719	162846985	151308409	10002259	939734	301941
天 津	Tianjin	46086483	45350162	41668544	595896	736321	41980
河 北	Hebei	56393794	54363320	50460555	1209979	2030475	67517
山 西	Shanxi	53051571	52355143	48232901	1108802	696428	68102
内蒙古	Inner Mongolia	12988181	12784375	11807981	215583	203806	34213
辽 宁	Liaoning	38597424	36934641	33865660	614134	1662782	36709
吉 林	Jilin	19217765	18794670	17036173	642620	423095	18893
黑龙江	Heilongjiang	13669821	13350757	12502178	173772	319064	1251
上 海	Shanghai	107603947	107093348	100247204	1929350	510599	149541
江 苏	Jiangsu	307949852	306134391	280321746	13055997	1815461	223612
浙 江	Zhejiang	178196447	176747472	165007783	4049827	1448975	171872
安 徽	Anhui	76009944	74282827	68056077	2333807	1727117	65976
福 建	Fujian	113971269	112437079	102708437	4102021	1534191	55134
江 西	Jiangxi	65606216	63925927	58677212	2326711	1680289	45669
山 东	Shandong	141682598	140946998	129902718	3740838	735600	126250
河 南	Henan	114361799	111395858	99578834	5327177	2965941	102823
湖 北	Hubei	148022490	146178839	132108736	5842287	1843651	65524
湖 南	Hunan	102781389	102086709	92905520	3329663	694680	36053
广 东	Guangdong	194568017	192909901	177419178	5230977	1658116	200409
广 西	Guangxi	40344108	39276441	36686253	872748	1067667	10202
海 南	Hainan	4153279	4094561	3814016	139804	58719	1654
重 庆	Chongqing	72295830	70869984	63994935	3034236	1425847	53290
四 川	Sichuan	132166047	128885392	117027982	4862222	3280655	77275
贵 州	Guizhou	39695702	38974455	36305751	1305520	721248	28044
云 南	Yunnan	55722180	54493209	49419012	2287581	1228971	59604
西 藏	Tibet	3607714	3555590	3170548	185677	52125	828
陕 西	Shaanxi	82985504	80005878	74573004	2129733	2979626	60695
甘 肃	Gansu	22497155	21551748	20631826	516376	945407	22657
青 海	Qinghai	6438847	6178320	5721409	106627	260528	777
宁 夏	Ningxia	6912025	6864864	6433367	123250	47161	9692
新 疆	Xinjiang	27280864	27004037	25285222	478659	276827	35178

14-18 分地区按登记注册类型分建筑业企业营业收入（2020年）
Business Revenue of Construction Enterprises by Registration Status and Region (2020)

单位：万元 (10 000 yuan)

地 区	Region	合 计 Total	内资企业 Domestic Invested Enterprises	#国 有 State-owned Enterprises	#集 体 Collective-owned Enterprises	港澳台商投资企业 Enterprises with Investment from Hong Kong, Macao and Taiwan	#港澳台商独资企业 Sole-proprietorship Enterprises	外商投资企业 Foreign Invested Enterprises	#外商独资企业 Sole-proprietorship Enterprises
全 国	**National Total**	**2448644980**	**2425099932**	**352428136**	**30720634**	**13060629**	**1789278**	**10484419**	**4420207**
北 京	Beijing	163786719	162036779	32353557	1099880	766072	315708	983868	149112
天 津	Tianjin	46086483	45945798	10824919	361946	33633	13218	107052	
河 北	Hebei	56393794	52950449	8575641	606260	3366736		76609	
山 西	Shanxi	53051571	53044848	6248150	359221	8		6716	3575
内蒙古	Inner Mongolia	12988181	12988181	2661542	40001				
辽 宁	Liaoning	38597424	38338544	4717470	775419	232217	218474	26663	4279
吉 林	Jilin	19217765	19173808	905119	207086	43958	5274		
黑龙江	Heilongjiang	13669821	13648510	3207189	216094	2119		19193	
上 海	Shanghai	107603947	105107230	34018226	382186	1171095	297455	1325622	1024968
江 苏	Jiangsu	307949852	303457897	16197482	989324	264688	117328	4227266	773918
浙 江	Zhejiang	178196447	176196028	2627473	897619	1737248	149571	263171	78414
安 徽	Anhui	76009944	75955854	11022390	787472	54090	41258		
福 建	Fujian	113971269	112563126	6370902	1014246	1146414	52986	261730	259457
江 西	Jiangxi	65606216	64772689	4196722	2433751	777012		56514	
山 东	Shandong	141682598	141051666	21800799	2235344	367449	1212	263484	
河 南	Henan	114361799	114147976	7701414	1992766	6726		207097	12405
湖 北	Hubei	148022490	147681555	44108001	512730	11430		329506	
湖 南	Hunan	102781389	102477175	15666586	2016870	166608	36132	137606	137606
广 东	Guangdong	194568017	190215385	34103519	5171254	2683585	369155	1669047	1620557
广 西	Guangxi	40344108	40344108	6487225	1470119				
海 南	Hainan	4153279	4153279	516611	178114				
重 庆	Chongqing	72295830	72073674	6137504	760703	141530	134368	80626	469
四 川	Sichuan	132166047	132158202	24834579	2344947	7624	2853	221	
贵 州	Guizhou	39695702	39688684	8417912	705351	7018	7018		
云 南	Yunnan	55722180	55722180	6215747	935024				
西 藏	Tibet	3607714	3607714	824941	18899				
陕 西	Shaanxi	82985504	82552083	15113734	1373595	73336	27268	360085	355447
甘 肃	Gansu	22497155	22497065	7484026	542426			89	
青 海	Qinghai	6438847	6438847	3087250	157007				
宁 夏	Ningxia	6912025	6829771	1970965	23156			82253	
新 疆	Xinjiang	27280864	27280830	4030541	111826	35			

14-19 分地区建筑业企业利税总额（2020年）
Total Pre-tax Profits of Construction Enterprises by Region (2020)

地 区	Region	利税总额 合 计（万元）Total Pre-tax Profits (10 000 yuan)	利润总额 Total Profits	税金总额 Total Tax	产值利税率（%）Ratio of Pre-tax Profits to Output Value (%)	资产利税率（%）Ratio of Pre-tax Profits to Assets (%)
全 国	**National Total**	**154165698**	**84477398**	**69688300**	**5.8**	**5.4**
北 京	Beijing	12818844	10302116	2516728	9.9	4.0
天 津	Tianjin	1452729	663640	789090	3.3	2.0
河 北	Hebei	2719719	1301107	1418612	4.6	3.7
山 西	Shanxi	2474863	1192641	1282222	4.8	3.3
内蒙古	Inner Mongolia	631424	228477	402947	5.6	2.8
辽 宁	Liaoning	1712790	623826	1088963	4.5	2.7
吉 林	Jilin	1380722	662961	717762	6.9	4.7
黑龙江	Heilongjiang	647162	188613	458549	5.4	2.8
上 海	Shanghai	3788312	2190375	1597938	4.6	3.1
江 苏	Jiangsu	23562656	13255785	10306872	6.7	9.6
浙 江	Zhejiang	9327649	4329014	4998635	4.5	5.9
安 徽	Anhui	4583433	2449212	2134221	4.9	5.5
福 建	Fujian	8050868	4180952	3869917	5.7	10.0
江 西	Jiangxi	4513564	2378129	2135435	5.2	7.6
山 东	Shandong	7497037	3940237	3556800	5.0	4.5
河 南	Henan	9990385	5448701	4541684	7.6	8.8
湖 北	Hubei	10386379	5905623	4480756	6.4	6.6
湖 南	Hunan	7114647	3346685	3767962	6.0	8.9
广 东	Guangdong	10103114	5416161	4686953	5.5	4.0
广 西	Guangxi	1986548	872224	1114325	3.4	5.1
海 南	Hainan	337784	140693	197092	8.6	7.0
重 庆	Chongqing	5686040	3100997	2585043	6.3	8.1
四 川	Sichuan	9135598	4980760	4154839	5.9	6.1
贵 州	Guizhou	2305400	1349621	955779	5.7	2.9
云 南	Yunnan	4361717	2320748	2040969	6.5	4.9
西 藏	Tibet	297124	185066	112059	10.1	3.9
陕 西	Shaanxi	4240870	2217443	2023426	5.0	4.2
甘 肃	Gansu	1206495	529579	676917	5.9	3.2
青 海	Qinghai	223484	108698	114786	4.4	2.8
宁 夏	Ningxia	349194	132245	216950	5.4	4.4
新 疆	Xinjiang	1279145	535072	744072	4.7	3.3

14-20 分地区按登记注册类型分建筑业企业税金总额（2020年）
Taxes of Construction Enterprises by Registration Status and by Region (2020)

单位：万元 (10 000 yuan)

地区	Region	合计 Total	内资企业 Domestic Invested Enterprises	#国有 State-owned Enterprises	#集体 Collective-owned Enterprises	港澳台商投资企业 Enterprises with Investment from Hong Kong, Macao and Taiwan	#港澳台商独资企业 Sole-proprietorship Enterprises	外商投资企业 Foreign Invested Enterprises	#外商独资企业 Sole-proprietorship Enterprises
全国	**National Total**	**69688300**	**69209279**	**6935780**	**1794757**	**199158**	**35426**	**279863**	**101783**
北京	Beijing	2516728	2482371	440934	24686	12276	3142	22082	1713
天津	Tianjin	789090	783944	153610	7709	489	67	4657	
河北	Hebei	1418612	1403683	185934	24352	14202		728	
山西	Shanxi	1282222	1282038	209923	11309	2		182	73
内蒙古	Inner Mongolia	402947	402947	41161	1901				
辽宁	Liaoning	1088963	1083700	118340	33722	4522	4021	741	58
吉林	Jilin	717762	716313	16269	5096	1449	378		
黑龙江	Heilongjiang	458549	458115	91376	18472			434	
上海	Shanghai	1597938	1559315	292817	14713	18015	8543	20608	14020
江苏	Jiangsu	10306872	10189699	393215	46009	6832	3247	110341	8411
浙江	Zhejiang	4998635	4944262	55738	30285	46604	3230	7768	1778
安徽	Anhui	2134221	2132529	232216	48920	1692	922		
福建	Fujian	3869917	3840331	118986	17468	24701	1314	4885	4832
江西	Jiangxi	2135435	2114647	123452	141225	20233		556	
山东	Shandong	3556800	3533748	387044	93719	7102	210	15949	
河南	Henan	4541684	4536680	213459	264439	202		4802	670
湖北	Hubei	4480756	4473685	982852	28672	243		6829	
湖南	Hunan	3767962	3757947	459584	139042	4977	712	5038	5038
广东	Guangdong	4686953	4602319	635127	271411	33698	8872	50936	49469
广西	Guangxi	1114325	1114325	162791	68748				
海南	Hainan	197092	197092	17091	11133				
重庆	Chongqing	2585043	2582293	121613	37062	370	168	2381	22
四川	Sichuan	4154839	4154817	501035	167051	14	5	8	
贵州	Guizhou	955779	955543	196416	49609	236	236		
云南	Yunnan	2040969	2040969	148307	77322				
西藏	Tibet	112059	112059	19774	369				
陕西	Shaanxi	2023426	2006405	286960	112234	1299	359	15721	15698
甘肃	Gansu	676917	676908	141340	35442			8	
青海	Qinghai	114786	114786	20095	4744				
宁夏	Ningxia	216950	211740	55523	721			5210	
新疆	Xinjiang	744072	744072	112801	7174				

14-21 分地区按登记注册类型分建筑业企业利润总额（2020年）
Total Profits of Construction Enterprises by Registration Status and Region (2020)

单位：万元 (10 000 yuan)

地区	Region	合计 Total	内资企业 Domestic Invested Enterprises	#国有 State-owned Enterprises	#集体 Collective-owned Enterprises	港澳台商投资企业 Enterprises with Investment from Hong Kong, Macao and Taiwan	#港澳台商独资企业 Sole-proprietorship Enterprises	外商投资企业 Foreign Invested Enterprises	#外商独资企业 Sole-proprietorship Enterprises
全 国	**National Total**	**84477398**	**83054068**	**10894757**	**1011367**	**718433**	**207683**	**704897**	**252145**
北 京	Beijing	10302116	10230346	1332717	16942	53204	29114	18566	3949
天 津	Tianjin	663640	657173	188929	1210	-204	-627	6670	
河 北	Hebei	1301107	1209882	46592	21242	91132		94	
山 西	Shanxi	1192641	1192375	102672	5826	-67		333	94
内蒙古	Inner Mongolia	228477	228477	-6785	1361				
辽 宁	Liaoning	623826	620430	98671	11828	1025	2954	2372	83
吉 林	Jilin	662961	662260	23833	2661	701	324		
黑龙江	Heilongjiang	188613	188572	-906	4757	-59.3		100	
上 海	Shanghai	2190375	2089877	823888	3125	32518	11386	67980	63487
江 苏	Jiangsu	13255785	12857396	627521	44429	13648	4021	384741	63102
浙 江	Zhejiang	4329014	4295389	89631	17085	29907	2217	3719	2254
安 徽	Anhui	2449212	2442379	266999	24075	6833	2972		
福 建	Fujian	4180952	4140240	187242	21981	19575	447	21137	22202
江 西	Jiangxi	2378129	2337580	85901	93798	35220		5329.4	
山 东	Shandong	3940237	3921294	554306	75758	2967	668	15976	
河 南	Henan	5448701	5410581	214774	140223	-213		38334	4190
湖 北	Hubei	5905623	5885168	1725349	28821	10		20445	
湖 南	Hunan	3346685	3311912	457423	77340	1562	488	33211	33211
广 东	Guangdong	5416161	5045246	775319	146404	339870	69265	31046	26471
广 西	Guangxi	872224	872224	182858	29876				
海 南	Hainan	140693	140693	4302	11606				
重 庆	Chongqing	3100997	3012538	171796	36328	87978	83844	481	-218
四 川	Sichuan	4980760	4980512	1300454	83193	244	63	4	
贵 州	Guizhou	1349621	1349373	375951	13776	248	248		
云 南	Yunnan	2320748	2320748	281835	42590				
西 藏	Tibet	185066	185066	44432	351				
陕 西	Shaanxi	2217443	2181807	550257	39946	2326	301	33310	33324
甘 肃	Gansu	529579	529584	127983	10992			-5	
青 海	Qinghai	108698	108698	69786	782				
宁 夏	Ningxia	132245	111189	26015	-208			21056	
新 疆	Xinjiang	535072	535065	165013	3268	7			

14-22 分地区按登记注册类型分建筑业企业主营业务利润（2020年）
Profits from Principal Business of Construction Enterprises by Registration Status and Region (2020)

单位：万元 (10 000 yuan)

地 区	Region	合 计 Total	内资企业 Domestic Invested Enterprises	#国 有 State-owned Enterprises	#集 体 Collective-owned Enterprises	港澳台商投资企业 Enterprises with Investment from Hong Kong, Macao and Taiwan	#港澳台商独资企业 Sole-proprietorship Enterprises	外商投资企业 Foreign Invested Enterprises	#外商独资企业 Sole-proprietorship Enterprises
全 国	**National Total**	**81874129**	**80483877**	**10360484**	**976329**	**679440**	**200256**	**710812**	**268904**
北 京	Beijing	10002259	9933236	1313610	11910	52053	29093	16970	1383
天 津	Tianjin	595896	589322	169340	1740	-186	-607	6760	
河 北	Hebei	1209979	1127516	31484	20869	82380		84	
山 西	Shanxi	1108802	1108505	76931	5832	-67		363	94
内蒙古	Inner Mongolia	215583	215583	-7361	1328				
辽 宁	Liaoning	614134	618475	81242	12242	-6011	-3854	1670	-83
吉 林	Jilin	642620	642264	19046	1472	356	324		
黑龙江	Heilongjiang	173772	173730	-19336	5332	-59		101	
上 海	Shanghai	1929350	1847872	751940	2692	19186	12792	62292	59273
江 苏	Jiangsu	13055997	12659598	611936	43875	12065	3189	384333	70627
浙 江	Zhejiang	4049827	4019418	85816	12959	26743	1579	3666	2219
安 徽	Anhui	2333807	2326993	252244	23761	6814	2965		
福 建	Fujian	4102021	4061454	179008	15416	19517	427	21049	22193
江 西	Jiangxi	2326711	2285934	75231	94606	35488		5289	
山 东	Shandong	3740838	3723144	519665	74334	1892	724	15802	
河 南	Henan	5327177	5290133	187941	139344	-212		37257	4378
湖 北	Hubei	5842287	5821798	1702883	28786	12		20478	
湖 南	Hunan	3329663	3294372	454824	75265	1588	497	33703	33703
广 东	Guangdong	5230977	4846090	692268	144621	337596	69127	47291	42798
广 西	Guangxi	872748	872748	199659	28587				
海 南	Hainan	139804	139804	8293	11550				
重 庆	Chongqing	3034236	2946575	165289	33727	87598	83465	63	-226
四 川	Sichuan	4862222	4862043	1256025	82197	175	35	4	
贵 州	Guizhou	1305520	1305320	340320	12671	200	200		
云 南	Yunnan	2287581	2287581	262144	38129				
西 藏	Tibet	185677	185677	45344	333				
陕 西	Shaanxi	2129733	2094896	540379	38871	2305	301	32532	32545
甘 肃	Gansu	516376	516381	117115	10955			-5	
青 海	Qinghai	106627	106627	72448	-376				
宁 夏	Ningxia	123250	102138	23300	-150			21112	
新 疆	Xinjiang	478659	478653	151459	3453	6			

14-23 建筑业企业房屋建筑面积
Floor Space of Buildings Constructed by Construction Enterprises

单位：万平方米 (10 000 sq.m)

年份 Year / 地区 Region		房屋建筑面积 Floor Space of Buildings Constructed		#国有 State-owned		#集体 Collective-owned	
		施工面积 Floor Space under Construction	竣工面积 Floor Space Completed	施工面积 Floor Space under Construction	竣工面积 Floor Space Completed	施工面积 Floor Space under Construction	竣工面积 Floor Space Completed
1985		35491.8	17072.7	19295.8	8563.1	16196.0	8509.6
1990		37923.0	19552.5	20303.2	9361.7	17619.7	10190.9
1995		89862.8	35666.3	44562.9	15182.4	41829.5	19262.0
2000		160141.1	80714.9	46237.5	20145.0	68112.3	38515.5
2005		352744.7	159406.2	56308.8	20505.7	42257.4	21750.4
2006		410154.4	179673.0	62253.8	20014.4	40872.5	21019.3
2007		482005.5	203992.7	68768.4	20539.5	42119.6	21300.9
2008		530518.6	223592.0	65633.7	19853.2	39247.8	19224.8
2009		588593.9	245401.6	72681.0	21765.4	36380.9	18783.2
2010		708023.5	277450.2	84452.8	22076.1	39232.1	18375.0
2011		851828.1	316429.3	106396.7	25876.7	38203.0	19253.1
2012		986427.5	358736.2	117123.6	26763.3	39209.0	19810.7
2013		1132002.9	401520.9	107280.6	25392.8	36030.3	17500.2
2014		1249826.3	423357.3	119295.1	23870.6	35788.9	17428.2
2015		1239717.6	420784.9	120844.0	24233.1	32954.3	16630.8
2016		1264216.3	422382.3	134362.0	26978.9	31213.2	15804.7
2017		1318374.1	419072.3	132877.1	25525.8	29439.7	14199.1
2018		1371994.7	411498.0	146726.2	25789.1	26053.4	12383.9
2019		1441504.7	402335.5	158001.7	26707.5	24403.3	10438.7
2020		1494753.7	384821.5	173139.5	24141.7	22992.6	9836.1
北京	Beijing	88593.7	9588.1	23426.0	2905.9	633.2	86.9
天津	Tianjin	15244.9	2453.3	2711.4	109.8	85.0	14.9
河北	Hebei	35081.6	7316.0	3887.2	374.8	701.6	179.2
山西	Shanxi	19965.8	4944.8	2130.4	482.0	178.3	41.7
内蒙古	Inner Mongolia	7016.7	1411.0	2842.1	56.0	36.4	29.1
辽宁	Liaoning	16234.7	4021.3	1589.5	143.9	294.9	117.1
吉林	Jilin	8447.3	2892.8	61.4	7.0	5.8	26.1
黑龙江	Heilongjiang	3285.3	923.4	905.1	203.9	27.0	8.2
上海	Shanghai	53798.6	8150.8	17638.3	1623.2	84.4	39.4
江苏	Jiangsu	267407.7	77802.9	9898.4	1861.2	716.0	232.0
浙江	Zhejiang	180786.2	40742.2	177.0	31.4	1237.4	260.4
安徽	Anhui	49377.0	14441.8	7242.4	709.5	389.3	262.1
福建	Fujian	82579.1	18202.3	3109.4	578.7	2386.8	794.9
江西	Jiangxi	34235.5	13911.9	1332.7	417.1	2041.7	1102.1
山东	Shandong	86160.1	21309.5	7989.7	1079.7	2177.4	841.1
河南	Henan	65957.0	19412.6	2475.5	437.5	1415.8	781.3
湖北	Hubei	85268.2	26559.5	18687.0	3288.2	407.9	261.2
湖南	Hunan	67978.8	21236.8	10049.3	1761.5	2204.0	1226.6
广东	Guangdong	91890.6	19264.1	28361.8	3038.4	3442.9	1273.8
广西	Guangxi	28695.3	8295.8	2336.0	436.5	1252.2	589.7
海南	Hainan	1823.7	299.5	105.9	63.2	87.8	58.5
重庆	Chongqing	38122.6	14050.1	1219.7	275.2	313.3	232.2
四川	Sichuan	67655.1	22572.8	11268.3	2090.3	782.2	575.4
贵州	Guizhou	17167.5	3951.7	2194.9	216.0	491.1	120.8
云南	Yunnan	20128.8	6238.4	946.6	116.3	406.2	194.9
西藏	Tibet	477.2	205.1	45.2	27.6	4.0	0.4
陕西	Shaanxi	37555.1	7311.2	4582.1	890.7	790.9	347.7
甘肃	Gansu	10903.3	2382.8	3725.9	352.1	361.0	109.8
青海	Qinghai	927.6	355.7	205.1	47.8	18.5	15.1
宁夏	Ningxia	2107.7	757.0	705.6	239.1	10.3	6.4
新疆	Xinjiang	9881.0	3816.2	1289.9	277.4	9.1	7.1

14-24 勘察设计单位基本情况（2020年）

Conditions of Prospecting and Designing Institutions (2020)

地区	Region	单位数（个）Number of Institutions (unit)	年末从业人员数（人）Number of Employed Persons at Year-end (person)	#高级职称 Senior Title	#中级职称 Middle Title	#初级职称 Junior Title	营业收入（万元）Business Revenue (10 000 yuan)
全国	**National Total**	**23741**	**4399733**	**462065**	**767455**	**600011**	**724966801**
北京	Beijing	1432	405181	60338	86727	62734	107431359
天津	Tianjin	342	77063	17138	18295	12638	26591635
河北	Hebei	696	75201	12774	20339	11556	10148168
山西	Shanxi	634	57517	9102	16323	11463	9154363
内蒙古	Inner Mongolia	332	17003	4156	5191	2521	1027779
辽宁	Liaoning	733	69444	13632	18462	9946	5414236
吉林	Jilin	583	29158	9002	9205	4074	1794810
黑龙江	Heilongjiang	370	23561	7492	8057	2750	2447376
上海	Shanghai	1259	296195	32394	67777	66984	87117556
江苏	Jiangsu	2091	468323	27695	55544	49645	61031832
浙江	Zhejiang	1077	445421	24074	42328	41733	47438165
安徽	Anhui	905	231047	14914	28159	32644	36472482
福建	Fujian	902	269831	9225	24933	19425	23939103
江西	Jiangxi	498	171384	6915	12321	9549	14368712
山东	Shandong	1772	246481	26996	50717	44093	53243419
河南	Henan	1204	128165	15645	29262	19926	10800657
湖北	Hubei	1238	201490	29313	45302	36177	42621644
湖南	Hunan	636	124468	12997	27212	15916	33991037
广东	Guangdong	1691	433131	30450	55933	47104	67229955
广西	Guangxi	378	60845	7494	12783	9366	6445401
海南	Hainan	239	11894	1813	2897	2153	798284
重庆	Chongqing	516	53782	10459	14688	8038	5086143
四川	Sichuan	971	202972	26484	41446	27628	25016510
贵州	Guizhou	376	37190	7276	8793	6400	6707254
云南	Yunnan	800	61567	10549	14430	10713	8261586
西藏	Tibet	75	5796	545	1242	1326	319266
陕西	Shaanxi	1256	124942	19088	29907	21650	21352727
甘肃	Gansu	273	31227	6242	9143	6591	4867795
青海	Qinghai	159	7153	1642	2066	1307	356857
宁夏	Ningxia	113	5742	1136	1659	1341	315598
新疆	Xinjiang	190	26559	5085	6314	2620	3175091

14-25 工程招标代理机构基本情况（2020年）
Conditions of Project Bidding Agencies (2020)

地 区	Region	企业单位数（个）Number of Enterprises (unit)	期末企业人员（人）Personnel of Enterprises at Year-end (person)	#专业技术人员 Technical Personnel	#年末注册执业人数 Registered Professionals	#招标代理人员 Project Bidding Personnel	营业收入（万元）Business Revenue (10 000 yuan)
全 国	**National Total**	**9106**	**620041**	**456545**	**183241**	**96667**	**42753348**
北 京	Beijing	248	49021	35433	12998	6672	4177503
天 津	Tianjin	114	6693	4821	1740	1226	188151
河 北	Hebei	434	16663	11398	4576	4055	587851
山 西	Shanxi	276	8473	5685	2219	2722	213814
内蒙古	Inner Mongolia	144	3119	2174	901	933	65289
辽 宁	Liaoning	399	9782	6709	2841	3333	1297565
吉 林	Jilin	308	10594	8102	2700	2599	227502
黑龙江	Heilongjiang	142	4364	3187	1022	1461	99753
上 海	Shanghai	166	34917	27909	9836	2674	1763148
江 苏	Jiangsu	459	42480	31469	18113	5207	11221998
浙 江	Zhejiang	311	47412	37243	14699	4824	3036601
安 徽	Anhui	376	22136	16105	7302	3870	644703
福 建	Fujian	399	35202	23613	9198	3829	1681262
江 西	Jiangxi	223	10751	8176	3364	1816	273904
山 东	Shandong	761	45519	34840	13950	8530	1291533
河 南	Henan	510	33078	22762	9341	5747	2538027
湖 北	Hubei	139	8313	6261	2493	1501	202023
湖 南	Hunan	260	19013	13729	5197	2841	473112
广 东	Guangdong	507	83202	68176	17984	8065	5800924
广 西	Guangxi	291	16162	11783	5191	2726	1007907
海 南	Hainan	108	2205	1362	624	673	90242
重 庆	Chongqing	34	5930	4870	2457	519	165557
四 川	Sichuan	450	36872	22371	15129	5233	1205585
贵 州	Guizhou	76	6273	4115	1647	833	362354
云 南	Yunnan	534	11653	8789	2771	4084	278910
西 藏	Tibet	15	287	180	91	56	4020
陕 西	Shaanxi	210	20653	13904	6858	2769	1490169
甘 肃	Gansu	379	9368	6497	2709	2036	170650
青 海	Qinghai	230	3282	2335	789	1286	66770
宁 夏	Ningxia	227	7328	5895	1893	1472	162635
新 疆	Xinjiang	376	9296	6652	2608	3075	1963886

14-26 建设工程监理企业基本情况(2020年)
Conditions of Construction Project Supervision Enterprises (2020)

行 业 地 区	Sector Region	企 业 单位数 (个) Number of Enterprises (unit)	年 末 从业人数 (人) Employed Persons (year-end) (person)	#高、中级 职称人员 Persons with Senior or Middle Certificates	年末注册 执业人数 (人) Registered Professionals (year-end) (person)	#注册监理 工程师 Registered Supervisory Engineers	营业收入 (万元) Business Revenue (10 000 yuan)
合　　计	**Total**	**9900**	**1393595**	**592337**	**400872**	**201204**	**71781592**
按行业分	**By Sector**						
房屋建筑工程	Housing Construction Projects	7658	842598	347574	249484	128940	29288433
冶炼工程	Metallurgical Projects	25	6548	3635	2193	743	1036511
矿山工程	Mining Projects	37	10789	3645	2241	1015	312475
化工、石油工程	Chemical and Petroleum Projects	151	42032	23290	12368	4378	6064413
水利水电工程	Water Conservancy and Hydro-power Projects	122	30462	17185	10096	2101	6261709
电力工程	Power Projects	415	78216	31202	19706	7347	12056269
农林工程	Agriculture and Forestry Projects	18	1319	680	358	138	64446
铁路工程	Railway Projects	58	29473	16649	5733	3250	1539986
公路工程	Highway Projects	85	10749	4842	2656	1540	293023
港口与航道工程	Harbour and Navigation Projects	7	967	443	322	192	29781
航天航空工程	Air and Space Projects	8	1687	774	408	278	37941
通信工程	Communications Projects	50	16656	4260	2063	1265	531097
市政公用工程	Civil and Public Utility Projects	1008	109533	47745	32147	15180	6516150
机电安装工程	Machinery and Electric Installation Projects	10	6138	5037	1290	419	2119876
综合资质	Comprehensive Qualification	246	206407	85363	59802	34414	5629277
事务所资质	Office Qualification	2	21	13	5	4	206
按地区分	**By Region**						
北　京	Beijing	328	99594	50677	24175	10505	6504744
天　津	Tianjin	127	18246	8947	5082	2958	767717
河　北	Hebei	313	43246	19524	10597	5799	2049429
山　西	Shanxi	223	27795	14758	7037	4471	1163674
内蒙古	Inner Mongolia	127	10638	6429	3167	2193	162029
辽　宁	Liaoning	289	24032	14784	7872	4908	1332082
吉　林	Jilin	194	18057	10476	5284	2670	512451
黑龙江	Heilongjiang	194	17686	11630	4304	2405	472412
上　海	Shanghai	239	58561	23810	16662	8747	4185043
江　苏	Jiangsu	814	108107	48694	46954	20889	7080817
浙　江	Zhejiang	664	92571	34927	30675	17162	4997773
安　徽	Anhui	621	56323	20086	15721	7443	2242194
福　建	Fujian	816	115420	29957	20916	9262	5419145
江　西	Jiangxi	219	32936	8681	6987	3550	1892968
山　东	Shandong	590	80000	33910	25917	13433	2892626
河　南	Henan	380	62241	25926	17850	9768	3274541
湖　北	Hubei	302	39104	19972	11797	5990	1682006
湖　南	Hunan	294	54857	25673	13638	6962	2781006
广　东	Guangdong	629	118447	48208	30137	16979	5858683
广　西	Guangxi	246	30191	13693	8948	4766	941307
海　南	Hainan	79	4332	1900	1486	794	255588
重　庆	Chongqing	146	34322	14357	9876	4408	1513478
四　川	Sichuan	559	110313	40710	33593	14807	6791661
贵　州	Guizhou	167	17513	8166	5306	2329	1485061
云　南	Yunnan	194	23241	9950	5776	2896	1231011
西　藏	Tibet	104	2193	850	970	662	63440
陕　西	Shaanxi	550	48763	24316	15982	6602	3123388
甘　肃	Gansu	211	18498	8899	5689	3043	453330
青　海	Qinghai	89	4419	1842	1652	566	99860
宁　夏	Ningxia	75	6969	2855	1822	1121	105722
新　疆	Xinjiang	117	14980	7730	5000	3116	446405

主要统计指标解释

建筑业统计单位 指从事房屋、构筑物建造和设备安装活动的法人企业。建筑业法人企业应具有建筑业资质并能够独立核算，同时还应具备以下条件：①依法成立，有自己的名称、组织机构和场所，能够承担民事责任；②独立拥有和使用资产，承担负债，有权与其他单位签订合同；③独立核算盈亏，能够编制资产负债表。

建筑业总产值 是以货币形式表现的建筑业企业在一定时期内生产的建筑业产品和提供服务的总和。建筑业总产值包括：

⑴建筑工程产值：指列入建筑工程预算内的各种工程价值。

⑵安装工程产值：指设备安装工程价值以及将预制部品部件安装成建筑工程产品的价值，不包括被安装设备本身的价值。

⑶其他产值：建筑业总产值中除建筑工程、安装工程以外的产值。包括房屋构筑物修理产值、非标准设备制造产值、总包企业向分包企业收取的管理费以及不能明确划分的施工活动所完成的产值。

a.房屋构筑物修理产值：指房屋和构筑物修理所完成的产值，但不包括被修理房屋、构筑物本身价值和生产设备的修理价值。

b.非标准设备制造产值：指加工制造没有定型的非标准生产设备的加工费和原材料价值(如化工厂、炼油厂用的各种罐、槽，矿井生产统一使用的各种漏斗、三角槽、阀门等)以及附属加工厂为本企业承建工程制作的非标准设备的价值。

房屋施工面积 指报告期内施工的全部房屋建筑面积，包括本期新开工的房屋建筑面积、上期跨入本期继续施工的房屋建筑面积、上期停缓建在本期恢复施工的房屋建筑面积、本期竣工的房屋建筑面积及本期施工后又停缓建的房屋建筑面积。

房屋竣工面积 指报告期内房屋建筑按照设计要求已全部完工，达到住人和使用条件，经验收鉴定合格或达到竣工验收标准，可正式移交使用的各栋房屋建筑面积的总和。

Explanatory Notes on Main Statistical Indicators

Statistical Units in the Construction Industry refer to corporate enterprises engaged in the construction of buildings and structures and in the installation of equipment. A corporate construction enterprise should have qualification certificates with independent accounting system, and should meet the following 3 requirements: a) being set up in line with relevant legal basis, having its full name, organization and location, and capable of taking civil liabilities; b) independently possessing and using its assets and assuming its liabilities, and entitled to sign contracts with other institutions; c) making independent accounts of its profits and losses, and capable of compiling its own balance sheet.

Gross Output Value of Construction refers to total of construction products and services, expressed in monetary terms, produced or rendered by construction and installation enterprises during a given period of time. It includes:

(1) Output value of construction projects: the value of projects covered by the project budgets;

(2) Output value of installation projects: the value of the installation of equipment, and the value of installing prefabricated components into construction engineering products (excluding the value of the equipment to be installed);

(3) Other output values: the output value of construction industry apart from that of construction projects and installation projects. It includes: output value of repair of buildings and structures; output value of manufacturing of non-standard equipment; overhead expenses received by contracted enterprises from the sub-contracted enterprises, and the completed output value of construction activities for which there is no clear definition.

a. Output value of repair of buildings and structures: the value created through the repairs of buildings or structures. It does not include the value of buildings or structures being repaired and the value of the repair of production equipment.

b. Output value of manufactured non-standard equipment: refers to the value of non-standard production equipment, including raw materials and manufacturing cost, (i.e., kettles or tanks used by chemical plant or refinery; various fillers, triangle tanks, valves used in mines). It also includes the output value of non-standard equipment manufactured made by its subsidiary workshops for undertaking projects.

Floor Space of Buildings under Construction refers to the total floor space area of buildings under construction in the reference period. It includes buildings new started; buildings started earlier and continued during the reference period; buildings suspended earlier but restarted during the reference period; buildings completed during the reference period; and buildings under construction but suspended during the reference period.

Floor Space of Buildings Completed refers to the total floor space area of buildings that have been completed in the reference period in accordance with the requirements of the design, up to the standard for accommodation or putting into use, and have been checked and accepted by departments concerned as qualified or up to the standard of buildings completed and can be handed over for putting into use.

15

批发和零售业

Wholesale and Retail Trades

简 要 说 明

一、本篇资料的主要内容

本篇资料主要反映批发和零售业的发展与经营状况，同时反映国内商品流通、商品消费、市场运行态势以及流通现代化进程。主要内容包括：限额以上批发和零售业基本情况、商品流转情况、财务状况；零售连锁经营情况；亿元商品交易市场成交情况；社会消费品零售总额等。

二、本篇资料的统计范围

限额以上批发和零售业的法人企业、个体经营户，零售连锁集团，成交额在亿元以上的商品交易市场，以及参与商品零售、餐饮经营活动的各行业法人企业、产业活动单位和个体经营户。限额以上批发和零售业统计单位是指年主营业务收入 2000 万元及以上的批发业统计单位和年主营业务收入 500 万元及以上的零售业统计单位。

三、本篇的资料来源

本篇资料是根据《批发和零售业统计报表制度》进行搜集和加工整理而得。

四、本篇的统计调查方法

本篇资料中限额以上批发和零售业法人企业、个体经营户、其他行业附营的批发和零售业产业活动单位，以及零售连锁集团、亿元商品交易市场等资料采用全面调查方法取得；限额以下法人企业及个体经营户等资料采用抽样调查方法推算。

Brief Introduction

I. Main Contents

Data in this chapter reflect the development and operation of enterprises above designated size of wholesale and retail trades, highlighting commodity circulation, consumption, market operation, and modernization of logistics of China's domestic trade. Main contents include the basic conditions of the wholesale and retail trades above designated size; circulation of commodities; financial status; total retail sales of consumer goods; turnover of large commodity transaction markets with transaction over 100 million yuan; development of chain stores of retail trades, etc.

II. Scope of Statistics

Data in this chapter cover corporate enterprises and self-employed individuals above the designated size engaged in wholesale and retail trades; chain enterprises; large commodity markets with transaction value over 100 million yuan; and corporate enterprises, establishments and self-employed individuals of other industries that are involved in retail trades and catering services. The criteria for wholesale and retail sale trades above designated size are as follows: wholesale trade with annual principal business sales over 20 million yuan; and retail trade, with annual principal business sales over 5 million yuan.

III. Sources of Data

Data in this chapter are collected and processed in accordance with *Statistical Reporting System on Wholesale and Retail Trades* by the Department of Trade and External Economic Relations of the National Bureau of Statistics.

IV. Methods of Survey

Data on main indicators for all enterprises of wholesale and retail trades above designated size, self-employed individuals, the establishments of other industries involved in the wholesale and retail trades, chain enterprises of wholesale and retail trades, large commodity markets with transaction value over 100 million yuan are collected through comprehensive reporting system. Data on corporate enterprises and self-employed individuals below the designated size are collected by sample surveys.

15-1 限额以上批发和零售业企业主要指标
Main Indicators of Enterprises above Designated Size of Wholesale and Retail Trade

指标	Item	2016	2017	2018	2019	2020
批发和零售业	**Wholesale and Retail Trade**					
法人企业 (个)	Number of Corporate Enterprises (unit)	193371	200170	211515	242544	276499
年末从业人数 (万人)	Employed Persons at Year-end (10 000 persons)	1193.6	1183.8	1184.5	1213.9	1235.0
商品购进额 (亿元)	Total Purchases Value (100 million yuan)	506309.4	572287.8	616551.4	709505.3	800298.9
#进口额 (亿元)	Imports (100 million yuan)	35355.7	43743.8	45121.4	51415.4	54162.1
商品销售额 (亿元)	Total Sales Value (100 million yuan)	558877.6	630181.3	691162.1	782518.3	864261.2
#出口额 (亿元)	Exports (100 million yuan)	21924.7	23617.1	26238.6	27436.1	27553.6
期末商品库存额 (亿元)	Total Stock at Year-end (100 million yuan)	38388.6	43397.0	42117.2	46410.0	52982.9
批发业	**Wholesale Trade**					
法人企业 (个)	Number of Corporate Enterprises (unit)	95066	100988	113696	140075	168738
年末从业人数 (万人)	Employed Persons at Year-end (10 000 persons)	495.9	506.3	526.9	568.5	595.7
商品购进额 (亿元)	Total Purchases Value (100 million yuan)	397418.9	468165.4	516111.6	601908.8	689230.3
#进口额 (亿元)	Imports (100 million yuan)	32106.0	40754.0	42219.2	48241.8	50884.0
商品销售额 (亿元)	Total Sales Value (100 million yuan)	432265.3	507096.0	566174.2	652164.1	733272.8
#出口额 (亿元)	Exports (100 million yuan)	21808.8	23544.6	26158.0	27346.3	27464.2
期末商品库存额 (亿元)	Total Stock at Year-end (100 million yuan)	27295.7	31609.0	31202.1	35036.0	40336.2
零售业	**Retail Trade**					
法人企业 (个)	Number of Corporate Enterprises (unit)	98305	99182	97819	102469	107761
年末从业人数 (万人)	Employed Persons at Year-end (10 000 persons)	697.7	677.5	657.6	645.4	639.2
商品购进额 (亿元)	Total Purchases Value (100 million yuan)	108890.5	104122.4	100439.8	107596.6	111068.6
#进口额 (亿元)	Imports (100 million yuan)	3249.7	2989.8	2902.2	3173.6	3278.1
商品销售额 (亿元)	Total Sales Value (100 million yuan)	126612.3	123085.3	124987.9	130354.1	130988.4
#出口额 (亿元)	Exports (100 million yuan)	115.9	72.5	80.6	89.8	89.4
期末商品库存额 (亿元)	Total Stock at Year-end (100 million yuan)	11092.9	11788.0	10915.1	11374.0	12646.7
年末零售营业面积 (万平方米)	Business Area of Retail at Year-end (10 000 sq.m)	33905.3	33250.2	33764.8	36744.8	38243.7

15-2 按登记注册类型和行业分限额以上批发业企业主要指标(2020年)

单位：亿元

指标	Item	法人企业(个) Number of Corporate Enterprises (unit)	年末从业人数(人) Employed Persons at Year-end (person)	商品购进额 Total Purchases Value	#进口 Imports
批发业合计	**Wholesale Trade**	**168738**	**5957306**	**689230.3**	**50884.0**
按登记注册类型分	**By Status of Registration**				
内资企业	**Domestic Invested Enterprises**	**160408**	**4987089**	**596922.5**	**28707.1**
国有企业	State-owned Enterprises	2089	318835	28448.7	632.3
集体企业	Collective-owned Enterprises	248	10688	665.1	68.0
股份合作企业	Cooperative Enterprises	151	5399	744.6	12.0
联营企业	Joint Ownership Enterprises	43	1273	162.7	0.6
国有联营企业	State Joint Ownership Enterprises	14	326	75.7	0.2
集体联营企业	Collective Joint Ownership Enterprises	4	137	5.1	
国有与集体联营企业	Joint State-collective Enterprises	11	402	21.1	0.4
其他联营企业	Other Joint Ownership Enterprises	14	408	60.9	
有限责任公司	Limited Liability Corporations	24825	1444744	256561.5	17731.9
国有独资公司	State Sole-proprietorship Corporations	2028	156754	39935.5	3282.4
其他有限责任公司	Other Limited Liability Corporations	22797	1287990	216626.0	14449.5
股份有限公司	Share-holding Corporations Ltd.	1747	304634	41413.6	2183.5
私营企业	Private Enterprises	130807	2885970	268425.4	8078.0
私营独资企业	Private Sole-proprietorship Enterprises	1870	30749	2218.7	41.1
私营合伙企业	Private Partnership Enterprises	250	3674	246.3	5.5
私营有限责任公司	Private Limited Liability Corporations	127293	2772450	261793.1	7709.0
私营股份有限公司	Private Share-holding Corporations Ltd.	1394	79097	4167.3	322.4
其他企业	Other Enterprises	498	15546	500.9	0.8
港、澳、台商投资企业	**Enterprises with Investment from Hong Kong, Macao and Taiwan**	**3454**	**427835**	**30780.0**	**4907.7**
合资经营企业	Joint-venture Enterprises	490	34161	4495.5	615.9
合作经营企业	Cooperative Enterprises	19	1881	218.8	0.1
独资经营企业	Sole-proprietorship Enterprises	2814	363085	24646.8	3982.6
投资股份有限公司	Share-holding Corporations Ltd.	70	21896	1150.3	255.2
其他港澳台商投资企业	Other Enterprises with Investment from Hong Kong, Macao and Taiwan	61	6812	268.6	54.0
外商投资企业	**Foreign Invested Enterprises**	**4876**	**542382**	**61527.9**	**17269.2**
中外合资经营企业	Joint-venture Enterprises	691	70129	19989.1	1149.9
中外合作经营企业	Cooperative Enterprises	20	1481	27.3	1.6
外资企业	Sole-proprietorship Enterprises	4015	447470	40534.5	16021.0
外商投资股份有限公司	Share-holding Corporations Ltd.	75	19107	525.2	67.0
其他外商投资企业	Other Foreign Invested Enterprises	75	4195	451.8	29.7

注：限额以上批发业企业中，由于包含了部分视同法人单位，因此财务指标数据资产≠负债+所有者权益。

a) For the financial data of wholesale enterprises above designated size, total assets may not equal to liabilities plus total owner's equities, due to the fact that there are some establishments which are regarded as enterprises.

Main Indicators of Enterprises above Designated Size of Wholesale Trade by Status of Registration and Sector (2020)

(100 million yuan)

商品销售额 Total Sales Value	#出口 Exports	期末商品库存额 Stock (year-end)	资产总计 Total Assets	#流动资产合计 Total Current Assets	#固定资产净额 Net Value of Fixed Assets	负债合计 Total Liabilities	所有者权益合计 Total Owners' Equities	营业收入 Business Revenue	营业成本 Business Cost	税金及附加 Taxes and Other Charges	利润总额 Total Profits
733272.8	**27464.2**	**40336.2**	**344736.4**	**267969.5**	**8633.1**	**250154.2**	**94534.2**	**658881.0**	**620118.5**	**2849.7**	**13167.2**
628829.3	**21366.9**	**33338.2**	**290830.7**	**224927.2**	**7547.8**	**213714.9**	**77079.9**	**564701.1**	**536766.9**	**2673.9**	**9231.8**
33461.3	369.9	1976.2	14577.1	11519.0	822.0	6816.4	7804.5	31175.4	26579.4	1744.6	1917.8
749.2	8.4	20.1	626.0	352.0	22.6	460.1	159.9	687.5	659.7	1.1	-1.0
388.5	2.2	21.7	160.5	125.8	7.2	155.5	4.9	344.6	327.2	0.4	3.8
169.2	0.9	8.4	90.5	68.6	1.8	63.1	27.4	153.8	148.5	0.2	2.3
76.3	0.6	1.6	18.4	12.6	0.2	13.8	4.6	71.2	70.4		-0.1
5.7		0.1	1.4	1.2		1.3	0.1	5.1	5.1		-0.1
22.6	0.3	2.7	45.5	31.6	1.4	26.7	18.7	20.1	18.2		1.5
64.6		4.0	25.3	23.2	0.1	21.3	4.0	57.4	54.8	0.1	1.0
267902.9	6983.7	13579.0	132898.2	99563.8	2998.1	97403.3	35453.5	238857.2	229105.5	558.6	3901.2
41702.8	882.9	2605.7	30066.1	17812.4	719.8	19899.8	10155.6	37095.6	35775.8	154.9	772.5
226200.1	6100.8	10973.3	102832.0	81751.4	2278.3	77503.5	25297.9	201761.6	193329.7	403.7	3128.6
41596.7	1367.6	4553.8	31425.6	19076.1	930.4	20078.2	11373.3	37743.7	36072.3	41.6	724.9
284015.1	12628.5	13156.8	110888.0	94083.5	2754.8	88623.1	22206.8	255228.2	243395.0	326.4	2668.4
2385.8	91.6	233.1	886.2	760.5	20.3	733.8	152.3	2153.5	2028.7	5.4	40.4
280.8	4.1	16.3	109.0	100.6	3.7	84.9	24.1	254.5	234.2	0.5	8.8
276766.6	12291.6	12588.1	105732.6	90817.6	2610.2	85629.9	20044.8	248613.1	237321.2	312.4	2439.6
4581.9	241.3	319.3	4160.2	2404.8	120.6	2174.5	1985.5	4207.1	3810.8	8.2	179.6
546.3	5.5	22.1	164.8	138.5	10.9	115.0	49.6	510.9	479.2	1.0	14.5
34977.9	**779.1**	**2803.2**	**21310.8**	**16878.1**	**417.8**	**14439.8**	**6861.6**	**31836.3**	**27985.0**	**51.9**	**1361.0**
4767.6	234.5	304.2	3386.2	2631.0	80.5	2309.7	1070.2	4255.7	4027.0	4.3	79.8
233.0	0.1	5.3	99.6	85.5	1.2	77.7	22.0	211.4	201.0	0.2	2.2
28314.1	532.0	2413.4	16424.2	13258.8	318.3	11405.5	5015.7	25853.2	22396.4	44.1	1157.7
1358.3	5.5	66.1	1214.2	744.1	15.7	546.0	668.2	1237.9	1110.1	2.1	111.5
305.0	7.0	14.2	186.5	158.6	2.1	100.9	85.6	278.0	250.5	1.1	9.8
69465.5	**5318.2**	**4194.8**	**32594.9**	**26164.3**	**667.5**	**21999.5**	**10592.6**	**62343.6**	**55366.7**	**123.9**	**2574.3**
20072.6	568.3	527.0	6845.5	5239.4	139.5	5064.4	1781.1	17247.8	16254.4	19.0	440.5
33.3	2.5	1.8	56.7	50.9	2.8	50.1	6.0	30.5	26.2	0.1	-0.1
47681.9	4737.8	3578.0	24028.4	19787.1	461.0	15674.1	8352.1	43531.6	37793.5	102.1	2091.1
974.7	5.6	67.3	1263.1	706.5	60.2	881.6	381.5	890.1	704.8	2.0	30.5
703.1	3.9	20.7	401.1	380.3	3.9	329.3	71.9	643.6	587.7	0.7	12.4

15-2 续表

单位：亿元

指　标	Item	法人企业(个) Number of Corporate Enterprises (unit)	年末从业人数(人) Employed Persons at Year-end (person)	商品购进额 Total Purchases Value	#进口 Imports
按国民经济行业分	**By Sector**				
农、林、牧、渔产品批发	Wholesale of Agricultural, Forestry, Livestock and Fishery Products	6241	175827	18419.1	2273.9
食品、饮料及烟草制品批发	Wholesale of Food, Beverages and Tobaccos	16513	1131395	49935.4	3522.5
#米、面制品及食用油批发	Wholesale of Rice, Flour and Edible Oil	2562	122168	9711.6	1172.5
烟草制品批发	Wholesale of Tobaccos	510	252700	13740.4	32.2
纺织、服装及家庭用品批发	Wholesale of Textiles, Wearing Apparel and Household Articles	19771	952801	49706.1	3079.8
#服装批发	Wholesale of Garments	3877	284898	7804.8	663.6
日用家电批发	Wholesale of Household Electrical Appliances	2232	126792	12871.7	105.5
文化、体育用品及器材批发	Wholesale of Culture, Sports Appliances and Equipments	5094	225888	12308.3	763.3
医药及医疗器材批发	Wholesale of Medicines and Medical Appliances	12710	874475	32581.0	2276.8
矿产品、建材及化工产品批发	Wholesale of Mineral Products, Building Materials and Chemical Products	72781	1363328	409175.2	20403.3
#煤炭及制品批发	Wholesale of Coal and Related Products	6256	144456	42343.2	1506.8
石油及制品批发	Wholesale of Petroleum and Related Products	6524	297541	66915.7	4013.6
金属及金属矿批发	Wholesale of Metal Materials	25334	321493	205208.8	9232.3
建材批发	Wholesale of Building Materials	13268	232851	25783.2	1002.6
化肥批发	Wholesale of Chemical Fertilizer	1507	41787	5537.7	287.7
机械设备、五金产品及电子产品批发	Wholesale of Machinery, Hardware and Electronic Products	29995	1067557	98318.8	16231.5
#汽车及零配件批发	Wholesale of Motor Vehicles and Their Parts	6149	190974	34737.9	4795.3
计算机、软件及辅助设备批发	Wholesale of Computer, Software and Auxiliary Appliances	2698	105456	10689.8	4423.2
贸易经纪与代理	Trade Broker and Agency	1337	35753	5409.7	1551.1
其他批发业	Other Wholesale not Classified Elsewhere	4296	130282	13376.7	781.8

continued

(100 million yuan)

商品销售额 Total Sales Value	#出口 Exports	期末商品库存额 Stock (year-end)	资产总计 Total Assets	#流动资产合计 Total Current Assets	#固定资产净额 Net Value of Fixed Assets	负债合计 Total Liabilities	所有者权益合计 Total Owners' Equities	营业收入 Business Revenue	营业成本 Business Cost	税金及附加 Taxes and Other Charges	利润总额 Total Profits
18854.3	191.0	2955.8	13329.7	10005.6	612.2	9931.6	3394.8	17080.3	16463.8	20.2	276.2
60797.6	947.0	4894.1	32834.2	26422.6	1525.2	19417.9	13420.7	55444.0	46018.3	2101.9	3823.9
9895.7	127.2	1614.9	6177.9	5052.5	328.8	5051.3	1127.6	9134.2	8559.9	14.6	133.8
19757.0	134.0	964.3	7755.7	6112.1	521.2	1346.8	6411.1	17622.1	12872.0	2016.5	1973.8
56340.7	8271.6	6227.3	31018.0	24938.6	760.0	22878.7	8131.3	51590.9	45416.7	79.2	1376.7
9153.4	2765.9	975.1	5679.1	4413.6	201.9	3791.9	1887.1	8506.6	7156.8	19.3	301.8
13960.6	414.8	3070.4	9438.1	8112.5	100.1	7983.9	1453.8	12701.3	11723.3	11.7	145.8
13489.6	866.8	1402.8	8617.1	6860.2	208.4	5789.2	2833.1	12302.9	11170.0	21.7	401.1
37287.9	737.6	4434.3	26175.4	21869.1	647.9	18999.8	7173.0	33831.0	29242.3	88.3	1134.2
420168.1	5415.2	13227.3	164589.6	122404.2	3740.3	123388.4	41206.2	374661.0	365694.5	313.9	3193.3
44479.6	125.7	1266.6	26311.6	15900.8	537.4	17355.2	8956.5	39925.1	38601.7	55.4	721.9
66143.8	595.8	2642.5	25036.3	17166.1	1691.5	18548.3	6515.3	60198.2	58546.1	62.9	365.3
209836.3	2215.9	5630.7	67872.1	54319.1	692.5	53827.5	14067.3	184879.8	182510.9	97.1	785.7
27243.5	617.8	1138.1	17268.8	14020.5	330.7	13376.4	3856.3	24552.1	23347.4	38.4	520.4
5800.6	173.4	445.0	3486.5	2578.1	74.5	2629.6	856.1	5302.3	5115.0	4.5	28.4
106329.9	9381.7	6300.7	56229.5	46074.5	930.0	40869.7	15327.1	95703.9	88740.9	163.8	2560.3
37647.9	1022.6	2367.7	18339.3	15044.4	210.0	14047.0	4290.3	33764.8	31343.4	78.2	933.7
11446.2	1169.0	636.6	4440.8	4046.4	47.5	3267.8	1173.1	10439.9	9801.8	10.3	235.2
5684.2	1052.4	216.3	5388.3	4336.8	66.2	4065.2	1313.4	5186.8	4928.1	5.7	136.3
14320.6	600.8	677.5	6554.7	5058.0	143.0	4813.6	1734.5	13080.2	12444.0	55.1	265.3

15-3 分地区限额以上批发业企业主要指标(2020年)
Main Indicators of Enterprises above Designated Size of Wholesale Trade by Region (2020)

单位：亿元 (100 million yuan)

地 区	Region	法人企业(个) Number of Corporate Enterprises (unit)	年末从业人数(人) Employed Persons at Year-end (person)	商品购进额 Total Purchases Value	#进口 Imports	商品销售额 Total Sales Value	#出口 Exports	期末商品库存额 Stock (year-end)
全 国	**National Total**	**168738**	**5957306**	**689230.3**	**50884.0**	**733272.8**	**27464.2**	**40336.2**
北 京	Beijing	7587	440976	60032.4	10646.4	63641.5	1610.5	5950.1
天 津	Tianjin	6319	177157	30323.8	1133.2	31712.7	596.9	1226.6
河 北	Hebei	2535	97735	10001.3	85.7	10742.1	135.2	1022.5
山 西	Shanxi	2031	88349	10717.0	95.9	11357.4	22.9	403.2
内蒙古	Inner Mongolia	1147	43849	4252.5	232.0	4654.3	86.4	332.4
辽 宁	Liaoning	3433	88244	15771.0	504.2	16558.7	239.5	790.4
吉 林	Jilin	939	40152	2416.9	12.7	2686.6	8.4	269.3
黑龙江	Heilongjiang	906	50658	4486.6	772.0	5170.0	53.0	662.6
上 海	Shanghai	12666	683655	115860.0	14712.9	123456.2	4432.9	6127.3
江 苏	Jiangsu	20743	558157	69206.2	4145.2	72909.2	4192.2	5110.4
浙 江	Zhejiang	18851	495061	76340.4	3844.5	79992.3	5565.1	2935.5
安 徽	Anhui	3305	126358	9874.2	849.5	11009.3	246.1	564.2
福 建	Fujian	10278	250835	36500.7	3033.5	38631.0	1960.7	1806.0
江 西	Jiangxi	2020	92723	4542.5	42.7	5341.9	264.8	265.7
山 东	Shandong	14468	377194	38927.5	1549.3	41651.3	1407.4	1783.1
河 南	Henan	5093	200030	12089.4	128.4	13160.3	130.7	719.2
湖 北	Hubei	3479	165461	10369.1	106.0	11175.6	314.2	775.9
湖 南	Hunan	3134	129799	6870.5	227.5	7106.5	150.4	441.0
广 东	Guangdong	30770	1039847	90230.4	5744.9	94890.3	4305.9	4585.1
广 西	Guangxi	2236	83131	10483.1	214.8	11059.5	179.4	399.3
海 南	Hainan	619	27688	4025.5	248.0	4227.0	37.0	162.5
重 庆	Chongqing	2783	110087	10363.1	232.1	11346.9	285.2	493.4
四 川	Sichuan	4251	189704	12995.6	125.6	14137.5	124.3	871.1
贵 州	Guizhou	1440	64762	4106.9	6.5	5455.7	89.6	286.3
云 南	Yunnan	1575	83982	8994.8	346.3	9966.5	264.8	844.3
西 藏	Tibet	69	6975	441.3		536.2		35.8
陕 西	Shaanxi	2315	96489	12469.6	777.7	13346.6	666.0	446.9
甘 肃	Gansu	858	39363	5478.7	23.5	5758.7	7.9	177.6
青 海	Qinghai	201	11435	1261.5	10.0	1391.0	6.6	38.3
宁 夏	Ningxia	237	12134	1225.5	7.8	1162.7	2.2	46.4
新 疆	Xinjiang	2450	85316	8572.3	1025.2	9037.5	77.9	763.7

15-3 续表 continued

单位：亿元 (100 million yuan)

地 区	Region	资产总计 Total Assets	#流动资产合计 Total Current Assets	#固定资产净额 Net Value of Fixed Assets	负债合计 Total Liabilities	所有者权益合计 Total Owners' Equities	营业收入 Business Revenue	营业成本 Business Cost	税金及附加 Taxes and Other Charges	利润总额 Total Profits
全 国	**National Total**	**344736.4**	**267969.5**	**8633.1**	**250154.2**	**94534.2**	**658881.0**	**620118.5**	**2849.7**	**13167.2**
北 京	Beijing	51055.1	34690.8	838.3	34653.2	16371.5	55606.6	51674.7	105.7	1793.4
天 津	Tianjin	13120.0	11322.7	169.1	11169.9	1948.8	28265.1	27253.9	86.0	230.5
河 北	Hebei	5163.4	4146.0	169.9	3620.5	1542.4	9666.8	9159.1	85.9	146.0
山 西	Shanxi	5979.5	4610.7	234.5	4483.6	1495.2	10187.4	9713.7	61.7	135.6
内蒙古	Inner Mongolia	3347.8	2048.9	142.7	2360.5	986.1	4182.4	3879.5	44.5	59.3
辽 宁	Liaoning	7208.3	6286.5	202.6	6140.5	1038.6	14987.2	14516.6	77.5	78.9
吉 林	Jilin	1487.6	1240.6	100.3	1112.4	366.1	2443.0	2239.8	38.0	49.4
黑龙江	Heilongjiang	2824.4	2457.0	130.3	2366.2	458.5	4155.1	3927.3	40.3	44.7
上 海	Shanghai	45882.7	37067.4	719.5	32065.7	13814.8	109625.7	102133.4	145.2	2405.5
江 苏	Jiangsu	30909.4	24825.2	905.9	23208.0	7715.8	65917.6	62261.9	196.4	1176.7
浙 江	Zhejiang	30572.5	23899.8	683.3	22547.5	8013.9	72578.5	69523.4	198.5	1247.6
安 徽	Anhui	5124.1	4172.1	159.7	3650.5	1475.2	9886.7	9069.2	99.7	214.3
福 建	Fujian	16856.3	12045.8	384.4	11416.6	5433.6	34868.6	33273.3	113.0	594.8
江 西	Jiangxi	2807.8	2252.4	156.8	2078.0	728.0	4858.4	4342.0	75.0	148.2
山 东	Shandong	19450.6	15916.1	617.4	15722.8	3722.4	37671.4	36061.6	144.5	334.3
河 南	Henan	6127.2	4959.1	220.3	4412.8	1700.8	12076.0	11219.4	145.2	252.7
湖 北	Hubei	5502.9	4333.5	248.2	4026.5	1476.1	10067.7	9191.7	106.8	277.7
湖 南	Hunan	3153.9	2440.7	171.3	2097.9	1116.4	6528.8	5789.4	133.5	246.5
广 东	Guangdong	46799.8	37651.3	960.4	35099.0	11694.6	86428.2	81334.7	276.8	1550.5
广 西	Guangxi	4957.6	3821.9	162.2	3635.7	1333.9	9924.0	9499.6	71.7	105.3
海 南	Hainan	1695.4	1325.4	56.4	1165.7	529.5	3810.8	3630.2	26.9	74.9
重 庆	Chongqing	4612.2	3843.4	156.5	3209.2	1403.3	10228.9	9441.2	110.0	307.9
四 川	Sichuan	7127.0	5684.4	218.8	5301.7	1824.9	12787.7	11805.1	131.4	347.6
贵 州	Guizhou	3666.0	3130.1	82.0	2195.3	1506.9	4911.0	3799.3	70.0	795.8
云 南	Yunnan	5114.9	3603.2	150.1	2930.7	2183.5	9050.1	8459.0	93.3	272.3
西 藏	Tibet	242.4	210.1	8.4	122.5	119.9	508.7	416.5	12.0	22.9
陕 西	Shaanxi	4443.2	3613.9	132.8	3115.0	1325.2	11606.1	11081.1	68.7	152.6
甘 肃	Gansu	1474.4	1049.2	112.2	871.3	603.8	5407.7	5238.8	34.0	15.5
青 海	Qinghai	1771.9	749.3	30.5	856.3	915.6	1346.7	1278.9	9.4	14.0
宁 夏	Ningxia	680.2	510.5	32.7	426.0	250.9	1046.6	994.3	10.9	5.6
新 疆	Xinjiang	5577.9	4061.4	275.6	4092.6	1437.6	8251.4	7910.0	37.0	66.4

15-4 按登记注册类型和行业分限额以上零售业企业主要指标(2020年)

单位：亿元

指 标	Item	法人企业(个) Number of Corporate Enterprises (unit)	年末从业人数(人) Employed Persons at Year-end (person)	商品购进额 Total Purchases Value	#进口 Imports
零售业合计	**Retail Trade**	**107761**	**6392395**	**111068.6**	**3278.1**
按登记注册类型分	**By Status of Registration**				
内资企业	**Domestic Invested Enterprises**	**104854**	**5511527**	**94105.8**	**2229.2**
国有企业	State-owned Enterprises	907	73358	1039.3	37.2
集体企业	Collective-owned Enterprises	734	27675	338.2	
股份合作企业	Cooperative Enterprises	296	10190	176.3	
联营企业	Joint Ownership Enterprises	86	1914	38.8	
国有联营企业	State Joint Ownership Enterprises	28	717	14.4	
集体联营企业	Collective Joint Ownership Enterprises	10	139	2.9	
国有与集体联营企业	Joint State-collective Enterprises	23	356	12.0	
其他联营企业	Other Joint Ownership Enterprises	25	702	9.6	
有限责任公司	Limited Liability Corporations	18092	1686882	35746.1	1054.5
国有独资公司	State Sole-proprietorship Corporations	882	73986	1624.3	235.9
其他有限责任公司	Other Limited Liability Corporations	17210	1612896	34121.7	818.6
股份有限公司	Share-holding Corporations Ltd.	1177	373068	7027.7	35.8
私营企业	Private Enterprises	83239	3328905	49633.4	1101.7
私营独资企业	Private Sole-proprietorship Enterprises	6077	101398	1118.2	4.8
私营合伙企业	Private Partnership Enterprises	698	10853	131.8	0.4
私营有限责任公司	Private Limited Liability Corporations	75713	3088636	47314.5	1085.3
私营股份有限公司	Private Share-holding Corporations Ltd.	751	128018	1069.0	11.3
其他企业	Other Enterprises	323	9535	106.0	
港、澳、台商投资企业	**Enterprises with Investment from Hong Kong, Macao and Taiwan**	**1563**	**452088**	**7674.7**	**421.5**
合资经营企业	Joint-venture Enterprises	269	74727	1194.3	65.6
合作经营企业	Cooperative Enterprises	34	5483	110.6	
独资经营企业	Sole-proprietorship Enterprises	1209	357376	6075.1	348.2
投资股份有限公司	Share-holding Corporations Ltd.	23	8162	203.7	5.9
其他港澳台商投资企业	Other Enterprises with Investment from Hong Kong, Macao and Taiwan	28	6340	91.0	1.9
外商投资企业	**Foreign Invested Enterprises**	**1344**	**428780**	**9288.2**	**627.4**
中外合资经营企业	Joint-venture Enterprises	307	119260	2720.9	179.8
中外合作经营企业	Cooperative Enterprises	18	4767	135.4	9.4
外资企业	Sole-proprietorship Enterprises	921	267886	5480.3	426.7
外商投资股份有限公司	Share-holding Corporations Ltd.	66	33092	853.6	6.2
其他外商投资企业	Other Foreign Invested Enterprises	32	3775	98.0	5.3

注：限额以上零售业企业中，由于包含了部分视同法人单位，因此财务指标数据资产≠负债+所有者权益。

a) For the financial data of retail enterprises above designated size, total assets may not equal to liabilities plus total owner's equities, due to the fact that there are some establishments which are regarded as enterprises.

Main Indicators of Enterprises above Designated Size of Retail Trade by Status of Registration and Sector (2020)

(100 million yuan)

商品销售额 Total Sales Value	#出口 Exports	期末商品库存额 Stock (year-end)	资产总计 Total Assets	#流动资产合计 Total Current Assets	#固定资产净额 Net Value of Fixed Assets	负债合计 Total Liabilities	所有者权益合计 Total Owners' Equities	营业收入 Business Revenue	营业成本 Business Cost	税金及附加 Taxes and Other Charges	利润总额 Total Profits
130988.4	**89.4**	**12646.7**	**67336.9**	**47292.7**	**6215.5**	**47705.1**	**19491.3**	**118869.3**	**103094.5**	**424.2**	**2123.8**
109021.3	**82.2**	**11019.8**	**54624.1**	**38556.9**	**5053.8**	**38935.5**	**15651.1**	**99162.3**	**87196.8**	**337.8**	**1491.9**
1602.3	0.4	143.2	1354.5	782.9	153.4	770.0	660.0	1333.8	1147.0	6.4	58.4
388.0	0.8	26.4	140.7	96.6	18.5	73.8	65.8	344.7	295.0	1.9	10.7
215.9		12.7	87.0	37.3	14.5	50.4	36.0	197.6	171.3	1.2	6.8
46.1		2.3	21.0	11.6	4.1	15.2	5.5	41.0	35.2	0.1	0.1
17.8		1.0	5.1	3.5	1.0	5.1		15.6	12.9		1.3
3.6			0.9	0.7	0.1	0.4	0.5	3.2	2.6		0.3
14.1		0.4	3.4	2.7	0.5	1.1	2.3	12.7	10.8		1.1
10.5		0.8	11.7	4.7	2.5	8.6	2.7	9.4	9.0		-2.7
41049.6	23.0	3846.4	20153.0	14690.4	1761.1	15054.4	5077.0	37411.4	33078.8	113.1	598.1
2001.7	0.6	223.2	1629.9	1019.2	159.4	1021.6	607.5	1814.6	1556.5	11.8	113.8
39047.8	22.4	3623.2	18523.1	13671.2	1601.7	14032.9	4469.5	35596.9	31522.2	101.4	484.3
10064.7	0.3	631.5	7652.9	3766.2	994.8	3944.3	3716.5	8605.1	7520.3	34.5	162.0
55526.3	57.3	6349.6	25167.4	19145.6	2096.9	19005.0	6065.4	51108.0	44848.9	179.8	647.3
1264.5	0.6	360.5	446.0	289.9	65.8	239.3	202.1	1163.5	984.4	8.7	53.7
156.3		7.1	64.6	38.1	11.5	33.4	30.8	143.9	123.3	1.1	6.3
52798.1	56.0	5816.4	23547.6	18119.0	1948.2	18048.8	5408.0	48602.7	42751.7	164.7	566.9
1307.4	0.8	165.7	1109.2	698.6	71.5	683.5	424.5	1197.9	989.5	5.3	20.5
128.5	0.3	7.6	47.5	26.4	10.4	22.3	24.8	120.6	100.2	0.7	8.5
9374.8	**6.7**	**842.1**	**5298.6**	**3806.4**	**494.9**	**3752.0**	**1547.0**	**8690.0**	**6806.5**	**48.0**	**316.1**
1536.4	4.1	119.7	1173.9	797.2	107.3	712.8	461.2	1369.3	1122.8	7.4	37.4
129.1		3.5	104.1	91.8	5.5	73.4	30.7	119.8	102.6	0.4	3.7
7379.6	2.1	651.6	3760.3	2691.4	363.7	2809.1	951.7	6898.4	5371.7	39.3	255.2
195.6		57.4	133.0	105.5	15.7	77.2	55.8	180.8	128.0	0.6	9.0
134.1	0.5	9.9	127.3	120.6	2.8	79.5	47.6	121.7	81.4	0.4	10.9
12592.4	**0.4**	**784.8**	**7414.3**	**4929.3**	**666.8**	**5017.7**	**2293.2**	**11017.0**	**9091.3**	**38.4**	**315.8**
3350.1	0.1	195.9	1961.6	1158.5	207.7	1244.2	715.0	2986.5	2440.3	9.3	103.3
136.6		21.1	54.6	27.8	7.3	17.8	36.8	124.3	108.5	0.6	1.5
7708.2	0.4	501.3	4500.4	3384.1	318.6	3296.3	1084.6	6627.6	5411.0	25.7	191.6
1288.5		59.6	860.9	334.5	130.6	445.1	434.3	1173.1	1042.5	2.1	15.2
108.9		6.8	36.9	24.5	2.5	14.3	22.6	105.4	88.9	0.5	4.3

15-4 续表

单位：亿元

指 标	Item	法人企业(个) Number of Corporate Enterprises (unit)	年末从业人数(人) Employed Persons at Year-end (person)	商品购进额 Total Purchases Value	#进口 Imports
按国民经济行业分	**By Sector**				
综合零售	General Retail	13111	2041141	18351.4	395.4
#百货零售	Retail of General Merchandise	6071	797331	7998.5	365.5
超级市场零售	Retail of Supermarkets	5597	1141911	9491.6	16.0
食品、饮料及烟草制品专门零售	Special Retail of Food, Beverages and Tobaccos	9743	368302	3553.1	31.2
纺织、服装及日用品专门零售	Special Retail of Textiles, Garments and Daily Consumer Articles	5294	520581	4242.5	314.0
#服装零售	Retail of Garments	2530	315808	2473.3	278.3
文化、体育用品及器材专门零售	Special Retail of Culture, Sports Appliances and Equipments	4697	235318	2678.1	148.6
#体育用品及器材零售	Retail of Sports Appliances and Equipments	237	14542	152.2	1.7
图书、报刊零售	Retail of Books, Newspapers and Magazines	1265	108154	1109.8	61.3
医药及医疗器材专门零售	Special Retail of Medicines and Medical Appliances	5580	719636	4107.7	27.3
#西药零售	Retail of Western Medicines	4589	664129	3775.1	17.2
汽车、摩托车、零配件和燃料及其他动力销售	Retail of Motor Vehicles, Motorcycles, Parts, and Fuel and Other Powers	41065	1637209	51039.6	2136.6
#汽车新车零售	Retail of New Motor Vehicles	28951	1209152	39409.1	2102.1
机动车燃油零售	Retail of Fuel Oil of Motor Vehicles	9176	358273	10214.1	2.2
家用电器及电子产品专门零售	Special Retail of Household Electric Appliances and Electronic Products	11862	354942	7653.6	31.7
#日用家电零售	Retail of Household Electric Appliances	4694	136494	3637.5	5.0
计算机、软件及辅助设备零售	Retail of Computer, Software and Assistant Appliances	2775	61587	1397.1	3.6
通信设备零售	Retail of Communication Equipments	1741	79766	1227.8	4.2
五金、家具及室内装饰材料专门零售	Special Retail of Hardware, Furniture and Interior Decoration Materials	5650	127827	1583.4	18.4
货摊、无店铺及其他零售业	Stalls, Non-shop and Other Retails	10759	387439	17859.4	174.9
#互联网零售	Retails on the Internet	8458	312732	16817.6	157.8

continued

(100 million yuan)

商品销售额 Total Sales Value	#出口 Exports	期末商品库存额 Stock (year-end)	资产总计 Total Assets	#流动资产合计 Total Current Assets	#固定资产净额 Net Value of Fixed Assets	负债合计 Total Liabilities	所有者权益合计 Total Owners' Equities	营业收入 Business Revenue	营业成本 Business Cost	税金及附加 Taxes and Other Charges	利润总额 Total Profits
22252.9	25.4	1902.7	17246.3	10473.5	2157.4	12498.8	4743.3	19974.8	16265.6	113.2	372.8
10748.5	0.1	793.1	10810.5	6219.2	1490.1	7290.0	3517.6	9085.9	7258.7	80.4	290.5
10449.3	22.2	1039.0	5783.7	3778.6	617.1	4610.8	1172.4	9899.2	8232.2	28.6	103.8
4320.0	2.4	960.9	2922.8	2095.8	246.3	1817.8	1093.4	4002.3	3213.5	17.2	213.1
6475.9	7.4	1052.4	4184.8	3260.3	255.9	2950.4	1222.4	5803.6	3869.6	34.7	348.8
3963.2	3.4	707.8	2909.2	2212.2	193.1	2076.9	827.0	3523.9	2282.5	20.7	192.7
3300.1	10.2	697.3	3233.8	2360.2	282.4	1882.2	1344.7	3114.9	2408.9	28.8	157.9
212.7	4.1	33.4	133.1	95.8	19.8	91.9	38.3	199.6	148.0	0.7	-0.9
1287.1	1.4	229.2	1748.5	1215.1	199.9	929.6	818.2	1258.9	951.8	5.1	98.6
5038.7	8.0	1033.5	2946.4	2338.6	120.1	2121.4	820.3	4632.0	3679.2	15.3	127.4
4591.3	6.1	978.3	2657.6	2093.4	106.1	1918.0	736.0	4218.5	3362.8	13.7	110.9
58188.7	3.9	4565.7	24188.4	16176.8	2555.1	16540.5	7590.9	52762.2	48626.8	142.2	664.8
41160.8	3.3	3983.7	16078.8	12617.2	1275.2	12373.8	3548.5	38182.4	35533.4	100.9	354.9
15279.5	0.1	443.4	7220.4	3015.3	1155.4	3604.2	3718.5	12996.9	11678.5	35.1	288.9
8622.3	1.3	589.1	4968.4	4402.6	137.4	3752.1	1201.7	7651.2	6878.6	19.3	48.7
4070.9	0.4	270.0	3049.1	2766.1	67.2	2415.7	622.5	3564.8	3253.0	8.3	-12.1
1625.3	0.3	86.2	626.5	549.6	15.6	329.9	296.0	1455.3	1268.8	4.1	59.0
1363.5		109.8	496.7	422.5	9.7	373.0	122.7	1261.7	1142.1	2.3	7.2
1959.1	4.9	174.0	1244.0	780.4	157.0	825.6	406.8	1788.9	1452.9	13.8	41.2
20830.7	26.1	1671.1	6402.0	5404.4	304.1	5316.2	1067.8	19139.5	16699.4	39.7	148.9
19572.0	25.7	1603.6	5413.6	4775.7	133.0	4689.8	712.7	17973.7	15747.6	34.7	102.9

15-5 分地区限额以上零售业企业主要指标(2020年)
Main Indicators of Enterprises above Designated Size of Retail Trade by Region (2020)

单位：亿元 (100 million yuan)

地区	Region	法人企业(个) Number of Corporate Enterprises (unit)	年末从业人数(人) Employed Persons at Year-end (person)	商品购进额 Total Purchases Value	#进口 Imports	商品销售额 Total Sales Value	#出口 Exports	期末商品库存额 Stock (year-end)
全国	**National Total**	**107761**	**6392395**	**111068.6**	**3278.1**	**130988.4**	**89.4**	**12646.7**
北京	Beijing	2569	247016	8876.3	235.9	9966.9	6.4	878.3
天津	Tianjin	1055	71528	1757.1	50.1	1932.0	0.4	133.4
河北	Hebei	2753	254528	3157.1	58.1	3678.3	0.5	368.2
山西	Shanxi	2440	134422	1676.8	25.0	2030.9	0.2	205.0
内蒙古	Inner Mongolia	1042	71490	1038.7	10.1	1190.9	0.1	120.5
辽宁	Liaoning	2197	159796	2443.4	74.5	3028.9	3.2	216.8
吉林	Jilin	1162	78287	952.3	24.9	1252.5		122.0
黑龙江	Heilongjiang	1295	84999	1231.7	20.9	1460.8		122.7
上海	Shanghai	2828	375931	8143.0	573.9	10334.4	2.1	970.1
江苏	Jiangsu	9946	498272	10295.8	208.4	12005.4	5.2	946.7
浙江	Zhejiang	6106	350549	7961.8	358.3	9452.6	6.8	1477.0
安徽	Anhui	5087	248711	3726.8	80.1	4605.4	9.2	489.8
福建	Fujian	7275	302786	6009.3	125.5	6673.0	11.8	637.6
江西	Jiangxi	3864	163093	2185.5	45.1	2620.2	2.3	249.7
山东	Shandong	5803	412063	6056.2	122.4	6860.6	1.7	696.3
河南	Henan	7047	369258	4223.1	84.1	5001.9	0.7	416.2
湖北	Hubei	5170	287598	3997.7	90.4	4711.6	2.0	696.4
湖南	Hunan	7217	305640	4024.4	64.4	5159.0	1.1	348.9
广东	Guangdong	8749	671809	12324.3	387.3	14383.0	10.1	1081.3
广西	Guangxi	2697	134347	1850.2	40.1	2035.3	1.0	216.7
海南	Hainan	434	35208	909.9	220.4	1004.4		162.3
重庆	Chongqing	3435	190411	2910.7	81.4	3432.3	0.6	253.8
四川	Sichuan	5038	317221	6107.6	132.9	6779.5	0.4	473.0
贵州	Guizhou	2365	104092	1743.4	40.8	2240.4	0.5	233.5
云南	Yunnan	2332	130287	1814.5	49.3	2283.3	23.2	462.9
西藏	Tibet	155	6663	131.5	1.4	204.8		16.7
陕西	Shaanxi	4687	214228	3085.5	39.2	3905.3	0.1	333.7
甘肃	Gansu	1066	65792	874.2	20.6	1004.7		95.6
青海	Qinghai	258	15287	206.2	1.8	233.9		29.3
宁夏	Ningxia	292	21927	290.6	1.2	310.6		36.0
新疆	Xinjiang	1397	69156	1063.0	9.7	1205.6		156.1

15-5 续表 continued

单位：亿元 (100 million yuan)

地区	Region	资产总计 Total Assets	#流动资产合计 Total Current Assets	#固定资产净额 Net Value of Fixed Assets	负债合计 Total Liabilities	所有者权益合计 Total Owners' Equities	营业收入 Business Revenue	营业成本 Business Cost	税金及附加 Taxes and Other Charges	利润总额 Total Profits
全国	**National Total**	**67336.9**	**47292.7**	**6215.5**	**47705.1**	**19491.3**	**118869.3**	**103094.5**	**424.2**	**2123.8**
北京	Beijing	5625.5	4585.4	249.4	4435.1	1186.5	9174.3	8134.7	25.5	27.2
天津	Tianjin	1014.8	670.5	113.0	829.9	185.4	1796.1	1557.7	4.8	-13.6
河北	Hebei	1971.6	1326.8	259.8	1505.9	431.3	3417.6	3045.4	11.3	26.1
山西	Shanxi	1164.2	781.1	135.1	1011.1	154.4	1730.3	1591.3	4.3	-38.9
内蒙古	Inner Mongolia	583.7	361.2	110.4	475.1	109.2	1065.0	940.1	4.1	
辽宁	Liaoning	1917.4	1272.1	210.6	1485.2	432.6	2591.6	2295.1	9.4	1.3
吉林	Jilin	1053.0	671.1	172.1	782.3	239.8	1112.3	974.9	4.2	0.7
黑龙江	Heilongjiang	815.3	540.9	115.6	660.1	151.6	1236.1	1097.7	5.2	1.2
上海	Shanghai	5392.3	4129.8	360.4	3886.5	1504.2	9502.4	7301.2	41.4	359.1
江苏	Jiangsu	6585.6	4551.7	626.8	4502.9	2072.4	10997.0	9619.8	32.3	233.9
浙江	Zhejiang	4134.3	2916.4	432.4	3044.3	1090.1	8154.1	7088.7	25.7	160.2
安徽	Anhui	2181.3	1513.5	214.7	1339.1	713.4	4080.5	3578.8	12.0	78.7
福建	Fujian	2903.9	1857.3	240.5	1769.4	1108.1	6207.7	5428.2	23.8	165.1
江西	Jiangxi	1536.2	1062.3	110.2	1048.0	483.3	2437.4	2142.9	10.0	64.3
山东	Shandong	3791.4	2718.0	411.4	3061.7	790.3	6170.1	5469.0	17.7	44.7
河南	Henan	2345.5	1620.2	216.2	1731.0	684.7	4572.6	3984.9	18.0	123.1
湖北	Hubei	2336.8	1474.8	263.3	1618.6	704.2	4350.0	3760.0	19.2	108.4
湖南	Hunan	2413.3	1305.1	316.0	1423.8	977.8	4711.9	4046.6	36.0	143.2
广东	Guangdong	7547.2	5827.7	404.3	4857.2	2680.4	13157.5	11364.1	40.8	113.1
广西	Guangxi	1023.2	791.5	88.9	694.2	330.2	1868.8	1655.9	4.5	33.4
海南	Hainan	526.1	406.7	47.8	337.4	186.5	932.5	775.1	10.8	68.9
重庆	Chongqing	1533.9	1010.8	167.0	1140.8	383.6	3065.1	2658.4	12.2	81.3
四川	Sichuan	2631.1	1753.8	264.9	1729.6	894.6	6204.9	5517.1	18.6	114.4
贵州	Guizhou	1391.6	905.0	111.5	991.2	438.4	2034.5	1800.5	4.5	70.4
云南	Yunnan	1094.2	684.2	126.5	717.5	376.1	2097.2	1852.8	4.7	45.9
西藏	Tibet	117.9	72.1	15.9	85.7	37.6	166.4	144.2	0.4	9.3
陕西	Shaanxi	1930.7	1315.2	189.6	1298.1	625.6	3530.4	3067.8	13.9	67.7
甘肃	Gansu	552.0	363.1	71.6	385.3	157.1	920.8	821.5	2.8	18.4
青海	Qinghai	141.9	103.1	24.8	107.0	34.4	210.7	177.6	1.1	2.8
宁夏	Ningxia	218.3	124.5	29.3	138.5	77.3	268.9	232.9	1.2	2.9
新疆	Xinjiang	862.8	576.6	115.4	613.0	249.8	1104.7	969.7	4.1	10.7

15-6 按登记注册类型分连锁零售企业基本情况(2020年)

Main Indicators of Chain Retail Enterprises by Status of Registration (2020)

指　标	Item	总店数 (个) Number of Head Stores (unit)	门店总数 (个) Number of Stores (unit)	年末从业人数 (万人) Employed Persons at Year-end (10 000 persons)	年末零售营业面积 (万平方米) Operating Area of Retail Enterprises at Year-end (10 000 sq.m)	商品销售额 (亿元) Total Sales of Commodities (100 million yuan)	商品购进总额 (亿元) Total Purchases Value (100 million yuan)	统一配送商品购进额 (亿元) Centralized Purchase and Delivery (100 million yuan)
合　计	**Total**	**3082**	**269345**	**220.2**	**18276.6**	**33903.9**	**27830.2**	**20250.8**
内资企业	**Domestic Invested Enterprises**	**2812**	**237413**	**167.7**	**13707.3**	**24461.4**	**19798.3**	**15776.5**
国有企业	State-owned Enterprises	143	9727	8.2	892.0	2927.2	2350.9	2106.6
集体企业	Collective-owned Enterprises	12	254	0.6	46.5	45.7	37.3	6.7
股份合作企业	Cooperative Enterprises	7	434	0.4	43.9	136.4	45.2	38.5
联营企业	Joint Ownership Enterprises	4	253	0.1	2.5	12.5	10.3	9.3
有限责任公司	Limited Liability Corporations	1117	96199	68.9	3622.6	7813.0	6624.3	5437.6
国有独资公司	State Sole-proprietorship Corporations	31	1173	0.7	85.2	277.8	250.7	232.5
其他有限责任公司	Other Limited Liability Corporations	1086	95026	68.2	3537.4	7535.2	6373.6	5205.1
股份有限公司	Share-holding Corporations Ltd.	282	44802	46.1	7259.7	10430.8	8153.2	6042.0
私营企业	Private Enterprises	1232	83936	42.6	1815.1	3060.2	2550.8	2111.4
私营独资企业	Private Sole-proprietorship Enterprises	32	1099	0.5	13.3	31.1	27.6	27.1
私营合伙企业	Private Partnership Enterprises	NA	408	0.1	6.3	6.6	5.9	4.7
私营有限责任公司	Private Limited Liability Corporations	1160	74005	38.5	1656.2	2807.1	2347.0	1932.2
私营股份有限公司	Private Share-holding Corporations Ltd.	37	8424	3.6	139.3	215.4	170.3	147.4
其他企业	Other Enterprises	15	1808	0.8	25.1	35.7	26.4	24.6
港、澳、台商投资企业	**Enterprises with Investment from Hong Kong, Macao and Taiwan**	**123**	**15093**	**21.6**	**1514.2**	**2590.0**	**2293.1**	**1434.3**
合资经营企业	Joint-venture Enterprises	18	4245	2.8	501.5	294.4	231.2	196.6
合作经营企业	Cooperative Enterprises	6	275	6.1	329.5	513.7	487.3	486.5
独资经营企业	Sole-proprietorship Enterprises	93	10043	12.3	670.9	1759.5	1555.7	733.2
投资股份有限公司	Share-holding Corporations Ltd.	4	334	0.3	11.4	19.9	17.1	16.3
其他港澳台商投资企业	Other Enterprises with Investment from Hong Kong, Macao and Taiwan	NA	196	0.1	0.9	2.6	1.7	1.7
外商投资企业	**Foreign Invested Enterprises**	**147**	**16839**	**31.0**	**3055.2**	**6852.5**	**5738.8**	**3040.0**
中外合资经营企业	Joint-venture Enterprises	42	7960	9.6	1162.1	2803.9	2299.0	2026.1
中外合作经营企业	Cooperative Enterprises	6	504	1.2	80.2	112.0	115.8	66.2
外资企业	Sole-proprietorship Enterprises	82	5307	11.7	574.9	2426.0	1984.1	600.1
外商投资股份有限公司	Share-holding Corporations Ltd.	13	2299	8.1	1112.2	1298.3	1164.0	180.6
其他外商投资企业	Other Foreign Invested Enterprises	4	769	0.4	125.7	212.3	175.9	167.0

注：NA表示企业个数小于或等于3(下表同)。

a) NA refers to less than or equal to three. The same applies to the tables following.

15-7 按行业和业态分连锁零售企业基本情况(2020年)

Main Indicators of Chain Retail Enterprises by Sector and Business Categories (2020)

指 标	Item	总店数 (个) Number of Head Stores (unit)	门店总数 (个) Number of Stores (unit)	年末从业人数 (万人) Employed Persons at Year-end (10 000 persons)	年末零售营业面积 (万平方米) Operating Area of Retail Enterprises at Year-end (10 000 sq.m)	商品销售额 (亿元) Total Sales of Commodities (100 million yuan)	商品购进总额 (亿元) Total Purchases Value (100 million yuan)	统一配送商品购进额 (亿元) Centralized Purchase and Delivery (100 million yuan)
总计	**Total**	**3082**	**269345**	**220.2**	**18276.6**	**33903.9**	**27830.2**	**20250.8**
按行业分	**By Sector**							
#综合零售	General Retail	808	72246	114.2	9109.9	12240.2	10486.3	6136.3
食品、饮料及烟草制品专门零售	Special Retail of Food, Beverages and Tobaccos	171	14610	6.8	84.9	398.5	286.9	250.6
纺织、服装及日用品专门零售	Special Retail of Textiles, Garments and Daily Consumer Articles	187	21731	13.8	425.5	1338.2	912.5	511.5
文化、体育用品及器材专门零售	Special Retail of Culture, Sports Appliances and Equipments	92	3147	4.0	195.9	813.4	711.2	687.9
医药及医疗器材专门零售	Special Retail of Medicines and Medical Appliances	1130	99247	43.1	1127.2	2466.1	1919.6	1677.9
汽车、摩托车、燃料及零配件专门零售	Special Retail of Motor Vehicles, Motorcycles, Fuel and Parts	212	17848	11.6	3756.4	5476.9	3748.8	3082.6
家用电器及电子产品专门零售	Special Retail of Household Electric Appliances and Electronic Products	194	5314	6.7	745.7	3088.7	2867.6	1804.3
五金、家具及室内装饰材料专门零售	Special Retail of Hardware, Furniture and Interior Decoration Material	12	544	0.8	58.4	136.2	112.7	104.1
货摊、无店铺及其他零售业	Stalls, Non-Shop and Other Retails	10	287	0.2	11.6	19.1	14.6	5.3
按业态分	**By Business Categories**							
便利店	Convenience Store	137	34778	9.8	385.4	640.2	510.8	397.0
折扣店	Discount Store	NA	284	0.1	28.6	19.6	13.2	
超市	Supermarket	390	24082	34.9	1939.9	3347.3	2933.2	2338.3
大型超市	Hypermarket	148	5340	47.3	3817.0	4601.1	4155.1	2109.9
仓储会员店	Warehouse Club	NA	102	1.3	61.0	246.0	274.7	28.1
百货店	Department Store	86	5732	19.5	2742.2	3082.7	2343.5	1067.8
专业店	Specialty Store	1854	152404	80.4	8512.6	18245.4	14633.6	12636.9
#加油站	Gas Station	323	37079	22.6	6164.0	11650.5	9011.0	7748.4
专卖店	Franchised Store	385	38700	24.5	674.8	3313.9	2624.7	1427.2
家居建材商店	Building Material Store	7	38	0.1	13.2	24.5	19.1	10.9
厂家直销中心	Factory Outlets Center	7	582	0.4	15.4	75.2	66.3	64.7
其他	Other Store	63	7303	2.2	86.7	308.0	256.1	170.0

15-8 分地区连锁零售企业基本情况
Main Indicators of Chain Retail Enterprises

年份 Year / 地区 Region	总店数 (个) Number of Head Stores (unit)	门店总数 (个) Number of Stores (unit)	年末从业人数 (万人) Employed Persons at Year-end (10 000 persons)	年末零售营业面积 (万平方米) Operating Area of Retail Enterprises at Year-end (10 000 sq.m)	商品销售额 (亿元) Total Sales of Commodities (100 million yuan)	商品购进总额 (亿元) Total Purchases Value (100 million yuan)	统一配送商品购进额 (亿元) Centralized Purchase and Delivery (100 million yuan)
2005	1416	90476	148.8	8202.7	10668.4	9044.1	7036.8
2006	1696	123690	176.5	9549.7	15548.9	13511.8	10807.2
2007	1729	145366	186.2	10044.0	17754.3	15917.0	12542.4
2008	2457	168502	197.1	10197.8	20466.5	17193.1	13782.1
2009	2327	175677	210.9	11809.2	22240.0	19343.7	14723.1
2010	2361	176792	225.2	12756.8	27385.4	24044.6	17412.5
2011	2411	195779	249.1	13670.7	34510.7	29653.0	22919.6
2012	2524	192870	256.3	14765.9	35462.1	30825.5	23975.8
2013	2649	204090	255.9	15640.3	38006.9	32258.7	25341.8
2014	2663	206415	250.2	16221.3	37340.6	31298.5	24582.4
2015	2690	209812	248.1	16862.4	35400.4	30556.8	23379.9
2016	2726	232444	245.0	17960.1	35922.9	31036.9	24173.7
2017	2871	236103	234.9	17329.6	36630.7	31396.4	24613.2
2018	2934	249711	239.0	17924.7	38012.7	32133.0	24294.4
2019	2897	252656	226.6	18384.9	37256.9	31358.0	23356.3
2020	3082	269345	220.2	18276.6	33903.9	27830.2	20250.8
北京 Beijing	193	10307	13.3	873.9	3323.1	2873.1	1705.6
天津 Tianjin	30	2610	2.5	203.6	446.9	408.3	258.5
河北 Hebei	139	8387	6.0	642.6	815.0	673.5	485.4
山西 Shanxi	59	5814	3.7	244.2	425.0	305.0	176.4
内蒙古 Inner Mongolia	30	2134	1.1	45.1	63.2	48.7	28.0
辽宁 Liaoning	102	7045	4.9	336.5	526.1	473.4	307.0
吉林 Jilin	44	3166	1.8	61.6	173.7	70.9	65.0
黑龙江 Heilongjiang	38	1715	1.3	42.5	189.9	146.5	130.4
上海 Shanghai	137	22548	25.6	1151.3	3938.6	3379.2	2551.7
江苏 Jiangsu	178	21080	15.2	1269.7	2988.6	2636.9	2502.5
浙江 Zhejiang	222	23495	10.5	1064.1	2117.0	1895.1	1591.8
安徽 Anhui	93	8995	9.1	727.5	1509.3	1385.2	896.4
福建 Fujian	179	13113	14.6	1405.1	1721.7	1490.0	381.0
江西 Jiangxi	65	6676	4.5	391.1	1049.8	536.6	451.7
山东 Shandong	195	18534	18.5	3331.4	2346.9	1940.5	1456.9
河南 Henan	109	7365	6.7	564.8	841.2	612.3	341.0
湖北 Hubei	146	10894	10.6	491.1	1327.0	1086.2	795.4
湖南 Hunan	98	10977	12.0	988.1	1305.7	800.7	684.2
广东 Guangdong	308	28477	19.8	1620.5	3122.8	2372.6	1554.4
广西 Guangxi	90	7767	4.0	492.4	757.0	678.2	584.2
海南 Hainan	5	930	0.4	24.9	176.3	146.6	140.7
重庆 Chongqing	61	6984	7.0	569.8	1021.1	804.3	709.7
四川 Sichuan	237	17065	11.6	504.3	1052.5	885.7	611.0
贵州 Guizhou	28	2020	1.3	61.4	102.5	94.4	79.4
云南 Yunnan	24	6828	3.3	143.7	453.7	306.7	278.0
西藏 Tibet	NA	100	0.1	3.3	3.8	3.3	2.1
陕西 Shaanxi	89	5427	4.1	272.2	957.8	747.3	616.7
甘肃 Gansu	27	2358	1.6	137.7	222.7	183.4	143.7
青海 Qinghai	9	154	0.3	11.7	16.7	9.7	7.7
宁夏 Ningxia	45	1471	1.5	216.3	271.2	266.6	149.4
新疆 Xinjiang	99	4909	3.3	384.1	637.1	569.5	565.1

注：门店总数全国总计中包括开设在港澳台地区和国外的门店。

a) Total number of stores includes those located in Hong Kong, Macao and Taiwan province and foreign countries.

15-9 亿元以上商品交易市场基本情况(2020年)

Main Indicators of Commodity Exchange Markets with Transaction Value over 100 Million Yuan by Type of Market (2020)

市场	Market Category	市场数量(个) Number of Markets (unit)	摊位数(个) Number of Booths (unit)	营业面积(万平方米) Operating Area (10 000 sq.m)	成交额(亿元) Turnover (100 million yuan)	批发市场 Whole-sale	零售市场 Retail
总计	**Total**	**3891**	**2877393**	**29114.7**	**105748.7**	**93874.6**	**11874.1**
综合市场	**General Markets**	**1164**	**1049224**	**8275.6**	**25719.1**	**22465.3**	**3253.8**
生产资料综合市场	Production Comprehensive Market	40	51631	800.4	1434.1	1382.5	51.5
工业消费品综合市场	Industrial Consumable Comprehensive Markets	198	333262	2537.0	6313.2	5510.3	802.8
农产品综合市场	Farm Produce Comprehensive Markets	633	368453	2712.7	13308.1	11650.2	1657.9
其他综合市场	Other Comprehensive Markets	293	295878	2225.6	4663.7	3922.2	741.5
专业市场	**Specialized Markets**	**2727**	**1828169**	**20839.1**	**80029.6**	**71409.2**	**8620.3**
生产资料市场	Markets for Means of Production	490	251578	5443.1	29706.8	29394.6	312.2
农业生产用具市场	Markets for Agricultural Production Equipment	10	3932	120.7	181.9	181.9	
农用生产资料市场	Markets for Means of Agricultural Production	16	2823	48.6	104.4	104.4	
煤炭市场	Coal and Charcoal Markets	3	2600	40.6	60.0	60.0	
木材市场	Wood Markets	27	8971	280.6	295.1	295.1	
建材市场	Building Material Markets	186	110627	2340.7	2112.9	1800.7	312.2
化工材料及制品市场	Chemical Materials and Products Markets	21	14589	198.8	4435.7	4435.7	
金属材料市场	Metal Materials Markets	157	71181	1912.8	19832.5	19832.5	
机械设备市场	Mechanical Equipment Markets	39	20017	277.7	686.3	686.3	
其他生产资料市场	Others	31	16838	222.7	1998.1	1998.1	
农产品市场	Farm Produce Markets	771	457302	4164.0	18548.7	17641.3	907.5
粮油市场	Grain and Oil Markets	75	19459	315.5	2041.1	2023.4	17.7
肉禽蛋市场	Meat, Poultry and Eggs Markets	94	38912	358.8	1943.2	1726.5	216.7
水产品市场	Aquatic Products Markets	126	61426	457.9	3260.7	3152.7	108.0
蔬菜市场	Vegetables Markets	219	164774	1548.0	3547.9	3457.7	90.2
干鲜果品市场	Dried and Fresh Melons and Fruits Markets	100	64693	635.4	4108.0	4105.2	2.8
棉麻土畜、烟叶市场	Markets for Cotton, Local & Livestock Products and Tobacco Leaves	9	17489	110.5	484.9	469.8	15.2
其他农产品市场	Others	148	90549	737.9	3162.9	2705.9	457.0
食品、饮料及烟酒市场	Markets for Food, Beverages, Tobacco and Liquor	92	44337	327.6	1057.3	958.9	98.4
食品饮料市场	Food and Beverages Markets	25	12580	66.3	208.5	179.9	28.6
茶叶市场	Tea Markets	27	11199	121.7	291.5	251.6	39.9
烟酒市场	Tobacco and Liquor Markets	6	1703	16.6	48.9	45.5	3.4
其他食品饮料及烟酒市场	Others	34	18855	123.0	508.4	481.9	26.5
纺织、服装、鞋帽市场	Markets for Textiles, Clothing, Shoes and Hats	393	538580	3551.9	14982.0	14278.0	704.0
布料及纺织品市场	Cloth and Textiles Markets	51	95762	1072.8	7449.7	7409.5	40.2
服装市场	Clothing Markets	262	357774	1938.1	6040.4	5559.0	481.4
鞋帽市场	Shoes and Hats Markets	31	17600	107.3	252.2	248.9	3.3
其他纺织服装鞋帽市场	Others	49	67444	433.8	1239.6	1060.6	179.1
日用品及文化用品市场	Markets for Daily Use Articles and Cultural Goods	71	52338	353.6	1169.4	1124.9	44.5

15-9 续表 continued

市　　场	Market Category	市场数量(个) Number of Markets (unit)	摊位数(个) Number of Booths (unit)	营业面积(万平方米) Operating Area (10 000 sq.m)	成交额(亿元) Turnover (100 million yuan)	批发市场 Wholesale	零售市场 Retail
小商品市场	Small Merchandise Markets	32	22899	127.9	380.6	361.3	19.3
箱包市场	Luggage Markets	5	10081	74.4	240.0	240.0	
玩具市场	Toys Markets	3	1338	32.3	25.0	25.0	
文具市场	Stationary Markets	2	582	7.3	5.7	5.7	
图书、报刊杂志市场	Markets for Books, Newspapers and Magazines	5	827	6.8	32.7	13.1	19.6
音像制品及电子出版物市场	Markets for Video and E-book Products	1	102	0.7	3.8		3.8
体育用品市场	Sports Article Markets	1	248	1.3	1.7	1.7	
其他日用品及文化用品市场	Others	22	16261	103.0	479.8	478.1	1.7
黄金、珠宝、玉器等首饰市场	Gold, Jewelry, Jade Markets	21	20278	198.3	867.5	802.7	64.8
电器、通讯器材、电子设备市场	Markets for Electrical Appliances, Communication Appliances and Electronical Appliances	94	41272	295.0	519.7	215.5	304.2
家电市场	Household Appliances Markets	25	9208	140.6	125.8	99.6	26.2
通讯器材市场	Communication Appliances Markets	14	6922	28.6	54.4	40.0	14.4
照相、摄像器材市场	Cameras and Video Equipments Markets	2	353	1.4	2.9	1.9	1.0
计算机及辅助设备市场	Computer and Auxiliary Equipments Markets	46	21062	108.5	299.9	45.2	254.6
其他电器、通讯器材、电子设备市场	Others	7	3727	15.9	36.8	28.8	7.9
医药、医疗用品及器材市场	Markets for Medicine, Medical Materials and Medical Instruments	22	47225	320.4	1664.8	1578.8	86.0
中药材市场	Chinese Medicine Markets	22	47225	320.4	1664.8	1578.8	86.0
其他医药、医疗用品及器材市场	Others						
家具、五金及装饰材料市场	Markets for Furniture, Hardware and Decoration Materials	476	257870	4254.2	4482.0	2916.8	1565.2
家具市场	Furniture Markets	149	73080	1613.5	1384.4	876.3	508.1
装饰材料市场	Decoration Materials Markets	188	93215	1515.3	1555.5	850.3	705.2
灯具市场	Lamps Markets	12	6038	100.6	183.8	157.1	26.6
厨具、盥洗设备市场	Markets for Kitchen Utensils and Washing Equipment	4	1436	11.6	18.7	15.1	3.6
五金材料市场	Hardware Materials Markets	62	42227	451.8	871.9	830.9	41.0
其他装修市场	Others	61	41874	561.4	467.7	187.0	280.7
汽车、摩托车及零配件市场	Markets for Cars, Motorcycles and Spare Parts	231	66117	1368.5	5617.2	1231.4	4385.9
汽车市场	Cars Markets	172	41365	1105.1	4968.6	655.8	4312.7
摩托车市场	Motorcycles Markets	6	2523	21.8	33.6	21.4	12.2
机动车零配件市场	Vehicle Spare Parts Markets	53	22229	241.6	615.1	554.2	60.9
花、鸟、鱼、虫市场	Markets for Flower, Bird, Fish and Insects	20	21729	228.3	688.9	644.1	44.8
花卉市场	Flower Markets	16	20662	220.4	675.2	636.3	38.9
鸟市场	Bird Markets						
观赏鱼市场	Markets for Fish for Display						
其他花鸟鱼虫市场	Others	4	1067	7.9	13.7	7.8	5.9
旧货市场	Second-hand Articles Markets	9	5906	27.5	51.3	33.7	17.6
古玩、古董、字画市场	Markets for Antiques, Calligraphy and Painting	1	380	1.3	1.1		1.1
邮票、硬币市场	Stamps and Coins Markets						
其他旧货市场	Markets for Others Second-hand Articles	8	5526	26.2	50.2	33.7	16.5
其他专业市场	Other Specialized Markets	37	23637	306.5	673.8	588.5	85.4

15-10 亿元以上商品交易市场摊位分类情况（2020年）

Main Indicators of Commodity Exchange Markets with Transaction Value over 100 Million Yuan by Commodity (2020)

类别	Commodity Category	摊位数（个）Number of Booths (unit)	成交额（亿元）Turnover (100 million yuan)	批发市场 Wholesale	零售市场 Retail
总计	**Total**	**2877393**	**105748.7**	**93874.6**	**11874.1**
粮油、食品类	Grain and Oil, Food	850125	32689.5	29972.9	2716.6
#粮油类	Grain and Oil	76297	4470.4	4247.0	223.4
肉禽蛋类	Meat, Poultry and Eggs	113065	4279.4	3446.9	832.5
水产品类	Aquatic Products	123161	6027.1	5389.6	637.5
蔬菜类	Vegetables	313374	7834.7	7293.3	541.4
干鲜果品类	Dried and Fresh Melons and Fruits	158197	8594.5	8365.4	229.1
饮料类	Beverages	38161	943.2	855.1	88.1
烟酒类	Tobacco and Liquor	26896	810.8	725.6	85.2
服装鞋帽、针、纺织品类	Clothing, Shoes, Hats and Textiles	733772	17093.4	16007.5	1085.9
服装类	Clothing	450638	6705.8	5956.4	749.5
鞋帽类	Footwear and Hats	97706	1311.8	1117.8	194.0
针、纺织品类	Knitwear and Textiles	185428	9075.7	8933.3	142.5
化妆品类	Cosmetics	19176	230.0	182.4	47.6
金银珠宝类	Gold, Silver and Jewellery	31616	1090.5	994.3	96.2
日用品类	Articles for Daily Use	140086	2809.8	2550.5	259.3
五金、电料类	Hardware & Electrical Materials	108822	2296.8	2075.1	221.7
体育、娱乐用品类	Sports & Recreational Articles	10510	149.6	117.3	32.3
#照相器材类	Photographic Equipment	700	4.3	2.0	2.3
书报杂志类	Newspapers and Magazines	2389	67.9	49.8	18.1
电子出版物及音像制品类	E-book and Video Products	2472	59.8	46.0	13.8
家用电器和音像器材类	Household Appliances and Audio-visual Equipment	31094	520.2	433.1	87.0
中西药品类	Traditional Chinese and Western Medicine	33238	1674.5	1578.2	96.3
#西药类	Western Medicine	1307	41.7	37.4	4.3
中草药及中成药类	Traditional Chinese Medicine	30851	1606.5	1518.7	87.9
文化办公用品类	Cultural and Office Goods	44120	754.3	499.7	254.7
#计算机及其配套产品	Computer and Related Equipment	16948	258.5	43.5	215.0
家具类	Furniture	102339	1930.4	1232.9	697.5
通讯器材类	Communication Appliances	15738	261.5	191.0	70.5
煤炭及制品类	Coal and Related Products	2853	86.1	85.3	0.9
木材及制品类	Wood and Wooden Products	20019	545.6	477.2	68.4
石油及制品类	Petroleum and Related Products	1370	1979.9	1978.9	1.0
化工材料及制品类	Raw Chemical Materials and Related Products	21189	4486.3	4466.3	20.0
#化肥类	Fertilizer	2480	70.5	68.1	2.4
金属材料类	Metal Materials	82755	20230.9	20173.9	57.0
建筑及装潢材料类	Building and Decoration Materials	256926	4406.4	3348.9	1057.6
机电产品及设备类	Mechanical & Electrical Products	46615	1316.1	1280.2	36.0
#农机类	Agricultural Machinery	3592	176.0	168.6	7.4
汽车类	Automobile	67574	5897.0	1419.2	4477.8
种子饲料类	Seed and Feedstuff	4276	99.7	94.4	5.4
棉麻类	Cotton and Hemp	2162	303.4	301.6	1.8
其他类	Others	181100	3014.8	2737.4	277.4

15-11 分地区亿元以上商品交易市场基本情况
Main Indicators of Commodity Exchange Markets with Transaction Value over 100 Million Yuan by Region

年份 Year 地区 Region	市场数量（个）Number of Markets (unit)	摊位数（个）Number of Booths (unit)	营业面积（万平方米）Operating Area (10 000 sq.m)	成交额（亿元）Turnover (100 million yuan)	批发市场 Wholesale	零售市场 Retail
2000	3087	2115115	8261.6	16358.9	11648.0	4710.9
2005	3323	2248803	13140.8	30020.9	24544.2	5476.7
2006	3876	2527987	18072.3	37137.5	29679.9	7457.5
2007	4121	2681630	19814.6	44085.1	35871.5	8213.6
2008	4567	2839070	21225.2	52458.0	43120.0	9337.9
2009	4687	2994781	23230.3	57963.8	48308.2	9655.5
2010	4940	3193365	24832.3	72703.5	60954.9	11748.6
2011	5075	3334787	26234.5	82017.3	69390.8	12626.5
2012	5194	3494122	27899.4	93023.8	80141.8	12882.0
2013	5089	3488170	28868.3	98365.1	84628.3	13736.8
2014	5023	3534757	29567.9	100309.9	86323.7	13986.2
2015	4952	3468638	30065.7	100133.8	85836.9	14296.8
2016	4861	3457899	30023.4	102139.7	87859.3	14280.4
2017	4617	3347936	29691.8	108247.6	93996.9	14250.7
2018	4296	3178423	29190.6	109373.3	95323.2	14050.1
2019	4037	3045931	28447.4	112016.8	98733.4	13283.4
2020	3891	2877393	29114.7	105748.7	93874.6	11874.1
北京 Beijing	88	56567	585.2	2819.2	2041.2	778.0
天津 Tianjin	41	25263	314.3	863.0	834.9	28.2
河北 Hebei	178	237183	2355.1	5400.0	5198.3	201.7
山西 Shanxi	30	23638	247.3	684.1	645.1	39.0
内蒙古 Inner Mongolia	43	26726	417.2	610.7	545.2	65.5
辽宁 Liaoning	148	132264	1114.0	4202.9	3856.8	346.2
吉林 Jilin	39	33900	331.1	348.4	192.0	156.3
黑龙江 Heilongjiang	46	26679	274.9	629.4	468.6	160.8
上海 Shanghai	113	47207	411.7	9476.8	8901.1	575.7
江苏 Jiangsu	420	308956	3711.3	21291.4	19732.0	1559.4
浙江 Zhejiang	644	385473	3201.6	16621.0	14133.7	2487.3
安徽 Anhui	104	104794	1239.1	2811.3	2440.4	370.9
福建 Fujian	102	41219	281.1	1134.9	901.8	233.1
江西 Jiangxi	107	91849	843.0	1833.4	1542.8	290.6
山东 Shandong	383	260010	3289.7	8234.8	7541.4	693.4
河南 Henan	118	103458	1278.2	3095.2	2729.0	366.2
湖北 Hubei	108	68122	723.3	2090.0	1651.7	438.3
湖南 Hunan	285	163560	1155.5	4439.9	3442.3	997.6
广东 Guangdong	273	181710	1785.5	5368.5	4768.7	599.8
广西 Guangxi	61	61602	312.6	1213.7	1014.7	199.0
海南 Hainan	7	4340	59.8	130.5	116.1	14.5
重庆 Chongqing	142	90038	796.1	3361.6	3008.1	353.5
四川 Sichuan	111	134703	1212.8	3249.2	3044.2	205.0
贵州 Guizhou	50	36348	492.0	1437.0	1246.0	191.0
云南 Yunnan	29	44241	203.6	405.2	350.6	54.6
西藏 Tibet	3	2335	3.5	25.8	20.2	5.6
陕西 Shaanxi	46	37202	387.5	996.4	865.5	130.9
甘肃 Gansu	31	27200	239.8	376.2	260.3	115.9
青海 Qinghai	8	6908	71.4	100.8	89.8	11.0
宁夏 Ningxia	35	23432	267.8	314.8	287.9	26.9
新疆 Xinjiang	98	90466	1508.8	2182.4	2004.0	178.4

15-12 社会消费品零售总额
Total Retail Sales of Consumer Goods

地 区	Region	2019 社会消费品零售总额 (亿元) Total Retail Sales of Consumer Goods (100 million yuan)	2019 增长 (%) Growth Rate (%)	2020 社会消费品零售总额 (亿元) Total Retail Sales of Consumer Goods (100 million yuan)	2020 增长 (%) Growth Rate (%)
全 国	**National Total**	**408017.2**	**8.0**	**391980.6**	**-3.9**
北 京	Beijing	15063.7	4.4	13716.4	-8.9
天 津	Tianjin	4218.2	-0.3	3582.9	-15.1
河 北	Hebei	12985.5	8.4	12705.0	-2.2
山 西	Shanxi	7030.5	7.8	6746.3	-4.0
内蒙古	Inner Mongolia	5051.1	4.1	4760.5	-5.8
辽 宁	Liaoning	9670.6	6.1	8960.9	-7.3
吉 林	Jilin	4212.9	3.4	3824.0	-9.2
黑龙江	Heilongjiang	5603.9	6.2	5092.3	-9.1
上 海	Shanghai	15847.6	6.5	15932.5	0.5
江 苏	Jiangsu	37672.5	6.2	37086.1	-1.6
浙 江	Zhejiang	27343.8	8.7	26629.8	-2.6
安 徽	Anhui	17862.1	10.6	18334.0	2.6
福 建	Fujian	18896.8	10.0	18626.5	-1.4
江 西	Jiangxi	10068.1	11.3	10371.8	3.0
山 东	Shandong	29251.2	6.4	29248.0	0.0
河 南	Henan	23476.1	10.4	22502.8	-4.1
湖 北	Hubei	22722.3	10.3	17984.9	-20.8
湖 南	Hunan	16683.9	10.2	16258.1	-2.6
广 东	Guangdong	42951.8	8.0	40207.9	-6.4
广 西	Guangxi	8200.9	7.0	7831.0	-4.5
海 南	Hainan	1951.1	5.3	1974.6	1.2
重 庆	Chongqing	11631.7	8.7	11787.2	1.3
四 川	Sichuan	21343.0	10.4	20824.9	-2.4
贵 州	Guizhou	7468.2	5.1	7833.4	4.9
云 南	Yunnan	10158.2	10.4	9792.9	-3.6
西 藏	Tibet	773.4	8.7	745.8	-3.6
陕 西	Shaanxi	10213.0	7.4	9605.9	-5.9
甘 肃	Gansu	3700.3	7.7	3632.4	-1.8
青 海	Qinghai	948.5	5.4	877.3	-7.5
宁 夏	Ningxia	1399.4	5.2	1301.4	-7.0
新 疆	Xinjiang	3617.0	5.5	3062.5	-15.3

15-13 分地区网上零售额(2020年)
Online Retail Sales by Region (2020)

地区	Region	网上零售额 Online Retail Sales		#实物商品网上零售额 Online Retail Sales in Goods	
		绝对值 (亿元) Value (100 million yuan)	增长 (%) Growth Rate (%)	绝对值 (亿元) Value (100 million yuan)	增长 (%) Growth Rate (%)
全国	**National Total**	**117601.3**	**10.9**	**97590.3**	**14.8**
北京	Beijing	9704.3	9.5	7704.4	18.2
天津	Tianjin	1746.5	-23.6	1510.2	-23.3
河北	Hebei	2735.8	16.0	2505.3	17.8
山西	Shanxi	684.1	28.1	430.2	35.5
内蒙古	Inner Mongolia	418.2	12.2	267.0	36.5
辽宁	Liaoning	1500.1	10.1	1271.1	18.1
吉林	Jilin	495.3	9.1	325.8	14.3
黑龙江	Heilongjiang	575.8	8.2	417.6	13.4
上海	Shanghai	11991.9	13.8	10128.9	20.7
江苏	Jiangsu	10602.4	10.0	9232.6	13.9
浙江	Zhejiang	17799.9	8.6	14068.1	9.6
安徽	Anhui	2775.8	20.1	2375.1	24.3
福建	Fujian	5692.8	18.2	5087.5	18.6
江西	Jiangxi	1641.7	7.7	1375.3	7.5
山东	Shandong	4613.3	13.8	4043.4	17.5
河南	Henan	2744.4	23.7	2280.3	29.2
湖北	Hubei	2866.6	1.6	2448.9	4.6
湖南	Hunan	1977.3	17.7	1591.1	21.6
广东	Guangdong	25782.2	10.1	22321.0	11.1
广西	Guangxi	933.6	23.9	614.8	37.7
海南	Hainan	394.3	21.5	194.1	91.0
重庆	Chongqing	1180.3	13.1	869.6	25.8
四川	Sichuan	3743.1	11.1	3087.7	23.7
贵州	Guizhou	491.8	18.9	316.8	28.6
云南	Yunnan	906.5	18.6	618.1	41.0
西藏	Tibet	116.7	34.6	43.3	62.3
陕西	Shaanxi	1174.4	15.8	905.4	28.7
甘肃	Gansu	329.7	21.3	170.5	48.5
青海	Qinghai	116.2	13.0	35.7	28.4
宁夏	Ningxia	209.4	10.3	63.2	39.5
新疆	Xinjiang	309.2	27.6	213.0	35.8
不分地区	Not Classified by Region	1347.5		1074.3	

15-14 乘用车销售情况
Sales of Passenger Cars

年 份 Year	乘用车合计 Total Passenger Cars		#轿车 Cars		#MPV		#SUV	
	绝对量(万辆) Number (10 000 units)	同比增速(%) Growth Rate (%)	绝对量(万辆) Number (10 000 units)	同比增速(%) Growth Rate (%)	绝对量(万辆) Number (10 000 units)	同比增速(%) Growth Rate (%)	绝对量(万辆) Number (10 000 units)	同比增速(%) Growth Rate (%)
2007	594.0	17.9	442.1	19.0	21.7	23.1	34.2	55.7
2008	643.3	8.3	476.3	7.7	18.9	-12.7	42.5	24.3
2009	1026.6	59.6	738.2	55.0	24.5	29.6	69.9	64.5
2010	1332.5	29.8	925.9	25.4	43.3	76.5	123.2	76.4
2011	1367.1	2.6	951.6	2.8	51.1	17.8	150.3	22.0
2012	1465.9	7.2	1015.5	6.7	92.0	80.1	183.3	21.9
2013	1724.3	17.6	1156.7	13.9	130.1	41.5	283.7	54.8
2014	1898.9	10.1	1209.8	4.6	185.3	42.4	383.9	35.3
2015	2060.9	8.5	1145.2	-5.3	212.2	14.5	608.5	58.5
2016	2383.8	15.7	1203.5	5.1	245.2	15.6	874.1	43.6
2017	2418.4	1.5	1163.4	-3.3	201.6	-17.8	1006.9	15.2
2018	2275.1	-5.9	1116.6	-4.0	167.7	-16.8	953.4	-5.3
2019	2102.9	-7.6	1014.5	-9.1	137.7	-17.9	916.6	-3.9
2020	1960.7	-6.8	925.0	-8.8	109.0	-20.8	894.8	-2.4

数据来源：中国汽车流通协会。
Source: China Automobile Dealers Association.

15-15 二手乘用车销售情况
Sales of Second-hand Passenger Cars

年 份 Year	二手乘用车合计 Total Second-hand Passenger Cars		#轿车 Cars		#MPV		#SUV	
	绝对量(万辆) Number (10 000 units)	同比增速(%) Growth Rate (%)	绝对量(万辆) Number (10 000 units)	同比增速(%) Growth Rate (%)	绝对量(万辆) Number (10 000 units)	同比增速(%) Growth Rate (%)	绝对量(万辆) Number (10 000 units)	同比增速(%) Growth Rate (%)
2009	196.3	21.4	171.8	20.4	12.0	25.4	6.4	31.3
2010	238.7	21.6	209.8	22.1	14.9	23.6	7.1	10.9
2011	422.0		370.7		26.7		12.3	
2012	514.7	22.0	452.5	22.1	31.3	17.3	18.4	49.3
2013	573.9	11.5	496.5	9.7	36.6	16.9	27.2	47.9
2014	625.7	9.0	534.0	7.5	44.6	21.9	30.9	13.7
2015	677.7	8.3	564.1	5.6	35.5	-20.4	47.3	53.1
2016	788.0	16.3	628.0	11.3	58.9	66.0	68.1	44.1
2017	931.6	18.2	737.0	17.4	72.3	22.8	86.8	27.4
2018	1045.0	12.2	822.2	11.6	78.2	8.1	113.6	30.8
2019	1142.5	9.3	861.4	4.8	95.7	22.4	148.1	30.4
2020	1112.9	-2.6	858.7	-0.3	83.2	-13.1	137.1	-7.4

注：1.2011年开始为全口径统计数据，之前两年为600家重点企业调查数据。
2.数据来源：中国汽车流通协会。
a) Data of 2009 and 2010 were from the survey data of 600 key enterprises. Since 2011, the data are all-inclusive statistics.
b) Source: China Automobile Dealers Association.

主要统计指标解释

批发业　指向其他批发或零售单位（含个体经营者）及其他企事业单位、机关团体等批量销售生活用品、生产资料的活动，以及从事进出口贸易和贸易经纪与代理的活动，包括拥有货物所有权，并以本单位（公司）的名义进行交易活动，也包括不拥有货物的所有权，收取佣金的商品代理、商品代售活动；还包括各类商品批发市场中固定摊位的批发活动，以及以销售为目的的收购活动。

零售业　指百货商店、超级市场、专门零售商店、品牌专卖店、售货摊等主要面向最终消费者（如居民等）的销售活动，以互联网、邮政、电话、售货机等方式的销售活动，还包括在同一地点，后面加工生产，前面销售的店铺（如面包房）；谷物、种子、饲料、牲畜、矿产品、生产用原料、化工原料、农用化工产品、机械设备（乘用车、计算机及通信设备除外）等生产资料的销售不作为零售活动；多数零售商对其销售的货物拥有所有权，但有些则是充当委托人的代理人，进行委托销售或以收取佣金的方式进行销售。

批发和零售业商品购进、销售、库存额　指各种登记注册类型的批发和零售业企业以本企业为总体的，从国内、国外市场购进的商品总价，销售和出口的商品总价，库存的商品总价等情况。该指标可以反映商品流转过程中商品购进、销售、库存之间的比例关系和存在的问题。

商品购进额　指从本企业以外的单位和个人购进（包括从国外直接进口）作为转卖或加工后转卖的商品金额（含增值税）。商品购进包括：（1）从工农业生产者、批发和零售业、住宿和餐饮业、出版社或报社的出版发行部门和其他服务业等企事业单位和个体经营户购进的商品；（2）从机关、社会团体购进的商品；（3）从海关、市场管理部门购进的缉私和没收的商品；（4）从居民收购的废旧商品等。不包括：（1）企业为本单位自身经营用，不是作为转卖而购进的商品，如材料物资、包装物、低值易耗品、办公用品等；（2）未通过买卖行为而收入的商品，如接受其他部门移交的商品、借入的商品、收入代其他单位保管的商品、其他单位赠送的样品、加工回收的成品等；（3）经本单位介绍，由买卖双方直接结算，本单位只收取手续费的业务；（4）销售退回和买方拒付货款的商品；（5）商品溢余；（6）期货交易商品。

进口　指直接从国外进口或委托外贸企业代理进口的商品金额，不包括从国内有关单位购进的进口商品。对外贸易企业只统计自主经营进口的商品，不统计受托代理进口的商品。

商品销售额　指对本单位以外的单位和个人出售的商品金额（包括售给本单位消费用的商品，含增值税）。商品销售包括：（1）售给个人和社会集团消费用的商品；（2）售给农业、工业、建筑业、服务业等国民经济各行业用于生产、经营用的商品，包括售予批发和零售业作为转卖或加工后转卖的商品；（3）对国（境）外直接出口的商品。不包括：（1）未通过买卖行为付出的商品，如因机构变动移交给其他企业单位的商品、借出的商品、归还受其他单位委托代保管的商品、付出的加工原料和赠送给其他单位的样品等；（2）促销返券所销售的、不计入营业收入的商品；（3）经本单位介绍，由买卖双方直接结算，本单位只收取手续费的业务；（4）未发生所有权转移的商品预付卡销售，如加油卡；（5）汽车维修、电话卡销售等服务性经济活动；（6）购货退回的商品；（7）商品损耗和损失；（8）出售本单位自用的废旧物资；（9）期货交易商品；（10）自来水供应企业、电力企业、天然气供应企业提供的水、电、气。

出口　指直接向国（境）外出口商品和委托外贸企业代理出口的商品金额，商品出口不包括售给外贸企业出口或加工后出口的商品，以及在国内市场以外币销售的商品。外贸企业只统计自主经营出口的商品，不包括受托代理出口的商品。

期末商品库存额　对于批发和零售业法人单位和个体经营户，是指报告期末取得所有权的全部商品金额（含增值税）；对于批发和零售业产业活动单位，是指报告期末实际在库且归属法人具有所有权的全部商品金额（含增值税）。库存商品包括：（1）存放在本单位（如门市部、批发站、采购站、经营处）的仓库、货场、货柜和货架中的商品；（2）挑选、整理、包装中的商品；（3）已记入购进而尚未运到本单位的商品，即发货单或银行承兑凭证已到而货未到的商品；（4）寄放他处的商品，如因购货方拒绝付款而暂时存在购货方的商品；（5）委托其他单位代销（未作销售或调出）尚未售出的商品；（6）代其他单位购进尚未交付的商品。不包括：（1）所有权不属于本单位的商品，如商品已作销售但买方尚未取走的商品，代替他人保管、运输、加工的商品，代其他单位销售（未做购进或调入）而未售出的商品；（2）委托外单位加工的商品（包括本单位所属加工厂和其他生产单位加工生产尚未收回成品的商品）；（3）外贸企业代理其他单位从国外进口，尚未付给订货单位的商品；（4）代国家储备部门保管的商品。

连锁总店（总部）　指负责连锁企业资源（商号、商誉、经营模式、服务标准、管理模式等）的开发、配置、控制或使用等功能的企业核心管理机构。连锁经营是指经营同类商品或服务，使用统一商号的若干店铺，在同一总店（总部）的管理下，采取统一采购或特许经营等方式，实现规模效益的组织形式，包括直营连锁、特许连锁和自愿连锁三种形式。其中，直营连锁是指连锁店铺由连锁公司全资或控股开设，在总部的直接控制下，开展统一经营的连锁经营形式；特许连锁是指拥有注册商标、企业标志、专利、专有技术等经营资源的企业（特许人），以合同形式将其拥有的经营资源许可其他经营者（被特许人）使用，被特许人按合同约定在统一的经营模式下开展经营，并向特许人支付特许经营费用的连锁经营形式；自愿连锁是指若干个店铺或企业自愿组合起来，在不改变各自资产所有权关系的情况下，以同一个品牌形象面对消费者，以共同进货为纽带开展的连锁经营形式。

亿元以上商品交易市场 指年成交额在亿元及以上的商品交易市场。商品交易市场是指经有关部门和组织批准设立，有固定场所、设施，有经营管理部门和监管人员，若干市场经营者入内，常年或实际开业三个月以上，集中、公开、独立地进行生活消费品、生产资料等现货商品交易以及提供相关服务的交易场所，包括各类消费品市场、生产资料市场等。

社会消费品零售总额 指企业（单位、个体户）通过交易直接售给个人、社会集团非生产、非经营用的实物商品金额，以及提供餐饮服务所取得的收入金额。个人包括城乡居民和入境人员，社会集团包括机关、社会团体、部队、学校、企事业单位、居委会或村委会等。

网上零售额 指通过公共网络交易平台（包括自建网站和第三方平台）实现的商品和服务零售额之和。商品和服务包括实物商品和非实物商品（如虚拟商品、服务类商品等）。

Explanatory Notes on Main Statistical Indicators

Wholesale Trade refers to the activities of selling wholesale commodities for daily use and capital goods to other enterprises of wholesale and retail trades (including self-employed individuals) and other enterprises, institutions and government agencies and organizations, and the activities of engaging in import and export and acting as a trade agent. The wholesaler may have the ownership of the commodities for wholesale and trade in the name of its own (a company), and the wholesaler can act as commission agent or commodity broker without the ownership of commodities. Also included are the wholesale activities at the fixed stalls in wholesale market and the acquisition for sales purpose.

Retail Trade refers to the activities of department stores, supermarkets, franchised stores, brand stores, retail stalls and on-the-spot-making-selling stores selling commodities to the final consumers (residents) by any means, including internet, post, telephone, sales machine. It also includes shops with sales and production located in the same places (such as bakeries). Retail trade excludes the activities of sales of capital goods such as grain, seed, feed, livestock, mineral products, raw material for production, industrial chemicals, chemical products for agricultural use, machine and equipment (excluding vehicles, computers and communication equipment). Most retailers have the ownership of commodities to sell, but some are acting as agents or brokers to make transactions for a commission.

Purchase, Sales and Stock of Commodities by Wholesale and Retail Trades refer to the total volume of commodities purchased, total volume of sales and exports, and the stock of commodities by wholesale and retail enterprises (establishments) of different status of registration from domestic and overseas markets. This indicator reflects the relationship among purchase, sales and stock of commodities in the circulation of goods and reveals the existing problems.

Total Purchases of Commodities refer to the total value of purchases of commodities by enterprises (establishments) from other establishments or individuals (including direct import from abroad) for the purpose of re-selling, either with or without further processing of the commodities purchased. The commodities include: (1) commodities purchased from agricultural and industrial producers, wholesalers, retailers, hotels and catering services, publishing houses and other enterprises, institutions and individual operators of service business; (2) commodities purchased from institutions and government departments; (3) smuggled or confiscated goods purchased from the customs authorities or market regulation agencies; (4) second-hand goods purchased from households. The commodities exclude (1) commodities purchased by enterprises (establishments) for use in their own business operation, commodities obtained without buying or selling procedures, such as materials, consumable goods of low value, office appliance, etc. (2) received goods without trading, such as goods handed over from others, borrowed goods, goods kept for others, donated goods from others, processed and retrieved goods, etc. (3) goods of direct settlement between buyer and seller with handling fees introduced by others, (4) goods returned or refused to pay by the buyer, (5) excessive goods, (6) futures trading commodities.

Import refers to the amount of goods imported directly from abroad or imported entrusted to foreign trade enterprises as agents, excluding imports purchased from relevant domestic units. Foreign trade enterprises only count imported goods independently, not imported goods entrusted by agents.

Total Sales of Commodities refer to value of commodities sold by the establishments to other establishments and individuals (including goods sold for self consumption, including VAT). The commodities include: (1) commodities sold to individuals and social groups for their consumption; (2) commodities sold to establishments in all industries for their production and operation, including agriculture, industry, construction, and catering services, including commodities sold to wholesale and retail establishments for re-selling, with or without further processing; (3) commodities for direct export to abroad. Excluded are (1) extended commodities without trading, such as goods handed over to other enterprises and institutions because of the change of organizations, lent goods, return of goods kept for others, extended processing materials and samples donated to others, (2) goods sold by coupon rebates that are not included in business income, (3) goods of direct settlement between buyer and seller with handling fees introduced by others, (4) prepaid cards for goods without transfer of ownership, such as gas cards, (5) Service-oriented economic activities such as automobile maintenance and telephone card sales, (6) goods returned after purchase, (7) damaged and spoiled goods, (8) waste and used goods of self-use, (9) futures trading commodities, (10) water, electricity and gas supplied by water supply enterprises, electric power enterprises and natural gas supply enterprises.

Export refers to the amount of goods exported directly to foreign countries (or customers outside the borders), or exported entrusted to foreign trade enterprises as agents. Commodity export does not include goods sold to foreign trade enterprises for export or exported after processing, as well as goods sold in foreign currencies in the domestic market. Foreign trade enterprises only count the goods they export independently, excluding those exported by trusted agents.

Total Stock of Commodities at End of Period For corporate units and self-employed individuals engaged in wholesale and retail trade, it refers to total value (including VAT) of commodities possessed at the end of the reference period; and for wholesale and retail establishments, it refers to the value (including VAT) of all commodities actually in stock and owned by their corporate units at the end of reference period. The commodities in stock includes: (1) commodities located in storage, garages, counters, and shelves of operating places of wholesale and retail trades (such as sale stores, wholesale centres, procurement stations and operating offices); (2) commodities in the process of being selected, sorted, and packed; (3) commodities not arrived but recorded as purchaseed in the account, i.e. commodities not arrived but payment receipts for the commodities from the sellers or the banks arrived; (4) commodities deposited in other places rather than places mentioned above, for instance: commodities in the hold of purchasers temporarily due to the refusal of payment; (5) commodities entrusted to other units to sell but not sold yet; (6) commodities purchased for other units but not delivered yet. Commodities not included as stock are those not owned by the enterprises (units), commodities on commission for processing, imported commodities of agency of foreign trade enterprise but not yet delivered to ordering units and finally those put in stock on behalf of the state reserves units.

Chain Head Stores (Headquarters) refer to the core leading stores responsible for development, allocation, administration and utilization of resources (name of stores, brand of stores, operation model, service standard, management way, etc.) of chain stores. Chain stores refer to the stores engaged in providing homogeneous commodities or services, with the central leadership of the head stores (headquarters) and guided by common policies, conduct centralized purchase and distributed selling of commodities, in order to gain better efficiency through standardized operation. The chain stores include regular chain stores, franchise chain stores and voluntary chain stores.

Regular Chain store refers to chain stores that are invested or controlled by the headquarters. They operate under direct and unified management from the headquarters.

Franchise chain store refers to the chain stores (franchisees) which are franchised with operation resources such as trade marks, names, patent and operation know-how by the franchisors in form of contract, and pay the operation fees to the franchisors.

Voluntary chain store refers to the stores operating jointly on the voluntary basis while maintaining their status of independent legal entities with full ownership of their assets. They sell goods of same brand from same channel of resources to the consumers.

Large Commodity Markets with Transaction Value over 100 Million Yuan refers to the commodity markets with an annual transaction at and above 100 million. The commodity markets refer to markets approved and managed by related departments, where there are fixed sites, facilities, managers and administrative offices, where there are a certain number of traders to operate for at least three months or all the year, where the commodities, including articles for daily consumption and capital goods and services, are traded in a centralized, independent and open way. Such markets include markets for daily goods, markets of capital goods, etc.

Total Retail Sales of Consumer Goods refer to the revenue received by enterprises (units, self-employed individuals) through direct sales of non-production and non-business physical commodities to individuals and social institutions, and revenue from providing catering services. Individuals include rural and urban households, population from abroad, social institutions include government agencies, social organizations, military units, schools, institutions, neighbourhood (village) committees, etc.

Online Retail Sales refer to the total retail sales of goods and services through public online trading platforms (including self-built websites and third-party platforms). Goods and services include physical goods and non-physical goods (such as virtual goods, service goods, etc.).

16

运输、邮电和软件业

Transport, Postal and Telecommunication Services, and Software Industry

简 要 说 明

一、本篇资料的主要内容

本篇资料反映我国交通运输业和邮政、电信、软件业发展的基本状况以及企业信息化和电子商务应用情况。

交通运输业资料主要包括：五种运输方式的线路里程、运输设备拥有量、技术质量情况，各种运输方式完成的货物运输量和旅客运输量，全国港口码头长度、泊位数量及货物吞吐量等资料。

邮政、电信、软件业资料主要包括：全国营业网点及邮政邮路情况，电信主要通信能力，主要的邮电业务完成情况，邮电通信发展水平，软件和信息技术服务业主要经济指标等资料。

企业信息化及电子商务情况资料主要包括：企业在生产经营中应用信息技术的基本情况和电子商务交易活动情况。

二、本篇资料的统计范围

1.铁路资料：包括国家铁路（含控股合资）、地方铁路和非控股合资铁路运营情况，不含军用铁路及由厂矿企事业单位自建的铁路专用线和不办理公共营业的专用铁路。国家铁路（含控股合资）和非控股合资铁路运营资料来源于各铁路局及所属运输企业(公司)。地方铁路运营概况资料来源于各省地方铁路管理部门。

2.公路、水运、港口资料：(1)公路和水路线路里程为年末通车和通航里程数，不含未正式投入使用的公路和航道里程；(2)民用汽车拥有量及机动车和汽车驾驶员人数，根据公安部交通管理局所属各省车管部门登记注册的车辆资料和驾驶员资料整理，不含军用车辆；(3)公路营运汽车拥有量，根据各省道路运输主管部门登记注册的从事公路运输的营业性运输车辆资料整理，属于民用汽车的一部分；(4)营业性运输船舶拥有量，根据各省交通运输主管部门登记注册的从事水上客、货运输的营业性船舶资料整理，不含非运输船舶及农业、渔业生产船舶；(5)公路、水路客货运输量资料，由交通运输部负责收集整理；(6)公路、水路运输量统计包括全面调查和非全面调查两种方式，统计范围是在各省交通运输主管部门登记注册的从事公路、水路客、货运输的营业性的车辆和船舶所完成的运输量；(7)港口的统计范围为所有取得港口经营许可的业户。

3.管道运输资料：包括输原油、输成品油、输天然气及输其他气体的运输量。管道运输统计数据主要来源于中国石油天然气集团有限公司、中国石油化工集团公司、中国海洋石油集团有限公司和国家管网集团公司所属的管道运输企业，由四家集团公司分别负责收集审核本部门统计数据。

4.民航运输资料：统计对象为在我国境内注册从事民用航空运输飞行和通用飞行的航空运输企业和定期航班通航机场，不包括在我国境内运输飞行的外国航空公司。统计范围为各航空公司从事国内运输、港澳台运输、国际运输的定期航班航线条数及里程、运输量及飞机构成和运营情况、通用航空飞行完成情况等。

5.邮政、电信、软件业资料：包括邮政企业和获得快递业务经营许可的快递企业，以及从事电信运营的中国电信集团有限公司、中国移动通信集团有限公司、中国联合网络通信集团有限公司三家基础电信企业（不含专用网业务资料），主营业务收入500万元以上的软件和信息技术服务业等企业。邮电业务量按业务种类分为邮政业务量和电信业务量。

6.企业信息化及电子商务情况资料：包括规模以上工业、有资质的建筑业、限额以上批发和零售业、限额以上住宿和餐饮业、有开发经营活动的全部房地产开发经营业和规模以上服务业的法人单位。

三、本篇的资料来源

本篇资料由国家统计局服务业统计司负责整理、编辑。有关交通运输资料分别来源于交通运输部、中国民用航空局、国家铁路局、中国国家铁路集团有限公司、中国石油天然气集团有限公司、中国石油化工集团有限公司、中国海洋石油集团有限公司、国家管网集团公司和公安部交通管理局所属各省车管部门。有关邮政、电信、软件资料分别来源于工业和信息化部、国家邮政局、中国互联网络信息中心。企业信息化及电子商务情况资料是由国家统计局服务业统计司根据《一套表统计调查制度》调查资料加工整理而得。

Brief Introduction

I. Main Contents

Data in this chapter present the development of transport, post, telecommunications, software industry, as well as informatization and e-commerce of enterprises in China.

Data on transport cover mainly the length of the routes of five means of transportation, the possession of transport equipment, the condition of technological quality, freight traffic and passenger traffic accomplished by various means of transportation, the length of quay lines, number of berths and cargo handled in the ports.

Data on post, telecommunications and software industry cover mainly the situation of post and telecommunication offices and postal routes; main telecommunication capacity; business volume of postal and telecommunication services achieved; the level of development of postal and telecommunication services, and the main economic indicators of software and IT service industry.

Data on informatization and e-commerce of enterprises cover mainly the situation of informatization and e-commerce of enterprises in business production and operation.

II. Scope of Statistics

1. Data on railway transportation: including the operation and management of the national, local and joint-venture railways but not including railways for military purpose, lines built by industrial and mining enterprises and special railways not for commercial use. Data on the operation and management of the national railways and joint-venture railways come from local railway bureaus and transport enterprises subordinate to them. Data on the operation and management of local railways come from the provincial administrative departments managing the local railways.

2. Data on highways, waterways and ports: (1) The length of highways and waterways refer to the length open to traffic or navigation at the end of the year, but not including the highways and waterways under construction or not officially in operation. (2) Data on the possession of civil motor vehicles and the number of drivers are provided by offices of vehicle management under the provincial departments of traffic management, and they do not include vehicles for military use. (3) Data on possession of highway vehicles for business are provided by the offices of vehicle management under provincial departments of traffic management, and they are part of the civil motor vehicles. (4) Data on possession of ships are provided by the offices of navigation or ports management under provincial departments of communications, and they do not include ships for non-transport purpose, ships for agriculture and fishery. (5) Data on passenger and freight traffic by highways and waterways are collected and prepared by the Ministry of Transport. (6) Data on highway and waterway transport are collected through both comprehensive reporting system and non-comprehensive reporting system. They cover passenger and freight transport undertaken by all vehicles and vessels registered at the provincial departments of transport. (7) Data on ports cover all operators with port business permits.

3. Data on pipeline transport: The data on pipeline transport cover the volume transported of petroleum (crude oil) pipelines, petroleum products pipelines, natural gas pipelines and other gas pipelines. Data sources of the pipeline transport statistics are mainly from enterprises engaged in the pipeline transport subordinate to the China National Petroleum Corporation, Sinopec Group, China National Offshore Oil Corporation and China Oil & Gas Pipeline Network Corporation. The four corporations collect and examine the statistical data submitted to them from their subordinate units respectively.

4. Data on civil aviation transport: The respomdants of statistical collection are enterprises registered for engagement in civil aviation transport flights and flights for general purposes and general aviation airports with scheduled flights. Excluded are foreign companies which operate flights within Chinese territory. The scope of statistics include number of routes, mileage flown, transport volume, composition of the fleets, operational situation of the airlines, performance of general purpose flights.

5. Data on post, telecommunications and software industry: Data in this category cover postal enterprises and express delivery companies that obtained express business permits, the three major telecommunication enterprises: China Telecom, China Mobile and China Unicom (not including services provided through dedicated networks), and enterprises of software and IT services with revenue from primary business above 5 million yuan. By types of business, the business volume of post and telecommunications is divided into postal services and telecommunication services.

6. Data on informatization and e-commerce of enterprises: Data in this category include industrial enterprises above designated size, construction enterprises with qualification certificates, enterprises of wholesale and retail trades above designated size, enterprises of hotel and catering services above designated size, corporate units with development activities in real estate development and corporate units above designated size in service industries.

III. Sources of Data

Data in this chapter are processed and compiled by the Department of Service Statistics, NBS. Data on transportation are from Ministry of Transport, Civil Aviation Administration of China, National Railway Administration, China State Railway Group Co., Ltd., China National Petroleum Corporation, Sinopec Group, China National Offshore Oil Corporation, China Oil & Gas Pipeline Network Corporation, offices of vehicle management of the provincial departments of vehicle administration, which are subordinate to the Traffic Management Bureau, Ministry of Public Security. Data on post, telecommunication and software come from the Ministry of Industry and Information, China Post, and CNNIC seperately. Data on informatization and e-commerce of enterprises are processed and compiled by the Department of Service Statistics, NBS from the survey data based on the *Integrated Statistical Questionnaires for Enterprises*.

16-1 分地区交通运输、仓储和邮政业就业人员数(2020年底)

Number of Employed Persons in Transport, Storage and Post by Region (End of 2020)

单位：人 (person)

地 区	Region	铁路运输业 Railway Transport	道路运输业 Road Transport	水上运输业 Water Transport	航空运输业 Air Transport	管道运输业 Pipeline Transport	多式联运和运输代理业 Multimodal and Forwarding Agencies	装卸搬运和仓储业 Loading, Unloading and Storage	邮政业 Post
全 国	**National Total**	**1886517**	**3596333**	**294025**	**602532**	**24830**	**320601**	**496132**	**901029**
北 京	Beijing	102144	236560	212	82797	4423	27247	11851	94395
天 津	Tianjin	27374	58593	9625	8695	707	11364	13282	17599
河 北	Hebei	77069	121768	18289	6357	96	3136	23129	22826
山 西	Shanxi	101738	100343	28	5350	66	1869	9656	15616
内蒙古	Inner Mongolia	109522	56942		6826	165	348	6570	16828
辽 宁	Liaoning	106785	112853	19206	12396	206	11687	26877	16486
吉 林	Jilin	59193	69309	32	2892	81	1696	12908	18855
黑龙江	Heilongjiang	131440	49493	591	7929		481	17443	26669
上 海	Shanghai	33528	154830	30266	81526	974	95580	34662	46135
江 苏	Jiangsu	49072	217154	39982	16981	7076	19403	61515	43739
浙 江	Zhejiang	32929	179187	28163	14416	66	16400	22812	58347
安 徽	Anhui	42931	114238	7376	4005	16	4294	14328	21155
福 建	Fujian	33059	93953	14219	26412	34	9935	15474	34481
江 西	Jiangxi	54909	92085	3733	3968	600	938	9338	20526
山 东	Shandong	86721	226659	39781	20450	2433	17739	35808	46658
河 南	Henan	107668	228097	1936	9710	615	6098	29151	38140
湖 北	Hubei	77826	151464	10747	6571	676	3299	14168	26956
湖 南	Hunan	75361	126316	3219	7685	615	2418	13824	26354
广 东	Guangdong	74777	383305	40382	119903	765	63733	47364	100660
广 西	Guangxi	65362	65024	4650	2077	91	2696	15721	30408
海 南	Hainan	6332	20865	5549	25172	24	2824	3725	13611
重 庆	Chongqing	26806	120106	14045	15032	40	2956	6484	27670
四 川	Sichuan	70389	183598	1275	37440	207	5602	15155	32001
贵 州	Guizhou	32970	59832	266	11410	127	742	4849	21720
云 南	Yunnan	39180	73723	214	26545	276	2463	7504	11934
西 藏	Tibet	938	8968		7860		43	604	2591
陕 西	Shaanxi	94514	131572	39	13313	834	3117	11782	32444
甘 肃	Gansu	62486	43378	52	3877	253	895	4666	16741
青 海	Qinghai	24208	18981		2527		231	905	4085
宁 夏	Ningxia	19530	10705	107	2442		210	1078	3187
新 疆	Xinjiang	59756	86429	40	9968	3364	1160	3499	12214

16-2 交通运输业基本情况
Basic Conditions of Transport

指　标	Item	2017	2018	2019	2020
运输线路长度　（万公里）	**Length of Transport Routes　(10 000 km)**				
铁路营业里程	Railways in Operation	12.70	13.17	13.99	14.63
公路里程	Highways	477.35	484.65	501.25	519.81
#高速公路	Expressway	13.64	14.26	14.96	16.10
内河航道里程	Navigable Inland Waterways	12.70	12.71	12.73	12.77
定期航班航线里程	Regular Civil Aviation Routes	748.30	837.98	948.22	942.63
管道输油(气)里程	Petroleum and Gas Pipelines	11.93	12.23	12.66	13.41
客运量总计　（万人）	**Total Passenger Traffic　(10 000 persons)**	**1848620**	**1793820**	**1760436**	**966540**
铁路	Railways	308379	337495	366002	220350
公路	Highways	1456784	1367170	1301173	689425
水路	Waterways	28300	27981	27267	14987
民航	Civil Aviation	55156	61174	65993	41778
旅客周转量总计　（亿人公里）	**Total Passenger-Kilometers(100 million passenger-km)**	**32812.8**	**34218.2**	**35349.2**	**19251.5**
铁路	Railways	13456.9	14146.6	14706.6	8266.2
公路	Highways	9765.2	9279.7	8857.1	4641.0
水路	Waterways	77.7	79.6	80.2	33.0
民航	Civil Aviation	9513.0	10712.3	11705.3	6311.3
货运量总计　（万吨）	**Total Freight Traffic　(10 000 tons)**	**4804850**	**5152732**	**4713624**	**4729579**
铁路	Railways	368865	402631	438904	455236
公路	Highways	3686858	3956871	3435480	3426413
水路	Waterways	667846	702684	747225	761630
民航	Civil Aviation	705.9	738.5	753.1	676.6
管道	Petroleum and Gas Pipelines	80576	89807	91261	85623
货物周转量　（亿吨公里）	**Total Freight Ton-Kilometers　(100 million ton-km)**	**197373**	**204686**	**199394**	**202211**
铁路	Railways	26962.2	28821.0	30182.0	30514.5
公路	Highways	66771.5	71249.2	59636.4	60171.8
水路	Waterways	98611.2	99052.8	103963.0	105834.4
民航	Civil Aviation	243.55	262.50	263.20	240.20
管道	Petroleum and Gas Pipelines	4784	5301	5350	5450
民用汽车拥有量　（万辆）	**Possession of Civil Motor Vehicles　(10 000 units)**	**20906.67**	**23231.23**	**25376.38**	**27340.92**
#私人汽车	Private Vehicles	18515.11	20574.93	22508.99	24291.19
其他机动车拥有量　（万辆）	**Possession of Other Motor Vehicles　(10 000 units)**	**7607.88**	**6979.25**	**6899.43**	**7266.91**
民用运输船舶拥有量　（艘）	**Possession of Civil Transport Vessels　(unit)**	**144924**	**136975**	**131555**	**135679**
机动船	Motor Vessels	131746	125754	121440	126805
驳船	Barges	13178	11221	10115	8874
沿海港口货物吞吐量　（万吨）	**Volume of Freight Handled in Coastal Ports　(10 000 tons)**	**865464**	**922392**	**918774**	**948002**

注：1.2019年起铁路货运量和货物周转量数据来自国家铁路局，与以往年份相比统计范围增加部分地方铁路(以下相关表同)。
2.2019年公路货运量及货物周转量统计口径，根据2019道路货物运输量专项调查进行了调整，数据与上年不可比(以下相关表同)。按照调整后可比口径计算，2019年公路货运量、货物周转量比上年分别增长4.2%和0.4%。
3.2018年及以前港口统计范围为规模以上港口，从2019年起港口统计范围调整为全国所有获得港口经营许可的业户(以下相关表同)。

a) Since 2019, data on railway freight traffic and freight ton-kilometers are from national railway administration. Compared with previous years, statistical coverages include some local railways. The same applies to the relevant following tables.

b) In 2019, statistical coverages of highway freight traffic and freight ton-kilometers are changed according to the 2019 suvery of road freight transport volume, so the data are not comparable with previous year. The same applies to the relevant following tables. When adjusted to comparable coverage the 2019 highway freight traffic and freight ton-kilometers increased over the previous year 4.2% and 0.4% respectively.

c) In 2018 and before, statistical coverage of ports refers to ports with capacity above designated size. Since 2019, statiscal covergae has changed to all the operators having port business permits.The same applies to the relevant following tables.

16-3 运输线路长度
Length of Transport Routes

单位：万公里 (10 000 km)

年 份 Year	铁路营业里程 Length of Railways in Operation	#铁路电气化里程 Electrified Railways	公路里程 Length of Highways	#高速公路 Expressway	内河航道里程 Length of Navigable Inland Waterways	定期航班航线里程 Length of Regular Civil Aviation Routes	#国际航线 International Routes	管道输油(气)里程 Length of Petroleum and Gas Pipelines
1978	5.17	0.10	89.02		13.60	14.89	5.53	0.83
1980	5.33	0.17	88.83		10.85	19.53	8.12	0.87
1985	5.52	0.41	94.24		10.91	27.72	10.60	1.17
1990	5.79	0.69	102.83	0.05	10.92	50.68	16.64	1.59
1991	5.78	0.78	104.11	0.06	10.97	55.91	17.74	1.62
1992	5.81	0.84	105.67	0.07	10.97	83.66	30.30	1.59
1993	5.86	0.89	108.35	0.11	11.02	96.08	27.87	1.64
1994	5.90	0.90	111.78	0.16	11.02	104.56	35.19	1.68
1995	6.24	0.97	115.70	0.21	11.06	112.90	34.82	1.72
1996	6.49	1.01	118.58	0.34	11.08	116.65	38.63	1.93
1997	6.60	1.20	122.64	0.48	10.98	142.50	50.44	2.04
1998	6.64	1.30	127.85	0.87	11.03	150.58	50.44	2.31
1999	6.74	1.40	135.17	1.16	11.65	152.22	52.33	2.49
2000	6.87	1.49	167.98	1.63	11.93	150.29	50.84	2.47
2001	7.01	1.69	169.80	1.94	12.15	155.36	51.69	2.76
2002	7.19	1.74	176.52	2.51	12.16	163.77	57.45	2.98
2003	7.30	1.81	180.98	2.97	12.40	174.95	71.53	3.26
2004	7.44	1.86	187.07	3.43	12.33	204.94	89.42	3.82
2005	7.54	1.94	334.52	4.10	12.33	199.85	85.59	4.40
2006	7.71	2.34	345.70	4.53	12.34	211.35	96.62	4.81
2007	7.80	2.40	358.37	5.39	12.35	234.30	104.74	5.45
2008	7.97	2.50	373.02	6.03	12.28	246.18	112.02	5.83
2009	8.55	3.02	386.08	6.51	12.37	234.51	91.99	6.91
2010	9.12	3.27	400.82	7.41	12.42	276.51	107.02	7.85
2011	9.32	3.43	410.64	8.49	12.46	349.06	149.44	8.33
2012	9.76	3.55	423.75	9.62	12.50	328.01	128.47	9.16
2013	10.31	3.60	435.62	10.44	12.59	410.60	150.32	9.85
2014	11.18	3.69	446.39	11.19	12.63	463.72	176.72	10.57
2015	12.10	7.47	457.73	12.35	12.70	531.72	239.44	10.87
2016	12.40	8.03	469.63	13.10	12.71	634.81	282.80	11.34
2017	12.70	8.66	477.35	13.64	12.70	748.30	324.59	11.93
2018	13.17	9.22	484.65	14.26	12.71	837.98	359.89	12.23
2019	13.99	10.04	501.25	14.96	12.73	948.22	401.47	12.66
2020	14.63	10.63	519.81	16.10	12.77	942.63	382.87	13.41

注：1.铁路营业里程为全国铁路营业里程；铁路电气化里程2014年及以前为国家铁路电气化里程，2015年起为全国铁路电气化里程。
2.2005年起公路里程包括村道(以下相关表同)。
3.2004年起内河航道里程为内河航道通航里程数(以下相关表同)。
4.2011年起民航航线里程改为定期航班航线里程(以下相关表同)。
5.2013年管道运输统计口径有所调整，2012年管道数据按同口径调整(以下相关表同)。

a) Length of railways in operation refers to railways of the whole country. Length of electrified railways refers to national electrified railways before 2014, and refers to electrified railways of the whole country since 2015.
b) Length of highways include the village road since 2005. The same applies to the relevant following tables.
c) Since 2004, length of inland waterways refer to navigable inland waterways. The same applies to the relevant following tables.
d) Since 2011, length of civil aviation routes has been change to regular civil aviation routes. The same applies to the relevant following tables.
e) In 2013, the pipelines transport statistics were adjusted, the 2012 data on pipelines transport are adjusted for data comparability. The same applies in the relevant following tables.

16-4 分地区运输线路长度(2020年底)

Length of Transport Routes by Region (End of 2020)

单位：公里 (km)

地 区	Region	铁路营业里程 Length of Railways in Operation	内河航道里程 Length of Navigable Inland Waterways	公路里程 Total Length of Highways	等级公路 Expressway and Class I to IV Highways	#高速 Expressway	#一级 Class I	#二级 Class II	等外公路 Highways Below Class IV
全 国	**National Total**	**146330**	**127686**	**5198120**	**4944489**	**160980**	**123101**	**418300**	**253632**
北 京	Beijing	1404		22264	22264	1173	1369	3996	
天 津	Tianjin	1186	88	16411	16411	1325	1425	2815	
河 北	Hebei	7941		204737	204549	7809	7175	22152	188
山 西	Shanxi	6251	467	144323	143226	5745	2877	16011	1097
内蒙古	Inner Mongolia	14190	2403	210217	205313	6985	8785	19912	4903
辽 宁	Liaoning	6627	413	130899	124548	4331	4255	18608	6352
吉 林	Jilin	5043	1456	107848	103670	4306	2222	9770	4178
黑龙江	Heilongjiang	6781	5098	168119	144868	4512	3140	12583	23250
上 海	Shanghai	491	1654	12917	12917	845	470	3792	
江 苏	Jiangsu	4174	24372	158101	158101	4925	15819	24252	
浙 江	Zhejiang	3159	9758	123080	123080	5096	7760	10680	
安 徽	Anhui	5287	5651	236483	236424	4904	5773	13188	59
福 建	Fujian	3779	3245	110118	95316	5635	1481	11459	14802
江 西	Jiangxi	4917	5638	210641	205122	6234	3070	12320	5520
山 东	Shandong	6924	1117	286814	286590	7473	12251	26579	224
河 南	Henan	6519	1403	270271	254004	7100	4501	28602	16267
湖 北	Hubei	5185	8488	289612	282705	7230	7060	24625	6907
湖 南	Hunan	5646	11496	241138	229192	6951	2723	15749	11946
广 东	Guangdong	4871	12251	221873	221651	10488	12021	19636	222
广 西	Guangxi	5206	5707	131642	124235	6803	1743	14682	7408
海 南	Hainan	1033	343	40163	39972	1254	494	1945	192
重 庆	Chongqing	2356	4352	180796	164865	3402	1047	9439	15931
四 川	Sichuan	5312	10881	394371	379260	8140	4252	17045	15111
贵 州	Guizhou	3873	3954	206693	183245	7607	1438	10283	23448
云 南	Yunnan	4220	4589	292479	272273	8406	1649	13021	20206
西 藏	Tibet	785		118238	98677	106	582	1060	19561
陕 西	Shaanxi	5589	1146	180660	167476	6171	2114	10037	13184
甘 肃	Gansu	5113	911	155957	151596	5072	951	10872	4361
青 海	Qinghai	2975	674	85131	73639	3451	618	9035	11492
宁 夏	Ningxia	1663	130	36901	36874	1946	1954	4155	27
新 疆	Xinjiang	7831		209220	182425	5555	2085	19997	26795

16-5 运输线路质量

Quality of Transport Routes

指 标	Item	2000	2010	2018	2019	2020
铁路营业里程 (公里)	**Length of Railways in Operation (km)**	**58656**	**66239**	**131651**	**139926**	**146330**
#复线里程 (公里)	Double-Tracking Length (km)	21408	29684	76346	83044	86587
复线里程比重 (%)	Proportion (%)	36.5	44.8	58.0	59.3	59.2
公路里程 (公里)	**Length of Highways (km)**	**1679848**	**4008229**	**4846532**	**5012496**	**5198120**
#等级公路里程 (公里)	Expressway and Class I to IV Highways (km)	1315931	3304709	4465864	4698725	4944489
等级公路里程比重 (%)	Proportion (%)	78.3	82.4	92.1	93.7	95.1
内河航道里程 (公里)	**Length of Navigable Inland Waterways (km)**	**119325**	**124242**	**127126**	**127298**	**127686**
#等级航道里程 (公里)	Standard Waterways (km)	61367	62290	66442	66749	67269
等级航道里程比重 (%)	Proportion (%)	51.4	50.1	52.3	52.4	52.7

注：铁路营业里程2014年及以前为国家铁路营业里程，2015年起为全国铁路营业里程。

a) Length of railways in operation refers to that of national railways before 2015, and refers to railways of the whole country since 2015.

16-6 客运量
Passenger Traffic

单位：万人 (10 000 persons)

年 份 Year	客运量 总 计 Total	铁 路 Railways	公 路 Highways	水 路 Waterways	民 航 Civil Aviation
1978	253993	81491	149229	23042	231
1980	341785	92204	222799	26439	343
1985	620206	112110	476486	30863	747
1990	772682	95712	648085	27225	1660
1991	806048	95080	682681	26109	2178
1992	860855	99693	731774	26502	2886
1993	996634	105458	860719	27074	3383
1994	1092882	108738	953940	26165	4039
1995	1172596	102745	1040810	23924	5117
1996	1245357	94797	1122110	22895	5555
1997	1326094	93308	1204583	22573	5630
1998	1378717	95085	1257332	20545	5755
1999	1394413	100164	1269004	19151	6094
2000	1478573	105073	1347392	19386	6722
2001	1534122	105155	1402798	18645	7524
2002	1608150	105606	1475257	18693	8594
2003	1587497	97260	1464335	17142	8759
2004	1767453	111764	1624526	19040	12123
2005	1847018	115583	1697381	20227	13827
2006	2024158	125656	1860487	22047	15968
2007	2227761	135670	2050680	22835	18576
2008	2867892	146193	2682114	20334	19251
2009	2976898	152451	2779081	22314	23052
2010	3269508	167609	3052738	22392	26769
2011	3526319	186226	3286220	24556	29317
2012	3804035	189337	3557010	25752	31936
2013	2122992	210597	1853463	23535	35397
2014	2032218	230460	1736270	26293	39195
2015	1943271	253484	1619097	27072	43618
2016	1900194	281405	1542759	27234	48796
2017	1848620	308379	1456784	28300	55156
2018	1793820	337495	1367170	27981	61174
2019	1760436	366002	1301173	27267	65993
2020	966540	220350	689425	14987	41778

注：1.从1979年起，公路运输包括社会车辆完成数量，从1984年起，还包括私营运输完成的数量(下表同)。从2008年起，公路、水路运输量统计口径有调整，公路运输量统计范围原则上为营运车辆，水路运输量统计范围为在交通运输主管部门审批、备案、从事营业性旅客和货物运输生产的船舶(以下相关表同)。

2.2013年公路水路客货运输数据，源自2013年交通运输业经济统计专项调查，统计范围口径有所调整(以下相关表同)。

3.2014年、2015年公路水路运输量统计数据根据2015年开展的公路水路运输量小样本抽样调查结果进行了调整。

a) Since 1979, passenger traffic by highways included the quantities transported by vehicles of non-highway departments. Since 1984, it also included the quantities transported by private vehicles. The same applies to following tables. Data since 2008 on total passenger traffic and freight traffic of highway and waterways were adjusted, passenger traffic by highways refers to all operational vehicles. Statistical coverage of passenger traffic by waterways includes vessels engaged in passengers and goods transport for business purpose, with approval and registertion by the transportation departments. The same applies to the relevant following tables.

b) The 2013 figures on passenger traffic and freight traffic are calculated with the data from the 2013 survey of transport economics, and have different coverages. The same applies to the relevant following tables.

c) Data of transport of highways and waterways in 2014 and 2015 are adjusted according to small-sized sample survey on transport of highways and waterways conducted in 2015.

16-7 旅客周转量
Passenger-Kilometers

单位：亿人公里 (100 million passenger-km)

年 份 Year	旅客周转量 总 计 Total	铁 路 Railways	公 路 Highways	水 路 Waterways	民 航 Civil Aviation
1978	1743.1	1093.2	521.3	100.6	27.9
1980	2281.3	1383.2	729.5	129.1	39.6
1985	4435.4	2416.1	1724.9	178.7	115.7
1990	5628.4	2612.6	2620.3	164.9	230.5
1991	6178.3	2828.1	2871.7	177.2	301.3
1992	6949.4	3152.2	3192.6	198.4	406.1
1993	7858.0	3483.3	3700.7	196.4	477.6
1994	8591.4	3636.0	4220.3	183.5	551.6
1995	9001.9	3545.7	4603.1	171.8	681.3
1996	9164.8	3347.6	4908.8	160.6	747.8
1997	10055.5	3584.9	5541.4	155.7	773.5
1998	10636.7	3773.4	5942.8	120.3	800.2
1999	11299.7	4135.9	6199.2	107.3	857.3
2000	12261.1	4532.6	6657.4	100.5	970.5
2001	13155.1	4766.8	7207.1	89.9	1091.4
2002	14125.6	4969.4	7805.8	81.8	1268.7
2003	13810.5	4788.6	7695.6	63.1	1263.2
2004	16309.1	5712.2	8748.4	66.3	1782.3
2005	17466.7	6062.0	9292.1	67.8	2044.9
2006	19197.2	6622.1	10130.8	73.6	2370.7
2007	21592.6	7216.3	11506.8	77.8	2791.7
2008	23196.7	7778.6	12476.1	59.2	2882.8
2009	24834.9	7878.9	13511.4	69.4	3375.2
2010	27894.3	8762.2	15020.8	72.3	4039.0
2011	30984.0	9612.3	16760.2	74.5	4537.0
2012	33383.1	9812.3	18467.5	77.5	5025.7
2013	27571.7	10595.6	11250.9	68.3	5656.8
2014	28647.1	11241.9	10996.8	74.3	6334.2
2015	30058.9	11960.6	10742.7	73.1	7282.6
2016	31258.5	12579.3	10228.7	72.3	8378.1
2017	32812.8	13456.9	9765.2	77.7	9513.0
2018	34218.2	14146.6	9279.7	79.6	10712.3
2019	35349.2	14706.6	8857.1	80.2	11705.3
2020	19251.5	8266.2	4641.0	33.0	6311.3

16-8 货运量
Freight Traffic

单位：万吨 (10 000 tons)

年份 Year	货运量总计 Total	铁路 Railways	公路 Highways	水路 Waterways	#海洋 Ocean	民航 Civil Aviation	管道 Petroleum and Gas Pipelines
1978	319431	110119	151602	47357	3659	6.4	10347
1980	310841	111279	142195	46833	4292	8.9	10525
1985	745763	130709	538062	63322	6627	19.5	13650
1990	970602	150681	724040	80094	9408	37.0	15750
1991	985793	152893	733907	83370	10567	45.2	15578
1992	1045899	157627	780941	92490	11191	57.5	14783
1993	1115902	162794	840256	97938	12508	69.4	14845
1994	1180396	163216	894914	107091	13421	82.9	15092
1995	1234938	165982	940387	113194	15251	101.1	15274
1996	1298421	171024	983860	127430	14213	115.0	15992
1997	1278218	172149	976536	113406	20287	124.7	16002
1998	1267427	164309	976004	109555	18892	140.1	17419
1999	1293008	167554	990444	114608	22621	170.4	20232
2000	1358682	178581	1038813	122391	22949	196.7	18700
2001	1401786	193189	1056312	132675	27573	171.0	19439
2002	1483447	204956	1116324	141832	29896	202.1	20133
2003	1564492	224248	1159957	158070	34002	219.0	21998
2004	1706412	249017	1244990	187394	39469	276.7	24734
2005	1862066	269296	1341778	219648	48549	306.7	31037
2006	2037060	288224	1466347	248703	54413	349.4	33436
2007	2275822	314237	1639432	281199	58903	401.8	40552
2008	2585937	330354	1916759	294510	42352	407.6	43906
2009	2825222	333348	2127834	318996	51733	445.5	44598
2010	3241807	364271	2448052	378949	58054	563.0	49972
2011	3696961	393263	2820100	425968	63542	557.5	57073
2012	4100436	390438	3188475	458705	65815	545.0	62274
2013	4098900	396697	3076648	559785	71156	561.3	65209
2014	4167296	381334	3113334	598283	74733	594.1	73752
2015	4175886	335801	3150019	613567	74685	629.3	75870
2016	4386763	333186	3341259	638238	79769	668.0	73411
2017	4804850	368865	3686858	667846	76030	705.9	80576
2018	5152732	402631	3956871	702684	76969	738.5	89807
2019	4713624	438904	3435480	747225	83243	753.1	91261
2020	4729579	455236	3426413	761630	380087	676.6	85623

注：1.1993年起铁路货物运输增加行包运量(下表同)。
2.2020年起，沿海和远洋合并为海洋；2019年及以前年份为远洋运输数据(下表同)。

a) Railways freight includes the freight of packages since 1993. The same applies to the following tables.

b) Since 2020, the freight traffic of ocean includes the volume of coastal and ocean freight traffic, and in the previous years, it only refers to the volume of ocean freight traffic. The same applies to the following table.

16-9 货物周转量
Freight Ton-Kilometers

单位：亿吨公里 (100 million ton-km)

年份 Year	货物周转量总计 Total	铁路 Railways	公路 Highways	水路 Waterways	#海洋 Ocean	民航 Civil Aviation	管道 Petroleum and Gas Pipelines
1978	9928	5345.2	350.3	3801.8	2487	0.97	430
1980	11629	5717.5	342.9	5076.5	3532	1.41	491
1985	18365	8125.7	1903.0	7729.3	5329	4.15	603
1990	26208	10622.4	3358.1	11591.9	8141	8.18	627
1991	27987	10972.0	3428.0	12955.4	8990	10.10	621
1992	29218	11575.6	3755.4	13256.2	9034	13.42	617
1993	30647	12090.9	4070.5	13860.8	9134	16.61	608
1994	33435	12632.0	4486.3	15686.6	10268	18.58	612
1995	35909	13049.5	4694.9	17552.2	11938	22.30	590
1996	36590	13106.2	5011.2	17862.5	11254	24.93	585
1997	38385	13269.9	5271.5	19235.0	14875	29.10	579
1998	38089	12560.1	5483.4	19405.8	14920	33.45	606
1999	40568	12910.3	5724.3	21262.8	17014	42.34	628
2000	44321	13770.5	6129.4	23734.2	17073	50.27	636
2001	47710	14694.1	6330.4	25988.9	20873	43.72	653
2002	50686	15658.4	6782.5	27510.6	21733	51.55	683
2003	53859	17246.7	7099.5	28715.8	22305	57.90	739
2004	69445	19288.8	7840.9	41428.7	32255	71.80	815
2005	80258	20726.0	8693.2	49672.3	38552	78.90	1088
2006	88840	21954.4	9754.2	55485.7	42577	94.28	1551
2007	101419	23797.0	11354.7	64284.8	48686	116.39	1866
2008	110300	25106.3	32868.2	50262.7	32851	119.60	1944
2009	122133	25239.2	37188.8	57556.7	39524	126.23	2022
2010	141837	27644.1	43389.7	68427.5	45999	178.90	2197
2011	159324	29465.8	51374.7	75423.8	49355	173.91	2885
2012	173804	29187.1	59534.9	81707.6	53412	163.89	3211
2013	168014	29173.9	55738.1	79435.7	48705	170.29	3496
2014	181668	27530.2	56846.9	92774.6	55935	187.77	4328
2015	178356	23754.3	57955.7	91772.5	54236	208.07	4665
2016	186629	23792.3	61080.1	97338.8	58075	222.45	4196
2017	197373	26962.2	66771.5	98611.2	55084	243.55	4784
2018	204686	28821.0	71249.2	99052.8	51927	262.50	5301
2019	199394	30182.0	59636.4	103963.0	54057	263.20	5350
2020	202211	30514.5	60171.8	105834.4	89897	240.20	5450

16-10 旅客运输平均运距
Average Transport Distance of Passengers

单位：公里 (km)

年 份 Year	总 计 Total	铁 路 Railways	公 路 Highways	水 路 Waterways	民 航 Civil Aviation
1978	69	134	35	44	1208
1980	67	150	33	49	1153
1985	72	216	36	58	1563
1990	73	273	40	61	1388
1991	77	297	42	68	1383
1992	81	316	44	75	1407
1993	79	330	43	73	1412
1994	79	334	44	70	1366
1995	77	345	44	72	1331
1996	74	353	44	70	1346
1997	76	384	46	69	1374
1998	77	397	47	59	1391
1999	81	413	49	56	1407
2000	83	431	49	52	1444
2001	86	453	51	48	1450
2002	88	471	53	44	1476
2003	87	492	53	37	1442
2004	92	511	54	35	1470
2005	95	524	55	34	1479
2006	95	527	54	33	1485
2007	97	532	56	34	1503
2008	81	532	47	29	1497
2009	83	517	49	31	1464
2010	85	523	49	32	1509
2011	88	516	51	30	1548
2012	88	518	52	30	1574
2013	130	503	61	29	1598
2014	141	488	63	28	1616
2015	155	472	66	27	1670
2016	165	447	66	27	1717
2017	177	436	67	27	1725
2018	191	419	68	28	1751
2019	201	402	68	29	1774
2020	199	375	67	22	1511

16-11 货物运输平均运距
Average Transport Distance of Freight

单位：公里 (km)

年 份 Year	总 计 Total	铁 路 Railways	公 路 Highways	水 路 Waterways	民 航 Civil Aviation	管 道 Petroleum and Gas Pipelines
1978	395	485	32	873	1516	416
1980	220	514	20	1184	1580	467
1985	246	622	35	1221	2129	442
1990	270	705	46	1447	2211	398
1991	284	718	47	1554	2234	399
1992	279	734	48	1433	2335	417
1993	275	743	48	1415	2394	410
1994	283	774	50	1465	2241	406
1995	291	786	50	1551	2206	386
1996	282	766	51	1402	2168	366
1997	300	771	54	1696	2334	362
1998	301	764	56	1771	2388	348
1999	314	771	58	1855	2485	310
2000	326	771	59	1939	2555	340
2001	340	761	60	1959	2556	336
2002	342	764	61	1940	2551	339
2003	344	769	61	1817	2643	336
2004	407	775	63	2211	2595	329
2005	431	770	65	2261	2572	350
2006	436	762	67	2231	2698	464
2007	446	757	69	2286	2896	460
2008	427	760	171	1707	2934	443
2009	432	757	175	1804	2833	453
2010	438	759	177	1806	3177	440
2011	431	749	182	1771	3120	506
2012	424	748	187	1781	3007	516
2013	410	735	181	1419	3034	536
2014	436	722	183	1551	3161	587
2015	427	707	184	1496	3306	615
2016	425	714	183	1525	3330	572
2017	411	731	181	1477	3450	594
2018	397	716	180	1410	3554	590
2019	423	688	174	1391	3495	586
2020	428	670	176	1390	3550	637

16-12 分地区客运量(2020年)
Passenger Traffic by Region (2020)

单位：万人 (10 000 persons)

地区	Region	合计 Total	铁路 Railways	公路 Highways	水路 Waterways
全国	**National Total**	**966540**	**220350**	**689425**	**14987**
北京	Beijing	30936	6388	24548	
天津	Tianjin	10602	2636	7926	40
河北	Hebei	17677	7102	10575	
山西	Shanxi	12457	4890	7459	108
内蒙古	Inner Mongolia	6522	3298	3224	
辽宁	Liaoning	33539	7100	26211	228
吉林	Jilin	15308	3832	11438	38
黑龙江	Heilongjiang	12297	4590	7608	99
上海	Shanghai	9234	7605	1332	297
江苏	Jiangsu	85310	16084	67664	1562
浙江	Zhejiang	58075	15854	38861	3360
安徽	Anhui	32366	9479	22776	111
福建	Fujian	23163	7539	14882	742
江西	Jiangxi	41913	8157	33643	113
山东	Shandong	30757	10457	19475	825
河南	Henan	57909	11415	46322	172
湖北	Hubei	30112	8148	21731	233
湖南	Hunan	56376	11392	44144	840
广东	Guangdong	79351	23060	54946	1345
广西	Guangxi	34947	7838	26771	338
海南	Hainan	7926	2208	4566	1152
重庆	Chongqing	37205	5232	31450	523
四川	Sichuan	57508	11296	45258	954
贵州	Guizhou	40137	5536	33584	1017
云南	Yunnan	24177	4440	19232	505
西藏	Tibet	825	249	576	
陕西	Shaanxi	36798	7044	29581	173
甘肃	Gansu	26686	4153	22478	55
青海	Qinghai	4135	762	3314	59
宁夏	Ningxia	3560	558	2903	99
新疆	Xinjiang	6960	2012	4948	
不分地区	Not Classified by Region	41778			

注：不分地区合计数为民航完成数(下表同)。

a) The total passenger traffic not classified by region refers to that completed by civil aviation. The same applies to the following table.

16-13 分地区旅客周转量(2020年)
Passenger-kilometers by Region (2020)

单位：亿人公里 (100 million passenger-km)

地 区	Region	合 计 Total	铁 路 Railways	公 路 Highways	水 路 Waterways
全 国	**National Total**	**19251.46**	**8266.19**	**4641.01**	**32.99**
北 京	Beijing	114.36	70.69	43.67	
天 津	Tianjin	143.52	95.99	47.47	0.06
河 北	Hebei	603.57	520.47	83.10	
山 西	Shanxi	226.27	135.67	90.57	0.04
内蒙古	Inner Mongolia	164.90	115.50	49.40	
辽 宁	Liaoning	431.82	288.49	141.73	1.60
吉 林	Jilin	198.86	120.90	77.92	0.04
黑龙江	Heilongjiang	177.54	123.26	54.16	0.12
上 海	Shanghai	114.56	69.59	44.47	0.50
江 苏	Jiangsu	943.15	527.64	414.22	1.29
浙 江	Zhejiang	674.09	464.73	204.84	4.53
安 徽	Anhui	697.29	528.99	168.15	0.15
福 建	Fujian	314.56	223.16	90.64	0.77
江 西	Jiangxi	631.35	450.29	180.89	0.18
山 东	Shandong	596.24	432.97	159.31	3.95
河 南	Henan	927.12	612.58	314.20	0.34
湖 北	Hubei	522.92	390.31	131.60	1.01
湖 南	Hunan	834.61	607.89	224.84	1.89
广 东	Guangdong	1190.91	630.33	556.31	4.27
广 西	Guangxi	553.96	301.56	250.89	1.50
海 南	Hainan	74.65	36.34	35.61	2.70
重 庆	Chongqing	271.11	128.36	140.60	2.14
四 川	Sichuan	560.29	269.44	289.81	1.04
贵 州	Guizhou	524.47	224.98	295.84	3.65
云 南	Yunnan	263.72	124.51	138.47	0.74
西 藏	Tibet	26.96	12.34	14.61	
陕 西	Shaanxi	452.58	303.46	148.84	0.28
甘 肃	Gansu	378.72	237.87	140.76	0.09
青 海	Qinghai	88.62	52.08	36.49	0.05
宁 夏	Ningxia	52.51	24.23	28.22	0.06
新 疆	Xinjiang	184.97	141.58	43.39	
不分地区	Not Classified by Region	6311.28			

16-14 分地区货运量(2020年)
Freight Traffic by Region (2020)

单位：万吨 (10 000 tons)

地区	Region	合计 Total	铁路 Railways	公路 Highways	水路 Waterways
全国	**National Total**	**4729579**	**455236**	**3426413**	**761630**
北京	Beijing	22203	414	21789	
天津	Tianjin	52519	11124	32261	9134
河北	Hebei	247323	30806	211942	4575
山西	Shanxi	190232	92002	98206	24
内蒙古	Inner Mongolia	178071	69069	109002	
辽宁	Liaoning	167341	23975	138569	4797
吉林	Jilin	44848	6574	38274	
黑龙江	Heilongjiang	48662	12603	35521	538
上海	Shanghai	138839	494	46051	92294
江苏	Jiangsu	276640	8549	174624	93467
浙江	Zhejiang	300276	4500	189582	106194
安徽	Anhui	374503	7735	243529	123239
福建	Fujian	140698	4543	91137	45018
江西	Jiangxi	157149	4553	141899	10697
山东	Shandong	317024	31586	267230	18208
河南	Henan	219939	11157	193632	15150
湖北	Hubei	160422	5363	114346	40713
湖南	Hunan	200878	4592	176442	19844
广东	Guangdong	344578	9649	231170	103759
广西	Guangxi	187444	9269	145323	32852
海南	Hainan	20670	1135	6853	12682
重庆	Chongqing	121692	2194	99679	19819
四川	Sichuan	171896	7771	157598	6527
贵州	Guizhou	86444	5801	79412	1231
云南	Yunnan	121058	4919	115620	519
西藏	Tibet	4091	52	4039	
陕西	Shaanxi	165260	49056	116057	147
甘肃	Gansu	67239	5966	61272	1
青海	Qinghai	14478	3643	10835	
宁夏	Ningxia	42850	8634	34216	
新疆	Xinjiang	57814	17509	40305	
不分地区	Not Classified by Region	86501			201

注：不分地区合计数中包括民航、管道等完成数(下表同)。

a) The freight ton-kilometers not classified by region refers to that completed by civil aviation and pipelines,etc. The same applies to the following table.

16-15 分地区货物周转量(2020年)
Freight Ton-kilometers by Region (2020)

单位：亿吨公里 (100 million ton-km)

地 区	Region	合 计 Total	铁 路 Railways	公 路 Highways	水 路 Waterways
全 国	**National Total**	**202211.34**	**30514.46**	**60171.85**	**105834.44**
北 京	Beijing	1032.78	767.10	265.68	
天 津	Tianjin	2600.37	518.23	640.12	1442.01
河 北	Hebei	13729.95	4972.05	8103.25	654.65
山 西	Shanxi	5711.76	2926.75	2784.96	0.06
内蒙古	Inner Mongolia	4567.36	2678.57	1888.79	
辽 宁	Liaoning	5421.47	1297.33	2548.32	1575.82
吉 林	Jilin	1865.06	570.24	1294.81	
黑龙江	Heilongjiang	1584.76	839.63	694.04	51.09
上 海	Shanghai	32795.00	15.85	684.60	32094.55
江 苏	Jiangsu	10895.72	332.63	3524.51	7038.58
浙 江	Zhejiang	12324.24	231.15	2209.95	9883.14
安 徽	Anhui	10241.67	733.67	3412.24	6095.76
福 建	Fujian	9014.32	180.90	1021.69	7811.73
江 西	Jiangxi	4010.78	497.30	3247.08	266.40
山 东	Shandong	10377.40	1602.86	6784.40	1990.14
河 南	Henan	8833.22	2159.52	5572.59	1101.12
湖 北	Hubei	5294.95	915.10	1639.91	2739.94
湖 南	Hunan	2602.20	856.36	1350.55	395.28
广 东	Guangdong	27211.12	282.08	2524.20	24404.83
广 西	Guangxi	4159.61	754.24	1486.86	1918.51
海 南	Hainan	3683.00	16.78	41.34	3624.88
重 庆	Chongqing	3527.39	200.90	1055.45	2271.04
四 川	Sichuan	2861.32	951.83	1617.73	291.76
贵 州	Guizhou	1265.11	617.79	609.80	37.53
云 南	Yunnan	1579.74	471.02	1101.54	7.18
西 藏	Tibet	156.53	39.80	116.73	
陕 西	Shaanxi	3697.35	1865.62	1831.11	0.62
甘 肃	Gansu	2516.71	1496.44	1020.27	0.00
青 海	Qinghai	415.74	291.12	124.62	
宁 夏	Ningxia	698.29	214.62	483.67	
新 疆	Xinjiang	1708.03	1216.98	491.05	
不分地区	Not Classified by Region	5828.41			137.82

16-16 按货类分国家铁路货物运输量
National Railway Freight Traffic by Category of Cargo

项　目	Item	2019 货 运 量 (万吨) Freight Traffic (10 000 tons)	2019 货物周转量 (百万吨公里) Freight Ton-kilometers (million ton-kilometers)	2019 平均运距 (公里) Average Transport Distance (km)	2020 货 运 量 (万吨) Freight Traffic (10 000 tons)	2020 货物周转量 (百万吨公里) Freight Ton-kilometers (million ton-kilometers)	2020 平均运距 (公里) Average Transport Distance (km)
总　计	**Total**	**343905**	**2699281**	**785**	**358003**	**2738042**	**765**
#煤	Coal	172263	1133499	658	169692	1113155	656
焦　炭	Coke	8736	92557	1059	8956	88815	992
石　油	Petroleum	11761	86922	739	10980	82295	749
钢铁及有色金属	Steel, Iron and Non-ferrous Metal	20467	179369	876	22649	182474	806
金属矿石	Metal Ores	46426	237270	511	49081	246080	501
非金属矿石	Non-metal Ores	7824	45341	580	8330	44511	534
磷 矿 石	Phosphorus Ore	1347	10669	792	1401	11438	816
矿建材料	Mineral Building Materials	12022	38987	324	12545	41082	327
水　泥	Cement	2418	8969	371	2052	7358	359
木　材	Timber	1996	15374	770	1468	9514	648
粮　食	Grain	7836	155204	1981	7573	139153	1837
零　担	Less-Than-Truckload	9	111	1204	2	13	882
集 装 箱	Containers	33491	393127	1174	45693	455867	998

注：本表货运量和货物周转量不包括行包运量。
a) Freight traffic and freight ton-kilometers in the table do not include package freight.

16-17 国家铁路地区间货物交流(2020年)
Cross-region Freight Transport of National Railways (2020)

单位：万吨 (10 000 tons)

发送省 Sender \ 到达省 Receiver		合计 Total	北京 Beijing	天津 Tianjin	河北 Hebei	山西 Shanxi	内蒙古 Inner Mongolia	辽宁 Liaoning	吉林 Jilin	黑龙江 Heilongjiang	上海 Shanghai
总　计	**National Total**	**357627**	**1559**	**12810**	**72936**	**12396**	**16922**	**28495**	**11421**	**13050**	**641**
北　京	Beijing	360	51	12	63	43	51	6	9	5	1
天　津	Tianjin	11124	22	7177	2253	112	1125	19	10	13	3
河　北	Hebei	22198	916	2180	13346	1570	113	440	75	109	17
山　西	Shanxi	85094	128	1692	45716	6264	438	2298	237	93	25
内蒙古	Inner Mongolia	40197	165	1092	6795	890	13319	3986	5197	5197	13
辽　宁	Liaoning	21953	116	168	370	60	1016	15130	3166	1198	8
吉　林	Jilin	6259	35	65	33	13	99	2640	1696	507	5
黑龙江	Heilongjiang	12086	19	62	90	29	276	3541	797	5648	14
上　海	Shanghai	478	7	3	3	6	2	7	8	2	1
江　苏	Jiangsu	6720	1	2	12	371	31	11	14	9	118
浙　江	Zhejiang	3988	4	1	5	14	29	13	16	18	129
安　徽	Anhui	7734	0	0	27	14	9	22	4	5	13
福　建	Fujian	3749	0	0	1	1	7	1	1	1	26
江　西	Jiangxi	4489	1	2	1	1	14	1	2	1	28
山　东	Shandong	23189	50	26	1420	2291	101	25	18	34	15
河　南	Henan	10111	4	3	187	61	29	145	33	36	24
湖　北	Hubei	4685	6	5	31	6	17	29	36	45	13
湖　南	Hunan	4450	4	3	4	2	24	3	1	2	7
广　东	Guangdong	7736	8	0	4	6	12	23	1	0	14
广　西	Guangxi	9267	0	0	1	1	0	5	0	0	1
海　南	Hainan	1135	0		0		1	0		0	0
重　庆	Chongqing	1878	1	3	2	3	8	8	0	1	2
四　川	Sichuan	6033	6	2	18	9	11	6	16	9	27
贵　州	Guizhou	5800	0	1	12	25	16	3	4	43	1
云　南	Yunnan	4634	0	4	43	12	24	8	12	27	24
西　藏	Tibet	51	2	0	1	0	0	1	0	0	1
陕　西	Shaanxi	22249	1	44	2220	517	18	25	15	11	28
甘　肃	Gansu	5854	1	21	20	7	7	7	3	4	38
青　海	Qinghai	3455	2	6	103	15	77	37	27	7	2
宁　夏	Ningxia	3267	1	64	85	20	32	42	14	19	5
新　疆	Xinjiang	17404	8	170	72	35	15	13	10	6	39

16-17 续表 1 continued

单位：万吨 (10 000 tons)

发送省 Sender \ 到达省 Receiver		江苏 Jiangsu	浙江 Zhejiang	安徽 Anhui	福建 Fujian	江西 Jiangxi	山东 Shandong	河南 Henan	湖北 Hubei	湖南 Hunan	广东 Guangdong	广西 Guangxi
总 计	**National Total**	**7825**	**5089**	**10778**	**3696**	**8002**	**29293**	**16987**	**9740**	**8821**	**7045**	**8749**
北 京	Beijing	3	5	6	1	0	16	22	7	5	4	0
天 津	Tianjin	7	9	5	2	5	15	13	20	19	4	1
河 北	Hebei	140	61	119	6	97	764	1124	213	116	67	34
山 西	Shanxi	2689	248	1586	145	526	11339	4261	2604	1263	95	167
内蒙古	Inner Mongolia	117	87	88	22	130	907	339	258	184	19	14
辽 宁	Liaoning	49	23	50	2	18	193	98	45	33	11	2
吉 林	Jilin	70	35	162	19	37	136	199	93	67	20	3
黑龙江	Heilongjiang	47	37	120	3	19	253	331	78	83	19	4
上 海	Shanghai	50	45	19	9	15	15	21	24	15	47	5
江 苏	Jiangsu	1320	50	1399	10	130	87	1535	55	64	61	11
浙 江	Zhejiang	37	2530	47	30	560	18	28	9	18	86	23
安 徽	Anhui	956	365	4686	45	401	166	340	245	80	37	40
福 建	Fujian	5	97	4	2391	1009	7	4	5	7	99	3
江 西	Jiangxi	30	342	25	459	2326	2	2	136	541	253	36
山 东	Shandong	457	62	505	16	265	12018	3065	179	103	53	30
河 南	Henan	538	199	727	162	447	344	2539	1303	623	325	337
湖 北	Hubei	34	74	273	77	72	67	250	1599	250	249	155
湖 南	Hunan	21	64	7	8	137	13	10	108	2747	729	217
广 东	Guangdong	24	37	10	22	306	6	28	129	783	2969	1868
广 西	Guangxi	2	6	7	3	31	6	18	26	294	952	3820
海 南	Hainan	0		0	0	3	0	1	0	8	31	8
重 庆	Chongqing	2	21	3	3	1	12	7	3	17	17	115
四 川	Sichuan	14	21	17	6	16	34	34	66	30	91	247
贵 州	Guizhou	8	64	6	111	80	33	92	225	108	263	726
云 南	Yunnan	55	31	11	18	13	77	15	20	38	120	636
西 藏	Tibet	1	2	2	0	1	1	9	3	1	2	2
陕 西	Shaanxi	361	91	627	37	1092	2188	1760	1710	1122	54	69
甘 肃	Gansu	122	59	95	14	115	50	336	173	31	57	31
青 海	Qinghai	99	43	77	10	38	140	94	190	30	38	38
宁 夏	Ningxia	128	67	28	19	25	123	80	93	38	51	51
新 疆	Xinjiang	439	317	65	49	87	262	332	121	102	224	58

16-17 续表 2 continued

单位：万吨 (10 000 tons)

发送省 Sender \ 到达省 Receiver		海南 Hainan	重庆 Chongqing	四川 Sichuan	贵州 Guizhou	云南 Yunnan	西藏 Tibet	陕西 Shaanxi	甘肃 Gansu	青海 Qinghai	宁夏 Ningxia	新疆 Xinjiang
总 计	**National Total**	**1183**	**6426**	**14426**	**6192**	**9742**	**763**	**7832**	**7471**	**2411**	**1313**	**13615**
北 京	Beijing	1	15	13	2	2	2	4	3	1	1	4
天 津	Tianjin		20	45	11	22	0	19	42	4	87	40
河 北	Hebei	1	115	184	64	73	10	56	128	9	5	49
山 西	Shanxi	1	374	1154	533	237	2	231	242	72	170	265
内蒙古	Inner Mongolia	0	212	347	47	97	10	189	219	78	135	45
辽 宁	Liaoning	0	17	59	16	28	1	40	12	3	9	14
吉 林	Jilin		28	114	64	95	1	14	7	1	1	3
黑龙江	Heilongjiang	0	66	289	74	90	13	43	19	4	17	6
上 海	Shanghai	1	22	67	11	17	3	21	8	2	1	22
江 苏	Jiangsu	2	36	205	55	95	11	588	304	37	3	94
浙 江	Zhejiang	3	56	61	33	51	5	20	33	2	2	108
安 徽	Anhui	1	28	62	44	48	3	31	14	5	1	41
福 建	Fujian	0	16	14	5	15	0	7	3	2	3	13
江 西	Jiangxi	1	58	42	97	54	1	6	3	1	4	18
山 东	Shandong	0	150	362	95	117	8	654	265	149	195	464
河 南	Henan	1	232	574	273	233	11	110	224	127	5	256
湖 北	Hubei	8	159	473	188	137	7	273	50	8	7	85
湖 南	Hunan	3	61	45	121	66	1	9	5	2	4	23
广 东	Guangdong	36	83	191	569	483	2	40	15	2	4	59
广 西	Guangxi	30	173	456	872	2521	1	11	3	1	0	25
海 南	Hainan	1073	1	2	1	5		0	0		0	0
重 庆	Chongqing	1	429	985	98	61	2	13	10	1	0	51
四 川	Sichuan	2	764	3444	166	764	16	52	33	5	2	105
贵 州	Guizhou	4	740	658	1286	1024	0	70	92	11	2	90
云 南	Yunnan	7	89	647	256	2241	0	29	40	12	18	106
西 藏	Tibet	0	0	2	0	1	1	0	10	7	0	0
陕 西	Shaanxi	0	1902	2056	957	597	30	4275	197	51	35	156
甘 肃	Gansu	0	152	508	41	81	163	521	2631	308	82	177
青 海	Qinghai	0	57	171	33	41	430	28	187	1401	10	22
宁 夏	Ningxia	0	143	657	63	83	21	342	472	40	426	37
新 疆	Xinjiang	5	228	540	115	366	6	137	2201	64	84	11234

16-18 全国铁路运输设备基本情况
Basic Statistics on Railways Transport Equipment

项　　目	Item	2016	2017	2018	2019	2020
机　车　（台）	**Locomotives (unit)**	**21453**	**21420**	**21482**	**21733**	**21865**
内燃机车	Diesel Locomotives	8974	8568	8296	8048	8013
电力机车	Electric Locomotives	12464	12837	13166	13665	13841
客　车　（辆）	**Passenger Coaches (coach)**	**70872**	**72262**	**73199**	**74848**	**76033**
软卧车	Soft Berth Coaches	5003	4953	4804	4841	4889
硬卧车	Hard Berth Coaches	20683	20438	19856	19430	19093
软座车	Soft Seat Coaches	20680	22984	25705	28578	30516
硬座车	Hard Seat Coaches	17896	17163	16717	15864	15603
货　车　（辆）	**Freight Wagons (coach)**	**764783**	**808736**	**839213**	**877134**	**912735**

16-19 高速铁路基本情况
Basic Statistics of High Speed Railway

年　份 Year	营业里程 (公里) Length in Operation (km)	占铁路营业里程比重 (%) Percentage of Length of Railways in Operation (%)	客运量 (万人) Passenger Traffic (10 000 persons)	占铁路客运量比重 (%) Percentage of Railway Passenger Traffic (%)	旅客周转量 (亿人公里) Passenger-Kilometers (100 million passenger-km)	占铁路客运周转量比重 (%) Percentage of Railway Passenger-Kilometers (%)
2008	672	0.8	734	0.5	15.6	0.2
2009	2699	3.2	4651	3.1	162.2	2.1
2010	5133	5.6	13323	8.0	463.2	5.3
2011	6601	7.1	28552	15.8	1058.4	11.0
2012	9356	9.6	38815	20.5	1446.1	14.7
2013	11028	10.7	52962	25.1	2141.1	20.2
2014	16456	14.7	70378	30.5	2825.0	25.1
2015	19838	16.4	96139	37.9	3863.4	32.3
2016	22980	18.5	122128	43.4	4641.0	36.9
2017	25164	19.8	175216	56.8	5875.6	43.7
2018	29904	22.7	205430	60.9	6871.9	48.6
2019	35388	25.3	235833	64.4	7746.7	52.7
2020	37929	25.9	155707	70.7	4844.9	58.6

16-20 民用汽车拥有量
Possession of Civil Vehicles

年份 Year / 地区 Region		民用汽车总计 (万辆) Total (10 000 units)	载客汽车 (万辆) Passenger Vehicles (10 000 units)	大型 Large	中型 Medium	小型 Small	微型 Minicar	载货汽车 (万辆) Trucks (10 000 units)
1978		135.84	25.90					100.17
1980		178.29	35.08					129.90
1985		321.12	79.45					223.20
1990		551.36	162.19					368.48
1995		1040.00	417.90					585.43
2000		1608.91	853.73					716.32
2005		3159.66	2132.46	82.13	131.65	1618.35	300.32	955.55
2006		3697.35	2619.57	87.34	137.00	2083.40	311.83	986.30
2007		4358.36	3195.99	93.82	140.52	2646.47	315.18	1054.06
2008		5099.61	3838.92	100.39	143.19	3271.14	324.19	1126.07
2009		6280.61	4845.09	107.95	145.80	4246.90	344.44	1368.60
2010		7801.83	6124.13	116.44	146.07	5498.36	363.25	1597.55
2011		9356.32	7478.37	126.54	147.41	6827.54	376.88	1787.99
2012		10933.09	8943.01	128.13	131.78	8302.63	380.47	1894.75
2013		12670.14	10561.78	131.38	117.06	9951.46	361.87	2010.62
2014		14598.11	12326.70	139.61	112.06	11748.19	326.84	2125.46
2015		16284.45	14095.88	140.07	89.66	13580.48	285.66	2065.62
2016		18574.54	16278.24	146.03	83.82	15813.84	234.55	2171.89
2017		20906.67	18469.54	152.94	78.95	18038.69	198.96	2338.85
2018		23231.23	20555.40	158.33	75.40	20135.22	186.46	2567.82
2019		25376.38	22474.27	160.58	72.08	22069.74	171.88	2782.84
2020		27340.92	24166.18	157.01	68.29	23782.77	158.12	3042.64
北京	Beijing	599.29	541.16	6.22	7.66	526.19	1.09	51.60
天津	Tianjin	329.41	289.94	2.79	1.15	283.97	2.03	37.32
河北	Hebei	1747.28	1511.94	6.67	2.07	1478.95	24.25	227.35
山西	Shanxi	764.72	678.02	3.66	1.16	661.10	12.09	83.37
内蒙古	Inner Mongolia	616.85	541.00	3.07	1.18	531.71	5.03	72.61
辽宁	Liaoning	931.56	818.90	7.38	3.73	803.04	4.74	108.36
吉林	Jilin	482.20	429.29	3.62	1.27	421.40	3.00	50.63
黑龙江	Heilongjiang	555.33	478.15	4.87	2.02	468.62	2.63	74.07
上海	Shanghai	442.34	408.14	4.62	2.23	400.47	0.82	31.79
江苏	Jiangsu	2038.04	1887.90	11.26	3.66	1865.25	7.73	140.00
浙江	Zhejiang	1773.38	1605.96	7.39	3.06	1586.27	9.24	161.41
安徽	Anhui	986.54	848.95	5.54	2.26	838.42	2.73	132.64
福建	Fujian	730.47	642.07	3.47	2.04	633.64	2.92	85.47
江西	Jiangxi	656.04	567.14	3.02	1.31	560.99	1.82	85.38
山东	Shandong	2537.10	2230.50	13.12	3.86	2185.19	28.33	295.58
河南	Henan	1751.58	1553.96	7.78	3.47	1530.31	12.41	190.05
湖北	Hubei	931.98	824.93	5.97	2.61	814.75	1.60	101.19
湖南	Hunan	952.19	858.48	6.01	3.97	845.94	2.55	89.53
广东	Guangdong	2500.41	2231.96	16.64	4.67	2203.72	6.93	259.49
广西	Guangxi	750.44	653.60	3.88	1.57	644.50	3.66	93.31
海南	Hainan	149.05	130.43	1.59	0.56	127.81	0.47	18.62
重庆	Chongqing	503.83	450.98	3.09	1.03	446.25	0.61	50.56
四川	Sichuan	1289.94	1158.40	7.37	2.07	1141.40	7.55	126.23
贵州	Guizhou	578.26	504.02	3.05	1.74	497.80	1.42	71.63
云南	Yunnan	802.15	681.18	3.15	1.97	671.78	4.28	117.40
西藏	Tibet	61.54	41.15	0.45	0.29	40.23	0.19	19.84
陕西	Shaanxi	734.74	660.34	4.11	1.58	649.80	4.85	69.34
甘肃	Gansu	374.78	307.80	2.37	1.03	303.42	0.97	64.52
青海	Qinghai	129.10	106.85	0.93	0.57	104.90	0.46	21.15
宁夏	Ningxia	170.95	133.07	0.95	0.35	131.12	0.64	36.61
新疆	Xinjiang	469.43	389.99	2.98	2.11	383.83	1.07	75.58

16-20 续表 continued

年 份 Year 地 区 Region	载货汽车（万辆）Trucks (10 000 units) 重 型 Heavy	中 型 Medium	轻 型 Light	微 型 Mini	其他汽车（万辆）Others (10 000 units)	机动车驾驶员（万人）Number of Motor Drivers (10 000 persons)	#汽车驾驶员 Automobile Drivers
1978							192.45
1980							245.23
1985							462.14
1990						1635.85	790.96
1995						3501.52	1673.39
2000						7655.56	3746.51
2005	168.07	236.66	484.51	66.31	71.66	13069.52	8017.76
2006	174.01	235.39	532.13	44.76	91.49	14213.87	9317.24
2007	186.74	243.46	587.22	36.63	108.31	15363.88	10567.15
2008	200.84	249.73	644.96	30.54	134.62	17336.56	12276.80
2009	315.08	262.21	765.33	25.97	66.92	19167.58	13740.73
2010	394.80	269.75	911.88	21.12	80.14	20068.47	15129.89
2011	460.58	267.80	1042.07	17.54	89.96	22817.62	17416.76
2012	472.51	229.20	1179.65	13.40	95.33	25250.83	20028.52
2013	501.97	196.40	1300.02	12.23	97.75	26955.93	21742.70
2014	533.67	188.09	1385.77	17.93	145.95	29892.32	24812.07
2015	530.05	148.87	1375.79	10.90	122.95	32853.05	28012.99
2016	569.48	138.69	1455.29	8.43	124.41	35876.98	30328.77
2017	635.41	130.68	1566.30	6.46	98.28	36016.94	31658.20
2018	709.53	124.39	1728.53	5.37	108.00	41030.16	36923.42
2019	761.70	116.27	1900.76	4.11	119.27	43636.74	39752.86
2020	840.64	106.19	2092.72	3.09	132.09	45702.49	41794.89
北 京 Beijing	7.14	1.70	42.57	0.19	6.52	1176.48	1158.91
天 津 Tianjin	8.70	0.79	27.74	0.08	2.15	498.38	497.74
河 北 Hebei	73.45	3.32	150.48	0.10	8.00	2426.19	2388.26
山 西 Shanxi	33.12	1.09	49.12	0.04	3.33	1101.23	1086.66
内蒙古 Inner Mongolia	21.87	1.41	49.29	0.04	3.25	826.67	787.87
辽 宁 Liaoning	36.71	4.32	67.30	0.02	4.30	1403.13	1336.46
吉 林 Jilin	16.91	1.72	31.99	0.01	2.29	789.28	739.12
黑龙江 Heilongjiang	22.49	3.99	47.57	0.02	3.12	958.35	925.19
上 海 Shanghai	20.59	3.55	7.64		2.41	828.15	814.51
江 苏 Jiangsu	56.71	10.85	72.42	0.02	10.13	3084.94	2927.07
浙 江 Zhejiang	30.18	3.71	127.21	0.32	6.01	2429.09	2331.68
安 徽 Anhui	45.49	3.47	83.66	0.02	4.94	1700.34	1623.39
福 建 Fujian	15.68	1.87	67.84	0.08	2.93	1403.45	1164.30
江 西 Jiangxi	28.81	3.53	53.04	0.01	3.52	1490.51	1232.31
山 东 Shandong	95.83	6.94	192.67	0.14	11.02	3280.85	3204.40
河 南 Henan	59.93	2.93	127.14	0.05	7.57	3146.28	3036.58
湖 北 Hubei	26.49	5.46	69.21	0.02	5.85	1812.49	1656.20
湖 南 Hunan	20.06	4.60	64.84	0.03	4.18	1748.28	1522.97
广 东 Guangdong	49.36	10.78	197.63	1.72	8.96	4379.96	3924.20
广 西 Guangxi	24.50	4.55	64.21	0.05	3.53	1594.51	1253.10
海 南 Hainan	2.06	1.06	15.49	0.01		268.00	221.84
重 庆 Chongqing	16.78	2.28	31.50	0.00	2.30	961.07	842.50
四 川 Sichuan	32.42	5.70	88.09	0.02	5.31	2536.33	2166.78
贵 州 Guizhou	9.94	2.49	59.20	0.00	2.62	1110.51	905.83
云 南 Yunnan	18.14	4.21	95.04	0.01	3.57	1626.09	1184.97
西 藏 Tibet	4.30	1.89	13.65	0.00	0.55	61.37	60.94
陕 西 Shaanxi	19.08	1.39	48.84	0.03	5.06	1233.71	1167.79
甘 肃 Gansu	11.66	2.37	50.49	0.01	2.46	697.30	599.88
青 海 Qinghai	3.77	0.71	16.67	0.00	1.09	178.13	162.95
宁 夏 Ningxia	9.11	0.78	26.71	0.01	1.28	246.45	225.54
新 疆 Xinjiang	19.39	2.72	53.46	0.02	3.85	704.98	644.94

注：1.小轿车包括在载客汽车中（下表同）。

2.从2002年起，载客汽车和载货汽车的其中分项、其他汽车统计口径有调整与以前年份不可比（下表同）。

a) Cars are included in passenger vehicles. The same applies to the following tables.

b) Since 2002, there has been adjustment to the statistical coverages of some detailed items of passenger vehicle, trucks and other vehicles, the data are hence not comparable with those in previous years. The same applies to the following tables.

16-21 私人汽车拥有量
Possession of Private Vehicles

单位：万辆 (10 000 units)

年份 Year / 地区 Region		汽车总计 Total	载客汽车 Passenger Vehicles	大型 Large	中型 Medium	小型 Small	微型 Minicar
	1985	28.49	1.93				
	1990	81.62	24.07				
	1995	249.96	114.15				
	2000	625.33	365.09				
	2005	1848.07	1383.93	7.61	50.88	1079.78	245.66
	2006	2333.32	1823.57	11.19	56.20	1491.18	265.00
	2007	2876.22	2316.91	7.91	55.73	1984.29	268.98
	2008	3501.39	2880.50	8.57	57.97	2533.28	280.68
	2009	4574.91	3808.33	8.72	59.96	3436.26	303.39
	2010	5938.71	4989.50	9.34	61.00	4593.46	325.70
	2011	7326.79	6237.46	9.99	62.34	5823.62	341.52
	2012	8838.60	7637.87	8.26	55.43	7226.48	347.71
	2013	10501.68	9198.23	6.95	46.95	8810.51	333.83
	2014	12339.36	10945.39	7.70	42.10	10590.75	304.83
	2015	14099.10	12737.23	8.27	28.89	12432.26	267.81
	2016	16330.22	14896.27	4.99	24.84	14645.61	220.83
	2017	18515.11	17001.51	4.58	22.17	16788.42	186.35
	2018	20574.93	18930.29	4.48	20.39	18731.80	173.62
	2019	22508.99	20710.58	4.21	18.99	20527.27	160.11
	2020	24291.19	22333.81	3.82	17.65	22165.13	147.21
北京	Beijing	507.07	478.03	0.40	4.67	471.94	1.02
天津	Tianjin	279.67	259.80	0.11	0.41	257.51	1.78
河北	Hebei	1606.46	1444.38	0.52	0.67	1419.64	23.55
山西	Shanxi	687.57	637.54	0.06	0.22	625.50	11.76
内蒙古	Inner Mongolia	568.74	513.39	0.12	0.42	507.91	4.94
辽宁	Liaoning	819.24	757.66	0.64	1.55	750.88	4.58
吉林	Jilin	435.75	399.50	0.36	0.42	395.80	2.92
黑龙江	Heilongjiang	501.76	447.35	0.47	0.75	443.60	2.53
上海	Shanghai	347.59	346.68	0.08	0.59	345.25	0.76
江苏	Jiangsu	1742.05	1675.71	0.02	0.65	1668.19	6.86
浙江	Zhejiang	1559.34	1460.84	0.06	0.56	1452.66	7.56
安徽	Anhui	869.01	798.55	0.05	0.43	795.46	2.62
福建	Fujian	631.86	576.87	0.03	0.31	573.82	2.72
江西	Jiangxi	588.56	538.88	0.02	0.12	537.02	1.72
山东	Shandong	2267.94	2085.22	0.35	1.46	2057.10	26.31
河南	Henan	1602.37	1478.80	0.04	0.34	1466.37	12.05
湖北	Hubei	840.09	770.61	0.03	0.31	768.73	1.53
湖南	Hunan	885.85	810.82	0.05	0.47	807.92	2.38
广东	Guangdong	2191.41	2045.72	0.18	1.41	2038.14	5.99
广西	Guangxi	687.05	618.94	0.03	0.35	614.96	3.60
海南	Hainan	129.25	115.93	0.01	0.11	115.50	0.31
重庆	Chongqing	441.54	414.05	0.02	0.12	413.44	0.48
四川	Sichuan	1139.26	1059.58	0.04	0.21	1053.12	6.21
贵州	Guizhou	532.13	472.29	0.02	0.13	470.81	1.33
云南	Yunnan	739.57	637.50	0.03	0.16	633.21	4.10
西藏	Tibet	52.59	35.74	0.00	0.04	35.52	0.18
陕西	Shaanxi	663.98	614.01	0.02	0.09	609.21	4.69
甘肃	Gansu	319.66	273.35	0.01	0.13	272.45	0.77
青海	Qinghai	108.41	92.86	0.00	0.09	92.45	0.31
宁夏	Ningxia	155.08	124.84	0.01	0.11	124.09	0.63
新疆	Xinjiang	390.33	348.37	0.03	0.38	346.95	1.02

16-21 续表 continued

单位：万辆 (10 000 units)

年份 Year 地区 Region	载货汽车 Trucks	重型 Heavy	中型 Medium	轻型 Light	微型 Mini	其他汽车 Others
1985	26.48					
1990	57.48					
1995	131.83					
2000	259.09					
2005	452.11	62.50	100.34	243.29	45.98	12.04
2006	494.91	64.23	108.64	288.94	33.09	14.84
2007	539.45	68.89	110.44	332.69	27.43	19.86
2008	596.39	73.28	115.68	384.12	23.31	24.50
2009	753.40	108.73	129.59	494.97	20.12	13.17
2010	931.52	141.44	140.52	632.77	16.78	17.69
2011	1067.43	164.28	144.52	744.39	14.24	21.90
2012	1175.63	168.13	128.51	867.64	11.35	25.09
2013	1275.49	174.39	111.85	978.73	10.52	27.95
2014	1352.78	182.68	104.90	1050.60	14.59	41.20
2015	1330.65	173.86	86.62	1060.70	9.47	31.22
2016	1401.16	184.82	79.77	1129.13	7.45	32.79
2017	1478.40	193.98	73.22	1205.66	5.54	35.19
2018	1605.10	208.78	68.59	1323.25	4.48	39.55
2019	1753.66	218.11	63.07	1469.04	3.44	44.76
2020	1907.28	222.62	55.58	1626.49	2.60	50.10
北京 Beijing	27.18	0.43	0.15	26.48	0.12	1.86
天津 Tianjin	19.12	0.90	0.19	17.99	0.03	0.74
河北 Hebei	158.60	30.52	2.12	125.87	0.09	3.48
山西 Shanxi	48.69	9.53	0.45	38.68	0.04	1.34
内蒙古 Inner Mongolia	53.90	11.37	0.74	41.76	0.03	1.45
辽宁 Liaoning	60.10	9.45	2.43	48.21	0.01	1.49
吉林 Jilin	35.43	7.82	1.21	26.39	0.01	0.81
黑龙江 Heilongjiang	53.49	10.59	2.89	39.99	0.02	0.92
上海 Shanghai	0.64	0.27	0.10	0.27		0.27
江苏 Jiangsu	62.89	18.44	4.42	40.01	0.02	3.44
浙江 Zhejiang	96.93	3.16	1.10	92.38	0.29	1.57
安徽 Anhui	68.46	3.74	1.36	63.34	0.02	1.99
福建 Fujian	54.14	2.64	0.91	50.52	0.07	0.85
江西 Jiangxi	48.59	3.70	1.90	42.98	0.01	1.10
山东 Shandong	177.57	12.19	3.34	161.95	0.08	5.16
河南 Henan	120.02	8.82	1.71	109.44	0.05	3.55
湖北 Hubei	67.22	9.60	3.50	54.10	0.02	2.26
湖南 Hunan	72.94	12.48	3.69	56.75	0.02	2.09
广东 Guangdong	142.68	9.37	4.73	127.06	1.51	3.02
广西 Guangxi	66.53	9.67	3.18	53.63	0.05	1.57
海南 Hainan	13.32	0.88	0.82	11.62	0.00	
重庆 Chongqing	26.75	1.24	0.95	24.55	0.00	0.74
四川 Sichuan	77.55	6.58	2.77	68.19	0.01	2.12
贵州 Guizhou	58.58	4.40	1.61	52.58	0.00	1.26
云南 Yunnan	100.31	10.84	3.35	86.11	0.01	1.76
西藏 Tibet	16.77	3.70	1.72	11.34	0.00	0.08
陕西 Shaanxi	48.16	7.91	0.83	39.40	0.03	1.81
甘肃 Gansu	45.30	4.68	1.57	39.04	0.01	1.01
青海 Qinghai	15.08	1.23	0.48	13.37	0.00	0.47
宁夏 Ningxia	29.57	5.06	0.61	23.89	0.01	0.67
新疆 Xinjiang	40.76	1.40	0.76	38.58	0.01	1.20

16-22 新注册民用汽车数量
Statistics on New Registrations of Civil Vehicles

单位：辆 (unit)

年份 地区	Year Region	民用汽车总计 Total	载客汽车 Passenger Vehicles	大型 Large	中型 Medium	小型 Small	微型 Minicar
	2002	3371951	2294649	97200	145062	1491479	560908
	2005	5286287	4157504	99489	105314	3712056	240645
	2006	5730432	4678667	95428	82758	4382206	118275
	2007	6079209	5000042	91087	72059	4772468	64428
	2008	7631839	6226814	112811	64024	5928095	121884
	2009	12459452	10248554	114984	69548	9794452	269570
	2010	15288186	12546891	148234	76519	12086273	235865
	2011	16242474	13694540	163258	76472	13244774	210036
	2012	17725011	15248801	163517	71013	14875884	138387
	2013	20309394	17522965	168946	81160	17173792	99067
	2014	22051905	19366787	151405	79646	19050695	85041
	2015	23317507	21202815	191034	67080	20862002	82699
	2016	27244374	24648115	194829	59767	24338735	54784
	2017	28003955	24802416	171474	46657	24507374	76911
	2018	26521129	23139385	155760	39514	22876458	67653
	2019	25445941	21845871	133357	35844	21648138	28532
	2020	24001366	19724444	86902	23424	19608897	5221
北 京	Beijing	498928	429534	3826	3836	421865	7
天 津	Tianjin	312203	266726	2522	296	263692	216
河 北	Hebei	1493376	1066419	3022	829	1062192	376
山 西	Shanxi	622823	472799	2611	481	469654	53
内蒙古	Inner Mongolia	363341	291915	2009	289	289608	9
辽 宁	Liaoning	613034	510271	1981	489	507760	41
吉 林	Jilin	325737	277044	1940	292	274811	1
黑龙江	Heilongjiang	355188	286555	1427	231	284894	3
上 海	Shanghai	561330	509649	4371	955	504184	139
江 苏	Jiangsu	1904638	1653648	7204	1309	1644918	217
浙 江	Zhejiang	1617322	1375090	6933	1826	1366121	210
安 徽	Anhui	935144	762542	3719	528	758173	122
福 建	Fujian	608852	504058	1773	906	501371	8
江 西	Jiangxi	672143	557708	2028	358	555277	45
山 东	Shandong	1986405	1523115	5132	836	1517016	131
河 南	Henan	1593496	1287590	4814	1242	1279793	1741
湖 北	Hubei	843274	720297	2362	559	717336	40
湖 南	Hunan	938583	821900	2337	1187	818317	59
广 东	Guangdong	2249578	1930404	10144	1402	1918217	641
广 西	Guangxi	667752	542166	1577	491	540015	83
海 南	Hainan	158612	134398	1241	300	132671	186
重 庆	Chongqing	502576	432338	2268	409	429641	20
四 川	Sichuan	1213967	1022190	2838	1154	1018059	139
贵 州	Guizhou	604065	507082	1410	627	504947	98
云 南	Yunnan	720226	556774	1318	788	554091	577
西 藏	Tibet	4666	3136	99	13	3024	
陕 西	Shaanxi	709936	594768	2388	515	591846	19
甘 肃	Gansu	327045	249654	1674	321	247653	6
青 海	Qinghai	102563	73712	391	301	73020	
宁 夏	Ningxia	126342	85241	310	94	84806	31
新 疆	Xinjiang	368221	275721	1233	560	273925	3

16-22 续表 continued

单位：辆 (unit)

年 份 Year / 地 区 Region		载货汽车 Trucks	重 型 Heavy	中 型 Medium	轻 型 Light	微 型 Mini	其他汽车 Others
	2002	993761	186498	220969	501985	84309	83541
	2005	1024034	162859	175576	639557	46042	104749
	2006	925294	139120	147689	616910	21575	126471
	2007	917603	155155	157867	591014	13567	161564
	2008	1168226	236749	185338	733343	12796	236799
	2009	2148355	500593	242679	1391249	13834	62543
	2010	2637605	769644	238595	1614803	14563	103690
	2011	2442601	726854	173140	1535590	7017	105333
	2012	2386173	560063	139793	1681908	4409	90037
	2013	2689898	739027	133402	1814385	3084	96531
	2014	2542287	630588	104425	1805471	1803	142831
	2015	2043257	454979	72274	1513773	2231	71435
	2016	2507282	649352	77114	1779643	1173	88977
	2017	3087575	980068	66974	2037906	2627	113964
	2018	3238847	967089	49591	2220492	1675	142897
	2019	3434877	1041421	55776	2337472	208	165193
	2020	4102293	1436723	58835	2606241	494	174629
北 京	Beijing	62556	10617	1541	50393	5	6838
天 津	Tianjin	42993	17755	562	24673	3	2484
河 北	Hebei	413589	174391	3248	235922	28	13368
山 西	Shanxi	144850	76821	1084	66936	9	5174
内蒙古	Inner Mongolia	68580	13816	547	54216	1	2846
辽 宁	Liaoning	99977	43440	1420	55116	1	2786
吉 林	Jilin	46225	15748	729	29747	1	2468
黑龙江	Heilongjiang	66555	23489	1316	41745	5	2078
上 海	Shanghai	49043	36257	2893	9893		2638
江 苏	Jiangsu	235145	111966	7922	115247	10	15845
浙 江	Zhejiang	234138	69205	3525	161398	10	8094
安 徽	Anhui	166036	66021	1910	98094	11	6566
福 建	Fujian	101008	24969	1067	74972		3786
江 西	Jiangxi	109969	45209	1673	63078	9	4466
山 东	Shandong	446147	192927	6450	246697	73	17143
河 南	Henan	294892	117386	1723	175766	17	11014
湖 北	Hubei	114406	32596	2548	79258	4	8571
湖 南	Hunan	111123	28086	2145	80892		5560
广 东	Guangdong	305433	90857	4166	210256	154	13741
广 西	Guangxi	121069	35741	1005	84318	5	4517
海 南	Hainan	24214	3564	283	20366	1	
重 庆	Chongqing	67605	24882	1792	40929	2	2633
四 川	Sichuan	184812	53143	3403	128258	8	6965
贵 州	Guizhou	94513	13871	1130	79510	2	2470
云 南	Yunnan	158354	26010	611	131730	3	5098
西 藏	Tibet	1488	101	90	1297		42
陕 西	Shaanxi	108040	37309	1888	68712	131	7128
甘 肃	Gansu	74297	11496	737	62064		3094
青 海	Qinghai	27497	3723	364	23410		1354
宁 夏	Ningxia	39666	13824	199	25643		1435
新 疆	Xinjiang	88073	21503	864	65705	1	4427

16-23 公路营运汽车拥有量
Possession of Vehicles for Highway Transport Business

年 份 地 区	Year Region	汽车总计(万辆) Total (10 000 units)	载客汽车 Passenger Vehicles 辆数(万辆) Number (10 000 units)	客位(万客位) Number of Seats (10 000 seats)	载货汽车 Trucks 辆数(万辆) Number (10 000 units)	#普通载货汽车 Ordinary Trucks	吨位(万吨) Capacity (10 000 tons)	#普通载货汽车 Ordinary Trucks
	1990	31.30	10.76	468.92	20.22	19.82	131.61	127.06
	1995	27.49	13.73	480.61	13.75	13.12	103.13	94.56
	2000	702.82	216.81	2524.45	486.02	475.24	1667.70	1573.73
	2005	733.22	128.40	1859.28	604.82	580.28	2537.75	2282.15
	2006	802.58	161.92	2312.41	640.66	598.43	2822.69	2343.13
	2007	849.22	164.73	2428.81	684.49	648.01	3135.69	2643.74
	2008	930.61	169.64	2560.36	760.97	720.18	3686.20	3139.76
	2009	1087.35	180.79	2799.71	906.56	859.27	4655.23	4002.80
	2010	1133.32	83.13	2017.09	1050.19	996.43	5999.82	5223.23
	2011	1263.75	84.34	2086.66	1179.41	1116.36	7261.20	6273.51
	2012	1339.89	86.71	2166.55	1253.19	1184.58	8062.14	6963.29
	2013	1504.73	85.26	2170.26	1419.48	1080.75	9613.91	5008.34
	2014	1537.93	84.58	2189.55	1453.36	1091.32	10292.47	5241.45
	2015	1473.12	83.93	2148.58	1389.19	1011.87	10366.50	4982.50
	2016	1435.77	84.00	2140.26	1351.77	946.03	10826.78	4843.83
	2017	1450.22	81.61	2099.18	1368.62	902.90	11774.81	4868.40
	2018	1435.48	79.66	2048.11	1355.82	816.76	12872.97	4791.21
	2019	1165.49	77.67	2002.53	1087.82	489.77	13587.00	4479.25
	2020	1171.54	61.26	1840.89	1110.28	414.14	15784.17	4660.76
北 京	Beijing	10.97	1.29	57.84	9.67	5.49	92.62	52.91
天 津	Tianjin	12.10	0.91	38.24	11.19	2.27	157.06	23.59
河 北	Hebei	123.72	2.00	62.02	121.72	24.88	1912.36	266.65
山 西	Shanxi	54.74	1.07	33.33	53.67	8.98	880.12	122.76
内蒙古	Inner Mongolia	26.19	1.07	37.64	25.12	9.08	316.69	88.78
辽 宁	Liaoning	54.46	2.15	78.91	52.30	17.99	747.96	187.04
吉 林	Jilin	24.95	1.29	42.84	23.66	9.49	272.82	94.46
黑龙江	Heilongjiang	34.64	1.53	50.32	33.11	15.66	470.04	196.35
上 海	Shanghai	21.00	0.84	37.88	20.17	6.45	284.31	68.86
江 苏	Jiangsu	78.93	3.41	142.42	75.52	36.31	1036.62	399.39
浙 江	Zhejiang	36.36	1.86	69.01	34.49	13.33	499.22	167.30
安 徽	Anhui	62.63	1.96	63.25	60.68	15.11	906.46	208.98
福 建	Fujian	23.15	1.33	40.32	21.82	8.06	341.30	98.40
江 西	Jiangxi	32.48	1.22	37.73	31.26	13.17	425.24	160.73
山 东	Shandong	127.19	1.81	66.17	125.38	30.89	1927.82	384.53
河 南	Henan	79.71	3.24	101.63	76.47	23.91	1088.85	257.10
湖 北	Hubei	33.34	2.91	73.41	30.43	14.41	427.81	171.52
湖 南	Hunan	28.12	3.43	86.57	24.69	12.43	344.87	139.04
广 东	Guangdong	56.92	3.64	151.88	53.28	21.03	773.64	243.31
广 西	Guangxi	37.11	2.45	79.59	34.66	19.48	447.51	204.30
海 南	Hainan	3.43	0.56	18.74	2.88	1.45	37.16	12.86
重 庆	Chongqing	28.23	1.59	41.25	26.63	17.27	301.39	163.14
四 川	Sichuan	46.55	4.68	111.64	41.87	24.83	539.19	268.66
贵 州	Guizhou	10.71	2.49	59.12	8.22	6.02	90.38	62.21
云 南	Yunnan	29.44	4.04	74.27	25.40	18.68	289.54	185.56
西 藏	Tibet	5.49	0.46	8.37	5.03	4.13	68.69	55.46
陕 西	Shaanxi	26.24	1.80	54.03	24.44	9.15	349.29	107.74
甘 肃	Gansu	14.23	1.75	39.36	12.48	7.52	150.06	79.21
青 海	Qinghai	4.71	0.39	11.22	4.32	2.31	55.88	29.01
宁 夏	Ningxia	11.60	0.44	14.54	11.17	2.59	150.36	32.17
新 疆	Xinjiang	32.18	3.64	57.33	28.54	11.78	398.92	128.75

注：1.小轿车包括在载客汽车中。

2.1999年为全国营运汽车，以前仅为公路部门营运汽车；2000-2004年为全国运输汽车(含营运和非营运汽车)；2005年起为全国营运汽车（不含非营运汽车)。

3.从2010年起，公路营运载客汽车不包括在公路运输管理部门管理并注册登记为公共汽车和出租汽车。

4.从2013年起，公路营运载货汽车包括货车、牵引车和挂车，统计口径发生调整，数据与上年同期不可比。

a) Passenger vehicles include cars.

b) Number of vehicles only referred to those owned by the departments of highway transportation before 1999; included all vehicles for transport business in 1999; all operational vehicles (both business and non-business) from 2000 to 2004; and all vehicles for transport business (excluding non-business vehicles) since 2005.

c) Since 2010, passenger vehicles do not include those managed by the departments of highway transportation and registered as buses and taxis.

d) Since 2013, the coverage of highway business trucks has changed to include trucks, towing vehicles and trailers. So it is not comparable with data of previous year.

16-24 民用运输船舶拥有量
Possession of Civil Transport Vessels

年份 Year 地区 Region	机动船 Motor Vessels 艘数（艘）Number (unit)	净载重量（吨位）Dead Weight Tonnage (ton)	载客量（客位）Passenger Capacity (seat)	拖船功率（千瓦）Drawing Power (kW)	驳船 Barges 艘数（艘）Number (unit)	净载重量（吨位）Dead Weight Tonnage (ton)	载客量（客位）Passenger Capacity (seat)
1980	29588	12207808	455454	914704	71604	4743905	89584
1985	260296	20898230	877963	1666163	132682	8670224	99643
1990	325888	29090082	1138937	1750351	82482	9066738	62926
1995	299717	40940087	979985	1707115	57998	9449652	17722
2000	185018	42640605	1014013	1439743	44658	8640504	18258
2005	165900	90756392	977846	1480381	41394	11030057	33496
2006	157805	98241489	1025861	1538957	36555	12015595	33355
2007	157544	106441173	1004546	1520924	34227	12373412	22316
2008	152247	111047702	994495	1564439	31943	13121439	14050
2009	149367	133384848	979384	1120381	27565	12702991	2166
2010	155624	168985654	1001395	1410719	22783	11422911	2260
2011	157950	202602789	1004622	1600896	21292	10040453	3768
2012	158309	218793742	1021260	1531873	20282	9692502	3798
2013	155340	234317614	1031711	1235661	17214	9692720	1287
2014	154974	247399826	1030973	1424950	17003	10452402	1334
2015	149659	261434867	1015939	1424426	16246	11007996	1391
2016	144568	255170820	999008	1445786	15576	11056320	3124
2017	131746	246750827	964377	1532698	13178	9765519	3122
2018	125754	242447129	960245	1465403	11221	8705726	3044
2019	121440	248626381	882764	1422199	10115	8223366	3044
2020	126805	270601580	859944	1586411	8874	7463162	2846
北京 Beijing							
天津 Tianjin	292	3320008	3230	218971	11	181054	
河北 Hebei	941	2108481	12354				
山西 Shanxi	205	7241	3858				
内蒙古 Inner Mongolia							
辽宁 Liaoning	319	1175605	30641	15884	4	5488	
吉林 Jilin	257	1800	9396		3	1800	
黑龙江 Heilongjiang	1356	246420	24238	31884	281	179165	
上海 Shanghai	1463	28349999	36319	200018	11	43223	
江苏 Jiangsu	29122	37065203	41038	374956	2649	2388410	
浙江 Zhejiang	13479	31264297	90138	166572			
安徽 Anhui	24539	51426530	13905	30197	782	407602	
福建 Fujian	1778	14150785	31984	13440	1	52	
江西 Jiangxi	2273	3476468	13893	8960	2	1730	
山东 Shandong	10268	16813618	74732	348719	3554	3576680	
河南 Henan	5111	10404553	15310	3056	314	302979	
湖北 Hubei	3321	7413337	36219	38539	94	196349	
湖南 Hunan	4551	4359313	62091	2398	239	34267	1924
广东 Guangdong	6844	22533758	80815	95379	9	21283	
广西 Guangxi	6989	12148698	30845				
海南 Hainan	571	14351870	40905	2942			
重庆 Chongqing	2592	8099935	36014	17986	37	58472	
四川 Sichuan	4718	1349890	43170	14325	694	62731	
贵州 Guizhou	2033	142963	55278		2	308	
云南 Yunnan	1236	190233	28813	676	4	325	
西藏 Tibet							
陕西 Shaanxi	1317	41189	18965	495	183	1244	922
甘肃 Gansu	449	1583	9990				
青海 Qinghai	121	1819	3262				
宁夏 Ningxia	657		12541	1014			
新疆 Xinjiang							
不分地区 Not Classified by Region	3	155984					

16-25 全国沿海和内河港口分货类吞吐量(2020年)

Volume of Freight Handled in Coastal Ports and Inland River Ports by Type of Freight (2020)

单位：万吨 (10 000 tons)

货物种类	Type of Freight	沿海港口 Coastal Ports			内河港口 Inland River Ports		
		合计 Total	出港 Outbound	进港 Inbound	合计 Total	出港 Outbound	进港 Inbound
总计	**Total**	**948002**	**407023**	**540980**	**506989**	**212243**	**294746**
煤炭及制品	Coal and Related Products	164638	90369	74269	90956	28604	62352
石油、天然气及制品	Petroleum, Natural Gas and Related Products	116956	31643	85312	14050	4516	9534
金属矿石	Metal Ores	159214	25712	133502	74900	23643	51256
钢铁	Steel and Iron	37989	22460	15529	28819	13012	15806
矿建材料	Mineral Building Materials	84443	45732	38711	160816	67066	93750
水泥	Cement	12522	4240	8281	31689	25141	6548
木材	Timber	6178	993	5184	4171	1103	3068
非金属矿石	Non-metal Ores	27524	9807	17717	23227	11835	11392
化肥和农药	Chemical Fertilizers and Pesticides	3276	2133	1144	2992	1758	1234
盐	Salt	984	229	755	1261	787	474
粮食	Grain	21946	6267	15679	10817	2976	7841
其他	Others	264833	145220	119613	45344	24511	20833

16-26 沿海港口货物吞吐量

Volume of Freight Handled in Coastal Ports

单位：万吨 (10 000 tons)

港口	Seaport	1990	1995	2000	2005	2010	2015	2018	2019	2020
总计	**Total**	**48321**	**80166**	**125603**	**292777**	**548358**	**784578**	**922392**	**918774**	**948002**
#大连	Dalian	4952	6417	9084	17085	31399	41482	46784	36641	33401
营口	Yingkou	237	1156	2268	7537	22579	33849	37001	23818	23821
秦皇岛	Qinhuangdao	6945	8382	9743	16900	26297	25309	23119	21880	20061
天津	Tianjin	2063	5787	9566	24069	41325	54051	50774	49220	50290
烟台	Yantai	668	1361	1774	4506	15033	25163	44308	38632	39935
威海	Weihai	100	379	669	1015	2407	4213	5570	3730	3863
青岛	Qingdao	3034	5103	8636	18678	35012	48453	54250	57736	60459
日照	Rizhao	925	1452	2674	8421	22597	33707	43763	46377	49615
上海	Shanghai	13959	16567	20440	44317	56320	64906	68392	66351	65105
连云港	Lianyungang	1137	1716	2708	6016	12739	19756	21443	23456	24182
宁波-舟山	Ningbo-Zhoushan	2554	6853	11547	26881	63300	88929	108439	112009	117240
台州	Taizhou			950	2067	4706	6237	7167	4901	5091
温州	Wenzhou	307	601	859	3097	6408	8490	8239	7541	7401
福州	Fuzhou	561	1032	2426	7443	7125	13967	17876	21255	24897
厦门	Xiamen	529	1314	1965	4771	12728	21023	21720	21344	20750
汕头	Shantou	279	716	1284	1736	3509	5181	3963	3155	3351
深圳	Shenzhen			5697	15351	22098	21706	25127	25785	26506
广州	Guangzhou	4163	7299	11128	25036	41095	50053	59396	60616	61239
湛江	Zhanjiang	1557	1885	2038	4647	13638	22036	30185	21570	23391
北海	Beihai	82	201	265	437	1251	2468	3387	3496	3736
防城	Fangcheng					7650	11504	10448	10141	12182
海口	Haikou	288	468	808	2118	5700	9204	11883	12447	11781
八所	Basuo	431	275	378	486	893	1767	1396	1507	1501

注：1.从2006年起，宁波-舟山港包括原宁波港和舟山港，以往年度数据为原宁波港数据。
2.从2007年起，烟台港包括原烟台港和龙口港，以往年度数据为原烟台港数据。
3.从2011年起，厦门港统计范围包括原厦门港和漳州港，以往年度数据为原厦门港数据。
4.从2009年起，沿海规模以上港口统计范围为年吞吐量1000万吨以上的沿海港口，内河规模以上港口统计范围为年吞吐量200万吨以上的内河港口(以下相关表同)。

a) Since 2006, data of Ningbo-Zhoushan Port include those of Ningbo Port and Zhoushan Port, whereas data for earlier years refer to Ningbo Port.
b) Since 2007, data of Yantai Port include those of Yantai Port and Longkou Port, whereas data for earlier years refer to Yantai Port.
c) Since 2011, data of Xianmen Port include Xiamen Port and Zhangzhou Port, and are data of Xiamen Port before 2011.
d) Since 2009, statistical coverage above designated size refers to coastal ports with capacity over 10 million tons yearly and inland ports over 2 million tons yearly. The same applies to the relevant following tables.

16-27 沿海港口码头泊位数(2020年底)
Number of Berths in Coastal Ports (End of 2020)

名称	Name	总计 Total			生产用 For Productive Use			非生产用 For Non-productive Use	
		码头长度(米) Length of Quay Line (m)	泊位个数(个) Number of Berths (unit)	#万吨级 10 000 Ton Class	码头长度(米) Length of Quay Line (m)	泊位个数(个) Number of Berths (unit)	#万吨级 10 000 Ton Class	码头长度(米) Length of Quay Line (m)	泊位个数(个) Number of Berths (unit)
总计	**Total**	**942866**	**6447**	**2138**	**882385**	**5461**	**2138**	**60481**	**986**
#大连	Dalian	47095	256	111	43218	231	111	3877	25
营口	Yingkou	19709	93	61	18975	86	61	734	7
秦皇岛	Qinhuangdao	17246	93	44	16013	73	44	1233	20
天津	Tianjin	41776	192	117	37516	144	117	4260	48
烟台	Yantai	39294	223	107	38164	213	107	1130	10
威海	Weihai	13786	84	37	12916	79	37	870	5
青岛	Qingdao	30625	119	89	29504	113	89	1121	6
日照	Rizhao	22806	85	73	22500	84	73	306	1
上海	Shanghai	105814	1024	185	75817	560	185	29997	464
连云港	Lianyungang	17494	76	62	17197	74	62	297	2
宁波-舟山	Ningbo-Zhoushan	100955	699	196	96543	608	196	4412	91
台州	Taizhou	15740	197	11	15740	197	11		
温州	Wenzhou	17279	202	20	17141	201	20	138	1
福州	Fuzhou	26233	158	67	25889	152	67	344	6
厦门	Xiamen	31476	175	78	30452	156	78	1024	19
汕头	Shantou	5013	34	11	5013	34	11		
深圳	Shenzhen	34036	168	75	32495	156	75	1541	12
广州	Guangzhou	50011	621	80	45943	417	80	4068	204
湛江	Zhanjiang	22878	159	42	21843	146	42	1035	13
北海	Beihai	7672	62	15	7612	61	15	60	1
防城	Fangcheng	17669	131	46	17609	126	46	60	5
海口	Haikou	9867	70	34	9676	69	34	191	1
八所	Basuo	2488	12	9	2488	12	9		

16-28 内河港口码头泊位数(2020年底)
Number of Berths in Ports of Inland Rivers (End of 2020)

名称	Name	总计 Total			生产用 For Productive Use			非生产用 For Non-productive Use	
		码头长度(米) Length of Quay Line (m)	泊位个数(个) Number of Berths (unit)	#万吨级 10 000 Ton Class	码头长度(米) Length of Quay Line (m)	泊位个数(个) Number of Berths (unit)	#万吨级 10 000 Ton Class	码头长度(米) Length of Quay Line (m)	泊位个数(个) Number of Berths (unit)
总计	**Total**	**1142202**	**17297**	**454**	**1102597**	**16681**	**454**	**39605**	**616**
#重庆	Chongqing	78878	927		59411	610		19467	317
宜昌	Yichang	22924	185		22924	185			
武汉	Wuhan	19746	184		18078	163		1668	21
黄石	Huangshi	7336	54		7336	54			
九江	Jiujiang	16204	146		15963	144		241	2
安庆	Anqing	3924	39		3485	33		439	6
池州	Chizhou	8385	79		8385	79			
铜陵	Tongling	7414	74	3	7369	73	3	45	1
芜湖	Wuhu	12515	115	12	12515	115	12		
马鞍山	Maanshan	9793	117	1	9793	117	1		
南京	Nanjing	24263	187	58	24263	187	58		
镇江	Zhenjiang	24263	218	49	24143	216	49	120	2
泰州	Taizhou	21158	148	62	21158	148	62		
扬州	Yangzhou	9370	49	29	9370	49	29		
江阴	Jiangyin	16514	107	39	16514	107	39		
常州	Changzhou	3746	27	9	3746	27	9		
南通	Nantong	26515	156	65	25960	150	65	555	6
上海(内河)	Shanghai(Inland Rivers)	38745	759		38395	754		350	5

16-29 民用航空航线及飞机架数
Number of Civil Aviation Routes and Civil Aircrafts

指　　标	Item	2000	2010	2017	2018	2019	2020
定期航班航线条数　（条）	**Number of Regular Civil Aviation Routes (line)**	**1165**	**1880**	**4418**	**4945**	**5521**	**5581**
国际航线	International Routes	133	302	803	849	953	895
国内航线	Domestic Routes	1032	1578	3615	4096	4568	4686
#港澳台地区航线	Routes of Hong Kong, Macao and Taiwan	42	85	96	100	111	94
定期航班航线里程（公里）	**Length of Regular Civil Aviation Routes　(km)**	**1502887**	**2765147**	**7483033**	**8379833**	**9482204**	**9426313**
国际航线	International Routes	508405	1070167	3245859	3598911	4014686	3828748
国内航线	Domestic Routes	994482	1694980	4237174	4780922	5467518	5597565
#港澳台地区航线	Routes of Hong Kong, Macao and Taiwan	55759	121437	147537	153105	167104	136783
定期航班通航机场　（个）	**Number of Regular Civil Airports Opened(unit)**	**139**	**175**	**228**	**233**	**237**	**240**
民用飞机期末架数　（架）	**Number of Civil Aircraft　(unit)**	**982**	**2405**	**5593**	**6134**	**6525**	**6795**
运输飞机	Aero Transport	527	1597	3296	3639	3818	3903
大中型飞机	Large and Medium Aircrafts	462	1453	3120	3452	3626	3701
#波音747	Boeing 747	19	40	27	24	25	23
波音737	Boeing 737	186	650	1357	1513	1509	1500
波音757	Boeing 757	48	48	35	46	49	54
波音767	Boeing 767	16	18	12	5	8	8
A320	Airbus A320	60	281	814	892	996	1045
小型飞机	Small Aircrafts	65	144	176	187	192	202
#ARJ21-700	ARJ21-700			4	10	21	42
通用航空飞机	General Aircrafts	301	606	2297	2495	2707	2892

注：1.1992年以前，民航机场和飞机架数为民航总局直属企业数，1992年起为民航全行业数字。
2.1997年以前，地区航线含民航至香港、澳门航线,与国内航线、国际航线并列。1997年起，民航至香港航线统计在国内航线中，航线里程及运输量统计口径也做同样调整。1999年起，地区航线为国内航线的其中项，仍含民航至香港、澳门航线及运量(下表同)。
3.2011年起民用航空航线条数改为定期航班航线条数，民用通航机场改为定期航班通航机场。

a) Before 1992, the number of civil airports and aircrafts refered to those owned by enterprises directly under CAAC. Since 1992, it refers to those owned by all enterprises of civil aviation. The same applies to following tables.

b) Before 1997, regional routes included the routes to and from Hong Kong, Macao, and were listed as parallel items to the items of domestic routes and international routes. Since 1997, regional routes to and from Hong Kong are taken as domestic routes, and adjustment are also made on the length of aviation routes and traffic volume accordingly. Since 1999, regional routes are taken as a part of domestic routes, and include the aviation routes to and from Hong Kong and Macao. The same applies to the following tables.

c) Since 2011, civil aviation routes are changed to regular civil aviation routes, civil airports opened are changed to regular civil airports opened.

16-30 民用航空运输量及通用航空飞行时间
Civil Aviation Traffic and Flying Time of General Aviation

指标	Item	2000	2010	2017	2018	2019	2020
客运量 (万人)	**Passenger Traffic (10 000 persons)**	**6722**	**26769**	**55156**	**61174**	**65993**	**41778**
国际航线	International Routes	690	1931	5545	6367	7425	957
国内航线	Domestic Routes	6031	24838	49611	54807	58568	40821
#港澳台地区航线	Routes of Hong Kong, Macao and Taiwan	403	672	1027	1127	1108	96
旅客周转量(万人公里)	**Passenger-kilometers (10 000 person-km)**	**9705437**	**40389960**	**95130358**	**107123166**	**117052971**	**63112770**
国际航线	International Routes	2328154	7589325	24765095	28226135	31850815	4424091
国内航线	Domestic Routes	7377283	32800635	70365262	78897031	85202156	58688680
#港澳台地区航线	Routes of Hong Kong, Macao and Taiwan	502405	981817	1482485	1650525	1604613	128296
货(邮)运量 (吨)	**Freight Traffic (ton)**	**1967123**	**5630371**	**7058921**	**7385098**	**7531426**	**6766070**
国际航线	International Routes	492356	1926315	2220776	2427234	2419050	2230742
国内航线	Domestic Routes	1474767	3704056	4838144	4957864	5112376	4535328
#港澳台地区航线	Routes of Hong Kong, Macao and Taiwan	135442	216603	241502	234807	222169	175781
货邮周转量(万吨公里)	**Freight Ton-kilometers(10 000 ton-km)**	**502683**	**1788982**	**2435523**	**2624991**	**2631990**	**2402014**
国际航线	International Routes	291550	1253028	1705867	1870290	1846110	1723269
国内航线	Domestic Routes	211133	535954	729656	754701	785881	678745
#港澳台地区航线	Routes of Hong Kong, Macao and Taiwan	19495	28700	30512	30150	28057	20662
总周转量 (万吨公里)	**Total Air Traffic Ton-kilometers (10 000 ton-km)**	**1225007**	**5384490**	**10830751**	**12065276**	**12932530**	**7985060**
国际航线	International Routes	465190	1929689	3884753	4350189	4637426	2108328
国内航线	Domestic Routes	759818	3454801	6945998	7715087	8295104	5876731
#港澳台地区航线	Routes of Hong Kong, Macao and Taiwan	56878	115895	160960	175130	168954	31866
通用航空飞行时间(小时)	**Flying Time of General Aviation (hr)**	**48707**	**391135**	**837496**	**937149**	**1065011**	**983988**
#载客类作业	Passenger Carrying Operation			78480	84692	99537	89626
作业类作业	Operational Operation			144657	153938	160523	150618
培训类作业	Training Operation			258508	306515	386627	369441

16-31 邮电业务基本情况

Basic Conditions of Postal and Telecommunication Services

指标	Item	2017	2018	2019	2020
邮政业务总量 (亿元)	Business Volume of Postal Services (100 million yuan)	9763.7	12345.2	16229.6	21053.2
电信业务总量 (亿元)	Business Volume of Telecommunication Services (100 million yuan)	27596.7	65633.9	106810.7	136763.3
邮政业务量	**Business Volume of Postal Services**				
函件 (亿件)	Number of Letters (100 million pcs)	31.5	26.7	21.7	14.2
包裹 (万件)	Packages (10 000 pcs)	2657.2	2407.6	2155.0	2030.6
快递 (万件)	Express Deliveries (10 000 pcs)	4005591.9	5071042.8	6352291.0	8335789.4
报刊期发数 (万份)	Issue of Newspapers and Magazines (10 000 copies)	12572.8	12458.2	11429.0	11210.4
汇兑 (万笔)	Postal Remittance Transactions (10 000 times)	3743.4	2520.0	1639.7	960.7
纪特邮票 (万枚)	Commemorative and Special Stamps (10 000 pcs)	140219.4	118076.4	91800.9	71371.8
营业网点 (处)	Number of Offices (unit)	278025	274635	318516	349075
平均每一营业网点服务面积 (平方公里)	Average Area Served by Each Postal Office (sq.km)	34.5	35.0	30.1	27.5
邮路总长度 (万公里)	Length of Postal Routes (10 000 km)	938.5	985.1	1222.7	1187.4
农村投递路线长度 (万公里)	Rural Delivery Routes (10 000 km)	380.5	403.1	419.9	410.4
城市投递路线长度 (万公里)	Urban Delivery Routes (10 000 km)	162.8	171.2	221.0	219.4
电信业务量	**Business Volume of Telecommunication Services**				
移动电话通话时长 (亿分钟)	Length of Calls of Mobile Phones (100 million minutes)	54004.7	51125.2	47826.2	44964.5
移动短信业务量 (亿条)	Short Message Services (100 million messages)	6641.4	11398.6	15066.4	17795.7
互联网上网人数 (万人)	Number of Internet Users (10 000 persons)	77198	82851	90359	98899
互联网普及率 (%)	Popularization Rate of Internet (%)	55.8	59.6	64.5	70.4
移动电话用户 (万户)	Number of Mobile Phone Subscribers(10 000 subscribers)	141748.7	156609.8	160134.5	159407.0
#3G移动电话用户 (万户)	3G Mobile Phone Subscribers (10 000 subscribers)	13463.2	14018.3	5876.3	3357.0
移动电话漫游国家和地区(个)	Countries (regions) with Mobile Phone Roaming (unit)	262	260	261	264
固定电话用户 (万户)	Number of Fixed Telephone Subscribers (10 000 subscribers)	19375.7	19208.5	19103.3	18190.8
#住宅电话用户	Household Fixed Telephone Subscribers	10964.1	9901.1	2439.3	3979.8
局用交换机容量 (万门)	Capacity of Office Telephone Exchanges (10 000 lines)	18398.7	11440.4	7189.7	6923.8
移动电话交换机容量 (万户)	Capacity of Mobile Phone Exchanges(10 000 subscribers)	242185.8	259453.1	272523.7	274567.1
长途光缆线路长度 (万公里)	Length of Long-distance Optical Cable Lines (10 000 km)	104.5	99.4	108.5	111.8
互联网宽带接入端口 (万个)	Broadband Subscribers Port of Internet (10 000 ports)	77599.1	86752.3	91578.0	94604.7
IPv4地址数 (万个)	Number of IPv4 Addresses (10 000 units)	33870.5	33892.5	33909.3	34066.8
IPv6地址数 (块/32)	Number of IPv6 Addresses (unit/32)	23430	41079	47885	54593
互联网国际出口带宽 (Mbps)	International Internet Bandwidth (Mbps)	7320180	8946570	8827751	11511397

注：1.邮政业务总量和电信业务总量2000年及以前按1990年不变价格计算，2001-2010年按2000年不变价格计算，2011年起按2010年不变价格计算，2016年起电信业务总量按2015年不变价格计算，2016年按可比口径比上年增长30.3%(下表同)。
2.邮政业务总量、快递的统计口径2006年以前为中国邮政集团，2007年起为规模以上(年业务收入200万元以上)邮政业法人企业数据(下表同)。
3.营业网点1998年及以前为邮电局所，1999-2006年为邮政局所；统计口径从2002年起为邮政局所和邮政代办点，2007年起为规模以上邮政业法人企业办理业务的场所(下表同)。
4.2015年移动电话用户及3G移动电话用户统计口径有调整，与往年不可比(下表同)。
5.2019年互联网上网人数、互联网普及率数据截止时点(间)为2020年3月30日。

a) Business volume of postal services and business volume of telecommunication services before 2000 was calculated at 1990 constant prices, and that from 2001 to 2010 was calculated at 2000 constant prices. Since 2011, it was calculated at 2010 constant prices. Business volume of telecommunication services since 2016 was calculated at 2015 constant prices. The increase rate at constant prices in 2016 was 30.3% over preceding years. The same applies to the following table .

b) Statistical coverages of business volume of postal services and express mail services referred to China Post Group before 2006, and since 2007, it includes corporate postal enterprises above designated size (with annual business revenue above 2 million yuan). The same applies to the following table.

c) Data on number of postal offices referred to postal and communication offices before 1998,and referred to postal offices from 1999 to 2006. It included postal offices and postal sub-stations since 2002, and was the business sites of postal enterprises above designated size since 2007. The same applies to the following table.

d) In 2015, coverage of mobile phone users and 3G mobile phone users was adjusted, so the data are not compared with previous years. The same applies to the following table.

e) The deadline of number of internet users and popularization rate of internet is March 30, 2020.

16-32 邮政和电信业务量
Business Volume of Postal Services and Telecommunication Services

年 份 地 区	Year Region	邮政业务总量 (亿元) Business Volume of Postal Services (100 million yuan)	电信业务总量 (亿元) Business Volume of Telecommunication Services (100 million yuan)	函 件 (亿件) Letters (100 million pcs)	包 裹 (万件) Packages (10 000 pcs)	报刊期发数 (万份) Issue of Newspapers and Magazines (10 000 copies)
	1978	14.92	19.17	28.35	7400.5	11250.0
	1980	17.02	22.01	33.13	7153.2	16431.0
	1985	25.70	36.51	46.78	7612.7	30172.0
	1990	45.95	109.59	54.87	9690.1	20078.0
	1995	113.34	875.51	79.55	15641.0	21689.0
	2000	232.80	4559.90	77.71	9600.3	20089.7
	2005	625.52	11403.02	73.51	9531.8	14601.3
	2006	730.49	14595.38	71.31	9317.5	14372.7
	2007	1213.73	18591.33	69.50	9103.3	13030.6
	2008	1401.80	22247.72	73.63	7936.7	15658.3
	2009	1639.88	25553.58	75.32	7229.6	13909.5
	2010	1985.30	29993.18	74.01	6642.5	17158.3
	2011	1607.71	11725.78	73.78	6883.0	15007.7
	2012	2036.84	12982.44	70.74	6875.5	15401.6
	2013	2725.08	15707.15	63.41	6924.9	15140.9
	2014	3696.08	18138.33	56.10	6024.2	14936.8
	2015	5078.72	23346.30	45.81	4243.4	15539.5
	2016	7397.24	15616.95	36.19	2794.0	13617.5
	2017	9763.71	27596.74	31.48	2657.2	12572.8
	2018	12345.19	65633.91	26.71	2407.6	12458.2
	2019	16229.63	106810.67	21.71	2155.0	11429.0
	2020	21053.16	136763.33	14.18	2030.6	11210.4
北 京	Beijing	480.24	3247.63	1.48	112.5	377.2
天 津	Tianjin	194.60	1584.54	0.19	22.9	101.1
河 北	Hebei	853.70	5971.71	0.28	174.5	470.5
山 西	Shanxi	150.72	3091.70	0.08	10.9	322.9
内蒙古	Inner Mongolia	63.68	2584.73	0.06	21.3	182.4
辽 宁	Liaoning	278.34	3388.94	0.21	49.8	372.4
吉 林	Jilin	122.19	2119.90	0.08	14.7	163.7
黑龙江	Heilongjiang	143.34	2092.50	0.14	19.5	232.7
上 海	Shanghai	848.14	2824.19	3.14	221.0	430.8
江 苏	Jiangsu	1699.51	9188.72	1.52	133.1	805.6
浙 江	Zhejiang	4310.94	8309.99	1.13	162.0	618.5
安 徽	Anhui	608.43	5053.59	0.24	51.1	486.6
福 建	Fujian	856.48	3908.46	0.33	67.2	453.9
江 西	Jiangxi	311.34	3537.88	0.12	36.7	322.0
山 东	Shandong	993.72	7198.80	0.43	183.7	904.4
河 南	Henan	829.65	8156.78	0.59	110.2	863.7
湖 北	Hubei	471.77	4205.17	0.31	31.2	372.5
湖 南	Hunan	429.22	5671.25	0.16	19.4	522.5
广 东	Guangdong	5807.81	15025.30	2.28	206.0	530.9
广 西	Guangxi	215.30	4826.86	0.16	32.1	276.7
海 南	Hainan	31.25	1146.73	0.03	14.6	77.0
重 庆	Chongqing	202.10	3190.23	0.22	21.6	272.7
四 川	Sichuan	537.70	7526.73	0.23	70.3	669.1
贵 州	Guizhou	85.48	5077.83	0.38	6.5	193.9
云 南	Yunnan	158.10	5647.84	0.09	21.3	236.6
西 藏	Tibet	4.99	429.09	0.01	31.0	79.3
陕 西	Shaanxi	236.78	4148.73	0.11	49.6	274.7
甘 肃	Gansu	47.13	2557.64	0.07	54.1	181.4
青 海	Qinghai	9.59	827.54	0.02	20.4	51.4
宁 夏	Ningxia	24.98	924.34	0.02	8.8	50.5
新 疆	Xinjiang	45.97	3092.05	0.08	52.7	312.9
不分地区	Not Classified by Region		177.46			

16-32 续表 1 continued

年份 Year 地区 Region		订销报纸累计数(万份) Cumulative Number of Newspaper Subscribed and Sold (10 000 copies)	订销杂志累计数(万份) Cumulative Number of Magazines Subscribed and Sold (10 000 copies)	汇兑(万笔) Postal Remittance Transactions (10 000 times)	纪特邮票(万枚) Commemorative and Special Stamps (10 000 pieces)	快递(万件) Express Deliveries (10 000 pcs)	快递业务收入(万元) Revenue from Express Delivery Service (10 000 yuan)
	1978	1394729.8	64099.2	11852.4			
	1980	1604235.2	105525.0	13557.0			
	1985	2293065.2	208015.7	16355.1			
	1990	1548568.5	116652.0	16555.8	71233.0	343.3	
	1995	1985894.5	125473.4	23985.1	239250.0	5562.7	
	2000	1844607.1	124449.8	22475.0	453500.0	11031.4	
	2005	1502669.3	100314.6	16052.0	121214.0	22880.3	
	2006	1538987.5	100466.5	18928.0	104580.9	26988.0	
	2007	1505639.6	98104.1	22875.2	113656.7	120189.6	3425851.6
	2008	1626004.2	104220.0	26404.2	131873.0	151329.3	4084274.6
	2009	1621040.2	102073.1	27177.4	110088.5	185785.8	4790030.7
	2010	1717080.6	104756.3	28043.2	114622.5	233892.0	5746029.8
	2011	1817050.7	107701.6	26474.3	102857.5	367311.1	7579878.2
	2012	1892652.5	112009.7	22913.4	118276.0	568548.0	10553324.2
	2013	1942934.7	113720.0	18520.6	118335.3	918674.9	14416815.3
	2014	1912277.3	107618.1	12527.4	138990.4	1395925.3	20453586.2
	2015	1880361.3	99977.1	8241.7	157000.8	2066636.8	27696465.9
	2016	1786989.7	84415.0	5804.4	154320.6	3128315.1	39743601.3
	2017	1766328.4	79261.4	3743.4	140219.4	4005591.9	49571088.8
	2018	1727899.1	77496.9	2520.0	118076.4	5071042.8	60384253.8
	2019	1680708.2	72997.1	1639.7	91800.9	6352291.0	74978235.2
	2020	1654230.4	71321.3	960.7	71371.8	8335789.4	87954342.4
北京	Beijing	61612.5	2143.1	46.9	5947.5	238221.3	3311861.9
天津	Tianjin	15447.0	720.1	10.5	1772.2	92767.4	1156021.0
河北	Hebei	69478.7	3232.8	20.3	3116.7	370249.8	3349963.6
山西	Shanxi	56870.0	1727.6	19.4	2125.3	53583.6	670926.3
内蒙古	Inner Mongolia	31177.6	1112.7	8.1	1810.6	19557.6	421324.3
辽宁	Liaoning	47642.9	2885.9	46.1	2667.3	111978.0	1314083.2
吉林	Jilin	26457.1	1119.1	10.6	1458.8	44693.6	607349.2
黑龙江	Heilongjiang	31938.4	2054.9	7.7	3459.9	45522.3	701295.4
上海	Shanghai	68332.5	1851.5	129.4	3365.1	336330.7	14281909.1
江苏	Jiangsu	136136.9	4962.5	102.7	5145.4	697680.5	7089350.4
浙江	Zhejiang	106412.0	3339.6	53.8	2571.2	1794621.1	10706012.3
安徽	Anhui	59500.4	3167.7	15.4	2467.9	220228.2	1749872.7
福建	Fujian	69418.2	2261.5	24.4	2261.1	343189.8	3025580.4
江西	Jiangxi	51013.7	2149.5	23.4	1941.4	112004.3	1146634.8
山东	Shandong	110126.0	6003.3	36.5	3737.0	415174.2	3695896.9
河南	Henan	109767.0	3675.1	84.7	3400.2	310004.9	2490462.5
湖北	Hubei	61488.1	2501.6	21.1	2947.3	178505.5	1786869.8
湖南	Hunan	61615.5	3917.2	14.8	2762.3	147131.6	1296865.0
广东	Guangdong	66521.7	4598.4	34.1	4227.7	2208179.5	21824938.3
广西	Guangxi	31978.6	2230.7	22.3	1361.7	77882.2	902427.6
海南	Hainan	14705.2	428.8	5.1	318.1	11012.2	239119.9
重庆	Chongqing	25241.0	2771.2	13.4	1546.1	73105.4	830284.2
四川	Sichuan	102347.0	3585.4	48.1	2330.3	215158.9	2231638.1
贵州	Guizhou	36766.5	1770.4	21.3	1773.0	28157.0	522105.3
云南	Yunnan	43266.7	1461.4	47.8	1174.0	62974.1	737532.4
西藏	Tibet	15358.4	508.8	11.3	206.2	1139.0	35309.0
陕西	Shaanxi	45079.9	1627.4	23.6	1870.2	91749.8	1033251.8
甘肃	Gansu	29765.6	1142.3	16.5	1163.5	13823.5	297864.3
青海	Qinghai	10549.9	301.5	6.9	433.9	2359.5	76808.1
宁夏	Ningxia	7175.2	400.2	7.9	686.7	7317.8	118260.1
新疆	Xinjiang	51040.5	1669.4	26.9	1323.2	11486.2	302524.9

注：快递业务量2006年及以前为邮政特快专递，2007年起为规模以上(年业务收入200万元以上)快递服务企业，2013年起为获得快递业务经营许可的快递服务企业业务量。

a) Business volume of express delivery services covered express mail service in 2006 and before, changed to express delivery service by enterprises above designated size (with business revenue over 2 million yuan) since 2007, and refers to express delivery service by enterprises with business license since 2013.

16-32 续表 2 continued

年份 Year 地区 Region	移动短信业务量（亿条）Short Message Service (100 million messages)	移动电话用户（万户）Number of Mobile Phone Subscribers (10 000 subscribers)	#3G移动电话用户 3G Mobile Phone Subscribers	#4G移动电话用户 4G Mobile Phone Subscribers
1978				
1980				
1985				
1990		1.8		
1995		362.9		
2000		8453.3		
2005	3046.3	39340.6		
2006	4295.4	46105.8		
2007	5945.8	54730.6		
2008	6996.9	64124.5		
2009	7726.5	74721.4	1232.2	
2010	8277.5	85900.3	4705.1	
2011	8790.0	98625.3	12842.4	
2012	8973.1	111215.5	23280.3	
2013	8921.0	122911.3	40161.1	
2014	7674.2	128609.3	48525.5	9728.4
2015	6991.8	127139.7	27573.0	43038.1
2016	6670.9	132193.4	17080.5	76994.9
2017	6641.4	141748.7	13463.2	99688.9
2018	11398.6	156609.8	14018.3	116546.4
2019	15066.4	160134.5	5876.3	128197.5
2020	17795.7	159407.0	3357.0	128876.4
北京 Beijing	1004.2	3906.4	62.3	3159.7
天津 Tianjin	148.9	1711.0	35.8	1425.2
河北 Hebei	869.4	8336.0	123.3	6740.9
山西 Shanxi	431.4	4022.8	72.1	3318.0
内蒙古 Inner Mongolia	196.3	2962.2	52.4	2404.6
辽宁 Liaoning	288.7	4873.8	103.4	4059.8
吉林 Jilin	170.4	2870.1	72.4	2321.8
黑龙江 Heilongjiang	268.6	3844.4	71.0	3101.4
上海 Shanghai	840.4	4277.6	176.3	3246.2
江苏 Jiangsu	1132.9	9897.1	118.8	8046.3
浙江 Zhejiang	1010.6	8585.2	102.4	6876.7
安徽 Anhui	712.8	6025.6	101.1	4752.2
福建 Fujian	1138.2	4739.3	83.4	3900.9
江西 Jiangxi	269.5	4249.4	51.0	3300.6
山东 Shandong	1781.4	10907.1	316.8	8450.1
河南 Henan	995.6	10051.4	253.6	8282.1
湖北 Hubei	448.7	5681.1	101.7	4615.4
湖南 Hunan	531.8	6719.4	99.4	5417.2
广东 Guangdong	1557.2	15536.9	250.6	13724.0
广西 Guangxi	398.5	5332.9	70.3	4516.2
海南 Hainan	132.6	1135.2	13.0	917.4
重庆 Chongqing	373.8	3640.1	55.2	2929.5
四川 Sichuan	1303.9	9124.6	129.6	7115.7
贵州 Guizhou	244.9	4093.5	44.5	3360.9
云南 Yunnan	364.8	4953.4	37.0	3834.5
西藏 Tibet	25.6	321.9	7.6	268.9
陕西 Shaanxi	608.6	4589.7	68.7	3733.1
甘肃 Gansu	188.4	2673.8	49.6	2175.4
青海 Qinghai	67.7	659.4	11.8	552.8
宁夏 Ningxia	80.2	839.2	11.0	692.0
新疆 Xinjiang	209.7	2846.6	611.1	1637.3

注：固定长途电话通话时长为固定传统长途电话通话时长及固定IP电话通话时长之和。
a) Length of long-distance calls of fixed telephone includes traditional calls and IP calls.

16-32 续表 3 continued

年 份 地 区	Year Region	移动电话通话时长(亿分钟) Length of Calls of Mobile Phone Subscribers (100 million minutes)	#去话通话时长 Length of Outgoing Calls	固定电话用户(万户) Number of Fixed Telephone Subscribers (10 000 subscribers)	#住宅电话用户 Household Fixed Telephone Subscribers
	1978			192.5	
	1980			214.1	
	1985			312.0	6.1
	1990			685.0	183.4
	1995	113.4		4070.6	2909.8
	2000	1845.3		14482.9	11817.2
	2005	12507.4		35044.5	27225.1
	2006	16870.7		36778.6	28259.1
	2007	23061.3		36563.7	27521.3
	2008	29355.6		34035.9	25200.5
	2009	35351.0		31373.2	21782.8
	2010	43261.2	21129.0	29434.2	20298.4
	2011	50472.6	25056.0	28509.8	19272.8
	2012	55444.9	27603.5	27815.3	18329.0
	2013	58229.7	28987.7	26698.5	17117.7
	2014	59012.7	29270.1	24943.0	15665.3
	2015	57648.9	28499.9	23099.6	13899.8
	2016	56599.0	28072.8	20662.4	11995.0
	2017	54004.7	26904.2	19375.7	10964.1
	2018	51125.2	25441.5	19208.5	9901.1
	2019	47826.2	23929.2	19103.3	2439.3
	2020	44964.5	22448.5	18190.8	3979.8
北 京	Beijing	958.0	511.9	480.6	283.5
天 津	Tianjin	514.5	262.7	325.8	230.5
河 北	Hebei	1972.0	964.3	652.1	353.0
山 西	Shanxi	1247.6	618.8	244.4	116.8
内蒙古	Inner Mongolia	915.0	455.9	198.7	88.4
辽 宁	Liaoning	1470.7	734.2	540.5	345.9
吉 林	Jilin	801.7	398.5	417.8	341.4
黑龙江	Heilongjiang	996.4	489.5	298.8	174.0
上 海	Shanghai	841.8	434.4	636.5	72.9
江 苏	Jiangsu	2708.6	1340.2	1265.3	80.0
浙 江	Zhejiang	2419.2	1206.6	1264.8	84.5
安 徽	Anhui	1433.4	692.1	559.5	52.7
福 建	Fujian	1474.6	732.8	733.1	39.6
江 西	Jiangxi	1118.3	548.5	482.4	24.3
山 东	Shandong	3677.3	1825.7	1125.2	565.2
河 南	Henan	2809.8	1369.6	667.2	379.2
湖 北	Hubei	1466.0	715.3	481.6	35.9
湖 南	Hunan	1962.8	964.1	592.4	24.7
广 东	Guangdong	4103.1	2085.4	2131.9	408.3
广 西	Guangxi	1186.1	585.9	333.6	44.6
海 南	Hainan	353.3	209.2	166.4	7.2
重 庆	Chongqing	1197.4	606.9	600.1	49.2
四 川	Sichuan	2379.8	1220.6	1885.0	42.1
贵 州	Guizhou	1430.3	717.7	223.1	6.2
云 南	Yunnan	1715.3	850.9	274.6	16.9
西 藏	Tibet	132.4	68.1	75.7	4.4
陕 西	Shaanxi	1269.5	627.9	637.0	48.6
甘 肃	Gansu	761.3	373.3	309.8	17.1
青 海	Qinghai	169.6	85.8	132.1	6.5
宁 夏	Ningxia	215.7	108.7	51.4	6.6
新 疆	Xinjiang	1262.8	643.0	403.3	29.7

16-33 邮政业网点及邮递线路(年底数)
Postal Offices and Postal Delivery Routes (Year-end Figure)

年份 Year / 地区 Region	营业网点 (处) Number of Offices (unit)	信筒信箱 (个) Number of Post Boxes (unit)	农村投递路线 (公里) Rural Delivery Routes (km)	城市投递路线 (公里) Urban Delivery Routes (km)
1978	49623	156398	4266291	
1980	49471	159009	4138879	
1985	53107	174678	3565758	
1990	53629	181877	3364861	
1995	61898	203011	3345848	
2000	58437	239356	3364498	
2005	65917	202259	3565226	941286
2006	62799	197491	3566982	985785
2007	70655	195336	3637553	1024046
2008	69146	224023	3656936	1111749
2009	65672	206597	3676051	1324378
2010	75739	171043	3690561	1461321
2011	78667	148206	3632579	1171464
2012	95572	150271	3731657	1327674
2013	125115	147351	3744733	1282319
2014	137562	142330	3775875	1435111
2015	188637	129572	3756043	1371041
2016	216708	127678	3767660	1474841
2017	278025	125409	3805332	1628446
2018	274635	122060	4030582	1711862
2019	318516	119234	4198813	2209984
2020	349075	99582	4104128	2193834
北　京 Beijing	4495	4229	25409	79218
天　津 Tianjin	3926	2581	21786	29552
河　北 Hebei	14323	2696	212870	89386
山　西 Shanxi	8185	1720	101563	52301
内蒙古 Inner Mongolia	7327	1538	159645	77217
辽　宁 Liaoning	10385	2361	105721	91916
吉　林 Jilin	5736	1455	90634	53026
黑龙江 Heilongjiang	8391	2381	106935	60623
上　海 Shanghai	5919	2557	38821	88607
江　苏 Jiangsu	24643	4934	271789	149417
浙　江 Zhejiang	25229	13762	229269	115583
安　徽 Anhui	15022	2177	138536	75924
福　建 Fujian	8365	7312	117538	68794
江　西 Jiangxi	10491	2108	90281	46830
山　东 Shandong	17679	3396	293242	167471
河　南 Henan	19184	3123	181017	102790
湖　北 Hubei	14261	2276	175879	79434
湖　南 Hunan	12061	2771	202390	84162
广　东 Guangdong	32335	4248	314322	244880
广　西 Guangxi	10311	2535	116503	45883
海　南 Hainan	2109	2951	32452	18286
重　庆 Chongqing	10164	1984	60229	44331
四　川 Sichuan	28160	8963	245762	70769
贵　州 Guizhou	11565	1945	122683	41381
云　南 Yunnan	11767	1880	189615	45884
西　藏 Tibet	1232	5399	85862	7842
陕　西 Shaanxi	12492	2041	115455	49801
甘　肃 Gansu	5991	1745	128898	46641
青　海 Qinghai	1671	475	43115	10039
宁　夏 Ningxia	1637	483	17060	20714
新　疆 Xinjiang	4019	1556	68847	35132

16-33 续表 continued

年份 Year 地区 Region		邮路总长度(公里) Length of Postal Routes (km)	#航空邮路 Air Mail Routes	#铁路邮路 Railway Routes	#汽车邮路 Highway Routes
1978		4863282		150249	572204
1980		4737124		150819	582058
1985		1416303		181916	658102
1990		1618200		191313	676747
1995		1886082		183036	819412
2000		3073331	1597044	184925	1070304
2005		3406226	1813959	200180	1229802
2006		3369392	1777368	204733	1230633
2007		3532980	1855335	211534	1302915
2008		3693464	1908316	236860	1385102
2009		4027751	2178332	248876	1450782
2010		4635569	2529232	269700	1753027
2011		5140272	2718292	309027	2017483
2012		5855107	3160292	320144	2289077
2013		5897229	3334949	395809	2070847
2014		6305556	3622873	232976	2361997
2015		6376429	3558821	218014	2486461
2016		6585049	3712222	203729	2644714
2017		9384668	5996105	215205	3156199
2018		9851315	6544859	220980	3072496
2019		12227021	8724542	207900	3282155
2020		11874423	8257969	240879	3364561
北　京	Beijing	1507076	1404699	20418	81517
天　津	Tianjin	89111	56557		29707
河　北	Hebei	130224	857		129238
山　西	Shanxi	139456	75182		64274
内蒙古	Inner Mongolia	199955	105775	2384	91796
辽　宁	Liaoning	248361	145148	3758	99370
吉　林	Jilin	192750	134865	1366	56519
黑龙江	Heilongjiang	188700	105061	17405	66234
上　海	Shanghai	129808	47429	19302	62421
江　苏	Jiangsu	484977	235084		249893
浙　江	Zhejiang	741879	410808	50325	280681
安　徽	Anhui	185916		1109	184807
福　建	Fujian	298991	162565		136159
江　西	Jiangxi	113741		9870	103845
山　东	Shandong	269210	99166		169870
河　南	Henan	642149	483208	4874	153837
湖　北	Hubei	308739	195401		113334
湖　南	Hunan	388557	251416	5080	132005
广　东	Guangdong	3077965	2787782	38133	251702
广　西	Guangxi	353962	255216		98565
海　南	Hainan	173199	148602	4354	19762
重　庆	Chongqing	119926	51002	2523	66401
四　川	Sichuan	439046	264613	2121	167293
贵　州	Guizhou	175412	92562	1922	80928
云　南	Yunnan	262836	128409	10269	124155
西　藏	Tibet	58535		3944	54591
陕　西	Shaanxi	156854	83851	1550	71453
甘　肃	Gansu	197954	106637	2769	88548
青　海	Qinghai	93817	45521	8092	40204
宁　夏	Ningxia	84745	69926		14818
新　疆	Xinjiang	420574	310628	29311	80635

注：邮路总长度1980年及以前为邮路及农村投递路线总长度之和。

a) Length of postal routes before 1981 included the length of postal routes and rural delivery routes.

16-34 电信主要通信能力(年底数)
Main Communication Capacity of Telecommunications (Year-end Figure)

年份 Year 地区 Region		局用交换机容量(万门) Capacity of Office Telephone Exchanges (10 000 lines)	移动电话交换机容量(万户) Capacity of Mobile Phone Exchanges (10 000 subscribers)	移动电话基站(万个) Base Stations of Mobile Phones (10 000)	光缆线路长度(公里) Length of Optical Cable Lines (km)	#长途光缆线路长度 Length of Long Distance Optical Cable Lines
	1978	405.9				
	1980	443.2				
	1985	613.4				
	1990	1231.8	5.1			3334
	1995	7203.6	796.7			106882
	2000	17825.6	13985.6	8.3	1212358	286642
	2005	47196.1	48241.7	36.2	4072788	723040
	2006	50279.9	61032.0	44.2	4279559	722439
	2007	51034.6	85496.1	54.6	5777289	792154
	2008	50863.2	114531.4	69.0	6778496	797979
	2009	49265.6	144084.7	111.9	8294565	831011
	2010	46537.3	150284.9	139.8	9962467	818133
	2011	43428.4	171636.0	175.2	12119303	842341
	2012	43749.3	184023.8	206.6	14793300	868175
	2013	41089.3	196557.3	241.0	17453709	890018
	2014	40517.1	205024.9	350.8	20612529	928398
	2015	26446.5	218150.0	465.6	24863348	965283
	2016	22441.6	218540.0	559.4	30420755	994092
	2017	18398.7	242185.8	618.7	37801073	1044998
	2018	11440.4	259453.1	667.2	43167888	994130
	2019	7189.7	272523.7	841.0	47412442	1084937
	2020	6923.8	274567.1	931.0	51692051	1117923
北　京	Beijing	1101.3	9340.0	24.6	440119	4160
天　津	Tianjin	433.0	3036.0	11.4	376892	4585
河　北	Hebei	855.2	15592.5	42.8	2230110	37419
山　西	Shanxi	249.0	7699.2	26.0	1319319	32154
内蒙古	Inner Mongolia	178.6	6136.3	18.6	1538619	70781
辽　宁	Liaoning	282.3	6795.2	30.4	1644879	23141
吉　林	Jilin	272.3	5143.0	14.7	909123	26743
黑龙江	Heilongjiang	477.3	9117.8	18.6	1499730	51829
上　海	Shanghai	167.9	6464.0	17.8	697997	5034
江　苏	Jiangsu	65.3	22838.1	61.6	3990069	40429
浙　江	Zhejiang	228.3	15414.3	59.7	3497879	27024
安　徽	Anhui	54.9	8224.3	31.0	2371261	35551
福　建	Fujian	67.7	8861.6	32.3	1548884	25010
江　西	Jiangxi	98.7	7285.9	26.2	2146725	33442
山　东	Shandong	292.5	13193.4	58.0	2630547	39375
河　南	Henan	575.2	14094.2	49.4	1764805	35898
湖　北	Hubei	45.0	8592.3	32.5	1980710	32139
湖　南	Hunan	68.0	10695.0	36.6	2143014	42650
广　东	Guangdong	390.0	23803.8	83.8	3223399	57751
广　西	Guangxi	22.6	12012.0	27.1	2206241	41543
海　南	Hainan	18.0	2559.0	8.2	322957	3175
重　庆	Chongqing	43.6	5285.0	24.2	1291878	6067
四　川	Sichuan	188.1	16869.6	48.3	3535457	125048
贵　州	Guizhou	29.2	6702.0	27.9	1230460	35463
云　南	Yunnan	494.7	6194.0	33.1	2222145	59529
西　藏	Tibet		2820.0	5.6	247669	40607
陕　西	Shaanxi	95.5	5071.3	29.2	1695298	40257
甘　肃	Gansu		5549.6	18.6	938821	39961
青　海	Qinghai	10.0	927.0	5.7	375296	43616
宁　夏	Ningxia	2.4	1633.0	5.3	269378	10463
新　疆	Xinjiang	117.2	6618.0	21.8	1402370	47079
不分地区	Not Classified by Region					

注：电话交换机容量不包括用户交换机容量。

a) The capacity of exchanges in this table do not includes the capacity of exchanges owned by users.

16-35 电信通信服务水平(年底数)
Telecommunication Services Available at Year-end

年份 Year / 地区 Region	电话普及率(包括移动电话)(部/百人) Popularization Rate of Telephones (Include Mobile Phones) (set/100 persons)	固定电话普及率 Popularization Rate of Fixed Line Telephones	移动电话普及率 Popularization Rate of Mobile Phones
1978	0.38	0.38	
1980	0.43	0.43	
1985	0.60	0.60	
1990	1.11	1.11	
1995	4.66	4.36	0.30
2000	19.10	12.38	6.72
2005	57.22	26.96	30.26
2006	63.40	28.10	35.30
2007	69.45	27.81	41.64
2008	74.29	25.76	48.53
2009	79.89	23.62	56.27
2010	86.41	22.05	64.36
2011	94.81	21.26	73.55
2012	103.10	20.60	82.50
2013	109.95	19.62	90.33
2014	112.26	18.24	94.03
2015	109.30	16.80	92.49
2016	110.55	14.94	95.60
2017	115.91	13.94	101.97
2018	126.00	13.77	112.23
2019	128.02	13.64	114.38
2020	125.80	12.89	112.91
北京 Beijing	200.38	21.95	178.43
天津 Tianjin	146.89	23.50	123.40
河北 Hebei	120.47	8.74	111.73
山西 Shanxi	122.22	7.00	115.22
内蒙古 Inner Mongolia	131.44	8.26	123.17
辽宁 Liaoning	127.12	12.69	114.43
吉林 Jilin	136.58	17.35	119.22
黑龙江 Heilongjiang	130.08	9.38	120.70
上海 Shanghai	197.58	25.59	171.99
江苏 Jiangsu	131.71	14.93	116.78
浙江 Zhejiang	152.55	19.59	132.96
安徽 Anhui	107.90	9.17	98.74
福建 Fujian	131.74	17.65	114.09
江西 Jiangxi	104.71	10.67	94.04
山东 Shandong	118.51	11.08	107.43
河南 Henan	107.87	6.71	101.16
湖北 Hubei	106.71	8.34	98.37
湖南 Hunan	110.04	8.92	101.13
广东 Guangdong	140.21	16.92	123.30
广西 Guangxi	113.04	6.66	106.39
海南 Hainan	129.11	16.50	112.61
重庆 Chongqing	132.28	18.72	113.56
四川 Sichuan	131.58	22.53	109.05
贵州 Guizhou	111.94	5.79	106.15
云南 Yunnan	110.74	5.82	104.92
西藏 Tibet	109.00	20.76	88.24
陕西 Shaanxi	132.23	16.12	116.11
甘肃 Gansu	119.25	12.38	106.87
青海 Qinghai	133.60	22.30	111.31
宁夏 Ningxia	123.65	7.14	116.51
新疆 Xinjiang	125.71	15.60	110.11

注：2015年移动电话用户口径有调整，移动电话普及率与往年不可比。
a) In 2015, coverage of mobile phone users was adjusted, hence the popularization rate of mobile phones is not comparable with previous years.

16-36 邮政通信服务水平(年底数)
Postal Services Available at Year-end

年份 Year 地区 Region	平均每一营业网点服务面积(平方公里) Average Area Served by Each Postal Office (sq.km)	平均每一营业网点服务人口(万人) Average Population Served by Each Postal Office (10 000 persons)	平均每人每年发函件数(件) Annual Average Number of Letters Mailed per Capita (piece)	平均每百人每年订报刊数(份) Annual Average Number of Newspaper and Magazine Subscribed per 100 Persons (piece)	已通邮的行政村比重(%) Percentage of Administrative Villages with Access to Postal Service (%)
1978	193.5	1.94	2.95	11.7	
1980	194.1	1.98	3.36	16.7	96.5
1985	180.8	1.97	4.48	28.8	96.3
1990	179.0	2.13	4.82	17.6	96.4
1995	155.1	1.95	6.61	18.0	
2000	135.3	1.77	6.40	16.4	
2005	145.6	1.97	5.66	11.2	99.0
2006	152.9	2.09	5.50	11.2	99.4
2007	135.9	1.90	5.30	9.9	98.4
2008	138.8	1.90	5.60	11.9	98.5
2009	146.2	2.03	5.66	10.4	98.8
2010	126.8	1.77	5.52	12.8	99.0
2011	122.0	1.71	5.50	11.1	98.0
2012	100.4	1.42	5.22	11.4	99.1
2013	76.7	1.09	4.66	11.0	99.2
2014	69.8	0.99	4.10	10.9	99.4
2015	50.9	0.73	3.30	11.3	99.8
2016	44.3	0.64	2.65	9.9	99.4
2017	34.5	0.50	2.26	9.0	100.0
2018	35.0	0.51	1.91	8.9	100.0
2019	30.1	0.44	1.55	8.2	100.0
2020	27.5	0.44	1.00	7.9	100.0
北京 Beijing	3.7	0.44	6.77	17.2	100.0
天津 Tianjin	2.8	0.42	1.36	7.3	100.0
河北 Hebei	13.3	0.60	0.37	6.3	100.0
山西 Shanxi	18.3	0.48	0.24	9.2	100.0
内蒙古 Inner Mongolia	150.1	0.41	0.26	7.6	100.0
辽宁 Liaoning	14.4	0.47	0.48	8.7	100.0
吉林 Jilin	31.4	0.47	0.33	6.8	100.0
黑龙江 Heilongjiang	54.8	0.48	0.43	7.3	100.0
上海 Shanghai	1.0	0.45	12.63	17.3	100.0
江苏 Jiangsu	4.1	0.39	1.79	9.5	100.0
浙江 Zhejiang	4.0	0.24	1.75	9.6	100.0
安徽 Anhui	8.7	0.47	0.40	8.0	100.0
福建 Fujian	14.3	0.47	0.79	10.9	100.0
江西 Jiangxi	15.3	0.51	0.26	7.1	100.0
山东 Shandong	8.5	0.53	0.43	8.9	100.0
河南 Henan	8.3	0.60	0.59	8.7	100.0
湖北 Hubei	12.6	0.42	0.54	6.4	100.0
湖南 Hunan	17.4	0.58	0.25	7.9	100.0
广东 Guangdong	5.6	0.42	1.81	4.2	100.0
广西 Guangxi	22.3	0.53	0.32	5.5	100.0
海南 Hainan	16.1	0.60	0.28	7.6	100.0
重庆 Chongqing	8.1	0.36	0.70	8.5	100.0
四川 Sichuan	17.0	0.34	0.27	8.0	100.0
贵州 Guizhou	14.7	0.38	0.99	5.0	100.0
云南 Yunnan	32.3	0.46	0.19	5.0	100.0
西藏 Tibet	974.0	0.31	0.14	21.7	100.0
陕西 Shaanxi	15.2	0.39	0.29	7.0	100.0
甘肃 Gansu	65.1	0.48	0.28	7.2	100.0
青海 Qinghai	430.9	0.50	0.26	8.7	100.0
宁夏 Ningxia	40.3	0.46	0.33	7.0	100.0
新疆 Xinjiang	398.1	0.69	0.29	12.1	100.0

16-37 互联网主要指标发展情况(年底数)

Main Indicators on Internet Development (Year-end Figure)

年份 地区	Year Region	域名数 (万个) Number of Domain Names (10 000)	网页数 (万个) Number of Webpages (10 000 pages)	IPv4地址数 (万个) IPv4 Addresses (10 000)	互联网宽带接入端口 (万个) Broadband Subscribers Port of Internet (10 000 ports)	移动互联网用户 (万户) Mobile Internet Subscribers (10 000 subscribers)
	1995					
	2000					
	2005	259.2		7439.1	4874.7	
	2006	410.9	447257.8	9801.6	6486.4	
	2007	1193.1	847108.5	13527.5	8539.3	
	2008	1682.6	1608637.0	18127.3	10890.4	
	2009	1681.8	3360173.2	23244.6	13835.7	
	2010	865.6	6000806.0	27763.7	18781.1	
	2011	774.8	8658229.8	33044.0	23239.4	
	2012	1341.2	12274681.7	33053.5	32108.4	
	2013	1843.6	15004076.3	33030.8	35945.3	
	2014	2059.6	18991864.9	33198.8	40546.1	87522.1
	2015	3101.4	21229622.4	33652.0	57709.4	96447.2
	2016	4227.6	23599758.4	33810.3	71276.9	109395.0
	2017	3848.0	26039903.0	33870.5	77599.1	127153.7
	2018	3792.8	28162240.6	33892.5	86752.3	127481.5
	2019	5094.2	29782991.5	33909.3	91578.0	131852.6
	2020	4197.8	31550109.8	34066.8	94604.7	134851.9
北京	Beijing	373.2	11617791.7	8683.6	2084.1	3272.9
天津	Tianjin	33.7	522655.5	357.7	1254.6	1488.8
河北	Hebei	100.2	1212179.4	970.9	4598.2	7104.0
山西	Shanxi	82.8	332355.5	436.1	2322.3	3266.3
内蒙古	Inner Mongolia	19.5	19546.2	262.3	1441.3	2574.3
辽宁	Liaoning	79.5	281983.5	1134.4	3305.2	3921.8
吉林	Jilin	55.8	189554.1	412.2	1651.2	2445.0
黑龙江	Heilongjiang	53.6	148050.9	412.2	2127.5	2980.3
上海	Shanghai	140.7	2239088.2	1539.8	2322.0	3365.7
江苏	Jiangsu	206.7	1416309.6	1621.6	7224.9	8428.7
浙江	Zhejiang	167.5	3704249.3	2204.1	6031.5	7041.1
安徽	Anhui	154.8	275910.1	562.1	3543.7	5010.5
福建	Fujian	324.9	887671.9	664.3	3370.0	3979.6
江西	Jiangxi	130.7	254496.4	589.4	2532.9	3599.3
山东	Shandong	182.0	598847.2	1665.9	6756.8	8761.3
河南	Henan	273.0	1866488.0	896.0	4934.5	8748.7
湖北	Hubei	180.4	292523.1	817.6	3221.4	4789.7
湖南	Hunan	184.8	175974.9	804.0	3242.4	5771.2
广东	Guangdong	534.7	4167613.5	3250.0	8653.2	14251.4
广西	Guangxi	112.1	232771.0	470.1	3356.2	4799.3
海南	Hainan	41.8	141858.8	160.1	852.3	964.0
重庆	Chongqing	86.6	52792.4	572.3	2368.8	3117.2
四川	Sichuan	219.0	546960.0	943.7	6284.7	7521.4
贵州	Guizhou	110.1	11949.1	149.9	1744.5	3597.4
云南	Yunnan	89.9	172690.3	333.9	2218.0	3945.4
西藏	Tibet	1.6	350.7	44.3	219.0	279.1
陕西	Shaanxi	98.7	158145.1	555.3	2576.5	3876.2
甘肃	Gansu	42.7	16344.4	160.1	1460.6	2298.6
青海	Qinghai	4.5	3381.7	61.3	412.8	581.1
宁夏	Ningxia	7.7	1487.9	95.4	550.0	712.7
新疆	Xinjiang	13.2	8089.8	204.4	1943.8	2359.2
不分地区	Not Classified by Region	91.3		3038.8		

注：各地区IPv4地址数是根据各地区占全国的比例推算数据。

a) The number of IPv4 addresses in each region is calculated according to the proportion of the regions in the whole country.

16-37 续表 continued

年 份 地 区	Year Region	移动互联网接入流量(万GB) Flow Accessed to Mobile Internet (10 000 GB)	互联网宽带接入用户(万户) Broadband Subscribers of Internet (10 000 subscribers)	#城市宽带接入用户 Urban Broadband Subscribers	#农村宽带接入用户 Rural Broadband Subscribers	#家庭宽带接入用户 Household Broadband Subscribers	#政企宽带接入用户 Government and Enterprise Broadband Subscribers
	1995						
	2000						
	2005		3735.0				
	2006		5085.3				
	2007		6641.4				
	2008		8287.9				
	2009		10397.8				
	2010		12629.1	9963.5	2475.7		
	2011		15000.1	11691.4	3308.8		
	2012		17518.3	13442.4	4075.9		
	2013		18890.9	14153.6	4737.3		
	2014	206193.6	20048.3	15174.6	4873.7	16333.6	3714.8
	2015	418753.3	25946.6	19547.2	6398.4	21716.4	4230.2
	2016	937863.5	29720.7	22266.6	7454.0	24926.8	4793.9
	2017	2459380.3	34854.0	25476.7	9377.3	29552.2	5301.8
	2018	7090039.3	40738.2	28996.5	11741.7	35351.6	5386.6
	2019	12199200.6	44927.9	31450.5	13477.3	38857.8	6070.1
	2020	16556817.2	48355.0	34165.3	14189.7	41833.9	6521.1
北 京	Beijing	383027.4	747.3	652.9	94.4	676.2	71.1
天 津	Tianjin	189491.2	534.6	481.8	52.8	485.6	49.0
河 北	Hebei	721397.2	2534.4	1495.4	1038.9	2281.3	253.0
山 西	Shanxi	365455.1	1252.1	1018.5	233.6	1104.7	147.4
内蒙古	Inner Mongolia	326112.4	722.9	635.7	87.3	641.3	81.7
辽 宁	Liaoning	402866.6	1331.2	1254.3	77.0	1209.2	122.0
吉 林	Jilin	282103.5	654.2	541.6	112.6	601.7	52.5
黑龙江	Heilongjiang	249445.3	886.3	722.1	164.2	810.5	75.8
上 海	Shanghai	309548.1	919.0	916.2	2.7	811.8	107.2
江 苏	Jiangsu	1090420.1	3756.8	2340.4	1416.4	3219.8	537.0
浙 江	Zhejiang	1011058.1	2938.8	2046.1	892.7	2366.0	572.8
安 徽	Anhui	614702.3	2093.0	1290.9	802.1	1687.4	405.6
福 建	Fujian	459695.0	1831.0	1253.5	577.6	1596.7	234.3
江 西	Jiangxi	429567.4	1510.5	992.0	518.5	1280.0	230.5
山 东	Shandong	857508.8	3445.6	2374.7	1070.9	3094.4	351.3
河 南	Henan	946343.4	3090.9	2189.2	901.7	2738.8	352.1
湖 北	Hubei	506671.9	1870.2	1299.9	570.3	1566.0	304.2
湖 南	Hunan	708985.8	2113.2	1411.5	701.6	1856.7	256.5
广 东	Guangdong	1840549.2	3890.0	2873.0	1017.0	3258.3	631.7
广 西	Guangxi	602045.7	1650.8	950.2	700.7	1487.8	163.1
海 南	Hainan	137800.8	351.5	240.3	111.2	304.8	46.7
重 庆	Chongqing	383996.9	1228.4	975.4	253.0	1085.2	143.2
四 川	Sichuan	900789.3	2975.5	1866.2	1109.2	2551.8	423.6
贵 州	Guizhou	638807.0	1002.4	778.1	224.3	873.9	128.5
云 南	Yunnan	712404.1	1278.1	874.1	404.0	1054.7	223.4
西 藏	Tibet	56444.2	96.3	71.6	24.8	77.0	19.3
陕 西	Shaanxi	516736.9	1369.0	1022.4	346.6	1207.7	161.3
甘 肃	Gansu	319035.2	931.4	595.4	336.0	734.7	196.7
青 海	Qinghai	105268.7	182.0	131.9	50.1	148.0	33.9
宁 夏	Ningxia	115767.2	283.6	221.9	61.7	253.9	29.8
新 疆	Xinjiang	372772.7	883.9	648.2	235.6	767.9	115.9

16-38 软件和信息技术服务业主要经济指标

Main Indicators on Software and Information Technology Services

年 份 地 区	Year Region	软件业务收入(亿元) Income from Software Related Business (100 million yuan)	#软件产品收入 Income from Software Products	#信息技术服务收入 Income from IT Services	#信息安全收入 Income from Information Safety	#嵌入式系统软件收入 Income from Embedded Systems and Software	其中：软件业务出口(亿美元) Of which: Export of Software (100 million USD)
	2010	13588.55	4930.53	6529.69		2128.33	267.35
	2011	18848.99	6192.15	9583.07		3073.77	346.19
	2012	24793.75	7857.24	12944.90		3991.61	394.24
	2013	30587.47	9876.84	16030.53		4680.10	469.14
	2014	37026.42	12198.50	18711.09		6116.83	486.71
	2015	42847.92	13656.14	22210.95		6980.82	494.87
	2016	48232.22	15027.83	26090.42		7113.98	499.46
	2017	55103.12	16983.57	30603.71		7515.84	541.16
	2018	61908.73	17378.56	37563.08	1162.92	5804.18	510.66
	2019	72071.87	20857.20	43580.34	1301.78	6332.55	569.39
	2020	81585.91	21045.01	52588.01	1293.78	6659.12	620.17
北 京	Beijing	15737.29	4379.67	10844.69	451.32	61.61	58.27
天 津	Tianjin	2374.93	374.84	1957.43	1.89	40.77	2.58
河 北	Hebei	170.40	47.37	111.65	0.86	10.52	1.44
山 西	Shanxi	69.30	23.85	40.44	1.33	3.67	0.02
内蒙古	Inner Mongolia	14.44	3.32	9.00	0.15	1.97	
辽 宁	Liaoning	1921.82	906.94	868.78	129.96	16.13	25.96
吉 林	Jilin	441.34	104.76	271.30	18.52	46.76	0.93
黑龙江	Heilongjiang	46.20	16.11	26.63	0.13	3.33	0.03
上 海	Shanghai	6571.32	1369.73	5192.15	6.84	2.61	45.12
江 苏	Jiangsu	10818.11	2941.60	6219.96	163.58	1492.96	148.97
浙 江	Zhejiang	7037.65	1667.93	4848.00	28.05	493.67	45.17
安 徽	Anhui	784.48	320.19	360.67	9.69	93.93	1.75
福 建	Fujian	2274.90	642.95	1311.92	10.65	309.38	8.97
江 西	Jiangxi	215.78	105.64	101.32	1.57	7.25	0.78
山 东	Shandong	5911.88	2064.30	2636.55	168.58	1042.44	9.17
河 南	Henan	404.60	100.20	275.99	3.74	24.67	0.67
湖 北	Hubei	1927.76	683.48	1130.75	64.84	48.69	2.70
湖 南	Hunan	941.87	261.14	538.63	9.41	132.68	3.40
广 东	Guangdong	13630.45	2667.80	8835.95	69.37	2057.33	227.24
广 西	Guangxi	546.38	70.06	470.47	1.60	4.26	0.15
海 南	Hainan	119.33	22.49	95.56	1.28		0.19
重 庆	Chongqing	2011.06	489.17	1239.75	39.72	242.42	2.34
四 川	Sichuan	4248.16	1219.62	2618.31	98.88	311.36	25.35
贵 州	Guizhou	267.83	30.38	228.94	4.83	3.68	0.29
云 南	Yunnan	107.55	10.61	94.67	1.08	1.20	
西 藏	Tibet						
陕 西	Shaanxi	2832.29	476.83	2148.92	2.42	204.13	8.68
甘 肃	Gansu	64.03	22.03	40.49	0.81	0.69	
青 海	Qinghai	4.76	0.20	4.24	0.30	0.02	
宁 夏	Ningxia	27.60	9.15	17.18	0.53	0.73	
新 疆	Xinjiang	62.37	12.63	47.64	1.86	0.23	

注：本表统计口径为主营业务收入500万元以上的软件和信息技术服务业等企业。

a) Data in the table cover software and IT service enterprises with revenue from principal business of over 5 million yuan.

16-39 按行业分企业信息化及电子商务情况(2020年)
Informatization and E-Commerce of Enterprises by Industrial Sector (2020)

行业	Industrial Sector	企业数(个) Number of Enterprises (unit)	期末使用计算机数(台) Computers Used at the End of Period (unit)	每百人使用计算机数(台) Computers Used Per 100 Persons (unit)	企业拥有网站数(个) Websites of All Enterprises (unit)	每百家企业拥有网站数(个) Websites Per 100 Enterprises (unit)
总计	**Total**	**1125204**	**57782891**	**34**	**553466**	**49**
采矿业	Mining	9954	1110224	26	3204	32
制造业	Manufacturing	362681	20044800	30	237152	65
电力、热力、燃气及水生产和供应业	Production and Supply of Electricity, Heat, Gas and Water	15005	2390376	69	7257	48
建筑业	Construction	123555	4591798	12	45149	37
批发和零售业	Wholesale and Retail Trades	269590	6886893	56	96426	36
交通运输、仓储和邮政业	Transport, Storage and Post	39775	3139031	38	16008	40
住宿和餐饮业	Hotels and Catering Services	54866	1054038	26	19931	36
信息传输、软件和信息技术服务业	Information Transmission, Software and Information Technology	24095	7498666	134	23500	98
房地产业	Real Estate	118600	2902186	40	42945	36
租赁和商务服务业	Leasing and Business Services	44343	2431599	27	23113	52
科学研究和技术服务业	Scientific Research and Technical Services	24889	2964481	87	17420	70
水利、环境和公共设施管理业	Management of Water Conservancy, Environment and Public Facilities	5628	224657	15	2795	50
居民服务、修理和其他服务业	Service to Households, Repair and Other Services	8112	181961	14	3071	38
教育	Education	5212	1032180	108	3809	73
卫生和社会工作	Health and Social Service	6485	704876	60	4964	77
文化、体育和娱乐业	Culture, Sports and Entertainment	12414	625125	73	6722	54

注：1.分行业企业数根据《信息化和电子商务应用情况》2020年度调查结果汇总。
2.有电子商务交易活动的企业是指通过互联网开展电子商务销售或电子商务采购的企业(下表同)。

a) The number of enterprises by sector is summarized according to the survey result of Data on informatization and e-commerce in 2020.

b) Enterprises with E-commerce transactions refers to those enterprises which carry out sales or purchases through Internet. The same applies to the following tables.

16-39 续表 continued

行 业	Industry	有电子商务交易活动 With E-Commerce Transactions 企业数(个) Enterprises (unit)	比重(%) Proportion (%)	电子商务销售额(亿元) Sales Through E-commerce (100 million yuan)	电子商务采购额(亿元) Purchases Through E-commerce (100 million yuan)
总 计	**Total**	**124552**	**11.1**	**189334.7**	**109133.4**
采矿业	Mining	365	3.7	552.4	708.0
制造业	Manufacturing	38839	10.7	60164.3	42231.9
电力、热力、燃气及水生产和供应业	Production and Supply of Electricity, Heat, Gas and Water	979	6.5	1456.1	2345.3
建筑业	Construction	4323	3.5	185.6	8948.6
批发和零售业	Wholesale and Retail Trades	38708	14.4	97859.2	49082.5
交通运输、仓储和邮政业	Transport, Storage and Post	2448	6.2	6524.3	779.3
住宿和餐饮业	Hotels and Catering Services	19452	35.5	1430.0	60.6
信息传输、软件和信息技术服务业	Information Transmission, Software and Information Technology	5023	20.8	14698.8	1973.6
房地产业	Real Estate	3693	3.1	390.3	44.7
租赁和商务服务业	Leasing and Business Services	3810	8.6	4467.8	1806.6
科学研究和技术服务业	Scientific Research and Technical Services	2070	8.3	298.6	1058.4
水利、环境和公共设施管理业	Management of Water Conservancy, Environment and Public Facilities	708	12.6	52.6	8.2
居民服务、修理和其他服务业	Service to Households, Repair and Other Services	640	7.9	90.1	16.2
教育	Education	424	8.1	812.8	15.5
卫生和社会工作	Health and Social Service	555	8.6	32.5	27.0
文化、体育和娱乐业	Culture, Sports and Entertainment	2515	20.3	319.3	26.8

16-40 分地区企业信息化及电子商务情况(2020年)
Informatization and E-Commerce of Enterprises by Region (2020)

地区	Region	企业数(个) Number of Enterprises (unit)	期末使用计算机数(台) Computers Used at the End of Period (unit)	每百人使用计算机数(台) Computers Used Per 100 Persons (unit)	企业拥有网站数(个) Websites of All Enterprises (unit)	每百家企业拥有网站数(个) Websites Per 100 Enterprises (unit)	有电子商务交易活动 With E-commerce Transactions 企业数(个) Enterprises (unit)	比重(%) Proportion (%)	电子商务销售额(亿元) Sales Through E-commerce (100 million yuan)	电子商务采购额(亿元) Purchases Through E-commerce (100 million yuan)
全国	**National Total**	**1125204**	**57782891**	**34**	**553466**	**49**	**124552**	**11.1**	**189334.7**	**109133.4**
北京	Beijing	38865	5032437	77	22366	58	8877	22.8	25831.8	15296.4
天津	Tianjin	21134	1057711	43	8429	40	1441	6.8	4342.0	2404.0
河北	Hebei	31922	1429512	31	16370	51	2464	7.7	4402.3	1717.6
山西	Shanxi	18831	845635	26	6018	32	1222	6.5	2322.6	928.4
内蒙古	Inner Mongolia	9903	528836	35	3776	38	683	6.9	2799.9	2013.7
辽宁	Liaoning	27360	1391234	38	12305	45	1584	5.8	4326.0	2646.9
吉林	Jilin	10779	511241	36	4368	41	595	5.5	525.8	346.7
黑龙江	Heilongjiang	11396	684724	46	4328	38	631	5.5	687.2	367.8
上海	Shanghai	48541	4511223	63	27643	57	5434	11.2	23624.8	14097.3
江苏	Jiangsu	120188	5751294	29	66556	55	12511	10.4	13189.1	7713.0
浙江	Zhejiang	103362	4719793	32	49142	48	12563	12.2	12124.5	4377.1
安徽	Anhui	42843	1547722	27	24581	57	5698	13.3	6281.1	2734.4
福建	Fujian	54017	1874018	22	21380	40	6403	11.9	5082.2	1767.2
江西	Jiangxi	32067	1077845	24	15605	49	3259	10.2	3294.2	1585.2
山东	Shandong	77882	3171601	30	38570	50	9777	12.6	13819.8	7629.8
河南	Henan	55912	1797652	21	23848	43	4191	7.5	4254.2	2672.1
湖北	Hubei	40973	1828064	30	24141	59	4545	11.1	5078.7	2946.9
湖南	Hunan	44240	1482739	25	20982	47	4834	10.9	4185.8	2820.2
广东	Guangdong	150056	9914338	43	85688	57	16936	11.3	30533.8	21879.3
广西	Guangxi	21058	884642	29	5725	27	2136	10.1	2116.5	1223.0
海南	Hainan	4148	216286	42	1874	45	578	13.9	941.7	321.6
重庆	Chongqing	23414	1197952	27	10928	47	3199	13.7	5810.3	2148.4
四川	Sichuan	46540	2359810	29	22806	49	5876	12.6	5901.6	4405.0
贵州	Guizhou	16052	560259	29	6505	41	1697	10.6	1628.1	772.3
云南	Yunnan	17693	787004	34	6748	38	2055	11.6	2324.4	1358.1
西藏	Tibet	1250	40868	36	593	47	120	9.6	75.2	12.3
陕西	Shaanxi	26145	1334689	38	12363	47	3038	11.6	2118.6	1019.1
甘肃	Gansu	9139	379220	28	3934	43	803	8.8	543.9	815.7
青海	Qinghai	2288	139604	42	980	43	235	10.3	201.6	197.4
宁夏	Ningxia	3546	180326	34	1600	45	315	8.9	235.5	193.8
新疆	Xinjiang	13660	544612	30	3314	24	852	6.2	731.3	722.7

主要统计指标解释

铁路营业里程 又称营业长度，指投入客货运输营业或临时营业的线路长度。

电气化里程 指具备了电力机车牵引条件，并已交付运营的线路里程。

公路里程 指报告期末公路的实际长度。统计范围：包括城间、城乡间、乡（村）间能行驶汽车的公共道路，公路通过城镇街道的里程，公路桥梁长度、隧道长度、渡口宽度。不包括城市街道里程，断头路里程，农（林）业生产用道路里程，工（矿）企业等内部道路里程。统计原则：按已竣工验收或交付使用的实际里程计算；两条或多条公路共同经由同一路段的重复里程，只计算一次。

内河航道里程 指在一定时期内，能通航运输船舶及排筏的天然河流、湖泊水库、运河及通航渠道的长度。包括全年季节性通航累计三个月以上的航道，不包括仅供零散流放竹、木排的河道。两省以河为界的航道里程，双方均按一半计算，以免重复。

定期航班航线里程 指定期航班营运里程的总长度，以万公里为计算单位。航线里程的统计分为按重复距离计算和按不重复距离计算两种形式。“按重复距离计算”是指不同航线的相同航段距离可以重复累加；“按不重复距离计算”则不同航线相同航段只统计一次。

管道输油(气)里程 指油、气、成品油等各类介质实际输送距离，是反映运输管线长度的指标，也是计算周转量的依据。对于有复线和备用线的地段，原则上按单线计算管输里程。双线同时输送又不能分开计量的情况下，管输里程为双线长度之和除以2。

货(客)运量 指在一定时期内，各种运输工具实际运送的货物重量(旅客数量)。货运按吨计算，客运按人计算。货物不论运输距离长短、货物类别，均按实际重量统计。旅客不论行程远近或票价多少，均按一人一次客运量统计；半价票、儿童票也按一人统计。

货物(旅客)周转量 指在一定时期内，由各种运输工具运送的货物(旅客)数量与其相应运输距离的乘积之总和。该指标可以反映运输业生产的总成果，也是编制和检查运输生产计划，计算运输效率、劳动生产率以及核算运输单位成本的主要基础资料。计算货物周转量通常按发出站与到达站之间的最短距离，也就是计费距离计算。计算公式为：

货物（旅客）周转量=Σ（货物（旅客）运输量×运输距离）

港口货物吞吐量 指经由水路进、出港区范围，并经过装卸的货物数量。按货物流向分为进港吞吐量和出港吞吐量，按货物的贸易性质分为内贸和外贸吞吐量。货物类别根据现行的交通行业《运输货物分类和代码》标准分类。

民用运输船舶拥有量 指报告期末在水路运输管理部门注册登记的从事水上客、货运输活动的我国企业或私人拥有的营业性运输船舶（含我国企业或私人拥有的悬挂外国旗的船舶）数量。不包括非运输船舶及农业、渔业生产船舶。

民用汽车拥有量 指报告期末，在公安交通管理部门按照《机动车注册登记工作规范》，已注册登记领有民用车辆牌照的全部汽车数量。汽车拥有量统计的主要分类：根据汽车结构分为载客汽车、载货汽车及其他汽车；根据汽车所有者不同分为个人(私人)汽车、单位汽车；根据汽车的使用性质分为营运汽车、非营运汽车；根据汽车大小规格不同，载客汽车分为大型、中型、小型和微型，载货汽车分为重型、中型、轻型和微型。

邮政、电信业务总量 指以货币形式表示的邮政、电信通信企业为社会提供各类邮政、电信通信服务的总数量。计算方法为各类业务的实物量分别乘以相应的不变单价，求出各类业务的货币量加总求得。没有不变单价的业务按其业务收入直接相加。

移动电话用户 指在电信运营企业营业网点办理开户登记手续，通过移动电话交换机进入移动电话网，占用移动电话号码的各类电话用户。包括各类签约用户、智能网预付费用户、无线上网卡用户。

互联网上网人数 指过去半年内使用过互联网的6周岁及以上中国居民人数。

固定电话用户 指在电信企业营业网点办理开户登记手续并已接入固定电话网上的全部电话用户。

住宅电话用户 指私人付费或安装在居民住宅并按照私人或住宅电话用户登记注册和收费的各类电话用户。

固定长途电话交换机容量 指电信企业用于接入长途电话网的电话交换机的设备额定容量。

局用交换机容量 指安装在电信企业内用于接续本地固定电话的电话交换机容量，不包括接入网设备容量。

移动电话交换机容量 指移动电话交换机根据一定话务模型和交换机处理能力计算出来的最大同时服务用户的数量。按报告期末已割接入网正式投入使用的设备实际容量统计。

互联网宽带接入端口 指用于接入互联网用户的各类实际安装运行的接入端口的数量，包括xDSL用户接入端口、LAN接入端口、其他类型接入端口等，不包括窄带拨号接入端口。

计算机（数） 指报告期末企业（单位）使用的计算机数量，包括台式机、笔记本电脑和平板电脑。

互联网 指在世界范围内的公共计算机网络。它提供一系列通信服务（包括万维网）的接入，并传送电子邮件、新闻、娱乐和数据文件等。

网站 指在公共互联网上，面向公众使用的，基于TCP/IP协议的计算机系统，以域名本身或者“WWW.+域名”为网址的web站点，由地址、软件、硬件和内容组成。

电子商务销售额 指报告期内企业（单位）借助网络订单而销售的商品和服务总额（包含增值税），借助网络订单指通过网络接受订单，付款和配送可以不借助于网络。

电子商务采购额 指报告期内企业（单位）借助网络订单而采购的商品和服务总额（包含增值税），借助网络订单指通过网络发送订单，付款和配送可以不借助于网络。

Explanatory Notes on Main Statistical Indicators

Length of Railways in Operation refers to the total length of the trunk line for passenger and freight transportation in full operation or temporary operation.

Length of Electrified Trunk Line refers to the length of the trunk line put into operation, capablc for the running of electrified locomotives.

Length of Highways refers to the actual length of highways at the end of reference period. It covers public roads running vehicles between cities, between urban and rural areas, and between townships (villages), as well as highways passing through streets at small cities and towns, length of bridges and tunnels, width of ferry piers. It does not include the length of streets in cities, dead end highways, the length of streets built for agricultural (forest) production and inside factories (mines). Mileage can only be included when the road is completed, checked and accepted or put into operation. If two or more highways use the same section, the length of the section is counted only once.

Length of Navigable Inland Waterways refers to the length of natural rivers, lakes, reservoirs and canals that are open to navigation for ships and rafts during a given period. It includes the channels with annual seasonal navigation for more than three months, excluding waterways for scattered bamboo and wooden rafts. If two provinces share one river as the border, the length of waterways will be equally divided for each province to avoid duplication.

Length of Regular Civil Aviation Routes refers to the total length of all routes for scheduled flights, which is calculated using 10,000 kilometres as the measuring unit. There are usually two ways to calculate the route length: duplicated calculation and non-duplicated calculation. Duplicated calculation means that the same segment of different routes can be added with duplication, while the non-duplicated calculation allows the same segment of different routes to be counted only once.

Length of Oil (Gas) Pipelines refers to the actual transport distance of oil, gas and oil products, an indicator to reflect the length of pipeline routes and a reference to calculate the freight-kilometers. For those sections with double pipelines and alternate pipelines, the lcngth will be calculated according to the length of single pipeline in principle. If the double pipelines perform the transportation at the same time and is unable to be counted separately, the length of pipelines will be the length of double pipelines divided by 2.

Freight (Passenger) Traffic refers to the weight of freight (number of passengers) transported with various means within a specific period of time. Freight transport is calculated in tons and passenger traffic is calculated in terms of number of persons. Freight transport is calculated in terms of the actual weight of the goods, irrespective of the type of freight and distance of transport. Passenger traffic is calculated by the principle that one person can be counted only once in one trip, irrespective of travelling distance and ticket price. The passengers who travel with a discounted ticket or a children ticket is also calculated as one person.

Freight Ton-kilometres (Passenger-kilometres) refers to the sum of the product of the volume of transported cargo (passengers) multiplied by the transport distance. AS an indicator to reflect the achievement of the transportation industry, this is an important indicator to show the total results of the transport industry; to prepare and examine the transport plan; and to serve as the main basic data for calculating the efficiency, labour productivity and unit cost of transport. Normally, the shortest distance between the departure station and the destination station (i.e., the payable distance) is the basis in calculating the freight ton-kilometres. The formula is as follows:

$$\frac{\text{Freight ton - kilometres}}{\text{(passenger - kilometres)}} = \sum \frac{\text{freight}}{\text{(passenger)traffic}} \times \frac{\text{distance of}}{\text{transportation}}$$

Volume of Freight Handled in Coastal Ports refers to the volume of cargo passing in and out of the harbour area of the major coastal ports and having been loaded and unloaded. The volume of freight handled may be classified by direction of cargo flow as inbound freight and outbound freight, or by nature of trading as freight for domestic trade and freight for foreign trade. It can also be classified by type of freight based on the existing standard classification for transportation industry "*Classification and Coding for Freight*".

Possession of Civil Transport Vessels refers to the total number of operating transport vessels at the end of reference period, owned by Chinese enterprises or privately, that are registered in the water transport management agencies and permitted to perform cargo or passenger transport activities (including vessels with foreign flags but owned by Chinese enterprises or citizens). Non-transport vessels and vessels used for agriculture and fishery are not included.

Possession of Civil Motor Vehicles refer to the total numbers of vehicles at the end of the reference period that are registered and reccivcd vehicles license according to the *Working Regulations for Motor Vehicle Registration* formulated by the transport management offices. Motor vehicles are classified into different categories. By the structure of motor vehicles, they are divided into passenger vehicles, trucks and others; by ownership, into private vehicles and vehicles for the unit's use; by usage, into business vehicles and non-business vehicles; and by size of vehicles, into large passenger vehicles, medium-sized passenger vehicles, small passenger vehicles and mini passenger vehicles, heavy trucks, light-heavy trucks, light trucks and mini-trucks.

Business Volume of Post and Telecommunications refers to the total amount of postal and telecommunication services, expressed in value terms, provided by the post and telecommunications departments for the society. Business volume of post and telecommunications is the sum of each service in kind multiplying with its correspondent unit price (constant price). For business activities without constant price, the business revenue is added up directly.

Mobile Phone Subscribers refer to persons who have gone through registration procedures in the operation outlets of enterprises engaged in telecommunications and are hence connected with the mobile phone communication network through the mobile phone switchboards and occupy mobile phone numbers. Included are various types of contracted subscribers, prepaid users for intelligent network and wireless network card users.

Internet Users refer to the number of Chinese citizens aged 6 and over who use the Internet in the past six months.

Fixed Telephone Subscribers refer to all subscribers who have gone through registration procedures in the operation outlets of enterprises engaged in telecommunications and are hence connected to the local telecommunications service provider through fixed line network.

Household Telephone Subscribers refer to all kinds of subscribers with telephone sets paid privately or installed in the dwelling units of residents, and registered with payment as private subscribers or residence subscribers.

Capacity of Fixed Long Distance Telephone Exchanges refers to the rated capacity of telephone exchanges to connect long distance telephone network by enterprises engaged in telecommunications.

Capacity of Office Telephone Exchanges refers to the capacity (measured in gate) of telephone exchanges installed in the offices of telecommunication service providers for communication between fixed telephones. The capacity of access network equipment is not included.

Capacity of Mobile Phone Exchanges refers to the capacity of the maximum services provided to subscribers at any one time as computed based on a certain model of calls distribution and transacting capacity of the mobile phone exchanges. It is calculated based on the actual capacity of equipment connected to network through cutover and put into operation officially at the end of the reference period.

Broadband Connection Terminals refer to the connection terminals to internet users actually installed and put into operation, including connection terminals for XDSL, connection terminals for LAN, and other types of connection terminals. N-ISDN connection terminals are not included.

Number of Computers refer to the number of computers used by enterprises (entities) at the end of reference period, including desktop computers, notebook computers and tablet computers.

Internet refers to the worldwide public computer network which provides access to a range of communication services (including the World Wide Web) and transmits e-mail, news, entertainment, data files, etc.

Websites refer to the computer system based on TCP / IP protocol, which is used by the public on the public Internet. It takes the domain name or "www. + domain name" as the website address and is composed of address, software, hardware and content.

Sales Through E-commerce refer to the total value of goods and services (including value-added tax) sold by enterprises (entities) with the help of online orders during the reference period. With the help of online orders means receiving orders by internet or public networks automatically, while payments and distributions may not need the help of network.

Purchases Through E-commerce refer to the total value of goods and services (including value-added tax) purchased by enterprises (entities) with the help of online orders during the reference period. With the help of online orders means placing orders by internet or public networks automatically, while payments and distributions may not need the help of network.

17

住宿、餐饮业和旅游

Hotels, Catering Services and Tourism

简 要 说 明

一、本篇资料的主要内容

本篇资料主要反映住宿和餐饮业的发展与经营情况以及旅游产业的发展状况。主要内容包括：限额以上住宿和餐饮业基本情况、经营情况、财务状况；连锁餐饮业经营情况；旅行社、星级饭店基本情况；入境、出境旅游人数，国内居民旅游人数，以及国际、国内旅游收入等。

二、本篇资料的统计范围

限额以上住宿和餐饮业法人企业、个体经营户，餐饮业连锁总店（总部），旅行社，星级饭店和旅游者。限额以上住宿和餐饮业统计单位是指年主营业务收入 200 万元及以上的住宿和餐饮业统计单位。

三、本篇的资料来源

本篇资料中住宿和餐饮业统计数据是根据《住宿和餐饮业统计报表制度》进行搜集和加工整理而得；旅游产业统计数据主要根据文化和旅游部、国家移民管理局有关资料编制而成。

四、本篇的统计调查方法

本篇资料中限额以上住宿和餐饮业法人企业、个体经营户，以及餐饮业连锁总店（总部）资料采用全面调查方法取得；限额以下法人企业和个体经营户资料采用抽样调查方法推算。旅游数据中国际、国内旅游收入和国内旅游人数等指标采用抽样调查方法推算，其余数据均为全面调查统计取得。

Brief Introduction

I. Main Contents

Data in this chapter reflect the development of hotel and catering services and tourism in China. They mainly include: basic conditions, operating and financial status of hotel and catering services above the designated size; operating status of chain catering services; basic conditions of travel agencies and star-rated hotels; number of international tourists and Chinese residents going abroad, number of domestic tourists and income from international and domestic tourism.

II. Scope of Statistics

Data in this chapter cover the corporate enterprises of hotel and catering services above the designated size, self-employed households of hotel and catering services; headquarters of chain catering services, travel agencies, star-rated hotels and tourists; The statistical units of the enterprises of hotel and catering services above the designated size refer to those with an annual income from main business at and over 2 million yuan.

III. Sources of Data

Data on hotels and catering services in this chapter are collected and compiled according to the *Statistical Reporting System on Hotels and Catering Services*. Data on tourism are from Ministry of Culture and Tourism and National Immigration Administration.

IV. Methods of Survey

Data on corporate enterprises of hotel and catering services above the designated size and headquarters of chain catering services are collected from the comprehensive reporting system. Data on the enterprises of hotel and catering services below the designated size and self-employed households are compiled from the results of sample survey. Data on tourism are from the comprehensive reporting system, except for those on earnings from international and domestic tourism and number of domestic tourists, which are from sample surveys.

17-1 限额以上住宿和餐饮业企业主要指标
Main Indicators of Enterprises above Designated Size of Hotels and Catering Services

指　标		Item		2016	2017	2018	2019	2020
住宿和餐饮业		**Hotels and Catering Services**						
法人企业	(个)	Number of Corporate Enterprises	(unit)	45855	45664	46872	53711	58182
年末从业人数	(万人)	Employed Persons at Year-end	(10 000 persons)	407.4	405.3	412.2	434.8	424.3
营业额	(亿元)	Business Revenue	(100 million yuan)	8938.2	9276.7	9682.6	10901.0	9367.0
#餐费收入	(亿元)	From Meals	(100 million yuan)	5967.9	6135.4	6405.4	7349.5	6545.7
住宿业		**Hotels**						
法人企业	(个)	Number of Corporate Enterprises	(unit)	19496	19780	20614	23793	25281
年末从业人数	(万人)	Employed Persons at Year-end	(10 000 persons)	186.3	182.1	178.0	182.0	166.6
营业额	(亿元)	Business Revenue	(100 million yuan)	3811.1	3963.9	4059.7	4343.6	3329.7
#客房收入	(亿元)	From Hotel Rooms	(100 million yuan)	1907.2	2051.2	2130.6	2345.6	1777.8
餐费收入	(亿元)	From Meals	(100 million yuan)	1405.8	1403.3	1407.7	1463.0	1100.0
客房数	(万间)	Number of Rooms	(10 000 rooms)	378.3	393.2	394.8	422.8	450.2
床位数	(万位)	Number of Beds	(10 000 beds)	605.5	626.2	637.3	677.5	715.1
餐饮业		**Catering Services**						
法人企业	(个)	Number of Corporate Enterprises	(unit)	26359	25884	26258	29918	32901
年末从业人数	(万人)	Employed Persons at Year-end	(10 000 persons)	221.1	223.2	234.2	252.8	257.7
营业额	(亿元)	Business Revenue	(100 million yuan)	5127.1	5312.8	5622.9	6557.4	6037.3
#餐费收入	(亿元)	From Meals	(100 million yuan)	4562.1	4732.1	4997.7	5886.6	5445.7

17-2 按登记注册类型和行业分限额以上住宿业企业主要指标(2020年)

单位：亿元

指标	Item	法人企业(个) Number of Corporate Enterprises (unit)	年末从业人数(人) Employed Persons at Year-end (person)	营业额 Business Revenue	#客房收入 From Hotel Rooms	#餐费收入 From Meals
住宿业合计	**Hotels**	**25281**	**1666224**	**3329.7**	**1777.8**	**1100.0**
按登记注册类型分	**By Status of Registration**					
内资企业	**Domestic Invested Enterprises**	**24407**	**1520582**	**2968.6**	**1613.8**	**985.1**
国有企业	State-owned Enterprises	1215	144216	232.5	90.7	88.5
集体企业	Collective-owned Enterprises	184	11502	21.6	9.1	7.1
股份合作企业	Cooperative Enterprises	50	3110	6.9	3.2	2.7
联营企业	Joint Ownership Enterprises	20	1833	4.1	2.3	1.4
有限责任公司	Limited Liability Corporations	5377	531625	1045.1	516.3	354.8
国有独资公司	State Sole-proprietorship Corporations	529	77817	136.6	54.2	50.1
其他有限责任公司	Other Limited Liability Corporations	4848	453808	908.5	462.1	304.7
股份有限公司	Share-holding Corporations Ltd.	254	31753	67.2	31.5	22.4
私营企业	Private Enterprises	17285	795752	1590.1	960.1	507.9
私营独资企业	Private Sole-proprietorship Enterprises	1152	38020	80.3	46.6	28.3
私营合伙企业	Private Partnership Enterprises	222	7558	16.3	8.6	6.4
私营有限责任公司	Private Limited Liability Corporations	15744	739774	1473.0	893.5	466.5
私营股份有限公司	Private Share-holding Corporations Ltd.	167	10400	20.6	11.4	6.7
其他企业	Other Enterprises	22	791	1.1	0.8	0.2
港、澳、台商投资企业	**Enterprises with Investment from Hong Kong, Macao and Taiwan**	**531**	**94825**	**234.0**	**106.3**	**79.4**
合资经营企业	Joint-venture Enterprises	196	38816	90.9	40.6	30.3
合作经营企业	Cooperative Enterprises	39	8154	17.8	7.2	7.2
独资经营企业	Sole-proprietorship Enterprises	282	46486	122.3	56.9	40.8
投资股份有限公司	Share-holding Corporations Ltd.	8	995	2.3	1.2	0.9
其他港澳台商投资企业	Other Enterprises with Investment from Hong Kong, Macao and Taiwan	6	374	0.7	0.4	0.2
外商投资企业	**Foreign Invested Enterprises**	**343**	**50817**	**127.1**	**57.7**	**35.5**
中外合资经营企业	Joint-venture Enterprises	125	19534	54.0	22.0	15.1
中外合作经营企业	Cooperative Enterprises	13	4230	12.2	5.0	2.1
外资企业	Sole-proprietorship Enterprises	185	24881	56.3	28.1	17.3
外商投资股份有限公司	Share-holding Corporations Ltd.	9	1243	3.0	1.8	0.5
其他外商投资企业	Other Foreign Invested Enterprises	11	929	1.6	0.9	0.5
按国民经济行业分	**By Sector**					
旅游饭店	Tourist Hotel	12538	1190223	2342.9	1110.5	876.4
一般旅馆	General Hotels	11584	424873	884.7	606.5	194.7
民宿服务	Home Lodging Services	222	4826	10.8	7.2	2.8
露营地服务	Campground Services	17	719	1.3	0.5	0.2
其他住宿业	Others	920	45583	90.2	53.0	25.8

Main Indicators of Enterprises above Designated Size of Hotels by Status of Registration and Sector (2020)

(100 million yuan)

资产总计 Total Assets	#流动资产合计 Total Current Assets	#固定资产净额 Net Value of Fixed Assets	负债合计 Total Liabilities	所有者权益合计 Total Owners' Equities	营业收入 Business Revenue	营业成本 Business Cost	税金及附加 Taxes and Other Charges	利润总额 Total Profits
15974.6	**6801.8**	**4548.5**	**12350.0**	**3600.1**	**3292.6**	**1501.7**	**56.5**	**-414.5**
12940.6	**5455.3**	**3671.6**	**10131.3**	**2791.3**	**2929.1**	**1354.8**	**43.7**	**-351.4**
978.1	289.2	398.1	495.1	480.8	227.6	93.5	4.2	-35.3
53.7	19.8	22.4	40.0	13.2	21.2	8.0	0.2	-0.8
28.7	6.1	12.6	45.5	-16.8	6.9	4.4	0.3	-5.2
16.8	3.4	9.8	13.5	3.3	4.0	1.3		-0.8
6165.2	2558.3	1866.3	4652.0	1498.5	1055.5	468.2	20.6	-171.9
842.5	285.1	283.3	492.7	349.2	146.8	74.0	3.3	-28.2
5322.7	2273.2	1582.9	4159.3	1149.3	908.7	394.2	17.3	-143.7
505.6	263.2	102.2	290.5	215.1	68.9	27.3	3.0	-1.1
5191.0	2314.4	1260.1	4593.0	597.3	1544.0	751.6	15.3	-136.4
125.0	45.0	33.5	77.0	47.6	77.6	45.0	0.8	4.1
25.6	10.1	7.5	16.0	9.4	15.9	9.4	0.2	0.9
4959.1	2230.7	1194.3	4434.2	524.2	1430.4	686.8	14.0	-138.9
81.4	28.6	24.8	65.9	16.2	20.1	10.5	0.2	-2.4
1.6	0.8	0.2	1.7	-0.1	1.1	0.5		
1678.7	**621.6**	**573.1**	**1302.6**	**374.7**	**231.8**	**92.2**	**9.2**	**-41.3**
708.8	291.8	190.7	642.6	66.8	88.4	30.9	3.6	-14.2
84.9	36.9	33.8	50.6	34.3	17.0	7.9	0.5	-1.9
873.8	289.5	345.5	599.5	272.3	123.3	52.3	5.2	-24.7
5.3	2.0	2.3	4.5	0.8	2.3	0.6		-0.2
5.9	1.4	0.8	5.4	0.5	0.8	0.5		-0.3
1355.3	**725.0**	**303.8**	**916.1**	**434.1**	**131.7**	**54.7**	**3.7**	**-21.8**
653.7	276.8	129.2	355.1	295.0	53.6	17.0	2.2	-10.6
64.3	23.5	36.6	37.9	26.3	13.4	9.2	0.1	-1.5
613.9	414.7	129.9	509.2	104.6	60.1	27.6	1.2	-9.2
16.0	8.2	3.2	7.9	6.8	3.0	0.4		-0.6
7.4	1.7	4.8	6.0	1.4	1.5	0.5	0.1	
12902.4	5335.3	3888.0	9969.9	2914.9	2318.7	998.9	45.7	-342.9
2571.6	1211.3	546.1	1995.4	570.4	874.8	451.4	9.0	-59.7
47.5	24.0	6.2	21.2	26.3	10.2	6.4	0.1	-1.3
11.7	4.6	2.5	7.4	5.4	1.3	0.6		0.1
441.4	226.6	105.6	356.1	83.2	87.6	44.4	1.7	-10.7

17-3 分地区限额以上住宿业企业主要指标(2020年)

Main Indicators of Enterprises above Designated Size of Hotels by Region (2020)

单位：亿元 (100 million yuan)

地 区	Region	法人企业(个) Number of Corporate Enterprises (unit)	年末从业人数(人) Employed Persons at Year-end (person)	营业额 Business Revenue	#客房收入 From Hotel Rooms	#餐费收入 From Meals	资产总计 Total Assets	#流动资产合计 Total Current Assets	#固定资产净额 Net Value of Fixed Assets
全 国	**National Total**	**25281**	**1666224**	**3329.7**	**1777.8**	**1100.0**	**15974.6**	**6801.8**	**4548.5**
北 京	Beijing	1164	96155	256.3	126.1	52.4	1521.3	653.1	451.6
天 津	Tianjin	315	15546	29.5	18.6	5.6	219.1	108.4	64.9
河 北	Hebei	534	44102	64.7	28.9	27.1	395.5	152.4	128.1
山 西	Shanxi	445	33645	40.3	21.1	14.3	179.8	68.1	64.0
内蒙古	Inner Mongolia	311	18958	27.7	15.5	10.3	112.7	45.0	47.7
辽 宁	Liaoning	486	29972	45.9	23.2	13.4	311.7	112.1	102.5
吉 林	Jilin	197	14862	19.1	10.3	6.4	144.1	43.5	60.8
黑龙江	Heilongjiang	181	12105	15.0	8.8	4.0	108.9	25.7	51.2
上 海	Shanghai	1104	71323	225.9	127.2	48.7	1268.5	575.1	349.3
江 苏	Jiangsu	1362	96653	205.8	98.8	85.9	989.5	329.4	347.5
浙 江	Zhejiang	1735	136471	302.1	146.6	121.9	1278.9	525.2	395.4
安 徽	Anhui	716	47037	81.3	37.8	31.9	297.6	101.7	94.7
福 建	Fujian	1211	86656	213.0	94.3	102.6	911.7	363.5	238.9
江 西	Jiangxi	798	41062	78.6	43.5	29.2	303.7	106.2	84.9
山 东	Shandong	1183	83481	139.3	69.7	53.8	468.9	193.4	164.5
河 南	Henan	1481	80440	120.1	64.6	44.4	433.0	177.7	106.6
湖 北	Hubei	934	47565	96.6	57.2	30.8	320.6	100.1	91.9
湖 南	Hunan	1102	65079	149.0	80.2	54.7	428.6	175.6	110.1
广 东	Guangdong	3003	213780	427.1	235.9	116.6	2208.9	1353.9	399.1
广 西	Guangxi	799	47993	76.3	46.6	20.1	323.8	129.9	101.5
海 南	Hainan	344	48686	106.5	68.6	26.8	995.5	372.6	322.8
重 庆	Chongqing	534	33973	80.2	45.4	26.4	314.6	139.6	80.8
四 川	Sichuan	1512	83015	163.7	90.2	58.2	698.2	284.1	164.1
贵 州	Guizhou	808	37691	73.6	49.0	17.4	372.0	164.9	79.5
云 南	Yunnan	771	48041	73.9	48.1	17.7	354.2	130.9	112.7
西 藏	Tibet	92	4816	8.7	5.8	2.0	65.2	13.5	24.5
陕 西	Shaanxi	1188	68974	125.0	64.7	51.4	507.6	189.0	169.4
甘 肃	Gansu	411	25072	36.4	21.9	12.1	185.0	74.7	50.2
青 海	Qinghai	122	5979	8.2	6.0	1.8	52.6	20.4	14.5
宁 夏	Ningxia	73	4550	6.5	3.6	2.2	35.0	15.8	12.1
新 疆	Xinjiang	365	22542	33.4	19.7	9.9	168.0	56.5	62.8

17-3 续表 continued

单位：亿元 (100 million yuan)

地　区	Region	负债合计 Total Liabilities	所有者权益合计 Total Owners' Equities	营业收入 Business Revenue	营业成本 Business Cost	税金及附加 Taxes and Other Charges	利润总额 Total Profits
全　国	**National Total**	**12350.0**	**3600.1**	**3292.6**	**1501.7**	**56.5**	**-414.5**
北　京	Beijing	1159.9	356.7	246.9	88.5	10.2	-67.9
天　津	Tianjin	210.1	8.5	31.6	11.9	0.5	-9.0
河　北	Hebei	362.8	34.0	63.3	27.4	1.4	-16.8
山　西	Shanxi	166.8	12.7	40.9	17.3	0.8	-6.7
内蒙古	Inner Mongolia	101.0	12.5	27.4	10.7	0.2	-3.6
辽　宁	Liaoning	274.2	38.0	45.8	19.9	1.5	-13.7
吉　林	Jilin	116.8	27.7	18.8	7.9	0.4	-7.9
黑龙江	Heilongjiang	75.0	34.0	15.0	5.9	0.2	-5.1
上　海	Shanghai	892.3	378.3	227.9	104.9	5.5	-38.8
江　苏	Jiangsu	701.8	290.9	197.8	81.5	1.0	-29.8
浙　江	Zhejiang	1042.8	238.2	291.8	112.7	1.8	-34.8
安　徽	Anhui	236.0	61.1	78.7	37.8	1.1	-6.7
福　建	Fujian	529.0	380.0	209.5	108.8	3.6	-13.5
江　西	Jiangxi	210.6	90.9	78.0	40.5	1.3	-2.2
山　东	Shandong	377.8	91.6	135.2	55.0	0.6	-17.7
河　南	Henan	308.7	119.5	117.7	56.9	2.0	-4.4
湖　北	Hubei	239.8	79.9	93.2	45.0	1.2	-4.9
湖　南	Hunan	302.0	123.8	145.1	84.9	2.6	-2.5
广　东	Guangdong	2002.8	203.6	428.2	190.7	5.4	-53.4
广　西	Guangxi	250.8	74.7	74.0	29.5	0.8	-10.5
海　南	Hainan	738.9	254.5	118.8	37.2	6.3	-4.2
重　庆	Chongqing	265.3	46.3	77.5	42.6	1.1	-5.7
四　川	Sichuan	550.8	146.5	160.0	82.7	2.1	-10.3
贵　州	Guizhou	246.0	124.3	82.7	49.2	0.9	-4.3
云　南	Yunnan	251.7	100.9	71.7	37.3	0.8	-9.0
西　藏	Tibet	22.0	43.1	8.5	3.2		-0.4
陕　西	Shaanxi	431.5	73.2	122.5	65.4	1.8	-19.1
甘　肃	Gansu	117.3	67.5	36.1	18.7	0.6	-3.8
青　海	Qinghai	29.0	21.4	8.2	4.5	0.1	-1.1
宁　夏	Ningxia	31.0	3.2	6.4	3.9		-1.4
新　疆	Xinjiang	105.8	62.4	33.3	19.4	0.5	-5.1

17-4 按登记注册类型和行业分限额以上餐饮业企业主要指标(2020年)

单位：亿元

指标	Item	法人企业(个) Number of Corporate Enterprises (unit)	年末从业人数(人) Employed Persons at Year-end (person)	营业额 Business Revenue	#餐费收入 From Meals
餐饮业合计	**Catering Services**	**32901**	**2576586**	**6037.3**	**5445.7**
按登记注册类型分	**By Status of Registration**				
内资企业	**Domestic Invested Enterprises**	**31718**	**1826587**	**4336.7**	**3839.2**
国有企业	State-owned Enterprises	275	25444	44.3	30.7
集体企业	Collective-owned Enterprises	115	5147	10.7	8.0
股份合作企业	Cooperative Enterprises	98	5738	13.1	10.4
联营企业	Joint Ownership Enterprises	6	92	0.2	0.1
有限责任公司	Limited Liability Corporations	4309	376816	909.9	776.2
国有独资公司	State Sole-proprietorship Corporations	176	25611	52.8	38.7
其他有限责任公司	Other Limited Liability Corporations	4133	351205	857.1	737.5
股份有限公司	Share-holding Corporations Ltd.	144	23673	55.8	43.5
私营企业	Private Enterprises	26737	1388054	3299.2	2967.5
私营独资企业	Private Sole-proprietorship Enterprises	3202	84113	235.1	213.2
私营合伙企业	Private Partnership Enterprises	460	14656	34.1	31.4
私营有限责任公司	Private Limited Liability Corporations	22845	1257119	2942.2	2643.2
私营股份有限公司	Private Share-holding Corporations Ltd.	230	32166	87.9	79.7
其他企业	Other Enterprises	34	1623	3.6	2.9
港、澳、台商投资企业	**Enterprises with Investment from Hong Kong, Macao and Taiwan**	**697**	**326267**	**755.4**	**701.7**
合资经营企业	Joint-venture Enterprises	131	48757	123.9	118.7
合作经营企业	Cooperative Enterprises	15	3653	9.7	9.0
独资经营企业	Sole-proprietorship Enterprises	540	272381	617.8	570.7
投资股份有限公司	Share-holding Corporations Ltd.	8	1243	3.3	2.7
其他港澳台商投资企业	Other Enterprises with Investment from Hong Kong, Macao and Taiwan	NA	233	0.6	0.6
外商投资企业	**Foreign Invested Enterprises**	**486**	**423732**	**945.1**	**904.9**
中外合资经营企业	Joint-venture Enterprises	87	86883	200.7	196.3
中外合作经营企业	Cooperative Enterprises	6	5297	13.4	12.9
外资企业	Sole-proprietorship Enterprises	361	322187	706.2	676.3
外商投资股份有限公司	Share-holding Corporations Ltd.	8	4425	7.9	2.6
其他外商投资企业	Other Foreign Invested Enterprises	24	4940	16.9	16.7
按国民经济行业分	**By Sector**				
正餐服务	Restaurant	29103	1628833	3783.0	3343.9
快餐服务	Fast Food	1448	606271	1338.0	1287.0
饮料及冷饮服务	Beverages and Cold Drinks	625	113872	380.4	340.4
餐饮配送及外卖送餐服务	Catering Distribution and Delivery Service	1102	114570	306.2	263.4
其他餐饮业	Others	623	113040	229.7	211.0

注：NA表示企业个数小于或等于3(下表同)。
a) NA refers to less than or equal to three. The same applies to the tables following.

Main Indicators of Enterprises above Designated Size of Catering Services by Status of Registration and Sector (2020)

(100 million yuan)

资产总计 Total Assets	#流动资产合计 Total Current Assets	#固定资产净额 Net Value of Fixed Assets	负债合计 Total Liabilities	所有者权益合计 Total Owners' Equities	营业收入 Business Revenue	营业成本 Business Cost	税金及附加 Taxes and Other Charges	利润总额 Total Profits
6177.6	**3150.8**	**1191.4**	**4509.7**	**1657.6**	**5852.5**	**3223.7**	**19.3**	**100.9**
4857.7	**2489.4**	**994.1**	**3657.8**	**1188.2**	**4225.4**	**2461.1**	**18.2**	**22.7**
124.8	48.6	33.4	75.0	50.8	43.3	24.4	0.4	-2.8
20.5	11.7	3.6	12.7	7.7	10.3	7.1	0.1	-0.2
15.4	10.0	3.6	11.3	4.1	12.4	6.7	0.1	0.2
0.2	0.1		0.3	-0.1	0.2	0.1		
1248.9	621.0	347.9	1002.4	246.2	890.0	490.5	3.6	-24.1
121.8	44.1	48.8	75.0	46.8	51.1	34.5	0.3	-0.2
1127.1	577.0	299.1	927.4	199.4	838.8	456.0	3.3	-23.9
160.4	69.8	21.1	70.4	89.7	48.2	31.9	0.4	1.5
3284.0	1726.7	582.8	2483.7	788.4	3217.7	1898.5	13.7	47.8
172.8	68.2	37.6	82.2	87.2	224.3	154.4	1.9	15.4
23.7	12.2	6.7	13.7	9.6	32.9	19.7	0.2	1.7
2995.7	1600.5	525.3	2334.0	655.2	2875.4	1670.8	11.3	28.0
91.8	45.8	13.2	53.8	36.4	85.0	53.7	0.2	2.8
3.5	1.4	1.6	2.1	1.3	3.4	1.9		0.2
725.7	**380.0**	**102.0**	**482.6**	**244.3**	**720.2**	**294.6**	**0.6**	**3.2**
111.8	43.1	22.5	70.2	41.7	117.1	50.8	0.1	3.5
10.4	8.1	1.0	9.8	0.6	9.5	4.8		-0.3
585.1	317.9	76.5	387.9	198.4	589.8	237.9	0.4	0.5
17.7	10.7	2.0	14.2	3.5	3.2	1.0		-0.4
0.6	0.2		0.5	0.1	0.6	0.2		-0.1
594.2	**281.4**	**95.3**	**369.2**	**225.0**	**906.9**	**468.0**	**0.6**	**75.1**
104.0	30.3	27.6	64.4	39.5	190.0	92.9	0.1	17.0
4.9	2.3	0.1	1.9	3.0	11.6	11.3		0.1
467.4	239.4	67.0	296.4	171.2	681.2	352.2	0.4	58.5
4.1	2.6	0.1	2.2	1.9	7.6	6.0		0.4
13.8	6.8	0.5	4.4	9.4	16.5	5.5		-0.9
4680.9	2330.8	1011.6	3530.9	1141.0	3685.2	2054.5	17.1	-0.5
749.8	288.1	126.4	499.3	250.5	1276.3	665.2	1.1	38.0
344.5	259.5	21.9	224.8	119.9	371.0	151.6	0.2	24.7
167.1	129.7	18.4	107.3	58.9	299.2	233.1	0.5	1.9
235.4	142.7	13.1	147.3	87.3	220.8	119.2	0.3	36.8

17-5 分地区限额以上餐饮业企业主要指标(2020年)
Main Indicators of Enterprises above Designated Size of Catering Services by Region (2020)

单位：亿元 (100 million yuan)

地 区	Region	法人企业(个) Number of Corporate Enterprises (unit)	年末从业人数(人) Employed Persons at Year-end (person)	营业额 Business Revenue	#餐费收入 From Meals	资产总计 Total Assets	#流动资产合计 Total Current Assets	#固定资产净额 Net Value of Fixed Assets
全 国	**National Total**	**32901**	**2576586**	**6037.3**	**5445.7**	**6177.6**	**3150.8**	**1191.4**
北 京	Beijing	2009	255338	667.0	611.3	542.4	359.5	47.3
天 津	Tianjin	515	56413	116.6	104.1	129.8	71.8	26.5
河 北	Hebei	499	30615	48.0	36.8	103.8	47.8	23.6
山 西	Shanxi	603	44798	63.9	53.2	117.3	56.8	30.8
内蒙古	Inner Mongolia	227	20641	32.5	26.3	88.0	33.7	30.8
辽 宁	Liaoning	347	36446	90.0	84.2	130.6	52.0	26.5
吉 林	Jilin	155	8264	18.1	15.8	28.3	14.8	5.1
黑龙江	Heilongjiang	86	4748	8.3	7.4	16.0	8.9	3.8
上 海	Shanghai	2508	298170	889.6	840.3	650.5	422.4	73.9
江 苏	Jiangsu	2510	234836	542.5	478.0	660.3	317.4	186.7
浙 江	Zhejiang	2163	164265	431.2	386.2	465.3	203.8	110.6
安 徽	Anhui	1359	89955	184.5	163.3	227.7	100.3	44.3
福 建	Fujian	1411	88723	271.6	249.0	142.0	75.9	22.8
江 西	Jiangxi	796	32914	66.3	57.1	98.8	44.0	24.9
山 东	Shandong	1627	108085	210.1	174.2	336.3	130.8	112.8
河 南	Henan	1184	54128	102.0	91.9	122.8	54.1	21.4
湖 北	Hubei	1421	100311	229.8	201.8	265.8	119.3	46.9
湖 南	Hunan	1493	74012	185.3	161.3	163.6	58.8	35.3
广 东	Guangdong	4868	435269	938.9	861.7	772.0	441.0	103.5
广 西	Guangxi	531	36617	67.7	59.4	52.7	29.7	10.8
海 南	Hainan	98	7819	15.1	13.9	16.6	10.1	1.2
重 庆	Chongqing	1181	60568	161.7	144.5	121.1	53.1	27.1
四 川	Sichuan	1795	163984	319.9	293.3	452.5	224.0	72.6
贵 州	Guizhou	645	23416	46.9	41.8	48.8	31.3	4.8
云 南	Yunnan	770	30157	64.6	58.8	77.5	44.6	15.5
西 藏	Tibet	17	800	1.9	1.7	3.8	2.3	1.0
陕 西	Shaanxi	1419	75223	196.5	171.2	166.4	74.3	32.0
甘 肃	Gansu	368	22233	34.4	29.8	66.6	27.9	19.5
青 海	Qinghai	56	3326	4.2	3.3	16.2	7.2	4.6
宁 夏	Ningxia	59	3965	5.5	3.7	14.1	6.0	4.7
新 疆	Xinjiang	181	10547	22.7	20.5	80.0	27.3	20.0

17-5 续表 continued

单位：亿元 (100 million yuan)

地 区	Region	负债合计 Total Liabilities	所有者权益合计 Total Owners' Equities	营业收入 Business Revenue	营业成本 Business Cost	税金及附加 Taxes and Other Charges	利润总额 Total Profits
全 国	**National Total**	**4509.7**	**1657.6**	**5852.5**	**3223.7**	**19.3**	**100.9**
北 京	Beijing	442.8	102.7	642.3	314.2	0.7	-21.9
天 津	Tianjin	107.2	23.0	113.9	62.6	0.2	0.2
河 北	Hebei	92.8	10.9	47.2	25.1	0.3	-4.6
山 西	Shanxi	115.2	1.8	62.2	34.0	0.3	-3.5
内蒙古	Inner Mongolia	74.4	12.5	31.5	14.9	0.2	-3.0
辽 宁	Liaoning	120.1	10.6	86.9	48.2	0.3	-4.8
吉 林	Jilin	26.4	1.4	17.9	11.2	0.1	-0.9
黑龙江	Heilongjiang	12.9	3.3	7.8	3.9		-1.0
上 海	Shanghai	483.2	170.8	865.9	414.5	0.6	3.8
江 苏	Jiangsu	485.3	174.9	527.6	290.1	1.2	14.3
浙 江	Zhejiang	383.4	79.9	406.7	220.5	0.7	8.7
安 徽	Anhui	128.0	97.8	180.3	105.5	0.9	7.1
福 建	Fujian	90.0	50.8	261.7	175.8	1.3	9.2
江 西	Jiangxi	62.7	35.9	65.6	40.6	0.5	4.0
山 东	Shandong	274.5	63.1	205.9	114.1	0.6	-1.4
河 南	Henan	72.4	48.4	101.4	56.8	0.9	5.5
湖 北	Hubei	190.7	78.5	220.5	130.8	1.5	10.1
湖 南	Hunan	89.8	71.0	179.4	114.7	1.9	12.3
广 东	Guangdong	560.7	211.4	916.0	490.9	1.4	-2.0
广 西	Guangxi	38.9	13.8	66.8	39.3	0.2	2.1
海 南	Hainan	12.2	3.3	14.4	6.8		0.1
重 庆	Chongqing	57.9	61.7	157.3	108.6	1.4	12.5
四 川	Sichuan	298.4	150.2	308.6	162.8	1.4	43.9
贵 州	Guizhou	31.9	16.6	44.8	31.7	0.2	1.1
云 南	Yunnan	44.6	32.8	62.7	41.0	0.4	2.7
西 藏	Tibet	1.7	2.1	2.0	1.2		0.3
陕 西	Shaanxi	97.3	66.3	188.7	124.1	1.6	7.2
甘 肃	Gansu	42.7	23.6	34.3	19.6	0.2	
青 海	Qinghai	11.2	4.8	4.2	2.3		-0.1
宁 夏	Ningxia	13.9	0.2	5.4	3.1		-0.3
新 疆	Xinjiang	46.5	33.6	22.7	14.8	0.1	-0.6

17-6 按登记注册类型分连锁餐饮企业基本情况(2020年)
Main Indicators of Chain Catering Enterprises by Status of Registration (2020)

指　标	Item	总店数 (个) Number of Head Stores (unit)	门店总数 (个) Number of Stores (unit)	年末从业人数 (万人) Employed Persons at Year-end (10 000 persons)	年末餐饮营业面积 (万平方米) Operating Area of Catering Enterprises at Year-end (10 000 sq.m)
合　计	**Total**	**504**	**37217**	**97.2**	**1216.2**
内资企业	**Domestic Invested Enterprises**	**323**	**11092**	**28.1**	**452.6**
国有企业	State-owned Enterprises	4	132	0.2	2.9
集体企业	Collective-owned Enterprises	NA	2	0.0	1.2
股份合作企业	Cooperative Enterprises	NA	8	0.0	0.9
联营企业	Joint Ownership Enterprises	NA	23	0.0	1.2
有限责任公司	Limited Liability Corporations	102	5481	13.3	171.1
国有独资公司	State Sole-proprietorship Corporations				
其他有限责任公司	Other Limited Liability Corporations	102	5481	13.3	171.1
股份有限公司	Share-holding Corporations Ltd.	12	927	4.4	97.7
私营企业	Private Enterprises	198	4515	10.1	177.2
其他企业	Other Enterprises	NA	4	0.0	0.3
港、澳、台商投资企业	**Enterprises with Investment from Hong Kong, Macao and Taiwan**	**90**	**10592**	**24.6**	**284.3**
合资经营企业	Joint-venture Enterprises	12	1294	3.7	35.2
合作经营企业	Cooperative Enterprises	NA	21	0.1	2.6
独资经营企业	Sole-proprietorship Enterprises	73	9249	20.7	243.0
投资股份有限公司	Share-holding Corporations Ltd.	NA	22	0.1	3.4
其他港澳台商投资企业	Other Enterprises with Investment from Hong Kong, Macao and Taiwan	NA	6	0.0	0.1
外商投资企业	**Foreign Invested Enterprises**	**91**	**15533**	**44.4**	**479.3**
中外合资经营企业	Joint-venture Enterprises	12	2418	8.4	80.8
中外合作经营企业	Cooperative Enterprises				
外资企业	Sole-proprietorship Enterprises	73	12400	33.1	345.4
外商投资股份有限公司	Share-holding Corporations Ltd.	NA	106	1.0	12.7
其他外商投资企业	Other Foreign Invested Enterprises	5	609	1.9	40.5

17-6 续表 continued

指 标	Item	餐位数 (万个) Number of Dining-seats (10 000 units)	营业额 (亿元) Business Revenue (100 million yuan)	商品购进总额 (亿元) Total Purchases Value(100 million yuan)	统一配送商品购进额 (亿元) Centralized Purchase and Delivery (100 million yuan)
合 计	**Total**	**381.2**	**2019.29**	**655.92**	**464.85**
内资企业	**Domestic Invested Enterprises**	**146.1**	**622.13**	**207.11**	**121.51**
国有企业	State-owned Enterprises	1.0	7.47	3.14	1.78
集体企业	Collective-owned Enterprises	0.2	0.81	0.36	0.36
股份合作企业	Cooperative Enterprises	0.3	0.59	0.32	0.03
联营企业	Joint Ownership Enterprises	0.4	0.39	0.25	0.25
有限责任公司	Limited Liability Corporations	72.2	274.99	80.78	47.86
国有独资公司	State Sole-proprietorship Corporations				
其他有限责任公司	Other Limited Liability Corporations	72.2	274.99	80.78	47.86
股份有限公司	Share-holding Corporations Ltd.	18.3	86.01	31.83	20.55
私营企业	Private Enterprises	53.6	251.51	90.27	50.63
其他企业	Other Enterprises	0.2	0.36	0.17	0.04
港、澳、台商投资企业	**Enterprises with Investment from Hong Kong, Macao and Taiwan**	**90.7**	**525.84**	**155.00**	**115.94**
合资经营企业	Joint-venture Enterprises	11.6	95.85	26.15	26.09
合作经营企业	Cooperative Enterprises	0.4	4.52	1.69	1.69
独资经营企业	Sole-proprietorship Enterprises	78.1	423.03	126.19	88.00
投资股份有限公司	Share-holding Corporations Ltd.	0.6	2.30	0.91	0.11
其他港澳台商投资企业	Other Enterprises with Investment from Hong Kong, Macao and Taiwan	0.1	0.13	0.05	0.05
外商投资企业	**Foreign Invested Enterprises**	**144.4**	**871.32**	**293.82**	**227.41**
中外合资经营企业	Joint-venture Enterprises	24.1	182.70	49.15	48.59
中外合作经营企业	Cooperative Enterprises				
外资企业	Sole-proprietorship Enterprises	102.4	629.65	217.11	155.80
外商投资股份有限公司	Share-holding Corporations Ltd.	3.8	27.32	22.12	22.12
其他外商投资企业	Other Foreign Invested Enterprises	14.1	31.65	5.44	0.89

17-7 按行业分连锁餐饮企业基本情况(2020年)

Main Indicators of Chain Catering Enterprises by Division of Economic Activity (2020)

指 标	Item	总店数 (个) Number of Head Stores (unit)	门店总数 (个) Number of Stores (unit)	年末从业人数 (万人) Employed Persons at Year-end (10 000 persons)	年末餐饮营业面积 (万平方米) Operating Area of Catering Enterprises at Year-end (10 000 sq.m)	餐位数 (万个) Number of Dining-seats (10 000 units)	营业额 (亿元) Business Revenue (100 million yuan)	商品购进总额 (亿元) Total Purchases Value (100 million yuan)	统一配送商品购进额 (亿元) Centralized Purchase and Delivery (100 million yuan)
总 计	**Total**	**504**	**37217**	**97**	**1216**	**381**	**2019**	**656**	**465**
正餐服务	Restaurant	251	7727	28.6	462.0	138.5	560.57	201.69	118.44
快餐服务	Fast Food	192	20504	55.9	576.5	186.7	1102.29	373.20	283.63
饮料及冷饮服务	Beverages and Cold Drinks	46	7975	7.1	123.4	36.4	264.86	77.30	60.26
餐饮配送及外卖送餐服务	Catering Distribution and Delivery Service	NA	23	0.0	1.2	0.4	0.39	0.25	0.25
其他餐饮业	Others	14	988	5.5	53.0	19.3	91.19	3.47	2.27

17-8 分地区连锁餐饮企业基本情况
Main Indicators of Chain Catering Enterprises by Region

年份 地区	Year Region	总店数 (个) Number of Head Stores (unit)	门店总数 (个) Number of Stores (unit)	年末从业人数 (万人) Employed Persons at Year-end (10 000 persons)	年末餐饮营业面积 (万平方米) Operating Area of Catering Enterprises at Year-end (10 000 sq.m)	餐位数 (万个) Number of Dining-seats (10 000 units)	营业额 (亿元) Business Revenue (100 million yuan)	商品购进总额 (亿元) Total Purchases Value (100 million yuan)	统一配送商品购进额 (亿元) Centralized Purchase and Delivery (100 million yuan)
	2005	300	9748	50.1	478.1	245.8	454.36	171.50	109.10
	2006	349	11360	55.7	588.2	274.8	563.75	201.20	127.50
	2007	358	12743	62.6	629.2	280.0	640.00	274.91	168.80
	2008	453	12561	66.1	651.9	253.1	806.91	271.59	192.52
	2009	426	13739	65.2	691.6	248.9	879.32	362.00	239.84
	2010	415	15333	70.6	742.6	263.8	955.42	455.83	298.76
	2011	428	16285	83.3	821.4	277.1	1120.39	518.93	343.07
	2012	456	18153	80.6	869.2	286.5	1283.26	561.36	388.48
	2013	454	20554	80.3	937.1	319.5	1319.62	571.24	400.72
	2014	465	22494	78.0	1020.0	338.6	1391.02	583.44	413.88
	2015	455	23721	71.4	970.9	333.6	1526.61	576.97	462.50
	2016	459	25634	75.6	1036.9	341.1	1635.15	612.43	494.10
	2017	463	27478	78.0	1075.4	337.9	1735.48	613.29	489.46
	2018	482	31001	89.3	1075.0	332.6	1950.01	674.01	504.09
	2019	495	34356	93.5	1151.5	346.6	2234.50	774.33	563.63
	2020	504	37217	97.2	1216.2	381.2	2019.29	655.92	464.85
北京	Beijing	95	6141	15.3	226.9	66.8	355.44	120.81	106.47
天津	Tianjin	9	862	2.9	28.4	8.4	42.81	17.30	2.77
河北	Hebei	6	29	0.1	5.7	0.9	2.67	1.36	0.06
山西	Shanxi	5	169	0.6	5.6	1.7	9.41	4.15	3.59
内蒙古	Inner Mongolia	4	111	0.4	6.1	1.9	5.51	1.87	1.87
辽宁	Liaoning	13	1104	4.5	43.1	13.5	55.62	16.99	13.87
吉林	Jilin	NA	11	0.0	0.5	0.2	0.34	0.12	0.12
黑龙江	Heilongjiang	4	126	0.2	3.6	1.1	3.75	1.49	1.22
上海	Shanghai	65	7378	14.7	179.5	50.6	367.08	103.14	63.97
江苏	Jiangsu	16	1835	5.7	49.1	16.0	119.74	51.84	23.40
浙江	Zhejiang	29	2241	5.2	69.8	24.2	141.53	48.78	37.88
安徽	Anhui	13	1135	2.8	31.9	15.1	51.41	17.74	13.83
福建	Fujian	21	1057	3.2	28.6	8.2	50.38	15.79	9.26
江西	Jiangxi	NA	196	0.5	5.7	1.9	10.80	5.36	5.29
山东	Shandong	16	813	2.1	43.2	11.6	51.90	15.37	13.84
河南	Henan	13	286	0.6	9.2	4.0	13.21	4.67	3.41
湖北	Hubei	31	1836	4.1	54.3	15.9	72.31	33.04	12.03
湖南	Hunan	17	1107	4.0	59.3	23.0	55.30	18.42	16.55
广东	Guangdong	81	5953	14.8	174.8	51.6	323.71	108.09	87.47
广西	Guangxi	5	443	0.8	5.8	2.7	15.18	4.66	4.57
海南	Hainan	NA	8	0.0	0.3	0.1	0.84	0.27	0.27
重庆	Chongqing	9	1177	3.6	59.9	15.2	66.63	21.43	10.91
四川	Sichuan	15	1955	8.1	90.2	33.3	147.18	20.79	13.07
贵州	Guizhou	NA	15	0.0	1.7	0.3	0.57	0.21	0.21
云南	Yunnan	5	278	0.7	6.0	2.8	13.09	4.30	2.52
西藏	Tibet	NA	6	0.0	0.1	0.1	0.60	0.12	0.12
陕西	Shaanxi	16	711	1.6	21.0	8.5	32.83	13.56	12.03
甘肃	Gansu	NA	78	0.3	2.4	0.7	4.17	1.97	1.97
青海	Qinghai								
宁夏	Ningxia								
新疆	Xinjiang	5	156	0.3	3.5	1.1	5.30	2.29	2.29

注：门店总数全国总计中包括开设在港澳台地区和国外的门店。
a) Total number of stores includes those located in Hong Kong, Macao and Taiwan province and in foreign countries.

17-9 旅游发展情况
Main Indicators of Tourism

指标	Item	2016	2017	2018	2019	2020
旅行社数（个）	**Number of Travel Agencies (unit)**	**27939**	**29717**	**37309**	**38943**	**31074**
星级饭店数（个）	**Number of Star-rated Hotels (unit)**	**11685**	**9566**	**8962**	**10130**	**8423**
入境游客（万人次）	**Number of Overseas Visitor Arrivals(10 000 person-times)**	**13844.38**	**13948.24**	**14119.83**	**14530.78**	
外国人	Foreigners	2815.12	2916.53	3054.29	3188.34	
港澳同胞	Chinese Compatriots from Hong Kong and Macao	10456.26	10444.59	10451.93	10729.01	
台湾同胞	Chinese Compatriots from Taiwan Province	573.00	587.13	613.61	613.42	
#入境过夜游客	Overnight Tourists	5926.73	6073.84	6289.57	6572.52	
国内居民出境人数(万人次)	**Number of Chinese Outbound Visitors(10 000 person-times)**	**13513.00**	**14272.74**	**16199.34**	**16920.54**	
#因私出境人数	For Private Purpose	12850.00	13581.56	15501.69	16211.43	
国内游客（亿人次）	**Number of Domestic Visitors (100 million person-times)**	**44.35**	**50.01**	**55.39**	**60.06**	**28.79**
旅游收入	**Tourism Earnings**					
国际旅游收入（亿美元）	Earnings from International Tourism (100 million USD)	1200.00	1234.17	1271.03	1312.54	
国内旅游收入（亿元）	Earnings from Domestic Tourism (100 million yuan)	39389.82	45660.77	51278.29	57250.92	22286.30

17-10 国内旅游情况
Domestic Tourism

年份 Year	国内游客（百万人次）Domestic Visitors (million person-times)	城镇居民 Urban Residents	农村居民 Rural Residents	旅游总花费（亿元）Tourism Expenditure(100 million yuan)	城镇居民 Urban Residents	农村居民 Rural Residents	人均花费（元）Per Capita Expenditure (yuan)	城镇居民 Urban Residents	农村居民 Rural Residents
1994	524	205	319	1023.5	848.2	175.3	195.3	414.7	54.9
1995	629	246	383	1375.7	1140.1	235.6	218.7	464.0	61.5
1996	639	256	383	1638.4	1368.4	270.0	256.2	534.1	70.5
1997	644	259	385	2112.7	1551.8	560.9	328.1	599.8	145.7
1998	694	250	445	2391.2	1515.1	876.1	345.0	607.0	197.0
1999	719	284	435	2831.9	1748.2	1083.7	394.0	614.8	249.5
2000	744	329	415	3175.5	2235.3	940.3	426.6	678.6	226.6
2001	784	375	409	3522.4	2651.7	870.7	449.5	708.3	212.7
2002	878	385	493	3878.4	2848.1	1030.3	441.8	739.7	209.1
2003	870	351	519	3442.3	2404.1	1038.2	395.7	684.9	200.0
2004	1102	459	643	4710.7	3359.0	1351.7	427.5	731.8	210.2
2005	1212	496	716	5285.9	3656.1	1629.7	436.1	737.1	227.6
2006	1394	576	818	6229.7	4414.7	1815.0	446.9	766.4	221.9
2007	1610	612	998	7770.6	5550.4	2220.2	482.6	906.9	222.5
2008	1712	703	1009	8749.3	5971.7	2777.6	511.0	849.4	275.3
2009	1902	903	999	10183.7	7233.8	2949.9	535.4	801.1	295.3
2010	2103	1065	1038	12579.8	9403.8	3176.0	598.2	883.0	306.0
2011	2641	1687	954	19305.4	14808.6	4496.8	731.0	877.8	471.4
2012	2957	1933	1024	22706.2	17678.0	5028.2	767.9	914.5	491.0
2013	3262	2186	1076	26276.1	20692.6	5583.5	805.5	946.6	518.9
2014	3611	2483	1128	30311.9	24219.8	6092.1	839.7	975.4	540.2
2015	3990	2802	1188	34195.1	27610.9	6584.2	857.0	985.5	554.2
2016	4435	3195	1240	39389.8	32241.9	7147.9	888.2	1009.1	576.4
2017	5001	3677	1324	45660.8	37673.0	7987.7	913.0	1024.6	603.3
2018	5539	4119	1420	51278.3	42590.0	8688.3	925.8	1034.0	611.9
2019	6006	4471	1535	57250.9	47509.0	9741.9	953.3	1062.6	634.7
2020	2879	2065	814	22286.3	17966.5	4319.8	774.1	870.3	530.5

17-11 国际旅游收入及构成
Earnings from International Tourism and Composition

指 标	Item	2018 数额 (亿美元) Value (100 million USD)	2018 比重 (%) Percentage (%)	2019 数额 (亿美元) Value (100 million USD)	2019 比重 (%) Percentage (%)
总计	**Total**	**1271.03**	**100.0**	**1312.54**	**100.0**
长途交通	Long Distance Transportation	366.31	28.8	401.91	30.6
民航	Civil Aviation	333.53	26.2	369.02	28.1
铁路	Railway	13.52	1.1	14.10	1.1
汽车	Highway	13.72	1.1	15.93	1.2
轮船	Waterway	5.54	0.4	2.85	0.2
游览	Sightseeing	53.71	4.2	58.66	4.5
住宿	Accommodation	181.09	14.2	200.49	15.3
餐饮	Food and Beverage	142.55	11.2	160.41	12.2
商品销售	Shopping	327.61	25.8	302.97	23.1
娱乐	Entertainment	45.82	3.6	44.21	3.4
邮电通讯	Postal and Communication Services	11.62	0.9	7.47	0.6
市内交通	Local Transportation	27.76	2.2	34.53	2.6
其他服务	Other Service	114.54	9.0	101.89	7.8

17-12 入境外国游客分组构成
Number of Overseas Visitor Arrivals by Gender, Age and Purpose

指 标	Item	2018 人数 (万人次) Persons (10 000 person-times)	2018 比重 (%) Percentage (%)	2019 人数 (万人次) Persons (10 000 person-times)	2019 比重 (%) Percentage (%)
总 计	**Total**	**4795.11**	**100.0**	**4911.36**	**100.0**
按性别分	By Gender				
男	Male	2859.71	59.6	2881.29	58.7
女	Female	1935.39	40.4	2030.07	41.3
按年龄分	By Age				
14岁及以下	14 and under	161.18	3.4	184.92	3.8
15至24岁	15-24	656.71	13.7	686.20	14.0
25至44岁	25-44	2394.69	49.9	2439.71	49.7
45至64岁	45-64	1363.24	28.4	1365.75	27.8
65岁以上	65 and Over	219.28	4.6	234.77	4.8
按事由分类	By Purpose				
会议/商务	Meeting /Business	614.70	12.8	628.47	12.8
观光休闲	Sightseeing and Leisure	1608.57	33.5	1740.31	35.4
探亲访友	Visiting Relatives and Friends	132.24	2.8	143.17	2.9
服务员工	Worker and Crew	744.86	15.5	714.01	14.5
其他	Others	1694.74	35.3	1685.40	34.3

注：本表中入境外国游客含边民入境人数。
a) Visitor arrivals include arrivals of population inhabitating in border areas to China.

17-13 分地区国际旅游收入
Earnings from International Tourism by Region

单位：百万美元 (USD million)

地　区	Region	1995	2000	2005	2010	2015	2018	2019
北　京	Beijing	2181.60	2768.00	3618.91	5044.61	4605.00	5516.39	5192.47
天　津	Tianjin	132.75	231.76	509.01	1419.51	3298.11	1109.85	1182.54
河　北	Hebei	42.01	141.90	209.17	350.71	501.91	646.67	740.23
山　西	Shanxi	20.62	49.91	116.22	464.60	297.10	377.98	409.95
内蒙古	Inner Mongolia	90.52	126.45	352.07	601.90	962.49	1272.10	1340.09
辽　宁	Liaoning	189.01	382.65	737.77	2259.33	1636.50	1739.58	1739.03
吉　林	Jilin	41.48	58.04	119.52	304.92	724.14	685.85	614.96
黑龙江	Heilongjiang	60.62	189.05	340.43	762.50	395.33	537.06	645.93
上　海	Shanghai	939.42	1612.67	3555.88	6340.92	5860.44	7261.39	8243.51
江　苏	Jiangsu	259.88	723.84	2259.74	4783.43	3527.29	4648.36	4743.56
浙　江	Zhejiang	235.91	513.97	1716.26	3930.20	6788.47	2595.79	2668.24
安　徽	Anhui	31.39	86.21	185.58	708.98	2262.87	3187.57	3387.69
福　建	Fujian	484.12	893.82	1305.29	2978.24	5561.40	2828.21	3398.45
江　西	Jiangxi	24.99	62.34	103.95	346.03	567.00	745.38	865.38
山　东	Shandong	153.84	315.13	780.23	2155.04	2896.48	3292.82	3413.14
河　南	Henan	60.20	123.90	216.04	498.77	623.60	723.23	946.96
湖　北	Hubei	73.17	145.72	276.36	751.16	1671.90	2379.69	2654.16
湖　南	Hunan	64.93	220.78	390.24	906.22	857.72	1520.41	2250.87
广　东	Guangdong	2392.68	4112.21	6388.05	12382.61	17884.66	20511.74	20521.31
广　西	Guangxi	121.09	306.61	358.93	806.15	1916.86	2777.73	3511.28
海　南	Hainan	80.98	108.83	128.46	322.36	248.52	770.52	972.37
重　庆	Chongqing		138.40	264.36	703.20	1468.57	2189.89	2524.83
四　川	Sichuan	125.32	121.87	315.95	354.09	1180.87	1511.65	2023.79
贵　州	Guizhou	28.98	60.92	101.41	129.58	231.33	317.63	345.03
云　南	Yunnan	165.03	339.02	528.01	1323.65	2875.50	4418.00	5147.36
西　藏	Tibet	11.30	52.26	44.43	103.59	176.66	247.09	279.07
陕　西	Shaanxi	139.43	280.25	446.25	1015.96	2000.22	3126.66	3367.65
甘　肃	Gansu	20.79	54.63	58.76	14.81	14.18	28.30	59.05
青　海	Qinghai	2.38	7.20	11.02	20.45	38.76	36.13	33.36
宁　夏	Ningxia	1.13	2.72	2.30	5.99	20.84	55.87	69.32
新　疆	Xinjiang	74.36	94.94	100.09	185.42	555.89	946.37	454.00

17-14 分地区接待入境过夜游客
Number of Overnight Inbound Visitor Arrivals by Region

单位：万人次 (10 000 person-times)

地区	Region	2000 总计 Total	2000 #外国人 Foreigners	2005 总计 Total	2005 #外国人 Foreigners	2010 总计 Total	2010 #外国人 Foreigners	2018 总计 Total	2018 #外国人 Foreigners	2019 总计 Total	2019 #外国人 Foreigners
北京	Beijing	282.09	237.96	362.92	311.62	490.07	421.63	400.41	339.77	376.90	320.71
天津	Tianjin	35.62	32.14	74.01	67.46	166.07	153.05	58.96	55.93	56.10	50.76
河北	Hebei	41.43	35.90	62.65	57.39	97.74	85.31	98.86	74.50	97.08	73.56
山西	Shanxi	16.53	11.66	42.15	25.40	130.29	82.09	71.35	46.60	76.22	49.80
内蒙古	Inner Mongolia	39.19	38.74	100.16	99.56	142.80	140.02	188.08	178.82	195.83	186.56
辽宁	Liaoning	61.22	50.05	130.20	111.11	361.80	307.01	287.70	229.84	294.14	236.93
吉林	Jilin	22.27	19.19	37.32	30.68	82.01	72.16	143.75	123.84	136.58	121.11
黑龙江	Heilongjiang	55.17	50.47	82.15	76.42	172.42	164.83	109.16	104.13	110.69	99.29
上海	Shanghai	181.40	143.90	444.54	379.93	733.72	593.12	742.04	601.99	734.69	599.16
江苏	Jiangsu	160.95	98.15	378.30	262.15	653.55	473.50	400.85	264.69	399.46	266.46
浙江	Zhejiang	112.59	64.75	348.05	232.92	684.71	447.41	456.76	323.41	467.11	329.83
安徽	Anhui	31.84	16.79	63.29	41.06	198.42	117.40	370.75	218.79	379.74	210.74
福建	Fujian	161.33	49.75	197.39	72.36	368.14	115.27	513.55	218.29	566.03	239.98
江西	Jiangxi	16.31	5.54	37.25	13.63	113.97	39.92	191.78	57.25	197.17	61.14
山东	Shandong	72.31	48.01	155.11	124.78	366.79	277.87	422.00	306.20	404.22	294.41
河南	Henan	32.50	18.21	60.05	34.73	146.84	96.09	167.25	105.02	180.35	113.76
湖北	Hubei	45.08	35.74	82.57	62.68	181.74	138.55	405.11	307.03	450.02	349.94
湖南	Hunan	45.40	15.79	71.98	60.88	189.87	103.30	365.08	178.74	466.95	250.14
广东	Guangdong	1198.94	212.85	1896.99	476.53	3140.93	733.28	3748.06	862.37	3731.39	856.96
广西	Guangxi	122.91	50.80	147.71	88.66	250.24	141.39	562.33	270.19	623.96	294.80
海南	Hainan	48.68	9.37	43.19	26.94	66.33	47.40	126.36	89.68	143.59	107.91
重庆	Chongqing	26.61	19.29	52.39	41.81	137.02	103.96	279.98	159.00	297.11	169.72
四川	Sichuan	46.20	19.97	106.28	68.27	104.93	74.97	369.82	276.47	414.78	313.09
贵州	Guizhou	18.39	7.12	27.62	9.26	50.01	18.61	39.69	17.53	47.18	23.50
云南	Yunnan	100.11	66.59	150.28	99.65	329.15	231.23	706.08	549.94	739.02	586.50
西藏	Tibet	15.00	13.58	12.13	11.10	22.83	21.41	47.62	24.16	54.19	36.91
陕西	Shaanxi	71.28	58.48	92.84	74.57	212.17	155.24	437.14	307.30	465.72	329.61
甘肃	Gansu	21.31	14.34	28.85	17.20	7.02	4.99	10.01	5.69	19.82	11.37
青海	Qinghai	3.26	1.46	3.52	1.46	4.67	3.39	6.92	5.36	7.31	4.70
宁夏	Ningxia	0.78	0.58	0.82	0.66	1.80	1.29	8.82	3.43	12.66	3.61
新疆	Xinjiang	25.61	20.84	33.11	29.01	50.94	45.44	99.30	85.63	34.67	25.78

主要统计指标解释

住宿业　指为旅行者提供短期留宿场所的活动，有些单位只提供住宿，也有些单位提供住宿、饮食、商务、娱乐一体的服务，不包括主要按月或按年长期出租房屋住所的活动。

餐饮业　指通过即时制作加工、商业销售和服务性劳动等，向消费者提供食品和消费场所及设施的服务。

营业额　指住宿和餐饮业单位在经营活动中，因提供服务或销售商品等取得的全部收入（含增值税），收入主要来源于提供客房、餐费服务、商品销售和其他服务，如商务服务。不包括多产业法人企业附营的其他行业产业活动单位的餐费收入、商品销售收入等各项收入。其中，客房收入指住宿和餐饮业单位在经营活动中因提供住宿服务取得的收入（含增值税）。不包括多产业法人企业附营的其他行业产业活动单位的客房收入。餐费收入指本单位为顾客提供就餐服务取得的收入（含增值税）。包括：经烹饪、调制加工后出售的各种食品，如主食、炒菜、凉拌菜等的收入。不包括多产业法人企业附营的其他行业产业活动单位的餐费收入。

入境游客　指报告期内来中国（大陆）观光、度假、探亲访友、就医疗养、购物、参加会议或从事经济、文化、体育、宗教活动的外国人、港澳台同胞等游客（即入境旅游人数）。统计时，入境游客按每入境一次统计 1 人次。入境游客包括入境过夜游客和入境一日游游客。

出境人数（出境游客）　指中国（大陆）居民因公或因私出境前往其他国家、中国香港特别行政区、澳门特别行政区和台湾省观光、度假、探亲访友、就医疗养、购物、参加会议或从事经济、文化、体育、宗教活动的人数（即出境游客）。统计时，出境游客按每出境一次统计 1 人次。

国内游客　指报告期内在中国（大陆）观光游览、度假、探亲访友、就医疗养、购物、参加会议或从事经济、文化、体育、宗教活动的中国（大陆）居民人数，其出游的目的不是通过所从事的活动谋取报酬。统计时，国内游客按每出游一次统计 1 人次。

国际旅游收入　指入境游客在中国（大陆）境内旅行、游览过程中用于交通、参观游览、住宿、餐饮、购物、娱乐等全部花费。

国内旅游收入（旅游总花费）　指国内游客在国内旅行、游览过程中用于交通、参观游览、住宿、餐饮、购物、娱乐等全部花费。

星级饭店　指设备、设施、服务符合《旅游饭店星级的划分与评定》（GB/T14308-2010）标准，经过有关旅游管理权威部门评定（验收）后授予“星级”称号的饭店。

Explanatory Notes on Main Statistical Indicators

Hotel Services refer to short-term accommodation services provided to visitors. Some units may provide only accommodation while others provide a combination of accommodation, meals, business services and recreational facilities. It excludes activities related to the provision of long-term primary residences, typically leased on a monthly or annual basis.

Catering Services refer to the activities of providing foods, serving locations and facilities to customers through instant processing, commercial sales and service-type labor.

Business Revenue refers to total revenue (including VAT) of hotels and catering services received from providing services or selling commodities through business activities. Revenue comes mainly from providing hotels, catering services, selling of commodities and other services, such as commodity services. It does not include revenue from providing meals or selling of commodities by establishments affiliated to other multi-industrial corporate enterprises. Income from hotel rooms refers to income (including VAT) of hotels and catering services by providing lodging services through business activities. Income from meals refers to income (including VAT) from providing catering services, including selling of cooked or prepared foods, such as staple food, cooked dishes, or cold dishes. It does not include income from meals provided by establishments affiliated to other multi-industrial corporate enterprises.

Overseas Visitor Arrivals refer to the number of tourists of foreigners, Chinese compatriots from Hong Kong, Macao and Taiwan who come to China (mainland) within the reference period for sight-seeing, vacation, visiting relatives, medical treatment, shopping, attending conference, or to engage in economic, cultural, sports and religious activities (namely the number of overseas visitor arrivals). In compiling statistics, each arrival is counted as one person-time. Overseas visitor arrivals includes inbound overnight tourists and one-day tourists.

Number of Chinese Residents Going Abroad (Chinese Outbound Visitors) refers to the number of Chinese (mainland) residents going to other countries, Hong Kong Special Administrative Region, Macao Special Administrative Region and Taiwan Province on official or private purposes, for sight-seeing, vacation, visiting relatives, medical treatment, shopping, attending conference, or to engage in economic, cultural, sports and religious activities (namely the Chinese outbound visitors). In compiling statistics, each outbound travel is counted as one person-time.

Number of Domestic Tourists refers to the number of Chinese (mainland) residents who travel within China (mainland) for sight-seeing, vacation, visiting relatives, medical treatment, shopping, attending conference, or to engage in economic, cultural, sports and religious activities. In compiling statistics, each travel is counted as one person-time.

Foreign Exchange Earnings from International Tourism refer to the total expenditure of overseas visitors during their stay in the mainland of China on transportation, sighting, accommodation, food, shopping and entertainment.

Income from Domestic Tourism refer to expenditure of domestic tourists on transportation, sighting, accommodation, food, shopping and entertainment while they travel.

Star-rated Hotels refer to hotels rated with stars as evaluated (accepted) by the relevant tourism authorities according to GB/T14308-2010 standard with reference to their infrastructure, facilities and service levels.

18

金融业

Financial Intermediation

简 要 说 明

一、本篇资料的主要内容

本篇反映我国金融、证券和保险业发展情况。有以下四个部分：一是金融机构金融活动情况，二是存贷款利率调整情况，三是直接融资情况，四是保险业务情况。

二、本篇各部分资料来源

1.反映金融机构活动情况的资料包括：金融机构人民币信贷收支表(资金来源)、金融机构人民币信贷收支表(资金运用)、货币供应量（年底余额）、货币供应量同比增长率、黄金和外汇储备、货币当局资产负债表（年底余额)、其他存款性公司资产负债表（年底余额)、外资银行资产负债表（年底余额)、社会融资规模增量及构成、社会融资规模存量及增长率。金融机构信贷收支表的统计范围包括中国人民银行、银行业存款类金融机构、银行业非存款类金融机构。银行业存款类金融机构包括银行、信用社和财务公司；银行业非存款类金融机构包括信托投资公司、金融租赁公司、汽车金融公司和贷款公司。中国人民银行总行根据金融机构的基层单位全面填报、并按各自系统汇总的资料，进行归并和汇总，最后得到金融机构的信贷收支表。黄金和外汇储备表中的资料取自于中国人民银行的资产负债表，由该行有关部门提供。

2.反映存贷款利率调整情况的金融机构法定存款利率和金融机构法定贷款利率表，数据来自中国人民银行总行规定的、并对外发布的存贷款利率。

3.反映直接融资情况的证券市场基本情况、上市公司数量、证券市场发行情况、股票交易情况，资料由中国证券监督管理委员会提供。

4.反映保险业务情况的保险公司业务经济技术指标、保险公司资产情况、保险公司资金运用情况、各地区原保险保费收入和赔付支出情况，数据由中国银行保险监督管理委员会提供。

Brief Introduction

I. Main Contents

Data in this chapter show the development of China's financial, securities and insurance industries, in the following four aspects: (1) the financial activities of the financial institutions; (2) the situations regarding the adjustment of deposit and loan interest rates; (3) the situation regarding direct financing; (4) the situation regarding the insurance business.

II. Sources of Data

(1) Data on the activities of financial institutions are balance sheet of RMB credit funds of financial institutions (funds sources), balance sheet of RMB credit funds of financial institutions (funds uses), money supply at year-end, growth rate of money supply over the previous corresponding period, gold and foreign exchange reserves, balance sheet of monetary authority (balance at year-end), balance sheet of other depository corporations (balance at year-end), balance sheet of foreign-funded banks at year-end，statistics on increment of all-system financing aggregates and composition，statistics on stock of all-system financing aggregates and composition. Statistical scope of balance sheet of credit funds of financial institutions and data on cash income and expenditure cover the People's Bank of China, banking depository financial institutions, banking non-depository financial institutions. Banking depository financial institutions include banks, credit cooperatives and finance companies; Banking non-depository financial institutions include financial trust and investment companies, financial leasing companies, auto financing companies and loan companies. The grassroots units of the above financial institutions fill out the questionnaires and report to the higher authority. The higher authorities tabulate the data level by level. Finally, the Head Office of the People's Bank of China tabulates the data to obtain the national total. Data on gold and foreign exchange reserves are extracted from the balance sheet of the People's Bank of China and are provided by the relevant departments in the Bank.

(2) Official benchmark interest rates of deposits of financial institutions and official benchmark interest rates of loans of financial institutions show the changes of the official benchmark interest rates of deposits and loans. These official benchmark interest rates of deposits and loans are stipulated and published by the Head Office of the People's Bank of China.

(3) General statistics on securities markets, number of listed companies, issuance of securities markets and statistics of stock trading show the situation regarding direct financing. Data are from the *Statistical Yearbook on China's Securities and Futures* compiled by China Securities Regulatory Commission.

(4) Economic and technical indicators of insurance companies，situations of assets of insurance company，fund uses of insurance company, premium of primary insurance and payment by region show the business situation of the insurance industry, with data from the insurance statistics compiled by the China Banking and Insurance Regulatory Commission.

18-1 货币供应量（年底余额）
Money Supply at Year-end

单位：亿元 (100 million yuan)

年 份 Year	货币和准货币 (M_2) Money and Quasi-Money (M_2)	货 币 (M_1) Money (M_1)	流通中货币 (M_0) Currency in Circulation (M_0)	单位活期存款 Corporate Demand Deposits	准货币 Quasi-Money	单位定期存款 Corporate Time Deposits	个人存款 Personal Savings Deposits	其他存款 Other Deposits
1990	15293.4	6950.7	2644.4	4306.3	8342.7			
1991	19349.9	8633.3	3177.8	5455.5	10716.6			
1992	25402.2	11731.5	4336.0	7395.2	13670.7			
1993	34879.8	16280.4	5864.7	10415.7	18599.4	1247.9	15203.5	2148.0
1994	46923.5	20540.7	7288.6	13252.1	26382.8	1943.1	21518.8	2920.9
1995	60750.5	23987.1	7885.3	16101.8	36763.4	3324.2	29662.2	3777.0
1996	76094.9	28514.8	8802.0	19712.8	47580.1	5041.9	38520.8	4017.4
1997	90995.3	34826.3	10177.6	24648.7	56169.1	6738.5	46279.8	3150.7
1998	104498.5	38953.7	11204.2	27749.5	65544.9	8301.9	53407.5	3835.5
1999	119897.9	45837.3	13455.5	32381.8	74060.6	9476.8	59621.8	4962.0
2000	134610.3	53147.2	14652.7	38494.5	81463.1	11261.1	64332.4	5869.7
2001	158301.9	59871.6	15688.8	44182.8	98430.3	14180.1	73762.4	10487.8
2002	185007.0	70881.8	17278.0	53603.8	114125.2	16433.8	86910.7	10780.7
2003	221222.8	84118.6	19745.9	64372.6	137104.3	20940.4	103617.7	12546.2
2004	254107.0	95969.7	21468.3	74501.4	158137.2	25382.2	119555.4	13199.7
2005	298755.7	107278.8	24031.7	83247.1	191476.9	33100.0	141051.0	17325.9
2006	345577.9	126028.1	27072.6	98955.4	219549.9	38715.9	161587.3	19246.7
2007	403442.2	152560.1	30375.2	122184.9	250882.1	46932.5	172534.2	31415.4
2008	475166.6	166217.1	34219.0	131998.2	308949.5	60103.1	217885.4	30961.1
2009	610224.5	221445.8	38247.0	183198.8	388778.7	84819.5	260752.7	43206.5
2010	725851.8	266621.5	44628.2	221993.4	459230.3	105858.7	303302.5	50069.1
2011	851590.9	289847.7	50748.5	239099.2	561743.2	166616.0	352797.5	42329.7
2012	974148.8	308664.2	54659.8	254004.5	665484.6	195940.1	411362.6	58181.9
2013	1106525.0	337291.1	58574.4	278716.6	769233.9	232696.6	467031.1	69506.2
2014	1228374.8	348056.4	60259.5	287796.9	880318.4	264055.7	508878.1	107384.6
2015	1392278.1	400953.4	63216.6	337736.9	991324.7	288240.7	552073.5	151010.5
2016	1550066.7	486557.2	68303.9	418253.4	1063509.4	307989.6	603504.2	152015.6
2017	1690235.3	543790.1	70645.6	473144.5	1146445.2	320196.2	649341.5	176907.4
2018	1826744.2	551685.9	73208.4	478477.5	1275058.3	340178.9	721688.6	213190.8
2019	1986488.8	576009.2	77189.5	498819.7	1410479.7	363486.0	819161.8	227831.8
2020	2186795.9	625581.0	84314.5	541266.5	1561214.9	383837.3	932966.3	244411.2

注：1.1997年初，中国人民银行对金融统计制度进行了调整，因此自1997年起的数据与历史数据不完全可比。
2.2001年6月起，将证券公司客户保证金计入货币供应量(M_2)，含在其他存款项内。
3.2010年金融机构会计科目变动，因此对2009年末数据进行了相应调整。
4.自2011年10月起，货币供应量已包含住房公积金中心存款和非存款类金融机构在存款类金融机构的存款。
5.2018年1月，人民银行完善货币供应量中货币市场基金部分的统计方法，用非存款机构部门持有的货币市场基金取代货币市场基金存款(含存单)。表中2017年以来的M_2数据均为统计方法完善后的可比数据。

a) The People's Bank of China (PBC) made some adjustments to the monetary statistics system at the beginning of 1997, hence the statistics since 1997 are not fully comparable to historical statistics.

b) Since June 2001, the customer margin of security companies maintained with financial institutions are included in money supply (M_2), as part of other deposits.

c) Due to adjustments in the accounting subjects of financial institutions in 2010, data at the end of 2009 are updated correspondingly.

d) Since October 2011, money supply includes deposits of Housing Provident Fund Management Center and deposits of non-depository corporations in depository corporations.

e) The PBC improved the method of data compiling in money supply statistics in January 2018. Specifically, as a result of improvement, the item of money market funds, which was treated as deposits of money market funds (CD included), is now treated as the total of money market fund units held by the non-deposit taking financial institutions, household sector and non-financial companies. After applying the new method, monthly M_2 growth rates since 2017 are updated correspondingly.

18-2 货币供应量同比增长率
Growth Rate of Money Supply

单位：% (%)

年 份 Year	货币和准货币 (M$_2$) Money and Quasi-Money (M$_2$)	货 币 (M$_1$) Money (M$_1$)	流通中货币 (M$_0$) Currency in Circulation (M$_0$)	单位活期存款 Corporate Demand Deposits	准货币 Quasi-Money	单位定期存款 Corporate Time Deposits	个人存款 Personal Savings Deposits	其他存款 Other Deposits
1991	26.5	24.2	20.2	26.7	28.5			
1992	31.3	35.9	36.4	35.6	27.6			
1993								
1994	34.5	26.2	24.3	27.2	41.9	55.7	41.5	36.0
1995	29.5	16.8	8.2	21.5	39.4	71.1	37.9	29.3
1996	25.3	18.9	11.6	22.4	29.4	51.7	29.9	6.4
1997	17.3	16.5	15.6	16.9	17.8	24.5	19.3	-8.9
1998	14.8	11.9	10.1	12.6	16.7	23.2	15.4	21.7
1999	14.7	17.7	20.1	16.7	13.0	14.2	11.6	29.3
2000	12.3	16.0	8.9	18.9	10.0	18.8	7.9	18.3
2001	14.4	12.7	7.1	14.8	15.5	25.9	14.7	9.1
2002	16.8	16.8	10.1	19.2	16.8	21.8	17.8	2.8
2003	19.6	18.7	14.3	20.3	20.1	27.4	19.2	16.4
2004	14.7	13.6	8.7	15.1	15.3	21.2	15.4	5.2
2005	17.6	11.8	11.9	11.7	21.1	30.4	18.0	31.3
2006	16.9	17.5	12.7	18.9	16.6	17.1	14.6	36.2
2007	16.7	21.1	12.2	23.5	14.3	21.2	6.8	63.2
2008	17.8	9.1	12.7	8.2	23.2	28.1	26.3	-1.5
2009	28.5	33.2	11.8	38.8	26.0	42.0	19.7	39.6
2010	19.7	21.2	16.7	22.1	18.9	28.7	16.3	16.0
2011	13.6	7.9	13.8	6.7	16.8	18.1	16.2	17.7
2012	13.8	6.5	7.7	6.2	17.6	17.6	16.6	25.1
2013	13.6	9.3	7.2	9.7	15.6	18.8	13.5	19.5
2014	12.2	3.2	2.9	3.3	14.4	13.5	9.0	54.5
2015	13.3	15.2	4.9	17.4	12.6	9.2	8.5	40.6
2016	11.3	21.4	8.1	23.8	7.3	6.9	9.3	0.7
2017	8.1	11.8	3.4	13.1	6.4	4.0	7.6	6.5
2018	8.1	1.5	3.6	1.1	11.2	6.2	11.1	20.5
2019	8.7	4.4	5.4	4.3	10.6	6.9	13.5	6.9
2020	10.1	8.6	9.2	8.5	10.7	5.6	13.9	7.3

注：同比增长率按可比口径计算。1993年口径调整，未按可比口径计算增长率。

a) Growth rate is calculated on the basis of comparable coverage. As the statistical coverage before 1992 was not comparable to that of 1993, the growth rate in 1993 was not calculated.

18-3 社会融资规模增量及构成

Statistics on Aggregate Financing to the Real Economy (Flow) and Composition

单位：亿元 (100 million yuan)

年份 Year	社会融资规模增量 AFRE (flow)	#人民币贷款 RMB Loans	#外币贷款（折合人民币） Foreign Currency-denominated Loans (RMB equivalent)	#委托贷款 Entrusted Loans	#信托贷款 Trust Loans	#未贴现银行承兑汇票 Undiscounted Bankers' Acceptances	#企业债券 Net Financing of Corporate Bonds	#地方政府专项债券 Local Government Special Bonds	#非金融企业境内股票融资 Equity Financing on the Domestic Stock Market by Non-financial Enterprises
2002	20112	18475	731	175		-695	367		628
2003	34113	27652	2285	601		2010	499		559
2004	28629	22673	1381	3118		-290	467		673
2005	30008	23544	1415	1961		24	2010		339
2006	42696	31523	1459	2695	825	1500	2310		1536
2007	59663	36323	3864	3371	1702	6701	2284		4333
2008	69802	49041	1947	4262	3144	1064	5523		3324
2009	139104	95942	9265	6780	4364	4606	12367		3350
2010	140191	79451	4855	8748	3865	23346	11063		5786
2011	128286	74715	5712	12962	2034	10271	13658		4377
2012	157631	82038	9163	12838	12845	10499	22551		2508
2013	173169	88916	5848	25466	18404	7756	18111		2219
2014	158761	97452	1235	21740	5174	-1198	24329		4350
2015	154063	112693	-6427	15911	434	-10567	29388		7590
2016	177999	124372	-5640	21854	8593	-19514	29865		12416
2017	261536	138432	18	7994	22232	5364	6244	19962	8759
2018	224920	156712	-4201	-16062	-6975	-6343	26318	17852	3606
2019	256735	168835	-1275	-9396	-3467	-4757	33384	21602	3479
2020	347917	200310	1450	-3954	-11020	1746	43748	34250	8923

注：1.社会融资规模增量是指一定时期内实体经济从金融体系获得的资金额。数据来源于中国人民银行、中国银行保险监督管理委员会、中国证券监督管理委员会、中央国债登记结算有限责任公司和银行间市场交易商协会等部门。

2.2019年12月起，人民银行进一步完善社会融资规模统计，将“国债”和“地方政府一般债券”纳入社会融资规模统计，与原有“地方政府专项债券”合并为“政府债券”指标。指标数值为托管机构的托管面值。2019年9月起，人民银行完善“社会融资规模”中的“企业债券”统计，将“交易所企业资产支持证券”纳入“企业债券”指标。2018年9月起，人民银行将“地方政府专项债券”纳入社会融资规模统计。2018年7月起，人民银行完善社会融资规模统计方法，将“存款类金融机构资产支持证券”和“贷款核销”纳入社会融资规模统计，在“其他融资”项下单独列示。2017年起，同比增速为可比口径计算。

a) Aggregate financing to the real economy (AFRE) (flow) refers to the total volume of financing provided by the financial system to the real economy during a certain period of time. In the calculation of AFRE, data are from the PBC, CBIRC, CSRC, CCDC and NAFMII.

b) Since December 2019, the People's Bank of China made further efforts to improve the statistical method of AFRE. "Treasury Bonds" and "Local Government General Bonds" were newly introduced into AFRE and merged with "Local Government Special Bonds" into "Government Bonds", which is recorded at face value at depositories. Since September 2019, the People's Bank of China improved the statistics of "Net Financing of Corporate Bonds" in AFRE, and incorporated "Asset-backed Securities of Non-Financial Enterprises" into "Net Financing of Corporate Bonds". Since September 2018, the People's Bank of China incorporated "Local Government Special Bonds" into AFRE. Since July 2018, the People's Bank of China improved the statistical method of AFRE, and incorporated "Asset-backed Securities of Depository Financial Institutions" and "Loans Written off" into AFRE, which is reflected as a sub-item of "Other Financing". Since 2017, the data of year-on-year growth are calculated on a comparable basis.

18-4 社会融资规模存量及增长率
Statistics on Aggregate Financing to the Real Economy (Stock) and Growth Rate

年份 Year	社会融资规模存量(亿元) AFRE (stock) (100 million yuan)	社会融资规模存量同比增速(%) Year-on-year Growth (%)	#人民币贷款 RMB Loans	#外币贷款(折合人民币) Foreign Currency-denominated Loans (RMB equivalent)	#委托贷款 Entrusted Loans	#信托贷款 Trust Loans	#未贴现银行承兑汇票 Undiscounted Bankers' Acceptances	#企业债券 Net Financing of Corporate Bonds	#地方政府专项债券 Local Government Special Bonds	#非金融企业境内股票融资 Equity Financing on the Domestic Stock Market by Non-financial Enterprises
2002	148532									
2003	181655	22.3	21.4	26.6	13.3		126.0	132.9		8.0
2004	204143	14.9	14.3	16.8	61.6		-8.0	4.0		8.5
2005	224265	13.5	13.3	11.0	11.8		0.7	129.1		4.2
2006	264500	18.1	16.3	9.0	20.0		44.9	68.7		12.5
2007	321326	21.5	16.4	21.9	29.9	84.0	138.4	41.0		45.8
2008	379765	20.5	18.7	5.1	29.1	84.3	9.2	78.7		17.7
2009	511835	34.8	31.3	55.5	35.8	63.4	36.5	86.2		18.3
2010	649869	27.0	19.9	15.9	44.2	34.4	135.5	42.3		30.9
2011	767791	18.3	16.1	13.1	21.2	13.5	25.6	36.2		17.7
2012	914675	19.1	15.0	27.2	17.1	75.0	21.0	44.4		8.6
2013	1075217	17.6	14.2	7.2	39.7	61.1	12.7	24.2		6.7
2014	1229386	14.3	13.6	4.1	29.2	10.8	-1.1	25.8		11.8
2015	1382824	12.5	13.9	-13.0	18.0	2.0	-14.8	25.1		20.2
2016	1559884	12.8	13.4	-12.9	19.8	15.8	-33.3	22.4		27.6
2017	2059098	14.1	13.2	-5.8	5.9	35.9	13.7	3.9	57.3	15.2
2018	2270356	10.3	13.2	-10.7	-11.5	-8.0	-14.3	9.8	32.6	5.4
2019	2514071	10.7	12.5	-4.6	-7.6	-4.4	-12.5	13.8	29.7	5.0
2020	2847526	13.3	13.2	-0.6	-3.4	-14.8	5.3	16.9	36.3	12.1

注：1.社会融资规模存量是指一定时期末(月末、季末或年末)实体经济从金融体系获得的资金余额。
2.2017年起，同比增速为可比口径计算。

a) AFRE (stock) refers to the total volume of financing provided by the financial system to the real economy at the end of a given period (at the end of month, quarter or year).

b) Since 2017, the data of year-on-year growth are calculated on a comparable basis.

18-5 金融机构人民币法定存款基准利率
Official Benchmark Interest Rates of Deposits of Financial Institutions

单位：年利率% (% p.a.)

项 目	Item	2010.10.20 Oct.20,2010	2010.12.26 Dec.26,2010	2011.02.09 Feb.09,2011	2011.04.06 Apr.06,2011	2011.07.07 July.07,2011	2012.06.08 Jun.08,2012
活期	Demand	0.36	0.36	0.40	0.50	0.50	0.40
定期	Time						
三个月	3-Month	1.91	2.25	2.60	2.85	3.10	2.85
半年	6-Month	2.20	2.50	2.80	3.05	3.30	3.05
一年	1-Year	2.50	2.75	3.00	3.25	3.50	3.25
二年	2-Year	3.25	3.55	3.90	4.15	4.40	4.10
三年	3-Year	3.85	4.15	4.50	4.75	5.00	4.65
五年	5-Year	4.20	4.55	5.00	5.25	5.50	5.10

注：1.2014年11月22日，金融机构存款利率浮动区间由存款基准利率的1.1倍调整为1.2倍。
2.自2014年11月22日起，人民银行不再公布金融机构人民币五年期定期存款基准利率。

a) Since Nov.22,2014, interval of interest rates of deposits of financial institutions has been adjusted from 1.1 to 1.2 times of official benchmark interest rates of deposits.

b) Since Nov.22,2014, the People's Bank of China stopped to publish official benchmark interest rates of 5-Year time deposits of financial institutions.

18-5 续表 continued

单位：年利率% (% p.a.)

项 目	Item	2012.07.06 July.06,2012	2014.11.22 Nov.22,2014	2015.03.01 Mar.01,2015	2015.05.11 May.11,2015	2015.06.28 Jun.28,2015	2015.08.26 Aug.26,2015	2015.10.24 Oct.24,2015
活期	Demand	0.35	0.35	0.35	0.35	0.35	0.35	0.35
定期	Time							
三个月	3-Month	2.60	2.35	2.10	1.85	1.60	1.35	1.10
半年	6-Month	2.80	2.55	2.30	2.05	1.80	1.55	1.30
一年	1-Year	3.00	2.75	2.50	2.25	2.00	1.75	1.50
二年	2-Year	3.75	3.35	3.10	2.85	2.60	2.35	2.10
三年	3-Year	4.25	4.00	3.75	3.50	3.25	3.00	2.75
五年	5-Year	4.75						

18-6 金融机构人民币法定贷款基准利率
Official Benchmark Interest Rates of Loans of Financial Institutions

单位：年利率% (%, p.a.)

项 目	Item	2010.12.26 Dec.26, 2010	2011.02.09 Feb.09, 2011	2011.04.06 Apr.06, 2011	2011.07.07 July.07, 2011	2012.06.08 June.08, 2012	2012.07.06 July.06, 2012
短期贷款	Short-term						
六个月	6-Month	5.35	5.60	5.85	6.10	5.85	5.60
一年	1-Year	5.81	6.06	6.31	6.56	6.31	6.00
中长期贷款	Medium and Long-term						
一年以上至三年	1-Year to 3-Year	5.85	6.10	6.40	6.65	6.40	6.15
三年以上至五年	3-Year to 5-Year	6.22	6.45	6.65	6.90	6.65	6.40
五年以上	Longer than 5-Year	6.40	6.60	6.80	7.05	6.80	6.55

18-6 续表 continued

单位：年利率% (%, p.a.)

项 目	Item	2014.11.22 Nov.22, 2014	2015.03.01 Mar.01, 2015	2015.05.11 May.11, 2015	2015.06.28 June.28, 2015	2015.08.26 Aug.26, 2015	2015.10.24 Oct.24, 2015
短期贷款	Short-term						
六个月	6-Month	5.60	5.35	5.10	4.85	4.60	4.35
一年	1-Year	5.60	5.35	5.10	4.85	4.60	4.35
中长期贷款	Medium and Long-term						
一年以上至三年	1-Year to 3-Year	6.00	5.75	5.50	5.25	5.00	4.75
三年以上至五年	3-Year to 5-Year	6.00	5.75	5.50	5.25	5.00	4.75
五年以上	Longer than 5-Year	6.15	5.90	5.65	5.40	5.15	4.90

18-7 黄金和外汇储备
Gold and Foreign Exchange Reserves

年 份 Year	黄金储备 (万盎司) Gold Reserves (10 000 oz.)	外汇储备 (亿美元) Foreign Exchange Reserves (USD 100 million)	年 份 Year	黄金储备 (万盎司) Gold Reserves (10 000 oz.)	外汇储备 (亿美元) Foreign Exchange Reserves (USD 100 million)
1978	1280	1.67	2000	1267	1655.74
1979	1280	8.40	2001	1608	2121.65
1980	1280	-12.96	2002	1929	2864.07
1981	1267	27.08	2003	1929	4032.51
1982	1267	69.86	2004	1929	6099.32
1983	1267	89.01	2005	1929	8188.72
1984	1267	82.20	2006	1929	10663.44
1985	1267	26.44	2007	1929	15282.49
1986	1267	20.72	2008	1929	19460.30
1987	1267	29.23	2009	3389	23991.52
1988	1267	33.72	2010	3389	28473.38
1989	1267	55.50	2011	3389	31811.48
1990	1267	110.93	2012	3389	33115.89
1991	1267	217.12	2013	3389	38213.15
1992	1267	194.43	2014	3389	38430.18
1993	1267	211.99	2015	5666	33303.62
1994	1267	516.20	2016	5924	30105.17
1995	1267	735.97	2017	5924	31399.49
1996	1267	1050.29	2018	5956	30727.12
1997	1267	1398.90	2019	6264	31079.24
1998	1267	1449.59	2020	6264	32165.22
1999	1267	1546.75			

18-8 人民币汇率（年平均价）
Exchange Rate of Renminbi (Period Average)

单位：人民币元 (RMB yuan)

年 份 Year	100美元 100 US Dollars	100日元 100 Japanese Yen	100港元 100 Hong Kong Dollars	100欧元 100 Euros
1985	293.67	1.2457	37.57	
1986	345.28	2.0694	44.22	
1987	372.21	2.5799	47.74	
1988	372.21	2.9082	47.70	
1989	376.51	2.7360	48.28	
1990	478.32	3.3233	61.39	
1991	532.33	3.9602	68.45	
1992	551.46	4.3608	71.24	
1993	576.20	5.2020	74.41	
1994	861.87	8.4370	111.53	
1995	835.10	8.9225	107.96	
1996	831.42	7.6352	107.51	
1997	828.98	6.8600	107.09	
1998	827.91	6.3488	106.88	
1999	827.83	7.2932	106.66	
2000	827.84	7.6864	106.18	
2001	827.70	6.8075	106.08	
2002	827.70	6.6237	106.07	800.58
2003	827.70	7.1466	106.24	936.13
2004	827.68	7.6552	106.23	1029.00
2005	819.17	7.4484	105.30	1019.53
2006	797.18	6.8570	102.62	1001.90
2007	760.40	6.4632	97.46	1041.75
2008	694.51	6.7427	89.19	1022.27
2009	683.10	7.2986	88.12	952.70
2010	676.95	7.7279	87.13	897.25
2011	645.88	8.1050	82.97	900.11
2012	631.25	7.9037	81.38	810.67
2013	619.32	6.3323	79.85	822.19
2014	614.28	5.8196	79.22	816.51
2015	622.84	5.1543	80.34	691.41
2016	664.23	6.1243	85.58	734.26
2017	675.18	6.0244	86.64	763.03
2018	661.74	5.9890	84.43	780.16
2019	689.85	6.3347	88.05	772.55
2020	689.76	6.4626	88.93	787.55

18-9 货币当局资产负债表（年底余额）
Balance Sheet of Monetary Authority (Balance at Year-end)

单位：亿元 (100 million yuan)

项 目	Item	2018	2019	2020
总资产	**Total Assets**	**372492.1**	**371130.5**	**387675.5**
国外资产	Foreign Assets	217648.1	218638.7	218040.0
外汇	Foreign Exchange	212556.7	212317.3	211308.1
货币黄金	Monetary Gold	2569.8	2855.6	2855.6
其他国外资产	Other Foreign Assets	2521.6	3465.8	3876.3
对政府债权	Claims on Government	15250.2	15250.2	15250.2
对其他存款性公司债权	Claims on Other Depository Corporations	111517.5	117748.9	133355.5
对其他金融性公司债权	Claims on Other Financial Corporations	4642.6	4623.4	4447.1
对非金融部门债权	Claims on Non-financial Sectors	27.8		
其他资产	Other Assets	23405.8	14869.3	16582.7
总负债	**Total Liabilities**	**372492.1**	**371130.5**	**387675.5**
储备货币	Reserve Money	330956.5	324175.0	330428.1
货币发行	Currency Issue	79145.5	82859.1	89823.3
其他存款性公司存款	Deposits of Other Depository Corporations	235511.2	226023.9	222906.1
非金融机构存款	Deposits of Non-financial Institutions	16299.8	15292.0	17698.8
不计入储备货币的金融性公司存款	Deposits of Financial Corporations not Included in Reserve Money	4016.3	4574.4	4881.8
发行债券	Bond Issue	200.0	1020.0	900.0
国外负债	Foreign Liabilities	1164.5	841.8	929.7
政府存款	Deposits of Government	28224.7	32415.1	38681.5
自有资金	Own Capital	219.8	219.8	219.8
其他负债	Other Liabilities	7710.2	7884.5	11634.6

注：1.自2017年起，对国际金融组织相关本币账户以净头寸反映。
2.“非金融机构存款”为支付机构交存人民银行的客户备付金存款。

a) Since 2017, RMB accounts with international financial organiztions have been calculated on a net basis.

b) Deposits of non-financial Institutions refers to the customer provision deposits of paying institutions at the PBC.

18-10 其他存款性公司资产负债表（年底余额）
Balance Sheet of Other Depository Corporations (Balance at Year-end)

单位：亿元 (100 million yuan)

项 目	Item	2018	2019	2020
总资产	**Total Assets**	**2667334.9**	**2892720.2**	**3189989.1**
国外资产	Foreign Assets	60146.2	63618.3	69050.8
储备资产	Reserve Assets	243160.7	236958.4	232330.8
准备金存款	Deposits with Central Bank	237223.7	231288.8	226822.0
库存现金	Cash in Vault	5937.1	5669.6	5508.8
对政府债权	Claims on Government	264352.8	307280.7	363625.0
对中央银行债权	Central Bank Bonds			6.2
对其他存款性公司债权	Claims on Other Depository Corporations	287239.0	296766.2	309122.8
对其他金融性公司债权	Claims on Other Financial Corporations	258693.8	246493.1	241873.5
对非金融性公司债权	Claims on Non-financial Sectors	977946.5	1085249.8	1229057.2
对其他居民部门债权	Claims on Other Resident Sectors	472762.4	546351.3	624433.1
其他资产	Other Assets	103033.4	110002.5	120489.8
总负债	**Total Liabilities**	**2667334.9**	**2892720.2**	**3189989.1**
对非金融机构及住户负债	Liabilities to Non-financial & Households Institutions	1641200.7	1798147.1	1987799.1
纳入广义货币的存款	Deposits Included in Broad Money	1540345.0	1681467.6	1858070.1
单位活期存款	Corporate Demand Deposits	478477.5	498819.7	541266.5
单位定期存款	Corporate Time Deposits	340178.9	363486.0	383837.3
个人存款	Personal Deposits	721688.6	819161.8	932966.3
不纳入广义货币的存款	Deposits Excluded from Broad Money	45211.4	48194.5	53519.4
可转让存款	Transferable Deposits	15355.9	15660.5	21941.9
其他存款	Other Deposits	29855.5	32534.0	31577.5
其他负债	Other Liabilities	55644.3	68485.0	76209.6
对中央银行负债	Liabilities to Central Bank	104474.8	98826.2	129521.3
对其他存款性公司负债	Liabilities to Other Depository Corporations	108915.9	114185.4	115915.9
对其他金融性公司负债	Liabilities to Other Financial Corporations	184310.6	198935.4	209083.3
#计入广义货币的存款	Deposits Included in Broad Money	179374.6	193523.8	205279.0
国外负债	Foreign Liabilities	20893.7	16815.9	16639.0
债券发行	Bond Issue	255387.6	280399.3	312180.2
实收资本	Paid-in Capital	54212.7	64575.8	73346.1
其他负债	Other Liabilities	297939.0	320835.2	345504.2

18-11 外资银行资产负债表（年底余额）
Balance Sheet of Foreign-funded Banks (Balance at Year-end)

单位：亿元 (100 million yuan)

项　目	Item	2018	2019	2020
总资产	**Total Assets**	**44177**	**45071**	**47858**
国外资产	Foreign Assets	2452	2950	3091
储备资产	Reserve Assets	3287	3252	3203
准备金	Deposits with Central Bank	3281	3247	3199
库存现金	Cash in Vault	6	5	3
对政府债权	Claims on Government	2681	3388	4806
对中央银行债权	Claims on Central Bank			
对其他存款性公司债权	Claims on Other Depository Corporations	5844	5186	4739
对其他金融性公司债权	Claims on Other Financial Corporations	3745	3662	4395
对非金融性公司债权	Claims on Non-financial Sectors	11649	12266	13299
对其他居民部门债权	Claims on Other Resident Sectors	1452	1683	1873
其他资产	Other Assets	13066	12684	12452
总负债	**Total Liabilities**	**44177**	**45071**	**47858**
对非金融机构及住户负债	Liabilities to Non-financial & Households Institutions	18386	19486	22026
纳入广义货币的存款	Deposits Included in Broad Money	13700	14390	15505
单位活期存款	Corporate Demand Deposits	4837	5347	5744
单位定期存款	Corporate Time Deposits	7565	7706	8362
个人存款	Personal Deposits	1298	1338	1399
不纳入广义货币的存款	Deposits Excluded from Broad Money	3461	3953	4084
可转让存款	Transferable Deposits	1876	1946	2325
其他存款	Other Deposits	1586	2007	1759
其他负债	Other Liabilities	1225	1143	2437
对中央银行负债	Liabilities to Central Bank	144	183	422
对其他存款性公司负债	Liabilities to Other Depository Corporations	2342	2663	2257
对其他金融性公司负债	Liabilities to Other Financial Corporations	1116	1264	1403
#计入广义货币的存款	Deposits Included in Broad Money	1004	1140	1205
国外负债	Foreign Liabilities	4904	4041	4342
债券发行	Bond Issue	549	859	845
实收资本	Paid-in Capital	1878	1979	1999
其他负债	Other Liabilities	14858	14597	14564

18-12 金融机构人民币信贷收支表(年底余额)(资金来源)

Balance Sheet of RMB Credit Funds of Financial Institutions at Year-end (Funds Sources)

单位：亿元 (100 million yuan)

项　　目	Item	2018	2019	2020
资金来源合计	**Total Funds Sources**	**2109164**	**2317003**	**2574701**
各项存款	Total Deposits	1775226	1928785	2125721
境内存款	Domestic Deposits	1764398	1917482	2112783
住户存款	Deposits of Households	716038	813017	925986
非金融企业存款	Deposits of Non-financial Enterprises	562976	595365	660180
机关团体存款	Deposits of Government Departments & Organizations	285046	296831	298738
财政性存款	Fiscal Deposits	40539	40840	44771
非银行业金融机构存款	Deposits of Non-banking Financial Institutions	159798	171429	183108
境外存款	Overseas Deposits	10828	11304	12938
金融债券	Financial Bonds	65433	82924	106117
流通中货币	Currency in Circulation	73208	77189	84315
对国际金融机构负债	Liabilities to International Financial Institutions	7	6	6
其他	Others	195290	228098	258543

注：1.本表机构包括中国人民银行、银行业存款类金融机构、银行业非存款类金融机构(以下相关表同)。
2.银行业存款类金融机构包括银行、信用社和财务公司。银行业非存款类金融机构包括信托投资公司、金融租赁公司、汽车金融公司和贷款公司等银行业非存款类金融机构(以下相关表同)。
3.自2015年起，“各项存款”含非银行业金融机构存放款项，“各项贷款”含拆放给非银行业金融机构款项(以下相关表同)。

a) Institutions in this table include the People's Bank of China, depository financial institutions of banks, non-depository financial institutions of banks. The same applies to following tables.

b) Depository financial institutions of banks include banks, credit cooperatives and financial corporations. Non-depository financial institutions of banks include trust and investment companies, financial leasing companies, motor vehicle financing companies, and loans companies. The same applies to following tables.

c) Since 2015, Total Deposits include Deposits of Non-banking Financial Institutions, and Total Loans include those lent to non-banking financial institutions. The same applies to following tables.

18-13 金融机构人民币信贷收支表(年底余额)(资金运用)

Balance Sheet of RMB Credit Funds of Financial Institutions at Year-end (Funds Uses)

单位：亿元 (100 million yuan)

项　　目	Item	2018	2019	2020
资金运用合计	**Total Funds Uses**	**2109164**	**2317003**	**2574701**
各项贷款	Total Loans	1362967	1531123	1727452
境内贷款	Domestic Loans	1357891	1525755	1721356
住户贷款	Loans to Households	478843	553191	631847
非金融企业及机关团体贷款	Loans to Non-financial Enterprises and Government Departments & Organizations	868289	962737	1084388
非银行业金融机构贷款	Loans to Non-banking Financial Institutions	10760	9827	5121
境外贷款	Overseas Loans	5075	5368	6096
债券投资	Portfolio Investments	333467	385520	450125
股权及其他投资	Shares and Other Investments	196190	183730	181428
黄金占款	Position for Bullion Purchase	2570	2856	2856
中央银行外汇占款	Foreign Exchange	212557	212317	211308
在国际金融机构资产	Assets with International Financial Institutions	1414	1457	1532

18-14 证券市场基本情况
General Statistics on Securities Markets

项　　目	Item	2019	2020
境内上市公司数(A、B股) (家)	Number of Listed Companies (A and B Shares) on Domestic Markets (unit)	3777	4154
境内上市外资股公司数(B股)(家)	Number of Listed Companies of Foreign Fund (B Shares) on Domestic Markets(unit)	97	93
境外上市公司数(H股) (家)	Number of Listed Companies (H Shares) on Hong Kong Market (unit)	284	291
股票总发行股本 (亿股)	Volume Issued (100 million shares)	61719.92	65479.19
#流通股本 (亿股)	Negotiable Shares (100 million shares)	52487.62	56353.50
股票市价总值 (亿元)	Total Market Capitalization (100 million yuan)	592934.57	797238.17
#股票流通市值 (亿元)	Negotiable Market Capitalization (100 million yuan)	483461.26	643605.29
股票成交量 (亿股)	Stock Trading Volume (100 million shares)	126624.29	167451.86
股票成交金额 (亿元)	Turnover of Stock Trading (100 million yuan)	1274158.80	2068252.52
上证综合指数(收盘)	Shanghai Composite Index (Close)	3050.12	3473.07
深证综合指数(收盘)	Shenzhen Composite Index (Close)	1722.95	2329.37
期末投资者数 (万个)	Number of Investors at the End of This Period (10 000 units)	15975	17777
静态市盈率(平均市盈率)	Average P/E Ratio		
上海	Shanghai	14.55	16.76
深圳	Shenzhen	26.15	34.44
年换手率(平均换手率) (%)	Average Turnover Rate (%)		
上海	Shanghai	157.59	258.50
深圳	Shenzhen	456.16	555.88
交易所债券发行额 (亿元)	Value of Bonds in the Exchanges Issued (100 million yuan)	71986.71	84777.35
债券成交额 (亿元)	Bonds Trading Turnover (100 million yuan)	2524154.22	3075974.26
债券现货成交金额 (亿元)	Turnover of Spots Trading of Bonds (100 million yuan)	83530.20	201785.82
债券回购成交金额 (亿元)	Turnover of Repurchase Trading of Bonds (100 million yuan)	2440624.02	2874188.44
证券投资基金只数 (只)	Number of Securities Investment Funds (unit)	6111	7237
证券投资基金规模 (亿份)	Capital of Securities Investment Funds (100 million units)	136937.42	169974.29
证券投资基金成交金额 (亿元)	Turnover of Securities Investment Funds (100 million yuan)	91679.38	136238.63
期货总成交量 (万手)	Trading Volume of Future (10 000 pieces)	392135.56	602691.01
期货总成交额 (亿元)	Trading Turnover of Future (100 million yuan)	2905739.10	4373005.25

注：1.交易所债券包含由中国证监会审批或备案的公司债、可转债、可交换债、可分离债、企业资产支持证券，以及交易所招标发行的地方政府债、政策性金融债。
2.期末投资者数量指持有未注销、未休眠的A股、B股、信用账户、衍生品合约账户的一码通账户数量。
3.债券成交数据为交易所债券市场数据。
4.期货成交数据按单边口径统计，包括商品期货和金融期货。

a) Exchange bonds include corporate bonds, convertible bonds, exchangeable bonds, separable bonds, and enterprise asset-backed securities approved or filed by CSRC, and local government bonds and policy-based financial bonds tendered and issued by the exchange.
b) Number of investors at the end of this period refers to the number of one-way accounts holding unregistered, dormant A-shares, B-shares, credit accounts and derivatives contract accounts.
c) Bond trading data are that of exchange bond market.
d) Futures trading data are counted by unilateral caliber, including commodity futures and financial futures.

18-15 上市公司数量
Number of Listed Companies

单位：个 (unit)

年份 Year	全国合计 National Total	上交所 Shanghai Stock Exchange	深交所 Shenzhen Stock Exchange	发A股公司 A Shares	发B股公司 B Shares	同时发A股、B股公司 A&B Shares
1990	10	8	2			
1991	13	7	6			
1992	53	29	24	53	18	18
1993	183	106	77	177	41	35
1994	291	171	120	287	58	54
1995	323	188	135	311	70	58
1996	530	293	237	514	85	69
1997	745	383	362	720	101	76
1998	852	438	414	826	106	80
1999	949	484	465	922	108	81
2000	1088	572	516	1060	114	86
2001	1160	646	514	1140	112	92
2002	1224	715	509	1213	111	100
2003	1287	780	507	1277	111	101
2004	1377	837	540	1363	110	96
2005	1381	834	547	1358	109	86
2006	1434	842	592	1411	109	86
2007	1550	860	690	1527	109	86
2008	1625	864	761	1602	109	86
2009	1718	870	848	1696	108	86
2010	2063	894	1169	2041	108	86
2011	2342	931	1411	2320	108	86
2012	2494	954	1540	2472	107	85
2013	2489	953	1536	2468	106	85
2014	2613	995	1618	2592	104	83
2015	2827	1081	1746	2808	101	82
2016	3052	1182	1870	3034	100	82
2017	3485	1396	2089	3467	100	82
2018	3584	1450	2134	3567	99	82
2019	3777	1572	2205	3760	97	80
2020	4154	1800	2354	4140	96	82

注：发A股公司包括既发A股又发B股的公司，发B股公司包括既发A股又发B股的公司。

a) A-share issuing companies include both A-share and B-share issuing companies, and B-share issuing companies include both A-share and B-share issuing companies.

18-16 证券市场发行情况
Share Issued on Securities Markets

单位：亿元 (100 million yuan)

年 份 Year	境内发行金额 Proceeds Raised in Domestic Capital Markets			境外股票发行金额 Proceeds Raised in Foreign Capital Markets	新三板股票发行金额 Proceeds Raised in NEEQ	合 计 Total
	小 计 Subtotal	股票发行金额 Proceeds Raised in Stock Markets	交易所债券发行金额 Proceeds Raised in Bond Markets			
1992	68.91	68.91				68.91
1993	245.02	245.02		60.84		305.86
1994	213.63	213.63		188.75		402.38
1995	99.78	99.78		31.53		131.31
1996	308.04	308.04		100.57		408.61
1997	859.98	859.98		387.91		1247.89
1998	787.44	787.44		37.83		825.27
1999	873.63	873.63		47.11		920.74
2000	1515.82	1515.82		562.08		2077.90
2001	1238.14	1238.14		73.00		1311.14
2002	720.05	720.05		192.28		912.33
2003	665.51	665.51		537.32		1202.83
2004	650.53	650.53		647.72		1298.25
2005	339.03	339.03		1666.25		2005.28
2006	2374.50	2374.50		3072.57		5447.07
2007	8222.02	7814.74	407.28	927.46		9149.48
2008	4310.44	3312.39	998.05	311.38		4621.82
2009	5645.85	4834.34	811.51	1067.66		6713.51
2010	11120.10	9799.80	1320.30	2343.11		13463.21
2011	8884.13	7154.43	1729.70	732.41	6.48	9623.02
2012	7313.28	4542.40	2770.88	997.83	8.59	8319.70
2013	8086.40	4131.46	3954.94	1060.24	10.02	9156.66
2014	12671.90	8498.26	4173.64	2253.40	132.09	15057.39
2015	37983.36	16361.62	21621.74	7090.12	1216.17	46289.65
2016	56965.75	20297.39	36668.36	1271.48	1390.89	59628.12
2017	54681.89	15534.98	39146.91	1829.19	1336.25	57847.33
2018	68255.59	11377.88	56877.71	1387.61	604.43	70247.63
2019	84525.53	12538.82	71986.71	781.65	264.63	85571.81
2020	98998.96	14221.61	84777.35	1513.64	338.50	100851.10

注：1.境内股票发行金额包括首发筹资金额和再筹资金额，均按股份上市日统计，再筹资包含公开增发、定向增发、配股、权证和优先股，其中权证为2008年之后开展的业务，优先股为2014年之后开展的业务。
2.境外股票发行金额指在港交所上市的H股的筹资金额，不含可转债。
3.新三板股票发行金额中不含优先股。

a) Proceeds raised in domestic capital markets include proceeds raised by IPO and proceeds raised by subsequent offerings, and are counted by the date of listing. Proceeds raised by subsequent offerings include public issue, directional issue, allotment, warrant and preferred stock. The warrant is the business started after 2008, and preferred stock is the business started after 2014.

b) Proceeds raised in foreign capital market refer to the amount of money raised by H-shares listed in Hong Kong Stock Exchange, excluding convertible bonds.

c) Proceeds raised in NEEQ do not include preferred stock.

18-17 股票交易情况
Trading Summary of Stocks

项 目	Item	2013	2014	2015	2016	2017	2018	2019	2020
上市公司数 (家)	**Number of Listed Companies (unit)**	**2489**	**2613**	**2827**	**3052**	**3485**	**3584**	**3777**	**4154**
上市股票数 (只)	**Number of Listed Stocks (unit)**	**2574**	**2696**	**2909**	**3134**	**3567**	**3666**	**3857**	**4233**
A股	A Shares	2468	2592	2808	3034	3467	3567	3760	4140
B股	B Shares	106	104	101	100	100	99	97	93
股票总发行股本 (亿股)	**Total Issued Capital (100 million shares)**	**33822**	**36795**	**43024**	**48750**	**53747**	**57581**	**61720**	**65479**
A股	A Shares	33538	36518	42753	48468	53462	57290	61428	65174
B股	B Shares	284	277	271	282	285	291	292	305
#流通股本	Negotiable Shares	29997	32289	37043	41136	45045	49048	52488	56354
A股	A Shares	29715	32013	36774	40855	44761	48758	52197	56073
B股	B Shares	283	276	270	281	283	289	291	281
股票市价总值(亿元)	**Total Market Capitalization (100 million yuan)**	**239077**	**372547**	**531463**	**507686**	**567086**	**434924**	**592935**	**797238**
A股	A Shares	237403	370823	529252	505773	565255	433548	591623	796024
B股	B Shares	1674	1724	2211	1913	1831	1376	1311	1214
#股票流通市值	Negotiable Market Capitalization	199580	315624	417881	393402	449298	353794	483461	643605
A股	A Shares	197916	313910	415681	391499	447476	352428	482158	642396
B股	B Shares	1664	1714	2200	1903	1822	1366	1304	1209
股票成交金额(亿元)	**Total Turnover (100 million yuan)**	**468729**	**742385**	**2550541**	**1277680**	**1124625**	**901739**	**1274159**	**2068253**
A股	A Shares	466632	741378	2546838	1276194	1123648	901103	1273572	2067632
B股	B Shares	1439	1007	3704	1486	977	636	587	621
总成交股数 (亿股)	**Trading Volume (100 million shares)**	**48373**	**73383**	**171039**	**95525**	**87781**	**82037**	**126624**	**167452**
A股	A Shares	47954	73188	170541	94481	87629	81927	126509	167324
B股	B Shares	264	195	498	210	152	110	116	128
上证综合指数	**Shanghai Composite Index**								
最高	High	2444.80	3239.36	5178.19	3538.69	3450.50	3587.03	3288.45	3474.92
最低	Low	1849.65	1974.38	2850.71	2638.30	3016.53	2449.20	2440.91	2646.80
收盘	Close	2115.98	3234.68	3539.18	3103.64	3307.17	2493.90	3050.12	3473.07
深证综合指数	**Shenzhen Composite Index**								
最高	High	1106.27	1504.48	3156.96	2304.49	2054.02	1966.15	1799.10	2340.89
最低	Low	815.89	1004.93	1408.99	1618.12	1753.53	1212.23	1231.83	1552.96
收盘	Close	1057.67	1415.19	2308.91	1969.11	1899.34	1267.87	1722.95	2329.37

注：1.股票总成交金额中包含约定购回式证券成交金额，故总成交金额大于A股B股成交金额之和。
2.指数最高、最低点为盘中最高、最低点。

a) Total turnover of stocks includes the turnover of Appointed Repurchase Securities, so it is larger than the sum of A shares and B shares turnover.

b) The high and low points of the index are the highest and lowest points in the stock market.

18-18 保险公司业务经济技术指标
Economic and Technical Indicators of Insurance Companies

单位：亿元 (100 million yuan)

项　目	Item	2019		2020	
		保　费 Premium	赔款及给付 Claim and Payment	保　费 Premium	赔款及给付 Claim and Payment
合　计	**Total**	**42644.8**	**12893.9**	**45257.3**	**13907.1**
财产保险公司	**Property Insurance Companies**	**13016.3**	**7278.7**	**13583.7**	**7880.4**
企业财产保险	Enterprise Property Insurance	464.1	237.0	490.3	245.1
家庭财产保险	Family Property Insurance	91.2	36.7	90.8	33.6
机动车辆保险	Motor Vehicle Insurance	8188.3	4613.4	8244.8	4725.5
工程保险	Engineering Insurance	117.8	67.6	138.4	63.3
责任保险	Liability Insurance	753.3	341.7	901.1	395.1
信用保险	Export Credit Insurance	200.0	113.4	204.9	138.4
保证保险	Guarantee Insurance	843.7	376.7	688.6	559.1
船舶保险	Ship Insurance	55.5	35.2	57.7	39.5
货物运输保险	Freight Transport Insurance	130.1	69.7	136.0	69.0
特殊风险保险	Special Risks Insurance	68.9	39.5	72.2	45.0
农业保险	Agriculture Insurance	672.5	527.9	814.9	592.5
健康险	Health Insurance	840.3	623.4	1114.2	757.7
意外伤害保险	Accident Injury Insurance	526.6	153.6	540.9	168.0
其他险	Other Insurance	64.1	42.9	89.0	48.7
人寿保险公司	**Life Insurance Companies**	**29628.4**	**5615.1**	**31673.6**	**6026.6**
寿险	Life Insurance	22754.1	3742.9	23981.9	3715.0
健康险	Health Insurance	6225.7	1728.1	7058.5	2163.5
人身意外伤害险	Personal Accident Insurance	648.6	144.0	633.2	148.1

注：本表人寿保险公司中包括中华控股寿险业务。
a) Life insurance companies include life insurance of China United Insurance Holding Company.

18-19 保险公司资产情况
Assets of Insurance Companies

单位：亿元 (100 million yuan)

年 份 Year	总资产 Total Assets	#财产险公司 Property Insurance Companies	#寿险公司 Life Insurance Companies	#再保险公司 Reinsurance Companies	#中资公司 Domestic Funded Insurance Companies	#外资公司 Foreign-funded Insurance Companies
2002	6320.00	948.00	5161.00	211.00		
2003	9088.00	1176.00	7657.00	255.00		
2004	11953.68	1411.38	8352.90	262.37	11540.63	413.05
2005	15286.44	1718.81	13458.27	292.70	14630.97	665.64
2006	19704.19	2340.45	17446.26	311.31	18862.60	862.66
2007	28912.78	3880.51	23249.16	877.26	27656.26	1256.51
2008	33418.83	4687.03	27138.45	994.45	31893.93	1524.91
2009	40634.75	4892.62	33655.05	1162.01	38582.37	2052.39
2010	50481.61	5833.52	42642.66	1151.79	47860.49	2621.12
2011	59828.94	7919.95	49798.19	1579.11	56822.12	3006.83
2012	73545.73	9477.47	60991.22	1845.25	70080.33	3465.40
2013	82886.95	10941.45	68250.07	2103.93	78551.67	4335.28
2014	101591.47	14061.48	82487.20	3513.56	94950.98	6640.49
2015	123597.76	18481.13	99324.83	5187.38	115057.96	6539.80
2016	153764.66	23849.82	126557.51	2765.61	144646.59	9118.07
2017	169377.32	24901.04	131885.05	3150.32	158956.86	10420.46
2018	183305.24	23502.73	146032.48	3633.48	171695.83	11609.41
2019	205644.90	22939.60	169575.17	4261.12	192052.69	13592.21
2020	232984.30	23422.59	199789.74	4956.29	216367.12	17076.79

18-20 保险公司资金运用情况
Fund Uses of Insurance Companies

单位：亿元 (100 million yuan)

年 份 Year	资金运用余额 Balance of Fund Uses	#银行存款 Deposits	#国 债 Government and Public Bonds	#金融债券 Financial Bonds	#企业债券 Corporate Bonds	#证券投资基金 Securities Investment Funds
2004	10778.62	5071.10	2618.44	1026.25	639.73	666.32
2005	14092.69	5165.55	3590.65	1804.71	1204.55	1107.00
2006	17785.40	5989.11	3647.01	2754.25	2121.56	912.08
2007	26647.81	6503.44	3956.56	4897.84	2799.76	2519.41
2008	30552.83	8087.49	4208.26	8754.06	4598.46	1646.46
2009	37417.12	10519.68	4053.82	8746.10	6074.56	2758.78
2010	46046.62	13909.97	4815.78	10038.75	7935.69	2620.73
2011	55192.98	17692.69	4741.90	12418.80	8755.86	2909.92
2012	68542.58	23446.00	4795.02	14832.57	10899.98	3625.58
2013	76873.41	22640.98	4776.73	14811.84	13727.75	3575.52
2014	93314.43	25310.73	5009.88	15067.12	15465.13	4714.28
2015	111795.49	24349.67	5831.12	15215.31	17307.38	8856.50
2016	133910.67	24844.21	7796.24	16260.35	18627.99	8554.46
2017	149206.21	19274.07	10167.99	19153.05	19436.76	7524.77
2018	164088.38	24363.50	14027.62	20215.82	21011.68	8650.55
2019	185270.58	25227.42	20672.01	20658.19	21462.84	9423.29
2020	216801.13	25973.45	32069.60	20940.95	23654.17	11040.41

18-21 分地区原保险保费收入和赔付支出情况（2020年）
Premium of Primary Insurance and Claim Payment by Region (2020)

单位：亿元 (100 million yuan)

地 区	Region	原保险保费收入 Premium of Primary Insurance			赔付支出 Claim Payment		
		小计 Sub-total	财产险业务 Property Insurance	人身险业务 Life Insurance	小计 Sub-total	财产险业务 Property Insurance	人身险业务 Life Insurance
全 国	**National Total**	**45257.34**	**11928.58**	**33328.76**	**13907.10**	**6954.79**	**6952.31**
北 京	Beijing	2302.91	441.36	1861.55	750.60	262.49	488.11
天 津	Tianjin	672.09	164.26	507.84	168.18	83.64	84.54
山 西	Shanxi	932.77	237.86	694.92	311.29	140.73	170.57
河 北	Hebei	2088.64	591.92	1496.72	601.71	314.33	287.38
内蒙古	Inner Mongolia	740.00	216.94	523.07	224.51	124.66	99.85
辽 宁	Liaoning	969.60	300.10	669.50	368.73	171.04	197.69
#大 连	Dalian	368.67	86.35	282.32	104.06	54.98	49.07
吉 林	Jilin	710.09	187.99	522.09	219.88	99.64	120.24
黑龙江	Heilongjiang	987.26	209.94	777.32	309.26	133.33	175.93
上 海	Shanghai	1864.99	509.28	1355.71	630.70	278.46	352.24
江 苏	Jiangsu	4015.10	993.34	3021.75	1081.41	563.33	518.08
浙 江	Zhejiang	2476.94	765.98	1710.96	759.35	468.44	290.91
#宁 波	Ningbo	390.72	174.12	216.59	148.70	109.36	39.34
安 徽	Anhui	1403.53	470.95	932.58	477.39	279.64	197.75
福 建	Fujian	1005.79	260.99	744.79	309.69	150.42	159.28
#厦 门	Xiamen	236.46	76.08	160.38	83.53	52.72	30.81
江 西	Jiangxi	927.86	277.47	650.39	311.22	152.55	158.68
山 东	Shandong	2971.55	686.17	2285.38	879.48	407.96	471.52
#青 岛	Qingdao	510.94	140.58	370.36	157.00	82.64	74.36
河 南	Henan	2506.00	570.56	1935.44	718.71	329.92	388.79
湖 北	Hubei	1854.38	370.25	1484.14	518.15	218.15	300.01
湖 南	Hunan	1513.06	408.92	1104.14	482.38	233.97	248.41
广 东	Guangdong	4199.34	1009.90	3189.44	1215.68	642.28	573.40
#深 圳	Shenzhen	1453.51	363.37	1090.14	373.78	199.65	174.13
广 西	Guangxi	734.33	233.23	501.10	255.11	129.25	125.86
海 南	Hainan	205.91	72.21	133.70	65.96	40.95	25.01
重 庆	Chongqing	987.62	230.22	757.40	295.43	125.48	169.95
四 川	Sichuan	2273.57	548.12	1725.45	687.75	320.86	366.89
贵 州	Guizhou	511.77	225.49	286.28	196.06	127.72	68.35
云 南	Yunnan	756.45	295.82	460.63	277.68	153.82	123.86
西 藏	Tibet	39.81	27.25	12.56	22.15	17.47	4.68
陕 西	Shaanxi	1102.74	238.04	864.70	332.19	149.45	182.74
甘 肃	Gansu	485.19	143.99	341.20	169.31	84.02	85.29
青 海	Qinghai	103.63	43.57	60.06	34.90	22.48	12.42
宁 夏	Ningxia	210.71	67.85	142.87	66.12	38.37	27.75
新 疆	Xinjiang	681.91	235.36	446.54	252.62	144.84	107.79
集团、总公司本级	Head Offices	61.47	52.72	8.75	46.41	45.74	0.66

注：1.本表数据为各公司上报中国保险统计信息系统年报数据，未经审计。
2.集团、总公司本级是指集团、总公司直接开展的业务，不计入任何地区。

a) Data in this table are collected through China Insurance Statistical Information System reported by insurance companies, and have not been audited.
b) Data of head offices refer to business conducted directly by head offices, and are not allocated to any region.

主要统计指标解释

各项存款 金融机构资金来源的主要项目，包括住户存款、非金融企业存款、机关团体存款、财政性存款、非银行业金融机构存款和境外存款。

各项贷款 金融机构资金运用的主要项目，包括住户贷款、非金融企业及机关团体贷款、非银行业金融机构贷款和境外贷款。

保险公司 在中国境内的、经过保险监督管理部门批准设立，并依法登记注册的各类商业保险公司。

保险金额 指保险人承担赔偿或者给付保险金责任的最高限额。

保费 指投保人为取得保险人在约定范围内所承担赔偿责任而支付给保险人的费用。

赔款 指保险人根据保险合同的规定，向被保险人支付的赔偿保险责任损失的金额。

给付 包括死伤医疗给付和满期给付。死伤医疗给付是指保险人根据人寿保险及长期健康保险合同的规定，因被保险人在保险期内发生保险责任范围内的保险事故支付给被保险人(或受益人)的金额。满期给付是指被保险人生存期满，保险人按人寿保险合同规定支付给被保险人的满期保险金额。

社会融资规模增量 指一定时期内实体经济从金融体系获得的资金总额。主要包括：人民币贷款、外币贷款（折合人民币）、委托贷款、信托贷款、未贴现的银行承兑汇票、企业债券、政府债券、非金融企业境内股票融资、投资性房地产、保险公司赔偿等。

社会融资规模存量 指一定时期末(月末、季末或年末)实体经济从金融体系获得的资金余额。主要包括：人民币贷款、外币贷款（折合人民币）、委托贷款、信托贷款、未贴现的银行承兑汇票、企业债券、政府债券、非金融企业境内股票融资、投资性房地产等。

境内上市公司数 指在统计期末其发行的股票在沪、深交易所上市的股份有限公司的数量。以股票上市日进行统计，同时发行 A、B 股的上市公司，按一家计算。

股票总发行股本 也称上市公司总股本，是指统计期末上市公司在境内发行的全部股份数量合计，包括 A 股股本、B 股股本和其他不流通的境内股本。

股票市价总值 指统计期末根据上市公司股票价格和对应股票数量计算的股权价值合计。具体统计口径和计算方法如下：如当日无交易价格，采用最后交易日的收盘价；暂停上市股票的价格以零计算；未股改公司的非流通股以流通 A 股价格计算市值；仅发行 B 股的上市公司，其非流通股不进行股票市值计算；对当日除权股票进行市值计算时需要包含在途股份（已登记未上市）的市值。

交易所债券发行额 指统计期内各类债券发行票面金额合计。按发行首日口径计算。

债券成交额 指统计期内各类债券成交金额合计，包括债券现货成交金额和债券回购成交金额。

证券投资基金只数 指统计期末基金市场上基金产品的只数。自基金合同生效日（基金成立日）纳入统计，自基金合同终止日从统计中剔除。一般根据证监会主代码（基金主合同）口径统计。

Explanatory Notes on Main Statistical Indicators

Total Deposits are the main items of financial sources of financial institutions, which include deposits of households, deposits of non-financial enterprises, deposits of government departments & organizations, fiscal deposits, deposits of non-banking financial institutions and overseas deposits.

Total Loans are the main items of financial uses of financial institutions, which include loans to households, loans to non-financial enterprises and government departments & organizations, loans to non-banking financial institutions and overseas loans.

Insurance Companies refer to commercial insurance companies of various forms registered by law and established in China with the approval of insurance regulatory agencies.

Amount Insured refers to the maximum that the insurant will get for the claim of the case insured.

Premium is the fee paid by the insurant to the insurer to obtain the obligation of compensation from the insurance within the agreed terms.

Settled Claim is the compensation paid by the insurer to the insurant in accordance with the insurance contract.

Payment includes payment for death, injury or medical treatment and payment at maturity. Payment for death, injury or medical treatment refers to the money paid to the insurant (or the beneficiary) in accordance with the life or health insurance contract when the insurant encounters accidents within the insured period covered in the contract. Payment at maturity refers to the payment to the insurant in accordance with the life insurance contract at the end of the insured period.

Aggregate Financing to the Real Economy (Flow) refers to the total volume of financing provided by the financial system to the real economy over a period of time. It includes: RMB loans, foreign currency-denominated loans (RMB equivalent), credit loans, entrusted loans, undiscounted banker's acceptances, corporate bonds, government bonds, domestic equity financing of non-financial enterprises, investment real estate, premium of insurance, etc.

Aggregate Financing to the Real Economy (Stock) refers to the total volume of financing provided by the financial system to the real economy at the end of a period (at the end of month, quarter or year). It includes: RMB loans, foreign currency-denominated loans (RMB equivalent), credit loans, entrusted loans, undiscounted banker's acceptances, corporate bonds, government bonds, domestic equity financing of non-financial enterprises, investment real estate, etc.

Number of Domestic Listed Companies refers to the number of limited companies whose stocks issued are listed on the Shanghai or Shenzhen exchanges at the end of the statistical period. A listed company that issues both A and B shares at the same time are counted as one company by the date of listing.

Total Issued Capital also known as total stock of listed companies, refers to the total number of shares issued by domestic listed companies at the end of the statistical period, including A share capital, B share capital and other non-tradable domestic equity.

Total Market Capitalization refers to the total stock value according to the stock price of listed companies and the corresponding stock quantity at the end of the statistical period. Specific statistical coverage and calculation methods are as follows: if there is no trading price on the day, the closing price on the last trading day shall be adopted; the price of suspended listed shares shall be calculated at zero; the non-tradable shares of non-equity-restructured companies shall be calculated at the price of circulating A shares; the non-tradable shares of listed companies that issue only B shares shall not be calculated at the market value of their non-tradable shares on the same day. When calculating the market value of the right stock, the market value of the shares in transit (registered and unlisted) should be included.

Value of Bonds in the Exchanges Issued refers to the total amount of coupon issued by various types of bonds during the statistical period. It is calculated at the coverage of the first day of issue.

Bonds Trading Turnover refers to the total amount of all kinds of bonds traded during the statistical period, including the spot amount of bonds traded and the amount of bond repurchase traded.

Number of Securities Investment Funds refers to the number of fund products in the fund market at the end of the period. It is counted since the effective date of the fund contract (the establishment date of the fund), and is excluded from the statistics since the termination date of the fund contract. It is generally counted at the coverage of the main code of the Securities Regulatory Commission (the main contract of the fund).

19

房地产

Real Estate

简 要 说 明

一、本篇资料的主要内容及统计范围

本篇资料通过对一定时期内房地产开发企业开发经营活动的数量方面的描述，反映报告期内房地产开发企业土地开发和购置情况、投资总规模及完成情况、实际到位资金情况、房屋建筑面积和造价情况、房屋新开工面积情况、商品房销售情况以及资产负债和经营情况。

本篇资料的统计范围包括有开发经营活动的全部房地产开发经营业法人单位。

二、本篇的资料来源及统计调查方法

本篇统计资料是根据《房地产开发统计报表制度》进行搜集和加工整理而得，全部数据采用全面调查的统计方法。

Brief Introduction

I. Main Contents and Scope of Statistics

Data in this chapter describe activities of real estate development enterprises during a given period of time, and reflect the development and purchase of land, total size and completed investment, actual funds in place, floor space and cost of buildings constructed, floor space started in the year, sales of commercial buildings, assets and liabilities, and operation status of real estate developers during report period.

Data in this chapter covers all corporate units with development and operating activities engaged in real estate development.

II. Sources of Data

Data in this chapter are collected and compiled in accordance with the *Statistical Reporting System on Real Estate Development* collected through comprehensive survey.

19-1 房地产开发企业主要指标
Main Indicators of Enterprises for Real Estate Development

指标	Item	2017	2018	2019	2020
企业个数 （个）	**Number of Enterprises (unit)**	**95897**	**97937**	**99544**	**103262**
内资	Domestic Invested	91608	94063	95691	99150
#国有	State-owned Enterprises	943	767	671	1133
集体	Collective-owned Enterprises	319	280	230	227
港、澳、台投资	Enterprises with Investment from Hong Kong, Macao and Taiwan	3066	2719	2664	2759
外商投资	Foreign Invested	1223	1155	1189	1353
平均从业人数 （万人）	**Average Number of Employed Persons (10 000 persons)**	**283.10**	**288.92**	**293.74**	**290.13**
内资企业	Domestic Invested	266.40	273.53	278.41	274.65
#国有	State-owned Enterprises	3.79	3.14	2.51	3.65
集体	Collective-owned Enterprises	0.91	0.66	0.50	0.50
港、澳、台投资企业	Enterprises with Investment from Hong Kong, Macao and Taiwan	11.32	10.44	10.37	10.19
外商投资企业	Foreign Invested	5.38	4.95	4.95	5.29
本年土地购置面积 （万平方米）	**Area of Land Purchased in the Year (10 000 sq.m)**	**25508.3**	**29320.6**	**25822.3**	**25536.3**
本年完成投资 （亿元）	**Investment Completed in the Year (100 million yuan)**	**109798.5**	**120164.7**	**132194.3**	**141442.9**
#住宅	Residential Buildings	75147.9	85124.0	97070.7	104445.7
本年实际到位资金 （亿元）	**Actual Funds in Place in the Year (100 million yuan)**	**156052.6**	**166407.1**	**178608.6**	**193114.9**
#国内贷款	Domestic Loans	25241.8	24132.1	25228.8	26675.9
利用外资	Foreign Investment	168.2	114.0	175.7	192.0
自筹资金	Self-raised Fund	50872.2	55754.8	58157.8	63376.6
房屋建筑面积 （万平方米）	**Floor Space of Buildings (10 000 sq.m)**				
施工面积	Floor Space under Construction	781483.7	822299.6	893820.9	926759.2
竣工面积	Floor Space Completed	101486.4	94421.1	95941.5	91218.2
本年新开工面积	Floor Space Started in the Year	178653.8	209537.2	227153.6	224433.1
#住宅	Residential Buildings	128097.8	153485.4	167463.4	164328.5
商品房销售面积 （万平方米）	**Floor Space of Commercial Buildings Sold (10 000 sq.m)**	**169407.8**	**171464.6**	**171557.9**	**176086.2**
#住宅	Residential Buildings	144788.8	147759.6	150144.3	154878.5
商品房平均销售价格（元/平方米）	**Average Selling Price of Commercial Buildings(yuan/sq.m)**	**7892**	**8726**	**9310**	**9860**
#住宅	Residential Buildings	7614	8553	9287	9980
实收资本 （亿元）	**Paid-in Capital (100 million yuan)**	**85649.7**	**95325.0**	**105248.8**	**116652.0**
资产负债率 （%）	**Ratio of Liabilities to Assets (%)**	**79.1**	**79.1**	**80.4**	**80.7**
主营业务收入 （亿元）	**Revenue from Principal Business (100 million yuan)**	**95896.9**	**112924.7**	**110239.8**	**118582.1**
#土地转让收入	Income from Land Transfer	838.4	1207.4	874.1	747.8

注：1.商品房平均销售价格由报告期内新建商品房销售额除以销售面积计算而成。不同时期的商品房平均销售价格可能会受商品房区域、房屋类型等各种因素的影响(以下相关表同)。
2.2018年为第四次全国经济普查数据(以下相关表同)。

a) Average selling price of commercial buildings is calculated by total value of sale of newly-built commercial buildings divided by floor space sold during report period.Selling prices of buildings during different periods are affected by location and type of buildings etc. The same applies to the relevant following tables.

b) The 2018 data are according to the fourth National Economic Census.The same applies to the relevant tables following.

19-2 房地产开发企业个数
Number of Enterprises for Real Estate Development

单位：个 (unit)

年份 Year / 地区 Region	企业个数 Number of Enterprises	内资企业 Domestic Invested Enterprises	#国有 State-owned Enterprises	#集体 Collective-owned Enterprises	港、澳、台投资企业 Enterprises with Investment from Hong Kong, Macao and Taiwan	外商投资企业 Foreign Invested Enterprises
1998	24378	19960	7958	4538	3214	1204
2000	27303	23277	6641	3492	2899	1127
2005	56290	50957	4145	1796	3443	1890
2006	58710	53268	3797	1586	3519	1923
2007	62518	56965	3617	1430	3524	2029
2008	87562	81282	3941	1520	3916	2364
2009	80407	74674	3835	1361	3633	2100
2010	85218	79489	3685	1220	3677	2052
2011	88419	83011	3427	1023	3565	1843
2012	89859	84695	3354	904	3451	1713
2013	91444	86379	1739	570	3391	1674
2014	94197	89218	1476	457	3414	1565
2015	93426	88773	1329	409	3235	1418
2016	94948	90408	1093	364	3232	1308
2017	95897	91608	943	319	3066	1223
2018	97937	94063	767	280	2719	1155
2019	99544	95691	671	230	2664	1189
2020	103262	99150	1133	227	2759	1353
北　京 Beijing	1304	1223	18	3	40	41
天　津 Tianjin	1180	1102	44	3	43	35
河　北 Hebei	3942	3904	5		23	15
山　西 Shanxi	2551	2536	31	3	7	8
内蒙古 Inner Mongolia	1638	1637	4		1	
辽　宁 Liaoning	2865	2629	15	1	174	62
吉　林 Jilin	1540	1519	6		13	8
黑龙江 Heilongjiang	1515	1496	13		11	8
上　海 Shanghai	2588	2220	67	12	261	107
江　苏 Jiangsu	7003	6404	105	15	443	156
浙　江 Zhejiang	7095	6767	26	8	175	153
安　徽 Anhui	4143	4082	53	1	44	17
福　建 Fujian	3608	3255	36	8	221	132
江　西 Jiangxi	2855	2789	33	1	52	14
山　东 Shandong	7696	7424	104	39	190	82
河　南 Henan	8052	7969	58	3	50	33
湖　北 Hubei	4186	4091	75	6	60	35
湖　南 Hunan	4768	4676	48	3	61	31
广　东 Guangdong	9635	8782	146	89	614	239
广　西 Guangxi	3277	3193	23	5	40	44
海　南 Hainan	1166	1116	31	7	37	13
重　庆 Chongqing	2278	2173	23		71	34
四　川 Sichuan	4593	4513	22	2	51	29
贵　州 Guizhou	2862	2833	25	2	18	11
云　南 Yunnan	2962	2915	32	3	33	14
西　藏 Tibet	127	127	1			
陕　西 Shaanxi	2895	2857	46	8	15	23
甘　肃 Gansu	1738	1729	32	4	5	4
青　海 Qinghai	323	322	2			1
宁　夏 Ningxia	576	570			2	4
新　疆 Xinjiang	2301	2297	9	1	4	

19-3 房地产开发企业从业人员数
Number of Employed Persons in Enterprises for Real Estate Development

单位：人 (person)

年份 Year / 地区 Region	平均从业人数 Average Number of Employed Persons	内资企业 Domestic Invested Enterprises	#国有 State-owned Enterprises	#集体 Collective-owned Enterprises	港、澳、台投资企业 Enterprises with Investment from Hong Kong, Macao and Taiwan	外商投资企业 Foreign Invested Enterprises
1998	825888	708738	332834	134939	83784	33366
2000	971942	862245	292252	116416	79066	30631
2005	1516150	1366743	140106	40978	90674	58733
2006	1600930	1442158	132259	38367	97688	61084
2007	1719666	1541336	121137	34498	100398	77932
2008	2100362	1906029	127511	29602	109246	85087
2009	1949295	1763867	123866	29049	109965	75463
2010	2091147	1908969	155156	25428	105846	76332
2011	2256964	2075474	135420	21237	112990	68500
2012	2386772	2199815	123593	20398	116849	70108
2013	2591814	2397762	66072	12976	121807	72245
2014	2760070	2561817	61512	11414	129287	68966
2015	2738454	2551484	57273	10771	124494	62476
2016	2752298	2576545	47085	9916	118495	57258
2017	2830960	2663954	37904	9092	113221	53785
2018	2889165	2735301	31383	6585	104378	49486
2019	2937379	2784130	25129	5018	103746	49503
2020	2901253	2746467	36517	4953	101924	52862
北京 Beijing	49513	44659	865	187	2946	1908
天津 Tianjin	33551	29623	1424	36	2554	1374
河北 Hebei	110399	107822	211		705	1872
山西 Shanxi	54135	53712	847	268	122	301
内蒙古 Inner Mongolia	33397	33315	94		82	
辽宁 Liaoning	49503	43479	323	1	4258	1766
吉林 Jilin	32079	31080	134		648	351
黑龙江 Heilongjiang	27314	26740	144		418	156
上海 Shanghai	58933	44447	961	193	11501	2985
江苏 Jiangsu	175123	154283	2223	268	15100	5740
浙江 Zhejiang	129503	121824	475	78	4002	3677
安徽 Anhui	120768	118253	1202	7	1594	921
福建 Fujian	108390	97685	2065	186	6644	4061
江西 Jiangxi	92797	90598	1159	20	1867	332
山东 Shandong	207046	198059	3607	838	6749	2238
河南 Henan	262288	259552	1379	46	1646	1090
湖北 Hubei	127127	123018	2854	285	2231	1878
湖南 Hunan	154721	150425	1824	50	2629	1667
广东 Guangdong	266102	232225	4308	1945	21573	12304
广西 Guangxi	95368	91549	889	55	2080	1739
海南 Hainan	35998	32468	935	103	1674	1856
重庆 Chongqing	102439	97160	1547		3580	1699
四川 Sichuan	164459	160102	958	89	3307	1050
贵州 Guizhou	108805	107786	781	14	772	247
云南 Yunnan	105879	102847	1144	57	2356	676
西藏 Tibet	2693	2693	12			
陕西 Shaanxi	84550	83396	2884	164	400	754
甘肃 Gansu	42710	42489	985	59	163	58
青海 Qinghai	9044	9023	12			21
宁夏 Ningxia	14977	14652			184	141
新疆 Xinjiang	41642	41503	271	4	139	

19-4 房地产开发企业土地开发及购置
Land Development and Purchase of Enterprises for Real Estate Development

年 份 Year 地 区 Region	待开发土地面积（万平方米）Area of Land Pending for Development (10 000 sq.m)	本年土地购置面积（万平方米）Area of Land Purchased in the Year (10 000 sq.m)	本年土地成交价款（亿元）Transaction Value of Land in the Year (100 million yuan)
1998	13530.70	10109.32	
2000	14754.77	16905.24	
2005	27522.00	38253.73	3269.32
2006	37523.65	36573.57	3318.04
2007	41483.97	40245.85	4573.18
2008	48161.07	39353.43	4831.68
2009	32816.54	31909.45	5150.14
2010	31457.95	39953.10	8206.71
2011	40220.76	44327.44	8894.03
2012	40195.99	35666.80	7409.64
2013	42280.47	38814.38	9918.29
2014	42136.28	33383.03	10019.88
2015	36638.48	22810.79	7621.61
2016	35121.01	22025.25	9129.31
2017	35747.29	25508.29	13643.39
2018	45804.02	29320.65	16154.08
2019	48976.94	25822.29	14709.28
2020	43514.51	25536.28	17268.83
北 京 Beijing	568.58	147.07	741.27
天 津 Tianjin	587.67	267.06	321.35
河 北 Hebei	1786.59	693.43	221.14
山 西 Shanxi	750.44	602.53	200.30
内蒙古 Inner Mongolia	693.21	430.27	100.61
辽 宁 Liaoning	1537.44	718.67	352.19
吉 林 Jilin	432.33	485.12	158.11
黑龙江 Heilongjiang	223.02	418.70	119.02
上 海 Shanghai	325.38	270.74	352.88
江 苏 Jiangsu	3764.66	2388.17	2245.59
浙 江 Zhejiang	1372.46	2042.81	2916.61
安 徽 Anhui	3107.21	2981.93	1367.64
福 建 Fujian	736.83	598.50	653.16
江 西 Jiangxi	1016.85	551.99	278.77
山 东 Shandong	3637.67	2465.80	1054.59
河 南 Henan	2390.02	831.27	506.68
湖 北 Hubei	2416.43	710.80	475.74
湖 南 Hunan	2346.40	921.95	320.84
广 东 Guangdong	4005.53	1565.26	2369.14
广 西 Guangxi	1220.22	1434.53	523.28
海 南 Hainan	399.36	47.53	24.47
重 庆 Chongqing	2106.26	812.95	320.01
四 川 Sichuan	2102.03	988.00	620.71
贵 州 Guizhou	1448.56	348.57	170.63
云 南 Yunnan	1751.27	1055.27	361.06
西 藏 Tibet	8.88	15.38	7.92
陕 西 Shaanxi	770.52	413.77	204.89
甘 肃 Gansu	259.76	204.73	57.39
青 海 Qinghai	85.26	111.40	37.77
宁 夏 Ningxia	483.44	172.94	49.26
新 疆 Xinjiang	1180.21	839.15	135.79

19-5 房地产开发企业投资总规模及完成情况(2020年)
Total Size and Completed Investment of Enterprises for Real Estate Development (2020)

单位：亿元 (100 million yuan)

地区	Region	计划总投资 Total Investment Planned	自开始建设至本年底累计完成投资 Accumulative Investment Completed from Starting of Construction Till the End of the Year	本年完成投资 Investment Completed in the Year	建筑安装工程 Construction and Installation	设备工器具购置 Purchase of Equipment and Instruments	其他费用 Others	土地购置费 Value of Land Purchased
全国	**National Total**	**948886.63**	**613192.25**	**141442.95**	**87754.74**	**1442.94**	**52245.27**	**44451.87**
北京	Beijing	29798.76	22744.81	3938.71	1250.27	6.08	2682.36	2025.04
天津	Tianjin	22911.43	14963.40	2608.54	923.52	6.93	1678.10	1300.07
河北	Hebei	27229.18	14800.87	4601.13	3440.36	48.41	1112.36	954.61
山西	Shanxi	14654.18	7844.28	1830.36	1261.69	21.05	547.63	376.79
内蒙古	Inner Mongolia	9317.75	5746.80	1176.48	811.18	8.96	356.35	281.60
辽宁	Liaoning	23580.03	16280.05	2978.86	1815.43	25.75	1137.68	1051.74
吉林	Jilin	9186.15	6012.75	1460.78	953.10	13.73	493.94	446.16
黑龙江	Heilongjiang	7527.89	4795.47	982.92	726.45	8.01	248.45	217.60
上海	Shanghai	35518.99	23570.13	4698.75	2053.41	19.04	2626.30	2325.53
江苏	Jiangsu	89088.33	55587.79	13171.27	7345.99	158.02	5667.26	5199.10
浙江	Zhejiang	67980.28	41646.86	11413.66	5073.71	56.00	6283.94	5192.07
安徽	Anhui	43628.35	29467.94	7042.29	4571.51	73.60	2397.18	2216.25
福建	Fujian	32760.89	27433.17	6026.80	3305.16	57.16	2664.49	2544.96
江西	Jiangxi	19699.98	10875.34	2378.08	1713.17	61.23	603.68	534.42
山东	Shandong	63784.67	36274.38	9450.49	6706.62	112.34	2631.53	2210.03
河南	Henan	49958.25	29149.43	7782.29	5734.28	58.64	1989.37	1726.40
湖北	Hubei	44216.10	22301.68	4888.87	3349.54	69.19	1470.14	1150.41
湖南	Hunan	32651.66	20975.40	4880.44	3880.97	109.50	889.97	741.58
广东	Guangdong	115483.31	83539.07	17312.74	8939.27	178.86	8194.61	6742.55
广西	Guangxi	27116.13	17761.43	3845.62	2525.26	36.28	1284.08	1113.63
海南	Hainan	13497.80	10182.89	1341.67	1028.00	11.49	302.17	173.90
重庆	Chongqing	31016.34	25027.89	4351.96	2596.10	59.16	1696.70	1422.69
四川	Sichuan	40131.96	23490.82	7315.31	5613.89	105.52	1595.90	1426.94
贵州	Guizhou	22193.29	13651.53	3418.75	2696.11	17.03	705.60	612.27
云南	Yunnan	24005.70	16729.97	4505.19	3376.67	19.01	1109.51	974.00
西藏	Tibet	632.17	447.78	165.47	142.39	3.72	19.36	17.57
陕西	Shaanxi	27360.55	17466.17	4404.39	3220.83	69.34	1114.22	888.13
甘肃	Gansu	8061.11	4541.16	1355.64	1066.34	13.21	276.09	202.25
青海	Qinghai	2407.75	1623.51	421.35	321.17	3.32	96.85	79.02
宁夏	Ningxia	4476.94	3202.12	433.27	331.08	5.03	97.17	85.62
新疆	Xinjiang	9010.69	5057.36	1260.89	981.28	7.35	272.27	218.95

19-6 按用途分房地产开发企业完成投资
Investment Completed by Enterprises for Real Estate Development by Use

单位：亿元 (100 million yuan)

年份 Year 地区 Region		本年完成投资 Investment Completed in the Year	住宅 Residential Buildings	办公楼 Office Buildings	商业营业用房 Buildings for Business Use	其他 Others
1998		3614.23	2081.56	433.80	475.83	623.04
2000		4984.05	3311.98	297.85	579.99	794.23
2005		15909.25	10860.93	763.07	2039.53	2245.72
2006		19422.92	13638.41	928.06	2353.88	2502.57
2007		25288.84	18005.42	1035.04	2785.65	3462.73
2008		31203.19	22440.87	1167.17	3354.48	4240.67
2009		36241.81	25613.69	1377.21	4180.66	5070.25
2010		48259.40	34026.23	1807.38	5648.40	6777.39
2011		61796.89	44319.50	2558.79	7424.05	7494.55
2012		71803.79	49374.21	3366.61	9312.00	9750.96
2013		86013.38	58950.76	4652.45	11944.83	10465.34
2014		95035.61	64352.15	5641.19	14346.25	10696.02
2015		95978.85	64595.24	6209.74	14607.49	10566.37
2016		102580.61	68703.87	6532.60	15837.53	11506.61
2017		109798.53	75147.88	6761.36	15639.90	12249.39
2018		120164.75	85124.02	5997.29	14167.27	14876.17
2019		132194.26	97070.75	6162.60	13225.85	15735.07
2020		141442.95	104445.73	6494.10	13076.06	17427.05
北京	Beijing	3938.71	2317.08	313.43	237.62	1070.58
天津	Tianjin	2608.54	2084.80	50.24	175.29	298.20
河北	Hebei	4601.13	3746.74	116.72	342.14	395.53
山西	Shanxi	1830.36	1431.80	40.29	148.61	209.65
内蒙古	Inner Mongolia	1176.48	907.23	7.70	118.10	143.46
辽宁	Liaoning	2978.86	2303.23	40.63	315.15	319.84
吉林	Jilin	1460.78	1047.87	70.52	165.32	177.07
黑龙江	Heilongjiang	982.92	702.09	17.57	154.49	108.77
上海	Shanghai	4698.75	2418.79	833.08	559.85	887.03
江苏	Jiangsu	13171.27	10416.03	379.08	1019.74	1356.42
浙江	Zhejiang	11413.66	8089.57	479.74	802.22	2042.12
安徽	Anhui	7042.29	5636.78	145.21	701.68	558.63
福建	Fujian	6026.80	4372.10	214.56	481.96	958.19
江西	Jiangxi	2378.08	1808.76	98.61	316.89	153.83
山东	Shandong	9450.49	7296.40	425.96	795.71	932.42
河南	Henan	7782.29	6453.00	208.50	639.29	481.49
湖北	Hubei	4888.87	3715.43	271.57	447.22	454.65
湖南	Hunan	4880.44	3615.06	175.30	605.24	484.84
广东	Guangdong	17312.74	11910.43	1523.29	1468.56	2410.46
广西	Guangxi	3845.62	2983.51	71.39	287.59	503.12
海南	Hainan	1341.67	946.41	70.79	165.66	158.81
重庆	Chongqing	4351.96	3189.05	89.54	446.19	627.17
四川	Sichuan	7315.31	5330.14	296.72	828.67	859.77
贵州	Guizhou	3418.75	2572.34	67.46	426.60	352.34
云南	Yunnan	4505.19	3317.55	153.04	494.51	540.08
西藏	Tibet	165.47	118.47	7.50	23.82	15.67
陕西	Shaanxi	4404.39	3225.45	243.24	414.34	521.36
甘肃	Gansu	1355.64	1010.28	34.89	153.87	156.60
青海	Qinghai	421.35	292.32	11.09	55.43	62.50
宁夏	Ningxia	433.27	308.59	4.08	61.87	58.73
新疆	Xinjiang	1260.89	878.42	32.36	222.43	127.69

19-7 房地产开发企业实际到位资金
Actual Funds in Place of Enterprises for Real Estate Development

单位：亿元 (100 million yuan)

年份 地区	Year Region	本年实际到位资金 Actual Funds in Place in the Year	国内贷款 Domestic Loans	利用外资 Foreign Investment	自筹资金 Self-raised Funds	定金及预收款 Deposit and Advance Payment	个人按揭贷款 Individual Mortgage Loans	其他到位资金 Others
	1998	4414.94	1053.17	361.76	1166.98			
	2000	5997.63	1385.08	168.70	1614.21			
	2005	21397.84	3918.08	257.81	7000.39	6954.23	1341.18	1926.15
	2006	27135.55	5356.98	400.15	8597.09	8192.65	2588.38	2000.30
	2007	37477.96	7015.64	641.04	11772.53	10663.20	5080.43	2305.12
	2008	39619.36	7605.69	728.22	15312.10	9756.68	3886.04	2330.63
	2009	57799.04	11364.51	479.39	17949.12	16217.49	8561.65	3226.88
	2010	72944.04	12563.70	790.68	26637.21	19275.15	9523.77	4153.53
	2011	85688.73	13056.80	785.15	35004.57	22470.32	8678.37	5693.53
	2012	96536.81	14778.39	402.09	39081.96	26558.02	10523.78	5192.57
	2013	122122.47	19672.66	534.17	47424.95	34498.97	14033.26	5958.47
	2014	121991.48	21242.61	639.26	50419.80	30237.51	13665.45	5786.85
	2015	125203.06	20214.38	296.53	49037.56	32520.34	16661.65	6472.61
	2016	144214.05	21512.40	140.44	49132.85	41952.14	24402.94	7073.29
	2017	156052.62	25241.76	168.19	50872.22	48693.57	23906.31	7170.58
	2018	166407.11	24132.14	114.02	55754.79	55748.16	23643.06	7014.94
	2019	178608.59	25228.77	175.72	58157.84	61358.88	27281.03	6406.34
	2020	193114.85	26675.94	192.00	63376.65	66546.83	29975.81	6347.62
北京	Beijing	5820.92	1423.15	2.35	1406.53	2450.89	336.51	201.48
天津	Tianjin	3942.10	758.54		1043.11	1650.28	339.48	150.70
河北	Hebei	5540.12	514.39	0.02	2722.13	1465.18	747.02	91.38
山西	Shanxi	2265.30	108.01	4.00	998.97	759.99	322.23	72.09
内蒙古	Inner Mongolia	1561.01	69.15		651.05	533.39	252.05	55.35
辽宁	Liaoning	3833.87	382.85	8.04	1371.76	1406.68	590.12	74.42
吉林	Jilin	1716.85	83.27		990.53	368.20	217.25	57.60
黑龙江	Heilongjiang	1194.75	61.21	0.72	643.32	262.70	181.09	45.71
上海	Shanghai	5516.14	1345.92	5.76	1975.50	1729.42	275.04	184.51
江苏	Jiangsu	23398.24	3842.96	41.09	5217.37	9253.34	4072.50	970.97
浙江	Zhejiang	19658.89	3428.99	39.68	5489.69	7857.52	2421.88	421.13
安徽	Anhui	8951.99	893.06	4.59	2420.08	3107.85	2155.03	371.39
福建	Fujian	7355.03	753.75	7.23	3173.46	1901.33	1138.86	380.39
江西	Jiangxi	3777.88	375.90	1.44	905.57	1317.80	1118.58	58.59
山东	Shandong	12879.12	1718.33	36.96	4130.10	4756.18	1872.06	365.49
河南	Henan	8059.09	559.78	0.40	4644.18	1888.08	898.17	68.48
湖北	Hubei	5947.60	766.43	2.11	2039.31	1951.19	927.88	260.67
湖南	Hunan	6138.86	696.48		2065.86	1916.26	1269.48	190.79
广东	Guangdong	26338.87	4799.69	13.05	8370.36	8485.31	3939.32	731.14
广西	Guangxi	4979.30	680.75	0.24	1343.22	1672.42	1010.44	272.23
海南	Hainan	1760.65	181.11		753.18	627.81	88.19	110.35
重庆	Chongqing	5780.45	1019.14		1310.98	2092.61	971.54	386.18
四川	Sichuan	10173.17	1144.33	5.60	3291.37	3874.28	1761.01	96.58
贵州	Guizhou	2961.78	114.02		1050.00	854.09	850.98	92.69
云南	Yunnan	4086.07	294.97	18.71	1197.16	1379.76	974.24	221.24
西藏	Tibet	154.35	23.68		87.88	21.97	11.89	8.93
陕西	Shaanxi	5254.36	322.37		2571.95	1522.65	555.60	281.78
甘肃	Gansu	1289.42	150.31		546.67	350.43	222.12	19.89
青海	Qinghai	465.74	31.04		170.57	191.49	55.73	16.91
宁夏	Ningxia	708.28	52.01		114.99	383.61	137.01	20.66
新疆	Xinjiang	1604.64	80.34		679.82	514.10	262.50	67.87

19-8 房地产开发企业房屋建筑面积和造价
Floor Space and Cost of Buildings Constructed by Enterprises for Real Estate Development

年 份 地 区	Year Region	房屋施工面积(万平方米) Floor Space of Buildings under Construction (10 000 sq.m)	房屋竣工面积(万平方米) Floor Space of Buildings Completed (10 000 sq.m)	房屋建筑面积竣工率(%) Rate of Floor Space of Buildings Completed (%)	房屋竣工价值(亿元) Value of Buildings Completed (100 million yuan)	房屋竣工造价(元/平方米) Cost of Buildings Completed (yuan/sq.m)
	1998	50770.14	17566.60	34.6	2139.19	1218
	2000	65896.92	25104.86	38.1	2859.33	1139
	2005	166053.26	53417.04	32.2	7752.24	1451
	2006	194786.42	55830.92	28.7	8729.35	1564
	2007	236318.24	60606.68	25.6	10039.89	1657
	2008	283266.20	66544.80	23.5	11947.57	1795
	2009	320368.20	72677.40	22.7	14689.37	2021
	2010	405356.40	78743.90	19.4	17542.73	2228
	2011	506775.48	92619.94	18.3	21975.91	2373
	2012	573417.52	99424.96	17.3	24836.62	2498
	2013	665571.89	101434.99	15.2	26805.38	2643
	2014	726482.34	107459.05	14.8	30261.99	2816
	2015	735693.37	100039.10	13.6	30552.38	3054
	2016	758974.80	106127.71	14.0	32252.13	3039
	2017	781483.73	101486.41	13.0	31512.46	3105
	2018	822299.56	94421.15	11.5	30309.07	3210
	2019	893820.89	95941.53	10.7	34045.90	3549
	2020	926759.19	91218.23	9.8	34493.83	3781
北 京	Beijing	13918.64	1545.72	11.1	594.46	3846
天 津	Tianjin	12034.51	1634.47	13.6	748.85	4582
河 北	Hebei	31408.39	2367.17	7.5	678.79	2867
山 西	Shanxi	21937.83	1481.18	6.8	387.40	2615
内蒙古	Inner Mongolia	15310.96	841.28	5.5	233.21	2772
辽 宁	Liaoning	24002.81	1848.18	7.7	628.57	3401
吉 林	Jilin	12340.61	964.94	7.8	268.57	2783
黑龙江	Heilongjiang	11261.91	1437.98	12.8	334.64	2327
上 海	Shanghai	15740.34	2877.78	18.3	1875.14	6516
江 苏	Jiangsu	67889.46	11151.04	16.4	5499.88	4932
浙 江	Zhejiang	56725.08	6692.70	11.8	3140.08	4692
安 徽	Anhui	44974.60	5100.86	11.3	1682.60	3299
福 建	Fujian	34556.77	3804.07	11.0	1232.72	3241
江 西	Jiangxi	23580.80	2238.50	9.5	647.25	2891
山 东	Shandong	79791.89	9325.86	11.7	2557.41	2742
河 南	Henan	58438.21	5412.77	9.3	1345.73	2486
湖 北	Hubei	35419.40	2646.83	7.5	1084.84	4099
湖 南	Hunan	40757.41	3963.94	9.7	1260.08	3179
广 东	Guangdong	91642.42	7763.75	8.5	3760.73	4844
广 西	Guangxi	32184.05	2129.16	6.6	805.33	3782
海 南	Hainan	8588.93	687.45	8.0	411.70	5989
重 庆	Chongqing	27368.16	3774.33	13.8	1685.75	4466
四 川	Sichuan	50755.54	4545.86	9.0	1615.23	3553
贵 州	Guizhou	26922.73	862.28	3.2	204.84	2376
云 南	Yunnan	25801.30	1637.76	6.3	515.37	3147
西 藏	Tibet	945.33	28.00	3.0	10.24	3658
陕 西	Shaanxi	28358.31	1745.62	6.2	562.47	3222
甘 肃	Gansu	11328.26	881.36	7.8	242.72	2754
青 海	Qinghai	2943.51	153.60	5.2	40.96	2667
宁 夏	Ningxia	5562.65	772.25	13.9	217.58	2818
新 疆	Xinjiang	14268.40	901.53	6.3	220.71	2448

19-9 按用途分房地产开发企业房屋新开工面积
Floor Space of Buildings Started in the Year by Enterprises for Real Estate Development by Use

单位：万平方米 (10 000 sq.m)

年份 地区	Year Region	本年房屋新开工面积 Floor Space of Buildings Started in the Year	住宅 Residential Buildings	办公楼 Office Buildings	商业营业用房 Buildings for Business Use	其他 Others
	1998	20387.90	16637.50	871.50	1938.65	940.25
	2000	29582.64	24401.15	898.81	3034.77	1247.91
	2005	68064.44	55185.07	1671.10	7675.47	3532.79
	2006	79252.83	64403.80	2134.94	8473.23	4240.86
	2007	95401.53	78795.51	2141.44	9093.89	5370.70
	2008	102553.37	83642.12	2471.95	10040.69	6398.62
	2009	116422.05	93298.41	2860.76	12415.03	7847.84
	2010	163646.87	129359.31	3668.07	17472.58	13146.91
	2011	191236.87	147163.11	5399.20	20730.78	17943.77
	2012	177333.62	130695.42	5986.46	22006.85	18644.89
	2013	201207.84	145844.80	6887.24	25902.00	22573.80
	2014	179592.49	124877.00	7349.10	25047.73	22318.66
	2015	154453.68	106651.30	6569.12	22530.29	18702.96
	2016	166928.13	115910.60	6415.29	22316.63	22285.61
	2017	178653.77	128097.78	6139.66	20483.93	23932.41
	2018	209537.16	153485.36	6101.51	19995.39	29954.91
	2019	227153.58	167463.43	7083.59	18936.28	33670.29
	2020	224433.13	164328.53	6603.71	18012.32	35488.57
北京	Beijing	3006.62	1716.36	130.53	124.56	1035.17
天津	Tianjin	2161.86	1566.72	57.02	238.76	299.37
河北	Hebei	10232.19	7979.05	207.19	726.80	1319.14
山西	Shanxi	5795.65	4468.38	83.24	353.39	890.64
内蒙古	Inner Mongolia	3287.84	2485.53	13.60	296.77	491.93
辽宁	Liaoning	4404.14	3396.87	39.18	447.77	520.33
吉林	Jilin	2662.39	1906.76	79.20	266.98	409.45
黑龙江	Heilongjiang	2221.97	1673.31	30.46	221.63	296.57
上海	Shanghai	3440.62	1756.37	421.09	331.70	931.45
江苏	Jiangsu	17672.82	13538.15	453.81	1407.88	2272.98
浙江	Zhejiang	15875.49	10443.67	506.53	1059.94	3865.34
安徽	Anhui	11785.64	9243.72	181.56	964.66	1395.69
福建	Fujian	6637.99	4549.05	277.49	446.88	1364.58
江西	Jiangxi	5301.79	4170.08	111.31	507.92	512.47
山东	Shandong	20204.08	15063.71	598.03	1346.74	3195.61
河南	Henan	14114.24	11371.00	199.63	1051.15	1492.46
湖北	Hubei	8452.55	6514.21	358.50	619.59	960.26
湖南	Hunan	10916.16	8307.19	211.14	1066.29	1331.55
广东	Guangdong	18407.77	12573.97	1133.75	1388.11	3311.94
广西	Guangxi	7877.62	5912.31	146.73	516.37	1302.21
海南	Hainan	1064.95	677.16	92.43	134.87	160.49
重庆	Chongqing	5947.70	4106.57	110.69	453.36	1277.08
四川	Sichuan	13939.74	9631.06	477.06	1221.75	2609.87
贵州	Guizhou	5441.06	4009.19	51.27	541.58	839.03
云南	Yunnan	7538.09	5286.82	224.29	686.57	1340.41
西藏	Tibet	222.83	145.72	12.53	29.24	35.35
陕西	Shaanxi	5796.94	4488.42	203.52	414.27	690.72
甘肃	Gansu	3534.11	2620.69	94.45	300.46	518.51
青海	Qinghai	923.17	652.29	30.00	118.36	122.51
宁夏	Ningxia	1039.16	784.84	5.79	77.84	170.69
新疆	Xinjiang	4525.97	3289.37	61.71	650.12	524.77

19-10 按用途分商品房销售面积
Floor Space of Commercial Buildings Sold by Use

单位：万平方米 (10 000 sq.m)

年份 Year 地区 Region	商品房销售面积 Floor Space of Commercial Buildings Sold	住宅 Residential Buildings	办公楼 Office Buildings	商业营业用房 Buildings for Business Use	其他 Others
1998	12185.30	10827.10	400.60	810.80	146.80
2000	18637.13	16570.28	436.98	1399.31	230.56
2005	55486.22	49587.83	1096.23	4081.38	720.78
2006	61857.07	55422.95	1231.04	4337.79	865.29
2007	77354.72	70135.88	1465.23	4644.61	1109.01
2008	65969.83	59280.35	1157.05	4206.06	1326.37
2009	94755.00	86184.89	1544.43	5328.03	1697.65
2010	104764.65	93376.60	1889.97	6994.84	2503.24
2011	109366.75	96528.41	2004.97	7868.65	2964.71
2012	111303.65	98467.51	2253.65	7759.28	2823.21
2013	130550.59	115722.69	2883.35	8469.22	3475.33
2014	120648.54	105187.79	2505.45	9076.93	3878.37
2015	128494.97	112412.29	2912.59	9254.79	3915.29
2016	157348.53	137539.93	3826.22	10811.96	5170.43
2017	169407.82	144788.77	4756.21	12838.14	7024.70
2018	171464.60	147759.59	4365.95	11932.95	7406.11
2019	171557.87	150144.32	3722.76	10172.87	7517.92
2020	176086.22	154878.47	3334.33	9288.46	8584.97
北京 Beijing	970.88	733.59	73.22	53.38	110.69
天津 Tianjin	1306.96	1220.74	18.32	43.13	24.76
河北 Hebei	6028.41	5572.25	59.01	190.05	207.10
山西 Shanxi	2685.29	2549.49	23.20	57.10	55.50
内蒙古 Inner Mongolia	2045.89	1867.47	5.43	118.73	54.27
辽宁 Liaoning	3743.16	3447.26	22.85	171.14	101.91
吉林 Jilin	1831.22	1653.64	14.34	103.27	59.98
黑龙江 Heilongjiang	1494.36	1349.86	6.32	102.60	35.58
上海 Shanghai	1789.16	1434.07	101.68	83.74	169.68
江苏 Jiangsu	15426.99	13855.72	277.21	754.26	539.81
浙江 Zhejiang	10250.30	8832.38	288.33	430.18	699.41
安徽 Anhui	9534.13	8695.35	123.44	479.71	235.63
福建 Fujian	6607.18	5210.03	224.80	431.97	740.38
江西 Jiangxi	6732.71	5853.05	148.02	554.62	177.02
山东 Shandong	13271.74	11904.74	201.53	493.98	671.49
河南 Henan	14100.66	12831.18	163.81	853.02	252.65
湖北 Hubei	6587.83	5960.08	129.26	254.33	244.17
湖南 Hunan	9437.44	8506.65	110.69	541.28	278.82
广东 Guangdong	14908.25	12930.66	448.14	610.92	918.54
广西 Guangxi	6729.02	6007.45	54.38	298.15	369.04
海南 Hainan	751.54	626.19	45.27	37.98	42.09
重庆 Chongqing	6143.47	4814.49	106.73	519.27	702.97
四川 Sichuan	13257.75	10902.37	335.71	931.35	1088.32
贵州 Guizhou	5552.51	4929.93	38.48	409.39	174.72
云南 Yunnan	4857.26	4175.88	63.21	292.27	325.90
西藏 Tibet	93.26	81.62	2.45	9.13	0.06
陕西 Shaanxi	4452.07	3902.40	200.33	166.58	182.76
甘肃 Gansu	1967.92	1863.81	8.16	72.79	23.16
青海 Qinghai	469.66	420.64	0.48	30.99	17.54
宁夏 Ningxia	1095.49	971.87	12.45	64.22	46.94
新疆 Xinjiang	1963.69	1773.61	27.06	128.94	34.09

注：2004年及以前的销售数据仅包括现房；2005年及以后的销售数据包括期房和现房(以下相关表同)。

a) Data on floor space of buildings sold and selling price for 2004 and earlier years refer to completed buildings, while data since 2005 refer to both completed and future buildings. The same applies to the relevant following tables .

19-11 按用途分商品房销售额
Sales of Commercial Buildings by Use

单位：亿元 (100 million yuan)

年 份 Year 地 区 Region		商品房销售额 Total Sale of Commercial Buildings	住 宅 Residential Buildings	办公楼 Office Buildings	商业营业用 房 Buildings for Business Use	其 他 Others
	1998	2513.30	2006.87	222.41	257.06	26.97
	2000	3935.44	3228.60	207.63	456.23	42.98
	2005	17576.13	14563.76	758.87	2049.57	203.94
	2006	20825.96	17287.81	991.33	2275.87	270.95
	2007	29889.12	25565.81	1269.91	2681.72	371.68
	2008	25068.18	21196.00	969.36	2475.85	426.97
	2009	44355.17	38432.90	1638.41	3660.67	623.20
	2010	52721.24	44120.65	2155.71	5418.82	1026.07
	2011	58588.86	48198.32	2471.58	6679.08	1239.88
	2012	64455.79	53467.18	2773.43	6999.57	1215.60
	2013	81428.28	67694.94	3747.35	8280.48	1705.52
	2014	76292.41	62410.95	2962.93	8910.62	2007.91
	2015	87280.84	72769.82	3761.42	8852.78	1896.81
	2016	117627.05	99064.17	5483.81	10580.80	2498.26
	2017	133701.31	110239.51	6441.36	13252.71	3767.73
	2018	149614.42	126374.08	6278.01	13010.47	3951.87
	2019	159725.12	139439.97	5328.96	11141.39	3814.80
	2020	173612.66	154566.96	5047.47	9888.91	4109.32
北 京	Beijing	3656.85	3131.31	244.95	172.93	107.66
天 津	Tianjin	2113.61	2000.98	20.90	67.65	24.09
河 北	Hebei	4950.38	4597.91	58.13	182.46	111.88
山 西	Shanxi	1885.94	1753.36	21.27	77.67	33.65
内蒙古	Inner Mongolia	1365.48	1242.58	3.67	92.49	26.73
辽 宁	Liaoning	3366.28	3114.11	28.00	181.91	42.26
吉 林	Jilin	1381.55	1238.23	11.47	97.30	34.55
黑龙江	Heilongjiang	1064.20	946.15	7.53	87.25	23.27
上 海	Shanghai	6046.97	5268.85	469.57	198.57	109.97
江 苏	Jiangsu	19408.89	18027.33	314.86	803.83	262.87
浙 江	Zhejiang	17145.01	15584.82	466.67	644.85	448.67
安 徽	Anhui	7346.15	6760.86	96.29	414.14	74.86
福 建	Fujian	7497.75	6343.34	236.41	527.89	390.10
江 西	Jiangxi	5222.78	4425.19	134.52	567.84	95.23
山 东	Shandong	11065.62	10109.55	206.03	476.48	273.56
河 南	Henan	9364.36	8402.53	181.23	636.64	143.95
湖 北	Hubei	6087.90	5447.32	223.02	304.32	113.23
湖 南	Hunan	5947.06	5223.56	121.84	482.26	119.40
广 东	Guangdong	22572.51	19829.63	1189.86	954.31	598.71
广 西	Guangxi	4251.47	3803.55	55.11	251.94	140.86
海 南	Hainan	1232.08	1048.92	73.96	73.29	35.92
重 庆	Chongqing	5071.34	4293.18	128.06	440.20	209.90
四 川	Sichuan	10394.25	8766.96	319.87	970.67	336.75
贵 州	Guizhou	3224.23	2760.73	29.04	378.10	56.36
云 南	Yunnan	3969.91	3452.00	66.99	309.61	141.31
西 藏	Tibet	83.93	72.03	1.97	9.92	0.02
陕 西	Shaanxi	4375.33	3755.77	295.34	215.39	108.82
甘 肃	Gansu	1293.41	1205.42	10.47	67.36	10.15
青 海	Qinghai	383.25	343.42	0.41	31.88	7.54
宁 夏	Ningxia	698.39	626.26	7.53	48.63	15.97
新 疆	Xinjiang	1145.79	991.08	22.50	121.12	11.09

19-12 按用途分商品房平均销售价格
Average Selling Price of Commercial Buildings by Use

单位：元/平方米 (yuan/sq.m)

年份 Year / 地区 Region		商品房平均销售价格 Average Selling Price of Commercial Buildings	住宅 Residential Buildings	办公楼 Office Buildings	商业营业用房 Buildings for Business Use	其他 Others
	1998	2063	1854	5552	3170	1837
	2000	2112	1948	4751	3260	1864
	2005	3168	2937	6923	5022	2829
	2006	3367	3119	8053	5247	3131
	2007	3864	3645	8667	5774	3351
	2008	3800	3576	8378	5886	3219
	2009	4681	4459	10608	6871	3671
	2010	5032	4725	11406	7747	4099
	2011	5357	4993	12327	8488	4182
	2012	5791	5430	12306	9021	4306
	2013	6237	5850	12997	9777	4907
	2014	6324	5933	11826	9817	5177
	2015	6793	6473	12914	9566	4845
	2016	7476	7203	14332	9786	4832
	2017	7892	7614	13543	10323	5364
	2018	8726	8553	14379	10903	5336
	2019	9310	9287	14315	10952	5074
	2020	9860	9980	15138	10646	4787
北京	Beijing	37665	42684	33454	32399	9726
天津	Tianjin	16172	16391	11406	15683	9729
河北	Hebei	8212	8251	9850	9600	5402
山西	Shanxi	7023	6877	9170	13602	6062
内蒙古	Inner Mongolia	6674	6654	6766	7790	4926
辽宁	Liaoning	8993	9034	12254	10630	4146
吉林	Jilin	7544	7488	7997	9423	5761
黑龙江	Heilongjiang	7121	7009	11910	8504	6541
上海	Shanghai	33798	36741	46181	23714	6481
江苏	Jiangsu	12581	13011	11358	10657	4870
浙江	Zhejiang	16726	17645	16185	14990	6415
安徽	Anhui	7705	7775	7800	8633	3177
福建	Fujian	11348	12175	10516	12221	5269
江西	Jiangxi	7757	7560	9088	10238	5380
山东	Shandong	8338	8492	10223	9646	4074
河南	Henan	6641	6549	11064	7463	5698
湖北	Hubei	9241	9140	17254	11966	4637
湖南	Hunan	6302	6141	11007	8910	4282
广东	Guangdong	15141	15335	26551	15621	6518
广西	Guangxi	6318	6331	10133	8450	3817
海南	Hainan	16394	16751	16337	19297	8533
重庆	Chongqing	8255	8917	11998	8477	2986
四川	Sichuan	7840	8041	9528	10422	3094
贵州	Guizhou	5807	5600	7546	9236	3226
云南	Yunnan	8173	8267	10598	10593	4336
西藏	Tibet	9000	8824	8033	10861	3327
陕西	Shaanxi	9828	9624	14743	12930	5954
甘肃	Gansu	6572	6467	12827	9254	4385
青海	Qinghai	8160	8164	8584	10288	4297
宁夏	Ningxia	6375	6444	6044	7572	3403
新疆	Xinjiang	5835	5588	8315	9394	3253

19-13 房地产开发企业资产负债
Assets and Liabilities of Enterprises for Real Estate Development

单位：亿元 (100 million yuan)

年份 Year 地区 Region		实收资本 Paid-in Capital	资产总计 Total Assets	累计折旧 Total Depreciation	#本年折旧 Depreciation in the Year	负债合计 Total Liabilities	所有者权益合计 Total Owners' Equity	资产负债率(%) Ratio of Liabilities to Assets(%)
	1998	5778.73	19526.18	191.04	39.02	14857.25	4668.92	76.1
	2000	5302.91	25185.99	299.28	57.72	19032.10	6153.88	75.6
	2005	13926.98	72193.64	737.01	157.35	52520.71	19672.93	72.7
	2006	16172.37	88397.99	875.67	191.58	65476.67	22921.32	74.1
	2007	19438.00	111078.20	1025.65	231.59	82680.23	28397.97	74.4
	2008	27561.90	144833.55	1414.14	340.19	104782.31	40051.24	72.3
	2009	28966.02	170184.24	1469.96	320.41	125042.73	45141.51	73.5
	2010	36767.41	224467.14	1758.34	379.81	167297.41	57170.12	74.5
	2011	46430.63	284359.44	2113.63	427.26	214469.96	69889.73	75.4
	2012	54735.36	351858.65	2360.92	525.35	264597.55	87261.10	75.2
	2013	59987.59	425243.89	2871.45	626.74	323228.24	102015.65	76.0
	2014	76566.04	498749.92	3099.89	616.67	384095.53	114654.40	77.0
	2015	78329.42	551968.06	3265.20	596.61	428729.90	123238.16	77.7
	2016	79278.30	625733.70	3658.29	640.50	489750.32	135983.38	78.3
	2017	85649.75	722236.02	3909.38	657.18	571274.85	150961.17	79.1
	2018	95324.97	852720.54	4358.86	904.59	674333.36	178382.98	79.1
	2019	105248.81	947935.60	4521.18	841.78	762035.19	185900.41	80.4
	2020	116652.02	1062327.43	4845.32	842.32	857043.72	205283.71	80.7
北京	Beijing	6154.21	60059.01	250.07	29.61	49149.11	10909.90	81.8
天津	Tianjin	4304.63	33270.89	116.33	19.93	27027.32	6243.57	81.2
河北	Hebei	2333.57	29760.19	115.12	27.25	26214.52	3545.67	88.1
山西	Shanxi	1243.09	15599.39	62.79	10.11	13999.61	1599.78	89.7
内蒙古	Inner Mongolia	774.13	9151.47	41.74	7.21	8159.77	991.70	89.2
辽宁	Liaoning	3327.78	23081.78	150.56	24.67	18799.61	4282.17	81.4
吉林	Jilin	722.15	8343.99	42.86	8.74	7112.87	1231.12	85.2
黑龙江	Heilongjiang	942.63	9855.51	61.08	14.27	7073.00	2782.51	71.8
上海	Shanghai	11867.25	69087.12	601.71	77.92	47308.32	21778.80	68.5
江苏	Jiangsu	14844.69	93594.73	361.39	68.65	72428.24	21166.49	77.4
浙江	Zhejiang	10079.49	80818.81	271.80	49.74	65198.50	15620.31	80.7
安徽	Anhui	3707.96	34731.26	147.60	24.97	27915.53	6815.73	80.4
福建	Fujian	4796.39	40693.30	126.01	20.96	30779.53	9913.76	75.6
江西	Jiangxi	1718.18	19087.39	70.15	17.21	15418.77	3668.61	80.8
山东	Shandong	7049.05	72554.18	325.82	63.54	61108.98	11445.20	84.2
河南	Henan	3561.70	43829.99	218.77	40.28	37750.95	6079.04	86.1
湖北	Hubei	4189.27	40436.35	167.77	31.08	32532.21	7904.14	80.5
湖南	Hunan	2360.35	25324.66	118.35	25.35	21117.68	4206.97	83.4
广东	Guangdong	13973.38	143886.92	603.28	111.47	114728.44	29158.48	79.7
广西	Guangxi	1599.81	23135.94	90.49	15.25	18806.10	4329.84	81.3
海南	Hainan	1748.37	13258.14	89.96	18.37	10761.99	2496.15	81.2
重庆	Chongqing	3398.86	35894.76	112.40	18.03	27785.31	8109.44	77.4
四川	Sichuan	3780.01	42517.80	224.65	31.63	35432.48	7085.33	83.3
贵州	Guizhou	1570.34	20239.73	65.24	11.96	16887.04	3352.69	83.4
云南	Yunnan	2279.54	25357.53	129.37	26.75	21385.38	3972.15	84.3
西藏	Tibet	130.03	1165.22	3.66	0.98	789.21	376.01	67.7
陕西	Shaanxi	2204.98	24971.85	94.51	15.89	21755.76	3216.08	87.1
甘肃	Gansu	650.06	8670.26	49.32	10.39	7569.36	1100.90	87.3
青海	Qinghai	151.76	2137.49	11.65	2.40	1945.97	191.52	91.0
宁夏	Ningxia	375.44	3509.65	43.59	6.16	3058.41	451.24	87.1
新疆	Xinjiang	812.92	8302.13	77.27	11.56	7043.73	1258.40	84.8

19-14 房地产开发企业经营情况
Operating Statistics on Enterprises for Real Estate Development

单位：亿元 (100 million yuan)

年份 Year 地区 Region		主营业务收入 Revenue from Principal Business	土地转让收入 Revenue from Land Transfer	商品房销售收入 Revenue from Commercial Buildings Sold	房屋出租收入 Revenue from House Leasing	其他收入 Others	税金及附加 Taxes and Other Charges	营业利润 Operating Profit
	1992	528.56	42.74	426.59	5.96	53.26		63.52
	1995	1731.66	194.40	1258.28	25.79	253.19		143.41
	2000	4515.71	129.61	3896.82	95.32	393.96		73.28
	2005	14769.35	341.43	13316.77	290.29	820.86		1109.19
	2006	18046.76	300.65	16621.36	316.79	807.96		1669.89
	2007	23397.13	427.92	21604.21	386.81	978.19		2436.61
	2008	26696.84	466.85	24394.12	521.47	1314.40		3432.23
	2009	34606.23	498.05	32507.83	544.27	1056.08		4728.58
	2010	42996.48	519.19	40585.33	742.92	1149.04		6111.48
	2011	44491.28	664.66	41697.91	904.28	1224.43	3959.67	5798.58
	2012	51028.41	819.39	47463.49	1151.55	1593.98	4731.04	6001.33
	2013	70706.67	671.42	66697.99	1364.01	1973.25	6322.76	9562.67
	2014	66463.80	571.95	62535.06	1464.10	1892.69	6239.00	6143.13
	2015	70174.34	600.54	65861.30	1600.42	2112.08	6412.80	6165.54
	2016	90091.51	666.32	85163.32	1786.97	2474.89	6875.67	8673.23
	2017	95896.90	838.42	90609.15	1568.32	2881.01	6307.36	11728.11
	2018	112924.68	1207.38	106688.38	1484.30	3544.62	7299.72	18543.71
	2019	110239.78	874.14	104126.42	1539.29	3699.94	7420.57	15439.35
	2020	118582.08	747.84	112267.54	1504.88	4061.83	6925.34	14022.99
北京	Beijing	3165.08	59.26	2408.69	149.43	547.71	222.56	214.60
天津	Tianjin	2064.59	47.60	1911.62	26.95	78.43	105.20	-19.48
河北	Hebei	2519.16	6.96	2462.27	10.48	39.44	195.10	105.44
山西	Shanxi	1450.67	8.46	1340.07	8.92	93.22	60.22	111.03
内蒙古	Inner Mongolia	945.89	1.72	918.98	5.10	20.09	56.58	50.01
辽宁	Liaoning	2860.04	26.91	2773.09	15.61	44.43	159.39	258.05
吉林	Jilin	914.20	5.20	889.34	9.30	10.36	36.74	76.36
黑龙江	Heilongjiang	840.91	7.06	811.50	5.96	16.39	61.43	59.73
上海	Shanghai	5663.16	37.92	4905.40	415.32	304.52	502.02	1282.09
江苏	Jiangsu	15525.89	116.89	15057.38	79.81	271.81	618.61	1934.25
浙江	Zhejiang	11946.87	41.26	11514.84	92.27	298.51	556.38	1411.09
安徽	Anhui	5474.19	6.93	5306.95	16.88	143.43	160.20	443.65
福建	Fujian	3861.35	17.72	3610.23	30.97	202.44	266.12	594.57
江西	Jiangxi	2745.68	12.05	2641.10	8.46	84.07	108.50	372.64
山东	Shandong	7997.22	73.80	7669.79	47.73	205.89	455.59	794.22
河南	Henan	5324.38	37.35	4972.78	44.46	269.80	213.31	627.78
湖北	Hubei	4119.98	30.54	3894.74	27.84	166.86	226.88	554.64
湖南	Hunan	3546.40	39.48	3367.65	17.93	121.34	198.64	260.62
广东	Guangdong	15927.30	16.98	15153.18	291.07	466.08	1554.76	2965.61
广西	Guangxi	2171.32	19.37	2064.17	23.12	64.65	84.67	138.56
海南	Hainan	1059.35	4.25	1015.90	3.56	35.63	194.07	84.79
重庆	Chongqing	4067.81	48.21	3862.89	48.36	108.36	143.60	625.80
四川	Sichuan	5858.34	30.92	5665.14	43.49	118.79	311.24	676.27
贵州	Guizhou	1659.96	24.12	1539.35	11.25	85.24	85.31	54.94
云南	Yunnan	2120.80	11.02	2005.31	27.20	77.27	129.81	104.29
西藏	Tibet	44.27	0.41	38.17	1.22	4.47	1.68	12.31
陕西	Shaanxi	2415.82	3.42	2263.83	15.82	132.76	123.20	141.90
甘肃	Gansu	756.66	5.87	730.50	7.43	12.86	25.11	15.34
青海	Qinghai	205.62	2.52	195.92	2.06	5.13	7.11	8.20
宁夏	Ningxia	475.45	0.07	461.71	5.03	8.65	17.18	35.67
新疆	Xinjiang	853.69	3.55	815.06	11.86	23.22	44.14	28.03

19-15 分地区按项目规模分房地产开发完成投资（2020年）
Investment Completed by Enterprises for Real Estate Development by Size of Projects and Region (2020)

单位：亿元 (100 million yuan)

地区	Region	500万元以下 Less Than 5 Million Yuan	500-1000万元 5-10 Million Yuan	1000-3000万元 10-30 Million Yuan	3000-5000万元 30-50 Million Yuan	5000万-1亿元 50-100 Million Yuan	1-5亿元 100-500 Million Yuan	5-10亿元 500-1000 Million Yuan	10亿元以上 1 Billion Yuan and More
全国	**National Total**	**0.33**	**5.96**	**100.22**	**247.78**	**1242.23**	**19925.40**	**26793.22**	**93127.81**
北京	Beijing					1.79	40.07	83.22	3813.62
天津	Tianjin				0.49	1.11	89.05	313.43	2204.46
河北	Hebei		0.22	3.74	12.98	79.35	1617.99	1309.77	1577.09
山西	Shanxi		0.24	4.99	10.76	42.89	468.46	334.25	968.77
内蒙古	Inner Mongolia	0.07	0.25	7.71	15.53	59.92	319.64	270.30	503.06
辽宁	Liaoning		0.12	3.77	5.54	29.74	589.38	643.52	1706.80
吉林	Jilin		0.20	2.19	5.71	27.43	322.38	282.98	819.89
黑龙江	Heilongjiang	0.03	0.38	3.12	8.12	42.50	203.76	193.79	531.22
上海	Shanghai			0.03	0.52	0.64	97.21	428.02	4172.33
江苏	Jiangsu		0.02	2.05	5.12	34.94	922.60	1941.73	10264.81
浙江	Zhejiang		0.15	2.70	7.13	39.96	856.91	1816.08	8690.71
安徽	Anhui	0.03	0.32	2.42	6.87	30.52	860.69	1750.40	4391.05
福建	Fujian	0.03	0.01	1.65	3.67	18.61	587.52	1126.88	4288.42
江西	Jiangxi	0.04	0.13	1.77	8.74	42.31	556.37	628.86	1139.87
山东	Shandong	0.00	0.21	6.66	17.03	101.34	1918.29	2535.51	4871.44
河南	Henan		0.06	1.70	9.32	64.61	1537.72	2116.65	4052.23
湖北	Hubei		0.13	2.11	7.13	37.92	692.37	784.61	3364.60
湖南	Hunan	0.03	0.41	8.31	18.60	112.08	1079.07	1213.01	2448.93
广东	Guangdong		0.79	9.97	18.39	85.29	1296.81	2024.41	13877.07
广西	Guangxi	0.02	0.32	4.01	10.90	61.05	831.53	864.91	2072.87
海南	Hainan			0.46	2.04	12.11	165.34	285.18	876.54
重庆	Chongqing		0.02	1.06	3.25	15.56	286.63	570.44	3475.00
四川	Sichuan		0.11	3.06	9.62	47.21	1162.92	2099.29	3993.10
贵州	Guizhou		0.04	1.11	4.30	29.50	866.00	764.13	1753.68
云南	Yunnan		0.21	4.17	11.82	57.36	757.94	833.82	2839.88
西藏	Tibet		0.29	1.17	1.46	3.07	53.64	56.56	49.27
陕西	Shaanxi	0.04	0.23	2.22	7.23	47.67	631.39	701.02	3014.59
甘肃	Gansu		0.08	4.27	5.61	31.63	398.58	354.54	560.92
青海	Qinghai		0.05	0.75	2.31	6.75	72.41	102.10	236.98
宁夏	Ningxia		0.05	0.91	2.33	11.53	125.11	116.18	177.16
新疆	Xinjiang	0.03	0.90	12.15	25.26	65.81	517.64	247.62	391.47

19-16 房地产开发企业成套住宅竣工与销售情况
Number of Flats of Residential Buildings Completed and Sold by Enterprises for Real Estate Development

单位：套 (sets)

年份 Year / 地区 Region		住宅竣工套数合计 Total Number of Flats of Residential Buildings Completed	住宅销售套数合计 Total Number of Flats of Residential Buildings Sold
	2000	2139702	
	2005	3682523	4235372
	2006	4005305	5049094
	2007	4401203	6251263
	2008	4939189	5565827
	2009	5548897	8040470
	2010	6019767	8817526
	2011	7219163	9139672
	2012	7642379	9446424
	2013	7493133	11046279
	2014	7659418	10104351
	2015	7050109	10578898
	2016	7455409	12822565
	2017	6770598	13361411
	2018	6229216	13285469
	2019	6452838	13216466
	2020	5976595	13555925
北 京	Beijing	76869	68943
天 津	Tianjin	117031	113545
河 北	Hebei	173246	503193
山 西	Shanxi	97800	213622
内蒙古	Inner Mongolia	50106	157453
辽 宁	Liaoning	161513	341764
吉 林	Jilin	81777	156928
黑龙江	Heilongjiang	124925	136185
上 海	Shanghai	175500	145572
江 苏	Jiangsu	794618	1159388
浙 江	Zhejiang	376975	762918
安 徽	Anhui	336749	760693
福 建	Fujian	217966	489468
江 西	Jiangxi	153272	498752
山 东	Shandong	587809	963273
河 南	Henan	362425	1106544
湖 北	Hubei	187178	512012
湖 南	Hunan	240398	687391
广 东	Guangdong	492470	1180557
广 西	Guangxi	137514	530605
海 南	Hainan	56629	61228
重 庆	Chongqing	237523	451736
四 川	Sichuan	290046	1028190
贵 州	Guizhou	45370	425432
云 南	Yunnan	81256	337296
西 藏	Tibet	1561	6985
陕 西	Shaanxi	159772	333128
甘 肃	Gansu	54533	162380
青 海	Qinghai	8052	35088
宁 夏	Ningxia	42470	77373
新 疆	Xinjiang	53242	148283

19-17 35个大中城市主要指标完成情况（2020年）
Main Indicators of Real Estate Projects in 35 Large and Medium-sized Cities (2020)

城市	City	本年完成投资（亿元）Investment Completed in the Year (100 million yuan)	#住宅 Residential Buildings	#办公楼 Office Buildings	#商业营业用房 Buildings for Business Use	房屋施工面积（万平方米）Floor Space of Buildings under Construction (10 000 sq.m)	房屋竣工面积（万平方米）Floor Space of Buildings Completed (10 000 sq.m)	#住宅 Residential Buildings
总计	**Total**	**65398.93**	**44431.20**	**5036.43**	**6146.91**	**341242.29**	**33936.45**	**22127.15**
北京	Beijing	3938.71	2317.08	313.43	237.62	13918.64	1545.72	728.48
天津	Tianjin	2608.54	2084.80	50.24	175.29	12034.51	1634.47	1256.43
石家庄	Shijiazhuang	926.49	751.31	50.96	49.37	3702.60	244.25	204.34
太原	Taiyuan	714.82	564.25	29.95	45.22	7659.31	348.48	263.25
呼和浩特	Hohhot	246.89	178.45	2.05	32.04	3152.40	158.76	89.57
沈阳	Shenyang	1235.89	989.83	14.64	112.05	7111.84	649.45	514.37
大连	Dalian	753.06	563.44	14.65	83.88	3711.92	167.25	122.63
长春	Changchun	996.07	691.27	66.76	100.87	7614.30	658.15	459.09
哈尔滨	Harbin	622.05	446.85	16.66	89.86	5490.29	469.23	340.48
上海	Shanghai	4698.75	2418.79	833.08	559.85	15740.34	2877.78	1627.61
南京	Nanjing	2631.40	1862.72	136.74	241.86	8663.99	1448.42	1004.90
杭州	Hangzhou	3575.33	2215.60	311.45	297.81	13315.09	1799.08	933.73
宁波	Ningbo	1818.88	1204.01	78.56	154.69	10575.61	1706.92	1075.19
合肥	Hefei	1546.99	1237.37	69.38	99.83	7998.95	1613.70	1130.21
福州	Fuzhou	2070.23	1493.95	87.65	176.30	8662.60	1092.27	658.31
厦门	Xiamen	1055.76	687.85	64.61	90.60	3616.04	348.79	107.43
南昌	Nanchang	971.57	683.19	85.64	129.46	6068.95	846.27	622.90
济南	Jinan	1707.63	1204.31	169.31	169.36	10353.04	1272.97	913.57
青岛	Qingdao	2045.12	1479.17	135.13	152.11	12528.40	1153.89	782.71
郑州	Zhengzhou	3428.78	2700.29	164.56	273.33	19444.77	1462.93	1032.04
武汉	Wuhan	2777.15	1959.01	252.41	259.83	15565.89	777.86	611.73
长沙	Changsha	1869.88	1205.91	147.38	270.73	12746.11	1259.09	846.59
广州	Guangzhou	3293.95	2155.21	405.88	235.42	11878.29	1389.79	923.91
深圳	Shenzhen	3537.84	1916.09	695.54	409.89	9537.94	640.88	341.00
南宁	Nanning	1378.20	988.63	50.33	95.76	10712.49	799.91	500.85
海口	Haikou	443.67	286.48	47.30	54.87	3370.64	190.29	126.89
重庆	Chongqing	4351.96	3189.05	89.54	446.19	27368.16	3774.33	2585.26
成都	Chengdu	2847.64	1870.91	226.01	322.83	19122.23	1430.24	851.87
贵阳	Guiyang	1291.37	934.14	45.32	157.12	7875.40	359.33	221.15
昆明	Kunming	2263.71	1648.96	128.79	224.23	11359.07	293.04	195.04
西安	Xi'an	2064.63	1342.97	195.51	191.24	14472.23	651.31	478.15
兰州	Lanzhou	553.77	395.19	19.00	58.48	5058.56	179.35	147.09
西宁	Xining	270.40	176.18	10.05	36.06	1824.51	93.33	53.52
银川	Yinchuan	311.43	220.99	3.63	35.72	3756.64	498.97	319.18
乌鲁木齐	Urumqi	550.40	366.95	24.29	77.15	5230.52	99.94	57.69

19-17 续表 continued

城市 City		商品房销售面积(万平方米) Floor Space of Commercial Buildings Sold (10 000 sq.m)	#住宅 Residential Buildings	商品房平均销售价格(元/平方米) Average Selling Price of Commercial Buildings (yuan/sq.m)	#住宅 Residential Buildings	本年土地购置面积(万平方米) Area of Land Purchased in the Year (10 000 sq.m)
总计	**Total**	**54308.33**	**45450.22**	**14586**	**15192**	**8183.30**
北京	Beijing	970.88	733.59	37665	42684	147.07
天津	Tianjin	1306.96	1220.74	16172	16391	267.06
石家庄	Shijiazhuang	656.26	618.00	9869	9893	143.37
太原	Taiyuan	781.36	701.24	10759	10815	177.87
呼和浩特	Hohhot	413.76	382.27	11001	11066	30.41
沈阳	Shenyang	1381.32	1285.50	11376	11617	280.32
大连	Dalian	714.84	629.08	13302	13501	58.29
长春	Changchun	1054.41	936.39	9081	9128	302.10
哈尔滨	Harbin	768.50	679.32	9467	9460	239.28
上海	Shanghai	1789.16	1434.07	33798	36741	270.74
南京	Nanjing	1324.67	1213.81	24682	25175	223.09
杭州	Hangzhou	1699.34	1471.62	27043	27448	280.17
宁波	Ningbo	1858.20	1571.44	16411	17657	288.69
合肥	Hefei	1486.11	1297.40	14321	15265	539.47
福州	Fuzhou	1888.10	1519.17	13520	14376	83.87
厦门	Xiamen	621.82	379.13	24467	33779	25.62
南昌	Nanchang	1770.83	1367.24	10978	10866	228.54
济南	Jinan	1335.75	1145.24	11768	12282	106.04
青岛	Qingdao	1653.59	1430.37	13406	14058	394.68
郑州	Zhengzhou	3426.06	3025.68	9834	9845	294.38
武汉	Wuhan	2646.37	2252.39	14244	14672	203.44
长沙	Changsha	2377.43	2046.55	9238	9112	244.92
广州	Guangzhou	1539.40	1223.21	25056	27112	380.87
深圳	Shenzhen	908.80	752.27	56829	56844	171.78
南宁	Nanning	1837.59	1486.19	8605	9200	491.75
海口	Haikou	463.74	371.52	15837	16494	2.94
重庆	Chongqing	6143.47	4814.49	8255	8917	812.95
成都	Chengdu	3680.30	2826.74	12148	13231	358.67
贵阳	Guiyang	1235.75	1105.76	9315	9157	169.14
昆明	Kunming	1878.80	1527.10	11325	12212	280.09
西安	Xi'an	2081.48	1635.78	13358	13743	94.57
兰州	Lanzhou	846.48	796.79	8401	8281	45.52
西宁	Xining	298.97	259.05	9628	9847	12.26
银川	Yinchuan	751.75	674.20	7238	7353	102.88
乌鲁木齐	Urumqi	716.09	636.84	8081	7959	430.46

主要统计指标解释

待开发土地面积　指房地产开发企业经有关部门批准，通过各种方式获得土地使用权，但尚未开工建设的土地面积。

本年土地购置面积　指房地产开发企业本年通过各种方式获得土地使用权的土地面积。

本年土地成交价款　指房地产开发企业本年进行土地使用权交易活动的最终金额。在土地一级市场，是指土地最后的划拨款、"招拍挂"价格和出让价；在土地二级市场是指土地转让、出租、抵押等最后确定的合同价格。土地成交价款与土地购置面积同口径。

土地购置费　指房地产开发企业通过各种方式取得土地使用权而支付的费用。土地购置费按实际发生额填报，分期付款的应分期计入。项目分期开发的，只计入与本期项目有关的土地购置费。前期支付的土地购置费，项目纳入统计后计入。

计划总投资　指房地产开发企业在建的建设工程按照总体设计（或按设计概算或预算）规定的内容全部建成计划需要的总投资。

自开始建设累计完成投资　指房地产开发企业在建的房屋建设工程或正在开发的土地开发工程从开始建设到本年末止累计完成的全部投资。

房地产开发投资　指房地产开发企业本年完成的全部用于房屋建设工程、土地开发工程的投资额以及公益性建筑和土地购置费等的投资。

本年实际到位资金　指房地产开发企业本年实际到位的，可用于房地产开发的各种货币资金。包括国内贷款、利用外资、自筹资金、定金及预收款、个人按揭贷款和其他资金。

房屋施工面积　指房地产开发企业本年施工的全部房屋建筑面积。包括本年新开工的房屋建筑面积、上年跨入本年继续施工的房屋建筑面积、上年停缓建在本年恢复施工的房屋建筑面积、本年竣工的房屋建筑面积以及本年施工后又停缓建的房屋建筑面积。多层建筑应填各层建筑面积之和。

房屋新开工面积　指房地产开发企业本年新开工建设的房屋建筑面积，以单位工程为核算对象。不包括在上年开工跨入本年继续施工的房屋建筑面积和上年停缓建而在本年恢复施工的房屋建筑面积。房屋的开工应以房屋正式开始破土刨槽（地基处理或打永久桩）的日期为准。房屋新开工面积指整栋房屋的全部建筑面积，不能分割计算。

房屋竣工面积　指房地产开发企业本年按照设计要求已全部完工，达到住人和使用条件，经验收鉴定合格或达到竣工验收标准，可正式移交使用的各栋房屋建筑面积的总和。

商品房销售面积　指房地产开发企业本年出售商品房屋的合同总面积(即双方签署的正式买卖合同中所确定的建筑面积)。

商品房销售额　指房地产开发企业本年出售商品房屋的合同总价款(即双方签署的正式买卖合同中所确定的合同总价)。该指标与商品房销售面积同口径。

Explanatory Notes on Main Statistical Indicators

Area of Land Pending for Development refers to the area of land with its use rights already approved by authorities and obtained by real estate development enterprises but the land development not yet started.

Area of Land Purchased in the Year refers to the area of land with its use rights already obtained in the year by real estate development enterprises.

Transaction Value of Land in the Year refers to the final value of transactions made by real estate development enterprises to obtain the land use rights in the year. At the primary land market, it refers to the value of final assignment, or the value reached and transferred as a result of bidding, auction or listing procedures. In the secondary land market, it refers to the final value on contracts with land transfer, lease and mortgage. The transaction value of land and the land space purchased have the same scope.

Value of Land Purchased refers to the payment made by real estate development enterprises for land use rights. The actual payment of land purchased is recorded. If the payment is by installments, it should be recorded when occurring. If the project is developed by stages, the value of land purchased only related to the current project. The value of land purchased in the early stage should be recorded after the project is included in the statistics.

Total Investment Planned refers to the total investment required for the completion of the activities according to the planned design or budget for the project under construction by real estate development enterprises.

Accumulative Investment Completed from Starting of Construction refers to all the investment accomplished by real estate development enterprises in the construction of buildings or the development of land from the beginning of project to the end of the year.

Investment in Real Estate Development refers to the investment made by real estate development enterprises in the construction of buildings, development of land, nonprofit buildings and value of land purchased.

Total Actual Funds in Place in the Year refers to the total amount available for real estate development regardless of kinds of currencies. It includes domestic loans, foreign investment, self-raised funds, deposit and advance payment, personal mortgage loan and others.

Floor Space of Buildings under Construction refers to the total space area of the buildings under construction in the year by real estate development enterprises. It includes buildings started in the year, continued from the previous year, suspended in earlier years but restarted in the year, completed in the year, and buildings under construction but suspended in the year. The floor space of a multi-storied building should be the sum of floor space of all the stories.

Floor Space of Buildings Started in the Year refers to the total floor space area of the buildings started in the year by real estate development enterprises. It excludes the buildings started in previous years and continued in the year, and the buildings suspended in previous years but restarted in the year. The start of a construction is defined by the date of ground breaking or pile driving. The floor space of the buildings started in the year includes that of the entire building.

Floor Space of Buildings Completed refers to the total floor space area of each building completed in the year by real estate development enterprises, which meet the requirements as designed, up to the standard for being resided in and put into use, has been checked and accepted by departments concerned as qualified or up to the standard of buildings completed and can be handed over for putting into use.

Floor Space of Commercial Buildings Sold refers to total contracted area of commercial buildings (i.e. area of floor space as designated in the formal contracts signed by both sides) sold by real estate development enterprises in the year.

Sales of Commercial Buildings refers to the total contracted value (i.e. value of sales/purchase for selling/ purchase of commercial buildings as designated in the contract signed by both sides) received from the sales of the buildings by real estate development enterprises in the year. This indicator has the same statistical coverage as the area of commercial buildings sold.

20

科学技术

Science and Technology

简要说明

本篇资料主要反映我国科学技术活动和企业创新活动开展的基本情况。

一、本篇资料的主要内容

包括全社会以及规模以上工业法人单位、政府属研究机构、高等学校的研究与试验发展（R&D）活动情况；规模以上工业法人单位创新活动开展情况；国内外专利申请和授权情况；高技术企业研发活动情况；科技论文收录情况；高新技术产品进出口贸易情况；技术市场交易情况；高新区企业主要经济指标；科协系统科技活动情况；测绘、地震、气象和质量监督等综合技术服务部门业务机构及业务活动情况等。

二、本篇资料的统计范围

科技活动统计资料范围为全社会有研究与试验发展（R&D）活动的企事业单位，具体包括工业法人单位、地级及以上独立核算的政府属科学研究与技术开发机构及科技信息与文献机构、全日制普通高等学校及附属医院以及研究与试验发展（R&D）活动相对密集行业（包括农、林、牧、渔业，建筑业，交通运输、仓储和邮政业，信息传输、软件和信息技术服务业，金融业，租赁和商务服务业，科学研究和技术服务业，水利、环境和公共设施管理业，卫生和社会工作，文化、体育和娱乐业等）中从事研究与试验发展（R&D）活动的企事业单位。创新活动统计资料范围为规模以上工业法人单位。

三、本篇的资料来源

全国综合资料由国家统计局根据科技综合统计报表的有关资料整理汇总，工业法人单位、非工业（包括建筑业，交通运输、仓储和邮政业，信息传输、软件和信息技术服务业，租赁和商务服务业，科学研究和技术服务业，水利、环境和公共设施管理业，卫生和社会工作，文化、体育和娱乐业）法人单位科技活动情况由国家统计局根据企业（单位）研发活动统计报表的有关资料整理汇总；农、林、牧、渔业，金融业等行业的企事业单位由国家统计局根据最近年份的调查数据进行推算；规模以上工业法人单位创新活动情况由国家统计局根据企业创新调查的有关资料整理汇总；政府属研究机构资料由科技部和国家国防科技工业局调查提供；科学研究和技术服务业事业的研究与试验发展（R&D）活动情况资料，以及科技论文资料、技术市场资料、高新区企业资料由科技部调查提供；高等学校资料由教育部调查提供；高新技术产品进出口贸易资料由海关总署调查提供；科协系统科技活动资料由中国科协调查提供；专利、测绘、地震、气象和产品质量监督等资料，分别由国家知识产权局、自然资源部、中国地震局、中国气象局、国家市场监督管理总局等部门调查提供。

四、本篇资料的统计调查方法

研究与试验发展(R&D)活动情况采用全面调查取得；创新活动情况采用全面调查取得；科协、专利、测绘、地震、气象和产品质量监督资料采用抽样等多种调查方法取得。

Brief Introduction

Statistics in this chapter reflect the basic information on scientific and technological activities and innovation activities of enterprises in China.

I. Main Contents

Data on research and experimental development (R&D) activities of the whole society, industrial corporate units above designated size, scientific and technological institutions under the government and institutions of higher education; data on innovation activities of industrial corporate units above designated size; data on domestic and foreign patents application accepted and granted; data on research and experimental development activities of high-technology industry (manufacturing industry) enterprises; data on scientific and technological papers; data on import and export trade of high-technological products; data on technological markets transactions; main economic indicators of enterprises in high-tech development zones; data on the scientific and technological activities in the system of associations for science and technology; data on comprehensive technical service departments' operation institutions and activities, such as surveying and mapping, earthquake, meteorology, and product quality supervision.

Ⅱ.Scope of Statistics

Data on scientific and technological activities cover research and experimental development (R&D) activities of enterprises and institutions of whole society, mainly including industrial corporate units, scientific research and technological development institutions and scientific and technological information and literature institutions of prefecture level and above under the government with independent accounting, full-time universities and colleges, affiliated hospitals, and enterprises and institutions engaged in R&D activities in relatively R&D-intensive industries (such as agriculture, forestry, animal husbandry, fishery, construction, transport, storage and post, information transmission, software and information technology service, finance, leasing and business services, scientific research and technical services, management of water conservancy, environment and public facilities, health and social service, culture, sports and entertainment). Data on innovation activities cover industrial corporate units above designated size.

Ⅲ.Sources of Data

National Bureau of Statistics provides national comprehensive data on the basis of comprehensive reporting forms of science and technology; data on scientific and technological activities of industrial corporate units, and non-industrial corporate units (including construction, transport, storage and post, information transmission, information technology service, leasing and business services, scientific research and technical services, management of water conservancy, environment and public facilities, health and social service, culture, sports and entertainment) based on reporting forms of enterprises'(units') R&D activities. National Bureau of Statistics is responsible for providing estimation on enterprises and institutions in agriculture, forestry, animal husbandry, fishery, finance based on recent surveys. Data on innovation activities of industrial corporate units above designated size is also from the National Bureau of Statistics based on business innovation survey. Ministry of Science and Technology and State Administration of Science, Technology and Industry for National Defense provide information on scientific and technological institutions under the government; Ministry of Science and Technology provides information on R&D activities of scientific research and technical service enterprises and institutions, scientific and technological papers, technological markets and enterprises in high-tech development zones; Ministry of Education provides information on scientific and technological activities in institutions of higher education; General Administration of Customs provides information on import and export trade of high-technological products; China Association for Science and Technology provides data on the scientific and technological activities of associations for science and technology; State Intellectual Property Office, Ministry of Natural Resources, China Earthquake Administration, China Meteorological Administration, State Administration for Market Regulation respectively provide data on patents, surveying and mapping, earthquake, meteorology and product quality supervision.

Ⅳ.Statistical Methodology

Data on R&D activities are collected through complete surveys. Data on innovation activities are collected through complete survey. Data on scientific and technological associations, patents, surveying and mapping, earthquake, meteorology and product quality supervision are collected through sample surveys and other surveys.

20-1 科技活动基本情况
Basic Statistics on Scientific and Technological Activities

指 标	Item	2016	2017	2018	2019	2020
研究与试验发展(R&D)投入情况	**Statistics on R&D Input**					
R&D人员全时当量(万人年)	Full-time Equivalent of R&D Personnel(10 000 man-years)	387.8	403.4	438.1	480.1	523.5
#基础研究	Basic Research	27.5	29.0	30.5	39.2	42.7
应用研究	Applied Research	43.9	49.0	53.9	61.5	64.3
试验发展	Experimental Development	316.4	325.4	353.8	379.4	416.5
R&D经费支出 (亿元)	Expenditure on R&D (100 million yuan)	15676.7	17606.1	19677.9	22143.6	24393.1
#基础研究	Basic Research	822.9	975.5	1090.4	1335.6	1467.0
应用研究	Applied Research	1610.5	1849.2	2190.9	2498.5	2757.2
试验发展	Experimental Development	13243.4	14781.4	16396.7	18309.5	20168.9
#政府资金	Government Funds	3140.8	3487.4	3978.6	4537.3	4825.6
企业资金	Enterprises Funds	11923.5	13464.9	15079.3	16887.2	18895.0
R&D经费支出与国内生产总值之比 (%)	Ratio of Expenditure on R&D to GDP (%)	2.10	2.12	2.14	2.24	2.40
科技产出及成果情况	**Statistics on S&T Outputs and Results**					
发表科技论文 (万篇)	Scientific Papers Issued (10 000 pieces)	165	170	184	195	195
出版科技著作 (种)	Publication on Science and Technology (kind)	53284	54204	53629	52067	49634
科技成果登记数 (项)	Number of Major Achievements in Science and Technology (item)	58779	59792	65720	68562	76521
国家技术发明奖 (项)	Number of National Invention Prizes Awarded (item)	66	66	67	65	
国家科学技术进步奖 (项)	Number of National Scientific and Technological Progress Prizes Awarded (item)	171	170	173	185	
专利申请数 (件)	Number of Patent Applications (piece)	3464824	3697845	4323112	4380468	5194154
#发明专利	Inventions	1338503	1381594	1542002	1400661	1497159
专利授权数 (件)	Number of Patent Grants (piece)	1753763	1836434	2447460	2591607	3639268
#发明专利	Inventions	404208	420144	432147	452804	530127
高技术产品进出口及技术市场情况	**Statistics on Export and Import of High-tech Products and Technical Market**					
高新技术产品进出口额(亿美元)	Total Value of Export and Import of High and New-tech Products (USD 100 million)	11272	12515	14185	13685	14584
高新技术产品出口额	Export	6036	6674	7468	7307	7763
高新技术产品进口额	Import	5236	5840	6717	6378	6821
技术市场成交额 (亿元)	Transaction Value in Technical Market(100 million yuan)	11407	13424	17697	22398	28252

注：1.2017年起专利申请受理数改为专利申请数(以下相关表同)。
2.R&D经费支出与国内生产总值之比，根据国内生产总值最新核实数据作了相应修正。

a) Since 2017, number of patent applications accepted change to number of patent applications.The same applies to the relevant tables following.
b) Ratio of expenditure on R&D to GDP was revised by use of lastest updated data of GDP.

20-2 科学研究与开发机构基本情况
Basic Statistics on Scientific Research and Development Institutions

指 标	Item	2016	2017	2018	2019	2020
机构基本情况	**Basic Statistics on Institutions**					
机构数 (个)	Number of R&D Institutions (unit)	3611	3547	3306	3217	3109
#中央属	At National Level	734	728	717	726	731
地方属	At Local Levels	2877	2819	2589	2491	2378
研究与试验发展(R&D)投入情况	**Statistics on R&D Input**					
R&D人员 (万人)	R&D Personnel (10 000 persons)	45.0	46.2	46.4	48.5	51.9
R&D人员全时当量 (万人年)	Full-time Equivalent of R&D Personnel (10 000 man-years)	39.0	40.6	41.3	42.5	45.4
#基础研究	Basic Research	8.4	8.4	8.5	9.2	10.3
应用研究	Applied Research	12.7	14.3	14.7	14.8	15.5
试验发展	Experimental Development	17.9	17.8	18.0	18.4	19.6
R&D经费支出 (亿元)	Expenditure on R&D (100 million yuan)	2260.2	2435.7	2691.7	3080.8	3408.8
#基础研究	Basic Research	337.4	384.4	423.1	510.3	573.9
应用研究	Applied Research	642.1	699.4	792.1	933.6	1084.5
试验发展	Experimental Development	1280.7	1351.9	1476.5	1636.9	1750.4
#政府资金	Government Funds	1851.6	2025.9	2285.0	2582.4	2847.4
企业资金	Enterprises Funds	90.4	91.9	102.6	118.7	135.1
R&D项目(课题)情况	**Statistics on R&D Projects**					
R&D项目(课题)数 (项)	Number of R&D Projects (item)	100925	112472	117871	125642	130089
R&D项目(课题)人员全时当量 (万人年)	Participants (Full-time Equivalent) (10 000 man-years)	34.4	35.9	36.8	37.8	39.6
R&D项目(课题)经费支出 (亿元)	Expenditure on R&D Projects (100 million yuan)	1592.5	1720.8	1925.4	2119.5	2420.4
科技产出及成果情况	**Statistics on S&T Outputs and Results**					
发表科技论文 (篇)	Scientific Papers Issued (piece)	175169	177572	176003	185978	193947
#国外发表	Published in Foreign Periodicals	50010	54500	58440	68776	77414
出版科技著作 (种)	Publications on Science and Technology (kind)	5714	5459	5722	5469	5706
专利申请数 (件)	Number of Patent Applications (piece)	52331	56267	61404	67302	74601
#发明专利	Inventions	39854	43426	47740	52185	57477
专利授权数 (件)	Number of Patent Grants (piece)	32442	35350	36778	38476	47029
#发明专利	Inventions	21816	24283	23098	24486	29205

20-3 高等学校科技活动情况
Basic Statistics on Science and Technology Activities by Higher Education Institutions

指 标	Item	2016	2017	2018	2019	2020
高等学校基本情况	**Basic Statistics on Higher Education Institutions**					
学校数 (个)	Number of Institutions (unit)	2596	2631	2663	2688	2738
#理工农医	Natural Sciences & Technology	2021	2162	2211	2294	2342
#人文社科	Social Sciences & Humanities	2199	2325	2346	2376	2447
R&D机构 (个)	R&D Institutions (unit)	13062	14971	16280	18379	19988
研究与试验发展(R&D)投入情况	**Statistics on R&D Input**					
R&D人员 (万人)	R&D Personnel (10 000 persons)	85.2	91.4	98.4	123.3	127.4
R&D人员全时当量 (万人年)	Full-time Equivalent of R&D Personnel (10 000 man-years)	36.0	38.2	41.1	56.5	61.5
#基础研究	Basic Research	16.7	18.1	19.1	26.7	28.5
应用研究	Applied Research	17.3	18.3	19.7	25.8	28.9
试验发展	Experimental Development	2.0	1.9	2.3	4.1	4.1
R&D经费支出 (亿元)	Expenditure on R&D (100 million yuan)	1072.2	1266.0	1457.9	1796.6	1882.5
#基础研究	Basic Research	432.5	531.1	589.9	722.2	724.8
应用研究	Applied Research	528.4	623.1	711.5	879.3	964.2
试验发展	Experimental Development	111.4	111.8	156.5	195.1	193.5
#政府资金	Government Funds	687.8	804.5	972.3	1048.5	1128.0
企业资金	Enterprises Funds	310.5	360.4	387.2	471.0	666.0
R&D项目(课题)情况	**Statistics on R&D Projects**					
R&D项目(课题)数 (项)	Number of R&D Projects (item)	894279	966780	1076903	1188769	1288633
R&D项目(课题)人员全时当量(万人年)	Participants(Full-time Equivalent)(10 000 man-years)	36.0	38.2	41.1	56.5	61.5
R&D项目(课题)经费支出 (亿元)	Expenditure on R&D Projects (100 million yuan)	777.2	877.0	988.8	1154.0	1202.2
科技产出及成果情况	**Statistics on S&T Outputs and Results**					
发表科技论文 (篇)	Scientific Papers Issued (piece)	1267881	1308110	1389912	1447336	1503531
#国外发表	Published in Foreign Periodicals	355483	390235	459492	542557	595080
出版科技著作 (种)	Publications on Science and Technology (kind)	44518	45591	44794	43331	42970
专利申请数 (件)	Number of Patent Applications (piece)	236665	277524	320790	340685	340360
#发明专利	Inventions	137755	157131	191964	210885	194612
专利授权数 (件)	Number of Patent Grants (piece)	149524	169679	193027	213163	278016
#发明专利	Inventions	66419	78254	79773	92394	116633

20-4 规模以上工业企业的科技活动基本情况
Basic Statistics on Science and Technology Activities of Industrial Enterprises above Designated Size

指　　标	Item	2004	2009	2019	2020
企业基本情况	**Statistics on Industrial Enterprises**				
有R&D活动企业数 (个)	Number of Enterprises with R&D Activities (unit)	17075	36387	129198	146691
有R&D活动企业所占比重 (%)	Percentage of Enterprises with R&D Activities to Total Number of Enterprises (%)	6.2	8.5	34.2	36.7
R&D活动情况	**Statistics on R&D Activities**				
R&D人员全时当量 (万人年)	Full-time Equivalent of R&D Personnel (10 000 man-years)	54.2	144.7	315.2	346.0
R&D经费支出 (亿元)	Expenditure on R&D (100 million yuan)	1104.5	3775.7	13971.1	15271.3
R&D经费支出与营业收入之比(%)	Percentage of Expenditure on R&D to Sales Revenue (%)	0.56	0.69	1.32	1.41
R&D项目数 (项)	R&D Projects (item)	53641	194400	598072	714527
企业办R&D机构情况	**Statistics on R&D Institutions**				
机构数 (个)	Number of R&D Institutions (unit)	17555	29879	95459	105094
机构人员数 (万人)	R&D Personnel (10 000 persons)	64.4	155.0	341.6	371.3
机构经费支出 (亿元)	Expenditure on R&D Institutions (100 million yuan)	841.6	2983.6	12175.5	13583.6
新产品开发及生产情况	**Statistics on Development and Production of New Products**				
新产品开发项目数 (个)	Number of Projects on New Products (unit)	76176	237754	671799	788125
新产品开发经费支出 (亿元)	Expenditure on New Products Development (100 million yuan)	965.7	4482.0	16985.7	18623.8
新产品销售收入 (亿元)	Sales Revenue of New Products (100 million yuan)	22808.6	65838.2	212060.3	238073.7
#新产品出口	Export	5312.2	11572.5	39269.3	43853.3
专利情况	**Statistics on Patents**				
专利申请数 (件)	Number of Patent Applications (piece)	64569	265808	1059808	1243927
#发明专利	Inventions	20456	92450	398802	446069
有效发明专利数 (件)	Number of Effective Inventions (piece)	30315	118245	1218074	1447950
技术获取和技术改造情况	**Statistics on Technology Acquisition and Technology Transformation**				
引进国外技术经费支出 (亿元)	Expenditure for Acquisition of Foreign Technology(100 million yuan)	397.4	422.2	476.7	460.0
引进技术消化吸收经费支出(亿元)	Expenditure for Assimilation of Technology(100 million yuan)	61.2	182.0	96.8	75.6
购买国内技术经费支出 (亿元)	Expenditure for Purchase of Domestic Technology(100 million yuan)	82.5	203.4	537.4	456.7
技术改造经费支出 (亿元)	Expenditure for Technical Renovation (100 million yuan)	2953.5	4344.7	3740.2	3516.7

注：从2011年起，规模以上工业企业的统计范围从年主营业务收入为500万元及以上的法人工业企业调整为年主营业务收入为2000万元及以上的法人工业企业。以下各表同。

a) From 2011, the statistics coverage of the industrial enterprises above designated size has been changed from the industrial enterprises with the sales revenue above 5 million RMB to the industrial enterprises with the sales revenue above 20 million RMB. The same applies to the following tables.

20-5 按登记注册类型分规模以上工业企业研究与试验发展(R&D)活动及专利情况(2020年)

Statistics on R&D Activities and Patents of Industrial Enterprises above Designated Size by Registration Status (2020)

登记注册类型	Status of Registration	R&D人员全时当量(人年) Full-time Equivalent of R&D Personnel (man-year)	R&D经费(万元) Expenditure on R&D (10 000 yuan)	R&D项目数(项) R&D Projects (unit)	专利申请数(件) Number of Patent Applications (piece)	#发明专利 Inventions	有效发明专利数(件) Number of Effective Inventions (piece)
合　计	**Total**	**3460409**	**152712905**	**714527**	**1243927**	**446069**	**1447950**
#大中型工业企业	Large and Medium-sized Industrial Enterprises	2145958	107722693	271592	649617	296086	879857
内资企业	**Domestic Invested Enterprises**	**2790079**	**122726840**	**616687**	**1082747**	**389329**	**1233554**
国有企业	State-owned Enterprises	37310	1573153	6476	23184	13948	20760
集体企业	Collective-owned Enterprises	1966	68074	429	669	169	744
股份合作企业	Cooperative Enterprises	2890	83893	882	850	199	761
联营企业	Joint Ownership Enterprises	583	27547	79	86	28	100
国有联营企业	State Joint Ownership Enterprises	224	3958	25	34	1	22
有限责任公司	Limited Liability Corporations	807686	42624608	141329	291110	136500	423483
国有独资公司	State Sole-proprietorship Corporations	90040	5158700	16973	46416	26783	61827
股份有限公司	Share-holding Corporations Ltd.	414203	21692734	63236	162935	78331	249414
私营企业	Private Enterprises	1523010	56469869	403872	603382	159915	537734
其他企业	Other Enterprises	2431	186962	384	531	239	558
港、澳、台商投资企业	**Enterprises with Investment from Hong Kong, Macao and Taiwan**	**332813**	**12561629**	**46648**	**73083**	**24182**	**104000**
合资经营企业	Joint-venture Enterprises	109388	4458607	16636	28737	10264	36330
合作经营企业	Cooperative Enterprises	2483	130549	403	377	111	580
独资经营企业	Sole-proprietorship Enterprises	189740	6818947	25378	36838	11237	57108
投资股份有限公司	Share-holding Corporations Ltd.	29234	1083770	3855	6637	2429	9273
外商投资企业	**Foreign Invested Enterprises**	**337516**	**17424436**	**51192**	**88097**	**32558**	**110396**
中外合资经营企业	Joint-venture Enterprises	138540	8715952	21707	40812	15873	46887
中外合作经营企业	Cooperative Enterprises	2798	146022	521	720	188	560
外资企业	Sole-proprietorship Enterprises	175492	7474411	25904	37136	12915	52060
外商投资股份有限公司	Share-holding Corporations Ltd.	18175	940734	2575	8531	3232	10013

20-6 按行业分规模以上工业企业研究与试验发展(R&D)活动及专利情况(2020年)

Statistics on R&D Activities and Patents of Industrial Enterprises above Designated Size by Industrial Sector (2020)

行业	Sector	R&D人员全时当量(人年) Full-time Equivalent of R&D Personnel (man-year)	R&D经费(万元) Expenditure on R&D (10 000 yuan)	R&D项目数(项) R&D Projects (unit)	专利申请数(件) Number of Patent Applications (piece)	#发明专利 Inventions	有效发明专利数(件) Number of Effective Inventions (piece)
全国总计	**Total**	**3460409**	**152712905**	**714527**	**1243927**	**446069**	**1447950**
煤炭开采和洗选业	Mining and Washing of Coal	36106	1200800	3310	4970	1128	2500
石油和天然气开采业	Extraction of Petroleum and Natural Gas	13565	801309	2404	3907	2251	4481
黑色金属矿采选业	Mining and Processing of Ferrous Metal Ores	3208	182605	642	1064	489	1920
有色金属矿采选业	Mining and Processing of Non-ferrous Metal Ores	5938	226239	1047	1308	332	945
非金属矿采选业	Mining and Processing of Non-metal Ores	4559	202568	1093	942	229	819
农副食品加工业	Processing of Food from Agricultural Products	58096	2765772	15535	14147	4051	13432
食品制造业	Manufacture of Foods	46928	1572920	11560	12547	4529	15095
酒、饮料和精制茶制造业	Manufacture of Liquor, Beverages and Refined Tea	22331	896759	5038	5032	1339	4497
烟草制品业	Manufacture of Tobacco	3712	280012	1365	6348	2400	4977
纺织业	Manufacture of Textile	99543	2313584	19462	18905	4532	15444
纺织服装、服饰业	Manufacture of Textile, Wearing Apparel and Accessories	43294	1057885	6893	7835	1429	4938
皮革、毛皮、羽毛及其制品和制鞋业	Manufacture of Leather, Fur, Feather and Related Products and Footwear	34504	902544	5885	6259	902	2948
木材加工和木、竹、藤、棕、草制品业	Processing of Timber, Manufacture of Wood, Bamboo, Rattan, Palm and Straw Products	16906	672874	4317	4825	1165	3879
家具制造业	Manufacture of Furniture	34421	907096	7279	14562	1679	6653
造纸及纸制品业	Manufacture of Paper and Paper Products	37720	1365798	8348	9895	2137	7941
印刷和记录媒介复制业	Printing and Reproduction of Recording Media	29758	935793	6903	9006	1951	7731
文教、工美、体育和娱乐用品制造业	Manufacture of Articles for Culture, Education, Arts and Crafts, Sport and Entertainment Activities	47684	1014973	10137	17111	2787	12488
石油、煤炭及其他燃料加工业	Processing of Petroleum, Coal and Other Fuels	19970	1895685	4359	4243	1552	5673
化学原料及化学制品制造业	Manufacture of Raw Chemical Materials and Chemical Products	181332	7972319	49404	52887	21695	75728
医药制造业	Manufacture of Medicines	134291	7845971	38295	29107	14633	56784
化学纤维制造业	Manufacture of Chemical Fibre	24323	1323593	4640	3944	1089	4455
橡胶和塑料制品业	Manufacture of Rubber and Plastics Products	122867	4448226	31748	44485	11090	38955
非金属矿物制品业	Manufacture of Non-metallic Mineral Products	144019	5131083	34504	48345	12512	41678
黑色金属冶炼和压延加工业	Smelting and Pressing of Ferrous Metals	87159	7992979	14171	19605	7476	21280
有色金属冶炼和压延加工业	Smelting and Pressing of Non-ferrous Metals	72727	4187730	15606	18276	5923	21020
金属制品业	Manufacture of Metal Products	151006	5619467	38992	56941	13190	51889
通用设备制造业	Manufacture of General Purpose Machinery	263754	9778885	66619	110510	31151	115282
专用设备制造业	Manufacture of Special Purpose Machinery	224470	9659894	60111	113454	35702	130208
汽车制造业	Manufacture of Automobiles	256327	13634058	43072	75576	22676	71478
铁路、船舶、航空航天和其他运输设备制造业	Manufacture of Railway, Ship, Aerospace and Other Transport Equipments	103892	4851675	16692	33983	15158	43238
电气机械和器材制造业	Manufacture of Electrical Machinery and Apparatus	346108	15670594	74572	183963	59507	167931
计算机、通信和其他电子设备制造业	Manufacture of Computers, Communication and Other Electronic Equipment	632970	29151621	72142	224990	122293	402244
仪器仪表制造业	Instruments and Meters	88814	2937058	20011	38118	13511	39798
其他制造业	Other Manufacturing	15461	480696	2976	5879	1770	6522
金属制品、机械和设备修理业	Repair Service of Metal Products, Machinery and Equipment	5537	186531	1132	1433	537	1468
电力、热力生产和供应业	Production and Supply of Electric Power and Heat Power	25371	1518190	8555	31939	18555	35020
燃气生产和供应业	Production and Supply of Gas	4901	236470	1046	1118	226	589
水的生产和供应业	Production and Supply of Water	4783	172113	1160	1666	455	1378

20-7 分地区规模以上工业企业研究与试验发展(R&D)活动及专利情况(2020年)

Statistics on R&D Activities and Patents of Industrial Enterprises above Designated Size by Region (2020)

地 区	Region	R&D人员全时当量(人年) Full-time Equivalent of R&D Personnel (man-year)	R&D经费(万元) Expenditure on R&D (10 000 yuan)	R&D项目数(项) R&D Projects (unit)	专利申请数(件) Number of Patent Applications (piece)	#发明专利 Inventions	有效发明专利数(件) Number of Effective Inventions (piece)
全 国	**National Total**	**3460409**	**152712905**	**714527**	**1243927**	**446069**	**1447950**
北 京	Beijing	46172	2974157	8290	25147	13078	55261
天 津	Tianjin	45227	2287717	12001	19033	6060	24945
河 北	Hebei	86337	4854544	17423	24815	7543	28135
山 西	Shanxi	32547	1561790	5150	8444	3059	10218
内蒙古	Inner Mongolia	18393	1293714	3079	5755	2331	5799
辽 宁	Liaoning	59978	3353222	12544	17790	6252	28788
吉 林	Jilin	11806	776448	2481	6476	2764	6696
黑龙江	Heilongjiang	14272	774634	3186	5963	2650	8260
上 海	Shanghai	87957	6350087	14903	40630	17544	62147
江 苏	Jiangsu	538781	23816885	103567	196799	62892	224512
浙 江	Zhejiang	480493	13958988	118007	138589	35319	93159
安 徽	Anhui	139988	6394211	29928	66677	27083	70467
福 建	Fujian	140850	6669131	25504	45774	12934	44702
江 西	Jiangxi	100473	3460219	23056	30838	6949	18715
山 东	Shandong	255281	13656187	63062	78928	27413	78926
河 南	Henan	145464	6855770	26416	38206	9899	36500
湖 北	Hubei	125066	6109588	20626	44035	18798	49197
湖 南	Hunan	121470	6645286	25510	36209	15169	39805
广 东	Guangdong	700017	24999527	132120	305665	127497	435509
广 西	Guangxi	20407	1133332	4213	7546	2803	8667
海 南	Hainan	2050	117021	691	926	411	1875
重 庆	Chongqing	69843	3725610	16167	19736	6300	20650
四 川	Sichuan	90128	4276383	22242	34536	13439	42114
贵 州	Guizhou	26261	1053574	5068	7227	3475	8487
云 南	Yunnan	28894	1451454	6065	9451	3131	9515
西 藏	Tibet	190	8944	51	92	29	185
陕 西	Shaanxi	48809	2684020	8181	15187	6445	21932
甘 肃	Gansu	8614	521334	1608	3829	1229	4017
青 海	Qinghai	1557	103699	285	1423	494	1061
宁 夏	Ningxia	8333	453491	1881	3774	1408	3126
新 疆	Xinjiang	4752	391939	1222	4427	1671	4580

20-8 按登记注册类型分规模以上工业企业新产品开发及生产情况(2020年)

New Products Development and Production of Industrial Enterprises above Designated Size by Registration Status (2020)

登记注册类型	Status of Registration	新产品开发项目数(项) Projects for New Products Development (unit)	新产品开发经费支出(万元) Expenditure on New Products Development (10 000 yuan)	新产品销售收入(万元) Sales Revenue of New Products (10 000 yuan)	#出口 Exports
合　计	**Total**	**788125**	**186237781**	**2380736642**	**438532723**
#大中型工业企业	Large and Medium-sized Industrial Enterprises	280801	129439450	1831576250	382041903
内资企业	**Domestic Invested Enterprises**	**676688**	**148203396**	**1766019670**	**232404310**
国有企业	State-owned Enterprises	6414	1849459	23569919	1236503
集体企业	Collective-owned Enterprises	429	67688	511277	24943
股份合作企业	Cooperative Enterprises	1048	102477	1014618	63174
联营企业	Joint Ownership Enterprises	82	29043	188866	373
国有联营企业	State Joint Ownership Enterprises	39	5303	23455	
有限责任公司	Limited Liability Corporations	149703	51533953	588102416	79224431
国有独资公司	State Sole-proprietorship Corporations	16393	6205724	72917546	5740406
股份有限公司	Share-holding Corporations Ltd.	66290	25244505	329565068	43629757
私营企业	Private Enterprises	452380	69213292	821100091	107587042
其他企业	Other Enterprises	342	162979	1967415	638088
港、澳、台商投资企业	**Enterprises with Investment from Hong Kong, Macao and Taiwan**	**52612**	**15576264**	**271243951**	**115171209**
合资经营企业	Joint-venture Enterprises	18335	5513307	96135374	34125999
合作经营企业	Cooperative Enterprises	435	131664	1391519	316296
独资经营企业	Sole-proprietorship Enterprises	29174	8468815	154632737	73531622
投资股份有限公司	Share-holding Corporations Ltd.	4233	1363539	17999086	6802419
外商投资企业	**Foreign Invested Enterprises**	**58825**	**22458122**	**343473022**	**90957204**
中外合资经营企业	Joint-venture Enterprises	24465	11410643	184615561	27516003
中外合作经营企业	Cooperative Enterprises	505	151226	1962440	331653
外资企业	Sole-proprietorship Enterprises	30230	9455825	139858460	59391784
外商投资股份有限公司	Share-holding Corporations Ltd.	3054	1250763	15104782	3461814

20-9 按行业分规模以上工业企业新产品开发及生产情况(2020年)
New Products Development and Production of Industrial Enterprises above Designated Size by Industrial Sector (2020)

行业	Sector	新产品开发项目数(项) Projects for New Products Development (unit)	新产品开发经费支出(万元) Expenditure on New Products Development (10 000 yuan)	新产品销售收入(万元) Sales Revenue of New Products (10 000 yuan)	#出口 Exports
全国总计	**Total**	**788125**	**186237781**	**2380736642**	**438532723**
煤炭开采和洗选业	Mining and Washing of Coal	1489	489995	6378274	27320
石油和天然气开采业	Extraction of Petroleum and Natural Gas	814	336976	1712881	33977
黑色金属矿采选业	Mining and Processing of Ferrous Metal Ores	392	105694	2000257	
有色金属矿采选业	Mining and Processing of Non-Ferrous Metal Ores	489	91722	2040997	9746
非金属矿采选业	Mining and Processing of Non-metal Ores	738	132554	1572910	38590
农副食品加工业	Processing of Food from Agricultural Products	16658	3236130	35939680	2040135
食品制造业	Manufacture of Foods	12912	2093600	22678230	2247179
酒、饮料和精制茶制造业	Manufacture of Liquor, Beverages and Refined Tea	5083	1129172	13175720	420602
烟草制品业	Manufacture of Tobacco	1322	253371	3559673	39954
纺织业	Manufacture of Textile	20408	3291724	41351825	8352700
纺织服装、服饰业	Manufacture of Textile, Wearing Apparel and Accessories	7587	1209200	16703804	4204637
皮革、毛皮、羽毛及其制品和制鞋业	Manufacture of Leather, Fur, Feather and Related Products and Footwear	6439	975345	10696583	2454476
木材加工和木、竹、藤、棕、草制品业	Processing of Timber, Manufacture of Wood, Bamboo, Rattan, Palm and Straw Products	4140	656392	7262663	1232593
家具制造业	Manufacture of Furniture	8638	1148828	13888926	4147279
造纸及纸制品业	Manufacture of Paper and Paper Products	8754	2001440	31765713	1738084
印刷和记录媒介复制业	Printing and Reproduction of Recording Media	7343	1041112	13783441	1456811
文教、工美、体育和娱乐用品制造业	Manufacture of Articles for Culture, Education, Arts and Crafts, Sport and Entertainment Activities	11647	1519333	17784897	6485411
石油、煤炭及其他燃料加工业	Processing of Petroleum, Coal and Other Fuels	3157	1392013	35757886	1915049
化学原料及化学制品制造业	Manufacture of Raw Chemical Materials and Chemical Products	48654	9025863	130166484	12515225
医药制造业	Manufacture of Medicines	42145	8831876	76981144	8891752
化学纤维制造业	Manufacture of Chemical Fibres	4526	1354622	22363087	1432309
橡胶和塑料制品业	Manufacture of Rubber and Plastics Products	36796	5274133	61527874	11733875
非金属矿物制品业	Manufacture of Non-metallic Mineral Products	34352	6387650	73545449	5480167
黑色金属冶炼和压延加工业	Smelting and Pressing of Ferrous Metals	13416	10361357	129353247	4866269
有色金属冶炼和压延加工业	Smelting and Pressing of Non-ferrous Metals	13843	4645887	85769560	3772429
金属制品业	Manufacture of Metal Products	43745	6422869	74596500	10640178
通用设备制造业	Manufacture of General Purpose Machinery	76094	11504205	133000864	17188563
专用设备制造业	Manufacture of Special Purpose Machinery	70750	11487133	115478489	14533410
汽车制造业	Manufacture of Automobiles	49872	17423584	291620243	15092533
铁路、船舶、航空航天和其他运输设备制造业	Manufacture of Railway, Ship, Aerospace and Other Transport Equipments	18953	6378082	70562097	13792612
电气机械和器材制造业	Manufacture of Electrical Machinery and Apparatus	88459	19043384	273152217	53100567
计算机、通信和其他电子设备制造业	Manufacture of Computers, Communication and Other Electronic Equipment	88383	40640637	509860572	223295270
仪器仪表制造业	Manufacture of Measuring Instruments and Machinery	25034	3653234	27890618	3806498
其他制造业	Other Manufacture	3616	596861	5499004	1021359
金属制品、机械和设备修理业	Repair Service of Metal Products, Machinery and Equipment	1064	199636	1985349	218970
电力、热力生产和供应业	Production and Supply of Electric Power and Heat Power	5812	972442	4614025	28786
燃气生产和供应业	Production and Supply of Gas	826	184817	6202088	
水的生产和供应业	Production and Supply of Water	751	110137	964421	

20-10 分地区规模以上工业企业新产品开发及生产情况(2020年)
New Products Development and Production of Industrial Enterprises above Designated Size by Region (2020)

地 区	Region	新产品开发项目数(项) Projects for New Products Development (unit)	新产品开发经费支出(万元) Expenditure on New Products Development (10 000 yuan)	新产品销售收入(万元) Sales Revenue of New Products (10 000 yuan)	#出口 Exports
全 国	**National Total**	**788125**	**186237781**	**2380736642**	**438532723**
北 京	Beijing	13188	4523146	53449397	9779802
天 津	Tianjin	14449	2386906	38919876	5437875
河 北	Hebei	20229	5621709	71909825	6034109
山 西	Shanxi	6539	1480910	23111205	2375323
内蒙古	Inner Mongolia	2527	1008454	12424598	635723
辽 宁	Liaoning	14329	3584102	44409366	4376062
吉 林	Jilin	3741	1788921	22400315	585936
黑龙江	Heilongjiang	4501	915152	8207463	318302
上 海	Shanghai	22755	8689077	101592157	14694288
江 苏	Jiangsu	102826	28223651	394428431	89402034
浙 江	Zhejiang	133346	17652995	283024993	57204310
安 徽	Anhui	32863	7494349	120543819	14336688
福 建	Fujian	27029	6787880	60975492	15293260
江 西	Jiangxi	23138	4669998	72213414	9353771
山 东	Shandong	59946	12580017	170810782	18812431
河 南	Henan	22244	5262726	79074956	25225588
湖 北	Hubei	20290	7280674	95968820	6763431
湖 南	Hunan	26253	7509542	83879023	5907820
广 东	Guangdong	166140	41271302	443130513	131329923
广 西	Guangxi	6502	1872393	25712986	1778018
海 南	Hainan	1018	213111	1347310	22346
重 庆	Chongqing	16907	3972680	58806719	11941326
四 川	Sichuan	22133	4874121	49699120	4371971
贵 州	Guizhou	4993	960411	8760932	294623
云 南	Yunnan	5532	1153684	12160954	164127
西 藏	Tibet	52	11290	34487	
陕 西	Shaanxi	9810	3063227	24941898	1016470
甘 肃	Gansu	1565	436109	5780308	465273
青 海	Qinghai	308	123063	2094604	7630
宁 夏	Ningxia	1777	407112	4592014	233859
新 疆	Xinjiang	1195	419072	6330868	370405

20-11 按行业分规模以上工业企业产品和工艺创新情况(2020年)

Industrial Enterprises above Designated Size with Product or Process Innovation by Industrial Sector (2020)

行业	Sector	有产品或工艺创新活动的企业数(个) Number of Enterprises with Product or Process Innovation Activities (unit)	有产品或工艺创新活动的企业占规模以上工业企业的比重(%) As Percentage of Industrial Enterprises above Designated Size (%)	#实现产品创新的企业所占比重 With Product Innovation	#实现工艺创新的企业所占比重 With Process Innovation
总计	**Total**	**208073**	**52.1**	**35.3**	**39.4**
采矿业	Mining	2212	20.8	4.9	16.1
煤炭开采和洗选业	Mining and Washing of Coal	785	18.1	2.8	15.1
石油和天然气开采业	Extraction of Petroleum and Natural Gas	67	52.3	9.4	45.3
黑色金属矿采选业	Mining and Processing of Ferrous Metal Ores	269	20.8	3.7	16.7
有色金属矿采选业	Mining and Processing of Non-ferrous Metal Ores	354	29.4	7.3	24.3
非金属矿采选业	Mining and Processing of Non-metal Ores	666	19.4	6.7	12.9
开采专业及辅助性活动	Support Activities for Mining	69	25.1	8.4	19.3
其他采矿业	Mining of Other Ores	2	40.0	20.0	40.0
制造业	Manufacture	202509	54.2	37.5	41.0
农副食品加工业	Processing of Food from Agricultural Products	8560	39.2	23.3	28.9
食品制造业	Manufacture of Foods	4391	53.2	37.4	38.7
酒、饮料和精制茶制造业	Manufacture of Liquor, Beverages and Refined Tea	2561	46.3	28.8	32.5
烟草制品业	Manufacture of Tobacco	78	74.3	48.6	54.3
纺织业	Manufacture of Textile	8349	45.1	30.1	33.1
纺织服装、服饰业	Manufacture of Textile, Wearing Apparel and Accessories	3928	30.9	19.6	21.2
皮革、毛皮、羽毛及其制品和制鞋业	Manufacture of Leather, Fur, Feather and Related Products and Footware	3293	41.5	29.3	26.6
木材加工和木、竹、藤、棕、草制品业	Processing of Timber, Manufacture of Wood, Bamboo, Rattan, Palm and Straw Products	2832	28.6	15.3	21.6
家具制造业	Manufacture of Furniture	3079	47.1	32.2	34.8
造纸和纸制品业	Manufacture of Paper and Paper Products	2939	44.1	27.7	33.9
印刷和记录媒介复制业	Printing and Reproduction of Recording Media	2854	48.6	30.1	38.0
文教、工美、体育和娱乐用品制造业	Manufacture of Articles for Culture, Education, Arts and Crafts, Sport and Entertainment Activities	4245	47.5	34.3	33.8
石油、煤炭及其他燃料加工业	Processing of Petroleum, Coal and Other Fuels	907	42.9	20.4	33.7
化学原料和化学制品制造业	Manufacture of Raw Chemical Materials and Chemical Products	13315	60.5	39.9	45.9
医药制造业	Manufacture of Medicines	6167	75.5	47.2	57.5
化学纤维制造业	Manufacture of Chemical Fibres	1119	57.7	40.8	44.1
橡胶和塑料制品业	Manufacture of Rubber and Plastics Products	11078	53.3	37.0	40.1
非金属矿物制品业	Manufacture of Non-metallic Mineral Products	14784	37.3	21.0	28.4
黑色金属冶炼和压延加工业	Smelting and Pressing of Ferrous Metals	2167	40.8	24.2	32.7
有色金属冶炼和压延加工业	Smelting and Pressing of Non-ferrous Metals	3995	52.2	33.6	41.6
金属制品业	Manufacture of Metal Products	13915	51.8	33.8	40.1
通用设备制造业	Manufacture of General Purpose Machinery	18008	68.2	51.1	52.1
专用设备制造业	Manufacture of Special Purpose Machinery	15321	72.6	54.6	55.3
汽车制造业	Manufacture of Automobiles	10381	64.8	48.4	50.5
铁路、船舶、航空航天和其他运输设备制造业	Manufacture of Railway, Ship, Aerospace and Other Transport Equipments	3235	64.2	46.6	47.8
电气机械和器材制造业	Manufacture of Electrical Machinery and Apparatus	18768	69.7	53.9	53.0
计算机、通信和其他电子设备制造业	Manufacture of Computers, Communication and Other Electronic Equipment	15781	75.7	58.9	58.3
仪器仪表制造业	Manufacture of Measuring Instruments and Machinery	4378	82.8	67.2	60.8
其他制造业	Other Manufacture	994	55.5	39.4	40.5
废弃资源综合利用业	Utilization of Waste Resources	840	38.9	18.1	28.6
金属制品、机械和设备修理业	Repair Service of Metal Products, Machinery and Equipment	247	45.7	19.6	35.7
电力、热力、燃气及水生产和供应业	Production and Supply of Electricity, Heat, Gas and Water	3352	22.1	3.5	17.1
电力、热力生产和供应业	Production and Supply of Electric Power and Heat Power	2233	22.7	3.2	17.8
燃气生产和供应业	Production and Supply of Gas	465	17.7	3.8	13.4
水的生产和供应业	Production and Supply of Water	654	23.8	4.7	18.3

20-12 按登记注册类型分规模以上工业企业产品和工艺创新情况(2020年)
Industrial Enterprises above Designated Size with Product or Process Innovation by Status of Registration (2020)

登记注册类型	Status of Registration	有产品或工艺创新活动的企业数(个) Number of Enterprises with Product or Process Innovation Activities (unit)	有产品或工艺创新活动的企业占规模以上工业企业的比重(%) As Percentage of Industrial Enterprises above Designated Size (%)	#实现产品创新的企业所占比重 With Product Innovation	#实现工艺创新的企业所占比重 With Process Innovation
总　计	**Total**	**208073**	**52.1**	**35.3**	**39.4**
内资企业	Domestic Invested Enterprises	184644	51.8	35.0	39.2
国有企业	State-owned Enterprises	917	37.5	20.2	28.9
集体企业	Collective-owned Enterprises	216	21.6	11.3	16.2
股份合作企业	Cooperative Enterprises	381	50.1	37.1	35.5
联营企业	Joint Ownership Enterprises	40	40.4	21.2	29.3
有限责任公司	Limited Liability Corporations	30193	52.8	34.3	41.1
国有独资公司	State Sole-proprietorship Corporations	1908	45.8	24.5	35.4
股份有限公司	Share-holding Corporations Ltd.	6760	79.9	63.3	64.6
私营企业	Private Enterprises	146105	51.0	34.6	38.3
其他企业	Other Enterprises	32	43.2	28.4	29.7
港、澳、台商投资企业	Enterprises with Investment from Hong Kong, Macao and Taiwan	10809	54.9	38.3	41.5
外商投资企业	Foreign Invested Enterprises	12620	54.3	37.1	39.9

20-13 按行业分规模以上工业企业组织(管理)和营销创新情况(2020年)
Industrial Enterprises above Designated Size with Organizational or Marketing Innovation by Industrial Sector (2020)

行业	Sector	实现组织(管理)或营销创新的企业数(个) Number of Enterprises with Organizational or Marketing Innovation (unit)	实现组织(管理)或营销创新的企业占规模以上工业企业的比重(%) As Percentage of Industrial Enterprises above Designated Size (%)	#实现组织(管理)创新的企业所占比重 With Organizational Innovation	#实现营销创新的企业所占比重 With Marketing Innovation
总计	**Total**	**160982**	**40.3**	**31.9**	**31.4**
采矿业	Mining	2089	19.6	17.3	10.2
煤炭开采和洗选业	Mining and Washing of Coal	792	18.3	16.4	9.0
石油和天然气开采业	Extraction of Petroleum and Natural Gas	47	36.7	35.2	11.7
黑色金属矿采选业	Mining and Processing of Ferrous Metal Ores	192	14.9	13.5	6.5
有色金属矿采选业	Mining and Processing of Non-ferrous Metal Ores	285	23.7	21.2	10.0
非金属矿采选业	Mining and Processing of Non-metal Ores	687	20.0	16.8	13.0
开采专业及辅助性活动	Support Activies for Mining	84	30.5	28.7	11.6
其他采矿业	Mining of Other Ores	2	40.0	40.0	20.0
制造业	Manufacture	155458	41.6	32.8	32.9
农副食品加工业	Processing of Food from Agricultural Products	8679	39.7	27.7	35.6
食品制造业	Manufacture of Foods	4170	50.5	35.3	46.5
酒、饮料和精制茶制造业	Manufacture of Liquor, Beverages and Refined Tea	2636	47.7	31.3	44.4
烟草制品业	Manufacture of Tobacco	52	49.5	39.0	30.5
纺织业	Manufacture of Textile	5789	31.3	24.6	24.7
纺织服装、服饰业	Manufacture of Textile, Wearing Apparel and Accessories	3202	25.2	18.7	19.8
皮革、毛皮、羽毛及其制品和制鞋业	Manufacture of Leather, Fur, Feather and Related Products and Footware	2292	28.9	21.4	24.6
木材加工和木、竹、藤、棕、草制品业	Processing of Timber, Manufacture of Wood, Bamboo, Rattan, Palm and Straw Products	2479	25.1	19.0	21.0
家具制造业	Manufacture of Furniture	2652	40.6	29.1	35.6
造纸和纸制品业	Manufacture of Paper and Paper Products	2359	35.4	27.0	28.8
印刷和记录媒介复制业	Printing and Reproduction of Recording Media	2224	37.8	29.5	29.4
文教、工美、体育和娱乐用品制造业	Manufacture of Articles for Culture, Education, Arts and Crafts, Sport and Entertainment Activities	3483	39.0	27.1	34.0
石油、煤炭及其他燃料加工业	Processing of Petroleum, Coal and Other Fuele	740	35.0	29.1	24.5
化学原料和化学制品制造业	Manufacture of Raw Chemical Materials and Chemical Products	9867	44.8	35.5	35.0
医药制造业	Manufacture of Medicines	4753	58.2	45.3	49.2
化学纤维制造业	Manufacture of Chemical Fibres	742	38.3	30.5	30.1
橡胶和塑料制品业	Manufacture of Rubber and Plastics Products	8177	39.3	30.7	31.1
非金属矿物制品业	Manufacture of Non-metallic Mineral Products	12348	31.1	25.6	22.8
黑色金属冶炼和压延加工业	Smelting and Pressing of Ferrous Metals	1613	30.4	25.1	22.1
有色金属冶炼和压延加工业	Smelting and Pressing of Non-ferrous Metals	2781	36.4	30.8	26.2
金属制品业	Manufacture of Metal Products	10314	38.4	30.9	28.8
通用设备制造业	Manufacture of General Purpose Machinery	12813	48.5	39.0	37.6
专用设备制造业	Manufacture of Special Purpose Machinery	11341	53.8	43.7	42.6
汽车制造业	Manufacture of Automobiles	7231	45.2	38.5	31.0
铁路、船舶、航空航天和其他运输设备制造业	Manufacture of Railway, Ship, Aerospace and Other Transport Equipments	2324	46.1	38.3	32.6
电气机械和器材制造业	Manufacture of Electrical Machinery and Apparatus	13983	51.9	40.7	42.1
计算机、通信和其他电子设备制造业	Manufacture of Computers, Communication and Other Electronic Equipment	11654	55.9	45.8	42.4
仪器仪表制造业	Manufacture of Measuring Instruments and Machinery	3236	61.2	49.6	49.1
其他制造业	Other Manufacture	748	41.7	32.1	34.5
废弃资源综合利用业	Utilization of Waste Resources	601	27.8	25.0	15.9
金属制品、机械和设备修理业	Repair Service of Metal Products, Machinery and Equipment	175	32.4	29.1	17.8
电力、热力、燃气及水生产和供应业	Production and Supply of Electricity, Heat, Gas and Water	3435	22.6	20.4	9.1
电力、热力生产和供应业	Production and Supply of Electric Power and Heat Power	2140	21.8	20.1	7.5
燃气生产和供应业	Production and Supply of Gas	721	27.5	23.3	16.1
水的生产和供应业	Production and Supply of Water	574	20.9	18.6	8.0

20-14 按登记注册类型分规模以上工业企业组织(管理)和营销创新情况(2020年)

Industrial Enterprises above Designated Size with Organizational or Marketing Innovation by Status of Registration (2020)

登记注册类型	Status of Registration	实现组织(管理)或营销创新的企业数(个) Number of Enterprises with Organizational or Marketing Innovation (unit)	实现组织(管理)或营销创新的企业占规模以上工业企业的比重(%) As Percentage of Industrial Enterprises above Designated Size (%)	#实现组织(管理)创新的企业所占比重 With Organizational Innovation	#实现营销创新的企业所占比重 With Marketing Innovation
总　计	**Total**	**160982**	**40.3**	**31.9**	**31.4**
内资企业	Domestic Invested Enterprises	145097	40.7	32.3	31.9
国有企业	State-owned Enterprises	791	32.4	28.7	19.0
集体企业	Collective-owned Enterprises	220	22.0	17.2	15.1
股份合作企业	Cooperative Enterprises	243	31.9	25.0	24.7
联营企业	Joint Ownership Enterprises	37	37.4	31.3	28.3
有限责任公司	Limited Liability Corporations	24905	43.6	36.3	31.1
国有独资公司	State Sole-proprietorship Corporations	1649	39.6	34.9	22.9
股份有限公司	Share-holding Corporations Ltd.	5408	63.9	54.5	50.6
私营企业	Private Enterprises	113466	39.6	31.0	31.8
其他企业	Other Enterprises	27	36.5	29.7	31.1
港、澳、台商投资企业	Enterprises with Investment from Hong Kong, Macao and Taiwan	7446	37.8	28.7	28.2
外商投资企业	Foreign Invested Enterprises	8439	36.3	28.0	25.5

20-15 按行业分规模以上工业企业创新费用支出情况(2020年)
Expenditure on Innovation of Industrial Enterprises above Designated Size by Industrial Sector (2020)

行 业	Sector	创新费用支出合计(亿元) Total Core Innovation Expenditure (100 million yuan)	在创新费用合计中占比(%) As Percentage of Total Innovation Expenditure(%): 内部R&D In-house R&D	外部R&D Contracted out R&D	获得机器设备和软件 Acquisition of Machinery, Equipment and Software	从外部获取相关技术 Acquisition of Other External Knowledge
总 计	**Total**	**24671.5**	**61.9**	**4.1**	**30.3**	**3.7**
采矿业	Mining	539.8	54.6	5.6	39.1	0.6
煤炭开采和洗选业	Mining and Washing of Coal	255.7	47.0	5.8	46.3	0.9
石油和天然气开采业	Extraction of Petroleum and Natural Gas	138.3	57.9	8.1	33.6	0.4
黑色金属矿采选业	Mining and Processing of Ferrous Metal Ores	29.4	62.2	3.7	33.7	0.3
有色金属矿采选业	Mining and Processing of Non-ferrous Metal Ores	42.1	53.7	3.1	43.0	0.2
非金属矿采选业	Mining and Processing of Non-metal Ores	29.3	69.3	1.7	28.7	0.3
开采专业及辅助性活动	Support Activies for Mining	45.0	74.2	3.3	22.4	
制造业	Manufacture	23614.4	62.6	4.0	29.6	3.8
农副食品加工业	Processing of Food from Agricultural Products	393.4	70.3	1.1	28.1	0.5
食品制造业	Manufacture of Foods	278.6	56.5	2.7	35.5	5.4
酒、饮料和精制茶制造业	Manufacture of Liquor, Beverages and Refined Tea	153.6	58.4	2.3	37.8	1.6
烟草制品业	Manufacture of Tobacco	131.2	21.3	2.9	68.6	7.2
纺织业	Manufacture of Textile	362.5	63.8	0.9	34.3	0.9
纺织服装、服饰业	Manufacture of Textile, Wearing Apparel and Accessories	132.1	80.1	1.1	18.2	0.5
皮革、毛皮、羽毛及其制品和制鞋业	Manufacture of Leather, Fur, Feather and Related Products and Footware	108.1	83.5	0.7	15.6	0.1
木材加工和木、竹、藤、棕、草制品业	Processing of Timber, Manufacture of Wood, Bamboo, Rattan, Palm and Straw Products	88.8	75.8	0.3	23.6	0.2
家具制造业	Manufacture of Furniture	125.6	72.2	1.5	26.0	0.3
造纸和纸制品业	Manufacture of Paper and Paper Products	232.2	58.8	0.3	40.6	0.3
印刷和记录媒介复制业	Printing and Reproduction of Recording Media	137.4	68.1	0.7	30.3	0.9
文教、工美、体育和娱乐用品制造业	Manufacture of Articles for Culture, Education, Arts and Crafts, Sport and Entertainment Activities	156.7	64.8	1.1	32.9	1.1
石油、煤炭及其他燃料加工业	Processing of Petroleum, Coal and Other Fuels	435.6	43.5	1.1	53.9	1.4
化学原料和化学制品制造业	Manufacture of Raw Chemical Materials and Chemical Products	1318.4	60.5	2.1	36.4	1.0
医药制造业	Manufacture of Medicines	1162.2	67.5	10.5	19.4	2.6
化学纤维制造业	Manufacture of Chemical Fibres	161.9	81.8	0.6	17.1	0.6
橡胶和塑料制品业	Manufacture of Rubber and Plastics Products	646.1	68.8	1.5	27.8	1.8
非金属矿物制品业	Manufacture of Non-metallic Mineral Products	822.7	62.4	0.7	35.9	1.0
黑色金属冶炼和压延加工业	Smelting and Pressing of Ferrous Metals	1992.9	40.1	0.6	56.7	2.6
有色金属冶炼和压延加工业	Smelting and Pressing of Non-ferrous Metals	718.0	58.3	0.7	40.1	0.8
金属制品业	Manufacture of Metal Products	765.2	73.4	0.7	25.0	0.9
通用设备制造业	Manufacture of General Purpose Machinery	1311.0	74.6	2.5	20.9	2.0
专用设备制造业	Manufacture of Special Purpose Machinery	1263.2	76.5	2.5	19.9	1.1
汽车制造业	Manufacture of Automobiles	2344.6	58.2	6.6	25.6	9.6
铁路、船舶、航空航天和其他运输设备制造业	Manufacture of Railway, Ship, Aerospace and Other Transport Equipments	865.9	56.0	10.7	26.9	6.4
电气机械和器材制造业	Manufacture of Electrical Machinery and Apparatus	2111.1	74.2	1.8	21.6	2.3
计算机、通信和其他电子设备制造业	Manufacture of Computers, Communication and Other Electronic Equipment	4841.0	60.2	7.1	25.3	7.4
仪器仪表制造业	Manufacture of Measuring Instruments and Machinery	391.8	75.0	3.0	21.0	1.0
其他制造业	Other Manufacture	85.8	56.1	3.7	39.0	1.2
废弃资源综合利用业	Utilization of Waste Resources	52.8	72.7	2.1	25.0	0.2
金属制品、机械和设备修理业	Repair Service of Metal Products, Machinery and Equipment	24.8	75.4	0.8	23.4	0.4
电力、热力、燃气及水生产和供应业	Production and Supply of Electricity, Heat, Gas and Water	517.3	37.3	8.7	52.6	1.4
电力、热力生产和供应业	Production and Supply of Electric Power and Heat Power	430.8	35.2	10.3	52.7	1.7
燃气生产和供应业	Production and Supply of Gas	41.1	57.4	1.0	41.6	
水的生产和供应业	Production and Supply of Water	45.1	38.1	0.7	61.2	

20-16 按登记注册类型分规模以上工业企业创新费用支出情况(2020年)
Expenditure on Innovation of Industrial Enterprises above Designated Size by Status of Registration (2020)

登记注册类型	Status of Registration	创新费用支出合计(亿元) Total Core Innovation Expenditure (100 million yuan)	在创新费用合计中占比(%) As Percentage of Total Innovation Expenditure(%) 内部R&D In-house R&D	外部R&D Contracted out R&D	获得机器设备和软件 Acquisition of Machinery, Equipment and Software	从外部获取相关技术 Acquisition of Other External Knowledge
总　计	**Total**	**24671.5**	**61.9**	**4.1**	**30.3**	**3.7**
内资企业	Domestic Invested Enterprises	19888.6	61.7	4.0	31.2	3.1
国有企业	State-owned Enterprises	326.1	48.2	7.2	41.5	3.0
集体企业	Collective-owned Enterprises	9.1	74.7	3.3	22.0	
股份合作企业	Cooperative Enterprises	11.9	70.6	0.8	28.6	
联营企业	Joint Ownership Enterprises	3.2	87.5		12.5	
有限责任公司	Limited Liability Corporations	7435.9	57.3	4.8	35.8	2.1
国有独资公司	State Sole-proprietorship Corporations	1211.1	42.6	5.8	49.3	2.3
股份有限公司	Share-holding Corporations Ltd.	3634.5	59.7	4.2	33.8	2.3
私营企业	Private Enterprises	8447.6	66.8	3.1	25.7	4.4
其他企业	Other Enterprises	20.7	90.3	2.4	4.8	2.4
港、澳、台商投资企业	Enterprises with Investment from Hong Kong, Macao and Taiwan	1841.5	68.2	3.2	26.9	1.7
外商投资企业	Foreign Invested Enterprises	2941.3	59.2	5.4	26.5	8.9

20-17 大中型高技术产业(制造业)企业R&D及相关活动情况
Statistics on R&D and Related Activities of Large and Medium-sized Enterprises in High Technology Industry (Manufacturing Industry)

指　标	Item	2000	2005	2010	2015	2019	2020
R&D机构数 (个)	R&D Institutions (unit)	1379	1619	3184	5572	6331	6682
R&D人员全时当量(万人年)	Full-time Equivalent of R&D Personnel(10 000 man-years)	9.2	17.3	39.9	59.0	63.9	73.5
R&D经费支出 (亿元)	Expenditure on R&D (100 million yuan)	111.0	362.5	967.8	2219.7	3077.8	3728.6
新产品开发经费支出(亿元)	Expenditure on New Products Development (100 million yuan)	117.8	415.7	1006.9	2574.6	4389.3	4945.4
专利申请数 (件)	Patent Applications (piece)	2245	16823	59683	114562	199660	224198
有效发明专利数 (件)	Number of Effective Invention Patents (piece)	1443	6658	50166	199728	365523	438667

20-18 高技术产业(制造业)相关情况（2020年）

行　业	Industry	R&D 机构数（个） R&D Institutions (unit)
合计	**Total**	**20185**
医药制造业	**Manufacture of Medicines**	**3756**
#化学药品制造	Manufacture of Chemical Medicine	1495
中成药生产	Manufacture of Finished Traditional Chinese Herbal Medicine	690
生物药品制品制造	Manufacture of Biopharmaceutical Products	496
电子及通信设备制造业	**Manufacture of Electronic Equipment and Communication Equipment**	**11084**
#电子工业专用设备制造	Manufacture of Special Equipment for Electronic Industry	625
光纤光缆及锂离子电池制造	Manufacture of Optical Fiber and Cable, and Lithium Ion Battery	887
#锂离子电池制造	Manufacture of Lithium Ion Batteries	689
通信设备、雷达及配套设备制造	Manufacture of Communication Equipment, Radar and Matching Equipment	1336
#通信系统设备制造	Manufacture of Communication System Equipment	634
通信终端设备制造	Manufacture of Communication Terminal Equipment	634
雷达及配套设备制造	Manufacture of Radar and Related Equipment	68
广播电视设备制造	Manufacture of Broadcasting and TV Equipment	291
非专业视听设备制造	Manufacture of Non-professional Audio-visual Equipment	611
电子器件制造	Manufacture of Electronic Appliances	2588
#电子真空器件制造	Manufacture of Electronic Vacuum Appliances	218
半导体分立器件制造	Manufacture of Semiconductor Discreting Appliances	218
集成电路制造	Manufacture of Integrated Circuit	455
光电子器件制造	Manufacture of Optoelectronic Devices	484
电子元件及电子专用材料制造	Manufacture of Electronic Components and Electronic Specialized Materials	3419
#电阻电容电感元件制造	Manufacture of Resistance, Capacitance and Inductance Components	496
电子电路制造	Manufacture of Electronic Circuit	824
电子专用材料制造	Manufacture of Electronic Specialized Materials	674
智能消费设备制造	Manufacturing of Intelligent Consumption Equipment	612
其他电子设备制造	Other Electronic Equipment	715
计算机及办公设备制造业	**Manufacture of Computers and Office Equipment**	**1382**
#计算机整机制造	Manufacture of Entired Computer	157
计算机零部件制造	Manufacture of Parts and Fixture for Computer	424
计算机外围设备制造	Manufacture of Computer Peripheral Equipment	377
办公设备制造	Manufacture of Office Equipment	153
医疗仪器设备及仪器仪表制造业	**Manufacture of Medical Equipments and Meters**	**3585**
#医疗仪器设备及器械制造	Manufacture of Medical Equipment and Appliances	1084
#医疗诊断、监护及治疗设备制造	Manufacture of Medical Diagnosis, Monitoring and Treatment Equipment	364
医疗、外科及兽医用器械制造	Manufacture of Medical, Surgical and Veterinary Instruments	272
通用仪器仪表制造	Manufacture of General Instruments	1654
专用仪器仪表制造	Manufacture of Special Instruments	548
信息化学品制造业	**Manufacture of Information Chemicals**	**87**

注：本表的数据口径为规模以上工业企业。

Statistics on High-tech Industry (Manufacturing Industry) (2020)

R&D人员折合全时当量(人年) Full-time Equivalent of R&D Personnel (man-year)	R&D经费支出(万元) Expenditure on R&D (10 000 yuan)	R&D项目数(个) R&D Projects (unit)	新产品开发项目数(项) New Products Development (unit)
990314	**46490941**	**154166**	**184487**
134291	**7845971**	**38295**	**42145**
62346	3937905	17642	18744
25417	1095088	6777	7752
21036	1701400	5758	6761
623993	**29329851**	**73460**	**88889**
17863	786872	4086	5172
35380	2013930	5778	6485
29790	1682223	4570	5131
200114	10041551	9351	11945
53561	2466660	4165	5405
141828	7364195	4566	5773
4726	210696	620	767
12415	457352	1986	2487
27645	1294512	3528	4410
137052	7762350	18464	22427
8156	251824	1624	1842
6866	288206	1569	1823
38247	3392744	4214	5081
19326	957878	3167	4036
134614	4866144	21424	24654
16621	564842	3279	3632
39772	1211805	4874	5535
20622	1039751	4709	4977
26876	1144587	4176	5234
32035	962554	4667	6075
67399	**2763864**	**9226**	**11905**
16761	930309	1501	1994
17744	568499	2385	2785
14309	467736	2314	3106
6798	212630	970	1134
121011	**4472309**	**28692**	**36385**
36010	1610221	9505	12432
15113	801835	3584	4770
9460	368107	2527	3181
53792	1772367	12868	15810
16532	573739	4045	5299
2372	**86420**	**555**	**589**

a) Data in this table cover industrial enterprises above designated size.

20-18 续表

行 业	Industry	新产品开发经费支出(万元) Expenditure on New Products Development (10 000 yuan)
合计	**Total**	**61523656**
医药制造业	**Manufacture of Medicines**	**8831876**
#化学药品制造	Manufacture of Chemical Medicine	4418476
中成药生产	Manufacture of Finished Traditional Chinese Herbal Medicine	1204231
生物药品制品制造	Manufacture of Biopharmaceutical Products	1946091
电子及通信设备制造业	**Manufacture of Electronic Equipment and Communication Equipment**	**40641200**
#电子工业专用设备制造	Manufacture of Special Equipment for Electronic Industry	967149
光纤光缆及锂离子电池制造	Manufacture of Optical Fiber and Cable, and Lithium Ion Battery	2313712
#锂离子电池制造	Manufacture of Lithium Ion Batteries	1954751
通信设备、雷达及配套设备制造	Manufacture of Communication Equipment, Radar and Matching Equipment	17170416
#通信系统设备制造	Manufacture of Communication System Equipment	3639445
通信终端设备制造	Manufacture of Communication Terminal Equipment	13269275
雷达及配套设备制造	Manufacture of Radar and Related Equipment	261697
广播电视设备制造	Manufacture of Broadcasting and TV Equipment	546185
非专业视听设备制造	Manufacture of Non-professional Audio-visual Equipment	1688182
电子器件制造	Manufacture of Electronic Appliances	9316881
#电子真空器件制造	Manufacture of Electronic Vacuum Appliances	284456
半导体分立器件制造	Manufacture of Semiconductor Discreting Appliances	367715
集成电路制造	Manufacture of Integrate Circuit	3937505
光电子器件制造	Manufacture of Optoelectronic Devices	1214309
电子元件及电子专用材料制造	Manufacture of Electronic Components and Electronic Specialized Materials	5746458
#电阻电容电感元件制造	Manufacture of Resistance, Capacitance and Inductance Components	651232
电子电路制造	Manufacture of Electronic Circuit	1516119
电子专用材料制造	Manufacture of Electronic Specialized Materials	1113023
智能消费设备制造	Manufacturing of Intelligent Consumption Equipment	1552546
其他电子设备制造	Other Electronic Equipment	1339670
计算机及办公设备制造业	**Manufacture of Computers and Office Equipments**	**3440193**
#计算机整机制造	Manufacture of Entire Computer	1234789
计算机零部件制造	Manufacture of Parts and Fixture for Computer	629257
计算机外围设备制造	Manufacture of Computer Peripheral Equipment	581474
办公设备制造	Manufacture of Office Equipment	256526
医疗仪器设备及仪器仪表制造业	**Manufacture of Medical Equipments and Meters**	**5679165**
#医疗仪器设备及器械制造	Manufacture of Medical Equipment and Appliances	2142214
#医疗诊断、监护及治疗设备制造	Manufacture of Medical Diagnosis, Monitoring and Treatment Equipment	1055610
医疗、外科及兽医用器械制造	Manufacture of Medical, Surgical and Veterinary Instruments	462648
通用仪器仪表制造	Manufacture of General Instruments	2163270
专用仪器仪表制造	Manufacture of Special Instruments	772381
信息化学品制造业	**Manufacture of Information Chemicals**	**123586**

continued

新产品销售收入(万元) Sales Revenue of New Products (10 000 yuan)	#出口 Export	专利申请数(件) Patent Applications (piece)	#发明专利 Inventions	有效发明专利数(件) Number of Effective Inventions (piece)
685491445	**248802768**	**348522**	**174641**	**570905**
76981144	**8891752**	**29107**	**14633**	**56784**
40260794	4878662	11755	6936	24753
13090253	146469	4730	2070	13365
9828506	1817962	5036	3007	9163
477040922	**185325379**	**230859**	**124296**	**394812**
6544547	913752	9889	3667	10891
32348447	6830294	15978	6780	13239
28267711	6474432	13818	5820	10153
211568764	90805764	68920	51168	197332
36041307	9042989	18479	12312	56940
174397342	81744186	49356	38304	138576
1130116	18588	1085	552	1816
6840964	2564492	4741	1466	5839
29019133	11641292	9871	4113	11620
85480093	32864217	62275	36662	91900
3338063	1250896	6533	4526	2897
2802066	656573	2118	645	2833
16956236	5615886	16728	12112	27809
13168357	3208736	11214	4863	12079
73809788	25455396	37414	13387	42782
6907090	2358825	4444	1322	4801
21600479	10183988	7005	2309	7658
16094429	2294779	7814	3482	9476
20109568	10368783	11150	3245	6997
11319617	3881390	10621	3808	14212
73436741	**46433286**	**20114**	**8080**	**38091**
46378410	32346487	4190	2344	14287
11350538	7434038	4062	1240	3531
7409817	4033384	5706	1862	7205
2044750	786527	2105	670	7399
39750132	**7398780**	**57185**	**20970**	**64260**
12862348	3920932	20499	7704	25520
5976485	2217913	8600	4036	11666
3291936	770919	4353	1403	5414
18483814	1954026	23835	8365	25580
4565752	620768	8575	3124	7692
2028247	**357696**	**818**	**432**	**1346**

20-19 国内外三种专利申请数和授权数
Three Kinds of Patent Applications and Granted

单位：件 (piece)

指标	Item	申请数 Applications 2019	2020	授权数 Granted 2019	2020
合计	**Total**	**4380468**	**5194154**	**2591607**	**3639268**
发明	**Inventions**	**1400661**	**1497159**	**452804**	**530127**
国内	Domestic	1243568	1344817	360919	440691
职务	Official	1136072	1214004	344361	423767
高等院校	Institutions of Higher Education	244673	226090	91188	118675
科研单位	Research Institutions	63043	69564	26798	31349
企业	Enterprises	807813	898925	222439	268366
机关团体	Government Agencies and Organizations	20543	19425	3936	5377
非职务	Non-official	107496	130813	16558	16924
国外	Foreign	157093	152342	91885	89436
职务	Official	154192	149672	90647	88230
非职务	Non-official	2901	2670	1238	1206
实用新型	**Utility Models**	**2268190**	**2926633**	**1582274**	**2377223**
国内	Domestic	2259765	2918874	1574205	2368651
职务	Official	1884452	2391961	1400989	2061438
高等院校	Institutions of Higher Education	156505	169208	106453	162615
科研单位	Research Institutions	24621	27789	20967	26134
企业	Enterprises	1646655	2133461	1234065	1822840
机关团体	Government Agencies and Organizations	56671	61503	39504	49849
非职务	Non-official	375313	526913	173216	307213
国外	Foreign	8425	7759	8069	8572
职务	Official	7856	7280	7617	7979
非职务	Non-official	569	479	452	593
外观设计	**Designs**	**711617**	**770362**	**556529**	**731918**
国内	Domestic	691771	752339	539282	711559
职务	Official	400106	441339	324245	422394
高等院校	Institutions of Higher Education	29349	24144	20050	22381
科研单位	Research Institutions	1401	1618	1121	1493
企业	Enterprises	366197	413128	300602	395975
机关团体	Government Agencies and Organizations	3159	2449	2472	2545
非职务	Non-official	291665	311000	215037	289165
国外	Foreign	19846	18023	17247	20359
职务	Official	18756	17059	16297	19337
非职务	Non-official	1090	964	950	1022

20-20 分地区国内三种专利申请数和授权数（2020年）
Three Kinds of Domestic Patent Applications and Granted by Region (2020)

单位：件 (piece)

地区	Region	申请数 Applications	发明 Inventions	实用新型 Utility Models	外观设计 Designs	授权数 Granted	发明 Inventions	实用新型 Utility Models	外观设计 Designs
全国	**National Total**	**5016030**	**1344817**	**2918874**	**752339**	**3520901**	**440691**	**2368651**	**711559**
北京	Beijing	254165	145035	84579	24551	162824	63266	75336	24222
天津	Tianjin	111514	22057	83825	5632	75434	5262	64221	5951
河北	Hebei	125608	22131	85163	18314	92196	6365	68466	17365
山西	Shanxi	40302	9472	28030	2800	27296	2987	21933	2376
内蒙古	Inner Mongolia	26224	5381	18747	2096	17958	1162	14423	2373
辽宁	Liaoning	86527	21830	58230	6467	60185	7936	46681	5568
吉林	Jilin	34438	11113	20552	2773	23951	3969	17363	2619
黑龙江	Heilongjiang	43252	13163	26058	4031	28475	4598	20211	3666
上海	Shanghai	210293	81042	104791	24460	139780	24208	92249	23323
江苏	Jiangsu	719452	177995	489165	52292	499167	45975	405885	47307
浙江	Zhejiang	507050	129708	267768	109574	391700	49888	231693	110119
安徽	Anhui	202298	69663	117727	14908	119696	21432	84609	13655
福建	Fujian	174867	32929	105867	36071	145928	10250	99956	35722
江西	Jiangxi	109738	20285	64034	25419	80239	4407	51326	24506
山东	Shandong	337280	74420	233626	29234	238778	26745	184564	27469
河南	Henan	178585	32609	126789	19187	122809	9183	95894	17732
湖北	Hubei	163613	47767	102936	12910	110102	17555	80229	12318
湖南	Hunan	128573	48530	60879	19164	78723	11537	49052	18134
广东	Guangdong	967204	215926	470055	281223	709725	70695	380882	258148
广西	Guangxi	51712	12854	30786	8072	34470	3521	23061	7888
海南	Hainan	14360	2618	10704	1038	8578	721	7027	830
重庆	Chongqing	83826	22273	53616	7937	55377	7637	40021	7719
四川	Sichuan	160036	41417	97251	21368	108386	14187	73927	20272
贵州	Guizhou	49200	10693	33180	5327	34971	2268	27714	4989
云南	Yunnan	45153	9753	31684	3716	28943	2458	23095	3390
西藏	Tibet	2296	477	1366	453	1702	96	1049	557
陕西	Shaanxi	99236	38262	54902	6072	60524	12122	42227	6175
甘肃	Gansu	30732	5684	22490	2558	20991	1446	17503	2042
青海	Qinghai	6736	1417	4970	349	4693	333	4050	310
宁夏	Ningxia	12172	2574	9006	592	7710	703	6477	530
新疆	Xinjiang	18843	3776	13968	1099	12763	859	10805	1099
香港	Hong Kong	3275	1121	850	1304	3147	630	953	1564
澳门	Macao	150	76	52	22	173	31	120	22
台湾	Taiwan	17320	10766	5228	1326	13507	6259	5649	1599

20-21 按国别(地区)分国外专利申请数及授权数（2020年）
Three Kinds of Foreign Patent Applications and Granted by Country (Region) (2020)

单位：件 (piece)

国别(地区)	Country (Territory)	申请数 Applications	发明 Inventions	实用新型 Utility Models	外观设计 Designs	授权数 Granted	发明 Inventions	实用新型 Utility Models	外观设计 Designs
总　计	**Total**	**178124**	**152342**	**7759**	**18023**	**118367**	**89436**	**8572**	**20359**
澳大利亚	Australia	1077	729	88	260	691	319	72	300
奥地利	Austria	1055	958	28	69	765	668	36	61
比利时	Belgium	831	713	41	77	543	416	50	77
巴　西	Brazil	185	125	22	38	101	55	15	31
加拿大	Canada	1284	1061	84	139	792	575	71	146
塞浦路斯	Cyprus	51	18	4	29	26	9		17
捷　克	Czech	100	59	11	30	81	36	9	36
丹　麦	Denmark	1211	975	33	203	952	696	41	215
芬　兰	Finland	1164	955	54	155	747	553	53	141
法　国	France	6113	4887	400	826	4333	2949	406	978
德　国	Germany	18496	16115	802	1579	12157	9397	876	1884
荷　兰	Holland	3620	3116	185	319	2537	1957	168	412
匈牙利	Hungary	34	31		3	29	17	5	7
印　度	India	361	302	14	45	203	131	16	56
爱尔兰	Ireland	565	511	16	38	309	255	11	43
以色列	Israel	1186	1053	30	103	580	422	43	115
意大利	Italy	2510	1742	196	572	2137	1171	168	798
日　本	Japan	53368	47862	2082	3424	35483	28955	2461	4067
列支敦士登	Liechtenstein	203	177	7	19	121	93	5	23
卢森堡	Luxembourg	327	236	8	83	373	204	20	149
马来西亚	Malaysia	174	79	25	70	132	25	29	78
摩纳哥	Monaco	103	10		93	57	5		52
新西兰	New Zealand	270	173	19	78	166	82	19	65
挪　威	Norway	325	296	2	27	171	129	11	31
波　兰	Poland	113	90	5	18	66	33	5	28
韩　国	Republic of Korea	20458	16725	801	2932	13133	9311	969	2853
俄罗斯联邦	Russia	266	202	18	46	141	71	23	47
新加坡	Singapore	2009	1318	550	141	1766	1048	581	137
南　非	South Africa	63	46	4	13	45	26	4	15
西班牙	Spain	565	406	22	137	440	223	39	178
瑞　典	Sweden	2766	2340	120	306	1890	1450	89	351
瑞　士	Switzerland	4659	3732	178	749	3364	2353	131	880
泰　国	Thailand	131	76	13	42	100	38	14	48
英　国	United Kingdom	3649	2850	136	663	2152	1380	149	623
美　国	United States	43589	37880	1545	4164	27470	21084	1660	4726
其　他	Other	5243	4494	216	533	4314	3300	323	691

20-22 按国际标准分类的发明和实用新型专利申请数与授权数
Inventions and Utility Models of Patent Applications and Granted by International Classifications

单位：件 (piece)

分类	Item	2019 分类申请数 Application Accepted by Technology Theme	2019 分类授权数 Application Granted by Technology Theme	2020 分类申请数 Application Accepted by Technology Theme	2020 分类授权数 Application Granted by Technology Theme
合　计	**Total**	**3756203**	**2035078**	**4439767**	**2907350**
A 部(人类生活需要)	**Section A: Personal Use Items**	**558501**	**308545**	**670746**	**425159**
农、林、牧、渔	Agriculture, Forestry, Animal Husbandry and Fishery	108711	53895	124149	80736
烘烤、食用面团	Baking and Edible Doughs	4718	2367	5628	3383
屠宰、加工	Butchering and Meat Processing	2751	1654	3367	2455
食品、食物及处理	Foods or Foodstuffs and Their Treatment	38617	14574	37356	16697
烟类及用品	Tobacco, Cigars and Cigarettes	8374	3970	8034	5533
服　装	Clothing	13621	6368	23705	12758
帽类制品	Headwear	2152	1017	3040	1800
鞋　类	Footwear	6738	3448	7832	6006
男用服饰用品、珠宝	Haberdashery and Jewelry	4382	2459	4327	3516
手携及旅行用品	Hand or Traveling Articles	15325	7693	14514	12392
刷类用品	Brushware	2358	1367	2496	1932
家具、家庭日用品或设备	Furniture, Domestic Articles and Appliances	107602	78721	120800	92576
医学、兽医学、卫生学	Medical or Veterinary Science and Hygiene	202615	110850	269645	154268
救生、消防	Life-saving and Fire-fighting	10074	4881	13044	8267
体育、游戏、娱乐活动	Sports, Games, and Recreation	28259	15194	30041	22837
本部其他类目中不包括的技术主题	Subject Matter Not Otherwise Provided for in This Section	2204	87	2768	3
B 部(作业、运输)	**Section B: Industrial and Transportation**	**1116352**	**628589**	**1385664**	**959136**
物理或化学的方法或装置	Physical or Chemical Processes or Apparatus	139365	78234	176708	121442
破碎、研磨、粉碎	Crushing, Pulverizing, or Disintegrating	27941	16952	40784	25549
分选、分离	Separation of Solid Materials, Electrostatic Separation	6130	2999	6636	4989
离心装置、离心机	Centrifugal Apparatus or Equipment	2721	1795	3539	2509
喷射、雾化	Spraying or Atomizing General	28411	17356	37487	25040
机械振动的产生和传递	Generation or Transmission of Mechanical Vibrations	467	238	436	364
固体分离、分选	Separating Solids from Solid Wastes	22557	13055	29839	19621
清　洁	Janitorial	32297	19025	44950	28837
固体废料的处理	Disposal of Solid Waste	5987	2630	7793	4468
金属加工、冲裁	Mechanical Metal-working and Stamping	52575	30500	64312	47160
铸造、粉末冶金	Casting and Powder Metallurgy	19183	10906	21547	14910
机床、其他金属加工	Machine Tools	119248	69575	149440	104775
磨削、抛光	Grinding and Polishing	38279	21365	52783	34693
简单工具	Hand Tools, Portable Power Tools, and Workshop Equipment	50097	27591	61515	42887
手工、切割工具、切断	Hand Cutting Tools, Cutting, and Severing	24240	14182	31671	22892
木材加工、保存、钉钉机	Wood Preservation and Nailing or Stapling Machines	10973	5154	13840	9119
加工水泥、粘土和石料	Cement, Clay or Stone	23123	11423	31879	21660
塑料制品的加工	Plastics	64142	34827	77807	54685
压力机	Presses	6465	3231	8605	6147
纸品制作、纸的加工	Paper Making and Processing Paper	7157	4036	9175	6225
叠层产品	Layered Products	16974	7843	20470	12641
增材制造技术	Additive Manufacturing Technology	18184	10022	69	6
装订、图册、文件夹	Bookbinding, Albums, and Files	4416	2451	21645	16561

注：1.分类指专利分类部门对每一件发明专利申请或实用新型专利申请的技术主题进行分类，给出完整的代表发明或实用新型的发明情报的分类号。
2.本表不包括外观设计分类。

a) Classification refers to the classifying number of every patent assigned according to the technical theme of inventions and utility models of patents by patent classification department.

b) Designs patents are not included in this table.

20-22 续表 1 continued

单位：件 (piece)

分类	Item	2019 分类申请数 Application Accepted by Technology Theme	2019 分类授权数 Application Granted by Technology Theme	2020 分类申请数 Application Accepted by Technology Theme	2020 分类授权数 Application Granted by Technology Theme
绘图具、办公附属用品	Writing or Drafting Devices	7065	3865	4836	4093
装饰艺术	Decorative Arts	5854	3151	6668	5550
一般车辆	Vehicles in General	79857	42098	5347	4602
铁路	Railways	8772	4783	80339	55299
无轨陆用车牌	Land Vehicles other than Rail	36260	22134	9381	6673
船舶、船只、有关设备	Ships and Related Equipment	11006	5792	41579	30476
飞行器、航空、宇宙航行	Aircraft and Aviation	15431	6813	11426	7865
输送、包装、存贮、搬运	Conveying and Packing Inflammatory Materials	186739	106966	15740	9970
卷扬、提升、牵引	Hoisting, Lifting, and Hauling	36829	23185	238642	167033
液体的贮运	Opening or Closing Bottles, Jars or Similar Containers	6526	3891	49756	34168
鞍具、室内装璜	Saddlery ; Upholstery	231	143	8074	5653
微观结构技术	Micro-structural Technology	706	302	236	197
超微观技术	Nano-Technology	96	69	644	348
C 部（化学、冶金）	**Section C: Chemistry and Metallurgy**	**277127**	**120981**	**277322**	**157004**
无机化学	Inorganic Chemistry	13785	6128	12730	7308
水、废污水、泥浆的处理	Treatment of Water, Waste Water, Sewage or Sludge	52708	27602	62010	40238
玻璃、石棉和渣棉	Glass; Mineral of Slag Wool	8307	4573	8807	5274
水泥、陶瓷等、隔音材料	Cement, Concrete, Artificial Stone; Ceramics, Refractories	13766	3364	12366	4839
肥料及制造	Fertilizers and Related Products	6038	1655	5683	2020
炸药、火柴	Explosives and Matches	579	262	667	368
有机化学	Organic Chemistry	30396	13024	29108	15612
有机高分子化合物	Organic Macromolecular Compounds	32683	10148	27354	12163
染料、涂料、抛光剂等	Dyes, Paints, Polishes, Resins, and Adhesives	23197	6724	20378	8861
石油、煤气及炼焦工业	Petroleum, Gas or Coke Industries, Inert Gases	10167	4696	9533	6206
动植物油、脂类	Animal or Vegetable Oils, Fats	4163	1740	4667	2224
生化、酒、醋、酶	Biochemistry, Beer, Spirits, Wine, Vinegar	36892	16985	37539	21461
糖或淀粉工业	Sugar Industry	313	130	293	185
大小原皮、毛皮、皮革	Skins, Hides, Pelts, Leather	1175	697	1536	1069
黑色冶金	Metallurgy of Iron	9298	5178	10392	7168
冶金学、合金或有色合金	Metallurgy, Ferrous or Nonferrous Alloys	11763	5388	10898	6734
金属加工涂料、防腐防锈	Coating Metallic Materials	12059	6966	12402	8089
电解电泳方法及设备	Electrolytic or Electrophoretic Processes	7461	4500	8478	5711
晶体生长	Crystal Growth	2264	1182	2366	1440
组合技术	Combinatorial Technology	113	39	115	34
D 部（纺织、造纸）	**Section D: Textiles and Papers Making**	**57816**	**28113**	**64052**	**43002**
线、纤维、纺纱	Natural or Artificial Threads or Fibers, Spinning	8771	4471	9154	6424
纺纱、整经或络经	Yarns, Mechanical Finishing of Yarns or Rope	2720	1263	2789	1984
织造	Weaving	3723	1674	3973	2854
编带、花边、针织、整理	Braiding, Lace-Making, Knitting	5080	2693	6041	4029
缝纫、绣花、簇绒	Sewing, Embroidery, Tufting	5930	3056	5574	4822
织物等的处理、洗涤	Treatment of Textiles, Laundering	25703	11957	30361	18880
绳、除电缆外的缆绳	Ropes and Cables, other than Electric	818	395	839	615
造纸、纤维素的生产	Paper Making, Production of Cellulose	5071	2604	5321	3394
E 部（固定建筑物）	**Section E: Fixed Construction**	**260999**	**134433**	**329057**	**225633**
道路、铁路和桥梁的建筑	Construction of Roads, Railways, or Bridges	40184	19860	53749	35106
水利工程、基础、运土	Hydraulic Engineering, Foundations, Soil-shifting	36697	18031	47693	31386
给水、排水	Water Supply, Sewage	16967	8753	22058	15093

20-22 续表 2 continued

单位：件 (piece)

分 类	Item	2019 分类申请数 Application Accepted by Technology Theme	2019 分类授权数 Application Granted by Technology Theme	2020 分类申请数 Application Accepted by Technology Theme	2020 分类授权数 Application Granted by Technology Theme
建筑物	Building	92864	48360	120533	81976
锁、钥匙、门窗、保险箱	Locks, Keys, Windows or Door Fittings; Safes	18820	9620	18725	15529
一般门、窗、百叶窗、梯子	Doors, Windows, Shutters, or Roller Blinds in General; Ladders	19785	10242	23765	18438
钻井、采矿	Well Drilling, Mining	35682	19567	42534	28105
F 部(机械工程)	**Section F: Mechanical Engineering**	**382432**	**232853**	**462991**	**328178**
一般机器、发动机、蒸汽机	Machines or Engines in General; Engine Plants in General; Steam Engines	10725	7128	11136	8140
内燃机等	Combustion Engines	12970	8386	12411	9751
液力机械和其他发动机	Machines or Engines for Liquids	7294	3941	7875	5114
液体变容机械、泵	Positive-displacement Machines for Liquids; Pumps for Liquid or Elastic Fluids	31896	19672	36129	26411
液压调节器、液压技术	Fluid-pressure Actuators; Hydraulic or Pneumatics in General	6943	4511	8669	6242
工程元件或部件	Engineering Elements or Units; General Measures for Producing and Maintaining Effective Functioning of Machines or Installations; Thermal Insulation in General	118655	73089	162615	110605
气体或液体的贮藏或分配	Storage or Distribution of Gases or Liquids	6489	3698	8367	5365
照 明	Lighting	44451	30251	47143	36918
蒸汽的生产	Steam Generation	3448	2128	4170	2829
燃烧设备、燃烧技术	Combustion Apparatus; Combustion Processes	14681	8712	16869	11940
采暖、炉灶、通风	Stoves, Ranges, Ventilation	56691	32907	63138	45473
制冷气体的液化和固化	Refrigeration or Cooling, Heat Pump Systems	17295	9817	20701	14605
干 燥	Drying	21703	12072	29583	20524
炉、窑、灶、罐	Furnaces, Kilns, Ovens	10742	6379	13488	9765
一般热交换	Heat Exchange in General	11850	6723	13983	9970
武 器	Weapons	3526	1827	3672	2550
弹药、爆破	Ammunition, Blasting Caps	3073	1612	3042	1976
G 部(物理)	**Section G: Physics**	**643058**	**292390**	**725263**	**405539**
测量、测试	Measurements, Testing	253591	135935	290078	196740
光学技术	Optics	31865	21077	35292	25182
照相术、电影术、电刻术	Photography, Cinematography, Electrography	9416	6540	10115	7369
测时技术	Horology	2395	1485	2612	2137
控制、调节技术	Controlling, Regulating	29507	14464	28260	17645
计算、推算、计数技术	Computing, Calculating, Counting	212570	60031	240708	80143
核算装置	Measurement Devices	17686	9865	18850	11173
信号装置	Signaling	19009	9103	21405	12601
教育、密码、显示、广告等	Education, Cryptography, Advertising, Seals	45178	25671	52416	41480
乐器、声学	Musical Instruments, Acoustics	8832	3144	10046	5120
信息的存储	Information Storage	3935	2455	4458	2848
仪器的零部件	Instrument Details	280	159	335	259
特别适用于特定应用领域的信息通信技术	Ict is particularly Suitable for Specific Application	2180	1205	8520	1515
其他的技术主题	Subject Matter not Otherwise Provided for in This Section	6614	1256	2168	1327
H 部(电学)	**Section H: Electricity**	**459918**	**289174**	**524672**	**363699**
基本电器元件	Basic Electric Elements	171158	107648	188091	129438
电力的发电、变电或配电	Generation, Conversion, or Distribution of Electric Power	114377	73553	136619	94818
基本电子电路	Basic Electronic Circuitry	8744	4548	10018	5381
电信技术	Telecommunications Techniques	124562	81091	136786	90560
其他类不包括的电技术	Electric Techniques Not Otherwise Provided for	41077	22334	53158	43502

20-23 国外主要检索工具收录我国科技论文按学科分布(2019年)
Chinese Scientific Papers Taken by Major Foreign Referencing Systems by Discipline (2019)

学 科	Discipline	篇数 pieces			位次 Precedence		
		SCI	EI	CPCI-S	SCI	EI	CPCI-S
合计	**Total**	**450215**	**271240**	**51207**			
数学	Mathematics	11064	6929	176	14	14	19
力学	Mechanics	4629	5380	49	20	16	25
信息、系统科学	Information, Systems Science	1309	873	37	31	22	27
物理学	Physics	36842	18338	3503	4	6	5
化学	Chemistry	61656	16680	1840	1	8	8
天文学	Astronomy	2155	642	31	24	23	29
地学	Earth Science	17549	15941	1468	8	9	9
生物学	Biology	49850	30181	751	2	1	12
预防医学与卫生学	Protective Medicine	5894		38	16	33	26
基础医学	Basic Medicine	25740	453	3497	7	26	6
药学	Pharmacy	16727		145	11	33	21
临床医学	Clinic Medicine	47683		5084	3	33	3
中医学	Traditional Chinese Medicine	1168			33	33	36
军事医学与特种医学	Special Medicine	793			37	33	36
农学	Agriculture	5467	266	33	18	29	28
林学	Forestry	1402			30	33	36
畜牧、兽医科学	Livestock, Veterinary Medicine	2351			23	33	36
水产学	Aquatic	1856			26	33	36
测绘科学技术	Surveying & Mapping	1	3378	4	40	18	33
材料科学	Material Science	34891	22024	1466	5	4	10
工程与技术基础学科	Engineering & Basic Technology Science	2366	1662	3153	22	20	7
矿山工程技术	Mining	858	1374	6	36	21	31
能源科学技术	Energy	12222	17786	3620	12	7	4
冶金、金属学	Metallurgy, Metallography	1841	13359	6	27	11	31
机械、仪表	Machinery, Instrument	6251	11146	792	15	12	11
动力与电气	Power & Electrical Engineering	987	19420	51	35	5	24
核科学技术	Nuclear Technology	1860	322	669	25	28	13
电子、通讯与自动控制	Electronics, Communication & Automation	29619	22260	9463	6	3	2
计算技术	Computer	17098	14305	13489	10	10	1
化工	Chemical Engineering	11133	500	104	13	24	22
轻工、纺织	Light Industry & Textile Industry	1506	473	1	29	25	35
食品	Food	4923	74	70	19	31	23
土木建筑	Civil Construction	5649	26361	166	17	2	20
水利	Water Conservancy	2615	20	18	21	32	30
交通运输	Transportation	1273	6675	293	32	15	16
航空航天	Aviation and Aerospace	1675	3413	300	28	17	15
环境	Environment	17462	8138	466	9	13	14
安全科学技术	Security	277	373	217	39	27	17
管理	Management Science	1030	2354	3	34	19	34
其他	Others	543	140	198	38	30	18

注：SCI指科学引文索引(美国)，EI指工程索引(美国)，CPCI-S(原ISTP)指科学会议录引文索引。

a) SCI refers to *Science Citation Index*, EI refers to *Engineering Index*, and CPCI-S refers to *Conference Proceedings Citation Index-Science*.

20-24 高新技术产品、工业制品和初级产品的进出口贸易额
Imports and Exports of High and New-tech Products, Manufactured Goods and Primary Goods

项　目	Item	1995	2000	2005	2010	2015	2019	2020
绝对数　（亿美元）	**Value　(USD 100 million)**							
商品进出口贸易总额	Total Value of Imports and Exports	2809	4743	14219	29728	39569	45779	46559
工业制品	Manufactured Goods	2350	4021	12252	24585	33799	37140	38534
#高新技术产品	High and New-tech Products			4159	9051	12033	13685	14584
初级产品	Primary Goods	459	722	1968	5143	5770	8639	8025
商品出口贸易总额	Total Value of Exports	1488	2492	7620	15779	22749	24995	25900
工业制品	Manufactured Goods	1273	2237	7129	14962	21710	23655	24743
#高新技术产品	High and New-tech Products			2182	4924	6552	7307	7763
初级产品	Primary Goods	215	255	490	817	1040	1340	1156
商品进口贸易总额	Total Value of Imports	1321	2251	6600	13948	16820	20784	20660
工业制品	Manufactured Goods	1077	1784	5122	9623	12089	13485	13791
#高新技术产品	High and New-tech Products			1977	4127	5481	6378	6821
初级产品	Primary Goods	244	467	1477	4326	4730	7300	6869
商品进出口贸易差额	Balance of Imports and Exports	167	241	1020	1831	5930	4211	5240
工业制品	Manufactured Goods	196	454	2007	5339	9620	10171	10953
#高新技术产品	High and New-tech Products			206	797	1072	929	942
初级产品	Primary Goods	-29	-213	-987	-3508	-3690	-5960	-5713
构成　(%)	**Percentage　(%)**							
商品进出口贸易总额=100	Total Value of Imports and Exports=100							
工业制品	Manufactured Goods	83.6	84.8	86.2	82.7	85.4	81.1	82.8
#高新技术产品	High and New-tech Products			29.2	30.4	30.4	29.9	31.3
初级产品	Primary Goods	16.3	15.2	13.8	17.3	14.6	18.9	17.2
商品出口贸易总额=100	Total Value of Export=100							
工业制品	Manufactured Goods	85.6	89.8	93.6	94.8	95.4	94.6	95.5
#高新技术产品	High and New-tech Products			28.6	31.2	28.8	29.2	30.0
初级产品	Primary Goods	14.4	10.2	6.4	5.2	4.6	5.4	4.5
商品进口贸易总额=100	Total Value of Import=100							
工业制品	Manufactured Goods	81.5	79.2	77.6	69.0	71.9	64.9	66.8
#高新技术产品	High and New-tech Products			30.0	29.6	32.6	30.7	33.0
初级产品	Primary Goods	18.5	20.8	22.4	31.0	28.1	35.1	33.2

20-25 国家级高新区企业主要经济指标（2020年）
Major Indicators of Enterprises in High-Technology Industrial Development Zones (2020)

开发区	Development Area	企业数（个）Number of Enterprises (unit)	从业人员（人）Number of Persons Employed (person)	营业收入（万元）Business Revenue (10 000 yuan)	出口总额（万元）Exports (10 000 yuan)
合　计	**Total**	**165357**	**23835165**	**4279980585**	**447266487**
中关村国家自主创新示范区	Zhongguancun Science Park	27487	2900099	722763687	26678497
天津滨海高新技术产业开发区	Tianjin Binhai High-tech Industrial Development Zone	4240	284107	47643995	3169777
石家庄高新技术产业开发区	Shijiazhuang High-tech Industrial Development Zone	1911	174057	23051313	886915
唐山高新技术产业开发区	Tangshan High-tech Industrial Development Zone	349	17812	1265470	52146
保定国家高新技术产业开发区	Baoding High-tech Industrial Development Zone	692	108513	20814952	936651
承德高新技术产业开发区	Chengde High-tech Industrial Development Zone	103	15644	1943382	11184
燕郊高新技术产业开发区	Yanjiao High-tech Industrial Development Zone	260	29446	5646774	61501
太原高新技术产业开发区	Taiyuan High-tech Industrial Development Zone	1649	153120	33848506	251207
长治高新技术产业开发区	Changzhi High-tech Industrial Development Zone	157	46464	4501665	37686
呼和浩特金山高新技术产业开发区	Hohhot Jinshan High-tech Industrial Development Zone	70	76851	14193417	39944
包头稀土高新技术产业开发区	Baotou Rare Earth High-tech Industrial Development Zone	564	99278	21997952	1118634
鄂尔多斯高新技术产业开发区	Eerduosi High-tech Industrial Development Zone	59	9067	1438390	118365
沈阳高新技术产业开发区	Shenyang High-tech Industrial Development Zone	1080	108605	14034195	540409
大连高新技术产业园区	Dalian High-tech Industrial Development Zone	2233	200118	23765168	3608366
鞍山高新技术产业开发区	Anshan High-tech Industrial Development Zone	419	42002	8593709	385640
本溪高新技术产业开发区	Benxi High-tech Industrial Development Zone	90	9082	680405	46582
锦州高新技术产业开发区	Jinzhou High-tech Industrial Development Zone	140	22849	2515792	205614
营口高新技术产业开发区	Yingkou High-tech Industrial Development Zone	139	22631	5488251	542391
阜新高新技术产业开发区	Fuxin High-tech Industrial Development Zone	129	21690	2126214	154915
辽阳高新技术产业开发区	Liaoyang High-tech Industrial Development Zone	52	31060	7646506	28636
长春高新技术产业开发区	Changchun High-tech Industrial Development Zone	916	143483	55884442	317584
长春净月高新技术产业开发区	Changchun Jingyue High-tech Industrial Development Zone	412	34309	3518435	94907
吉林高新技术产业开发区	Jilin High-tech Industrial Development Zone	453	60052	7499914	76045
通化国家医药高新技术产业开发区	Tonghua Medicine High-tech Industrial Development Zone	88	11539	1317626	23414
延吉高新技术产业开发区	Yanji High-tech Industrial Development Zone	144	8969	1751153	17177
哈尔滨高新技术产业开发区	Haerbin High-tech Industrial Development Zone	832	106481	19210414	966733
齐齐哈尔高新技术产业开发区	Qiqihaer High-tech Industrial Development Zone	129	24736	3760910	214216
大庆高新技术产业开发区	Daqing High-tech Industrial Development Zone	394	68955	15025850	339926
上海张江高新技术产业开发区	Shanghai Zhangjiang High-tech Park	11645	1661721	349601568	31027019
上海紫竹高新技术产业开发区	Shanghai Zizhu High-tech Industrial Development Zone	309	40977	9197660	573071
南京高新技术产业开发区	Nanjing High-tech Industrial Development Zone	8004	678084	104328229	11307068
无锡国家高新技术产业开发区	Wuxi High-tech Industrial Development Zone	1412	285293	48002664	14879136
江阴高新技术产业开发区	Jiangyin High-tech Industrial Development Zone	525	96603	20075091	2993913
徐州高新技术产业开发区	Xuzhou High-tech Industrial Development Zone	273	66409	13947585	663956
常州高新技术产业开发区	Changzhou High-tech Industrial Development Zone	1712	224600	31073773	4451660
武进国家高新技术产业开发区	Wujin High-tech Industrial Development Zone	614	157777	22385132	2273940
苏州国家高新技术产业开发区	Suzhou High-tech Industrial Development Zone	1706	229271	40075800	17265318
昆山高新技术产业开发区	Kunshan High-tech Industrial Development Zone	1088	189972	20720325	6010860
苏州工业园区	Suzhou Industrial Park	3492	307193	60580666	21151133
常熟高新技术产业开发区	Changshu High-tech Industrial Development Zone	635	82187	12773131	2803809
南通高新技术产业开发区	Nantong High-tech Industrial Development Zone	510	103093	25993783	3582775
连云港高新技术产业开发区	Lianyungang High-tech Industrial Development Zone	204	49371	7650780	383329
淮安高新技术产业开发区	Huaian High-tech Industrial Development Zone	174	18888	1741562	72873
盐城高新技术产业开发区	Yancheng High-tech Industrial Development Zone	419	64659	7180115	925246
扬州高新技术产业开发区	Yangzhou High-tech Industrial Development Zone	315	38018	4225772	573621
镇江高新技术产业开发区	Zhenjiang High-tech Industrial Development Zone	392	45295	5556987	560486
泰州医药高新技术产业开发区	Taizhou Medical High-tech Industrial Development Zone	544	85268	11845559	663047
宿迁高新技术产业开发区	Suqian Medicine High-tech Industrial Development Zone	210	35679	3841522	439142
杭州高新技术产业开发区	Hangzhou High-tech Industrial Development Zone	2589	399252	78510842	5765635
萧山临江高新技术产业开发区	Xiaoshan Linjiang High-tech Industrial Development Zone	1195	201104	35078212	4106244
宁波国家高新技术产业开发区	Ningbo High-tech Industrial Development Zone	1690	304681	55003979	8894928
温州高新技术产业开发区	Wenzhou High-tech Industrial Development Zone	714	146329	12095722	1452776

20-25 续表 1 continued

开发区	Development Area	企业数(个) Number of Enterprises (unit)	从业人员(人) Number of Persons Employed (person)	营业收入(万元) Business Revenue (10 000 yuan)	出口总额(万元) Exports (10 000 yuan)
嘉兴秀洲高新技术产业开发区	Jiaxing Xiuzhou High-tech Industrial Development Zone	192	66753	8958725	1723228
莫干山高新技术产业开发区	Moganshan High-tech Industrial Development Zone	346	55621	6670794	1340026
绍兴国家高新技术产业开发区	Shaoxing High-tech Industrial Development Zone	583	83705	10099196	1750154
衢州高新技术开发区	Quzhou High-tech Industrial Development Zone	331	58731	10939120	971365
合肥高新技术产业开发区	Hefei High-tech Industrial Development Zone	2689	336904	73032150	11953833
芜湖国家高新技术产业开发区	Wuhu High-tech Industrial Development Zone	315	96422	15527801	1338601
蚌埠国家高新技术产业开发区	Bengbu High-tech Industrial Development Zone	421	84044	13981068	284884
淮南高新技术产业开发区	Huainan High-tech Industrial Development Zone	139	17666	1961542	30545
马鞍山慈湖高新技术产业开发区	Maanshan Cihu High-tech Industrial Development Zone	231	40368	14430010	483768
铜陵狮子山高新技术产业开发区	Tongling Shizishan High-tech Industrial Development Zone	117	13257	3902158	229335
福州高新技术产业开发区	Fuzhou High-tech Industrial Development Zone	490	110915	13430373	1095979
厦门火炬高技术产业开发区	Xiamen Torch High-tech Industrial Development Zone	2013	277984	37102012	10615257
莆田高新技术产业开发区	Putian High-tech Industrial Development Zone	177	59456	9755932	445669
三明高新技术产业开发区	Sanming High-tech Industrial Development Zone	110	18327	3492469	105908
泉州高新技术产业开发区	Quanzhou High-tech Industrial Development Zone	476	95751	8438365	781117
漳州高新技术产业开发区	Zhangzhou High-tech Industrial Development Zone	535	82091	8624473	934935
龙岩高新技术产业开发区	Longyan High-tech Industrial Development Zone	188	31276	5278141	193572
南昌高新技术产业开发区	Nanchang High-tech Industrial Development Zone	731	167735	40339828	3314182
景德镇高新技术产业开发区	Jingdezhen High-tech Industrial Development Zone	292	68256	9268492	773087
九江共青城高新技术产业开发区	Jiujiang Gongqingcheng High-tech Industrial Development Zone	236	27249	3488894	247840
新余高新技术企业开发区	Xinyu High-tech Industrial Development Zone	281	82829	16277437	798214
鹰潭国家高新技术产业开发区	Yingtan High-tech Industrial Development Zone	182	26101	6975638	278894
赣州高新技术产业开发区	Ganzhou High-tech Industrial Development Zone	207	19015	3202450	231279
吉安高新技术产业开发区	Jian High-tech Industrial Development Zone	169	41836	5611782	3244526
宜春丰城高新技术产业开发区	Yichun Fengcheng High-tech Industrial Development Zone	203	28128	6185866	156749
抚州高新技术产业开发区	Fuzhou High-tech Industrial Development Zone	216	40337	6808019	297959
济南高新技术产业开发区	Jinan High-tech Industrial Development Zone	1633	319650	63022962	3164572
青岛高新技术产业开发区	Qingdao High-tech Industrial Development Zone	1124	203167	42529178	6572055
淄博高新技术产业开发区	Zibo High-tech Industrial Development Zone	633	170513	24946237	2264210
枣庄高新技术产业开发区	Zaozhuang High-tech Industrial Development Zone	172	16661	2005895	192276
黄河三角洲农业高新技术产业示范区	Huanghesanjiaozhou Agricultural High-tech Industrial Development Zone	34	3620	3361596	4916
烟台高新技术产业开发区	Yantai High-tech Industrial Development Zone	391	58402	7355262	717265
潍坊高新技术产业开发区	Weifang High-tech Industrial Development Zone	646	223724	47950197	3782777
济宁高新技术产业开发区	Jining High-tech Industrial Development Zone	647	170217	28591262	1249675
泰安高新技术产业开发区	Taian High-tech Industrial Development Zone	362	59509	8327925	219727
威海火炬高技术产业开发区	Weihai Torch High-tech Industrial Development Zone	334	125337	17340116	2763131
莱芜高新技术产业开发区	Laiwu High-tech Industrial Development Zone	190	28536	6476195	322109
临沂高新技术产业开发区	Linyi High-tech Industrial Development Zone	419	61957	8635298	348529
德州高新技术产业开发区	Dezhou High-tech Industrial Development Zone	232	19314	2477960	217416
郑州高新技术产业开发区	Zhengzhou High-tech Industrial Development Zone	2994	213032	30969606	893806
洛阳高新技术产业开发区	Luoyang High-tech Industrial Development Zone	1122	205829	27505576	1155878
平顶山高新技术产业开发区	Pingdingshan High-tech Industrial Development Zone	142	29138	5785847	235532
安阳高新技术产业开发区	Anyang High-tech Industrial Development Zone	362	75893	10213243	258358
新乡高新技术产业开发区	Xinxiang High-tech Industrial Development Zone	331	54985	6654878	520404
焦作高新技术产业开发区	Jiaozuo High-tech Industrial Development Zone	157	27208	2805972	135066
南阳高新技术产业开发区	Nanyang High-tech Industrial Development Zone	220	50300	3653996	255114
武汉东湖新技术开发区	Wuhan Donghu New Technology Development Zone	3757	604500	124052313	10459243
黄石大冶湖高新技术产业开发区	Huangshi Dazhi High-tech Industrial Development Zone	529	75106	10118397	304034
宜昌高新技术产业开发区	Yichang High-tech Industrial Development Zone	500	148314	20403102	1460031
襄阳高新技术产业开发区	Xiangyang High-tech Industrial Development Zone	910	196959	33198026	642944
荆门高新技术产业开发区	Jingmen High-tech Industrial Development Zone	493	97645	14402046	663368
孝感高新技术产业开发区	Xiaogan High-tech Industrial Development Zone	553	107539	16017827	323111
荆州高新技术产业开发区	Jingzhou High-tech Industrial Development Zone	97	12732	1629356	42661
黄冈高新技术产业开发区	Huanggang High-tech Industrial Development Zone	560	81907	8220473	361571
咸宁高新技术产业开发区	Xianning High-tech Industrial Development Zone	465	81658	11029873	398283
随州高新技术产业开发区	Suizhou High-tech Industrial Development Zone	344	55083	7221605	495483
仙桃高新技术产业开发区	Xiantao High-tech Industrial Development Zone	392	69748	8068626	1521888
潜江高新技术产业开发区	Qianjiang High-tech Industrial Development Zone	60	12385	4316379	74530

20-25 续表 2 continued

开发区	Development Area	企业数（个）Number of Enterprises (unit)	从业人员（人）Number of Persons Employed (person)	营业收入（万元）Business Revenue (10 000 yuan)	出口总额（万元）Exports (10 000 yuan)
长沙高新技术产业开发区	Changsha High-tech Industrial Development Zone	1961	318877	51702008	3293789
株洲高新技术产业开发区	Zhuzhou High-tech Industrial Development Zone	523	173512	28908290	981156
湘潭高新技术产业开发区	Xiangtan High-tech Industrial Development Zone	373	91855	15606071	770345
衡阳高新技术产业开发区	Hengyang High-tech Industrial Development Zone	239	52521	8113187	1042269
常德高新技术产业开发区	Changde High-tech Industrial Development Zone	450	48288	6644525	73697
益阳高新技术产业开发区	Yiyang High-tech Industrial Development Zone	419	53542	8974233	482091
郴州高新技术产业开发区	Chenzhou High-tech Industrial Development Zone	125	23850	2911620	673923
怀化高新技术产业开发区	Huaihua High-tech Industrial Development Zone	193	15330	1376145	23461
广州高新技术产业开发区	Guangzhou High-tech Industrial Development Zone	5707	753891	128312182	11765337
深圳高新技术产业开发区	Shenzhen High-tech Industrial Development Zone	7025	1194372	206838558	41927353
珠海高新技术产业开发区	Zhuhai High-tech Industrial Development Zone	1611	275350	31844780	7604974
汕头高新技术产业开发区	Shantou High-tech Industrial Development Zone	289	28352	2571232	336831
佛山高新技术产业开发区	Foshan High-tech Industrial Development Zone	2365	362485	52153406	8759963
江门高新技术产业开发区	Jiangmen High-tech Industrial Development Zone	715	116632	12973245	3583903
湛江高新技术产业开发区	Zhanjiang High-tech Industrial Development Zone	120	32330	11190117	909251
茂名高新技术产业开发区	Maoming High-tech Industrial Development Zone	159	23317	3870065	122640
肇庆高新技术产业开发区	Zhaoqing High-tech Industrial Development Zone	295	56591	6552055	549116
惠州仲恺高新技术产业开发区	Huizhou Zhongkai High-tech Industrial Development Zone	759	205547	24820028	9047430
源城高新技术产业开发区	Yuancheng High-tech Industrial Development Zone	155	53028	5304601	914056
清远高新技术产业开发区	Qingyuan High-tech Industrial Development Zone	222	63863	8375252	807484
东莞松山湖高新技术产业开发区	Dongguan Songshanhu High-tech Industrial Development Zone	908	146057	58983062	11105912
中山国家高新技术产业开发区	Zhongshan High-tech Industrial Development Zone	797	155887	17613557	5452064
南宁高新技术产业开发区	Nanning High-tech Industrial Development Zone	1136	187014	28380250	4076768
柳州高新技术产业开发区	Liuzhou High-tech Industrial Development Zone	729	137716	27522190	1010829
桂林国家高新技术产业开发区	Guilin High-tech Industrial Development Zone	738	110174	10504853	909121
北海高新技术产业开发区	Beihai High-tech Industrial Development Zone	136	52079	10481593	1656881
海口国家高新技术产业开发区	Haikou High-tech Industrial Development Zone	355	40898	9483336	149512
重庆高新技术产业开发区	Chongqing High-tech Industrial Development Zone	1591	281509	42103257	11596293
璧山高新技术产业开发区	Bishan High-tech Industrial Development Zone	347	69862	5837090	732097
荣昌高新技术产业开发区	Rongchang High-tech Industrial Development Zone	295	57460	6031145	383275
永川高新技术产业开发区	Yongchuan High-tech Industrial Development Zone	318	83674	11652059	493341
成都高新技术产业开发区	Chengdu High-tech Industrial Development Zone	3208	466361	90420845	27017186
自贡高新技术产业开发区	Zigong High-tech Industrial Development Zone	346	49455	6762323	309227
攀技花高新技术产业开发区	Panzhihua High-tech Industrial Development Zone	159	21307	5053762	57690
泸州高新技术产业开发区	Luzhou High-tech Industrial Development Zone	458	53560	8138215	260706
德阳高新技术产业开发区	Deyang High-tech Industrial Development Zone	250	41142	6153336	83386
绵阳国家高新技术产业开发区	Mianyang High-tech Industrial Development Zone	327	119213	16402520	1964189
内江高新技术产业开发区	Neijiang High-tech Industrial Development Zone	148	19626	2974001	155165
乐山高新技术产业开发区	Leshan High-tech Industrial Development Zone	330	53859	7908244	343158
贵阳国家高新技术产业开发区	Guiyang High-tech Industrial Development Zone	1030	207030	26903354	492843
安顺高新技术产业开发区	Anshun High-tech Industrial Development Zone	173	26635	2516347	51749
昆明国家高新技术产业开发区	Kunming High-tech Industrial Development Zone	463	95566	24926898	283628
玉溪高新技术产业开发区	Yuxi High-tech Industrial Development Zone	114	28383	9762855	33767
楚雄高新技术产业开发区	Chuxiong High-tech Industrial Development Zone	81	10436	1953337	6327
西安高新技术产业开发区	Xi'an High-tech Industrial Development Zone	5148	520938	85143537	13219522
宝鸡高新技术产业开发区	Baoji High-tech Industrial Development Zone	793	160655	22938130	506381
杨凌农业高新技术产业示范区	Yangling Agricultural High-tech Industries Demonstration Zone	227	26421	2581573	67220
咸阳高新技术产业开发区	Xianyang High-tech Industrial Development Zone	115	31116	6345510	918795
渭南国家高新技术产业开发区	Weinan High-tech Industrial Development Zone	154	23255	4893033	207413
榆林高新科技产业园区	Yulin High-tech Industrial Development Zone	219	52197	11144317	15178
安康高新技术产业开发区	Ankang High-tech Industrial Development Zone	243	30005	5020536	84148
兰州高新技术产业开发区	Lanzhou High-tech Industrial Development Zone	698	125170	20265901	192545
白银高新技术产业开发区	Baiyin High-tech Industrial Development Zone	221	61407	9816320	57076
青海高新技术产业开发区	Qinghai High-tech Industrial Development Zone	115	12731	657837	4746
银川高产业开发区	Yinchuan High-tech Industrial Development Zone	153	15651	1283118	16288
宁夏石嘴山高新技术产业开发区	Ningxia Shizuishan High-tech Industrial Development Zone	115	15601	1669265	65749
乌鲁木齐高新技术产业开发区	Wulumuqi High-tech Industrial Development Zone	511	234931	36067490	71459
昌吉高新技术产业开发区	Changji High-tech Industrial Development Zone	224	12963	2585783	145053
石河子高新技术产业开发区	Shihezi High-tech Industrial Development Zone	42	19620	5573299	13811

20-26 分地区技术市场成交额
Transaction Value in Technical Markets by Region

单位：万元 (10 000 yuan)

地区	Region	2013	2014	2015	2016	2017	2018	2019	2020
全国	**National Total**	**74691254**	**85771790**	**98357896**	**114069816**	**134242245**	**176974213**	**223983882**	**282515092**
北京	Beijing	28517239	31371854	34538855	39409752	44868872	49578246	56952843	63161622
天津	Tianjin	2761575	3885631	5034369	5526361	5514411	6855875	9092549	10895598
河北	Hebei	315581	292228	395438	589959	889245	2759840	3811904	5549646
山西	Shanxi	527681	484595	512007	425622	941471	1507567	1095227	449791
内蒙古	Inner Mongolia	387390	139393	153872	120492	196087	198398	224793	359540
辽宁	Liaoning	1733775	2174648	2674927	3232180	3858317	4744910	5575904	6328126
吉林	Jilin	347167	285756	264697	1164198	2199199	3419460	4741327	4621541
黑龙江	Heilongjiang	1017747	1202776	1272637	1258091	1467121	1659200	2328823	2652015
上海	Shanghai	5316804	5924481	6637838	7809858	8106177	12251857	14223539	15832248
江苏	Jiangsu	5275020	5431585	5729178	6356425	7784223	9914475	14715193	20878468
浙江	Zhejiang	814958	872527	980966	1983716	3247310	5906641	8880078	14033228
安徽	Anhui	1308253	1698313	1904669	2173748	2495697	3213131	4496068	6595728
福建	Fujian	446885	391913	521448	432204	754634	845235	1395883	1635367
江西	Jiangxi	430552	507593	648484	790077	962096	1158231	1486137	2334099
山东	Shandong	1793981	2492942	3075545	3959453	5116448	8199520	11100178	19038906
河南	Henan	402406	407919	450442	587075	768528	1492840	2318885	3797786
湖北	Hubei	3976158	5806801	7893407	9038371	10330773	12040937	14298358	16658080
湖南	Hunan	772098	979342	1050578	1056287	2031915	2816126	4906932	7359497
广东	Guangdong	5293936	4132478	6625775	7581650	9370755	13654186	22230844	32672142
广西	Guangxi	73449	115833	73132	339922	394228	614077	775572	916691
海南	Hainan	38693	6525	21861	34431	41079	69407	91077	201902
重庆	Chongqing	902760	1562007	572366	1471870	513581	1883529	566518	1177865
四川	Sichuan	1485752	1990506	2823202	2993006	4058307	9967010	12119539	12445928
贵州	Guizhou	183972	200392	259626	204437	807409	1710975	2271758	2491150
云南	Yunnan	420003	479233	518364	582559	847625	894879	827040	499498
西藏	Tibet					440	394	9577	7783
陕西	Shaanxi	5332787	6400198	7218211	8027887	9209395	11252908	14673473	17587198
甘肃	Gansu	999936	1145162	1296958	1506615	1629587	1808778	1964171	2331559
青海	Qinghai	268863	291001	468849	569190	677186	793553	90969	105626
宁夏	Ningxia	14289	31823	35202	40526	66679	121058	149033	168054
新疆	Xinjiang	29953	28223	30322	42755	57554	39215	78214	151123
港澳台	Hong Kong, Macao and Taiwan	67307	91608	158797	678396	604530	174241	864897	271843
国外	Abroad	3434284	4946503	4515877	4082703	4431367	5427512	5626577	9305442

20-27 按技术合同构成分全国技术市场成交合同金额
Value of Contract Deals in Domestic Technical Markets by Type of Contracts

单位：万元 (10 000 yuan)

项　目	Item	2014	2015	2016	2017	2018	2019	2020
合　计	**Total**	**85771790**	**98357896**	**114069816**	**134242245**	**176974213**	**223983882**	**282515092**
一、按技术性收入的类型分	**By Type of Technical Revenue**							
技术开发	Technology Development	29490054	30471820	34796413	47485447	58885455	71773214	88740760
委托开发	Commissioned Development	26490243	27339210	31390386	40029867	49362634	60129654	73465753
合作开发	Cooperated Development	2999811	3132610	3406027	7455580	9522821	11643559	15275007
技术转让	Technology Transfer	11371714	14665294	16078867	14002811	16096954	21888778	23976580
#技术秘密转让	Technical Secrets Transfer	8533933	11511716	6274102	6792785	6868054	7165852	8497844
专利实施许可转让	Patent License Transfer	1672625	1172986	3861730	2922040	4550718	3810624	8157296
专利权转让	Patent Right Transfer	577016	925292	850615	1383493	1692490	8188387	4571110
专利申请权转让	Patent Application Right Transfer	46003	44672	73770	90058	130087	162206	162062
计算机软件著作权转让	Computer Software Copyright Transfer	238957	617961	408110	366011	603217	1829127	765616
集成电路布图设计专有权转让	Integrated Circuit Layout Design Exclusive Right Transfer	17027	44080	238412	141781	6722	7404	34050
植物新品种权转让	New Species of Plants Patent Right Transfer	38307	182452	194424	121273	70916	122216	97456
生物、医药新品种权转让	New Species of Biology and Medicine Patent Right Transfer	247847	166135	265216	155789	245353	554764	750359
技术咨询	Technology Consultation	2442863	2631180	4683265	4492289	5646121	6141064	11045590
技术服务	Technology Service	42467158	50589603	58511271	68261698	96345683	124180826	158752162
一般性技术服务	Normal Technology Service	42304505	49963295	58011939	66742900	95686432	122954691	158070665
技术中介	Technology Intermediary	74441	197355	241380	179426	320246	173636	67533
技术培训	Technology Training	88213	428953	257952	1339371	339005	1052500	613964
二、按知识产权构成分	**By Intellectual Right**							
技术秘密	Technology Secrets	26257535	25344591	26575542	29912687	34926639	46731818	53812813
专利	Patent	6614237	6753434	12973196	14204704	20945087	30857642	37903761
发明专利	Invention	4332886	3572037	7307373	8706940	14363204	17414736	23261556
实用新型专利	Utility Model	2171791	3067496	5570794	5313921	6215502	13239858	14274242
外观设计专利	Design	109560	113902	95028	183844	366381	203048	367963
计算机软件	Computer Software	7079207	6866398	8354526	8526746	8793395	12028361	14818532
植物新品种	New Species of Plants	236727	265589	353516	328249	229036	260925	243499
集成电路布图设计	IC Layout Design	360165	358039	429826	533307	378028	497789	1340403
生物、医药新品种	New Species of Biology and Medicine	730706	831678	734589	1197028	1432862	1454721	2839086
未涉及知识产权	Others	44493212	57276956	63508536	78735493	108840079	131114916	169977388

20-27 续表 continued

单位：万元 (10 000 yuan)

项 目	Item	2014	2015	2016	2017	2018	2019	2020
三、按技术领域分	**By Technical Field**							
电子信息技术	IT Technology	21826327	24973350	33129453	38607227	45051745	56366799	63239892
航空航天技术	Aviation and Aerospace Technology	2560390	2771133	2676018	4254075	4082361	5403232	4583747
先进制造技术	Advanced Manufacture Technology	12425453	13507167	14410471	15843314	24908842	29517064	41949439
生物、医药和医疗器械技术	Biology, Medicine and Medical Machine Technology	4114555	5106516	6127297	7502520	8391509	10579333	17690387
新材料及其应用	Advanced Material and Application	4422276	4452197	5127952	5010016	6724306	8711065	12200630
新能源与高效节能	New Energy and Power Saving	9269144	10642935	11388154	12021350	15400556	28135523	28543702
环境保护与资源综合利用技术	Environment and Source Application Technology	6937698	8004181	9264109	10698894	13269314	16234919	18458047
核应用技术	Nuclear Application Technology	3296828	3901318	763865	292010	2660383	1192283	779457
农业技术	Agriculture Technology	3093548	3080496	3178260	4074813	4208292	5002269	7476774
现代交通	Modern Traffic	9683502	9818918	13687734	16653203	25427249	20775555	32559757
城市建设与社会发展	Urban Construction and Social Development	8142067	12099686	14316503	19284823	26849657	42065841	55033260
四、按社会经济目标分	**By Social and Economic Objectives**							
农林牧渔业发展	Farming, Forestry and Fishery	3108331	2649378	3084815	4204404	4689757	5529437	7178247
工商业发展	Industry Promotion	7592289	11832327	12454604	19246645	24484176	31211072	42238960
能源生产、分配和合理利用	Energy Production, Distribution and Application	13515100	9822174	10731280	11150576	16276268	22550167	25813656
基础设施以及城市和农村规划	Infrastructure, Urban and Rural Planning	11784955	11503248	15056385	19033606	30297060	34186555	45092915
环境保护、生态建设及污染防治	Environmental Protection, Ecological Building and Pollution Prevention	5926020	7714736	9094087	10517303	13219134	16520526	16462018
卫生事业发展	Sanitation Development	2278378	3234914	4071510	4378747	4990593	6486663	12029398
社会发展和社会服务	Social Development and Social Service	21931927	30174080	35296542	38821539	41718264	52897407	68363721
地球和大气层的探索与利用	Earth and Atmosphere Exploration and Utility	1404086	87243	234723	119448	105352	186924	126319
教育事业发展	Education Development	755301	691946	746660	717617	1079244	1853943	1922472
民用空间探测及开发	Civil Aerospace Exploration	232608	405674	624798	505418	519280	629062	650756
国防	Defense	1606585	2549196	2702260	2975035	3906405	4209612	4266412
其他民用目标	Other Civil Purpose	13445881	14542349	15911988	20063635	29048652	38765858	43662157
非定向研究	Non-directive Research		3150633	4060166	2508271	6640029	8956657	14708059

20-28 分地区测绘资料提供情况（2020年）

Statistics on Output of Surveying and Mapping Materials by Region (2020)

地 区	Region	地形图合计（张）Topographic Maps (unit)	1:10000 (scale)	1:50000 (scale)	测绘基准成果（点）Surveying and Mapping Datum Product (point)	航摄成果（平方千米）Aerial Photograph (Square kilometers)
全 国	**National Total**	**267275**	**38402**	**12372**	**155687**	**1121435**
北 京	Beijing	1192	89		3618	
天 津	Tianjin				83	
河 北	Hebei	1692	1548	144	2726	
山 西	Shanxi	84	1	83	706	1
内蒙古	Inner Mongolia	1444	647	722	20003	30711
辽 宁	Liaoning	7758	7270		5969	
吉 林	Jilin	1054		1054	2794	4271
黑龙江	Heilongjiang	2777	2333	444	1982	
上 海	Shanghai	204174			10405	
江 苏	Jiangsu	298	254	44	4136	108800
浙 江	Zhejiang	69	42	16	1352	112752
安 徽	Anhui	376	38	261	3060	1271
福 建	Fujian	16		16	906	17343
江 西	Jiangxi	10940	10610	278	2504	
山 东	Shandong	655		655	547	
河 南	Henan	1218	901	308	576	
湖 北	Hubei	14		14	1110	2100
湖 南	Hunan				4440	
广 东	Guangdong	4688	3790	751	3183	
广 西	Guangxi	629	96	345	21890	495752
海 南	Hainan				3221	
重 庆	Chongqing	703	33	23	368	
四 川	Sichuan	642	106	536	2053	9099
贵 州	Guizhou				6809	1669
云 南	Yunnan	3972	2914	816	4583	
西 藏	Tibet	201		187	2854	
陕 西	Shaanxi	519	120	399	3465	67671
甘 肃	Gansu	7422	5875	1530	7324	22991
青 海	Qinghai	87		87	404	32055
宁 夏	Ningxia	1760	1627	133	389	5682
新 疆	Xinjiang	2678	108	770	10655	30902
国家基础地理信息中心	National Geomatics Center of China	2827		2756	20656	167083

注：全国数据包括计划单列市数据。

a) The national data include data of cities with independent planning authority.

20-29 分地区地震监测情况（2020年）
Earthquake Monitoring by Region (2020)

单位：个 (unit)

地区	Region	地震台数总数 Number of Seismic Stations	国家级台 Number of National Stations	省级台 Number of Provincial Stations	市、县级台 Number of Municipality/ County-level Stations	企业台 Number of Enterprise Stations	强震观测点 Number of Strong Motion Observation Spots	宏观观测点 Number of Macro-observation Spots
全国	**National Total**	**2438**	**222**	**286**	**1583**	**347**	**2797**	**27472**
北京	Beijing	28	8	2	18		265	129
天津	Tianjin	9	4	5			39	122
河北	Hebei	113	7	30	72	4	204	1151
山西	Shanxi	129	5	6	108	10	56	1490
内蒙古	Inner Mongolia	79	13	22	44		40	941
辽宁	Liaoning	68	7	11	49	1	92	780
吉林	Jilin	39	5	6	28		20	1090
黑龙江	Heilongjiang	53	9		43	1		1378
上海	Shanghai	3	2	1			104	965
江苏	Jiangsu	145	8	7	129	1	99	463
浙江	Zhejiang	71	5	1	58	7	46	706
安徽	Anhui	103	3	9	91		22	301
福建	Fujian	54	4	10	28	12	166	1141
江西	Jiangxi	14	2	12				1757
山东	Shandong	221	6	20	190	5	157	1615
河南	Henan	119	3	10	89	17	22	949
湖北	Hubei	51	6	8	12	25	41	352
湖南	Hunan	48	6	3	29	10	6	122
广东	Guangdong	58	6	7	40	5	543	719
广西	Guangxi	96	6	4	42	44	10	348
海南	Hainan	26	2	3	21		13	2982
重庆	Chongqing	48	1	39	1	7	7	2897
四川	Sichuan	113	14	14	80	5	22	12
贵州	Guizhou	21	4	14	3		6	1706
云南	Yunnan	355	13	5	174	163	166	
西藏	Tibet	25	15	10			2	1277
陕西	Shaanxi	97	6	6	85		82	1051
甘肃	Gansu	95	9	12	67	7	251	101
青海	Qinghai	39	5	2	12	20	55	307
宁夏	Ningxia	20	4	3	13		59	620
新疆	Xinjiang	98	34	4	57	3	202	

注：2020年宏观观测点变动较大，系部分省份市县地震机构撤销或整合，职能并入应急管理局所致。

a) Number of Macro-observation Spots changed greatly in 2020, which was caused by the cancellation or integration of earthquake institutions in some provinces, cities and counties, and the merging of their functions into the emergency management bureau.

20-30 中国科协系统科技活动情况(2020年)

指 标		Item		总计 Total
机构和人员		**Associations or Academic Societies and Personnel**		
机构数	(个)	Number of Associations or Academic Societies	(unit)	3097
从业人员	(人)	Number of Employed Persons	(person)	37431
学会数	(个)	Number of Academic Societies	(unit)	3808
学会个人会员	(万人)	Number of Individual Members of Academic Societies	(10000 persons)	1324
学会从业人员	(人)	Number of Employed Persons of Academic Societies	(person)	63593
企业科协	(个)	Number of S&T Associations in Enterprises	(unit)	21849
个人会员	(万人)	Number of Individual Members	(10000 persons)	252
高等院校科协	(个)	Number of S&T Associations in Institutions of Higher Learning	(unit)	1607
个人会员	(万人)	Number of Individual Members	(10000 persons)	84
农技协	(个)	Number of Rural Professional and Technical Associations	(unit)	24658
个人会员	(万人)	Number of Individual Members	(10000 persons)	394
学术交流活动		**Academic Exchange**		
学术交流活动	(次)	Number of Academic Exchanges	(time)	16442
参加人数	(万人次)	Number of Participants	(10000 person-time)	16759
科学技术普及活动		**S&T Popularization Activities**		
举办科普宣讲活动	(次)	Number of S&T Publicity Activities	(time)	267396
宣讲活动受众人数	(万人次)	Number of Participants	(10000 person-time)	248734
参加活动科技人员	(万人次)	Number of Scientific and Technical Personnel Participating in Activities	(10000 person-time)	148
科技开放与交流		**Opening-up and Exchange of S&T**		
参加国外科技活动人数	(人次)	Participants to Overseas S&T Activities	(person-time)	61950
接待国外专家学者	(人次)	Foreign Experts and Scholars Received	(person-time)	8205
科技服务		**S&T Service**		
提供决策咨询报告	(篇)	Number of Reports Provided for Policy Decision and Consultation	(piece)	5099
为科技工作者服务		**Services for the Scientific and Technological Workers**		
反映科技工作者建议	(条)	Number of S&T Workers' Proposals Forwarded	(item)	10586
表彰奖励科技工作者	(人次)	Number of Recognitions and Awards to S&T Workers	(person-time)	147265
#女性科技工作者		Number of Recognitions and Awards to Female S&T Workers		40131
科技期刊与科技传播		**Scientific Journals and S&T Diffusion**		
主办科技期刊	(种)	Number of S&T Journals	(kind)	1711
总印数	(万册)	Printed Copies	(10000 copies)	4271
编著科技图书	(种)	Compilation of S&T Publications	(kind)	6525
总印数	(万册)	Printed Copies	(10000 copies)	6225
主办科技网站	(个)	Number of S&T Websites	(unit)	1584
浏览人数	(万人次)	Number of Website Visitors	(10000 person-time)	2338746
科普基础设施建设		**S&T Infrastructure Construction**		
科技馆	(个)	Number of S&T Museums	(unit)	1000
全年参观人数	(万人次)	Annual Number of Visitors	(10000 person-time)	3664
科普画廊建筑面积(宣传栏、橱窗)	(平方米)	Building Area of S&T Publicity Galleries (Boards, Showcases)	(sq.m)	1832803
科普画廊展示面积	(平方米)	Display Area of S&T Publicity Galleries	(sq.m)	4251142

Basic Statistics on Scientific and Technological Activities of China Associations for Science and Technology (2020)

科协小计 Total Number of Associations	学会小计 Total Number of Academic Societies	全国学会 National Societies	省级学会 Provincial Societies
3097			
37431			
	3808	209	3599
	1324	558	766
	63593	4009	59584
21849			
252			
1607			
84			
24658			
394			
2251	14191	3597	10594
185	16574	2966	13608
170292	97104	42776	54328
72225	176509	148116	28392
37	111	87	24
3131	58819	53490	5329
2146	6059	2734	3325
2203	2896	1013	1883
7738	2848	883	1965
31279	115986	43448	72538
11405	28726	7787	20939
101	1610	973	637
914	3357	2407	950
4728	1797	384	1413
5517	707	180	528
607	977	435	542
2299014	39731	16931	22801
1000			
3664			
1832803			
4251142			

20-31 分地区气象业务站点及观测项目情况（2020年）

Status of Operational Meteorological Stations and Observation Items by Region (2020)

单位：个 (unit)

地 区 和单位	Region and Units	地面观测业务 Surface Observation Stations	高空探测业务 Upper-air Observation Stations	省级常规气象观测站 Provincial conventional meteorological observation station	天气雷达观测业务 Weather Radar Observation Stations	农业气象观测站 Agro-Meteorological Observation Stations	环境气象观测站 Environmental Meteorological Observation Stations	闪电定位监测业务 Lightning Position Monitoring Stations	卫星云图接收业务 Satellite Cloud Images Receiving Stations
全 国	**National Total**	**10648**	**124**	**53064**	**296**	**725**	**1142**	**499**	**309**
北 京	Beijing	54	1	500	7	7	42	1	1
天 津	Tianjin	54		259	3	5	23	4	3
河 北	Hebei	411	3	2665	12	30	70	11	8
山 西	Shanxi	262	1	1598	7	34	52	7	17
内蒙古	Inner Mongolia	709	12	1708	10	35	31	52	11
辽 宁	Liaoning	299	2	1341	7	28	50	9	3
吉 林	Jilin	388	3	1055	6	25	35	7	8
黑龙江	Heilongjiang	485	4	910	9	39	36	29	9
上 海	Shanghai	43	1	228	2	1	23		5
江 苏	Jiangsu	264	3	1624	12	22	107	25	8
浙 江	Zhejiang	260	3	3088	17	14	45	11	21
安 徽	Anhui	295	2	2816	10	25	18	7	2
福 建	Fujian	297	4	1855	15	26	34	9	9
江 西	Jiangxi	380	2	2167	11	19	33	12	11
山 东	Shandong	421	3	1196	11	20	48	13	10
河 南	Henan	370	3	2262	10	39	72	19	22
湖 北	Hubei	327	3	2157	10	32	70	32	18
湖 南	Hunan	422	3	3079	11	26	11	10	10
广 东	Guangdong	435	4	815	27	28	75	9	11
广 西	Guangxi	518	6	2397	13	29	21	11	12
海 南	Hainan	130	3	445	6	7	39	6	6
重 庆	Chongqing	159	1	1805	5	14	22	5	5
四 川	Sichuan	499	7	5400	12	47	32	25	16
贵 州	Guizhou	364	2	2722	11	19	16	12	11
云 南	Yunnan	571	5	2644	9	26	11	22	11
西 藏	Tibet	194	8	562	4	5	17	27	11
陕 西	Shaanxi	393	4	1542	8	22	31	21	13
甘 肃	Gansu	343	9	1480	9	27	20	19	11
青 海	Qinghai	234	7	539	3	19	14	33	3
宁 夏	Ningxia	112	1	863	3	10	12	5	7
新 疆	Xinjiang	712	14	1301	9	44	32	46	10
其 他	Others	243		41	7	1			6

20-32 产品质量监督抽查情况(2020年)

Results of Sampling Check under Supervision on the Quality of Products (2020)

项 目	Item	抽查企业(家) Number of Enterprises Selected for Supervision (unit)	检验产品(批次) Examined Products (batch-time)	不合格产品(批) Unqualified Products (batch-time)
合 计	**Total**	**241124**	**384689**	**23491**
食品相关产品	Food-related Products	41030	82417	2600
工业品	Industrial Products	200094	302272	20891

20-33 分地区产品质量情况

Quality of Products by Region

单位: % (%)

地 区	Region	产品质量合格率 Qualification Rate of Products	
		2019	2020
全 国	**National Total**	**93.86**	**93.39**
北 京	Beijing	96.54	96.39
天 津	Tianjin	94.05	94.11
河 北	Hebei	90.70	91.31
山 西	Shanxi	91.08	91.51
内蒙古	Inner Mongolia	92.27	93.58
辽 宁	Liaoning	92.71	93.85
吉 林	Jilin	89.20	90.17
黑龙江	Heilongjiang	90.61	90.38
上 海	Shanghai	95.69	95.65
江 苏	Jiangsu	94.09	94.06
浙 江	Zhejiang	93.93	93.72
安 徽	Anhui	93.21	93.90
福 建	Fujian	93.79	93.97
江 西	Jiangxi	93.80	93.63
山 东	Shandong	93.89	93.92
河 南	Henan	91.99	92.46
湖 北	Hubei	91.97	92.65
湖 南	Hunan	93.61	93.89
广 东	Guangdong	93.86	93.99
广 西	Guangxi	91.11	89.49
海 南	Hainan	92.52	91.71
重 庆	Chongqing	94.36	94.05
四 川	Sichuan	93.52	92.44
贵 州	Guizhou	90.72	91.87
云 南	Yunnan	92.05	92.50
西 藏	Tibet	92.54	91.72
陕 西	Shaanxi	92.85	92.00
甘 肃	Gansu	92.05	92.74
青 海	Qinghai	88.64	86.86
宁 夏	Ningxia	89.05	88.33
新 疆	Xinjiang	92.02	92.57

注：本资料由75个重点工业城市抽样数据汇总而成。

a) Data in this table are collected from samples of 75 key industrial cities.

20-34 产品质量省级监督抽查情况(2019年)
Results of Sampling Check under Provincial Supervision on the Quality of Products (2019)

地 区	Region	抽查企业 (家) Number of Enterprises Selected for Supervision (unit)	抽查产品 (批) Products Selected for Supervision (batch-time)	不合格产品 (批) Unqualified Products (batch-time)
全 国	**National Total**	**132660**	**192171**	**18409**
北 京	Beijing	3952	7261	841
天 津	Tianjin	2245	6424	176
河 北	Hebei	5995	8452	650
山 西	Shanxi	8039	11480	716
内蒙古	Inner Mongolia	4086	6119	692
辽 宁	Liaoning	3234	4273	381
吉 林	Jilin	628	670	14
黑龙江	Heilongjiang	2259	3202	345
上 海	Shanghai	7595	8433	1238
江 苏	Jiangsu	7306	7306	472
浙 江	Zhejiang	17048	18127	839
安 徽	Anhui	4036	4563	499
福 建	Fujian	3762	5644	232
江 西	Jiangxi	13	458	10
山 东	Shandong	4588	5985	432
河 南	Henan	6813	7555	493
湖 北	Hubei	436	755	30
湖 南	Hunan	7107	15326	2155
广 东	Guangdong	11905	16179	2733
广 西	Guangxi	3412	3994	398
海 南	Hainan	746	1307	219
重 庆	Chongqing	5877	15610	1486
四 川	Sichuan	9554	14198	1271
贵 州	Guizhou	3931	5402	662
云 南	Yunnan	2305	3864	698
西 藏	Tibet			
陕 西	Shaanxi	2165	3091	241
甘 肃	Gansu	2523	4527	236
青 海	Qinghai	215	378	24
宁 夏	Ningxia	51	68	14
新 疆	Xinjiang	834	1520	212

主要统计指标解释

研究与试验发展(R&D) 指为增加知识存量（也包括有关人类、文化和社会的知识）以及设计已有知识的新应用而进行的创造性、系统性工作，包括基础研究、应用研究和试验发展三种类型。国际上通常采用R&D活动的规模和强度指标反映一国的科技实力和核心竞争力。

基础研究 指一种不预设任何特定应用或使用目的的实验性或理论性工作，其主要目的是为获得（已发生）现象和可观察事实的基本原理、规律和新知识。其成果通常表现为提出一般原理、理论或规律，并以论文、著作、研究报告等形式为主。

应用研究 指为获取新知识，达到某一特定的实际目的或目标而开展的初始性研究。应用研究是为了确定基础研究成果的可能用途，或确定实现特定和预定目标的新方法。其研究成果以论文、著作、研究报告、原理性模型或发明专利等形式为主。

试验发展 指利用从科学研究、实际经验中获取的知识和研究过程中产生的其他知识，开发新的产品、工艺或改进现有产品、工艺而进行的系统性研究。其研究成果以专利、专有技术，以及具有新颖性的产品原型、原始样机及装置等形式为主。

产品创新 指企业推出了全新的或有重大改进的产品。产品创新的“新”要体现在产品的功能或特性上，包括技术规范、材料、组件、用户友好性等方面的重大改进。不包括产品仅有外观变化或其他微小改变的情况，也不包括直接转销。此处的“新”是指该产品对本企业而言必须是新的，但对于其他企业或整个市场而言不一定是新的。这里的产品既包括货物，也包括服务。货物方面产品创新的例子有新能源汽车、新功能手机等；服务方面产品创新的例子有新的保修服务，如显著延长的新产品保修期限等。

工艺创新 指企业采用了全新的或有重大改进的生产方法、工艺设备或辅助性活动。工艺创新的“新”要体现在技术、设备或流程上；它对本企业而言必须是新的，但对于其他企业或整个市场而言不一定是新的。不包括单纯的组织管理方式的变化。此处的辅助性活动指企业的采购、物流、财务、信息化等活动。

组织（管理）创新 指企业采取了此前从未使用过的全新的组织管理方式，主要涉及企业的经营模式、组织结构或外部关系等方面。不包括单纯的合并或收购。组织（管理）创新应是企业管理层战略决策的结果。此处的“新”是指它对本企业而言必须是新的，但对于其他企业或整个市场而言不一定是新的。

营销创新 指企业采用了此前从未使用过的全新的营销概念或营销策略，主要涉及产品（服务）设计或包装、产品（服务）推广、产品（服务）销售渠道、产品（服务）定价等方面。不包括季节性、周期性变化和其他常规的营销方式变化。此处的“新”是指它对本企业而言必须是新的，但对于其他企业或整个市场而言不一定是新的。

R&D人员 指报告期R&D活动单位中从事基础研究、应用研究和试验发展活动的人员。包括直接参加上述三类R&D活动的人员，以及与上述三类R&D活动相关的管理人员和直接服务人员，即直接为R&D活动提供资料文献、材料供应、设备维护等服务的人员。不包括为R&D活动提供间接服务的人员，如餐饮服务、安保人员等。

R&D人员全时当量 指报告期R&D人员按实际从事R&D活动时间计算的工作量，以“人年”为计量单位。为国际上比较科技人力投入而制定的可比指标。

R&D经费支出 指报告期调查单位内部为实施R&D活动而实际发生的全部经费，按支出性质分为日常性支出和资产性支出。不包括调查单位委托其他单位或与其他单位合作开展R&D活动而转拨给其他单位的全部经费。

R&D经费支出中政府资金 指R&D经费支出中来自于各级政府财政的各类资金，包括财政科学技术支出和财政其他功能支出的资金用于R&D活动的实际支出。

R&D经费支出中企业资金 指R&D经费支出中来自于企业的各类资金。对企业而言，企业资金指企业自有资金、接受其他企业委托开展R&D活动而获得的资金，以及从金融机构贷款获得的开展R&D活动的资金；对科研院所、高校等事业单位而言，企业资金是指因接受从企业委托开展R&D活动而获得的各类资金。

R&D项目（课题）数 R&D项目（课题）是进行R&D活动的基本组织形式，通常由R&D活动执行单位依据项目立项书或合同书等形式明确项目任务、目标、人员和经费等。

R&D项目（课题）人员全时当量 指实际参加研发项目（课题）活动人员折合的全时当量。

R&D项目（课题）经费支出 指调查单位内部在报告年度进行研发项目（课题）研究和试制等的实际支出。包括劳务费、其他日常支出、固定资产购建费、外协加工费等，不包括委托或与外单位合作进行项目（课题）研究而拨付给对方使用的经费。

新产品销售收入 指报告期企业销售新产品实现的销售收入。新产品是指采用新技术原理、新设计构思研制、生产的全新产品，或在结构、材质、工艺等某一方面比原有产品有明显改进，从而显著提高了产品性能或扩大了使用功能的产品。既包括经政府有关部门认定并在有效期内的新产品，也包括企业自行研制开发，未经政府有关部门认定，从投产之日起一年之内的新产品。

专利 是专利权的简称，是对发明人的发明创造经审查合格后，由国家知识产权局依据专利法授予发明人和设计人对该项发明创造享有的专有权。包括发明、实用新型和外观设计。反映拥有自主知识产权的科技和设计成果情况。

发明（专利） 指对产品、方法或者其改进所提出的新的技术方案。是国际通行的反映拥有自主知识产权技术的核心指标。

实用新型（专利） 指对产品的形状、构造或者其结合所提出的适于实用的新的技术方案。反映具有一定技术含量的技术成果情况。

外观设计（专利） 指对产品的形状、图案、色彩或者其结合所作出的富有美感并适于工业上应用的新设计。反映拥有自主知识产权的外观设计成果情况。

Explanatory Notes on Main Statistical Indicators

Research and Experimental Development (R&D) refers to creative and systematic work undertaken in order to increase the stock of knowledge (including knowledge of humankind, culture and society) and to devise new applications of available knowledge. R&D includes 3 categories of activities: basic research, applied research and experimental development. The scale and intensity of R&D are widely used internationally to reflect the strength of S&T and the core competitiveness of a country in the world.

Basic Research refers to experimental or theoretical work undertaken primarily to acquire new knowledge of the underlying foundations of phenomena and observable facts, without any particular application or use in view. Basic research usually formulates hypotheses, theories or laws, and its results are mainly released or disseminated in the form of scientific papers or monographs or research reports.

Applied Research refers to original investigation undertaken in order to acquire new knowledge. It is directed primarily towards a specific, practical aim or objective. Purpose of the applied research is to identify the possible uses of results from basic research, or to explore new (fundamental) methods or new approaches. Results of applied research are expressed in the form of scientific papers, monographs, fundamental models or invention patents.

Experimental Development refers to systematic work, drawing on knowledge gained from research and practical experience and producing additional knowledge, which is directed to producing new products or processes or to improving existing products or processes. Results of experimental development activities are embodied in patents, exclusive technology, and monotype of new products or equipment.

Product Innovation refers to the introduction of new or significantly improved products by enterprises. The innovation should be reflected by the functions or features of the products, including improvement on technical specifications, materials, parts, user-friendliness etc. Simple appearance change or other subtle changes are not included, neither is direct reselling. The product must be new to the enterprise, but it is not necessarily new to other enterprises or the whole market.

The products here cover both goods and services. Examples of innovation on goods include new energy vehicles and mobile phones with new functions; examples of innovation on services include new warranty service, such as significantly extended new warranty period of products.

Process Innovation refers to the implementation of new or significantly improved production methods, process equipments or supporting activities by enterprises. The innovation should be reflected by technology, equipment or process. It must be new to the enterprise, but it is not necessarily new to other enterprises or the whole market. Simple change of organization and management mode is not included. Supporting activities cover purchase, logistics, account and compute activities.

Organizational (management) Innovation refers to the adoption of a completely new organizational management mode, which has never been used before. It mainly involves the business model, organizational structure or external relations of enterprises. It does not include pure mergers or acquisitions. Organizational (management) innovation should be the result of strategic decision-making of enterprise management. The term "new" here means that it must be new to the enterprise, but not necessarily new to other enterprises or the whole market.

Marketing Innovation refers to the implementation of completely new marketing concepts or marketing strategies that have never been used before. It mainly involves product (service) design or packaging, product (service) promotion, product (service) sales channels, product (service) pricing and so on. It does not include seasonal, cyclical and other conventional marketing changes. The term "new" here means that it must be new to the enterprise, but not necessarily new to other enterprises or the whole market.

R&D Personnel refer to persons of R&D activities units engaged in basic research, applied research, and experimental development at the reference period, including persons of directly participating in the three activities above, as well as management and direct service staff related to R&D activities, such as literature provision, material supply, equipment maintenance staff, it excludes persons providing indirect support and ancillary services, such as canteen and security staff.

Full-time Equivalent of R&D Personnel refers to the ratio of working hours actually spent on R&D during a specific reference period (usually a calendar year) divided by the total number of hours conventionally worked in the same period by an individual or by a group. The measurement unit of the ratio is “man-years”. This is an internationally comparable indicator of S&T manpower input.

Expenditure on R&D refers to the real expenditure of surveyed units on their own R&D activities in reporting period. It is divided into current expenditures and gross fixed capital expenditures for R&D according to the nature of expenditure. It doesn’t include the fees transferred to cooperated or entrusted agencies on R&D activities.

Expenditure on R&D from Government Funds refers to the expenditure of funds on R&D activities from government agencies at different levels, including appropriate funds on science and technology from financial departments, and the real expenditure of other fiscal functional funds on R&D activities from government agencies.

Expenditure on R&D from Enterprises Funds refers to the expenditure of all kinds of funds on R&D activities from enterprises. In terms of enterprises, it refers to the expenditure of self-raised funds of enterprises, funds from other enterprises through entrustment, loans from financial institutions on R&D activities. In terms of public institutions, such as institution of scientific research and universities, it refers to the expenditure of funds from enterprises through entrustment.

Number of R&D Projects (subjects) R&D Projects (subjects) are the basic forms of R&D activities, The project task, target, personnel and expenditure are usually defined by R&D activity execution unit according to project approval specification or contract document.

Full-time Equivalent of Personnel on R&D Projects (subjects) refers to the full-time equivalent of persons actually engaged in R&D projects (subjects).

Expenditure on R&D Projects (subjects) refers to the real expenditure of internal funds of the surveyed units on research and test of R&D projects (subjects) at the reference year, including service fee, other daily expenditure, cost for fixed assets, cost of external process, it excludes expenditure of funds transferred to other cooperated or entrusted units of the projects.

Sales Income of New Products refers to the sales income of new products of the enterprises at the reference period. New products refer to products developed and produced with new technologies and designs or improved in structure, material, process or other aspects so that their performance are improved or their functions expanded. New products include those affirmed by government authorities in their validity period and also those developed by enterprises without the affirmation of government authorities within one year after they are put into production.

Patent is an abbreviation for the patent right and refers to the exclusive right of ownership by the inventors or designers for the creation or inventions, given from the China National Intellectual Property Administration after due process of assessment and approval in accordance with the Patent Law. Patents are granted for inventions, utility models and designs. This indicator reflects the achievements of S&T and design with independent intellectual property.

Patented Inventions refer to new technical proposals to the products or methods or their modifications. This is universal core indicator reflecting the technologies with independent intellectual property.

Patented Utility Models refer to the practical and new technical proposals on the shape and structure of the product or the combination of both. This indicator reflects the condition of technological results with certain technical content.

Designs refer to the aesthetics and industrially applicable new designs for the shape, pattern and colour of the product, or their combinations. This indicator reflects the appearance design achievements with independent intellectual property.

21

教　育

Education

简 要 说 明

一、本篇资料的主要内容

本篇主要反映我国教育事业发展基本情况。

包括高等教育(研究生教育、普通高等教育和成人高等教育)、中等教育(高中阶段教育和初中阶段教育)、初等教育(小学)、学前教育、特殊教育以及教育经费等资料。主要指标包括学校数、在校学生数、招生数、毕业生数、教职工数和专任教师数、教育经费总投入及国家财政性教育经费等。

二、本篇的资料来源

教育事业统计资料、教育经费统计资料由教育部提供；技工学校资料由人力资源和社会保障部提供。

详细资料分别见《中国教育统计年鉴》（教育部发展规划司编）和《中国教育经费统计年鉴》（教育部财务司编）。

Brief Introduction

I. Main Content of Data on Education

Data in this chapter reflect the development of China's education.

Data on education cover the situations on higher education (graduate education, regular higher education and adult higher education), secondary education (senior and junior secondary education), primary education (primary schools), pre-school education, special education and educational finance. The main indicators include number of schools, number of enrolments, entrants, graduates, number of educational personnel and full-time teachers, total educational finance, government appropriation for education and so on.

II. Sources of Data on Education

The Ministry of Education provides statistical data on educational undertakings and educational finance. Data on skilled workers schools are provided by the Ministry of Human Resources and Social Security.

For detailed information please refer to "*Educational Statistics Yearbook of China*" compiled by Department of Development & Planning, Ministry of Education; and the "*China Educational Finance Statistical Yearbook*" compiled by Department of Finance, Ministry of Education.

21-1 各级各类学校、教职工和专任教师情况（2020年）
Number of Schools, Educational Personnel and Full-time Teachers by Type and Level (2020)

项 目	Item	学校数(所) Schools (unit)	教职工数(人) Educational Personnel (person)	专任教师(人) Full-time Teachers (person)
高等教育	**Higher Education**			
研究生培养机构	Institutions Providing Graduate Programs	(827)		
普通高校	Regular Higher Education Institutions	(594)		
科研机构	Research Institutions	(233)		
普通高等学校	Regular Higher Education Institutions	2738	2668708	1832982
本科院校	HEIs Offering Degree Programs	1270	1923487	1276101
#独立学院	Independent Schools	241	151993	117154
高职(专科)院校	Higher Vocational Colleges	1468	744478	556424
其他普通高教机构	Other Institutions	(21)	743	457
成人高等学校	Adult HEIs	265	32475	18951
民办的其他高等教育机构	Other Non-public HEIs	(788)	17911	8116
中等教育	**Secondary Education**	**77455**	**8538842**	**6654481**
高中阶段教育	Senior Secondary Education	24457	4034097	2792398
高中	Senior Secondary Schools	14561	2951055	1934997
普通高中	Regular Senior Secondary Schools	14235	2948694	1933228
完全中学	Combined Secondary Schools	5353	1112287	566062
高级中学	Regular High Schools	7202	1422998	1268407
十二年一贯制学校	12-Year Schools	1680	413409	98759
成人高中	Adult High Schools	326	2361	1769
中等职业教育	Secondary Vocational Education	9896	1083042	857401
普通中专	Regular Specialized Secondary Schools	3266	402102	316091
成人中专	Adult Specialized Secondary Schools	991	47053	36273
职业高中	Senior Secondary Vocational Schools	3216	341223	286344
技工学校	Skilled Workers Schools	2423	279290	208683
其他中职机构	Other Institutions	(348)	13374	10010
初中阶段教育	Junior Secondary Education	52998	4504745	3862083
初中	Junior Secondary Schools	52805	4503084	3860741
初级中学	Regular Junior Secondary Schools	34895	2858998	2632799
九年一贯制学校	9-Year Schools	17900	1643718	685350
十二年一贯制学校	12-Year Schools			112093
完全中学	Combined Secondary Schools			430186
职业初中	Junior Secondary Vocational Schools	10	368	313
成人初中	Adult Junior Secondary Schools	193	1661	1342
初等教育	**Primary Education**	**162601**	**5979329**	**6441585**
普通小学	Regular Primary Schools	157979	5966300	6434178
小学	Primary Schools	157979	5590333	5233888
九年一贯制学校	9-Year Schools			742110
十二年一贯制学校	12-Year Schools			99964
成人小学	Adult Primary Schools	4622	13029	7407
#扫盲班	Literacy Classes	2754	10143	5901
工读学校	**Correctional Work-Study Schools**	**95**	**2901**	**2139**
特殊教育	**Special Education Schools**	**2244**	**76415**	**66169**
学前教育	**Pre-school Education Institutions**	**291715**	**5198165**	**2913426**

注：1.完全中学的学校数和教职工数计入高中阶段教育，九年一贯制学校的校数和教职工数计入初中阶段教育，十二年一贯制学校的校数和教职工数计入高中阶段教育。专任教师按照教育层次划分归类(以下相关表同)。
2."()" 内数据为不计校数(以下相关表同)。

a) Number of combined secondary schools and their educational personnel are classified into the number of senior secondary education, the number of 9-year schools and their educational personnel are classified into the number of junior secondary education, the number of 12-year schools and their educational personnel are classified into the number of senior secondary education. The full-time teachers are classified by educational level. The same applies to the relevant following tables.

b) Data within "( )" do not include the number of schools. The same applies to the relevant following tables.

21-2 各级各类学历教育学生情况（2020年）
Number of Students of Formal Education by Type and Level (2020)

单位：人 (person)

项　目	Item	毕业生数 Graduates	招生数 Entrants	在校生数 Enrolment
高等教育	**Higher Education**			
研究生	Graduates	728627	1106551	3139598
博　士	Doctor's Degree	66176	116047	466549
硕　士	Master's Degree	662451	990504	2673049
普通本专科	Undergraduates in Regular HEIs	7971991	9674518	32852948
本　科	Normal Courses	4205097	4431154	18257460
专　科	Short-cycle Courses	3766894	5243364	14595488
成人本专科	Undergraduates in Adult HEIs	2469562	3637630	7772942
本　科	Normal Courses	1226385	1896292	4051025
专　科	Short-cycle Courses	1243177	1741338	3721917
网络本专科生	Undergraduates Attending On-line Courses	2722497	2779128	8464464
本　科	Normal Courses	866120	1072248	3111899
专　科	Short-cycle Courses	1856377	1706880	5352565
中等教育	**Secondary Education**	**28159684**	**31532006**	**90820113**
高中阶段教育	Senior Secondary Education	12753535	15211042	41630230
高中	Senior Secondary Schools	7904823	8764435	24996545
普通高中	Regular Senior Secondary Schools	7865315	8764435	24944529
完全中学	Combined Secondary Schools	2402204	2653613	7583547
高级中学	Regular High Schools	5095039	5590528	16012155
十二年一贯制学校	12-Year Schools	368072	520294	1348827
成人高中	Adult High Schools	39508		52016
中等职业教育	Secondary Vocational Education	4848712	6446607	16633685
普通中专	Regular Specialized Secondary Schools	2162310	2726906	7354168
成人中专	Adult Specialized Secondary Schools	430267	535320	1126747
职业高中	Senior Secondary Vocational Schools	1242065	1583830	4197464
技工学校	Skilled Workers Schools	1014070	1600551	3955306
初中阶段教育	Junior Secondary Education	15406149	16320964	49189883
初中	Junior Secondary Schools	15352918	16320964	49140893
初级中学	Regular Junior Secondary Schools	10630682	10892448	33196223
九年一贯制学校	9-Year Schools	2417894	2875328	8385205
十二年一贯制学校	12-Year Schools	456211	541731	1583723
完全中学	Combined Secondary Schools	1847224	2010847	5973572
职业初中	Junior Secondary Vocational Schools	907	610	2170
成人初中	Adult Junior Secondary Schools	53231		48990
初等教育	**Primary Education**	**16653674**	**18080902**	**107508746**
普通小学	Regular Primary Schools	16403201	18080902	107253532
小学	Primary Schools	14190719	15737834	93110218
九年一贯制学校	9-Year Schools	1955019	2083092	12554065
十二年一贯制学校	12-Year Schools	257463	259976	1589249
成人小学	Adult Primary Schools	250473		255214
#扫盲班	Literacy Classes	122869		134545
工读学校	**Correctional Work-Study Schools**	**4031**	**3036**	**6012**
特殊教育	**Special Education Schools**	**121411**	**149046**	**880800**
学前教育	**Pre-school Education Institutions**	**17794338**	**17914049**	**48182634**

注：1.完全中学、九年一贯制学校和十二年一贯制学校的学生数按教育层次分别计入对应教育阶段的学生数中(以下相关表同)。
2.特殊教育涵盖特殊教育学校、附设特教班、随班就读和送教上门等各类形式(以下相关表同)。
3.2019年起，学前教育招生数仅包括首次入园的适龄儿童，不再包括复学、转入等情况(以下相关表同)。
4.2017年起，研究生招生数包含全日制和非全日制研究生，在校生数包含全日制、非全日制研究生和在职人员攻读硕士学位学生(以下相关表同)。

a) Number of the students in Combined Secondary Schools, 9-Year Schools,12-Year Schools are classified by educational level. The same applies to the relevant following tables.
b) Special education covers various forms including special education schools, attached special education classes, regular classes and 'home delivery' teaching. The same applies to the relevant following tables.
c) From 2019, the number of entrants of the pre-school education only includes the school-age children who enter the kindergarten for the first time, and does not include the situation of returning to school and transferring in. The same applies to the relevant following tables.
d) Since 2017, the number of postgraduate entrants includes full-time and part-time postgraduates, the number of enrolment includes full-time, part-time postgraduates and on-the-job students. The same applies to the relevant following tables.

21-3 各级各类民办学校校数、教职工、专任教师情况(2020年)

Number of Schools, Educational Personnel and Full-time Teachers of Non-public Schools by Type and Level (2020)

项 目	Item	学校数(所) Schools (unit)	教职工数(人) Educational Personnel (person)	专任教师数(人) Full-time Teachers (person)
高等教育	**Higher Education**			
研究生培养机构	Institutions Providing Graduate Programs	(5)		
普通高校	Regular Higher Education Institutions	(5)		
科研机构	Research Institutions			
普通高等学校	Regular Higher Education Institutions	771	493062	368925
本科院校	HEIs Offering Degree Programs	434	355662	267689
#独立学院	Independent Schools	241	151993	117154
高职(专科)院校	Higher Vocational Colleges	337	137154	101048
其他普通高教机构	Other Regular HEIs	(15)	246	188
成人高等学校	Adult HEIs	2	38	14
民办的其他高等教育机构	Other Non-public HEIs	(786)	17888	8106
中等教育	**Secondary Education**			
高中阶段教育	Senior Secondary Education			
高中	Senior Secondary Schools			
普通高中	Regular Senior Secondary Schools	3694	676743	266041
完全中学	Combined Secondary Schools	1038	201201	82163
高级中学	Regular High Schools	1314	132298	105903
十二年一贯制学校	12-Year Schools	1342	343244	77975
成人高中	Adult High Schools			
中等职业教育	Secondary Vocational Education			
普通中专	Regular Specialized Secondary Schools	841	62019	44933
成人中专	Adult Specialized Secondary Schools	99	7913	5319
职业高中	Senior Secondary Vocational Schools	1013	56128	38248
技工学校	Skilled Workers Schools			
其他中职机构	Other Institutions	(110)	2844	2021
初中阶段教育	Junior Secondary Education			
初中	Junior Secondary Schools	6041	683053	462908
初级中学	Junior Secondary Schools	1296	137760	110755
九年一贯制学校	9-Year Schools	4743	545258	185555
十二年一贯制学校	12-Year Schools			89306
完全中学	Combined Secondary Schools			77283
职业初中	Junior Secondary Vocational Schools	2	35	9
成人初中	Adult Junior Secondary Schools			
初等教育	**Primary Education**			
普通小学	Regular Primary Schools	6187	312144	539655
小学	Primary Schools	6187	312144	236314
九年一贯制学校	9-Year Schools			222503
十二年一贯制学校	12-Year Schools			80838
成人小学	Adult Primary Schools			
#扫盲班	Literacy Classes			
工读学校	**Correctional Work-Study Schools**	**3**	**83**	**52**
特殊教育	**Special Education Schools**	**83**	**2478**	**1654**
学前教育	**Pre-school Education Institutions**	**167956**	**3076033**	**1618786**
另有：民办培训机构	**Other Vocational-technical Training Institutions**	**(39516)**	**375526**	**233936**

注：2018年起，民办学校不包含具有法人资格的中外合作办学校(以下相关表同)。

a) Since 2018, the number of non-public schools do not include Sino-foreign cooperation schools with legal person status. The same applies to the relevant following tables.

21-4 各级各类民办教育学生情况(2020年)

Statistics on Students of Non-public Schools by Type and Level (2020)

单位：人 (person)

项　目	Item	毕业生数 Graduates	招生数 Entrants	在校生数 Enrolment
高等教育	**Higher Education**			
研究生	Graduates	560	1260	2556
博士	Doctor's Degree			
硕士	Master's Degree	560	1260	2556
普通本专科	Undergraduate in Regular HEIs	1780293	2360724	7913376
本科	Normal Courses	1038403	1119515	4681871
专科	Short-cycle Courses	741890	1241209	3231505
成人本专科	Undergraduate in Adult HEIs	135941	308514	565385
本科	Normal Courses	19249	58259	101134
专科	Short-cycle Courses	116692	250255	464251
另有其他学生数	Students Enrolled in Other Formal Programs			
民办高校	Non-public HEIs			27071
民办的其他高等教育机构	Other Non-public HEIs			75528
中等教育	**Secondary Education**			
高中阶段教育	Senior Secondary Education			
高中	Senior Secondary Schools			
普通高中	Regular Senior Secondary Schools	1085292	1533930	4012899
完全中学	Combined Secondary Schools	378684	468172	1292294
高级中学	Regular High Schools	411896	628376	1602022
十二年一贯制学校	12-Year Schools	294712	437382	1118583
成人高中	Adult High Schools			
中等职业教育	Secondary Vocational Education			
普通中专	Regular Specialized Secondary Schools	362744	591644	1493192
成人中专	Adult Specialized Secondary Schools	70101	109152	194912
职业高中	Senior Secondary Vocational Schools	223952	313785	805938
技工学校	Skilled Workers Schools			
初中阶段教育	Junior Secondary Education			
初中	Junior Secondary Schools	2079337	2436736	7189580
初级中学	Regular Junior Secondary Schools	530825	574333	1757905
九年一贯制学校	9-Year Schools	775773	1007677	2849739
十二年一贯制学校	12-Year Schools	383734	449490	1326913
完全中学	Combined Secondary Schools	388971	405224	1254961
职业初中	Junior Secondary Vocational Schools	34	12	62
成人初中	Adult Junior Secondary Schools			
初等教育	**Primary Education**			
普通小学	Regular Primary Schools	1565518	1451975	9660348
小学	Primary Schools	684821	673348	4371338
九年一贯制学校	9-Year Schools	666366	586365	4034097
十二年一贯制学校	12-Year Schools	214331	192262	1254913
成人小学	Adult Primary Schools			
#扫盲班	Literacy Classes			
工读学校	**Correctional Work-Study Schools**	**170**	**94**	**636**
特殊教育	**Special Education Schools**	**2378**	**3633**	**20211**
学前教育	**Pre-school Education Institutions**	**9237780**	**8193205**	**23785506**
另有：民办培训机构	**Other Vocational-technical Training Institutions**			**9896564**

注："另有：民办培训机构"包括自考助学班学生、预科生学生数。

a) Number of students in other vocational-technical training institutions include students preparing for self-taught examinations learners, college-preparatory classes.

21-5 各级各类学校情况
Number of Schools by Type and Level

单位：所 (unit)

年份 Year	普通高等学校 Regular HEIs	#高职(专科)院校 Higher Vocational Colleges	普通高中 Regular Senior Secondary Schools	中等职业教育 Secondary Vocational Schools	初中 Junior Secondary Schools	#职业初中 Junior Secondary Vocational Schools	普通小学 Regular Primary Schools	特殊教育 Special Education Schools	学前教育 Pre-school Education Institutions
1978	598		49215	2760	113130		949323	292	163952
1980	675		31300	3459	87077		917316	292	170419
1985	1016		17318	14190	77529	1626	832309	375	172262
1990	1075		15678	20763	73462	1509	766072	746	172322
1995	1054		13991	22072	68564	1535	668685	1379	180438
2000	1041	442	14564	19727	63898	1194	553622	1539	175836
2001	1225	628	14907	17580	66590	1065	491273	1531	111706
2002	1396	767	15406	15919	65645	984	456903	1540	111752
2003	1552	908	15779	14682	64730	1019	425846	1551	116390
2004	1731	1047	15998	14454	63757	697	394183	1560	117899
2005	1792	1091	16092	14466	62486	601	366213	1593	124402
2006	1867	1147	16153	14693	60885	335	341639	1605	130495
2007	1908	1168	15681	14832	59384	275	320061	1618	129086
2008	2263	1184	15206	14847	57914	213	300854	1640	133722
2009	2305	1215	14607	14388	56320	153	280184	1672	138209
2010	2358	1246	14058	13862	54890	67	257410	1706	150420
2011	2409	1280	13688	13083	54117	54	241249	1767	166750
2012	2442	1297	13509	12654	53216	49	228585	1853	181251
2013	2491	1321	13352	12262	52804	40	213529	1933	198553
2014	2529	1327	13253	11878	52623	26	201377	2000	209881
2015	2560	1341	13240	11202	52405	22	190525	2053	223683
2016	2596	1359	13383	10893	52118	16	177633	2080	239812
2017	2631	1388	13555	10671	51894	15	167009	2107	254950
2018	2663	1418	13737	10229	51982	11	161811	2152	266677
2019	2688	1423	13964	10078	52415	11	160148	2192	281174
2020	2738	1468	14235	9896	52805	10	157979	2244	291715

21-6 各级各类学校专任教师情况
Number of Full-time Teachers of Schools by Type and Level

单位：万人 (10 000 persons)

年份 Year	普通高等学校 Regular HEIs	#高职(专科)院校 Higher Vocational Colleges	普通高中 Regular Senior Secondary Schools	中等职业教育 Secondary Vocational Schools	初中 Junior Secondary Schools	#职业初中 Junior Secondary Vocational Schools	普通小学 Regular Primary Schools	特殊教育 Special Education Schools	学前教育 Pre-school Education Institutions
1978	20.6		74.1	9.9	244.1		522.6	0.4	27.7
1980	24.7		57.1	13.3	244.9		549.9	0.5	41.1
1985	34.4		49.2	35.5	216.0		537.7	0.7	55.0
1990	39.5		56.2	66.3	249.9	2.9	558.2	1.4	75.0
1995	40.1		55.1	74.0	282.1	3.7	566.4	2.5	87.5
2000	46.3	8.7	75.7	79.7	328.7	3.8	586.0	3.2	85.6
2001	53.2	12.4	84.0	73.8	338.6	3.7	579.8	2.9	54.6
2002	61.8	15.6	94.6	69.1	346.8	3.7	577.9	3.0	57.1
2003	72.5	19.7	107.1	71.3	349.8	3.1	570.3	3.0	61.3
2004	85.8	23.8	119.1	73.6	350.0	2.4	562.9	3.1	65.6
2005	96.6	26.8	129.9	75.0	349.2	2.0	559.2	3.2	72.2
2006	107.6	31.6	138.7	79.9	347.5	1.2	558.8	3.3	77.6
2007	116.8	35.5	144.3	85.9	347.3	0.9	561.3	3.5	82.7
2008	123.7	37.7	147.6	89.5	347.6	0.7	562.2	3.6	89.9
2009	129.5	39.5	149.3	86.7	351.8	0.5	563.3	3.8	98.6
2010	134.3	40.4	151.8	87.1	352.5	0.2	561.7	4.0	114.4
2011	139.3	41.3	155.7	88.1	352.5	0.2	560.5	4.1	131.6
2012	144.0	41.3	159.5	88.0	350.4	0.2	558.5	4.4	147.9
2013	149.7	43.7	162.9	86.8	348.1	0.1	558.5	4.6	166.3
2014	153.5	43.8	166.3	85.8	348.8	0.1	563.4	4.8	184.4
2015	157.3	45.5	169.5	84.4	347.6	0.1	568.5	5.0	205.1
2016	160.2	46.7	173.3	84.0	348.8	0.0	578.9	5.3	223.2
2017	163.3	48.2	177.4	83.9	354.9	0.0	594.5	5.6	243.2
2018	167.3	49.8	181.3	83.4	363.9	0.0	609.2	5.9	258.1
2019	174.0	51.4	185.9	84.3	374.7	0.0	626.9	6.2	276.3
2020	183.3	55.6	193.3	85.7	386.1	0.0	643.4	6.6	291.3

21-7 各级各类学校招生情况
Number of Entrants of Formal Education by Type and Level

单位: 万人 (10 000 persons)

年 份 Year	普通本专科 Undergraduate in Regular HEIs	#专科 Short-cycle Courses	普通高中 Regular Senior Secondary Schools	中等职业教育 Secondary Vocational Schools	初中 Junior Secondary Schools	#职业初中 Junior Secondary Vocational Schools	普通小学 Regular Primary Schools	特殊教育 Special Education Schools	学前教育 Pre-school Education Institutions
1978	40.2	12.4	692.9	44.7	2006.0		3315.4	0.6	
1980	28.1	7.7	383.4	58.3	1557.6	6.7	2942.3	0.6	
1985	61.9	30.2	257.5	234.2	1367.0	17.6	2298.2	0.9	
1990	60.9	29.2	249.8	286.1	1389.3	19.4	2064.0	1.6	
1995	92.6	47.8	273.6	498.6	1781.1	28.8	2531.8	5.6	1972.4
2000	220.6	48.7	472.7	408.3	2295.6	32.3	1946.5	5.3	1531.1
2001	268.3	66.6	558.0	399.9	2287.9	30.0	1944.2	5.6	1398.2
2002	320.5	89.1	676.7	473.6	2281.8	29.5	1952.8	5.3	1373.6
2003	382.2	199.6	752.1	515.8	2220.1	24.8	1829.4	4.9	1316.8
2004	447.3	237.4	821.5	566.2	2094.6	16.4	1747.0	5.1	1350.3
2005	504.5	268.1	877.7	655.7	1987.6	11.1	1671.7	4.9	1356.2
2006	546.1	293.0	871.2	747.8	1929.5	5.9	1729.4	5.0	1391.3
2007	565.9	283.8	840.2	810.0	1868.5	4.8	1736.1	6.3	1433.6
2008	607.7	310.6	837.0	812.1	1859.6	3.4	1695.7	6.2	1482.7
2009	639.5	313.4	830.3	868.2	1788.5	2.1	1637.8	6.4	1546.9
2010	661.8	310.5	836.2	870.4	1716.6	1.1	1691.7	6.5	1700.4
2011	681.5	324.9	850.8	813.9	1634.7	0.7	1736.8	6.4	1827.3
2012	688.8	314.8	844.6	754.1	1570.8	0.5	1714.7	6.6	1911.9
2013	699.8	318.4	822.7	674.8	1496.1	0.4	1695.4	6.6	1970.0
2014	721.4	338.0	796.6	619.8	1447.8	0.2	1658.4	7.1	1987.8
2015	737.8	348.4	796.6	601.2	1411.0	0.2	1729.0	8.3	2008.8
2016	748.6	343.2	802.9	593.3	1487.2	0.1	1752.5	9.2	1922.1
2017	761.5	350.7	800.1	582.4	1547.2	0.1	1766.6	11.1	1938.0
2018	791.0	368.8	792.7	557.0	1602.6	0.1	1867.3	12.4	1863.9
2019	914.9	483.6	839.5	600.4	1638.8	0.1	1869.0	14.4	1688.2
2020	967.5	524.3	876.4	644.7	1632.1	0.1	1808.1	14.9	1791.4

21-8 各级各类学校在校学生情况
Number of Enrolments of Formal Education by Type and Level

单位: 万人 (10 000 persons)

年 份 Year	普通本专科 Undergraduate in Regular HEIs	#专科 Short-cycle Courses	普通高中 Regular Senior Secondary Schools	中等职业教育 Secondary Vocational Schools	初中 Junior Secondary Schools	#职业初中 Junior Secondary Vocational Schools	普通小学 Regular Primary Schools	特殊教育 Special Education Schools	学前教育 Pre-school Education Institutions
1978	85.6	38.0	1553.1	212.8	4995.2		14624.0	3.1	787.7
1980	114.4	28.2	969.8	586.3	4551.8	13.5	14627.0	3.3	1150.8
1985	170.3	58.0	741.1	476.1	4010.1	45.2	13370.2	4.2	1479.7
1990	206.3	74.3	717.3	763.5	3916.6	47.9	12241.4	7.2	1972.2
1995	290.6	126.8	713.2	1230.2	4727.5	69.7	13195.2	29.6	2711.2
2000	556.1	100.9	1201.3	1284.5	6256.3	88.6	13013.3	37.8	2244.2
2001	719.1	146.8	1405.0	1164.9	6514.4	83.3	12543.5	38.6	2021.8
2002	903.4	193.4	1683.8	1190.8	6687.4	83.4	12156.7	37.5	2036.0
2003	1108.6	479.4	1964.8	1256.7	6690.8	72.4	11689.7	36.5	2003.9
2004	1333.5	595.7	2220.4	1409.2	6527.5	52.5	11246.2	37.2	2089.4
2005	1561.8	713.0	2409.1	1600.0	6214.9	43.1	10864.1	36.4	2179.0
2006	1738.8	795.5	2514.5	1809.9	5957.9	20.6	10711.5	36.3	2263.9
2007	1884.9	860.6	2522.4	1987.0	5736.2	15.3	10564.0	41.9	2348.8
2008	2021.0	916.8	2476.3	2087.1	5585.0	10.8	10331.5	41.7	2475.0
2009	2144.7	964.8	2434.3	2195.2	5440.9	7.3	10071.5	42.8	2657.8
2010	2231.8	966.2	2427.3	2238.5	5279.3	3.4	9940.7	42.6	2976.7
2011	2308.5	958.9	2454.8	2205.3	5066.8	2.6	9926.4	39.9	3424.5
2012	2391.3	964.2	2467.2	2113.7	4763.1	1.9	9695.9	37.9	3685.8
2013	2468.1	973.6	2435.9	1923.0	4440.1	1.1	9360.5	36.8	3894.7
2014	2547.7	1006.6	2400.5	1755.3	4384.6	0.8	9451.1	39.5	4050.7
2015	2625.3	1048.6	2374.4	1656.7	4312.0	0.5	9692.2	44.2	4264.8
2016	2695.8	1082.9	2366.6	1599.0	4329.4	0.4	9913.0	49.2	4413.9
2017	2753.6	1105.0	2374.5	1592.5	4442.1	0.3	10093.7	57.9	4600.1
2018	2831.0	1133.7	2375.4	1555.3	4652.6	0.2	10339.3	66.6	4656.4
2019	3031.5	1280.7	2414.3	1576.5	4827.1	0.4	10561.2	79.5	4713.9
2020	3285.3	1459.5	2494.5	1663.4	4914.1	0.2	10725.4	88.1	4818.3

21-9 各级各类学校毕业生情况
Number of Graduates of Formal Education by Type and Level

单位: 万人 (10 000 persons)

年 份 Year	普通本专科 Undergraduate in Regular HEIs	#专科 Short-cycle Courses	普通高中 Regular Senior Secondary Schools	中等职业教育 Secondary Vocational Schools	初中 Junior Secondary Schools	#职业初中 Junior Secondary Vocational Schools	普通小学 Regular Primary Schools	特殊教育 Special Education Schools	学前教育 Pre-school Education Institutions
1978	16.5	0.8	682.7	40.3	1692.6		2287.9	0.3	
1980	14.7		616.2	73.3	964.8	7.9	2053.3	0.4	
1985	31.6	14.4	196.6	92.5	1007.2	8.9	1999.9	0.4	
1990	61.4	30.6	233.0	240.6	1123.0	13.9	1863.1	0.5	
1995	80.5	48.0	201.6	348.4	1244.4	17.0	1961.5	1.9	
2000	95.0	17.9	301.5	476.7	1633.5	26.4	2419.2	4.3	
2001	103.6	19.3	340.5	430.6	1731.5	24.5	2396.9	4.6	1160.2
2002	133.7	27.7	383.8	380.1	1903.7	23.8	2351.9	4.4	1152.7
2003	187.7	94.8	458.1	346.4	2018.5	22.9	2267.9	4.5	1072.0
2004	239.1	119.5	546.9	359.2	2087.3	16.9	2135.2	4.7	1059.7
2005	306.8	160.2	661.6	418.2	2123.4	16.9	2019.5	4.3	1025.4
2006	377.5	204.8	727.1	479.1	2071.6	9.2	1928.5	4.5	1045.1
2007	447.8	248.2	788.3	530.9	1963.7	6.9	1870.2	5.0	1049.1
2008	511.9	286.3	836.1	580.7	1868.0	5.1	1865.0	5.2	1040.5
2009	531.1	285.6	823.7	624.9	1797.7	3.0	1805.2	5.7	1040.6
2010	575.4	316.4	794.4	665.0	1750.4	1.8	1739.6	5.9	1057.6
2011	608.2	328.5	787.7	660.0	1736.7	1.2	1662.8	4.4	1184.7
2012	624.7	320.9	791.5	674.6	1660.8	0.9	1641.6	4.9	1433.6
2013	638.7	318.7	799.0	674.4	1561.5	0.7	1581.1	5.1	1491.7
2014	659.4	318.0	799.6	622.9	1413.5	0.3	1476.6	4.9	1527.2
2015	680.9	322.3	797.7	567.9	1417.6	0.2	1437.3	5.3	1590.3
2016	704.2	329.8	792.4	533.6	1423.9	0.2	1507.4	5.9	1623.2
2017	735.8	351.6	775.7	496.9	1397.5	0.1	1565.9	6.9	1652.7
2018	753.3	366.5	779.2	487.3	1367.8	0.1	1616.5	8.1	1790.6
2019	758.5	363.8	789.2	493.5	1454.1	0.1	1647.9	9.8	1765.2
2020	797.2	376.7	786.5	484.9	1535.3	0.1	1640.3	12.1	1779.4

21-10 研究生和留学人员情况
Statistics on Graduate Students and Students Studying Abroad

单位: 人 (person)

年 份 Year	研究生数 Number of Graduate Students: 毕业生数 Graduates	招生数 Entrants	在校学生数 Enrolment	出国留学人员 Number of Students Studying Abroad	学成回国留学人员 Number of Returned Students
1978	9	10708	10934	860	248
1980	476	3616	21604	2124	162
1985	17004	46871	87331	4888	1424
1990	35440	29649	93018	2950	1593
1995	31877	51053	145443	20381	5750
2000	58767	128484	301239	38989	9121
2001	67809	165197	393256	83973	12243
2002	80841	202611	500980	125179	17945
2003	111091	268925	651260	117307	20152
2004	150777	326286	819896	114682	24726
2005	189728	364831	978610	118515	34987
2006	255902	397925	1104653	134000	42000
2007	311839	418612	1195047	144000	44000
2008	344825	446422	1283046	179800	69300
2009	371273	510953	1404942	229300	108300
2010	383600	538177	1538416	284700	134800
2011	429994	560168	1645845	339700	186200
2012	486455	589673	1719818	399600	272900
2013	513626	611381	1793953	413900	353500
2014	535863	621323	1847689	459800	364800
2015	551522	645055	1911406	523700	409100
2016	563938	667064	1981051	544500	432500
2017	578045	806103	2639561	608400	480900
2018	604368	857966	2731257	662100	519400
2019	639666	916503	2863712	703500	580300
2020	728627	1106551	3139598		

21-11 技工学校情况
Statistics on Skilled Workers Schools

年 份 Year	学校数 (所) Schools (unit)	教职工数 (万人) Educational Personnel (10 000 persons)	毕业生数 (万人) Graduates (10 000 persons)	招生数 (万人) Entrants (10 000 persons)	在校学生数 (万人) Enrolment (10 000 persons)
1985	3548	21.5	22.6	35.5	74.2
1986	3765	24.4	23.3	39.4	89.2
1987	3952	26.2	26.5	42.3	103.1
1988	3996	28.0	31.1	46.1	116.1
1989	4102	29.6	36.8	47.0	125.8
1990	4184	30.8	41.3	50.6	133.2
1991	4269	32.5	45.4	54.4	142.2
1992	4392	33.6	45.7	60.2	155.6
1993	4477	33.5	49.7	66.4	171.7
1994	4430	34.0	55.7	71.4	187.1
1995	4521	33.7	68.5	74.6	189.0
1996	4467	33.5	68.1	72.7	191.8
1997	4395	31.0	69.9	73.4	193.1
1998	4362	31.0	68.2	59.4	181.3
1999	4098	26.9	66.2	51.5	156.0
2000	3792	24.0	64.6	50.4	140.1
2001	3470	22.0	47.7	55.1	134.7
2002	3075	20.3	45.4	73.3	153.0
2003	2970	20.2	45.3	91.6	193.1
2004	2884	20.4	53.5	109.7	234.4
2005	2855	20.4	69.0	118.4	275.3
2006	2880	21.5	86.4	134.8	320.8
2007	2995	24.0	99.7	158.5	367.1
2008	3075	24.7	109.0	161.4	397.5
2009	3064	25.8	115.2	156.4	414.3
2010	2998	26.5	121.3	158.6	421.0
2011	2914	26.5	118.9	163.5	429.4
2012	2892	26.7	120.2	156.8	422.8
2013	2882	26.9	116.9	133.5	386.6
2014	2818	26.5	106.8	124.4	339.0
2015	2545	26.0	94.6	121.4	321.5
2016	2526	26.5	93.1	127.2	323.2
2017	2490	26.9	90.5	130.9	338.2
2018	2379	26.7	90.3	128.5	341.6
2019	2392	27.2	98.4	143.0	360.3
2020	2423	27.9	101.4	160.1	395.5

21-12 进城务工子女和农村留守儿童在校情况（2020年）
Statistics on Children of Migrant Workers and Rural Left Behind Children in Schools (2020)

单位：人 (person)

项 目	Item	进城务工人员随迁子女 Children of Migrant Workers	外省迁入 From Other Provinces	本省外县迁入 From Other Counties of the Same Province	农村留守儿童 Rural Left-Behind Children
普通小学	**Regular Primary Schools**				
毕业生数	Graduates	1492702	649808	842894	1269576
招生数	Entrants	1666543	708830	957713	1246576
#受过学前教育	With Pre-school Education	1662418	707425	954993	1238574
在校学生数	Enrolment	10348558	4445324	5903234	8541908
#女	Female	4642662	1980453	2662209	3973670
初中	**Junior Secondary Schools**				
毕业生数	Graduates	1059021	405711	653310	1283085
招生数	Entrants	1336771	545272	791499	1409190
在校学生数	Enrolment	3948766	1587802	2360964	4354783
#女	Female	1760146	696572	1063574	2027022

21-13 小学学龄儿童净入学率和各级普通学校毕业生升学率
Net Enrolment Rate of School-age Children in Primary Schools and Promotion Rate of Graduates of Regular Schools by Level

单位：%　　(%)

年 份 Year	小学学龄儿童净入学率 Net Enrolment Rate of School-age Children in Primary Schools	小学升学率 Promotion Rate from Primary Schools to Junior Secondary Schools	初中升学率 Promotion Rate from Junior Secondary Schools to Senior Secondary Schools
1990	97.8	74.6	40.6
1991	97.9	77.7	42.6
1992	97.2	79.7	43.6
1993	97.7	81.8	44.1
1994	98.4	86.6	47.8
1995	98.5	90.8	50.3
1996	98.8	92.6	49.8
1997	98.9	93.7	51.5
1998	98.9	94.3	50.7
1999	99.1	94.4	50.0
2000	99.1	94.9	51.2
2001	99.1	95.5	52.9
2002	98.6	97.0	58.3
2003	98.7	97.9	59.6
2004	98.9	98.1	63.8
2005	99.2	98.4	69.7
2006	99.3	100.0	75.7
2007	99.5	99.9	80.5
2008	99.5	99.7	82.1
2009	99.4	99.1	85.6
2010	99.7	98.7	87.5
2011	99.8	98.3	88.9
2012	99.9	98.3	88.4
2013	99.7	98.3	91.2
2014	99.8	98.0	95.1
2015	99.9	98.2	94.1
2016	99.9	98.7	93.7
2017	99.9	98.8	94.9
2018	100.0	99.1	95.2
2019	99.9	99.5	95.5
2020	100.0	99.5	94.6

注：1991年以前的小学学龄儿童净入学率是按7-11周岁统一计算的；从1991年起是按各地不同入学年龄和学制分别计算的。

a) Net enrolment rate of school-age children before 1991 was calculated on the basis of primary school pupils aged 7-11. From 1991, the calculation has taken into account of the age of entry and the length of schooling prevailing in different region.

21-14 分地区普通本专科学生情况（2020年）
Number of Students Enrolled in Normal and Short-cycle Courses in Regular Higher Education Institutions by Region (2020)

单位：人 (person)

地区 Region	招生数 Entrants	本科 Normal Courses	专科 Short-cycle Courses	在校学生数 Enrolment	本科 Normal Courses	专科 Short-cycle Courses
全国 National Total	**9674518**	**4431154**	**5243364**	**32852948**	**18257460**	**14595488**
北京 Beijing	154652	134757	19895	608866	536068	72798
天津 Tianjin	163162	91443	71719	572152	368219	203933
河北 Hebei	474328	218306	256022	1604798	874520	730278
山西 Shanxi	235652	125742	109910	841986	527382	314604
内蒙古 Inner Mongolia	134292	63462	70830	486647	271093	215554
辽宁 Liaoning	341587	175147	166440	1140799	712090	428709
吉林 Jilin	189064	122096	66968	726957	500763	226194
黑龙江 Heilongjiang	231344	138466	92878	825601	560129	265472
上海 Shanghai	142420	98211	44209	540693	399984	140709
江苏 Jiangsu	593204	283020	310184	2014698	1174114	840584
浙江 Zhejiang	308989	155873	153116	1148737	661251	487486
安徽 Anhui	412458	169449	243009	1368465	710031	658434
福建 Fujian	279875	130517	149358	947187	537206	409981
江西 Jiangxi	375714	152986	222728	1241984	610232	631752
山东 Shandong	625464	266708	358756	2291483	1136995	1154488
河南 Henan	718525	292884	425641	2492185	1250704	1241481
湖北 Hubei	464103	223474	240629	1616873	934013	682860
湖南 Hunan	448669	195665	253004	1510332	781798	728534
广东 Guangdong	866140	297074	569066	2400227	1222533	1177694
广西 Guangxi	353979	136187	217792	1184167	560024	624143
海南 Hainan	68733	31530	37203	230062	125661	104401
重庆 Chongqing	273887	119841	154046	915556	488277	427279
四川 Sichuan	538082	242928	295154	1800903	993825	807078
贵州 Guizhou	260195	96401	163794	840249	394044	446205
云南 Yunnan	268331	113741	154590	964205	499409	464796
西藏 Tibet	11586	7308	4278	38556	27012	11544
陕西 Shaanxi	358026	177512	180514	1210048	722213	487835
甘肃 Gansu	169398	74031	95367	581062	307485	273577
青海 Qinghai	20555	9806	10749	74111	42470	31641
宁夏 Ningxia	45657	23121	22536	146679	89421	57258
新疆 Xinjiang	146447	63468	82979	486680	238494	248186

21-14 续表 continued

单位：人 (person)

地 区 Region	毕业生数 Graduates	本 科 Normal Courses	专 科 Short-cycle Courses	授 予 学位数 Degrees Conferred	预 计 毕业生数 Estimated Graduates for Next Year	本 科 Normal Courses	专 科 Short-cycle Courses
全 国 National Total	**7971991**	**4205097**	**3766894**	**4169808**	**8540006**	**4442318**	**4097688**
北 京 Beijing	150569	124729	25840	124339	158765	130796	27969
天 津 Tianjin	142720	84316	58404	84781	149801	89243	60558
河 北 Hebei	385125	192224	192901	191459	416578	203191	213387
山 西 Shanxi	218806	129035	89771	127623	222680	134483	88197
内蒙古 Inner Mongolia	130772	64977	65795	63870	136059	68243	67816
辽 宁 Liaoning	255997	168423	87574	167767	267371	173908	93463
吉 林 Jilin	176893	120607	56286	119495	187613	124354	63259
黑龙江 Heilongjiang	192631	127638	64993	127007	199831	133301	66530
上 海 Shanghai	135605	91637	43968	91041	148574	102253	46321
江 苏 Jiangsu	512941	281438	231503	277017	550134	292853	257281
浙 江 Zhejiang	286558	152455	134103	151402	312903	166251	146652
安 徽 Anhui	326840	166654	160186	165197	333581	171295	162286
福 建 Fujian	207706	124411	83295	123989	233055	130754	102301
江 西 Jiangxi	309211	134251	174960	133385	314016	137740	176276
山 东 Shandong	605382	274840	330542	275152	632014	286303	345711
河 南 Henan	638155	302728	335427	300535	692569	311402	381167
湖 北 Hubei	401779	218641	183138	216120	426751	227013	199738
湖 南 Hunan	376043	175258	200785	173927	403412	184929	218483
广 东 Guangdong	550090	274415	275675	273119	598999	294258	304741
广 西 Guangxi	262817	119756	143061	116940	303366	136919	166447
海 南 Hainan	51260	27431	23829	26486	55607	28903	26704
重 庆 Chongqing	211567	112852	98715	111015	224894	117408	107486
四 川 Sichuan	433106	222385	210721	221481	475809	239261	236548
贵 州 Guizhou	194515	84786	109729	82922	218567	91958	126609
云 南 Yunnan	235206	117049	118157	115630	265888	130349	135539
西 藏 Tibet	9846	6020	3826	5779	9073	5852	3221
陕 西 Shaanxi	291648	167048	124600	165531	300472	178483	121989
甘 肃 Gansu	133490	71341	62149	70744	143100	73698	69402
青 海 Qinghai	19632	9224	10408	9182	20876	9896	10980
宁 夏 Ningxia	34134	18623	15511	18418	35512	20845	14667
新 疆 Xinjiang	90947	39905	51042	38455	102136	46176	55960

21-15 分地区普通高等学校(机构)情况（2020年）
Statistics on Regular Higher Education Institutions by Region (2020)

单位：人 (person)

地区	Region	学校数(所) Institutions (unit)	教职工数 Educational Personnel	#校本部教职工 In Main Campus	专任教师 Full-time Teachers	正高级 Senior	副高级 Sub-senior	中级 Middle	初级 Junior	无职称 No Rank	行政人员 Administrative Personnel	教辅人员 Supporting Staff	工勤人员 Workers
全　国	**National Total**	**2738**	**2668708**	**2561094**	**1832982**	**242951**	**550705**	**698705**	**190277**	**150344**	**375728**	**228560**	**123824**
北　京	Beijing	92	150203	131565	74138	22762	26727	21004	1853	1792	26787	18816	11824
天　津	Tianjin	56	49551	48671	34239	5400	11013	13630	2436	1760	8647	4315	1470
河　北	Hebei	125	117593	116003	85429	10970	25351	33539	7285	8284	15099	9442	6033
山　西	Shanxi	85	61035	59989	43642	3176	12126	17962	6697	3681	8065	5327	2955
内蒙古	Inner Mongolia	54	41887	41387	28025	3344	9228	10992	2517	1944	7113	4179	2070
辽　宁	Liaoning	114	97912	96212	64045	9924	21474	26745	4065	1837	17284	9541	5342
吉　林	Jilin	64	63666	62110	41447	7109	13772	14788	4717	1061	9744	6540	4379
黑龙江	Heilongjiang	80	75226	73296	48858	8305	16941	18121	3502	1989	12140	7126	5172
上　海	Shanghai	63	78995	74551	47668	9354	15335	18158	2889	1932	14656	9698	2529
江　苏	Jiangsu	167	180839	173764	126013	18503	44019	48936	8942	5613	26157	14326	7268
浙　江	Zhejiang	109	104059	98944	70445	10770	20737	28987	4511	5440	17455	8927	2117
安　徽	Anhui	120	86988	84469	65576	6734	18066	26018	10148	4610	9540	5879	3474
福　建	Fujian	89	77119	73584	52001	6630	16469	20505	5651	2746	12798	6628	2157
江　西	Jiangxi	105	90593	87951	65300	5858	16425	25643	8947	8427	8209	11061	3381
山　东	Shandong	152	172041	165023	124215	14196	37358	50140	14868	7653	21232	13864	5712
河　南	Henan	151	172105	167084	133367	10468	33770	53267	23653	12209	16208	9237	8272
湖　北	Hubei	129	134736	129768	88750	12407	30427	31335	8138	6443	20866	12515	7637
湖　南	Hunan	128	111678	108399	79598	8892	23036	31301	7431	8938	14709	9589	4503
广　东	Guangdong	154	177919	167945	122350	16773	33075	47045	8623	16834	24538	14490	6567
广　西	Guangxi	82	82313	74097	53438	5762	13780	19704	3448	10744	10780	4888	4991
海　南	Hainan	21	17948	17800	11937	1699	3343	4184	1085	1626	3092	1614	1157
重　庆	Chongqing	68	66474	64721	49174	5864	13855	19774	5198	4483	8932	4158	2457
四　川	Sichuan	132	135028	129374	95439	10916	25856	35060	16068	7539	17256	9862	6817
贵　州	Guizhou	75	54246	53778	39418	3836	12262	12057	6090	5173	7678	4624	2058
云　南	Yunnan	82	58107	57459	43396	4545	11990	15917	5999	4945	7036	4307	2720
西　藏	Tibet	7	3981	3912	2712	335	799	1061	295	222	704	324	172
陕　西	Shaanxi	96	110130	105484	73436	10282	23601	28504	7003	4046	16455	10472	5121
甘　肃	Gansu	50	42277	40515	31030	4231	10118	11411	3209	2061	4931	2662	1892
青　海	Qinghai	12	7260	6991	4883	709	1500	1394	682	598	1024	733	351
宁　夏	Ningxia	20	12574	12229	9129	1526	2540	2612	1420	1031	1718	849	533
新　疆	Xinjiang	56	34225	34019	23884	1671	5712	8911	2907	4683	4875	2567	2693

21-16 分地区普通高中情况（2020年）
Statistics on Regular Senior Secondary Schools by Region (2020)

单位：人 (person)

地 区	Region	学校数（所）Schools (unit)	教职工数 Educational Personnel	#专任教师 Full-time Teachers	毕业生数 Graduates	招生数 Entrants	在校学生数 Enrolment
全 国	**National Total**	**14235**	**2948694**	**1933228**	**7865315**	**8764435**	**24944529**
北 京	Beijing	321	62920	21013	52094	61071	160152
天 津	Tianjin	185	31210	16798	54729	62445	168573
河 北	Hebei	707	175053	115108	455028	560803	1517453
山 西	Shanxi	518	104283	64331	227103	221156	654491
内蒙古	Inner Mongolia	305	57744	37519	142672	143101	405893
辽 宁	Liaoning	425	66851	52434	208722	205370	594265
吉 林	Jilin	257	46167	32661	139803	151566	428406
黑龙江	Heilongjiang	370	59469	43065	188363	194509	556509
上 海	Shanghai	262	34628	19042	52293	59721	166407
江 苏	Jiangsu	585	137224	105467	311320	423390	1155411
浙 江	Zhejiang	622	100221	73662	255062	283392	809004
安 徽	Anhui	661	124424	82054	351280	390799	1133579
福 建	Fujian	550	108739	52750	195880	232939	664046
江 西	Jiangxi	519	102573	65211	332836	385087	1104548
山 东	Shandong	682	185996	148952	542034	636233	1759785
河 南	Henan	925	196853	148095	690268	784377	2248585
湖 北	Hubei	536	95255	68470	273954	313182	891704
湖 南	Hunan	660	132716	89921	385595	448890	1273403
广 东	Guangdong	1035	273595	151802	598362	671805	1903517
广 西	Guangxi	499	102600	71043	336609	408710	1151497
海 南	Hainan	127	30708	14306	55721	65036	181850
重 庆	Chongqing	264	74115	40836	208130	217321	626265
四 川	Sichuan	792	188771	102957	455983	473766	1408814
贵 州	Guizhou	471	92017	69086	340290	331313	975235
云 南	Yunnan	601	111966	72991	283730	359998	971639
西 藏	Tibet	38	7037	6080	20335	26674	75004
陕 西	Shaanxi	464	86958	57224	241318	212548	654448
甘 肃	Gansu	364	61707	45994	181187	171813	515813
青 海	Qinghai	106	14705	10386	41901	44908	129312
宁 夏	Ningxia	68	14483	11615	49120	56778	160796
新 疆	Xinjiang	316	67706	42355	193593	165734	498125

21-17 分地区中等职业学校情况（2020年）
Statistics on Secondary Vocational Schools by Region (2020)

单位：人 (person)

地区	Region	学校数（所）Schools (unit)	教职工数 Educational Personnel	#专任教师 Full-time Teachers	毕业生数 Graduates	#获得职业资格证书 Recipients of Vocational Qualifications	招生数 Entrants	在校学生数 Enrolment	预计毕业生数 Estimated Graduates for Next Year
全　国	**National**	**7473**	**803752**	**648718**	**3834642**	**2579124**	**4846056**	**12678379**	**3851372**
北　京	Beijing	84	8928	5765	17864	7759	15991	46376	14807
天　津	Tianjin	67	7541	5520	29966	19264	26928	78390	26579
河　北	Hebei	607	62927	50330	267526	198578	344688	837855	257585
山　西	Shanxi	340	29490	23572	100866	81645	109847	301205	91702
内蒙古	Inner Mongolia	231	17941	13535	56234	28015	67926	175446	51157
辽　宁	Liaoning	267	25157	18889	97951	43924	94147	256489	75570
吉　林	Jilin	244	17673	13370	40411	15823	44765	118915	33552
黑龙江	Heilongjiang	210	16798	12346	60499	19205	59782	163552	46551
上　海	Shanghai	89	11350	7991	32552	24747	39646	104770	32385
江　苏	Jiangsu	198	50639	43503	208509	172596	225110	624464	189090
浙　江	Zhejiang	249	40539	36504	168308	155541	209668	569080	167149
安　徽	Anhui	298	33762	28830	256180	190796	328818	791146	262791
福　建	Fujian	166	20094	17004	98585	79712	132726	358090	104816
江　西	Jiangxi	320	20905	15573	107960	34738	177094	445493	118025
山　东	Shandong	397	58824	49169	233426	134605	297527	777416	223133
河　南	Henan	544	56209	46091	324853	202421	409613	1149685	359769
湖　北	Hubei	263	26002	20927	117794	85869	152287	420328	123841
湖　南	Hunan	494	40486	32384	207929	154130	248228	682951	206843
广　东	Guangdong	396	55946	43848	266124	173277	313885	866831	261389
广　西	Guangxi	230	26867	20554	191496	102092	270668	699890	205908
海　南	Hainan	64	5653	4062	37227	9164	48301	123339	35334
重　庆	Chongqing	129	18573	15417	91948	69568	132293	342379	95612
四　川	Sichuan	397	47261	37902	282042	236981	336741	817131	260117
贵　州	Guizhou	184	20046	16630	134772	86762	145981	403573	135953
云　南	Yunnan	369	24860	20870	151012	103444	265169	599212	203585
西　藏	Tibet	13	2668	2544	6272	486	14776	32120	9127
陕　西	Shaanxi	230	19741	15190	73941	49960	107041	279787	72655
甘　肃	Gansu	184	15824	13686	57328	42280	81384	194601	50807
青　海	Qinghai	33	2827	2301	20236	7183	32924	85922	21099
宁　夏	Ningxia	29	3733	3028	22446	11342	26444	75524	23830
新　疆	Xinjiang	147	14488	11383	72385	37217	85658	256419	90611

注：中等职业学校的统计范围为教育部管理的中等职业教育，不包括技工学校。

a) The statistical scope of secondary vocational schools is secondary vocational education managed by the Ministry of Education, excluding skilled workers schools.

21-18 分地区初中情况（2020年）
Statistics on Junior Secondary Schools by Region (2020)

单位：人 (person)

地 区	Region	学校数(所) Schools (unit)	专任教师 Full-time Teachers	城区 City	镇区 Township	乡村 Rural	在校学生数 Enrolment	城区 City	镇区 Township	乡村 Rural
全 国	**National Total**	**52805**	**3860741**	**1459550**	**1845140**	**556051**	**49140893**	**19029366**	**23733472**	**6378055**
北 京	Beijing	335	38079	31824	3393	2862	330478	287842	24683	17953
天 津	Tianjin	345	29208	20766	5730	2712	321813	227479	64663	29671
河 北	Hebei	2466	219810	67145	116027	36638	3015526	923807	1622529	469190
山 西	Shanxi	1709	108585	41295	50350	16940	1115602	477564	502467	135571
内蒙古	Inner Mongolia	711	60849	24343	32642	3864	661608	290795	337535	33278
辽 宁	Liaoning	1518	98857	53498	34483	10876	1002283	588030	320654	93599
吉 林	Jilin	1187	67148	27433	26450	13265	622419	294994	236868	90557
黑龙江	Heilongjiang	1414	86893	38813	36706	11374	865371	429034	351555	84782
上 海	Shanghai	588	44714	38590	4790	1334	468062	414296	41525	12241
江 苏	Jiangsu	2258	212577	102999	99837	9741	2542608	1203700	1232394	106514
浙 江	Zhejiang	1748	133141	74716	47022	11403	1636425	920296	584070	132059
安 徽	Anhui	2846	165538	42433	89988	33117	2239554	587135	1257168	395251
福 建	Fujian	1262	107931	40374	50390	17167	1452519	620404	644728	187387
江 西	Jiangxi	2196	145462	43367	74983	27112	2204109	675043	1160459	368607
山 东	Shandong	3238	304476	129485	147685	27306	3727055	1614287	1782594	330174
河 南	Henan	4695	340500	88457	183655	68388	4721421	1293707	2595916	831798
湖 北	Hubei	2114	135046	56002	61420	17624	1708335	731536	773389	203410
湖 南	Hunan	3384	189015	53464	99980	35571	2519696	759590	1355742	404364
广 东	Guangdong	3748	300929	170760	102918	27251	4054670	2356562	1361839	336269
广 西	Guangxi	1754	152003	40621	93358	18024	2254893	607968	1387836	259089
海 南	Hainan	410	27973	11051	13045	3877	381382	162507	170956	47919
重 庆	Chongqing	868	83469	37730	37912	7827	1149781	539135	508395	102251
四 川	Sichuan	3677	218397	65655	120235	32507	2797872	889229	1558034	350609
贵 州	Guizhou	2020	128990	31255	80109	17626	1780696	433042	1119559	228095
云 南	Yunnan	1691	139305	29676	70132	39497	1823665	402564	929390	491711
西 藏	Tibet	105	12371	3410	6292	2669	142938	38247	71244	33447
陕 西	Shaanxi	1641	101110	38174	53854	9082	1168305	523167	569034	76104
甘 肃	Gansu	1472	81239	19141	45779	16319	874149	237270	494144	142735
青 海	Qinghai	263	16833	4799	8694	3340	224530	65764	117069	41697
宁 夏	Ningxia	247	20679	8256	9410	3013	292625	128765	130547	33313
新 疆	Xinjiang	895	89614	24018	37871	27725	1040503	305607	426486	308410

21-19 分地区普通小学情况（2020年）
Statistics on Regular Primary Schools by Region (2020)

单位：人 (person)

地区	Region	学校数(所) Schools (unit)	专任教师 Full-time Teachers	城区 City	镇区 Township	乡村 Rural	在校学生数 Enrolment	城区 City	镇区 Township	乡村 Rural
全国	**National Total**	**157979**	**6434178**	**2299358**	**2347348**	**1787472**	**107253532**	**42030976**	**40717741**	**24504815**
北京	Beijing	934	71035	59338	5118	6579	995046	868148	62397	64501
天津	Tianjin	885	47480	35434	5082	6964	730143	564286	75995	89862
河北	Hebei	11625	407710	101852	158808	147050	6959229	1950560	2844686	2163983
山西	Shanxi	5153	168284	58487	63536	46261	2352802	1050285	937213	365304
内蒙古	Inner Mongolia	1652	105222	36153	50331	18738	1381519	598670	636732	146117
辽宁	Liaoning	2827	137743	72538	40322	24883	1967439	1289724	458553	219162
吉林	Jilin	3464	105300	37785	36558	30957	1187540	572721	432127	182692
黑龙江	Heilongjiang	1407	103715	43115	42106	18494	1244214	652227	479367	112620
上海	Shanghai	684	61466	52953	6673	1840	860960	750481	85505	24974
江苏	Jiangsu	4144	345877	170853	142509	32515	5808208	2865374	2439369	503465
浙江	Zhejiang	3308	221938	124347	67232	30359	3727273	2152409	1123227	451637
安徽	Anhui	7464	260425	63705	111554	85166	4682378	1237408	2194738	1250232
福建	Fujian	5129	182617	71245	71322	40050	3436133	1454659	1378516	602958
江西	Jiangxi	7199	242233	67359	102003	72871	4063050	1282931	1867631	912488
山东	Shandong	9619	454285	176348	169226	108711	7432850	3085477	2813076	1534297
河南	Henan	17687	586578	132780	226885	226913	10215856	2672101	4299095	3244660
湖北	Hubei	5386	209808	83007	76438	50363	3808514	1659866	1428636	720012
湖南	Hunan	7245	300033	88911	135149	75973	5342513	1717499	2543134	1081880
广东	Guangdong	10600	573428	325999	139196	108233	10571118	6220187	2693896	1657035
广西	Guangxi	8000	281724	70373	100820	110531	5071781	1383686	1894956	1793139
海南	Hainan	1379	54328	18365	18933	17030	862133	353128	315951	193054
重庆	Chongqing	2754	130610	56004	46089	28517	2024671	1037567	707812	279292
四川	Sichuan	5679	344855	101905	155504	87446	5529052	1857888	2553924	1117240
贵州	Guizhou	6855	215012	48308	94549	72155	3972666	971299	1884237	1117130
云南	Yunnan	10688	237317	44994	65947	126376	3892241	843655	1149907	1898679
西藏	Tibet	827	24486	4771	6228	13487	352875	72622	88505	191748
陕西	Shaanxi	4610	177084	70118	76336	30630	2892019	1341195	1224201	326623
甘肃	Gansu	5252	150870	29573	58367	62930	2009079	525825	890302	592952
青海	Qinghai	733	28798	7109	11370	10319	507745	133218	209547	164980
宁夏	Ningxia	1149	33823	11740	11236	10847	592434	242283	204629	145522
新疆	Xinjiang	3641	170094	33889	51921	84284	2780051	623597	799877	1356577

21-20 分地区特殊教育情况（2020年）
Statistics on Special Education by Region (2020)

单位：人 (person)

地 区	Region	学校数（所）Schools (unit)	专任教师 Full-time Teachers	毕业生数 Graduates	招生数 Entrants	在校学生数 Enrolment	# 女 Female
全 国	**National Total**	**2244**	**66169**	**121411**	**149046**	**880800**	**324217**
北 京	Beijing	20	1044	1507	1218	7308	2477
天 津	Tianjin	20	673	634	595	4961	1727
河 北	Hebei	163	3625	4595	5956	37728	14250
山 西	Shanxi	85	2043	2939	3667	20126	7882
内蒙古	Inner Mongolia	53	1746	2009	2170	13867	5406
辽 宁	Liaoning	86	2285	2119	2638	15310	5273
吉 林	Jilin	51	1648	1554	2153	12442	4358
黑龙江	Heilongjiang	72	2128	1954	2355	16358	5896
上 海	Shanghai	31	1415	1429	1323	8397	2942
江 苏	Jiangsu	106	3749	5031	6389	37269	12956
浙 江	Zhejiang	86	2933	3415	3450	21455	7544
安 徽	Anhui	77	1979	3719	6048	40674	14638
福 建	Fujian	74	2312	4366	5067	28130	9466
江 西	Jiangxi	95	1922	7825	6743	40167	14509
山 东	Shandong	152	5784	6210	7701	47976	17239
河 南	Henan	149	4287	4297	10078	62990	23325
湖 北	Hubei	88	1950	2889	4444	28871	9894
湖 南	Hunan	95	2624	7332	8040	54119	19821
广 东	Guangdong	143	5841	6084	12550	63802	20763
广 西	Guangxi	83	2031	5140	7469	41627	14811
海 南	Hainan	14	441	574	1102	5534	1797
重 庆	Chongqing	39	1072	4107	4675	27006	10373
四 川	Sichuan	132	3220	13123	11867	64979	25197
贵 州	Guizhou	77	1981	6135	6948	42053	16082
云 南	Yunnan	70	2483	8759	7808	45984	18458
西 藏	Tibet	7	297	939	1279	7096	3319
陕 西	Shaanxi	70	1614	3156	3185	19361	7422
甘 肃	Gansu	44	1092	2233	3676	21468	8325
青 海	Qinghai	15	215	1197	1393	7848	3301
宁 夏	Ningxia	15	458	1125	1319	7473	2992
新 疆	Xinjiang	32	1277	5015	5740	28421	11774

21-21 各级学校生师比
Student-Teacher Ratio of Regular Schools by Level

(教师人数=1) (Number of Teachers=1)

年 份 Year / 地 区 Region		普通小学 Regular Primary Schools	初 中 Junior Secondary Schools	普通高中 Regular Senior Secondary Schools	中等职业学校 Secondary Vocational Schools	普通高校 Regular Higher Education Institutions
	2005	19.43	17.80	18.54	21.34	16.85
	2006	19.17	17.15	18.13	22.65	17.93
	2007	18.82	16.52	17.48	23.13	17.28
	2008	18.38	16.07	16.78	23.32	17.23
	2009	17.88	15.47	16.30	25.27	17.27
	2010	17.70	14.98	15.99	25.69	17.33
	2011	17.71	14.38	15.77	25.01	17.42
	2012	17.36	13.59	15.47	24.19	17.52
	2013	16.76	12.76	14.95	22.97	17.53
	2014	16.78	12.57	14.44	21.34	17.68
	2015	17.05	12.41	14.01	20.47	17.73
	2016	17.12	12.41	13.65	19.84	17.07
	2017	16.98	12.52	13.39	18.98	17.52
	2018	16.97	12.79	13.10	19.10	17.56
	2019	16.85	12.88	12.99	18.94	17.95
	2020	16.67	12.73	12.90	19.54	18.37
北 京	Beijing	14.01	8.68	7.62	8.04	16.47
天 津	Tianjin	15.38	11.02	10.04	14.20	18.69
河 北	Hebei	17.07	13.72	13.18	16.65	17.80
山 西	Shanxi	13.98	10.27	10.17	12.78	17.93
内蒙古	Inner Mongolia	13.13	10.87	10.82	12.96	17.61
辽 宁	Liaoning	14.28	10.14	11.33	13.58	19.63
吉 林	Jilin	11.28	9.27	13.12	8.89	19.36
黑龙江	Heilongjiang	12.00	9.96	12.92	13.25	16.03
上 海	Shanghai	14.01	10.47	8.74	13.11	16.25
江 苏	Jiangsu	16.79	11.96	10.96	14.35	16.07
浙 江	Zhejiang	16.79	12.29	10.98	15.59	15.73
安 徽	Anhui	17.98	13.53	13.82	27.44	20.01
福 建	Fujian	18.82	13.46	12.59	21.06	17.11
江 西	Jiangxi	16.77	15.15	16.94	28.61	18.78
山 东	Shandong	16.36	12.24	11.81	15.81	19.10
河 南	Henan	17.42	13.87	15.18	24.94	18.25
湖 北	Hubei	18.15	12.65	13.02	20.09	18.81
湖 南	Hunan	17.81	13.33	14.16	21.09	18.17
广 东	Guangdong	18.43	13.47	12.54	19.77	18.88
广 西	Guangxi	18.00	14.83	16.21	34.05	19.87
海 南	Hainan	15.87	13.63	12.71	30.36	18.60
重 庆	Chongqing	15.50	13.77	15.34	22.21	18.15
四 川	Sichuan	16.03	12.81	13.68	21.56	19.85
贵 州	Guizhou	18.48	13.80	14.12	24.27	20.62
云 南	Yunnan	16.40	13.09	13.31	28.71	22.70
西 藏	Tibet	14.41	11.55	12.34	12.63	15.96
陕 西	Shaanxi	16.33	11.55	11.44	18.42	19.16
甘 肃	Gansu	13.32	10.76	11.21	14.22	19.15
青 海	Qinghai	17.63	13.34	12.45	37.34	17.37
宁 夏	Ningxia	17.52	14.15	13.84	24.94	17.62
新 疆	Xinjiang	16.34	11.61	11.76	22.53	19.94

21-22 每十万人口各级学校平均在校生数
Average School Enrolment per 100 000 Population by Level

单位：人 (person)

年份 Year / 地区 Region	学前教育 Pre-school Education	小学 Primary Education	初中阶段 Junior Secondary Education	高中阶段 Senior Secondary Education	高等教育 Higher Education
1990	1725	10707	3426	1337	326
1995	2262	11010	3945	1610	457
2000	1782	10335	4969	2000	723
2005	1676	8358	4781	3070	1613
2006	1731	8192	4557	3321	1816
2007	1787	8037	4364	3409	1924
2008	1873	7819	4227	3463	2042
2009	2001	7584	4097	3495	2128
2010	2230	7448	3955	3504	2189
2011	2554	7403	3779	3495	2253
2012	2736	7196	3535	3411	2335
2013	2876	6913	3279	3227	2418
2014	2977	6946	3222	3100	2488
2015	3118	7086	3152	2965	2524
2016	3211	7211	3150	2887	2530
2017	3327	7300	3213	2861	2576
2018	3350	7438	3347	2828	2658
2019	3378	7569	3459	2850	2857
2020	3441	7661	3510	2948	3126
北 京 Beijing	2441	4620	1534	1088	5393
天 津 Tianjin	1912	4674	2060	1717	4430
河 北 Hebei	3231	9167	3972	3276	2700
山 西 Shanxi	2676	6309	2992	2797	2688
内蒙古 Inner Mongolia	2405	5439	2605	2356	2127
辽 宁 Liaoning	1976	4521	2303	2099	3487
吉 林 Jilin	1510	4413	2313	2196	3707
黑龙江 Heilongjiang	1280	3317	2307	2125	2695
上 海 Shanghai	2354	3546	1928	1117	3722
江 苏 Jiangsu	3148	7197	3151	2533	3653
浙 江 Zhejiang	3394	6371	2797	2677	2704
安 徽 Anhui	3406	7355	3518	3237	2702
福 建 Fujian	4276	8649	3656	2795	2866
江 西 Jiangxi	3644	8708	4724	3653	3424
山 东 Shandong	3782	7381	3701	2873	3154
河 南 Henan	4415	10597	4898	3824	3223
湖 北 Hubei	3010	6426	2882	2354	3598
湖 南 Hunan	3345	7723	3642	3032	3149
广 东 Guangdong	4168	9176	3519	2906	3175
广 西 Guangxi	4569	10225	4546	3976	3107
海 南 Hainan	4215	9123	4036	3495	2764
重 庆 Chongqing	3226	6481	3680	3353	3438
四 川 Sichuan	3167	6602	3341	2814	2754
贵 州 Guizhou	4384	10965	4915	4007	2654
云 南 Yunnan	3443	8012	3754	3546	2648
西 藏 Tibet	4300	10053	4072	3052	1629
陕 西 Shaanxi	3647	7461	3014	2937	4132
甘 肃 Gansu	3620	7590	3302	2814	2627
青 海 Qinghai	3735	8351	3693	3569	1499
宁 夏 Ningxia	3687	8524	4210	3519	2691
新 疆 Xinjiang	5267	11019	4124	3315	2331

注：1.高等教育包括普通高等学校和成人高等学校。
2.高中阶段包括普通高中、成人高中、普通中专、职业高中、技工学校和成人中专。
3.初中阶段包括普通初中和职业初中。

a) Higher education includes regular higher education institutions and adult higher education institutions.

b) Senior secondary education includes regular senior secondary schools, adult high schools, regular specialized secondary schools, senior secondary vocational schools, skilled workers school, adult specialized secondary schools.

c) Junior secondary education includes regular junior secondary schools and junior secondary vocational schools.

21-23 教育经费情况
Basic Statistics on Educational Finance

单位：万元 (10 000 yuan)

年份 地区	Year Region	合计 Total	国家财政性教育经费 Government Appropriation for Education	#一般公共预算教育经费 General Public Budget Expenditure on Education	民办学校中举办者投入 Funds from Sponsors of Non-public Schools	社会捐赠经费 Social Donations for Education	事业收入 Income from Teaching Research and Other Auxiliary Activities	#学杂费 Tuition and Miscel-laneous Fees	其他教育经费 Other Educational Funds
	1992	8670491	7287506	5649364		696285		439319	
	1995	18779501	14115233	10929473	203672	1628414		2012423	
	2000	38490806	25626056	21917652	858537	1139557	9382717	5948304	1483939
	2005	84188391	51610759	49460379	4522185	931613	23399991	15530545	3723842
	2006	98153087	63483648	61353481	5490583	899078	24073042	15523301	4206736
	2007	121480663	82802142	80943369	809337	930584	31772357	21309082	5166242
	2008	145007374	104496296	102129675	698479	1026663	33670711	23492983	5115225
	2009	165027065	122310935	119749753	749829	1254991	35275939	25155983	5435371
	2010	195618471	146700670	141639029	1054254	1078839	41060664	30155593	5724045
	2011	238692936	185867009	178217380	1119320	1118675	44246927	33169742	6341005
	2012	286553052	231475698	203141685	1281753	956919	46198404	35048301	6640278
	2013	303647182	244882177	214056715	1474089	855445	49262087	37376869	7173384
	2014	328064609	264205820	225760099	1313476	796700	54271581	40530393	7477031
	2015	361291927	292214511	258618740	1876620	869960	58097239	43173611	8233597
	2016	388883850	313962519	277006325	2032733	810447	62768292	47709339	9309860
	2017	425620069	342077546	299197838	2250061	849974	69575734	52932815	10866754
	2018	461429980	369957704	319927298	2406210	947574	77382499	58958343	10735993
	2019	501781166	400465452	346485685	2201304	1013752	87235021	66863024	10865637
中　央	Central Government	41674035	28213048	17927053		379377	10397145	3420970	2684465
地　方	Local Governments	460107132	372252405	328558633	2201304	634375	76837876	63442054	8181171
北　京	Beijing	14794780	12791460	11253649	8906	5505	1876698	1536289	112212
天　津	Tianjin	6270839	5188454	4668089	41781	3945	900306	775476	136352
河　北	Hebei	19921191	16403527	15157178	110687	6353	3291596	2803668	109027
山　西	Shanxi	9857999	8090896	6918945	24535	3279	1643263	1353803	96026
内蒙古	Inner Mongolia	8105720	7229144	6034343	25592	5901	756330	636066	88753
辽　宁	Liaoning	10593957	8432161	7042780	18850	11624	2076463	1664116	54861
吉　林	Jilin	6777422	5572792	4971590	10801	6369	1097142	954264	90319
黑龙江	Heilongjiang	8115856	6978841	6125525	7173	968	1057584	913658	71289
上　海	Shanghai	14125408	11482219	9593763	8686	9940	2360115	1970919	264448
江　苏	Jiangsu	31093313	24805724	22005797	85865	87043	5123965	4101335	990716
浙　江	Zhejiang	27343770	20353658	17580780	300811	78448	5260002	4225142	1350851
安　徽	Anhui	16375812	13480220	12193661	71894	9982	2547295	2041429	266421
福　建	Fujian	13429131	10758497	9658628	54173	35208	2284510	1884845	296743
江　西	Jiangxi	14535470	12100058	11331706	41781	16024	2212939	1722182	164668
山　东	Shandong	29001760	23369670	21549555	140281	18045	5036750	4219936	437014
河　南	Henan	26685217	20678150	17733939	305184	13403	5349332	4538394	339149
湖　北	Hubei	16067052	12692681	11412518	62531	9647	3079461	2581407	222733
湖　南	Hunan	17753672	13508118	12739838	240772	22750	3717673	2966046	264358
广　东	Guangdong	49187551	37155828	32177726	243584	97301	11262187	9811048	428650
广　西	Guangxi	14367736	11840508	10088765	77273	13634	2250610	1801781	185711
海　南	Hainan	4243935	3492150	2734934	36154	873	662796	548256	51963
重　庆	Chongqing	11442967	9139029	7302843	35189	26519	1906709	1456462	335521
四　川	Sichuan	22547121	18246513	15939970	94773	54799	3875935	3184378	275101
贵　州	Guizhou	13622935	11585069	10615705	33189	15237	1557873	1242614	431568
云　南	Yunnan	14833632	12681214	10673104	69213	31498	1835591	1544340	216117
西　藏	Tibet	2881230	2836103	2615758	100	7831	29281	17514	7915
陕　西	Shaanxi	12490355	9960349	9446260	24687	11243	2259056	1763081	235020
甘　肃	Gansu	7998741	7211953	6360526	12982	7986	680401	538878	85418
青　海	Qinghai	2894894	2662423	2198772	1873	9241	136597	95714	84760
宁　夏	Ningxia	2532754	2151733	1793636	6500	5950	274713	223605	93858
新　疆	Xinjiang	10214911	9373266	8638351	5486	7830	434702	325406	393627

注：1.“民办学校中举办者投入”1993-2006年数据为社会团体和公民个人办学总经费。

2.从2017年起，“公共财政教育经费”改为“一般公共预算教育经费”。“一般公共预算教育经费”数据1992-2011年包括教育事业费、基本建设经费、教育费附加、科研经费和其他经费，2012年起仅包括教育事业费、基本建设经费和教育费附加，2015年起教育事业费包含地方教育附加和土地出让收益计提的教育资金。

3.“其他教育经费”数据1992-1997年包含扣除“学费”后的事业收入。

a) "Funds from sponsors of non-public schools" from 1993 to 2006 cover funds from social organizations and from citizens for running schools.

b) Since 2017, the "public expenditure on education" has been changed to "general public budget expenditure on education". From 1992 to 2011, the "general public budget expenditure on education" included the appropriated funds for education, capital construction, education surcharges, scientific research, and other funds. Since 2012, it only includes the appropriated funds for education, capital construction, and education surcharges. Since 2015, the "appropriated funds for education" includes the education funds accrued from local education surcharges and land transfer income.

c) The "other education funds" includes career income after deducting "tuition fees" from 1992 to 1997.

主要统计指标解释

普通高等学校 指通过国家普通高等教育招生考试，招收高中毕业生为主要培养对象，实施高等学历教育的全日制大学、独立设置的学院、独立学院和高等专科学校、高等职业学校及其他普通高教机构。

大学、独立设置的学院主要实施本科及本科层次以上的教育。独立学院主要实施本科层次的教育。高等专科学校、高等职业学校实施专科层次的教育。其他普通高教机构是指承担国家普通招生计划任务不计校数的机构，包括普通高等学校分校、大专班等。

成人高等学校 指通过国家成人高等教育招生考试，招收具有高中毕业或同等学力的人员为主要培养对象，利用函授、业余、脱产等多种形式，对其实施高等学历教育的学校。包括：职工高等学校、农民高等学校、管理干部学院、教育学院、独立函授学院、广播电视大学、其他成人高教机构等。其他成人高教机构是指承担国家成人招生计划任务不计校数的机构。

小学学龄儿童净入学率 指调查范围内已入小学学习的学龄儿童占校内外学龄儿童总数的比重。计算公式为：

$$\text{小学学龄儿童净入学率} = \frac{\text{已入学的小学学龄儿童数}}{\text{校内外小学学龄儿童总数}} \times 100\%$$

国家财政性教育经费 包括一般公共预算安排的教育经费，政府性基金预算安排的教育经费，企业办学中的企业拨款，校办产业和社会服务收入用于教育的经费，其他属于国家财政性教育经费。

Explanatory Notes on Main Statistical Indicators

Regular Higher Education Institutions refer to educational establishments recruiting graduates from senior secondary schools as the main target through National Matriculation TEST. They include full-time universities, independently established schools, independent colleges, higher professional colleges, higher vocational colleges and other regular higher education institutions.

Universities and independently established schools primarily provide normal courses at undergraduate and higher levels. Independent colleges mainly provide normal undergraduate courses. Higher professional colleges and higher vocational colleges primarily provide undergraduate of short-cycle courses. Other regular higher education institutions refer to educational establishments, which are responsible for enrolling higher education students under the State Plan but not enumerated in the total number of schools, including: branch schools of regular higher education institutions and junior colleges.

Adults Higher Education Institutions refer to educational establishments, enrolling personnel graduated from senior secondary school or with equivalent education through National Matriculation TEST for Adult, and providing higher education courses in forms of correspondence, spare time or full time, for adults. Adults higher education institutions include schools of higher education for staff and workers, schools of higher education for peasants, institutions of administration, educational colleges, independent correspondence colleges, radio and television universities and other educational establishments of higher education for adult. Other educational establishments of higher education for adult refer undertakings to enrol adult students under the State Plan but not enumerated in the number of schools.

Net Enrolment Ratio of School-age Children in Primary Schools refers to the proportion of school-age children enrolled at primary schools to the total number of school-age children both in and outside primary schools. The formula is:

$$\text{Net enrolment ratio of school-age children in primary schools} = \frac{\text{Total primary school-age children at schools}}{\text{Total primary school-age children whether or not attending school}} \times 100\%$$

Government Appropriation for Education refers to the general public budget appropriation fund for education, educational funds budgeted by government funds, enterprise appropriation for enterprise-run schools, income from school-run enterprises and social services that are used for education purpose and other government appropriations for education.

22

卫生和社会服务

Public Health and Social Services

简 要 说 明

一、本篇资料的主要内容

本篇主要反映卫生、社会服务、残疾人事业的发展情况。

卫生统计资料主要包括医疗卫生机构、卫生人员、医疗服务、卫生设施、妇幼保健、疾病控制、卫生费用等情况。

社会服务统计资料主要包括社会组织和自治组织情况，民政机构床位情况，社会救助情况，孤儿和收养登记情况，婚姻登记情况，医疗救助情况和福利彩票销售情况等。

残疾人统计资料主要包括残疾人康复、教育、就业、社会保障、扶贫、维权和组织建设情况。

二、本篇的资料来源

卫生统计资料由国家卫生健康委员会提供。社会服务统计资料由民政部和国家医疗保障局提供。残疾人统计资料由中国残疾人联合会提供。

详细资料分别见《中国卫生健康统计年鉴》（国家卫生健康委员会编）、《中国民政统计年鉴》（中华人民共和国民政部编）、《中国残疾人事业统计年鉴》（中国残疾人联合会编）。

Brief Introduction

I. Main Contents

Data in this chapter mainly reflect the development of health, social services, and work for persons with disability.

Data on health include mainly the number of health care institutions, health personnel, health services, health facility, maternal and child health care, disease control and health expenditure.

Data on social services include the statistics of social organizations and autonomous organizations, beds of civil affairs institutions, social assistance, orphans and children adoption registration, marriage registration service, medical aid, and welfare lottery.

Data on work for persons with disability cover information on the rehabilitation, education, employment, social security, poverty alleviation, rights protection and organizations development.

II. Sources of Data

Data on health are provided by the National Health Commission. Data on social services are provided by the Ministry of Civil Affairs and National Healthcare Security Administration. Data on work for persons with disability are provided by the China Disabled Persons' Federation.

For detailed information please refer to "*China Health Statistical Yearbook*" compiled by the National Health Commission, "*China Civil Affairs Statistical Yearbook*" compiled by the Ministry of Civil Affairs and "*China Statistical Yearbook on the Work for Persons with Disability*" compiled by China Disabled Persons' Federation.

22-1 医疗卫生机构
Health Care Institutions

单位：个 (unit)

年份 地区	Year Region	合计 Total	#医院 Hospitals	#综合医院 General Hospitals	#中医医院 Traditional Chinese Medicine Hospitals	#专科医院 Specialized Hospitals	#基层医疗卫生机构 Health Care Institutions at Grass-root Level	#社区卫生服务中心(站) Community Health Service Centers (Stations)	#乡镇卫生院 Township Health Centers
	1978	169732	9293	7539	447	643			55018
	1980	180553	9902	7859	678	694			55413
	1985	978540	11955	9197	1485	938			47387
	1990	1012690	14377	10424	2115	1362			47749
	1995	994409	15663	11586	2361	1445			51797
	2000	1034229	16318	11872	2453	1543	1000169		49229
	2005	882206	18703	12982	2620	2682	849488	17128	40907
	2010	936927	20918	13681	2778	3956	901709	32739	37836
	2011	954389	21979	14328	2831	4283	918003	32860	37295
	2012	950297	23170	15021	2889	4665	912620	33562	37097
	2013	974398	24709	15887	3015	5127	915368	33965	37015
	2014	981432	25860	16524	3115	5478	917335	34238	36902
	2015	983528	27587	17430	3267	6023	920770	34321	36817
	2016	983394	29140	18020	3462	6642	926518	34327	36795
	2017	986649	31056	18921	3695	7220	933024	34652	36551
	2018	997433	33009	19693	3977	7900	943639	34997	36461
	2019	1007579	34354	19963	4221	8531	954390	35013	36112
	2020	1022922	35394	20133	4426	9021	970036	35365	35762
北京	Beijing	10599	651	226	163	208	9675	1965	
天津	Tianjin	5838	424	274	54	93	5258	637	138
河北	Hebei	86939	2244	1517	262	413	83972	1459	1996
山西	Shanxi	41140	1420	673	217	487	39224	1012	1310
内蒙古	Inner Mongolia	24549	777	377	126	159	23277	1200	1257
辽宁	Liaoning	34131	1359	726	191	407	32174	1309	1024
吉林	Jilin	25616	812	419	122	252	24424	302	760
黑龙江	Heilongjiang	20461	1126	740	168	201	18653	645	966
上海	Shanghai	5897	398	176	21	126	5291	1114	
江苏	Jiangsu	35747	1996	989	156	518	32703	2658	999
浙江	Zhejiang	34400	1429	591	189	535	32376	4733	1058
安徽	Anhui	29391	1388	823	155	331	27400	1869	1356
福建	Fujian	28105	695	377	88	213	26902	706	890
江西	Jiangxi	36716	858	532	117	191	35214	596	1589
山东	Shandong	84872	2640	1468	335	705	81126	2422	1514
河南	Henan	74644	2205	1314	375	439	71339	1652	2020
湖北	Hubei	35447	1048	560	123	326	33852	1145	1121
湖南	Hunan	56042	1649	857	197	545	53793	829	2143
广东	Guangdong	55900	1700	934	176	534	53069	2679	1167
广西	Guangxi	33875	733	404	107	189	32149	325	1265
海南	Hainan	6127	280	171	23	76	5733	213	277
重庆	Chongqing	20922	859	448	134	208	19838	557	816
四川	Sichuan	82793	2435	1494	260	602	79491	1059	4283
贵州	Guizhou	28880	1378	962	111	271	27138	843	1330
云南	Yunnan	26626	1445	910	170	335	24592	662	1372
西藏	Tibet	6939	172	112	1	11	6632	14	679
陕西	Shaanxi	34983	1218	751	166	278	33208	688	1525
甘肃	Gansu	26204	705	373	117	167	24597	669	1366
青海	Qinghai	6407	215	119	14	38	6018	278	411
宁夏	Ningxia	4574	218	137	31	46	4247	231	205
新疆	Xinjiang	18158	917	679	57	117	16671	894	925

注：1.村卫生室数计入医疗卫生机构数中。
2.2002年起，医疗卫生机构数不再包括高中等医学院校本部、药检机构、国境卫生检疫所和非卫生部门举办的计划生育指导站。
3.2013年起，医疗卫生机构数包括原计生部门主管的计划生育技术服务机构。
4.1996年以前，门诊部(所)不包括私人诊所。

a) Number of village clinics was included in health care institutions.
b) Since 2002, health care institutions no longer includes headquarters of higher and secondary medical schools, drug test institutions, frontier health and quarantine institutions and family planning service stations run by non-health departments.
c) Since 2013, health care institutions include family planning technical services institutions managed by original family planning department.
d) Before 1996, outpatient departments did not include private clinics.

22-1 续表 continued

单位：个 (unit)

年份 Year / 地区 Region		#村卫生室 Village Clinics	#门诊部(所) Outpatient Departments	#专业公共卫生机构 Specialized Public Health Institutions	#疾病预防控制中心 Centers for Disease Control	#专科疾病防治院(所/站) Specialized Disease Prevention & Treatment Institutions	#妇幼保健院(所/站) Maternal and Children Care Centers	#卫生监督所(中心) Health Inspection Institutions (Centers)
	1978		94395		2989	887	2571	
	1980		102474		3105	1138	2745	
	1985	777674	126604		3410	1566	2996	
	1990	803956	129332		3618	1781	3148	
	1995	804352	104406		3729	1895	3179	
	2000	709458	240934	11386	3741	1839	3163	
	2005	583209	207457	11177	3585	1502	3021	1702
	2010	648424	181781	11835	3513	1274	3025	2992
	2011	662894	184287	11926	3484	1294	3036	3022
	2012	653419	187932	12083	3490	1289	3044	3088
	2013	648619	195176	31155	3516	1271	3144	2967
	2014	645470	200130	35029	3490	1242	3098	2975
	2015	640536	208572	31927	3478	1234	3078	2986
	2016	638763	216187	24866	3481	1213	3063	2986
	2017	632057	229221	19896	3456	1200	3077	2992
	2018	622001	249654	18033	3443	1161	3080	2949
	2019	616094	266659	15958	3403	1128	3071	2869
	2020	608828	289542	14492	3384	1048	3052	2934
北京	Beijing	2472	5238	105	29	20	18	18
天津	Tianjin	2196	2282	87	22	8	18	20
河北	Hebei	60183	20332	641	188	11	187	179
山西	Shanxi	26800	9843	440	132	8	129	127
内蒙古	Inner Mongolia	13030	7790	434	120	29	114	117
辽宁	Liaoning	17567	12251	466	108	54	89	49
吉林	Jilin	9638	13723	314	67	54	70	44
黑龙江	Heilongjiang	10385	6650	626	147	74	131	135
上海	Shanghai	1169	3008	107	19	16	19	17
江苏	Jiangsu	15020	14020	658	118	39	116	109
浙江	Zhejiang	11300	15274	401	103	14	92	99
安徽	Anhui	15710	8460	481	121	43	123	105
福建	Fujian	17120	8186	403	98	22	95	88
江西	Jiangxi	27440	5584	564	152	110	114	111
山东	Shandong	53523	23619	889	192	109	160	145
河南	Henan	57003	10657	909	180	21	163	182
湖北	Hubei	23199	8365	479	112	73	101	107
湖南	Hunan	38109	12708	538	145	82	137	135
广东	Guangdong	25887	23328	897	137	130	130	147
广西	Guangxi	19298	11261	942	121	32	105	125
海南	Hainan	2764	2479	106	28	13	24	1
重庆	Chongqing	9815	8640	149	41	12	41	39
四川	Sichuan	54202	19914	716	210	22	202	191
贵州	Guizhou	20162	4756	322	100	5	99	75
云南	Yunnan	13582	8953	532	150	27	147	136
西藏	Tibet	5277	662	134	82		43	2
陕西	Shaanxi	22976	8009	463	119	7	118	114
甘肃	Gansu	16419	6141	867	102	9	99	94
青海	Qinghai	4473	856	172	55	1	50	53
宁夏	Ningxia	2172	1639	94	25		23	24
新疆	Xinjiang	9937	4914	556	161	3	95	146

22-2 卫生人员
Statistics on Health Personnel

单位：人 (person)

年份 地区	Year Region	卫生人员 Health Personnel	卫生技术人员 Health Technical Personnel	#执业(助理)医师 Licensed Physicians & Physician Assistants	#执业医师 Licensed Physicians	#注册护士 Registered Nurses	#药师(士) Pharmacists	乡村医生和卫生员 Village Doctors and Assistants	其他技术人员 Other Technical Personnel	管理人员 Administrative Staffs	工勤技能人员 Logistics Technical Workers
	1978	7883041	2463931	978152	609608	405223	266570	4777469	22950	298104	320587
	1980	7355483	2798241	1153234	709473	465798	308438	3820776	27834	310805	397827
	1985	5606105	3410910	1413281	724238	636974	365145	1293094	46052	358812	497237
	1990	6137711	3897921	1763086	1302997	974541	405978	1231510	85504	396694	526082
	1995	6704395	4256923	1917772	1454926	1125661	418520	1331017	120782	450013	545660
	2000	6910383	4490803	2075843	1603266	1266838	414408	1319357	157533	426789	515901
	2005	6447246	4564050	2042135	1622684	1349589	349533	916532	225697	312826	428141
	2010	8207502	5876158	2413259	1972840	2048071	353916	1091863	290161	370548	578772
	2011	8616040	6202858	2466094	2020154	2244020	363993	1126443	305981	374885	605873
	2012	9115705	6675549	2616064	2138836	2496599	377398	1094419	319117	372997	653623
	2013	9790483	7210578	2794754	2285794	2783121	395578	1081063	359819	420971	718052
	2014	10234213	7589790	2892518	2374917	3004144	409595	1058182	379740	451250	755251
	2015	10693881	8007537	3039135	2508408	3241469	423294	1031525	399712	472620	782487
	2016	11172945	8454403	3191005	2651398	3507166	439246	1000324	426171	483198	808849
	2017	11748972	8988230	3390034	2828999	3804021	452968	968611	451480	509093	831558
	2018	12300325	9529179	3607156	3010376	4098630	467685	907098	476569	529045	858434
	2019	12928335	10154010	3866916	3210515	4445047	483420	842302	503947	543750	884326
	2020	13474992	10678019	4085689	3401672	4708717	496793	795510	529601	561157	910705
北京	Beijing	348066	276147	107716	101061	117944	15146	2661	17982	21893	29383
天津	Tianjin	143185	114033	49236	46206	42714	6674	3535	6778	10254	8585
河北	Hebei	674956	519556	239665	185229	201377	19818	61822	31085	23420	39073
山西	Shanxi	351369	268354	108767	92094	116339	11044	31423	13655	15970	21967
内蒙古	Inner Mongolia	254843	202317	80570	68672	83443	11224	15587	11725	12174	13040
辽宁	Liaoning	401501	316136	126188	113955	142745	13657	17919	17462	19532	30452
吉林	Jilin	272940	212103	85090	73713	95420	8717	13726	11866	15811	19434
黑龙江	Heilongjiang	310391	242527	96088	82025	102278	11066	16867	11287	17465	22245
上海	Shanghai	261404	214368	78364	74780	97151	10653	649	11720	13738	20929
江苏	Jiangsu	823261	665488	267789	224031	294159	32590	23201	37223	34797	62552
浙江	Zhejiang	659781	548024	217677	191541	233067	31436	6632	27377	24044	53704
安徽	Anhui	503172	412110	164229	133307	188182	16662	30870	18759	17785	23648
福建	Fujian	351036	278376	105509	90351	122471	15993	19442	14724	11918	26576
江西	Jiangxi	367797	286112	104866	86726	129251	15723	36054	11279	11452	22900
山东	Shandong	1027917	813449	329174	271412	355651	37143	83313	48773	33564	48818
河南	Henan	940491	706795	276390	211830	304335	29595	90405	39491	38572	65228
湖北	Hubei	538003	428494	159701	134153	200020	18719	32696	23153	22788	30872
湖南	Hunan	614460	497801	190058	148605	235149	21495	33666	21648	25283	36062
广东	Guangdong	1006226	829396	306017	256800	374457	44512	21320	33836	36852	84822
广西	Guangxi	472215	371983	125515	102833	167487	20192	30121	16444	16666	37001
海南	Hainan	94096	74362	27159	23145	35188	3413	3303	3277	5019	8135
重庆	Chongqing	301617	237686	88706	72127	109417	9927	14913	9391	15080	24547
四川	Sichuan	824459	632211	234473	195334	285807	28497	57142	26428	37427	71251
贵州	Guizhou	366886	287754	97537	77136	131472	10505	31348	12153	17349	18282
云南	Yunnan	458856	366516	122581	100245	173175	13242	36466	18131	11939	25804
西藏	Tibet	41027	22730	9453	7367	6843	1082	12564	1846	1467	2420
陕西	Shaanxi	445293	363483	113863	93988	155481	16470	25225	3608	27196	25781
甘肃	Gansu	228975	181223	63511	50945	81363	7455	18088	9082	7887	12695
青海	Qinghai	64290	48926	18303	15400	19678	2528	6671	3322	2036	3335
宁夏	Ningxia	71979	58627	22240	19343	25972	3250	3143	2912	2887	4410
新疆	Xinjiang	244500	190932	69254	57318	80681	8365	14738	13184	8892	16754

注：1.卫生人员和卫生技术人员中包括获得“卫生监督员”证书的公务员1万人。
2.2013年起，卫生人员数包括卫生计生部门主管的计划生育技术服务机构人员数。
3.执业(助理)医师数包括村卫生室执业(助理)医师数。
4.1985年以前乡村医生和卫生员系赤脚医生数。

a) Health personnel and health technical personnel include 10 000 civil servants who obtain the Certificate of Health Supervisor.
b) Since 2013, health personnel include personnel of family planning technical service institutions managed by family planning departments.
c) Licensed Physicians & physician assistants include those in village clinics.
d) Before 1985, village doctors and assistants referred to barefoot doctors.

22-3 每千人口卫生技术人员
Health Technical Personnel in Health Care Institutions per 1000 Persons

单位：人 (person)

年份 地区	Year Region	卫生技术人员 Health Technical Personnel 合计 Total	城市 Urban	农村 Rural	执业(助理)医师 Licensed Physicians & Physician Assistants 合计 Total	城市 Urban	农村 Rural	注册护士 Registered Nurses 合计 Total	城市 Urban	农村 Rural
	1980	2.85	8.03	1.81	1.17	3.22	0.76	0.47	1.83	0.20
	1985	3.28	7.92	2.09	1.36	3.35	0.85	0.61	1.85	0.30
	1990	3.45	6.59	2.15	1.56	2.95	0.98	0.86	1.91	0.43
	1995	3.59	5.36	2.32	1.62	2.39	1.07	0.95	1.59	0.49
	2000	3.63	5.17	2.41	1.68	2.31	1.17	1.02	1.64	0.54
	2005	3.50	5.82	2.69	1.56	2.46	1.26	1.03	2.10	0.65
	2006	3.60	6.09	2.70	1.60	2.56	1.26	1.09	2.22	0.66
	2007	3.72	6.44	2.69	1.61	2.61	1.23	1.18	2.42	0.70
	2008	3.90	6.68	2.80	1.66	2.68	1.26	1.27	2.54	0.76
	2009	4.15	7.15	2.94	1.75	2.83	1.31	1.39	2.82	0.81
	2010	4.39	7.62	3.04	1.80	2.97	1.32	1.53	3.09	0.89
	2011	4.58	7.90	3.19	1.82	3.00	1.33	1.66	3.29	0.98
	2012	4.94	8.54	3.41	1.94	3.19	1.40	1.85	3.65	1.09
	2013	5.27	9.18	3.64	2.04	3.39	1.48	2.04	4.00	1.22
	2014	5.56	9.70	3.77	2.12	3.54	1.51	2.20	4.30	1.31
	2015	5.84	10.21	3.90	2.22	3.72	1.55	2.37	4.58	1.39
	2016	6.12	10.42	4.08	2.31	3.79	1.61	2.54	4.75	1.50
	2017	6.47	10.87	4.28	2.44	3.97	1.68	2.74	5.01	1.62
	2018	6.83	10.91	4.63	2.59	4.01	1.82	2.94	5.08	1.80
	2019	7.26	11.10	4.96	2.77	4.10	1.96	3.18	5.22	1.99
	2020	7.57	11.46	5.18	2.90	4.25	2.06	3.34	5.40	2.10
北　京	Beijing	12.61	18.44		4.92	7.17		5.39	7.89	
天　津	Tianjin	8.22	9.71		3.55	4.11		3.08	3.73	
河　北	Hebei	6.96	8.73	5.22	3.21	3.60	2.62	2.70	3.93	1.74
山　西	Shanxi	7.69	15.37	4.53	3.12	5.76	2.02	3.33	7.36	1.69
内蒙古	Inner Mongolia	8.41	13.89	5.91	3.35	5.22	2.49	3.47	6.38	2.15
辽　宁	Liaoning	7.42	12.81	3.66	2.96	4.97	1.57	3.35	6.08	1.44
吉　林	Jilin	8.81	9.16	6.48	3.53	3.54	2.71	3.96	4.41	2.67
黑龙江	Heilongjiang	7.61	11.15	4.62	3.02	4.23	1.95	3.21	5.30	1.59
上　海	Shanghai	8.62	15.12		3.15	5.50		3.91	6.87	0.02
江　苏	Jiangsu	7.85	10.26	6.61	3.16	3.83	2.91	3.47	4.83	2.68
浙　江	Zhejiang	8.49	14.24	8.11	3.37	5.43	3.38	3.61	6.34	3.25
安　徽	Anhui	6.75	9.01	4.28	2.69	3.34	1.82	3.08	4.44	1.81
福　建	Fujian	6.70	10.83	4.85	2.54	4.14	1.82	2.95	4.97	2.03
江　西	Jiangxi	6.33	9.63	4.11	2.32	3.32	1.58	2.86	4.80	1.70
山　东	Shandong	8.01	11.18	5.77	3.24	4.37	2.43	3.50	5.23	2.32
河　南	Henan	7.11	13.82	4.22	2.78	5.06	1.73	3.06	6.74	1.63
湖　北	Hubei	7.42	10.48	5.22	2.77	3.73	2.03	3.46	5.25	2.25
湖　南	Hunan	7.49	13.78	5.02	2.86	4.87	2.01	3.54	7.04	2.24
广　东	Guangdong	6.58	10.86	4.71	2.43	3.98	1.78	2.97	5.03	1.97
广　西	Guangxi	7.42	9.83	4.75	2.50	3.42	1.55	3.34	4.75	1.99
海　南	Hainan	7.38	15.28	5.09	2.69	5.53	1.88	3.49	7.62	2.25
重　庆	Chongqing	7.42	10.70	3.48	2.77	3.83	1.45	3.41	5.24	1.32
四　川	Sichuan	7.56	9.84	5.27	2.80	3.55	2.01	3.42	4.81	2.18
贵　州	Guizhou	7.46	12.18	4.86	2.53	4.31	1.61	3.41	6.05	2.12
云　南	Yunnan	7.76	14.93	5.98	2.60	5.20	1.96	3.67	7.49	2.74
西　藏	Tibet	6.23	5.31	5.02	2.59	2.22	2.07	1.88	2.02	1.11
陕　西	Shaanxi	9.20	11.56	6.99	2.88	3.79	2.06	3.93	5.49	2.59
甘　肃	Gansu	7.24	9.88	4.98	2.54	3.32	1.80	3.25	4.89	2.04
青　海	Qinghai	8.26	13.37	5.50	3.09	4.65	2.22	3.32	6.33	1.77
宁　夏	Ningxia	8.14	11.34	5.77	3.09	4.22	2.26	3.61	5.31	2.28
新　疆	Xinjiang	7.39	15.38	7.04	2.68	5.98	2.48	3.12	7.03	2.88

注：1.2002年以前，执业(助理)医师系医生，执业医师系医师，注册护士系护师(士)。
2.城市包括直辖市区和地级市辖区，农村包括县及县级市。
3.合计项分母系常住人口数，分城乡项分母系推算户籍人口数。

a) Before 2002, licensed physician assistants referred to doctors, licensed physicians referred to physicians, registered nurses referred to nurses.
b) Urban area includes districts of municipalities and prefecture-level cities, rural area includes counties and cities at county level.
c) Population for totals refers to permanent population, while population for urban and rural areas refers to the estimated population by household registration.

22-4 村卫生室情况
Statistics on Village Clinics

单位：个 (unit)

年份 地区	Year Region	村卫生室 Village Clinics	村办 Village-run	乡卫生院设点 Outlets of Township Health Centers	联合办 Joint-run	私人办 Private-run	其他 Others
	1985	777674	305537	29769	88803	323904	29661
	1990	803956	266137	29963	87149	381844	38863
	1995	804352	297462	36388	90681	354981	22876
	2000	709458	300864	47101	89828	255179	16486
	2005	583209	313633	32396	38561	180403	18216
	2006	609128	333790	34803	36805	186524	17206
	2007	613855	340082	33633	33649	186841	19650
	2008	613143	342692	40248	31698	180157	18348
	2009	632770	350515	45434	31035	183699	22087
	2010	648424	365153	49678	32650	177080	23863
	2011	662894	372661	56128	33639	175747	24719
	2012	653419	370099	58317	32278	167025	25700
	2013	648619	371579	59896	32690	158811	25643
	2014	645470	349428	59396	29180	160549	46917
	2015	640536	353196	60231	29208	153353	44548
	2016	638763	351016	60419	29336	152164	45828
	2017	632057	349025	63598	28687	147046	43701
	2018	622001	342062	65495	28353	141623	44468
	2019	616094	339525	69091	27626	134575	45277
	2020	608828	337868	71858	26817	125503	46782
北京	Beijing	2472	2094	3	3	198	174
天津	Tianjin	2196	632	756	108	126	574
河北	Hebei	60183	29491	5282	1111	20198	4101
山西	Shanxi	26800	18545	1109	689	2969	3488
内蒙古	Inner Mongolia	13030	5059	2566	258	3881	1266
辽宁	Liaoning	17567	7881	433	152	8463	638
吉林	Jilin	9638	3723	1805	1096	2480	534
黑龙江	Heilongjiang	10385	7145	1556	144	1009	531
上海	Shanghai	1169	433	441			295
江苏	Jiangsu	15020	7690	4100	1979	30	1221
浙江	Zhejiang	11300	6876	1711	138	1727	848
安徽	Anhui	15710	7360	2812	2174	829	2535
福建	Fujian	17120	10594	1077	220	3530	1699
江西	Jiangxi	27440	13101	433	1451	11390	1065
山东	Shandong	53523	26944	14063	4458	4679	3379
河南	Henan	57003	33997	931	2753	15830	3492
湖北	Hubei	23199	14373	3912	2680	1206	1028
湖南	Hunan	38109	25438	1737	915	6601	3418
广东	Guangdong	25887	13055	2391	169	6061	4211
广西	Guangxi	19298	13266	1083	148	4127	674
海南	Hainan	2764	788	370	26	1383	197
重庆	Chongqing	9815	6764	895	226	869	1061
四川	Sichuan	54202	26929	3620	2603	17628	3422
贵州	Guizhou	20162	11054	1913	363	4926	1906
云南	Yunnan	13582	10143	1659	529	277	974
西藏	Tibet	5277	1958	2525	18	1	775
陕西	Shaanxi	22976	21889	172	68	847	
甘肃	Gansu	16419	6055	5230	720	2792	1622
青海	Qinghai	4473	1782	737	604	806	544
宁夏	Ningxia	2172	787	630	150	268	337
新疆	Xinjiang	9937	2022	5906	864	372	773

22-5 各类医疗卫生机构医疗服务及床位利用情况(2020年)

Statistics on Health Services and Utilization of Beds in Health Care Institutions (2020)

机构名称	Institutions	诊疗人次数(万人次) Visits (10 000 person-times)	入院人数(万人) Inpatients (10 000 persons)	医师日均担负诊疗人次(人次) Daily Visits per Physician (person-times)	实际开放总床日数(万日) Days of Total Beds Actually Opened (10 000 day)	平均开放病床(万张) Average Beds Opened (10 000 bed)
总计	**Total**	**774105**	**23013**	**6.76**	**315191**	**861**
医院	Hospitals	332288	18352	5.86	248028	678
综合医院	General Hospitals	238580	13588	6.04	162464	444
中医医院	Traditional Chinese Medicine Hospitals	51848	2556	6.06	34279	94
中西医结合医院	Hospital of Integrated Traditional Chinese and Western Medicine	6542	276	5.69	4243	12
民族医院	Nationalities Hospitals	1309	79	3.65	1418	4
专科医院	Specialized Hospitals	33753	1821	4.83	42560	116
护理院	Nursing Hospitals	256	33	1.50	3064	8
基层医疗卫生机构	Health Care Institutions at Grass-root Level	411614	3708	8.30	56196	154
#社区卫生服务中心(站)	Community Health Service Centers (Stations)	75472	299	13.21	7687	21
卫生院	Health Centers	110695	3402	8.47	48501	133
街道卫生院	Sub-district Health Centers	1179	18	8.14	432	1
乡镇卫生院	Township Health Centers	109516	3383	8.47	48069	131
村卫生室	Village Clinics	142754				
门诊部	Outpatient Departments	15722	6	3.95		
诊所(医务室)	Clinics (Infirmaries)	66971		6.96		
专业公共卫生机构	Specialized Public Health Institutions	30053	931	7.06	10210	28
#专科疾病防治院(所、站)	Specialized Disease Prevention & Treatment Institutions	1889	37	5.16	1457	4
妇幼保健院(所、站)	Maternal and Children Care Centers	27310	894	7.26	8753	24
其他医疗卫生机构	Other Health Institutions	150	22	2.41	757	2

22-5 续表 continued

机构名称	Institutions	病床周转次数(次) Turnover of Hospital Beds (time)	病床工作日(日) Working Days of Hospital Beds (day)	病床使用率(%) Occupancy Rate of Hospital Beds (%)	平均住院日(日) Average Length of Stay in Hospital (day)
总计	**Total**	**26.7**	**247.6**	**67.7**	**8.9**
医院	Hospitals	27.1	264.6	72.3	9.5
综合医院	General Hospitals	30.6	265.2	72.5	8.5
中医医院	Traditional Chinese Medicine Hospitals	27.3	264.7	72.3	9.5
中西医结合医院	Hospital of Integrated Traditional Chinese and Western Medicine	23.8	248.5	67.9	10.2
民族医院	Nationalities Hospitals	20.4	215.5	58.9	10.1
专科医院	Specialized Hospitals	15.6	266.6	72.9	15.7
护理院	Nursing Hospitals	3.8	252.3	68.9	50.6
基层医疗卫生机构	Health Care Institutions at Grass-root Level	24.1	180.1	49.2	6.9
#社区卫生服务中心(站)	Community Health Service Centers (Stations)	14.2	155.5	42.5	10.2
卫生院	Health Centers	25.6	184.0	50.3	6.6
街道卫生院	Sub-district Health Centers	15.5	134.4	36.7	8.1
乡镇卫生院	Township Health Centers	25.7	184.5	50.4	6.6
村卫生室	Village Clinics				
门诊部	Outpatient Departments				
诊所(医务室)	Clinics (Infirmaries)				
专业公共卫生机构	Specialized Public Health Institutions	33.3	211.1	57.8	6.2
#专科疾病防治院(所、站)	Specialized Disease Prevention & Treatment Institutions	9.3	232.2	63.6	22.1
妇幼保健院(所、站)	Maternal and Children Care Centers	37.3	207.6	56.9	5.5
其他医疗卫生机构	Other Health Care Institutions	10.6	162.2	44.4	11.3

22-6 医疗卫生机构床位
Number of Beds in Health Care Institutions

单位：万张 (10 000 beds)

年 份 Year 地 区 Region	合 计 Total	#医 院 Hospitals	#基层医疗卫生机构 Health Care Institutions at Grass-root Level	#社区卫生服务中心(站) Community Health Service Centers (Stations)	#乡 镇卫生院 Township Health Centers	#专业公共卫生机构 Specialized Public Health Institutions	#妇幼保健院(所、站) Maternal and Children Care Centers	#专科疾病防治院(所、站) Specialized Disease Prevention & Treatment Institutions
1978	204.17	110.00			74.73		1.16	2.63
1980	218.44	119.58			77.54		1.64	2.73
1985	248.71	150.86			72.06		3.46	2.95
1990	292.54	186.89			72.29		4.66	3.10
1995	314.06	206.33			73.31		5.13	3.07
2000	317.70	216.67	76.65		73.48	11.86	7.12	2.84
2005	336.75	244.50	72.58	2.50	67.82	13.58	9.41	3.34
2006	351.18	256.04	76.19	4.12	69.62	13.50	9.93	2.80
2007	370.11	267.51	85.03	7.66	74.72	13.29	10.62	2.59
2008	403.87	288.29	97.10	9.80	84.69	14.66	11.73	2.64
2009	441.66	312.08	109.98	13.13	93.34	15.40	12.61	2.71
2010	478.68	338.74	119.22	16.88	99.43	16.45	13.44	2.93
2011	515.99	370.51	123.37	18.71	102.63	17.81	14.59	3.14
2012	572.48	416.15	132.43	20.32	109.93	19.82	16.16	3.57
2013	618.19	457.86	134.99	19.42	113.65	21.49	17.55	3.85
2014	660.12	496.12	138.12	19.59	116.72	22.30	18.48	3.76
2015	701.52	533.06	141.38	20.10	119.61	23.63	19.54	4.03
2016	741.05	568.89	144.19	20.27	122.39	24.72	20.65	4.00
2017	794.03	612.05	152.85	21.84	129.21	26.26	22.11	4.08
2018	840.41	651.97	158.36	23.13	133.39	27.44	23.28	4.08
2019	880.70	686.65	163.11	23.74	136.99	28.50	24.32	4.11
2020	910.07	713.12	164.94	23.83	139.03	29.61	25.29	4.23
北 京 Beijing	12.70	11.92	0.51	0.51		0.27	0.21	0.06
天 津 Tianjin	6.83	6.15	0.60	0.21	0.38	0.05		0.05
河 北 Hebei	44.20	34.80	7.90	0.87	7.00	1.50	1.48	0.02
山 西 Shanxi	22.37	18.13	3.74	0.41	3.06	0.43	0.39	0.04
内蒙古 Inner Mongolia	16.21	13.02	2.68	0.52	2.15	0.48	0.44	0.04
辽 宁 Liaoning	31.45	26.91	3.83	0.69	3.10	0.33	0.18	0.14
吉 林 Jilin	17.31	14.88	1.96	0.31	1.63	0.29	0.19	0.10
黑龙江 Heilongjiang	25.33	21.52	3.12	0.71	2.37	0.61	0.39	0.22
上 海 Shanghai	15.22	13.43	1.56	1.56		0.14	0.12	0.02
江 苏 Jiangsu	53.50	42.17	10.16	2.40	7.69	0.94	0.75	0.19
浙 江 Zhejiang	36.13	31.70	3.07	1.00	2.02	1.20	1.15	0.04
安 徽 Anhui	40.78	31.85	7.97	0.97	6.92	0.91	0.75	0.16
福 建 Fujian	21.68	16.92	3.73	0.43	3.29	0.89	0.72	0.17
江 西 Jiangxi	28.58	20.68	6.24	0.37	5.85	1.54	1.16	0.38
山 东 Shandong	64.69	49.95	11.83	1.83	9.69	2.66	2.04	0.61
河 南 Henan	66.72	50.29	13.78	1.49	12.22	2.61	2.46	0.14
湖 北 Hubei	41.14	29.60	9.81	1.63	8.04	1.72	1.49	0.23
湖 南 Hunan	51.99	37.69	12.42	1.63	10.73	1.86	1.42	0.44
广 东 Guangdong	56.48	45.91	7.36	0.87	6.43	3.16	2.54	0.61
广 西 Guangxi	29.56	20.20	7.63	0.32	7.29	1.66	1.60	0.06
海 南 Hainan	5.85	4.66	0.96	0.15	0.77	0.22	0.22	
重 庆 Chongqing	23.55	17.49	5.59	1.13	4.37	0.44	0.42	0.02
四 川 Sichuan	64.98	48.48	14.96	1.35	13.50	1.40	1.33	0.07
贵 州 Guizhou	27.64	21.30	5.41	0.61	4.46	0.92	0.91	0.01
云 南 Yunnan	32.52	25.25	6.19	0.59	5.49	0.98	0.90	0.07
西 藏 Tibet	1.86	1.43	0.39	0.01	0.37	0.04	0.04	
陕 西 Shaanxi	27.24	21.93	3.99	0.39	3.57	1.24	0.95	0.29
甘 肃 Gansu	17.19	13.27	3.29	0.42	2.86	0.57	0.52	0.05
青 海 Qinghai	4.13	3.53	0.54	0.06	0.47	0.05	0.05	0.00
宁 夏 Ningxia	4.13	3.56	0.41	0.04	0.37	0.16	0.16	
新 疆 Xinjiang	18.15	14.50	3.30	0.34	2.94	0.33	0.32	0.01

22-7 分城乡医疗卫生机构床位数
Number of Beds in Health Institutions by Urban and Rural Areas

单位：张 (bed)

年份 地区	Year Region	医疗卫生机构床位数 Beds of Health Institutions 合计 Total	城市 Urban	农村 Rural	每千人口医疗卫生机构床位 Beds of Health Care Institutions per 1000 Population 合计 Total	城市 Urban	农村 Rural	每千农村人口乡镇卫生院床位数 Beds of Township Health Centers per 1000 Rural Population
	2010	4786831	2302297	2484534	3.58	5.94	2.60	1.12
	2011	5159889	2475222	2684667	3.84	6.24	2.80	1.16
	2012	5724775	2733403	2991372	4.24	6.88	3.11	1.24
	2013	6181891	2948465	3233426	4.55	7.36	3.35	1.30
	2014	6601214	3169880	3431334	4.85	7.84	3.54	1.34
	2015	7015214	3418194	3597020	5.11	8.27	3.71	1.24
	2016	7410453	3654956	3755497	5.37	8.41	3.91	1.27
	2017	7940252	3922024	4018228	5.72	8.75	4.19	1.35
	2018	8404088	4141427	4262661	6.03	8.70	4.56	1.43
	2019	8806956	4351540	4455416	6.30	8.78	4.81	1.48
	2020	9100700	4502529	4598171	6.46	8.81	4.95	1.50
北京	Beijing	127033	127033		5.80	8.50		
天津	Tianjin	68275	64492	3783	4.92	5.79	7.56	7.56
河北	Hebei	441962	182596	259366	5.92	6.63	4.84	1.31
山西	Shanxi	223650	115292	108358	6.41	11.48	4.30	1.21
内蒙古	Inner Mongolia	162072	79166	82906	6.74	10.64	4.95	1.28
辽宁	Liaoning	314488	206761	107727	7.38	11.68	4.41	1.27
吉林	Jilin	173123	91724	81399	7.19	7.32	5.41	1.08
黑龙江	Heilongjiang	253345	155555	97790	7.95	12.13	4.54	1.10
上海	Shanghai	152191	152191		6.12	10.77		
江苏	Jiangsu	535006	295827	239179	6.31	8.09	5.44	1.75
浙江	Zhejiang	361317	204981	156336	5.60	9.61	5.19	0.67
安徽	Anhui	407813	185535	222278	6.68	8.32	4.50	1.40
福建	Fujian	216753	99769	116984	5.22	7.25	4.39	1.24
江西	Jiangxi	285847	116852	168995	6.33	8.85	4.37	1.51
山东	Shandong	646863	318613	328250	6.37	8.27	4.95	1.46
河南	Henan	667156	254903	412253	6.71	11.50	4.35	1.29
湖北	Hubei	411351	185106	226245	7.12	9.04	5.52	1.96
湖南	Hunan	519902	190153	329749	7.82	13.29	5.51	1.79
广东	Guangdong	564773	384279	180494	4.48	6.79	3.96	1.41
广西	Guangxi	295562	128077	167485	5.90	6.82	4.25	1.85
海南	Hainan	58474	28517	29957	5.80	10.75	4.51	1.16
重庆	Chongqing	235520	158676	76844	7.35	9.71	4.26	2.42
四川	Sichuan	649756	284108	365648	7.77	8.72	6.18	2.28
贵州	Guizhou	276379	88915	187464	7.17	10.79	4.86	1.16
云南	Yunnan	325212	91361	233851	6.89	10.97	5.78	1.36
西藏	Tibet	18586	9274	9312	5.09	4.32	4.12	1.64
陕西	Shaanxi	272424	143871	128553	6.89	8.35	5.46	1.52
甘肃	Gansu	171866	72171	99695	6.87	8.58	5.06	1.45
青海	Qinghai	41285	20179	21106	6.97	10.47	5.01	1.12
宁夏	Ningxia	41261	25924	15337	5.73	7.72	4.30	1.03
新疆	Xinjiang	181455	40628	140827	7.02	11.68	7.22	1.51

注：每千人口床位数合计项分母系常住人口数，分城乡项分母系推算户籍人口数。

a) Population for totals refers to permanent population, while population for urban and rural areas refers to the estimated population by household registration.

22-8 分地区医院床位利用情况(2020年)
Occupancy of Hospital Beds by Region (2020)

地 区	Region	病床工作日(日) Work Day of Hospital Beds (day)			病床使用率(%) Occupancy Rate of Hospital Beds(%)			出院者平均住院日(日) Average Length of Stay in Hospital (day)		
		合计 Total	公立 Public Hospitals	民营 Non-public Hospitals	合计 Total	公立 Public Hospitals	民营 Non-public Hospitals	合计 Total	公立 Public Hospitals	民营 Non-public Hospitals
总 计	**National Total**	**264.6**	**282.6**	**212.9**	**72.3**	**77.4**	**58.3**	**9.5**	**9.3**	**10.3**
北 京	Beijing	222.8	234.6	182.4	60.9	64.1	49.8	9.9	9.7	11.0
天 津	Tianjin	225.6	241.7	151.9	61.6	66.0	41.5	9.6	9.0	20.7
河 北	Hebei	259.0	282.2	192.9	70.8	77.1	52.7	9.3	9.2	9.6
山 西	Shanxi	241.1	261.9	185.7	65.9	71.6	50.7	10.3	10.3	10.4
内蒙古	Inner Mongolia	215.2	234.6	112.6	58.8	64.1	30.8	9.6	9.8	7.9
辽 宁	Liaoning	227.7	246.9	179.9	62.2	67.5	49.2	10.4	10.5	9.9
吉 林	Jilin	223.6	233.1	199.9	61.1	63.7	54.6	10.0	9.8	10.8
黑龙江	Heilongjiang	176.7	174.7	183.9	48.3	47.7	50.2	10.7	10.2	12.8
上 海	Shanghai	312.0	318.4	293.2	85.3	87.0	80.1	10.7	9.1	34.4
江 苏	Jiangsu	278.6	299.1	244.1	76.1	81.7	66.7	9.7	9.3	10.6
浙 江	Zhejiang	285.2	301.7	247.2	77.9	82.4	67.6	9.5	8.4	15.9
安 徽	Anhui	264.8	289.7	207.9	72.4	79.1	56.8	9.7	9.1	11.6
福 建	Fujian	262.2	279.5	204.8	71.6	76.4	56.0	8.7	8.9	7.8
江 西	Jiangxi	276.9	289.2	239.2	75.7	79.0	65.4	9.0	8.9	9.6
山 东	Shandong	259.9	283.0	191.8	71.0	77.3	52.4	8.9	8.8	9.1
河 南	Henan	286.0	305.7	233.0	78.1	83.5	63.7	9.5	9.6	9.3
湖 北	Hubei	263.9	278.3	198.6	72.1	76.0	54.3	10.1	10.2	9.8
湖 南	Hunan	278.8	304.2	209.0	76.2	83.1	57.1	9.5	9.6	9.2
广 东	Guangdong	260.2	275.1	209.6	71.1	75.2	57.3	8.7	8.5	10.1
广 西	Guangxi	303.2	319.2	238.1	82.8	87.2	65.1	9.1	8.7	11.9
海 南	Hainan	243.7	264.8	175.6	66.6	72.4	48.0	9.3	9.2	9.7
重 庆	Chongqing	273.5	308.3	207.0	74.7	84.3	56.6	10.0	10.5	8.6
四 川	Sichuan	289.1	316.3	235.3	79.0	86.4	64.3	10.6	10.4	11.2
贵 州	Guizhou	277.0	306.4	231.4	75.7	83.7	63.2	8.4	8.3	8.6
云 南	Yunnan	283.5	317.9	206.6	77.5	86.9	56.4	8.7	8.6	9.2
西 藏	Tibet	205.7	209.4	192.4	56.2	57.2	52.6	7.7	9.5	4.4
陕 西	Shaanxi	251.3	275.1	190.4	68.7	75.2	52.0	9.1	9.1	9.3
甘 肃	Gansu	261.9	272.4	209.3	71.6	74.4	57.2	8.7	8.8	8.0
青 海	Qinghai	256.8	273.9	166.2	70.2	74.8	45.4	9.0	9.2	7.0
宁 夏	Ningxia	251.7	276.0	169.7	68.8	75.4	46.4	8.7	8.7	8.7
新 疆	Xinjiang	255.7	268.7	160.1	69.9	73.4	43.7	8.8	8.9	8.2

22-9 分地区按床位数分组的社区卫生服务中心(站)(2020年)
Community Health Service Centers (Stations) by Number of Beds and Region (2020)

单位：个 (unit)

地区	Region	社区卫生服务中心 Community Health Service Centers							社区卫生服务站 Community Health Service Stations			
		总计 Total	无床 No Bed	1-9张 1-9 Beds	10-29张 10-29 Beds	30-49张 30-49 Beds	50-99张 50-99 Beds	100张及以上 100 Beds and Above	总计 Total	无床 No Bed	1-9张 1-9 Beds	10张及以上 10 Beds and Above
总计	**Total**	**9826**	**4209**	**525**	**2015**	**1359**	**1356**	**362**	**25539**	**24044**	**1127**	**368**
北京	Beijing	346	179	35	70	30	23	9	1619	1619		
天津	Tianjin	128	70	1	22	14	20	1	509	508	1	
河北	Hebei	340	101	22	126	55	33	3	1119	852	177	90
山西	Shanxi	234	114	15	59	23	21	2	778	700	64	14
内蒙古	Inner Mongolia	338	151	33	81	36	34	3	862	842	16	4
辽宁	Liaoning	394	222	15	71	47	27	12	915	858	32	25
吉林	Jilin	234	112	16	67	17	22		68	65	1	2
黑龙江	Heilongjiang	465	221	48	97	53	44	2	180	117	29	34
上海	Shanghai	331	129	1	18	45	92	46	783	783		
江苏	Jiangsu	568	140	9	92	157	113	57	2090	2067	22	1
浙江	Zhejiang	495	210	53	98	60	59	15	4238	4233	5	
安徽	Anhui	375	98	27	114	63	60	13	1494	1491	3	
福建	Fujian	231	102	14	58	27	24	6	475	475		
江西	Jiangxi	183	69	15	51	30	16	2	413	319	83	11
山东	Shandong	592	246	19	112	84	92	39	1830	1624	160	46
河南	Henan	501	144	19	121	88	112	17	1151	1079	59	13
湖北	Hubei	355	79	2	57	74	111	32	790	702	73	15
湖南	Hunan	387	57	22	114	81	88	25	442	362	61	19
广东	Guangdong	1163	962	15	60	49	64	13	1516	1514	1	1
广西	Guangxi	184	100	8	26	29	16	5	141	138	2	1
海南	Hainan	63	30	3	7	11	12		150	133	15	2
重庆	Chongqing	221	36	4	44	36	74	27	336	331	4	1
四川	Sichuan	460	143	29	106	82	83	17	599	547	37	15
贵州	Guizhou	280	77	25	100	36	38	4	563	550	8	5
云南	Yunnan	214	80	15	43	42	29	5	448	384	48	16
西藏	Tibet	9		3	6				5		3	2
陕西	Shaanxi	270	126	21	67	35	20	1	418	416		2
甘肃	Gansu	211	78	25	58	32	16	2	458	345	83	30
青海	Qinghai	34	10	4	15	1	4		244	238	5	1
宁夏	Ningxia	38	20	2	14	2			193	171	20	2
新疆	Xinjiang	182	103	5	41	20	9	4	712	581	115	16

22-10 分地区医疗卫生机构门诊服务情况(2020年)
Outpatient Services of Health Institutions by Region (2020)

地 区	Region	诊疗人次数(亿人次) Visits (100 million person-times)	#门急诊 Outpatient and Emergency Visits	观察室留观病例数(万人) Cases in Observation Rooms (10 000 persons)	健康检查人数(万人) Number of Health Examinations (10 000 persons)	急诊病死率(%) Fatality Rate among Emergency Admissions (%)	观察室病死率(%) Fatality Rate in Observation Rooms (%)	居民平均就诊次数(次) Average Number of Visits of Residents (time)
总 计	**National Total**	**77.41**	**74.05**	**3142.33**	**43093.82**	**0.08**	**0.12**	**5.49**
北 京	Beijing	1.82	1.81	137.50	779.92	0.16	0.38	8.33
天 津	Tianjin	0.98	0.95	77.39	363.76	0.13	0.13	7.06
河 北	Hebei	3.82	3.56	98.73	1569.90	0.18	0.16	5.12
山 西	Shanxi	1.23	1.14	43.70	891.01	0.16	0.26	3.52
内蒙古	Inner Mongolia	0.96	0.90	31.19	545.80	0.16	0.18	4.00
辽 宁	Liaoning	1.63	1.52	149.65	854.76	0.16	0.14	3.83
吉 林	Jilin	0.93	0.83	30.40	418.32	0.17	0.23	3.85
黑龙江	Heilongjiang	0.85	0.79	19.54	570.61	0.18	0.73	2.67
上 海	Shanghai	2.26	2.21	12.33	934.48	0.15	1.88	9.07
江 苏	Jiangsu	5.34	5.17	96.99	3326.03	0.05	0.05	6.30
浙 江	Zhejiang	6.05	5.88	95.30	2964.00	0.04	0.22	9.37
安 徽	Anhui	3.46	3.23	72.56	1731.15	0.07	0.03	5.67
福 建	Fujian	2.40	2.28	42.35	1062.43	0.03	0.07	5.79
江 西	Jiangxi	2.20	2.11	84.48	1283.90	0.04	0.04	4.87
山 东	Shandong	6.13	5.86	218.74	2844.19	0.18	0.18	6.04
河 南	Henan	5.74	5.48	107.66	2625.73	0.10	0.08	5.77
湖 北	Hubei	2.95	2.81	186.36	2000.58	0.09	0.09	5.10
湖 南	Hunan	2.67	2.50	279.87	1633.80	0.03	0.05	4.02
广 东	Guangdong	7.26	7.07	361.54	5109.78	0.04	0.07	5.76
广 西	Guangxi	2.32	2.25	73.76	1592.18	0.04	0.09	4.62
海 南	Hainan	0.53	0.52	13.09	227.83	0.04	0.04	5.27
重 庆	Chongqing	1.70	1.63	147.97	1025.35	0.08	0.02	5.31
四 川	Sichuan	5.12	4.82	179.96	3140.33	0.09	0.10	6.12
贵 州	Guizhou	1.62	1.58	98.07	859.99	0.04	0.02	4.20
云 南	Yunnan	2.70	2.63	271.52	1209.30	0.04	0.10	5.72
西 藏	Tibet	0.16	0.14	3.60	176.68	0.18	0.09	4.46
陕 西	Shaanxi	1.77	1.73	14.69	1059.29	0.09	0.25	4.47
甘 肃	Gansu	1.10	1.04	84.40	676.32	0.07	0.02	4.41
青 海	Qinghai	0.24	0.23	25.44	164.18	0.14	0.04	4.05
宁 夏	Ningxia	0.40	0.38	36.16	234.30	0.11	0.01	5.50
新 疆	Xinjiang	1.07	0.99	47.43	1217.95	0.16	0.36	4.14

22-11 分地区医疗卫生机构住院服务情况(2020年)
Hospitalization Services in Health Care Institutions by Region (2020)

地 区	Region	入院人数（万人） Inpatients (10 000 persons)	出院人数（万人） Patients Discharged (10 000 persons)	住院病人手术人次（万人次） Surgical Operations of Inpatients (10 000 person-times)	病死率（%） Fatality Rate (%)	每床出院人数（人） Patients Discharged per Bed (person)	每百门急诊入院人数（人） Inpatients per 100 Outpatient and Emergency Visits (person)	居民年住院率（%） Annual Hospitalization Rate of Residents (%)
总 计	**National Total**	**23012.8**	**22980.6**	**6663.7**	**0.4**	**25.3**	**4.4**	**16.3**
北 京	Beijing	253.8	255.4	117.1	1.3	20.1	1.5	11.6
天 津	Tianjin	128.9	129.6	73.8	0.8	19.0	1.6	9.3
河 北	Hebei	1031.1	1028.3	218.8	0.3	23.3	5.0	13.8
山 西	Shanxi	427.5	426.2	126.4	0.2	19.1	5.1	12.2
内蒙古	Inner Mongolia	294.3	294.4	76.9	0.8	18.2	4.3	12.2
辽 宁	Liaoning	575.8	575.4	164.1	1.1	18.3	4.9	13.5
吉 林	Jilin	306.7	304.8	72.8	1.2	17.6	5.2	12.7
黑龙江	Heilongjiang	358.1	360.9	104.5	1.3	14.3	5.6	11.2
上 海	Shanghai	375.1	375.6	289.4	1.4	24.7	1.9	15.1
江 苏	Jiangsu	1356.6	1355.8	428.4	0.2	25.4	3.4	16.0
浙 江	Zhejiang	964.8	965.4	378.3	0.4	26.8	2.1	14.9
安 徽	Anhui	950.2	945.6	255.3	0.4	23.3	4.5	15.6
福 建	Fujian	531.4	531.8	156.8	0.1	24.6	3.4	12.8
江 西	Jiangxi	806.6	803.7	183.8	0.2	28.1	6.5	17.8
山 东	Shandong	1661.9	1658.7	454.6	0.5	25.7	4.8	16.4
河 南	Henan	1829.4	1824.4	383.1	0.2	27.4	5.2	18.4
湖 北	Hubei	1026.0	1027.0	292.4	0.5	25.0	5.4	17.8
湖 南	Hunan	1486.7	1478.1	295.0	0.1	28.5	8.6	22.4
广 东	Guangdong	1564.3	1567.7	804.3	0.6	27.8	3.0	12.4
广 西	Guangxi	998.3	996.9	211.7	0.4	33.7	6.0	19.9
海 南	Hainan	116.1	115.8	33.0	0.3	19.9	3.5	11.5
重 庆	Chongqing	676.2	674.1	167.1	0.4	28.6	6.3	21.1
四 川	Sichuan	1756.3	1755.4	488.6	0.5	27.0	5.5	21.0
贵 州	Guizhou	781.4	776.4	185.4	0.2	28.1	6.6	20.3
云 南	Yunnan	970.5	967.9	262.4	0.3	29.8	5.3	20.6
西 藏	Tibet	33.1	32.9	7.2	0.1	17.7	3.3	9.1
陕 西	Shaanxi	675.7	672.8	208.2	0.3	24.7	5.6	17.1
甘 肃	Gansu	431.3	430.6	67.7	0.1	25.1	6.2	17.2
青 海	Qinghai	101.0	101.5	19.0	0.3	24.6	5.8	17.0
宁 夏	Ningxia	106.9	107.1	27.5	0.2	26.0	3.6	14.8
新 疆	Xinjiang	436.9	440.3	110.3	0.5	24.4	5.1	16.9

22-12 社区卫生服务中心(站)医疗服务情况
Health Services of Community Health Centers (Stations)

年份 Year / 地区 Region	社区卫生服务中心 Community Health Service Centers					社区卫生服务站 Community Health Service Stations	
	诊疗人次 (万人次) Visits (10 000 person-times)	入院人数 (万人) Inpatients (10 000 persons)	病床使用率 (%) Occupancy Rate of Hospital Beds (%)	平均住院日 (日) Average Length of Stay in Hospital (day)	医师日均担负诊疗人次(人次) Daily Visits Per Physician (person-time)	诊疗人次 (万人次) Visits (10 000 person-times)	医师日均担负诊疗人次(人次) Daily Visits Per Physician (person-time)
2004	4615.6	15.2	61.2	21.0	13.0	5095.5	11.1
2005	5938.5	26.6	60.7	17.2	13.7	6281.5	11.0
2006	8285.5	43.6	57.9	15.5	13.0	9378.9	13.1
2007	12712.4	74.3	59.6	13.1	13.1	9875.0	14.6
2008	17247.3	103.3	58.7	13.4	12.9	8425.1	12.5
2009	26080.2	164.2	59.8	10.6	14.0	11617.3	13.7
2010	34740.4	218.1	56.1	10.4	13.6	13711.1	13.6
2011	40950.0	247.3	54.4	10.2	14.0	13703.8	13.7
2012	45475.1	268.7	55.5	10.1	14.8	14393.6	14.0
2013	50788.6	292.1	57.0	9.8	15.7	14921.2	14.3
2014	53618.8	298.1	55.6	9.9	16.1	14912.0	14.4
2015	55902.6	305.5	54.7	9.8	16.3	14742.5	14.1
2016	56327.0	313.7	54.6	9.7	15.9	15561.9	14.5
2017	60743.2	344.2	54.8	9.5	16.2	15982.4	14.1
2018	63897.9	339.5	52.0	9.9	16.1	16011.5	13.7
2019	69110.7	339.5	49.7	9.7	16.5	16805.7	14.0
2020	62068.4	292.7	42.8	10.3	13.9	13403.7	10.8
北京 Beijing	5160.0	1.3	24.6	30.8	15.9	632.1	16.9
天津 Tianjin	1734.0	0.2	13.0	19.3	19.2	250.3	28.2
河北 Hebei	705.0	5.3	31.8	9.5	7.7	838.1	7.2
山西 Shanxi	434.0	2.6	24.6	11.4	6.8	372.9	5.5
内蒙古 Inner Mongolia	481.9	3.9	17.1	5.1	6.6	273.8	5.5
辽宁 Liaoning	889.6	3.0	21.0	10.3	7.9	418.4	7.6
吉林 Jilin	481.1	1.5	22.5	9.2	6.4	24.5	4.6
黑龙江 Heilongjiang	587.3	2.7	16.0	7.6	5.6	50.9	4.1
上海 Shanghai	7077.8	3.6	77.5	133.3	20.7		
江苏 Jiangsu	6767.5	36.5	44.7	9.5	14.1	1049.3	15.3
浙江 Zhejiang	9549.1	6.5	30.9	14.6	21.3	359.6	22.2
安徽 Anhui	1870.1	8.9	31.6	8.1	14.9	1275.8	12.7
福建 Fujian	2233.1	4.7	27.9	8.4	20.9	356.0	10.6
江西 Jiangxi	421.1	3.7	29.3	6.6	9.2	309.4	10.6
山东 Shandong	2612.0	23.8	44.4	9.3	9.9	1617.3	11.8
河南 Henan	1770.7	20.5	43.9	9.3	9.2	843.3	10.3
湖北 Hubei	1374.7	22.6	44.3	8.7	8.1	512.6	12.1
湖南 Hunan	1465.3	33.8	54.0	7.2	8.2	227.0	7.0
广东 Guangdong	8960.7	11.0	39.3	11.1	17.9	1259.4	16.9
广西 Guangxi	822.3	6.1	55.9	8.7	11.9	172.9	9.7
海南 Hainan	97.8	0.9	21.4	6.6	7.0	225.7	13.5
重庆 Chongqing	969.5	30.9	60.2	7.5	8.5	149.3	9.3
四川 Sichuan	2678.2	29.4	56.4	8.2	15.4	448.3	12.6
贵州 Guizhou	639.9	10.3	35.7	6.3	8.6	288.3	8.0
云南 Yunnan	671.7	9.8	44.5	7.9	10.4	285.5	9.4
西藏 Tibet	16.9		22.7		7.2	4.3	4.7
陕西 Shaanxi	541.4	3.4	22.3	8.6	9.1	234.5	8.0
甘肃 Gansu	365.6	3.6	47.0	6.8	8.3	301.0	9.4
青海 Qinghai	84.6	0.6	25.8	8.2	7.6	159.6	13.4
宁夏 Ningxia	139.7	0.1	12.5	9.5	13.8	259.3	22.4
新疆 Xinjiang	466.1	1.7	29.0	9.2	12.0	204.4	5.3

22-13 乡镇卫生院医疗服务情况
Statistics on Health Services in Township Health Centers

年 份 Year 地 区 Region	诊疗人次(亿人次) Visits (100 million person-times)	入院人数(万人) Inpatients (10 000 persons)	病床使用率(%) Occupancy Rate of Hospital Beds (%)	平均住院日(日) Average Length of Stay in Hospital (day)
1981	14.38	2123.45	53.5	6.3
1985	11.00	1771.16	46.0	5.9
1990	10.65	1958.05	43.4	5.2
1995	9.38	1959.78	40.2	4.6
2000	8.24	1708.33	33.2	4.6
2005	6.79	1621.92	37.7	4.6
2006	7.01	1836.05	39.4	4.6
2007	7.59	2662.15	48.4	4.8
2008	8.27	3312.72	55.8	4.4
2009	8.77	3807.72	60.7	4.8
2010	8.74	3630.38	59.0	5.2
2011	8.66	3448.78	58.1	5.6
2012	9.68	3907.51	62.1	5.7
2013	10.07	3937.15	62.8	5.9
2014	10.29	3732.61	60.5	6.3
2015	10.55	3676.06	59.9	6.4
2016	10.82	3799.94	60.6	6.4
2017	11.11	4047.17	61.3	6.3
2018	11.16	3985.09	59.6	6.4
2019	11.75	3909.39	57.5	6.5
2020	10.95	3383.35	50.4	6.6
北 京 Beijing				
天 津 Tianjin	0.07	1.38	10.8	6.7
河 北 Hebei	0.36	105.20	36.1	7.2
山 西 Shanxi	0.14	28.33	22.4	8.3
内蒙古 Inner Mongolia	0.10	20.28	26.5	6.9
辽 宁 Liaoning	0.12	30.71	29.7	8.0
吉 林 Jilin	0.07	9.29	20.6	7.6
黑龙江 Heilongjiang	0.07	23.60	25.2	6.4
上 海 Shanghai				
江 苏 Jiangsu	0.85	184.82	55.5	7.4
浙 江 Zhejiang	0.98	26.55	40.5	9.6
安 徽 Anhui	0.70	107.03	36.3	6.5
福 建 Fujian	0.35	57.54	33.5	6.4
江 西 Jiangxi	0.35	164.27	51.7	5.8
山 东 Shandong	0.72	219.43	51.6	7.5
河 南 Henan	1.15	293.58	54.8	7.3
湖 北 Hubei	0.49	239.46	61.3	6.6
湖 南 Hunan	0.48	370.08	64.7	5.9
广 东 Guangdong	0.63	171.80	49.1	5.9
广 西 Guangxi	0.43	280.13	60.8	5.4
海 南 Hainan	0.08	4.35	24.8	9.1
重 庆 Chongqing	0.20	165.92	72.6	6.8
四 川 Sichuan	0.96	425.60	66.8	7.0
贵 州 Guizhou	0.35	117.94	42.7	5.3
云 南 Yunnan	0.59	150.42	46.3	5.6
西 藏 Tibet	0.05	1.07	11.4	4.6
陕 西 Shaanxi	0.21	50.74	29.7	7.6
甘 肃 Gansu	0.15	67.47	53.8	5.8
青 海 Qinghai	0.03	8.18	42.4	6.5
宁 夏 Ningxia	0.06	3.76	29.6	7.0
新 疆 Xinjiang	0.24	54.40	52.3	6.7

注：1993年以前的诊疗人次及入院人数系推算数据。
a) Number of visits and inpatients before 1993 are estimated.

22-14 甲乙类法定报告传染病发病及死亡人数(2020年)
Number of Reported Cases and Deaths of Class A and B Notifiable Infectious Diseases (2020)

单位：人 (person)

顺位 No.	发病 Diseases			死亡 Deaths		
	疾病名称	Diseases	发病人数 Number of Cases	疾病名称	Diseases	死亡人数 Number of Deaths
1	病毒性肝炎	Viral Hepatitis	1138781	艾滋病	AIDS	18819
2	肺结核	Pulmonary Tuberculosis	670538	新型冠状病毒肺炎	COVID-19	4634
3	梅毒	Syphilis	464435	肺结核	Pulmonary Tuberculosis	1919
4	淋病	Gonorrhea	105160	病毒性肝炎	Viral Hepatitis	588
5	新型冠状病毒肺炎	COVID-19	87071	狂犬病	Hydrophobia	188
6	艾滋病	AIDS	62167	梅毒	Syphilis	54
7	细菌性和阿米巴性痢疾	Dysentery	57820	流行性出血热	Hemorrhage Fever	48
8	布鲁氏菌病	Brucellosis	47245	流行性乙型脑炎	Encephalitis B	9
9	猩红热	Scarlet Fever	16564	钩端螺旋体病	Leptospirosis	8
10	流行性出血热	Hemorrhage Fever	8121	疟疾	Malaria	6
11	伤寒和副伤寒	Typhoid and Paratyphoid Fever	7011	伤寒和副伤寒	Typhoid and Paratyphoid Fever	5
12	百日咳	Pertussis	4475	流行性脑脊髓膜炎	Epidemic Encephalitis	3
13	疟疾	Malaria	1023	鼠疫	The Plague	3
14	麻疹	Measles	856	细菌性和阿米巴性痢疾	Dysentery	2
15	登革热	Dengue Fever	778	猩红热	Scarlet Fever	1
16	钩端螺旋体病	Leptospirosis	297	百日咳	Pertussis	1
17	流行性乙型脑炎	Encephalitis B	288	新生儿破伤风	Newborn Tetanus	1
18	炭疽	Anthrax	224	淋病	Gonorrhea	
19	狂犬病	Hydrophobia	202	布鲁氏菌病	Brucellosis	
20	流行性脑脊髓膜炎	Epidemic Encephalitis	50	麻疹	Measles	
21	血吸虫病	Schistosomiasis	43	登革热	Dengue Fever	
22	新生儿破伤风	Newborn Tetanus	34	炭疽	Anthrax	
23	霍乱	Cholera	11	血吸虫病	Schistosomiasis	
24	鼠疫	The Plague	4	霍乱	Cholera	
25	白喉	Diphtheria	2	白喉	Diphtheria	
26	传染性非典型性肺炎	SARS		传染性非典型性肺炎	SARS	
27	脊髓灰质炎	Poliomyelitis		脊髓灰质炎	Poliomyelitis	
28	人感染高致病性禽流感	HpAI		人感染高致病性禽流感	HpAI	
29	人感染H7N9禽流感	Avian Influenza H7N9		人感染H7N9禽流感	Avian Influenza H7N9	

注：1.空格系无报告发病或死亡病例。以下相关表同。
2.疟疾数据系按照终审日期以及按照报告地区统计的中国籍病例。以下相关表同。

a) Blank cell means no infections or death cases reported. The same applies to the relevant following table.

b) Data on malaria are the Chinese cases counted on the date of final review and the reporting area. The same applies to the relevant following table.

22-15 甲乙类法定报告传染病发病率及死亡率(2020年)
Reported Morbidity and Mortality Rates of Class A and B Notifiable Infectious Diseases (2020)

顺位 No.	发病 Diseases			死亡 Deaths		
	疾病名称	Diseases	发病率 (1/10万) Morbidity Rate (1/100 000)	疾病名称	Diseases	死亡率 (1/10万) Mortality Rate (1/100 000)
1	病毒性肝炎	Viral Hepatitis	81.1188	艾滋病	AIDS	1.3405
2	肺结核	Pulmonary Tuberculosis	47.7644	新型冠状病毒肺炎	COVID-19	0.3301
3	梅毒	Syphilis	33.0831	肺结核	Pulmonary Tuberculosis	0.1367
4	淋病	Gonorrhea	7.4909	病毒性肝炎	Viral Hepatitis	0.0419
5	新型冠状病毒肺炎	COVID-19	6.2023	狂犬病	Hydrophobia	0.0134
6	艾滋病	AIDS	4.4283	梅毒	Syphilis	0.0038
7	细菌性和阿米巴性痢疾	Dysentery	4.1187	流行性出血热	Hemorrhage Fever	0.0034
8	布鲁氏菌病	Brucellosis	3.3654	钩端螺旋体病	Leptospirosis	0.0006
9	猩红热	Scarlet Fever	1.1799	流行性乙型脑炎	Encephalitis B	0.0006
10	流行性出血热	Hemorrhage Fever	0.5785	伤寒和副伤寒	Typhoid and Paratyphoid Fever	0.0004
11	伤寒和副伤寒	Typhoid and Paratyphoid Fever	0.4994	疟疾	Malaria	0.0004
12	百日咳	Pertussis	0.3188	流行性脑脊髓膜炎	Epidemic Encephalitis	0.0002
13	疟疾	Malaria	0.0729	鼠疫	The Plague	0.0002
14	麻疹	Measles	0.0610	细菌性和阿米巴性痢疾	Dysentery	0.0001
15	登革热	Dengue Fever	0.0554	猩红热	Scarlet Fever	0.0001
16	钩端螺旋体病	Leptospirosis	0.0212	百日咳	Pertussis	0.0001
17	流行性乙型脑炎	Encephalitis B	0.0205	新生儿破伤风	Newborn Tetanus	0.0001
18	炭疽	Anthrax	0.0160	淋病	Gonorrhea	
19	狂犬病	Hydrophobia	0.0144	布鲁氏菌病	Brucellosis	
20	流行性脑脊髓膜炎	Epidemic Encephalitis	0.0036	麻疹	Measles	
21	血吸虫病	Schistosomiasis	0.0031	登革热	Dengue Fever	
22	新生儿破伤风	Newborn Tetanus	0.0023	炭疽	Anthrax	
23	霍乱	Cholera	0.0008	血吸虫病	Schistosomiasis	
24	鼠疫	The Plague	0.0003	霍乱	Cholera	
25	白喉	Diphtheria	0.0001	白喉	Diphtheria	
26	传染性非典型性肺炎	SARS		传染性非典型性肺炎	SARS	
27	脊髓灰质炎	Poliomyelitis		脊髓灰质炎	Poliomyelitis	
28	人感染高致病性禽流感	HpAI		人感染高致病性禽流感	HpAI	
29	人感染H7N9禽流感	Avian Influenza H7N9		人感染H7N9禽流感	Avian Influenza H7N9	

22-16 部分地区城市居民主要疾病死亡率及死因构成(2020年)
Mortality Rate of Major Diseases in Selected Urban Areas (2020)

疾病名称	Category of Diseases	合计 Total 死亡率(1/10万) Mortality Rate (1/100000)	构成(%) Percentage (%)	位次 Rank	男 Male 死亡率(1/10万) Mortality Rate (1/100000)	构成(%) Percentage (%)	位次 Rank	女 Female 死亡率(1/10万) Mortality Rate (1/100000)	构成(%) Percentage (%)	位次 Rank
传染病(含呼吸道结核)	Infectious Disease(including Respiratory Tuberculosis)	5.49	0.86	10	7.58	1.05	10	3.33	0.61	10
寄生虫病	Parasitic Disease	0.06	0.01	16	0.07	0.01	16	0.05	0.01	17
恶性肿瘤	Malignant Neoplasms	161.40	25.43	1	202.00	28.06	1	119.53	21.86	3
血液,造血器官及免疫疾病	Diseases of the Blood and Blood-forming Organs and Immunodeficiency	1.36	0.21	13	1.40	0.19	13	1.31	0.24	13
内分泌,营养和代谢疾病	Endocrine, Nutritional & Metabolic Diseases	22.79	3.59	6	22.41	3.11	6	23.19	4.24	6
精神障碍	Mental Disorders	3.15	0.50	11	2.98	0.41	11	3.33	0.61	11
神经系统疾病	Diseases of the Nervous System	9.06	1.43	8	8.91	1.24	8	9.21	1.68	8
心脏病	Heart Diseases	155.86	24.56	2	159.09	22.10	2	152.52	27.89	1
脑血管病	Cerebrovascular Disease	135.18	21.30	3	149.87	20.82	3	120.02	21.94	2
呼吸系统疾病	Diseases of the Respiratory System	55.36	8.72	4	67.15	9.33	4	43.20	7.90	4
消化系统疾病	Diseases of the Digestive System	15.82	2.49	7	19.18	2.67	7	12.36	2.26	7
肌肉骨骼和结缔组织疾病	Diseases of the Musculoskeletal System and Connective Tissue	2.18	0.34	12	1.62	0.22	12	2.76	0.51	12
泌尿生殖系统疾病	Diseases of the Genitourinary System	6.64	1.05	9	7.70	1.07	9	5.55	1.01	9
妊娠,分娩产褥期并发症	Pregnancy, Childbirth and the Puerperium	0.05	0.01	17				0.10	0.02	16
围生期疾病	Perinatal Diseases	1.01	0.16	14	1.10	0.15	14	0.91	0.17	15
先天畸形,变形和染色体异常	Congenital Malformations, Deformations and Chromosomal Abnormalities	0.99	0.16	15	1.04	0.14	15	0.93	0.17	14
损伤和中毒外部原因	External Causes of Injury and Poison	35.87	5.65	5	43.98	6.11	5	27.51	5.03	5
诊断不明	Undiagnosed Diseases	3.22	0.51		4.32	0.60		2.09	0.38	
其他疾病	Other Diseases	19.19	3.02		19.35	2.69		19.02	3.48	

注：本表系605个死因监测点结果(下表同)。
a) Data in this table are results from the 605 monitoring sites. The same applies to the following table.

22-17 部分地区农村居民主要疾病死亡率及死因构成(2020年)
Mortality Rate of Major Diseases in Selected Rural Areas (2020)

疾病名称	Category of Diseases	合计 Total 死亡率(1/10万) Mortality Rate (1/100000)	构成(%) Percentage (%)	位次 Rank	男 Male 死亡率(1/10万) Mortality Rate (1/100000)	构成(%) Percentage (%)	位次 Rank	女 Female 死亡率(1/10万) Mortality Rate (1/100000)	构成(%) Percentage (%)	位次 Rank
传染病(含呼吸道结核)	Infectious Disease(including Respiratory Tuberculosis)	6.61	0.94	10	9.17	1.15	8	3.97	0.66	10
寄生虫病	Parasitic Disease	0.07	0.01	16	0.10	0.01	16	0.04	0.01	17
恶性肿瘤	Malignant Neoplasms	161.85	23.11	3	206.72	25.93	1	115.51	19.25	3
血液,造血器官及免疫疾病	Diseases of the Blood and Blood-forming Organs and Immunodeficiency	1.32	0.19	13	1.34	0.17	13	1.30	0.22	13
内分泌营养和代谢疾病	Endocrine, Nutritional & Metabolic Diseases	19.01	2.71	6	17.54	2.20	7	20.52	3.42	6
精神障碍	Mental Disorders	3.07	0.44	11	2.94	0.37	11	3.21	0.54	11
神经系统疾病	Diseases of the Nervous System	9.31	1.33	8	9.06	1.14	9	9.56	1.59	8
心脏病	Heart Diseases	171.36	24.47	1	174.87	21.93	3	167.74	27.96	1
脑血管病	Cerebrovascular Disease	164.77	23.53	2	181.64	22.78	2	147.34	24.56	2
呼吸系统疾病	Diseases of the Respiratory System	63.64	9.09	4	74.55	9.35	4	52.38	8.73	4
消化系统疾病	Diseases of the Digestive System	15.30	2.18	7	19.41	2.43	6	11.06	1.84	7
肌肉骨骼和结缔组织疾病	Diseases of the Musculoskeletal System and Connective Tissue	2.22	0.32	12	1.90	0.24	12	2.55	0.43	12
泌尿生殖系统疾病	Diseases of the Genitourinary System	7.35	1.05	9	8.60	1.08	10	6.05	1.01	9
妊娠分娩产褥期并发症	Pregnancy, Childbirth and the Puerperium	0.05	0.01	17				0.11	0.02	16
围生期疾病	Perinatal Diseases	1.10	0.16	15	1.24	0.16	14	0.95	0.16	15
先天畸形,变性和染色体异常	Congenital Malformations, Deformations and Chromosomal Abnormalities	1.16	0.17	14	1.22	0.15	15	1.11	0.19	14
损伤和中毒外部原因	External Causes of Injury and Poison	50.93	7.27	5	65.22	8.18	5	36.18	6.03	5
诊断不明	Undiagnosed Diseases	2.31	0.33		3.00	0.38		1.60	0.27	
其他疾病	Other Diseases	18.85	2.69		18.87	2.37		18.83	3.14	

注：农村包括县及县级市。

a) Rural areas include counties and county-level cities.

22-18 监测地区儿童和孕产妇死亡率
Mortality Rate of Maternity Female and Children in Surveillance Areas

年 份 Year	新生儿死亡率(‰) Neonatal Mortality Rate(‰)			婴儿死亡率(‰) Infant Mortality Rate(‰)			5岁以下儿童死亡率(‰) Mortality Rate of Children under 5(‰)			孕产妇死亡率(1/10万) Maternal Mortality Rate (1/100 000)		
	合计 Total	城市 Urban	农村 Rural	合计 Total	城市 Urban	农村 Rural	合计 Total	城市 Urban	农村 Rural	合计 Total	城市 Urban	农村 Rural
1991	33.1	12.5	37.9	50.2	17.3	58.0	61.0	20.9	71.1	80.0	46.3	100.0
1992	32.5	13.9	36.8	46.7	18.4	53.2	57.4	20.7	65.6	76.5	42.7	97.9
1993	31.2	12.9	35.4	43.6	15.9	50.0	53.1	18.3	61.6	67.3	38.5	85.1
1994	28.5	12.2	32.3	39.9	15.5	45.6	49.6	18.0	56.9	64.8	44.1	77.5
1995	27.3	10.6	31.1	36.4	14.2	41.6	44.5	16.4	51.1	61.9	39.2	76.0
1996	24.0	12.2	26.7	36.0	14.8	40.9	45.0	16.9	51.4	63.9	29.2	86.4
1997	24.2	10.3	27.5	33.1	13.1	37.7	42.3	15.5	48.5	63.6	38.3	80.4
1998	22.3	10.0	25.1	33.2	13.5	37.7	42.0	16.2	47.9	56.2	28.6	74.1
1999	22.2	9.5	25.1	33.3	11.9	38.2	41.4	14.3	47.7	58.7	26.2	79.7
2000	22.8	9.5	25.8	32.2	11.8	37.0	39.7	13.8	45.7	53.0	29.3	69.6
2001	21.4	10.6	23.9	30.0	13.6	33.8	35.9	16.3	40.4	50.2	33.1	61.9
2002	20.7	9.7	23.2	29.2	12.2	33.1	34.9	14.6	39.6	43.2	22.3	58.2
2003	18.0	8.9	20.1	25.5	11.3	28.7	29.9	14.8	33.4	51.3	27.6	65.4
2004	15.4	8.4	17.3	21.5	10.1	24.5	25.0	12.0	28.5	48.3	26.1	63.0
2005	13.2	7.5	14.7	19.0	9.1	21.6	22.5	10.7	25.7	47.7	25.0	53.8
2006	12.0	6.8	13.4	17.2	8.0	19.7	20.6	9.6	23.6	41.1	24.8	45.5
2007	10.7	5.5	12.8	15.3	7.7	18.6	18.1	9.0	21.8	36.6	25.2	41.3
2008	10.2	5.0	12.3	14.9	6.5	18.4	18.5	7.9	22.7	34.2	29.2	36.1
2009	9.0	4.5	10.8	13.8	6.2	17.0	17.2	7.6	21.1	31.9	26.6	34.0
2010	8.3	4.1	10.0	13.1	5.8	16.1	16.4	7.3	20.1	30.0	29.7	30.1
2011	7.8	4.0	9.4	12.1	5.8	14.7	15.6	7.1	19.1	26.1	25.2	26.5
2012	6.9	3.9	8.1	10.3	5.2	12.4	13.2	5.9	16.2	24.5	22.2	25.6
2013	6.3	3.7	7.3	9.5	5.2	11.3	12.0	6.0	14.5	23.2	22.4	23.6
2014	5.9	3.5	6.9	8.9	4.8	10.7	11.7	5.9	14.2	21.7	20.5	22.2
2015	5.4	3.3	6.4	8.1	4.7	9.6	10.7	5.8	12.9	20.1	19.8	20.2
2016	4.9	2.9	5.7	7.5	4.2	9.0	10.2	5.2	12.4	19.9	19.5	20.0
2017	4.5	2.6	5.3	6.8	4.1	7.9	9.1	4.8	10.9	19.6	16.6	21.1
2018	3.9	2.2	4.7	6.1	3.6	7.3	8.4	4.4	10.2	18.3	15.5	19.9
2019	3.5	2.0	4.1	5.6	3.4	6.6	7.8	4.1	9.4	17.8	16.5	18.6
2020	3.4	2.1	3.9	5.4	3.6	6.2	7.5	4.4	8.9	16.9	14.1	18.5

22-19 卫生总费用
Total Health Expenditure

年份 Year	卫生总费用(亿元) Total Health Expenditure (100 million yuan)	政府卫生支出 Government Health Expenditure		社会卫生支出 Social Health Expenditure		个人现金卫生支出 Out-of-Pocket Health Expenditure		人均卫生费用(元) Per Capita Health Expenditure (yuan)	卫生总费用与GDP之比(%) Health Expenditure as Percentage of GDP (%)
		绝对数(亿元) Value (100 million yuan)	占卫生总费用比重(%) As Percentage of Health Expenditure	绝对数(亿元) Value (100 million yuan)	占卫生总费用比重(%) As Percentage of Health Expenditure	绝对数(亿元) Value (100 million yuan)	占卫生总费用比重(%) As Percentage of Health Expenditure		
1978	110.21	35.44	32.16	52.25	47.41	22.52	20.43	11.45	3.00
1979	126.19	40.64	32.21	59.88	47.45	25.67	20.34	12.94	3.08
1980	143.23	51.91	36.24	60.97	42.57	30.35	21.19	14.51	3.12
1981	160.12	59.67	37.27	62.43	38.99	38.02	23.74	16.00	3.24
1982	177.53	68.99	38.86	70.11	39.49	38.43	21.65	17.46	3.30
1983	207.42	77.63	37.43	64.55	31.12	65.24	31.45	20.14	3.44
1984	242.07	89.46	36.96	73.61	30.41	79.00	32.64	23.20	3.33
1985	279.00	107.65	38.58	91.96	32.96	79.39	28.46	26.36	3.07
1986	315.90	122.23	38.69	110.35	34.93	83.32	26.37	29.38	3.04
1987	379.58	127.28	33.53	137.25	36.16	115.05	30.31	34.73	3.12
1988	488.04	145.39	29.79	189.99	38.93	152.66	31.28	43.96	3.21
1989	615.50	167.83	27.27	237.84	38.64	209.83	34.09	54.61	3.58
1990	747.39	187.28	25.06	293.10	39.22	267.01	35.73	65.37	3.96
1991	893.49	204.05	22.84	354.41	39.67	335.02	37.50	77.14	4.06
1992	1096.86	228.61	20.84	431.55	39.34	436.70	39.81	93.61	4.03
1993	1377.78	272.06	19.75	524.75	38.09	580.97	42.17	116.25	3.86
1994	1761.24	342.28	19.43	644.91	36.62	774.06	43.95	146.95	3.62
1995	2155.13	387.34	17.97	767.81	35.63	999.98	46.40	177.93	3.51
1996	2709.42	461.61	17.04	875.66	32.32	1372.15	50.64	221.38	3.77
1997	3196.71	523.56	16.38	984.06	30.78	1689.09	52.84	258.58	4.01
1998	3678.72	590.06	16.04	1071.03	29.11	2017.63	54.85	294.86	4.32
1999	4047.50	640.96	15.84	1145.99	28.31	2260.56	55.85	321.78	4.47
2000	4586.63	709.52	15.47	1171.94	25.55	2705.17	58.98	361.88	4.57
2001	5025.93	800.61	15.93	1211.43	24.10	3013.88	59.97	393.80	4.53
2002	5790.03	908.51	15.69	1539.38	26.59	3342.14	57.72	450.75	4.76
2003	6584.10	1116.94	16.96	1788.50	27.16	3678.67	55.87	509.50	4.79
2004	7590.29	1293.58	17.04	2225.35	29.32	4071.35	53.64	583.92	4.69
2005	8659.91	1552.53	17.93	2586.41	29.87	4520.98	52.21	662.30	4.62
2006	9843.34	1778.86	18.07	3210.92	32.62	4853.56	49.31	748.84	4.49
2007	11573.97	2581.58	22.31	3893.72	33.64	5098.66	44.05	875.96	4.29
2008	14535.40	3593.94	24.73	5065.60	34.85	5875.86	40.42	1094.52	4.55
2009	17541.92	4816.26	27.46	6154.49	35.08	6571.16	37.46	1314.49	5.03
2010	19980.39	5732.49	28.69	7196.61	36.02	7051.29	35.29	1490.06	4.85
2011	24345.91	7464.18	30.66	8416.45	34.57	8465.28	34.77	1804.52	4.99
2012	28119.00	8431.98	29.99	10030.70	35.67	9656.32	34.34	2068.76	5.22
2013	31668.95	9545.81	30.14	11393.79	35.98	10729.34	33.88	2316.23	5.34
2014	35312.40	10579.23	29.96	13437.75	38.05	11295.41	31.99	2565.45	5.49
2015	40974.64	12475.28	30.45	16506.71	40.29	11992.65	29.27	2962.18	5.95
2016	46344.88	13910.31	30.01	19096.68	41.21	13337.90	28.78	3328.61	6.21
2017	52598.28	15205.87	28.91	22258.81	42.32	15133.60	28.77	3756.72	6.32
2018	59121.91	16399.13	27.74	25810.78	43.66	16911.99	28.61	4206.74	6.43
2019	65841.39	18016.95	27.36	29150.57	44.27	18673.87	28.36	4669.34	6.67
2020	72175.00	21941.90	30.40	30273.67	41.94	19959.43	27.65	5112.34	7.10

注：1.本表系按当年价格核算数，2020年为初步测算数。

2.2001年起卫生总费用不含高等医学教育经费，2006年起包括城乡医疗救助经费。

a) Data in this table are at current prices. Data of 2020 are preliminary data.

b) Since 2001, total health expenditure does not include expenditure on higher medical education. Since 2006, it includes expenditure on medical aid in urban and rural areas.

22-20 分地区民政机构床位数(2020年)
Beds of Civil Affairs Institutions by Region (2020)

单位：万张 (10 000 beds)

地 区	Region	提供住宿的民政机构床位数 Number of Beds of Civil Affairs Institutions with Accommodations	养老 Elderly Care Institutions	儿童福利和救助 Child Welfare and Assistance Institutions	精神疾病 Mental Illness Service Institutions	其他 Other Institutions	每千老年人口养老床位数(张) Elderly Care Beds per 1 000 Elderly Population (bed)
全 国	**National Total**	**515.4**	**488.2**	**10.1**	**6.7**	**10.4**	**31.1**
北 京	Beijing	12.0	11.3	0.3	0.0	0.4	30.3
天 津	Tianjin	6.5	6.3	0.1	0.1	0.1	24.4
河 北	Hebei	23.6	23.2	0.1	0.1	0.3	30.3
山 西	Shanxi	7.8	7.2	0.1	0.2	0.3	24.6
内蒙古	Inner Mongolia	8.3	7.8	0.2	0.2	0.2	44.2
辽 宁	Liaoning	18.6	17.8	0.2		0.6	22.3
吉 林	Jilin	14.6	13.6	0.3	0.5	0.2	30.0
黑龙江	Heilongjiang	17.5	16.6	0.3	0.4	0.2	28.8
上 海	Shanghai	14.5	13.9	0.1	0.2	0.3	29.4
江 苏	Jiangsu	45.8	44.3	0.4	0.6	0.5	40.8
浙 江	Zhejiang	34.4	33.6	0.4	0.0	0.4	53.2
安 徽	Anhui	37.2	36.1	0.6	0.0	0.5	37.3
福 建	Fujian	9.3	8.4	0.2	0.4	0.2	36.9
江 西	Jiangxi	17.2	16.7	0.2	0.1	0.3	34.5
山 东	Shandong	36.6	35.9	0.4		0.3	28.5
河 南	Henan	32.1	31.1	0.3	0.1	0.6	22.2
湖 北	Hubei	29.0	28.0	0.4	0.1	0.4	40.1
湖 南	Hunan	24.1	22.5	0.4	0.6	0.6	30.5
广 东	Guangdong	26.8	25.2	0.6	0.2	0.8	30.2
广 西	Guangxi	10.0	9.1	0.4	0.3	0.2	32.1
海 南	Hainan	1.0	0.9	0.0		0.1	9.9
重 庆	Chongqing	11.0	10.3	0.3	0.3	0.2	25.5
四 川	Sichuan	33.3	29.8	0.8	1.5	1.2	26.4
贵 州	Guizhou	9.5	8.4	0.4	0.4	0.3	27.6
云 南	Yunnan	9.6	8.9	0.3	0.2	0.2	17.3
西 藏	Tibet	1.0	0.4	0.5		0.0	19.4
陕 西	Shaanxi	11.2	10.5	0.3	0.1	0.3	26.2
甘 肃	Gansu	3.4	2.9	0.3	0.0	0.2	35.0
青 海	Qinghai	1.0	0.7	0.2	0.0	0.0	26.4
宁 夏	Ningxia	2.2	2.0	0.1	0.0	0.1	27.9
新 疆	Xinjiang	6.3	5.0	0.8	0.4	0.2	27.3

注：老年人口指60岁及以上人口。
a) The elderly refer to population aged 60 and over.

22-21 分地区孤儿和收养登记情况(2020年)
Orphans and Children Adoption Registration by Region (2020)

单位：人 (person)

地 区 Region	孤儿数 Number of Orphans	集中养育 Institutional Rearing	社会散居 Family Rearing	被收养儿童 Number of Children Adopted	被中国公民收养 Children Adopted by Chinese Citizens	被外国人收养 Children Adopted by Foreigners	社会福利机构抚养的儿童 Children Raised in Social Welfare Institutions
全 国 National Total	**193281**	**58989**	**134292**	**11103**	**11040**	**63**	**3093**
北 京 Beijing	1689	1366	323	27	21	6	6
天 津 Tianjin	582	410	172	11	9	2	2
河 北 Hebei	5673	1673	4000	403	401	2	88
山 西 Shanxi	5683	2511	3172	141	138	3	17
内蒙古 Inner Mongolia	2153	766	1387	52	52		6
辽 宁 Liaoning	4578	2284	2294	68	64	4	18
吉 林 Jilin	3634	1468	2166	27	26	1	1
黑龙江 Heilongjiang	3145	896	2249	53	53		10
上 海 Shanghai	1289	1199	90	42	40	2	14
江 苏 Jiangsu	6717	2325	4392	885	883	2	412
浙 江 Zhejiang	2714	1493	1221	1151	1151		686
安 徽 Anhui	6223	1845	4378	220	220		46
福 建 Fujian	3119	1164	1955	368	365	3	70
江 西 Jiangxi	5016	1421	3595	168	164	4	61
山 东 Shandong	8184	1995	6189	1067	1063	4	118
河 南 Henan	18068	4096	13972	463	458	5	134
湖 北 Hubei	5536	1332	4204	443	443		138
湖 南 Hunan	14863	2147	12716	560	558	2	105
广 东 Guangdong	14525	6506	8019	634	623	11	295
广 西 Guangxi	10335	1709	8626	1659	1655	4	607
海 南 Hainan	782	226	556	98	98		9
重 庆 Chongqing	3346	701	2645	106	106		16
四 川 Sichuan	20861	2509	18352	715	715		134
贵 州 Guizhou	10139	1577	8562	153	153		22
云 南 Yunnan	9262	1598	7664	859	859		
西 藏 Tibet	4867	4114	753	19	19		
陕 西 Shaanxi	5220	2108	3112	219	211	8	10
甘 肃 Gansu	7179	1584	5595	154	154		19
青 海 Qinghai	2205	911	1294	89	89		21
宁 夏 Ningxia	735	309	426	5	5		
新 疆 Xinjiang	4959	4746	213	244	244		28

22-22 社会救助情况
Statistics on Social Assistance

单位：万人 (10 000 persons)

年份 Year / 地区 Region	城市居民最低生活保障人数 Number of Urban Residents Entitled to Minimum Living Allowance	农村居民最低生活保障人数 Number of Rural Residents Entitled to Minimum Living Allowance	农村特困人员集中供养人数 Rural Households in Extreme Difficulty with Centralized Living Arrangement	农村特困人员分散供养人数 Rural Households in Extreme Difficulty with Decentralized Living Arrangement
2007	2272.1	3566.3	138.0	393.3
2008	2334.8	4305.5	155.6	393.0
2009	2345.6	4760.0	171.8	381.6
2010	2310.5	5214.0	177.4	378.9
2011	2276.8	5305.7	184.5	366.5
2012	2143.5	5344.5	185.3	360.3
2013	2064.0	5388.0	183.5	353.8
2014	1877.0	5207.0	174.3	354.8
2015	1701.1	4903.6	162.3	354.4
2016	1480.2	4586.5	139.7	357.2
2017	1261.0	4045.2	99.6	367.2
2018	1007.0	3519.1	86.2	368.8
2019	860.9	3455.4	75.0	364.1
2020	805.1	3620.8	73.9	372.4
北　京 Beijing	7.0	4.0	0.2	0.4
天　津 Tianjin	7.3	6.8	0.1	1.0
河　北 Hebei	18.2	161.3	3.0	23.3
山　西 Shanxi	26.1	99.7	1.6	11.7
内蒙古 Inner Mongolia	31.4	133.4	1.1	7.4
辽　宁 Liaoning	34.9	69.6	1.9	10.8
吉　林 Jilin	39.8	54.3	1.2	6.5
黑龙江 Heilongjiang	54.4	81.0	1.4	7.9
上　海 Shanghai	14.3	3.0	0.1	0.1
江　苏 Jiangsu	11.0	66.6	4.1	16.3
浙　江 Zhejiang	6.2	55.2	1.8	1.5
安　徽 Anhui	34.4	183.7	5.4	29.2
福　建 Fujian	6.2	45.2	1.0	5.2
江　西 Jiangxi	33.6	146.9	3.7	8.8
山　东 Shandong	12.3	135.3	5.8	26.6
河　南 Henan	39.4	292.5	8.3	41.1
湖　北 Hubei	30.7	144.6	4.5	19.5
湖　南 Hunan	44.6	149.5	5.8	30.4
广　东 Guangdong	15.2	127.8	1.5	19.5
广　西 Guangxi	34.9	267.9	1.1	23.1
海　南 Hainan	3.6	15.3	0.2	2.0
重　庆 Chongqing	26.5	62.3	1.2	8.7
四　川 Sichuan	67.7	373.3	8.4	34.4
贵　州 Guizhou	64.4	210.9	1.9	7.1
云　南 Yunnan	41.0	244.9	1.5	10.1
西　藏 Tibet	2.5	13.2	0.7	0.7
陕　西 Shaanxi	20.1	115.4	3.8	8.7
甘　肃 Gansu	35.5	142.0	0.9	8.2
青　海 Qinghai	6.3	30.2	0.3	1.3
宁　夏 Ningxia	8.4	39.6	0.3	0.6
新　疆 Xinjiang	26.9	145.7	1.3	0.4

22-23 分地区医疗救助情况(2020年)
Statistics on Medical Aid by Region (2020)

地区	Region	资助参加基本医疗保险人数(万人) Number of People Subsidized to Participate in Basic Medical Insurance (10 000 persons)	门诊和住院医疗救助人次数(万人次) Outpatients and Inpatients Receiving Medical Aid (10 000 person-times)	资助参加基本医疗保险资金数(万元) Expenses on Subsidy to Participation in Basic Medical Insurance (10 000 yuan)	门诊和住院医疗救助资金数(万元) Expenses on Medical Aid for Outpatients and Inpatients (10 000 yuan)
全国	**National Total**	**9984.2**	**8404.2**	**1890630.0**	**3523602.4**
北京	Beijing	5.1	14.8	1902.0	26710.0
天津	Tianjin	30.0	111.0	7272.6	20574.2
河北	Hebei	409.7	555.5	75767.2	143644.7
山西	Shanxi	145.1	48.8	25601.7	56757.3
内蒙古	Inner Mongolia	159.8	86.7	22848.5	93485.9
辽宁	Liaoning	282.4	150.1	56934.9	103188.4
吉林	Jilin	137.7	78.2	20795.0	31011.7
黑龙江	Heilongjiang	256.2	166.4	47745.7	90544.3
上海	Shanghai	10.1	277.3	10032.7	49096.9
江苏	Jiangsu	344.4	1125.1	114581.7	257672.8
浙江	Zhejiang	119.5	845.7	66487.0	156372.0
安徽	Anhui	641.9	456.5	142794.6	233312.4
福建	Fujian	260.4	456.3	66490.0	93544.0
江西	Jiangxi	331.2	331.9	77153.0	135293.8
山东	Shandong	318.0	368.5	67835.4	159026.9
河南	Henan	612.0	337.5	51115.4	175424.5
湖北	Hubei	391.3	268.0	84490.6	189672.3
湖南	Hunan	597.0	175.4	100039.4	126487.4
广东	Guangdong	418.6	457.8	110119.4	225120.1
广西	Guangxi	423.6	338.1	79068.4	151475.8
海南	Hainan	90.6	32.3	20535.4	14775.7
重庆	Chongqing	155.6	507.2	37240.0	119296.0
四川	Sichuan	492.8	294.5	126000.6	238131.9
贵州	Guizhou	859.0	216.5	106666.9	114285.2
云南	Yunnan	912.8	239.2	113026.7	128130.0
西藏	Tibet	47.9	3.3	10259.5	6567.5
陕西	Shaanxi	191.7	103.5	22833.2	78786.0
甘肃	Gansu	736.5	147.9	86848.8	130400.9
青海	Qinghai	74.1	38.5	15482.5	57806.6
宁夏	Ningxia	110.1	50.5	27804.5	22693.7
新疆	Xinjiang	419.1	121.2	94856.8	94313.6

22-24 社会组织、自治组织单位数
Statistics on Social Organizations and Autonomous Organizations

单位：个 (unit)

年份 Year 地区 Region		社会组织 Social Organizations	社会团体 Social Groups	民办非企业单位 Private Non-Enterprise Units	基金会 Foundations	自治组织 Autonomous Organizations	村民委员会 Villagers Committee	社区居委会 Neighborhood Committee
	2000	153322	130668	22654		840083	731659	108424
	2005	319762	171150	147637	975	709026	629079	79947
	2006	354393	191946	161303	1144	704386	623669	80717
	2007	386916	211661	173915	1340	694715	612709	82006
	2008	413660	229681	182382	1597	687698	604285	83413
	2009	431069	238747	190479	1843	683767	599078	84689
	2010	445631	245256	198175	2200	681715	594658	87057
	2011	461971	254969	204388	2614	679133	589653	89480
	2012	499268	271131	225108	3029	679628	588475	91153
	2013	547245	289026	254670	3549	683167	588547	94620
	2014	606048	309736	292195	4117	682144	585451	96693
	2015	662425	328500	329141	4784	680535	580856	99679
	2016	702405	335932	360914	5559	662478	559186	103292
	2017	761539	354794	400438	6307	660709	554218	106491
	2018	817360	366234	444092	7034	649888	542019	107869
	2019	866335	371638	487112	7585	642693	533073	109620
	2020	894162	374771	510959	8432	615146	502057	113089
中央级	Central-level	2292	1979	98	215			
北京	Beijing	13016	4572	7648	796	7122	3887	3235
天津	Tianjin	6026	2377	3544	105	5183	3519	1664
河北	Hebei	34625	11476	22631	518	53186	48709	4477
山西	Shanxi	17580	7648	9800	132	25035	22391	2644
内蒙古	Inner Mongolia	16751	7864	8735	152	13615	11062	2553
辽宁	Liaoning	26185	6714	19367	104	16067	11567	4500
吉林	Jilin	13380	5765	7496	119	11321	9343	1978
黑龙江	Heilongjiang	20246	6900	13227	119	11691	9027	2664
上海	Shanghai	17048	4242	12273	533	6125	1562	4563
江苏	Jiangsu	97930	37973	59195	762	21373	14045	7328
浙江	Zhejiang	71299	25853	44619	827	24958	19806	5152
安徽	Anhui	34130	15004	18948	178	17997	14427	3570
福建	Fujian	34200	19066	14711	423	17112	14320	2792
江西	Jiangxi	27703	12678	14939	86	20777	16979	3798
山东	Shandong	60247	18473	41532	242	66420	58868	7552
河南	Henan	47368	12970	34241	157	51962	45148	6814
湖北	Hubei	31730	12449	19095	186	27473	22665	4808
湖南	Hunan	37118	16145	20595	378	29276	23792	5484
广东	Guangdong	71845	31966	38585	1294	26322	19425	6897
广西	Guangxi	28921	13450	15362	109	16396	14220	2176
海南	Hainan	8419	3326	4975	118	3195	2537	658
重庆	Chongqing	18110	8153	9869	88	11186	7977	3209
四川	Sichuan	45657	20952	24517	188	35057	26881	8176
贵州	Guizhou	14063	7203	6793	67	17819	13196	4623
云南	Yunnan	23294	13562	9622	110	14648	11825	2823
西藏	Tibet	559	491	46	22	6860	6583	277
陕西	Shaanxi	31074	17300	13598	176	19870	16905	2965
甘肃	Gansu	22820	15882	6855	83	17465	16010	1455
青海	Qinghai	6173	4290	1851	32	4637	4144	493
宁夏	Ningxia	5583	3202	2305	76	2783	2244	539
新疆	Xinjiang	8770	4846	3887	37	12215	8993	3222

22-25 婚姻登记情况
Statistics on Marriage Registration

年份 Year / 地区 Region		结婚登记 (万对) Total Number of Marriage Registration (10 000 couples)	内地居民登记结婚 Marriage Registration of Mainland Residents	涉外及港澳台居民登记结婚 Marriage Registration Involving Foreigners, or Residents of Hong Kong, Macao, Taiwan	初婚 (万人) First Marriages (10 000 persons)	再婚 (万人) Re-marriages (10 000 persons)	离婚 (万对) Divorces (10 000 couples)	离婚率 (‰) Divorce Rate (‰)
	1985	831.30	829.06	2.22	1607.63	50.48	45.79	0.44
	1990	951.10	948.69	2.38	1819.13	78.24	80.00	0.69
	1995	934.10	929.71	4.40	1776.07	83.35	105.60	0.88
	2000	848.50	842.00	6.49	1581.39	102.62	121.29	0.96
	2005	823.10	816.60	6.43	1483.00	163.10	178.50	1.37
	2006	945.00	938.20	6.82	1705.60	184.40	191.30	1.46
	2007	991.40	986.30	5.11	1779.70	203.10	209.80	1.59
	2008	1098.30	1093.20	5.10	1972.50	224.10	226.90	1.71
	2009	1212.40	1207.50	4.92	2168.80	256.00	246.80	1.85
	2010	1241.00	1236.10	4.90	2200.90	281.10	267.80	2.00
	2011	1302.36	1297.48	4.88	2309.88	294.85	287.40	2.13
	2012	1323.59	1318.27	5.33	2361.17	286.02	310.38	2.29
	2013	1346.93	1341.43	5.50	2385.96	307.89	350.01	2.57
	2014	1306.74	1302.04	4.70	2286.81	326.68	363.68	2.67
	2015	1224.71	1220.59	4.12	2108.97	340.44	384.14	2.79
	2016	1142.82	1138.61	4.22	1913.26	372.39	415.82	3.02
	2017	1063.10	1059.04	4.05	1746.33	379.86	437.40	3.15
	2018	1013.94	1009.11	4.84	1598.67	429.22	446.08	3.20
	2019	927.33	922.39	4.94	1398.71	455.94	470.06	3.36
	2020	814.33	812.60	1.74	1228.60	400.07	433.90	3.09
北京	Beijing	11.38	11.34	0.04	12.43	10.33	8.19	3.77
天津	Tianjin	8.98	8.97	0.01	13.28	4.69	7.26	4.92
河北	Hebei	37.49	37.46	0.03	48.44	26.54	23.65	3.14
山西	Shanxi	21.58	21.57	0.01	35.66	7.50	8.21	2.27
内蒙古	Inner Mongolia	14.17	14.16	0.01	17.86	10.47	8.61	3.48
辽宁	Liaoning	22.43	22.40	0.03	32.71	12.15	15.05	3.49
吉林	Jilin	13.93	13.91	0.02	16.25	11.60	10.37	4.07
黑龙江	Heilongjiang	17.19	17.16	0.03	28.34	6.04	13.77	3.97
上海	Shanghai	9.22	9.15	0.07	11.05	7.39	6.64	2.70
江苏	Jiangsu	49.24	49.17	0.07	75.08	23.39	27.00	3.26
浙江	Zhejiang	27.77	27.70	0.08	41.96	13.58	13.91	2.26
安徽	Anhui	47.18	47.13	0.05	70.99	23.37	23.78	3.81
福建	Fujian	20.56	20.46	0.10	32.10	9.02	10.68	2.63
江西	Jiangxi	27.24	27.21	0.03	43.17	11.32	12.64	2.75
山东	Shandong	48.74	48.70	0.05	66.90	30.59	25.96	2.57
河南	Henan	62.65	62.56	0.08	96.93	28.36	31.50	3.22
湖北	Hubei	31.53	31.50	0.04	49.90	13.16	19.34	3.30
湖南	Hunan	35.75	35.70	0.05	52.99	18.51	21.34	3.15
广东	Guangdong	63.33	62.92	0.41	106.52	20.15	24.58	2.04
广西	Guangxi	29.72	29.42	0.30	47.69	11.76	13.67	2.74
海南	Hainan	6.12	6.11	0.01	10.35	1.89	2.30	2.35
重庆	Chongqing	21.09	21.06	0.02	29.42	12.76	14.41	4.55
四川	Sichuan	53.65	53.59	0.06	76.63	30.67	30.03	3.59
贵州	Guizhou	31.76	31.74	0.02	49.75	13.77	16.12	4.31
云南	Yunnan	32.79	32.71	0.08	49.47	16.11	14.30	2.99
西藏	Tibet	3.42	3.42	0.00	6.67	0.17	0.63	1.75
陕西	Shaanxi	23.62	23.60	0.02	35.17	12.07	12.79	3.27
甘肃	Gansu	17.79	17.78	0.01	28.84	6.74	5.90	2.29
青海	Qinghai	5.19	5.18	0.00	8.51	1.86	1.83	3.05
宁夏	Ningxia	4.94	4.93	0.00	7.72	2.15	2.07	2.93
新疆	Xinjiang	13.88	13.87	0.00	25.82	1.94	7.36	2.88

22-26 福利彩票销售情况
Statistics on Welfare Lottery

年 份 Year 地 区 Region		福利彩票发行单位(个) Welfare Lottery Issuing Units (unit)	福利彩票销售额(亿元) Sales of Welfare Lottery (100 million yuan)	提取公益金(亿元) Withdraws of Public Welfare Fund from Welfare Lottery (100 million yuan)	公益金支出(亿元) Expenditure of Public Welfare Fund from Welfare Lottery (100 million yuan)
	2000	1253	89.9	24.2	38.7
	2005	1113	411.2	143.7	52.3
	2006	989	495.7	171.6	52.6
	2007	985	631.6	217.0	77.6
	2008	999	604.0	211.4	119.2
	2009	988	756.0	248.0	113.4
	2010	993	968.0	297.1	121.2
	2011	974	1278.0	388.7	127.9
	2012	955	1510.3	449.4	159.0
	2013	940	1765.3	510.7	195.5
	2014	893	2060.0	585.7	231.3
	2015	861	2015.1	563.8	288.9
	2016	788	2064.9	591.5	268.3
	2017	729	2169.8	631.1	275.2
	2018	700	2245.6	643.6	251.7
	2019	702	1912.4	557.3	259.9
	2020	688	1444.9	444.6	229.9
部本级	Ministry Level	1			0.1
北 京	Beijing	17	25.3	8.3	8.3
天 津	Tianjin	7	24.5	7.2	5.3
河 北	Hebei	23	38.1	12.2	7.0
山 西	Shanxi	12	28.7	8.8	4.9
内蒙古	Inner Mongolia	15	29.1	9.0	7.3
辽 宁	Liaoning	8	62.5	19.1	6.8
吉 林	Jilin	42	21.4	6.6	3.2
黑龙江	Heilongjiang	15	29.0	9.0	3.2
上 海	Shanghai	17	46.5	14.6	9.2
江 苏	Jiangsu	74	89.2	27.0	13.6
浙 江	Zhejiang	41	117.6	36.1	17.0
安 徽	Anhui	45	43.8	13.7	7.3
福 建	Fujian	10	30.6	9.9	7.7
江 西	Jiangxi	12	25.3	8.0	3.6
山 东	Shandong	17	91.9	28.2	12.2
河 南	Henan	40	40.6	13.0	11.3
湖 北	Hubei	37	52.5	16.3	9.6
湖 南	Hunan	74	50.9	15.7	7.5
广 东	Guangdong	55	162.1	48.9	16.5
广 西	Guangxi	16	31.6	9.9	7.9
海 南	Hainan	6	3.8	1.2	1.1
重 庆	Chongqing	1	31.1	9.5	5.1
四 川	Sichuan	3	79.4	24.4	9.0
贵 州	Guizhou	11	19.5	6.5	4.4
云 南	Yunnan	14	64.0	20.5	7.0
西 藏	Tibet	2	17.6	5.0	1.8
陕 西	Shaanxi	21	83.7	25.0	11.9
甘 肃	Gansu	15	27.0	8.1	5.0
青 海	Qinghai	6	14.6	4.5	3.8
宁 夏	Ningxia	15	11.5	3.5	3.8
新 疆	Xinjiang	16	51.2	14.8	7.5

22-27 残疾人事业基本情况
Basic Statistics on the Work for Persons with Disability

项 目		Item		2020
康复		**Rehabilitation**		
视力残疾康复服务人数	(万人)	Rehabilitation of Persons with Visual Disability	(10 000 persons)	114.6
听力语言残疾康复服务人数	(万人)	Rehabilitation of Persons with Hearing and Speaking Disability	(10 000 persons)	81.6
肢体残疾康复服务人数	(万人)	Rehabilitation of Persons with Physical Disability	(10 000 persons)	542.8
智力残疾康复服务人数	(万人)	Rehabilitation of Persons with Mental Disability	(10 000 persons)	86.4
精神病防治康复服务人数	(万人)	Prevention and Rehabilitation of Mental Illness (PRMI)	(10 000 persons)	178.4
残疾人康复机构	(个)	Rehabilitation Institutions for Persons with Disability	(unit)	10440
辅助器具服务机构	(个)	Auxiliary Appliance Service Agencies	(unit)	2027
教育		**Education**		
特殊教育普通高中在校生	(人)	Students at Senior Secondary Schools with Special Education	(person)	10173
普通高等院校录取残疾考生人数	(人)	Disabled Students Admitted to Regular Higher Education Institutions	(person)	13551
就业		**Employment**		
城乡持证残疾人就业人数	(万人)	Employed Persons with Disability Certificates	(10 000 persons)	861.7
社会保障		**Social Security**		
残疾居民参加城乡社会养老保险人数	(万人)	Disabled Residents Covered by Pension Insurance	(10 000 persons)	2699.2
扶贫		**Poverty Alleviation**		
残疾人农村实用技术培训	(万人次)	Vocational Skills Training for Persons with Disability	(10 000 person-times)	45.7
康复扶贫贴息贷款扶持残疾人	(人)	Loans to Support Poor Persons with Disability	(person)	4158
维权		**Rights Protection**		
残疾人法律援助工作站	(个)	Legal Assistance Stations for Persons with Disability	(unit)	2795
残疾人机动轮椅车燃油补贴	(万人)	Subsidy for Fuel of Motor Wheelchairs of Persons with Disability	(10 000 persons)	34.1
组织建设		**Organization Development**		
残疾人专职委员	(万人)	Full-time Committee Members with Disability	(10 000 persons)	55.3
残疾人人口库持证残疾人	(万人)	Persons with Disability Certificates in the Database of PWDs	(10 000 persons)	3780.7

主要统计指标解释

医疗卫生机构　指从卫生健康行政部门取得《医疗机构执业许可证》，或从民政、工商行政、机构编制管理部门取得法人单位登记证书，为社会提供医疗保健、疾病控制、卫生监督服务或从事医学科研和医学在职培训等工作的单位。医疗卫生机构包括医院、基层医疗卫生机构、专业公共卫生机构、其他医疗卫生机构。

医院　包括综合医院、中医医院、中西医结合医院、民族医院、各类专科医院和护理院，不包括专科疾病防治院、妇幼保健院和疗养院。

基层医疗卫生机构　包括社区卫生服务中心（站）、街道卫生院、乡镇卫生院、村卫生室、门诊部、诊所（医务室）。

专业公共卫生机构　包括疾病预防控制中心、专科疾病防治机构、妇幼保健机构、健康教育机构、急救中心（站）、采供血机构、卫生监督机构、卫生健康部门主管的计划生育技术服务机构。不包括传染病院、结核病医院、血防医院、精神病医院、卫生监督（监测、检测）机构。

卫生人员　指在医院、基层医疗卫生机构、专业公共卫生机构及其他医疗卫生机构工作的职工，包括卫生技术人员、乡村医生和卫生员、其他技术人员、管理人员和工勤人员。一律按支付年底工资的在岗职工统计，包括各类聘任人员（含合同工）及返聘本单位半年以上人员，不包括临时工、离退休人员、退职人员、离开本单位仍保留劳动关系人员、本单位返聘和临聘不足半年人员。

卫生技术人员　包括执业医师、执业助理医师、注册护士、药师（士）、检验技师（士）、影像技师、卫生监督员和见习医（药、护、技）师（士）等卫生专业人员。不包括从事管理工作的卫生技术人员(如院长、副院长、党委书记等)。

执业医师　指《医师执业证》“级别”为“执业医师”且实际从事医疗、预防保健工作的人员，不包括实际从事管理工作的执业医师。执业医师类别分为临床、中医、口腔和公共卫生四类。

执业助理医师　指《医师执业证》“级别”为“执业助理医师”且实际从事医疗、预防保健工作的人员，不包括实际从事管理工作的执业助理医师。执业助理医师类别分为临床、中医、口腔和公共卫生四类。

每千人口卫生技术人员　每千人口卫生技术人员=卫生技术人员数/人口数×1000。

每千人口执业(助理)医师　每千人口执业(助理)医师=(执业医师数+执业助理医师数）/人口数×1000。

床位数　指年末医疗卫生机构实有床位，又称实有床位数、病床数。实有床位包括正规床、简易床、监护床、超过半年的加床、正在消毒和修理的床位、因扩建或大修而停用的床位。不包括产科新生儿床、接产室待产床、库存床、观察床、临时加床和病人家属陪侍床。

每千人口医疗卫生机构床位　每千人口医疗卫生机构床位=年末医疗卫生机构床位数/年末人口数×1000。

甲乙类法定报告传染病发病率　是指某年每10万人口中甲乙类法定报告传染病发病数。即甲乙类法定传染病发病率=甲乙类法定报告传染病发病数/人口数×100000。

甲乙类法定报告传染病死亡率　是指某年每10万人口中甲乙类法定报告传染病死亡数。即甲乙类法定报告传染病死亡率=甲乙类法定报告传染病死亡数/人口数×100000。

孕产妇死亡率　指年内每10万名孕产妇的死亡人数。孕产妇死亡指从妊娠期至产后42天内，由于任何妊娠或妊娠处理有关的原因导致的死亡，但不包括意外原因死亡者。按国际通用计算方法，“孕产妇总数”以“活产数”代替计算。

5岁以下儿童死亡率　指年内未满5岁儿童死亡人数与活产数之比，一般以‰表示。

新生儿死亡率　指年内新生儿死亡数与活产数之比。一般以‰表示。新生儿死亡指出生至28天以内（即0−27天）死亡人数。

卫生总费用　指一个国家或地区在一定时期内，为开展卫生服务活动从全社会筹集的卫生资源的货币总额，按来源法核算。它反映一定经济条件下，政府、社会和居民个人对卫生保健的重视程度和费用负担水平，以及卫生筹资模式的主要特征和卫生筹资的公平性合理性。

政府卫生支出　指各级政府用于医疗卫生服务、医疗保障补助、卫生和医疗保障行政管理、人口与计划生育事务支出等各项事业的经费。

社会卫生支出　指政府支出外的社会各界对卫生事业的资金投入。包括社会医疗保障支出、商业健康保险费、社会办医支出、社会捐赠援助、行政事业性收费收入等。

个人现金卫生支出　指城乡居民在接受各类医疗卫生服务时的现金支付，包括享受各种医疗保险制度的居民就医时自付的费用。可分为城镇居民、农村居民个人现金卫生支出，反映城乡居民医疗卫生费用的负担程度。

人均卫生费用　即某年卫生总费用与同期平均人口数之比。

卫生总费用与 GDP 之比 指某年卫生总费用与同期国内生产总值（GDP）之比。是用来反映一定时期国家对卫生事业的资金投入力度，以及政府和全社会对卫生事业、居民健康的重视程度。

提供住宿的民政机构 指能为老年人、残疾人、智障与精神病人、儿童等人员提供住宿的社会服务机构数。包括社会福利院、特困人员救助供养机构、其他各类养老机构、社会福利医院、儿童福利院、未成年人救助保护中心、流浪乞讨人员救助管理机构、安置农场以及其他提供住宿的机构。

孤儿数 指失去父母或查找不到生父母的未满18周岁的未成年人的人数。由地方县级以上民政部门依据有关规定和条件认定的，并已经领取了孤儿补助费的孤儿。

被收养儿童 指通过收养登记被家庭收养儿童人数的总和，包括国内外收养中国儿童的总人数。

被中国公民收养 指收养人是中国公民，需夫妻双方都是中国公民。含中国大陆居民、中国香港居民、中国澳门居民、中国台湾居民和华侨的收养。

被外国人收养 指收养人是具有外国国籍（包括无国籍人）的人员。夫妻共同收养有一方是外国人的，按外国人办理收养统计。

城市居民最低生活保障人数 指在报告期末纳入当地城市最低生活保障范围、并已发放补助经费的人数。

农村居民最低生活保障人数 指在报告期末纳入当地农村最低生活保障范围、并已发放补助经费的人数。

离婚率 指某地区当年离婚对数占该地区年平均人口的比重。计算公式为：

$$\text{离婚率}=\frac{\text{当年离婚对数}}{\text{年平均人口数}}\times 1000‰$$

残疾人就业人数 指截止到本年度12月31日，以各种就业形式实际在业的城乡持证残疾人数。

Explanatory Notes on Main Statistical Indicators

Health Care Institutions refer to the units which have been qualified with the Certification of Health Care Institution,, or qualified with the Certification of Corporate Unit by the civil affairs, administration for industry and commerce, and engaging in medical care services, disease control services, health supervision services, or medicine research and on-job training, etc., including: hospitals, health care institutions at grass-root level, specialized public health institutions, and other health care institutions.

Hospitals include general hospitals, traditional Chinese medicine hospitals, hospitals of integrated traditional Chinese and western medicine, nationalities hospitals, specialized hospitals and nursing hospitals, as well as affiliated hospitals of medical colleges, excluding specialized disease prevention and treatment institutes, maternal and child health centers and convalescent hospitals.

Health Care Institutions at Grass-root Level include community health service centers (stations), sub-district health centers, township health centers, village clinics, outpatient departments and clinics.

Specialized Public Health Institutions include CDC, specialized disease prevention and treatment institutions, maternal and children health centers, health education institutions, emergency centers (first-aid stations), blood gathering and supplying institutions, health inspection institutions, and family planning technical service institutions headed by the health department. It does not include infectious hospital, tuberculosis hospital, schistosomiasis control hospital, mental hospital, health supervision (monitoring and testing) institution.

Health Personnel refer to all employees engaged in the health care institutions, such as hospitals, health care institutions at grass-root level, specialized public health institutions, and other health care institutions, including health technical personnel, village doctors and assistants, other technical personnel, administrative staffs and logistics technical workers. Data are based on the year end payroll, including personnel employed (including contract workers) and re-employed after retirement by the institution for more than 6 months, excluding temporary workers, retired personnel, resigned personnel, personnel who have left the institution but kept the contract relation and personnel who are re-employed after retirement or temporarily employed for less than 6 months.

Health Technical Personnel refer to the professional staff engaged in health care, including licensed physicians and physician assistants, registered nurses, pharmacists, laboratory and imaging technicians, health care supervisors and intern doctors, pharmacists, nurses, and technical personnel, excluding health technical personnel engaged in management (e.g. president, vice president and secretary of the party committee etc).

Licensed Physicians refer to the medical workers with licenses of qualified doctors and are employed in medical treatment, disease prevention or healthcare institutions, excluding the licensed doctors engaged in management. The physicians are divided into 4 categories: clinician, Chinese medicine, stomatology and public health.

Licensed Physician Assistants refer to the medical workers with licenses of qualified assistant doctors and are employed in medical treatment, disease prevention or healthcare institutions, excluding the licensed assistant doctors engaged in management. Physician assistants are divided into 4 categories: clinician, Chinese medicine, stomatology and public health.

Number of Health Technical Personnel per 1000 Population The formula is:

Number of health technical personnel per 1000 population = number of health technical personnel / population *1000

Number of Licensed Physicians & Physician Assistants per 1000 Population The formula is:

Number of licensed physicians & physician assistants per 1000 population = (number of licensed physicians + number of licensed physician assistants) / population *1000

Number of Beds refer to the actual number of beds in health care institutions at year-end, also known as the actual number of beds or hospital beds, including regular beds, simple beds, monitoring beds, extra bed over 6 months, beds under disinfection or repairing, beds deactivated due to expansion or overhaul, not including neonatal beds, pre-delivery beds, inventory beds, observation beds, temporary beds and family accompany beds.

Number of Beds of Health Care Institutions per 1000 Population the formula is:

Number of beds of health care institutions per 1000 population = number of beds of health care institutions at year-end / population at year-end *1000

Morbidity Rate of Class A and B Notifiable Infectious Diseases refers to the number of cases of Class A and B notifiable infectious diseases per 100 thousand population in the reference year. The formula is:

Morbidity rate of Class A and B notifiable infectious diseases = number of cases of Class A and B notifiable infectious diseases / population *100000

Mortality Rate of Class A and B Notifiable Infectious Diseases refers to the number of deaths of Class A and B notifiable infectious diseases per 100 thousand population in the reference year. The formula is:

Mortality rate of Class A and B notifiable infectious diseases= number of deaths of Class A and B notifiable infectious diseases / population *100000

Maternal Mortality Rate refers to number of maternal deaths per 100,000 maternal. It generally refers to maternal mortality from the start of pregnancy to 42 days after parturition, due to pregnancy or any treatment of pregnancy. However, accidental deaths are not included. According to internationally accepted approach, the live births are used to represent the total number of maternity.

Mortality Rate of Children under 5 refers to the ratio of deaths of children under 5 in a year to the number of live births, and usually is presented by ‰.

Neonatal Mortality Rate refers to the ratio of neonatal deaths in a year to the number of live births, and usually is presented by ‰. Neonatal deaths refer to the deaths of new-birth within 28 days (0-27 days).

Total Health Expenditure refers to the total monetary value of health resources in a country or a region mobilized by the whole society for public health, calculated based on source approach. It reflects the attention and affordability of the government, society and individuals for public health, and the major characteristics, justice and rationality of the health fund-raising model under certain economic circumstance.

Government Health Expenditure refers to the expenditure of the governments at all levels on medical and health care services, medical subsidies, health administration and health security management, and undertakings of family planning etc.

Social Health Expenditure refers to all inputs of the society except the government in public health, including the expenditures on social medical security, commercial health insurance, private expenditure on of medical and health care operation, social donation and contribution, and income from administrative fees etc.

Out-of-Pocket Health Expenditure refers to expenditure in cash on various health services by rural and urban residents, including self payments of residents within various medical insurance systems. It can be categorized as cash expenditure on health by urban and rural residents and reflects their affordability of public health.

Per Capita Health Expenditure refers to the ratio of total health expenditure in a year to the average population.

Ratio of Health Expenditure to GDP refers to the ratio of total health expenditure in a year to GDP, which indicates the financial support given by a nation to health work and the attention paid on the public health and the health of residents by the government and society.

Number of Civil Affairs Institutions with Accommodations refers to the number of social service institutions that can provide accommodations for the elderly, the disabled, the mentally handicapped and the mentally ill, and children. It includes social welfare institutions, assistance and support institutions for people in extreme difficulty, other pension institutions, social welfare hospitals, children's welfare homes, assistance and protection centers for minors, relief and management institutions for vagrants and beggars, resettlement farms and other institutions providing accommodations.

Number of Orphans refers to juveniles under the age of 18 that have lost or cannot find their parents. Orphans are affirmed by departments of civil affairs at county level according to relevant regulations, and receive orphan subsidies.

Number of Children Adopted refers to the total number of children adopted by families through adoption registration, including the total number of Chinese children adopted at home and abroad.

Adoption by Chinese Citizens refers to adoption of children by Chinese citizens (including residents from Hong Kong, Macao and Taiwan, and overseas Chinese).

Adoption by Foreigners refers to adoption of children by foreign nationals (including stateless persons). Adoption by a couple with one being foreigner would be treated as adoption by foreigner.

Number of Urban Residents Entitled to Minimum Living Allowances refers to the number of urban residents who have been included in the scope of local urban minimum living guarantee and have been granted subsidies by the end of the reporting period.

Number of Rural Residents Entitled to Minimum Living Allowances refers to the number of rural residents who have been included in the scope of local rural minimum living guarantee and have been granted subsidies by the end of the reporting period.

Divorce Rate refers to ratio of divorced couples to the annual average population in a certain region for the reference year, the formula is:

$$\text{Divorce Rate} = \frac{\text{number of couples divorced for the reference year}}{\text{annual average population}} \times 1000‰$$

Number of Employed Person with Disabilities refers to the number of urban and rural persons with disability certificates who are actually employed through various forms of employment.

23

文化和体育

Culture and Sports

简 要 说 明

一、本篇资料的主要内容

本篇主要反映新闻出版、广电、文化、文物、档案、体育事业发展情况。

内容包括全国及各地区图书、期刊、报纸、音像制品的出版、印刷以及引进和输出版权情况；全国及各地区广播影视宣传、覆盖、技术等方面的情况；全国及各地区艺术表演团体、公共图书馆、群众文化机构、博物馆以及国家档案馆等单位的机构、人员、经费和业务活动情况；全国体育系统机构人员情况；运动员获世界冠军、创世界记录情况。

二、本篇的资料来源

新闻出版资料来自国家新闻出版署；电影资料来自国家电影局；广播、电视资料来自国家广播电视总局；文化资料来自文化和旅游部；文物资料来自国家文物局；档案资料来自国家档案局；体育资料来自国家体育总局。

详细资料分别见《中国新闻出版统计资料汇编》（国家新闻出版署编）、《全国广播电视服务业统计数据》（国家广播电视总局编）、《中国文化文物和旅游统计年鉴》（中华人民共和国文化和旅游部编）。

三、数据使用注意事项

规模以上文化企业主要指标数据与上年数据之间存在不可比因素，主要原因是有部分企业达到规模以上标准纳入调查范围，也有部分企业因规模变小而退出调查范围，还有新建投产企业、破产、注（吊）销企业等，使得规模以上文化企业数量每年发生增减变化。

Brief Introduction

I. Main Contents

Data in this chapter mainly reflect the development of news and publication; radio and television broadcasting, films; culture; cultural relics; archives and sports undertakings.

Contents of this chapter cover the publication and printing of books, magazines, newspapers, audio-visual products, and import and export of copyrights of the country and by region; the coverage and techniques of radio and television programs, and films of the country and by region; number of institutions and employed persons, funds and activities of art performance troupes, public libraries, mass cultural institutions, museums and archive institutions at national level and by region; personnel of national sports system, world championships won and world records set by Chinese athletes.

II. Sources of Data

Data on news and publications are from the General Administration of Press and Publication. Data on films are from the State Film Bureau. Data on radio and television broadcasting are from the State Administration of Radio and Television. Data on culture are provided by the Ministry of Culture and Tourism. Data on cultural relics are from State Administration of Cultural Heritage. Data on archives are from State Archives Administration. Data on sports are from General Administration of Sport.

For detailed information please refer to "Collection of China News and Publication Statistical Information" (General Administration of Press and Publication), "Statistical Data of National Radio and Television Services" (State Administration of Radio and Television), "China Cultural Relics and Tourism Yearbook" (Ministry of Culture and Tourism of the People's Republic of China).

III. Notes on Data Use

Data of cultural-related enterprises above designated size are not fully comparable with previous years. The main reason is that some enterprises meet the size criteria to be included in the survey, while some other enterprises withdraw from the survey because of the shrinking size, and there are other changes: newly-built enterprises, bankrupted enterprises, cancelation of enterprises, etc., resulted in the changing number of cultural-related enterprises above designated size.

23-1 图书出版情况（2020年）
Statistics on Books Published by Category (2020)

类　别	Category	种　数 (种) Number of Publications (kind)	印　数 (万册) Printed Copies (10 000 copies)
图书总计	**Total**	**489051**	**1037305**
使用"中国标准书号"部分合计	**Publications with "China Standard Book Numbering"**	**488714**	**1031037**
马列主义、毛泽东思想	Marxism-Leninism, Mao Zedong Thought	740	1907
哲学	Philosophy	8593	7686
社会科学总论	General Social Sciences	5151	3896
政治、法律	Politics and Law	16517	25020
军事	Military Affairs	1184	977
经济	Economics	33087	13990
文化、科学、教育、体育	Culture, Science, Education and Sports	202426	804063
语言、文字	Languages	18004	22621
文学	Literature	50534	71230
艺术	Arts	22909	18395
历史、地理	History and Geography	17574	13390
自然科学总论	General Natural Sciences	929	795
数理科学、化学	Mathematics, Physics and Chemistry	10115	5630
天文学、地球科学	Astronomy and Geology	3136	1538
生物科学	Biology	3752	2420
医学、卫生	Medicine and Health Care	22249	13770
农业科学	Agricultural Science	4916	1534
工业技术	Industrial Technology	52908	16040
交通运输	Transportation	6054	1903
航空、航天	Aeronautics and Aerospace	862	264
环境科学	Environmental Science	2607	1408
综合性图书	General Books	4467	2560
不使用"中国标准书号"部分合计	**Publications without "China Standard Book Numbering"**	**337**	**6268**
图片	Pictures	337	355
国标(GB)、部标(BB)等标准类文件印品	Standards Publications such as National Standards, Ministry Standards		1059
活页文选、活页歌篇、小件印品等	Loose-leaf Collectanea, Loose-leaf Song Collections and Prints of Small Volume		4854

23-2 图书、期刊和报纸出版情况
Statistics on Books, Periodicals and Newspapers

年份 Year / 地区 Region	图书 Books Published: 种数(种) Number of Publications (kind)	图书 Books Published: #新出版 New Publications	图书 Books Published: 总印数(亿册、亿张) Printed Copies (100 million copies)	期刊 Periodicals Published: 种数(种) Number of Publications (kind)	期刊 Periodicals Published: 总印数(亿册) Total Printed Copies (100 million copies)	报纸 Newspapers Published: 种数(种) Number of Publications (kind)	报纸 Newspapers Published: 总印数(亿份) Total Printed Copies (100 million copies)
1978	14987	11888	37.7	930	7.6	186	127.8
1980	21621	17660	45.9	2191	11.2	188	140.4
1985	45603	33743	66.7	4705	25.6	1445	246.8
1990	80224	55245	56.4	5751	17.9	1444	211.2
1995	101381	59159	63.2	7583	23.4	2089	263.3
2000	143376	84235	62.7	8725	29.4	2007	329.3
2005	222473	128578	64.7	9468	27.6	1931	412.6
2006	233971	160757	64.1	9468	28.5	1938	424.5
2007	248283	136226	62.9	9468	30.4	1938	438.0
2008	274123	148978	70.6	9549	31.0	1943	442.9
2009	301719	168296	70.4	9851	31.5	1937	439.1
2010	328387	189295	71.7	9884	32.2	1939	452.1
2011	369523	207506	77.0	9849	32.9	1928	467.4
2012	414005	241986	79.2	9867	33.5	1918	482.3
2013	444427	255981	83.1	9877	32.7	1915	482.4
2014	448431	255890	81.8	9966	30.9	1912	463.9
2015	475768	260426	86.6	10014	28.8	1906	430.1
2016	499884	262415	90.4	10084	27.0	1894	390.1
2017	512487	255106	92.4	10130	24.9	1884	362.5
2018	519250	247108	100.1	10139	22.9	1871	337.3
2019	505979	224762	106.0	10171	21.9	1851	317.6
2020	489051	213636	103.7	10192	20.4	1810	289.1
中央 Central Level	199060	86160	27.6	3108	7.3	209	74.8
北京 Beijing	12803	6058	2.3	171	0.2	32	2.9
天津 Tianjin	7278	3973	0.9	250	0.3	16	2.0
河北 Hebei	9938	3160	3.4	226	0.4	62	10.2
山西 Shanxi	3154	1885	1.1	202	0.2	60	21.3
内蒙古 Inner Mongolia	3524	1317	0.6	151	0.1	55	2.4
辽宁 Liaoning	10557	4829	1.5	321	0.6	66	5.7
吉林 Jilin	24577	12720	2.7	241	0.4	51	5.7
黑龙江 Heilongjiang	7638	4761	0.9	316	0.2	56	3.3
上海 Shanghai	28056	12779	5.0	642	0.6	67	6.9
江苏 Jiangsu	26983	10146	7.0	476	1.1	80	19.2
浙江 Zhejiang	14477	6295	4.2	236	0.6	66	18.1
安徽 Anhui	10015	3210	3.2	186	0.3	49	5.6
福建 Fujian	4405	2267	1.4	174	0.2	42	7.0
江西 Jiangxi	9437	4463	2.7	166	0.8	37	7.6
山东 Shandong	15303	5230	5.3	277	0.7	82	15.5
河南 Henan	8735	3902	4.1	252	0.7	77	13.2
湖北 Hubei	13209	5693	3.0	432	0.7	73	5.7
湖南 Hunan	10167	3715	4.8	260	1.0	45	7.2
广东 Guangdong	10970	4534	4.3	387	1.0	97	15.3
广西 Guangxi	6695	2444	3.1	179	0.3	46	4.8
海南 Hainan	4088	1500	0.7	42	0.0	14	1.7
重庆 Chongqing	5008	1567	1.3	143	0.3	27	1.8
四川 Sichuan	12891	6781	3.5	364	0.5	79	10.5
贵州 Guizhou	1370	879	1.3	93	0.1	27	2.3
云南 Yunnan	5879	3211	1.7	129	0.2	40	3.1
西藏 Tibet	676	313	0.2	40	0.0	26	1.0
陕西 Shaanxi	11569	5045	2.0	288	0.3	43	4.4
甘肃 Gansu	3587	1513	1.0	132	0.8	47	3.4
青海 Qinghai	586	240	0.1	55	0.0	25	0.8
宁夏 Ningxia	2855	1147	0.8	37	0.0	13	0.9
新疆 Xinjiang	3561	1899	1.9	216	0.1	101	4.6

23-3 分地区少年儿童读物和课本出版情况（2020年）
Statistics on Juvenile and Children's Books, Textbooks by Region (2020)

地 区	Region	种数(种) Number of Publications (kind)		总印数（万册） Printed Copies (10 000 copies)		总印张(千印张) Printed Sheets (1 000 sheets)	
		少儿读物 Juvenile and Children's Books	课 本 Textbooks	少儿读物 Juvenile and Children's Books	课 本 Textbooks	少儿读物 Juvenile and Children's Books	课 本 Textbooks
全 国	**National Total**	**42517**	**84809**	**90432**	**379061**	**5023408**	**29321614**
中 央	Central Level	10852	51612	25714	92853	1359241	9189454
北 京	Beijing	2395	832	5538	2343	359977	205649
天 津	Tianjin	883	330	1576	1645	77525	120487
河 北	Hebei	913	277	2125	14183	92740	965797
山 西	Shanxi	124	185	95	5226	10080	365996
内蒙古	Inner Mongolia	278	854	122	4157	4876	298530
辽 宁	Liaoning	1004	2432	1508	6281	107160	501554
吉 林	Jilin	3076	593	3341	4553	157002	331595
黑龙江	Heilongjiang	865	903	522	3248	28839	240987
上 海	Shanghai	1272	6411	7338	14223	254036	1221360
江 苏	Jiangsu	1913	3415	2965	23758	207714	1605460
浙 江	Zhejiang	2158	1398	3784	13742	280393	887849
安 徽	Anhui	1456	751	3158	14689	190915	1077107
福 建	Fujian	606	321	776	6123	58773	429106
江 西	Jiangxi	2439	376	5423	9234	260360	710785
山 东	Shandong	2048	1268	4551	20335	274451	1405963
河 南	Henan	465	1139	1018	23525	30825	1530006
湖 北	Hubei	1170	1919	2315	8363	188510	657386
湖 南	Hunan	1131	756	3622	15967	308189	1014889
广 东	Guangdong	654	1717	1699	24432	68260	1582663
广 西	Guangxi	1978	466	2797	11193	127267	767923
海 南	Hainan	160	26	182	1896	9982	119631
重 庆	Chongqing	216	2124	187	6802	7568	486580
四 川	Sichuan	2260	2082	4957	11943	307343	866848
贵 州	Guizhou	272	98	2005	7853	73927	553429
云 南	Yunnan	644	217	1161	8556	75771	592541
西 藏	Tibet	47	104	23	1076	864	80348
陕 西	Shaanxi	551	1905	1070	7689	35174	577346
甘 肃	Gansu	399	52	586	3593	40840	270174
青 海	Qinghai	8	143	2	1078	101	81562
宁 夏	Ningxia	84	17	129	1043	18280	77714
新 疆	Xinjiang	196	86	143	7459	6425	504895

23-4 课本出版情况(2020年)
Statistics on Publication of Textbooks (2020)

项 目	Item	种数(种) Number of Publications (kind)	#新出版 New Publications	总印数(万册) Printed Copies (10 000 copies)	总印张(千印张) Printed Sheets (1 000 sheets)	定价总金额(万元) Total Priced Value (10 000 yuan)
总计	**Total**	**84809**	**18875**	**379061**	**29321614**	**4194335**
大专及以上课本	Textbooks for Higher Education	61565	15196	29062	5194081	1259271
中专、技校课本	Textbooks for Secondary Vocational Education	7184	1111	7719	1031861	217714
中学课本	Textbooks for Secondary Education	5411	746	168713	13316228	1425339
小学课本	Textbooks for Primary Education	4933	590	169527	9109652	1105596
业余教育课本	Textbooks for Spare-time Education	1904	600	1349	253748	67308
扫盲课本	Textbooks for Literacy Courses	2			6	3
教学用书	Teaching Materials	3810	632	2691	416038	119104

23-5 分地区音像制品及电子出版物情况（2020年）
Statistics on Publication of Audio-Visual and Electronic Products by Region (2020)

地 区	Region	录像制品出版品种（种）Number of Publications of Video Products (kind)	录像制品出版数量（万盒、万张）Volume of Publications of Video Products (10 000 cassettes, 10 000 discs)	录音制品出版品种（种）Number of Publications of Audio Products (kind)	录音制品出版数量（万盒、万张）Volume of Publications of Audio Products (10 000 cassettes, 10 000 discs)	电子出版物出版品种（种）Number of Electronic Publications (kind)	电子出版物出版数量（万张）Volume of Electronic Publications (10 000 discs)
全 国	**National Total**	**3299**	**5320.3**	**5312**	**12194.7**	**7825**	**25270.7**
中 央	Central Level	1452	2930.9	2059	9512.7	3818	19223.4
北 京	Beijing	47	5.9	175	97.0	40	82.4
天 津	Tianjin	1	0.0	16	2.8	14	4.9
河 北	Hebei	5	0.8	45	271.9	129	157.3
山 西	Shanxi	30	5.9	56	79.5	46	2.5
内蒙古	Inner Mongolia	10	2.9	17	3.6	100	52.4
辽 宁	Liaoning	35	5.8	158	130.5	181	125.7
吉 林	Jilin	170	11.1	86	122.3	28	1.7
黑龙江	Heilongjiang	3	0.1			22	73.2
上 海	Shanghai	263	1138.7	932	650.1	448	1031.8
江 苏	Jiangsu	47	3.3	135	120.9	404	2091.9
浙 江	Zhejiang	47	141.5	63	102.2	296	705.8
安 徽	Anhui	22	1.2	24	3.0	16	2.4
福 建	Fujian	29	12.6	15	2.0	20	6.4
江 西	Jiangxi	173	514.9	132	201.4	40	6.8
山 东	Shandong	50	11.4	128	26.2	419	90.2
河 南	Henan	39	6.7	7	0.4	208	56.6
湖 北	Hubei	24	6.5	33	6.9	113	11.3
湖 南	Hunan	111	103.7	238	230.1	82	161.7
广 东	Guangdong	310	67.6	709	505.1	358	1195.5
广 西	Guangxi	23	3.9	131	58.3	9	0.9
海 南	Hainan	2	0.0	18	1.1	1	0.1
重 庆	Chongqing	23	12.9	18	4.5	108	47.7
四 川	Sichuan	64	3.0	10	3.3	707	107.5
贵 州	Guizhou	2	0.1			7	2.5
云 南	Yunnan	133	9.9	53	4.7	42	11.8
西 藏	Tibet	16	13.1	2	0.8	30	3.0
陕 西	Shaanxi	26	6.1	32	18.8	139	13.6
甘 肃	Gansu	15	1.5	2	0.2		
青 海	Qinghai	10	1.1				
宁 夏	Ningxia	1	0.2	4	0.1		
新 疆	Xinjiang	116	297.0	14	34.2		

23-6 图书、期刊、报纸进出口情况（2020年）
Statistics on Import and Export of Books, Periodicals and Newspapers (2020)

指 标	Item	出 口 Exports		进 口 Imports	
		数量 (万册、份) Number (10 000 copies)	金额 (万美元) Value (10 000 USD)	数量 (万册、份) Number (10 000 copies)	金额 (万美元) Value (10 000 USD)
总计	**Total**	**928.63**	**3262.80**	**3974.18**	**36216.29**
图书	Books	665.64	2803.55	3223.69	23137.80
哲学、社会科学	Philosophy, Social Science	109.39	620.38	146.28	2463.34
文化、教育	Culture and Education	230.62	513.06	731.84	5134.48
文学、艺术	Literature and Arts	76.18	589.72	581.91	4491.70
自然、科学技术	Natural Science and S&T	28.15	207.13	149.12	3317.21
少儿读物	Juvenile and Children's Books	108.99	112.36	1000.68	3315.51
综合性图书	General Books	112.31	760.90	613.86	4415.56
期刊	Periodicals	248.60	437.80	238.57	12245.32
报纸	Newspapers	14.39	21.45	511.92	833.17

注：本表数据为全国有出版物进口经营许可证的出版物进出口经营单位数据(下表同)。
a) Data are from national publication import and export units that have publication import business certificate. The same applies to the following table.

23-7 全国音像、电子出版物进出口情况(2020年)
Statistics on Import and Export of Audio-Visual Products and Electronic Publications (2020)

指 标	Item	出 口 Exports		进 口 Imports	
		数量 (盒、张) Number (cassette,disc)	金额 (万美元) Value (10 000 USD)	数量 (盒、张) Number (cassette,disc)	金额 (万美元) Value (10 000 USD)
总计	**Total**	**6660**	**171.74**	**200690**	**43293.73**
录音合计	Audio Products			196817	214.95
录像合计	Video Products	6652	14.12	3873	7.00
电子出版物	Electronic Publications	8	16.24		
数字出版物	Digital Publications		141.38		43071.78

23-8 版权引进和输出情况（2020年）
Basic Statistics on Import and Export of Copyright (2020)

单位：项 (item)

项目	Item	合计 Total	#图书 Books	#录音制品 Audio Products	#录像制品 Video Products	#电子出版物 Electronic Publications
本年引进版权总数	**Number of Imported Copyright in the Year**	**14185**	**13919**	**79**	**154**	**33**
美国	United States	3601	3588	8	5	
英国	United Kingdom	3291	3254		13	24
德国	Germany	935	923	2	10	
法国	France	865	847		18	
俄罗斯	Russia	116	115		1	
加拿大	Canada	115	111		4	
新加坡	Singapore	279	277	1	1	
日本	Japan	2111	2039	15	49	8
韩国	South Korea	446	446			
香港地区	Hong Kong, China	267	230	35	2	
澳门地区	Macao, China	8	8			
台湾地区	Taiwan, China	513	495	18		
其他	Others	1638	1586		51	1
本年输出版权总数	**Number of Exported Copyright in the Year**	**13895**	**12915**	**230**	**14**	**736**
美国	United States	884	711			173
英国	United Kingdom	509	492			17
德国	Germany	420	351			69
法国	France	126	120			6
俄罗斯	Russia	894	882			12
加拿大	Canada	192	191			1
新加坡	Singapore	838	809			29
日本	Japan	400	387			13
韩国	South Korea	568	539	6		23
香港地区	Hong Kong, China	714	504	190	4	16
澳门地区	Macao, China	80	80			
台湾地区	Taiwan, China	1070	990	10	10	60
其他	Others	7200	6859	24		317

23-9 分地区出版印刷生产情况（2020年）
Statistics on Publication Printing by Region (2020)

地区	Region	企业数（个）Number of Enterprises (unit)	从业人员（人）Number of Employees (unit)	印刷产量 Output of Printing 黑白（万令）Black and White (10 000 reams)	彩色（万对开色令）Color (10 000 bisect color reams)	装订产量（万令）Output of Bookbinding (10 000 reams)	用纸量（万令）Amount of Paper Used (10 000 reams)
全国	**National Total**	**9271**	**372762**	**20959.6**	**110036.6**	**29639.7**	**43237.6**
北京	Beijing	881	25701	1536.3	11923.3	2482.6	3119.3
天津	Tianjin	222	5883	263.3	2267.8	369.5	788.4
河北	Hebei	736	26948	1829.6	2693.2	3304.9	2336.9
山西	Shanxi	148	6362	186.6	1377.2	290.0	558.6
内蒙古	Inner Mongolia	189	2793	130.1	814.2	153.9	322.1
辽宁	Liaoning	190	5270	384.8	2105.9	478.7	710.4
吉林	Jilin	211	5716	530.5	1555.0	364.7	1056.3
黑龙江	Heilongjiang	160	3807	155.6	979.6	224.4	329.6
上海	Shanghai	183	14523	368.4	9199.2	439.5	2450.0
江苏	Jiangsu	447	27021	1356.7	7182.2	1890.0	3625.7
浙江	Zhejiang	705	27437	1974.0	11934.0	2422.3	4279.7
安徽	Anhui	365	12486	586.8	4043.8	984.7	1388.0
福建	Fujian	296	12076	562.0	1323.4	546.8	751.0
江西	Jiangxi	144	6380	739.9	1342.9	849.5	1029.6
山东	Shandong	615	36113	2713.8	7426.7	2951.1	4236.3
河南	Henan	464	14734	862.2	4363.8	1245.5	1472.1
湖北	Hubei	370	14399	1166.9	3495.0	1593.8	2013.1
湖南	Hunan	417	16511	792.2	4904.3	1284.7	1627.0
广东	Guangdong	809	61119	2190.3	17054.8	4502.9	6311.5
广西	Guangxi	258	6290	372.0	2935.1	506.7	815.3
海南	Hainan	40	1448	44.9	567.6	31.5	124.4
重庆	Chongqing	97	3800	218.2	1265.9	258.0	411.5
四川	Sichuan	303	8526	988.5	2936.5	1176.9	1505.7
贵州	Guizhou	152	3390	87.6	1206.0	133.1	263.2
云南	Yunnan	189	5498	204.6	1662.6	268.5	430.8
西藏	Tibet	26	766	37.0	144.0	44.5	55.2
陕西	Shaanxi	258	7785	363.6	1598.3	435.0	652.9
甘肃	Gansu	108	3672	148.5	475.0	166.2	217.4
青海	Qinghai	55	1370	34.0	119.6	37.7	53.8
宁夏	Ningxia	106	1069	41.9	100.0	42.5	59.1
新疆	Xinjiang	127	3869	89.0	1040.1	159.6	242.5

23-10 国家综合档案馆基本情况
Basic Statistics on National Comprehensive Archives

年份 Year	馆藏档案（万卷、万件）Number of Archives (10 000 volumes, 10 000 pieces)	照片档案（万张）Photos (10 000 sheets)	开放档案（万卷、万件）Archives Open to Public (10 000 volumes, 10 000 pieces)	利用档案（万卷、万件次）Utilized Archives (10 000 volumes, 10 000 piece-times)	档案馆建筑面积（万平方米）Floor Space of Archive Institutions (10 000 sq.m)
1991	9637.4	371.0	2094.3	937.0	348.1
1992	10003.5	402.4	2018.7	773.8	255.7
1993	10726.8	435.5	2140.7	891.9	275.9
1994	10782.9	449.6	2454.6	674.4	268.3
1995	11318.3	485.5	2790.3	529.3	282.5
1996	11341.4	494.6	2939.2	485.4	297.5
1997	12222.9	553.0	3304.6	501.0	347.6
1998	12276.5	579.7	3556.5	446.5	310.7
1999	12866.8	584.5	3808.2	508.5	328.4
2000	13314.0	631.7	4072.0	494.4	336.2
2001	13756.6	642.8	4129.7	575.4	342.0
2002	14790.7	720.5	4301.1	548.8	351.0
2003	15945.9	797.4	4618.4	602.6	361.4
2004	17601.5	827.9	4868.3	813.9	376.8
2005	18688.7	908.8	5132.3	868.0	393.1
2006	21656.5	1277.2	5746.3	1166.4	406.1
2007	23675.3	1393.3	5875.5	1244.9	421.9
2008	25051.0	1505.3	6072.2	1257.4	465.4
2009	28089.2	1646.3	6687.4	1308.0	473.3
2010	32198.6	1809.2	7428.6	1417.3	504.4
2011	35445.5	1965.8	7828.4	1564.5	551.1
2012	40547.7	1827.4	8254.6	1521.1	627.1
2013	42454.5	1927.6	8900.5	1477.8	709.3
2014	53470.3	2041.8	9179.7	1688.8	736.0
2015	58641.7	2102.4	9266.3	1978.3	785.5
2016	65062.5	2228.2	9707.9	2033.7	859.8
2017	65371.1	2336.5	10151.7	2078.0	949.3
2018	75051.1	2056.0	11222.1	1819.1	1050.9
2019	82850.7	2203.8	13171.6	2140.0	1164.6
2020	91789.8	2401.0	14584.5	2064.4	1268.4

23-11 档案馆机构和人员情况
Statistics on Archive Institutions and Personnel

单位：个、人 (unit, person)

年 份 Year	国家综合档案馆 National Comprehensive Archives		国家专门档案馆 National Special Archives		部门档案馆 Department Archives		企 业 档案馆数 Number of Archives of Enterprise	事业单位 档案馆数 Number of Archives of Institutional Units	科技事业单位档案馆数 Number of Archives of Science and Technology Units
	馆 数 Number of Institutions	专职人员 Full-time Personnel	馆 数 Number of Institutions	专职人员 Full-time Personnel	馆 数 Number of Institutions	专职人员 Full-time Personnel			
1991	2957	21657	211	2038	128	2171	229	19	28
1992	2962	22226	206	2082	122	2258	231	19	28
1993	2980	23624	200	2245	122	1448	221	20	31
1994	2983	23568	205	2294	136	2160	209	20	36
1995	3024	24777	216	2484	144	2168	213	27	38
1996	3011	24542	226	2658	134	2072	232	23	44
1997	3021	24904	223	2578	162	2521	228	26	46
1998	3034	24197	232	3200	149	2411	245	27	46
1999	3046	23530	225	3436	142	2123	304	40	59
2000	3070	23701	234	3319	141	1865	307	53	80
2001	3100	23652	243	3448	142	2086	286	47	84
2002	3110	22825	253	3435	148	2109	299	75	93
2003	3121	23086	260	3514	141	1770	300	75	85
2004	3127	23401	258	3591	149	1932	300	79	99
2005	3142	23413	238	3452	145	2020	301	105	63
2006	3154	22689	239	3537	137	1699	216	110	95
2007	3161	21399	245	3737	146	1985	215	126	94
2008	3170	21414	240	3663	154	1886	241	141	87
2009	3191	20949	241	3626	149	1814	233	167	96
2010	3194	19750	252	3833	167	1747	223	160	111
2011	3196	19985	255	3843	170	2121	183	179	124
2012	3237	18009	238	3577	183	2161	204	260	
2013	3325	18106	240	3579	218	2182	189	274	
2014	3319	17863	247	3538	209	2129	169	252	
2015	3322	18386	234	3457	237	2263	176	224	
2016	3336	17511	236	3521	213	2021	180	272	
2017	3333	16799	234	3275	202	1939	167	274	
2018	3315	22584	211	3119	143	1739	158	309	
2019	3337	34349	256	3300	140	1566	181	320	
2020	3341	35028	260	3413	133	1584	177	322	

注：2012年以前的事业单位档案馆数指文化事业档案馆数，2012年新修订的《全国档案事业统计年报制度》不再细分事业单位的属性，统称“省部属事业单位档案馆”，包括文化事业档案馆和科技事业单位档案馆。

a) Institutional archives before 2012 referred to archives of cultural institutions. The revised *Annual Report of National Archive Statistics* in 2012 does not further subcategorize institutional archives by their attributes, but generally call them institutional archives affiliated to ministries or provincial governments, which include cultural archives and archives of science and technology units.

23-12 广播电视电影事业发展情况
Statistics on Radio, Television and Films

指 标	Item	2010	2019	2020
广播	**Radio**			
广播节目综合人口覆盖率 (%)	Population Coverage Rate of Radio Programs (%)	96.78	99.13	99.38
#农村	Rural Areas	95.64	98.84	99.17
公共广播节目套数 (套)	Number of Public Radio Programs (set)	2549	2914	2932
公共广播节目播出时间(万小时)	Broadcasting of Public Radio Programs (10 000 hours)	1266.0	1553.4	1580.7
广播节目制作时间 (万小时)	Production of Radio Programs (10 000 hours)	681.4	801.9	821.0
电视	**Television**			
电视节目综合人口覆盖率 (%)	Population Coverage Rate of TV Programs (%)	97.62	99.39	99.59
#农村	Rural	96.78	99.19	99.45
有线广播电视实际用户数(万户)	Actual Users of Cable Radio and TV(10 000 households)	18872	20661	20745
#农村	Rural	7293	7322	7055
#数字电视	Users of Digital TV	8870	19417	19889
有线广播电视实际用户数占家庭总户数比重 (%)	Actual Popularization Rate of Cable Radio and TV(%)	46.40	46.22	46.23
#农村有线广播电视实际用户数占农村家庭总户数比重	Actual Rural Popularization Rate of Cable Radio and TV	29.35	31.66	30.18
公共电视节目套数 (套)	Number of Public TV Programs(set)	3272	3609	3603
公共电视节目播出时间(万小时)	Broadcasting of Public TV Programs (10 000 hours)	1635.5	1951.0	1988.3
电视剧播出数 (万部)	Number of TV Dramas Broadcasted (10 000 series)	24.92	21.11	21.27
#进口电视剧播出数	Imported TV Dramas	0.88	0.05	0.04
电视剧播出数 (万集)	Number of TV Dramas Broadcasted (10 000 episodes)	635.86	722.94	739.38
#进口电视剧播出数	Imported TV Dramas	19.51	1.49	1.18
电视动画播出时间 (万小时)	Number of Cartoons Broadcasted(10 000 hours)		39.87	44.61
#进口电视动画播出时间	Imported Cartoons		0.52	0.71
电视节目制作时间 (万小时)	Production of TV Programs (10 000 hours)	274.3	345.6	328.2
电影	**Films**			
国有电影制片厂 (个)	State-owned Film Studios (unit)	38		
#电影故事片厂	Feature Film Studios	31		
电影院线 (条)	Film Circuit (line)	37	50	51
银幕 (块)	Film Screen (unit)	6256	69787	75581
全国电影票房收入 (亿元)	Domestic Film Box Office Revenue (100 million yuan)	157.21	642.66	204.17
#国产电影票房收入	Chinese Films		411.75	170.93
进口电影票房收入	Imported Films		230.91	33.24

23-13 广播电视节目制作时间

Statistics on Production of Radio and Television Programs

单位：小时 (hour)

项　目	Item	1995	2005	2010	2015	2019	2020
广播节目制作	**Production of Radio Programs**	**2332164**	**6139227**	**6814226**	**7718163**	**8018667**	**8210448**
新闻资讯	News Programs	353368	1066880	1216632	1436129	1418838	1452701
专题服务	Special Subject Programs	1054140	1822621	1955180	2072348	2179937	2241754
综艺益智	General Entertainment Programs	924656	1937290	1942828	2078791	1995132	1977798
广播剧	Radio Play Programs		75456	80181	183124	224078	218581
广告	Advertising Programs		671071	775931	752705	719208	684014
其他	Others		565909	843474	1195065	1481473	1635600
电视节目制作	**Production of TV Programs**	**383513**	**2553861**	**2742949**	**3520190**	**3455809**	**3282440**
新闻资讯	News Programs	80800	637956	719680	978801	1086112	1097543
专题服务	Special Subject Programs	193391	525528	640857	930283	870307	899825
综艺益智	General Entertainment Programs	109322	382350	407849	511398	399761	341886
影视剧	TV Drama Programs		193771	93536	120604	120295	95403
广告	Advertising Programs		524892	526839	481973	437437	389655
其他	Others		289364	354188	497131	541898	458128

23-14 公共广播电视节目播出时间(2020年)

Statistics on Broadcasting of Public Radio and Television Programs (2020)

单位：小时 (hour)

指　标	Item	总　计 Total	新闻资讯类节目 News	专题服务类节目 Special Subject	综艺益智类节目 General Entertainment	广播(影视)剧类节目 Radio/TV Dramas	广告类节　目 Advertising	其他类节　目 Others
广播	All Radio Broadcasting Stations	15807230	3135478	3338991	3642425	974411	1414110	3301814
#中央广播电视总台	China Media Group	181545	42520	60806	52644	3620	9031	12925
电视	All Television Stations	19883117	2855504	2619993	1159168	8731162	2249658	2267632
#中央广播电视总台	China Media Group	241751	72956	73148	35773	54247	5628	

23-15 分地区广播电视节目综合人口覆盖情况及制作播出情况（2020年）
Population Coverage of Radio and TV Programs and Production and Broadcasting of Radio and TV Programs by Region (2020)

地 区	Region	广播节目综合人口覆盖率 Population Coverage Rate of Radio Programs (%)	#农村 Rural	电视节目综合人口覆盖率 Population Coverage Rate of TV Programs (%)	#农村 Rural	公共广播节目套数（套） Number of Public Radio Programs (set)	公共电视节目套数（套） Number of Public TV Programs (set)	电视剧播出数（部） Number of TV Dramas Broadcasted (series)	#进口 Import	动画电视播出时间（小时） Number of Cartoons Broadcasted (hour)	#进口 Import
全　国	**National Total**	**99.38**	**99.17**	**99.59**	**99.45**	**2932**	**3603**	**212716**	**392**	**446113**	**7058**
中央广播电视总台	China Media Group					23	29	761	3	7180	833
其他部门所属单位	Under Other Departments						5	95		526	45
北　京	Beijing	100.00	100.00	100.00	100.00	26	26	510		7495	72
天　津	Tianjin	100.00	100.00	100.00	100.00	22	21	1565	5	6686	
河　北	Hebei	99.76	99.68	99.83	99.80	183	212	12079	1	14435	
山　西	Shanxi	99.16	98.80	99.65	99.43	129	140	6816	10	14422	201
内蒙古	Inner Mongolia	99.66	99.37	99.68	99.37	126	120	8354		17489	
辽　宁	Liaoning	99.44	98.95	99.41	98.93	110	132	8716	84	8885	78
吉　林	Jilin	99.42	99.31	99.50	99.25	83	77	5588	10	2695	
黑龙江	Heilongjiang	99.94	99.93	99.86	99.86	101	104	5189		8963	
上　海	Shanghai	100.00	100.00	100.00	100.00	23	21	781	27	8767	
江　苏	Jiangsu	100.00	100.00	100.00	100.00	121	126	6856		15179	
浙　江	Zhejiang	99.77	99.75	99.84	99.82	112	110	6899	1	21804	
安　徽	Anhui	99.93	99.92	99.90	99.88	107	111	8863	16	11227	
福　建	Fujian	99.82	99.76	99.85	99.79	93	100	3608		17050	
江　西	Jiangxi	99.07	98.92	99.51	99.37	99	128	9146	99	16112	471
山　东	Shandong	99.45	99.24	99.59	99.52	171	259	14400	2	26351	4452
河　南	Henan	99.64	99.59	99.58	99.51	160	174	13295		8659	
湖　北	Hubei	99.86	99.80	99.82	99.73	98	114	11292		16973	
湖　南	Hunan	99.37	98.93	99.74	99.58	123	144	10811	56	26028	133
广　东	Guangdong	99.98	99.95	99.98	99.97	137	164	6546	16	39864	69
广　西	Guangxi	98.16	97.83	99.15	98.99	78	118	6391		11329	
海　南	Hainan	99.20	98.83	99.23	98.88	25	16	866		5066	
重　庆	Chongqing	99.42	99.15	99.51	99.31	37	52	2582		9723	
四　川	Sichuan	98.87	98.47	99.33	99.24	154	206	15526	44	22419	16
贵　州	Guizhou	95.45	95.05	97.51	97.18	44	105	4875		12054	13
云　南	Yunnan	99.26	99.07	99.38	99.24	74	172	7937	8	20898	189
西　藏	Tibet	99.07	99.17	99.23	99.31	30	82	1335		1587	
陕　西	Shaanxi	99.29	99.02	99.62	99.45	110	121	7052	3	8623	
甘　肃	Gansu	99.31	99.15	99.41	99.29	99	117	5953	6	12766	
青　海	Qinghai	99.05	98.70	99.11	98.74	48	50	2406	1	7053	
宁　夏	Ningxia	99.76	99.52	99.94	99.87	24	28	1564		5337	122
新　疆	Xinjiang	98.68	98.46	98.85	98.55	162	219	14059		32470	366

23-16 分地区有线广播电视传输干线网络及实际用户情况（2020年）
Transmission Trunk and Actual Users of Cable Radio and TV by Region (2020)

地 区	Region	有线广播电视传输干线网络总长(万公里) Total Length of Transmission Trunk for Cable Radio and TV (10 000 km)	有线广播电视实际用户数(万户) Actual Users of Cable Radio and TV (10 000 households)	#农村有线广播电视 Rural Users of Cable Radio and TV	#数字电视 Users of Digital TV	#增值业务 Value-Added Service	有线广播电视实际用户数占家庭总户数的比重(%) Actual Popularization Rate of Cable Radio and TV (%)	#农 村 Rural Areas
全国合计	**National Total**	**227.6**	**20745.3**	**7055.5**	**19888.7**	**5871.7**	**46.23**	**30.18**
北 京	Beijing	21.7	606.2	96.3	605.1	84.8	109.35	95.99
天 津	Tianjin	0.4	358.5	50.2	353.6	0.7	88.25	40.51
河 北	Hebei	14.7	616.3	163.2	594.8	102.7	25.56	10.91
山 西	Shanxi	7.7	412.8	102.6	345.0	15.9	31.92	22.50
内蒙古	Inner Mongolia	1.3	207.0	40.3	207.0		23.42	11.25
辽 宁	Liaoning	3.1	598.9	149.4	575.9	143.0	38.84	22.83
吉 林	Jilin	1.8	617.7	208.9	617.7	254.3	60.06	46.49
黑龙江	Heilongjiang	9.7	585.0	112.1	578.8	216.2	39.42	18.40
上 海	Shanghai	9.1	751.4	14.3	733.2	189.6	135.09	15.15
江 苏	Jiangsu	4.4	1528.3	587.3	1515.3	347.1	60.55	41.79
浙 江	Zhejiang	3.8	1321.4	811.4	1303.5	345.5	77.09	68.07
安 徽	Anhui	3.5	795.3	267.3	618.0	190.2	36.55	18.72
福 建	Fujian	21.7	726.8	477.3	726.8	512.6	63.51	59.50
江 西	Jiangxi	10.8	544.8	272.9	528.3	77.3	41.68	44.94
山 东	Shandong	45.9	1570.6	774.4	1451.3	424.7	47.89	43.54
河 南	Henan	5.3	748.4	216.1	696.1	175.8	22.66	10.11
湖 北	Hubei	3.0	1202.6	508.0	1174.3	501.4	57.29	48.12
湖 南	Hunan	11.0	678.5	154.0	639.9	125.7	31.66	16.79
广 东	Guangdong	23.1	1705.7	424.6	1639.3	801.1	66.57	52.73
广 西	Guangxi	1.2	734.0	293.1	734.0	240.4	45.66	25.35
海 南	Hainan	0.2	143.5	46.8	133.2		53.39	30.14
重 庆	Chongqing	0.7	606.3	159.0	548.3	248.4	48.81	28.56
四 川	Sichuan	2.9	968.9	293.0	934.7	239.2	29.92	15.18
贵 州	Guizhou	1.5	836.9	430.8	836.9	183.7	62.27	57.55
云 南	Yunnan	3.2	417.0	131.7	389.2	114.1	29.14	16.35
西 藏	Tibet	0.5	23.5		18.1		29.08	0.03
陕 西	Shaanxi	4.4	751.0	238.3	750.8	258.6	56.47	52.66
甘 肃	Gansu	1.7	164.6	19.5	126.4	12.3	19.57	3.84
青 海	Qinghai	0.8	97.7	0.9	97.4	12.0	66.87	1.04
宁 夏	Ningxia	0.5	110.8	3.5	110.2		47.97	3.95
新 疆	Xinjiang	4.2	314.9	8.5	305.7	54.7	40.12	2.34

23-17 电视节目进口情况(2020年)
Statistics on Imported TV Programs (2020)

指标	Item	合计 Total	欧洲 Europe	非洲 Africa	美洲 America	#美国 United States
全年电视节目进口总额(万元)	**Value of Imported TV Programs(10 000 yuan)**	**96223**	**20958**	**67**	**15397**	**14943**
#电视剧	TV Dramas	37885	1861		5954	5954
动画电视	Cartoon Programs	45826	15460		4239	4170
纪录片	Documentary	3810	1218	67	1450	1441
全年电视节目进口量(时)	**Time of Imported TV Programs (hour)**	**6932**	**1633**	**1**	**1082**	**1000**
#电视剧 (部/集)	TV Dramas (series/episodes)	179/3142	17/107		29/486	29/486
动画电视 (时)	Cartoon Programs (hour)	2783	1009		174	158
纪录片 (时)	Documentary (hour)	957	395	1	414	378

23-17 续表 continued

指标	Item	亚洲 Asia	#日本 Japan	#韩国 Republic of Korea	#东南亚 Southeast Asia	#中国香港 Hong Kong, China	#中国台湾 Taiwan, China	大洋洲 Oceania
全年电视节目进口总额(万元)	**Value of Imported TV Programs (10 000 yuan)**	**59414**	**27580**	**909**	**7688**	**18052**	**5113**	**388**
#电视剧	TV Dramas	30070	2793		7547	14612	5103	
动画电视	Cartoon Programs	26108	24610	906	1	582	10	20
纪录片	Documentary	830	151	4	140	530		246
全年电视节目进口量(时)	**Time of Imported TV Programs(hour)**	**4107**	**1941**	**49**	**1143**	**395**	**280**	**110**
#电视剧 (部/集)	TV Dramas (series/episodes)	133/2549	44/484		63/1476	7/153	16/361	
动画电视 (时)	Cartoon Programs (hour)	1601	1504	47	24	19	6	
纪录片 (时)	Documentary (hour)	117		2	24	89		30

23-18 电影综合情况
Basic Statistics on Film Production

年 份 Year	电影故事片厂 (个) Number of Feature Film Studios (unit)	生产故事影片 (部) Feature Films (film)	生产动画影片 (部) Cartoon Films (reel)	生产科教影片 (部) Popular Science Films (reel)	生产纪录影片 (部) Documentary Films (reel)	生产特种影片 (部) Special Films (reel)
1978	12	46	26	289	202	
1979	17	65	25	349	317	
1980	17	82	32	337	242	
1981	19	105	33	277	276	
1982	19	112	33	284	259	
1983	19	127	37	343	299	
1984	20	144	37	387	337	
1985	20	127	45	357	419	
1986	20	134	46	383	417	
1987	22	146	45	353	347	
1988	22	158	38	344	350	
1989	22	136	53	334	259	
1990	22	134	51	326	296	
1991	22	130	46	351	283	
1992	22	170	56	354	307	
1993	22	154	47	252	300	
1994	22	148	32	182	22	
1995	30	146	37	40	111	
1996	30	110	58	33	39	
1997	31	88	28	34	95	
1998	31	82	9	30	54	
1999	31	99	3	20	14	
2000	31	91	1	49	10	
2001	27	88	1	56	9	
2002	31	100	2	60	7	
2003	31	140	2	53	6	
2004	31	212	4	30	10	
2005	32	260	7	33	2	
2006	32	330	13	36	13	
2007	32	402	6	34	9	
2008	33	406	16	39	16	2
2009	31	456	27	52	19	4
2010	31	526	16	54	16	9
2011	31	558	24	76	26	5
2012	31	745	33	74	15	26
2013	31	638	29	121	18	18
2014	31	618	40	52	25	23
2015	31	686	51	96	38	17
2016	31	772	49	67	32	24
2017	31	798	32	68	44	28
2018		902	51	61	57	11
2019		850	51	74	47	15
2020		531	45	25	31	18

注：1.本表电影故事片厂指国有电影故事片厂。
2.2005年及以前动画片数为美术片数。
a) Number of feature film studios in this table refers to state-owned film studios.
b) Cartoon films before 2005 referred to puppet films.

23-19 主要文化机构情况
Statistics on Cultural Institutions

单位：个 (unit)

年份 Year	公共图书馆 Public Libraries	文化馆(站) Cultural Centers	省级、地市级文化馆 Cultural Centers at Provincial & Prefecture Level	县市级文化馆 Cultural Centers at County & City Level	乡镇(街道)文化站 Township (sub-district) Cultural Centers	博物馆 Museums	艺术表演团体 Art Performance Troupes	艺术表演场馆 Art Performance Venues
1978	1218	6893	92	2748	4053	349	3150	1095
1980	1732	8739	218	2912	5609	365	3533	1444
1985	2344	8576	335	2960	5281	711	3317	1377
1986	2406	8913	337	2993	5583	777	3195	2058
1987	2440	8974	348	2973	5653	827	3094	2148
1988	2485	9045	358	2975	5712	903	2985	2081
1989	2512	9037	366	2955	5716	967	2850	2050
1990	2527	9216	366	2955	5895	1013	2805	1955
1991	2535	10507	371	2894	7242	1075	2772	2068
1992	2558	9564	372	2900	6292	1106	2753	2037
1993	2572	10155	370	2886	6899	1130	2707	2024
1994	2589	11276	374	2887	8015	1161	2698	1998
1995	2615	13487	373	2886	10228	1194	2682	1958
1996	2620	45253	392	2892	41969	1219	2664	1934
1997	2628	45449	385	2901	42163	1282	2663	1947
1998	2662	45834	386	2901	42547	1339	2652	1929
1999	2669	45837	389	2905	42543	1363	2632	1911
2000	2675	45321	390	2907	42024	1392	2619	1900
2001	2696	43379	399	2842	40138	1461	2605	1854
2002	2697	42516	389	2854	39273	1511	2587	1829
2003	2709	41816	382	2846	38588	1515	2601	1900
2004	2720	41402	380	2841	38181	1548	2759	1928
2005	2762	41588	375	2851	38362	1581	2805	1866
2006	2778	40088	395	2819	36874	1617	2866	1839
2007	2799	40601	411	2806	37384	1722	4512	1732
2008	2820	41156	389	2829	37938	1893	5114	1662
2009	2850	41959	361	2862	38736	2252	6139	1499
2010	2884	43382	374	2890	40118	2435	6864	1461
2011	2952	43675	379	2906	40390	2650	7055	1429
2012	3076	43876	382	2919	40575	3069	7321	1279
2013	3112	44260	385	2930	40945	3473	8180	1344
2014	3117	44423	385	2928	41110	3658	8769	1338
2015	3139	44291	386	2929	40976	3852	10787	2143
2016	3153	44497	389	2933	41175	4109	12301	2285
2017	3166	44521	390	2938	41193	4721	15742	2455
2018	3176	44464	390	2936	41138	4918	17123	2478
2019	3196	44073	390	2936	40747	5132	17795	2716
2020	3212	43687	390	2931	40366	5452	17581	2770

注：1.1996年以前文化站数据未包括其他部门所属乡镇文化站。1996-1998年包括其他部门所属文化站，1999年以后，其他部门所属文化站划归文化部门管理。
2.2007年以前艺术表演团体为系统内数据，2007年起含系统外单位。
3.2015年以前艺术表演场馆为公有制艺术表演场馆，2015年起含民营艺术表演场馆。

a) Culture stations did not include township culture stations of other departments before 1996. During 1996-1998, culture stations of other departments Since 1999, culture stations of other department were put under the management of culture departments.
b) Art performance troupes referred to those under the cultural departments before 2007, and expanded to cover those both under and outside the cultural departments starting from 2007.
c) Art performance venues refer to those of state-owned before 2015, and include those of non-state venues since 2015.

23-20 文化文物机构人员情况(2020年)
Number and Personnel of Cultural and Relics Institutions (2020)

机构类别	Category of Institution	机构(个) Number of Institutions (unit)	文化部门 Cultural Department	其他部门 Other Departments	从业人员(人) Number of Employed Persons (person)	文化部门 Cultural Department	其他部门 Other Departments
总计	**Total**	**316619**	**66555**	**250064**	**3402672**	**699660**	**2703012**
文化和旅游合计	**Total culture and Tourism**	**305305**	**57311**	**247994**	**3226930**	**553073**	**2673857**
艺术表演团体	Art Performance Troupes	17581	1973	15608	436899	107525	329374
艺术表演场馆	Art Performance Venues	2770	1111	1659	61957	18245	43712
公共图书馆	Public Libraries	3212	3212		57980	57980	
文化馆	Cultural Centers	3321	3321		53960	53960	
文化站	Cultural Stations	40366	40366		131116	131116	
艺术展览创作机构	Art Exhibition and Creative Institutions	776	755	21	6799	6560	239
文化和旅游部门教育机构	Educational Institutions in the Cultural and Tourism Sector	112	112		12545	12545	
文化和旅游科研机构	Cultural and Tourism Research Institutions	203	203		4852	4852	
文化市场经营机构	Institutions of Cultural Market Management	190770		190770	1190832		1190832
文化和旅游行政部门	Cultural and Tourism Administration	3245	3245		110588	110588	
其他文化和旅游机构	Other Cultural and Tourism Institutions	42949	3013	39936	1159402	49702	1109700
文物合计	**Cultural Relics Institutions**	**11314**	**9244**	**2070**	**175742**	**146587**	**29155**
博物馆	Museums	5452	3591	1861	118913	93718	25195
文物保护管理机构	Agencies of Cultural Relics Preservation	3373	3298	75	31959	29483	2476
文物科研机构	Scientific and Research Agencies	128	128		5123	5123	
其他文物机构	Other Cultural Relics Agencies	2361	2227	134	19747	18263	1484

注：文化市场经营机构不包括非公有制院团和场馆。
a) Institutions of cultural market managemnet do not include non-public troupes and venues.

23-21 艺术表演团体基本情况(2020年)

项　目	Item	机构(个) Number of Institutions (unit)	从业人员(人) Number of Employed Persons (person)	演出场次(万场次) Number of Performances (10 000 shows)	#国内演出 Domestic Performance	#农村 Rural Areas
总 计	**Total**	**17581**	**436899**	**223.2**	**222.7**	**84.3**
按登记注册类型分	By Status of Registration					
国有	State-owned	1643	94405	21.9	21.5	14.4
集体	Collective-owned	153	5137	2.7	2.7	1.9
其他	Others	15785	337357	198.3	198.2	68.1
按隶属关系分	By Jurisdiction of Management					
中央	Under Central Government	14	3074	0.1	0.1	
省、区、市	Under Provinces, Autonomous Regions and Municipalities	212	29682	3.5	3.4	1.1
地、市	Under Prefectures (Cities)	492	37103	6.4	6.2	2.6
县、市及以下	Under Counties (Cities) and Others	16863	367040	212.9	212.7	80.5
按性质分	By Accounting Practice					
执行事业会计制度	Adopting Institution Accounting System	1437	74923	18.8	18.5	12.7
执行企业会计制度	Adopting Enterprise Accounting System	16144	361976	204.4	204.2	71.6
按管理部门分	By Management Authority					
文化和旅游部门	Culture and Tourism Departments	1973	107525	26.8	26.3	17.4
其他部门	Other Departments	15608	329374	196.1	196.1	66.9
按剧种分	By Type of Art					
话剧、儿童剧、滑稽剧类	Drama, Children's Play and Comedy Troupes	254	10882	1.7	1.7	0.3
歌舞、音乐类	Song and Dance, Musicals	3069	92692	29.5	29.4	12.0
京剧、昆曲类	Peking Opera and Kunqu Opera	159	9122	1.6	1.6	0.9
地方戏曲类	Local Operas	7173	165749	58.9	58.8	38.7
杂技、魔术、马戏类	Acrobatics, Magic and Circus	583	14097	17.7	17.5	3.7
曲艺类	Folk Arts	983	19829	12.3	12.3	4.7
综合性艺术表演团体	Comprehensive Art Performance	5360	124528	101.4	101.4	24.1

Statistics on Art Performance Troupes (2020)

国内演出观众人次（万人次） Number of Domestic Audience (10 000 person-times)	#农村 Rural Audience	收入合计（万元） Total Revenue (10 000 yuan)	#财政拨款 Government Budget	#演出收入 Revenue from Performance	支出合计（万元） Total Expenses (10 000 yuan)	政府采购的公益演出活动 Public Shows under Government Procurement：演出场次（万场次） Number of Performances (10 000 shows)	观众人次（万人次） Number of Audience (10 000 person-times)
88952	**32553**	**2871251**	**1774851**	**866292**	**3010357**	**13.7**	**8845.6**
14921	10071	1721466	1356575	190172	1710001	11.2	7294.5
1993	1425	67888	48376	11586	67883	1.1	726.0
72038	21057	1081897	369900	664534	1232474	1.4	825.0
79	16	129020	96178	15876	117714	0.1	41.6
1824	485	730670	523914	104665	721626	1.4	771.5
4280	1976	691975	564552	69321	684172	2.9	1934.3
82770	30075	1319587	590208	676429	1486847	9.4	6098.2
12756	9112	1458366	1230582	103628	1451886	9.2	5917.1
76196	23440	1412885	544269	762664	1558471	4.5	2928.4
18218	12326	1874432	1422375	228770	1839969	13.4	8623.6
70733	20227	996819	352476	637521	1170388	0.3	222.0
841	132	195766	132838	34408	187913	0.3	281.8
10195	3723	945419	566632	245161	981999	3.0	1590.5
965	555	188803	165968	15749	198760	0.5	323.4
32229	19134	744922	591027	220007	788661	7.5	5332.3
16844	741	129063	55501	58897	115918	0.4	193.2
3712	1311	71245	39580	25209	73611	0.4	126.2
24166	6957	596033	223305	266862	663495	1.6	998.2

23-22 全国艺术表演场馆基本情况(2020年)
Statistics on Art Performance Venues (2020)

项　目	Item	机构数(个) Number of Institutions (unit)	从业人员(人) Number of Employed Persons (person)	座席数(个) Seating Capacity (unit)	演(映)出场次(万场次) Number of Performances (10 000 shows)	#艺术演出 Art Performances
总　计	**Total**	**2770**	**61957**	**1878867**	**58.8**	**31.7**
按登记注册类型分	By Status of Registration					
国 有	State-owned	1083	17786	866151	18.8	3.3
集 体	Collective-owned	20	161	10637	0.3	0.1
其 他	Others	1667	44010	1002079	39.8	28.4
按性质分	By Accounting Practice					
执行事业会计制度	Adopting Institution Accounting System	796	11531	649766	10.4	2.4
执行企业会计制度	Adopting Enterprise Accounting System	1974	50426	1229101	48.4	29.3
按机构类型分	By Type of Venues					
剧场	Theaters	917	25872	772277	8.4	5.4
影剧院	Music Halls and Cinemas	590	8710	482378	38.5	19.0
书场、曲艺场	Storytelling, Recitation and Ballad Venues	47	859	6122	0.7	0.6
杂技、马戏场	Acrobatics and Circus Halls	11	361	8564	0.4	0.2
音乐厅	Concert Halls	128	4126	43190	2.3	1.8
综合性	General Performance Theaters	263	9963	430541	4.6	2.1
其他艺术表演场馆	Others	814	12066	135795	3.9	2.7
按隶属关系分	By Jurisdiction of Management					
中央	Under Central Government	7	183	6665	0.1	0.1
省、区、市	Under Provinces, Autonomous Regions and Municipalities	124	4862	122420	2.7	0.8
地、市	Under Prefectures (Cities)	328	7798	222162	10.2	0.9
县、市及以下	Under Counties (Cities) and Others	2311	49114	1527620	45.9	30.0

23-22 续表 continued

项　目	Item	观众人次(万人次) Number of Audience (10 000 person-times)	#艺术演出 Art Performances	收入合计(万元) Total Income (10 000 yuan)	#财政拨款 Government Budget	#演出收入 Performance Income	支出合计(万元) Expenses (10 000 yuan)
总　计	**Total**	**6065**	**4077**	**1308654**	**349409**	**384826**	**1287875**
按登记注册类型分	By Status of Registration						
国 有	State-owned	1786	1001	391677	215187	55288	399352
集 体	Collective-owned	23	16	3174	2095	662	3088
其 他	Others	4256	3061	913803	132127	328876	885435
按性质分	By Accounting Practice						
执行事业会计制度	Adopting Institution Accounting System	1261	718	270926	185149	20373	260899
执行企业会计制度	Adopting Enterprise Accounting System	4804	3359	1037728	164260	364453	1026976
按机构类型分	By Type of Venues						
剧场	Theaters	2673	2181	701908	253480	224526	674385
影剧院	Music Halls and Cinemas	1405	805	144816	37292	46699	148409
书场、曲艺场	Storytelling, Recitation and Ballad Venues	59	32	6040	159	3759	6024
杂技、马戏场	Acrobatics and Circus Halls	328	27	4110	281	2935	6060
音乐厅	Concert Halls	233	129	41619	9512	15689	38545
综合性	General Performance Theaters	779	577	254546	41572	55702	253211
其他艺术表演场馆	Others	587	326	155615	7113	35515	161240
按隶属关系分	By Jurisdiction of Management						
中央	Under Central Government	20	20	4070		2912	4798
省、区、市	Under Provinces, Autonomous Regions and Municipalities	430	305	210859	121991	34901	193830
地、市	Under Prefectures (Cities)	637	335	146623	69377	22122	158324
县、市及以下	Under Counties (Cities) and Others	4977	3418	947103	158041	324891	930924

23-23 公共图书馆基本情况（2020年）
Statistics on Public Libraries (2020)

指 标	Item	总 计 Total	#少儿图书馆 Children's Libraries	按隶属关系分 By Jurisdiction of Management 省、区、直辖市(级) Under Provinces, Autonomous Regions and Municipalities	地市级 Prefecture Level	县市级 County (City) Level	#县图书馆 County Libraries
机构数 （个）	Number of Institutions (unit)	3212	147	39	382	2790	1559
从业人员 （人）	Number of Employed Persons (person)	57980	3965	7443	15313	33882	14471
总藏量 （万册件）	Total Collections (10000 copies)	117930	9856	22202	30660	60960	21791
当年购买的报刊种类(万种)	Kinds of Newspapers and Periodicals Purchased in the Year (10 000 kinds)	122.0	5.7	14.8	49.9	55.6	22.5
实际持证读者数 （万个）	Actual number of licensed readers (10 000 units)	10251	788	1289	3570	4899	1058
总流通人次 （万人次）	Total Number of Circulation (10 000 person-times)	54146	3115	4960	15402	33716	12007
#书刊文献外借人次	Borrowing from Libraries of Books and Periodicals	17467	983	748	4336	12376	5056
书刊文献外借册次(万册次)	Number of Books and Periodicals Lent to Readers (10 000 copies-times)	42087	3023	2658	12894	26523	9413
组织各类讲座次数 （次）	Number of Lectures (time)	61660	6194	2235	15368	44023	16271
举办展览 （个）	Exhibitions Held (unit)	36439	1437	1461	8323	26647	11841
举办培训班 （个）	Training Classes Held (unit)	52614	4402	2163	15044	34616	12473
计算机 （台）	Computers (set)	226234	13311	19325	53826	148650	69479
#电子阅览室终端数	Terminals in Electronic Media Reading Rooms	143714	6540	8169	31040	102942	49604
阅览室坐席数 （万个）	Seats of Reading Rooms (10 000 units)	126.5	5.7	8.7	34.1	83.2	35.6

23-24 群众文化机构基本情况（2020年）
Statistics on Cultural Institutions (2020)

指　标	Item	总计 Total	省、区、直辖市级 Provincial Level	地市级 Prefecture Level	县市级 County (City) Level	#县文化馆 County Cultural Centers	乡镇（街道）文化站 Township (sub-district) Cultural Stations	#乡镇文化站 Township Cultural Stations
机构数（个）	Institutions (unit)	43687	31	359	2931	1595	40366	32825
从业人员（人）	Number of Employed Persons (person)	185076	1843	10335	41782	21282	131116	102963
组织文艺活动（万次）	Art Performances and Story-telling Sessions (10 000 times)	108.9	0.1	2.1	20.4	9.7	86.3	61.3
参加文艺活动人次（万人次）	Participants Attending Art and Cultural Activities (10 000 person-times)	43134	447	5027	16209	8542	21452	16314
举办训练班（万次）	Number of Training Courses (10 000 times)	66.9	0.4	5.2	20.0	5.5	41.3	25.7
参加培训人次（万人次）	Participants to Training Courses (10 000 person-times)	3931	42	292	1021	334	2575	1781
举办展览个数（万个）	Number of Exhibitions (10 000 units)	13.8	0.1	0.4	2.5	1.1	10.9	8.4
参观展览人次（万人次）	Visitors to Exhibitions(10 000 person-times)	8692	168	824	2924	1435	4777	3687
组织各类理论研讨和讲座次数（次）	Number of Seminars and Lectures (time)	30646	559	3543	26544	8352		
参加研讨和讲座人次（万人次）	Participants to Seminars and Lectures (10 000 person-times)	566	14	188	364	130		
拥有计算机台数（万台）	Computer Owned (10 000 units)	38.7	0.3	1.1	4.8	2.2	32.5	25.7
本年收入合计（亿元）	Revenue in the Year (100 million yuan)	282.8	10.2	32.9	89.0	34.6	150.7	109.5
本年支出合计（亿元）	Expenditure in the Year (100 million yuan)	287.2	10.2	33.0	90.8	34.2	153.2	112.1
馆办文艺团体（个）	Art Performance Troupes Run by Centers (unit)	9489	128	1247	8114	3490		
馆办文艺团体演出场次（万场次）	Number of Art Performances Run by Centers (10 000 times)	12.1	0.1	1.0	11.0	5.9		
馆办老年大学（个）	Colleges for the Elderly Run by Centers(unit)	698	9	75	614	343		
群众业余文艺团体(万个)	Part-time Art Troupes (10 000 units)	45.5		0.7	9.3	4.1	35.4	27.2

23-25 文物业基本情况（2020年）
Statistics on Cultural Relics (2020)

项　目	Item	机　构（个）Number of Institutions (unit)	从业人员（人）Number of Employed Persons (person)	本年收入合　计（万元）Total Revenue in the Year (10 000 yuan)	本年支出合　计（万元）Total Expenditure in the Year (10 000 yuan)	资产总计（万元）Total Assets (10 000 yuan)	实际使用房屋建筑面积（万平方米）Floor Space of Buildings Actually in Use (10 000 sq.m)
总　计	**Total**	**11314**	**175742**	**6373779**	**6249665**	**25367042**	**4974**
按单位性质分	By Nature of Units						
文物科研机构	Scientific Research Institutes	128	5123	403405	396299	499202	45
文物保护管理机构	Preservation and Management Agencies	3373	31959	940898	965692	1965453	1614
博物馆	Museums	5452	118913	3269706	3227243	19487655	3188
其他文物机构	Other Agencies	2361	19747	1759771	1660432	3414732	126
按隶属关系分	By Jurisdiction of Management						
中　央	Central Level	13	3244	233635	234100	685545	58
省、区、市	Provincial Level	325	21162	1160008	1095933	3943414	338
地、市	Prefecture Level	1801	51918	1810928	1851909	9292276	1220
县、市	County or City Level	9175	99418	3169209	3067722	11445807	3358
按管理部门分	By Department of Management						
文物部门	Cultural Relics Department	9244	146587	5687758	5600413	19569150	3833
其他部门	Other Departments	2070	29155	686022	649252	5797892	1141

23-25 续表 continued

项　目	Item	文物藏品（件/套）Number of Collections (piece/set)	#一级品 Grade I Collection	本年从有关部门接收文物数(件/套) Accepted Relics from Other Departments in the Year (piece/set)	本年藏品征集数（件/套）Collection of Cultural Relics (piece/set)	举办陈列展　览（个）Exhibition & Displays (unit)	参观人次（万人次）Visitors (10 000 person-times)
总　计	**Total**	**50891012**	**97268**	**175623**	**938657**	**28924**	**61632**
按单位性质分	By Nature of Units						
文物科研机构	Scientific Research Institutes	1649403	1647	157	584	23	239
文物保护管理机构	Preservation and Management Agencies	1687721	7544	3009	9895	1182	8741
博物馆	Museums	43190898	85515	162399	839719	27719	52652
其他文物机构	Other Agencies	4362990	2562	10058	88459		
按隶属关系分	By Jurisdiction of Management						
中　央	Central Level	3389450	14963	673	31565	139	615
省、区、市	Provincial Level	14990229	36005	38699	43171	1194	4143
地、市	Prefecture Level	9794406	17613	40208	182801	7582	19858
县、市	County or City Level	22716927	28687	96043	681120	20009	37016
按管理部门分	By Department of Management						
文物部门	Cultural Relics Department	39002910	92095	158951	372080	21283	50862
其他部门	Other Departments	11888102	5173	16672	566577	7641	10769

23-26 分地区艺术表演团体、艺术表演场馆演出情况(2020年)
Statistics on Operation of Art Performance Troupes and Art Performance Venues by Region (2020)

地 区	Region	艺术表演团体 Art Performance Troupes				艺术表演场馆 Art Performance Venues				
		机构数(个) Number of Institutions (unit)	演出场次(万场次) Number of Performances (10 000 shows)	#国内演出 Domestic Performances	国内演出观众人次(万人次) Number of Domestic Audience (10 000 person-times)	机构数(个) Number of Institutions (unit)	演(映)出场次(万场次) Number of Performances (10 000 shows)	#艺术演出 Art Performances	观众人次(万人次) Number of Audience (10 000 person-times)	#艺术演出 Art Performances
全 国	**National Total**	**17581**	**223.19**	**222.65**	**88952**	**2770**	**58.83**	**31.70**	**6065**	**4077**
中 央	Central Level	14	0.13	0.12	79	7	0.05	0.05	20	20
北 京	Beijing	393	1.26	1.22	2642	55	13.54	11.26	319	252
天 津	Tianjin	113	0.50	0.50	779	85	2.95	2.01	141	80
河 北	Hebei	770	8.02	7.98	3342	100	2.81	0.91	90	39
山 西	Shanxi	827	6.16	6.14	3589	167	3.39	0.57	222	82
内蒙古	Inner Mongolia	204	1.94	1.93	1043	32	0.90	0.35	62	22
辽 宁	Liaoning	186	0.85	0.85	474	93	0.78	0.45	187	132
吉 林	Jilin	104	0.48	0.47	369	85	1.07	0.26	53	26
黑龙江	Heilongjiang	82	0.50	0.50	143	64	0.24	0.20	37	24
上 海	Shanghai	315	1.75	1.75	559	61	0.82	0.48	236	190
江 苏	Jiangsu	620	7.41	7.40	3115	274	6.51	1.22	437	302
浙 江	Zhejiang	1236	20.38	20.38	6966	313	5.90	2.45	586	406
安 徽	Anhui	2334	30.16	30.12	9555	100	0.93	0.30	136	79
福 建	Fujian	558	9.77	9.74	3372	64	2.19	0.79	167	142
江 西	Jiangxi	380	4.79	4.76	1905	77	1.98	1.41	148	96
山 东	Shandong	1566	14.00	13.96	15085	154	1.82	1.07	562	188
河 南	Henan	2391	30.62	30.57	12352	198	1.07	0.84	289	153
湖 北	Hubei	441	8.24	8.22	6067	73	1.72	0.17	108	71
湖 南	Hunan	631	6.85	6.84	3231	110	1.60	1.05	613	373
广 东	Guangdong	475	3.39	3.38	1690	118	0.89	0.57	228	176
广 西	Guangxi	78	0.94	0.94	506	48	0.67	0.41	185	173
海 南	Hainan	102	1.15	1.15	884	20	1.74	1.69	232	230
重 庆	Chongqing	1265	12.93	12.92	1734	51	0.94	0.81	78	65
四 川	Sichuan	725	3.65	3.64	1431	125	0.63	0.45	114	87
贵 州	Guizhou	200	1.47	1.44	581	31	0.02	0.02	4	2
云 南	Yunnan	270	5.05	5.04	1598	34	0.59	0.47	325	324
西 藏	Tibet	87	0.66	0.64	366	25	0.07	0.07	11	11
陕 西	Shaanxi	591	4.62	4.61	3174	106	1.71	0.72	255	206
甘 肃	Gansu	347	32.63	32.62	1681	36	0.55	0.26	94	69
青 海	Qinghai	122	0.48	0.47	174	37	0.28	0.13	66	5
宁 夏	Ningxia	30	0.29	0.29	135	3	0.19	0.19	11	9
新 疆	Xinjiang	124	2.12	2.06	332	24	0.37	0.06	51	44

23-27 分地区公共图书馆基本情况(2020年)
Statistics on Public Libraries by Region (2020)

地 区	Region	公共图书馆(个) Number of Public Libraries (unit)	总藏量(万册件) Total Collections (10 000 copies)	人均拥有公共图书馆藏量(册) Collections of Public Libraries Per Person (copy)	实际持证读者数(万个) Actual number of licensed readers (10 000 units)	总流通人次(万人次) Total Number of Circulation (10 000 person-times)	#书刊文献外借人次 Borrowing from Libraries of Books and Periodicals	书刊文献外借册次(万册次) Number of Books and Periodicals Lent to Readers (10 000 copies-times)	阅览室座席数(个) Seats of Reading Rooms (unit)
总 计	**National Total**	**3212**	**117930**	**0.84**	**10251**	**54146**	**17467**	**42087**	**1264694**
北 京	Beijing	23	3133	1.43	180	413	82	309	16275
天 津	Tianjin	27	2175	1.57	116	759	133	459	21433
河 北	Hebei	176	3432	0.46	193	857	394	892	48494
山 西	Shanxi	128	2153	0.62	191	989	403	728	41566
内蒙古	Inner Mongolia	117	2050	0.85	81	744	219	541	35826
辽 宁	Liaoning	129	4533	1.06	230	1562	451	1387	42240
吉 林	Jilin	66	2258	0.94	107	415	145	363	23373
黑龙江	Heilongjiang	103	2357	0.74	92	396	127	288	27639
上 海	Shanghai	23	8092	3.25	555	668	169	786	23643
江 苏	Jiangsu	120	10546	1.24	2849	9047	3370	6240	76682
浙 江	Zhejiang	104	9867	1.53	718	8461	1468	5546	85557
安 徽	Anhui	131	3546	0.58	296	2392	880	1714	48653
福 建	Fujian	97	4606	1.11	231	1660	738	2268	45603
江 西	Jiangxi	114	2857	0.63	189	1396	600	1271	47745
山 东	Shandong	154	6975	0.69	703	3574	1489	2412	69624
河 南	Henan	166	4065	0.41	229	2526	951	1602	65361
湖 北	Hubei	117	4416	0.76	264	1293	622	1211	50124
湖 南	Hunan	143	3923	0.59	257	3118	956	2151	45998
广 东	Guangdong	148	11687	0.93	935	5494	1432	5991	125331
广 西	Guangxi	116	3003	0.60	164	1163	278	596	36933
海 南	Hainan	24	665	0.66	34	309	51	158	6983
重 庆	Chongqing	43	1997	0.62	280	1190	400	1064	31936
四 川	Sichuan	207	4350	0.52	469	1744	644	1317	62588
贵 州	Guizhou	100	1674	0.43	90	705	297	534	28863
云 南	Yunnan	149	2344	0.50	66	1073	352	793	31811
西 藏	Tibet	81	249	0.68	2	26	3	7	3461
陕 西	Shaanxi	117	2155	0.55	72	825	331	569	32021
甘 肃	Gansu	104	1814	0.73	57	588	195	373	33435
青 海	Qinghai	50	582	0.98	18	106	36	65	6667
宁 夏	Ningxia	27	803	1.11	33	339	119	240	13838
新 疆	Xinjiang	107	1513	0.59	56	246	124	200	29564

23-27 续表 continued

地 区	Region	每万人拥有公共图书馆建筑面积（平方米） Floor Space of Public Libraries per 10 000 Population (sq.m)	组织各类讲座次数（次） Number of Lectures (time)	参加讲座人次（万人次） Participants to Lectures (10 000 person-times)	举办展览（个） Exhibitions Held (unit)	参观展览人次（万人次） Visitors to Exhibitions (10 000 person-times)	举办培训班（个） Training Classes Held (unit)	参加培训人次（万人次） Participants to Training Classes (10 000 person-times)	计算机（台） Computers (set)	#电子阅览室终端数 Terminals in Electronic Media Reading Rooms
总 计	**National Total**	**126.5**	**61660**	**2996.79**	**36439**	**5791.30**	**52614**	**491.24**	**226234**	**143714**
北 京	Beijing	136.6	1268	55.28	467	56.72	267	1.46	4540	2057
天 津	Tianjin	313.8	543	3.97	435	57.66	739	1.69	4690	3081
河 北	Hebei	81.4	1911	27.71	988	77.17	1151	9.30	7911	5552
山 西	Shanxi	162.6	1963	26.23	896	218.15	1047	5.66	6906	4543
内蒙古	Inner Mongolia	182.5	591	7.59	494	30.96	350	2.25	6626	4410
辽 宁	Liaoning	144.5	1533	36.69	996	194.49	1716	30.34	9747	5925
吉 林	Jilin	128.4	815	4.72	558	48.44	370	3.02	4716	2952
黑龙江	Heilongjiang	110.2	537	4.91	604	40.01	914	4.69	5414	3316
上 海	Shanghai	183.2	876	6.88	292	76.72	361	2.72	6323	2835
江 苏	Jiangsu	190.1	6364	150.09	4374	1559.81	6769	104.37	13957	7772
浙 江	Zhejiang	204.0	5693	153.72	3623	558.46	7946	60.20	11291	6886
安 徽	Anhui	99.2	2848	39.65	1571	193.57	3167	43.71	8351	5805
福 建	Fujian	148.3	1267	14.25	900	82.53	1000	4.67	7679	4964
江 西	Jiangxi	120.1	1478	24.03	1763	164.52	884	6.31	8080	5965
山 东	Shandong	113.0	6488	132.34	2968	282.36	5232	49.70	11737	7829
河 南	Henan	79.5	4690	634.16	1424	204.82	1734	12.44	10677	7027
湖 北	Hubei	126.1	1305	63.97	947	78.92	809	5.80	7254	4510
湖 南	Hunan	92.0	3277	706.90	728	209.55	3168	39.35	7464	4957
广 东	Guangdong	134.5	5345	701.61	2575	770.23	6078	41.74	19732	12342
广 西	Guangxi	98.6	1384	46.04	1037	135.00	1475	14.52	6705	4584
海 南	Hainan	95.6	291	4.73	100	20.04	345	2.30	1680	1049
重 庆	Chongqing	119.4	1381	25.23	1098	131.88	1158	9.10	4158	2858
四 川	Sichuan	83.4	2257	27.30	1269	181.32	1048	5.54	10840	7357
贵 州	Guizhou	77.9	840	32.50	759	55.22	503	3.64	5057	3560
云 南	Yunnan	85.9	2872	15.82	1782	125.55	1047	5.84	7514	4852
西 藏	Tibet	169.1	76	0.73	205	2.08	35	0.36	1425	924
陕 西	Shaanxi	104.5	1335	25.36	1612	102.85	1308	10.40	6330	4333
甘 肃	Gansu	149.0	1258	11.95	620	52.87	386	2.35	5303	3348
青 海	Qinghai	188.9	239	3.10	153	7.20	109	0.79	2218	1248
宁 夏	Ningxia	194.2	190	1.54	160	13.84	138	0.73	2197	1516
新 疆	Xinjiang	139.0	711	7.28	1033	45.56	569	2.88	5279	3794

23-28 分地区博物馆基本情况(2020年)
Statistics on Museums by Region (2020)

地 区	Region	机 构(个) Number of Institutions (unit)	从业人员(人) Number of Employed Persons (person)	#专业技术人员 Professional & Technical Staff	文物藏品(件/套) Number of Collections (piece/set)	基本陈列展览(个) Regular Exhibitions (unit)	参观人次(万人次) Visitors (10 000 person-times)	门票销售总额(万元) Revenue from Entrance Tickets (10 000 yuan)
总 计	**National Total**	**5452**	**118913**	**40005**	**43190898**	**27719**	**52652**	**193618.6**
中 央	Central Level	5	2620	1742	3374092	138	614	18210.8
北 京	Beijing	80	4323	1189	2192500	360	819	5626.9
天 津	Tianjin	71	1545	716	761363	406	521	2095.4
河 北	Hebei	148	4219	1295	409994	715	897	998.8
山 西	Shanxi	159	4786	1343	1445779	462	1310	5656.7
内蒙古	Inner Mongolia	172	2649	981	1183832	643	789	114.1
辽 宁	Liaoning	65	2460	974	530401	382	679	4588.4
吉 林	Jilin	107	1993	885	646423	474	333	1427.0
黑龙江	Heilongjiang	191	2743	1129	1002934	759	2675	10.4
上 海	Shanghai	107	3443	1853	2086603	888	1236	8701.9
江 苏	Jiangsu	367	7947	2514	2025066	2071	5396	13501.0
浙 江	Zhejiang	406	6550	1984	1511944	2417	3077	2678.2
安 徽	Anhui	230	3342	1200	908842	1198	1454	160.7
福 建	Fujian	132	2696	949	745277	1001	1194	114.1
江 西	Jiangxi	172	4033	1308	601851	925	3239	4711.4
山 东	Shandong	577	8871	3194	4607278	3072	3525	11396.6
河 南	Henan	336	7433	2112	1200736	1429	3191	2190.3
湖 北	Hubei	214	4324	1789	2137113	1069	1380	721.1
湖 南	Hunan	122	3245	971	648179	516	3394	1687.7
广 东	Guangdong	296	5811	2243	2531279	2276	2494	4617.1
广 西	Guangxi	142	2540	977	387903	540	1242	148.0
海 南	Hainan	35	694	237	175897	165	181	89.0
重 庆	Chongqing	105	3229	978	596494	637	1751	3587.3
四 川	Sichuan	258	6522	1655	4588431	1132	3753	21387.6
贵 州	Guizhou	92	1923	532	192149	325	1904	34.8
云 南	Yunnan	161	2007	1025	1566085	904	937	158.7
西 藏	Tibet	8	233	83	72012	25	18	
陕 西	Shaanxi	309	9466	2108	3852109	1120	2242	52765.7
甘 肃	Gansu	226	4834	1365	564617	1173	1749	23977.4
青 海	Qinghai	24	530	161	74172	69	118	
宁 夏	Ningxia	54	774	211	346058	189	335	2194.0
新 疆	Xinjiang	81	1128	302	223485	239	203	67.5

23-29 分地区规模以上文化及相关产业法人单位数(2020年)
Number of Corporate Units of Cultural and Related Industries above Designated Size by Region (2020)

单位：个 (unit)

地 区	Region	法人单位数 Corporate Units	文化制造业 Culture-Related Manufacturing	文化批发和零售业 Culture-Related Wholesale and Retail	文化服务业 Culture-Related Services
全 国	**National Total**	**63913**	**19479**	**11183**	**33251**
北 京	Beijing	5119	138	575	4406
天 津	Tianjin	888	157	138	593
河 北	Hebei	1331	503	246	582
山 西	Shanxi	339	48	104	187
内蒙古	Inner Mongolia	168	10	38	120
辽 宁	Liaoning	776	115	155	506
吉 林	Jilin	231	34	76	121
黑龙江	Heilongjiang	247	38	91	118
上 海	Shanghai	3548	360	586	2602
江 苏	Jiangsu	8191	2655	1558	3978
浙 江	Zhejiang	5406	2409	1015	1982
安 徽	Anhui	2392	1002	461	929
福 建	Fujian	3522	1424	537	1561
江 西	Jiangxi	1957	962	169	826
山 东	Shandong	2648	1008	645	995
河 南	Henan	2897	903	610	1384
湖 北	Hubei	2967	925	608	1434
湖 南	Hunan	3744	1310	495	1939
广 东	Guangdong	9925	4027	1645	4253
广 西	Guangxi	731	186	191	354
海 南	Hainan	193	9	36	148
重 庆	Chongqing	1114	225	196	693
四 川	Sichuan	2090	522	330	1238
贵 州	Guizhou	540	98	90	352
云 南	Yunnan	691	131	160	400
西 藏	Tibet	32	3	4	25
陕 西	Shaanxi	1646	213	301	1132
甘 肃	Gansu	190	16	38	136
青 海	Qinghai	52	8	11	33
宁 夏	Ningxia	73	15	18	40
新 疆	Xinjiang	265	25	56	184

注：规模以上文化及相关产业法人单位包括规模以上文化制造业企业、限额以上文化批发和零售业企业以及规模以上文化服务业企业。

a) Corporate units of culture and related industries above designated size include culture-related manufacturing enterprises above designated size, culture-related wholesale and retail enterprises above designated size, and culture-related service enterprises above designated size.

23-30 分地区规模以上文化制造业企业基本情况(2020年)
Statistics on Culture-Related Manufacturing Enterprises above Designated Size by Region (2020)

单位：万元 (10 000 yuan)

地区	Region	企业单位数(个) Number of Enterprises (unit)	年末从业人员(人) Employed Persons at Year-end (person)	资产总计 Total Assets	营业收入 Business Revenue	应交增值税 Value-added Tax Payable
全国	**National Total**	**19479**	**3844794**	**350962184**	**381374952**	**5783566**
北京	Beijing	138	24921	5373319	4714441	87223
天津	Tianjin	157	21464	2974773	2835743	22180
河北	Hebei	503	61260	5336990	4867336	100771
山西	Shanxi	48	7558	738758	405115	12383
内蒙古	Inner Mongolia	10	1660	322883	222374	2047
辽宁	Liaoning	115	25765	2621832	2215450	38851
吉林	Jilin	34	4433	609765	294515	6194
黑龙江	Heilongjiang	38	3888	285677	177451	2564
上海	Shanghai	360	57481	8564514	12838672	109825
江苏	Jiangsu	2655	512462	55728085	55092977	822448
浙江	Zhejiang	2409	330433	31138720	26357171	608764
安徽	Anhui	1002	129338	14220955	14019366	243579
福建	Fujian	1424	309459	15903946	32478991	263906
江西	Jiangxi	962	204163	12568811	18731421	312265
山东	Shandong	1008	215137	37396596	27730263	378089
河南	Henan	903	167607	13142051	11959495	152673
湖北	Hubei	925	143422	13668254	16351527	314305
湖南	Hunan	1310	242866	11136349	20596234	363901
广东	Guangdong	4027	1065457	78015959	88378748	1231404
广西	Guangxi	186	42709	5972831	4144691	99103
海南	Hainan	9	3136	3060666	1173610	42882
重庆	Chongqing	225	54906	4139693	5505577	120327
四川	Sichuan	522	135726	17026321	22217700	353369
贵州	Guizhou	98	13941	928472	1009958	15936
云南	Yunnan	131	23317	3651321	2925654	27101
西藏	Tibet	3	378	39965	9846	85
陕西	Shaanxi	213	30612	5562621	3677715	40556
甘肃	Gansu	16	2299	100747	69102	3071
青海	Qinghai	8	1048	84366	30977	791
宁夏	Ningxia	15	4073	477390	224589	4575
新疆	Xinjiang	25	3875	169557	118241	2396

23-31 分地区限额以上文化批发和零售业企业基本情况(2020年)
Statistics on Culture-Related Wholesale and Retail Enterprises above Designated Size by Region (2020)

单位: 万元 (10 000 yuan)

地 区	Region	企业单位数 (个) Number of Enterprises (unit)	年末从业人员 (人) Employed Persons at Year-end (person)	资产总计 Total Assets	营业收入 Business Revenue	应交增值税 Value-added Tax Payable
全 国	**National Total**	**11183**	**511205**	**127847327**	**164535350**	**1336813**
北 京	Beijing	575	41598	19731793	22569466	204331
天 津	Tianjin	138	3592	1091589	1368188	12510
河 北	Hebei	246	14041	1629225	1790896	7631
山 西	Shanxi	104	5526	1165584	982180	4630
内蒙古	Inner Mongolia	38	2715	532974	331618	3023
辽 宁	Liaoning	155	7334	797537	1445204	6075
吉 林	Jilin	76	3545	357414	314179	-126
黑龙江	Heilongjiang	91	3504	581705	401853	-1297
上 海	Shanghai	586	38617	12856017	20996471	124802
江 苏	Jiangsu	1558	58885	16798322	21091250	168489
浙 江	Zhejiang	1015	35003	9181645	15308322	186555
安 徽	Anhui	461	13914	4384210	5836096	23190
福 建	Fujian	537	14215	4498780	10606310	25793
江 西	Jiangxi	169	9199	3430898	1810612	27549
山 东	Shandong	645	37204	10886541	14452188	127273
河 南	Henan	610	30058	2239455	3834845	22616
湖 北	Hubei	608	22277	3058986	3518364	52036
湖 南	Hunan	495	20179	1787218	3238245	41695
广 东	Guangdong	1645	87376	17713732	20786661	210468
广 西	Guangxi	191	5256	1347052	1227071	3295
海 南	Hainan	36	1803	575394	1547116	4297
重 庆	Chongqing	196	11327	2247167	2369748	38932
四 川	Sichuan	330	15879	6206549	4177174	21701
贵 州	Guizhou	90	2455	851068	522501	1496
云 南	Yunnan	160	7781	1127207	1342990	7022
西 藏	Tibet	4	71	8773	13360	28
陕 西	Shaanxi	301	9546	1223954	1517778	7720
甘 肃	Gansu	38	3655	483289	484440	917
青 海	Qinghai	11	758	90229	44033	232
宁 夏	Ningxia	18	540	138662	84242	98
新 疆	Xinjiang	56	3352	824362	521950	3834

23-32 分地区规模以上文化服务业企业基本情况(2020年)
Statistics on Culture-Related Service Enterprises above Designated Size by Region (2020)

单位：万元 (10 000 yuan)

地 区	Region	企业单位数(个) Number of Enterprises (unit)	年末从业人员(人) Employed Persons at Year-end (person)	资产总计 Total Assets	营业收入 Business Revenue	应交增值税 Value-added Tax Payable
全 国	**National Total**	**33251**	**3526524**	**1083204106**	**488740202**	**7980670**
北 京	Beijing	4406	493820	212278442	122156352	1712934
天 津	Tianjin	593	43022	18245584	12340343	180993
河 北	Hebei	582	58996	13714013	2298483	59678
山 西	Shanxi	187	23692	9277158	1160494	17053
内蒙古	Inner Mongolia	120	12621	2697881	414562	2331
辽 宁	Liaoning	506	86667	8956849	3236634	55773
吉 林	Jilin	121	15511	4750005	675351	10652
黑龙江	Heilongjiang	118	17246	2259243	607051	-23927
上 海	Shanghai	2602	310780	118484441	56667467	867160
江 苏	Jiangsu	3978	492151	144398697	35434261	719842
浙 江	Zhejiang	1982	214562	115471892	75335474	1059515
安 徽	Anhui	929	81284	17885471	7043737	123149
福 建	Fujian	1561	109076	17356819	10045190	165441
江 西	Jiangxi	826	49840	9600142	4362640	36092
山 东	Shandong	995	123525	32011071	7481976	168316
河 南	Henan	1384	137021	17710781	7468875	135975
湖 北	Hubei	1434	200323	40138984	18093504	354887
湖 南	Hunan	1939	127805	24768928	8849797	125948
广 东	Guangdong	4253	451445	153243851	71272177	1215750
广 西	Guangxi	354	36299	5659308	3735935	39743
海 南	Hainan	148	21286	5252712	3935401	27015
重 庆	Chongqing	693	84903	26182525	9266045	147650
四 川	Sichuan	1238	137770	33682474	14390961	575809
贵 州	Guizhou	352	33447	9239465	2091509	49221
云 南	Yunnan	400	43777	10010854	2544680	45501
西 藏	Tibet	25	2191	665929	225209	2560
陕 西	Shaanxi	1132	83703	20430423	5144935	63298
甘 肃	Gansu	136	13675	2351509	475837	9106
青 海	Qinghai	33	4381	1158979	102748	-693
宁 夏	Ningxia	40	5802	808262	162628	4722
新 疆	Xinjiang	184	9903	4511417	1719947	29179

23-33 体育系统机构人员情况（2020年）
Number of Sports-Related Institutions and Personnel (2020)

单位：个、人 (unit, person)

指标	Item	合计 Total		国家级 National Level	
		机构 Institutions	人员 Personnel	机构 Institutions	人员 Personnel
总计	**Total**	**6863**	**154977**	**44**	**5217**
体育行政机关	Administrative Agencies of Sports	3048	30892	1	238
运动项目管理部门	Sports Events Management Departments	285	35392	21	1624
本科院校	Universities and Colleges	8	6343	1	1143
职业、运动技术学院	Sports Technical Institutes	16	5572		
体育运动学校	Physical Education and Sports Schools	216	15491		
竞技体校	Competitive Sports Schools	18	712		
少儿体育运动学校(业余体校)	Spare-time Sports Schools	1313	18913		
单项运动学校	Sport Event Schools	18	453		
体育中学	Secondary Schools of Physical Education	34	1613		
训练基地	Training Bases	67	2738	5	576
体育场馆	Stadiums and Gymnasiums	593	11790	1	233
体育科研机构	Sports Science Research Institute	53	1281	1	129
其他事业单位	Other Institutions	1128	21071	12	728
其他	Others	66	2716	2	546

23-33 续表 continued

单位：个、人 (unit, person)

指标	Item	省级 Provincial Level		地级 Prefectural Level		县级 County Level	
		机构 Institutions	人员 Personnel	机构 Institutions	人员 Personnel	机构 Institutions	人员 Personnel
总计	**Total**	**626**	**58343**	**1779**	**49281**	**4414**	**42136**
体育行政机关	Administrative Agencies of Sports	31	1647	420	7918	2596	21089
运动项目管理部门	Sports Events Management Departments	221	30418	42	3313	1	37
本科院校	Universities and Colleges	7	5200				
职业、运动技术学院	Sports Technical Institutes	14	5034	2	538		
体育运动学校	Physical Education and Sports Schools	24	2657	160	12302	32	532
竞技体校	Competitive Sports Schools			3	180	15	532
少儿体育运动学校(业余体校)	Spare-time Sports Schools	6	219	298	8674	1009	10020
单项运动学校	Sport Event Schools	2	32	12	369	4	52
体育中学	Secondary Schools of Physical Education	1	151	15	789	18	673
训练基地	Training Bases	25	1662	35	436	2	64
体育场馆	Stadiums and Gymnasiums	47	2368	333	6833	212	2356
体育科研机构	Sports Science Research Institute	25	775	27	377		
其他事业单位	Other Institutions	203	7153	401	6635	512	6555
其他	Others	20	1027	31	917	13	226

23-34 运动员获世界冠军情况
World Championships Won by Chinese Athletes

年 份 Year	项 数 (项) Number of Events (item)	人 数 (人) Number of Persons (person)	个 数 (个) Number of Champions (time)
1978	4	4	4
1979	12	20	12
1980	3	3	3
1981	25	53	25
1982	12	31	13
1983	37	50	39
1984	33	46	37
1985	42	70	46
1986	26	56	26
1987	64	72	69
1988	54	59	54
1989	80	83	82
1990	54	61	54
1991	88	86	93
1992	86	68	89
1993	101	106	103
1994	79	86	79
1995	98	187	102
1996	72	58	75
1997	87	96	92
1998	75	89	83
1999	91	129	92
2000	92	109	110
2001	79	138	90
2002	99	123	110
2003	17	94	84
2004	27	175	101
2005	22	159	106
2006	24	169	141
2007	22	217	123
2008	24	151	120
2009	30	223	142
2010	22	180	108
2011	24	198	138
2012	24	140	107
2013	22	164	124
2014	22	206	98
2015	25	214	127
2016	23	154	107
2017	24	248	106
2018	27	222	118
2019	33	305	128
2020	3	4	4

注：1.自2003年起，我国运动员获世界冠军项数开始按照大项统计。

2.受新型冠状病毒肺炎疫情影响，2020年国际级体育赛事大幅减少，我国运动员获世界冠军数及创世界记录数比往年有所减少(下表同)

a) Since 2003, the number of events for world championships won by Chinese athletes has been counted according to major events.

b) The number of Chinese athletes winning world championships and setting the world record decreased compared with previous years as the number of international sports events in 2020 decreased significantly due to the COVID-19 pandemic. The same applies to the following table.

23-35 运动员分项创世界纪录情况（2020年）
World Records Set by Chinese Athletes by Events (2020)

项 目	Item	项数(项) Number of Events (item)	人数(人) Number of Persons (person)	次数(次) Number of Times (time)
总计	**Total**	**1**	**4**	**1**
游泳	Swimming	1	4	1

主要统计指标解释

广播/电视节目综合人口覆盖率 指根据国家广播电视总局制定的《广播电视人口覆盖率统计技术标准和方法》进行统计调查的，在对象区内能接收到由中央、省、地市或县通过无线、有线或卫星等各种技术方式转播的各级广播/电视节目的人口数占对象区总人口数的百分比。

艺术表演团体 指由文化部门主办或实行行业管理（经文化行政部门审批并领取营业性演出许可证），专门从事表演艺术等活动的各类专业艺术表演团体，含民间职业剧团。不包括群众业余文艺表演团队。

艺术表演场馆 指由文化部门主办或实行行业管理（向文化行政部门备案或领取合资/合作演出场所许可证），有观众席、舞台、灯光设备，公开售票、专供文艺团体演出的文化活动场所。

文化市场经营机构 指经文化市场行政部门审批或备案并领取相关许可或备案文件的、从事文化经营和文化服务活动的机构。

国家综合档案馆 指按行政区划或历史时期设置的，收集和管理所辖范围内多种门类档案的档案馆。

规模以上文化制造业企业 指《文化及相关产业分类(2018)》所规定行业范围内，年主营业务收入在 2000 万元及以上的工业企业法人。

限额以上文化批发和零售业企业 指《文化及相关产业分类(2018)》所规定行业范围内，年主营业务收入在 2000 万元及以上的批发业企业法人和年主营业务收入在 500 万元及以上的零售业企业法人。

规模以上文化服务业企业 指《文化及相关产业分类(2018)》所规定行业范围内，年营业收入在 1000 万元及以上的服务业企业法人，其中交通运输、仓储和邮政业，信息传输、软件和信息技术服务业，水利、环境和公共设施管理业的年营业收入 2000 万元及以上，居民服务、修理和其他服务业以及文化、体育和娱乐业的年营业收入在 500 万元及以上。

Explanatory Notes on Main Statistical Indicators

Population Coverage Rate of Radio/Television Programs refers to the percentage of population in the target region who can receive radio/television programmes transmitted by national, provincial, municipal or county stations through wireless, cable or satellite techniques, according to *Statistical Standard and Method on Television and Radio Coverage of Population* established by the State Administration of Radio and Television.

Arts Performance Troupes refer to the various professional performing arts groups, sponsored by the cultural departments or guided by the cultural societies (approved by the cultural administration authority, or permitted with the commercial performance certificate), including non-public troupes. The mass amateur arts performance troupes are not included.

Arts Performance Venues refer to the various venues for cultural activities, which are sponsored by the cultural departments or guided by the cultural societies (registered in the cultural market administration, or permitted with the cooperative performance certificate), with the facility of auditorium, stage and lighting, and selling tickets to the public.

Institutions of Cultural Market Management refer to the institutions engaged in cultural management and cultural services, with registration and permits certificate and documents from cultural market administration.

National Comprehensive Archives refer to all archives institutions responsible for collecting and keeping various documents and materials by administrative regions or historical periods .

Culture-Related Manufacturing Enterprises above Designated Size refer to manufacturing enterprises under the designated industrial sectors of *Classification of Culture and Related Industry (2018)*, with annual principal business revenue over 20 million yuan.

Culture-Related Wholesale and Retail Enterprises above Designated Size refer to wholesale and retail enterprises under the designated industrial sectors of *Classification of Culture and Related Industry (2018)*, with annual principal business revenue over 20 million yuan for wholesale enterprises, and annual principal business revenue over 5 million yuan for retail enterprises.

Culture-Related Service enterprises above Designated Size refer to service enterprises under the designated industrial sectors of *Classification of Culture and Related Industry (2018)*, with annual principal business revenue over 10 million yuan, except for enterprises in transport, storage and post, information transmission, software and information technology services, water conservancy, environment and public facilities management sectors, where the threshold of annual principal business is over 20 million yuan, as well as enterprises in household services, repair and other services, culture, sports and recreation sectors where the threshold of annual principal business is over 5 million yuan.

24

公共管理、社会保障和社会组织

Public Management, Social Security and Social Organizations

简 要 说 明

本篇资料的主要内容和资料来源

本篇主要包括公共管理、群众组织和社会保障情况等内容。

一、公共管理内容包括历届全国人大代表和政协委员情况，公安机关刑事案件立案情况和治安案件查处情况，交通事故情况，人民检察院办案情况，人民法院审理案件和收结案情况，司法部门律师、公证、调解情况及人社部门劳动人事争议仲裁情况。资料分别由公安部、最高人民检察院、最高人民法院、司法部、人力资源和社会保障部等提供。

二、群众组织的内容主要包括工会组织情况。资料由全国总工会提供。工会资料详见《中国工会统计年鉴》(中华全国总工会编)。

三、社会保障的内容主要包括社会保险基金收支情况，基本养老保险情况、失业保险情况、基本医疗保险情况、工伤保险情况、生育保险参保及享受待遇情况等资料由人力资源和社会保障部与国家医疗保障局提供。详细资料见《中国劳动统计年鉴》（国家统计局人口和就业统计司、人力资源和社会保障部规划财务司编）。

Brief Introduction

Main Contents and Sources of Data

Data in this chapter show statistics on public management, mass organizations, social insurance and so on.

I. Data on public management cover information on deputies to the National People's Congress (NPC) and members of the Chinese People's Political Consultative Conference (CPPCC), information such as criminal cases registered and offense cases against public order handled by the public security organs, traffic accidents, cases handled by people's procuratorate, cases accepted and settled by the people's courts, and statistics on lawyers, notarization and mediation in the judicial department, arbitration of labor and personnel disputes in the human resources and social security departments. Data are tabulated and provided by the Ministry of Public Security, the Supreme People's Procuratorate, the Supreme People's Court, the Ministry of Justice and the Ministry of Human Resources and Social Security.

II. Data on mass organizations cover information on trade unions which are provided by All-China Federation of Trade Unions. The detailed information can be found in *Statistical Yearbook on Chinese Trade Union* (All-China Federation of Trade Unions).

III. Data on social security mainly include revenue and expenses of social insurance fund, contributors and beneficiaries of basic endowment insurance, unemployment insurance, basic medical insurance, work-related injury insurance and birth insurance. Data are provided by the Ministry of Human Resources and Social Security and National Healthcare Security Administration. For detail information, please refer to "*China Labour Statistical Yearbook*" (Department of Population and Employment Statistics, National Bureau of Statistics, Department of Planning and Finance, Ministry of Human Resources and Social Security).

24-1 历届全国人民代表大会代表人数
Number of Deputies to Previous National People's Congresses

单位：人 (person)

届别	Congress	年份 Year	代表总数 Total Number of Deputies	#女代表 Female Deputies	#少数民族代表 Ethnic Minority Deputies	占代表总数比重(%) As Percentage to Total Deputies (%) 女代表 Female Deputies	少数民族代表 Ethnic Minority Deputies
一 届	First Congress	1954	1226	147	177	12.0	14.4
二 届	Second Congress	1959	1226	150	180	12.2	14.7
三 届	Third Congress	1964	3040	542	373	17.8	12.3
四 届	Fourth Congress	1975	2885	653	270	22.6	9.4
五 届	Fifth Congress	1978	3497	740	381	21.2	10.9
六 届	Sixth Congress	1983	2978	632	404	21.2	13.6
七 届	Seventh Congress	1988	2970	634	445	21.3	15.0
八 届	Eighth Congress	1993	2978	626	439	21.0	14.7
九 届	Ninth Congress	1998	2979	650	428	21.8	14.4
十 届	Tenth Congress	2003	2984	604	415	20.2	13.9
十一届	Eleventh Congress	2008	2987	637	411	21.3	13.8
十二届	Twelfth Congress	2013	2987	699	409	23.4	13.7
十三届	Thirteenth Congress	2018	2980	742	438	24.9	14.7

24-2 历届全国政治协商会议委员人数
Number of Members of Previous Chinese People's Political Consultative Conferences

单位：人 (person)

届别	Conference	年份 Year	委员总数 Total Number of Members	#中国共产党委员 Members from the Communist Party of China	#少数民族委员 Ethnic Minority Members	占委员总数比重(%) As Percentage to Total Deputies (%) 中国共产党委员 Members from the Communist Party of China	少数民族委员 Ethnic Minority Members
一 届	First Conference	1949	180	59	19	32.8	10.6
二 届	Second Conference	1954	559	150	61	26.8	10.9
三 届	Third Conference	1959	1071	378	78	35.3	7.3
四 届	Fourth Conference	1965	1199	502	81	41.9	6.8
五 届	Fifth Conference	1978	1988	972	143	48.9	7.2
六 届	Sixth Conference	1983	2039	816	179	40.0	8.8
七 届	Seventh Conference	1988	2081	832	221	40.0	10.6
八 届	Eighth Conference	1993	2093	831	241	39.7	11.5
九 届	Ninth Conference	1998	2196	877	257	39.9	11.7
十 届	Tenth Conference	2003	2238	895	262	40.0	11.7
十一届	Eleventh Conference	2008	2237	892	250	39.9	11.2
十二届	Twelfth Conference	2013	2237	893	258	39.9	11.5
十三届	Thirteenth Conference	2018	2158	859	245	39.8	11.4

注：本表统计的是每届全国政协届初时的情况。
a) Statistics in this table are data at the beginning of each CPPCC conference.

24-3 公安机关立案的刑事案件及构成
Criminal Cases Registered in Public Security Organs and Its Composition

案件类别	Category of Cases	立案(起) Number of Cases Registered (case)		构成(%) Composition (%)	
		2019	2020	2019	2020
合计	**Total**	**4862443**	**4780624**	**100.00**	**100.00**
杀人	Homicide	7379	7157	0.15	0.15
伤害	Injury	85226	79662	1.75	1.67
抢劫	Robbery	17106	11303	0.35	0.24
强奸	Rape	33827	33579	0.70	0.70
拐卖妇女儿童	Abducting Women or Children	4571	3035	0.10	0.06
盗窃	Larceny	2258236	1658609	46.44	34.69
诈骗	Fraud	1433831	1915429	29.49	40.07
走私	Smuggling	4866	4655	0.10	0.10
伪造、变造货币,出售、购买、运输、持有、使用假币	Forging Currency, Selling, Buying, Transporting, Holding and Using Counterfeit Currency	994	750	0.02	0.02
其他	Others	1016407	1066445	20.90	22.31

24-4 公安机关受理和查处治安案件数(2020年)
Cases of Offence Against Public Order Handled by Public Security Organs (2020)

案件类别	Category of Cases	受理(起) Number of Cases Accepted (case)	查处(起) Number of Cases Investigated and Treated (case)	每万人口受理案件数(起) Number of Cases Accepted per 10 000 Population (case)
合计	**Total**	**8628053**	**7723930**	**61.1**
扰乱单位秩序	Disturbing Business Orders	45151	42504	0.3
扰乱公共场所秩序	Disturbing Orders in Public Venues	196380	193246	1.4
寻衅滋事	Causing Quarrels and Making Troubles	103192	96540	0.7
阻碍执行职务	Obstructing Government Officials in Performing Their Duties	39179	37880	0.3
非法携带枪支、弹药、管制工具	Violation of Firearms Control Regulations	24796	24024	0.2
违反危险物质管理规定	Violation of Explosives Control Regulations	38289	37276	0.3
殴打他人	Battering Other Persons	2063483	1923378	14.6
故意伤害	Intentional Injury to Others	132073	117588	0.9
盗窃	Stealing Property	2119503	1741118	15.0
敲诈勒索	Extortion and Blackmail	53859	45873	0.4
抢夺	Robbery and Snatch	6221	4871	0.0
盗窃、损毁公共设施	Stealing and Damaging Public Facilities	13473	10895	0.1
伪造、变造、倒卖有价票证、凭证	Forge/Alter/Scalp Valuable Coupons or Certificates	3104	2869	0.0
违反旅馆业管理	Violating Hotel Management Regulations	60850	59618	0.4
违反房屋出租管理	Violating House Renting Control Regulations	137772	134926	1.0
诈骗	Swindling, Seizing and Extorting Property	716115	585188	5.1
卖淫、嫖娼	Prostitution or Soliciting Prostitutes	103148	101737	0.7
赌博	Gambling	249655	243790	1.8
毒品违法活动	Illegal Drug Related Activities	324301	317774	2.3
其他	Others	2197509	2002835	15.6

24-5 交通事故情况（2020年）
Basic Statistics on Traffic Accidents (2020)

类 别	Type	发生数(起) Number of Traffic Accidents (case)	死亡人数 (人) Number of Deaths (person)	受伤人数 (人) Number of Injuries (person)	直接财产损失 (万元) Direct Property Losses (10 000 yuan)
总计	**Total**	**244674**	**61703**	**250723**	**131360.6**
机动车	Motor Vehicles	211074	55950	214442	122800.9
#汽车	Automobiles	156901	43098	152276	107769.4
摩托车	Motorcycles	45789	10463	53582	11742.2
拖拉机	Tractors	1591	615	1490	515.2
非机动车	Non-motor Vehicles	29969	4373	33636	6271.4
#自行车	Bicycles	2611	511	2518	585.6
行人乘车人	Pedestrians and Passengers	3480	1349	2485	2212.7
其他	Others	151	31	160	75.6

24-6 各地区交通事故情况（2020年）
Basic Statistics on Traffic Accidents by Region (2020)

地 区	Region	发生数 (起) Number of Traffic Accidents (case)	死亡人数 (人) Number of Deaths (person)	受伤人数 (人) Number of Injuries (person)	直接财产损失 (万元) Direct Property Losses (10 000 yuan)
全 国	**National Total**	**244674**	**61703**	**250723**	**131360.6**
北 京	Beijing	3872	964	3369	4924.2
天 津	Tianjin	6552	881	6029	4091.4
河 北	Hebei	4567	2400	3780	4554.4
山 西	Shanxi	9204	2111	9799	6145.6
内蒙古	Inner Mongolia	3027	809	2886	2265.6
辽 宁	Liaoning	4942	1933	4490	1956.1
吉 林	Jilin	10503	1987	11701	4077.7
黑龙江	Heilongjiang	4669	993	5073	3007.0
上 海	Shanghai	862	812	200	614.3
江 苏	Jiangsu	10747	3805	8675	5642.7
浙 江	Zhejiang	11066	3037	9653	5012.6
安 徽	Anhui	9412	2270	10732	5239.5
福 建	Fujian	9752	1555	12274	1996.3
江 西	Jiangxi	5535	1955	5535	5338.4
山 东	Shandong	12566	3407	11575	4986.1
河 南	Henan	12257	2452	12643	7431.1
湖 北	Hubei	23052	4258	25322	13969.8
湖 南	Hunan	6462	3314	5320	6409.7
广 东	Guangdong	25414	4678	24662	7524.6
广 西	Guangxi	18336	3882	20519	6457.8
海 南	Hainan	2105	649	2454	1825.7
重 庆	Chongqing	4042	922	4767	1269.7
四 川	Sichuan	9334	2405	11082	7292.0
贵 州	Guizhou	13963	2957	16216	8768.8
云 南	Yunnan	6344	2525	5739	2659.6
西 藏	Tibet	482	134	610	952.3
陕 西	Shaanxi	4871	1040	5015	3417.7
甘 肃	Gansu	2778	1138	2796	688.8
青 海	Qinghai	1582	517	1566	1272.6
宁 夏	Ningxia	1939	465	1888	685.1
新 疆	Xinjiang	4437	1448	4353	883.4

24-7 人民检察院审查逮捕、审查起诉情况(2020年)
Arrests and Prosecution Approved by People's Procuratorate (2020)

案件分类	Category of Cases	批捕、决定逮捕合计 Total of Arrests		决定起诉合计 Total of Public Prosecutions	
		件 (case)	人 (person)	件 (case)	人 (person)
合计	**Total**	**524855**	**770561**	**1092162**	**1572971**
危害公共安全案	Offences Against Public Security	28118	34770	365412	377060
破坏社会主义市场经济秩序案	Offences Against Socialist Market Economic Order	39059	68033	64996	134157
侵犯公民人身、民主权利案	Offences Against Citizens' Personal and Democratic Rights	89362	107475	130812	167040
侵犯财产案	Offences Against Properties	186935	250325	269951	385137
妨害社会管理秩序案	Offences Against Social Management of Order	173219	301372	248306	493850
贪污贿赂案	Corruption and Bribery	6530	6665	10525	12674
渎职侵权案	Infringement of Rights and Dereliction of Duty	944	1010	1646	2164
其他	Others	688	911	514	889

24-8 人民检察院处理申诉案件情况(2020年)
Appeals Cases Handled by People's Procuratorate (2020)

单位：件 (case)

案件分类	Category of Cases	受案 Cases Accepted	复查决定 Among Retrial Decision			
			改变原决定 Original Decision Changed	纠正原决定 Original Decision Rectified	提出抗诉 Presenting Protest Appeal	提出再审检察建议 Giving Retrial Procuratorate Suggestion
合计	**Total**	**13112**	**56**	**126**	**33**	**428**
不服检察机关处理决定	Appeals against Decision of Procuratorate's Offices	4830	56	126		
不服不批捕	Appeals against Rejection of Arrest	202	1	1		
不服不起诉	Appeals against Rejection of Prosecuting	4244	54	113		
不服撤案	Appeals against Withdrawal of the Case	19		2		
不服其他诉讼终结的刑事处理决定	Appeals against Other Criminal Decisions	365	1	10		
不服法院刑事判决裁定	Appeals against Judgment of Criminal Cases	8282			33	428

24-9 人民检察院办理刑事抗诉案件情况（2020年）
Criminal Appeals Handled by People's Procuratorate (2020)

案件类别	Category of Cases	提出抗诉 Presenting Protest Appeal (件) (case)	审判结果 合计 Total Result of Judgement (件) (case)	改判 Revising Judgment (件) (case)	改判 Revising Judgment (人) (person)	维持原判 Affirming Original Judgment (件) (case)	发回重审 Remanding for Retrial (件) (case)
合 计	**Total**	**8903**	**6099**	**2811**	**4546**	**2030**	**1258**
贪污贿赂案件	Embezzlement and Bribery Cases	357	347	152	186	118	77
渎职侵权案件	Dereliction of Duty and Infringement of Citizens' Right Cases	79	83	31	37	30	22
其他刑事案件	Other Criminal Cases	8467	5669	2628	4323	1882	1159

24-10 人民检察院办理民事、行政抗诉案件情况（2020年）
Civil and Administrative Protest Cases Handled by People's Procuratorate (2020)

单位：件 (case)

项 目	Item	合计 Total	民事案件 Civil Cases	行政案件 Administrative Cases
提出抗诉	Presenting Protest	5176	4994	182
抗诉案件再审	Retrial of Protested Cases	3826	3693	133
改 判	Revising Judgment	2216	2170	46
调 解	Mediation	205	200	5
发回重审	Remanding for Retrial	535	523	12
和解撤诉	Reconciliation and Withdrawal	100	90	10
维持原判	Affirming Original Judgment	684	627	57
其 他	Others	86	83	3
提出再审检察建议	Giving Retrial Procuratorate Suggestion	10098	9900	198
采纳再审检察建议再审情况	Retrial after Adopting Procuratorate Suggestion	4482	4423	59
改 判	Revising Judgment	3472	3437	35
调 解	Mediation	191	190	1
发回重审	Remanding for Retrial	50	50	
和解撤诉	Reconciliation and Withdrawal	191	186	5
维持原判	Affirming Original Judgment	215	213	2
其 他	Others	363	347	16

24-11 人民检察院纠正违法情况
Law-breaking Cases Rectified by People's Procuratorate

项　　目	Item	2019	2020
已纠正件次合计(件次)	**Total of Rectification (case-times)**	**102441**	**124476**
立案监督小计	Sub-total of Supervision of Cases Registered	31531	45948
监督立案	Supervision of Cases Filing	16385	21960
监督撤案	Supervision of Cases Withdrawn	15146	23988
侦查监督	Supervision of Investigation	42063	46078
刑事执行活动检察	Prosecution of Criminal Execution Activities	28847	32450
已纠正案件涉及人次合计(人次)	**Sub-total of Rectified Cases (person-times)**	**177963**	**216401**
立案监督小计	Sub-total of Supervision of Cases Registered	39286	57724
监督立案	Supervision of Cases Filing	20934	27977
监督撤案	Supervision of Cases Withdrawed	18352	29747
侦查监督小计	Sub-total of Supervision of Investigation	60880	49548
纠正漏捕	Rectified of Missed Arrests	27383	20477
纠正漏诉	Rectified of Missed Appeals	33497	29071
减刑、假释、暂予监外执行检察	Commutation of Sentence, Parole and Temporary Execution Outside Prison	38035	50598
监外执行和社区矫正监管活动检察	Prosecution of Outside Prison Execution and Community Correction	39762	58531

24-12 人民检察院办理民事、行政公益诉讼案件情况（2020年）
Civil and Administrative Public Interest Litigation Handled by People's Procuratorate (2020)

单位：件　　(case)

项　　目	Item	合计 Total	民事案件 Civil Cases	行政案件 Administrative Cases
案件线索受理	Case Clue Acceptance	174689	17141	157548
立案	Cases Registered	151260	14264	136996
诉前检察建议	Pre-Litigation Procuratorial Suggestions	129971	12398	117573
#涉及防范化解重大风险	Involving Prevention and Resolution of Major Risks	614	35	579
涉及精准脱贫	Involving Precise Poverty Alleviation	830	43	787
涉及污染防治	Involving Pollution Prevention and Control	29758	1023	28735
起诉	Prosecutions	8010	7166	844
法院审结	Settled by Courts	6837	6245	592
#一审判决支持	Support in First Trail	5935	5465	470

24-13 人民法院审理一审案件情况
First Trial Cases by People's Courts

单位：件 (case)

年份 Year	收案 Cases Accepted	刑事 Criminal	民事 Civil	#知识产权与竞争纠纷 Intellectual Property Rights and Competition Disputes	#海事海商纠纷 Maritime Disputes	行政 Administrative	行政赔偿 Administrative Compensation
1978	447755	146968	300787				
1979	513789	123846	389943				
1980	763535	197856	565679				
1981	906051	232125	673926				
1982	1024160	245219	778941				
1983	1343164	542648	756436			527	
1984	1355460	431357	838307			983	
1985	1319741	246655	846391		238	916	
1986	1611282	299720	989409		301	632	
1987	1875229	289614	1213219		346	5940	
1988	2290624	313306	1455130		569	8573	
1989	2913515	392564	1815385		725	9934	
1990	2916774	459656	1851897		753	13006	
1991	2901685	427840	1880635		951	25667	
1992	3051157	422991	1948786		1654	27125	
1993	3414845	403267	2089257		1830	27911	
1994	3955475	482927	2383764		1959	35083	
1995	4545676	495741	2718533		2847	52596	
1996	5312580	618826	3093995		3945	79966	
1997	5288379	436894	3277572		4534	90557	
1998	5410798	482164	3375069		5166	98350	
1999	5692434	540008	3519244		5736	97569	
2000	5356294	560432	3412259		6976	85760	
2001	5344934	628996	3459025		6891	100921	
2002	5132199	631348	4420123			80728	
2003	5130760	632605	4410236			87919	
2004	5072881	647541	4332727			92613	
2005	5161170	684897	4380095			96178	
2006	5183794	702445	4385732			95617	
2007	5550062	724112	4724440			101510	
2008	6288831	767842	5412591			108398	
2009	6688963	768507	5800144			120312	
2010	6999350	779595	6090622			129133	
2011	7596116	845714	6614049			136353	
2012	8442657	996611	7316463			129583	
2013	8876733	971567	7781972	88583	11224	123194	
2014	9489787	1040457	8307450	95522	12174	141880	
2015	11444950	1126748	10097804	109386	17546	220398	
2016	12088800	1101191	10762124	134248	16336	225485	
2017	12907729	1294377	11373753	201039	15367	230432	9167
2018	13920964	1203055	12449685	283414	15784	256656	11568
2019	15439600	1293911	13852052	399031	15249	279574	14063
2020	14518468	1107610	13136436	443326	14049	260220	14202

注：1.一审案件指人民法院按照诉讼级别管辖按第一审程序审理的案件。
2.2002年起，经济纠纷和海事海商纠纷并入民事案件中。
3.2017年起，行政赔偿案件从行政案件中分离出来。

a) First trial cases refer to cases accepted by people's courts according to the first trial proceedings.
b) Data of civil cases include cases of economic disputes and maritime disputes since 2002.
c) Data of administrative compensation cases are separated from administrative cases since 2017.

24-14　人民法院审理刑事一审案件收结案情况（2020年）
First Trial Criminal Cases Accepted and Settled by People's Courts (2020)

单位：件　　　　(case)

项　目	Item	收 案 Cases Accepted	结 案 Cases Settled
合计	**Total**	**1107610**	**1115890**
危害公共安全罪	Offences Against Public Security	365228	365364
破坏社会主义市场经济秩序罪	Offences Against Socialist Market Economic Order	67090	67369
侵犯公民人身权利民主权利罪	Offences Against Citizens' Personal and Democratic Rights	136289	137324
侵犯财产罪	Offences Against Properties	274666	276541
妨害社会管理秩序罪	Offences Against Social Management of Order	250895	254925
危害国防利益罪	Offences Against National Defense	397	421
贪污贿赂罪	Offences on Corruption and Bribery	10840	11606
渎职罪	Offences on Dereliction of Duty	1788	1958
其他	Others	417	382
合计中含自诉案件	Private Prosecution Among the Total	6766	7145

注：结案中含上年旧存(以下各表同)。
a) Data of cases settled include cases turned over from previous year. The same applies to the following tables.

24-15　人民法院审理刑事案件罪犯情况
Criminal Offenders Heard by People's Courts

单位：人　　　　(person)

年 份 Year	刑事罪犯总数 Number of Offenders	#青少年罪犯 Juvenile Offenders	不满18岁 Less Than 18 Years	18岁至25岁 Between 18 and 25 Years	青少年罪犯占刑事罪犯比重(%) Proportion of Juvenile Offenders in the Total (%)
1997	526312	199212	30446	168766	37.9
1998	528301	208076	33612	174464	39.4
1999	602380	221153	40014	181139	36.7
2000	639814	220981	41709	179272	34.5
2001	746328	253465	49883	203582	34.0
2002	701858	217909	50030	167879	31.0
2003	742261	231715	58870	172845	31.2
2004	764441	248834	70086	178748	32.6
2005	842545	285801	82692	203109	33.9
2006	889042	303631	83697	219934	34.2
2007	931745	316298	87506	228792	33.9
2008	1007304	322061	88891	233170	32.0
2009	996666	302023	77604	224419	30.3
2010	1006420	287978	68193	219785	28.6
2011	1050747	282429	67280	215149	26.9
2012	1173406	282990	63782	219208	24.1
2013	1157784	265439	55817	209622	22.9
2014	1183784	249576	50415	199161	21.1
2015	1231656	236341	43839	192502	19.2
2016	1219569	204657	35743	168914	16.8
2017	1268985	183471	32778	150693	14.5
2018	1428772	243275	34365	208910	17.0
2019	1659550	281860	43038	238822	17.0
2020	1526811	245074	33768	211306	16.1

24-16 人民法院审理民事一审案件情况（2020年）
First Trial Civil Cases Accepted and Settled by People's Courts (2020)

单位：件 (case)

项　目	Item	收案 Cases Accepted	结案 Cases Settled	判决 Judgment	不予受理 Dismiss
合计	**Total**	**13136436**	**13305873**	**5964924**	**29793**
人格权纠纷	Personality Disputes	161646	164375	83588	297
婚姻家庭、继承纠纷	Disputes of Marriage, Family and Inheritance	1635049	1649393	613256	1523
物权纠纷	Property Rights Disputes	294328	301302	133298	3510
合同、无因管理、不当得利纠纷	Contract, Non-cause Management, Improper Profit Disputes	8839003	8946206	4072707	17890
知识产权与竞争纠纷	Intellectual Property Rights and Competition Disputes	443326	442722	134293	847
劳动争议、人事争议	Labor Disputes, Personnel Disputes	439678	446912	218551	3313
海事海商纠纷	Maritime Disputes	14049	14293	4775	17
与公司、证券、保险、票据等有关的民事纠纷	Civil Disputes Relating to Companies, Securities, Insurance, Bills, etc	377144	383710	201101	961
侵权责任纠纷	Tort Liability Dispute	869334	892366	459589	1196
其他	Others	62879	64594	43766	239

24-16 续表 continued

单位：件 (case)

项　目	Item	驳回起诉 Reject	撤诉 With-drawal	调解 Mediation	其他 Other
合计	**Total**	**399092**	**3539000**	**3235001**	**138063**
人格权纠纷	Personality Disputes	3281	35954	40503	752
婚姻家庭、继承纠纷	Disputes of Marriage, Family and Inheritance	19159	377466	624863	13126
物权纠纷	Property Rights Disputes	25488	91838	44168	3000
合同、无因管理、不当得利纠纷	Contract, Non-cause Management, Improper Profit Disputes	299729	2450639	2024598	80643
知识产权与竞争纠纷	Intellectual Property Rights and Competition Disputes	3062	240912	51356	12252
劳动争议、人事争议	Labor Disputes, Personnel Disputes	16129	78944	118055	11920
海事海商纠纷	Maritime Disputes	292	4688	4168	353
与公司、证券、保险、票据等有关的民事纠纷	Civil Disputes Relating to Companies, Securities, Insurance, Bills, etc	12782	86963	69783	12120
侵权责任纠纷	Tort Liability Dispute	13404	157760	257180	3237
其他	Others	5766	13836	327	660

24-17 人民法院审理婚姻家庭、继承一审案件收结案情况（2020年）
First Trial Civil Cases of Marriage, Family Affairs and Inheritance Accepted and Settled by People's Courts (2020)

单位：件 (case)

项 目	Item	收案 Cases Accepted	结案 Cases Settled	判决 Judgment	不予受理 Dismiss	驳回起诉 Reject	撤诉 With-drawal	调解 Mediation	其他 Other
合计	**Total**	**1635049**	**1649393**	**613256**	**1523**	**19159**	**377466**	**624863**	**13126**
婚姻家庭纠纷	Marriage and Family Disputes	1514556	1527166	584507	1353	16610	358917	553421	12358
离婚纠纷	Divorce Disputes	1231932	1241694	486425	791	11732	292826	441114	8806
抚养纠纷	Upbringing Disputes	114055	115049	36836	135	1527	24181	51306	1064
扶养纠纷	Maintenance Disputes	3152	3175	1195	6	60	823	1036	55
赡养纠纷	Support Disputes	21413	21619	8490	13	303	5979	6370	464
收养关系纠纷	Adoption Relation Disputes	1845	1885	614	10	38	367	836	20
监护权纠纷	Guardianship Disputes	833	882	221	4	29	331	289	8
探望权纠纷	Visitation Disputes	6081	6157	2295	11	61	1330	2354	106
其他	Others	135245	136705	48431	383	2860	33080	50116	1835
继承纠纷	Inheritance	119333	121078	28379	167	2509	18332	70935	756
法定继承纠纷	Legal Inheritance	51897	52600	7392	49	585	6467	37903	204
遗嘱继承纠纷	Testament Inheritance	5932	6042	2485	15	128	1159	2214	41
其他	Others	61504	62436	18502	103	1796	10706	30818	511
其他	Others	1160	1149	370	3	40	217	507	12

24-18 人民法院审理行政一审案件收结案情况（2020年）
First Trial Administrative Cases Accepted and Settled by People's Courts (2020)

单位：件 (case)

项 目	Item	收案 Cases Accepted	结案 Cases Settled	判决 Judgment	不予立案 Not to Put on Record	驳回起诉 Reject	撤诉 With-drawal	调解 Mediation	其他 Other
合计	**Total**	**260220**	**266312**	**130271**	**13837**	**56239**	**53423**	**1448**	**11094**
公安	Public Security	23406	23531	11476	1347	3304	6851	39	514
资源	Resource	41500	40810	17547	2723	11039	7285	169	2047
城乡建设	Urban and Rural Construction	56535	56100	24300	3104	14767	9899	544	3486
计划生育	Family Planning	257	270	158	16	38	41	13	4
工商	Industry and Commerce	5361	5553	2176	303	1102	1741	49	182
卫生	Health	1171	1158	496	127	276	224	8	27
环境保护	Environment Protection	2082	2062	1138	56	207	554	45	62
交通运输	Traffic and Transport	2882	2801	1068	100	344	1148	10	131
税务	Tax	688	694	255	22	203	182	1	31
劳动和社会保障	Labour and Social Security	19843	20027	11986	490	1568	5471	56	456
乡政府	Townships Government	15751	15637	6391	824	3791	3583	143	905
其他	Other	90744	97669	53280	4725	19600	16444	371	3249

24-19 律师、公证和调解工作基本情况
Basic Statistics on Lawyers, Notarization and Mediation

项 目	Item	2015	2016	2017	2018	2019	2020
律师工作	**Lawyers**						
律师事务所（个）	Number of Law Offices (unit)	24425	26150	28382	30647	32621	34441
律师人数（人）	Number of Lawyers (person)	297175	325540	357193	423758	473036	522510
#专职律师	Full-time Lawyers	267536	293586	316771	364345	397329	424475
兼职律师	Part-time Lawyers	11199	11567	12369	12002	12589	13515
担任法律顾问（家）	Number of Units with Legal Advisors (unit)	548260	579360	629742	700027	736917	779760
民事案件代理（件）	Agent of Civil Cases (case)	2476112	2744896	3872852	3969240	4792176	5327052
刑事案件辩护及代理(件)	Agent and Defender of Criminal Cases (case)	717283	704447	705213	814570	1094423	1049632
行政案件代理（件）	Agent of Administrative Action (case)	86455	98989	156971	165840	189342	208030
非诉讼法律事务（件）	Non-Litigious Legal Affairs (case)	784264	844414	848806	1058594	1336860	1233002
咨询和代书（万件）	Legal Consulting and Writing (10 000 cases)	508.2	530.2	452.4	322.6	309.8	253.7
公证工作	**Notarization**						
公证机构（家）	Number of Notary Offices (unit)	3001	3002	2952	2956	2956	2942
公证员（人）	Notaries (person)	13147	13175	13231	13335	13428	13620
办理公证(出证)总数（万件）	Number of Notarized Documents (10 000 cases)	1246.8	1399.7	1448.7	1337.3	1374.3	1173.8
人民调解工作	**People's Mediation**						
人民调解委员会（万个）	Number of People's Mediation Committees (10 000 units)	79.8	78.4	75.9	75.2	73.5	70.8
调解人员（万人）	Number of Mediators (10 000 persons)	391.1	385.2	362.9	349.7	337.8	320.9
调解案件总数（万件）	Number of Civil Disputes Mediated (10 000 cases)	933.1	901.9	874.1	953.2	931.5	819.6

注：全国律师人数中包括各省(区、市)和新疆兵团律师以及司法部批准的公职律师、公司律师、中国法律律师事务所律师和军队律师。

a) The number of lawyers nationwide includes lawyers from all provinces (autonomous regions and municipalities) and Xinjiang corps, as well as public lawyers, corporate lawyers, lawyers from Chinese law firms and military lawyers approved by the Ministry of Justice.

24-20 公证业务分类(2020年)
Notarial Services by Type (2020)

分　类	Item	办证件数(件) Number of Notarial Documents Issued (case)	比 重 (%) Percentage (%)
合计	**Total**	**11738247**	**100.00**
合同(协议)	Contracts (Agreements)	782764	6.67
继承	Inheritance	1642224	13.99
其中：小额继承	Small Amount Inheritance	503685	4.29
委托	Power of Attorney	2905026	24.75
声明	Declaration	1043660	8.89
赠与	Gift	46040	0.39
遗嘱	Testament	178034	1.52
现场监督	Field Supervision	188443	1.61
婚姻状况、亲属关系、收养关系	Marital Status, Kinship Confirmation, Adoptive Relationship	258782	2.20
出生、生存、死亡	Births, Survival, Deaths	184256	1.57
身份、经历、学历、学位、职务、职称	Identity, Resume, Education Background, Academic Degree, Professional Titles	82759	0.71
有无违法犯罪记录	Illegal and Criminal Record Check	265634	2.26
公司章程	Corporation Constitutions	2645	0.02
保全证据	Evidence Preservation	539110	4.59
证书、执照	Certificate, Licence	629336	5.36
签名、印鉴	Signature, Seal	253310	2.16
文本相符	Conformity of Documentation	625214	5.33
赋予强制执行效力	Executor Force	1592757	13.57
执行证书	Certificate of Execution	29549	0.25
抵押登记	Mortgage Registration	19393	0.17
提存	Drawing	8342	0.07
保管	Storage	4589	0.04
其他	Others	456380	3.89

24-21 调解民间纠纷分类情况
Civil Disputes Mediated by Type

项 目	Item	调 解 纠 纷（万件）Civil Disputes Mediated (10 000 cases)		各类纠纷所占比重（%）Percentage(%)	
		2019	2020	2019	2020
合 计	**Total**	**931.5**	**819.6**	**100.0**	**100.0**
#婚姻家庭	Marriage and Family Disputes	153.1	129.9	16.4	15.9
房屋、宅基地	Housing and Housing Sites	48.8	36.3	5.2	4.4
邻 里	Neighbor Disputes	231.3	204.0	24.8	24.9
损害赔偿	Compensation for Damages	73.9	65.6	7.9	8.0
医 疗	Health Care	8.2	6.1	0.9	0.7
道路交通事故	Traffic Accidents	78.3	63.0	8.4	7.7

24-22 劳动人事争议仲裁情况
Arbitration of Labor and Personnel Disputes

项 目	Item	2015	2016	2017	2018	2019	2020
上期未结案数 （件）	**Number of Cases Left Over from Last Period (case)**	**39580**	**37977**	**38545**	**35506**	**48687**	**49723**
案件受理情况	**Cases Accepted**						
当期案件受理数 （件）	Number of Current Cases (case)	813859	828410	785323	894053	1069638	1094788
#集体劳动争议案件数	Number of Collective Labour Disputes	10466	9745	7513	8699	9235	8321
劳动者申诉案件数	Number of Cases Appealed by Laborers	784229	801190	762572	869421	1021334	1041567
按争议原因分 （件）	By Cause of the Disputes (case)						
#劳动报酬	Labour Remuneration	321179	345685	331463	380751	446572	462729
社会保险	Social Insurances	158002	145671	135211	144533	149966	136496
解除、终止劳动合同	Dissolution or Termination of Labour Contracts	182396	188642	169456	195063	259550	280058
劳动者当事人数 （人）	Number of Laborers Involved (person)	1159687	1112408	979016	1110175	1274124	1283491
#集体劳动争议	Collective Labour Disputes	341588	289924	203963	234943	220174	200824
案件处理情况 （件）	**Cases Settled (case)**						
结案数	Number of Cases Settled	812461	827717	790448	884223	1068413	1100681
按处理方式分	By Manners of Settlement						
仲裁调解	By Mediation	362814	389109	390278	458353	552584	599797
仲裁裁决	By Arbitration Lawsuit	368409	366742	336073	357666	430309	430863
其他方式	Others	81238	71866	64097	68204	85520	70021
按处理结果分	By Results of Settlement						
用人单位胜诉	Lawsuit Won by Employers	90785	92405	89928	93823	112747	112053
劳动者胜诉	Lawsuit Won by Laborers	287544	285824	259898	276642	314097	310819
双方部分胜诉及其他	Lawsuit Partly Won by Both Parties and Others	434132	369429	440622	513758	641569	677809
案外调解案件数 （件）	**Cases Mediated (case)**	**258114**	**240101**	**208491**	**214288**	**242479**	**255328**

24-23 分地区工会组织情况(2020年)
Statistics on Trade Unions by Region (2020)

地 区	Region	工会基层组织数(万个) Number of Grassroot Trade Unions (10 000 units)	全国已建工会组织的基层单位的职工与会员人数(万人) Staff and Workers and Membership of Grassroot Units with Established Trade Unions (10 000 persons)				工会专职工作人员人数(万人) Number of Full-time Personnel of Trade Unions (10 000 persons)
			职工人数 Staff and Workers	#女性 Female	会员人数 Membership	#女性 Female	
全 国	**National Total**	**247.6**	**28291.1**	**10923.1**	**27189.8**	**10600.4**	**90.2**
中央和国家机关	Central and State Organs	0.2	42.6	19.1	41.1	18.5	0.1
北 京	Beijing	3.3	533.2	179.7	494.6	170.3	1.6
天 津	Tianjin	1.7	263.7	100.4	260.8	99.9	0.7
河 北	Hebei	12.5	1443.9	476.9	1421.6	472.1	5.0
山 西	Shanxi	5.4	731.8	240.7	710.2	231.8	3.5
内蒙古	Inner Mongolia	5.7	565.8	183.2	541.8	176.9	1.8
辽 宁	Liaoning	5.6	848.2	327.2	823.3	319.6	2.6
吉 林	Jilin	2.9	354.4	139.9	343.0	134.9	1.3
黑龙江	Heilongjiang	5.3	633.1	215.2	614.1	211.0	3.2
上 海	Shanghai	4.8	723.0	280.8	690.3	269.6	1.2
江 苏	Jiangsu	15.5	2240.3	949.4	2156.2	919.3	3.2
浙 江	Zhejiang	13.7	1960.4	827.1	1881.8	805.1	2.6
安 徽	Anhui	10.0	953.0	358.5	892.4	340.4	3.7
福 建	Fujian	10.8	900.3	397.7	882.0	392.9	1.3
江 西	Jiangxi	8.7	889.9	329.1	859.6	325.0	6.1
山 东	Shandong	11.5	1570.5	596.3	1513.7	580.5	8.2
河 南	Henan	16.9	1639.1	614.1	1562.2	591.9	11.3
湖 北	Hubei	11.7	1246.0	469.3	1190.8	454.4	4.1
湖 南	Hunan	14.9	1279.0	438.0	1168.9	421.1	7.4
广 东	Guangdong	21.5	2687.1	1189.9	2543.6	1133.9	5.7
广 西	Guangxi	7.3	649.7	256.2	621.5	248.6	1.6
海 南	Hainan	1.6	170.7	69.9	162.3	66.9	0.3
重 庆	Chongqing	5.0	586.5	222.3	563.7	214.2	2.0
四 川	Sichuan	14.8	1976.6	760.1	1933.8	747.9	3.2
贵 州	Guizhou	6.4	782.1	285.3	770.7	282.3	1.7
云 南	Yunnan	8.6	533.3	214.7	515.2	209.3	1.1
西 藏	Tibet	0.8	65.7	26.5	59.6	23.6	0.3
陕 西	Shaanxi	10.8	896.5	321.9	874.7	314.9	3.3
甘 肃	Gansu	3.8	429.6	155.3	420.6	152.7	1.0
青 海	Qinghai	1.5	124.1	49.6	122.0	49.0	0.2
宁 夏	Ningxia	1.1	119.2	49.6	116.8	48.7	0.2
新 疆	Xinjiang	3.2	451.7	178.9	436.7	173.2	0.9

24-24 社会保险基金收支及累计结余
Revenue, Expenses and Balance of Social Insurance Fund

单位：亿元 (100 million yuan)

年 份 Year	合 计 Total	基本养老保险 Basic Endowment Insurance	失业保险 Unemployment Insurance	基本医疗保险 Basic Medical Insurance	工伤保险 Work-related Injury Insurance	生育保险 Birth Insurance
基金收入 Revenue						
1990	186.8	178.8	7.2			
1995	1006.0	950.1	35.3	9.7	8.1	2.9
2000	2644.9	2278.5	160.4	170.0	24.8	11.2
2005	6975.2	5093.3	340.3	1405.3	92.5	43.8
2006	8643.2	6309.8	402.4	1747.1	121.8	62.1
2007	10812.3	7834.2	471.7	2257.2	165.6	83.6
2008	13696.1	9740.2	585.1	3040.4	216.7	113.7
2009	16115.6	11490.8	580.4	3671.9	240.1	132.4
2010	19276.1	13872.9	649.8	4308.9	284.9	159.6
2011	25153.3	18004.8	923.1	5539.2	466.4	219.8
2012	30738.8	21830.2	1138.9	6938.7	526.7	304.2
2013	35252.9	24732.6	1288.9	8248.3	614.8	368.4
2014	39827.7	27619.9	1379.8	9687.2	694.8	446.1
2015	46012.1	32195.5	1367.8	11192.9	754.2	501.7
2016	53562.7	37990.8	1228.9	13084.3	736.9	521.9
2017	67154.5	46613.8	1112.6	17931.3	853.8	643.0
2018	79254.8	55005.3	1171.1	21384.4	913.0	781.0
2019	83550.4	57025.9	1284.2	24420.9	819.4	
2020	75512.5	49228.6	951.5	24846.1	486.3	
基金支出 Expenses						
1990	151.9	149.3	2.5			
1995	877.1	847.6	18.9	7.3	1.8	1.6
2000	2385.6	2115.5	123.4	124.5	13.8	8.3
2005	5400.8	4040.3	206.9	1078.7	47.5	27.4
2006	6477.4	4896.7	198.0	1276.7	68.5	37.5
2007	7887.8	5964.9	217.7	1561.8	87.9	55.6
2008	9925.1	7389.6	253.5	2083.6	126.9	71.5
2009	12302.6	8894.4	366.8	2797.4	155.7	88.3
2010	15018.9	10755.3	423.3	3538.1	192.4	109.9
2011	18652.9	13363.2	432.8	4431.4	286.4	139.2
2012	23331.3	16711.5	450.6	5543.6	406.3	219.3
2013	27916.3	19818.7	531.6	6801.0	482.1	282.8
2014	33002.7	23325.8	614.7	8133.6	560.5	368.1
2015	38988.1	27929.4	736.4	9312.1	598.7	411.5
2016	46888.4	34004.3	976.1	10767.1	610.3	530.6
2017	57145.6	40423.8	893.8	14421.8	662.3	744.0
2018	67792.7	47550.4	915.3	17823.0	742.0	762.0
2019	75346.6	52342.3	1333.2	20854.2	816.9	
2020	78611.8	54656.5	2103.0	21032.1	820.3	
累计结余 Balance at Year-end						
1990	117.3	97.9	19.5			
1995	516.8	429.8	68.4	3.1	12.7	2.7
2000	1327.5	947.1	195.9	109.8	57.9	16.8
2005	6073.7	4041.0	519.0	1278.1	163.5	72.1
2006	8255.9	5488.9	724.8	1752.4	192.9	96.9
2007	11236.6	7391.4	979.1	2476.9	262.6	126.6
2008	15225.6	9931.0	1310.1	3431.7	384.6	168.2
2009	19006.5	12526.1	1523.6	4275.9	468.8	212.1
2010	23407.5	15787.8	1749.8	5047.1	561.4	261.4
2011	30233.1	20727.8	2240.2	6180.0	742.6	342.5
2012	38106.6	26243.5	2929.0	7644.5	861.9	427.6
2013	45588.1	31274.8	3685.9	9116.5	996.2	514.7
2014	52462.3	35644.5	4451.5	10644.8	1128.8	592.7
2015	59532.5	39937.1	5083.0	12542.8	1285.3	684.4
2016	66349.7	43965.2	5333.3	14964.3	1410.9	675.9
2017	77312.1	50202.2	5552.4	19385.6	1606.9	565.0
2018	89775.5	58151.6	5817.0	23440.0	1784.9	582.0
2019	96977.8	62872.6	4625.4	27696.7	1783.2	
2020	94378.7	58075.2	3354.1	31500.0	1449.3	

注：1.2007年及以后基本医疗保险基金中包括职工基本医疗保险和城乡居民基本医疗保险。

2.2010年及以后基本养老保险基金中包括城镇职工基本养老保险和城乡居民基本养老保险。

3.工伤保险累计结余中含储备金(以下相关表同)。

4.2019年起，基本医疗保险基金包含生育保险基金(以下相关表同)。

a) Data of basic medical insurance include the basic medical insurance for workers and the basic medical insurance for urban and rural residents from 2007.

b) Data of basic endowment insurance for 2010 and following years include the basic endowment insurance for urban workers and basic endowment insurance for urban and rural residents.

c) The balance at year-end of work-related injury insurance at year-end include reserve fund. The same applies to the relevant following tables.

d) Since 2019, the data of basic medical care insurance fund includes the data of maternity insurance fund. The same applies to the relevant following tables.

24-25 社会保险基本情况
Basic Statistics of Social Insurance

单位: 万人 (10 000 persons)

年份 Year	年末参加基本养老保险人数 Basic Endowment Insurance Participants at Year-end	城镇职工基本养老保险 Basic Endowment Insurance for Urban Workers					城乡居民基本养老保险 Basic Endowment Insurance for Urban and Rural Residents
		合计 Total	职工 Number of Workers	#企业 Enterprises	离退休人员 Number of Retirees	#企业 Enterprises	
1989	5710.3	5710.3	4816.9	4816.9	893.4	893.4	
1990	6166.0	6166.0	5200.7	5200.7	965.3	965.3	
1991	6740.3	6740.3	5653.7	5653.7	1086.6	1086.6	
1992	9456.2	9456.2	7774.7	7774.7	1681.5	1681.5	
1993	9847.6	9847.6	8008.2	8008.2	1839.4	1839.4	
1994	10573.5	10573.5	8494.1	8494.1	2079.4	2079.4	
1995	10979.0	10979.0	8737.8	8737.8	2241.2	2241.2	
1996	11116.7	11116.7	8758.4	8758.4	2358.3	2358.3	
1997	11203.9	11203.9	8670.9	8670.9	2533.0	2533.0	
1998	11203.1	11203.1	8475.8	8475.8	2727.3	2727.3	
1999	12485.4	12485.4	9501.8	8859.2	2983.6	2863.8	
2000	13617.4	13617.4	10447.5	9469.9	3169.9	3016.5	
2001	14182.5	14182.5	10801.9	9733.0	3380.6	3171.3	
2002	14736.6	14736.6	11128.8	9929.4	3607.8	3349.2	
2003	15506.7	15506.7	11646.5	10324.5	3860.2	3556.9	
2004	16352.9	16352.9	12250.3	10903.9	4102.6	3775.0	
2005	17487.9	17487.9	13120.4	11710.6	4367.5	4005.2	
2006	18766.3	18766.3	14130.9	12618.0	4635.4	4238.6	
2007	20136.9	20136.9	15183.2	13690.6	4953.7	4544.0	
2008	21891.1	21891.1	16587.5	15083.4	5303.6	4868.0	
2009	23549.9	23549.9	17743.0	16219.0	5806.9	5348.0	
2010	35984.1	25707.3	19402.3	17822.7	6305.0	5811.6	10276.8
2011	61573.3	28391.3	21565.0	19970.0	6826.2	6314.0	33182.0
2012	78796.3	30426.8	22981.1	21360.9	7445.7	6910.9	48369.5
2013	81968.4	32218.4	24177.3	22564.7	8041.0	7484.8	49750.1
2014	84231.9	34124.4	25531.0	23932.3	8593.4	8013.6	50107.5
2015	85833.4	35361.2	26219.2	24586.8	9141.9	8536.5	50472.2
2016	88776.8	37929.7	27826.3	25239.6	10103.4	9023.9	50847.1
2017	91548.3	40293.3	29267.6	25856.3	11025.7	9460.4	51255.0
2018	94293.3	41901.6	30104.0	26502.6	11797.7	9980.5	52391.7
2019	96753.9	43487.9	31177.5	27508.7	12310.4	10396.3	53266.0
2020	99864.9	45621.1	32858.7	29123.6	12762.3	10784.2	54243.8

24-25 续表 continued

单位: 万人 (10 000 persons)

年 份 Year	失业保险 Unemployment Insurance 年末参保人数 Participants at Year-end	全年发放失业保险金人数 Beneficiaries of Unemployment Insurance Fund	全年发放失业保险金(亿元) Unemployed Relief (100 million yuan)	基本医疗保险 Basic Medical Insurance 年末参保人数 Participants at Year-end	职工 For Workers	城乡居民 For Urban and Rural Residents	工伤保险 Work Injury Insurance 年末参保人数 Participants at Year-end	年末享受工伤待遇的人数 Beneficiaries at Year-end	年末参加生育保险人数 Birth Insurance Participants at Year-end
1994	7967.8	196.5	5.1	400.3	400.3		1822.1	5.8	915.9
1995	8237.7	261.3	8.2	745.9	745.9		2614.8	7.1	1500.2
1996	8333.1	330.8	13.9	855.7	855.7		3102.6	10.1	2015.6
1997	7961.4	319.0	18.7	1762.0	1762.0		3507.8	12.5	2485.9
1998	7927.9	158.1	20.4	1877.6	1877.6		3781.3	15.3	2776.7
1999	9852.0	271.4	31.9	2065.3	2065.3		3912.3	15.1	2929.8
2000	10408.4	329.7	56.2	3786.9	3786.9		4350.3	18.8	3001.6
2001	10354.6	468.5	83.3	7285.9	7285.9		4345.3	18.7	3455.1
2002	10181.6	657.0	116.8	9401.2	9401.2		4405.6	26.5	3488.2
2003	10372.9	741.6	133.4	10901.7	10901.7		4574.8	32.9	3655.4
2004	10583.9	753.5	137.5	12403.6	12403.6		6845.2	51.9	4383.8
2005	10647.7	677.8	132.4	13782.9	13782.9		8478.0	65.1	5408.5
2006	11186.6	598.1	125.8	15731.8	15731.8		10268.5	77.8	6458.9
2007	11644.6	538.5	129.4	22311.1	18020.0	4291.1	12173.3	96.0	7775.3
2008	12399.8	516.7	139.5	31821.6	19995.6	11826.0	13787.2	117.8	9254.1
2009	12715.5	483.9	145.8	40147.0	21937.4	18209.6	14895.5	129.6	10875.7
2010	13375.6	431.6	140.4	43262.9	23734.7	19528.3	16160.7	147.5	12335.9
2011	14317.1	394.4	159.9	47343.2	25227.1	22116.1	17695.9	163.0	13892.0
2012	15224.7	390.1	181.3	53641.3	26485.6	27155.7	19010.1	190.5	15428.7
2013	16416.8	416.7	203.2	57072.6	27443.1	29629.4	19917.2	195.2	16392.0
2014	17042.6	422.0	233.3	59746.9	28296.0	31450.9	20639.2	198.2	17038.7
2015	17326.0	456.8	269.8	66581.6	28893.1	37688.5	21432.5	201.9	17771.0
2016	18088.8	483.9	309.4	74391.6	29531.5	44860.0	21889.3	196.0	18451.0
2017	18784.2	458.1	318.2	117681.4	30322.7	87358.7	22723.7	192.8	19300.2
2018	19643.5	452.3	357.6	134458.6	31680.8	102777.8	23874.4	198.5	20434.1
2019	20542.7	461.2	396.8	135407.4	32924.7	102482.7	25478.4	194.4	21417.3
2020	21689.5	515.1	413.9	136131.1	34455.1	101676.0	26763.4	187.6	23567.3

24-26 分地区城镇职工基本养老保险情况(2020年)
Statistics on Basic Endowment Insurance for Urban Workers by Region (2020)

地区	Region	年末参加城镇职工基本养老保险人数(万人) Participants of Basic Endowment Insurance for Urban Workers at Year-end (10 000 persons)			基金收支情况(亿元) Revenue and Expenses(100 million yuan)		
			职工 Number of Workers	离退休人员 Number of Retirees	基金收入 Revenue	基金支出 Expenses	累计结余 Balance at Year-end
全国	**National Total**	**45621.1**	**32858.7**	**12762.3**	**44375.7**	**51301.4**	**48316.6**
中央机关	Central Organs	61.7	36.1	25.5	268.2	254.5	95.5
北京	Beijing	1777.8	1466.4	311.4	2160.6	1953.3	5763.3
天津	Tianjin	730.8	496.5	234.4	854.5	1061.2	358.6
河北	Hebei	1737.9	1257.8	480.1	1683.6	1981.6	641.6
山西	Shanxi	932.9	654.7	278.2	1111.9	1290.6	1505.4
内蒙古	Inner Mongolia	785.9	474.6	311.3	997.4	1271.2	407.8
辽宁	Liaoning	2049.0	1209.3	839.7	2149.9	3072.9	226.3
吉林	Jilin	898.2	512.4	385.8	957.3	1263.2	341.2
黑龙江	Heilongjiang	1411.4	790.3	621.0	1629.3	2240.1	-368.9
上海	Shanghai	1616.7	1094.9	521.8	2036.7	2982.4	1214.1
江苏	Jiangsu	3557.9	2593.4	964.5	3018.2	3566.4	4231.8
浙江	Zhejiang	3211.1	2313.9	897.2	2397.4	3415.6	2457.8
安徽	Anhui	1283.5	914.4	369.1	1313.6	1364.2	1863.3
福建	Fujian	1200.6	991.6	209.0	790.8	888.3	710.2
江西	Jiangxi	1167.4	806.7	360.7	1032.5	1172.8	724.0
山东	Shandong	3046.3	2292.1	754.1	2491.2	3162.1	1475.7
河南	Henan	2248.5	1724.1	524.4	1689.5	1950.0	1078.7
湖北	Hubei	1744.7	1147.9	596.8	2024.7	2265.5	963.2
湖南	Hunan	1724.8	1222.1	502.7	1733.8	1731.3	1864.9
广东	Guangdong	4873.1	4161.9	711.1	3858.1	3313.6	12338.3
广西	Guangxi	919.5	644.9	274.6	982.5	1117.9	631.3
海南	Hainan	305.3	231.1	74.3	266.3	300.3	248.8
重庆	Chongqing	1203.4	781.5	421.9	1212.5	1295.1	1025.9
四川	Sichuan	2830.1	1882.6	947.5	2662.3	3105.0	3367.4
贵州	Guizhou	714.0	553.5	160.5	668.0	683.7	878.4
云南	Yunnan	701.3	515.8	185.6	819.9	804.6	1340.5
西藏	Tibet	52.6	42.2	10.4	132.1	118.2	185.1
陕西	Shaanxi	1157.6	884.7	272.9	1221.5	1281.8	747.7
甘肃	Gansu	484.5	319.8	164.7	558.6	671.3	376.6
青海	Qinghai	158.2	109.7	48.5	237.6	279.5	23.3
宁夏	Ningxia	240.1	171.6	68.6	264.7	289.0	241.9
新疆	Xinjiang	767.1	542.8	224.3	1087.9	1083.7	1330.3
不分地区	Not Classified by Region	27.3	17.5	9.8	61.2	70.4	25.3
中央调剂金账户	Central Allocation System Account				1.1		1.1

注：1.不分地区合计中，包括中国人民银行、中国农业发展银行数。
2.中央调剂金账户金额为调剂基金利息收入。

a) Data in the category of "Not Classified by Region" include data from the People's Bank of China and Agricultural Development Bank of China.
b) The amount in the Central Allocation System account is the interest income of the allocation fund.

24-27 分地区城乡居民基本养老保险情况（2020年）
Statistics on Basic Endowment Insurance for Urban and Rural Residents by Region (2020)

地 区	Region	参保人数（万人）Participants at Year-end (10 000 persons)	#实际领取待遇人数 Number of People Actual Received Pension	基金收支情况(亿元) Revenue and Expenses(100 million yuan) 基金收入 Revenue	基金支出 Expenses	累计结余 Balance at Year-end
全 国	**National Total**	**54243.8**	**16068.2**	**4852.9**	**3355.1**	**9758.6**
北 京	Beijing	200.8	92.4	68.9	64.3	170.0
天 津	Tianjin	169.7	84.1	66.2	49.1	296.4
河 北	Hebei	3546.1	1078.0	238.5	162.2	485.0
山 西	Shanxi	1638.0	422.3	103.7	67.8	269.8
内蒙古	Inner Mongolia	784.7	245.2	82.5	59.6	124.2
辽 宁	Liaoning	1058.4	428.3	84.8	76.5	88.2
吉 林	Jilin	723.8	261.9	51.8	38.6	85.7
黑龙江	Heilongjiang	908.7	256.1	63.2	46.6	116.3
上 海	Shanghai	76.2	52.3	92.9	84.0	89.4
江 苏	Jiangsu	2400.4	1095.4	452.6	354.2	788.3
浙 江	Zhejiang	1143.9	529.5	296.3	200.3	250.5
安 徽	Anhui	3490.1	914.8	254.0	147.1	588.6
福 建	Fujian	1588.2	488.6	130.8	95.3	231.0
江 西	Jiangxi	2078.0	499.0	130.6	78.5	305.4
山 东	Shandong	4590.4	1555.3	505.5	340.3	1290.7
河 南	Henan	5255.9	1410.7	300.3	214.8	641.1
湖 北	Hubei	2368.6	719.3	205.9	134.5	445.2
湖 南	Hunan	3471.1	843.4	190.1	142.9	411.0
广 东	Guangdong	2655.3	900.6	283.1	265.3	475.1
广 西	Guangxi	2437.7	581.3	138.6	94.8	234.1
海 南	Hainan	324.8	77.1	32.2	20.3	113.5
重 庆	Chongqing	1166.8	347.7	79.6	61.7	171.7
四 川	Sichuan	3224.2	1111.5	313.9	212.5	632.5
贵 州	Guizhou	1904.5	463.7	80.4	62.1	154.0
云 南	Yunnan	2450.2	538.5	276.1	82.6	487.3
西 藏	Tibet	168.4	25.7	11.7	6.7	33.9
陕 西	Shaanxi	1785.2	535.2	137.4	94.4	300.1
甘 肃	Gansu	1388.2	312.7	94.1	49.4	250.0
青 海	Qinghai	262.3	38.3	24.5	11.7	59.7
宁 夏	Ningxia	238.6	41.5	17.2	11.3	43.0
新 疆	Xinjiang	744.7	117.7	45.7	25.5	127.1

24-28 分地区失业保险情况（2020年）
Statistics of Unemployment Insurance by Region (2020)

地 区	Region	年末参加失业保险人数(万人) Unemployment Insurance Participants at Year-end (10 000 persons)	年末领取失业保险金人数(万人) Beneficiaries of Unemployment Insurance Fund (10 000 persons)	基金收支情况(亿元) Revenue and Expenses (100 million yuan)		
				基金收入 Revenue	基金支出 Expenses	累计结余 Balance at Year-end
全 国	**National Total**	**21689.5**	**270.0**	**951.5**	**2103.0**	**3354.1**
北 京	Beijing	1318.4	9.6	75.3	159.1	141.7
天 津	Tianjin	349.1	6.6	25.0	33.4	48.5
河 北	Hebei	691.5	6.8	26.9	41.1	132.0
山 西	Shanxi	469.4	3.2	23.2	34.9	152.3
内蒙古	Inner Mongolia	276.5	2.7	17.7	23.0	113.9
辽 宁	Liaoning	677.0	18.4	36.6	110.1	160.2
吉 林	Jilin	270.7	2.4	12.8	39.7	83.1
黑龙江	Heilongjiang	326.1	3.5	17.2	37.4	108.3
上 海	Shanghai	987.6	31.5	77.5	141.8	28.3
江 苏	Jiangsu	1887.0	33.2	88.9	189.0	249.6
浙 江	Zhejiang	1687.8	16.9	72.8	154.3	166.9
安 徽	Anhui	564.2	7.5	28.8	39.8	73.7
福 建	Fujian	664.4	6.3	18.7	66.9	98.9
江 西	Jiangxi	291.9	1.8	13.9	21.1	68.6
山 东	Shandong	1466.1	19.3	58.3	134.0	176.5
河 南	Henan	885.9	9.4	32.6	90.6	99.0
湖 北	Hubei	651.3	7.5	23.5	53.4	132.6
湖 南	Hunan	640.9	7.8	20.7	36.1	108.0
广 东	Guangdong	3603.4	26.4	80.6	238.6	473.0
广 西	Guangxi	410.6	6.7	20.4	47.8	89.0
海 南	Hainan	194.6	3.1	6.6	14.2	22.5
重 庆	Chongqing	548.5	6.4	17.6	46.5	32.7
四 川	Sichuan	1045.7	11.8	53.9	134.4	174.1
贵 州	Guizhou	297.9	4.2	15.0	24.5	63.9
云 南	Yunnan	307.4	6.6	17.9	40.6	97.0
西 藏	Tibet	26.7	0.1	3.9	0.5	22.0
陕 西	Shaanxi	439.9	3.9	23.8	90.7	51.1
甘 肃	Gansu	187.4	0.8	11.7	17.6	69.5
青 海	Qinghai	46.5	0.4	3.8	9.3	17.5
宁 夏	Ningxia	102.7	1.5	5.2	10.3	27.5
新 疆	Xinjiang	372.4	3.9	20.5	22.3	72.2

24-29 分地区基本医疗保险参保人数(2020年)
Participants of Basic Medical Insurance by Region (2020)

单位：万人 (10 000 persons)

地 区	Region	年末参保人数合计 Participants at Year-end	职工基本医疗保险 Basic Medical Insurance for Workers	职工 Workers	退休人员 Retirees	城乡居民基本医疗保险 Basic Medical Insurance for Urban and Rural Residents
全 国	**National Total**	**136131.1**	**34455.1**	**25428.8**	**9026.3**	**101676.0**
北 京	Beijing	2139.9	1741.6	1426.6	315.0	398.3
天 津	Tianjin	1164.1	618.4	400.5	217.9	545.7
河 北	Hebei	6938.8	1135.5	787.2	348.3	5803.3
山 西	Shanxi	3245.1	716.4	488.2	228.1	2528.7
内蒙古	Inner Mongolia	2183.9	553.0	368.6	184.3	1630.9
辽 宁	Liaoning	3867.5	1588.4	937.2	651.1	2279.1
吉 林	Jilin	2461.9	529.8	329.5	200.3	1932.1
黑龙江	Heilongjiang	2827.0	876.4	484.6	391.8	1950.6
上 海	Shanghai	1943.2	1587.2	1064.9	522.3	356.0
江 苏	Jiangsu	7967.7	3102.3	2296.6	805.6	4865.5
浙 江	Zhejiang	5556.5	2579.5	2072.2	507.3	2977.0
安 徽	Anhui	6704.6	951.6	684.3	267.3	5753.0
福 建	Fujian	3840.5	893.1	722.0	171.1	2947.3
江 西	Jiangxi	4780.0	599.0	385.9	213.1	4180.9
山 东	Shandong	9697.8	2323.3	1735.3	588.0	7374.5
河 南	Henan	10349.5	1336.5	947.3	389.2	9013.0
湖 北	Hubei	5583.0	1136.9	797.8	339.2	4446.0
湖 南	Hunan	6731.8	989.8	681.6	308.2	5742.0
广 东	Guangdong	10991.4	4578.1	4030.5	547.7	6413.3
广 西	Guangxi	5217.2	656.2	478.6	177.6	4561.0
海 南	Hainan	934.0	250.1	183.6	66.5	683.9
重 庆	Chongqing	3266.7	767.0	561.2	205.8	2499.8
四 川	Sichuan	8591.7	1875.9	1364.3	511.7	6715.7
贵 州	Guizhou	4194.4	475.5	352.3	123.2	3718.9
云 南	Yunnan	4581.3	548.4	390.8	157.7	4032.8
西 藏	Tibet	342.8	50.4	39.4	11.1	292.3
陕 西	Shaanxi	3899.7	742.2	532.7	209.6	3157.5
甘 肃	Gansu	2590.4	361.9	242.0	119.9	2228.5
青 海	Qinghai	563.3	108.5	71.4	37.2	454.7
宁 夏	Ningxia	658.8	153.0	113.5	39.5	505.8
新 疆	Xinjiang	2316.8	629.1	458.4	170.7	1687.6

24-30 分地区基本医疗保险基金收支情况（2020年）
Revenue and Expenses of Basic Medical Insurance by Region (2020)

单位：亿元 (100 million yuan)

地区	Region	基金收入 Revenue			基金支出 Expenses			累计结余 Balance at Year-end		
		合计 Total	职工 Workers	居民 Residents	合计 Total	职工 Workers	居民 Residents	合计 Total	职工 Workers	居民 Residents
全国	**National Total**	**24846.1**	**15731.6**	**9114.5**	**21032.1**	**12867.0**	**8165.1**	**31500.0**	**25423.5**	**6076.5**
北京	Beijing	1491.3	1380.5	110.8	1246.3	1167.0	79.3	1353.7	1299.4	54.3
天津	Tianjin	370.4	324.3	46.1	340.4	294.7	45.7	413.1	311.7	101.4
河北	Hebei	998.4	511.8	486.5	868.9	410.6	458.3	1183.4	922.1	261.3
山西	Shanxi	497.9	278.4	219.4	438.2	233.6	204.6	567.6	432.0	135.6
内蒙古	Inner Mongolia	396.8	257.0	139.8	310.1	197.0	113.0	506.6	408.7	97.8
辽宁	Liaoning	757.7	544.1	213.6	626.9	474.6	152.3	769.7	569.8	199.9
吉林	Jilin	353.1	193.2	159.9	273.8	156.2	117.6	480.6	363.4	117.1
黑龙江	Heilongjiang	545.5	370.0	175.6	414.7	284.1	130.6	708.2	517.9	190.3
上海	Shanghai	1318.0	1223.1	95.0	1041.8	959.9	81.9	3207.5	3183.6	23.9
江苏	Jiangsu	1798.5	1297.8	500.8	1584.9	1106.2	478.7	2303.5	2049.3	254.2
浙江	Zhejiang	1697.8	1221.1	476.7	1343.0	938.5	404.5	2462.7	2223.7	239.0
安徽	Anhui	803.1	326.8	476.3	735.4	286.6	448.8	778.6	542.6	236.0
福建	Fujian	624.8	377.7	247.1	554.5	314.6	239.9	866.9	764.0	102.9
江西	Jiangxi	623.8	248.3	375.5	555.8	202.5	353.3	675.6	389.2	286.4
山东	Shandong	1585.1	939.8	645.3	1457.1	868.4	588.7	1665.7	1229.8	435.9
河南	Henan	1224.4	520.5	703.8	1106.6	426.7	679.9	1053.5	758.9	294.5
湖北	Hubei	943.9	579.7	364.1	780.2	433.3	346.8	933.7	656.5	277.2
湖南	Hunan	894.9	416.2	478.7	800.1	339.9	460.2	910.7	662.1	248.6
广东	Guangdong	2205.6	1647.2	558.4	1870.0	1380.0	490.0	3664.6	3180.9	483.7
广西	Guangxi	680.9	282.3	398.7	607.4	233.6	373.8	860.2	449.9	410.3
海南	Hainan	152.5	95.4	57.1	130.3	77.4	52.9	222.1	177.7	44.4
重庆	Chongqing	539.9	327.3	212.6	469.7	273.8	196.0	515.0	334.4	180.5
四川	Sichuan	1356.5	779.4	577.2	1107.5	584.9	522.6	1943.1	1461.6	481.5
贵州	Guizhou	534.3	220.5	313.7	431.1	174.4	256.6	548.3	305.6	242.7
云南	Yunnan	685.2	341.0	344.2	571.1	259.9	311.2	733.7	524.3	209.4
西藏	Tibet	66.4	44.8	21.6	32.9	22.0	10.9	147.7	137.0	10.7
陕西	Shaanxi	630.7	343.8	286.9	469.6	264.2	205.4	704.8	541.6	163.2
甘肃	Gansu	343.3	159.5	183.9	283.9	125.0	159.0	292.5	202.8	89.7
青海	Qinghai	126.1	83.3	42.8	96.8	64.6	32.2	186.3	140.7	45.6
宁夏	Ningxia	121.3	75.1	46.3	99.5	60.3	39.2	152.0	117.4	34.6
新疆	Xinjiang	477.9	321.8	156.1	383.7	252.8	130.9	688.6	564.6	123.9

24-31 分地区工伤保险情况（2020年）
Statistics of Work-related Injury Insurance by Region (2020)

地 区	Region	年末参加工伤保险人数（万人） Participants in Work-related Injury Insurance at Year-end (10 000 persons)	享受工伤保险待遇人数（万人次） Beneficiaries at Year-end (10 000 person-times)	基金收支情况(亿元) Revenue and Expenses (100 million yuan)		
				基金收入 Revenue	基金支出 Expenses	累计结余 Balance at Year-end
全 国	**National Total**	**26763.4**	**187.6**	**486.3**	**820.3**	**1449.3**
北 京	Beijing	1267.2	3.9	21.3	37.9	41.4
天 津	Tianjin	405.6	3.8	5.9	12.1	11.4
河 北	Hebei	1069.4	9.7	31.3	48.2	35.6
山 西	Shanxi	629.5	7.6	23.0	39.3	41.2
内蒙古	Inner Mongolia	336.0	3.3	7.9	13.2	40.4
辽 宁	Liaoning	807.1	12.9	23.8	32.6	42.8
吉 林	Jilin	384.5	6.4	7.2	9.6	35.2
黑龙江	Heilongjiang	442.6	4.6	20.4	23.0	28.7
上 海	Shanghai	1082.2	5.7	19.4	37.4	43.8
江 苏	Jiangsu	2130.8	14.7	36.0	76.2	121.2
浙 江	Zhejiang	2546.1	17.2	38.8	62.3	77.1
安 徽	Anhui	683.9	6.8	15.1	24.6	37.5
福 建	Fujian	936.8	4.8	10.4	24.2	49.0
江 西	Jiangxi	558.0	4.7	15.2	16.8	53.2
山 东	Shandong	1822.1	12.4	29.9	55.8	93.8
河 南	Henan	1000.0	4.7	16.1	25.7	60.6
湖 北	Hubei	745.8	4.5	9.1	18.6	39.8
湖 南	Hunan	820.5	12.3	31.1	39.6	87.3
广 东	Guangdong	3866.7	14.7	29.3	72.0	232.1
广 西	Guangxi	485.6	2.0	6.8	9.9	48.0
海 南	Hainan	170.1	0.4	1.7	2.0	18.2
重 庆	Chongqing	729.9	6.0	12.3	20.2	4.5
四 川	Sichuan	1320.1	7.9	23.4	34.3	73.0
贵 州	Guizhou	463.8	3.4	9.3	17.9	12.3
云 南	Yunnan	498.8	4.9	9.1	16.0	21.1
西 藏	Tibet	40.2	0.1	1.5	1.3	6.8
陕 西	Shaanxi	604.2	3.2	10.9	16.8	35.5
甘 肃	Gansu	264.6	1.5	6.5	9.3	15.6
青 海	Qinghai	85.9	0.7	2.3	3.7	10.4
宁 夏	Ningxia	132.6	0.6	2.6	5.1	9.2
新 疆	Xinjiang	432.8	2.1	8.8	14.7	22.4

24-32 分地区生育保险情况（2020年）
Statistics of Birth Insurance by Region (2020)

地 区	Region	年末参加生育保险人数（万人）Participants in Birth Insurance at Year-end (10 000 persons)	享受待遇人次（万人次）Beneficiaries at Year-end (10 000 person-times)
全 国	**National Total**	**23567.3**	**1166.9**
北 京	Beijing	1341.1	53.3
天 津	Tianjin	353.5	22.0
河 北	Hebei	875.2	32.2
山 西	Shanxi	476.7	16.1
内蒙古	Inner Mongolia	334.8	11.8
辽 宁	Liaoning	792.2	47.8
吉 林	Jilin	326.8	25.7
黑龙江	Heilongjiang	397.7	11.9
上 海	Shanghai	1008.8	28.0
江 苏	Jiangsu	1987.1	127.4
浙 江	Zhejiang	2066.8	137.9
安 徽	Anhui	652.9	41.2
福 建	Fujian	676.6	20.5
江 西	Jiangxi	372.2	12.5
山 东	Shandong	1534.3	79.3
河 南	Henan	872.1	25.2
湖 北	Hubei	645.9	35.9
湖 南	Hunan	633.8	30.5
广 东	Guangdong	3799.8	201.0
广 西	Guangxi	477.2	16.6
海 南	Hainan	183.2	10.7
重 庆	Chongqing	505.8	26.9
四 川	Sichuan	1129.1	35.4
贵 州	Guizhou	383.7	33.6
云 南	Yunnan	375.0	22.3
西 藏	Tibet	37.3	3.6
陕 西	Shaanxi	519.0	16.7
甘 肃	Gansu	234.0	14.5
青 海	Qinghai	64.2	4.9
宁 夏	Ningxia	105.4	6.6
新 疆	Xinjiang	405.6	14.7

主要统计指标解释

批准逮捕 指人民检察院对公安机关、国家安全机关、监狱管理机关提出逮捕的犯罪嫌疑人进行审查，根据事实，依法做出逮捕决定。该指标主要反映人民检察院对提请逮捕犯罪嫌疑人进行审查后依法做出批准逮捕决定的情况。

决定逮捕 指人民检察院对直接立案侦查的案件，认为需要逮捕犯罪嫌疑人时，依据法律做出的逮捕决定。该指标主要反映人民检察院对直接受理的案件行使决定逮捕权的情况。

提出抗诉 指人民检察院对人民法院的判决、裁定认为确有错误，向人民法院提出对案件重新进行审理的诉讼活动。包括按照第二审程序提出的抗诉和按照审判监督程序（再审程序）提出的抗诉。

立案监督 指人民检察院对侦查机关刑事立案活动的监督。包括对应当立案而不立案的监督和不应立案而立案的监督。

监督立案 包括侦查机关接到要求说明不立案理由后主动立案和执行通知立案两个内容。

青少年罪犯 指人民法院在报告期内判决发生法律效力的有罪判决中 14 周岁以上不满 25 周岁的罪犯。其中 14 周岁以上不满 18 周岁的罪犯为未成年罪犯。

行政案件 指公民、法人和其他组织认为行政机关和行政机关工作人员的行政行为侵犯其合法权益，向人民法院提起行政诉讼，人民法院依法审理的案件。

行政赔偿案件 指公民、法人或者其他组织认为其合法权益受到行政机关及其工作人员违法行使职权的侵害，向人民法院单独或与行政诉讼一并提起赔偿诉讼，人民法院依法审理的案件。

公证（出证） 指公证处根据当事人申请，依照事实和法律，按照法定程序制作的，具有法律效力的司法证明文书。

受理劳动人事争议案件数 指劳动人事争议仲裁委员会根据国家法律、法规及有关规章规定，对劳动人事争议当事人提出的仲裁申请进行审查后，符合受理条件而正式立案的劳动人事争议案件数。

城镇职工基本养老保险

1.参保职工人数 指报告期末参加城镇职工基本养老保险并在社保经办机构已建立缴费记录档案的职工人数，包括中断缴费但未终止养老保险关系的职工人数，不包括只登记未建立缴费记录档案的人数。

2.离退休人员人数 指报告期末参加城镇职工基本养老保险的离休、退休和退职人员的人数。

3.基金收入 指根据国家有关规定，由纳入职工基本养老保险范围的缴费单位和个人按国家规定的缴费基数和缴费比例缴纳的养老保险费，以及通过其他方式取得的形成基金来源的收入。包括单位和职工个人缴纳的基本养老保险费、基本养老保险基金利息收入、委托投资收益、上级补助收入、下级上解收入、转移收入、财政补贴和其他收入。

4.基金支出 指按照国家政策规定的开支范围和开支标准从职工基本养老保险基金中支付给参加职工基本养老保险的个人养老保险待遇支出，以及由于保险关系转移、上下级之间补助、上解等原因而发生的支出。包括基本养老金、医疗补助金、丧葬补助金和抚恤金、病残津贴、补助下级支出、上解上级支出、转移支出和其他支出等。

5.基金累计结余 指职工基本养老保险基金收支相抵后的期末累计余额。

城乡居民基本养老保险

1.参保人数 指报告期末，参加城乡居民基本养老保险（在经办机构参保登记并已建立缴费记录以及制度实施当年已经年满 60 周岁并在经办机构参保登记）的人数（不包括已经办理注销登记手续的人数）。

2.基金收入 指根据国家有关规定，由参加城乡居民基本养老保险的个人按规定缴费的城乡居民基本养老保险费，以及通过集体补助、财政补助等其他方式取得的形成基金来源的收入。包括个人缴费收入、集体补助收入、财政补贴收入、利息收入、委托投资收益、转移收入、上级补助收入、下级上解收入和其他收入。

3.基金支出 指按照国家政策规定的开支范围和开支标准从城乡居民基本养老保险基金中支付给参加城乡居民基本养老保险的个人养老保险待遇支出，以及由于参保人员跨统筹地区或跨制度流动而发生的支出等。包括养老保险待遇支出、转移支出、补助下级支出、上解上级支出和其他支出。

4.基金累计结余 指城乡居民基本养老保险基金收支相抵后的期末累计余额。

基本医疗保险

1.参保人数 指报告期末参加职工基本医疗保险和城乡居民基本医疗保险人员的合计。

2.基金收入（含生育保险） 基本医疗保险基金收入包括职工基本医疗保险基金收入（含生育保险）和城乡居民基本医疗保险基金收入。职工基本医疗保险基金收入（含生育保险）包括基本医疗保险费收入（含生育保险）、利息收入、财政补贴收入、其他收入、待转保险费收入、待转利息收入、转移收入。城乡居民基本医疗保险基金收入包括基本医疗保险费收入、利息收入、财政补贴收入、其他收入。

3.基金支出（含生育保险） 基本医疗保险基金支出包括职工基本医疗保险基金支出（含生育保险）和城乡居民基本医疗保险基金支出。职工基本医疗保险基金支出（含生育保险）包括基本医疗保险待遇支出、生育保险待遇支出、其他支出、转移支出。城乡居民基本医疗保险基金支出包括基本医疗保险待遇支出、购买大病保险支出、其他支出。

4.基金累计结余（含生育保险） 指截至报告期末基本医疗保险基金（含生育保险）累计结余金额。

失业保险

1.参保人数 指报告期末城镇企业、事业单位职工参加失业保险的人数及按地方规定参加失业保险的其他人员人数之和。

2.基金收入 指报告期内筹集的失业保险基金的总额，包括失业保险费收入、利息收入、财政补贴收入、其他收入、转移收入。

3.基金支出 指报告期内为保障失业人员基本生活、预防失业、促进再就业等支出的基金总额，包括失业保险金支出、基本医疗保险费支出、丧葬补助金和抚恤金支出、职业培训和职业介绍补贴支出、其他费用支出、技能提升补贴支出、稳定岗位补贴支出、其他支出、转移支出。

4.基金累计结余 指截止报告期末失业保险基金收支相抵后的累计余额。

工伤保险

1.参保人数 指报告期末参加工伤保险的职工人数和有雇工的个体工商户的雇工数。

2.享受工伤保险待遇人数 指年报告期内因工伤或职业病而享受工伤保险待遇的职工人数。为享受伤残待遇人数以及享受因工死亡待遇人数之和。

3.基金收入 指根据国家有关规定，由参加工伤保险的单位按国家规定的缴费基数和缴费比例缴纳及难以直接按照工资总额计算缴纳工伤保险费的部分行业企业按规定方式缴纳的工伤保险费，以及依法通过其他形式取得的形成基金来源的款项。包括：工伤保险费收入、利息收入、上级补助收入、下级上解收入、其他收入。

4.基金支出 指按照国家政策规定的开支范围和开支标准从工伤保险基金中支付给参加工伤保险的人员及供养直系亲属工伤保险待遇支出及其他支出。包括工伤医疗待遇支出、伤残待遇支出、工亡待遇支出、劳动能力鉴定支出、工伤预防费用支出、补助下级支出、上解上级支出和其他支出。

5.基金累计结余 指工伤保险基金收支相抵后的期末累计结余金额。

Explanatory Notes on Main Statistical Indicators

Approval for Arrest refers to the decision made by people's procuratorate office, in accordance with the law and relevant facts and after due investigation, to approve the arrest of the suspect(s) as proposed by the public security departments, state security departments or prisons authority. This indicator reflects approved arrests made by people's procuratorate offices that are proposed by related departments.

Decision on Arrest refers to decision made by the people's procuratorate office, in accordance with laws, to arrest the suspect(s) in the cases that are accepted and to be investigated by the procurators office. This indicator mainly reflects the decision on execution of the authority of arrests by people's procuratorate office.

Presenting Protest Appeal refers to those protests presented by local People's Procuratorate at any level who considers that there exists some definite error in a judgment or order of first instance made by a People's Court at the same level to the People's Court at the next higher level, including the protests raised in accordance with the second instance and protests raised in accordance with procedure for trial supervision.

Supervision of Case Registered refers to the actions made by the People's Procuratorate to supervise the criminal cases registered by investigation authorities, including supervision of the cases which have wrongly not been registered and have wrongly been registered.

Supervision of Case Filing includes both the supervision of the registrations by the investigation authorities and the supervision of the execution of the notifications to register after the investigation authorities are requested to state reasons for not registering a case.

Juvenile Offenders refers to the offenders between 14 to 25 convicted guilty by the court during the reporting period, and those between 14 to 18 are defined as minor offenders.

Administrative Cases refer to cases in which citizens, legal persons and other organizations consider that administrative acts of administrative organs and staff members of administrative organs infringe upon their legitimate rights and interests, and bring administrative proceedings to the people's courts for hearing according to law by the people's courts.

Administrative Compensation Cases refer to cases in which citizens, legal persons or other organizations consider that their legitimate rights and interests are infringed by the illegal exercise of their powers and powers by administrative organs and their staff members, and bring compensation lawsuits to the people's court, separately or together with administrative lawsuits, for hearing at the people's court according to law.

Notarization (certification) refer to legally binding judicial notary documents, developed at the request of the interested party based on facts and the law following certain legal proceedings.

Number of Labour Disputes Cases Accepted refers to the number of cases of labour disputes arbitration submitted that, after review by the labour dispute arbitration committees in line with the relevant national laws and regulations, are accepted and registered.

Basic Endowment Insurance for Urban Workers

1. Number of workers covered refers to staff and workers participating in the basic endowment insurance for urban workers at the end of the reference period, who have already had payment records in social security management agencies, including those who have interrupt payment without terminating the insurance programme. Those who have registered in the programme but with no payment records are not included.

2. Number of retirees covered refers to the number of retirees participating in the basic endowment insurance for urban workers by the end of the reference period.

3. Revenue refers to payments made by employers and employees participating in the basic endowment insurance for urban workers in accordance with the basis and proportion stipulated in state regulations, and income from other sources that become the source of endowment insurance fund, including the premium paid by employers and staff and workers, interest income, entrusted investment income, subsidies from higher level agencies, income as transfer from subordinate agencies, transferred income, government financial subsidies and other income.

4. Expenses refer to personal endowment insurance payment made to those covered in the basic endowment insurance for urban workers according to related national policies on scope and standard of expenditure, as well as expenditure which arises due to shift of the insurance relationship or adjustment of funds among agencies, transfer to agencies at higher level, including: basic endowment insurance, medical fees, funeral subsidies, compensation payments, disability allowance, expenses on subsidies to lower subordinates, expenses as transfer to agencies at higher level, transferred expenditure and other expenditure.

5. Balance refers to the balance of the basic endowment insurance funds for urban workers at the end of the reference period after deducting expenses from revenue.

Basic Endowment Insurance for Urban and Rural Residents

1. Participants refers to people participating in the basic endowment insurance for urban and rural residents who registered with the participation and established payment records, and who were 60 years old or above when the system was established and registered with the participation. Those who cancelled their registration are not included.

2. Revenue refers to the revenue from the payments made, in accordance with related regulations of the government, by individuals participating in the basic endowment insurance for urban and rural residents and from the subsidies contributed by collectives, public finance and other sources. It includes the payment by individual participants, collective subsidies, financial subsidies, interest income, entrusted investment income, transferred income, subsidies from higher levels, contributions from lower levels, and income from other sources.

3. Expenses refers to payment made to those covered in the basic endowment insurance for urban and rural residents according to related national policies on scope and standard of expenditure. Also included are expenditures which arise due to movement of participants among different locations or system. It includes the payment to the individual participants, transferred expenditures, expenses on subsidies to lower subordinates, expenses as transfer to agencies at higher level, and other expenditures.

4. Balance refers to the balance of basic endowment insurance funds for urban and rural residents at the end of the reference period after deducting expenses from revenue.

Basic Medical Insurance

1. Participants refers to the total number of people who participate in the basic medical insurance for workers and basic medical insurance for urban and rural residents at the end of the reference period.

2. Revenue (birth insurance included) refers to basic medical insurance fund income for employees (including birth insurance) and basic medical insurance fund income for urban and rural residents. The basic medical insurance fund income of employees (including birth insurance) includes basic medical insurance premium income (including birth insurance), interest income, financial subsidy income, other income, insurance premium income to be transferred, interest income to be transferred and transfer income.

3. Expenses (birth insurance included) refers to basic medical insurance fund expenditure for employees (including birth insurance) and basic medical insurance fund expenditure for urban and rural residents. Basic medical insurance fund expenditure for employees (including birth insurance) includes basic medical insurance treatment expenditure, birth insurance treatment expenditure, other expenditure and transfer expenditure. Basic medical insurance fund expenditure for urban and rural residents includes basic medical insurance treatment expenditure, serious illness insurance expenditure and other expenditure.

4. Balance (birth insurance included) refers to the accumulated balance of basic medical insurance fund (including birth insurance) at the end of the reporting period.

Unemployment Insurance

1. Participants refers to the number of staff and workers in urban enterprises or institutions who have participated in the unemployment insurance, and other people who have participated according to local regulations at the end of the reference period.

2. Revenue refers to the total unemployment insurance funds raised in the reference period, including unemployment insurance premium, interest income, financial subsidies, other revenue, and transferred revenue.

3. Expenses refers to total expenses during the reference period to guarantee the basic livelihood of unemployed people, prevention of unemployment, and to encourage their re-employment. Included are unemployment relief, medical fees, funeral subsidies, compensation payments, training expenses, job placement expenses, other expenses, skills upgrading subsidy, job stabilization subsidy, other expenditures, transferred expenditure.

4. Balance refers to the balance of revenue after deducting expenses at the end of the reference period.

Work-related Injury Insurance

1.Participants refers to staff and workers who have participated in the work-related injury insurance and employees who work as self-employed and have participated in the work-related injury insurance at the end of the reference period.

2. Number of beneficiaries refers to number of employee benefited from work-related injury insurance, as a result of work injury or occupational disease. It is the sum of beneficiaries of disability benefits for work injuries and compensation for deaths at work places.

3. Revenue refers to payments made by employers participating in the work-related injury insurance programme in accordance with the basis and proportion stipulated in state regulations, and payment by enterprises of some industries where it is difficult to estimate the injury insurance premium directly according to the total wage bill in accordance with stipulated way, and revenue from other sources according to law that become source of work-related injury insurance fund, including revenue of injury insurance, interest income, subsidies from higher level agencies, revenue as transfer from subordinate agencies, and other revenues.

4. Expenses refers to payments made from work-related injury insurance funds to those who participated in the work-related injury insurance and their direct dependents within the scope and standards of expenditure according to related national policies, and other expenditure, including medical fees for work injury, injury and disability subsidies, death subsidies, labor capacity appraisal, injury prevention fees, expenses on subsidies to lower subordinates, expenses as transfer to agencies at higher level, and other expenditure.

5. Balance refers to the balance of the work-related injury funds at the end of the reference period.

25

城市、农村和区域发展

Urban, Rural and Regional Development

简 要 说 明

一、本篇资料的主要内容

本篇资料反映我国农村、城市、民族自治地方、分区域社会经济发展等基本情况。

二、本篇的资料来源

主要农产品产量及农村用电情况由国家统计局农村社会经济调查司根据《农林牧渔业统计报表制度》的有关资料整理提供。

全国城市分布情况及省会城市和计划单列市主要经济指标由城市社会经济调查司依据《城市基本情况统计报表制度》收集整理提供。

城市、县及乡公用事业基本情况及综合水平指标部分的资料由住房和城乡建设部根据其《城市（县城）和村镇建设统计调查制度》汇总整理提供。

城市公共交通统计资料由交通运输部根据其《城市（县城）客运统计报表制度》中相关报表汇总整理提供。

民族自治地方及少数民族统计资料根据国家民委和国家统计局联合布置的民族自治地方国民经济和社会发展统计报表制度，由有民族自治地方的 20 个省、自治区、直辖市民委和统计局共同组织实施。

按区域分国民经济和社会发展指标数据均来自本年鉴各专业分省数据，反映东部、中部、西部及东北地区社会经济发展情况。

三、本篇资料的统计范围与统计口径

涉及城市公用事业情况的部分由住房和城乡建设部提供，其执行范围是全国所有设市城市；调查对象为规划、建设、管理和经营城市市政公用设施的各级住房城乡建设管理部门、法人单位、产业活动单位。

民族自治地方及少数民族统计资料统计范围是5个民族自治区、30个自治州、120个自治县（旗）辖区内的全部单位，全国汇总时不重复计算。统计调查方法为全面调查。另外，全国民族自治地方卫生情况由卫生部提供。民族自治地方行政区划资料是根据民政部编辑的《行政区划简册》汇总整理。

Brief Introduction

I. Main Contents

Data in this chapter present the social and economic development of rural areas, urban areas, ethnic minority autonomous areas, and eastern, central, western and northeastern regions.

II. Sources of Data

Data on rural conditions are provided by the Department of Rural Social and Economic Survey of NBS using data from the *Statistical Reporting System on Agricultural, Forestry, Animal Husbandry and Fishery*.

Data on distribution of cities in China and major economic indicators of provincial capitals and cities with independent planning authority are collected and provided by the Department of Urban Social and Economic Survey of NBS in accordance with the *Statistical Reporting System on Basic Situation of Cities*.

Data on basic conditions and overall level of urban public facilities are collected, prepared and provided by the Ministry of Housing and Urban-Rural Development in line with its *Statistical Reporting System on Construction of Cities (Counties), Villages and Towns*. .

Statistics of urban public transport are collected through relevant report forms and provided by the Ministry of Transport according to *Urban Construction Statistical Reporting System*.

Data on ethnic minority autonomous areas and minority nationalities are collected jointly by ethnic affairs commissions and statistical bureaus in 20 provinces, autonomous regions and municipalities with ethnic minority autonomous areas in accordance with *Statistical Reporting System on Economic and Social Development*, jointly issued by the National Ethnic Affairs Commission and the National Bureau of Statistics.

Statistics on economic and social development by region are compiled using data in this *Yearbook* by different subject areas and by province to reflect the economic and social development in eastern, central, western and northeastern regions.

III. Scope and Coverage of Statistics

Data on urban public facilities are provided by the Ministry of Housing and Urban-Rural Development, covering all cities. Statistically, the data cover all construction administrative departments, legal entities and industrial activity units which are engaged in urban planning, construction, management, and operation of urban public facilities.

Data on the ethnic minority autonomous areas and the ethnic minorities cover all units under the jurisdiction of the 5 ethnic minority autonomous regions, 30 autonomous prefectures and 120 autonomous counties. Duplication is deducted in the national tabulation. Methodology of data collection is complete enumeration. In addition, data on the public health of the ethnic minority autonomous areas are provided by the Ministry of Health, and data on the divisions of administrative areas are tabulated and prepared in accordance with the *Concise Edition of the Divisions of Administrative Areas* compiled by the Ministry of Civil Affairs.

25-1　全部地级及以上城市数(2020年)
Number of Cities at Prefecture Level and Above (2020)

单位：个　　　　(unit)

地　区	Region	合　计 Total	按城市市辖区年末总人口分组 Grouped by Population in Urban Districts (year-end) 400万以上 4 million and over	200-400万 2 million-4 million	100-200万 1 million-2 million	50-100万 0.5 million-1 million	20-50万 0.2 million-0.5 million	20万以下 under 0.2 million
全部地级及以上城市	**Total Cities at Prefecture Level and Above**	**297**	**22**	**46**	**96**	**86**	**39**	**8**
北　京	Beijing	1	1					
天　津	Tianjin	1	1					
河　北	Hebei	11	1	4	3	3		
山　西	Shanxi	11		1	2	6	2	
内蒙古	Inner Mongolia	9			3	2	4	
辽　宁	Liaoning	14	2		3	8	1	
吉　林	Jilin	8	1		1	3	3	
黑龙江	Heilongjiang	12	1		2	5	3	1
上　海	Shanghai	1	1					
江　苏	Jiangsu	13	1	9	3			
浙　江	Zhejiang	11	1	2	4	3	1	
安　徽	Anhui	16		4	5	6	1	
福　建	Fujian	9		3	2	3	1	
江　西	Jiangxi	11		3	3	4	1	
山　东	Shandong	16	2	6	8			
河　南	Henan	17	1	2	8	6		
湖　北	Hubei	12	1	1	4	5	1	
湖　南	Hunan	13		1	6	5	1	
广　东	Guangdong	21	4	3	9	4	1	
广　西	Guangxi	14	1	1	7	4	1	
海　南	Hainan	4			1	2		1
重　庆	Chongqing	1	1					
四　川	Sichuan	18	1	1	12	4		
贵　州	Guizhou	6		2	2	1	1	
云　南	Yunnan	8		1	1	3	2	1
西　藏	Tibet	6					1	5
陕　西	Shaanxi	10	1		3	6		
甘　肃	Gansu	12		1	2	3	6	
青　海	Qinghai	2			1		1	
宁　夏	Ningxia	5			1		4	
新　疆	Xinjiang	4		1			3	

注：1.本表为公安部的户籍人口数。
2.东莞、中山、三沙、儋州和嘉峪关无市辖区，人口为全市口径。

a) Population at year-end refer to population by household registration from the Ministry of Public Security.

b) Dongguan, Zhongshan, Sansha, Danzhou and Jiayuguan have no urban districts, so the population is the total population of the cities.

25-2 省会城市和计划单列市主要指标（2020年）
Main Indicators of Provincial Capitals and Cities with Independent Planning Authority (2020)

包括市辖县。
Counties under the jurisdiction of city governments are included.

城市名称	City	地区生产总值（当年价格）（亿元） Gross Regional Product (Current Prices) (100 million yuan)	第一产业 Primary Industry	第二产业 Secondary Industry	第三产业 Tertiary Industry
北京	Beijing	36103	108	5716	30279
天津	Tianjin	14084	210	4804	9069
石家庄	Shijiazhuang	5935	499	1745	3691
太原	Taiyuan	4153	32	1504	2617
呼和浩特	Hohhot	2801	127	816	1858
沈阳	Shenyang	6572	304	2160	4108
大连	Dalian	7030	459	2815	3756
长春	Changchun	6638	534	2758	3346
哈尔滨	Harbin	5184	616	1144	3424
上海	Shanghai	38701	104	10289	28308
南京	Nanjing	14818	297	5214	9307
杭州	Hangzhou	16106	326	4821	10959
宁波	Ningbo	12409	339	5694	6376
合肥	Hefei	10046	332	3580	6134
福州	Fuzhou	10020	561	3841	5618
厦门	Xiamen	6384	29	2520	3835
南昌	Nanchang	5746	235	2677	2834
济南	Jinan	10141	362	3531	6248
青岛	Qingdao	12401	425	4362	7614
郑州	Zhengzhou	12004	157	4760	7087
武汉	Wuhan	15616	402	5558	9656
长沙	Changsha	12143	424	4739	6980
广州	Guangzhou	25019	288	6590	18141
深圳	Shenzhen	27670	26	10454	17190
南宁	Nanning	4726	534	1084	3108
海口	Haikou	1792	80	270	1442
重庆	Chongqing	25003	1803	9992	13207
成都	Chengdu	17717	655	5419	11643
贵阳	Guiyang	4312	178	1553	2581
昆明	Kunming	6734	312	2103	4319
拉萨	Lhasa	678	23	290	365
西安	Xi'an	10020	313	3328	6379
兰州	Lanzhou	2887	57	934	1896
西宁	Xining	1373	57	419	897
银川	Yinchuan	1964	75	833	1056
乌鲁木齐	Urumqi	3337	27	908	2402

25-2 续表 1 continued

城市名称	City	地方一般公共预算收入(亿元) General Public Budget Revenue of the Local Governments (100 million yuan)	地方一般公共预算支出(亿元) General Public Budget Expenditure of the Local Governments (100 million yuan)	住户存款余额(亿元) Deposit of Households (100 million yuan)	城镇非私营单位在岗职工平均工资(元) Average Wage of Staff and Workers in Urban Non-Private Units (yuan)	年末邮政局(所)(处) Postal Offices at Year-end (unit)	年末固定电话用户(万户) Subscribers of Fixed Telephones at Year-end (10 000 subscribers)
北 京	Beijing	5484	7116	42889	185026	714	481
天 津	Tianjin	1923	3151	14866	118918	424	326
石 家 庄	Shijiazhuang	632	1142	8775	84870	182	107
太 原	Taiyuan	378	647	5897	88650	163	68
呼和浩特	Hohhot	217	439	2624	89549	119	47
沈 阳	Shenyang	736	1074	10330	95908	230	112
大 连	Dalian	703	1002	7844	98812	241	127
长 春	Changchun	440	1084	6896	92905	205	290
哈 尔 滨	Harbin	340	1162	7311	84796	383	122
上 海	Shanghai	7046	8102	36734	174678	536	636
南 京	Nanjing	1638	1755	9499	138005	181	172
杭 州	Hangzhou	2093	2070	14194	132188	287	205
宁 波	Ningbo	1511	1742	8522	111286	270	242
合 肥	Hefei	763	1164	5589	104818	187	126
福 州	Fuzhou	676	951	6952	96478	238	159
厦 门	Xiamen	784	977	3684	108554	89	105
南 昌	Nanchang	484	838	4279	93774	164	92
济 南	Jinan	906	1289	7584	108391	252	167
青 岛	Qingdao	1254	1585	8031	116115	261	158
郑 州	Zhengzhou	1259	1720	8962	89464	245	119
武 汉	Wuhan	1230	2408	10213	104009	273	156
长 沙	Changsha	1100	1501	7502	105603	381	150
广 州	Guangzhou	1723	2953	20774	135138	243	289
深 圳	Shenzhen	3857	4178	18674	139436	166	401
南 宁	Nanning	372	820	4415	97079	197	78
海 口	Haikou	186	307	2035	92462	59	55
重 庆	Chongqing	2095	4894	20210	98380	1610	600
成 都	Chengdu	1520	2159	17085	104463	571	607
贵 阳	Guiyang	398	678	3635	101829	187	73
昆 明	Kunming	650	875	5963	102304	279	107
拉 萨	Lhasa	107	350	531	125998	84	30
西 安	Xi'an	724	1348	10913	104363	308	239
兰 州	Lanzhou	247	486	3860	93847	156	55
西 宁	Xining	134	330	1724	98369	107	34
银 川	Yinchuan	157	332	2137	105653	93	25
乌鲁木齐	Urumqi	393	537	3680	98945	130	93

25-2 续表 2 continued

城市名称	City	社会消费品零售总额（亿元）Total Retail Sales of Consumer Goods (100 million yuan)	货物进出口总额（亿元）Total Value of Import and Export (100 million yuan)	年末实有公共(汽)电车营运车辆（辆）Public Buses and Trolley Buses in Operation at Year-end (unit)	普通本专科在校学生数（人）Enrolment in Regular HEIs (person)	医院数（个）Number of Hospitals (unit)	执业(助理)医师（人）Licensed (Assistant) Physicians (person)
北　京	Beijing	13716	23313	23948	608866	651	107716
天　津	Tianjin	3583	7368	12399	572152	424	49236
石家庄	Shijiazhuang	2383	1341	4165	583472	328	43597
太　原	Taiyuan	1655	1211	3725	482167	164	25498
呼和浩特	Hohhot	1033	147	2859	248552	102	11974
沈　阳	Shenyang	3638	1028	6012	440146	283	33644
大　连	Dalian	1828	3854	5713	325738	210	23298
长　春	Changchun	2003	1028	5034	483034	229	31919
哈尔滨	Harbin	2224	256	7219	591940	324	29854
上　海	Shanghai	15933	34873	17667	540693	398	78364
南　京	Nanjing	7203	5340	8747	918141	271	37823
杭　州	Hangzhou	6055	5934	10149	465963	353	51135
宁　波	Ningbo	4238	9787	6110	168310	195	31891
合　肥	Hefei	4514	2597	6258	586170	213	28429
福　州	Fuzhou	4226	2639	4920	363738	139	25459
厦　门	Xiamen	2294	6916	4314	169288	62	16121
南　昌	Nanchang	2453	1151	4381	687852	136	17857
济　南	Jinan	4469	1383	7973	687878	284	40199
青　岛	Qingdao	5203	6418	8553	430671	460	39708
郑　州	Zhengzhou	5076	4946	6316	1160303	282	45211
武　汉	Wuhan	6150	2704	9588	1067206	362	41888
长　沙	Changsha	4470	2350	11858	697407	241	32785
广　州	Guangzhou	9219	9532	15590	1307144	289	62369
深　圳	Shenzhen	8665	30503	38362	109986	145	42576
南　宁	Nanning	2180	986	3666	568756	148	28881
海　口	Haikou	836	370	1994	156530	83	10713
重　庆	Chongqing	11787	6514	9546	915556	859	88706
成　都	Chengdu	8119	7154	14690	927111	630	72376
贵　阳	Guiyang	2188	415	2937	440212	193	20687
昆　明	Kunming	3070	1105	6590	697961	322	33487
拉　萨	Lhasa	369	16	522	22668	27	2901
西　安	Xi'an	4989	3474	9363	783893	359	40714
兰　州	Lanzhou	1641	103	3189	390906	116	14883
西　宁	Xining	574	17		83439	73	10097
银　川	Yinchuan	771	63	1797	119865	78	11124
乌鲁木齐	Urumqi	964	456	4458	237556	144	16817

注：年末实有公共(汽)电车营运车辆数不包括市辖县。
a) Number of public buses and trolley buses in operation at year-end does not include those of counties under the jurisdiction of city governments.

25-3 城市公用事业基本情况
Basic Statistics on City Public Utilities

本表各项指标按全社会范围计算。
Data have covered the public utilities of all city units.

项 目	Item	1990	2000	2010	2015	2019	2020
城市建设	**City Development**						
城区面积 (平方公里)	Urban Area (sq.km)	1165970	878015	178692	191776	200570	186629
建成区面积 (平方公里)	Area of Built Districts (sq.km)	12856	22439	40058	52102	60312	60721
城市建设用地面积 (平方公里)	Area of Land Used for Urban Construction (sq.km)	11608	22114	39758	51584		
城市人口密度 (人/平方公里)	Population Density of City Districts (persons/sq.km)	279	442	2209	2399	2613	2778
城市供水、燃气及集中供热	**Water Supply, Gas Supply and Centralized Heating**						
全年供水总量 (亿立方米)	Annual Volume of Tap Water Supply (100 million cu.m)	382.3	469.0	507.9	560.5	628.3	629.5
#生活用水	Water Consumption for Daily Use	100.1	200.0	238.8	287.3	340.1	348.5
人均生活用水 (吨)	Per Capita Water Consumption for Daily Use (ton)	67.9	95.5	62.6	63.7	65.7	65.5
供水普及率 (%)	Coverage of Urban Population with Access to Tap Water (%)	48.0	63.9	96.7	98.1	98.8	99.0
人工煤气供气量 (亿立方米)	Gaswork Gas Supply (100 million cu.m)	174.7	152.4	279.9	47.1	27.7	23.1
#家庭用量	Consumption of Gaswork Gas for Household Use	27.4	63.1	26.9	10.8	5.6	5.2
天然气供气量 (亿立方米)	Natural Gas Supply (100 million cu.m)	64.2	82.1	487.6	1040.8	1608.6	1563.7
#家庭用量	Consumption of Natural Gas for Household Use	11.6	24.8	117.2	208.0	347.0	381.6
液化石油气供气量 (万吨)	Liquefied Petroleum Gas Supply (10 000 tons)	219.0	1053.7	1268.0	1039.2	1040.8	833.7
#家庭用量	Consumption of Liquefied Gas for Household Use	142.8	532.3	633.9	587.1	491.7	478.7
供气管道长度 (万公里)	Length of Gas Pipelines (10 000 km)	2.4	8.9	30.9	52.8	78.3	86.4
燃气普及率 (%)	Coverage of Urban Population with Access to Gas (%)	19.1	45.4	92.0	95.3	97.3	97.9
集中供热面积 (亿平方米)	Area of Centralized Heating (100 million sq.m)	2.1	11.1	43.6	67.2	92.5	98.8
城市市政设施	**Municipal Infrastructure**						
年末实有道路长度 (万公里)	Length of Paved Roads at Year-end (10 000 km)	9.5	16.0	29.4	36.5	45.9	49.3
每万人拥有道路长度 (公里)	Length of Paved Roads Per 10 000 Persons (km)	3.1	4.1	7.5	7.9	8.8	9.2
年末实有道路面积(亿平方米)	Area of Paved Roads at Year-end (100 million sq.m)	10.2	23.8	52.1	71.8	91.0	97.0
人均拥有道路面积 (平方米)	Per Capita Area of Paved Roads (sq.m)	3.1	6.1	13.2	15.6	17.4	18.0
城市排水管道长度 (万公里)	Length of City Sewage Pipes (10 000 km)	5.8	14.2	37.0	54.0	74.4	80.3
城市公共交通	**Public Traffic**						
年末公共汽电车运营数(万辆)	Number of Public Buses and Trolley Buses in Operation at Year-end (10 000 units)			37.5	48.3	58.4	59.0
年末轨道交通配属车辆数(万辆)	Number of Carriages Allocated to Rail Transit at Year-end (10 000 units)			0.8	2.0	4.1	4.9
每万人拥有公共汽电车辆(标台)	Number of Public Buses and Trolley Buses Per 10 000 Persons (unit)			10.7	12.2	13.1	12.9
出租汽车数 (万辆)	Taxis (10 000 units)	11.1	82.5	98.6	109.2	110.2	111.3
城市绿化和园林	**City Greening**						
城市绿地面积 (万公顷)	Area of Green Land (10 000 hectares)	47.5	86.5	213.4	267.0	315.3	331.2
人均公园绿地面积 (平方米)	Public Recreational Green Space Per Capita (sq.m)	1.8	3.7	11.2	13.3	14.4	14.8
公园个数 (个)	Number of Parks and Zoos (unit)	1970	4455	9955	13834	18038	19823
公园面积 (万公顷)	Area of Parks (10 000 hectares)	3.9	8.2	25.8	38.4	50.2	53.8
城市环境卫生	**Environmental Sanitation**						
生活垃圾清运量 (万吨)	Volume of Domestic Garbage Collected and Transported (10 000 tons)	6767	11819	15805	19142	24206	23512
每万人拥有公厕 (座)	Number of Public Toilets per 10 000 Persons (unit)	3.0	2.7	3.0	2.7	2.9	3.1

注：1.2006年以前"城区面积"为"城市面积"。
2.计算人均和普及率指标所使用的人口数2006年以前为城市人口，2006年起为城区人口与城区暂住人口之和，以公安部门的户籍统计和暂住人口统计为准。
3.2006年以前"人均公园绿地面积"为"人均公共绿地面积"。
4.2020年全国城市面积、建成区面积及城市人口密度不含北京市数据。

a) Before 2006, urban area referred to the area of the city proper.
b) Per capita data and coverage rate are calculated on the basis of city population before 2006. Since 2006, they are calculated on the basis of the sum of urban area population and temporary residing population from the household registration by the Ministry of Public Security.
c) Since 2006, Public Green Space Per Capita is changed to be Public Recreational Green Space Per Capita.
d) Urban Area, Area of Built District and Population Density of City Districts do not include those in Beijing in 2020.

25-4 分地区城市建设情况（2020年）
Conditions of City Construction by Region (2020)

地 区	Region	城区面积 (平方公里) Urban Area (sq.km)	建成区面积 (平方公里) Area of Built Districts (sq.km)	城市人口密度 (人/平方公里) Population Density of Urban Area (persons/ sq.km)
全 国	**National Total**	**186628.9**	**60721.3**	**2778**
北 京	Beijing			
天 津	Tianjin	2639.8	1170.2	4449
河 北	Hebei	6320.9	2236.5	3085
山 西	Shanxi	3020.0	1267.2	4015
内蒙古	Inner Mongolia	4984.1	1262.2	1850
辽 宁	Liaoning	12509.1	2725.6	1805
吉 林	Jilin	6485.8	1565.9	1876
黑龙江	Heilongjiang	2573.8	1826.9	5501
上 海	Shanghai	6340.5	1237.9	3830
江 苏	Jiangsu	15796.7	4786.8	2240
浙 江	Zhejiang	13461.4	3157.2	2105
安 徽	Anhui	6712.3	2409.9	2655
福 建	Fujian	3919.1	1648.1	3545
江 西	Jiangxi	2996.5	1703.6	4426
山 东	Shandong	23953.8	5646.3	1665
河 南	Henan	5364.4	3040.0	4994
湖 北	Hubei	8220.5	2756.8	2778
湖 南	Hunan	4778.5	1959.4	3677
广 东	Guangdong	16213.2	6501.4	3909
广 西	Guangxi	5876.8	1617.6	2162
海 南	Hainan	1439.4	390.7	2444
重 庆	Chongqing	7779.1	1565.6	2070
四 川	Sichuan	8894.0	3190.5	3158
贵 州	Guizhou	3702.3	1118.4	2262
云 南	Yunnan	3274.3	1266.2	3138
西 藏	Tibet	632.2	168.4	1584
陕 西	Shaanxi	2597.1	1372.2	4985
甘 肃	Gansu	2004.8	901.4	3235
青 海	Qinghai	736.0	235.2	2930
宁 夏	Ningxia	951.3	494.3	3153
新 疆	Xinjiang	2451.0	1499.0	3627

注：北京市数据暂缺，全国数据不包含北京市数据。
a)The data of national total do not include the data of Beijing.

25-5 分地区城市供水情况（2020年）
Basic Statistics on Tap Water Supply in Cities by Region (2020)

地 区	Region	年末供水综合生产能力（万立方米/日）Production Capacity of Tap Water Supply (year-end) (10 000 cu.m/day)	年末供水管道长度（公里）Length of Water Supply Pipelines (year-end) (km)	全年供水总量（万立方米）Total Annual Volume of Water Supply (10 000 cu.m)	#生活用水 For Daily Use	#生产用水 For Production Use	用水人口（万人）Number of Population with Access to Tap Water (10 000 persons)	人均日生活用水量（升）Per Capita Daily Water Consumption for Daily Use (liter)
全 国	**National Total**	**32072.7**	**1006910**	**6295420**	**3484644**	**1563872**	**53217.4**	**179.4**
北 京	Beijing	1788.2	20535	147793	106125	15256	1885.6	154.2
天 津	Tianjin	480.7	21613	96013	49592	29495	1174.4	115.7
河 北	Hebei	831.6	22874	157497	90651	43264	1950.3	127.3
山 西	Shanxi	420.9	13822	87146	59001	18831	1207.6	133.9
内蒙古	Inner Mongolia	401.8	12733	84486	33913	29562	917.6	101.3
辽 宁	Liaoning	1222.2	39699	266232	123256	62927	2251.6	150.0
吉 林	Jilin	655.6	16878	105173	51699	24573	1163.0	121.8
黑龙江	Heilongjiang	667.4	22516	137320	66230	35679	1401.5	129.5
上 海	Shanghai	1221.0	39553	288577	180726	41367	2428.1	203.9
江 苏	Jiangsu	3490.4	119680	587581	284989	183945	3538.0	220.7
浙 江	Zhejiang	2039.1	90785	424104	227555	140118	2833.0	220.1
安 徽	Anhui	1079.0	36257	238126	127887	70811	1775.2	197.4
福 建	Fujian	890.0	31722	188913	108662	38226	1388.1	214.5
江 西	Jiangxi	646.3	27958	143134	84355	30025	1308.1	176.7
山 东	Shandong	1908.1	59513	379082	173507	155140	3982.8	119.4
河 南	Henan	1256.5	29138	217730	123864	56028	2630.8	129.0
湖 北	Hubei	1597.3	51100	302326	160029	74638	2273.5	192.8
湖 南	Hunan	1154.8	38420	226436	134181	40783	1738.4	211.5
广 东	Guangdong	3949.1	128119	956867	539389	224642	6241.1	236.8
广 西	Guangxi	708.0	23871	185974	121797	37331	1266.5	263.5
海 南	Hainan	199.0	6984	50766	34652	3025	344.9	275.3
重 庆	Chongqing	711.0	26524	165352	100055	35766	1524.6	179.8
四 川	Sichuan	1669.3	52542	291782	197855	37679	2760.2	196.4
贵 州	Guizhou	432.7	17304	89271	51323	17622	828.2	169.8
云 南	Yunnan	460.8	16735	104904	57066	18137	1007.8	155.1
西 藏	Tibet	68.5	1771	14700	10504	1541	98.9	290.9
陕 西	Shaanxi	577.8	11802	129087	72017	35833	1267.2	155.7
甘 肃	Gansu	373.8	6615	56912	32517	14857	636.4	140.0
青 海	Qinghai	140.8	3446	30927	10733	14552	212.8	138.2
宁 夏	Ningxia	277.2	3016	35344	17593	8135	296.5	162.6
新 疆	Xinjiang	753.7	13386	105864	52920	24083	884.8	163.9

25-6 分地区城市燃气情况（2020年）
Basic Statistics on Supply of Gas in Cities by Region (2020)

地区	Region	人工煤气生产能力（万立方米/日） Production Capacity of Gaswork Gas (10 000 cu.m/day)	管道长度（公里） Length of Gas Pipelines (km)			全年供气总量 Volume of Gas Supply			用气人口（万人） Population with Access to Gas (10 000 persons)		
			人工煤气 Gaswork Gas	天然气 Natural Gas	液化石油气 Liquefied Petroleum Gas	人工煤气（万立方米） Gaswork Gas (10 000 cu.m)	天然气（万立方米） Natural Gas (10 000 cu.m)	液化石油气（吨） Liquefied Petroleum Gas (ton)	人工煤气 Gaswork Gas	天然气 Natural Gas	液化石油气 Liquefied Petroleum Gas
全　国	**National Total**	**1394.6**	**9860**	**850552**	**4010**	**231447**	**15637020**	**8337109**	**548.2**	**41301.6**	**10767.5**
北　京	Beijing			30303	229		1854130	318293		1475.6	440.8
天　津	Tianjin			47064			601576	60576		1111.1	63.4
河　北	Hebei	11.8	814	39547	140	46896	642810	80268	28.3	1737.2	179.5
山　西	Shanxi	262.0	990	24702	13	45340	280869	57164	27.3	1115.9	53.6
内蒙古	Inner Mongolia		291	11065	120	3171	207514	57053	14.4	672.8	209.7
辽　宁	Liaoning	178.1	3818	29122	296	31917	339622	549329	288.9	1654.3	286.8
吉　林	Jilin		347	13892	30	3158	214186	141174	41.3	859.3	229.9
黑龙江	Heilongjiang		319	11560	19	2380	153326	146844	33.9	977.4	274.5
上　海	Shanghai			32865	263		899019	268425		1875.0	553.2
江　苏	Jiangsu			95315	150		1437794	525335		3172.7	362.4
浙　江	Zhejiang			50863	265		775960	839084		1925.4	907.6
安　徽	Anhui			32274	243		414417	157719		1612.6	156.2
福　建	Fujian	10.0	156	14738	195	884	258571	290478	6.8	800.0	571.7
江　西	Jiangxi	12.0	581	18244	142	14837	194417	212089	6.6	910.3	377.4
山　东	Shandong	340.0	10	74784	3	29487	1178045	291444		3608.9	352.7
河　南	Henan	179.5	242	29997	14	30582	620406	165378	0.0	2220.2	374.1
湖　北	Hubei		589	46215	130		548802	271930		1862.2	384.8
湖　南	Hunan			24023	42		283930	252371		1245.4	464.0
广　东	Guangdong			43629	869		1269927	2557229		3307.2	2965.8
广　西	Guangxi	9.6	667	9655	2	4627	156757	317494	34.5	703.9	524.0
海　南	Hainan			4660			38796	77971		278.9	69.2
重　庆	Chongqing			24557			526164	57150		1489.5	58.9
四　川	Sichuan		701	62617	710	14320	865231	204998	45.3	2577.8	112.5
贵　州	Guizhou			8861			126337	117404		495.2	296.5
云　南	Yunnan			8708	18		60287	150339		563.1	245.0
西　藏	Tibet			6166	1		4269	8596		35.7	27.6
陕　西	Shaanxi			23364	3		556359	37064		1221.4	55.4
甘　肃	Gansu	345.6	276	4265	110	2092	254405	33979	14.3	524.8	75.7
青　海	Qinghai			3296			170973	17193		177.1	25.2
宁　夏	Ningxia			7217	1		161214	14776		268.0	24.5
新　疆	Xinjiang	46.0	61	16984	2	1757	540909	57962	6.7	823.0	45.1

25-7 分地区城市集中供热情况（2020年）
Basic Statistics on Centralized Heating in Cities by Region (2020)

地 区	Region	供热能力 Heating Supply Capacity		供热总量 Quantity of Heat Supplied		管道长度（公里）Length of Heating Pipelines (km)	供热面积（万平方米）Area of Centralized Heating (10 000 sq.m)
		蒸 汽（吨/小时）Steam (ton/hour)	热 水（兆瓦）Hot Water (Mega Watts)	蒸 汽（万吉焦）Steam (10 000 gigajoules)	热 水（万吉焦）Hot Water (10 000 gigajoules)		
全 国	**National Total**	**103471**	**566181**	**65054**	**345004**	**425982**	**988209**
北 京	Beijing		49656		19189	63740	65935
天 津	Tianjin	1875	31269	1014	17125	33687	55336
河 北	Hebei	5813	48237	6977	28120	41990	87793
山 西	Shanxi	18029	23614	10682	16072	22412	74890
内蒙古	Inner Mongolia	3131	49223	2000	33659	23518	63312
辽 宁	Liaoning	16911	71732	11414	51777	58834	132767
吉 林	Jilin	1958	46265	1073	27481	31996	67591
黑龙江	Heilongjiang	4901	55185	2498	42887	21135	82604
上 海	Shanghai						
江 苏	Jiangsu		2		3	0	4
浙 江	Zhejiang						
安 徽	Anhui	2745	280	3461	5	741	2576
福 建	Fujian						
江 西	Jiangxi						
山 东	Shandong	27649	68642	13849	38698	79113	159346
河 南	Henan	6008	24326	3472	16052	12911	55995
湖 北	Hubei	1484	220	1000	36	580	1759
湖 南	Hunan						
广 东	Guangdong						
广 西	Guangxi						
海 南	Hainan						
重 庆	Chongqing						
四 川	Sichuan					25	
贵 州	Guizhou		309		50	39	137
云 南	Yunnan		361		76	460	110
西 藏	Tibet		64		120	300	182
陕 西	Shaanxi	6738	25145	3489	12144	4117	41685
甘 肃	Gansu	1100	19398	648	12319	6285	27868
青 海	Qinghai		4852		5411	2113	10304
宁 夏	Ningxia	2004	7766	993	5518	7132	14523
新 疆	Xinjiang	3125	39634	2484	18262	14855	43493

25-8 分地区城市市政设施（2020年）
Basic Statistics on Municipal Infrastructure in Cities by Region (2020)

地区	Region	年末实有道路长度（公里）Length of Paved Roads (year-end) (km)	年末实有道路面积（万平方米）Area of Paved Roads (year-end) (10 000 sq.m)	城市桥梁（座）Number of City Bridges (unit)	城市排水管道长度（公里）Length of City Sewage Pipes (km)	城市污水日处理能力（万立方米）Daily Disposal Capacity of City Sewage (10 000 cu.m)	城市道路照明灯（千盏）Number of Street Lights (1 000 units)
全　国	**National Total**	**492650**	**969803**	**79752**	**802721**	**20405.1**	**30485.6**
北　京	Beijing	8406	14702	2376	17943	710.7	315.3
天　津	Tianjin	9234	17510	1196	22338	341.9	396.4
河　北	Hebei	18767	41074	1870	20927	680.1	1068.0
山　西	Shanxi	9803	22325	602	12250	343.1	512.7
内蒙古	Inner Mongolia	10506	22074	505	14371	236.6	618.5
辽　宁	Liaoning	21482	36598	1898	23483	1020.8	1354.5
吉　林	Jilin	10952	19116	966	13552	445.0	548.2
黑龙江	Heilongjiang	13713	22076	1233	13291	462.1	712.1
上　海	Shanghai	5536	11551	2880	17230	840.3	640.9
江　苏	Jiangsu	50861	90570	16932	88001	1854.7	3662.9
浙　江	Zhejiang	27574	54048	12703	52572	1187.3	1831.7
安　徽	Anhui	17750	43286	2027	35393	779.3	1117.7
福　建	Fujian	14386	26168	1859	20114	475.1	857.8
江　西	Jiangxi	12656	26279	1114	20023	366.1	863.6
山　东	Shandong	49986	102269	5821	69864	1376.4	2119.3
河　南	Henan	16295	41039	1624	29222	896.8	1061.0
湖　北	Hubei	22992	43143	2332	32641	928.2	968.0
湖　南	Hunan	15242	34645	1311	21665	766.6	863.2
广　东	Guangdong	49374	84014	8296	122541	2748.6	3575.5
广　西	Guangxi	14919	30186	1346	19174	818.7	787.6
海　南	Hainan	4517	6301	229	6524	119.4	193.9
重　庆	Chongqing	10873	23593	2173	23542	414.8	830.6
四　川	Sichuan	25538	50907	3577	42610	829.4	1769.0
贵　州	Guizhou	9262	17780	770	10394	345.5	731.9
云　南	Yunnan	8242	17079	1374	16328	318.9	672.0
西　藏	Tibet	988	2077	62	861	28.7	32.0
陕　西	Shaanxi	9479	21660	840	12402	415.4	832.5
甘　肃	Gansu	5987	13130	697	8035	169.1	392.9
青　海	Qinghai	1642	4077	235	3301	61.8	152.2
宁　夏	Ningxia	2953	8031	222	2297	118.6	245.0
新　疆	Xinjiang	12738	22492	682	9834	305.5	758.8

25-9 分地区城市公共交通情况（2020年）
Basic Statistics on Public Transportation in Cities by Region (2020)

地区	Region	公共汽电车 Buses and Trolley Buses			轨道交通 Subways, Light Rail, Streetcar			出租汽车（辆）
		运营车数（辆） Number of Vehicles in Operation (unit)	运营线路总长度（公里） Length of Routes in Operation (km)	客运总量（万人次） Total Passenger Traffic (10 000 person-times)	配属车辆数（辆） Number of Carriages Allocated (unit)	运营里程（公里） Length in Operation (km)	客运总量（万人次） Total Passenger Traffic (10 000 person-times)	Number of Taxis (unit)
全　国	**National Total**	**589961**	**1042348**	**3951265**	**49424**	**7355**	**1759044**	**1113153**
北　京	Beijing	23948	28418	182567	6779	727	229275	74875
天　津	Tianjin	12399	27143	61391	1244	239	33865	31779
河　北	Hebei	22571	43252	79787	408	59	7169	53490
山　西	Shanxi	10935	20255	86284	96	24	89	31919
内蒙古	Inner Mongolia	8852	20266	54104	312	49	2128	38517
辽　宁	Liaoning	22597	31195	226098	1348	295	44585	82499
吉　林	Jilin	11429	20508	100189	839	118	16436	54684
黑龙江	Heilongjiang	16954	29406	108158	186	30	5123	63281
上　海	Shanghai	17667	24945	133808	7071	729	283469	37322
江　苏	Jiangsu	46683	83541	265665	3899	792	124714	50567
浙　江	Zhejiang	38067	107849	188947	2880	508	74821	39750
安　徽	Anhui	18927	27725	95241	732	113	19507	39776
福　建	Fujian	17558	30924	127999	870	130	20871	19536
江　西	Jiangxi	11211	25969	66538	438	60	13510	14006
山　东	Shandong	54896	127200	227077	1191	303	14843	61666
河　南	Henan	28374	30085	150007	918	181	34101	48706
湖　北	Hubei	21919	27088	152054	2578	384	62059	37626
湖　南	Hunan	24896	28682	165608	891	158	38576	27139
广　东	Guangdong	65964	117919	394155	6593	1029	407694	59326
广　西	Guangxi	10273	17897	54367	696	105	20841	17398
海　南	Hainan	4031	9212	17585	11	8	22	5961
重　庆	Chongqing	13754	27219	171287	2062	343	83975	22475
四　川	Sichuan	28441	42064	254406	4478	558	121962	36165
贵　州	Guizhou	7827	14085	117593	204	35	3698	30584
云　南	Yunnan	12144	25619	88896	732	139	15990	20827
西　藏	Tibet	706	2716	7588				1704
陕　西	Shaanxi	14917	16090	139179	1650	186	72561	28444
甘　肃	Gansu	7307	13590	101584	156	26	5248	25129
青　海	Qinghai	2497	3311	29149				8676
宁　夏	Ningxia	2947	6533	22226				13482
新　疆	Xinjiang	9270	11642	81731	162	27	1912	35844

25-10 分地区城市绿地和园林(2020年)
Basic Statistics on Parks and Green Areas in Cities by Region (2020)

地 区	Region	城市绿地面积(公顷) Area of Green Space (hectare)	#公园绿地 Public Recreational Green Space	公园(个) Number of Parks (unit)	公园面积(公顷) Area of Parks (hectare)	建成区绿化覆盖率(%) Green Covered Area as % of Completed Area (%)
全 国	**National Total**	**3312245**	**797912**	**19823**	**538477**	**42.1**
北 京	Beijing	92683	35720	360	35720	49.0
天 津	Tianjin	43704	12114	140	2858	37.6
河 北	Hebei	98786	29830	779	22836	42.9
山 西	Shanxi	56625	16375	284	12746	43.9
内蒙古	Inner Mongolia	68541	17704	340	14325	40.5
辽 宁	Liaoning	147906	30267	606	21061	41.7
吉 林	Jilin	92571	15736	377	12730	40.4
黑龙江	Heilongjiang	71526	18085	422	11857	36.9
上 海	Shanghai	164611	21981	386	3359	37.3
江 苏	Jiangsu	305816	54270	1194	33106	43.5
浙 江	Zhejiang	179350	38499	1547	22109	42.2
安 徽	Anhui	119533	26520	588	18795	42.0
福 建	Fujian	75283	20763	716	16129	44.6
江 西	Jiangxi	77149	19626	714	14856	46.4
山 东	Shandong	262968	70508	1299	47635	41.6
河 南	Henan	122110	38664	538	18463	41.9
湖 北	Hubei	105752	31578	520	18476	41.1
湖 南	Hunan	80964	21368	456	14244	41.5
广 东	Guangdong	525545	114965	4330	84736	43.5
广 西	Guangxi	74719	16332	346	15222	41.3
海 南	Hainan	17652	4090	128	2469	40.6
重 庆	Chongqing	70680	26571	514	16042	43.1
四 川	Sichuan	130514	40440	786	24519	42.5
贵 州	Guizhou	56825	14265	256	12933	40.9
云 南	Yunnan	51338	12607	948	10280	40.5
西 藏	Tibet	6290	1204	155	907	38.1
陕 西	Shaanxi	65894	16554	366	10177	40.8
甘 肃	Gansu	30253	9825	203	6066	36.3
青 海	Qinghai	8443	2685	64	1767	35.9
宁 夏	Ningxia	26934	6304	112	3669	42.0
新 疆	Xinjiang	81280	12460	349	8388	40.9

注：1.公园绿地面积包括综合公园、社区公园、专类公园、带状公园和街旁绿地。
2.北京市的各项绿化数据均为该市调查面积内数据。

a) Area of park green areas includes comprehensive park, community park, theme park, belt-shaped park and green area nearby street.
b) All the greening-related data for Beijing are those for the areas surveyed in the city.

25-11 分地区城市市容环境卫生情况（2020年）
Environmental Sanitation of Cities by Region (2020)

地 区	Region	道路清扫保洁面积（万平方米）Road Area Cleaned (10 000 sq.m)	生活垃圾清运量（万吨）Volume of Domestic Garbage Collected and Transported (10 000 tons)	市容环卫专用车辆设备总数（台）Number of Special Vehicles for Environmental Sanitation (unit)	公共厕所（座）Number of Public Lavatories (unit)	#三类以上 Third Grade and Above
全 国	**National Total**	**975595**	**23511.7**	**306422**	**165186**	**141279**
北 京	Beijing	16775	797.5	13403	6177	6177
天 津	Tianjin	13287	306.5	5568	4269	3810
河 北	Hebei	40082	786.2	12684	6611	5383
山 西	Shanxi	22495	460.7	7674	3015	2057
内蒙古	Inner Mongolia	26007	387.7	6987	7237	5050
辽 宁	Liaoning	47435	993.3	11196	4664	3281
吉 林	Jilin	18410	464.2	8003	4319	3507
黑龙江	Heilongjiang	27643	497.6	9144	6048	3397
上 海	Shanghai	18699	868.1	10000	5676	3799
江 苏	Jiangsu	69489	1870.5	21351	14961	13729
浙 江	Zhejiang	53870	1444.9	10316	8631	7595
安 徽	Anhui	42841	660.7	10354	4769	4387
福 建	Fujian	21399	878.5	7342	6344	5022
江 西	Jiangxi	25992	527.5	9695	4331	4028
山 东	Shandong	77847	1673.9	21675	8028	7470
河 南	Henan	44651	1130.2	18459	10890	10279
湖 北	Hubei	45008	987.4	14587	6197	5588
湖 南	Hunan	29576	797.1	7069	4380	3205
广 东	Guangdong	120331	3102.5	28247	12288	11788
广 西	Guangxi	27715	519.6	10164	1934	1772
海 南	Hainan	9962	253.6	11662	1296	1247
重 庆	Chongqing	22755	628.5	5008	4801	3729
四 川	Sichuan	45041	1136.6	12025	7527	6421
贵 州	Guizhou	16721	358.5	5485	2445	2328
云 南	Yunnan	19041	487.5	5254	5155	4968
西 藏	Tibet	2140	62.3	1425	778	156
陕 西	Shaanxi	20880	550.0	5264	6286	6019
甘 肃	Gansu	13580	272.6	5624	2115	1849
青 海	Qinghai	4015	116.2	951	741	652
宁 夏	Ningxia	9376	126.8	2137	898	873
新 疆	Xinjiang	22533	364.2	7669	2375	1713

25-12 分地区城市设施水平（2020年）
Level of Public Facilities in Cities by Region (2020)

地 区	Region	城市供水普及率(%) Coverage of Urban Population with Access to Tap Water (%)	城市燃气普及率(%) Coverage of Urban Population with Access to Gas (%)	每万人拥有公共汽电车辆(标台) Public Buses and Trolley Buses per 10000 Population (unit)	人均城市道路面积(平方米) Per Capita Area of Paved Roads (sq.m)	人均公园绿地面积(平方米) Public Recreational Green Space Per Capita (sq.m)	每万人拥有公共厕所(座) Number of Public Lavatories Per 10 000 Population (unit)
全 国	**National Average**	**98.99**	**97.87**	**12.88**	**18.04**	**14.78**	**3.07**
北 京	Beijing	98.39	100.00	17.02	7.67	16.59	3.22
天 津	Tianjin	100.00	100.00	11.54	14.91	10.31	3.63
河 北	Hebei	100.00	99.72	13.29	21.06	15.30	3.39
山 西	Shanxi	99.60	98.70	11.01	18.41	13.51	2.49
内蒙古	Inner Mongolia	99.50	97.26	11.51	23.93	19.20	7.85
辽 宁	Liaoning	99.71	98.75	12.30	16.21	13.40	2.07
吉 林	Jilin	95.60	92.93	10.07	15.71	12.94	3.55
黑龙江	Heilongjiang	98.99	90.82	13.99	15.59	12.77	4.27
上 海	Shanghai	100.00	100.00	9.21	4.76	9.05	2.34
江 苏	Jiangsu	100.00	99.92	15.61	25.60	15.34	4.23
浙 江	Zhejiang	100.00	100.00	14.75	19.08	13.59	3.05
安 徽	Anhui	99.60	99.24	13.02	24.29	14.88	2.68
福 建	Fujian	99.90	99.21	14.18	18.83	14.94	4.57
江 西	Jiangxi	98.62	97.59	9.73	19.81	14.80	3.27
山 东	Shandong	99.84	99.31	15.56	25.64	17.68	2.01
河 南	Henan	98.19	96.83	12.20	15.32	14.43	4.06
湖 北	Hubei	99.56	98.40	11.36	18.89	13.83	2.71
湖 南	Hunan	98.94	97.29	17.25	19.72	12.16	2.49
广 东	Guangdong	98.49	98.99	11.85	13.26	18.14	1.94
广 西	Guangxi	99.68	99.36	9.41	23.76	12.85	1.52
海 南	Hainan	98.02	98.95	12.53	17.91	11.62	3.68
重 庆	Chongqing	94.69	96.16	10.05	14.65	16.50	2.98
四 川	Sichuan	98.28	97.41	12.10	18.13	14.40	2.68
贵 州	Guizhou	98.90	94.55	11.29	21.23	17.04	2.92
云 南	Yunnan	98.10	78.65	12.90	16.62	12.27	5.02
西 藏	Tibet	98.78	63.20	8.30	20.74	12.02	7.77
陕 西	Shaanxi	97.88	98.62	14.07	16.73	12.79	4.86
甘 肃	Gansu	98.15	94.80	13.33	20.25	15.15	3.26
青 海	Qinghai	98.69	93.81	13.87	18.91	12.45	3.44
宁 夏	Ningxia	98.87	97.52	11.85	26.78	21.02	2.99
新 疆	Xinjiang	99.52	98.39	13.06	25.30	14.02	2.67

注：人均和普及率指标按城区人口与暂住人口之和计算，以公安部门的户籍统计和暂住人口统计为准。

a) Per capita data and coverage rate are calculated on the basis of the sum of urban population and temporarily residing population from the registration of the Ministry of Public Security.

25-13 分地区县城市政公用设施水平(2020年)
Level of Public Facilities of County Towns by Region (2020)

地 区	Region	人口密度(人/平方公里) Population Density (person/sq.km)	人均日生活用水量(升) Daily Water Consumption Per Capita (liter)	供水普及率(%) Water Coverage Rate (%)	燃气普及率(%) Gas Coverage Rate (%)	建成区供水管道密度(公里/平方公里) Density of Water Supply Pipelines in Built Districts (km/sq.km)	人均道路面积(平方米) Road Surface Area Per Capita (sq.m)
全 国	**National Total**	**2107**	**128.53**	**96.66**	**89.07**	**11.56**	**18.92**
北 京	Beijing						
天 津	Tianjin						
河 北	Hebei	2759	110.86	100.00	98.81	11.45	24.52
山 西	Shanxi	3418	102.83	96.71	84.65	11.70	16.68
内蒙古	Inner Mongolia	929	96.16	98.23	90.12	11.68	29.78
辽 宁	Liaoning	1508	112.70	97.29	85.91	11.76	15.15
吉 林	Jilin	2562	95.60	92.22	86.56	12.60	14.42
黑龙江	Heilongjiang	2958	92.15	92.69	60.28	10.15	13.47
上 海	Shanghai						
江 苏	Jiangsu	2022	158.93	99.98	99.95	13.94	21.46
浙 江	Zhejiang	894	204.30	100.00	100.00	21.68	24.24
安 徽	Anhui	1819	136.79	97.14	95.54	12.42	23.71
福 建	Fujian	2535	177.76	99.24	98.03	16.39	18.45
江 西	Jiangxi	4898	136.25	96.88	94.14	14.90	20.76
山 东	Shandong	1373	110.87	99.06	97.68	7.64	21.98
河 南	Henan	2646	112.10	93.01	85.43	7.52	18.50
湖 北	Hubei	3087	143.96	96.28	94.11	11.38	18.39
湖 南	Hunan	3857	148.37	96.70	90.32	15.02	14.36
广 东	Guangdong	1519	173.94	92.70	96.29	14.55	13.36
广 西	Guangxi	2579	166.91	99.49	98.79	13.23	21.00
海 南	Hainan	2816	360.43	95.87	91.99	8.34	25.04
重 庆	Chongqing	2725	120.03	97.88	97.06	12.69	10.21
四 川	Sichuan	1130	123.14	94.87	88.36	10.62	13.64
贵 州	Guizhou	2231	105.67	95.39	80.17	7.88	18.84
云 南	Yunnan	3504	116.64	96.85	55.03	13.57	16.49
西 藏	Tibet	2723	146.94	87.05	60.77	8.59	16.28
陕 西	Shaanxi	3760	97.61	95.50	88.45	7.49	15.36
甘 肃	Gansu	4824	80.53	95.14	76.24	9.38	14.08
青 海	Qinghai	1908	87.89	97.15	62.76	9.92	22.42
宁 夏	Ningxia	3622	112.41	98.99	75.97	8.66	25.33
新 疆	Xinjiang	3161	146.23	98.37	94.63	10.81	23.05

25-13 续表 continued

地 区	Region	建成区排水管道密度（公里/平方公里） Density of Sewers in Built Districts (km/ sq.km)	污水处理率 (%) Waste Water Treatment Rate (%)	污水处理厂集中处理率 Centralized Treatment at Sewage Treatment Plants	人均公园绿地面积（平方米） Public Recreational Green Space Per Capita (sq.m)	建成区绿化覆盖率 (%) Green Coverage Rate of Built Districts (%)	建成区绿地率 (%) Green Space Rate of Built Districts (%)	生活垃圾处理率 (%) Domestic Garbage Treatment Rate (%)	生活垃圾无害化处理率 Rate of Domestic Garbage Harmless Treatment
全 国	**National Total**	**9.60**	**95.05**	**94.42**	**13.44**	**37.58**	**33.55**	**99.31**	**98.26**
北 京	Beijing								
天 津	Tianjin								
河 北	Hebei	9.64	98.40	98.40	13.76	41.62	37.62	99.96	97.64
山 西	Shanxi	10.52	96.50	96.28	11.57	40.82	36.12	99.94	99.94
内蒙古	Inner Mongolia	8.47	96.23	96.23	21.03	36.82	34.27	99.49	97.50
辽 宁	Liaoning	5.93	95.97	95.89	11.27	19.23	14.58	100.00	90.44
吉 林	Jilin	9.56	95.09	95.09	12.49	34.46	30.40	100.00	100.00
黑龙江	Heilongjiang	6.12	94.48	94.48	13.08	27.37	24.19	98.71	98.71
上 海	Shanghai								
江 苏	Jiangsu	12.41	91.40	90.88	14.54	42.64	39.78	100.00	100.00
浙 江	Zhejiang	15.94	97.43	97.29	15.50	43.24	39.04	100.00	100.00
安 徽	Anhui	11.40	96.18	96.03	14.57	37.67	33.72	100.00	100.00
福 建	Fujian	13.40	95.06	95.06	15.26	43.39	39.65	100.00	100.00
江 西	Jiangxi	11.56	91.55	90.15	15.54	42.98	38.73	100.00	100.00
山 东	Shandong	9.74	97.75	97.75	16.26	40.05	35.80	100.00	100.00
河 南	Henan	9.25	97.01	97.01	11.69	35.78	31.22	99.21	94.77
湖 北	Hubei	8.83	93.53	93.53	12.25	37.69	32.77	100.00	100.00
湖 南	Hunan	9.01	96.57	95.92	11.15	37.72	33.62	99.43	99.43
广 东	Guangdong	6.01	91.82	91.80	14.47	35.61	31.81	99.74	99.74
广 西	Guangxi	11.42	96.40	88.55	13.11	38.56	34.18	100.00	100.00
海 南	Hainan	3.76	89.50	89.46	6.82	42.25	29.80	100.00	87.33
重 庆	Chongqing	15.32	99.08	99.08	13.58	41.61	37.73	99.78	99.00
四 川	Sichuan	8.92	91.39	88.88	13.71	37.85	34.04	99.77	99.77
贵 州	Guizhou	5.34	91.27	91.21	13.39	36.67	33.80	90.25	90.25
云 南	Yunnan	12.99	94.92	94.86	10.79	38.87	34.30	99.88	99.24
西 藏	Tibet	6.68	31.43	31.43	1.35	6.59	4.01	97.72	92.51
陕 西	Shaanxi	7.96	92.80	92.79	10.93	36.27	31.90	98.68	97.08
甘 肃	Gansu	9.00	94.41	94.41	11.07	26.76	23.29	99.66	99.66
青 海	Qinghai	9.34	90.72	90.72	7.84	28.01	23.73	95.32	91.57
宁 夏	Ningxia	8.46	98.06	98.06	17.38	39.44	36.18	99.58	99.58
新 疆	Xinjiang	7.05	95.87	95.87	15.12	39.15	35.11	99.26	97.70

25-14 农村水电建设和发电量、农村用电量
Hydropower Construction, Power Generation and Electricity Consumption in Rural Areas

年 份 Year 地 区 Region	本年完成投资额（万元） Investment Completed in the Year (10 000 yuan)	年末发电设备容量（千瓦） Capacity of Power Generation Equipment at Year-end (kW)	#本年新增发电设备容量 Newly Increased Capacity of Power Generation Equipment in the Year	在建电站规模（千瓦） Scale of Power Plants under Construction (kW)	#当年新开工电站规模 Scale of Newly Started Power Stations in the Year	发电量（万千瓦时） Electricity Generated (10 000 kWh)	农村用电量（亿千瓦时） Electricity Consumed in Rural Areas (100 million kWh)
1978							253.1
1980							320.8
1985							508.9
1990	348848	13978100	791000			4181100	844.5
1995	1321689	18721073	1207854	10760000		6316247	1655.7
2000	2220993	27487791	2060127	7459500	2384000	8755014	2421.3
2005	4343826	43090145	4964672	17727677	4284511	13571702	4375.7
2006	4604296	47196651	6403520	20653424	4501575	14835889	4895.8
2007	5117926	53855597	6578193	20944545	4498420	16346041	5509.9
2008	4568884	51274371	4194106	21239258	3787365	16275902	5713.2
2009	4563240	55121211	3807072	12890100	2194445	15672471	6104.4
2010	4398453	59240191	3793551	13700560	2425973	20444256	6632.3
2011	4243988	62123430	3277465	10309266	1585709	17566867	7139.6
2012	3671548	65686071	3399616	9947388	1658258	21729246	7508.5
2013	3457047	71186268	2460601	9477045	1357859	22327712	8549.5
2014	3171306	73221047	2553873	9666971	939855	22814929	8884.4
2015	3082737	75829591	2412664	8038846	929005	23512814	9026.9
2016	2493935	77910629	2032270	7436391	931158	26821937	9238.3
2017	1999937	79269995	1353020	6628296	669630	24772495	9524.4
2018	1000907	80435263	1643058	6013805	524270	23456083	9358.5
2019	709753	81441588	1071975	5199095	289190	25331502	9482.9
2020	585684	81338282	804662	3481550	182800	24236893	9717.2
北 京 Beijing		22219				790	69.3
天 津 Tianjin		5800				1185	41.0
河 北 Hebei	366	404703	1300	20360		56629	509.8
山 西 Shanxi	2058	208801	1600	60945		31216	109.2
内蒙古 Inner Mongolia		94770				20658	93.2
辽 宁 Liaoning	49	471090		108565		97359	184.6
吉 林 Jilin	21685	620475	6000	216480		191139	56.6
黑龙江 Heilongjiang		402780		60500		139720	89.7
上 海 Shanghai							1087.1
江 苏 Jiangsu	271	38355				4716	2011.0
浙 江 Zhejiang	49501	4114718	60685	71240		819774	1038.1
安 徽 Anhui	3804	1149378	25600	64640		288225	205.3
福 建 Fujian	150	7298777	18655	12000		1642428	445.1
江 西 Jiangxi	1411	3510103	8495	46080		891421	130.2
山 东 Shandong		86322	480			6857	445.6
河 南 Henan	2475	512037	3140	2000		84692	373.2
湖 北 Hubei	57140	3919450	11603	204340		1197363	186.9
湖 南 Hunan	37358	6315352	84604	80240	5860	1947753	134.7
广 东 Guangdong	7130	7732510	65265	47960	3200	1576566	1467.5
广 西 Guangxi	54926	4647481	28045	50620		1439877	141.3
海 南 Hainan	5900	498870	6215			110594	21.0
重 庆 Chongqing	22472	3019753	111875	246890	41200	870557	82.5
四 川 Sichuan	30482	11474986	-22560			4405264	205.9
贵 州 Guizhou	90876	3695163	161355	529150	92110	1326471	117.1
云 南 Yunnan	28037	12673410	106725	907530		3840865	124.0
西 藏 Tibet		421714		42000		107191	2.9
陕 西 Shaanxi	153451	1728666	102980	232910	3430	529259	126.8
甘 肃 Gansu	482	2879028	1300	294400		1202732	65.8
青 海 Qinghai		1084235	3000	4500		563671	7.5
宁 夏 Ningxia		6240				710	16.8
新 疆 Xinjiang	15661	2179396	18300	178200	37000	804222	127.5
水利部直属 Directly under The Ministry of Water Resources		121700				36989	

注：本表除农村用电量数据以外由水利部农村水利水电司提供。农村水电是以小水电为主体，直接为农村经济社会发展服务的水电站及其供电网络。

a) Data in this table are from the Department of Rural Water Resources and Hydropower, Ministry of Water Resources.With small hydropower stations as the main body, rural hydropower consists of hydropower stations and electricity networks directly providing services for rural economic and social development.

25-15 东、中、西部及东北地区国民经济和社会发展主要指标（2020年）

指　　标	Item	全国总计 National Total
总人口(年末)　(万人)	Population at Year-end　(10 000 persons)	141212.0
国内(地区)生产总值　(亿元)	Gross Domestic (Regional) Product　(100 million yuan)	1015986.2
第一产业	Primary Industry	77754.1
第二产业	Secondary Industry	384255.3
第三产业	Tertiary Industry	553976.8
居民人均可支配收入　(元)	Per Capita Disposable Income of Households　(yuan)	32188.8
城镇居民人均可支配收入	Per Capita Disposable Income of Urban Households	43833.8
农村居民人均可支配收入	Per Capita Disposable Income of Rural Households	17131.5
地方一般公共预算收入(亿元)	General Public Budget Revenue　(100 million yuan)	100143.2
地方一般公共预算支出(亿元)	General Public Budget Expenditure　(100 million yuan)	210583.5
社会消费品零售总额（亿元）	Total Retail Sales of Consumer Goods　(100 million yuan)	391980.6
货物进出口总额　(亿元)	Total Value of Imports and Exports in Goods　(100 million yuan)	322215.2
出口	Exports	179278.8
进口	Imports	142936.4
主要农产品产量	Output of Major Farm Products	
谷物　(万吨)	Cereals　(10 000 tons)	61674.3
棉花　(万吨)	Cotton　(10 000 tons)	591.0
油料　(万吨)	Oil-bearing Crops　(10 000 tons)	3586.4
主要工业产品产量	Output of Major Industrial Products	
原煤　(亿吨)	Coal　(100 million tons)	39.0
天然气　(亿立方米)	Natural Gas　(100 million cu.m)	1925.0
水泥　(万吨)	Cement　(10 000 tons)	239470.8
粗钢　(万吨)	Crude Steel　(10 000 tons)	106476.7
钢材　(万吨)	Rolled Steel　(10 000 tons)	132489.2
汽车　(万辆)	Motor Vehicles　(10 000 sets)	2532.5
发电量　(亿千瓦小时)	Electricity Generation　(100 million kWh)	77790.6
铁路营业里程　(公里)	Length of Railways in Operation　(km)	146330.4
公路里程　(公里)	Length of Highways　(km)	5198120.3
#高速公路	Expressway	160980.2
客运量　(万人)	Passenger Traffic　(10 000 persons)	966539.7
货运量　(万吨)	Freight Traffic　(10 000 tons)	4729579.0
邮政业务总量　(亿元)	Business Volume of Postal Services　(100 million yuan)	21053.2
电信业务总量　(亿元)	Business Volume of Telecommunications Services(100 million yuan)	136763.3
普通高等学校数　(个)	Number of Regular Higher Education Institutions　(unit)	2738.0
本专科在校学生数　(万人)	Enrollment of Undergraduate Students　(10 000 persons)	3285.3
医院数　(个)	Number of Hospitals　(unit)	35394.0
执业(助理)医师　(万人)	Licensed (Assistant) Physicians　(10 000 persons)	408.6
医院床位数　(万张)	Number of Hospital Beds　(10 000 beds)	713.1

注：1.占全国比重以各地区合计数为100计算(下表同)。
2.全国总计人口包括了中国人民解放军现役军人。
3.货运量分地区数据不包括民航、管道和部分水路运输数据，客运量分地区数据不包括民航和部分水路运输数据，各地区合计数小于全国总计。

Main Indicators of National Economic and Social Development by Eastern, Central, Western and Northeastern Regions (2020)

东部地区 Eastern Region		中部地区 Central Region		西部地区 Western Region		东北地区 Northeastern Region	
绝对数 Absolute Figures	占全国比重 (%) As Percentage of National Total	绝对数 Absolute Figures	占全国比重 (%) As Percentage of National Total	绝对数 Absolute Figures	占全国比重 (%) As Percentage of National Total	绝对数 Absolute Figures	占全国比重 (%) As Percentage of National Total
56434.7	40.0	36445.9	25.8	38306.2	27.2	9825.6	7.0
525752.3	51.9	222246.1	22.0	213291.9	21.1	51124.8	5.0
25009.5	32.2	20099.0	25.9	25349.5	32.6	7275.9	9.4
198492.9	51.6	90268.9	23.5	78548.8	20.4	17210.6	4.5
302249.9	54.9	111878.2	20.3	109393.5	19.9	26638.2	4.8
41239.7		27152.4		25416.0		28266.2	
52027.1		37658.2		37548.1		35700.1	
21286.0		16213.2		14110.8		16581.5	
57965.9	57.9	17709.2	17.7	19574.9	19.5	4893.3	4.9
87008.9	41.3	46477.2	22.1	61506.6	29.2	15590.7	7.4
199709.7	51.0	92197.8	23.5	82055.1	20.9	17877.1	4.6
256398.3	79.6	26849.3	8.3	29577.0	9.2	9390.7	2.9
141869.9	79.1	17033.8	9.5	17072.4	9.5	3302.7	1.8
114528.4	80.1	9815.5	6.9	12504.6	8.7	6087.9	4.3
15101.1	24.5	19399.4	31.5	14614.8	23.7	12558.9	20.4
41.9	7.1	29.6	5.0	519.5	87.9	0.0	0.0
680.9	19.0	1577.2	44.0	1135.0	31.6	193.4	5.4
1.8	4.5	13.1	33.6	23.2	59.4	1.0	2.5
219.6	11.4	92.1	4.8	1539.2	80.0	74.0	3.8
86325.5	36.0	62474.4	26.1	80581.2	33.6	10089.7	4.2
56131.9	52.7	22716.8	21.3	17506.3	16.4	10121.6	9.5
77916.9	58.8	23495.0	17.7	20958.3	15.8	10119.0	7.6
1235.7	48.8	469.2	18.5	480.0	19.0	347.6	13.7
28293.7	36.4	15233.6	19.6	29971.4	38.5	4291.9	5.5
34961.9	23.9	33804.7	23.1	59113.1	40.4	18450.8	12.6
1196479.0	23.0	1392468.0	26.8	2202307.1	42.4	406866.2	7.8
46022.0	28.6	38163.8	23.7	63644.7	39.5	13149.7	8.2
353029.3	36.5	231133.5	23.9	279458.2	28.9	61142.9	6.3
1860769.8	39.3	1303121.7	27.6	1218337.5	25.8	260851.2	5.5
16076.4	76.4	2801.1	13.3	1631.8	7.8	543.9	2.6
58406.1	42.7	29716.4	21.7	40833.6	29.9	7601.3	5.6
1028.0	37.5	718.0	26.2	734.0	26.8	258.0	9.4
1235.9	37.6	907.2	27.6	872.9	26.6	269.3	8.2
12457.0	35.2	8568.0	24.2	11072.0	31.3	3297.0	9.3
172.8	42.3	100.4	24.6	104.6	25.6	30.7	7.5
257.6	36.1	188.2	26.4	204.0	28.6	63.3	8.9

a) The total of all regions is 100 in calculating as percentage of national total. The same applies to the following table.
b) National total includes the military personal.
c) Data of freight traffic by region do not include that of civil aviation, pipelines and part of waterways, data of passenger traffic do not include that of civil aviation and part of waterways, sum of data of all the regions is less than the data of national total.

25-16 京津冀及长江经济带国民经济和社会发展主要指标(2020年)
Main Indicators of National Economic and Social Development by Beijing-Tianjin-Hebei Region and Yangtze River Economic Zone (2020)

指标	Item	全国总计 National Total	京津冀地区 Beijing-Tianjin-Hebei Region 绝对数 Absolute Figures	京津冀地区 占全国比重(%) As Percentage of National Total	长江经济带 Yangtze River Economic Zone 绝对数 Absolute Figures	长江经济带 占全国比重(%) As Percentage of National Total
总人口(年末) (万人)	Population at Year-end (10 000 persons)	141212.0	11039.7	7.8	60607.8	43.0
国内(地区)生产总值 (亿元)	Gross Domestic (Regional) Product (100 million yuan)	1015986.2	86393.2	8.5	471580.0	46.6
第一产业	Primary Industry	77754.1	4197.9	5.4	34106.9	43.9
第二产业	Secondary Industry	384255.3	24117.7	6.3	182709.4	47.5
第三产业	Tertiary Industry	553976.8	58077.6	10.6	254763.7	46.3
地方一般公共预算收入(亿元)	General Public Budget Revenue (100 million yuan)	100143.2	11233.5	11.2	44856.5	44.8
地方一般公共预算支出(亿元)	General Public Budget Expenditure (100 million yuan)	210583.5	19290.3	9.2	91665.4	43.5
社会消费品零售总额 (亿元)	Total Retail Sales of Consumer Goods(100 million yuan)	391980.6	30004.3	7.7	192835.4	49.2
货物进出口总额 (亿元)	Total Value of Imports and Exports in Goods (100 million yuan)	322215.2	35137.6	10.9	149732.8	46.5
出口	Exports	179278.8	10259.2	5.7	89199.4	49.8
进口	Imports	142936.4	24878.4	17.4	60533.4	42.3
主要农产品产量	Output of Major Farm Products					
谷物 (万吨)	Cereals (10 000 tons)	61674.3	3873.4	6.3	21577.8	35.0
棉花 (万吨)	Cotton (10 000 tons)	591.0	21.9	3.7	29.6	5.0
油料 (万吨)	Oil-bearing Crops (10 000 tons)	3586.4	120.2	3.4	1642.6	45.8
主要工业产品产量	Output of Major Industrial Products					
原煤 (亿吨)	Coal (100 million tons)	39.0	0.5	1.3	3.4	8.8
天然气 (亿立方米)	Natural Gas (100 million cu.m)	1925.0	61.9	3.2	571.0	29.7
水泥 (万吨)	Cement (10 000 tons)	239470.8	12698.4	5.3	119016.9	49.7
粗钢 (万吨)	Crude Steel (10 000 tons)	106476.7	27148.8	25.5	34077.3	32.0
钢材 (万吨)	Rolled Steel (10 000 tons)	132489.2	37228.6	28.1	41900.3	31.6
汽车 (万辆)	Motor Vehicles (10 000 sets)	2532.5	358.1	14.1	1078.9	42.6
发电量 (亿千瓦小时)	Electricity (100 million kWh)	77790.6	4654.2	6.0	29437.2	37.8
铁路营业里程 (公里)	Length of Railways in Operation (km)	146330.4	10530.5	7.2	44619.7	30.5
公路里程 (公里)	Length of Highways (km)	5198120.3	243412.5	4.7	2346312.1	45.1
#高速公路	Expressway	160980.2	10306.7	6.4	63740.9	39.6
客运量 (万人)	Passenger Traffic (10 000 persons)	966539.7	59214.8	6.1	472411.0	48.9
货运量 (万吨)	Freight Traffic (10 000 tons)	4729579.0	322044.8	6.8	2109796.4	44.6
邮政业务总量 (亿元)	Business Volume of Postal Services (100 million yuan)	21053.2	1528.5	7.3	9662.7	45.9
电信业务总量 (亿元)	Business Volume of Telecommunications Services (100 million yuan)	136763.3	10803.9	7.9	60233.4	44.0
普通高等学校数 (个)	Number of Regular Higher Education Institutions (unit)	2738.0	273.0	10.0	1178.0	43.0
本专科在校学生数 (万人)	Enrollment of Undergraduate Students (10 000 persons)	3285.3	278.6	8.5	1396.3	42.5
医院数 (个)	Number of Hospitals (unit)	35394.0	3319.0	9.4	14883.0	42.0
执业(助理)医师 (万人)	Licensed (Assistant) Physicians (10 000 persons)	408.6	39.7	9.7	172.6	42.2
医院床位数 (万张)	Number of Hospital Beds (10 000 beds)	713.1	52.9	7.4	319.6	44.8

注：1.长江经济带包括：上海、江苏、浙江、安徽、江西、湖北、湖南、重庆、四川、贵州、云南。
2.全国总计人口包括了中国人民解放军现役军人。

a) Yangtze River Economic Zone includes: Shanghai, Jiangsu, Zhejiang, Anhui, Jiangxi, Hubei, Hunan, Chongqing, Sichuan, Guizhou and Yunnan.
b) National total includes the military personal.

25-17 民族自治地方行政区划和人口（2020年）
Administrative Division and Population of Ethnic Minority Autonomous Areas (2020)

省级单位名称	Provinces and Autonomous Regions	地级区划数（个）Number of Divisions at Prefecture Level (unit)	#地级市 Cities at Prefecture Level	#自治州 Autonomous Prefecture	县级区划数（个）Number of Divisions at County Level (unit)	#县级市 Cities at County Level	#自治县(旗) Autonomous Counties(Qi)	总人口（万人）Total Population (10 000 persons)	#少数民族人口 Ethnic Minority Population	少数民族人口占自治地方总人口比重(%) Ethnic Minority Population as Percentage to Total Population in Minority Areas (%)
全　国	**National Total**	**77**	**38**	**30**	**713**	**84**	**120**	**19089.32**	**9269.22**	**48.56**
河　北	Hebei				6		6	212.94	136.16	63.94
内蒙古	Inner Mongolia	12	9		103	11	3	2404.90	511.36	21.26
辽　宁	Liaoning				8		8	317.16	177.64	56.01
吉　林	Jilin	1		1	11	6	3	313.53	106.72	34.04
黑龙江	Heilongjiang				1		1	23.11	4.64	20.08
浙　江	Zhejiang				1		1	16.95	2.02	11.92
湖　北	Hubei	1		1	10	2	2	460.06	261.20	56.78
湖　南	Hunan	1		1	15	1	7	479.68	374.63	78.10
广　东	Guangdong				3		3	53.38	21.06	39.45
广　西	Guangxi	14	14		111	9	12	5012.68	1880.80	37.52
海　南	Hainan				6		6	177.27	92.94	52.43
重　庆	Chongqing				4		4	277.65	203.56	73.31
四　川	Sichuan	3		3	51	3	4	791.83	502.53	63.46
贵　州	Guizhou	3		3	46	5	11	1847.90	1129.01	61.10
云　南	Yunnan	8		8	78	12	29	2308.70	1322.80	57.30
西　藏	Tibet	7	6		74			364.81	320.47	87.85
甘　肃	Gansu	2		2	21	2	7	336.97	208.93	62.00
青　海	Qinghai	6		6	36	5	7	384.28	260.55	67.80
宁　夏	Ningxia	5	5		22	2		720.27	258.97	35.95
新　疆	Xinjiang	14	4	5	106	26	6	2585.23	1493.22	57.76

注：民族自治地方是指5个民族自治区、30个民族自治州和120个民族自治县(旗)，不重复计算。

a) Ethnic minority autonomous areas refer to the areas of 5 ethnic minority autonomous regions, 30 ethnic minority autonomous prefectures, and 120 ethnic minority autonomous counties(Qi), and without repetitive computation.

25-18 民族自治地方国民经济与社会发展主要指标

指 标	Item	总量指标		
		1990	1995	2000
人口 (万人)	**Population (10 000 persons)**			
年底总人口	Population at Year-end	15296	16044	16818
地区生产总值	**Gross Regional Product**		**4901**	**7486**
第一产业 (亿元)	Primary Industry (100 million yuan)		1629	2022
第二产业 (亿元)	Secondary Industry (100 million yuan)		1747	2834
第三产业 (亿元)	Tertiary Industry (100 million yuan)		1526	2629
人均地区生产总值 (元)	**Per Capita Gross Regional Product (yuan)**		**3055**	**4451**
人民生活 (元)	**People's Livelihoods (yuan)**			
城镇居民人均可支配收入	Per Capita Disposable Income of Urban Households			
农村居民人均可支配收入	Per Capita Disposable Income of Rural Households			
财政 (亿元)	**Government Finance (100 million yuan)**			
地方一般公共预算收入	General Public Budget Revenue	167	248	476
地方一般公共预算支出	General Public Budget Expenditure	304	595	1173
对外经济贸易 (亿元)	**International Trade (100 million yuan)**			
进出口总额	Total Value of Imports and Exports			
出口额	Exports			
进口额	Imports			
农业	**Agriculture**			
农林牧渔总产值 (亿元)	Gross Output Value of Agriculture, Forestry, Animal Husbandry and Fishery (100 million yuan)		2537	3200
主要农畜产品产量	Output of Major Farm Products			
粮食产量 (万吨)	Grain (10 000 tons)	5373	5801	6381
棉花产量 (万吨)	Cotton (10 000 tons)	47	95	146
油料产量 (万吨)	Oil-bearing Crops (10 000 tons)	208	264	353
大牲畜年底头数(万头)	Number of Large Domestic Animals (year-end) (10 000 heads)	5286	5618	5566
羊年底头数 (万只)	Goats and Sheep (year-end) (10 000 heads)	11362	11906	13076
猪年底头数 (万头)	Hogs (year-end) (10 000 heads)	5668	7240	8201
工业	**Industry**			
主要工业产品产量	Output of Major Industrial Products			
原盐 (万吨)	Salt (10 000 tons)			
成品糖 (万吨)	Refined Sugar (10 000 tons)	223	240	498
天然气 (亿立方米)	Natural Gas (100 million cu.m)			
发电量 (亿千瓦小时)	Electricity (100 million kWh)	739	1187	1712
粗钢 (万吨)	Crude Steel (10 000 tons)	368	700	647
水泥 (万吨)	Cement (10 000 tons)	1958	4296	5703
规模以上工业企业 (亿元)	**Industrial Enterprises above Designated Size(100 million yuan)**			
资产总计	Total Assets			
营业收入	Business Revenue			
利润总额	Total Profits			

注：本表速度指标中，国内生产总值及三次产业增加值均按可比价格计算；其他指标按绝对数计算。

Principal Aggregate Indicators on National Economic and Social Development in Ethnic Minority Autonomous Regions

Aggregate Indicators				速度指标(%) Growth Rates(%)								
				指数（2020年为以下各年） Indices (2020 as Percentage of the following years)						平均增长速度 Average Growth Rate		
2005	2010	2019	2020	1990	1995	2000	2005	2010	2019	1991–2020	1996–2020	2001–2020
17311	18531	18981	19089	124.8	119.0	113.5	110.3	103.0	100.6	0.7	0.7	0.6
15706	**38989**	**84027**	**86925**		**1096.0**	**710.7**	**408.3**	**209.0**	**102.3**		**10.1**	**10.3**
3300	6198	12465	13747		352.6	268.4	203.6	203.6	104.0		5.2	5.1
6419	18809	29102	29464		1914.0	1136.8	545.4	232.4	102.7		12.5	12.9
5987	13982	42461	43714		1150.2	715.2	416.7	223.3	101.5		10.3	10.3
8991	**22060**	**45733**	**47531**		**921.2**	**626.1**	**370.3**	**202.9**	**101.7**		**9.3**	**9.6**
		35080	35981						102.6			
		12826	13806						107.6			
1026	3257	7892	7774	4663.2	3133.2	1634.7	757.4	238.7	98.5	13.7	14.8	15.0
3050	10512	29732	31255	10267.8	5252.1	2664.8	1024.6	297.3	105.1	16.7	17.2	17.8
		9541	9392						98.4			
		5417	5243						96.8			
		4124	4149						100.6			
5349	10374	21727	24218	4665.0	954.7	756.9	452.7	233.4	111.5	13.7	9.4	10.6
7187	8308	10596	10637	198.0	183.4	166.7	148.0	128.0	100.4	2.3	2.5	2.6
188	248	500	516	1098.5	545.7	353.0	274.7	207.8	103.2	8.3	7.0	6.5
372	422	569	557	267.6	210.9	157.6	149.6	131.8	97.8	3.3	3.0	2.3
6153	6068	5137	5205	98.5	92.7	93.5	84.6	85.8	101.3	-0.1	-0.3	-0.3
16391	14885	16032	15885	139.8	133.4	121.5	96.9	106.7	99.1	1.1	1.2	1.0
8526	8141	5230	6123	108.0	84.6	74.7	71.8	75.2	117.1	0.3	-0.7	-1.5
	701	848	1049					149.7	123.8			
678	907	1084	1024	460.2	427.7	205.6	151.1	112.9	94.5	5.2	6.0	3.7
	511	365	396					77.4	108.4			
3052	6730	18055	19228	2602.6	1620.5	1122.8	630.0	285.7	106.5	11.5	11.8	12.9
1846	4005	8361	9687	2630.1	1384.6	1497.1	524.7	241.9	115.9	11.5	11.1	14.5
10156	21653	38369	37388	1909.7	870.3	655.6	368.1	172.7	97.4	10.3	9.0	9.9
	45255	107332	117236					259.1	109.2			
	37395	60060	60404					161.5	100.6			
	4279	3544	4349					101.6	122.7			

a) Indices and growth rates of the following indicators are calculated at comparable prices: gross domestic product, value added of the primary, secondary and tertiary industries; Growth rates of other indicators are calculated with their values.

25-18 续表

指　标	Item	总量指标		
		1990	1995	2000
建筑业	**Construction**			
建筑业总产值　(亿元)	Gross Output Value of Construction　(100 million yuan)			754
施工房屋面积　(万平方米)	Floor Space of Buildings under Construction　(10 000 sq.m)			9232
竣工房屋面积　(万平方米)	Floor Space of Buildings Completed　(10 000 sq.m)			5326
社会消费品零售总额　(亿元)	**Total Retail Sales of Consumer Goods(100 million yuan)**			
交通运输业	**Transport**			
铁路营业里程　(万公里)	Length of Railways in Operation　(10 000 km)	1.3	1.7	1.4
公路通车里程　(万公里)	Highways　(10 000 km)	29.4	33.2	42.4
客运量　(万人)	Passenger Traffic　(10 000 persons)			
货运量　(万吨)	Freight Traffic　(10 000 tons)			
邮政电信	**Postal and Telecommunication Services**			
邮政业务总量　(亿元)	Business Volume of Postal and Telecommunication Services　(100 million yuan)			
电信业务总量　(亿元)	Business Volume of Telecommunication Services(100 million yuan)			
互联网宽带接入用户 (万户)	Broadband Subscribers of Internet　(10 000 subscribers)			
金融　(亿元)	**Finance　(100 million yuan)**			
金融机构各项存款余额	Deposits of Financial Institutions			7906
金融机构各项贷款余额	Loans of Financial Institutions			6548
教育	**Education**			
在校学生数　(万人)	Total Enrollment of Students　(10 000 persons)			
普通高等学校	Regular Higher Education Institutions	13.6	18.6	34.2
普通高中和初中	Regular Secondary Schools	609.6	631.9	873.0
普通小学	Regular Primary Schools	1852.9	1889.5	1886.0
专任教师数　(万人)	Full-time Teachers　(10 000 persons)			
普通高等学校	Regular Higher Education Institutions	2.8	3.7	3.6
普通高中和初中	Regular Secondary Schools	41.5	41.5	47.9
普通小学	Regular Primary Schools	84.8	85.8	89.9
卫生	**Public Health**			
医疗卫生机构数　(万个)	Number of Health Institutions　(10 000 units)	1.1	1.2	1.2
卫生技术人员数　(万人)	Health Technical Personnel　(10 000 persons)	50.0	52.7	48.5
医疗卫生机构床位　(万张)	Number of Beds in Health Institutions　(10 000 beds)	33.2	35.7	36.1
文化	**Culture**			
出版数量	Publications			
图书　(万册)	Books　(10 000 copies)	30166	42275	42310
杂志　(万册)	Magazines　(10 000 copies)	6552	6567	7018
报纸　(万份)	Newspapers　(10 000 copies)	79120	94985	123277
社会服务	**Social Services**			
福利类收养单位床位数(万张)	Beds of Social Welfare Institutions　(10 000 beds)			
城镇社区服务设施数　(个)	Number of Urban Community Services Facilities　(unit)			
城乡最低生活保障人数(万人)	Number of Persons Receiving Minimum Living Allowance in Urban and Rural Areas　(10 000 persons)			

continued

Aggregate Indicators				速度指标(%) Growth Rates(%)								
				指数（2020年为以下各年）Indices (2020 as Percentage of the following years)						平均增长速度 Average Growth Rate		
2005	2010	2019	2020	1990	1995	2000	2005	2010	2019	1991-2020	1996-2020	2001-2020
1656	5203	13126	13940			1848.1	841.9	267.9	106.2			15.7
15964	35052	57866	61322			664.2	384.1	174.9	106.0			9.9
8072	15418	17749	19101			358.6	236.6	123.9	107.6			6.6
	11686	**27590**	**25961**					**222.2**	**94.1**			
1.7	2.1	3.4	3.6	273.6	210.8	251.0	212.1	168.8	105.5			4.7
59.0	91.2	129.6	140.6	478.6	423.3	331.8	238.4	154.2	108.5	5.4	5.9	6.2
		31.7	13.1						41.4			
		74.1	63.5						85.7			
		401	507						126.5			
		9735	14701						151.0			
		4623	5450						117.9			
16324	46622	121627	133024			1682.6	814.9	285.3	109.4			15.2
11300	30579	107972	121253			1851.7	1073.1	396.5	112.3			15.7
100.0	161.9	245.9	279.8	2057.0	1504.1	818.0	279.8	172.8	113.8	10.6	11.5	11.1
1082.4	1050.4	1061.1	1108.2	181.8	175.4	127.0	102.4	105.5	104.4	2.0	2.3	1.2
1667.7	1536.3	1626.0	1621.5	87.5	85.8	86.0	97.2	105.5	99.7	-0.4	-0.6	-0.8
6.3	9.5	12.8	13.7	488.0	369.3	375.5	216.9	144.3	106.9	5.4	5.4	6.8
61.1	67.4	81.3	81.0	195.3	195.4	169.2	132.6	120.2	99.6	2.3	2.7	2.7
88.1	90.7	96.1	98.7	116.4	115.1	109.8	112.1	108.8	102.7	0.5	0.6	0.5
1.2	1.2	5.5	5.7	537.1	460.6	454.7	479.5	474.9	102.7	5.8	6.3	7.9
47.8	68.1	120.1	127.1	254.2	241.0	262.0	265.7	186.8	105.8	3.2	3.6	4.9
38.4	55.7	109.8	112.6	339.2	315.4	311.7	292.9	202.0	102.6	4.2	4.7	5.8
41958	43099	65119	70656	234.2	167.1	167.0	168.4	163.9	108.5	2.9	2.1	2.6
8966	6962	6516	6425	98.1	97.8	91.5	71.7	92.3	98.6	-0.1	-0.1	-0.4
169518	174848	160951	152740	193.0	160.8	123.9	90.1	87.4	94.9	2.2	1.9	1.1
	27.3	40.4	43.1					157.9	106.9			
	6188	13596	13410					216.7	98.6			
	1907	1260	1252					65.7	99.4			

25-19 少数民族分布的主要地区及人口
Geographic Distribution and Population of Ethnic Minorities

人口数为2020年人口普查机器汇总数据。
Data of population are obtained from the computer tabulation of the Population Census in 2020.

民族	Ethnic Minority	分布的主要地区	Main Geographic Distribution	人口数(人) Population (person)
蒙古族	Mongolian	内蒙古、辽宁、吉林、河北、黑龙江、新疆	Inner Mongolia, Liaoning, Jilin, Hebei, Heilongjiang and Xinjiang	6290204
回族	Hui	宁夏、甘肃、河南、新疆、青海、云南、河北、山东、安徽、辽宁、北京、内蒙古、天津、黑龙江、陕西、贵州、吉林、江苏、四川	Ningxia, Gansu, Henan, Xinjiang, Qinghai, Yunnan, Hebei, Shandong, Anhui, Liaoning, Beijing, Inner Mongolia, Tianjin, Heilongjiang, Shaanxi, Guizhou, Jilin, Jiangsu and Sichuan	11377914
藏族	Tibetan	西藏、四川、青海、甘肃、云南	Tibet, Sichuan, Qinghai, Gansu and Yunnan	7060731
维吾尔族	Uygur	新疆	Xinjiang	11774538
苗族	Miao	贵州、湖南、云南、广西、重庆、湖北、四川	Guizhou, Hunan, Yunnan, Guangxi, Chongqing, Hubei and Sichuan	11067929
彝族	Yi	云南、四川、贵州	Yunnan, Sichuan and Guizhou	9830327
壮族	Zhuang	广西、云南、广东	Guangxi, Yunnan and Guangdong	19568546
布依族	Bouyei	贵州	Guizhou	3576752
朝鲜族	Korean	吉林、黑龙江、辽宁	Jilin, Heilongjiang and Liaoning	1702479
满族	Manchu	辽宁、河北、黑龙江、吉林、内蒙古、北京	Liaoning, Hebei, Heilongjiang, Jilin, Inner Mongolia and Beijing	10423303
侗族	Dong	贵州、湖南、广西	Guizhou, Hunan and Guangxi	3495993
瑶族	Yao	广西、湖南、云南、广东	Guangxi, Hunan, Yunnan and Guangdong	3309341
白族	Bai	云南、贵州、湖南	Yunnan, Guizhou and Hunan	2091543
土家族	Tujia	湖南、湖北、重庆、贵州	Hunan, Hubei, Chongqing and Guizhou	9587732
哈尼族	Hani	云南	Yunnan	1733166
哈萨克族	Kazak	新疆	Xinjiang	1562518
傣族	Dai	云南	Yunnan	1329985
黎族	Li	海南	Hainan	1602104
傈僳族	Lisu	云南、四川	Yunnan and Sichuan	762996
佤族	Va	云南	Yunnan	430977
畲族	She	福建、浙江、江西、广东	Fujian, Zhejiang, Jiangxi and Guangdong	746385
高山族	Gaoshan	台湾、福建	Taiwan and Fujian	3479
拉祜族	Lahu	云南	Yunnan	499167
水族	Shui	贵州、广西	Guizhou and Guangxi	495928
东乡族	Dongxiang	甘肃、新疆	Gansu and Xinjiang	774947
纳西族	Naxi	云南	Yunnan	323767
景颇族	Jingpo	云南	Yunnan	160471
柯尔克孜族	Kirgiz	新疆	Xinjiang	204402
土族	Tu	青海、甘肃	Qinghai and Gansu	281928
达斡尔族	Daur	内蒙古、黑龙江	Inner Mongolia and Heilongjiang	132299
仫佬族	Mulam	广西	Guangxi	277233
羌族	Qiang	四川	Sichuan	312981
布朗族	Blang	云南	Yunnan	127345
撒拉族	Salar	青海	Qinghai	165159
毛南族	Maonan	广西	Guangxi	124092
仡佬族	Gelao	贵州	Guizhou	677521
锡伯族	Xibe	辽宁、新疆	Liaoning and Xinjiang	191911
阿昌族	Achang	云南	Yunnan	43775
普米族	Pumi	云南	Yunnan	45012
塔吉克族	Tajik	新疆	Xinjiang	50896
怒族	Nu	云南	Yunnan	36575
乌孜别克族	Ozbek	新疆	Xinjiang	12742
俄罗斯族	Russian	新疆、黑龙江	Xinjiang and Heilongjiang	16136
鄂温克族	Ewenki	内蒙古	Inner Mongolia	34617
德昂族	De'ang	云南	Yunnan	22354
保安族	Bonan	甘肃	Gansu	24434
裕固族	Yugur	甘肃	Gansu	14706
京族	Jing	广西	Guangxi	33112
塔塔尔族	Tatar	新疆	Xinjiang	3544
独龙族	Drung	云南	Yunnan	7310
鄂伦春族	Oroqen	黑龙江、内蒙古	Heilongjiang and Inner Mongolia	9168
赫哲族	Hezhen	黑龙江	Heilongjiang	5373
门巴族	Moinba	西藏	Tibet	11143
珞巴族	Lhoba	西藏	Tibet	4237
基诺族	Jino	云南	Yunnan	26025

主要统计指标解释

供水综合生产能力 指按供水设施取水、净化、送水、出厂输水干管等环节设计能力计算的综合生产能力。计算时，以四个环节中最薄弱的环节为主确定能力。

供水管道长度 指从送水泵至各类用户引入管之间所有市政管道的长度。不包括新安装尚未使用、水厂内以及用户建筑物内的管道。

城市供水总量 指报告期供水企业(单位)供出的全部水量。包括有效供水量和漏损水量。

生活用水 包括公共服务用水和居民家庭用水。公共服务用水指为城区社会公共生活服务的用水。包括行政事业单位、部队营区和公共设施服务、批发零售业、住宿餐饮业以及社会服务业等单位的用水。居民家庭用水指城市范围内所有居民家庭的日常生活用水。包括城市居民、农民家庭、公共供水站用水。

生产用水 指在城区范围内生产、运营的农、林、牧、渔业、工业、建筑业、交通运输业等单位在生产、运营过程中的用水。

供水普及率 指报告期末城区用水人口数与城市人口总数的比率。计算公式：

$$供水普及率=\frac{城区用水人口（含暂住人口）}{城区人口+城区暂住人口}\times 100\%$$

人工煤气生产能力 指报告期末人工燃气生产厂制气、净化、输送等环节的综合生产能力，不包括备用设备能力。一般按设计能力计算，当实际生产能力大于设计能力时，应按实际测定的生产能力计算。测定时应以制气、净化、输送三个环节中最薄弱的环节为主。

供气管道长度 指报告期末从气源厂压缩机的出口或门站出口至各类用户引入管之间的全部已经通气、投入使用的管道长度。不包括新安装尚未使用，煤气生产厂、输配站、液化气储存站、灌瓶站、储配站、气化站、混气站、供应站等厂(站)内，以及用户建筑物内的管道。

城市供气总量 指报告期燃气企业(单位)向用户供应的燃气数量。包括销售量和损失量。

燃气普及率 指报告期末城区使用燃气的城市人口数与城市人口总数的比率。其中燃气包括人工煤气、天然气、液化石油气三种。计算公式为：

$$燃气普及率=\frac{城区用气人口(含暂住人口)}{城区人口+城区暂住人口}\times 100\%$$

城市供热能力 指供热企业(单位)向城市热用户输送热能的设计能力。

城市供热总量 指在报告期供热企业(单位)向城市热用户输送全部蒸汽和热水的总热量。

城市供热管道长度 指从各类热源到热用户建筑物接入口之间的全部蒸汽和热水的管道长度。不包括各类热源厂内部的管道长度。

道路长度 指道路长度和与道路相通的桥梁、隧道的长度，按车行道中心线计算。

城市桥梁 指为跨越天然或人工障碍物而修建的构筑物。包括跨河桥、立交桥、人行天桥以及人行地下通道等。

城市排水管道长度 指所有市政排水总管、干管、支管、检查井及连接井进出口等长度之和。

城市污水日处理能力 指污水处理厂(或污水处理装置)每昼夜处理污水量的设计能力。

城市绿地面积 指报告期末用作园林和绿化的各种绿地面积。包括公园绿地、防护绿地、广场用地、附属绿地和位于建成区范围内的区域绿地面积。

公园绿地 向公众开放，以游憩为主要功能，兼具生态、景观、文教和应急避险等功能，有一定游憩和服务设施的绿地。

清扫保洁面积 指报告期末对城市道路和公共场所（主要包括城市行车道、人行道、车行隧道、人行过街地下通道、道路附属绿地、地铁站、高架路、人行过街天桥、立交桥、广场、停车场及其他设施等）进行清扫保洁的面积。一天清扫保洁多次的，按清扫保洁面积最大的一次计算。

市容环卫专用车辆设备 指用于环境卫生作业、监察的专用车辆和设备，包括用于道路清扫、冲洗、洒水、除雪、垃圾粪便清运、市容监察以及与其配套使用的车辆和设备。

每万人拥有公共汽电车辆 指按城市人口计算的每万人平均拥有的公共汽电车辆标台数。

Explanatory Notes on Main Statistical Indicators

Production Capacity of Water Supply refers to the designed overall production capacity of water facilities, covering the four segments of water collection, purification, conveyance, and outflow through trunk pipelines. The capacity is determined mainly on the weakest of the above-mentioned four segments.

Length of Water Supply Pipelines refers to the total length of all municipal pipelines between the water pumps and the user service pipes, excluding pipelines newly installed but not in use yet, pipelines in the water factories, and pipelines in the users' buildings.

Total Volume of Urban Water Supply refers to the total volume of water supplied by water-works (units) during the reference period, including both the effective water supply and loss during the water supply.

Consumption of Water for Daily Use includes consumption of water for public service use and consumption of water for household use. Consumption of water for public service use refers to water consumption for public service in the urban areas, including water consumption of administrative institutions, military barracks, public facilities, wholesale and retail, accommodation and catering industries and social service industry, etc. Consumption of water for household use refers to consumption of water for daily life of all households in cities, including households of urban residents and farmers, and public water supply stations.

Consumption of Water for Production Use refers to water consumption in the process of production and operation by production and operation units of agriculture, forestry, animal husbandry, fisheries, manufacturing, construction, transport, etc. in urban areas.

Coverage Rate of Urban Population with Access to Tap Water refers to the ratio of the urban population with access to tap water to the total urban population at the end of reference period. The formula is:

$$\text{Coverage of urban population with access to tap water} = \frac{\text{Urban population with access to tap water}}{\text{Urban population}} \times 100\%$$

Production Capacity of Gaswork Gas refers to the overall production capacity of the urban gasworks in gas generation, purification and delivery at the end of the reference period, excluding capacity of the reserved facilities. In general, it is determined by the designed capacity, and when actual production capacity is larger than the designed capacity, the capacity is determined by the actual measurement on the weakest segment in the production, purification and delivery.

Length of Gas Pipelines refers to the total length of pipelines in use between the outlet of the compressor of gas-work or outlet of gas stations and the leading pipe of users, excluding pipelines newly installed but not in use yet, pipelines within gasworks, delivery stations, LPG storage stations, refilling stations, gas-mixing stations and supply stations, and pipelines in the users' buildings.

Volume of Gas Supply refers to the total volume of gas provided to users by gas-producing enterprises (units) during the reporting period, including the volume sold and the volume lost.

Coverage Rate of Urban Population with Access to Gas refers to the ratio of the urban population with access to gas to the total urban population at the end of the reference period. Gas here includes gaswork gas, natural gas and liquefied petroleum gas. The formula is:

$$\text{Coverage rate of urban population with access to gas} = \frac{\text{Urban population with access to gas}}{\text{Urban population}} \times 100\%$$

Heating Capacity in Urban Areas refers to the designed capacity of heating enterprises (units) in supplying heating energy to urban users during the reference period.

Quantity of Heat Supplied in Urban Areas refers to the total quantity of heat from steam and hot water supplied to urban users by heating enterprises (units) during the reference period.

Length of Urban Heating Pipelines refers to the total length of steam or hot water pipelines for sources of heat to the leading pipelines of the buildings of the users, excluding internal pipelines in heat generating enterprises.

Length of Paved Roads refers to the length of roads with paved surface, including bridges and tunnels connected with roads. Length of the roads is measured by the central lines.

Urban Bridges refer to bridges built to cross over natural or man-made barriers, including bridges over rivers, overpasses for traffic and for pedestrians, underpasses for pedestrians, etc.

Length of Urban Sewage Pipes refers to the total length of municipal general drainage, trunks, branch and inspection wells, connection wells, inlets and outlets, etc.

Daily Disposal Capacity of Urban Sewage refers to the designed 24-hour capacity of sewage disposal by the sewage treatment works or facilities.

Area of Green Space refers to the total area occupied for green projects at the end of the reference period, including public recreational green space, protection green land, land for squares, green land attached to institutions, and other green areas.

Public Recreational Green Space refers to green areas open to the public for amusement and rest with the facilities of amusement, rest and services. Its function also includes improving ecology, beautifying landscape, education and preventing and reducing disaster.

Area under Cleaning Program refers to the area which are regularly cleaned at urban roads and public places (including urban roadways, pedestrian walkways, vehical tunnels, pedestrian underpasses, underground railway stations, lifted roads, pedestrians walk bridges, overpasses, plazas, parking lots and other facilities), at the end of the reference period,. If the cleaning is conducted at a location several times a day, the area that is cleaned with the largest space will be taken.

Vehicles and Facilities Dedicated to Urban Cleaning and Environmental Sanitation refer to vehicles and facilities dedicated for use in the operation, management and monitoring of environmental sanitation work. They include vehicles for road cleaning, washing, showering, ice removal, disposal of garbage and human wastes, sanitation monitoring and related activities.

Public Buses and Trolley Buses per 10000 Population refers to the number of public buses and trolley buses, calculated on basis of per 10000 urban population.

26

香港特别行政区主要社会经济指标

Main Social and Economic Indicators of Hong Kong Special Administrative Region

简 要 说 明

一、本章资料反映香港特别行政区主要社会、经济发展情况。内容包括：土地、人口、就业、国民收入、国际收支平衡、工业、能源、建筑、运输、对外贸易、政府收支及金融、教育、房屋、卫生、社会保障等方面。

二、本章由香港特别行政区政府统计处向有关政府决策局／部门及公营机构搜集数据，国家统计局国际统计信息中心负责整理、编辑。

三、在统计工作方面，按中华人民共和国“香港特别行政区基本法”的有关原则，香港特别行政区保留其单独运作的统计系统，并负责编制和发布反映香港特别行政区情况的统计数据。由于香港和内地在使用统计名词及概念方面会有所不同，读者在比较两地数据时，请参考本章末的“主要统计指标解释”。

四、香港特别行政区是单独的关税地区，香港与内地之间的贸易，亦需办理进出口报关。在贸易统计方面，香港特别行政区对外贸易统计数据亦包括香港特别行政区与内地的贸易。

五、在外汇统计及与之有关的各方面，港币是香港特别行政区的法定货币，因此，除港币以外的货币（包括人民币）均视作外币。

六、更详细的统计资料及有关的技术细节，可参阅香港特别行政区政府统计处出版的《香港统计月刊》、《香港统计年刊》及各专题统计出版物。

七、本章节表中的符号使用说明：

本章节表中使用的符号含义如下：“-”表示不适用；“空格”表示没有数字；“#”表示临时数字；“§”表示数字少于单位的一半；“@”表示数字将于日后修订。

Brief Introduction

I. Data in this chapter show main social and economic developments of the Hong Kong Special Administrative Region (HKSAR), including data on land, population, employment, National Income, Balance of Payments, industry, energy, construction, transportation, external trade, government accounts and finance, education, housing, health and social security.

II. All data in this chapter are collected from the related government bureaux/departments and public organisations by the Census and Statistics Department, the Government of HKSAR, and further tabulated or edited by the International Statistical Information Centre of the National Bureau of Statistics.

III. According to the Basic Law of HKSAR of the People's Republic of China, HKSAR maintains its independent statistical system, and compiles and disseminates statistics on the Region. As Hong Kong and the mainland of China use different statistical concepts, definitions and terminologies, users are advised to make reference of The Explanation Notes on Main Statistical Indicators at the end of this chapter when using and comparing data of the mainland of China and HKSAR.

IV. As Hong Kong is a separate custom territory, trade between Hong Kong and the mainland of China needs customs declaration procedures. In terms of trade statistics, data on Hong Kong's imports and exports include Hong Kong's trade with the mainland of China.

V. As Hong Kong dollar is the legal tender in HKSAR, all other currencies (including Renminbi) are regarded as foreign currencies in compiling foreign exchange statistics and related statistics.

VI. For more detailed statistics and technical details, users are advised to read *Hong Kong Monthly Digest of Statistics, Hong Kong Annual Digest of Statistics* and other publications compiled by the Census and Statistics Department, the Government of HKSAR.

VII. Notations used in this chapter:

Some notations used in this chapter are not agreed with those used in China Statistical Yearbook, but with Hong Kong publications. "-" indicates not applicable. "(blank)" indicates not available. "#" indicates provisional figure. "§" indicates the magnitude of figure is less than half of the unit employed. "@" indicates figure is subject to revision later on.

26-1 主要统计指标概况
Summary of Key Statistics

项　　目	Item	2016	2017	2018	2019	2020
香港陆地面积①　（平方公里）	**Land Area of Hong Kong①　(sq.km)**	**1106**	**1106**	**1106**	**1106**	**1110**
香港岛	Hong Kong Island	81	81	81	81	81
九龙	Kowloon	47	47	47	47	47
新界	New Territories	978	978	978	978	982
人口	**Population**					
年中人口　（万人）	Mid-year Population　(10 000 persons)	733.7	739.2	745.1	750.7	748.2
粗出生率　（‰）	Crude Birth Rate　(‰)	8.3	7.7	7.2	7.0	5.8
粗死亡率　（‰）	Crude Death Rate　(‰)	6.4	6.3	6.4	6.5	6.7 #
婴儿死亡率　（‰）（按每千名登记活产婴儿计算）	Infant Mortality Rate　(‰) (per 1 000 Registered Live Births)	1.8	1.7	1.5	1.5	1.8 #
劳工	**Labour**					
劳动人口　（万人）	Labour Force　(10 000 persons)	392.0	394.7	397.9	396.6	388.8
劳动人口参与率　（%）	Labour Force Participation Rate　(%)	61.1	61.1	61.2	60.6	59.6
失业率　（%）	Unemployment Rate　(%)	3.4	3.1	2.8	2.9	5.8
就业人数　（万人）	Number of Employed Persons　(10 000 persons)	378.7	382.3	386.7	385.0	366.2
选定行业的就业人数　（万人）	Number of Employed Persons in Selected Industries　(10 000 persons)					
制造	Manufacturing	11.8	11.1	10.3	10.4	10.3
建筑	Construction	32.8	34.2	35.2	33.8	31.0
进出口贸易及批发	Import/Export Trade and Wholesale	46.5	45.0	44.3	38.7	32.6
零售、住宿②及膳食服务③	Retail, Accommodation② and Food Services③	62.0	63.8	63.1	60.9	51.7
运输、仓库、邮政及速递服务、资讯及通讯	Transportation, Storage, Postal and Courier Services, Information and Communications	45.0	45.3	45.1	44.8	43.3
金融、保险、地产、专业及商用服务	Financing, Insurance, Real Estate, Professional and Business Services	76.2	77.9	79.4	83.5	84.5
公共行政、社会及个人服务	Public Administration, Social and Personal Services	101.8	102.9	107.0	110.4	110.3
实际工资指数④　（1992年9月=100）	Real Wage index④　(September 1992=100)	120.7	123.2	124.5	123.6	126.4
对外贸易	**External Trade**					
商品贸易	**Merchandise Trade**					
进口　（亿港元）	Imports　(HKD 100 million)	40084	43570	47214	44154	42698
整体出口　（亿港元）	Total Exports　(HKD 100 million)	35882	38759	41581	39887	39275
服务贸易	**Trade in Services**					
服务出口⑤　（亿港元）	Exports of Services⑤　(HKD 100 million)	7647	8113	8869	7989	5066 @
服务进口⑤　（亿港元）	Imports of Services⑤　(HKD 100 million)	5781	6059	6399	6342	4161 @
国民收入及国际收支平衡	**National Income and Balance of Payments**					
本地生产总值	**Gross Domestic Product (GDP)**					
按2019年环比物量计算⑥	In Chained (2019) Dollars⑥					
年增长率　（%）	Annual Growth Rate　(%)	2.2	3.8	2.8	-1.7 @	-6.1 @
本地生产总值　（亿港元）	GDP　(HKD 100 million)	27103	28131	28932	28446 @	26716 @
人均本地生产总值　（港元）	Per Capita GDP　(HKD)	369427	380573	388291	378901 @	357076 @
按当年价格计算	At Current Market Prices					
年增长率　（%）	Annual Growth Rate　(%)	3.8	6.8	6.6	0.3 @	-5.5 @
本地生产总值　（亿港元）	GDP　(HKD 100 million)	24904	26594	28351	28446 @	26885 @
人均本地生产总值　（港元）	Per Capita GDP　(HKD)	339454	359780	380502	378901 @	359343 @
本地居民总收入	**Gross National Income (GNI)**					
按当年价格计算	At Current Market Prices					
本地居民总收入　（亿港元）	GNI　(HKD 100 million)	25530	27749	29699	29883 @	28370 @
人均本地居民总收入　（港元）	Per Capita GNI　(HKD)	347986	375412	398595	398044 @	379181 @
对外初次收入流量净值（亿港元）	Net External Primary Income Flows　(HKD 100 million)	626	1156	1348	1437	1484 @
国际收支平衡	**Balance of Payments**					
经常账户　（亿港元）	Current Account　(HKD 100 million)	985	1218	1059	1663 @	1757 @
资本及金融账户　（亿港元）	Capital and Financial Account(HKD 100 million)	-1011	-765	-1751	-2374 @	-2407 @
净误差及遗漏　（亿港元）	Net Errors and Omissions　(HKD 100 million)	26	-454	691	711 @	650 @
整体的国际收支　（亿港元）	Overall Balance of Payments　(HKD 100 million)	89	2505	76	-89 @	2630 @
国际投资头寸⑦	**International Investment Position⑦**					
国际投资头寸净值⑧　（亿港元）	Net International Investment Position⑧　(HKD 100 million)	89468	111050	100473	122972	166904 @
对外金融资产　（亿港元）	External Financial Assets　(HKD 100 million)	357388	428100	425477	439324	487677 @
对外金融负债　（亿港元）	External Financial Liabilities　(HKD 100 million)	267921	317051	325004	316353	320773 @

26-1 续表 1 continued

项目	Item	2016	2017	2018	2019	2020
消费价格指数	**Consumer Price Indices**					
(2019年10月至2020年9月=100)	(Oct. 2019-Sep. 2020 = 100)					
综合消费价格指数	Composite Consumer Price Index	93.2	94.6	96.8	99.6	99.9
甲类消费价格指数	Consumer Price Index (A)	93.2	94.6	97.2	100.5	99.8
乙类消费价格指数	Consumer Price Index (B)	93.1	94.4	96.6	99.2	99.8
丙类消费价格指数	Consumer Price Index (C)	93.1	94.6	96.7	99.1	99.9
工业生产	**Industrial Production**					
工业生产指数 (2015年=100)	Index of Industrial Production (year of 2015=100)					
制造业	Manufacturing	99.6	100.0	101.3	101.7	95.8
工业电力消费量 (太焦耳)	Industrial Electricity Consumption (Terajoule)	11252	11196	11081	10815	10672
工业煤气消费量 (太焦耳)	Industrial Gas Consumption (Terajoule)	1477	1569	1717	1824	1653
房屋及物业	**Housing and Property**					
永久性居住屋宇单位⑨ (万个)	Number of Permanent Living Quarters⑨(10 000 units)					
公营租住房屋⑩	Public Rental Housing⑩	78.67	80.54	81.29	83.01	83.21
公营租住房屋⑩	Subsidised Sale Flats⑪	39.89	40.31	40.90	41.88	42.41
私人永久性房屋⑪	Private Permanent Housing⑪	154.79	156.51	158.25	160.36	164.15
总计	Total	273.35	277.36	280.44	285.25	289.76
新落成私人楼宇	Newly Completed Private Buildings					
楼宇数目 (栋)	Number of Blocks (number)	556	703	732	656	628
实用楼面面积 (万平方米)	Usable Floor Area (10 000 sq.m.)					
住宅⑫	Residential⑫	63.7	63.2	79.3	47.4	70.5
非住宅	Non-residential	59.2	74.1	61.7	67.0	38.3
获批准可动工兴建私人楼宇 (栋)	Private Buildings with Consent to Commence Work (number of blocks)					
初次呈交	First Submission	383	269	238	247	192
重大修改	Major Revision	163	192	199	147	174
政府收支、金融、保险 (亿港元)	**Government Accounts, Finance and Insurance (HKD 100 million)**					
政府储备结余⑬⑭	Government's Reserve Balances⑬⑭	9540	11029	11709	11603	9278
政府收入总额⑭⑮	Total Government Revenue⑭⑮	5731	6198	5998	5909	5642
政府开支总额⑭⑮	Total Government Expenditure⑭⑮	4621	4709	5318	6078	8161
货币供应量M_3	Money Supply M_3					
港元⑯	Hong Kong Dollar⑯	62927	70245	72843	74547	79370
外币⑰	Foreign Currency⑰	62587	67793	71194	73317	77070
总计	Total	125513	138038	144037	147864	156440
港汇指数(贸易总值(进口及整体出口)加权) (2010年1月=100)⑱	Effective Exchange Rate Indices for the Hong Kong Dollar (trade (import and export) - weighted) (January 2010=100)⑱	104.1	104.2	101.8	105.2	105.8
运输、通讯、旅游	**Transport, Communications and Tourism**					
进出香港货物	Inward and Outward Movements of Cargo					
总卸下 (万吨)	Total Discharged (10 000 tons)	16669	19108	17543	18567	18362
总装上 (万吨)	Total Loaded (10 000 tons)	11647	11772	10975	10276	8892
集装箱吞吐量(万标准集装箱)	Container Throughput (10 000 TEUs)	1981	2077	1960	1830	1797
电话服务 (万条操作线路)	Telephone Services (10 000 working lines)	421	415	410	405	393
访港旅客 (万人次)	Visitor Arrivals (10 000 person-times)	5665.5	5847.2	6514.8	5591.3	356.9
教育 (人)	**Education (person)**					
小学学生人数	Student Enrolment in Primary Schools	349008	362049	372465	373228	364257
中学学生人数⑲	Student Enrolment in Secondary Schools⑲	339849	332382	327023	328743	330305
教资会资助大学学生人数	Student Enrolment in UGC-funded Universities	190919	192034	193469	189484	187202
卫生	**Health**					
医生 (人)	Doctors (person)	14013	14290	14651	15004	15298
注册中医 (人)	Registered Chinese Medicine Practitioners (person)	7262	7425	7409	7582	7919
病床 (张)	Hospital Beds (bed)	39090	39683	40434	41474	42180
社会保障	**Social Security**					
综合社会保障援助⑬	Comprehensive Social Security Assistance (CSSA)⑬					
个案数目 (个)	Number of Cases (case)	236522	231468	224603	222691	223792
发放款项 (亿港元)	Amount (HKD 100 million)	223	217	223	227	229 #
公共福利金⑬	Social Security Allowances (SSA)⑬					
个案数目 (个)	Number of Cases (case)	846028	897541	957595	1015187	1076990
发放款项 (亿港元)	Amount (HKD 100 million)	221	236	393	366	382 #
交通意外伤亡援助⑬	Traffic Accident Victims Assistance⑬					
获批个案数目 (个)	Number of Cases Authorised for Payment (case)	7340	6553	7334	6820	9013

26-1 续表 2 continued

注：①2014年起的数字是该年10月底的数据。面积包括不在区议会分区内的落马州河套。

②住宿服务包括酒店、宾馆、旅舍及其他提供短期住宿服务的机构单位。

③零售、住宿及膳食服务业合计通常被称为「与消费及旅游相关行业」。

④实际工资指数是按其名义指数扣除以2019/20年为基期的甲类消费价格指数而计算出来。

⑤数字已采纳《2010年国际服务贸易统计手册》内最新的国际建议。

⑥以环比物量计算的本地生产总值及其组成部分的参照年，已由2018年重订为2019年。重订参照年会影响以环比物量计算的数值，但不会影响其变动率。

⑦期末头寸。

⑧国际投资头寸净值是对外金融资产总值与对外金融负债总值之间的差额。

⑨数字包括所有住宅屋宇单位及非住宅楼宇内已知作居所用途的屋宇单位，但不包括非住宅用途、酒店及院舍内供住院或在囚人士居住的屋宇单位。

⑩数字不包括香港房屋委员会售出的公营租住房屋单位。

⑪数字包括香港房屋委员会、香港房屋协会及市区重建局售出而不可在公开市场买卖的屋宇单位。可在公开市场买卖的资助出售单位则归类为私人永久性房屋。

⑫数字包括住宅楼宇内用作非住宅用途的实用楼面面积，例如：会所/娱乐设施、管理员办事处/宿舍、电机房等。

⑬数字是以相应的财政年度为根据。例如2020年的数字代表2020/21财政年度终结时的数字。

⑭2020/21年度的数字有待审计署署长核实。

⑮数字不包括“政府一般收入帐目及各基金之间的转拨”。

⑯所列数字已包括外币掉期存款。

⑰所列数字已扣除外币掉期存款。《中华人民共和国香港特别行政区基本法》说明，港元是香港特别行政区的法定货币。外币指港元以外的其他货币，因而人民币亦视作外币。

⑱由2012年1月3日起公布的新系列。数字是指年内每日电汇或现钞收市中间兑换价的平均值。

⑲数字涵盖日、夜校。

Notes:①Figures for 2014 onward are as at end-October and include land area of Lok Ma Chau Loop which is not covered in District Council districts.

②Accommodation services cover hotels, guesthouses, boarding houses and other establishments providing short term accommodation.

③The retail, accommodation and food services industries as a whole is generally referred to as the consumption- and tourism-related segment.

④The Real Wage Index is derived by deflating the corresponding nominal index by the 2019/20-based Consumer Price Index (A).

⑤Figures have incorporated the latest international recommendations given in the Manual on Statistics of International Trade in Services 2010.

⑥The reference year for the chain volume measures of GDP and its components has been revised from 2018 to 2019. Re-referencing affects the levels, but not the rates of change, of the chain volume measures.

⑦Position as at end of period.

⑧Net International Investment Position is the difference between total external financial assets and total external financial liabilities.

⑨Figures include all quarters used for residential purpose as well as quarters known to be used for residential purposes in non-residential buildings. Quarters known to be used for non-residential purpose and those in hotels and accommodation used for inmates of institutions are excluded.

⑩Figures exclude public rental housing flats sold by the Hong Kong Housing Authority.

⑪Subsidised sale flats include quarters sold by the Hong Kong Housing Authority, Hong Kong Housing Society and Urban Renewal Authority that cannot be traded in the open market. Those flats that can be traded in the open market are classified as private permanent housing.

⑫Figures include usable floor area in residential buildings for non-domestic use, such as club house/recreational facilities, caretakers' office/quarters, transformer room, etc.

⑬Figures are for the corresponding financial year. For example, figures for 2020 represent those as at end of the financial year 2020/21.

⑭Figures for 2020/21 are subject to audit by the Director of Audit.

⑮Figures exclude “Transfers between the General Revenue Account and the Funds”.

⑯Figures are adjusted to include foreign currency swap deposits.

⑰Figures are adjusted to exclude foreign currency swap deposits. Hong Kong dollar is the legal tender in the Hong Kong Special Administrative Region, as stated in "The Basic Law of the Hong Kong Special Administrative Region of the People's Republic of China". Foreign currency refers to any currency other than Hong Kong currency. Accordingly, Chinese Renminbi is also treated as foreign currency.

⑱New series has been released as from 3 January 2012. Figures are the averages of the daily closing middle-market telegraphic transfer rates or notes rates for the year.

⑲Figures cover both day and evening schools.

26-2 土地用途分布情况
Land Usage

单位：平方公里 (sq. km)

类　　别	Class	2016	2017	2018	2019	2020
住宅	**Residential**					
私人住宅①	Private Residential①	26	26	26	26	27
公营房屋②	Public Residential②	16	16	17	17	17
乡郊居所③	Rural Settlement③	35	35	35	35	35
商业	**Commercial**					
商业/商贸和办公室	Commercial/Business and Office	4	5	5	5	5
工业	**Industrial**					
工业用地	Industrial Land	7	7	7	7	7
工业村/科技园	Industrial Estates/Science and Technology Parks	3	3	3	3	3
货仓和露天贮物	Warehouse and Open Storage	16	16	17	17	17
机构/休憩	**Institutional/Open Space**					
政府、机构和社区设施	Government, Institutional and Community Facilities	26	26	25	25	25
休憩及康乐④	Open Space and Recreation④	25	25	28	28	28
运输	**Transportation**					
道路及运输设施	Roads and Transport Facilities	41	41	46	46	47
铁路	Railways	3	3	4	4	4
机场	Airport	13	13	13	13	13
港口设施	Port Facilities	-	-	4	4	4
其它都市或已建设土地	**Other Urban or Built-up Land**					
坟场/殡殓设施	Cemeteries/Funeral Facilities	8	8	9	9	9
公用事业设施	Utilities	8	8	9	9	9
空置/正在进行建筑工程的土地	Vacant Land/Construction in Progress	17	17	15	15	18
其它	Others	22	22	12	12	12
农业	**Agriculture**					
农地	Agricultural Land	51	51	50	50	49
鱼塘/基围	Fish Ponds/Gei Wais	17	17	16	16	16
林地/灌丛/草地/湿地	**Woodland/Shrubland/Grassland/Wetland**					
林地	Woodland	277	277	276	276	289
灌丛	Shrubland	262	263	264	264	254
草地	Grassland	192	190	187	187	183
红树林/沼泽	Mangrove/Swamp	5	5	6	6	6
荒地	**Barren Land**					
劣地	Badland	2	2	2	2	2
岩岸	Rocky Shore	4	4	4	4	4
水体	**Water Bodies**					
水塘	Reservoirs	25	25	25	25	25
河道和明渠	Streams and Nullahs	5	5	6	6	6
总计⑤	**Total⑤**	**1111**	**1111**	**1111**	**1111**	**1114**

注：数字为该年年底的数字。
2020年的土地用途数据已根据2020年12月及2021年1月的卫星图像(©AIRBUS DS (2020 & 2021))、截至2020年年底由规划署内部调查所得的资料，以及各政府部门的其它相关资料而更新。由于部分土地用途分类的定义和方法不时更新，所以2020年的数字未必能与往年的数字直接比较。
①包括私人开发商发展的住宅用地(村屋、资助房屋和临时房屋区除外)。
②包括资助房屋和临时房屋区。
③包括村屋和临时搭建物。
④包括公园、运动场、游乐场和康乐设施。
⑤包括高水位线下约4平方公里的红树林和沼泽。

Notes: Figures are as at end of the year.
The land use data of 2020 was compiled using satellite images dated December 2020 and January 2021 (©AIRBUS DS (2020 & 2021)), in-hous survey information of the Planning Department up to 2020 year-end and other relevant information from various government departments.
As definitions of some land use classes and methodology are updated from time to time, the figures of 2020 may not be comparable directly to those provided in previous years.
①Including residential area developed by private developers (excluding village houses, subsidised housing and temporary housing area).
②Including subsidised housing and temporary housing area.
③Including village houses and temporary structures.
④Including parks, stadiums, playgrounds and recreational facilities.
⑤Including about 4 km^2 of mangrove and swamp below the High Water Mark.

26-3 按地区类别及路边情况划分的空气质量(2020年)

Air Quality by Area Type and Roadside Condition (2020)

单位：微克／立方米 (microgram/cu.m.)

地区类别／路边	Area Type/ Roadside	全年平均空气污染浓度 Annual Average Air Pollutant Concentrations			
		二氧化硫 Sulphur Dioxide	二氧化氮 Nitrogen Dioxide	微细悬浮粒子 Fine Suspended Particulates	可吸入悬浮粒子 Respirable Suspended Particulates
市区①	Urban①	5	37	14	26
新市镇②	New Town②	5	32	16	28
郊区③	Rural③	4	9	14	25
路边④	Roadside④	5	70	19	31

注：①包括葵涌、中西区、深水埗、观塘、东区、荃湾及将军澳。
②包括大埔、沙田、元朗、东涌及屯门。
③包括塔门。
④包括铜锣湾、中环及旺角。

Notes: ①Includes Kwai Chung, Central/Western, Sham Shui Po, Kwun Tong, Eastern, Tsuen Wan and Tseung Kwan O.
②Includes Tai Po, Sha Tin, Yuen Long, Tung Chung and Tuen Mun.
③Includes Tap Mun.
④Includes Causeway Bay, Central and Mong Kok.

26-4 按种类划分的平均固体废物量

Average Solid Waste Quantities by Type

单位：吨（每日计） (tonnes per day)

种 类	Type	2015	2016	2017	2018	2019
于堆填区弃置的固体废物	Solid Waste Disposed of at Landfills					
都市固体废物①	Municipal Solid Waste①					
家居②	Domestic②	6464	6391	6404	6712	6554
工商业③	Commercial & industrial③	3694	3954	4329	4716	4503
小计	Sub-total	10159	10345	10733	11428	11057
整体建筑废物④	Overall Construction Waste④	4200	4422	4207	4081	3946
特殊废物⑤	Special Waste ⑤	743	565	575	587	635
总计	**Total**	**15102**	**15332**	**15516**	**16096**	**15637**
已回收都市固体废物⑥	Municipal Solid Waste Recovered ⑥	5569	5225	5015	4870	4491

注：①都市固体废物包括运往弃置设施的家居废物及工商业废物，但不包括建筑废物及已回收的都市固体废物。
②家居废物包括在住宅及公众地方所产生的废物，包括住宅大厦、公共垃圾桶、街道、本港海域及郊野公园收集的废物。
③工商业废物包括商店、食肆、酒店、办公室、私人屋苑街市及所有工业活动产生的废物，而建筑及拆卸废物、化学废物或其他特殊废物除外。
④建筑废物包括由建筑及拆卸活动所产生的废物，但不包括可运往公众填土区作填海用途的物料。在堆填区弃置的整体建筑废物包括来自建筑地盘的建筑废物，以及在建筑地盘以外设立的混凝土配料厂和水泥/砂浆生产厂所产生的废弃混凝土。
⑤特殊废物包括弃置于堆填区的动物尸体、屠房废物、报废货物、滤水厂及污水处理后的污泥、污水处理厂的隔滤物、禽畜废物、医疗废物及化学废物。
⑥都市固体废物回收后会在本地或香港以外地方循环再造。

Notes : ①Municipal solid waste includes domestic waste and commercial & industrial waste delivered to disposal facilities but excludes construction waste and recovered municipal solid waste.
②Domestic waste covers solid waste coming from households and public areas, including waste collected from residential buildings, litter bins, streets, marine areas and country parks.
③Commercial & industrial waste covers solid waste coming from shops, restaurants, hotels, offices, markets in private housing estates as well as all industrial activities, but does not include construction and demolition waste, chemical waste or other special waste.
④Construction waste covers waste arising from construction and demolition activities but excludes material delivered to public filling areas for land reclamation and formation. Overall construction waste received at landfills includes construction waste from construction sites and waste concrete that is generated from concrete batching plants and cement plaster/mortar manufacturing plants not set up inside construction sites.
⑤Special waste includes animal carcasses, abattoir waste, condemned goods, waterworks and sewage treatment sludge, sewage works screening, livestock waste, clinical waste and chemical waste delivered to landfills.
⑥Municipal solid waste recovered will be recycled locally or in places outside Hong Kong.

26-5 人口主要指标
Main Indicators of Population

项　目	Item	2016	2017	2018	2019	2020
年中人口 (万人)	Mid-year Population (10 000 persons)	733.7	739.2	745.1	750.7	748.2
粗出生率 (‰)	Crude Birth Rate (‰)	8.3	7.7	7.2	7.0	5.8
粗死亡率 (‰)	Crude Death Rate (‰)	6.4	6.3	6.4	6.5	6.7 #
婴儿死亡率 (‰)	Infant Mortality Rate (‰)	1.8	1.7	1.5	1.5	1.8 #
自然变动率 (‰)	Rate of Natural Change (‰)	1.9	1.3	0.8	0.5	-0.9 #
总和生育率① (个/千人)	Total Fertility Rate①(unit/1000 persons)	1205	1125	1072	1051	868
登记结婚数 (对)	Registered Marriages (couple)	50008	51817	49331	44247	27863
登记离婚数 (对)	Divorce Decrees (couple)	17196	19394	20321	21157	16020
出生时平均预期寿命 (年)	Expectation of Life at Birth (year)					
男	Male	81.3	81.9	82.3	82.2	82.7 #
女	Female	87.3	87.6	87.7	88.1	88.1 #

注： ①不包括女性外籍家庭佣工。每千名女性的活产婴儿数目。
Note: ①Excluding female foreign domestic helpers. Refers to live births per 1000 women.

26-6 劳动人口及失业状况
Labour Force and Unemployment

项　目	Item	2016	2017	2018	2019	2020
劳动人口数目(万人)	Labour Force (10 000 persons)	392.0	394.7	397.9	396.6	388.8
男	Male	199.6	199.4	200.7	198.0	194.0
女	Female	192.4	195.2	197.2	198.7	194.8
劳动人口参与率 (%)	Labour Force Participation Rate (%)	61.1	61.1	61.2	60.6	59.6
就业人口 (万人)	Employed Persons (10 000 persons)	378.7	382.3	386.7	385.0	366.2
失业人口 (万人)	Unemployed Persons (10 000 persons)	13.3	12.3	11.2	11.6	22.7
失业率 (%)	Unemployment Rate (%)	3.4	3.1	2.8	2.9	5.8

注：数字是根据该年1月至12月进行的“综合住户统计调查”结果，以及年中人口估计数字而编制。
Note: Figures are compiled based on data collected in the General Household Survey from January to December of the year concerned as well as mid-year population estimates.

26-7 按行业划分的就业人数
Employed Persons by Industry

单位：万人 (10 000 persons)

行业	Industry	2016	2017	2018	2019	2020
制造	Manufacturing	11.8	11.1	10.3	10.4	10.3
建筑	Construction	32.8	34.2	35.2	33.8	31.0
进出口贸易及批发	Import/Export Trade and Wholesale	46.5	45.0	44.3	38.7	32.6
零售、住宿①及膳食服务②	Retail, Accommodation① and Food Services②	62.0	63.8	63.1	60.9	51.7
运输、仓库、邮政及速递服务、资讯及通讯	Transportation, Storage, Postal and Courier Services, Information and Communications	45.0	45.3	45.1	44.8	43.3
金融、保险、地产、专业及商用服务	Financing, Insurance, Real Estate, Professional and Business Services	76.2	77.9	79.4	83.5	84.5
公共行政、社会及个人服务	Public Administration, Social and Personal Services	101.8	102.9	107.0	110.4	110.3
其它	Others	2.6	2.1	2.4	2.6	2.3
总计	**Total**	**378.7**	**382.3**	**386.7**	**385.0**	**366.2**

注：数字是根据该年1月至12月进行的“综合住户统计调查”结果，以及年中人口估计数字而编制。
① 住宿服务包括酒店、宾馆、旅舍及其他提供短期住宿服务的机构单位。
② 零售、住宿及膳食服务业合计通常被称为「与消费及旅游相关行业」。

Notes: Figures are compiled based on data collected in the General Household Survey from January to December of the year concerned as well as mid-year population estimates.
① Accommodation services cover hotels, guesthouses, boarding houses and other establishments providing short term accommodation.
② The retail, accommodation and food services industries as a whole is generally referred to as the consumption- and tourism-related segment.

26-8 按每月就业收入划分的就业人数
Employed Persons by Monthly Employment Earnings

单位：万人，另有注明除外 (10 000 persons, unless otherwise specified)

每月就业收入(港元)	Monthly Employment Earnings (HKD)	2016	2017	2018	2019	2020
< 3000	< 3000	10.2	9.7	9.4	9.4	9.7
3000 – 3999	3000 - 3999	4.6	4.3	4.3	3.9	3.3
4000 – 4999	4000 - 4999	32.7	32.7	33.4	33.0	31.4
5000 – 5999	5000 - 5999	6.3	6.6	6.8	7.4	8.7
6000 – 6999	6000 - 6999	6.0	5.5	5.3	5.2	5.6
7000 – 7999	7000 - 7999	6.9	5.9	5.5	4.9	5.6
8000 – 8999	8000 - 8999	12.5	9.9	8.5	7.5	6.6
9000 – 9999	9000 - 9999	15.2	12.5	10.9	9.6	8.1
10000 – 11999	10000 - 11999	34.0	29.2	25.8	23.9	22.0
12000 – 13999	12000 - 13999	39.5	39.1	36.6	33.6	28.7
14000 – 15999	14000 - 15999	35.8	37.5	34.6	34.6	33.1
16000 – 17999	16000 - 17999	19.0	21.0	23.7	24.1	21.0
18000 – 19999	18000 - 19999	15.5	17.5	19.5	19.7	18.7
20000 – 24999	20000 - 24999	38.5	40.8	45.3	46.8	44.1
25000 – 29999	25000 - 29999	21.1	23.0	23.8	23.9	21.9
30000 – 34999	30000 - 34999	20.4	21.4	22.6	23.3	22.7
35000 – 39999	35000 - 39999	11.0	12.1	12.7	12.2	12.2
40000 – 44999	40000 - 44999	9.7	10.1	11.0	12.1	12.1
45000 – 49999	45000 - 49999	6.9	7.0	8.0	7.2	6.6
50000 – 59999	50000 - 59999	11.1	12.2	12.7	13.5	13.5
60000 – 79999	60000 - 79999	10.0	11.4	11.7	12.8	13.5
80000 – 99999	80000 - 99999	4.5	4.7	5.3	5.9	6.1
≧ 100000	≧ 100000	7.4	8.4	9.5	10.5	10.7
总 计	Total	378.7	382.3	386.7	385.0	366.2
每月就业收入中位数(港元)	**Median Monthly Employment Earnings (HKD)**	**15000**	**15500**	**16500**	**17100**	**17700**

注：数字是根据该年1月至12月进行的“综合住户统计调查”结果，以及年中人口估计数字而编制。

Note: Figures are compiled based on data collected in the General Household Survey from January to December of the year concerned as well as mid-year population estimates.

26-9　按行业划分督导级（不包括经理级与专业雇员）及以下雇员的工资指数
Wage Indices for Employees up to Supervisory Level (Managerial and Professional Employees Are Not Included) by Industry

(1992年9月 = 100)　　(September 1992 = 100)

行业主类	Industry Section	2016	2017	2018	2019	2020
名义工资指数	**Nominal Wage Index**					
制造	Manufacturing	206.8	214.8	223.4	229.7	233.5
进出口贸易、批发及零售	Import/Export, Wholesale and Retail Trades	216.3	222.8	229.5	233.1	234.7
运输	Transportation	195.3	200.8	212.7	220.0	216.8
住宿及膳食服务活动①	Accommodation and Food Service Activities①	195.1	204.2	214.0	221.0	223.1
金融及保险活动	Financial and Insurance Activities	230.0	238.2	247.3	254.7	260.6
地产租赁及保养管理	Real Estate Leasing and Maintenance Management	239.9	250.8	261.4	270.6	278.0
专业及商业服务	Professional and Business Services	247.5	258.8	269.8	277.9	282.2
个人服务	Personal Services	301.9	313.9	326.1	335.5	336.7
所有选定行业②	All Selected Industries②	219.6	227.9	237.3	243.9	246.5
实际工资指数③	**Real Wage Index③**					
制造	Manufacturing	113.6	116.1	117.2	116.4	119.8
进出口贸易、批发及零售	Import/Export, Wholesale and Retail Trades	118.8	120.4	120.4	118.1	120.4
运输	Transportation	107.3	108.5	111.6	111.4	111.2
住宿及膳食服务活动①	Accommodation and Food Service Activities①	107.2	110.4	112.3	111.9	114.4
金融及保险活动	Financial and Insurance Activities	126.3	128.7	129.7	129.0	133.7
地产租赁及保养管理	Real Estate Leasing and Maintenance Management	131.8	135.6	137.1	137.1	142.6
专业及商业服务	Professional and Business Services	135.9	139.9	141.5	140.8	144.7
个人服务	Personal Services	165.8	169.6	171.1	169.9	172.7
所有选定行业②	All Selected Industries②	120.7	123.2	124.5	123.6	126.4

注：指有关年度12月份的数字。
①住宿服务包括酒店、宾馆、旅舍及其他提供短期住宿服务的机构单位。
②指“劳工收入统计调查”内工资统计调查所涵盖的所有行业，包括并没有列出其统计数字的电力及燃气供应业、污水处理及废弃物管理业与出版活动业。
③实际工资指数是按其名义指数扣除以2019/20年为基期的甲类消费价格指数而计算出来。

Notes : Figures refer to December of the year.
①Accommodation services cover hotels, guesthouses, boarding houses and other establishments providing short term accommodation.
②Figures refer to all industries covered by the wage enquiry of the Labour Earnings Survey, including the electricity and gas supply industry, sewerage and waste management activities industry and publishing activities industry, the statistics of which are not separately shown.
③The Real Wage Index is derived by deflating the corresponding nominal index by the 2019/20-based Consumer Price Index (A).

26-10 本地生产总值
Gross Domestic Product

年 份 Year	本地生产总值(以当年价格计算) Gross Domestic Product (GDP) At Current Market Prices		本地生产总值与上年比较的实际增长(%) GDP Real Growth Rate over the Preceding Year (%)	人均本地生产总值(以当年价格计算) Per Capita GDP At Current Market Prices	
	(亿港元) (HKD 100 million)	(亿美元) (USD 100 million)		(港元) (HKD)	(美元) (USD)
1990	5993	769	3.8	105050	13487
1991	6913	890	5.7	120188	15466
1992	8071	1043	6.2	139148	17975
1993	9310	1203	6.2	157772	20395
1994	10496	1358	6.0	173909	22504
1995	11190	1446	2.4	181772	23497
1996	12353	1597	4.3	191951	24819
1997	13731	1774	5.1	211592	27330
1998	13081	1689	-5.9	199898	25810
1999	12859	1658	2.5	194649	25090
2000	13375	1717	7.7	200675	25757
2001	13211	1694	0.6	196765	25230
2002	12973	1663	1.7	192367	24666
2003	12567	1614	3.1	186704	23976
2004	13169	1691	8.7	194140	24928
2005	14121	1816	7.4	207263	26651
2006	15034	1935	7.0	219240	28223
2007	16508	2116	6.5	238676	30596
2008	17075	2193	2.1	245406	31515
2009	16592	2140	-2.5	237960	30697
2010	17763	2286	6.8	252887	32551
2011	19344	2485	4.8	273549	35142
2012	20371	2626	1.7	284899	36733
2013	21383	2757	3.1	297860	38404
2014	22600	2915	2.8	312609	40316
2015	23983	3094	2.4	328924	42431
2016	24904	3209	2.2	339454	43733
2017	26594	3412	3.8	359780	46161
2018	28351	3617	2.8	380502	48540
2019@	28446	3630	-1.7	378901	48354
2020@	26885	3466	-6.1	359343	46325

26-11　按当时价格计算的生产法本地生产总值
Gross Domestic Product (GDP) by Economic Activity at Current Prices

单位：亿港元，另有注明除外　　(HKD 100 million, unless otherwise specified)

经济活动	Economic Activity	2015	2016	2017	2018	2019@
农业、渔业、采矿及采石①	**Agriculture, Fishing, Mining and Quarrying①**	**16.30**	**18.98**	**17.36**	**17.62**	**20.57**
工业	**Industry**	**1692.72**	**1861.91**	**1919.91**	**1837.04**	**1779.48**
制造	Manufacturing	267.16	268.44	272.99	275.71	293.66
电力、燃气和自来水供应及废弃物管理	Electricity, Gas and Water Supply, and Waste Management	346.53	344.14	349.78	356.60	340.83
建筑	Construction	1079.02	1249.32	1297.14	1204.73	1144.99
服务	**Services**	**21545.41**	**22297.60**	**23573.59**	**25149.47**	**25595.58**
进出口贸易、批发及零售	Import/export, Wholesale and Retail Trades	5278.22	5255.26	5486.36	5751.03	5333.52
住宿及膳食服务②	Accommodation and Food Services②	781.34	796.82	835.07	915.25	759.18
运输、仓库、邮政及速递服务	Transportation, Storage, Postal and Courier Services	1500.73	1497.42	1533.59	1584.40	1515.74
资讯及通讯	Information and Communications	808.13	842.08	868.91	914.49	955.57
金融及保险	Financing and Insurance	4099.33	4289.03	4804.88	5351.26	5813.19
地产、专业及商用服务	Real Estate, Professional and Business Services	2527.14	2661.39	2748.22	2808.43	2764.97
公共行政、社会及个人服务	Public Administration, Social and Personal Services	4074.05	4369.12	4654.88	4994.33	5362.59
楼宇业权	Ownership of Premises	2476.48	2586.49	2641.66	2830.28	3090.81
以基本价格计算的本地生产总值	**GDP at Basic Prices**	**23254.43**	**24178.49**	**25510.86**	**27004.13**	**27395.63**
产品税	**Taxes on Products**	**954.33**	**837.43**	**1106.98**	**1178.25**	**936.23**
统计差额③ (%)	**Statistical Discrepancy③ (%)**	**-0.9**	**-0.4**	**-0.1**	**0.6**	**0.4**
以当时市价计算的本地生产总值	**GDP at Current Market Prices**	**23982.80**	**24904.38**	**26593.84**	**28351.19**	**28445.60**

注：以上的统计数字是按“香港标准行业分类2.0版”编制。
①由于要为采矿及采石业个别机构单位的数据保密，因此采矿及采石业的数字会包括在「农业、渔业、采矿及采石」内。
②住宿服务包括酒店、宾馆、旅舍及其他提供短期住宿服务的机构单位。
③统计差额是以当时价格计算,以支出法编制的本地生产总值与以生产法编制的本地生产总值之间的差额。这差额是由于在编制过程中数据来源及估算方法有所不同而引致的。统计差额是以其占当时市价计算的本地生产总值的百分比来表示。

Notes: The above statistics are compiled based on the Hong Kong Standard Industrial Classification (HSIC) Version 2.0.
①In order to preserve the confidentiality of information relating to individual establishments in mining and quarrying sector, figures of mining and quarrying sector are included in "Agriculture, Fishing, Mining and Quarrying".
②Accommodation services cover hotels, guesthouses, boarding houses and other establishments providing short term accommodation.
③Statistical discrepancy refers to the difference in values of current price GDP compiled using the expenditure and production approaches, as a result of the adoption of different data sources and estimation methods in the compilation processes. It is expressed as a percentage to GDP at current market prices.

26-12 按2019年环比物量计算的生产法本地生产总值
Gross Domestic Product (GDP) by Economic Activity in Chained (2019) Dollars

单位：亿港元 (HKD 100 million)

经济活动	Economic Activity	2016	2017	2018	2019@	2020@
农业、渔业、采矿及采石①	**Agriculture, Fishing, Mining and Quarrying①**	**22.26**	**21.11**	**20.73**	**20.57**	**21.57**
工业	**Industry**	**1868.78**	**1856.01**	**1901.76**	**1779.48**	**1653.81**
制造	Manufacturing	287.51	288.76	292.43	293.66	276.53
电力、燃气和自来水供应及废弃物管理	Electricity, Gas and Water Supply, and Waste Management	339.25	342.15	342.65	340.83	297.37
建筑	Construction	1244.35	1227.59	1268.60	1144.99	1079.91
服务	**Services**	**24148.90**	**25001.52**	**25773.40**	**25595.58**	**23908.82**
进出口贸易、批发及零售	Import/export, Wholesale and Retail Trades	5309.14	5531.26	5763.28	5333.52	4601.89
住宿及膳食服务②	Accommodation and Food Services②	795.72	811.90	859.65	759.18	440.51
运输、仓库、邮政及速递服务	Transportation, Storage, Postal and Courier Services	1434.75	1504.00	1541.52	1515.74	916.77
资讯及通讯	Information and Communications	843.10	876.74	912.44	955.57	970.55
金融及保险	Financing and Insurance	5133.00	5406.64	5623.37	5813.19	6029.93
地产、专业及商用服务	Real Estate, Professional and Business Services	2721.94	2779.89	2769.50	2764.97	2617.90
公共行政、社会及个人服务	Public Administration, Social and Personal Services	4869.82	5023.63	5204.20	5362.59	5251.12
楼宇业权	Ownership of Premises	3017.05	3042.72	3071.80	3090.81	3080.14
产品税	**Taxes on Products**	**966.22**	**1098.19**	**1055.26**	**936.23**	**1100.72**

注：以上的统计数字是按“香港标准行业分类2.0版”编制。

以环比物量计算按经济活动划分的本地生产总值的参照年，已由2018年重订为2019年。重订参照年会影响以环比物量计算的数值，但不会改变其变动率。整体物量估计与其组成部分相加的总和可能存在差额。“不可相加性”是环比物量计算的一个技术属性。

①由于要为采矿及采石业个别机构单位的数据保密，因此采矿及采石业的数字会包括在「农业、渔业、采矿及采石」内。

②住宿服务包括酒店、宾馆、旅舍及其他提供短期住宿服务的机构单位。

Notes: The above statistics are compiled based on the Hong Kong Standard Industrial Classification (HSIC) Version 2.0.

The reference year for the chain volume measures of GDP by economic activity has been revised from 2018 to 2019. Re-referencing affects the levels, but not the rates of change, of the chain volume measures. A discrepancy may exist between the volume estimate of an aggregate and the sum of its components. “Non-additivity” is a technical feature of the chain volume measures.

①In order to preserve the confidentiality of information relating to individual establishments in mining and quarrying sector, figures of mining and quarrying sector are included in "Agriculture, Fishing, Mining and Quarrying".

②Accommodation services cover hotels, guesthouses, boarding houses and other establishments providing short term accommodation.

26-13 支出法本地生产总值
Gross Domestic Product by Expenditure Component

单位：亿港元，另有注明除外　　(HKD 100 million, unless otherwise specified)

本地生产总值组成部分	GDP Components	2016	2017	2018	2019@	2020@
按当年价格计算	**At Current Market Prices**					
私人消费开支	Private Consumption Expenditure	16499	17841	19361	19734	17883
政府消费开支	Government Consumption Expenditure	2480	2614	2814	3094	3417
固定资本形成总额	Gross Domestic Fixed Capital Formation	5352	5760	6124	5206	4603
存货增减	Changes in Inventories	4	110	112	-31	492
货物出口(离岸价)①	Exports of Goods (f.o.b.)①	38929	42128	44534	42551	42452
减：货物进口(离岸价)①	Less: Imports of Goods (f.o.b.)①	40226	43913	47063	43756	42868
服务出口①	Exports of Services①	7647	8113	8869	7989	5066
减：服务进口①	Less: Imports of Services①	5781	6059	6399	6342	4161
本地生产总值	**GDP**	**24904**	**26594**	**28351**	**28446**	**26885**
人均本地生产总值(港元)	**Per Capita GDP (HKD)**	**339454**	**359780**	**380502**	**378901**	**359343**
按2019年环比物量计算②	**In Chained (2019) Dollars②**					
私人消费开支	Private Consumption Expenditure	17911	18894	19893	19734	17777
政府消费开支	Government Consumption Expenditure	2747	2825	2945	3094	3346
固定资本形成总额	Gross Domestic Fixed Capital Formation	5836	6018	6120	5206	4625
存货增减	Changes in Inventories	4	119	113	-31	445
货物出口(离岸价)①	Exports of Goods (f.o.b.)①	40861	43497	45005	42551	42430
货物进口(离岸价)①	Imports of Goods (f.o.b.)①	42451	45538	47689	43756	42835
服务出口①	Exports of Services①	8224	8451	8843	7989	5106
服务进口①	Imports of Services①	6041	6164	6335	6342	4178
本地生产总值	**GDP**	**27103**	**28131**	**28932**	**28446**	**26716**
人均本地生产总值(港元)	**Per Capita GDP (HKD)**	**369427**	**380573**	**388291**	**378901**	**357076**

注：① 货物出口及进口与服务出口及进口数字，是根据《2008年国民经济核算体系》的标准，采用所有权转移原则记录外地加工货品及转手商贸活动编制而成的。

②以环比物量计算的本地生产总值及其组成部分的参照年，已由2018年重订为2019年。重订参照年会影响以环比物量计算的数值，但不会影响其变动率。整体物量数值与其组成部分相加的总和可能存在差额。不可相加性是环比物量计算的一个技术属性。

Notes:①Figures on exports and imports of goods and services are compiled based on the change of ownership principle in recording goods sent abroad for processing and merchanting under the standards stipulated in the System of National Accounts 2008.

②The reference year for the chain volume measures of GDP and its components has been revised from 2018 to 2019. Re-referencing affects the levels, but not the rates of change, of the chain volume measures. A discrepancy may exist between the volume estimate of an aggregate and the sum of its components. Non-additivity is a technical feature of the chain volume measures.

26-14 本地居民总收入
Gross National Income

单位：亿港元，另有注明除外　　(HKD 100 million, unless otherwise specified)

项　目	Item	2016	2017	2018	2019	2020@
以2019年环比物量计算①	**In chained (2019) dollars①**					
本地生产总值	GDP	27103	28131	28932	28446 @	26716
对外初次收入流量净值	Net External Primary Income Flows	683	1226	1383	1437	1474
实质本地居民总收入②	RGNI②	27784	29369	30409	29883 @	28159
人均本地生产总值(港元)	Per Capita GDP (HKD)	369427	380573	388291	378901 @	357076
人均实质本地居民总收入(港元)	Per Capita RGNI (HKD)	378699	397330	408118	398044 @	376368
按当年价格计算	**At Current Market Prices**					
本地生产总值	GDP	24904	26594	28351	28446 @	26885
对外初次收入流量净值	Net External Primary Income Flows	626	1156	1348	1437	1484
本地居民总收入	GNI	25530	27749	29699	29883 @	28370
人均本地生产总值(港元)	Per Capita GDP (HKD)	339454	359780	380502	378901 @	359343
人均本地居民总收入(港元)	Per Capita GNI (HKD)	347986	375412	398595	398044 @	379181

注：①以环比物量计算的本地生产总值、对外初次收入流量净值及实质本地居民总收入的参照年，已由2018年重订为2019年。

②实质本地居民总收入是把贸易价格比率变动的调整及实质对外初次收入流量净值加进实质本地生产总值而得出。

Notes: ①The reference year for the chain volume measures of GDP, net external primary income flows (EPIF) and GNI has been revised from 2018 to 2019.

②Real Gross National Income (RGNI) is obtained by adding the terms of trade adjustment and real net EPIF to real GDP.

26-15 香港国际收支平衡
Hong Kong's Balance of Payments

单位：亿港元 (HKD 100 million)

标准组成部分①	Standard Component①	2016	2017	2018	2019@	2020@
经常账户②	**Current Account②**	**985**	**1218**	**1059**	**1663**	**1757**
货物	Goods	-1297	-1785	-2530	-1205	-415
服务	Services	1866	2054	2469	1647	905
初次收入	Primary Income	626	1156	1348	1437	1484
二次收入	Secondary Income	-210	-206	-228	-216	-217
资本及金融账户②	**Capital and Financial Account②**	**-1011**	**-765**	**-1751**	**-2374**	**-2407**
资本账户	Capital Account	-4	-6	-16	-7	-5
直接投资	Direct Investment	4478	1869	1728	1607	1319
证券投资	Portfolio Investment	-4696	2642	-6164	-2158	-4306
金融衍生工具	Financial Derivatives	363	618	332	12	138
其他投资	Other Investment	-1064	-3381	2445	-1918	3078
储备资产③	Reserve Assets③	-89	-2505	-76	89	-2630
净误差及遗漏④	**Net Errors and Omissions④**	**26**	**-454**	**691**	**711**	**650**
整体的国际收支	**Overall Balance of Payments**	**89**	**2505**	**76**	**-89**	**2630**

注：①根据国际收支平衡的会计常规，某标准组成部分的净贷方数字以正数显示，而净借方则以负数显示。
②经常账户差额的正数值显示盈余而负数值则为赤字。在资本及金融账户方面，正数值显示资金净流入而负数值则为资金净流出。由于对外资产的增加是属于借方记账而减少则属贷方记账，因此负数值的储备资产显示储备资产的增加，而正数值则显示减少。
③在国际收支平衡架构下储备及非储备资产的估计数字是指交易数字。因估值方式改变(包括价格变动及汇率变动)及重新分类所导致的影响并没计算在内。
④原则上，贷方和借方各项记账的净总和等于零。实际上，由于有关数据是从多个来源搜集得来，贷方和借方记账之间可能由于各种原因而出现差异。为令贷方记账的总和与借方记账的总和相等，须加进一个反映净误差及遗漏的平衡项目。

Notes:①In accordance with the Balance of Payments accounting rules, a net credit for a standard component is represented by a positive value, and a net debit a negative value.
②A positive value for the balance figure in the current account represents a surplus whereas a negative value represents a deficit. In the capital and financial account, a positive value indicates a net financial inflow while a negative value indicates a net outflow. As increases in external assets are debit entries and decreases are credit entries, a negative value for the reserve assets represents a net increase while a positive value represents a net decrease.
③The estimates of reserve and non-reserve assets under the Balance of Payments framework are transaction figures. Effects of valuation changes (including price changes and exchange rate changes) and reclassifications are not taken into account.
④In principle, the net sum of credit entries and debit entries is zero. In practice, discrepancies between the credit and debit entries may occur for various reasons as the relevant data are collected from many sources. Equality between the sum of credit entries and that of debit entries is brought about by the inclusion of a balancing item which reflects net errors and omissions.

26-16　香港国际投资头寸（期末头寸）
Hong Kong's International Investment Position (Position as at End of Period)

单位：亿港元　　　　(HKD 100 million)

概括组成部分	Broad Component	2016	2017	2018	2019	2020@
资产	**Assets**	**357388**	**428100**	**425477**	**439324**	**487677**
直接投资	Direct Investment	135269	159229	160713	156944	162004
证券投资	Portfolio Investment	106015	134711	124782	141688	172446
金融衍生工具	Financial Derivatives	8581	6169	6313	6151	8972
其他投资	Other Investment	77577	94269	100421	100152	106122
储备资产	Reserve Assets	29946	33721	33249	34389	38131
负债	**Liabilities**	**267921**	**317051**	**325004**	**316353**	**320773**
直接投资	Direct Investment	141422	169435	171207	161869	156651
证券投资	Portfolio Investment	33908	44772	42186	44637	42753
金融衍生工具	Financial Derivatives	8270	5509	5753	5804	9419
其他投资	Other Investment	84321	97334	105857	104042	111950
国际投资头寸净值①	**Net International Investment Position①**	**89468**	**111050**	**100473**	**122972**	**166904**

注：①国际投资头寸净值是对外金融资产总值与对外金融负债总值之间的差额。
Note: ①Net International Investment Position is the difference between total external financial assets and total external financial liabilities.

26-17　电力、煤气、水消费量
Electricity, Gas and Water Consumption

用　途	Use	2016	2017	2018	2019	2020
电力　（太焦耳）	**Electricity　(Terajoule)**					
住宅	Domestic	43120	42127	41965	42937	46675
商业	Commercial	103739	103893	105689	107162	101041
工业	Industrial	11252	11196	11081	10815	10672
街灯	Street Lighting	390	389	382	377	362
出口往中国内地	Export to the Mainland of China	4338	4828	2002	0	0
总计	Total	162838	162432	161118	161291	158751
煤气　（太焦耳）	**Gas　(Terajoule)**					
住宅	Domestic	15437	15319	15466	15021	16684
商业	Commercial	11900	12161	12368	11867	9609
工业	Industrial	1477	1569	1717	1824	1653
总计	Total	28814	29049	29550	28712	27947
水　（万立方米）	**Water　(10 000 Cubic Meters)**	**98700**	**98000**	**101300**	**99600**	**102700**

26-18 工业生产指数
Index of Industrial Production

(2015年=100) (year of 2015=100)

行业组别	Industry Grouping	2016	2017	2018	2019	2020
制造	**Manufacturing**	**99.6**	**100.0**	**101.3**	**101.7**	**95.8**
食品、饮品及烟草制品	Food, Beverages and Tobacco	103.9	107.0	110.3	111.0	97.7
纺织制品及成衣	Textiles and Wearing Apparel	95.7	91.5	90.5	91.0	89.8
纸制品、印刷及已储录资料媒体的复制	Paper products, Printing and Reproduction of Recorded Media	99.2	98.6	98.2	97.2	93.3
金属、计算机、电子及光学产品、机械及设备	Metal, Computer, Electronic and Optical Products, Machinery and Equipment	98.8	98.2	96.4	95.0	97.0
其他制造行业	Miscellaneous Manufacturing Industries	97.2	96.9	98.2	99.2	95.5
污水处理、废弃物管理及污染防治活动	**Sewerage, Waste Management and Remediation Activities**	**101.9**	**104.2**	**107.6**	**106.8**	**106.7**

注：以上统计数字是按“香港标准行业分类2.0版”编制。
Note : The above statistics are compiled based on the Hong Kong Standard Industrial Classification (HSIC) Version 2.0.

26-19 按楼宇种类划分的新落成私人楼宇
Newly Completed Private Buildings by Type of Building

楼宇类别	Building Type	2016	2017	2018	2019	2020
住宅楼宇	**Residential**					
楼宇数目 (栋)	Number of Blocks (number)	262	355	308	389	310
实用楼面面积（万平方米）①	Usable Floor Area (10 000 sq.m.)①	33.0	39.5	46.7	38.0	48.4
商住两用楼宇	**Residential/Commercial**					
楼宇数目 (栋)	Number of Blocks (number)	67	128	140	23	72
实用楼面面积(万平方米)	Usable Floor Area (10 000 sq.m.)					
住宅	Residential	28.4	23.1	31.4	9.3	20.8
非住宅	Non-residential	6.8	3.4	9.2	2.2	6.5
商业楼宇	**Commercial**					
楼宇数目 (栋)	Number of Blocks (number)	21	24	21	32	15
实用楼面面积（万平方米）	Usable Floor Area (10 000 sq.m.)	19.3	23.9	19.9	37.0	6.9
工业楼宇	**Industrial**					
楼宇数目 (栋)	Number of Blocks (number)	13	22	12	16	8
实用楼面面积（万平方米）	Usable Floor Area (10 000 sq.m.)	9.1	19.5	6.8	8.1	5.9
其他用途楼宇	**Others**					
楼宇数目 (栋)	Number of Blocks (number)	193	174	251	196	223
实用楼面面积（万平方米）	Usable Floor Area (10 000 sq.m.)					
住宅	Residential	2.3	0.6	1.1	0.1	1.3
非住宅	Non-residential	23.9	27.3	25.7	19.7	19.1
总计	**Total**					
楼宇数目 (栋)	Number of Blocks (number)	556	703	732	656	628
实用楼面面积（万平方米）	Usable Floor Area (10 000 sq.m.)					
住宅①	Residential①	63.7	63.2	79.3	47.4	70.5
非住宅	Non-residential	59.2	74.1	61.7	67.0	38.3

注：①包括住宅楼宇内用作非住宅用途的实用楼面面积，例如：会所/娱乐设施、管理员办事处/宿舍、电机房等。
Note: ①Including usable floor area in residential buildings for non-domestic use, such as club house/recreational facilities, caretakers' office/quarters, transformer room, etc.

26-20 按楼宇种类划分的获批准可动工兴建私人楼宇
Private Buildings with Consent to Commence Work by Type of Building

年份 Year	住宅楼宇 Residential		商住两用楼宇 Residential/Commercial			商业楼宇 Commercial	
	楼宇数目（栋）Number of Blocks (number)	实用楼面面积（万平方米）① Usable Floor Area (10 000 sq.m.)①	楼宇数目（栋）Number of Blocks (number)	实用楼面面积（万平方米）Usable Floor Area (10 000 sq.m.) 住宅 Residential	非住宅 Non-residential	楼宇数目（栋）Number of Blocks (number)	实用楼面面积（万平方米）Usable Floor Area (10 000 sq.m.)
2012							
初次呈交 First Submission	102	27.2	69	35.0	5.8	19	15.1
重大修改 Major Revision	86	14.9	2	0.6	0.1		
2013							
初次呈交 First Submission	329	18.1	54	20.1	2.8	21	23.1
重大修改 Major Revision	445	21.1	53	21.1	1.8	2	3.2
2014							
初次呈交 First Submission	254	24.0	41	22.0	6.2	16	16.9
重大修改 Major Revision	200	9.6	5	6.0	2.7	1	3.2
2015							
初次呈交 First Submission	261	36.9	99	19.2	5.1	20	19.8
重大修改 Major Revision	65	1.4	66	28.5	7.0	1	0.3
2016							
初次呈交 First Submission	262	31.7	53	9.6	5.3	9	18.7
重大修改 Major Revision	110	18.8	36	4.0	1.3	6	5.9
2017							
初次呈交 First Submission	165	29.6	35	11.3	11.4	14	24.4
重大修改 Major Revision	151	11.8	28	33.6	12.1	3	1.0
2018							
初次呈交 First Submission	85	30.1	99	22.6	2.4	12	4.5
重大修改 Major Revision	178	11.8	6	5.1	3.9	3	0.2
2019							
初次呈交 First Submission	151	28.5	26	16.2	1.6	20	53.2
重大修改 Major Revision	108	23.1	18	8.4	0.7	13	20.8
2020							
初次呈交 First Submission	114	13.0	31	9.6	1.4	8	3.8
重大修改 Major Revision	125	12.6	25	17.1	0.5	8	17.3

26-20 续表 continued

年 份 Year	工业楼宇 Industrial		其他用途楼宇 Others			总 计 Total		
	楼宇数目 (栋) Number of Blocks (number)	实用楼面面积 (万平方米) Usable Floor Area (10 000 sq.m.)	楼宇数目 (栋) Number of Blocks (number)	实用楼面面积（万平方米） Usable Floor Area (10 000 sq.m.)		楼宇数目 (栋) Number of Blocks (number)	实用楼面面积（万平方米） Usable Floor Area (10 000 sq.m.)	
				住 宅 Residential	非住宅 Non-residential		住 宅① Residential①	非住宅 Non-residential
2012								
初次呈交 First Submission	8	4.6	68	0.9	39.2	266	63.0	64.8
重大修改 Major Revision	3	2.4	23	1.1	3.7	114	16.6	6.2
2013								
初次呈交 First Submission	9	10.1	35	0.1	12.7	448	38.4	48.8
重大修改 Major Revision	4	3.7	18	1.0	0.9	522	43.2	9.6
2014								
初次呈交 First Submission	6	10.4	45	2.8	14.2	362	48.8	47.7
重大修改 Major Revision	1	0.2	12	0.2	7.5	219	15.9	13.6
2015								
初次呈交 First Submission	21	20.6	85	2.8	38.2	486	59.0	83.7
重大修改 Major Revision	1	1.9	26	0.2	17.3	159	30.1	26.5
2016								
初次呈交 First Submission	12	6.3	47	0.4	16.4	383	41.8	46.7
重大修改 Major Revision	3	1.3	8		7.2	163	22.8	15.6
2017								
初次呈交 First Submission	9	5.4	46	1.0	18.5	269	41.9	59.7
重大修改 Major Revision	1	0.8	9	§	4.2	192	45.4	18.1
2018								
初次呈交 First Submission	7	7.5	35	0.6	6.1	238	53.3	20.4
重大修改 Major Revision	3	2.4	9	0.2	3.1	199	17.0	9.5
2019								
初次呈交 First Submission	6	9.8	44	0.2	15.5	247	44.9	80.2
重大修改 Major Revision	2	8.0	6	0.1	7.9	147	31.6	37.4
2020								
初次呈交 First Submission	3	8.5	36	0.6	39.3	192	23.2	53.1
重大修改 Major Revision	8	9.7	8	0.1	1.7	174	29.8	29.2

注：①包括住宅楼宇内用作非住宅用途的实用楼面面积，例如：会所/娱乐设施、管理员办事处/宿舍、电机房等。

Note: ①Including usable floor area in residential buildings for non-domestic use, such as club house/recreational facilities, caretakers' office/quarters, transformer room, etc.

26-21 按类型划分的永久性居住屋宇单位数量(3月底的数字)
Number of Permanent Living Quarters by Type (as at End March of the Year)

单位：万个 (10 000 units)

永久性居住屋宇单位类型①	Type of Permanent Living Quarters①	2017	2018	2019	2020	2021
公营租住房屋②	Public Rental Housing②	80.54	81.29	83.01	83.21	84.31
资助出售单位③	Subsidised Sale Flats③	40.31	40.90	41.88	42.41	42.98
私人永久性房屋③	Private Permanent Housing③	156.51	158.25	160.36	164.15	166.99
总计	**Total**	**277.36**	**280.44**	**285.25**	**289.76**	**294.28**

注：①数字包括所有住宅屋宇单位及非住宅楼宇内已知作居所用途的屋宇单位，但不包括非住宅用途、酒店及院舍内供住院或在囚人士居住的屋宇单位。
②数字不包括香港房屋委员会售出的公营租住房屋单位。
③数字包括香港房屋委员会、香港房屋协会及市区重建局售出而不可在公开市场买卖的屋宇单位。可在公开市场买卖的资助出售单位则归类为私人永久性房屋。

Notes: ①Figures include all quarters used for residential purpose as well as quarters known to be used for residential purposes in non-residential buildings. Quarters known to be used for non-residential purpose and those in hotels and accommodation used for inmates of institutions are excluded.
②Figures exclude public rental housing flats sold by the Hong Kong Housing Authority.
③Subsidised sale flats include quarters sold by the Hong Kong Housing Authority, Hong Kong Housing Society and Urban Renewal Authority that cannot be traded in the open market. Those flats that can be traded in the open market are classified as private permanent housing.

26-22 按住房租住权划分的家庭住户数目
Domestic Households by Tenure of Accommodation

单位：万户 (10 000 households)

居所租住权	Tenure of Accommodation	2016	2017	2018	2019	2020
总计	**Total**	**249.89**	**253.47**	**257.15**	**261.44**	**264.52**
自置住房住户	Owner-occupiers	125.83	124.82	126.40	130.20	136.18
全租户	Sole Tenants	112.67	117.09	119.84	121.17	118.36
合租户	Co-tenants	1.25	0.88	0.86	0.56	0.31
住房由雇主提供	Provided by Employers	4.50	4.47	4.12	4.02	4.41
其他①	Others①	5.63	6.21	5.93	5.49	5.26

注：数字是根据该年1月至12月进行的“综合住户统计调查”结果，以及年中人口估计数字而编制。
① 包括二房东、三房客及免租户。

Notes: Figures are compiled based on data collected in the General Household Survey from January to December of the year concerned as well as mid-year population estimates.
① Includes main tenants, sub-tenants and rent free households.

26-23 进出香港货物
Inward and Outward Movements of Cargo

单位：万吨 (10 000 tons)

项目	Item	2016	2017	2018	2019	2020
卸下	**Discharged**					
空运	By Air	164.8	172.4	178.1	160.7	144.8
水运	By Water	15077.4	17457.8	15950.9	17093.3	16993.1
海运	By Ocean	11029.1	11887.3	10987.8	11115.2	10357.7
河运	By River	4048.3	5570.5	4963.1	5978.1	6635.3
道路运输①	By Road①	1426.7	1477.4	1414.0	1312.5	1223.6
总计	Total	16668.9	19107.6	17543.0	18566.5	18361.5
装上	**Loaded**					
空运	By Air	287.3	321.4	323.7	309.7	297.2
水运	By Water	10595.6	10696.7	9903.2	9238.2	7935.5
海运	By Ocean	5379.4	5801.7	5467.2	5017.2	4559.7
河运	By River	5216.3	4895.1	4436.0	4221.0	3375.8
道路运输①	By Road①	763.7	753.6	747.6	727.9	658.9
总计	Total	11646.6	11771.7	10974.5	10275.8	8891.6

注：①港珠澳大桥于2018年10月24日开始通车营运。由2018年10月开始，道路货物数字亦包括港珠澳大桥。
Note: ①The Hong Kong-Zhuhai-Macao Bridge commenced operation on 24 October 2018. The road cargo figures as from October 2018 include those of the Hong Kong-Zhuhai-Macao Bridge.

26-24 按主要货物装卸地点划分的集装箱吞吐量
Container Throughput by Main Cargo Handling Location

单位:万标准集装箱单位 (10 000 TEUs)

项目	Item	2016	2017	2018	2019	2020
集装箱吞吐量	**Container Throughput**	**1981.3**	**2077.0**	**1959.6**	**1830.3**	**1796.9**
葵青货柜码头	**Kwai Tsing Container Terminals**					
抵港	Inward					
载货集装箱	Laden Container	701.6	740.6	680.0	639.3	653.7
空集装箱	Empty Container	89.1	104.9	120.2	108.0	115.9
离港	Outward					
载货集装箱	Laden Container	662.0	701.3	668.8	604.5	576.8
空集装箱	Empty Container	67.6	76.7	78.3	70.2	99.2
葵青货柜码头以外	**Other than Kwai Tsing Container Terminals**					
抵港	Inward					
载货集装箱	Laden Container	179.8	180.1	182.8	176.6	143.6
空集装箱	Empty Container	60.1	51.1	31.3	28.9	25.9
离港	Outward					
载货集装箱	Laden Container	154.6	153.2	138.3	145.1	130.8
空集装箱	Empty Container	66.5	69.1	59.9	57.8	51.1

注：一个标准集装箱单位等同一个20英尺集装箱的容量。
Note : TEU refers to a twenty-foot equivalent unit.

26-25 通讯及互联网服务
Communications and Internet Services

项 目	Item	2016	2017	2018	2019	2020
邮递服务	**Postal Services**					
信件邮件 (亿件物品)	Letter Mail (100 million articles)	12.2	11.7	12.5	11.7	9.8
包裹 (万件)	Parcels (10 000 pcs)	101.5	88.2	81.2	69.9	73.6
已使用对外电讯设施容量① (以每秒千兆比特计)	**Activated Capacity of External Telecommunications Facilities① (Gbps)**	**34427**	**48717**	**64592**	**96234**	**113609**
电话服务①② (万条操作线路)	**Telephone Services①② (10 000 working lines)**					
住宅	Residential	236.2	232.5	228.6	226.5	219.9
商用	Business	184.5	182.6	181.3	178.8	173.5
总计	Total	420.7	415.1	409.9	405.4	393.4
图文传真① (万条操作线路)	**Fax① (10 000 working lines)**	**16.7**	**16.1**	**15.4**	**14.5**	**13.5**
对外电话通讯量 (万分钟)	**External Telephone Traffic Volume (10 000 minutes)**					
拨出③	Outgoing③	366887	303071	225271	143347	
拨入④	Incoming④	165899	136351	102000	83059	
公共无线电传呼接收器①(个)	**Public Radio Paging Receivers① (number)**	**28499**	**23128**	**18147**	**14948**	**11392**
公共移动电话用户系统①⑤⑥ (个)	**Public Mobile Subscriptions Units①⑤⑥ (number)**	**8161032 (17233286)**	**8604971 (19013175)**	**9208885 (21639538)**	**9481012 (23975075)**	**9489934 (23138116)**
互联网服务	**Internet Services**					
互联网服务商数目①⑦(个)	**Licensed Internet Service Providers (ISPs)①⑦ (number)**	**225**	**233**	**251**	**252**	**263**
互联网服务的用户(接驳线)数目①⑧(个)	**Number of Access Lines of Internet Service Subscriptions①⑧ (number)**					
拨号上网登记线路(不包括互联网储值卡)⑨	Registered Dial-up Access Lines (Excluding Internet Pre-paid Calling Cards)⑨	190859	140923	52284	50055	27753
以私人租用线路接驳的已登记线路⑨	Registered Leased Line Access Lines⑨	2551	2641	2911	23192	22996
宽带互联网接驳线⑨	Registered Broadband Internet Access Lines⑨	2611682	2645752	2699029	2787835	2871081
互联网使用量⑧	**Internet Traffic Volume⑧**					
客户通过公共电话网络接驳⑩ (万分钟)	Customer Access via Public Switched Telephone Networks⑩ (10 000 minutes)	21458	19676	16271	13240	11885
客户通过宽带网络接驳 (太字节)⑪	Customer Access via Broadband Networks (terabytes)⑪	4824088	5988964	6792188	7849486	9948029

注：①年底数字。②数字包括直通内线式电话线、图文传真线及电文线路的直拨服务。③数字也包括图文传真及数据。④估计数字。
⑤数字不包括预付智能卡。包括预付智能卡的数字于括号内展示。 ⑥数字包括3G及4G服务。自2020年4月开始，数字亦包括5G服务。
⑦营办商数目包括所有持牌获准提供互联网接驳服务的营办商。
⑧数字为根据互联网服务供应商申报的估计数字，并不包括不属于持牌互联网服务供应商客户的使用者。
⑨已登记线路是指由互联网服务供应商以拨号或宽频互联网形式向客户提供的接驳(包括免费的接驳线)。如互联网服务供应商向同一客户提供多条接驳线，统计数字会根据其向客户提供的接驳线数目作统计。相关接驳线如用作提供多于一项服务，亦只作一条接驳线计算。在2019年之前，统计数字为已登记客户户口数目，即互联网服务供应商的客户户口(包括免费的客户户口)。拥有超过一个客户登入识别码的登记客户户口只算作一个已登记的客户户口。已登记客户户口数目不包括只获提供电邮地址的客户户口。
⑩不包括通过私人租用线路接驳及使用宽带服务的客户。
⑪1个太字节 ＝ 8万亿比特。

Notes : ①Figures are as at end of the year.
②Figures include direct dialing in lines, facsimile lines and datel lines. ③Figures also include facsimile and data. ④Estimated figures.
⑤Excluding pre-paid SIM cards. Figures including pre-paid SIM cards are presented in brackets.
⑥Figures include 3G and 4G mobile services. Starting from April 2020, figures also include 5G mobile services.
⑦Including all licensees authorised to provide Internet access services.
⑧Estimated figures are based on the returns from the ISPs and do not include users who are not customers on the licensed ISPs.
⑨Registered access lines refer to the dial-up or broadband connections of ISPs to individual end users (including those free-of-charge connections). Where multiple access lines are provided to the same end user, the number of access lines is counted for the purpose of the statistics. In case more than one service is offered under one access line, it is counted as one access line only.
Prior to 2019, the statistics represents the number of registered customer accounts which refer to the customer accounts of ISPs (including those free-of-charge customer accounts). For a registered customer account which has more than one user login ID, it is counted as one registered customer account only. Registered customer accounts do not include customer accounts which are provided with e-mail addresses only.
⑩Excluding customer access via leased circuits and broadband services.
⑪1 terabyte = 8 terabits.

26-26 商品进出口贸易总额
Total Imports and Exports of Goods

单位：亿港元 (HKD 100 million)

贸易种类	Type of Trade	2016	2017	2018	2019	2020
进口	Imports	40084	43570	47214	44154	42698
整体出口	Total Exports	35882	38759	41581	39887	39275
贸易总额	Total Trade	75966	82329	88795	84041	81973
商品贸易差额	Merchandise Trade Balance	-4201	-4811	-5633	-4268	-3422

26-27 商品进口的主要供应地
Imports of Goods by Major Supplier

单位：亿港元 (HKD 100 million)

贸易种类／主要国家／地区	Type of Trade/ Main Country/Territory	2016	2017	2018	2019	2020
进口(供应地)	**Imports (Supplier)**	**40084**	**43570**	**47214**	**44154**	**42698**
中国内地	The Mainland of China	19168	20301	21863	20581	19235
中国台湾	Taiwan, China	2921	3297	3384	3305	4057
新加坡	Singapore	2617	2881	3141	2907	3141
韩国	Korea	1962	2521	2783	2201	2472
日本	Japan	2467	2534	2600	2526	2400

26-28 商品整体出口的主要目的地
Total Exports of Goods by Major Destination

单位：亿港元 (HKD 100 million)

贸易种类／主要国家／地区	Type of Trade/ Main Country/Territory	2016	2017	2018	2019	2020
整体出口（目的地）	**Total Exports (Destination)**	**35882**	**38759**	**41581**	**39887**	**39275**
中国内地	The Mainland of China	19435	21058	22873	22109	23245
美国	United States of America	3240	3302	3568	3040	2588
日本	Japan	1167	1285	1293	1210	1093
中国台湾	Taiwan, China	745	894	862	883	985
印度	India	1167	1586	1343	1182	974

26-29 涉及外发中国内地加工的贸易
Trade Involving Outward Processing in the Mainland of China

项　目	Item	2016	2017	2018	2019	2020
涉及外发加工贸易的估计货值（亿港元）	**Estimated Value of Outward Processing Trade (HKD 100 million)**					
输往中国内地的整体出口货物	Total Exports to the Mainland of China	5362	5794	6098	5594	5027
从中国内地进口的货物	Imports from the Mainland of China	7552	8103	8490	7934	6688
原产地为中国内地经香港输往其他地方的转口货物	Re-exports of the Mainland of China Origin to Other Places	8705	9205	9723	8841	7372
涉及外发加工贸易的估计比重（%）	**Estimated Proportion of Outward Processing Trade (%)**					
输往中国内地的整体出口货物	Total Exports to the Mainland of China	28	28	27	25	22
从中国内地进口的货物	Imports from the Mainland of China	39	40	39	39	35
原产地为中国内地经香港输往其他地方的转口货物	Re-exports of the Mainland of China Origin to Other Places	71	70	69	69	63

26-30 按服务组成部分划分的服务出口及进口
Exports and Imports of Services by Service Component

单位：亿港元 (HKD 100 million)

服务组成部分	Service Component	2016	2017	2018	2019	2020
服务出口	**Exports of Services**					
制造服务	Manufacturing Services	§	§	§	§	
保养及维修服务	Maintenance and Repair Services	26	26	29	28	
运输	Transport	2187	2374	2588	2467	
旅游	Travel	2550	2598	2890	2266	
建筑	Construction	9	10	8	7	
保险及退休金服务	Insurance and Pension Services	112	110	117	111	
金融服务	Financial Services	1383	1570	1741	1691	
知识产权使用费	Charges for the Use of Intellectual Property	52	56	58	59	
电子通讯、计算机及资讯服务	Telecommunications, Computer and Information Services	221	221	231	242	
其他商业服务	Other Business Services	1074	1115	1173	1084	
个人、文化及康乐服务	Personal, Cultural and Recreational Services	23	26	27	27	
政府货品及服务	Government Goods and Services	7	8	8	7	
总计	Total	7647	8113	8869	7989	5066 @
服务进口	**Imports of Services**					
制造服务	Manufacturing Services	882	913	932	881	
保养及维修服务	Maintenance and Repair Services	10	11	14	16	
运输	Transport	1314	1363	1453	1437	
旅游	Travel	1874	1979	2072	2106	
建筑	Construction	10	10	8	5	
保险及退休金服务	Insurance and Pension Services	110	113	118	120	
金融服务	Financial Services	366	423	486	506	
知识产权使用费	Charges for the Use of Intellectual Property	146	150	156	155	
电子通讯、计算机及资讯服务	Telecommunications, Computer and Information Services	150	150	157	161	
其他商业服务	Other Business Services	897	924	980	932	
个人、文化及康乐服务	Personal, Cultural and Recreational Services	10	10	11	11	
政府货品及服务	Government Goods and Services	12	14	13	13	
总计	Total	5781	6059	6399	6342	4161 @
服务出口净额	**Net Exports of Services**	**1866**	**2054**	**2469**	**1647**	**905 @**

注：数字已采纳《2010年国际服务贸易统计手册》内最新的国际建议。
由于进位原因，统计表内个别项目的数字加起来可能与其总计略有差别。

Notes: Figures have incorporated the latest international recommendations given in the Manual on Statistics of International Trade in Services 2010.
There may be a slight discrepancy between the sum of individual items and the total shown in the table because of rounding.

26-31 按主要目的地和来源地划分的服务出口及进口
Exports and Imports of Services by Major Destination and Source

单位：亿港元 (HKD 100 million)

目的地／来源地	Destination/Source	2015	2016	2017	2018	2019
服务出口①	**Exports of Services①**					
中国内地	The Mainland of China	3108	2964	3103	3401	2865
美国	United States of America	1168	1048	1106	1200	1137
英国	United Kingdom	594	607	635	688	674
日本	Japan	329	310	334	357	337
新加坡	Singapore	295	295	322	342	322
其他	Others	2315	2167	2264	2441	2273
所有目的地	All Destinations	7808	7390	7763	8429	7607
服务进口①	**Imports of Services①**					
中国内地	The Mainland of China	2217	2210	2283	2375	2349
美国	United States of America	638	656	663	699	682
日本	Japan	446	459	499	520	509
英国	United Kingdom	334	333	349	376	393
新加坡	Singapore	255	244	257	272	272
其他	Others	1815	1844	1922	2031	2017
所有来源地	All Sources	5704	5745	5972	6274	6223

注：数字已采纳《2010年国际服务贸易统计手册》内最新的国际建议。
由于进位原因，统计表内个别项目的数字加起来可能与其所有目的地／来源地的数字略有差别。
①由于非直接计算金融中介服务没有按地区细分数字，本统计表内的数字不包括非直接计算的金融中介服务数字。因此于本统计表内所有目的地／来源地的数字与表26-30内所有服务的相应数字并不相同。

Notes: Figures have incorporated the latest international recommendations given in the Manual on Statistics of International Trade in Services 2010.
There may be a slight discrepancy between the sum of individual items and the figure for all destinations/sources shown in the table because of rounding.
①Since data on geographical breakdowns of financial intermediation services indirectly measured (FISIM) are not available, the figures in respect of FISIM are not included in this table. Hence, figures for all destinations/sources in this table are not equal to the corresponding figures for all services in Table 26-30.

26-32 按选定主要投资者国家／地区划分的外商直接投资头寸及流动
Position and Flow of Inward Direct Investment by Selected Major Investor Country/Territory

单位：亿港元 (HKD 100 million)

主要投资者国家／地区	Major Investor Country/Territory	以市值计算的外商直接投资 Inward Direct Investment at Market Value					
		年底头寸 Position at End of Year			年间流入 Inflow in Year		
		2017	2018	2019	2017	2018	2019
英属维尔京群岛	British Virgin Islands	49801	49098	49363	3299	2811	2591
中国内地	The mainland of China	38724	41216	40810	1792	2966	3205
开曼群岛	Cayman Islands	11935	12502	13768	1618	-101	386
英国	United Kingdom	2878	12068	11978	-148	800	256
百慕大	Bermuda	6568	8094	8514	176	503	413
美国	United States of America	3259	2911	3508	120	195	412
新加坡	Singapore	3830	3161	3254	828	-18	366
日本	Japan	2521	2428	2162	164	247	185
泰国	Thailand	2256	1912	2107	-5	421	533
库克群岛	Cook Islands	947	1237	1406	130	115	90
其他	Others	29179	19181	8569	653	233	-2661
总计	**Total**	**151898**	**153806**	**145438**	**8626**	**8171**	**5776**

注：根据香港近年从个别投资者国家／地区的外商直接投资头寸选取。
Note: Selected based on the position of Hong Kong’s inward direct investment from individual investor countries/territories in recent years.

26-33 按选定主要接受投资国家／地区划分的对外直接投资头寸及流动
Position and Flow of Outward Direct Investment by Selected Major Recipient Country/Territory

单位：亿港元 (HKD 100 million)

主要接受投资国家/地区	Major Recipient Country/Territory	以市值计算的对外直接投资 Outward Direct Investment at Market Value					
		年底头寸 Position at End of Year			年间流出 Outflow in Year		
		2017	2018	2019	2017	2018	2019
中国内地	The mainland of China	54201	58228	62799	2433	3970	4110
英属维尔京群岛	British Virgin Islands	48813	48418	48924	817	1993	1320
开曼群岛	Cayman Islands	5433	5227	5754	17	161	946
百慕大	Bermuda	2881	3442	4302	491	180	441
新加坡	Singapore	2157	2550	2929	647	65	82
英国	United Kingdom	1799	1918	2805	107	310	238
荷兰	Netherlands	2487	1620	1529	2004	-703	-51
澳大利亚	Australia	1337	1194	1201	-171	184	25
美国	United States of America	920	1107	1145	69	245	-16
泰国	Thailand	695	708	1043	138	28	-3
其他	Others	20967	18903	8081	206	10	-2924
总计	**Total**	**141691**	**143312**	**140513**	**6757**	**6443**	**4169**

注：根据香港近年对个别接受投资国家／地区的对外直接投资头寸选取。
Note: Selected based on the position of Hong Kong's outward direct investment to individual recipient countries/territories in recent years.

26-34 按母公司所在的国家／地区划分的驻港地区总部数目 Number of Regional Headquarters in Hong Kong by Country/Territory where Parent Company was Located

单位：个 (unit)

项 目	Item	2016	2017	2018	2019	2020
驻港地区总部数目	**No. of Regional Headquarters in Hong Kong**	**1379**	**1413**	**1530**	**1541**	**1504**
母公司所在的国家／地区	Country/Territory Where Parent Company Was Located					
美国	United States of America	286	283	290	278	282
中国内地	The Mainland of China	137	154	197	216	238
日本	Japan	239	233	244	232	226
英国	United Kingdom	124	122	137	141	131
德国	Germany	85	87	98	97	94
法国	France	73	81	92	96	94
瑞士	Switzerland	51	55	54	55	53
意大利	Italy	36	39	39	40	46
新加坡	Singapore	40	45	46	47	46
澳大利亚	Australia	37	35	35	35	29
荷兰	Netherlands	29	27	28	26	28
中国台湾	Taiwan, China	25	19	22	26	28
瑞典	Sweden	30	27	29	30	24
加拿大	Canada	17	19	21	22	23
比利时	Belgium	20	21	21	19	14

注：数字指有关年度6月首个工作日的数字。地区总部是指有香港境外母公司，并对区内(即香港及另一个或多个地方)各办事处及／或运作拥有管理权的一家办事处。如驻港的地区总部属联营机构，其母公司所在的国家／地区可多于一个。

Note : Figures refer to the first working day of June of the year. A regional headquarters is an office with parent company located outside Hong Kong which has managerial control over offices and/or operations in the region (i.e. Hong Kong plus one or more other places). In the case of a joint-venture regional headquarters in Hong Kong, there may be more than one country/territory where its parent companies are located.

26-35 按母公司所在的国家／地区划分的驻港地区办事处数目 Number of Regional Offices in Hong Kong by Country/Territory where Parent Company was Located

单位：个 (unit)

项 目	Item	2016	2017	2018	2019	2020
驻港地区办事处数目	**Number of Regional Offices in Hong Kong**	**2352**	**2339**	**2425**	**2490**	**2479**
母公司所在的国家／地区	Country/Territory Where Parent Company Was Located					
日本	Japan	420	428	421	431	427
美国	United States of America	480	443	434	457	408
中国内地	The Mainland of China	174	196	255	303	344
英国	United Kingdom	223	221	219	206	210
德国	Germany	131	140	139	152	145
法国	France	109	101	119	116	114
中国台湾	Taiwan, China	115	109	97	92	103
新加坡	Singapore	102	106	106	103	95
瑞士	Switzerland	80	84	83	85	92
意大利	Italy	64	54	62	65	63
荷兰	Netherlands	63	56	52	57	56
澳大利亚	Australia	54	48	50	54	50
瑞典	Sweden	29	29	30	29	38
韩国	Korea	41	47	47	47	38
加拿大	Canada	32	30	33	31	29

注：数字指有关年度6月首个工作日的数字。地区办事处是指有香港境外母公司，并负责协调区内(即香港及另一个或多个地方)各办事处及／或运作的一家办事处。如驻港的地区办事处属联营机构，其母公司所在的国家／地区可多于一个。

Note : Figures refer to the first working day of June of the year. A regional office is an office with parent company located outside Hong Kong which coordinates offices and/or operations in the region (i.e. Hong Kong plus one or more other places). In the case of a joint-venture regional office in Hong Kong, there may be more than one country/territory where its parent companies are located.

26-36 按居住国家／地区划分的访港旅客人数
Visitor Arrivals by Country/Territory of Residence

单位：万人次 (10 000 person-times)

居住国家／地区	Country/Territory of Residence	2016	2017	2018	2019	2020
中国内地	The Mainland of China	4277.8	4444.5	5103.8	4377.5	270.6
南亚及东南亚	South and Southeast Asia	370.2	362.6	357.2	304.1	19.1
中国台湾	Taiwan, China	201.1	201.1	192.5	153.9	10.5
北亚	North Asia	248.5	271.8	270.9	212.1	9.0
欧洲、非洲及中东	Europe, Africa and the Middle East	222.6	220.2	223.2	198.5	17.8
美洲	The Americas	177.3	178.2	187.3	160.1	12.3
澳大利亚、新西兰及南太平洋	Australia, New Zealand and South Pacific	68.4	68.7	70.4	61.2	5.8
中国澳门①／未能辨别	Macao, China①/Not identified	99.5	100.1	109.5	123.9	11.8
总计	**Total**	**5665.5**	**5847.2**	**6514.8**	**5591.3**	**356.9**
与上年比较的变动百分比(%)	**Percentage Changes over the Preceding Year(%)**	**-4.5**	**3.2**	**11.4**	**-14.2**	**-93.6**

注：①访港旅客数字包括经澳门访港的非澳门居民。
Note:①Figures include arrival of non-Macao residents via Macao.

26-37 政府储备结余
Government's Reserve Balances

单位：亿港元 (HKD 100 million)

项　目	Item	2016/2017	2017/2018	2018/2019	2019/2020	2020/2021
期初储备结余	Opening Reserve Balances	8428.88	9539.60	11029.34	11708.83	11603.08
收入①	Revenue①	5731.24	6198.37	5997.74	5909.26	5642.30
开支①	Expenditure①	4620.52	4708.63	5318.25	6078.30	8160.66
债券及票据偿还款项	Repayment of Bonds and Notes	-	-	-	(15)	-
发行债券所得净收入	Net proceeds from Issuance of Bonds	-	-	-	78.29	193.04
盈余／(赤字)	Surplus/(Deficit)	1110.72	1489.74	679.49	(105.75)	(2325.32)
期末储备结余	Closing Reserve Balances	9539.60	11029.34	11708.83	11603.08	9277.76

注：2020/21年度的数字有待审计署署长核实。
①数字不包括“政府一般收入帐目及各基金之转拨”。
Notes:Figures for 2020/21 are subject to audit by the Director of Audit.
①Figures exclude “Transfers between the General Revenue Account and Funds”.

26-38 政府收入(一般收入帐目及各基金)
Government Revenue (General Revenue Account and the Funds)

单位：亿港元 (HKD 100 million)

项 目	Item	2016/2017	2017/2018	2018/2019	2019/2020	2020/2021
经营收入	**Operating Revenue**					
直接税	Direct Taxes					
入息税及利得税	Earnings and Profits Tax	2069.07	2087.29	2363.53	2141.19	2208.18
间接税	Indirect Taxes					
博彩及彩票税	Bets and Sweeps Tax	211.19	219.59	221.94	220.12	208.77
印花税	Stamp Duties	618.99	951.73	799.79	671.98	890.45
飞机乘客离境税	Air Passenger Departure Tax	25.98	27.37	28.81	23.47	1.01
应课税品税项	Duties	102.54	107.01	106.36	113.91	118.52
一般差饷	General Rates	212.50	222.03	171.67	209.80	190.44
车辆税	Motor Vehicle Taxes	78.14	85.94	94.32	72.19	65.94
专利税及特权税	Royalties and Concessions	105.45	32.42	35.00	32.02	35.29
各项收费①(含征税成分的费用)	Fees and Charges① (tax-loaded fees)	53.90	81.50	80.29	48.32	43.62
其他收入	Other Revenue					
罚款、没收及罚金	Fines, Forfeitures and Penalties	14.96	23.27	28.37	18.01	47.72
物业及投资	Properties and Investments	301.12	274.03	171.78	233.35	213.42
贷款、偿款、供款及其他收入	Loans, Reimbursements, Contributions and Other Receipts	39.95	37.99	38.40	40.69	55.24
公用事业	Utilities	42.56	43.73	44.40	39.06	34.96
各项收费①(不包含征税成分的费用)	Fees and Charges① (excluding tax-loaded fees)	73.29	77.43	81.99	72.90	61.01
投资收入②	Investment Income②					
政府一般收入帐目	General Revenue Account	167.63	156.26	277.51	401.53	418.48
土地基金	Land Fund	-	-	-	-	-
经营收入总额	**Total Operating Revenue**	**4117.27**	**4427.59**	**4544.16**	**4338.54**	**4593.05**
非经营收入	**Capital Revenue**					
间接税	Indirect Taxes					
遗产税	Estate Duty	0.19	0.31	0.89	0.53	0.07
的士专营权税	Taxi concessions	1.41	-	-	-	-
其他收入	Other Revenue					
从房屋委员会收回的款项	Recovery from Housing Authority	0.90	2.43	12.34	15.18	31.21
其他	Others	240.49	12.98	92.10	9.13	7.01
基金②③	Funds②③					
基本工程储备基金(不包括债券收入)	Capital Works Reserve Funds (excluding proceeds of bond issue)	1299.97	1687.68	1258.49	1551.99	1150.23
资本投资基金	Capital Investment Fund	14.37	8.96	14.01	9.55	8.92
赈灾基金	Disaster Relief Fund	0.04	0.03	0.03	0.05	0.04
贷款基金	Loan Fund	23.85	27.01	28.52	24.59	9.04
公务员退休金储备基金	Civil Service Pension Reserve Fund	9.70	9.30	16.56	11.11	15.04
创新及科技基金	Innovation and Technology Fund	2.07	2.88	7.18	7.78	9.66
奖券基金	Lotteries Fund	20.98	19.20	23.46	19.10	11.07
非经营收入总额	**Total Capital Revenue**	**1613.97**	**1770.78**	**1453.58**	**1649.01**	**1242.29**
政府收入总额	**Total Government Revenue**	**5731.24**	**6198.37**	**5997.74**	**5987.55**	**5835.34**

注：2020/21年度的数字有待审计署署长核实。
①各项收费之中含征税成分的费用已重新归类为税项收入。
②2014-15及2015-16年度财政储备的投资收入已预留作房屋储备金，并存放于外汇基金内，而没有在2014年12月31日及2015年12月31日收取。
③包括发行绿色债券所得净收入。

Notes: Figures for 2020/21 are subject to audit by the Director of Audit.
①The tax-loaded portion of fees and charges is re-classified under tax revenue.
②The investment incomes on the fiscal reserves for 2014-15 and 2015-16 have been set aside and retained within the Exchange Fund as provision for the Housing Reserve, and were not received on 31 December 2014 and 31 December 2015.
③Including net proceeds from issuance of green bond.

26-39 政府支出(一般收入帐目及各基金)
Government Expenditure (General Revenue Account and the Funds)

单位：亿港元 (HKD 100 million)

项 目	Item	2016/2017	2017/2018	2018/2019	2019/2020	2020/2021
经营支出	**Operating Expenditure**					
经常支出	**Recurrent Expenditure**					
个人薪酬	Personal Emoluments	717.75	745.67	792.64	874.90	876.17
与员工有关联的支出	Personnel Related Expenses	67.25	74.45	83.35	94.12	101.74
退休金	Pensions	319.48	344.10	367.84	386.48	426.89
部门支出	Departmental Expenses	301.63	313.66	347.25	408.18	451.55
其它费用	Other Charges	690.52	693.07	832.95	844.32	930.83
资助金	Subventions					
教育	Education	415.84	472.83	522.20	572.20	591.34
卫生	Health	530.91	560.44	642.47	719.72	779.36
社会福利	Social Welfare	145.37	150.94	166.84	194.11	207.94
大学	Universities	184.95	188.82	196.79	209.23	214.40
职业训练局	Vocational Training Council	25.63	25.77	26.98	28.50	28.54
杂项	Miscellaneous	47.05	48.37	50.59	55.84	62.18
非经常支出	Non-recurrent					
政府一般收入账目	General revenue account	86.18	90.85	294.55	844.51	2519.11
土地基金	Land Fund	–	–	–	–	0.39
经营支出总额	**Total Operating Expenditure**	**3532.56**	**3708.97**	**4324.45**	**5232.11**	**7190.44**
非经营支出	**Capital Expenditure**					
机器、设备及工程	Plant, Equipment and Works	22.15	23.19	33.45	28.19	29.35
资助金	Subventions					
教育	Education	8.27	8.91	12.30	12.22	12.75
卫生	Health	8.37	8.84	9.42	11.55	16.20
职业训练局	Vocational Training Council	0.45	0.61	0.69	0.61	0.79
杂项	Miscellaneous	0.73	0.71	1.17	1.46	1.18
基金	Funds					
基本工程储备基金①	Capital Works Reserve Fund①	872.94	868.87	819.11	700.57	771.72
资本投资基金	Capital Investment Fund	101.94	10.56	39.87	39.27	25.94
贷款基金	Loan Fund	46.69	47.90	44.12	23.49	27.37
赈灾基金	Disaster Relief Fund	0.54	0.65	0.65	0.67	0.72
创新及科技基金	Innovation and Technology Fund	12.58	14.83	15.75	18.84	47.96
奖券基金	Lotteries Fund	13.30	14.59	17.27	24.32	36.24
非经营支出总额	**Total Capital Expenditure**	**1087.96**	**999.66**	**993.80**	**861.19**	**970.22**
政府支出总额	**Total Government Expenditure**	**4620.52**	**4708.63**	**5318.25**	**6093.30**	**8160.66**

注：2020/21年度的数字有待审计署署长核实。
① 包括2004年发行的政府债券及票据的偿还款项。
Notes: Figures for 2020/21 are subject to audit by the Director of Audit.
① Including repayment of government bonds and notes issued in 2004.

26-40 按政策组别划分的公共开支
Public Expenditure by Policy Area Group

单位：亿港元 (HKD 100 million)

项 目	Item	2016/2017	2017/2018	2018/2019	2019/2020	2020/2021
社区及对外事务	Community and External Affairs	148.51	163.43	248.35	203.02	227.49
经济	Economic	293.65	205.85	260.34	400.35	1160.02
教育	Education	824.36	884.65	1080.35	1253.41	1080.11
环境及食物	Environment and Food	208.34	215.86	242.91	306.80	351.29
卫生	Health	664.74	710.95	782.75	873.47	983.08
房屋	Housing	288.75	327.80	311.59	310.99	360.05
基础建设	Infrastructure	894.02	862.91	752.11	668.44	775.75
保安	Security	431.62	458.33	504.55	567.32	646.09
社会福利	Social Welfare	681.51	703.16	901.26	922.49	1000.66
辅助服务	Support	512.66	542.80	591.57	920.53	2016.82
总计	**Total**	**4948.16**	**5075.74**	**5675.78**	**6426.82**	**8601.36**

注：2020/21年度的数字为修订预算。
公共开支包括政府开支及其他公营机构的开支。至于政府只享有股权的机构，包括法定机构，例如机场管理局及香港铁路有限公司，其开支则不包括在内。
Notes: Figures for 2020/21 are revised estimates.
Public expenditure comprises government expenditure and expenditure by other public bodies. It does not include expenditure by those organisations, including statutory organisations, in which the government has only an equity position, such as the Airport Authority and the MTR Corporation Limited.

26-41 外币兑换率及港汇指数
Exchange Rates and the Effective Exchange Rate Indices

单位：每单位外币兑换港元 (HKD per unit of foreign currency)

项　目	Item	2016	2017	2018	2019	2020
年内平均数字①	**Average for the year①**					
澳元	Australian Dollar	5.78	5.98	5.86	5.44	5.36
加拿大元	Canadian Dollar	5.86	6.01	6.05	5.91	5.79
人民币	Chinese Renminbi	1.1664	1.1552	1.1855	1.1332	1.1248
欧元	Euro	8.59	8.82	9.25	8.77	8.86
印度卢比	Indian Rupee	0.116	0.120	0.115	0.111	0.105
日元	Japanese Yen	0.0716	0.0695	0.0709	0.0719	0.0727
马来西亚林吉特	Malaysian Ringgit	1.87	1.81	1.94	1.89	1.85
新台币	New Taiwan Dollar	0.247	0.262	0.263	0.256	0.261
菲律宾比索	Philippines Peso	0.166	0.157	0.152	0.153	0.157
英镑	Pound Sterling	10.51	10.05	10.46	10.00	9.96
韩圆	Korean Won	0.0067	0.0069	0.0071	0.0067	0.0066
新加坡元	Singapore Dollar	5.62	5.65	5.81	5.74	5.63
瑞士法郎	Swiss Franc	7.88	7.92	8.01	7.89	8.28
泰铢	Thai Baht	0.220	0.230	0.243	0.253	0.249
美元	US Dollar	7.762	7.794	7.839	7.836	7.757
特别提款权	Special Drawing Right	10.79275	10.80958	11.10253	10.82677	10.79899
港汇指数 (2010年1月=100)②	Effective Exchange Rate Indices for the Hong Kong dollar (January 2010=100) ②					
贸易总值(进口及整体出口)加权	Trade (import and export)-weighted	104.1	104.2	101.8	105.2	105.8
进口货值加权	Import-weighted	104.2	104.2	101.7	104.9	105.4
整体出口货值加权 ③	Export-weighted③	104.1	104.3	101.9	105.5	106.2
年底数字④	**As at end of year④**					
澳元	Australian Dollar	5.59	6.10	5.53	5.46	5.97
加拿大元	Canadian Dollar	5.77	6.22	5.75	5.97	6.09
人民币	Chinese Renminbi	1.1113	1.1989	1.1386	1.1175	1.1919
欧元	Euro	8.16	9.38	8.95	8.72	9.53
印度卢比	Indian Rupee	0.114	0.123	0.112	0.110	0.106
日元	Japanese Yen	0.0663	0.0693	0.0709	0.0716	0.0751
马来西亚林吉特	Malaysian Ringgit	1.73	1.93	1.89	1.90	1.93
新台币	New Taiwan Dollar	0.248	0.267	0.257	0.258	0.265
菲律宾比索	Philippines Peso	0.157	0.157	0.152	0.153	0.164
英镑	Pound Sterling	9.57	10.55	9.93	10.21	10.57
韩圆	Korean Won	0.0064	0.0073	0.0071	0.0067	0.0071
新加坡元	Singapore Dollar	5.36	5.85	5.74	5.78	5.86
瑞士法郎	Swiss Franc	7.61	8.02	7.95	8.04	8.80
泰铢	Thai Baht	0.217	0.241	0.241	0.260	0.260
美元	US Dollar	7.754	7.814	7.834	7.787	7.753
特别提款权	Special Drawing Right	10.42662	11.13385	10.89406	10.76948	11.16641
港汇指数 (2010年1月=100)②	Effective Exchange Rate Indices for the Hong Kong Dollar (January 2010=100)②					
贸易总值(进口及整体出口)加权	Trade (import and export)-weighted	108.8	100.9	104.8	105.9	100.8
进口货值加权	Import-weighted	108.9	100.9	104.6	105.5	100.5
整体出口货值加权③	Export-weighted③	108.6	100.9	105.1	106.4	101.1

注：《中华人民共和国香港特别行政区基本法》说明，港元是香港特别行政区的法定货币。外币指港元以外的其他货币，因而人民币亦视作外币。

①数字是指年内每日电汇或现钞收市中间兑换价的平均值。

②由2012年1月3日起公布的新系列。

③包括转口和港产品出口。

④数字是该年最后一个交易日的电汇或现钞收市中间兑换价。

Notes : Hong Kong Dollar is the legal tender in the Hong Kong Special Administrative Region, as stated in "The Basic Law of the Hong Kong Special Administrative Region of the People's Republic of China". Foreign currency refers to any currency other than the Hong Kong currency. Accordingly, Chinese Renminbi is also treated as foreign currency.

①Figures are the averages of the daily closing middle-market telegraphic transfer rates or notes rates for the year.

②New series has been released as from 3 January 2012.

③Including re-exports and domestic exports.

④Figures are the closing middle-market telegraphic transfer rates or notes rates as at the last trading day of the year.

26-42 货币供应量
Money Supply

单位：亿港元(年底数字) (HKD 100 million, as at end of year)

项目	Item	2016	2017	2018	2019	2020
法定纸币及硬币的流通量	Legal Tender Notes and Coins in Circulation					
由商业银行发行	Commercial Bank Issues	4077.95	4557.15	4838.45	5166.05	5595.15
由政府发行	Government Issues	122.53	124.39	128.45	132.54	131.73
总计	Total	4200.48	4681.54	4966.90	5298.59	5726.88
由认可机构持有的法定纸币及硬币	Authorized Institutions' Holdings of Legal Tender Notes and Coins	295.78	294.00	301.51	325.59	316.91
由公众持有的法定纸币及硬币	Legal Tender Notes and Coins in Hands of Public	3904.70	4387.54	4665.39	4973.00	5409.97
货币供应量：就外币掉期存款作出调整	Money Supply : Adjusted for Foreign Currency Swap Deposits					
货币供应量 M_1	Money Supply M_1					
港元	Hong Kong Dollar	14287.75	15980.14	15557.31	15331.04	19727.19
外币	Foreign Currency	7851.95	8334.47	8658.67	9516.34	12592.03
总计	Total	22139.70	24314.61	24215.98	24847.38	32319.21
货币供应量 M_2	Money Supply M_2					
港元①	Hong Kong Dollar①	62802.30	70103.45	72624.51	74387.89	79220.89
外币②	Foreign Currency②	62278.96	67449.10	70856.08	73070.83	76845.18
总计	Total	125081.27	137552.55	143480.59	147458.72	156066.08
货币供应量 M_3	Money Supply M_3					
港元①	Hong Kong Dollar①	62926.66	70245.14	72843.22	74546.55	79370.38
外币②	Foreign Currency②	62586.65	67793.24	71193.67	73317.20	77070.06
总计	Total	125513.31	138038.37	144036.88	147863.75	156440.43
货币供应量：未就外币掉期存款作出调整	Money Supply : Unadjusted for Foreign Currency Swap Deposits					
货币供应量 M_2	Money Supply M_2					
港元	Hong Kong Dollar	62801.87	70102.79	72624.26	74387.65	79220.67
外币	Foreign Currency	62279.40	67449.77	70856.33	73071.07	76845.41
总计	Total	125081.27	137552.55	143480.59	147458.72	156066.08
货币供应量 M_3	Money Supply M_3					
港元	Hong Kong Dollar	62926.22	70244.47	72842.97	74546.31	79370.15
外币	Foreign Currency	62587.08	67793.91	71193.92	73317.43	77070.28
总计	Total	125513.31	138038.37	144036.88	147863.75	156440.43

注：《中华人民共和国香港特别行政区基本法》说明，港元是香港特别行政区的法定货币。外币指港元以外的其他货币，因而人民币亦视作外币。

①所列数字已包括外币掉期存款。

②所列数字已扣除外币掉期存款。

Notes : Hong Kong dollar is the legal tender in the Hong Kong Special Administrative Region, as stated in "The Basic Law of the Hong Kong Special Administrative Region of the People's Republic of China". Foreign currency refers to any currency other than the Hong Kong currency. Accordingly, Chinese Renminbi is also treated as foreign currency.

①Figures are adjusted to include foreign currency swap deposits.

②Figures are adjusted to exclude foreign currency swap deposits.

26-43 股票价格指数、证券交易成交额及市场总值
Index of Share Prices, Value of Stock Exchange Turnover and Market Capitalisation

项目	Item	2016	2017	2018	2019	2020
香港上市①	**Hong Kong-listed①**					
主板	**Main Board**					
股票价格指数②	Index of Share Prices②					
恒生指数(1964年7月31日= 100)	Hang Seng Index (31.7.1964 = 100)					
最高	High	24364.0	30199.7	33484.1	30280.1	29174.9
最低	Low	18278.8	21883.8	24540.6	24896.9	21139.3
收市	Closing	22000.6	29919.2	25845.7	28189.8	27231.1
分类指数(1984年1月13日= 975.47)	Sub-indexes (13.1.1984 = 975.47)					
金融	Finance					
最高	High	32402.1	41193.5	46650.3	42019.2	40369.3
最低	Low	24003.0	30116.2	34073.3	34448.3	29910.5
收市	Closing	30308.3	40829.5	35808.2	39114.6	36939.0
公用事业	Utilities					
最高	High	56018.9	59179.5	59676.1	63052.4	58417.6
最低	Low	46669.1	50174.3	52940.1	53631.5	43060.9
收市	Closing	50037.5	55654.7	57792.6	56584.5	45760.1
地产	Properties					
最高	High	35897.0	40252.6	44445.1	45890.9	40832.1
最低	Low	24379.3	28996.9	33396.2	35380.1	28387.0
收市	Closing	28991.7	40088.4	37143.4	40190.1	32127.3
工商业	Commerce and Industry					
最高	High	14440.2	18738.9	20091.8	17561.2	17570.0
最低	Low	10795.9	12790.1	13956.6	14023.8	11682.3
收市	Closing	12884.6	18156.2	14656.7	16234.3	17452.8
恒生综合指数(2000年1月3日= 2000)	Hang Seng Composite Index (3.1.2000 = 2000)					
最高	High	3284.3	4168.1	4631.4	4079.0	4298.3
最低	Low	2477.8	2980.1	3269.6	3313.2	2871.9
收市	Closing	2994.6	4140.5	3449.7	3827.6	4294.7
恒生中国企业指数(2000年1月3日= 2000)	Hang Seng China Enterprises Index (3.1.2000 = 2000)					
最高	High	10209.7	12100.7	13962.5	11881.7	11502.5
最低	Low	7498.8	9310.8	9902.6	9731.9	8290.3
收市	Closing	9394.9	11709.3	10124.8	11168.1	10738.4
恒生香港中资企业指数(2000年1月3日= 2000)	Hang Seng China-Affiliated Corp. Index (3.1.2000 = 2000)					
最高	High	4128.3	4478.4	4929.0	4788.6	4633.0
最低	Low	3236.7	3558.0	3994.4	3941.1	3059.6
收市	Closing	3588.0	4426.3	4169.0	4537.8	3799.6
主板	**Main Board**					
成交金额 (亿港元)	Turnover (HKD 100 million)	162799.8	215601.0	262952.7	213901.9	320237.8
市场总值③ (亿港元)	Market Capitalisation③ (HKD 100 million)	244504.3	337180.0	297232.4	380583.4	473922.0
GEM	**GEM**					
成交金额 (亿港元)	Turnover (HKD 100 million)	1164.5	1490.6	1274.9	498.6	863.7
市场总值③ (亿港元)	Market Capitalisation③ (HKD 100 million)	3108.7	2808.4	1861.8	1067.0	1308.2

注：对于最高和最低指数，恒生指数有限公司是根据期内每日即市指数编制。
①恒生指数系列按指数成分股的上市地域分类为香港上市、跨市场及内地上市。
②以下指数采用流通市值加权法计算，并设有个别成分股比重上限。
③年底数字。

Notes : For high and low indices, indexes compiled by the Hang Seng Indexes Company Limited are based on the intraday indices of the period.
①The Hang Seng Family of Indexes are classified as Hong Kong-listed, Cross-market and Mainland-listed according to where their constituents are listed.
②The following indexes adopt a freefloat-adjusted market capitalisation weighted methodology with capping on individual constituent weighting
③Year-end figures.

26-44 消费价格指数（2019年10月-2020年9月=100）
Consumer Price Indices (Oct. 2019 - Sep. 2020=100)

项目	Item	权数 Weight	2016	2017	2018	2019	2020
综合消费价格指数	**Composite Consumer Price Index**						
总指数	**All Items**	**100.00**	**93.2**	**94.6**	**96.8**	**99.6**	**99.9**
食品	Food	27.41	87.7	89.6	92.7	97.1	100.4
外出用膳及外卖	Meals out and takeaway food	17.05	92.0	94.5	97.2	99.4	100.1
基本食品	Basic food	10.36	80.8	81.7	85.2	93.5	100.8
住屋①	Housing①	40.25	92.7	94.5	96.9	100.2	100.1
私人房屋租金	Private Housing Rent	35.46	92.1	93.8	95.9	98.9	99.9
公营房屋租金	Public Housing Rent	1.87	113.2	116.6	121.4	130.1	102.7
电力、燃气及水	Electricity, Gas and Water	2.82	118.5	116.5	122.2	116.4	91.6
烟酒	Alcoholic Drinks and Tobacco	0.49	96.7	97.2	98.5	99.7	100.2
衣履	Clothing and Footwear	2.42	104.6	104.2	105.9	103.9	98.6
耐用物品	Durable Goods	4.00	110.0	106.5	104.3	102.1	99.6
杂项物品	Miscellaneous Goods	3.32	93.0	94.2	95.5	96.9	100.8
交通	Transport	6.17	94.7	96.8	98.4	100.4	99.3
杂项服务②	Miscellaneous Services②	13.12	94.5	95.4	97.3	99.3	100.1
教育服务	Educational Services	4.21	96.6	97.1	95.5	97.9	100.4
资讯及通讯服务	Information and Communications Services	2.14	114.4	113.1	108.8	101.0	99.7
医疗服务	Medical Services	2.38	87.7	91.4	94.9	98.4	100.5
甲类消费价格指数	**Consumer Price Index (A)**						
总指数	**All Items**	**100.00**	**93.2**	**94.6**	**97.2**	**100.5**	**99.8**
食品	Food	32.71	86.7	88.4	91.4	96.5	100.5
外出用膳及外卖	Meals out and takeaway food	18.87	91.6	94.2	97.0	99.2	100.2
基本食品	Basic food	13.84	79.9	80.5	83.8	92.9	100.8
住屋①	Housing①	40.46	94.0	96.1	99.1	102.9	100.3
私人房屋租金	Private Housing Rent	33.43	91.5	93.2	95.8	98.9	99.9
公营房屋租金	Public Housing Rent	4.95	113.2	116.7	121.4	130.1	102.7
电力、燃气及水	Electricity, Gas and Water	3.85	121.7	120.7	127.1	120.1	89.6
烟酒	Alcoholic Drinks and Tobacco	0.76	95.8	96.8	98.2	99.7	100.2
衣履	Clothing and Footwear	1.78	104.4	103.8	105.5	103.4	98.9
耐用物品	Durable Goods	3.29	110.8	106.7	104.6	102.3	99.5
杂项物品	Miscellaneous Goods	3.31	91.7	93.5	95.2	96.7	101.1
交通	Transport	4.52	96.4	97.7	99.0	101.0	98.9
杂项服务②	Miscellaneous Services②	9.32	97.6	98.2	99.4	99.9	100.0
教育服务	Educational Services	2.60	98.5	98.4	96.3	98.6	100.3
资讯及通讯服务	Information and Communications Services	2.75	114.4	113.2	108.9	101.2	99.6
医疗服务	Medical Services	1.74	87.6	91.4	95.2	98.5	100.5
乙类消费价格指数	**Consumer Price Index (B)**						
总指数	**All Items**	**100.00**	**93.1**	**94.4**	**96.6**	**99.2**	**99.8**
食品	Food	26.76	88.3	90.2	93.1	97.4	100.3
外出用膳及外卖	Meals out and takeaway food	17.27	92.1	94.6	97.3	99.4	100.1
基本食品	Basic food	9.49	81.2	82.0	85.4	93.5	100.8
住屋①	Housing①	40.77	91.8	93.6	95.9	99.1	100.0
私人房屋租金	Private Housing Rent	37.22	92.1	93.7	95.8	98.9	99.9
公营房屋租金	Public Housing Rent	0.55	113.1	116.5	121.3	129.8	102.3
电力、燃气及水	Electricity, Gas and Water	2.57	117.3	114.9	120.3	114.8	92.7
烟酒	Alcoholic Drinks and Tobacco	0.41	97.5	97.7	98.8	99.8	100.3
衣履	Clothing and Footwear	2.51	104.3	103.8	105.5	103.8	98.5
耐用物品	Durable Goods	3.94	110.4	106.8	104.4	102.1	99.6
杂项物品	Miscellaneous Goods	3.48	93.2	94.1	95.2	96.8	100.7
交通	Transport	6.38	94.9	97.1	98.6	100.6	99.3
杂项服务②	Miscellaneous Services②	13.18	94.8	95.4	97.3	99.3	100.1
教育服务	Educational Services	4.29	97.0	97.4	95.4	97.9	100.4
资讯及通讯服务	Information and Communications Services	2.08	114.8	113.4	109.0	101.0	99.7
医疗服务	Medical Services	2.23	88.3	91.7	95.1	98.5	100.5

26-44 续表 continued

项 目	Item	权 数 Weight	2016	2017	2018	2019	2020
丙类消费价格指数	**Consumer Price Index (C)**						
总指数	**All Items**	**100.00**	**93.1**	**94.6**	**96.7**	**99.1**	**99.9**
食品	Food	21.89	88.8	90.9	94.1	97.9	100.3
外出用膳及外卖	Meals out and takeaway food	14.55	92.5	94.9	97.5	99.6	100.0
基本食品	Basic food	7.34	82.0	83.6	87.9	94.7	100.8
住屋①	Housing①	39.24	92.2	93.9	95.7	98.7	100.0
私人房屋租金	Private Housing Rent	35.44	92.8	94.4	96.0	98.9	100.0
电力、燃气及水	Electricity, Gas and Water	1.92	112.7	109.2	114.0	110.4	94.5
烟酒	Alcoholic Drinks and Tobacco	0.27	97.0	97.2	98.9	99.9	100.3
衣履	Clothing and Footwear	3.08	105.1	104.8	106.5	104.3	98.6
耐用物品	Durable Goods	4.97	108.9	105.9	103.9	102.1	99.7
杂项物品	Miscellaneous Goods	3.10	93.8	94.9	96.0	97.3	100.8
交通	Transport	7.89	93.2	95.9	97.6	99.9	99.7
杂项服务②	Miscellaneous Services②	17.64	92.6	93.7	96.2	98.9	100.2
教育服务	Educational Services	6.05	94.9	96.1	95.0	97.5	100.4
资讯及通讯服务	Information and Communications Services	1.50	113.7	112.2	108.2	100.5	99.8
医疗服务	Medical Services	3.35	87.0	91.1	94.6	98.3	100.6

注：2019年10月起的消费价格指数是根据2019/20年住户开支统计调查所得的开支权数编制。较早的指数则是根据旧的开支权数而经过按比例换算与新基期的指数拼接。

①除“私人房屋租金”及“公营房屋租金”外，“住屋”类别还包括“管理费及其他住屋杂费”。而丙类消费价格指数中的“住屋”类别并不包括“公营房屋租金”。

②“杂项服务”类别包括“教育服务”、“资讯及通讯服务”、“医疗服务”及其他杂项服务。

Notes: The CPIs from October 2019 onwards are compiled based on expenditure weights obtained from the 2019/20 Household Expenditure Survey. The CPIs for earlier periods are compiled based on old weights and have been re-scaled to the new base period for linking with the new index series.

①Apart from "Private Housing Rent" and "Public Housing Rent", the "Housing" section also includes "Management Fees and Other Housing Charges". For CPI(C), the "Housing" section does not include "Public Housing Rent".

②"Miscellaneous Services" section includes "Educational Services", "Information and Communications Services", "Medical Services" and other miscellaneous services.

26-45 按四分位开支组别及商品或服务类别划分的住户每月平均开支

Average Monthly Household Expenditure by Commodity/Service Section by Quartile Expenditure Group

商品或服务类别	Commodity/ Service Section	总数 Overall		四分位开支组别 Quartile Expenditure Group							
				最低四分位 The Lowest 25%		第二四分位 The Second 25%		第三四分位 The Third 25%		最高四分位 The Highest 25%	
		值(港元) Value (HKD)	百分比 (Percent)	值(港元) Value (HKD)	百分比 (Percent)	值(港元) Value (HKD)	百分比 (Percent)	值(港元) Value (HKD)	百分比 (Percent)	值(港元) Value (HKD)	百分比 (Percent)
食品	Food	8107	26.8	4227	41.7	6289	31.2	8727	28.4	13186	22.0
住屋①	Housing①	11865	39.3	3113	30.7	8622	42.8	12681	41.2	23051	38.5
电力、燃气及水	Electricity, Gas and Water	688	2.3	431	4.3	567	2.8	736	2.4	1018	1.7
烟酒	Alcoholic Drinks & Tobacco	157	0.5	104	1.0	143	0.7	147	0.5	234	0.4
衣履	Clothing & Footwear	748	2.5	155	1.5	356	1.8	709	2.3	1772	3.0
耐用物品	Durable Goods	1312	4.3	337	3.3	664	3.3	1135	3.7	3114	5.2
杂项物品	Miscellaneous Goods	1062	3.5	384	3.8	699	3.5	1130	3.7	2036	3.4
交通	Transport	2033	6.7	463	4.6	887	4.4	1753	5.7	5031	8.4
杂项服务	Miscellaneous Services	4257	14.1	919	9.1	1928	9.6	3739	12.2	10445	17.4
总数	**All Sections**	**30230**	**100.0**	**10134**	**100.0**	**20154**	**100.0**	**30757**	**100.0**	**59888**	**100.0**
住户总数	**Number of Households**										
(户)	**(household)**	**2395000**		**599000**		**599000**		**599000**		**599000**	

注：住户开支是由2019年10月至2020年9月进行的住户开支统计调查的结果计算出来，由于期间大部分时间消费行为严重受到2019冠状病毒病疫情的影响，住户在某些商品或服务上的开支与正常情况的开支应有显著偏差。因此读者应小心阐释统计调查所得的住户开支数据。2019/20年住户开支统计调查的对象并不包括接受综合社会保障援助的住户。于2019/20年住户开支统计调查期间，政府数项一次性的纾困措施减低了住户的开支。本表列载的住户开支数字是指住户获各项措施宽减后的实际开支。由于进位关系，个别项目的数字或百分比相加可能不等于总数。

①对于自置、免租或雇主津贴居所的住户，住屋费用是指假定其居所是租住的情况下，所需支付的估计租金。

Note: Household expenditures are calculated from the results of the Household Expenditure Survey (HES) conducted during October 2019 to September 2020, during a large part of which consumer behaviour was severely affected by the COVID-19 epidemic and household spending on some commodities/services should have deviated significantly from those under normal circumstances. The household expenditure figures of the 2019/20 HES should therefore be carefully interpreted. Households receiving Comprehensive Social Security Allowance are not included in the 2019/20 HES. During the survey period of 2019/20 HES, the household expenditure was lowered by a number of Government's one-off relief measures. Household expenditure figures in this table refer to the actual expenditure incurred by households upon enjoying various waivers/concessions. Figures or percentages may not add up to respective totals due to rounding.

①For households in accommodation which is owner-occupied, rent-free or employer-subsidised, the housing cost refers to the estimated rent which would have been paid as if the accommodation had been rented.

26-46 15岁及以上人口受教育程度
Educational Attainment of Population Aged 15 and Above

教育程度/性别	Educational Attainment/Sex	2016		2017		2018		2019		2020	
		人数(万人) Number of Persons (10 000 persons)	百分比 (Percent)	人数(万人) Number of Persons (10 000 persons)	百分比 (Percent)	人数(万人) Number of Persons (10 000 persons)	百分比 (Percent)	人数(万人) Number of Persons (10 000 persons)	百分比 (Percent)	人数(万人) Number of Persons (10 000 persons)	百分比 (Percent)
总计	**Total**										
男	Male	290.93	45.31	291.85	45.16	292.83	45.01	293.47	44.81	293.19	44.91
女	Female	351.17	54.69	354.48	54.84	357.82	54.99	361.44	55.19	359.65	55.09
未受教育/学前教育①	No Schooling/Pre-primary①										
男	Male	5.87	0.91	5.51	0.85	5.49	0.84	5.65	0.86	5.95	0.91
女	Female	19.99	3.11	19.34	2.99	18.90	2.90	19.48	2.97	19.09	2.92
小学	Primary										
男	Male	39.20	6.10	37.95	5.87	37.04	5.69	37.41	5.71	36.89	5.65
女	Female	55.32	8.62	55.07	8.52	54.98	8.45	55.48	8.47	54.99	8.42
初中	Lower Secondary										
男	Male	47.12	7.34	47.65	7.37	47.59	7.31	47.32	7.22	45.68	7.00
女	Female	48.42	7.54	49.80	7.71	49.71	7.64	50.30	7.68	48.61	7.45
高中	Upper Secondary										
男	Male	97.51	15.19	97.71	15.12	96.27	14.80	94.24	14.39	94.19	14.43
女	Female	125.81	19.59	125.81	19.46	125.14	19.23	122.94	18.77	122.36	18.74
高等教育	Post-secondary										
非学位课程②	Non-degree Courses②										
男	Male	25.22	3.93	24.48	3.79	25.54	3.92	27.99	4.27	28.56	4.37
女	Female	23.47	3.66	22.97	3.55	24.78	3.81	28.20	4.31	30.13	4.62
学位课程③	Degree Courses③										
男	Male	76.01	11.84	78.54	12.15	80.89	12.43	80.87	12.35	81.92	12.55
女	Female	78.16	12.17	81.50	12.61	84.30	12.96	85.04	12.99	84.47	12.94

注：数字是根据该年1月至12月进行的"综合住户统计调查"结果，以及年中人口估计数字而编制。
① 包括所有幼儿园及幼儿中心班级。
② 包括所有在香港或以外地区学院的证书、文凭、高级证书、高级文凭、专业文凭及其它同等程度的高等教育课程。
③ 包括所有在香港或以外地区学院的学士学位、研究生修课及专题研究课程。

Notes: Figures are compiled based on data collected in the General Household Survey from January to December of the year concerned as well as mid-year population estimates.
① Including all classes in kindergartens and child care centres.
② Including all certificate, diploma, higher certificate, higher diploma, professional diploma and other post-secondary programmes of equivalent standards in educational institutions within or outside Hong Kong.
③ Including all first degree, taught postgraduate and research postgraduate courses in educational institutions within or outside Hong Kong.

26-47 按教育及培训机构类别划分的学生人数
Student Enrolment by Type of Educational and Training Institution

单位：人 (person)

类　别	Type	2016	2017	2018	2019	2020
幼儿园	Kindergarten	184032	181147	174402	174297	164935
小学	Primary School	349008	362049	372465	373228	364257
中学	Secondary School	339849	332382	327023	328743	330305
日校	Day School	338152	330804	325498	327394	329011
其他中学日间课程①	Other Secondary Day Course①	412	352	332	318	288
夜校	Evening School	1285	1226	1193	1031	1006
特殊教育	Special Education	7843	8002	8130	8344	8356
特殊学校	Special School	7752	7896	8008	8270	8290
普通学校的特殊班	Special Class in Ordinary School	91	106	122	74	66
特殊幼儿中心②	Special child care centre②	1767	1848	1843	2013	1914
感化／住宿院舍③	Correctional/residential home③	48	35	46	51	44
惩教院所	Correctional institutions	241	185	207	158	101
教资会资助大学④	University Grants Committee (UGC) -funded Universities④	190919	192034	193469	189484	187202
全日制	Full-time	148760	150954	154777	151915	151413
证书／文凭课程	Certificate/Diploma	670	680	802	663	712
副学位课程	Sub-degree	29255	29266	29016	24206	23541
学士学位课程	Undergraduate	92327	92584	92884	92671	92235
研究院修课课程	Taught Postgraduate	16596	18184	21181	22671	22122
研究院研究课程⑤	Research Postgraduate⑤	9912	10240	10894	11704	12803
兼读制	Part-time	42159	41080	38692	37569	35789
证书／文凭课程	Certificate / Diploma	4248	3697	3418	3195	3175
副学位课程	Sub-degree	5896	5917	5247	4997	4102
学士学位课程	Undergraduate	8194	8011	7142	6498	5583
研究院修课课程	Taught Postgraduate	22822	22468	22014	21885	21910
研究院研究课程⑤	Research Postgraduate⑤	999	987	871	994	1019
香港树仁大学	Hong Kong Shue Yan University	4625	4270	4250	3989	3959
全日制	Full-time	4514	4206	4188	3928	3904
兼读制	Part-time	111	64	62	61	55
香港公开大学	The Open University of Hong Kong	23989	22488	22393	22787	22383
全日制	Full-time	11260	11005	11436	11814	12428
遥距／兼读制面授	Distance Learning/Part-time Face-to-face	12729	11483	10957	10973	9955
认可高等教育学院	Approved Post-secondary Colleges	10096	10479	10908	17544	17335
全日制	Full-time	9807	10069	10301	16783	16351
兼读制	Part-time	289	410	607	761	984
香港演艺学院	The Hong Kong Academy for Performing Arts	966	979	977	994	1059
全日制	Full-time	916	929	931	945	1007
非学位程度⑥	Non-degree⑥	128	98	99	92	117
学位程度	Degree	788	831	832	853	890
兼读制	Part-time	50	50	46	49	52
非学位程度⑥	Non-degree⑥	-	-	-	-	-
学位程度	Degree	50	50	46	49	52
职业训练局	Vocational Training Council	60708	56573	53918	50449	48423
全日制	Full-time	46483	42960	39555	37310	36245
技工级课程	Craft Level Courses	3126	2980	1027	1026	1426
技术员级课程	Technician Level Courses	11515	10115	10010	9396	11352
高级技术员级课程⑦	Higher Technician Level Courses⑦	31842	29865	28518	26888	23467
兼读制	Part-time	14225	13613	14363	13139	12178
技工级课程	Craft Level Courses	4122	3985	3702	3498	3289
技术员级课程	Technician Level Courses	2249	2303	2340	2090	1976
高级技术员级课程⑦	Higher Technician Level Courses⑦	7854	7325	8321	7551	6913
其他高等教育院校⑧	Other Post-secondary Institutions⑧	7364	6976	6931	7125	6560
全日制	Full-time	6317	5807	5728	5992	5610
兼读制	Part-time	1047	1169	1203	1133	950

26-47 续表 continued

单位：人 (person)

类　别	Type	2016	2017	2018	2019	2020
香港建造学院	Hong Kong Institute of Construction					
全日制	Full-time	786	851	643	494	530
技工级课程	Craft Level Courses	467	421	320	245	220
技术员级课程	Technician Level Courses	319	430	323	249	310
制衣业训练局	Clothing Industry Training Authority	284	109	245	205	95
全日制	Full-time	-	-	-	-	-
技术员级课程	Technician Level Courses	-	-	-	-	-
兼读制	Part-time	284	109	245	205	95
技工级课程	Craft Level Courses	284	109	245	205	95
医院管理局⑨	Hospital Authority⑨					
全日制	Full-time	1034	1011	1016	978	997
菲腊牙科医院⑩	The Prince Philip Dental Hospital⑩	72	76	66	66	42
全日制	Full-time	72	76	66	66	42
兼读制	Part-time	-	-	-	-	-
毅进计划／毅进文凭	Project Yi Jin/Yi Jin Diploma	4639	4670	4533	4258	3705
全日制	Full-time	4078	4099	3962	3793	3281
兼读制	Part-time	561	571	571	465	424
营办补习班、职业训练及成人教育课程的学校	Schools Offering Tutorial, Vocational and Adult Education Courses	275257	286805	305597	314008	241125
日校	Day School	48398	49188	47280	43337	28960
日暨夜校	Day cum Evening School	203416	216812	235740	248922	204637
夜校	Evening School	23443	20805	22577	21749	7528
非本地高等及专业教育课程⑪	Non-local Higher and Professional Education Courses⑪	33400	32000	24300	23900	23900

注：幼儿园、小学、中学、特殊学校、特殊幼儿中心、感化/住宿院舍及惩教院所的数字反映该年9/10月的情况，"营办补习班、职业训练及成人教育课程的学校"是10月，而高等教育则是12月底。各教育及培训机构的学年开始和完结月份或会不同。
2020年职业训练及高等教育的学生人数为临时数字。
①数字是指由营办补习班、职业训练及成人教育的私立学校开办的日间中学课程。
②为2至6岁的中度及严重残疾儿童提供的教育。
③为行为上有适应问题的儿童/青少年及青少年违法者，提供住院训练服务。
④教资会资助的大学是指香港城市大学、香港浸会大学、岭南大学、香港中文大学、香港教育大学、香港理工大学、香港科技大学和香港大学。数字包括教资会资助课程，以及教资会资助大学及其附属学院开办的自资课程。
⑤数字包括在教资会学生人数指标外受教资会资助的研究院研究课程的学生人数，亦包括(1)全自负盈亏的研究院研究课程的学生人数；及(2)教资会资助大学同时运用教资会拨款和外间资助修读研究院研究课程的学生。
⑥数字包括证书、深造证书、专业证书、文凭、深造文凭及专业文凭课程。
⑦高级技术员级课程为高级文凭或以上程度课程。
⑧数字指营办经本地评审全日制高等教育课程的私立院校。
⑨数字是指护士训练课程。
⑩数字是指牙科训练课程。
⑪数字包括在香港开办并令学员可获由非本地机构颁授非本地高等学术资格或由非本地专业团体颁授非本地专业资格的课程。数字计算至最接近的百位数。2019年及2020年的数字为临时数字。

Notes: Figures for kindergartens, primary and secondary schools, special schools, special child care centres, correctional/residential home and correctional institutions refer to the position as at September/October of the respective years, "Schools offering tutorial, vocational and adult education courses" as at October and post-secondary education as at the end of December. The beginning and ending months of a school/academic year may vary among different educational and training institutions.
Figures for vocational and post-secondary education for 2020 are provisional.
① Figures refer to secondary day courses operated by private schools offering tutorial, vocational and adult education courses.
② Special training and care for moderately and severely disabled children aged 2-6.
③ Residential treatment service for mal-adjusted children/juveniles and young offenders through social work intervention.
④ Refers to City University of Hong Kong, Hong Kong Baptist University, Lingnan University, The Chinese University of Hong Kong, The Education University of Hong Kong, The Hong Kong Polytechnic University, The Hong Kong University of Science and Technology and The University of Hong Kong. Figures include UGC-funded programmes and self-financing programmes offered by UGC-funded universities and their extension arms.
⑤ Figures include research postgraduate (RPg) students funded by UGC outside the UGC student number target, and also include (1) fully self-financing RPg students; and (2) RPg students financed by universities using both UGC and external funds.
⑥ Figures include certificate, advanced certificate, professional certificate, diploma, advanced diploma and professional diploma courses.
⑦ Higher technician level courses are courses at Higher Diploma or above level.
⑧ Figures refer to private institutions offering locally-accredited full-time post-secondary programmes.
⑨ Figures refer to nurse training programmes.
⑩ Figures refer to dental training programmes.
⑪ Figures include courses conducted in Hong Kong which lead to the award of non-local higher academic qualifications by non-local institutions, or non-local professional qualifications by non-local professional bodies. Figures are rounded to the nearest hundred. Figures for 2019 and 2020 are provisional.

26-48　医疗卫生条件
Conditions of Public Health

项　目	Item	2016	2017	2018	2019	2020
注册医护专业人员　(人)	Number of Registered Healthcare Professionals (person)					
医生	Doctors	14013	14290	14651	15004	15298
中医	Chinese Medicine Practitioners (CMP)					
注册中医	Registered Chinese Medicine Practitioners	7262	7425	7409	7582	7919
有限制注册中医①	Chinese Medicine Practitioners with Limited Registration①	47	38	35	32	27
表列中医②	Listed Chinese Medicine Practitioners②	2647	2623	2610	2559	2503
牙医	Dentists	2441	2500	2553	2611	2651
药剂师	Pharmacists	2659	2753	2890	3001	3097
护士	Nurses	52389	54231	56723	59082	61295
按每千名人口计算的医生数目	Doctors per Thousand Population	1.9	1.9	2.0	2.0	2.0
医疗机构和病床③	Number of Medical Institutions and Hospital Beds③					
医疗机构　(间)	Medical Institutions　(number)	137	140	140	141	144
病床　(张)	Hospital Beds　(bed)	39090	39683	40434	41474	42180
按每千名人口计算的病床数目	Beds per Thousand Population	5.3	5.4	5.4	5.5	5.6

注：数字是指该年年底的数字。
①有限制注册中医可在指定的教育或科研机构进行中医药学方面的临床教学和研究工作，但不得作私人执业，其注册有效期不超过一年。
②表列中医可在中医注册过渡性安排下在香港合法执业，直至食物及卫生局局长日后在宪报公布的日期为止。表列中医在过渡性安排期间，可分别循直接注册、通过注册审核或通过执业资格试成为注册中医。
③包括医院管理局辖下医院及机构、私家医院、护养院及惩教机构的医院。

Notes: Figures are as at end of the year stated.
①CMPs with limited registration are allowed to perform clinical teaching and research in Chinese medicine in the specified educational and scientific research institutions. Their registration period should not exceed one year and they cannot engage in private practice with patients.
②Listed CMPs can practise lawfully in Hong Kong under the transitional arrangements for registration of CMPs until a date to be announced by the Secretary for Food and Health in the Gazette. Listed CMPs may become registered CMPs through direct registration, registration assessment or the Licensing Examination during the transitional arrangements.
③Including Hospital Authority hospitals and institutions, private hospitals, nursing homes and hospitals in correctional institutions.

26-49 社会保障
Social Security

社会保障计划	Social Security Scheme	2016/2017	2017/2018	2018/2019	2019/2020	2020/2021
综合社会保障援助	Comprehensive Social Security Assistance (CSSA)					
处理中的个案数目①(个)	Number of Active Cases① (case)					
年老	Old Age	144781	144129	141280	135239	128863
永久性残疾	Permanent Disability	17423	17036	16621	17026	17502
健康欠佳	Ill Health	24105	23570	23043	24562	26289
单亲	Single Parent	26779	25669	24382	24030	24826
低收入	Low Earnings	5054	4182	3422	2974	2422
失业	Unemployment	13981	12623	11696	14647	19810
其他	Others	4399	4259	4159	4213	4080
总计	Total	236522	231468	224603	222691	223792
发放款项② (亿港元)	Amount② (HKD 100 million)	223	217	223	227	229 #
公共福利金	Social Security Allowance (SSA)					
处理中的个案数目①(个)	Number of Active Cases① (case)					
伤残津贴	Disability Allowance (DA)	142850	147465	146705	152818	158982
高龄津贴	Old Age Allowance (OAA)	239338	249587	250600	270080	291228
长者生活津贴	Old Age Living Allowance (OALA)	449240	483800	542066	572029	605574
广东计划	Guangdong Scheme (GD Scheme)	14600	16689	16568	18465	19257
福建计划③	Fujian Scheme (FJ Scheme)③	-	-	1656	1795	1949
总计	Total	846028	897541	957595	1015187	1076990
发放款项② (亿港元)	Amount② (HKD 100 million)	221	236	393	366	382 #
暴力及执法伤亡赔偿	Criminal and Law Enforcement Injuries Compensation					
获批个案数目 (个)	Number of Cases Authorised for Payment (case)	139	134	127	130	147
交通意外伤亡援助	Traffic Accident Victims Assistance					
获批个案数目 (个)	Number of Cases Authorised for Payment (case)	7340	6553	7334	6820	9013
紧急救济	Emergency Relief					
受助灾民人数 (人)	Number of Victims Assisted (person)	180	173	1215	23	136

注：于财政年度终结时的数字。除特别注明外，财政年度是由4月1日至翌年3月31日。

①处理中的个案包括新申请个案，正在复查中的个案，正领取援助款项的个案和已停止领取援助款项等待复查的个案。

②2016/17及2017/18年度的开支包括向综援受助人额外发放的一个月标准金额及向公共福利金受惠人额外发放的一个月福利金。2018/19年度的开支包括(1)向综援受助人额外发放的两个月标准金额及向公共福利金受惠人额外发放的两个月福利金，以及根据关爱共享计划发放款项以补不足4,000港元的差额；及(2)向每名有经济需要学生一次过发放2,000港元津贴。2019/20年度的开支包括(1)向综援受助人额外发放的一个月标准金额及向公共福利金受惠人额外发放的一个月福利金，(2)向每名有经济需要学生一次过发放2,500港元津贴，及(3)财政司司长于2019年8月宣布的另一轮一个月额外津贴。2020/21年度的开支包括(1)在该年度推行综援计划下鼓励就业的措施及其他改善措施所涉及的额外财政影响，(2)向援助失业人士特别计划下的综援个案发放的金额及(3)向综援受助人额外发放的一个月标准金额及向公共福利金受惠人额外发放的一个月福利金。

③福建计划由2018年4月起实施。

Notes : Figures are as at end of the financial year. Financial year is from 1 April to 31 March of the next year, unless otherwise specified.

①Active cases refer to cases being handled which include new applications, cases being reviewed, cases being paid and cases suspended for payment pending review.

②Expenditure of 2016/17 and 2017/18 included the payment of one additional month of CSSA standard rates to CSSA recipients and one additional month of allowance to SSA recipients. The expenditure of 2018/19 included (1) the payment of two additional months of CSSA standard rates to CSSA recipients and two additional months of allowance to SSA recipients, and the top-up payment to make up to HKD4,000 under the Caring and Sharing Scheme; and (2) a one-off grant of HKD2,000 to each needy student. The expenditure of 2019/20 included (1) the payment of one additional month of CSSA standard rates to CSSA recipients and one additional month of allowance to SSA recipients; (2) a one-off grant of HKD2,500 to each needy student, and (3) an extra one month allowance announced by the Financial Secretary in August The expenditure for 2020/21 included (1) additional financial implications arising from implementing the 'pro-employment' measures and other improvement measures under the CSSA Scheme in that year, (2) the payment to the CSSA cases under Special Scheme of Assistance to the Unemployment and (3) the payment of one additional month of CSSA standard rates to CSSA recipients and one additional month of the allowances to SSA recipients.

③The Fujian Scheme was launched in April 2018.

主要统计指标解释

年中人口　是以“居住人口”方法编制，利用“居住人口”方法所编制的人口估计称为“居港人口”。“居港人口”包括“常住居民”和“流动居民”。“常住居民”包括两类人士：(a)在统计时点之前的6个月内，在港逗留最少3个月，又或在统计时点之后的6个月内，在港逗留最少3个月的香港永性居民，不论在统计时点他们是否身在香港；及（b）在统计时点身在香港的非永久性居民。对于不是“常住居民”的香港永久性居民，如他们在统计时点之前的6个月内，在港逗留最少1个月但少于3个月，又或在统计时点之后的6个月内，在港逗留最少1个月但少于3个月，不论在统计时点他们是否身在香港，会被界定为“流动居民”。根据“居住人口”编制方法，旅客并不包括在香港人口内。

粗出生率　是指某一年内的活产婴儿数目相对该年年中每千名人口的比率。

粗死亡率　是指某一年内的死亡人数相对该年年中每千名人口的比率。

婴儿死亡率　是指某一年内一岁以下婴儿死亡人数相对该年每千名活产婴儿的比率。

总和生育率　是指某年的每一千名妇女，若她们在生育龄期（即15至49岁）经历了一如该年的年龄别生育率，其一生中活产子女的平均数目。

出生时平均预期寿命　是指某年出生人士，若其一生经历一如该年的年龄性别死亡率所反映的死亡情况，他／她预期能活的年数。

劳动人口　是指15岁及以上陆上非住院人口，并符合就业人口或失业人口定义的人士。

劳动人口参与率　是指劳动人口占所有15岁及以上陆上非住院人口的比例。

就业人口　包括在统计前7天内有做工赚取薪酬或利润或有一份正式工作的15岁及以上人士。无酬家庭从业人员及在统计前7天内正休假的就业人士亦包括在内。

失业人口　包括所有15岁及以上人士（a）在统计前7天内并无职位，且并无为赚取薪酬或利润而工作；及（b）在统计前7天内随时可工作；及（c）在统计前30天内有找寻工作。一名15岁或以上的人士，如果他/她符合上述（a）和（b）的条件，但由于相信没有工作可做而在统计前30天内没有找寻工作，仍会被界定为失业，即所谓「因灰心而不求职的人士」。失业人口亦包括那些并无职位，有找寻工作，但由于暂时生病而不能工作的人士；及并无职位，且随时可工作，但由于已为于稍后时间担当的新工作或开展的业务作出安排；或正期待返回原来的工作岗位而没有找寻工作的人士。

失业率　是指失业人士在劳动人口中所占的比例。

每月就业收入　是指统计前一个月从所有工作所获得的收入（未扣除强制性公积金供款）。就雇员来说，收入包括工资和薪金、花红、佣金、小费、房屋津贴、逾时工作津贴、勤工津贴及其他现金津贴，但不包括补薪。就雇主和自营作业人士而言，收入是指从自己拥有的企业提取作个人及家居用途的款额。如果提取作个人及家居用途的款额资料未能提供，则会搜集有关从业务所得的净收入的数据。

本地生产总值　是指一个经济体的所有居民生产单位，在一个指定的期间内(一般是1年或1季)，未扣除固定资本消耗的生产总值。

人均本地生产总值　是指把该经济体在某统计年的本地生产总值除以该经济体在同年的年中人口总数所得的数字。

本地居民总收入　是指一个经济体的居民透过从事各项经济活动而赚取的总收入，不论该等经济活动是在该经济体的经济领域内或外进行。换言之，编制本地居民总收入应包括本地居民在该经济领域内或外从事各类经济活动的收入，并扣除非本地居民在该经济领域内从事经济活动的收入。本地居民总收入的计算方法如下：

本地居民总收入

＝ 本地生产总值 ＋ 对外初次收入流量净值

＝ 本地生产总值 ＋ 本地居民从经济领域外所赚取的初次收入 － 非本地居民从经济领域内所赚取的初次收入

初次收入　包括投资收益及雇员报酬。投资收益包括直接投资收益、证券投资收益、其他投资收益及储备资产收益。

人均本地居民总收入　是指把该经济体在某统计年的本地居民总收入除以该经济体在同年的年中人口总数所得的数字。

国际收支平衡　是一项统计报表，有系统地撮录在一个指定期间内（一般是1年或1季）某经济体与世界各地之间（即居民与非居民之间）进行的经济交易。国际收支平衡表包括两大账户：(a)经常账户；及(b)资本及金融账户。

经常账户　量度居民与非居民之间关于货物、服务、初次收入和二次收入的流量。

货物　在国际收支平衡表内经常账户的货物主要包括一般商品、转手商贸活动下的货物净出口及非货币黄金。

服务 在国际收支平衡表内经常账户的服务主要包括制造服务、运输、旅游、保险和退休金服务、金融服务及其他服务。

初次收入账户 显示应收及应付的外地款额，作为向非居民提供／从非居民获得可予使用的劳动力、金融资源或自然资源的回报。在国际收支平衡经常账户内初次收入的概念及定义，与本地居民总收入的对外初次收入流量是相同的。

二次收入账户 记录居民与非居民之间的经常转移。经常转移指提供可能即时或短时间内被耗用的实质或金融资源而无同等经济价值作回报的交易。经常转移属单向性质，在国际收支平衡表内是一项用以抵销单边交易的记账。例子包括职工汇款、捐款、官方援助及退休金。

资本账户 量度有关资本转移及非生产、非金融资产（如商标和品牌）的获得和处置的对外交易。资本转移的例子包括债权人减免债务，和涉及获得或处置固定资产的现金转移。

金融账户 记录居民与非居民之间关于金融资产及负债的交易，显示某经济体的对外交易是如何结算的。金融账户内的交易按功能(即投资目的)归类为直接投资、证券投资、金融衍生工具、其他投资及储备资产。

直接投资 指某经济体的投资者对另一经济体的企业所作的对外投资，并对该企业拥有持久利益及在其管理上具有相当程度的影响力或话语权。就统计计算而言，若投资者持有某企业10%或以上的表决权，便视作对该企业的管理具话语权。

证券投资 指直接投资和储备资产以外，对非本地股权证券及债务证券（如中长期债券、货币市场工具）所作的投资。与直接投资者相比，证券投资者在所投资的企业并无持久利益或管理方面的影响力。凡持有一间企业不足10%的表决权均视为证券投资。

金融衍生工具 与另一个特定的金融工具、指标或商品挂钩，投资者可透过金融衍生工具在金融市场对特定的金融风险本身（例如利率风险、外汇风险、股权和商品价格风险、信用风险等）进行交易。金融衍生工具包括期权类合约（如认股权证和期权）及远期类合约（如期货、利率掉期、货币掉期、远期利率协议、远期外汇合约）。

其他投资 泛指直接投资、证券投资、金融衍生工具或储备资产以外，对非居民的金融申索和负债。其他投资包括不可转让的贷款、货币和存款、贸易信贷和预付款，以及其他资产／负债。

储备资产 是由一个经济体的金融当局（就香港而言，即香港金融管理局）控制的对外资产，并随时可供金融当局应付国际收支平衡的财务需要、干预外汇市场以调节该经济体的货币汇率，以及用作其他相关目的（如维持大众对货币及经济的信心，及作为向外地借贷的基础）。

国际投资头寸 是显示一个经济体在某特定时点的对外金融资产及负债存量的资产负债表。对外金融资产及负债的差额即为该经济体的国际投资头寸净值，代表其对世界各地的净申索或净负债。国际投资头寸与国际收支平衡的金融账户完全协调，同样也按投资类别分类。资产和负债分类为直接投资、证券投资、金融衍生工具及其他投资。国际投资头寸的资产方还包括储备资产。有关投资组成部分的详细解释，请参阅国际收支平衡表内金融账户组成部分的解释。

国际投资头寸净值 是对外金融资产总值与对外金融负债总值之间的差额。

工业生产指数 量度本地工业生产量的实际变动，即撇除价格变动因素后的本地生产量的变动情况。

实用楼面面积 指各层楼面面积总和，但不包括楼梯、公共通道空间、升降机等候处、盥洗室、厕所、厨房、及为楼宇提供升降机、空调系统、或类似设施而安装的机械所占用的空间。

获批准可动工兴建楼宇 是指获屋宇署签发"同意书"动工兴建的楼宇。这种"同意书"是发给私人发展计划（包括香港房屋协会的计划）。

初次呈交 就一项建筑工程初次呈交建筑事务监督要求批准的图则。

重大修改 指经过大规模修改的建筑图则，而这些图则必须从根本上接受重新评估。

自置住房住户 是指住户拥有其居住屋宇单位的业权。

全租户 是指住户向居于别处的人士租住整个屋宇单位自住，没有分租，单位内也没有其他的住户。

合租户 是指两个或以上的住户，分别向居于别处的人士租用部分的屋宇单位居住。

二房东 是指住户向居于别处的人士租住整个屋宇单位，并把部分单位分租予其他住户。

三房客 是指住户向居于同一屋宇单位内的人士租用部分单位居住。

免租 是指住户免费在屋宇单位内居住，不论是否获得业主同意，但不包括本身是业主或由雇主提供住房的住户。

住房由雇主提供 是指住户居住在由其成员之一的雇主提供的住房，包括以象征式租金向雇主租住屋宇单位的住户。假如住户使用由雇主提供的房屋津贴租用住房，则租住权不属于「住房由雇主提供」类别。

进口货品 是指在香港以外出产或制成的货品，输入香港供本地使用或转口，以及再进口的香港产品。其货值是以到岸价值计算。

整体出口货品 包括港产品出口及转口。港产品出口货物是指香港的天然产品或在香港经过制造工序，以致其基本生产物料的形状、性质、结构或效用受到永久及实质改变的产品。如果产品在香港只进行简单稀释、包装、装瓶、弄干、简单装配、分类、装饰等工序，则该产品并不能以香港作为来源地。转口货品是指输出曾经自外地输入香港的货品，而这些货品并没有在香港经过任何制造工序，以致永久及实质改变其基本原料的形状、性质、结构或效用。其货值是以离岸价值计算。

输往中国内地作外发加工用途的出口货物 是指那些从香港或经香港出口往中国内地加工的原料或半制成品，经加工后成为制成品，并以合约安排再进口香港。

从中国内地进口与外发内地加工有关的货物 是指那些加工后从中国内地进口香港的货物，其中全部或部分原料或半制成品是以合约安排从香港或经香港出口往中国内地加工。

原产地为中国内地而涉及外发中国内地加工、并经香港输往其他地方（中国内地除外）的转口货物 是指那些经香港转口的制成品，其中全部或部分原料或半制成品是以合约安排从香港或经香港出口往中国内地加工，而加工后的货物再进口香港。

直接投资 指某经济体的投资者对另一经济体内的企业所作的对外投资，并对该企业拥有持久利益及在其管理上具有相当程度的影响力或话语权。就统计计算而言，若投资者持有某企业10%或以上的表决权，便视作对该企业的管理具话语权。直接投资包括股权及投资基金份额，以及债务工具。股权及投资基金份额包括所持有的分行股本、附属公司及联营公司的股票、投资基金份额，以及收益再投资（即投资者应得但有关企业的分行、附属公司、联营公司或投资基金没有分发的利润）。债务工具主要涉及公司之间的债务交易，包括母公司与其分行、附属公司及联营公司之间的短期及长期借贷。

外商直接投资 指境外居民持有香港居民企业的直接投资。跨国企业在香港营运的分行及附属公司，是外商直接投资的典型例子。

对外直接投资 指香港居民投资者持有境外企业的直接投资。

直接投资头寸 指某一特定日子香港居民在境外投资的价值或接受外来投资的价值。

直接投资流动 指某一时段内香港居民于境外投资或接受外来投资的投入或撤走。

贷款基金 提供资金予如房屋贷款和教育贷款等贷款计划。基金收入主要来自政府一般收入帐目转拨的款项、偿还的贷款及贷款利息。

港汇指数 是量度港元相对其他主要贸易伙伴的货币汇率变动加权平均值的指数，作为反映港元相对各种选定货币强弱的整体指标。该指数现时是以2010年1月为基期及包括15种货币。

外币兑换率 指外币兑港元的电汇或现钞收市中间兑换价。

认可机构 包括持牌银行、有限制牌照银行及接受存款公司。持牌银行可接受任何金额及期限的存款。随着撤销利率限制的最后阶段在2001年7月3日生效，各类存款利率再无任何限制。至于有限制牌照银行，它们可接受金额不少于港币50万元的任何期限的定期存款。接受存款公司则可接受金额不少于港币10万元而期限不少于3个月的定期存款。有限制牌照银行及接受存款公司均无任何存款利率限制。

外币掉期存款 是指顾客在现货市场购买外币，然后存入认可机构，但同时订下远期合约，将该笔外币（本金加利息）在存款到期时售予认可机构。从分析角度来看，这类掉期存款应当作港元定期存款。

货币供应量（M_1） 是指市民持有的法定纸币和硬币加上持牌银行的客户活期存款。

货币供应量（M_2） 是指货币供应量M_1所包括的项目，加上持牌银行的客户储蓄及定期存款，再加上持牌银行发行而由非认可机构持有的可转让存款证。

货币供应量（M_3） 是指货币供应量M_2所包括的各项，加上有限制牌照银行及接受存款公司客户的存款，再加上以上两类认可机构发行而由非认可机构持有的可转让存款证。

恒生指数 是以流通市值加权法计算，并设有个别成分股比重上限。该指数内的成分股划分为四个分类指数，包括金融、公用事业、地产及工商业。

消费价格指数 量度住户一般所购买的消费商品和服务的价格水平随时间而变动的情况。消费价格指数的按年变动率广泛地用作反映消费者所面对的通货膨胀的指标。不同的消费价格指数数列反映消费价格转变对不同开支范围的住户的影响。甲类、乙类及丙类消费价格指数分别根据较低、中等及较高开支范围的住户的开支模式编制而成。综合消费价格指数是根据以上所有住户的整体开支模式而编制，反映消费价格转变对整体住户的影响。每个项目的开支权数，是其在住户总开支中所占的比重。这组开支权数是根据住户开支统计调查的结果而制订的。并会每隔五年更新一次，以确保编制相应的消费价格指数时采用不同开支范围住户的最新开支模式。现时采用以2019/20年为基期的消费价格指数的开支权数，是根据2019/20年住户开支统计调查所得的住户开支模式计算出来的。然而，由于2019/20年的2019冠状病毒病疫情导致消费模式出现较大的转变，香港会在2024/25年下一次全面重订基期前，根据最新数据就消费价格指数的开支权数每年进行特别检讨，并会适当调整消费价格指数的开支权数，以确保编制消费价格指数过程已适时考虑因疫情的影响转变或回复常态对开支模式所引致的主要变动。

教育程度 是指某人在学校或其他教育机构修读达到的最高教育水平，不论他／她有否完成该课程。计算教育程度时，只包括正式课程，即须最少为期一个学年，入学须具备指定的学历资格（香港公开大学的非学位、副学位、学位及研究生课程除外），以及设有考试或指定评核成绩的程序。

社会保障计划 旨在帮助社会上需要经济或物质援助的人士，应付基本及特别需要。这个无须供款的社会保障制度，包括综合社会保障援助计划、公共福利金计划、暴力及执法伤亡赔偿计划、交通意外伤亡援助计划和紧急救济。

综合社会保障援助计划 是以入息补助方法，为那些在经济上无法自给的人士提供安全网，使他们的入息达到一定水平，以应付生活上的基本需要。申请人必须符合居港规定及通过入息及资产审查。

公共福利金计划 包括普通伤残津贴、高额伤残津贴、高龄津贴、普通长者生活津贴、高额长者生活津贴、广东计划及福建计划。高龄津贴及伤残津贴分别为年龄在 70 岁或以上或严重残疾的香港居民，每月提供现金津贴，以应付因年老或严重残疾而引致的特别需要。至于在 2013 年 4 月起实施的长者生活津贴（易名为普通长者生活津贴）及在 2018 年 6 月实施高额长者生活津贴是为年龄在 65 岁或以上有经济需要的香港居民，每月提供津贴，以补助他们的生活开支。广东计划由 2013 年 10 月起实施，以及福建计划由 2018 年 4 月起实施。广东计划及福建计划下的长者生活津贴（包括普通长者生活津贴及高额长者生活津贴）由 2020 年 1 月起实施。

暴力及执法伤亡赔偿计划 的目的是提供经济援助给因暴力罪行或因执法人员使用武器执行职务以致受伤的人士或这些人士的受养人（如受害人因伤死亡）。申请人无须接受经济状况调查。

交通意外伤亡援助计划 的目的是向道路交通意外受害人或这些人士的受养人（如受害人因伤死亡）迅速提供经济援助，而无须考虑计划受惠人的经济状况，或有关交通意外是因谁人的过失而造成。援助金按意外受害人的伤亡情况支付；至于财物损失，则不在援助范围内。

紧急救济 是为天灾或其他不幸事故（例如火灾、台风、水灾、暴雨、山泥倾泻、塌屋）的灾民，及因楼宇成为危楼而遭发出封闭令以致被着令撤离家园的受影响人士提供紧急救济。

Explanatory Notes on Main Statistical Indicators

Mid-year Population is compiled using the "resident population" approach. The population estimate compiled under the "resident population" approach is referred to as the Hong Kong Resident Population, which comprises "Usual Residents" and "Mobile Residents". "Usual Residents" include two categories of people: (a) Hong Kong Permanent Residents who have stayed in Hong Kong for at least 3 months during the 6 months before or for at least 3 months during the 6 months after the reference time-point, regardless of whether they are in Hong Kong or not at the reference time-point; and (b) Hong Kong Non-permanent Residents who are in Hong Kong at the reference time-point. For those Hong Kong Permanent Residents who are not "Usual Residents", they are classified as "Mobile Residents" if they have stayed in Hong Kong for at least 1 month but less than 3 months during the 6 months before or for at least 1 month but less than 3 months during the 6 months after the reference time-point, regardless of whether they are in Hong Kong or not at the reference time-point. Under the "resident population" approach, visitors are not part of the Hong Kong population.

Crude Birth Rate refers to the number of live births in a given year per 1000 mid-year population of that year.

Crude Death Rate refers to the number of deaths in a given year per 1000 mid-year population of that year.

Infant Mortality Rate refers to the number of deaths of age under one in a given year per 1000 live births in that year.

Total Fertility Rate refers to the average number of children that would be born alive to 1000 women during their lifetime if they were to pass through their childbearing ages 15-49 experiencing the age specific fertility rates prevailing in a given year.

Expectation of Life at Birth refers to the number of years of life that a person born in a given year is expected to live if he/she was subject to the prevalent mortality conditions as reflected by the set of age-sex specific mortality rates for that year.

Labour Force refers to the land-based non-institutional population aged 15 and over who satisfy the criteria for being classified as employed population or unemployed population.

Labour Force Participation Rate refers to the proportion of labour force in the total land-based non-institutional population aged 15 and over.

Employed Persons refer to those persons aged 15 and over who have been at work for pay or profit during the 7 days before enumeration or have had formal job attachment. Unpaid family workers and persons who were on leave/holiday during the 7 days before enumeration are included.

Unemployed Persons refer to those persons aged 15 and over who (a) have not had a job and should not have performed any work for pay or profit during the 7 days before enumeration; and (b) have been available for work during the 7 days before enumeration; and (c) have sought work during the 30 days before enumeration. If a person aged 15 or over fulfils the conditions (a) and (b) above but has not sought work during the 30 days before enumeration because he/she believes that work is not available, he/she is still classified as unemployed, being regarded as a so-called "discouraged worker". Unemployed population also includes persons without a job who have sought work but have not been available for work because of temporary sickness; and persons without a job who have been available for work but have not sought work because they have made arrangements to take up a new job or to start business on a subsequent date; or were expecting to return to their original jobs.

Unemployment Rate refers to the proportion of unemployed persons in the labour force.

Monthly Employment Earnings refer to earnings (before deduction of Mandatory Provident Fund contributions) from all jobs during the month before enumeration. For employees, they include wage and salary, bonus, commission, tips, housing allowance, overtime allowance, attendance allowance and other cash allowances. However, back pays are excluded. For employers and self-employed, they refer to amounts drawn from the self-owned enterprise for personal and household use. If information on the amounts drawn for personal and household use is not available, data on net earnings from business would be collected instead.

Gross Domestic Product (GDP) is a measure of the total value of production of all resident producing units of an economy in a specified period (typically a year or a quarter), before deducting the consumption of fixed capital.

Per Capita GDP is obtained by dividing the total GDP in a year by the mid-year population of that economy in the same year.

Gross National Income (GNI) is a measure of the total income earned by residents of an economy from engaging in various economic activities, irrespective of whether the economic activities are carried out within the economic territory of the economy or outside. In other words, in compiling GNI, income earned by residents from engaging in various economic activities within or outside the economic territory are included, whereas income earned by non-residents from engaging in economic activities within the economic territory are excluded. GNI is computed as follows:

GNI = GDP + Net external primary income flows
= GDP + Primary income earned by residents
from outside the economic territory -
Primary income earned by non-residents
from within the economic territory

Primary income comprises investment income and compensation of employees (CE). Investment income includes direct investment income (DII), portfolio investment income (PII) and other investment income (OII) as well as income on reserve assets (RA).

Per capita GNI of an economy is obtained by dividing GNI in a year by the mid-year population of that economy in the same year.

Balance of Payments (BoP) is a statistical statement

that systematically summarises, for a specific time period (typically a year or a quarter), the economic transactions of an economy with the rest of the world (i.e. between residents and non-residents). A BoP account comprises two broad accounts : (a) the current account; and (b) the capital and financial account.

Current Account measures the flows of goods, services, primary income and secondary income between residents and non-residents.

Goods under the BoP current account mainly cover general merchandise, net exports of goods under merchanting and non-monetary gold.

Services under the BoP current account mainly cover manufacturing services, transport, travel, insurance and pension services, financial services and other services.

Primary Income Account shows the amounts receivable and payable abroad in return for providing/obtaining use of labour, financial resources or natural resources to/from non-residents. The concepts and definitions of primary income under the current account of the BoP are the same as those of the external primary income flows under GNI.

Secondary Income Account records current transfers between residents and non-residents. Current transfers are transactions in which real or financial resources that are likely to be consumed immediately or shortly are provided without the receipt of equivalent economic values in return. Current transfers are unilateral in nature and are offsetting entries in the BoP account for one-sided transactions. Examples include workers' remittances, donations, official assistance and pensions.

Capital Account measures external transactions in capital transfers, and the acquisition and disposal of non-produced, non-financial assets (such as trademarks and brand names). Examples of capital transfers include forgiveness of debts by creditors, and cash transfers involving the acquisition or disposal of fixed assets.

Financial Account records transactions in financial assets and liabilities between residents and non-residents. It shows how an economy's external transactions are settled. Transactions in the financial account are classified by function (i.e. the purpose of the investment) into direct investment, portfolio investment, financial derivatives, other investment and reserve assets.

Direct Investment refers to external investment in which an investor of an economy acquires a lasting interest and a significant degree of influence or an effective voice in the management of an enterprise located in another economy. For statistical purpose, an effective voice is taken as being equivalent to a holding of 10% or more of the voting power in an enterprise.

Portfolio Investment refers to investment in non-resident equity securities and debt securities (e.g. bonds and notes, money market instruments), other than that included in direct investment or reserve assets. Compared with direct investors, portfolio investors have no lasting interest or influence in the management of the enterprises concerned. A holding of less than 10% of the voting power in an enterprise is regarded as portfolio investment.

Financial Derivatives are financial instruments that are linked to another specific financial instrument, indicator or commodity, and through which specific financial risks (such as interest rate risk, foreign exchange risk, equity and commodity price risks, credit risk, and so on) can be traded in their own right in financial markets. Financial derivatives include option-type contracts (e.g. warrants and options) and forward-type contracts (e.g. futures, interest rate swaps, currency swaps, forward rate agreements, forward foreign exchange contracts).

Other Investment refers to other financial claims on and liabilities to non-residents that are not classified as direct investment, portfolio investment, financial derivatives or reserve assets. Other investment includes non-marketable loans, currency and deposits, trade credits and advances, and other assets / liabilities.

Reserve Assets are external assets that are readily available to and controlled by the monetary authority of an economy (which refers to the Hong Kong Monetary Authority in the case of Hong Kong) for meeting balance of payments financing needs, for intervention in exchange markets to regulate the currency exchange rate of that economy, and for other related purposes (such as maintaining confidence in the currency and the economy, and serving as a basis for foreign borrowing).

International Investment Position (IIP) is a balance sheet showing the stock of external financial assets and liabilities of an economy at a particular time point. The difference between the external financial assets and liabilities is the net IIP of the economy, which represents either its net claim on or net liability to the rest of the world. Being fully consistent with the BoP financial account, IIP is also categorised by type of investment. Assets and liabilities are divided into direct investment, portfolio investment, financial derivatives and other investment. The asset side of IIP also includes the reserve assets. For detailed explanation on investment components, please refer to the explanatory notes on the components of the financial account of the BoP account.

Net IIP is the difference between total external financial assets and total external financial liabilities.

Index of Industrial Production measures the changes in local industrial output in real terms, i.e. changes in the volume of local production after discounting the effect of price changes.

Usable Floor Area is defined as the aggregate of the areas of the floor or floors in a storey or a building excluding any staircases, public circulation space, lift landings, lavatories, water-closets, kitchens and any space occupied by machinery for any lift, air-conditioning system or similar service provided for the building.

Buildings with Consents to Commence Work refer to buildings with "Consents" to commence building works issued by the Buildings Department. Such "Consents" are issued to private development projects (including Hong Kong Housing Society's projects).

First Submission refers to plans for a building project which are first submitted to the Building Authority for approval.

Major Revision refers to building plans which have been so extensively revised that they must be fundamentally re-assessed.

Owner-occupier refers to a household which owns the quarters it occupies.

Sole Tenant refers to a household which rents the whole quarters it occupies from someone who lives outside the quarters without sharing it with other household(s) or subletting.

Co-tenant refers to two or more households each of which rents part of the quarters from someone who lives outside the quarters.

Main Tenant refers to a household which rents the whole quarters it occupies from someone who lives outside the quarters and sublets part of it to other household(s).

Sub-tenant refers to a household which rents part of the quarters from someone who lives in the same quarters.

Rent Free refers to a household which occupies an accommodation free, with or without the owner's permission. This does not include owner-occupiers or households occupying accommodation provided by employers.

Accommodation Provided by Employer refers to a household which occupies an accommodation provided by the employer of one of the household members. This also includes households occupying quarters leased from employers at a nominal rent. If a household member uses housing allowance given by his/her employer for renting accommodation, the tenure is not regarded as "accommodation provided by employer".

Imports are goods which have been produced or manufactured in places outside the jurisdiction of Hong Kong and brought into Hong Kong for local use or for subsequent re-export as well as Hong Kong products re-imported. Their values are recorded on cost, insurance and freight (c.i.f.) basis.

Total Exports comprise domestic exports and re-exports. Domestic exports are the natural produce of Hong Kong or products of a manufacturing process in Hong Kong which has changed permanently and substantially the shape, nature, form or utility of the basic materials used in manufacture. Processes such as simple diluting, packing, bottling, drying, simple assembling, sorting, decorating, etc., do not confer Hong Kong origin. Re-exports are products which have previously been imported into Hong Kong and which are re-exported without having undergone in Hong Kong a manufacturing process which has changed permanently and substantially the shape, nature, form or utility of the basic materials used in the manufacture. Their values are recorded on free-on-board (f.o.b.) basis.

Exports to the Mainland of China for Outward Processing refer to raw materials or semi-manufactures exported from or through Hong Kong to the mainland of China for processing with a contractual arrangement for subsequent re-importation of the processed goods into Hong Kong.

Imports from the Mainland of China Related to Outward Processing in the Mainland refer to processed goods imported to Hong Kong from the mainland of China, of which all or part of the raw materials or semi-manufactures have been under contractual arrangement exported from or through Hong Kong to the mainland of China for processing.

Re-exports of the Mainland of China Origin to Other Places (excluding the Mainland of China) Involving Outward Processing in the Mainland of China refer to processed goods re-exported through Hong Kong, of which all or part of the raw materials or semi-manufactures have been exported from or through Hong Kong to the mainland of China for processing with a contractual arrangement for subsequent re-importation of the processed goods into Hong Kong.

Direct Investment refers to external investment in which an investor of an economy acquires a lasting interest and a significant degree of influence or an effective voice in the management of an enterprise located in another economy. For statistical purpose, an effective voice is taken as being equivalent to a holding of 10% or more of the voting power in an enterprise. Direct investment comprises equity and investment fund shares and debt instruments. Equity and investment fund shares include equity in branches, shares in subsidiaries and associates, investment fund shares and reinvestment of earnings (which refers to the investors' share of earnings not distributed by branches, subsidiaries, associates or investment funds). Debt instruments mainly involve inter-company debt transactions. These include short-term and long-term borrowing and lending of funds between parent companies and their branches, subsidiaries and associates.

Inward Direct Investment refers to direct investment by a non-Hong Kong resident on a Hong Kong resident enterprise. Typical examples of inward direct investment are multinational corporations' branches and subsidiaries operating in Hong Kong.

Outward Direct Investment refers to direct investment by a Hong Kong resident on a non-resident enterprise.

Position of Direct Investment refers to the value of investment abroad or investment received from abroad of Hong Kong residents at a specified date.

Flow of Direct Investment refers to the additions/ withdrawals of investment abroad or investment received from abroad of Hong Kong residents during a period.

Loan Fund finances loans and advances for such schemes as housing loans and education loans. The main sources of income are appropriations from the General Revenue Account, loan repayments and interest on loans.

Effective Exchange Rate Index (EERI) for the Hong Kong Dollar (HKD) is an index which measures movements in the weighted average of the exchange rate of the HKD against the currencies of major trading partners of Hong Kong. It serves as an indicator for measuring the overall strength of the HKD relative to selected currencies. The index currently uses January 2010 as the base and includes 15 currencies.

Exchange Rates Between the Hong Kong Dollar and Other Currencies refer to the closing middle market telegraphic transfer rates or notes rates.

Authorized Institutions include licensed banks, restricted licence banks and deposit-taking companies. Licensed banks can accept deposits of any size and any term of maturity. With the final phase of interest rate deregulation came into effect on 3 July 2001, there is no restriction on interest rate payable. As for restricted licence banks, they can accept time deposits in amounts of not less than HK$500,000 with any term of maturity. Deposit-taking companies can however accept time deposits in amounts of not less than HK$100,000 with a term of maturity of at least three months. Both restricted licence banks and deposit-taking companies have no restriction on interest rate payable.

Foreign Currency Swap Deposits refer to deposits involving customers buying foreign currencies in the spot market and placing them as deposits with authorized institutions, while at the same time entering into a contract to sell such foreign currencies (principal plus interest) forward in line with the maturity of such deposits. For most analytical purpose, they should be regarded as Hong Kong dollar time deposits.

Money Supply M_1 refers to the sum of legal tender notes and coins held by the public plus customers' demand deposits placed with licensed banks.

Money Supply M_2 refers to the sum of M_1 plus customers' savings and time deposits with licensed banks, plus negotiable certificates of deposit issued by licensed banks held by non-authorized institutions.

Money Supply M_3 refers to the sum of M_2 plus customer deposits with restricted licence banks (RLBs) and deposit-taking companies (DTCs) plus negotiable certificates of deposit issued by RLBs and DTCs held by non-authorized institutions.

Hang Seng Index is a freefloat-adjusted market capitalisation-weighted index with capping on individual constituent weighting. The constituent stocks of the Hang Seng Index are grouped under four sub-indexes, namely Finance, Utilities, Properties, and Commerce and Industry.

Consumer Price Index (CPI) measures the changes over time in the price level of consumer goods and services generally purchased by households. The year-on-year rate of change in the CPI is widely used as an indicator of the inflation affecting consumers. Different CPI series are compiled to reflect the impact of consumer price changes on households in different expenditure ranges. The CPI(A), CPI(B) and CPI(C) are compiled based on the expenditure patterns of households in the relatively low, medium and relatively high expenditure ranges respectively. A Composite CPI is compiled based on the overall expenditure pattern of all the above households taken together to reflect the impact of consumer price changes on the household sector as a whole. The expenditure weight of each item is the share of the item in the total expenditure of households. Derived from the results of the Household Expenditure Survey (HES), the set of expenditure weights is updated once every five years to ensure that up-to-date expenditure patterns of households in different expenditure ranges are used in the compilation of the respective CPIs. The expenditure weights of the 2019/20-based CPI series currently in use are derived based on the household expenditure patterns obtained from the 2019/20 HES. However, in view of the larger changes in consumption pattern brought about by the COVID-19 epidemic in 2019/20, special reviews on the CPI expenditure weights will be conducted annually based on up-to-date data before the next round of full-scale rebasing exercise in 2024/25. Adjustments to the CPI weights will be made as appropriate to ensure that major shifts in expenditure patterns caused by changing impacts of the epidemic or resumption of normalcy can be timely taken into account in compiling the CPIs.

Educational Attainment refers to the highest level of education ever attained by a person in school or other educational institution, regardless of whether he/she had completed the course. Only formal courses are counted as educational attainment. A formal course shall be one that lasts for at least one academic year, requires specific academic qualifications for entrance (except sub-degree, associate degree, degree and post-graduate courses offered by the Open University of Hong Kong) and includes examinations or specific academic assessment procedures.

Social Security Schemes aim to provide for the basic and special needs of the members of the community who are in need of financial or material assistance. The non-contributory social security system comprises Comprehensive Social Security Assistance Scheme, Social Security Allowance Scheme, Criminal and Law Enforcement Injuries Compensation Scheme, Traffic Accident Victims Assistance Scheme and Emergency Relief.

Comprehensive Social Security Assistance Scheme provides a safety net for those who cannot support themselves financially. It is designed to bring their income up to a prescribed level to meet their basic needs. An applicant must satisfy the residence requirements and pass both the income and assets tests.

Social Security Allowance Scheme includes Normal Disability Allowance, Higher Disability Allowance, Old Age Allowance (OAA), Normal Old Age Living Allowance, Higher Old Age Living Allowance, Guangdong (GD) Scheme and Fujian (FJ) Scheme. The OAA and Disability Allowance provide a monthly allowance to Hong Kong residents who are 70 years of age or above or who are severely disabled to meet their special needs arising from old age or disability respectively. The Old Age Living Allowance (OALA) (renamed as Normal OALA), launched in April 2013, and the Higher OALA, launched in June 2018, are to provide a monthly allowance to supplement the living expenses of Hong Kong residents aged 65 or above who are in need of financial support. The GD Scheme was launched in October 2013 and the FJ Scheme was launched in April 2018. The OALA (including Normal OALA and Higher OALA) under the GD Scheme and the FJ Scheme were launched in January 2020.

Criminal and Law Enforcement Injuries Compensation Scheme aims to provide financial assistance to persons (or to their dependants in cases of death) who are injured as a result of a crime of violence, or by a law enforcement officer using a weapon in the execution of his duty. The Scheme is non-means-tested.

Traffic Accident Victims Assistance Scheme aims to provide speedy financial assistance to road traffic accident victims (or to their dependants in cases of death) on a non-means tested basis, regardless of the element of fault leading to the occurrence of the accident. Payments are made for personal injuries, while loss of or damage to property is not covered.

Emergency Relief is provided for victims of natural and other disasters such as fire, typhoon, flood, rainstorm, landslide, house collapse, and also for evacuees of buildings and premises considered to be dangerous under Closure Orders.

27

澳门特别行政区主要社会经济指标

Main Social and Economic Indicators of Macao Special Administrative Region

简 要 说 明

一、本章资料反映澳门特别行政区主要社会、经济发展情况。内容包括：土地、人口、就业、国民经济核算、工业、能源、建筑、交通通讯、对外贸易、财政金融、物价、教育、卫生、房屋、社会保障等方面。

二、本章由澳门特别行政区政府统计暨普查局提供所有数据，国家统计局国际统计信息中心负责整理、编辑。

三、在统计工作方面，按中华人民共和国“澳门特别行政区基本法”的有关原则，澳门特别行政区保留其单独运作的统计系统，并负责编制和发布反映澳门特别行政区情况的统计数据。由于澳门和内地在使用统计名词及概念方面会有所不同，读者在比较两地数据时，请参考本章末的“主要统计指标解释”。

四、澳门特别行政区是单独的关税地区，澳门与内地之间的贸易，亦需办理进出口报关。在贸易统计方面，澳门特别行政区对外商品贸易统计数据亦包括澳门特别行政区与内地的贸易。

五、在外汇统计及与之有关的各方面，澳门元是澳门特别行政区的法定货币，因此，除澳门元以外的货币（包括人民币）均视作外币。

六、更详细的统计资料及有关的技术细节，可参阅澳门特别行政区政府统计暨普查局出版的《统计月刊》、《统计年鉴》及各专题统计出版物。

七、本章节表中的符号使用说明：“–”表示绝对数值为零；“..”表示不适用；“o”表示数据小于本表最小单位半数。“#”表示保密资料；“r”表示修订数字。

Brief Introduction

I. Data in this chapter reflect the major social and economic development of the Macao Special Administrative Region, including land; population; employment; national accounts; industry; energy; construction; transportation and communications; external trade; public finance and banking; prices; education; health; housing; and social security.

II. Data in this chapter are provided by the Statistics and Census Service of the Government of Macao Special Administrative Region, which are tabulated and edited by the International Statistical Information Centre of the National Bureau of Statistics.

III. According to the *Basic Law of the Macao Special Administrative Region of the People's Republic of China*, Macao Special Administrative Region maintains its independent statistical system that is responsible to comply and disseminate statistical information on the different aspect of the Special Administrative Region. As Macao and the mainland of China adopt different statistical concepts, definitions and terminology, users are advised to read the Explanatory Notes at the end of this chapter when making comparison between the mainland of China and the Macao Special Administrative Region.

IV. Macao is a separate customs territory; therefore, import and export trade between Macao and the mainland of China also requires customs declaration. In terms of trade statistics, Macao's external merchandise trade data also include trade transaction between Macao and the mainland.

V. The Macao Pataca (MOP) is the legal tender in the Macao Special Administrative Region, all other currencies (including Renminbi) are considered as foreign currencies in statistics on foreign exchange and related data.

VI. Detailed information and technical aspects are available in the *Monthly Bulletin of Statistics, Yearbook of Statistics* and other thematic publications published by the Statistics and Census Service of the Government of Macao Special Administrative Region.

VII. Notations used in this chapter:

"-" indicates absolute value equals zero; ".." indicates not applicable; "o" indicates less than half of the unit employed; "#" indicates confidential data; "r" Revised figure.

27-1 主要统计指标概况
Summary of Key Statistics

项 目	Items	2016	2017	2018	2019	2020
人口及生命统计	**Population and Vital Statistics**					
年中人口 (万人)	Mid-year Population (10 000)	65.3	64.8	65.9	67.2	68.5
粗出生率 (‰)	Crude Birth Rate (‰)	11.0	10.1	9.0	8.9	8.1
粗死亡率 (‰)	Crude Death Rate (‰)	3.4	3.3	3.1	3.4	3.3
婴儿死亡率 (‰)	Infant Mortality Rate (‰)	1.7	2.3	3.4	1.5	2.2
(按每千名出生登记活产婴儿计算)	(per 1000 registered live births)					
劳动、就业	**Labour, Employment**					
劳动人口 (万人)	Labour Force (10 000)	39.7	38.7	39.2	39.5	40.5
劳动力参与率 (%)	Labour Force Participation Rate (%)	72.3	70.8	70.9	70.3	70.5
失业率 (%)	Unemployment Rate (%)	1.9	2.0	1.8	1.7	2.5
就业不足率 (%)	Underemployment Rate (%)	0.5	0.4	0.5	0.5	3.5
就业人口 (万人)	Employed Population (10 000)	39.0	38.0	38.5	38.8	39.5
建筑业	Construction	4.4	3.3	3.1	3.0 r	3.8
批发及零售业	Wholesale & Retail Trade	4.4	4.6	4.4	4.2	4.6
酒店及饮食业	Hotels, Restaurants & Similar Activities	5.7	5.5	5.6	5.6	5.4
文娱博彩及其他服务业	Recreational, Cultural, Gaming & Other Services	9.3	9.2	9.6	9.7	9.1
对外商品贸易 (亿澳门元)	**External Merchandise Trade (100 million MOP)**					
出口	Exports	100	113	122	128	108
本地产品出口	Domestic Exports	20	18	15	15	16
再出口	Re-exports	81	95	107	113	92
进口	Imports	714	759	901	901	926
贸易价格比率 (2016=100)	Terms of Trade (year of 2016=100)	100.0	100.2	100.0	100.1	100.2
工业生产	**Industrial Production**					
工业电力消耗量 (亿千瓦小时)	Electricity Consumption (100 million kWh)	1.6	1.6	1.6	1.5	1.4
私人建筑	**Private Sector Construction**					
获发使用准照楼宇	Buildings with Licence of Use issued					
单位数目 (个)	Units (No.)	498	4525	4268	3013	2521
总建筑面积 (万平方米)	Gross Floor Area (10 000 sq.m)	19	84	129	47	29
获发动工批示楼宇	Buildings with Construction Permit issued					
单位数目 (个)	Units Started (No.)	5372	3226	1674	405	233
总建筑面积 (万平方米)	Gross Floor Area (10 000 sq.m)	87	41	58	44	88
楼宇单位买卖数目 (个)	Number of Units Sold (No.)	14108	13985	15073	11022	9002
不动产买卖契约数目 (宗)	Deed of Real Estate Transacted (No.)	13262	13961	13494	10303	11589
不动产按揭贷款数目 (宗)	Real Estate Mortgage Loans (No.)	18529	17439	20095	16508	14954
运输、通讯、旅游 (万次)	**Transport, Communications, Tourism (10 000)**					
进出澳门重型货运车	Lorries Entering and Departing Macao	36.3	34.5	34.8	34.1	29.8
进出澳门的客轮班次	Ferry Trips Entering and Departing Macao	13.9	13.9	13.2	11.1	2.1
澳门国际机场升降的商业航班	Arriving and Departing Commercial Flights at Macao International Airport	5.4	5.5	6.2	7.4	1.4
注册车辆 (万辆)	Licensed Vehicles (10 000)	25.0	24.2	24.0	24.1	24.4
固网及移动电话用户(包括预付卡, 万户)	Fixed-line Telephone & Mobile Phone Subscribers(incl. Prepaid SIM Cards) (10 000)	210.9	238.0	230.5	291.0	172.9
入境旅客 (万人次)	Visitor Arrivals (10 000)	3095	3261	3580	3941	590
酒店业平均入住率 (%)	Average Occupancy Rate of Hotel Sector (%)	83	87	91	91	29
财政收支、货币、金融(亿澳门元)	**Government Accounts, Money and Finance (100 million MOP)**					
财政总收入	Total Government Revenue	1105	1264	1413	1407	1017
财政总支出	Total Government Expenditure	826	813	830	847	961
货币供应(广义货币供应量M_2)	Money Supply (M_2)					
总计	Total	5325	5915	6515	6875	6924
澳门元	MOP	1630	1828	1985	2106	2354
港元	HKD	2892	3203	3420	3311	3382
其他货币	Other currencies	802	884	1110	1458	1187
本地/私人部门贷款及垫款	Domestic Loans/Advances to the Private Sector	4181	4517	5011	5155	5301

注：2020年酒店业平均入住率不包括部分酒店/公寓因受新型冠状病毒肺炎疫情影响而暂停营业或用于医学观察期间的数据。
Note: The average occupancy rate of the Hotel sector in 2020 excluded hotels/guesthouses that suspended business owing to the pandemic of novel coronavirus pneumonia or that were designated for medical observation.

27-1 续表 continued

项目	Items	2016	2017	2018	2019	2020
消费物价指数	**Consumer Price Index**					
(2018年4月至2019年3月=100)	**(Apr/2018 - Mar/2019=100)**					
综合消费物价指数	Composite Consumer Price Index	95.00	96.16	99.05	101.78	102.60
甲类消费物价指数	Consumer Price Index (A)	95.08	96.22	99.13	101.79	102.71
乙类消费物价指数	Consumer Price Index (B)	94.37	95.71	98.48	101.77	102.45
房屋（期末）	**Housing (End-period)**					
公共房屋 (套)	Public Housing (No.)	12219	12209	14817	14670	14632
教育	**Education**					
幼儿教育学生 (人)	Student of Pre-primary Education (person)	17757	18802	18626	19265	18908
小学生 (人)	Student of Primary Education (person)	28438	30169	32530	33961	35450
中学生 (人)	Student of Secondary Education (person)	27473	26608	26022	26396	27627
高等教育学生 (人)	Student of Higher Education (person)	32750	33098	34279	36107	39093
医疗	**Health**					
医生 (人)	Doctors (person)	1726	1730	1754	1808	1789
护士 (人)	Nurses (person)	2342	2397	2464	2491	2568
病床 (张)	Hospital Beds (unit)	1591	1596	1604	1628	1715
社会保障	**Social Security**					
受益人数目 (人)	Beneficiaries (person)	358541	360044	364665	365435	360508
供款单位数目 (个)	Contributors (No.)	23885	24443	25470	25860	27768
福利金受领人数 (人)	Number of Recipients (person)	98223	107174	117159	125429	131867
福利金发放金额 (万澳门元)	Pension Amount (10 000 MOP)	337623	372508	403924	459194	499070
津贴受领人次 (人次)	Number of Recipients (person)	21000	18430	18073	18278	25520
津贴发放金额 (万澳门元)	Allowance Amount (10 000 MOP)	5994	4668	6414	7091	10819
治安	**Public Security**					
罪案数目 (宗)	Number of Crimes (No.)	14387	14293	14365	14178	10057
囚犯数目 (期末)	Number of Prisoners (end-year)	1271	1284	1458	1636	1548
本地生产总值	**Gross Domestic Product (GDP)**					
按以环比物量(2019年)计算	In Chained (2019) Dollars					
实际增长率 (%)	Growth Rate in Real Terms (%)	-0.7	10.0 [r]	6.5 [r]	-2.6 [r]	-56.3
本地生产总值 (亿澳门元)	GDP (100 million MOP)	3904.0 [r]	4293.7 [r]	4571.4 [r]	4451.2 [r]	1944.8
人均本地生产总值 (万澳门元)	GDP per capita (10 000 MOP)	60.4 [r]	66.2 [r]	69.2 [r]	66.1 [r]	28.5
当年价格	At Current Prices					
名义增长率 (%)	Growth Rate in Nominal Terms (%)	0.2	12.3 [r]	10.2 [r]	-0.3 [r]	-56.3
本地生产总值 (亿澳门元)	GDP (100 million MOP)	3604.6 [r]	4049.7 [r]	4464.3 [r]	4451.2 [r]	1944.0
人均本地生产总值 (万澳门元)	GDP per capita (10 000 MOP)	55.8 [r]	62.4 [r]	67.6 [r]	66.1 [r]	28.5

27-2　按堂区划分的陆地面积
Land Area by Parish

单位：平方公里　　　　(sq.km)

分　区	Sub-division	2016	2017	2018	2019	2020
总面积	**Total Land Area**	**30.5**	**30.8**	**32.9**	**32.9**	**32.9**
澳门半岛	**Macao Peninsula**	**9.3**	**9.3**	**9.3**	**9.3**	**9.3**
圣安多尼堂区	Santo Antonio	1.1	1.1	1.1	1.1	1.1
望德堂区	Sao Lazaro	0.6	0.6	0.6	0.6	0.6
风顺堂区	Sao Lourenco	1.0	1.0	1.0	1.0	1.0
大堂区	Se	3.4	3.4	3.4	3.4	3.4
花地玛堂区	N.S. de Fatima	3.2	3.2	3.2	3.2	3.2
氹仔	**Taipa Island**	**7.6**	**7.9**	**7.9**	**7.9**	**7.9**
路环	**Coloane Island**	**7.6**	**7.6**	**7.6**	**7.6**	**7.6**
路氹填海区	**CoTai Reclamation Zone**	**6.0**	**6.0**	**6.0**	**6.0**	**6.0**
新城A区及港珠澳大桥澳门口岸管理区	**New Urban Zone Area A and the Macao boundary crossing area of the Hong Kong-Zhuhai-Macao Bridge**	..	..	**2.1**	**2.1**	**2.1**

27-3　人口主要指标
Main Demographic Indicator

项　目	Item	2016	2017	2018	2019	2020
年中人口（万人）	Mid-year Population (10 000 persons)	65.3	64.8	65.9	67.2	68.5
出生率（‰）	Crude Birth Rate (‰)	11.0	10.1	9.0	8.9	8.1
死亡率（‰）	Crude Death Rate (‰)	3.4	3.3	3.1	3.4	3.3
婴儿死亡率（‰）	Infant Mortality Rate (‰)	1.7	2.3	3.4	1.5	2.2
自然增长率（‰）	Natural Growth Rate (‰)	7.5	6.8	5.9	5.5	4.8
总和生育率（‰）	Total Fertility Rate (‰)	1.1	1.0	0.9	0.9	0.9
登记结婚（宗）	Registered Marriages (case)	3891	3883	3842	3724	2754
离婚（宗）	Registered Divorces (case)	1245	1479	1544	1435	1319
项　目	Item	2013-2016	2014-2017	2015-2018	2016-2019	2017-2020
出生时平均预期寿命(岁)	Life Expectancy at Birth (year)	83.3	83.4	83.7	83.8	84.1
男	Male	80.2	80.3	80.6	80.8	81.1
女	Female	86.4	86.4	86.6	86.7	86.9

27-4　经济活动人口及失业状况
Labour Force and Unemployment

项　目	Item	2016	2017	2018	2019	2020
劳动人口（万人）	Labour Force (10 000 persons)	39.7	38.7	39.2	39.5	40.5
男	Male	20.6	19.3	19.2	19.3	19.9
女	Female	19.1	19.4	20.1	20.2	20.7
就业人口（万人）	Employed Population (10 000 persons)	39.0	38.0	38.5	38.8	39.5
失业人口（万人）	Unemployed Population (10 000 persons)	0.8	0.8	0.7	0.7	1.0
失业率（%）	Unemployment Rate (%)	1.9	2.0	1.8	1.7	2.5

27-5 按行业划分的就业人口
Employed Population by Industry

单位：万人 (10 000 persons)

行　　业	Industry	2016	2017	2018	2019	2020
总数	**Total**	**38.97**	**37.98**	**38.54**	**38.78**	**39.51**
制造业	Manufacturing	0.79	0.65	0.64	0.63	0.64
水电及气体生产供应业	Electricity, Gas & Water Supply	0.12	0.11	0.11	0.09	0.12
建筑业	Construction	4.44	3.27	3.11	3.05	3.76
批发及零售业	Wholesale & Retail Trades	4.41	4.58	4.37	4.16	4.62
酒店及饮食业	Hotels, Restaurants & Similar Activities	5.72	5.46	5.61	5.61	5.44
运输、仓储及通讯业	Transport, Storage & Communications	1.93	1.91	1.92	1.98	1.80
金融业	Financial Intermediation	1.04	1.13	1.08	1.21	1.28
不动产及工商服务业	Real Estate & Business Activities	3.04	3.02	3.19	3.48	3.56
公共行政及社保事务	Public Administration & Social Security	2.83	2.87	2.98	2.79	2.74
教育	Education	1.59	1.70	1.75	1.73	1.82
医疗卫生及社会福利	Health & Social Welfare	1.21	1.29	1.24	1.26	1.35
文娱博彩及其他服务业	Recreational, Cultural, Gaming & Other Services	9.27	9.23	9.64	9.70	9.13
家务工作	Domestic Work	2.53	2.68	2.85	3.03	3.15
其他及不详	Others and Unknown	0.05	0.06	0.06	0.08	0.10

27-6 按行业划分的月工作收入中位数
Median Monthly Employment Earnings by Industry

单位：澳门元 (MOP)

行　　业	Industry	2016	2017	2018	2019	2020
总数	**Total**	**15000**	**15000**	**16000**	**17000**	**15000**
制造业	Manufacturing	11300	12000	11500	10800	11000
水电及气体生产供应业	Electricity, Gas & Water Supply	23000	29000	30000	20500	22000
建筑业	Construction	15000	15000	15000	17000	15000
批发及零售业	Wholesale & Retail Trade	12000	13000	13000	14000	12000
酒店及饮食业	Hotels, Restaurants & Similar Activities	10000	10000	11000	12000	11000
运输、仓储及通讯业	Transport, Storage & Communications	14000	15300	16000	16000	15000
金融业	Financial Intermediation	20000	20000	20000	21000	22000
不动产及工商服务业	Real Estate & Business Activities	10000	10000	10000	11000	10000
公共行政及社保事务	Public Administration & Social Security	35000	37400	39500	40300	43000
教育	Education	22000	25000	25000	28000	25500
医疗卫生及社会福利	Health & Social Welfare	20500	21000	24000	22100	23300
文娱博彩及其他服务业	Recreational, Cultural, Gaming & Other Services	19000	19000	20000	20000	19300
家务工作	Domestic Work	4000	4000	4000	4200	4400

27-7 本地生产总值(当年价格)
Gross Domestic Product at Current Prices

年 份 Year	本地生产总值 GDP (亿澳门元) (100 million MOP)	(亿美元) (100 million USD)	实际增长率 (%) Growth Rate in Real Terms (%)	人均本地生产总值 GDP per capita (澳门元) (MOP)	(美元) (USD)
1993	451.4 r	56.7 r	5.2	117561 r	14754 r
1994	502.4 r	63.1 r	4.3	126618 r	15906 r
1995	561.4 r	70.5 r	3.3	137165 r	17215 r
1996	571.7 r	71.8 r	-0.4	137734 r	17289 r
1997	579.6 r	72.7 r	-0.3	138897 r	17417 r
1998	542.4 r	68.0 r	-4.6	128434 r	16097 r
1999	523.3 r	65.5 r	-2.4	122431 r	15320 r
2000	543.7 r	67.7 r	5.7	126271 r	15733 r
2001	551.1 r	68.6 r	2.9	127015 r	15811 r
2002	592.2 r	73.7 r	8.9	135079 r	16815 r
2003	661.5 r	82.5 r	11.6 r	149113 r	18589 r
2004	853.8 r	106.4 r	26.6 r	187793 r	23408 r
2005	974.2 r	121.6 r	8.1	205753 r	25684 r
2006	1190.1 r	148.8 r	13.4 r	239417 r	29925 r
2007	1481.8 r	184.4 r	14.5 r	284495 r	35403 r
2008	1686.4 r	210.3 r	3.4	313785 r	39122 r
2009	1723.6 r	215.9 r	1.3	320275 r	40114 r
2010	2260.0 r	282.4 r	25.1 r	420915 r	52600 r
2011	2954.4 r	368.4 r	21.6 r	538165 r	67115 r
2012	3450.8 r	431.9 r	9.2	605740 r	75813 r
2013	4117.4 r	515.4 r	10.8 r	692289 r	86653 r
2014	4385.2 r	549.0 r	-2.0 r	705180 r	88290 r
2015	3598.1 r	450.6 r	-21.5 r	560882 r	70242 r
2016	3604.6 r	450.9 r	-0.7	558118 r	69810 r
2017	4049.7 r	504.6 r	10.0 r	623985 r	77743 r
2018	4464.3 r	553.0 r	6.5 r	676152 r	83756 r
2019	4451.2 r	551.5 r	-2.6 r	660903 r	81893 r
2020	1944.0	243.3	-56.3	285314	35714

27-8 支出法本地生产总值
Expenditure-based Gross Domestic Product

单位：亿澳门元 (100 million MOP)

本地生产总值组成部分	GDP Components	2016	2017	2018	2019	2020
按当年价格计算	**At Current Prices**					
私人消费支出	Private Consumption Expenditure	960.5 r	995.6 r	1068.0 r	1113.3 r	935.8
政府最终消费支出	Government Final Consumption Expenditure	374.7 r	393.5	420.5 r	449.3 r	513.7
固定资本形成总额	Gross Fixed Capital Formation	788.8 r	801.7 r	746.6 r	615.4 r	524.9
存货增加	Changes in Inventories	-1.5	-9.8	21.9 r	13.1 r	11.7
货物出口	Exports of Goods	123.6	140.1	159.0 r	149.8 r	343.6
减:货物进口	Less: Imports of Goods	946.9 r	996.2 r	1033.5 r	989.4 r	990.0
服务出口	Exports of Services	2637.9 r	3116.3 r	3523.8 r	3510.4 r	866.6
减:服务进口	Less: Imports of Services	332.5 r	391.5 r	441.8 r	410.8 r	262.4
本地生产总值	**GDP**	**3604.6 r**	**4049.7 r**	**4464.3 r**	**4451.2 r**	**1944.0**
人均本地生产总值(澳门元)	**GDP per capita (MOP)**	**558118 r**	**623985 r**	**676152 r**	**660903 r**	**285314**
以环比物量(2019年)计算	**In Chained (2019) Dollars**					
私人消费支出	Private Consumption Expenditure	1011.1 r	1038.2 r	1083.6 r	1113.3 r	931.3
政府最终消费支出	Government Final Consumption Expenditure	417.1 r	420.0 r	434.4 r	449.3 r	500.5
固定资本形成总额	Gross Fixed Capital Formation	856.9 r	830.2 r	748.8 r	615.4 r	522.6
存货增加	Changes in Inventories	-1.5	-9.8	21.9 r	13.1 r	11.7
货物出口	Exports of Goods	124.3	140.9	158.9	149.8 r	343.0
减:货物进口	Less: Imports of Goods	951.9 r	1002.8 r	1031.8 r	989.4 r	991.3
服务出口	Exports of Services	2806.8 r	3283.3 r	3601.5 r	3510.4 r	882.1
减:服务进口	Less: Imports of Services	354.4 r	407.0 r	447.7 r	410.8 r	255.1
本地生产总值	**GDP**	**3904.0 r**	**4293.7 r**	**4571.4 r**	**4451.2 r**	**1944.8**
人均本地生产总值(澳门元)	**GDP per capita (MOP)**	**604476 r**	**661590 r**	**692368 r**	**660903 r**	**285433**

27-9 生产法本地生产总值
Production-based Gross Domestic Product

单位：亿澳门元 (100 million MOP)

经济活动	Economic Activities	2015	2016	2017	2018	2019
第二产业	**Secondary Sector**	**276.8 r**	**238.6 r**	**202.1 r**	**182.2 r**	**188.4**
采矿业	Mining and Quarrying	-	-	-	-	-
制造业	Manufacturing	20.5 r	21.5 r	23.1 r	24.0 r	24.9
电力、煤气及水供应	Electricity, Gas and Water Supply	23.6	25.6	29.9	27.0 r	28.1
建筑业	Construction	232.7	191.5	149.0 r	131.2 r	135.4
第三产业	**Tertiary Sector**	**3299.3 r**	**3344.8 r**	**3786.5 r**	**4208.1 r**	**4185.9**
批发零售、维修、酒店、餐厅及酒楼业	Wholesale, Retail, Repair, Hotels and Restaurants	397.3 r	397.7 r	463.4 r	516.7 r	516.0
运输、仓储及通讯业	Transport, Storage and Communications	97.3	102.0	105.2 r	112.8 r	117.6
金融保险、不动产、租赁及商业服务	Financial Intermediation, Real Estate, Renting and Business Activities	739.9 r	812.2 r	875.0 r	933.4 r	885.8
公共行政、社会服务及个人服务（包括博彩业）	Public Administration, Other Community, Social and Personal Services (Including gaming)	2064.8 r	2032.9 r	2343.0 r	2645.2 r	2666.5
以生产者价格计算的增加值	**Gross value added at producers' prices**	**3576.1 r**	**3583.4 r**	**3988.6 r**	**4390.3 r**	**4374.3**
加进口税	**Add: Taxes on imports**	**5.1**	**4.5**	**5.3**	**5.1**	**5.3**
以市场价格按生产法计算的本地生产总值	**Production-based GDP at Current Market Prices**	**3581.3 r**	**3587.8 r**	**3993.9 r**	**4395.4 r**	**4379.6**
以市场价格按支出法计算的本地生产总值	**Expenditure-based GDP at Current Market Prices**	**3598.1 r**	**3604.6 r**	**4049.7 r**	**4464.3 r**	**4451.2**
统计差异(%)	**Statistical Discrepancy (%)**	**-0.5 r**	**-0.5 r**	**-1.4 r**	**-1.5 r**	**-1.6**

27-10 生产法本地生产总值结构
Structure of Production-based Gross Domestic Product

单位：% (%)

经济活动	Economic Activities	2015	2016	2017	2018	2019
第二产业	**Secondary Sector**	**7.7 r**	**6.7**	**5.1**	**4.2**	**4.3**
采矿业	Mining and Quarrying	-	-	-	-	-
制造业	Manufacturing	0.6	0.6	0.6	0.5 r	0.6
电力、煤气及水供应业	Electricity, Gas and Water Supply	0.7	0.7	0.7 r	0.6	0.6
建筑业	Construction	6.5	5.3 r	3.7	3.0	3.1
第三产业	**Tertiary Sector**	**92.3 r**	**93.3**	**94.9**	**95.8**	**95.7**
批发零售、维修、酒店、餐厅及酒楼业	Wholesale, Retail, Repair, Hotels and Restaurants	11.1 r	11.1 r	11.6 r	11.8 r	11.8
运输、仓储及通讯业	Transport, Storage and Communications	2.7	2.8 r	2.6 r	2.6	2.7
金融、保险、不动产、租赁及商业服务	Financial Intermediation, Real Estate, Renting and Business Activities	20.7 r	22.7 r	21.9 r	21.3 r	20.3
公共行政、社会服务及个人服务（包括博彩业）	Public Administration, Other Community, Social and Personal Services (Including gaming)	57.7 r	56.7 r	58.7 r	60.3 r	61.0
以生产者价格计算的增加值	**Gross value added at producers' prices**	**100.0**	**100.0**	**100.0**	**100.0**	**100.0**

27-11　电力、燃料及水消耗量
Consumption of Electricity, Fuels and Water

项　目	Item	2016	2017	2018	2019	2020
电力　（万千瓦小时）	**Electricity　(10 000 kWh)**					
住户	Domestic	111588	111439	113686	119593	131047
工业	Industrial	15642	16224	15713	15440	14372
商业及公共照明	Commercial and Public light	376479	389319	402477	419845	373715
燃料	**Fuels**					
重油　（万公升）	Fuel Oil　(10 000 litres)	15903	12289	4397	3445	3271
轻柴油　（万公升）	Gas Oil and Diesel　(10 000 litres)	12243	11786	11413	11087	8214
汽油　（万公升）	Gasoline　(10 000 litres)	10231	10413	10905	11097	9266
液化石油气　（公吨）	L.P.G.　(ton)	44607	41936	42297	40905	34426
水　（万立方米）	**Water　(10 000 cu.m)**	**8670**	**8844**	**9094**	**9281**	**8552**

27-12　按用途划分的获发使用准照私人楼宇
Private Buildings with Licence of Use issued by End-use

项　目	Item	2016	2017	2018	2019	2020
住宅	Residential					
单位数目　（个）	Number of Units	404	4318	4158	2886	2365
建筑面积(万平方米)	Gross Floor Area(10 000 sq.m)	4.6	33.8	45.9	29.8	18.0
商铺及办公室	Shop and Office					
单位数目　（个）	Number of Units	85	167	75	111	128
建筑面积(万平方米)	Gross Floor Area(10 000 sq.m)	1.5	2.1	7.2	2.9	2.2
工业	Industrial					
单位数目　（个）	Number of Units	1	6	1	1	3
建筑面积(万平方米)	Gross Floor Area(10 000 sq.m)	0.4	9.1	1.0	0.7	1.0
其他用途	Others					
单位数目　（个）	Number of Units	8	34	34	15	25
建筑面积(万平方米)	Gross Floor Area(10 000 sq.m)	12.7	39.0	75.2	14.0	7.5
总计	Total					
单位数目　（个）	Number of Units	498	4525	4268	3013	2521
建筑面积(万平方米)	Gross Floor Area(10 000 sq.m)	19.2	84.0	129.4	47.4	28.7

27-13　按用途划分的获发动工批示私人楼宇
Private Buildings with Construction Permit issued by End-use

项　目	Item	2016	2017	2018	2019	2020
住宅	Residential					
单位数目　（个）	Number of Units	5207	3111	1493	325	162
建筑面积(万平方米)	Gross Floor Area(10 000 sq.m)	50.8	28.8	13.4	3.5	1.0
商铺及办公室	Shop and Office					
单位数目　（个）	Number of Units	128	106	161	54	49
建筑面积(万平方米)	Gross Floor Area(10 000 sq.m)	8.0	3.2	2.4	3.5	0.6
工业	Industrial					
单位数目　（个）	Number of Units	7	-	1	1	-
建筑面积(万平方米)	Gross Floor Area(10 000 sq.m)	3.1	-	1.7	0.5	-
其他用途	Others					
单位数目　（个）	Number of Units	30	9	19	25	22
建筑面积(万平方米)	Gross Floor Area(10 000 sq.m)	24.9	9.1	40.1	36.6	86.6
总计	Total					
单位数目　（个）	Number of Units	5372	3226	1674	405	233
建筑面积(万平方米)	Gross Floor Area(10 000 sq.m)	86.9	41.1	57.6	44.2	88.1

27-14 零售业销售额
Value of Retail Sales

单位：亿澳门元 (100 million MOP)

项　目	Item	2016	2017	2018	2019	2020
销售总额	**Total Value of Sales**	**588.39**	**662.62**	**768.07**	**771.87**	**452.25**
百货	Department Stores	85.99	98.85	123.28	133.40	66.23
超级市场	Supermarkets	42.48	44.33	46.13	49.49	51.45
汽车	Motor Vehicles	20.15	21.52	25.71	23.91	20.71
钟表珠宝	Watches, Clocks and Jewellery	126.04	147.44	161.69	158.50	72.72
成人服装	Adults' Clothing	77.46	86.89	101.47	89.03	41.91
车用燃料	Automotive Fuels	12.14	12.80	15.05	16.80	11.43
家用燃料	Fuel for Household Use	5.46	5.68	6.32	5.90	4.31
家庭电器	Household Electric Appliances	12.86	11.73	13.01	11.65	8.65
药房	Pharmacy	18.16	19.25	21.41	21.33	14.39
其他	Others	187.65	214.13	254.00	261.86	160.45

27-15 按出入境方式统计的对外商品贸易
External Merchandise Trade by Mode of Transport

单位：万吨 (10 000 tons)

项　目	Mode of Transport	2016	2017	2018	2019	2020
入境①	**Imports ①**					
海路	Sea	420.7	348.6	353.1	526.9	693.8
空路	Air	0.6	0.6	0.7	0.8	0.4
陆路	Land	149.9	148.4	136.2	130.6	109.3
其他②	Others ②	9703.0	9780.7	10126.3	10183.0	9631.8
总数	**Total**	**10274.2**	**10278.4**	**10616.4**	**10841.3**	**10435.3**
出境①	**Exports ①**					
海路	Sea	21.2	46.1	32.9	16.0	16.6
空路	Air	1.3	1.5	2.0	2.3	2.7
陆路	Land	4.1	4.7	4.6	3.0	2.8
其他②	Others ②	17.6	19.7	22.1	25.3	5.9
总数	**Total**	**44.2**	**72.0**	**61.6**	**46.6**	**28.0**

注：①包括转运货物。
②包括邮递及以管道运输方式进出澳门的货物。
Notes:①Including transit goods.
②Including external merchandise trade by post and via pipeline.

27-16 集装箱流量
Container Flow

单位：数目 (number)

项　目	Item	2016	2017	2018	2019	2020
入境	Inward	56954	57781	59529	59175	57975
出境	Outward	34906	34585	36469	34845	30361
转口	Transit	1007	681	757	939	1092

27-17 港口集装箱总吞吐量
Port Container Throughput

单位：标准集装箱 (TEU)

项 目	Item	2016	2017	2018	2019	2020
入境	Inward	80922	81958	86943	84618	83365
出境	Outward	48413	47631	51119	47699	37883
转口	Transit	82	209	577	722	155

27-18 通信服务
Communications

项 目	Item	2016	2017	2018	2019	2020
邮递服务 （万件）	**Postal Services (10 000)**					
信件邮件	Mails	3316	3218	3303	3079	2628
包裹	Parcels	0.7	0.5	0.5	0.5	0.7
电话服务 （万户）	**Telephone Services (10 000)**					
固网电话用户	Fixed-line Telephone Subscribers	13.9	13.1	12.4	11.6	10.7
移动电话用户	Mobile Phone Subscribers	70.1	74.3	76.4	80.2	83.3
预付卡	Prepaid SIM Cards	126.9	150.6	141.7	199.1	78.8
对外电话通讯量 （万分钟）	**International Calls (10 000 minutes)**					
拨出	Outgoing	26010	21168	17473	14008	8186
拨入	Incoming	18942	17211	15645	13450	6145
互联网	**Internet Services**					
登记用户 （万户）	Registered Subscribers (10 000)	36.3	39.7	54.3	59.0	63.2
总使用时数 （万小时）	Total Hours Used (10 000 hours)	116694	124194	126880	158540	165428

注：由于小数进位关系，此表内“电话服务”细项之和与统计表27-1内“固网及移动电话用户”之总数可能出现差异。
Note: Figures of "Telephone Services" may not add up to the total indicated in Table 27-1 "Fixed-line Telephone & Mobile Phone Subscribers (incl. Prepaid SIM Cards)" due to rounding.

27-19 对外商品贸易主要指标
Principal Indicators of External Merchandise Trade

单位：亿澳门元 (100 million MOP)

贸易种类	Trade Type	2016	2017	2018	2019	2020
出口	Exports	100.5	112.8	121.9	128.0	108.1
本地产品出口	Domestic Exports	19.6	17.9	15.3	15.1	15.6
再出口	Re-exports	80.8	95.0	106.6	112.8	92.5
进口	Imports	713.5	758.5	901.0	901.3	925.6
进出口总额	Total Trade	814.0	871.3	1023.0	1029.3	1033.7
进出口差额	Trade Balance	-613.1	-645.7	-779.1	-773.3	-817.5
出口/进口比率（%）	Exports-to-Imports Ratio(%)	14.1	14.9	13.5	14.2	11.7

27-20 按主要原产地和目的地划分的商品进出口
Merchandise Imports and Exports by Major Country/Region

单位：亿澳门元 (100 million MOP)

主要国家/地区	Major Country/Region	2016	2017	2018	2019	2020
进口（原产地）	**Imports (Origin)**					
中国内地	Mainland China	258.4	257.0	315.2	306.5	276.1
中国香港	Hong Kong, China	62.1	68.0	70.4	56.5	29.1
欧盟	European Union	170.3	190.9	225.3	249.2	285.4
日本	Japan	45.2	54.5	73.0	61.8	95.9
中国台湾	Taiwan, China	12.5	14.7	14.5	13.0	15.7
美国	United States of America	34.3	33.2	36.7	43.5	83.2
出口（目的地）	**Exports (Destination)**					
美国	United States of America	1.6	1.9	1.3	2.9	5.5
欧盟	European Union	1.7	1.9	2.1	2.0	1.8
中国内地	Mainland China	17.5	21.2	20.1	15.8	16.2
中国香港	Hong Kong, China	55.6	66.0	75.7	81.6	74.6

27-21　财政收入
Government Revenue

单位：亿澳门元　　(100 million MOP)

项　目	Items	2016	2017	2018
经常收入	**Current Revenue**			
直接税	Direct Taxes	884.6	1032.6	1159.6
间接税	Indirect Taxes	40.8	51.2	56.9
费用、罚款及其他金钱制裁	Fees, Fines and Other Penalties	20.2	18.3	20.5
财产收益	Property Income	18.3	15.1	9.2
转移	Transfers	52.3	62.1	71.4
耐用品的出售	Sales of Durable Goods	o	0.1	0.1
劳务及非耐用品的出售	Sales of Services and Non-durable Goods	11.6	12.3	12.5
其他经常收入	Other Current Revenue	1.8	2.8	2.2
资本收入	**Capital Revenue**			
投资资产的出售	Sales of Fixed Capital	6.8	0.4	12.2
转移	Transfers	o	o	-
财务资产	Financial Assets	5.9	5.3	7.9
财务负债	Financial Liabilities	-	-	-
其他资本收入	Other Capital Revenue	60.6	61.9	46.9
非从支付中扣减的退回	Reimbursements Not Deducted from Payments	2.2	1.7	13.8
自治机构	**Autonomous Agencies**	-	-	-
总数	**Total**	**1105.0**	**1263.7**	**1413.1**

单位：亿澳门元　　(100 million MOP)

项　目	Items	2019	2020
经常收入	**Current Revenue**		
直接税	Direct Taxes	105.4	97.9
间接税	Indirect Taxes	49.3	35.9
规费、罚款及其他金钱制裁	Fees, Fines and Other Penalties	17.4	13.7
财产收入	Property Income	7.5	6.5
特许批给收入	Concession Revenue	1130.8	300.9
财务收入	Financial Revenue	4.4	4.0
出售物品及劳务	Sales of Goods and Services	8.4	10.0
转移	Transfers	3.0	2.0
保障制度供款	Social Security Contributions	0.8	0.9
其他经常收入	Other Current Revenue	1.7	2.6
资本收入	**Capital Revenue**		
出售设施及设备	Sale of Facilities and Equipment	21.6	1.9
财务资产	Financial Assets	8.8	8.8
出售股票及其他股权	Sale of Shares and Other Equity	o	-
其他资本收入	Other Capital Revenue	48.2	531.5
总数	**Total**	**1407.3**	**1016.7**

注：按第63/2018号经济财政司订定的新分类结构。
Note: In accordance with the new classification stipulated in Economy and Finance No. 63/2018.

27-22 财政支出
Government Expenditure

单位：亿澳门元 (100 million MOP)

项 目	Items	2016	2017	2018
经常支出	**Current Expenditure**			
工薪	Payroll	184.0	198.6	209.4
货物及劳务	Goods and Services	98.5	95.8	102.8
利息	Interest	-	-	-
经常转移	Current Transfers	390.7	278.4	287.0
其他经常支出	Other Current Expenditure	31.7	33.7	38.6
资本支出	**Capital Expenditure**			
投资	Investments	95.1	138.2	165.7
资本转移	Capital Transfers	6.4	4.4	3.0
财务活动	Financial Transactions	19.9	63.9	23.9
其他资本支出	Other Capital Expenditure	-	-	-
自治机构	**Autonomous Agencies**	-	-	-
总数	**Total**	**826.3**	**813.0**	**830.3**

单位：亿澳门元 (100 million MOP)

项 目	Items	2019	2020
经常支出	**Current Expenditure**		
人员开支	Personnel Expenses	247.1	261.6
运作开支	Operating Expenses	129.8	126.9
提供公用事业服务开支	Expenditure on the Provision of Public	11.9	10.8
退休及抚恤制度	Retirement and Pension Regime	o	o
转移、资助及补助	Transfer, Funding and Subsidies	290.7	386.5
其他经常支出	Other Current Expenditure	-	-
资本支出	**Capital Expenditure**		
设施及设备	Facilities and Equipment	138.2	124.7
财务资产	Financial Assets	4.8	21.6
股票及其他股权	Shares and Other Equity	24.3	29.2
总数	**Total**	**846.8**	**961.3**

注：按第63/2018号经济财政司订定的新分类结构。

Note: In accordance with the new classification stipulated in Economy and Finance No. 63/2018.

27-23 货币供应

Money Supply

单位：亿澳门元(年底数字)　　(100 million MOP (as at end of year))

项　　目	Items	2016	2017	2018	2019	2020
狭义货币供应量M_1	**Money Supply (M_1)**	**636.7**	**723.9**	**807.6**	**881.6**	**811.9**
分类一：澳门元	Classification 1: MOP	367.6	421.3	452.4	470.6	481.1
港元	HKD	255.0	287.8	341.8	386.6	306.7
其他货币	Other Currencies	14.1	14.8	13.4	24.4	24.0
分类二：流通货币(澳门元)	Classification 2: Currency in Circulation (MOP)	135.6	149.1	160.1	168.8	185.8
活期存款	Demand Deposits	501.2	574.8	647.5	712.9	626.1
广义货币供应量$M_2$①	**Money Supply (M_2) ①**	**5324.8**	**5914.7**	**6514.5**	**6875.2**	**6923.6**
分类一：澳门元	Classification 1: MOP	1630.2	1827.9	1985.1	2106.3	2354.1
港元	HKD	2892.3	3203.0	3419.7	3311.0	3382.4
其他货币	Other Currencies	802.2	883.8	1109.8	1457.9	1187.1
分类二：狭义货币供应量$M_1$②	Classification 2: Money Supply (M_1) ②	636.7	723.9	807.6	881.6	811.9
准货币负债③	Quasi-Monetary Liabilities (QML)③	4688.0	5190.7	5706.9	5993.6	6111.7
储蓄存款	Savings Deposits	1694.3	1923.9	1924.0	1931.7	2239.4
通知存款	Notice Deposits	2.0	3.4	1.7	1.8	1.5
定期存款	Time Deposits	2991.0	3262.2	3780.7	4059.7	3832.1

注：① M_2 = M_1 + 准货币负债。

② 货币供应量M_1包括流通货币及活期存款。

③ 准货币负债：包括储蓄存款、通知存款、定期存款、其他存款及存款证明书。

Notes: ① $M_2 = M_1$ + Quasi-Monetary Liabilities (QML)

② M_1 includes Currency in Circulation and Demand Deposits.

③QML:Quasi-Monetary Liabilities, which consist of savings deposits, notice deposits, time deposits, other deposits and certificates of deposit.

27-24 外币兑换率

Exchange Rates

单位：一单位外币兑换的澳门元　　(MOP per unit of foreign currency)

项　目	Items	2016	2017	2018	2019	2020
年内平均数字	**Average for the Year**					
澳元	Australian Dollar	5.9497	6.1552	6.0401	5.6078	5.5165
欧元	Euro	8.8507	9.0677	9.5360	9.0358	9.1196
韩圆	Korean Won	0.0069	0.0071	0.0073	0.0069	0.0068
美元	US Dollar	7.9948	8.0262	8.0729	8.0703	7.9889
新台币	Taiwan Dollar	0.2480	0.2638	0.2679	0.2611	0.2712
英镑	Pound Sterling	10.8456	10.3353	10.7810	10.2996	10.2496
港元	Hong Kong Dollar	1.0300	1.0300	1.0300	1.0300	1.0300
日元	Japanese Yen	0.0738	0.0716	0.0731	0.0741	0.0748
马来西亚林吉特	Malaysian Ringgit	1.9334	1.8669	2.0022	1.9479	1.9007
新西兰元	New Zealand Dollar	5.5748	5.7079	5.5894	5.3171	5.1939
人民币	P.R. China Renminbi	1.2021	1.1889	1.2220	1.1673	1.1575
新加坡元	Singapore Dollar	5.7957	5.8132	5.9850	5.9150	5.7914
瑞士法郎	Swiss Franc	8.1184	8.1582	8.2533	8.1243	8.5168
年底数字	**As at End of Year**					
澳元	Australian Dollar	5.7855	6.2828	5.6848	5.6179	6.1502
欧元	Euro	8.4322	9.6179	9.2324	8.9870	9.8278
韩圆	Korean Won	0.0066	0.0075	0.0072	0.0069	0.0073
美元	US Dollar	7.9877	8.0518	8.0664	8.0216	7.9852
新台币	Taiwan Dollar	0.2474	0.2704	0.2640	0.2669	0.2844
英镑	Pound Sterling	9.8209	10.8289	10.2359	10.5199	10.8958
港元	Hong Kong Dollar	1.0300	1.0300	1.0300	1.0300	1.0300
日元	Japanese Yen	0.0687	0.0713	0.0731	0.0737	0.0774
马来西亚林吉特	Malaysian Ringgit	1.7812	1.9834	1.9463	1.9567	1.9822
新西兰元	New Zealand Dollar	5.5674	5.7152	5.4130	5.4021	5.7717
人民币	P.R. China Renminbi	1.1473	1.2327	1.1730	1.1492	1.2274
新加坡元	Singapore Dollar	5.5290	6.0212	5.9079	5.9501	6.0396
瑞士法郎	Swiss Franc	7.8480	8.2321	8.2009	8.2795	9.0622

27-25 消费物价指数
Consumer Price Index

2018年4月至2019年3月=100 (04/2018-03/2019=100)

项 目	Items	权数 Weight	2016	2017	2018	2019	2020
综合消费物价指数	**Composite Consumer Price Index**						
总指数	**Global Index**	**100.00**	**95.00**	**96.16**	**99.05**	**101.78**	**102.60**
食物及非酒精饮品	Food and Non-alcoholic Beverages	27.94	94.82	96.28	98.94	102.71	106.17
烟酒	Alcoholic Beverages and Tobacco	0.60	97.15	100.06	99.97	99.53	99.23
衣履	Clothing and Footwear	2.95	93.56	94.51	100.72	100.66	94.01
住屋及燃料	Housing and Fuels	33.75	98.59	97.82	99.92	101.68	102.40
家居设备及服务	Household Furnishings and Services	4.16	94.34	96.35	99.03	101.27	102.55
医疗	Health	2.82	90.53	94.53	99.08	102.55	106.67
交通	Transport	7.84	88.89	92.23	97.14	101.86	100.73
通讯	Communications	3.10	113.64	108.32	99.14	97.50	87.15
康乐及文化	Recreation and Culture	5.18	97.67	98.88	101.40	102.35	97.36
教育	Education	2.24	85.43	90.83	95.15	100.53	104.09
杂项商品及服务	Miscellaneous Goods and Services	9.42	94.43	95.85	99.11	101.72	103.63
甲类消费物价指数	**Consumer Price Index (A)**						
总指数	**Global Index**	**100.00**	**95.08**	**96.22**	**99.13**	**101.79**	**102.71**
食物及非酒精饮品	Food and Non-alcoholic Beverages	28.68	94.95	96.40	99.07	102.89	106.45
烟酒	Alcoholic Beverages and Tobacco	0.62	96.95	99.99	100.04	99.64	99.35
衣履	Clothing and Footwear	2.41	93.88	94.87	101.09	101.04	94.28
住屋及燃料	Housing and Fuels	38.37	98.58	97.81	99.91	101.67	102.37
家居设备及服务	Household Furnishings and Services	3.21	94.22	96.19	98.87	101.13	102.28
医疗	Health	2.72	90.54	94.66	99.27	102.75	107.14
交通	Transport	6.46	88.22	91.68	97.04	101.38	100.30
通讯	Communications	3.41	113.67	108.35	99.32	97.68	87.38
康乐及文化	Recreation and Culture	4.52	97.35	98.60	101.11	102.17	97.68
教育	Education	1.89	84.77	90.04	94.25	99.46	102.75
杂项商品及服务	Miscellaneous Goods and Services	7.70	94.62	96.19	99.51	101.97	103.79
乙类消费物价指数	**Consumer Price Index (B)**						
总指数	**Global Index**	**100.00**	**94.37**	**95.71**	**98.48**	**101.77**	**102.45**
食物及非酒精饮品	Food and Non-alcoholic Beverages	26.94	95.17	96.72	99.31	102.72	105.76
烟酒	Alcoholic Beverages and Tobacco	0.56	100.11	101.85	100.46	99.58	99.03
衣履	Clothing and Footwear	3.67	93.56	94.31	100.56	100.32	93.77
住屋及燃料	Housing and Fuels	27.55	98.61	97.89	99.96	101.69	102.46
家居设备及服务	Household Furnishings and Services	5.43	94.42	96.71	99.35	101.42	102.77
医疗	Health	2.96	91.86	94.96	98.90	102.30	106.09
交通	Transport	9.70	90.61	93.42	96.47	102.67	101.11
通讯	Communications	2.69	115.62	110.29	98.98	97.25	86.75
康乐及文化	Recreation and Culture	6.06	98.43	99.39	101.78	102.39	97.04
教育	Education	2.70	82.82	89.08	94.12	100.77	105.34
杂项商品及服务	Miscellaneous Goods and Services	11.73	93.58	94.13	97.11	100.54	103.48

27-26 按收入五等分位及商品与服务分类统计的每户双周平均消费开支(2017年10月至2018年9月)

Average Biweekly Household Expenditure by Quintile Income Group and Section of Goods and Services (October 2017 - September 2018)

商品与服务分类	Goods and Services	总数 Total		最低五分位 The Lowest 20%		第二五分位 The Second 20%	
		澳门元 MOP	百分比 (%)	澳门元 MOP	百分比 (%)	澳门元 MOP	百分比 (%)
消费开支	**Total Expenditure**	**16335**	**100.0**	**7344**	**100.0**	**12431**	**100.0**
食物及非酒精饮料	Food and Non-alcoholic Beverages	3593	22.0	1626	22.1	2891	23.3
烟酒	Alcoholic Beverages and Tobacco	77	0.5	32	0.4	68	0.5
衣履	Clothing and Footwear	444	2.7	135	1.8	335	2.7
住屋及燃料	Housing and Fuels	4386	26.9	2995	40.8	3867	31.1
家居服务及用品	Household Services and Items	577	3.5	178	2.4	306	2.5
医疗	Health	367	2.2	219	3.0	316	2.5
运输	Transport	1156	7.1	207	2.8	591	4.8
通讯	Communications	403	2.5	176	2.4	328	2.6
康乐及文化	Recreation and Culture	759	4.6	219	3.0	441	3.5
教育	Education	1388	8.5	398	5.4	1085	8.7
杂项商品及服务	Miscellaneous Goods and Services	1284	7.9	271	3.7	768	6.2
外地消费	Consumption Expenditure outside Macao	1902	11.6	888	12.1	1436	11.5
住户数目	**Number of Households**	**191273**	**100.0**	**38255**	**20.0**	**38255**	**20.0**

27-26 续表 continued

商品与服务分类	Goods and Services	第三五分位 The Third 20%		第四五分位 The Fourth 20%		最高五分位 The Highest 20%	
		澳门元 MOP	百分比 (%)	澳门元 MOP	百分比 (%)	澳门元 MOP	百分比 (%)
消费开支	**Total expenditure**	**15848**	**100.0**	**19843**	**100.0**	**26212**	**100.0**
食物及非酒精饮料	Food and Non-alcoholic Beverages	3758	23.7	4434	22.3	5253	20.0
烟酒	Alcoholic Beverages and Tobacco	95	0.6	95	0.5	93	0.4
衣履	Clothing and Footwear	378	2.4	598	3.0	773	2.9
住屋及燃料	Housing and Fuels	4289	27.1	4745	23.9	6034	23.0
家居服务及用品	Household Services and Items	387	2.4	735	3.7	1277	4.9
医疗	Health	359	2.3	421	2.1	522	2.0
运输	Transport	976	6.2	1514	7.6	2493	9.5
通讯	Communications	409	2.6	503	2.5	597	2.3
康乐及文化	Recreation and Culture	634	4.0	993	5.0	1507	5.7
教育	Education	1443	9.1	1768	8.9	2244	8.6
杂项商品及服务	Miscellaneous Goods and Services	1072	6.8	1715	8.6	2597	9.9
外地消费	Consumption Expenditure outside Macao	2047	12.9	2321	11.7	2821	10.8
住户数目	**Number of Households**	**38255**	**20.0**	**38254**	**20.0**	**38254**	**20.0**

27-27 按受教育程度统计14岁及以上人口
Population Aged 14 and Over by Educational Attainment

项目	Item	2001人口普查 Census 2001		2006中期人口统计 By-census 2006		2011人口普查 Census 2011		2016中期人口统计 By-census 2016	
		万人 (10 000 persons)	构成 (%)	万人 (10 000 persons)	构成 (%)	万人 (10 000 persons)	构成 (%)	万人 (10 000 persons)	构成 (%)
总计	**Total**	**34.97**	**100.0**	**43.36**	**100.0**	**49.27**	**100.0**	**57.70**	**100.0**
男	Male	16.45	47.0	20.97	48.4	23.40	47.5	27.55	47.8
女	Female	18.52	53.0	22.39	51.6	25.86	52.5	30.15	52.2
从未入学/学前教育	No Schooling/Pre-primary Education	2.10	6.0	2.06	4.7	1.65	3.4	1.59	2.7
男	Male	0.48	1.4	0.50	1.1	0.38	0.8	0.39	0.7
女	Female	1.62	4.6	1.56	3.6	1.27	2.6	1.20	2.1
小学	Primary Education	13.64	39.0	13.28	30.6	12.17	24.7	12.14	21.0
男	Male	6.63	19.0	6.59	15.2	5.81	11.8	5.71	9.9
女	Female	7.01	20.0	6.69	15.4	6.36	12.9	6.43	11.1
初中	Junior Secondary Education	9.45	27.0	12.07	27.8	12.31	25.0	12.69	22.0
男	Male	4.43	12.7	6.00	13.8	6.11	12.4	6.39	11.1
女	Female	5.02	14.3	6.07	14.0	6.19	12.6	6.30	10.9
高中	Senior Secondary Education	6.63	18.9	10.43	24.0	14.09	28.6	16.61	28.8
男	Male	3.32	9.5	5.16	11.9	6.73	13.7	8.09	14.0
女	Female	3.31	9.5	5.27	12.1	7.36	14.9	8.52	14.8
高等教育	Higher Education								
高等专科	Non-university Degree	0.75	2.1	0.64	1.5	0.99	2.0	1.28	2.2
男	Male	0.29	0.8	0.26	0.6	0.46	0.9	0.61	1.1
女	Female	0.46	1.3	0.38	0.9	0.53	1.1	0.67	1.2
大学	University	2.39	6.8	4.86	11.2	8.02	16.3	13.34	23.1
男	Male	1.29	3.7	2.44	5.6	3.88	7.9	6.33	11.0
女	Female	1.10	3.2	2.42	5.6	4.13	8.4	7.01	12.2
特殊教育	Special Education	0.02	0.1	0.03	0.1	0.04	0.1	0.06	0.1
男	Male	0.01	o	0.02	o	0.03	o	0.04	o
女	Female	0.01	o	0.01	o	0.02	o	0.02	o

27-28 按教育机构类别统计的注册学生人数
Students Enrolment by Type of Educational Institutions

单位：人 (person)

类别	Type	2016/2017	2017/2018	2018/2019	2019/2020	2020/2021
幼儿、小学、中学及高等教育	**Pre-primary, Primary, Secondary and Higher Education**	**106418**	**108677**	**111457**	**115729**	**121078**
幼儿	Pre-primary Education	17757	18802	18626	19265	18908
小学	Primary Education	28438	30169	32530	33961	35450
中学	Secondary Education	27473	26608	26022	26396	27627
高等教育	Higher Education	32750	33098	34279	36107	39093
特殊教育	**Special Education**	**707**	**767**	**821**	**841**	**891**

27-29 医疗卫生条件 Health

项　目	Item	2016	2017	2018	2019	2020
医护人员　（人）	**Medical Personnel in Health Care　(person)**					
医生	Doctors	1726	1730	1754	1808	1789
牙科医生	Dentists	193	207	223	236	243
牙科技术员	Odontologists	49	48	43	41	40
护士	Nurses	2342	2397	2464	2491	2568
诊断及治疗助理员	Diagnostic and Therapeutic Technical Assistants	556	556	403	502	520
卫生服务助理员	Health Service Assistants	1530	1492	1436	1508	1684
每千人口的医生数　（人）	**Number of Doctors per 1000 population　(person)**	**2.7**	**2.6**	**2.6**	**2.7**	**2.6**
医疗机构和病床	**Health Care Establishments and Beds**					
医院　（所）	Hospitals　(unit)	5	5	5	5	4
住院病床　（张）	In-patient Beds　(unit)	1591	1596	1604	1628	1715
每千人口的住院病床数（张）	**Number of In-patient Beds per 1000 population(unit)**	**2.5**	**2.4**	**2.4**	**2.4**	**2.5**

27-30 社会保障基金发放资料 Payment Granted by Social Security Fund

发放种类	Type of Payment	2018		2019		2020	
		数目 Numbe of Payments	金额（万澳门元） Amount (10 000 MOP)	数目 Number of Payments	金额（万澳门元） Amount (10 000 MOP)	数目 Number of Payments	金额（万澳门元） Amount (10 000 MOP)
总计	**Total**	..	**410338**	..	**466285**	..	**509889**
福利金受领（人数）	**Number of Pension Recipients**						
发放金额	**Pension Amount**						
养老金	Old Age Pension	110319	348501	117594	390666	122961	421280
残疾金	Disability Pension	6840	25347	7835	34046	8906	39981
额外给付	Special Payment	..	30076	..	34483	..	37808
律贴受领（人次）	**Number of Allowance Recipients**						
发放金额	**Allowance Amount**						
失业津贴	Unemployment Benefit	3809	1401	3511	1443	12141	5231
疾病津贴	Sickness Allowance	1870	391	1812	439	1500	410
出生津贴	Birth Allowance	7291	3304	7444	3772	6985	3854
结婚津贴	Marriage Allowance	3145	608	3111	619	2620	569
丧葬津贴	Funeral Subsidy	1948	488	2390	628	2227	613
肺尘埃沉着病	Compensation for Pneumoconiosis	#	220	#	188	#	135
因工作关系所引起的债权	Credit Advances to Workers in Enterprises with Financial Claims	-	-	-	-	-	-
特别援助	Special Aid	#	2	#	1	46	8

主要统计指标解释

本地生产总值 反映每年在澳门特区生产的货物和提供各种服务的总量。本年鉴中的本地生产总值用支出法及生产法估算，支出法等于私人消费支出、政府最终消费支出、固定资本形成总额、库存变化和货物及服务出口净值（出口减进口）的总和。而生产法等于各经济行业的增加值总额的总和，这种方法可以评估澳门特区的产业结构。

婴儿死亡率 参考期内年龄在 1 岁以下的死亡人数与出生活婴数目的千分比。

出生率 参考期内出生活婴数目与平均人口之千分比。

死亡率 参考期内死亡人数与平均人口之千分比。

幼儿、小学、中学教育 指有系统的，且主要专为儿童及青少年开办的，由幼儿教育至中学教育的课程；中学教育包括职业技术教育。

幼儿教育 为期 3 年，对象是年龄 3–5 岁的儿童。在报名当年的 12 月 31 日年满 3 岁的幼儿可报读幼儿教育第一年。

小学教育 为期 6 年，完成幼儿教育或在报名当年的 12 月 31 日年满 6 岁的儿童可报读小学教育第一年。就读小学的最高年龄为 15 岁。

中学教育 由两个阶段组成：初中教育及高中教育。大学预科不纳入中学教育。

1）初中教育 为期 3 年，合格完成小学教育者可以入读。就读初中最大年龄为 18 岁，但在特别情况下，经教育机构决定，可以逾越此年限。

2）高中教育 为期 3 年，合格完成初中教育者可以入读。就读高中最大年龄为 21 岁，但在特别情况下，经教育机构决定，可以逾越此年限。

高等教育 指透过理论、实践等在科学、文化及技术领域提供的培训教育；高等教育包括大学教育及高等专科教育。

劳动人口 在调查日前 7 天内可参与生产商品或提供服务的年龄在 16 岁及以上人士。包括就业人士及失业人士。

就业人口 在调查日前 7 天内为赚取报酬或利润而工作至少 1 小时的年龄在 16 岁及以上人士，亦包括无酬家属帮工、没有上班但与雇主保持正式工作联系的雇员，以及正在休假的雇主或自雇人士。

失业人口 所有同时符合以下条件的年龄在16岁及以上人士：

1）在调查日前 7 天内没有工作且与雇主没有工作联系；

2）在调查日前 7 天内可随时接受工作；

3）在过去 30 天内有寻找工作。

失业人口包括寻找第一份工作及寻找新工作的人士。

就业不足人口 在调查日前 7 天内不论其职业身份，非自愿地工作少于 35 小时，并可随时接受更多的工作或在调查日前 30 天内正在寻找更多工作的就业人士。因此，在调查日前 7 天内处于无薪假期且符合上述条件的就业人士会视为就业不足人口。

劳动力参与率 劳动人口占年龄在 16 岁及以上人士的百分比。

失业率 失业人口占劳动人口的百分比。

就业不足率 就业不足人口占劳动人口的百分比。

旅客 指任何非以澳门特区为惯常活动环境的人士，连续在澳门的逗留时间少于一年，其旅游目的并非受雇于澳门特别行政区的居民实体。

酒店业平均入住率 入住客房数量与可供应客房数量之百分比。

进口 将来自外地的货物输入澳门特区，但再进口和转运制度下输入者除外。

出口 将货物输出澳门特区，但暂时出口和转运制度下输出者除外。

本地产品出口 将原产地为澳门特区的任何货物输出澳门特区。

再出口 指原进口的货物未经加工输出澳门特区；或虽加工，但不能取得澳门特区产地资格。

转运 货物经过澳门特区而运到下一目的地。

原产地 农业产品种植之国家／地区、矿产开采之国家／地区、工业产品生产之国家／地区，被视为原产地国家／地区。若工业产品的制造工序于两个或以上的国家／地区进行，应以进行最后转变成型工序的国家／地区为原产地，再包装、分类及混合等工序不能构成最后转变成型工序；当产品入口国对相关货物产地来源有特定规定时，应遵从有关规定。

目的地 目的地是指货物实际最后到达的国家或地区（不论在运输途中有或没有中断）。如有中间国家或地区，只要不在中间国家或地区内进行商业交易，最后到达的国家或地区都可被视为目的地。

贸易价格比率指数 即货物出口单位价格指数与货物进口单位价格指数之比率。

单位 包括住宅、商铺、办公室、工业、停车位、酒店及其他单位。

建筑面积 相等于所有楼层楼面面积之总和。楼面面积从外墙起量度，包括大堂、楼梯、升降机所占面积以及所有公用地方面积。

消费物价指数 反映澳门特区住户于购买一篮子之指定商品或服务时，在不同时间该等商品或服务之价格变动。

狭义货币供应量 M_1 为流通货币及活期存款之和。

广义货币供应量 M_2 指狭义货币供应量 M_1 加上准货币负债。准货币负债指储蓄存款、通知存款、定期存款、其他存款和存款证明书。

财务活动 由财务资产及财务负债组成。

Explanatory Notes on Main Statistical Indicators

Gross Domestic Product (GDP) reflects the total value of goods produced and services provided by the Macao Special Administrative Region in a year. GDP estimates in this statistical yearbook are compiled under both the expenditure and the production approaches. The expenditure-based GDP is measured as the sum of household consumption expenditure; government final consumption expenditure; gross fixed capital formation; changes in inventories; and net exports (exports less imports) of goods and services. The production-based GDP, which is measured as the sum of gross value added of all economic activities, can be used to evaluate the industrial structure of Macao.

Infant Mortality Rate Number of infants died under one year old per 1,000 live births within the reference period.

Crude Birth Rate Live births per 1,000 population within the reference period.

Crude Mortality Rate Deaths per 1,000 population within the reference period.

Pre-primary, Primary and Secondary Education Refers to systematic education designed and intended for children and young people by which they may progress from pre-primary through secondary education; secondary education also covers vocational-technical education.

Pre-primary Education Has a duration of 3 years and designated for children aged 3-5 years old. Children reaching 3 years old as at 31st December of the enrolment year are eligible to the first year of pre-primary education.

Primary Education Has a duration of 6 years. Children completing pre-primary education or reaching 6 years old as at 31st December of the enrolment year are eligible to the first year of primary education. The maximum age of attending primary education is 15.

Secondary Education Comprises 2 stages, viz. junior secondary and senior secondary. Pre-university course is not considered as secondary education.

(1)Junior secondary education has a duration of 3 years. Students completing primary education are eligible. The maximum age for this level is 18; however, under special circumstances, schools can accept enrolment outside this age limit.

(2)Senior secondary education has a duration of 3 years. Students completing junior secondary are eligible. The maximum age for this level is 21; however, under special circumstances, schools can accept enrolment outside this age limit.

Higher Education Refers to instruction by theory, practice and the like in science, culture and technology; it includes university education and post-secondary education providing associate degree or diploma programmes.

Economically Active Population (Labour Force) Individuals aged 16 and above who are available to participate in the production of goods and/or services during the 7 days before enumeration. It comprises the employed and unemployed.

Employed Population Individuals aged 16 and above who work for pay or profit for at least 1 hour during the 7 days before enumeration. It also includes unpaid family workers, employees who are absent from work but have job attachment to the employer, as well as employers or the self-employed who are on leave.

Unemployed Population Refer to individuals aged 16 and above who fulfil the following conditions:

1) have neither a job nor job attachment to the employer during the 7 days before enumeration; and

2) have been available for work during the 7 days before enumeration; and

3) have sought work for the past 30 days.

The unemployed comprise individuals searching for their first job and those searching for a new job.

Underemployed Population Irrespective of status in employment, employed persons who work involuntarily for less than 35 hours during the 7 days before enumeration, and are available to take on additional work or are looking for extra work during the 30 days before enumeration. Thus, employed persons who are on unpaid leave during the 7 days before enumeration and who meet the aforementioned criteria are considered as underemployed population.

Labour Force Participation Rate The proportion of the economically active population to the population aged 16 and above.

Unemployment Rate Percentage share of the number of unemployed to the labour force.

Underemployment Rate Percentage share of the number of the underemployed to the labour force.

Visitor Any person taking a trip to the Macao Special Administrative Region (SAR), which is not his/her usual environment, for less than a year, for any main purpose other than to be employed by a resident entity in the Macao SAR.

Average Occupancy Rate of Hotels The percentage share of occupied rooms to the total number of available rooms of the hotel sector.

Imports Entry of foreign produced merchandise to Macao, excluding re-imports and transit.

Exports Merchandise transported out of Macao, excluding temporary exports and transit goods.

Domestic Exports Transport of Macao produced merchandise out of Macao.

Re-exports Transport of merchandise previously imported out of Macao, without processing; even with processing, is not qualified to use Macao as the origin of the merchandise.

Transit Merchandise passing by Macao to the next destination.

Country of Origin Country or territory where the crops are grown, minerals are mined and products are manufactured. If a production process is carried out in two or more countries or territories, the origin will be the country or territory where the processing of the merchandise takes its final form. Repacking, sorting or mixing is not considered as the final phase of processing. When a country has specific rules regarding the country of origin on merchandise imports, those rules shall prevail.

Country of Destination The final country or territory where the goods are delivered, irrespective of interruption during transportation. As far as no commercial exchange has taken place in the transit country or territory, the final country or territory arrived is considered as the destination.

Terms of Trade Index Ratio of the unit value index of exports of goods to that of imports of goods.

Building Unit Including residential, shop, office and industrial units, parking spaces, hotel and other units.

Gross Floor Area The sum of the area of each floor of the building, measured to the outer surface of the outer walls including the area of lobbies, stairs, lift landings and communal space.

Consumer Price Index reflects the price change of a representative "basket" of goods and services consumed by households of Macao at different periods.

Money Supply (M_1) refers to the sum of currency in circulation and demand deposits.

Money Supply (M_2) refers to the sum of money supply (M_1) and quasi-monetary liabilities; the latter consist of savings deposits, notice deposits, time deposits, other deposits and certificates of deposit.

Financial Transactions comprise financial assets and financial liabilities.

28

台湾省主要社会经济指标

Main Social and Economic Indicators of Taiwan Province

简 要 说 明

一、本章资料反映台湾省主要社会、经济发展情况。内容包括：土地、人口、就业、国民经济核算、工业、能源、建筑、交通通讯、对外贸易、财政金融、物价、教育、卫生、房屋、社会保障等方面。

二、本章数据主要来自台湾行政院主计处及相关部门统计出版物，国家统计局国际统计信息中心负责整理、编辑。

三、贸易数据从2016年1月起按照一般贸易制度口径予以统计，并按此方法对2001年至2015年的贸易数据进行了重新修订。

Brief Introduction

I. Data in this chapter reflect the major social and economic development of the Taiwan, including land; population; employment; national accounts; industry; energy; construction; transportation and communications; external trade; public finance and banking; prices; education; health; housing; and social security.

II. Data in this chapter are mainly abstracted from the Department of Statistics, Executive Yuan and other relevant Ministry of Taiwan, which are tabulated and edited by the International Statistical Information Centre of the National Bureau of Statistics.

III. Trade data is calculated by the General Trade System from Jan. 2016, the data from 2001 to 2015 are revised again according to the standard.

28-1 主要统计指标概况
Summary of Key Statistics

指标		Item		2016	2017	2018	2019	2020
人口		**Population**						
户籍登记人口数①	(万人)	Year-end Population①	(10 000 persons)	2354	2357	2359	2360	2356
人口自然增长率	(‰)	Natural Growth Rate	(‰)	1.53	0.96	0.37	0.06	-0.34
人口密度①	(人/平方公里)	Population Density①	(persons/sq.km)	650	651	652	652	651
性别比①	(女=100)	Sex Ratio①	(female=100)	99.1	98.9	98.6	98.4	98.2
劳动、就业		**Labour Force and Employment**						
劳动力人口	(万人)	Labour Force	(10 000 persons)	1173	1180	1187	1195	1196
劳动力参与率	(%)	Labour Force Participation Rate	(%)	58.8	58.8	59.0	59.2	59.1
男		Male		67.1	67.1	67.2	67.3	67.2
女		Female		50.8	50.9	51.1	51.4	51.4
工业就业人口比率	(%)	Employed Persons at Industry as Percentage of Total	(%)	35.9	35.8	35.7	35.6	35.4
服务业就业人口比率	(%)	Employed Persons at Services as Percentage of Total	(%)	59.2	59.3	59.4	59.6	59.8
失业率	(%)	Unemployment Rate	(%)	3.9	3.8	3.7	3.7	3.9
工业及服务业月人均薪资	(新台币元)	Average Monthly Per Capita Wage	(NT$)	49266	50480	52407	53657	54320
工业		Industry		48654	49907	52005	52865	53078
服务业		Services		49730	50912	52708	54245	55241
公共安全		**Law and Order**						
刑案发生率	(件/10万人)	Reported Crimes	(Case/100 000 persons)	1254	1246	1207	1137	1101
犯罪人口率	(人/10万人)	Number of Offenders	(person/100 000 persons)	1160	1220	1237	1177	1195
刑案破获率	(%)	Crimes Uncover	(%)	93.0	94.6	95.2	96.4	97.7
少年疑犯人数(12-17岁)	(人)	Young Offenders Between 12 and 17	(person)	9775	10499	8893	9441	10226
火灾发生次数	(次)	Fires	(case)	1856	30464	27922	22866	22248
死伤人数	(人)	Deaths and Injuries	(person)	430	480	463	628	625
机动车肇事率	(件/万辆)	Traffic Accidents of Motor Vehicles	(case/10 000 units)	142	137	147	156	163
道路交通事故伤亡人数		Casualties in Traffic Accidents						
死亡	(人)	Deaths	(person)	1604	1517	1493	1849	1851
受伤	(人)	Injuries	(person)	403906	394198	428049	456378	483260
保险		**Insurance**						
全民健保参保人数	(万人)	National Health Insurance	(10 000 persons)	2381	2388	2395	2402	2399
社保参保人数	(万人)	Social Insurance	(10 000 persons)					
公务员和教师		Government Employee and School Staff		58	58	59	59	59
劳工		Labour		1017	1027	1037	1047	1055
农民		Farmer		124	117	113	108	105

28-1 续表 1 continued

指　　标	Item	2016	2017	2018	2019	2020
工业	**Industry**					
受雇者劳动生产力指数(2011年＝100)	Productivity Index (year of 2011=100)	100.0	103.3	105.4	105.3	113.8
工业生产指数 (2016年＝100)	Indices of Industrial Production(year of 2016=100)	100.0	105.0	108.8	108.5	116.1
制造业	Manufacturing	100.0	105.3	109.4	108.9	117.2
工业生产价值 (新台币亿元)	Gross Industry Product (NT$ 100 million)	131456	139101	147889	139799	134953
商业及对外贸易	**Business and External Trade**					
营利事业家数① (万家)	Number of Enterprises① (10 000 units)	137.5	140.4	143.4	146.5	150.7
营利事业销售额 (新台币亿元)	Sales Revenue (NT$100 million)	384053	403054	427447	431020	437395
货物进出口额 (亿美元)	Total Value of Merchandise Trade (USD100 million)	5084	5727	6188	6148	6310
出口	Exports	2792	3155	3340	3292	3452
进口	Imports	2292	2572	2848	2857	2858
出(入)超	Trade Surplus (Trade Deficit)	500	583	492	435	594
对日出(入)超	with Japan	-211	-214	-214	-208	-225
对美出(入)超	with United States	63	84	64	114	181
对内地及港出(入)超	with Mainland and Hong Kong	667	784	827	737	867
外销订单 (亿美元)	Order (USD100 million)	4445	4928	5118	4846	5337
运输通信	**Transportation and Communications**					
交通运输客运人数 (亿人)	Passenger Traffic (100 million persons)					
铁路	Railway	10.9	11.2	11.5	11.9	10.3
公路	Highway	12.3	12.3	12.5	12.4	10.7
航空 (万人)	Airway (10 000 persons)					
省内	Domestic	1084	1110	1159	1224	1011
省外	Non-domestic	5198	5448	5692	5958	883
高速公路收费站通行车辆数④(万辆次)	Vehicles for Motorway Transportation ④ (10 000 unit-times)	579103	591902	592668	597497	607532
每百人汽车辆数① (辆)	Automobile per 100 Persons① (unit)	33.3	33.7	34.1	34.4	34.8
港埠货物装卸量 (万计费吨)	Inward and Outward Movements Cargo (10 000 tons)	73356	72550	74085	73056	70299
旅游 (万人次)	**Tourism (10 000 person-times)**					
出省旅游人数	Outbound Tourists	1459	1565	1664	1710	234
来台湾旅客人数	Inbound Tourists	1069	1074	1107	1186	138
财政、金融	**Public Accounts and Finance**					
赋税实征净额② (新台币亿元)	Revenue② (NT$100 million)	22241	22512	23869	24705	23987
外汇存底① (亿美元)	Foreign Exchange Reserve (USD100 million)①	4342.0	4515.0	4617.8	4781.3	5299.1
汇率	Exchange Rate (NT$ to one unit of foreign currency)					
1美元③ (新台币)	US Dollar③	32.32	30.44	30.16	30.93	29.58
货币总计数$M_2$① (新台币亿元)	Money Supply M_2 ① (NT$100 million)	413018	427702	439052	458918	501879
年增率 (%)	Average Annual Growth Rate (%)	3.6	3.6	2.7	4.5	9.4
存款① (新台币亿元)	Deposits① (NT$100 million)	407174	420940	431958	450861	492197
放款与投资① (新台币亿元)	Loans and Investment① (NT$100 million)	305492	320227	337475	354224	378266

28-1 续表 2 continued

指 标	Item	2016	2017	2018	2019	2020
再贴现率① (年息百分比率)	Rediscount Rate① (% annual)	1.375	1.375	1.375	1.375	1.125
股价指数 (1966年=100)	Stock Price Index (year of 1966=100)	8763	10208	10620	10790	12075
国际收支余额 (亿美元)	Balance of Payments (USD 100 million)					
经常账户	Current Account	712.2	830.5	708.4	651.6	942.8
资本账户	Capital Account	-0.1	-0.1	0.6	0.0	-0.1
金融账户	Financial Account	584.9	750.1	589.0	575.5	500.4
价格指数年增长率(2016年=100)(%)	**Price Indices Annual Growth Rate (year of 2016=100)(%)**					
批发	Wholesale Trade Price	-3.0	0.9	3.6	-2.3	-7.8
消费者	Consumer Price	1.4	0.6	1.4	0.6	-0.2
进口	Imports Price	-3.1	1.4	6.1	-1.5	-10.2
出口	Exports Price	-2.7	-1.5	1.5	-2.8	-7.2
国民核算 (新台币亿元)	**National Accounts (NT$100 million)**					
本地居民生产总值	Gross National Product(GNP)	180064	184307	187898	194090	203654
本地生产总值	Gross Domestic Product(GDP)	175553	179833	183750	189325	197745
居民消费	Household Final Consumption	90821	93257	96105	98852	96131
固定资本形成总额	Gross Fixed Capital Formation	38076	37959	40011	44900	47006
商品及服务出口	Exports of Goods and Services	118081	120955	121913	120223	115775
减：商品及服务进口	Less: Imports of Goods and Services	96147	96957	101361	100948	88729
GDP增长率 (%)	GDP Growth Rate (%)	2.2	3.3	2.8	3.0	3.1
农业	Agriculture	-9.7	8.3	4.5	-1.8	1.3
工业	Industry	3.7	4.8	2.6	1.6	6.1
服务业	Services	1.3	2.9	3.0	3.5	1.2
产业结构 (%)	Industry Structure (%)					
农业	Agriculture	1.9	1.8	1.7	1.7	1.6
工业	Industry	36.9	37.0	36.5	35.5	36.5
服务业	Services	61.3	61.6	62.3	62.6	61.0
人均本地居民生产总值(新台币元)	Per Capita GNP at Current Market Prices (NT$)	765711	782437	796852	822553	863597
人均本地居民生产总值 (美元)	Per Capita GNP at Current Market Prices (USD)	23684	25704	26421	26594	29230
居民储蓄总值 (新台币亿元)	Gross Deposits (NT$100 million)	63396	65639	65326	67345	77109
储蓄率 (%)	Deposit Rate (%)	35.2	35.6	34.8	34.7	37.9

注：①为年底数。②为年度资料。③卖出汇率，且为年底数。④从2013年12月30日起，国道高速公路由计次收费改为计程电子收费。
Notes: ①Year-end data. ②Annual data. ③Selling rate, year-end data.④from Dec.30 2013,the tolls on national highways are determined by the distance travelled instead of by times of exits passed.

28-2 面积和人口主要指标
Main Indicators of Area and Population

资源来源：台湾省统计网站（以下各表同）。
Source: Taiwan Province Statistics Website. The same applies in the following tables.

项目	Item	2016	2017	2018	2019	2020
土地面积（万平方公里）	Area (10 000 sq.km)	3.6	3.6	3.6	3.6	3.6
户籍登记人口数（万人）	Year-end Population (10 000 persons)	2354.0	2357.1	2358.9	2360.3	2356.1
男	Male	1171.9	1172.0	1171.3	1170.5	1167.4
女	Female	1182.1	1185.2	1187.6	1189.8	1188.7
粗出生率 (‰)	Crude Birth Rate (‰)	8.86	8.23	7.70	7.53	7.01
粗死亡率 (‰)	Crude Death Rate (‰)	7.33	7.27	7.33	7.47	7.34
人口自然增长率 (‰)	Natural Population Growth Rate (‰)	1.53	0.96	0.37	0.06	-0.34
一般生育率 (‰)	Fertility Rate (‰)	34	33	31	30	28
结婚率 （对/千人）	Marriage Rate (couple/1000 persons)	6.29	5.86	5.74	5.70	5.16
离婚率 （对/千人）	Divorce Rate (couple/1000 persons)	2.29	2.31	2.31	2.31	2.19
期望寿命 （岁）	Life Expectancy at Birth (year old)					
男	Male	76.81	77.28	77.55	77.69	78.11
女	Female	83.42	83.70	84.05	84.23	84.75
人口的年龄分布 (%)	Age-specific Distribution (%)					
0-14岁	0-14	13.35	13.12	12.92	12.75	12.58
15-64岁	15-64	73.46	73.02	72.52	71.96	71.35
65岁及以上	65 and Over	13.20	13.86	14.56	15.28	16.07
性别比 （女=100）	Sex Ratio (female=100)	99.14	98.89	98.63	98.38	98.20
人口密度(人/平方公里)	Population Density (persons/sq.km)	650.3	651.2	651.7	652.1	650.9

28-3 劳动力和就业状况
Labour Force and Employment

项目	Item	2016	2017	2018	2019	2020
劳动力总计 （万人）	Labour Force (10 000 persons)	1172.7	1179.5	1187.4	1194.6	1196.4
男	Male	654.1	656.8	660.2	663.1	663.8
女	Female	518.6	522.7	527.2	531.5	532.6
就业人数 （万人）	Employment (10 000 persons)	1126.7	1135.2	1143.4	1150.0	1150.4
男	Male	626.7	630.5	634.6	637.6	637.8
女	Female	500.0	504.7	508.9	512.4	512.6
就业者行业构成 (%)	Distribution of Employment by Industry(%)	100.0	100.0	100.0	100.0	100.0
农、林、渔、牧业	Agriculture, Forestry, Fishery and Animal Husbandry	4.9	4.9	4.9	4.9	4.8
工业	Industry	35.9	35.8	35.7	35.6	35.4
矿业及土石采取业	Mining and Quarrying	0.04	0.04	0.03	0.03	0.03
制造业	Manufacturing	26.9	26.8	26.8	26.7	26.4
电力及燃气供应业	Electricity, Gas	0.3	0.3	0.3	0.3	0.3
用水供应及污染整治业	Water Supply and Pollution Management	0.7	0.7	0.7	0.7	0.7
建筑业	Construction	8.0	7.9	7.9	7.9	8.0
服务业	Services	59.2	59.3	59.4	59.6	59.8
批发及零售业	Wholesale and Retail Trades	16.4	16.5	16.6	16.7	16.5
运输及仓储业	Transport, Storage, Communications	3.9	3.9	3.9	3.9	4.0
金融及保险业	Finance, Insurance	3.8	3.8	3.8	3.8	3.8
咨讯及通讯传播	Information and Communication	2.2	2.2	2.3	2.3	2.3
住宿及餐饮业	Hotels and Restaurants	7.3	7.3	7.3	7.4	7.4
教育服务业	Education	5.8	5.7	5.7	5.7	5.7
公共行政	Public Administration	3.3	3.3	3.2	3.2	3.3
失业人数 （万人）	Unemployment (10 000 persons)	46.0	44.3	44.0	44.6	46.0
失业率 (%)	Unemployment Rate (%)	3.9	3.8	3.7	3.7	3.9

28-4 本地居民生产总值
Gross National Product

年 份 Year	本地居民生产总值 Gross National Product			人均本地居民生产总值 Per Capita Gross National Product	
	新台币亿元 NT $100 million	实际年增长率 % Annual Growth Rate over the Preceding Year %	亿 美 元① USD 100 million①	新 台 币 元 NT $	美 元① USD①
2009	133218	-0.7	4030	577241	17460
2010	144761	8.7	4574	625560	19765
2011	146343	1.1	4966	630965	21410
2012	151100	3.3	5101	649322	21922
2013	156732	3.7	5265	671384	22552
2014	166972	6.5	5498	713443	23492
2015	174947	4.8	5483	745634	23367
2016	180064	2.9	5570	765711	23684
2017	184307	2.4	6055	782437	25704
2018	187898	2.0	6230	796852	26421
2019	194090	3.3	6275	822553	26594
2020	203654	4.9	6893	863597	29230

注：①按当年汇率折算。
Note: ①Adjusted by current exchange rate of the year.

28-5 本地生产总值支出构成
Expenditure on Gross Domestic Product

单位：%　　　　(%)

年 份 Year	本地生产总值(新台币亿元) Gross Domestic Product (NT$ 100 million)	居民消费 Household Consumption Expenditure	政府消费 Government Consumption Expenditure	固定资本形成总额 Gross Fixed Capital Formation	存货增加 Changes in Inventories	货 物 及 服务出口 Exports of Goods and Services	减：货物及服务进口 Less: Imports of Goods and Services
2009	129194	55.4	16.1	21.4	-1.4	67.6	59.1
2010	140603	53.2	15.1	23.7	1.4	79.6	73.0
2011	142622	54.5	15.4	23.4	0.2	80.8	74.3
2012	146778	54.6	15.6	22.6	0.1	79.3	72.1
2013	152707	54.0	14.8	22.7	-0.2	77.6	68.9
2014	162580	52.9	14.5	22.3	0.2	77.3	67.3
2015	170551	51.5	13.9	21.5	0.2	71.3	58.4
2016	175553	51.7	14.1	21.7	-0.1	67.3	54.8
2017	179833	51.9	13.8	21.1	-0.1	67.3	53.9
2018	183750	52.3	14.3	21.8	0.5	66.3	55.2
2019	189325	52.2	14.0	23.7	-0.1	63.5	53.3
2020	197745	48.6	14.0	23.8	-0.1	58.5	44.9

28-6 本地生产总值产业构成
Gross Domestic Product by Kind of Economic Activity

单位：% (%)

年份 Year	本地生产总值 (新台币亿元) Gross Domestic Product (NT$ 100 million)	农业 Agriculture Forestry, Animal Husbandry and Fishery	工业 Industry	制造业 Manufacturing	水电燃气及污染治理业 Water/Electricity/Gas /Pollution Treatment	建筑业 Construction
2009	129194	1.68	30.69	25.96	2.12	2.46
2010	140603	1.61	33.30	28.60	1.97	2.60
2011	142622	1.74	32.62	28.27	1.56	2.67
2012	146778	1.68	32.37	28.07	1.59	2.60
2013	152707	1.73	33.71	29.11	1.93	2.57
2014	162580	1.86	35.76	31.10	2.05	2.52
2015	170551	1.75	36.22	31.36	2.32	2.46
2016	175553	1.87	36.87	32.22	2.25	2.34
2017	179833	1.83	36.98	32.66	1.94	2.32
2018	183750	1.70	36.46	32.27	1.73	2.40
2019	189325	1.68	35.51	31.04	1.77	2.64
2020	197745	1.63	36.53	31.45	2.10	2.91

28-6 续表 continued

单位：% (%)

年份 Year	服务业 Services	批发及零售业 Wholesale and Retail Trades	金融及保险业 Finance & Insurance	不动产业 Real Estate	咨讯及通讯传播业 Information & Communication
2009	66.38	17.22	6.15	8.92	3.51
2010	64.83	16.84	6.17	8.49	3.30
2011	65.64	17.14	6.37	8.55	3.23
2012	65.05	16.70	6.34	8.51	3.14
2013	64.51	16.77	6.36	8.49	3.10
2014	62.90	16.03	6.48	8.17	3.06
2015	61.84	15.62	6.45	8.02	3.08
2016	61.27	15.25	6.41	7.97	3.13
2017	61.59	15.46	6.55	7.99	3.09
2018	62.26	15.62	6.69	8.10	3.05
2019	62.57	15.59	6.74	8.20	3.09
2020	60.99	15.17	6.69	8.14	3.01

28-7 农业生产指数
Indices of Agricultural Production

(2016年=100) (year of 2016=100)

年 份 Year	总 指 数 Total	农作物 Crops	林 业 Forestry	畜牧业 Livestock	渔 业 Fishery
2008	105.1	101.6	232.7	97.8	126.6
2009	103.3	102.6	236.6	97.4	115.2
2010	105.5	105.4	217.3	98.7	117.4
2011	109.4	111.9	214.5	102.0	115.7
2012	107.5	107.3	222.2	100.6	118.8
2013	106.3	106.7	241.5	98.6	117.3
2014	107.4	110.2	207.2	98.7	116.2
2015	103.8	105.1	125.6	98.1	110.5
2016	100.0	100.0	100.0	100.0	100.0
2017	105.7	109.7	84.9	99.7	105.2
2018	108.5	113.1	61.2	102.7	105.3
2019	104.4	104.5	73.2	104.2	104.5

28-8 主要农产品产量
Output of Major Crops

单位：万吨 (10 000 tons)

年份 Year	稻米 Rice	槟榔 Pinang	菠萝 Pineapple	芒果 Mango	甘蔗 Sugarcane	茶叶 Tea	花生 Peanuts	香蕉 Banana
2009	157.8	14.3	43.5	14.0	61.3	1.7	5.7	17.3
2010	145.1	13.2	42.0	13.5	66.5	1.7	6.5	28.8
2011	166.6	12.9	40.1	16.9	65.4	1.7	6.8	30.6
2012	170.0	12.4	39.2	16.7	54.8	1.5	5.7	29.5
2013	159.0	12.4	41.3	21.5	50.6	1.5	4.7	29.1
2014	173.2	12.1	45.6	15.3	50.3	1.5	6.9	30.0
2015	158.2	11.3	49.4	16.6	61.8	1.4	6.2	27.4
2016	158.8	10.0	52.7	10.7	52.7	1.3	6.2	25.8
2017	175.4	10.2	55.4	15.1	45.5	1.3	6.3	35.6
2018	195.0	10.3	43.2	14.7	57.9	1.5	5.9	35.6
2019	179.1	10.4	43.1	16.8	53.3	1.5	5.3	34.3

28-9 工业生产指数
Indices of Industrial Production

(2016年=100) (year of 2016=100)

年 份 Year	总指数 General	矿业 Mining	制造业 Manufacturing	电力和燃气业 Electricity & Gas	供水业 Water
2009	68.7	112.7	67.1	90.6	99.7
2010	87.7	140.6	87.0	94.7	101.0
2011	90.0	131.1	89.4	96.2	101.2
2012	90.5	127.6	89.9	96.2	100.6
2013	93.4	117.1	92.9	97.6	101.3
2014	99.3	118.4	99.3	99.1	101.8
2015	98.1	110.7	98.1	96.7	99.5
2016	100.0	100.0	100.0	100.0	100.0
2017	105.0	98.0	105.3	102.2	101.3
2018	108.8	94.4	109.4	102.6	101.4
2019	108.5	91.0	108.9	103.8	101.8
2020	116.1	106.6	117.2	105.0	103.1

28-10 主要工业产品产量
Output of Major Industrial Products

年 份 Year	茶类饮料 (万升) Tea Beverage (10 000 litre)	饲料 (万吨) Feed (10 000 tons)	聚酯丝织布 (万平方米) Polyester fabric (10 000 sq. meter)	瓦楞纸箱(板) (万平方米) Corrugated case (10 000 sq. meter)	聚苯乙烯 (万吨) Polystyrene (10 000 tons)	玻璃纤维 (万吨) Glass Fibre (10 000 tons)
2011	116051.6	525.6	109239.5	285282.5	87.7	26.7
2012	120201.0	525.1	103420.3	284763.9	86.3	26.6
2013	101998.6	509.8	109564.3	293982.9	88.9	25.3
2014	102215.0	516.1	112527.6	306054.9	83.6	25.9
2015	97910.3	507.2	110660.4	306190.1	87.5	27.3
2016	101473.4	516.3	103741.2	311378.5	89.2	27.9
2017	99396.6	518.0	103870.8	315326.9	84.8	26.8
2018	100781.3	530.5	98650.3	315831.2	84.3	29.5
2019	102756.3	541.3	94235.7	318595.7	88.2	24.8
2020	106136.8	528.9	72935.0	333314.6	91.4	22.5

28-10 续表 1 continued

年 份 Year	ABS树脂 (万吨) Acrylonitrile Butadiene Styrene (10 000 tons)	塑胶外壳 (新台币亿元) Plastic Cover (NT$100 million)	印刷电路板 (万平方尺) Printing Circuit Board (10000 sq.feet)	晶圆代工 (万片) Foundry (10 000 units)	构装IC (亿个) Packaging IC (100 million units)	TFT-LCD面板 (万组) TFT-LCD Panel (10 000 units)
2011	120.5	291.3	77374.1	1731.3	489.5	161350.2
2012	120.8	309.0	87863.0	1764.3	545.8	178173.3
2013	120.9	256.9	73041.2	1883.6	604.9	172866.9
2014	120.7	209.6	72120.7	2103.2	683.1	141506.9
2015	123.5	203.2	68151.2	2126.1	692.2	117392.2
2016	131.4	186.1	59485.3	2316.6	722.5	110121.4
2017	136.6	156.1	73133.7	2546.8	801.7	128264.9
2018	135.5	161.0	70171.6	2649.7	805.6	131666.6
2019	133.4	160.6	63117.1	2389.2	778.4	98887.3
2020	131.1	162.2	68933.5	2854.5	863.0	105303.3

28-10 续表 2 continued

年 份 Year	钢坯 (万吨) Billet (10 000 tons)	涂料 (万吨) Paints (10 000 tons)	塑胶黏性胶带 (万平方米) Sticky Tape (10 000 sq. meter)	汽车 (万辆) Car (10 000 units)	发电量 (亿千瓦小时) Electric Power (100 million kWh)
2011	2164.0	42.5	337518.3	32.1	2386.3
2012	1992.7	41.1	329201.3	31.8	2373.5
2013	2146.6	43.7	338134.3	32.3	2391.7
2014	2251.1	44.6	353884.3	37.3	2469.6
2015	2081.5	43.1	334076.2	34.5	2452.9
2016	2085.8	43.4	349020.1	30.9	2516.8
2017	2137.0	43.2	347273.3	29.2	2574.6
2018	2228.9	39.6	327091.8	25.6	2605.6
2019	2132.2	37.4	298964.7	24.6	2603.9
2020	2049.8	36.7	264582.5	23.8	2665.4

28-11 能源平衡表
Energy Balance Sheet

单位：亿升标准油 (100 000 kl oil equivalent)

项 目	Item	2016	2017	2018	2019	2020
能源总供给	**Total Supply**	**1466.28**	**1465.73**	**1486.27**	**1484.01**	**1382.33**
自产能源	Indigenous Energy	30.42	29.04	28.90	31.10	30.23
原油	Crude Oil	0.08	0.05	0.05	0.04	0.02
天然气	Natural Gas	2.86	2.36	1.76	1.49	0.94
生质能及废弃物	Biomass and waste	16.86	16.22	16.81	16.89	16.61
水力发电	Hydro Power	6.27	5.20	4.28	5.30	2.89
再生能源①	Renewables①	3.57	4.37	5.27	6.65	8.96
进口能源	Imported Energy	1435.86	1436.68	1457.37	1452.91	1352.10
煤及煤产品	Coal & Coal Products	430.37	442.47	437.55	443.04	415.62
原油及石油产品	Crude Oil & Petroleum Products	716.37	709.50	715.26	695.47	608.59
液化天然气	L.N.G	197.44	219.72	224.31	220.73	236.81
核能发电	Nuclear	91.68	64.99	80.16	93.59	91.04
能源总需求	**Total Demand**	**1466.28**	**1465.73**	**1486.27**	**1484.01**	**1382.33**
本地能源消费按部门分	Total Consumption by Sector	865.89	860.38	875.69	849.08	853.64
能源部门	Energy Sector	71.51	70.59	73.73	74.69	70.60
运输部门	Transportation Sector	138.35	136.88	133.15	134.02	135.08
工业部门	Industrial Sector	265.98	266.34	272.98	267.17	268.41
农业部门	Agricultural Sector	7.37	7.21	8.25	8.34	7.88
住宅部门	Residential Sector	66.20	65.91	65.52	65.72	69.18
服务业部门	Services Sector	60.39	61.01	58.22	57.98	58.09
非能源消费②	Non-energy Use②	256.08	252.45	263.85	241.17	244.40
出口	Export	193.08	192.34	205.24	217.99	145.30
国际海运及国际航空	International Marine & Aviation Bunkers	44.93	45.10	45.41	47.87	34.03
存货变动	Stock Changes	-0.61	-1.22	-7.90	4.74	-2.02
损耗	Losses	9.15	9.42	9.88	9.33	9.89
统计误差	Errors	-0.65	-0.24	0.69	7.33	7.12

注：①再生能源包括太阳光电、风力发电和太阳热能。
②非能源消费仅含润滑油、柏油、溶剂油。

Note: ①The renewables include geothermal electricity, solar photovoltaic and wind energy.
②Non-energy use refers to lubricating oil, asphalt and solvent oil consumption.

28-12 按用途分批准动工的建筑物面积
Floor Space of Authorized Construction Projects by Purpose

单位：万平方米 (10 000 sq.m)

年 份 Year	总计 Total	商业类 Business	工业、仓储类 Industrial & Stores	休闲、文教类 Recreation & Culture and Education	办公、服务类 Office & Service	住宿类 Accommodation	
						宿舍 Dormitory	住宅 Residence
2011	3415	76	613	129	208	21	1979
2012	3288	106	562	118	197	18	1932
2013	3976	164	584	109	198	21	2542
2014	3863	196	630	96	253	29	2223
2015	3260	87	660	84	172	28	1823
2016	2624	105	559	89	146	17	1326
2017	2988	145	624	120	136	24	1525
2018	3398	83	775	146	203	22	1868
2019	3693	81	798	94	192	16	2195
2020	4152	108	1020	120	235	25	2319

28-13 铁路和公路客货运量
Railway and Highway Passenger and Freight Traffic

年份 Year	铁路 Railway				公路 Highway			
	客运量(亿人) Passenger Traffic (100 million persons)	客运周转量(亿人公里) Passenger Kilometres (100 million p-km)	货运量(亿吨) Freight Traffic (100 million tons)	货物周转量(亿吨公里) Freight Ton-kilometres (100 million ton-km)	客运量(亿人) Passenger Traffic (100 million persons)	客运周转量(亿人公里) Passenger Kilometres (100 million p-km)	货运量(亿吨) Freight Traffic (100 million tons)	货物周转量(亿吨公里) Freight Ton-kilometres (100 million ton-km)
2011	8.63	228.21	0.11	8.48	11.64	170.40	6.38	295.51
2012	9.24	242.02	0.11	8.28	11.91	175.86	6.53	298.51
2013	9.70	253.16	0.11	7.27	12.20	179.28	5.51	384.74
2014	10.22	263.27	0.11	6.81	12.39	183.84	5.42	378.52
2015	10.60	270.98	0.11	6.34	12.17	175.65	5.32	378.05
2016	10.90	279.37	0.09	5.62	12.25	173.79	5.30	385.33
2017	11.21	289.91	0.08	5.12	12.33	170.53	5.37	403.51
2018	11.52	296.15	0.08	5.42	12.49	171.36	5.61	441.69
2019	11.93	304.44	0.07	5.17	12.40	170.64	5.60	443.70
2020	10.29	255.56	0.07	4.95	10.75	142.10	5.56	445.50

28-14 邮政及电信营运量
Post &Telecommunication Services

项目	Item	2016	2017	2018	2019	2020
邮政	**Post**					
函件 (亿件)	Letters (100 million pieces)					
收寄	Received	25.0	23.5	21.5	20.2	19.1
包裹 (万件)	Parcels (10 000 pieces)					
收寄	Received	2383.3	2460.5	2573.7	2594.6	2736.2
快捷邮件	Express Mail	980.6	1084.9	1245.7	1236.4	1618.6
电信	**Telecommunications**					
市内电话用户数 (万户)	Number of Local (Urban) Telephone Subscribers (10 000 subscribers)	1170	1145	1121	1099	1075
移动电话用户数 (万户)	Number of Mobile Telephones Subscribers (10 000 subscribers)	2892.9	2865.6	2922.0	2920.8	2928.9
综合业务数字网用户数(万户)	Number of Subscribers of ISDN (10 000 subscribers)	1.4	1.3	0.9	0.7	0.6
数据通信出租电路数 (万路)	Number of Leasing Circuits of Data Communication (10 000 circuits)	16.9	15.2	15.4	15.0	14.4
国际互联网用户数 (万户)	Number of Subscribers of Internet Services (10 000 subscribers)	620.5	622.3	614.9	627.3	589.6
宽带用户 (万户)	Broadband Subscribers (10 000 subscribers)	579.2	582.3	576.2	589.7	553.1
国际电话去话分钟数 (万分钟)	International Outgoing Call (10 000 minutes)	182973	136685	108830	69641	43644

28-15 货物进出口额
Total Imports and Exports

年 份 Year	按新台币计算（亿元）(NT $ 100 million)			按美元计算（亿美元）(USD 100 million)		
	进出口总额 Total	出口 Exports	进口 Imports	进出口总额 Total	出口 Exports	进口 Imports
2010	168310	87574	80736	5331	2774	2557
2011	176112	91724	84388	5995	3122	2873
2012	172229	90373	81856	5818	3053	2765
2013	174434	92190	82243	5882	3109	2774
2014	181663	96634	85029	6005	3194	2811
2015	165024	90137	74887	5208	2844	2364
2016	163831	89972	73859	5084	2792	2292
2017	174402	96058	78344	5727	3155	2572
2018	186562	100691	85871	6188	3340	2848
2019	190174	101819	88354	6148	3292	2857
2020	186521	102012	84509	6310	3452	2858

28-16 货物出口去向和进口来源
Destination of Exports and Origin of Imports

单位：亿美元 (USD 100 million)

项 目	Item	2015	2016	2017	2018	2019	2020
出口去向	**Exports (Major Destination)**						
中国大陆	China,Mainland	732.7	737.3	887.5	965.0	917.9	1024.5
中国香港	Hong Kong,China	391.2	382.5	411.7	414.0	403.3	489.9
日 本	Japan	195.6	194.7	205.7	228.0	232.8	234.0
韩 国	Korea, Rep.	127.7	125.3	144.2	157.4	169.2	151.4
美 国	United States	344.5	334.0	367.7	394.9	462.5	505.5
泰 国	Thailand	57.7	54.9	63.8	61.7	55.2	52.9
马来西亚	Malaysia	72.0	78.1	103.7	106.0	94.0	94.6
印度尼西亚	Indonesia	31.1	27.5	31.9	33.3	29.2	22.8
新 加 坡	Singapore	174.0	161.5	176.2	173.2	181.8	190.8
越 南	Vietnam	96.8	95.1	104.6	107.7	107.7	105.2
德 国	Germany	59.8	59.0	64.3	70.6	65.2	60.4
法 国	France	13.9	15.4	17.1	16.7	15.2	12.8
意 大 利	Italy	17.0	18.6	20.3	23.3	19.8	16.1
英 国	United Kingdom	39.1	36.4	37.6	38.6	35.8	33.4
巴 西	Brazil	11.7	9.5	12.7	13.4	11.8	10.8
澳大利亚	Australia	32.8	29.5	29.3	34.0	32.4	32.3
沙特阿拉伯	Saudi Arabia	17.0	12.2	10.7	7.8	9.1	8.7
科 威 特	Kuwait	2.1	1.7	1.4	1.5	1.6	1.2
进口来源	**Imports (Major Origin)**						
中国大陆	China,Mainland	452.6	439.9	500.4	537.9	573.9	635.8
中国香港	Hong Kong,China	14.7	13.3	15.1	14.1	10.6	12.1
日 本	Japan	388.7	406.2	419.4	441.5	440.5	458.8
韩 国	Korea, Rep.	134.5	146.5	168.9	195.2	177.4	206.0
美 国	United States	283.6	270.9	284.0	331.0	348.5	324.8
泰 国	Thailand	40.4	38.2	43.6	45.8	42.5	45.4
马来西亚	Malaysia	67.3	62.9	71.8	93.0	103.7	98.8
印度尼西亚	Indonesia	59.6	43.1	48.8	54.9	46.8	45.1
新 加 坡	Singapore	71.7	75.3	87.1	84.2	79.2	89.9
越 南	Vietnam	25.4	27.5	31.2	37.0	52.8	54.9
德 国	Germany	87.7	85.7	92.0	99.7	94.0	101.7
法 国	France	29.5	30.3	39.0	37.1	32.1	29.7
意 大 利	Italy	21.4	22.0	25.2	26.9	26.1	26.6
英 国	United Kingdom	19.9	18.4	19.4	20.8	20.2	19.0
巴 西	Brazil	22.7	19.5	26.0	16.4	20.5	20.2
澳大利亚	Australia	68.5	61.2	82.4	95.5	100.2	80.2
沙特阿拉伯	Saudi Arabia	73.2	58.1	68.6	86.1	77.3	48.5
科 威 特	Kuwait	39.7	29.3	35.7	51.2	43.1	25.2

28-17 出口与进口货物分类
Composition of Exports and Imports

单位：亿美元 (USD 100 million)

年 份 Year	出口 Exports 出口额 Total	资本品 Capital Goods	中间产品 Intermediate Products	消费品 Consumer Goods	进口 Imports 进口额 Total	资本设备 Capital Equipments	原材料 Agricultural & Industrial Raw Materials	消费品 Consumer Goods
2011	3121.8	336.3	2407.6	365.1	2873.2	367.5	2206.7	274.8
2012	3053.1	337.5	2380.8	321.9	2764.7	340.6	2120.3	282.2
2013	3108.7	326.5	2444.9	320.8	2773.8	361.2	2084.0	297.1
2014	3194.1	342.3	2518.5	316.3	2811.0	377.7	2077.7	314.5
2015	2844.3	333.6	2207.6	285.4	2363.8	372.2	1626.1	320.1
2016	2791.7	337.4	2173.0	264.1	2292.0	411.1	1532.8	315.3
2017	3154.9	378.7	2481.1	276.6	2572.0	405.6	1789.5	339.9
2018	3340.1	404.6	2632.5	284.6	2847.9	418.7	2032.9	361.1
2019	3291.6	441.2	2537.2	294.4	2856.5	507.6	1939.6	371.7
2020	3452.1	461.2	2661.7	308.8	2858.2	525.7	1910.3	384.7

28-18 来台旅游人数
Inbound Tourists

项 目	Item	2015	2016	2017	2018	2019	2020
来台旅游人数 （万人次）	**Inbound Tourists(10 000 person-times)**	**1044.0**	**1069.0**	**1074.0**	**1106.7**	**1186.4**	**137.8**
香港澳门	Hong Kong and Macao	151.4	161.5	169.2	165.4	175.8	17.8
中国大陆	China Mainland	418.4	351.2	273.3	269.6	271.4	11.1
外国	Foreign Countries	473.5	555.6	631.3	671.3	739.0	108.6
未列明	Not Stated	0.7	0.7	0.2	0.5	0.2	0.3
平均每人停留时间（夜）	**Average Length of Stay (Nights)**	**6.6**	**6.5**	**6.4**	**6.5**	**6.2**	**8.3**

28-19 居民消费价格分类指数
Consumer Price Indices

(2016年=100) (year of 2016=100)

年 份 Year	总指数 General Index	食品 Food	服装 Clothing	居住 Housing	交通&通讯 Transportation &Communications	医药保健 Medicines and Medical Care	教育娱乐 Education and Entertainment	杂项 Miscellaneous
2011	95.2	84.2	96.8	98.5	107.7	96.5	99.0	94.5
2012	97.0	87.7	99.3	99.6	108.2	97.2	99.7	96.6
2013	97.8	88.8	99.1	100.5	108.7	98.2	100.0	97.1
2014	98.9	92.2	100.4	101.4	107.4	98.9	99.9	98.4
2015	98.6	95.0	99.8	100.2	101.1	99.1	99.9	98.6
2016	100.0	100.0	100.0	100.0	100.0	100.0	100.0	100.0
2017	100.6	99.6	99.8	100.9	101.8	101.7	100.3	101.9
2018	102.0	100.6	100.1	101.8	104.1	102.8	100.5	106.7
2019	102.6	102.5	99.3	102.4	102.6	103.7	101.3	107.4
2020	102.3	103.2	100.5	102.7	98.6	104.5	100.3	108.4

28-20 各级政府财政收入净额
Net Revenue of Treasury

单位：新台币亿元 (NT $ 100 million)

项 目	Item	2014	2015	2016	2017	2018	2019
总 计	**Total**	**25088**	**26623**	**26909**	**27533**	**28486**	**29319**
税收收入	Tax	19176	20766	21660	21877	22992	23749
营业盈余及事业收入	Revenue from Enterprises and Institutions	2719	2621	2550	2714	2731	2886
其他收入	Other Revenue	3193	3236	2700	2942	2763	2683
财产孳息收入	Revenue from Profit of Public Properties	334	283	192	203	230	213
规费收入	Fees	998	1282	966	1265	1002	1007
罚款及赔偿收入	Revenue from Fines & Indemnities	433	489	458	537	567	472
捐献及赠与收入	Receipts from Donations and Contributions	116	101	96	92	87	89
资本收回及售价收入	Return of Properties and Sales of Public Properties	926	699	484	351	390	438
杂项收入	Miscellaneous Revenues	386	383	505	494	487	464

28-21 各级政府财政支出净额
Net Expenditures of Treasury

单位：新台币亿元 (NT $ 100 million)

项 目	Item	2014	2015	2016	2017	2018	2019
总 计	**Total**	**26457**	**26452**	**27453**	**27784**	**28455**	**29116**
一般政务支出	General Administration	3806	3825	3853	3830	4015	4149
国防支出	National Defence	2914	3046	3148	3046	3086	3215
教育科学文化支出	Expenditures on Education, Science and Culture	6181	6348	6647	6913	6758	7025
经济发展支出	Economic Development	3993	3528	3946	3895	4528	4655
社会福利支出	Social Welfare	5171	5321	5485	5638	5881	5911
社区发展及环境保护支出	Community Development and Environmental Protection	843	825	920	1246	1068	1047
退休抚恤支出	Retirement Pension and Bereavement Payments	2137	2185	2081	1985	1892	1916
债务支出	Obligations	1252	1206	1210	1073	1062	1045
杂项支出	Miscellaneous	159	167	162	156	165	154

28-22 政府公债
Government Bonds

单位：新台币亿元 (NT $ 100 million)

年 份 Year	合计 Total			台湾省"中央政府"发行 Taiwan Central Government			市级发行 Municipal Government		
	发行额 Issues	偿还额 Redemption	余额 Outstanding	发行额 Issues	偿还额 Redemption	余额 Outstanding	发行额 Issues	偿还额 Redemption	余额 Outstanding
2010	6293	2659	43343	6100	2520	41876	193	140	1467
2011	6400	3299	46444	6200	2980	45096	200	319	1348
2012	6884	3983	49345	6650	3982	47763	234	1	1581
2013	6419	3668	52095	6419	3500	50682		168	1413
2014	6753	4446	54402	6753	4050	53385		396	1017
2015	6135	4843	55694	6053	4650	54788	82	193	906
2016	5635	5276	56053	5635	5000	55423		276	631
2017	4000	3690	56363	4000	3475	55948		215	416
2018	3621	3960	56025	3473	3835	55586	148	125	439
2019	4438	4953	55510	4100	4853	54833	338	100	677
[illegible]	5755	5020	56245	5350	4938	55245	405	82	1000

28-23 金融概况
Principal Financial Indicators

年份 Year	货币供应量M_1 (新台币亿元) Money Supply M_1 (NT $100 million)	流动性负债 (新台币亿元) Liquid Liabilities (NT $100 million)	储备货币 (新台币亿元) Reserve Money (NT $100 million)	主要金融机构存款 (新台币亿元) Deposits (NT $100 million)	主要金融机构放款与投资(新台币亿元) Loans and Investments (NT $100 million)	再贴现率 (年息%) Rediscount Rate (% annual)	汇率(卖出价) (新台币/美元) Exchange Rates of Selling (NT $/USD)
2011	118302	469541	27209	323022	241729	1.88	30.32
2012	124184	496032	29021	333004	255488	1.88	29.08
2013	134708	530162	31208	350624	267206	1.88	29.82
2014	143101	568299	32633	371339	281106	1.88	31.68
2015	152926	607126	34524	393558	294063	1.63	32.88
2016	161777	638980	36303	407174	305492	1.38	32.30
2017	167414	672411	37765	420940	320227	1.38	29.85
2018	177160	704974	40545	431958	337475	1.38	30.75
2019	190606	744291	42985	450861	354224	1.38	30.05
2020	222803	803857	48362	492197	378266	1.13	28.15

28-24 股票交易
Transactions of Listed Stock

单位：新台币亿元 (NT $ 100 million)

年份 Year	上市股票 Listed Stock			总成交额 Total Turnover	日平均成交额 Average Daily Turnover in Value	股价指数(年平均) (1966年=100) Stock Price Index (year average) (year of 1966=100)
	上市公司数(家) Number (unit)	总面值① Total Par Value①	总市值① Total Market Value①			
2010	758	58113	238114	282187	1124	7949.63
2011	790	60268	192162	261974	1061	8155.79
2012	809	62580	213522	202382	810	7481.34
2013	838	64880	245196	189409	770	8092.77
2014	854	66653	268915	218985	883	8992.01
2015	874	68493	245036	201915	828	8959.35
2016	892	69370	272479	167711	687	8763.26
2017	907	70558	318319	239722	974	10208.12
2018	928	70778	293185	296089	1199	10620.17
2019	942	70934	364135	264646	1094	10790.17
2020	948	71861	449038	456543	1863	12074.63

注：① 年底数。
Note:①Year-end data.

28-25 入学率和教育经费

Net Enrolment Rate and Public Expenditure for Education

单位：% (%)

年 份 Year	粗入学率(6-21岁) Gross Enrolment Rate (aged 6-21)			15岁以上人口识字率② Percentage of Literate Aged 15 and Over②	教育经费占GNP比重 Public Expenditure for Education as % of GNP	政府教育经费占政府支出比重 Government Expenditures on Education as % of Total Government Expenditure
	初等教育(6-11岁) Primary Education (aged 6-11)	中等教育(12-17岁) Secondary Education (aged 12-17)	高等教育①(18-21岁) Higher Education① (aged 18-21)			
2008	99.0	99.1	84.1	97.8	5.4	20.5
2009	99.1	99.1	82.7	97.9	5.8	19.9
2010	99.0	99.0	83.1	98.0	5.3	20.1
2011	98.8	98.9	83.6	98.2	5.4	20.6
2012	98.7	98.7	84.2	98.3	5.4	20.5
2013	98.6	98.6	84.0	98.4	5.3	20.8
2014	98.5	98.7	83.8	98.5	5.1	21.3
2015	98.4	98.9	83.7	98.6	4.9	21.8
2016	98.3	98.6	84.0	98.7	4.9	21.5
2017	98.1	98.3	84.5	98.8	4.8	21.7
2018	98.0	98.5	84.7	98.9	4.8	21.6
2019	97.9	98.6	85.2	99.0	4.7	20.2

注：① 不含五专前三年、研究所及进修教育。②年底资料。

Note: ①Exclude the first three years of five-year junior college program, postgraduate study and continuing education.
② Year-end data.

28-26 科技人员数和科研开发经费

Number of Research Staff, Technicians and Supporting Personnel and Expenditures for R&D

年 份 Year	科技人员数(人) Number of Research Staff, Technicians and Supporting Personnel (person)				科研开发经费 Expenditures for Research and Experimental Development			每万人口研究人员数(人) Number of Research Staff per 10 000 People (person)	研究人员平均每年使用经费(新台币万元) Expenditures for R&D per Research Staff per year (10000 NT)
	总计 Total	研究人员 Research Staff	技术人员 Technicians	支援人员 Assistants	金额(新台币亿元) Total (NT $100 million)	占GDP比重(%) As % of GDP	政府投入经费所占比重(%) As % of Government Subsidies		
2008	240983	143836	77366	19781	3504.76	2.67	28.2	62.6	244
2009	256252	154949	80433	20870	3670.53	2.84	28.8	67.0	237
2010	273249	165370	86882	20997	3958.79	2.82	27.5	71.4	239
2011	288311	174341	91618	22352	4153.57	2.91	26.4	75.1	238
2012	296288	179491	94863	21934	4339.97	2.96	24.7	77.0	242
2013	300514	179975	98356	22183	4584.33	3.00	23.5	77.0	255
2014	307379	181589	103408	22382	4845.41	2.98	21.9	77.5	267
2015	312923	183022	106822	23079	5116.18	3.00	21.2	77.9	280
2016	316467	184898	108755	22814	5417.57	3.09	21.4	78.5	293
2017	321877	187971	110428	23478	5745.02	3.19	19.8	79.7	306
2018	330579	193035	114145	23399	6159.86	3.35	18.8	81.8	319
2019	342476	199144	118973	24360	6607.86	3.49	18.2	84.4	332

28-27 医院、病床和医务人员情况
Medical Facilities and Health Personnel

年 份 Year	医疗机构 (所) Number of Medical Care Facilities (unit)	病床数 (床) Number of Beds (bed)	每万人病床数 (床) Number of Beds per 10 000 Population (bed)	从业医务人员数 (人) Number of Health Personnel (person)	每万人拥有医务人员(人) Number of Health Personnel per 10 000 Population (person)
2011	20628	160472	69.09	250258	107.75
2012	20935	160900	69.01	258283	110.78
2013	21218	159422	68.21	265759	113.70
2014	21544	161491	68.91	271555	115.88
2015	21683	162163	69.03	280508	119.41
2016	21894	163148	69.31	289174	122.84
2017	22129	164590	69.83	299782	127.18
2018	22333	167521	71.02	312887	132.64
2019	22512	168266	71.29	326691	138.41

28-28 家庭主要设备普及率
Percent of Families Owning Household Appliances

单位：% (%)

年 份 Year	彩色电视机 Colour TV Sets	洗衣机 Washing Machines	电话机 Telephone Sets	移动电话 Mobile Phones	空调 Air Conditioners	有线电视频道设备 Cable TV Sets	家用电脑 Home Computers	家用汽车 Automobiles
2009	99.6	97.4	95.9	90.6	88.4	82.0	70.5	59.2
2010	99.4	97.8	95.7	90.6	89.1	83.0	71.3	57.8
2011	99.2	97.6	96.1	91.7	88.8	82.9	71.9	59.1
2012	99.3	98.1	94.8	92.3	89.9	83.2	72.3	58.4
2013	99.3	98.1	94.7	92.6	90.0	84.4	72.2	58.4
2014	99.2	98.5	94.0	93.1	91.7	84.8	70.7	58.7
2015	99.2	98.4	92.9	93.5	92.5	85.4	69.3	59.1
2016	99.1	98.5	92.8	94.6	93.2	85.9	68.8	59.7
2017	99.0	98.6	91.3	95.1	93.9	86.4	68.1	60.8
2018	98.8	98.8	89.6	95.2	94.1	86.1	66.8	60.6
2019	98.7	98.7	88.2	95.6	94.7	85.9	66.7	60.8

附录

APPENDIX

国际主要社会经济指标

Main Social and Economic Indicators of
Other Countries/Regions

简 要 说 明

一、世界主要国家和地区的大部分数据经过联合国等国际组织的调整，口径基本可比。

二、一些国家和地区的最新数据是初步数或估计数。

三、中国数据均未包括香港特别行政区、澳门特别行政区和中国台湾省。

四、本篇数据主要取自有关国际组织的数据库、年报、月报，每张表均附有资料来源。中国数据除特别说明外，均来自国际组织数据库。

五、一些数据的合计数或相对数，因受进位的影响，不一定等于分项累计数。

六、“空格”表示无该项数据或该项统计数据不详。

Brief Introduction

I. Data for major foreign countries/regions have been adjusted by international organizations such as the United Nations, and the scope and coverage are therefore comparable.

II. The latest data for a certain countries/regions are preliminary or estimated statistics.

III. All data of China do not cover Hong Kong SAR, Macao SAR and Taiwan Province.

IV. Data in this chapter are mainly from databases, yearbooks and monthly publications of international organizations. Data for China are all taken from international organization databases unless otherwise specified.

V. Some aggregations or rates/ratios may not add up to the sum of the series because of rounding.

VI. The symbol "(blank)" indicates that data are not available.

附录1-1 国土面积和人口(2020年)
Surface Area and Population (2020)

资料来源：世界银行数据库。
Source: World Bank Database.

国家	Country	国土面积① (万平方公里) Surface Area① (10 000 sq.km)	年中人口数 (万人) Mid-year Population (10 000 persons)	人口增长率 (%) Population Growth (annual %)	人口密度① (人/平方公里) Population Density① (persons/sq.km)
世界	**World**	**13454.3**	**775284**	**1.04**	**58**
中国	China	960.0	140211	0.31	148
孟加拉国	Bangladesh	14.8	16469	1.00	1240
文莱	Brunei Darussalam	0.6	44	0.96	81
柬埔寨	Cambodia	18.1	1672	1.40	92
印度	India	298.0	138000	0.99	455
印度尼西亚	Indonesia	191.7	27352	1.07	143
伊朗	Iran	174.5	8399	1.29	50
以色列	Israel	2.2	922	1.78	410
日本	Japan	37.8	12584	-0.34	347
哈萨克斯坦	Kazakhstan	272.5	1875	1.29	7
韩国	Korea, Rep.	10.0	5178	0.14	529
老挝	Laos	23.7	728	1.47	31
马来西亚	Malaysia	33.0	3237	1.29	96
蒙古	Mongolia	156.4	328	1.63	2
缅甸	Myanmar	67.7	5441	0.67	82
巴基斯坦	Pakistan	79.6	22089	1.98	275
菲律宾	Philippines	30.0	10958	1.35	358
新加坡	Singapore	0.1	569	-0.31	7953
斯里兰卡	Sri Lanka	6.6	2192	0.53	350
泰国	Thailand	51.3	6980	0.25	136
越南	Viet Nam	33.1	9734	0.91	308
埃及	Egypt	100.2	10233	1.92	99
尼日利亚	Nigeria	92.4	20614	2.54	215
南非	South Africa	121.9	5931	1.27	48
加拿大	Canada	988.0	3801	1.09	4
墨西哥	Mexico	196.4	12893	1.06	65
美国	United States	983.2	32948	0.35	36
阿根廷	Argentina	278.0	4538	0.97	16
巴西	Brazil	851.6	21256	0.71	25
委内瑞拉	Venezuela	91.2	2844	-0.28	33
捷克	Czech Rep.	7.9	1070	0.25	138
法国	France	54.9	6739	0.21	123
德国	Germany	35.8	8324	0.18	237
意大利	Italy	30.2	5955	-0.29	203
荷兰	Netherlands	4.2	1744	0.55	512
波兰	Poland	31.3	3795	-0.04	124
俄罗斯	Russia	1709.8	14410	-0.21	9
西班牙	Spain	50.6	4735	0.46	94
土耳其	Turkey	78.5	8434	1.08	107
乌克兰	Ukraine	60.4	4413	-0.57	77
英国	United Kingdom	24.4	6722	0.56	275
澳大利亚	Australia	774.1	2569	1.26	3
新西兰	New Zealand	26.8	508	2.09	19

注：①2018年数据。
Note:①Data refer to 2018.

附录1-2　按三次产业分就业人员构成
Employment by Type of Industry

资料来源：世界银行数据库。
Source: World Bank Database.
单位：%

(%)

国　家	Country	第一产业 Primary Industry 2018	2019	第二产业 Secondary Industry 2018	2019	第三产业 Tertiary Industry 2018	2019
中　国	China	26.1	25.4	28.2	28.2	45.7	46.4
孟加拉国	Bangladesh	39.5	38.6	20.8	21.3	39.7	40.2
文　莱	Brunei Darussalam	1.4	1.4	16.0	15.9	82.7	82.8
柬埔寨	Cambodia	33.7	32.3	28.3	29.0	38.1	38.7
印　度	India	43.3	42.4	24.9	25.6	31.7	32.0
印度尼西亚	Indonesia	29.6	28.6	22.3	22.5	48.1	48.9
伊　朗	Iran	17.6	17.9	31.4	30.6	50.9	51.5
以色列	Israel	1.0	0.9	17.2	17.0	81.9	82.1
日　本	Japan	3.5	3.4	24.4	24.3	72.1	72.3
哈萨克斯坦	Kazakhstan	16.3	15.8	20.4	20.5	63.3	63.7
韩　国	Korea, Rep.	5.0	4.9	25.2	25.1	69.8	70.0
老　挝	Laos	63.2	62.4	11.6	11.9	25.1	25.7
马来西亚	Malaysia	10.7	10.4	27.2	27.0	62.2	62.6
蒙　古	Mongolia	28.0	27.4	19.2	19.4	52.8	53.2
缅　甸	Myanmar	49.7	48.9	16.0	16.1	34.3	35.0
巴基斯坦	Pakistan	37.4	36.7	25.0	25.3	37.6	38.0
菲律宾	Philippines	24.3	23.4	19.1	19.4	56.6	57.2
新加坡	Singapore	0.7	0.7	15.8	15.5	83.5	83.8
斯里兰卡	Sri Lanka	25.2	24.5	29.1	29.7	45.7	45.8
泰　国	Thailand	32.1	31.6	22.8	22.6	45.1	45.8
越　南	Viet Nam	38.6	37.4	26.8	27.6	34.6	35.0
埃　及	Egypt	24.3	23.8	27.2	27.7	48.5	48.5
尼日利亚	Nigeria	35.6	35.1	12.2	12.2	52.2	52.7
南　非	South Africa	5.2	5.1	23.1	22.9	71.7	72.0
加拿大	Canada	1.5	1.5	19.6	19.5	78.9	79.1
墨西哥	Mexico	12.8	12.6	26.1	26.1	61.1	61.2
美　国	United States	1.4	1.3	19.9	19.8	78.8	78.9
阿根廷	Argentina	0.1	0.1	21.9	21.4	78.0	78.5
巴　西	Brazil	9.3	9.2	20.1	19.8	70.6	71.0
委内瑞拉	Venezuela	7.9	8.3	17.7	16.6	74.4	75.1
捷　克	Czech Rep.	2.8	2.7	37.5	37.3	59.7	60.0
法　国	France	2.5	2.4	20.3	20.1	77.2	77.5
德　国	Germany	1.2	1.2	27.3	27.0	71.4	71.7
意大利	Italy	3.8	3.7	26.1	25.9	70.1	70.4
荷　兰	Netherlands	2.1	2.0	16.2	16.0	81.7	82.0
波　兰	Poland	9.6	9.2	31.8	31.9	58.6	58.8
俄罗斯	Russia	5.9	5.8	26.8	26.7	67.3	67.6
西班牙	Spain	4.2	4.1	20.3	20.3	75.5	75.6
土耳其	Turkey	18.4	18.4	26.7	26.3	54.9	55.3
乌克兰	Ukraine	14.9	14.5	24.4	24.6	60.7	61.0
英　国	United Kingdom	1.1	1.0	18.1	17.9	80.8	81.1
澳大利亚	Australia	2.6	2.6	19.9	19.8	77.5	77.6
新西兰	New Zealand	5.8	5.7	19.8	19.6	74.4	74.8

附录1-3 失业率
Unemployment Rate

资料来源：联合国ILO数据库。
Source: ILO Database.
单位：% (%)

国 家	Country	2000	2010	2016	2017	2018	2019	2020
中 国①	China①	3.3	4.5	4.5	4.4	4.3	4.6	5.0
文 莱	Brunei Darussalam	5.7	6.5	8.5	9.3	8.7	6.9	8.4
以色列	Israel	11.1	8.5	4.8	4.2	4.0	3.8	4.6
日 本	Japan	4.7	5.1	3.1	2.8	2.4	2.4	3.0
哈萨克斯坦	Kazakhstan	12.8	5.8	5.0	4.9	4.9	4.8	6.1
韩 国	Korea, Rep.	4.4	3.7	3.7	3.7	3.8	3.8	4.1
马来西亚	Malaysia	3.0	3.3	3.4	3.4	3.3	3.3	4.6
巴基斯坦	Pakistan	0.6	0.7	3.8	3.9	4.1	4.0	4.7
菲律宾	Philippines	3.7	3.6	2.7	2.6	2.3	2.2	3.4
新加坡	Singapore	3.7	4.1	4.1	4.2	3.7	3.1	5.2
斯里兰卡	Sri Lanka	7.7	4.8	4.2	4.1	4.3	4.3	4.8
泰 国	Thailand	2.4	0.6	0.7	0.8	0.8	0.7	1.0
埃 及	Egypt	9.0	8.8	12.4	11.7	9.8	9.7	10.5
南 非	South Africa	29.9	24.7	26.5	27.0	26.9	28.5	28.7
加拿大	Canada	6.8	8.1	7.0	6.3	5.8	5.7	9.5
墨西哥	Mexico	2.6	5.3	3.9	3.4	3.3	3.5	4.7
美 国	United States	4.0	9.6	4.9	4.4	3.9	3.7	8.3
阿根廷	Argentina	15.0	7.7	8.0	8.4	9.2	9.8	11.7
巴 西	Brazil	9.9	7.7	11.6	12.8	12.3	11.9	13.7
委内瑞拉	Venezuela	14.0	7.1	7.4	7.3	7.2	7.2	9.1
捷 克	Czech Rep.	8.8	7.3	4.0	2.9	2.2	2.0	2.9
法 国	France	10.2	8.9	10.0	9.4	9.0	8.4	8.6
德 国	Germany	7.9	7.0	4.1	3.8	3.4	3.1	4.3
意大利	Italy	10.8	8.4	11.7	11.2	10.6	10.0	9.3
荷 兰	Netherlands	2.7	5.0	6.0	4.8	3.8	3.4	4.1
波 兰	Poland	16.3	9.6	6.2	4.9	3.9	3.3	3.6
俄罗斯	Russia	10.6	7.4	5.6	5.2	4.9	4.6	5.7
西班牙	Spain	13.8	19.9	19.6	17.2	15.3	14.1	15.7
土耳其	Turkey	6.5	10.7	10.8	10.8	10.9	13.7	13.9
乌克兰	Ukraine	11.7	8.1	9.4	9.5	8.8	8.2	9.5
英 国	United Kingdom	5.6	7.8	4.8	4.3	4.0	3.7	4.3
澳大利亚	Australia	6.3	5.2	5.7	5.6	5.3	5.2	6.6
新西兰	New Zealand	6.1	6.6	5.1	4.7	4.3	4.1	4.6

注：①城镇登记失业率。
Note:①Registered unemployment rate in urban areas.

附录1-4 国内生产总值及其增长率
Gross Domestic Product and its Growth Rate

资料来源：世界银行WDI数据库。
Source: Worldbank WDI Database.

国家	Country	2020 国内生产总值（亿美元）GDP (100 million USD)	国内生产总值增长率(%) GDP Growth Rate (%)						
			2005	2010	2016	2017	2018	2019	2020
世　界	**World**	**847056**	**3.9**	**4.3**	**2.6**	**3.3**	**3.0**	**2.3**	**-3.6**
中　国	China	147227	11.4	10.6	6.8	6.9	6.8	6.0	2.3
孟加拉国	Bangladesh	3242	6.5	5.6	7.1	7.3	7.9	8.2	2.4
文　莱	Brunei Darussalam	120	0.4	2.6	-2.5	1.3	0.1	3.9	1.2
柬埔寨	Cambodia	253	13.3	6.0	6.9	6.8	7.5	7.1	-3.1
印　度	India	26230	7.9	8.5	8.3	6.8	6.5	4.0	-8.0
印度尼西亚	Indonesia	10584	5.7	6.2	5.0	5.1	5.2	5.0	-2.1
伊　朗	Iran	1917	3.2	5.8	13.4	3.8	-6.0	-6.8	1.7
以色列	Israel	4020	3.8	5.6	3.8	3.6	3.5	3.5	-2.4
日　本	Japan	50487①	1.7	4.2	0.5	2.2	0.3	0.3	
哈萨克斯坦	Kazakhstan	1698	9.7	7.3	1.1	4.1	4.1	4.5	-2.6
韩　国	Korea, Rep.	16305	4.3	6.8	2.9	3.2	2.9	2.0	-1.0
老　挝	Laos	191	7.1	8.5	7.0	6.9	6.2	5.5	0.4
马来西亚	Malaysia	3367	5.3	7.4	4.5	5.8	4.8	4.3	-5.6
蒙　古	Mongolia	131	7.3	6.4	1.2	5.3	7.2	5.2	-5.3
缅　甸	Myanmar	762	13.6	9.6	5.8	6.4	6.8	1.7	-10.0
巴基斯坦	Pakistan	2637	6.5	1.6	5.5	5.6	5.8	1.0	0.5
菲律宾	Philippines	3615	4.9	7.3	7.1	6.9	6.3	6.1	-9.6
新加坡	Singapore	3400	7.4	14.5	3.3	4.5	3.5	1.3	-5.4
斯里兰卡	Sri Lanka	807	6.2	8.0	4.5	3.6	3.3	2.3	-3.6
泰　国	Thailand	5018	4.2	7.5	3.4	4.2	4.2	2.3	-6.1
越　南	Viet Nam	2712	7.5	6.4	6.2	6.8	7.1	7.0	2.9
埃　及	Egypt	3631	4.5	5.1	4.3	4.2	5.3	5.6	3.6
尼日利亚	Nigeria	4323	6.4	8.0	-1.6	0.8	1.9	2.2	-1.8
南　非	South Africa	3019	5.3	3.0	0.4	1.4	0.8	0.2	-7.0
加拿大	Canada	16434	5.0	3.1	1.0	3.0	2.4	1.9	-5.4
墨西哥	Mexico	10762	2.3	5.1	2.6	2.1	2.2	-0.1	-8.2
美　国	United States	209366	3.5	2.6	1.7	2.3	3.0	2.2	-3.5
阿根廷	Argentina	3831	8.9	10.1	-2.1	2.8	-2.6	-2.1	-9.9
巴　西	Brazil	14447	3.2	7.5	-3.3	1.3	1.8	1.4	-4.1
委内瑞拉	Venezuela		10.3	-1.5					
捷　克	Czech Rep.	2435	6.6	2.4	2.5	5.2	3.2	2.3	-5.6
法　国	France	26030	1.7	1.9	1.1	2.3	1.8	1.5	-8.1
德　国	Germany	38061	0.7	4.2	2.2	2.6	1.3	0.6	-4.9
意大利	Italy	18864	0.8	1.7	1.3	1.7	0.9	0.3	-8.9
荷　兰	Netherlands	9122	2.1	1.3	2.2	2.9	2.4	1.7	-3.7
波　兰	Poland	5942	3.5	3.7	3.1	4.8	5.4	4.5	-2.7
俄罗斯	Russia	14835	6.4	4.5	0.2	1.8	2.8	2.0	-3.0
西班牙	Spain	12812	3.7	0.2	3.0	3.0	2.4	2.0	-10.8
土耳其	Turkey	7201	9.0	8.4	3.3	7.5	3.0	0.9	1.8
乌克兰	Ukraine	1556	3.0	3.8	2.2	2.5	3.4	3.2	-4.0
英　国	United Kingdom	27077	3.0	2.1	1.7	1.7	1.3	1.4	-9.8
澳大利亚	Australia	13309	3.2	2.1	2.8	2.3	2.9	2.2	-0.3
新西兰	New Zealand	2125	3.3	1.5	3.7	3.6	3.2	1.6	1.0

注：①数据来自国际货币基金组织世界经济展望数据库。
Note:①Data from IMF WEO database.

附录1-5 人均国内生产总值
GDP per Capita

资料来源：世界银行WDI数据库。
Source: World Bank WDI Database.
单位：美元 (USD)

国家	Country	2000	2010	2016	2017	2018	2019	2020
世　界	**World**	**5488**	**9556**	**10294**	**10834**	**11373**	**11417**	**10926**
中　国	China	959	4550	8148	8879	9977	10217	10500
孟加拉国	Bangladesh	418	781	1402	1564	1698	1856	1969
文　莱	Brunei Darussalam	18013	35271	27158	28572	31628	31086	27466
柬埔寨	Cambodia	301	786	1270	1385	1512	1643	1513
印　度	India	443	1358	1733	1981	1997	2101	1901
印度尼西亚	Indonesia	780	3122	3563	3838	3894	4135	3870
伊　朗	Iran	1670	6600	5253	5520	3598	3115	2283
以色列	Israel	21101	30694	37283	40475	41705	43589	43611
日　本	Japan	38532	44508	38762	38387	39159	40113	40146①
哈萨克斯坦	Kazakhstan	1229	9070	7715	9248	9813	9813	9056
韩　国	Korea, Rep.	12257	23087	29289	31617	33423	31846	31489
老　挝	Laos	325	1141	2309	2424	2542	2545	2630
马来西亚	Malaysia	4044	9041	9818	10259	11378	11414	10402
蒙　古	Mongolia	474	2643	3660	3669	4135	4340	4007
巴基斯坦	Pakistan	576	987	1368	1465	1482	1285	1194
菲律宾	Philippines	1073	2217	3074	3123	3252	3485	3299
新加坡	Singapore	23852	47237	56848	61176	66679	65641	59798
斯里兰卡	Sri Lanka	870	2800	3886	4077	4059	3852	3682
泰　国	Thailand	2008	5076	5993	6594	7297	7817	7189
越　南	Viet Nam	390	1318	2192	2366	2566	2715	2786
埃　及	Egypt	1450	2646	3520	2444	2537	3019	3548
尼日利亚	Nigeria	568	2280	2176	1969	2028	2230	2097
南　非	South Africa	3032	7329	5273	6131	6373	6001	5091
加拿大	Canada	24266	47562	42316	45129	46454	46327	43242
墨西哥	Mexico	7158	9271	8745	9288	9687	9946	8347
美　国	United States	36335	48467	58021	60110	63064	65280	63544
阿根廷	Argentina	7708	10386	12790	14613	11633	9912	8442
巴　西	Brazil	3750	11286	8710	9929	9151	8897	6797
委内瑞拉	Venezuela	4842	13825					
捷　克	Czech Rep.	6029	19960	18575	20636	23420	23490	22762
法　国	France	22420	40678	37063	38781	41547	40380	38625
德　国	Germany	23695	41572	42136	44553	47811	46468	45724
意大利	Italy	20138	36036	30961	32407	34626	33567	31676
荷　兰	Netherlands	26214	51000	46039	48675	53045	52295	52304
波　兰	Poland	4501	12613	12447	13865	15468	15695	15656
俄罗斯	Russia	1772	10675	8705	10720	11287	11498	10127
西班牙	Spain	14750	30532	26523	28170	30389	29565	27057
土耳其	Turkey	4337	10743	10895	10590	9453	9127	8538
乌克兰	Ukraine	636	2965	2188	2641	3097	3663	3727
英　国	United Kingdom	28155	39537	41048	40306	42996	42354	40285
澳大利亚	Australia	21679	52022	49971	54028	57355	55057	51812
新西兰	New Zealand	13641	34216	40818	43226	42621	41999	41792

注：①数据来自国际货币基金组织世界经济展望数据库。
Note:①Data from IMF WEO database.

附录1-6 国内生产总值产业构成
Composition of Gross Domestic Product by Industry

资料来源：世界银行WDI数据库。
Source: World Bank WDI Database.
单位：% (%)

国家	Country	农业增加值占国内生产总值比重 Agriculture as Percentage of GDP		工业增加值占国内生产总值比重 Industry as Percentage of GDP		服务业增加值占国内生产总值比重 Services as Percentage of GDP	
		2000	2020	2000	2020	2000	2020
中国	China	14.7	7.7	45.5	37.8	39.8	54.5
孟加拉国	Bangladesh	22.7	12.6	22.3	28.8	50.6	54.6
文莱	Brunei Darussalam	1.0	1.2	63.7	59.1	35.3	41.5
柬埔寨	Cambodia	35.9	22.8	21.9	34.7	37.1	36.2
印度	India	21.6	18.3	27.3	23.2	42.7	49.3
印度尼西亚	Indonesia	15.7	13.7	42.0	38.3	33.4	44.4
伊朗	Iran	9.1	12.8	40.3	30.6	51.4	57.0
日本	Japan	1.5	1.2①	32.8	29.1①	65.9	69.3①
哈萨克斯坦	Kazakhstan	8.1	5.3	37.8	33.1	48.4	55.8
韩国	Korea, Rep.	3.9	1.8	34.8	32.8	51.6	57.0
老挝	Laos	33.6	16.2	16.5	32.1	42.2	40.6
马来西亚	Malaysia	8.6	8.2	48.3	35.9	46.3	54.8
蒙古	Mongolia	27.4	12.1	22.2	38.3	39.2	40.0
缅甸	Myanmar	57.2	22.8	9.7	35.8	33.1	41.4
巴基斯坦	Pakistan	25.6	22.7	17.5	17.7	50.3	52.8
菲律宾	Philippines	13.9	10.2	35.0	28.4	51.1	61.4
新加坡	Singapore	0.1		32.5	24.4	60.7	70.9
斯里兰卡	Sri Lanka	19.9	8.4	27.3	26.2	52.8	59.7
泰国	Thailand	8.5	8.6	36.7	33.1	54.8	58.3
越南	Viet Nam	24.5	14.9	36.7	33.7	38.7	41.6
埃及	Egypt	15.5	11.5	30.8	31.8	46.5	51.7
尼日利亚	Nigeria	21.4	24.1	33.8	28.2	43.8	46.4
南非	South Africa	3.0	2.4	29.1	25.2	59.1	61.4
加拿大	Canada	2.1	1.9②	29.5	24.0②	61.3	67.1②
墨西哥	Mexico	3.3	3.9	34.2	29.6	57.8	60.0
美国	United States	1.2	0.9③	22.5	18.2③	72.8	77.3③
阿根廷	Argentina	4.7	6.8	26.0	22.5	63.5	54.3
巴西	Brazil	4.8	5.9	23.0	17.7	58.3	62.9
委内瑞拉	Venezuela	3.9		46.4		43.1	
捷克	Czech Rep.	3.3	1.9	33.5	31.5	54.4	57.5
法国	France	2.1	1.7	21.3	16.3	66.3	71.0
德国	Germany	1.0	0.7	27.7	26.2	61.5	63.6
意大利	Italy	2.6	2.0	24.3	21.5	62.7	66.8
荷兰	Netherlands	2.3	1.6	21.7	17.9	65.7	69.6
波兰	Poland	3.1	2.4	28.8	28.2	56.8	57.5
俄罗斯	Russia	5.8	3.7	33.9	30.0	49.7	56.3
西班牙	Spain	3.7	3.2	28.0	20.6	59.2	67.5
土耳其	Turkey	10.0	6.6	26.8	27.8	52.8	54.6
乌克兰	Ukraine	14.5	9.3	30.8	20.9	39.5	55.6
英国	United Kingdom	0.9	0.6	23.1	16.9	65.7	72.8
澳大利亚	Australia	3.1	1.9	24.6	25.7	64.3	66.0
新西兰	New Zealand	7.8	5.7①	23.6	20.4①	61.8	65.5①

注：①2018年数据。②2017年数据。③2019年数据。
Note:①Data refer to 2018.②Data refer to 2017.③Data refer to 2019.

附录1-7 居民最终消费率
Household Final Consumption Rate

资料来源：世界银行WDI数据库。
Source: World Bank WDI Database.
单位：%　　(%)

国　家	Country	2000	2010	2017	2018	2019	2020
中　国	China	46.7	34.3	38.5	38.5	39.2	
孟加拉国	Bangladesh	75.0	74.1	68.7	70.8	69.0	68.8
文　莱	Brunei Darussalam	24.8	14.7	20.5	19.5	20.5	24.1
柬埔寨	Cambodia	88.8	81.3	73.4	70.7	69.5	71.1
印　度	India	63.7	54.7	58.7	59.4	60.5	59.1
印度尼西亚	Indonesia	61.7	56.2	57.3	57.0	57.9	59.0
伊　朗	Iran	49.7	42.9	47.6	48.5	49.7	49.6
以色列	Israel	52.8	56.6	54.7	54.8	54.2	49.8
日　本	Japan	54.4	57.8	55.4	55.6	55.2	
哈萨克斯坦	Kazakhstan	61.9	45.4	52.6	52.1	52.3	
韩　国	Korea, Rep.	54.5	50.4	47.5	48.0	48.5	46.5
老　挝	Laos	87.6	74.6	65.2			
马来西亚	Malaysia	43.8	48.1	55.4	57.4	59.8	60.9
蒙　古	Mongolia	75.1	55.2	53.5	54.3	54.7	57.3
巴基斯坦	Pakistan	75.5	79.7	81.9	82.0	82.9	78.5
菲律宾	Philippines	71.7	70.2	72.2	72.5	73.2	75.1
新加坡	Singapore	41.9	36.3	35.2	34.5	35.6	33.0
斯里兰卡	Sri Lanka	71.5	68.5	67.1	68.4	69.8	70.7
泰　国	Thailand	54.1	52.2	48.9	48.9	49.7	52.9
越　南	Viet Nam	66.5	66.6	68.0	67.6	68.2	68.4
埃　及	Egypt	75.9	74.6	88.1	85.4	82.4	85.8
尼日利亚	Nigeria	40.7	67.2	80.1	76.6	74.6	69.6
南　非	South Africa	63.1	59.0	59.2	59.9	60.2	59.9
加拿大	Canada	54.5	57.0	58.0	57.9	57.8	57.4
墨西哥	Mexico	67.9	65.3	65.2	64.8	64.9	63.7
美　国	United States	66.0	67.9	68.3	67.9	67.9	
阿根廷	Argentina	69.3	64.2	66.7	65.8	64.6	63.6
巴　西	Brazil	64.6	60.2	64.5	64.6	64.8	62.7
委内瑞拉	Venezuela	51.7	55.9	100.5			
捷　克	Czech Rep.	50.4	49.0	47.3	47.5	47.3	46.9
法　国	France	53.9	55.4	54.0	53.9	53.7	53.4
德　国	Germany	56.3	55.1	52.3	52.3	52.4	51.3
意大利	Italy	60.6	60.7	60.3	60.2	60.0	57.9
荷　兰	Netherlands	50.3	45.5	44.3	44.1	43.8	42.1
波　兰	Poland	63.8	61.5	58.6	58.4	57.5	56.9
俄罗斯	Russia	46.2	51.5	52.9	50.4	51.2	49.5
西班牙	Spain	59.6	58.1	58.4	58.2	57.3	56.0
土耳其	Turkey	66.9	62.7	58.6	56.2	56.9	56.7
乌克兰	Ukraine	54.3	63.8	67.1	69.4	74.4	74.3
英　国	United Kingdom	66.5	64.0	64.5	64.7	64.0	60.8
澳大利亚	Australia	58.1	56.2	56.7	56.4	55.3	53.7
新西兰	New Zealand	57.9	57.8	57.5	57.9	57.5	

附录1-8 农业生产指数
Agricultural Production Indices

资料来源：联合国粮农组织数据库。
Source: United Nations Food and Agriculture Organization Database.

（2014-2016年=100） (Year of 2014-2016=100)

国 家	Country	农业 Agriculture			食品 Food		
		2017	2018	2019	2017	2018	2019
世 界	**World**	**104.5**	**105.7**	**106.6**	**104.4**	**105.6**	**106.2**
中 国	China	102.7	104.2	104.1	102.9	104.3	103.5
孟加拉国	Bangladesh	108.1	107.9	108.9	107.9	107.5	108.4
文 莱	Brunei Darussalam	98.5	99.5	97.4	98.5	99.5	97.4
柬埔寨	Cambodia	112.5	117.9	120.6	111.5	116.6	120.2
印 度	India	108.4	113.0	114.1	108.9	114.5	114.7
印度尼西亚	Indonesia	115.5	117.7	116.7	112.0	114.4	112.6
伊 朗	Iran	97.1	89.3	95.6	97.3	89.5	95.9
以色列	Israel	101.2	96.3	95.4	101.4	96.6	95.7
日 本	Japan	99.8	99.5	99.8	99.8	99.4	99.8
哈萨克斯坦	Kazakhstan	111.4	114.8	111.3	111.0	113.8	109.9
韩 国	Korea, Rep.	97.4	99.1	100.5	97.4	99.1	100.5
老 挝	Laos	98.2	98.1	102.1	98.4	97.2	100.8
马来西亚	Malaysia	106.2	102.5	105.1	102.5	100.8	105.6
蒙 古	Mongolia	107.0	131.2	140.3	107.4	132.4	141.7
缅 甸	Myanmar	103.0	107.5	108.2	103.2	107.6	108.6
巴基斯坦	Pakistan	115.8	115.7	118.0	117.1	118.6	121.7
菲律宾	Philippines	103.8	104.5	104.3	104.0	104.7	104.4
新加坡	Singapore	135.0	112.9	112.5	135.0	112.9	112.5
斯里兰卡	Sri Lanka	85.3	103.7	105.9	83.2	105.2	108.1
泰 国	Thailand	102.1	104.9	101.1	101.6	103.7	98.7
越 南	Viet Nam	102.3	105.8	105.0	101.7	105.0	103.8
埃 及	Egypt	101.1	97.2	102.4	101.2	96.8	102.5
尼日利亚	Nigeria	105.8	105.3	106.7	105.8	105.2	106.6
南 非	South Africa	105.3	103.8	101.7	105.5	103.7	101.7
加拿大	Canada	107.9	108.0	110.6	108.2	108.4	111.0
墨西哥	Mexico	108.5	111.1	112.5	108.2	110.5	112.3
美 国	United States	102.5	103.5	100.5	102.0	103.2	99.7
阿根廷	Argentina	105.6	97.2	112.6	105.9	97.2	112.8
巴 西	Brazil	106.9	108.0	110.4	107.4	107.3	109.5
委内瑞拉	Venezuela	89.5	90.5	91.0	89.1	90.2	90.8
捷 克	Czech Rep.	95.0	92.9	93.0	95.0	93.0	93.0
法 国	France	101.7	96.8	98.0	101.4	96.5	97.2
德 国	Germany	97.5	91.5	93.6	97.5	91.6	93.7
意大利	Italy	98.1	98.8	97.6	98.1	98.9	97.7
荷 兰	Netherlands	103.1	96.7	99.9	103.1	96.8	100.0
波 兰	Poland	106.4	103.0	102.5	106.4	103.0	102.5
俄罗斯	Russia	107.4	104.7	110.0	107.4	104.7	110.0
西班牙	Spain	101.7	117.2	106.0	101.7	117.9	106.6
土耳其	Turkey	107.3	106.4	110.7	107.1	105.9	111.1
乌克兰	Ukraine	100.0	107.7	109.3	100.1	107.7	109.3
英 国	United Kingdom	102.2	99.4	103.5	102.2	99.4	103.6
澳大利亚	Australia	105.0	96.6	88.7	104.0	94.2	88.2
新西兰	New Zealand	97.1	99.3	100.8	97.3	99.7	101.4

附录1-9 工业生产指数
Industry Production Indices

资料来源：联合国统计月报数据库。
Source: UN Monthly Bulletin of Statistics Database.

(2010年=100) (Year of 2010=100)

国家	Country	总指数 General Index			其中：制造业 of which: Manufacturing		
		2013	2014	2015	2013	2014	2015
孟加拉国	Bangladesh	142.3	153.9	171.5	144.6	156.5	174.9
文　莱	Brunei Darussalam	94.0	90.7	90.5	106.1	98.9	101.3
印　度	India	104.0	106.9	109.5	103.5	105.9	108.0
以色列	Israel	106.7	108.0	110.4	106.0	106.6	109.1
日　本	Japan	96.9	98.7	97.4	97.0	99.0	97.8
韩　国	Korea, Rep.	108.2	108.4	107.7	108.2	108.5	107.8
马来西亚	Malaysia	110.3	116.0	121.2	116.0	123.0	128.9
蒙　古	Mongolia	108.0	118.2		129.3	133.3	
巴基斯坦	Pakistan				111.3	115.1	118.8
菲律宾	Philippines				124.1	133.1	136.4
新加坡	Singapore				109.9	112.9	107.1
斯里兰卡	Sri Lanka				108.3	114.9	125.4
泰　国	Thailand				103.6	98.2	98.6
越　南	Viet Nam	119.1	127.5	147.0	121.1	132.4	155.0
埃　及	Egypt				96.8	100.2	100.4
尼日利亚	Nigeria	109.4	115.7	111.7	162.8	186.8	184.1
南　非	South Africa				106.5	106.6	106.5
加拿大	Canada	106.7	110.8	110.1	105.3	108.5	109.0
墨西哥	Mexico	107.2	110.3	110.8	110.2	114.8	117.9
美　国	United States	108.5	111.8	112.3	107.4	108.8	110.0
阿根廷	Argentina				119.7	118.6	
巴　西	Brazil	100.1	97.1	89.1	100.6	96.4	87.0
捷　克	Czech Rep.	104.9	110.1	115.2	107.6	114.8	121.7
法　国	France	99.6	98.8	100.6	99.8	99.7	101.5
德　国	Germany	106.1	107.5	109.1	107.2	109.3	110.5
意大利	Italy	91.5	90.5	92.1	91.5	91.0	92.7
荷　兰	Netherlands	99.5	96.7	93.5	101.5	102.6	103.2
波　兰	Poland	111.0	114.7	120.3	112.5	117.7	124.5
俄罗斯	Russia	109.0	110.9	107.1	114.1	116.5	110.2
西班牙	Spain	90.2	91.6	94.6	89.7	91.7	95.4
土耳其	Turkey	116.3	120.5	124.3	117.5	121.3	125.7
乌克兰	Ukraine	102.6	92.2	80.2	99.6	90.4	79.0
英　国	United Kingdom	96.0	97.4	98.8	99.7	102.6	102.6
澳大利亚	Australia	107.3	111.0	114.0	97.1	96.0	94.6
新西兰	New Zealand	100.3	102.4	104.7	103.3	105.0	107.0

附录1-10 消费价格指数
Consumer Price Indices

资料来源：国际货币基金组织IFS数据库。
Source: IMF IFS Database.

(2010年=100) (Year of 2010=100)

国家	Country	2005	2016	2017	2018	2019	2020
中国	China	86.5	117.2	119.1	121.6	125.1	128.1
孟加拉国	Bangladesh	69.2	152.5	161.2	170.2	179.7	189.9
文莱	Brunei Darussalam	95.5	99.7	98.4	99.4	99.0	101.0
柬埔寨	Cambodia	67.8	121.1	124.6	127.6		
印度	India	66.0	156.0	159.8	167.6	180.4	
印度尼西亚	Indonesia	68.7	137.0	142.2	146.7	151.2	154.1
伊朗	Iran	49.4	308.8	333.7	393.8	550.9	
以色列	Israel	87.8	106.1	106.4	107.3	108.2	107.5
日本	Japan	100.4	103.5	104.0	105.0	105.5	105.5
韩国	Korea, Rep.	86.2	110.9	113.1	114.7	115.2	115.8
老挝	Laos	78.5	127.8	128.9	131.5	135.9	
马来西亚	Malaysia	87.8	115.2	119.6	120.7	121.5	
蒙古	Mongolia	57.3	163.7	170.8	182.4	195.8	203.0
缅甸	Myanmar	44.5	138.3	144.6	154.5	168.2	
巴基斯坦	Pakistan	55.8	150.8	156.9	164.9	182.3	200.1
菲律宾	Philippines	78.7	116.9	120.2	126.5	129.6	133.0
新加坡	Singapore	88.0	112.6	113.3	113.8	114.4	114.2
斯里兰卡	Sri Lanka	58.3	136.6	147.1	150.2	155.5	165.1
泰国	Thailand	86.6	110.6	111.3	112.5	113.3	112.3
越南	Viet Nam	59.9	148.4	153.6	159.1	163.5	168.8
埃及	Egypt	57.8	178.4	231.1	264.4		
尼日利亚	Nigeria	61.4	183.9	214.2	240.1	267.5	
南非	South Africa	74.3	138.9	146.1	152.6	158.9	164.1
加拿大	Canada	91.9	110.2	112.0	114.5	116.8	117.6
墨西哥	Mexico	80.5	122.8	130.2	136.6	141.5	146.4
美国	United States	89.6	110.1	112.4	115.2	117.2	118.7
巴西	Brazil	79.5	150.5	155.7	161.4	167.4	172.8
捷克	Czech Rep.	87.0	108.2	110.9	113.3	116.5	120.2
法国	France	92.8	105.8	106.9	108.8	110.1	110.6
德国	Germany	92.5	107.7	109.4	111.3	112.9	113.4
意大利	Italy	91.0	107.4	108.7	110.0	110.6	110.5
荷兰	Netherlands	92.7	109.5	111.0	112.9	115.9	117.4
波兰	Poland	86.9	107.4	109.6	111.6	114.1	118.0
俄罗斯	Russia	61.5	162.2	168.2	173.0	180.8	186.9
西班牙	Spain	89.0	106.3	108.4	110.2	111.0	110.6
土耳其	Turkey	65.9	157.4	175.0	203.6	234.4	263.2
乌克兰	Ukraine	51.2	205.6	235.3	261.1	281.7	
英国	United Kingdom	88.1	112.1	114.9	117.6	119.6	120.8
澳大利亚	Australia	86.3	113.5	115.7	117.9	119.8	120.8
新西兰	New Zealand	87.0	108.6	110.7	112.4	114.2	116.2

附录1-11　货物进出口额
Total Imports and Exports

资料来源：世界贸易组织数据库。
Source: World Trade Organization Database.
单位：亿美元　(100 million USD)

国　家	Country	2019 出口 Exports	2019 进口 Imports	2020 出口 Exports	2020 进口 Imports
世　界	**World**	**190147**	**192842**	**175829**	**178121**
中　国	China	24995	20784	25911	20558
孟加拉国	Bangladesh	393	591	336	524
文　莱	Brunei Darussalam	70	51	65	49
柬埔寨	Cambodia	148	203	171	192
印　度	India	3243	4861	2762	3719
印度尼西亚	Indonesia	1677	1713	1633	1416
伊　朗	Iran	657	418	542	388
以色列	Israel	585	766	496	699
日　本	Japan	7056	7210	6414	6345
哈萨克斯坦	Kazakhstan	573	378	464	372
韩　国	Korea, Rep.	5422	5033	5125	4676
老　挝	Laos	58	63	61	52
马来西亚	Malaysia	2382	2050	2341	1899
蒙　古	Mongolia	76	61	76	53
缅　甸	Myanmar	181	186	168	180
巴基斯坦	Pakistan	233	503	220	458
菲律宾	Philippines	709	1174	638	907
新加坡	Singapore	3908	3593	3625	3298
斯里兰卡	Sri Lanka	119	199	101	160
泰　国	Thailand	2463	2363	2315	2070
越　南	Viet Nam	2643	2534	2827	2627
埃　及	Egypt	290	709	261	607
尼日利亚	Nigeria	625	553	345	566
南　非	South Africa	900	1075	858	841
加拿大	Canada	4466	4638	3907	4137
墨西哥	Mexico	4607	4673	4177	3932
美　国	United States	16432	25674	14316	24075
阿根廷	Argentina	651	491	549	424
巴　西	Brazil	2254	1844	2099	1663
委内瑞拉	Venezuela	172	59	50	66
捷　克	Czech Rep.	1991	1790	1917	1701
法　国	France	5710	6547	4883	5824
德　国	Germany	14894	12340	13800	11708
意大利	Italy	5377	4750	4961	4229
荷　兰	Netherlands	7086	6357	6745	5967
波　兰	Poland	2666	2653	2711	2572
俄罗斯	Russia	4199	2546	3317	2397
西班牙	Spain	3340	3728	3070	3250
土耳其	Turkey	1808	2103	1695	2194
乌克兰	Ukraine	501	606	492	539
英　国	United Kingdom	4697	6958	4033	6347
澳大利亚	Australia	2710	2216	2504	2084
新西兰	New Zealand	395	424	389	372

附录1-12 外商直接投资
Foreign Direct Investment

资料来源：联合国贸发会议FDI数据库和《世界投资报告2021》。
Source: UNCTAD FDI Database and World Investment Report 2021.
单位：亿美元 (100 million USD)

国家	Country	外商直接投资 FDI Inflows			对外直接投资 FDI Outflows		
		2000	2010	2020	2000	2010	2020
世界	**World**	**13566**	**13962**	**9989**	**11637**	**13960**	**7399**
中国	China	407	1147	1493	9	688	1329
孟加拉国	Bangladesh	6	9	26			
文莱	Brunei Darussalam	5	5	6			
柬埔寨	Cambodia	1	14	36			1
印度	India	36	274	641	5	159	116
印度尼西亚	Indonesia	-46	138	186		27	45
伊朗	Iran	2	36	13		2	1
以色列	Israel	70	70	248	33	79	59
日本	Japan	83	-13	103	316	563	1157
哈萨克斯坦	Kazakhstan	13	116	39		79	-20
韩国	Korea, Rep.	115	95	92	48	282	325
老挝	Laos		3	10			
马来西亚	Malaysia	38	91	35	20	134	28
蒙古	Mongolia	1	17	17		1	
缅甸	Myanmar	1	67	18			
巴基斯坦	Pakistan	3	20	21			
菲律宾	Philippines	22	13	65	1	29	35
新加坡	Singapore	148	575	906	68	354	324
斯里兰卡	Sri Lanka	2	5	4			
泰国	Thailand	34	146	-61		79	167
越南	Viet Nam	13	80	158		9	4
埃及	Egypt	12	64	59	1	12	3
尼日利亚	Nigeria	13	61	24	2	9	-3
南非	South Africa	9	36	31	3	-1	-20
加拿大	Canada	668	284	238	447	347	487
墨西哥	Mexico	182	271	291		144	65
美国	United States	3140	1980	1563	1426	2778	928
阿根廷	Argentina	104	113	41	9	10	12
巴西	Brazil	328	777	248	23	221	-258
委内瑞拉	Venezuela	47	16	10	5	25	-1
捷克	Czech Rep.	50	61	63		12	31
法国	France	275	139	179	1619	482	442
德国	Germany	1983	656	357	571	1255	350
意大利	Italy	134	92	-4	67	327	104
荷兰	Netherlands	639	-72	-1153	756	684	-1611
波兰	Poland	94	128	101		61	18
俄罗斯	Russia	27	317	97	32	411	63
西班牙	Spain	396	399	89	582	378	214
土耳其	Turkey	10	91	79	9	15	32
乌克兰	Ukraine	6	65	-9		7	1
英国	United Kingdom	1153	582	197	2327	481	-334
澳大利亚	Australia	142	368	201	29	198	92
新西兰	New Zealand	13	-1	42	6	7	9

附录1-13 外汇储备
Foreign Exchange Reserves

资料来源：国际货币基金组织数据库。
Source: International Monetary Fund Database.
单位：亿美元 (100 million USD)

国 家	Country	2000	2005	2010	2015	2018	2019	2020
中 国	China	1656	8189	28473	33304	30727	31079	32165
孟加拉国	Bangladesh	15	28	99	258	300	306	410
文 莱	Brunei Darussalam	4	4	12	29	29	37	34
柬埔寨	Cambodia	5	10	31	68	132	169	184
印 度	India	373	1310	2678	3278	3698	4269	5422
印度尼西亚	Indonesia	283	329	900	1006	1148	1227	1284
以色列	Israel	232	278	693	889	1135	1243	1712
日 本	Japan	3472	8288	10363	11795	12095	12559	13128
哈萨克斯坦	Kazakhstan	16	61	247	198	158	93	113
韩 国	Korea, Rep.	959	2100	2869	3585	3933	3979	4301
老 挝	Laos	1	2	6	10	9		
马来西亚	Malaysia	274	694	1023	914	978	995	1026
蒙 古	Mongolia	2	3	21	12	27	32	40
缅 甸	Myanmar	2	8	57	43	53	55	72
巴基斯坦	Pakistan	15	98	131	172	88	132	145
菲律宾	Philippines	130	158	540	724	694	781	965
新加坡	Singapore	795	1155	2237	2457	2853	2770	3593
斯里兰卡	Sri Lanka	10	26	66	65	60	66	52
泰 国	Thailand	319	505	1657	1493	1970	2146	2460
越 南	Viet Nam	34	90	121	279	551	780	944
埃 及	Egypt	129	205	324	121	376	400	334
尼日利亚	Nigeria	99	283	323	260	405	360	344
南 非	South Africa	58	183	354	389	436	459	443
加拿大	Canada	290	307	449	691	733	736	768
墨西哥	Mexico	351	730	1149	1684	1652	1706	1842
美 国	United States	312	378	521	392	419	415	445
阿根廷	Argentina	244	227	466	206	592	392	339
巴 西	Brazil	324	532	2806	3489	3655	3465	3427
委内瑞拉	Venezuela	126	235	92	51			
捷 克	Czech Rep.	130	291	403	626	1409	1482	1641
法 国	France	321	240	362	364	485	517	552
德 国	Germany	497	398	374	364	364	360	369
意大利	Italy	224	235	357	344	391	427	466
荷 兰	Netherlands	70	71	89	88	47	44	59
波 兰	Poland	263	405	863	894	1104	1158	1385
俄罗斯	Russia	243	1757	4329	3094	3717	4333	4445
西班牙	Spain	295	86	133	387	526	545	567
土耳其	Turkey	223	504	790	914	714	770	484
乌克兰	Ukraine	11	190	333	124	198	241	275
英 国	United Kingdom	342	359	493	1016	1402	1375	1396
澳大利亚	Australia	168	410	328	375	454	504	326
新西兰	New Zealand	36	87	151	131	161	163	120

附录1-14　国际旅游收支
Expenditures and Receipts of International Tourism

资料来源：世界银行WDI数据库。
Source: World Bank WDI Database.
单位：亿美元　　(100 million USD)

国　家	Country	国际旅游支出 International Tourism Expenditures			国际旅游收入 International Tourism Receipts		
		2010	2018	2019	2010	2018	2019
世　界	**World**	**10795**	**14940**	**15496**	**11380**	**17662**	**18152**
中　国	China	549	2773		458	404	
孟加拉国	Bangladesh	8	12	14	1	4	4
柬埔寨	Cambodia	1	11	12	17	48	53
印　度	India	105	258	286	145	291	317
印度尼西亚	Indonesia	84	132	145	76	179	184
伊　朗	Iran	106			26		
以色列	Israel	47	100	104	56	80	84
日　本	Japan	393	281	291	154	453	492
哈萨克斯坦	Kazakhstan	15	29	30	12	27	29
韩　国	Korea, Rep.	208	380	348	143	231	262
老　挝	Laos	2	10	10	4	8	10
马来西亚	Malaysia	93	132	137	196	218	222
蒙　古	Mongolia	3	8	10	3	5	6
缅　甸	Myanmar	1	1	2	1	17	25
巴基斯坦	Pakistan	14	30	30	10	8	9
菲律宾	Philippines	60	125	129	34	97	115
新加坡	Singapore	187	253		142	204	
斯里兰卡	Sri Lanka	8	25	24	10	56	47
泰　国	Thailand	72	144	169	238	614	651
越　南	Viet Nam	15	59	62	45	101	118
埃　及	Egypt	27	29	37	136	127	143
尼日利亚	Nigeria	83	132	164	7	20	15
南　非	South Africa	81	63	59	103	98	91
加拿大	Canada	372	336		184	220	
墨西哥	Mexico	90	141	123	126	238	258
美　国	United States	1238	1725	1824	1618	2377	2335
阿根廷	Argentina	64	131	98	56	60	57
巴　西	Brazil	189	222	212	55	63	61
捷　克	Czech Rep.	44	61	60	81	83	80
法　国	France	467	585	607	562	730	710
德　国	Germany	909	1035	999	491	594	582
意大利	Italy	269	376	379	384	516	519
荷　兰	Netherlands	190	260		117	259	
波　兰	Poland	89	104	102	99	156	157
俄罗斯	Russia	302	388	406	132	187	177
西班牙	Spain	169	267		583	813	
土耳其	Turkey	58	61	49	263	368	424
乌克兰	Ukraine	41	83	89	47	23	26
英　国	United Kingdom	607	689		347	485	
澳大利亚	Australia	279	424	414	311	473	480
新西兰	New Zealand	30	46		65	110	

附录1-15 货币汇率(年平均价)
Exchange Rate (Period Average)

资料来源：世界银行WDI数据库。
Source: World Bank WDI Database.

单位：1美元合本币数 (local currency unit per US dollar)

国 家	Country	2000	2010	2016	2017	2018	2019	2020
中 国	China	8.28	6.77	6.64	6.76	6.62	6.91	6.90
孟加拉国	Bangladesh	52.14	69.65	78.47	80.44	83.47	84.45	
文 莱	Brunei Darussalam	1.72	1.36	1.38	1.38	1.35	1.36	1.38
柬埔寨	Cambodia	3840.75	4184.92	4058.70	4050.58	4051.17	4061.15	
印 度	India	44.94	45.73	67.19	65.12	68.39	70.42	74.10
印度尼西亚	Indonesia	8421.78	9090.43	13308.33	13380.83	14236.94	14147.67	14582.20
伊 朗	Iran	1764.86	10254.18	30914.85	33226.30	40864.33	42000.00	42000.00
以色列	Israel	4.08	3.74	3.84	3.60	3.59	3.57	3.44
日 本	Japan	107.77	87.78	108.79	112.17	110.42	109.01	106.78
哈萨克斯坦	Kazakhstan	142.13	147.35	342.16	326.00	344.71	382.75	412.95
韩 国	Korea, Rep.	1130.36	1156.46	1160.77	1131.00	1100.16	1165.36	1180.27
老 挝	Laos	7887.64	8254.16	8124.37	8244.84	8401.33	8679.41	9045.79
马来西亚	Malaysia	3.80	3.22	4.15	4.30	4.04	4.14	4.20
蒙 古	Mongolia	1076.67	1357.06	2140.29	2439.78	2472.48	2663.54	2813.29
缅 甸	Myanmar	6.52	5.64	1234.87	1360.36	1429.81	1518.26	1381.62
巴基斯坦	Pakistan	53.65	85.19	104.77	105.46	121.82	150.04	161.84
菲律宾	Philippines	44.19	45.11	47.49	50.40	52.66	51.80	
新加坡	Singapore	1.72	1.36	1.38	1.38	1.35	1.36	1.38
斯里兰卡	Sri Lanka	77.01	113.06	145.58	152.45	162.47	178.75	
泰 国	Thailand	40.11	31.69	35.30	33.94	32.31	31.05	31.29
越 南	Viet Nam	14167.75	18612.92	21935.00	22370.09	22602.05	23050.24	23208.37
埃 及	Egypt	3.47	5.62	10.03	17.78	17.77	16.77	15.76
尼日利亚	Nigeria	101.70	150.30	253.49	305.79	306.08	306.92	358.81
南 非	South Africa	6.94	7.32	14.71	13.32	13.23	14.45	16.46
加拿大	Canada	1.49	1.03	1.33	1.30	1.30	1.33	1.34
墨西哥	Mexico	9.46	12.64	18.66	18.93	19.24	19.26	
美 国	United States	1.00	1.00	1.00	1.00	1.00	1.00	1.00
阿根廷	Argentina	1.00	3.90	14.76	16.56	28.10	48.15	
巴 西	Brazil	1.83	1.76	3.49	3.19	3.65	3.94	
委内瑞拉	Venezuela	0.68	2.58	9.26	9.98	33765.99		
捷 克	Czech Rep.	38.60	19.10	24.44	23.38	21.73	22.93	23.21
法 国	France	1.08	0.75	0.90	0.89	0.85	0.89	0.88
德 国	Germany	1.08	0.75	0.90	0.89	0.85	0.89	0.88
意大利	Italy	1.08	0.75	0.90	0.89	0.85	0.89	0.88
荷 兰	Netherlands	1.08	0.75	0.90	0.89	0.85	0.89	0.88
波 兰	Poland	4.35	3.02	3.94	3.78	3.61	3.84	3.90
俄罗斯	Russia	28.13	30.37	67.06	58.34	62.67	64.74	72.11
西班牙	Spain	1.08	0.75	0.90	0.89	0.85	0.89	0.88
土耳其	Turkey	0.63	1.50	3.02	3.65	4.83	5.67	
乌克兰	Ukraine	5.44	7.94	25.55	26.60	27.20	25.85	26.96
英 国	United Kingdom	0.66	0.65	0.74	0.78	0.75	0.78	0.78
澳大利亚	Australia	1.73	1.09	1.35	1.31	1.34	1.44	
新西兰	New Zealand	2.20	1.39	1.44	1.41	1.45	1.52	1.54

“统计年鉴数据库”开通试运行

“统计年鉴数据库”是以中国统计出版社出版的统计年鉴为数据源建立的一套统计指标查询系统，内容覆盖统计年鉴全部资料，包括人口、国民经济核算、价格、固定资产投资等方面及农业、工业、建筑业等各行业。该系统将统计年鉴的各项数据进行碎片化处理存储，用户可使用模糊查询、行业查询、地区查询、固定表查询、主题查询及组合查询等六种方式，根据不同的需求对指标进行个性化组合查询。

了解更多信息，请前往官方网站“www.statsdatabank.com”或下载“统计年鉴数据库”移动客户端。扫描下方二维码，关注“统计年鉴数据库”微信公众号，及时掌握最新动态。

中国统计出版社最新资料书简目

（仅供参考，以最后出书为准）

统计资料

中国统计年鉴－2021

中国统计摘要－2021

中国经济普查年鉴 2018

国际统计年鉴－2021

金砖国家联合统计手册－2021

中国县域统计年鉴－2021

中国城市统计年鉴－2021

中国农村统计年鉴－2021

中国地区经济监测报告－2021

中国贸易外经统计年鉴－2021

中国商品交易市场统计年鉴－2021

大中型批发零售和住宿餐饮企业统计年鉴－2021

中国零售和餐饮连锁企业统计年鉴－2021

中国住户调查年鉴－2021

中国价格统计年鉴－2021

中国农产品价格调查年鉴－2021

全国农产品成本收益资料汇编－2021

中国环境统计年鉴－2021

中国能源统计年鉴－2021

中国工业统计年鉴－2021

中国建筑业统计年鉴－2021

中国房地产统计年鉴－2021

中国投资领域统计年鉴－2021

中国第三产业统计年鉴－2021

中国科技统计年鉴－2021

中国高技术产业统计年鉴－2021

中国劳动统计年鉴－2021

中国人口和就业统计年鉴－2021

中国社会统计年鉴－2021

中国文化及相关产业统计年鉴－2021

中国教育统计年鉴－2021

中国教育经费统计年鉴－2020

中国民族统计年鉴－2020

中国基本单位统计年鉴－2020

中国残疾人事业统计年鉴－2021

中国妇女儿童状况统计资料－2021

中国第三次全国农业普查综合资料

全国企业创新调查年鉴－2021

中国人口普查年鉴－2021

中国城市建设统计年鉴－2021

中国城乡建设统计年鉴－2021

中国县城建设统计年鉴－2021

中国医疗保障年鉴－2021

中国医疗保障统计年鉴－2021

长江经济带发展统计年鉴－2021

中国证券期货统计年鉴－2021

中国电力统计年鉴－2021

中国青年发展统计年鉴－2021

2021 年省级综合统计年鉴系列

北京　天津　河北　山西　内蒙古　辽宁　吉林
黑龙江　上海　江苏　浙江　安徽　福建　江西
山东　河南　湖北　湖南　广东　广西　海南　重庆
四川　贵州　云南　西藏　陕西　甘肃　青海　宁夏
新疆　新疆生产建设兵团

2021 年市（县）级综合统计年鉴系列

天津滨海新区　石家庄　唐山　邯郸　太原　大同
长治　阳泉　晋城　朔州　晋中　运城　忻州　临汾
呼和浩特　通辽　包头　沈阳　大连　长春　吉林市
四平　哈尔滨　黑龙江垦区　上海浦东新区　南京
苏州　无锡　常州　徐州　南通　泰州　宿迁
连云港　盐城　镇江　淮安　江阴　丹阳　杭州
宁波　绍兴　台州　温州　金华　嘉兴　衢州
舟山　合肥　福州　福州经济技术开发区　宁德
厦门经济特区　南昌　上饶　济南　青岛　潍坊
枣庄　郑州　洛阳　三门峡　南阳　商丘　武汉
宜昌　十堰　荆州　咸宁　长沙　广州　东莞　惠州
深圳　桂林　南宁　柳州　来宾　河池　海口
三亚　成都　绵阳　贵阳　昆明　庆阳　西安　兰州
银川　乌鲁木齐　兵团

New Statistical Yearbooks Published by China Statistics Press

National Statistical Yearbook

China Statistical Yearbook-2021

China Statistical Abstract-2021

China Economic Census Yearbook-2018

International Statistical Yearbook-2021

BRICS Joint Statistical Publication-2021

China County Statistical Yearbook-2021

China City Statistical Yearbook-2021

China Rural Statistical Yearbook-2021

China Regional Economic Monitoring Report-2021

China Trade and External Economics Statistical Yearbook-2021

Statistical Yearbook of China Commodity Exchange Market-2021

Statistical Yearbook of Large and Medium-sized Enterprises of Wholesale & Retail Trades and Hotels & Catering Services-2021

Statistical Yearbook of China Chain Stores of Retail Trades and Catering Services-2021

China Yearbook of Household Survey-2021

China Price Yearbook-2021

China Yearbook of Agricultural Price Survey-2021

China Agricultural Production Cost and Yield Data-2021

China Environment Statistical Yearbook-2021

China Energy Statistical Yearbook-2021

China Industry Statistical Yearbook-2021

China Statistical Yearbook on Construction-2021

China Real Estate Statistics Yearbook-2021

Statistical Yearbook of the Chinese Investment in Field Assets-2021

China Statistical Yearbook of the Tertiary Industry-2021

China Science and Technology Statistical Yearbook-2021

China Statistics Yearbook on High Technology Industry-2021

China Labour Statistical Yearbook-2021

China Population and Employment Statistics Yearbook-2021

China Social Statistical Yearbook-2021

China Statistical Yearbook on Culture and Related Industries-2021

Educational Statistics Yearbook of China-2021

China Educational Finance Statistical Yearbook-2020

China's Ethnic Statistical Yearbook-2020

China Basic Units Statistical Yearbook-2020

China Statistical Yearbook on the Work for Persons with Disabilities-2021

Statistics on Women and Children in China-2021

Tabulation on the Third National Agricultural Census of China

China Enterprise Innovation Survey Yearbook-2021

Tabulation on the 2020 Population Census of China

China Urban Construction Statistical Yearbook 2021

China Urban-Rural Construction Statistical Yearbook -2021

China County Seat Construction Statistical Yearbook -2021

China Healthcare Security Yearbook-2021

China Healthcare Security Statistical Yearbook-2021

Statistical Yearbook of Yangtze River Economic Zone-2021

China Securities and Futures Statistical Yearbook-2021

Provincial Statistical Yearbook in 2021

Beijing Tianjin Hebei Shanxi Inner Mongolia Liaoning Jilin Heilongjiang Shanghai Jiangsu Zhejiang Anhui Fujian Jiangxi Shandong Henan Hubei Hunan Guangdong Guangxi Hainan Chongqing Sichuan Guizhou Yunnan Tibet Shaanxi Gansu Qinghai Ningxia Xinjiang Xinjiang PC Corps

City (or County) Statistical Yearbook in 2021

Tianjin Binhai New Area Shijiazhuang Tangshan Handan Taiyuan Datong Changzhi Yangquan Jincheng Shuozhou Jinzhong Yuncheng Xinzhou Linfen Hohhot Tongliao Baotou Shenyang Dalian Changchun Jilin Siping Harbin Heilongjiang Shanghai Pudong Nanjing Suzhou Wuxi Changzhou Xuzhou Nantong Taizhou Suqian LianyunGang Yancheng Zhenjiang Jiangyin Danyang Hangzhou Ningbo Shaoxing Taizhou Wenzhou Jinhua Jiaxing Quzhou Zhoushan Hefei Fuzhou Ningde Xiamen Nanchang Shangrao Jinan Qingdao Weifang Zaozhuang Zhengzhou Luoyang Sanmenxia Nanyang Shangqiu Wuhan Yichang Shiyan Jingzhou Xianning Changsha Guangzhou Dongguan Huizhou Shenzhen Guilin Nanning Liuzhou Laibin Hechi Haikou Sanya Chengdu Mianyang Guiyang Kunming Qingyang Xi'an Lanzhou Yinchuan Urumqi Xinjiang Corps

Address: Jia 6, Xisanhuan Nanlu, Fengtai District, Beijing 100073, P. R. China
China Statistics Press, National Bureau of Statistics of China
Editorial Department: Tel: 008610-63376877, 63376861
E-mail: yearbook@stats.gov.cn
Distribution Department: Tel: 008610-63376907, 68783171
Website http://www.zgtjcbs.com